《中国货币政策执行报告》增刊

中国区域金融运行报告（2018）

中国人民银行货币政策分析小组

中国金融出版社

责任编辑：童祎薇
责任校对：潘　洁
责任印制：程　颖

图书在版编目（CIP）数据

中国区域金融运行报告. 2018（Zhongguo Quyu Jinrong Yunxing Baogao 2018）/
中国人民银行货币政策分析小组编. —北京：中国金融出版社，2018.8
ISBN 978－7－5049－9604－6

Ⅰ. ①中…　Ⅱ. ①中…　Ⅲ. ①区域金融—研究报告—中国—2018　Ⅳ. ①F832.7

中国版本图书馆CIP数据核字（2018）第121193号

出版
发行　中国金融出版社
社址　北京市丰台区益泽路2号
市场开发部　（010）63266347，63805472，63439533（传真）
网上书店　http://www.chinafph.com
　　　　　（010）63286832，63365686（传真）
读者服务部　（010）66070833，62568380
邮编　100071
经销　新华书店
印刷　北京市松源印刷有限公司
尺寸　210毫米×285毫米
印张　40.5
字数　1030千
版次　2018年8月第1版
印次　2018年8月第1次印刷
定价　218.00元
ISBN 978－7－5049－9604－6

本书执笔人

负责人：刘国强

总　纂：李　波　李　斌

统　稿：张　蓓　付竞卉

参与此项工作（以姓氏笔画为序）：孙　健　李文喆　李　航　李晓闻　张　勇　郑志丹　周轶海　赵　婷　夏座蓉　徐　媛　彭立峰　董忆伟　董迪斌　管　化

主报告执笔：中国人民银行货币政策分析小组
中国人民银行济南分行货币政策分析小组

分报告执笔：中国人民银行上海总部，各分行、营业管理部、省会（首府）城市中心支行，深圳市中心支行货币政策分析小组

目　录

《中国区域金融运行报告（2018）》主报告

表

图

《中国区域金融运行报告（2018）》分报告

《中国区域金融运行报告（2018）》
主报告

内容摘要

2017 年，面对错综复杂的国内外形势，各地区按照党中央、国务院统一部署，坚持新发展理念，牢牢把握我国社会主要矛盾和经济发展阶段的变化，以推进供给侧结构性改革为主线，适度扩大总需求，科学统筹稳增长、促改革、调结构、惠民生、防风险之间的关系。各地区经济运行向好趋优，区域分化有所收敛，呈现出“东部优、中西快、东北稳”的发展态势。中国人民银行根据党中央、国务院统一部署，主动适应经济发展新常态，实施稳健中性的货币政策，货币政策和宏观审慎政策双支柱调控框架初见成效，为供给侧结构性改革和高质量发展营造了中性适度的货币金融环境。

全年东部、中部、西部和东北地区生产总值加权平均增长率分别为 7.2%、8.0%、7.8% 和 5.1%。东部地区仍是全国经济增长的主要拉动力量，中西部地区经济增速连续十年超过东部地区，东北地区经济企稳回升。各地区金融运行平稳，金融发展更趋均衡，区域存贷款增速呈现出中部、西部、东部、东北地区由快到慢的格局，存贷款规模区域差距继续收敛。具体来看，东部地区转型升级继续走在全国前列，高新技术产业投资增长较快，新兴消费业态保持良好发展势头，贸易结构优化；金融服务体系日趋完善，存贷款增速有所放缓，信贷结构进一步优化。中西部地区受城镇化及产业转移带动，主要经济指标增速快于全国平均水平，受益于“一带一路”推进，对外贸易稳步发展；金融机构规模不断壮大，社会融资规模增长较快，证券保险稳步发展，业务创新步伐加快。东北地区经济恢复性增长势头显现，民间投资企稳向好带动固定资产投资实现正增长，第三产业增加值占比提升；重点领域信贷支持力度增强，地方法人银行资本充足率提高。

区域经济金融运行呈现一些新特点：一是转型升级稳步推进，三次产业结构更趋优化。各地区第三产业在地区生产总值中的比重继续提高。二是固定资产投资结构调整优化，“三大战略”带动区域投资协调推进。各地区制造业和民间投资增速均有所回升，东部地区对全国固定资产投资增长的贡献率较高，西部地区投资增速居各区域之首，东北地区投资增速由负转正；“一带一路”、京津冀协同发展、长江经济带建设三大战略全面推进有效释放投资潜力。三是消费是各地区经济增长主要驱动力，各地区出口增速均实现由负转正。东部地区社会消费品零售总额占全国的 51.5%，中西部占比有所上升；各地区进出口增速扭转连续两年下降局面，东部地区依然是全国进出口贸易的主要地区，西部地区进出口增速领跑全国。四是区域新旧动能接续转换加快，各地区供给侧结构性改革扎实推进，“三去一降一补”取得显著成效。东部地区新动能加快成长，产业结构持续优化；中西部地区作为东部产业和技术转移的重要承接区，新旧动能转换空间较大。煤炭、钢铁行业完成全年化解过剩产能目标任务，东部、中部和西部地区工业企业资产负债率有所下降。五是城市群协同发展态势良好，区域经济合作取得积极成效。海峡西岸城市群、成渝城市群创新步伐加快，中原城市群先进制造业和现代服务业支撑作用不断提升，长江中游城市群绿色发展深入推进，北部湾城市群对外开放不断深化。六是地区社会融资规模平稳增长，信贷资源配置效率进一步提升。东部和西部地区小微企业贷款增长较快，东部、中部和西部地区房地产贷款增长显著放缓，各地区产能过剩行业中长期贷款余额同比下降 1.7%。普惠金融扎实推进，为打赢脱贫攻坚战提供重要支撑。七是金融体系去杠杆见成效，金融机构经营稳健性提升。东部、中部、西部和东北地区银行业总资产增速较上年分别回落 0.4 个、5.2 个、2.7 个和 10.4 个百分点，东部和中部地区不良贷款率有所下降，东部、中部和东北地区地方法人银行机构资本充足率稳步提高。

2018 年，全球经济有望继续保持回暖态势，但贸易摩擦、地缘政治、主要经济体货币政策正常化等也给全球经济发展带来较大的不确定性。中国经济金融领域的结构调整出现积极变化，经济增长动力加快转换，总供求更加平衡，经济韧性进一步增强。但仍存在一些深层次问题，防范化解重大风险的任务依然艰巨。要把握中国经济已由高速增长阶段转向高质量发展阶段的本质特征，大力推进改革开放，推动质量变革、效率变革、动力变革。各地区将深入贯彻落实推进西部大开发，加快东北等老工业基地振兴，推动中部地区崛起，支持东部地区率先发展的区域协调发展战略，坚持优势互补、互利共赢，找准区域优势，明确发展定位，深化区域间分工，全力打好“三大攻坚战”，塑造更高质量、更有效率、更加公平和更可持续的区域协调发展新格局。中国人民银行将按照党中央、国务院部署，紧紧围绕服务实体经济、防控金融风险、深化金融改革三项任务，实施好稳健中性的货币政策，保持流动性合理充裕，为供给侧结构性改革和高质量发展营造适宜的货币金融环境。继续完善宏观审慎政策框架，做好宏观审慎评估（MPA）工作。充分发挥窗口指导和信贷政策的结构引导作用，加大对国民经济重点领域和薄弱环节的支持力度，大力推进深度贫困地区金融精准扶贫工作，多措并举缓解小微企业融资难融资贵。打好防范化解重大金融风险攻坚战，把握好结构性去杠杆的力度和节奏，守住不发生系统性金融风险的底线。

第一部分　区域经济金融运行概况

2017 年，面对错综复杂的国际国内形势，各地区①按照党中央、国务院的统一部署，以推进供给侧结构性改革为主线，适度扩大总需求，坚定推进改革，妥善应对挑战。总体来看，各地区经济运行向好趋优，区域分化有所收敛，呈现出“东部优、中西快、东北稳”的发展态势。各地区金融运行平稳，存贷款增速呈现出中部、西部、东部、东北地区由快到慢的格局，存贷款规模区域差距继续缩小，金融发展更趋均衡。

一、区域经济运行总体情况

2017 年，各地区经济运行稳中有进、稳中向好，经济结构调整、转型升级进程进一步深化，经济增长质量不断提高。全年实现国内生产总值（GDP）82.7 万亿元，同比增长 6.9%，比上年加快 0.2 个百分点，是 2011 年以来经济增速首次回升。分地区看，东部地区仍是全国经济增长的主要拉动力量，东北地区企稳对经济增速回升的贡献较大，东部、中部、西部和东北地区对全国经济增长的贡献率分别为 51.5%、22.8%、21.1% 和 4.6%，分别拉动经济增长 3.5 个、1.6 个、1.5 个和 0.3 个百分点。

1. 投资结构更趋优化，区域投资协调推进。 2017 年，全国完成固定资产投资（不含农户）63.2 万亿元，同比增长 7.2%，较上年回落 0.9 个百分点。分地区看，东部和西部地区对全国固定资产投资（不含农户）增长的贡献率较高，分别为 45.5% 和 29.1%；东北地区投资增速由负转正，对全国固定资产投资（不含农户）增长的贡献率由上年的 -20.9% 转为 1.9%。

民间投资回暖向好。2017 年，全国民间投资 38.2 万亿元，同比增长 6.0%，比上年提高 2.8 个百分点。分地区看，东部、中部、西部民间投资增速平稳回升，东北地区民间投资增速由上年下降 24.4% 转为增长 3.2%。

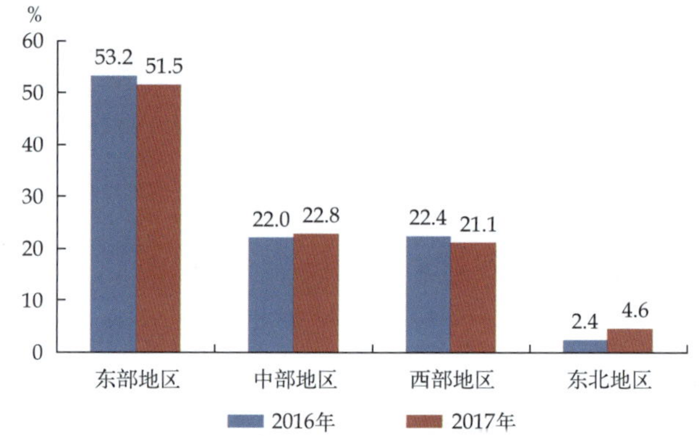

数据来源：《中国统计摘要》，中国人民银行工作人员计算。

图 1　各地区对全国经济增长的贡献率

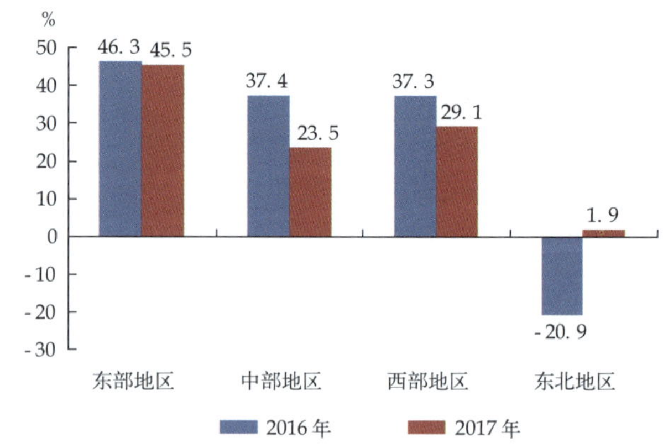

数据来源：《中国统计摘要》，中国人民银行工作人员计算。

图 2　各地区对全国固定资产投资（不含农户）增长的贡献率

① 全国各地区包括东部地区、中部地区、西部地区和东北地区。东部地区 10 个省（直辖市），包括北京、天津、河北、上海、江苏、浙江、福建、山东、广东和海南；中部地区 6 个省，包括山西、安徽、江西、河南、湖北和湖南；西部地区 12 个省（自治区、直辖市），包括内蒙古、广西、重庆、四川、贵州、云南、西藏、陕西、甘肃、青海、宁夏和新疆；东北地区 3 个省，包括辽宁、吉林和黑龙江。

制造业投资增速企稳回升。全国制造业投资19.4万亿元，同比增长4.8%，比上年提高0.6个百分点，特别是高技术制造业投资、技改投资和装备制造业投资增长较快。如浙江以“机器换人”为重点的工业技术改造投资占工业投资的比重达到75.5%；广东高技术制造业和装备制造业投资分别增长27.6%和19.3%，分别比上年提高7.0个和1.4个百分点；受战略性新兴项目助推，重庆汽车、电子制造业投资对工业投资贡献率近七成。

“三大战略”区域投资协调推进。“一带一路”、京津冀协同发展、长江经济带建设三大战略的全面推进有效释放投资潜力。2017年“一带一路”政策涉及的18个省份投资同比增长8.1%，增速高于全国平均水平0.9个百分点。在京津冀协同发展进程中，产业转移有序推进，雄安新区规划建设有条不紊，北京城市副中心建设稳步进行。长江经济带辐射带动作用增强，覆盖的11个省份2017年投资同比增长11.0%，增速比全国平均水平高3.8个百分点。

2. 消费仍是拉动经济增长的主要动力，东部地区贡献突出。2017年，最终消费支出对经济增长的贡献率为58.8%；全国社会消费品零售总额同比增长10.2%。分地区看，东部地区对全国消费增长的贡献突出。东部地区社会消费品零售总额占全国的51.5%，中部和西部地区社会消费品零售总额占全国的比重分别为21.3%和18.7%，较上年均提高0.2个百分点；东北地区占比下降0.3个百分点。

3. 外需贡献率由负转正，西部地区外贸增速领跑全国。2017年，受全球经济同步复苏、大宗商品价格整体上涨以及“一带一路”倡议稳步推进等因素影响，对外贸易扭转连续两年下降局面，全年货物进出口总额27.8万亿元，同比增长14.2%。货物和服务净出口对全国经济增长的贡献率由上年的-6.8%转为9.1%。分地区看，东部、中部和东北地区进口总额增速较上年分别回升21.0个、27.7个和23.6个百分点；西部地区进口总额同比增长25.0%，增速领跑全国。各地区出口总额增速均实现由负转正，其中，西部地区出口总额增速比上年提高38.1个百分点。从绝对水平看，东部依然是我国进出口贸易的主要地区，进口总额和出口总额分别占全国的82.9%和82.0%。

4. 产业转移与升级较快，东部地区部分产业向中西部转移。2017年，全国三次产业对经济增长的贡献率分别为4.9%、36.3%和58.8%，第三产业拉动GDP增长4.0个百分点，比第二产业高出1.5个百分点。分地区看，中西部地区在劳动力、土地、能源等方面都具有较

表1　2017年各地区社会消费品零售总额比重和增长率

	占比（%）		同比增速（%）	
		比上年增减（百分点）		比上年增减（百分点）
东部	51.5	-0.1	9.6	-0.4
中部	21.3	0.2	11.0	-0.5
西部	18.7	0.2	10.8	-0.5
东北	8.5	-0.3	5.7	-1.9

数据来源：《中国统计摘要》，中国人民银行工作人员计算。

表2　2017年各地区进口总额比重和增长率

	占比（%）		同比增速（%）	
		比上年增减（百分点）		比上年增减（百分点）
东部	82.9	-0.9	14.7	21.0
中部	5.5	0.3	21.7	27.7
西部	7.1	0.5	25.0	19.1
东北	4.5	0.1	19.0	23.6

注：按美元计算。

数据来源：《中国统计摘要》，中国人民银行工作人员计算。

表3　2017年各地区出口总额比重和增长率

	占比（%）		同比增速（%）	
		比上年增减（百分点）		比上年增减（百分点）
东部	82.0	-0.9	6.7	12.9
中部	7.7	0.3	12.5	18.9
西部	7.9	0.7	17.4	38.1
东北	2.4	-0.1	4.1	21.6

注：按美元计算。

数据来源：《中国统计摘要》，中国人民银行工作人员计算。

强的竞争优势，相对较低的生产成本吸引东部传统产业向中西部迁移，而东部地区新产业、新业态成为新的增长点。中部和西部地区第二产业分别增长7.4%和7.2%，比东部地区分别高1.4个和1.2个百分点；而东部地区第三产业为地区经济增长的主要拉动力量，占其地区生产总值的53.1%，比中部和西部地区分别高8.0个和6.3个百分点。

5. 供给侧结构性改革扎实推进，质量效益稳步提高。2017年，各地区坚持以供给侧结构性改革为主线，着力培育壮大新动能，经济结构加快优化升级。“三去一降一补”取得显著成效。煤炭、钢铁行业完成全年化解过剩产能目标任务，2017年全国工业产能利用率为77.0%，比上年回升3.7个百分点。东部、中部和西部地区规模以上工业企业资产负债率分别下降0.4个、0.4个和0.8个百分点，东北地区有所提高。全年规模以上工业企业每百元主营业务收入中的成本比上年下降0.25元。全员劳动生产率（以2015年价格计算）比上年提高6.7%。脱贫攻坚再创佳绩，农村贫困人口减少1 289万人，超额完成全年目标任务。如河北超额完成煤炭、钢铁行业化解过剩产能年度目标任务；贵州规模以上工业企业利润同比增长46.4%；北京规模以上工业企业全员劳动生产率比上年提高9.4%。

6. 房地产待售面积下降，东北地区房地产市场有所回暖。2017年末，全国商品房待售面积同比下降15.3%，降幅比上年扩大12.1个百分点。房地产销售继续保持增长，但增速趋缓。全年商品房销售面积增长7.7%，增速较上年回落14.8个百分点。分地区看，东部、中部和西部地区商品房销售增速回落明显，东北地区房地产市场有所回暖。2017年，东部、中部和西部地区商品房销售面积同比分别增长2.9%、12.8%和10.7%，分别比上年回落21.7个、17.0个和4.9个百分点；东北地区商品房销售面积同比增长7.0%，增速比上年回升2.4个百分点。

二、区域金融运行总体情况

2017年，全国各地区金融业持续加大服务实体经济、支持创业创新和新动能培育力度，各地区货币信贷和社会融资规模实现平稳增长，信贷结构持续优化，一般贷款加权平均利率基本平稳，资产质量总体稳健。

1. 各地区存款增长放缓，中西部地区存款比重提高。2017年末，全国金融机构本外币各项存款余额比年初增加13.7万亿元，同比少增2.0万亿元。分地区看，中部和西部地区本外币各项存款余额同比分别增长10.2%和8.5%，占全国的比重分别为16.8%和19.2%，同比分别提高0.4个和0.2个百分点。分结构看，人民币非金融企业存款余额同比增长8.0%，其中，东北地区增速较上年回落13.3个百分点；人民币住户存款余额同比增长7.7%，增速较上年下降1.8个百分点，其中，东部和中部地区增速下滑较多。

2. 地区社会融资规模平稳增长，中部地区直接融资占比相对较高。2017年末，全国社会融资规模存量为174.6万亿元，同比增长12.0%。2017年社会融资规模增量为19.4万亿元，比上年多1.6万亿元。分地区看，东部和东北地区社会融资规模增量在全国社会融资规模增量中的占比分别为53.9%和4.4%，分别较上年下降4.3个和1.3个百分点；中部和西部地区占比分别较上年提高2.6个和3.0个百分点。其中，

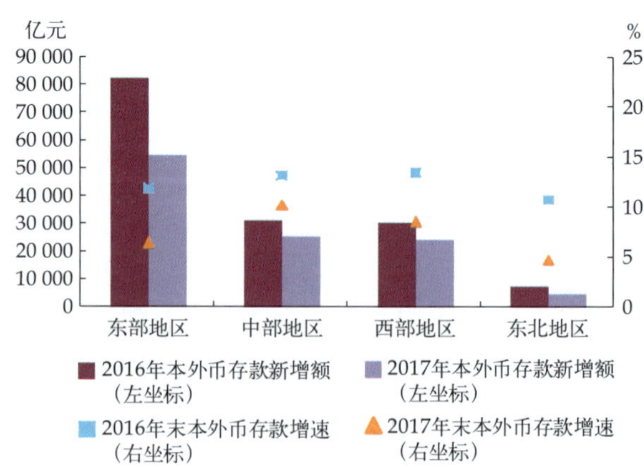

注：各地区存贷款不含全国性商业银行总行直存直贷数据（下同）。

数据来源：中国人民银行上海总部、各分行、营业管理部、省会（首府）城市中心支行。

图3 2017年末各地区金融机构本外币各项存款余额增速及新增额

中部地区直接融资占比相对较高，企业债券和非金融企业境内股票融资合计占地区社会融资规模增量的9.5%，分别高出东部、西部和东北地区1.6个、5.2个和5.6个百分点。

3.各地区贷款增速有所回落，中西部地区贷款占全国比重上升。2017年末，全国金融机构本外币各项贷款余额125.6万亿元，同比增长12.1%。分地区看，东部地区各项贷款余额同比增长11.3%，增速较上年回落0.9个百分点；中部和西部地区各项贷款余额同比分别增长14.8%和12.7%，增速分别高于全国平均增速2.7个和0.6个百分点，占全国的比重同比均提高0.4个百分点。东北地区各项贷款余额同比增长6.5%，增速较上年回落2.0个百分点，余额占全国的比重下降0.3个百分点。

受基建投资、住房融资需求等因素拉动，中长期贷款增量占比进一步提高。2017年末，人民币中长期贷款余额比年初增加11.7万亿元，同比多增1.8万亿元，增量占人民币各项贷款增量的比重为86.3%，比上年提高8.5个百分点。分地区看，东部、中部和西部地区人民币中长期贷款余额同比分别增长19.1%、23.0%和17.0%，分别高于本地区人民币各项贷款增速6.8个、8.1个和4.2个百分点；东北地区中长期贷款余额同比增长9.8%。

4.信贷政策的结构引导作用显现，各地区信贷资源配置效率进一步提升。一是小微和涉农领域贷款增长较快。东部和西部小微企业贷款余额同比分别增长14.3%和24.0%，增速较上年分别回升2.6个和1.6个百分点。东部和中部地区涉农贷款余额同比分别增长7.2%和14.8%，增速较上年分别提高5.0个和2.3个百分点。二是产能过剩行业中长期贷款余额同比下降1.7%。东部和中部地区高耗能行业[①]中长期贷款余额占全部中长期贷款余额的比重分别同比下降0.3个和0.4个百分点。三是房地产贷款增长放缓。东部、中部和西部地区房地产贷款余额增速较上年分别回落9.9个、5.7个和2.9个百分点，东北地区增速低位回升。

表4 2017年各地区社会融资规模增量占比情况

单位：%

	东部	中部	西部	东北	合计
地区社会融资规模	53.9	20.1	21.6	4.4	100.0
其中：人民币贷款	54.4	19.8	21.8	4.0	100.0
外币贷款（折合人民币）	197.9	-199.1	-45.3	146.5	100.0
委托贷款	40.7	24.9	33.3	1.1	100.0
信托贷款	54.4	19.4	24.1	2.1	100.0
未贴现银行承兑汇票	56.5	7.0	1.1	35.4	100.0
企业债券	32.2	55.1	15.8	-3.1	100.0
非金融企业境内股票融资	70.2	13.5	11.6	4.7	100.0

注：各地区社会融资规模不含各金融机构总部（总行）提供的社会融资规模。

数据来源：中国人民银行上海总部、各分行、营业管理部、省会（首府）城市中心支行。

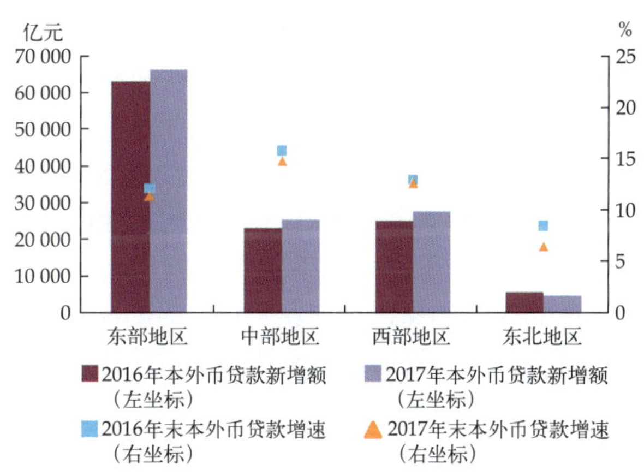

数据来源：中国人民银行上海总部、各分行、营业管理部、省会（首府）城市中心支行。

图4 2017年末各地区金融机构本外币各项贷款余额增速及新增额

① 高耗能行业包括非金属矿物制造业，化学原料和化学制品制造业，电力热力生产和供应业，黑色金属冶炼和压延加工业，有色金属冶炼和压延加工业，石油加工炼焦和核燃料加工业。

5. 实际贷款利率水平保持基本稳定。受美联储加息、国内经济稳中向好和物价水平上行等因素影响，名义贷款利率小幅上升，实际利率水平保持基本稳定。2017 年 12 月，全国一般贷款加权平均名义利率为 5.80%，同比上升 36 个基点；一般贷款加权平均实际利率为 1.84%，同比下降 102 个基点。分地区看，12 月，东部、中部、西部和东北地区一般贷款加权平均名义利率分别为 5.63%、6.32%、5.84% 和 6.08%，同比均小幅上升。剔除通胀因素，实际利率仍处于较低水平。

6. 银行资产质量下行压力有所缓解，东部和中部地区不良贷款率下降。2017 年末，全国商业银行不良贷款余额为 17 057 亿元，较上年末增加 1 935 亿元，不良贷款率为 1.74%，与上年末持平。分地区看，中部和东部地区银行资产质量向好，不良贷款率同比分别下降 0.27 个和 0.12 个百分点；西部和东北地区不良贷款率略有上升。潜在信贷风险压力有所缓解，东部、中部和西部地区关注类贷款率同比分别下降 0.89 个、1.23 个和 1.03 个百分点。各地区高度重视金融生态环境建设，促进金融与实体经济形成良性循环。如四川开展金融守信红名单企业评选活动；湖北开展的涉金融领域失信问题专项治理和金融案件“飓风行动”、打击“老赖”、“百日攻坚”等金融维权行动成效显著。

7. 金融体系内部去杠杆见成效，金融机构经营稳健性提升。2017 年监管部门出台了多项政策和措施，约束银行同业负债，提高流动性监管标准，在投资端对嵌套和质押回购比例进行限制。资金在金融体系内部循环、多层嵌套的情况大幅减少，更多流向实体经济。东部、中部、西部和东北地区银行业总资产增速较上年分别回落 0.4 个、5.2 个、2.7 个和 10.4 个百分点。银行合规经营意识增强，经营行为趋于理性规范，资本充足率有所提升，东部、中部和东北地区地方法人银行机构资本充足率分别提高 0.3 个、2.2 个和 0.2 个百分点，西部地区地方法人银行机构资本充足率略降 0.5 个百分点。

8. 跨境人民币业务稳步发展。2017 年，全国跨境人民币收付金额合计 9.2 万亿元。各地区积极推进人民币跨境贸易投资运用。例如，新疆已实现人民币对哈萨克斯坦坚戈、巴基斯坦卢比和塔吉克斯坦索莫尼直接挂牌交易，人民币对坚戈可以开展银行间市场区域交易。截至 2017 年末，新疆人民币对坚戈银行柜台累计交易 6 447 万元人民币，2017 年当年交易量同比增长 39%。陕西通过“互联网 + 跨境人民币”搭建“通丝路”跨境电子商务人民币结算服务平台。

表 5　2017 年各地区人民币贷款发生额占比利率区间分布

单位：%

		东部	中部	西部	东北	全国
合计		100.0	100.0	100.0	100.0	100.0
下浮		19.2	11.6	15.4	16.3	17.2
基准		18.5	19.9	24.6	24.5	20.1
上浮	小计	62.3	68.5	60.0	59.2	62.7
	(1.0，1.1]	16.1	14.7	12.5	10.4	15.0
	(1.1，1.3]	20.4	17.0	14.0	14.0	18.4
	(1.3，1.5]	11.5	11.2	10.5	12.1	11.3
	(1.5，2.0]	9.0	13.8	14.9	15.5	11.2
	2.0 以上	5.3	11.8	8.1	7.2	6.8

数据来源：中国人民银行上海总部、各分行、营业管理部、省会（首府）城市中心支行。

表 6　2017 年各地区地方法人银行机构部分运营指标

单位：%

	2017 年比 2016 年平均增减				
	东部	中部	西部	东北	全国
资本充足率	0.3	2.2	-0.5	0.2	0.4
流动性比率	0.1	1.0	1.4	-2.2	0.4
资产利润率	0.0	0.2	-0.1	-0.1	0.0

数据来源：中国人民银行上海总部、各分行、营业管理部、省会（首府）城市中心支行。

第二部分　各区域板块经济金融运行

一、东部地区经济金融运行

2017年，东部地区转型升级继续走在全国前列，增长新动能逐步释放，民间投资增速回升，新兴消费业态保持良好发展势头，进出口明显回暖。金融运行整体平稳，存贷款增速有所放缓，重点领域信贷增长较快。

（一）东部地区经济运行

2017年，东部地区实现地区生产总值45.0万亿元，同比增长7.2%，增速较上年回落0.4个百分点；地区生产总值占全国比重达52.6%，比上年提高0.3个百分点。

民间投资增速回升，部分省份高新技术产业投资增长迅速。2017年，东部地区固定资产投资（不含农户）完成26.6万亿元，同比增长8.3%，高于全国水平1.1个百分点；占全国的比重为42.4%，占比提高0.2个百分点。民间投资增速较上年回升1.8个百分点，对固定资产投资增长的贡献率同比提高17.5个百分点。高新技术产业投资快速增长。如天津“三新”（新产业、新业态和新商业模式）投资同比增长30.5%，快于全市投资增速30个百分点，其中，高技术服务业投资同比增长66.6%；浙江高新技术产业和战略性新兴产业投资占制造业投资的比重分别达到30.8%和35.7%。

新兴消费业态保持良好发展势头，地方特色产业消费亮点突出。2017年，东部地区实现社会消费品零售总额18.8万亿元，同比增长9.6%，增速比上年下降0.4个百分点。网络零售消费、服务消费保持较快增长。如福建限额以上批发和零售企业网上商品零售额同比增长56.5%，成为消费品市场增长的主要动力；广东4G用户数占移动电话用户比重达79.4%，同比提高16.1个百分点，移动互联网接入流量同比增长158.8%。地方特色产业消费亮点突出，如海南通过举办国际旅游岛购物节、推介“免税易购”促销活动等方式，拉动地方旅游消费增长，全年免税品销售额增长33.1%，汽车销售额增长13.1%。

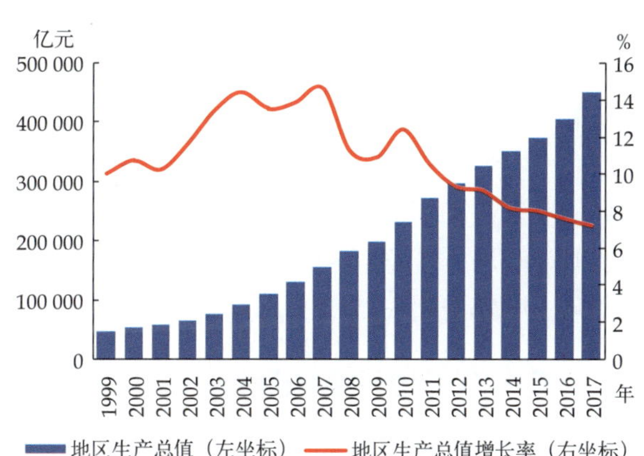

数据来源：国家统计局网站和《中国统计摘要》，中国人民银行工作人员计算。

图5　1999~2017年东部地区经济增长情况

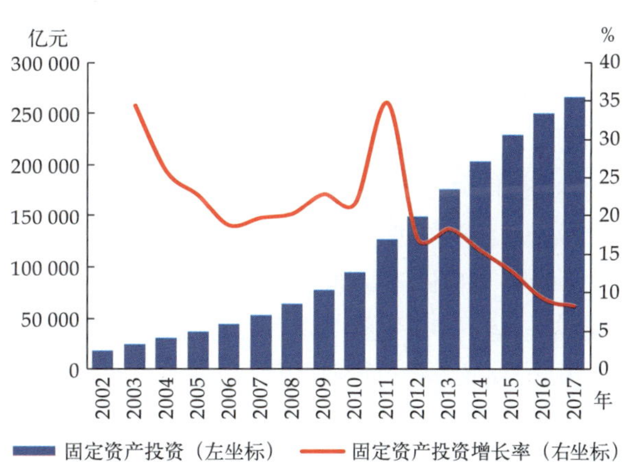

数据来源：国家统计局网站和《中国统计摘要》，中国人民银行工作人员计算。

图6　2002~2017年东部地区固定资产投资（不含农户）情况

进出口明显回暖，外商投资结构持续优化。2017年，外部市场环境回暖，东部地区外贸形势好转，进出口增长由负转正。全年货物进出口总额3.4万亿美元，其中，进口总额和出口总额分别为1.5万亿美元和1.9万亿美元，同比分别增长14.7%和6.7%，增速分别较上年提高21.0个和12.9个百分点。贸易结构进一步优化，如天津高新技术产品出口1 099.2亿元，同比增长9.2%，比出口总额增速高8.0个百分点。外贸新业态增势迅猛，如广东跨境电子商务进出口总额同比增长93.8%。对“一带一路”沿线国家进出口增长较快，如广东增长14.9%，占广东进出口总额的22.1%。吸引外资力度不断加大，引资结构持续优化。如北京实际利用外资增长86.7%，达到243.3亿美元，规模跃居全国首位，其中，服务业利用外资占95.4%。山东高技术服务业实际使用外资增长40.2%，福建高技术制造业实际使用外资增长38.2%。

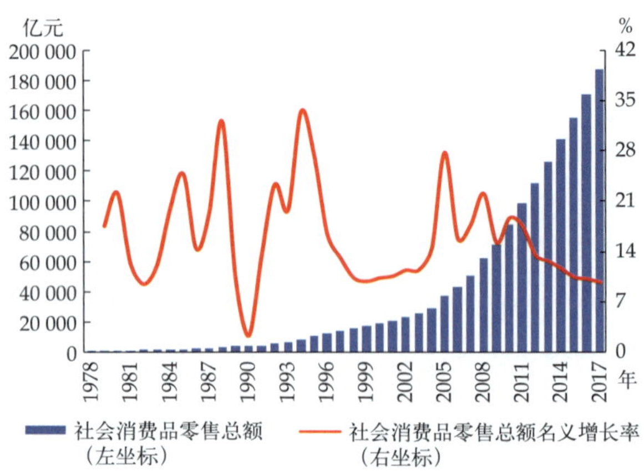

数据来源：国家统计局网站和《中国统计摘要》，中国人民银行工作人员计算。

图7　1978~2017年东部地区消费增长情况

（二）东部地区金融运行

金融基础较为雄厚，金融服务体系日趋完善。2017年末，东部地区银行业资产规模保持较快增长，资产总额125.2万亿元，同比增长11.4%，占全国比重为58.0%。其中，银行资产规模排全国前七的省份都集中在东部地区。银行业金融机构网点数量9.1万个，同比增长3.2%；从业人员173.6万人，同比增长5.8%。地方法人金融机构1 556家，同比增长4.7%，农村金融机构改革继续推进，多元化的机构体系为实体经济和居民提供了差异化、多层次的金融服务。如山东等地农商行“三会一层”治理架构和运行机制逐步完善，事业部制改革、流程银行建设等方面取得积极成效；浙江、福建等地村镇银行基本实现县域全覆盖。

表7　2016~2017年东部地区银行业金融机构概况

年份	营业网点			法人机构个数（个）
	机构个数（个）	从业人数（人）	资产总额（亿元）	
2016	88 408	1 640 816	1 123 925.3	1 486
2017	91 256	1 735 695	1 251 782.7	1 556

注：各地区金融机构营业网点不包括国家开发银行和政策性银行、大型商业银行、股份制商业银行等金融机构总部数据（下同）。

数据来源：中国人民银行上海总部、各分行、营业管理部、省会（首府）城市中心支行。

存款增长持续放缓，贷款增速小幅回落。2017年末，东部地区本外币各项存款余额93.0万亿元，同比增长6.3%，增速较上年下降4.2个百分点。非银行业金融机构存款减少10.5%，比上年多降3.5个百分点。本外币各项贷款余额65.3万亿元，同比增长11.3%，较上年下降0.9个百分点。本外币贷款余额占全国的比重为55.4%，较上年下降0.5个百分点。

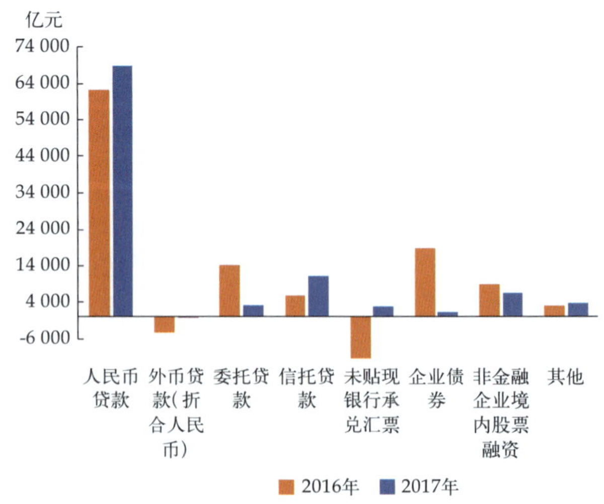

数据来源：中国人民银行上海总部、各分行、营业管理部、省会（首府）城市中心支行。

图8　2016~2017年东部地区社会融资规模增量

贷款占社会融资规模比重提高，信贷结构进一步优化。2017 年，东部地区社会融资规模增量 9.6 万亿元，比上年少增 0.1 万亿元。从结构上看，本外币贷款占比提高，企业债券融资和股票融资少于上年。信贷结构呈现积极变化，高耗能行业中长期贷款余额占全部中长期贷款的比重同比下降 0.3 个百分点。重点领域贷款增长强劲，如北京金融机构对租赁和商务服务业、科学研究和技术服务业、文化体育和娱乐业的人民币贷款余额同比分别增长 30.6%、19.4% 和 19.2%。薄弱领域支持力度进一步加大，如河北小微企业贷款余额同比增长 18.4%，较上年加快 11.9 个百分点；河北 62 个贫困县贷款余额同比增长 17.3%，其中 10 个深度贫困县贷款余额同比增长 17.9%。浙江农村“两权”① 抵押贷款试点地区的农房抵押贷款和农地抵押贷款余额同比分别增长 43.3% 和 169.9%，山东农房抵押贷款和农地抵押贷款余额同比分别增长 5.1 倍和 3.6 倍。

二、中部地区经济金融运行

2017 年，中部地区受城镇化及产业转移带动，主要经济指标增速快于全国。固定资产投资稳中趋缓，社会消费品零售总额增速居各地区首位，进出口增速由负转正。金融机构规模稳步壮大，重点领域和薄弱环节信贷支持有力，民生领域和高耗能行业贷款余额占比“一升一降”，社会融资规模较快增长，多项债务融资工具创新取得突破。

（一）中部地区经济运行

2017 年，中部地区实现地区生产总值 17.9 万亿元，同比增长 8.0%，增速与上年持平，较全国平均水平高 1.1 个百分点；地区生产总值占全国的比重达 21.0%，较上年提高 0.4 个百分点。

固定资产投资稳中趋缓，房地产投资保持较快增长。2017 年，中部地区固定资产投资（不含农户）完成 16.3 万亿元，同比增长 6.9%，增速较上年回落 5.1 个百分点；固定资产投资（不

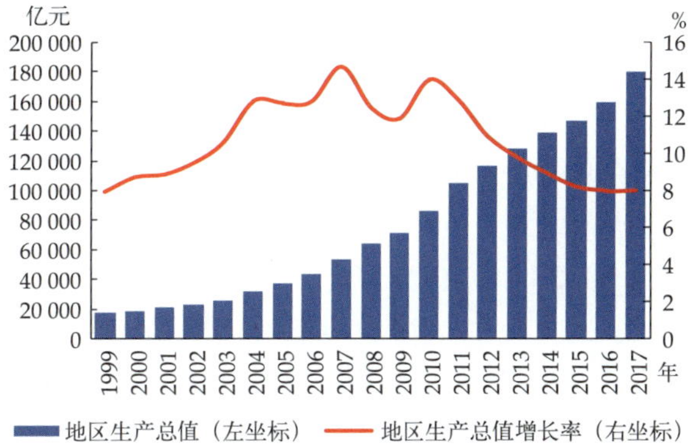

数据来源：国家统计局网站和《中国统计摘要》，中国人民银行工作人员计算。

图 9　1999~2017 年中部地区经济增长情况

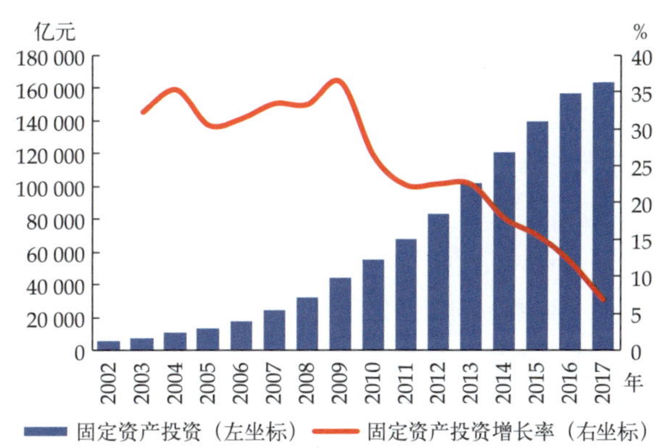

数据来源：国家统计局网站和《中国统计摘要》，中国人民银行工作人员计算。

图 10　2002~2017 年中部地区固定资产投资（不含农户）情况

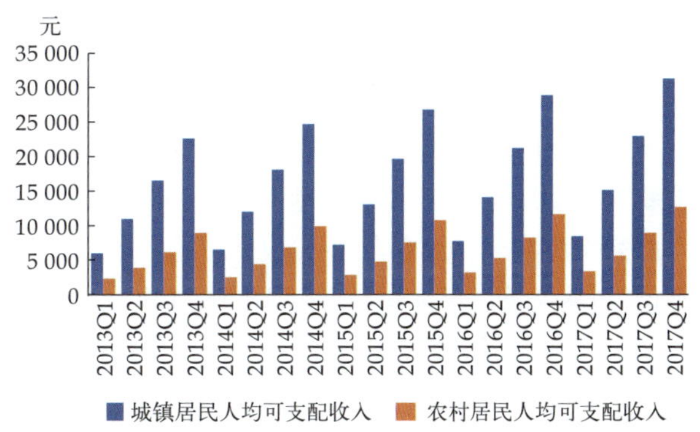

数据来源：国家统计局网站和《中国统计摘要》，中国人民银行工作人员计算。

图 11　2013~2017 年中部地区城镇及农村居民人均可支配收入情况

① “两权”指农村承包土地的经营权和农民住房财产权。

含农户）占全国的 26.1%，同比下降 0.4 个百分点；房地产开发投资完成 2.4 万亿元，同比增长 11.6%，对固定资产投资贡献率达到 23.5%，高于全国平均水平 6.6 个百分点。高技术产业投资保持快速增长，如湖北和湖南高技术产业投资分别增长 33.4% 和 24.7%。

居民收入加速增长，消费需求稳步扩张。2017 年，中部地区城镇和农村居民人均可支配收入同比分别增长 8.3% 和 8.5%，增速分别较上年上升 0.6 个和 0.5 个百分点，收入提升幅度均居各地区之首。在居民收入提高的带动下，消费增长得到较好支撑。全年实现社会消费品零售总额 7.7 万亿元，同比增长 11.0%，增速居各地区首位，较全国平均水平高 0.8 个百分点。

进出口增速由负转正，企业"走出去"规模稳步扩大。2017 年，中部地区实现货物进出口总额 2 752.4 亿美元，其中，出口总额和进口总额分别为 1 740.7 亿美元和 1 011.7 亿美元，同比分别增长 12.5% 和 21.7%，分别较上年提高 18.9 个和 27.7 个百分点，其中湖南货物进出口总额增速居全国第四、中部第一。出口商品结构持续优化，如安徽机电产品和高新技术产品出口占比分别较上年提高 1.4 个和 3.7 个百分点。企业"走出去"步伐加快，如湖北对外投资 16.1 亿美元，同比增长 22.1%，对"一带一路"沿线国家投资占对外投资总额的 16.1%。

（二）中部地区金融运行

金融机构规模稳步壮大，金融服务体系更加多元。2017 年末，中部地区银行业金融机构网点数量 5.4 万个、从业人数 86.8 万人、资产规模 34.4 万亿元，同比分别增长 1.4%、6.2% 和 10.2%，占全国的比重分别较上年下降 0.1 个、上升 0.5 个和上升 0.1 个百分点。其中，城市商业银行、农村金融机构资产规模分别为 4.7 万亿元和 6.8 万亿元，同比分别增长 19.9% 和 11.4%，均高于全国平均水平。

中长期贷款保持高速增长，重点领域和薄弱环节信贷支持有力。2017 年末，中部地区本外币各项贷款余额 19.8 万亿元，同比增长 14.8%。其中，人民币中长期贷款余额同比增长 23.0%，高于人民币各项贷款增速 8.1 个百分点，增速较上年提高 0.6 个百分点。信贷投向结构有

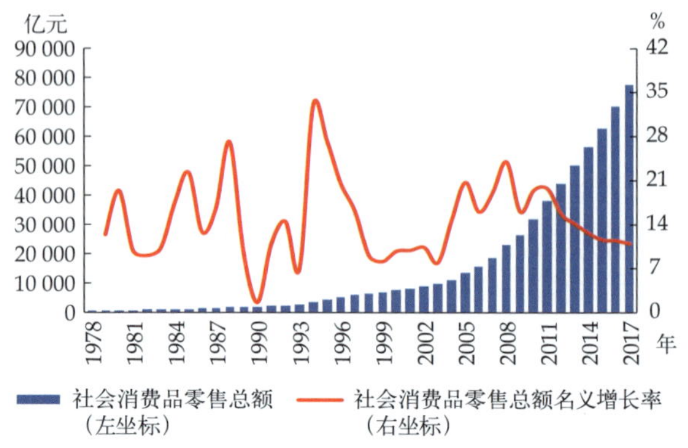

数据来源：国家统计局网站和《中国统计摘要》，中国人民银行工作人员计算。

图 12　1978~2017 年中部地区消费增长情况

表 8　2016~2017 年中部地区银行业金融机构概况

年 份	营业网点			法人机构个数（个）
	机构个数（个）	从业人数（人）	资产总额（亿元）	
2016	53 044	817 466	312 169.7	1 092
2017	53 762	868 054	343 917.7	1 110

数据来源：中国人民银行上海总部、各分行、营业管理部、省会（首府）城市中心支行。

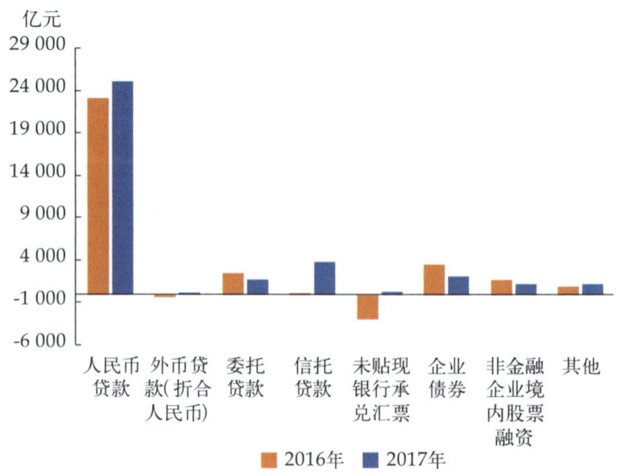

数据来源：中国人民银行上海总部、各分行、营业管理部、省会（首府）城市中心支行。

图 13　2016~2017 年中部地区社会融资规模增量

所优化，高耗能行业中长期贷款余额占全部中长期贷款的比重为5.5%，同比下降0.4个百分点。下岗失业人员小额担保贷款、劳动密集型小企业贴息贷款、助学贷款、保障性住房开发贷款和金融精准扶贫贷款等民生领域贷款余额增长59.2%，较各项贷款增速高44.4个百分点。如江西保障性住房开发贷款余额同比增长75.5%，金融精准扶贫贷款余额同比增长63.0%。

社会融资规模较快增长，多项债务融资工具创新取得突破。2017年，中部地区社会融资规模增量为3.6万亿元，同比增长23.8%，社会融资规模占全国的比重为20.1%，较上年上升2.6个百分点。其中，人民币贷款增加2.5万亿元，占地区社会融资规模的69.5%，仍是社会融资规模的主体。表外融资平稳增长，其中信托贷款较上年多增3 660.3亿元，未贴现银行承兑汇票较上年多增3 227.9亿元。各省积极推动债务融资工具创新，如湖北成功发行全国最大单“双创”专项债务融资工具，山西实现了绿色债、可转债、可交换债等多种债券发行零的突破。

三、西部地区经济金融运行

2017年，西部地区充分发挥后发优势，立足劳动力、土地、能源等资源禀赋，加快产业结构转型升级，经济发展延续近年快速增长态势。固定资产投资和进出口增速均领跑全国，居民消费结构升级，现代服务业蓬勃发展。金融业资产规模稳步增长，新型金融组织建设取得积极进展，民生领域融资保障有力，证券保险稳步发展，业务创新步伐加快。

（一）西部地区经济运行

2017年，西部地区实现地区生产总值17.1万亿元，同比增长7.8%，较全国增速高0.9个百分点。

固定资产投资增速领跑全国，对稳定经济增长起到重要支撑作用。2017年，西部地区固定资产投资延续上年的高增长态势，全年完成固定资产投资（不含农户）16.7万亿元，同比增长8.5%，高于全国平均水平1.3个百分点，居各地区首位。其中，西藏、贵州投资增速超过20%。基础设施、先进制造业及高新技术领域投资增长较多，四川基础设施投资增长17.2%，高于全部

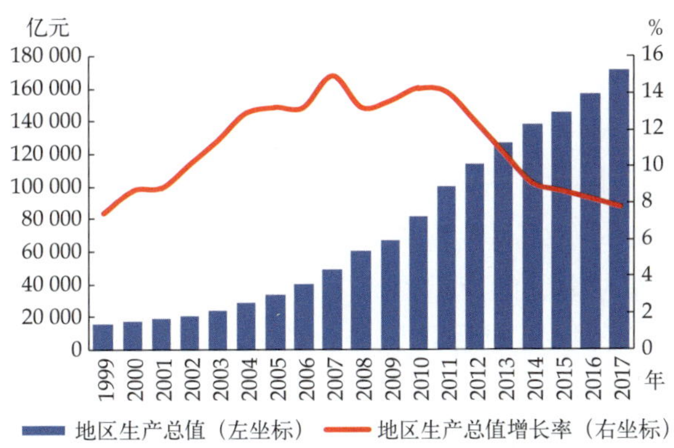

数据来源：国家统计局网站和《中国统计摘要》，中国人民银行工作人员计算。

图14　1999~2017年西部地区经济增长情况

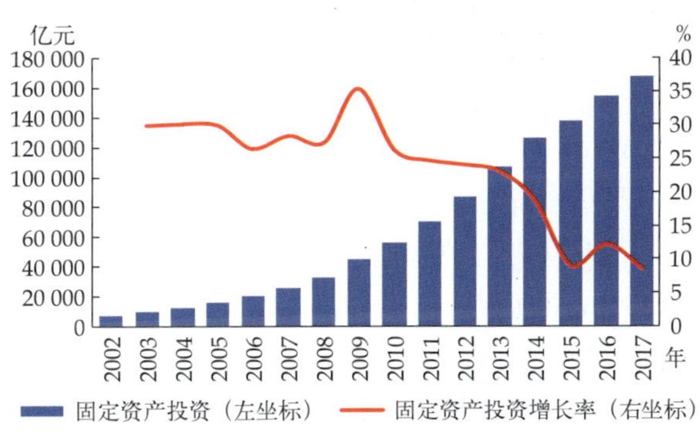

数据来源：国家统计局网站和《中国统计摘要》，中国人民银行工作人员计算。

图15　2002~2017年西部地区固定资产投资（不含农户）情况

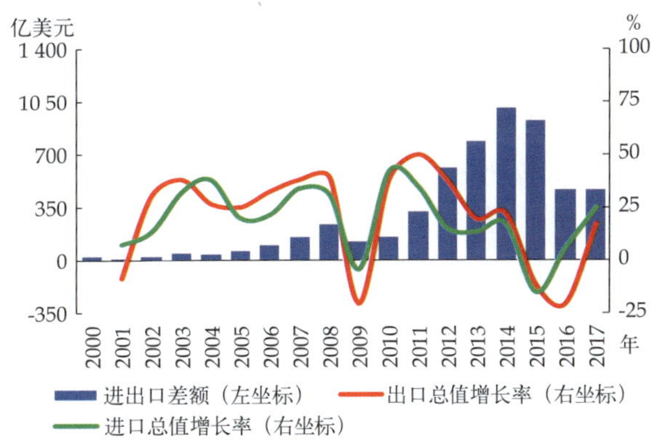

数据来源：国家统计局网站和《中国统计摘要》，中国人民银行工作人员计算。

图16　2000~2017年西部地区对外贸易情况

投资增速7.0个百分点，连续四年保持16%以上的增速；云南基础设施投资同比增长32.3%，占固定资产投资的39.9%；重庆高技术制造业投资增速较制造业平均增速高5.2个百分点。

受“一带一路”稳步推进带动，进出口增速全国领先。2017年，西部地区货物进口总额同比增长25.0%，比上年提高19.1个百分点，是全国进口增长最快区域；货物出口总额增速由负转正，同比增长17.4%，居各地区首位，出口额占全国的比重同比上升0.7个百分点。对外贸易结构不断优化调整，四川、重庆、贵州等地机电产品、高新技术产品在对外贸易中占比超过六成。随着“一带一路”倡议深入实施，西部地区与沿线国家贸易合作加强，重庆中欧班列累计开行量占全国的1/4，四川全年开行蓉欧快铁1 012班，增长94.6%，云南积极参与孟中印缅经济走廊、中国—中南半岛国际经济走廊和澜沧江—湄公河合作，强化区域合作，推动形成内外联动、互为支撑的双向开放新格局。

第三产业占比显著提高，现代服务业快速发展。2017年，西部地区三次产业的比重分别为11.5%、41.8%和46.7%，分别较上年下降0.4个、下降1.7个和提高2.0个百分点，第三产业提升幅度在各区域中最高。随着居民消费结构升级，旅游、文化、体育、健康、养老“五大幸福产业”快速发展，在推动民生改善和增进居民幸福感的同时，推动现代服务业蓬勃发展。如云南年内出台“22条措施”整治旅游市场秩序，启动“一部手机游云南”和旅游大数据平台建设，推进旅游业转型升级，全年旅游业总收入同比增长46.5%。现代新型服务业异军突起，如贵州大数据行业加快发展，“云上贵州”数据共享交换体系整体接入国家平台，贵阳市成为全国大数据及网络安全示范试点城市。

（二）西部地区金融运行

资产规模稳步增长，金融服务覆盖面进一步扩大。2017年末，西部地区共有银行业机构网点6.0万个、从业人员93.0万人、法人机构1 407家，受银行机构互联网化改造等因素影响，机构网点较上年略有减少。银行业资产总额41.5万亿元，同比增长9.5%，增速较上年放缓2.7个百分点。其中，四川银行业机构营业网点数和资产规模处于西部地区前列，占地区的比重均超过20%。金融服务覆盖面稳步扩大，云南、广西、新疆、青海新增村镇银行19家。新型金融组织建设取得积极进展，消费金融公司、金融资产管理公司、金融租赁公司等金融新业态加快布局，国内第五家、四川首家信用增进公司成立。

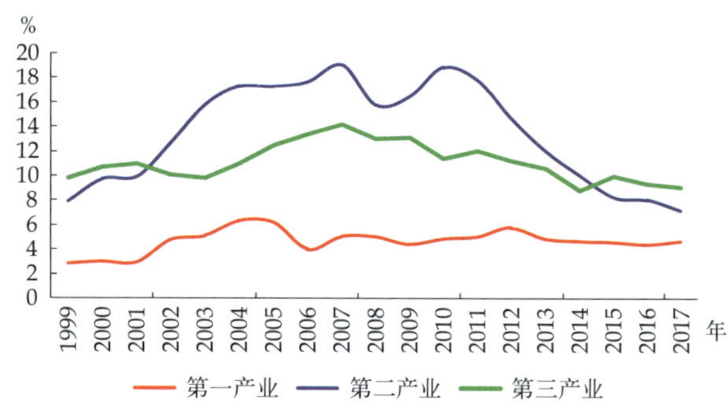

数据来源：国家统计局网站和《中国统计摘要》，中国人民银行工作人员计算。

图17　1999~2017年西部地区三次产业增长情况

表9　2016~2017年西部地区银行业金融机构概况

年份	营业网点			法人机构个数（个）
	机构个数（个）	从业人数（人）	资产总额（亿元）	
2016	60 418	927 464	379 404.4	1 353
2017	60 400	929 762	415 319.0	1 407

数据来源：中国人民银行上海总部、各分行、营业管理部、省会（首府）城市中心支行。

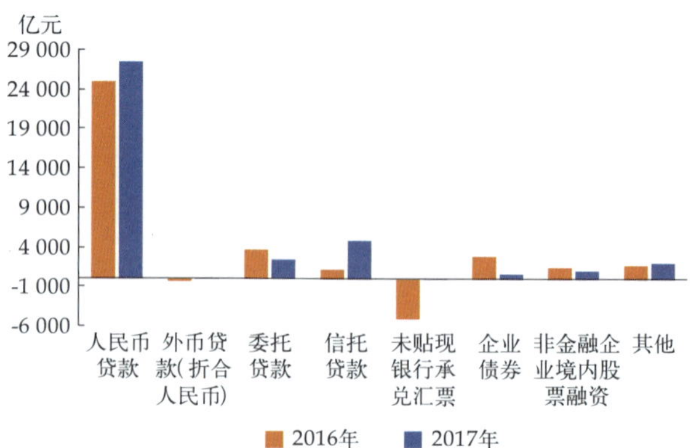

数据来源：中国人民银行上海总部、各分行、营业管理部、省会（首府）城市中心支行。

图18　2016~2017年西部地区社会融资规模增量

社会融资规模快速增长，民生领域融资保障有力。2017 年，西部地区社会融资规模增量为 3.9 万亿元，为 2016 年社会融资规模增量的 1.3 倍。其中，人民币贷款占社会融资规模的比重为 71.2%，较上年回落 9.8 个百分点；信托贷款全年增加 4 846.9 亿元，同比多增 3 658.9 亿元。西部地区银行业机构持续加强业务创新，积极满足实体经济融资需求。全年小微企业本外币贷款余额同比增长 24.0%；涉农贷款余额同比增长 12.2%；下岗失业人员、助学贷款、保障房开发和金融精准扶贫等民生领域贷款余额同比增长 34.8%。西藏小微企业贷款余额同比增长 64.1%，高于各项贷款增速 31.4 个百分点；重庆绿色信贷保持快速增长，首笔碳配额抵押贷款落地。

证券保险稳步发展，业务创新步伐加快。2017 年末，西部地区境内上市公司 461 家，同比增加 29 家；保险公司法人机构增加 4 家，保费收入同比增长 18.0%。云南发行可续期绿色公司债 12 亿元、绿色企业债券 5.5 亿元。重庆区域 OTC 市场新设科创板和青年创业板，全年融资 59.5 亿元。西部各省份大力推进巨灾保险、精准扶贫保险和涉农环境污染责任保险。宁夏“扶贫保”覆盖全区 100% 的建档立卡户和 100% 的建档立卡人口，提供风险保障 1 137 亿元。内蒙古全面完成大兴安岭重点国有林管理局“4・30”“5・2”森林火灾理赔工作。

四、东北地区经济金融运行

2017 年，东北地区经济触底回升迹象明显，固定资产投资三年来首次正增长，民间投资企稳向好。银行业整体发展平稳，信贷投放“有扶有控”，重点领域信贷支持力度增强。

（一）东北地区经济运行

2017 年，东北地区实现地区生产总值 5.5 万亿元，同比增长 5.1%，增速比上年提升 2.4 个百分点；区域经济总量占全国比重为 6.5%，比上年下降 0.3 个百分点。

固定资产投资三年来首次正增长，民间投资企稳向好。2017 年，东北地区实现固定资产投资（不含农户）3.1 万亿元，同比增长 2.8%，扭转了持续负增长的态势。其中，民间投资 2.2 万亿元，同比增长 3.2%，增速较上年提高 27.6 个百分点，对全部投资增长的贡献率达 80.1%，是投资增速由负转正的主要原因。分省份看，黑龙江固定资产投资稳步增长，全年增长 6.2%，达到四年来最高水平；辽宁固定资产投资自 2017 年 6 月以后降幅逐渐收窄，2017 年末增速为 0.1%，实现 2014 年 10 月以来首次正增长；吉林固定资产投资同比增长 1.4%，比上年回落 8.7 个百分点。

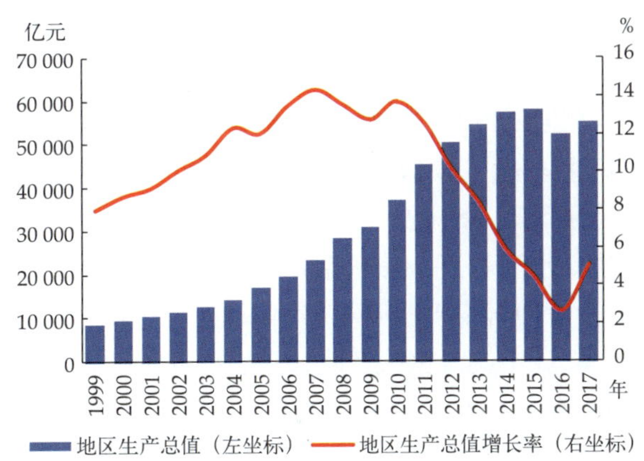

数据来源：国家统计局网站和《中国统计摘要》，中国人民银行工作人员计算。

图 19　1999~2017 年东北地区经济增长情况

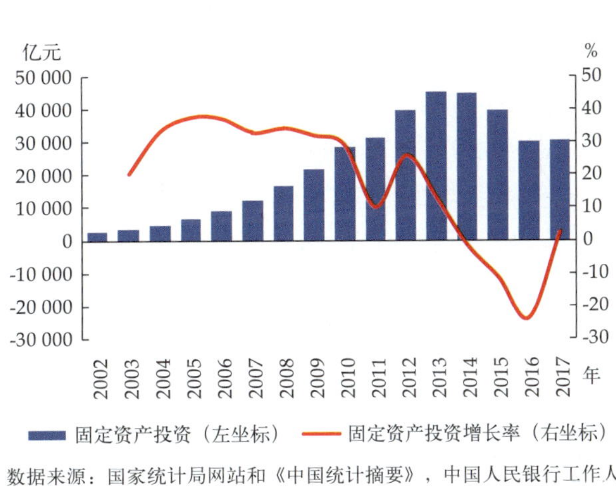

数据来源：国家统计局网站和《中国统计摘要》，中国人民银行工作人员计算。

图 20　2002~2017 年东北地区固定资产投资（不含农户）情况

老工业基地加快转型升级，第三产业保持较快发展。黑龙江出台《黑龙江省扶持科技企业孵化器和众创空间发展政策实施细则》和《黑龙江省深化科技奖励制度改革方案》，着力营造科技创新的良好氛围，全年新注册成立科技型企业5 204家，同比增长66.8%。吉林重点产业支撑作用突出，全年列入产业跃升计划的八大重点产业增加值对规模以上工业增长的贡献率达到81.4%。辽宁加快自贸区建设和国有企业改革进程，做强做优高端装备制造业。自贸试验区沈阳、大连、营口三个片区正式运营；高新技术企业达到2 580家，较上年增加743家。2017年，东北地区第三产业增长6.8%，较上年提升0.8个百分点；第三产业的比重为50.8%，同比提高1.3个百分点。

供给侧结构性改革稳步推进，钢铁煤炭等行业去产能工作取得成效。截至2017年，黑龙江关闭煤矿363处，退出煤炭产能2 938万吨，钢铁、水泥分别淘汰落后产能675万吨和129万吨。吉林水泥产量下降12.5%，铁合金产量下降45.1%。辽宁淘汰钢铁产能129万吨，取缔"地条钢"企业66户；淘汰煤炭产能873万吨；淘汰33条落后水泥磨机生产线、水泥产能421.5万吨。

（二）东北地区金融运行

银行业整体发展平稳，重点领域信贷支持力度增强。2017年末，东北地区共有银行业金融机构网点2.1万个、从业人员41万人，占全国的比重分别为9.3%和10.5%，分别比上年下降0.1个和0.3个百分点。各类地方法人银行资产规模增速均低于全国同类机构平均水平。银行业坚持"有扶有控"，积极支持重点领域和薄弱环节融资。辽宁对消费领域、基础设施建设和高新技术行业贷款分别同比多增522亿元、82亿元和59亿元。吉林小微企业贷款余额同比增长14.2%，精准扶贫贷款持续增加，年末余额达到555.9亿元。黑龙江试点地区"两权"抵押贷款总量居全国首位。

社会融资规模同比少增，企业债券融资下降。2017年，东北地区社会融资规模增加7 898.7亿元，同比少增1 525.2亿元。从结构看，人民币贷款依然是社会融资规模的主要部分，占比为63.8%，同比提升0.8个百分点。受部分

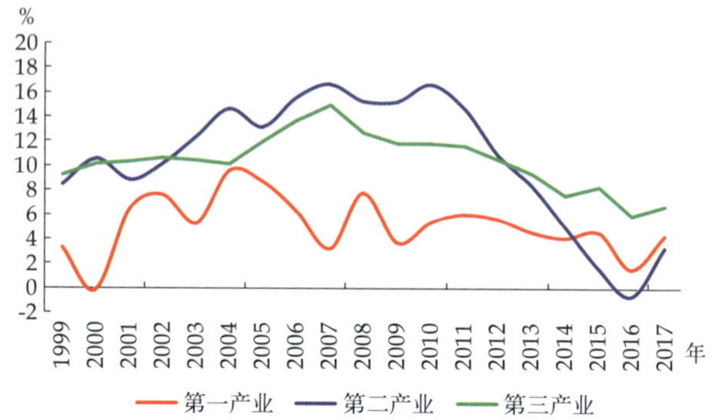

数据来源：国家统计局网站和《中国统计摘要》，中国人民银行工作人员计算。

图21 1999~2017年东北地区三次产业增长情况

表10 2016~2017年东北地区银行业金融机构概况

年份	营业网点			法人机构个数（个）
	机构个数（个）	从业人数（人）	资产总额（亿元）	
2016	20 954	410 440	144 139.7	380
2017	21 119	414 314	147 549.3	397

数据来源：中国人民银行上海总部、各分行、营业管理部、省会（首府）城市中心支行。

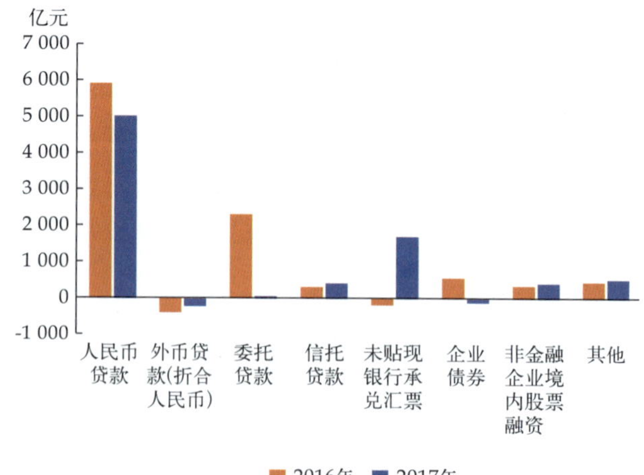

数据来源：中国人民银行上海总部、各分行、营业管理部、省会（首府）城市中心支行。

图22 2016~2017年东北地区社会融资规模增量

企业债券违约事件和市场利率回升影响，企业债券发行放缓，全年企业债券净融资为 -121.2 亿元。非金融企业境内股票融资 425.2 亿元，同比多增 57.4 亿元。

不良贷款率有所上升，地方法人银行机构积极补充资本。2017 年，受产能过剩行业贷款质量向下迁徙等因素影响，东北地区银行业不良贷款率同比有所上升。但随着地方法人银行机构积极补充资本，风险抵御能力进一步增强。2017 年末，东北地区地方法人银行资本充足率同比提升 0.2 个百分点。

五、主要经济圈与城市群发展

（一）三大经济圈较快发展

2017 年，长三角、珠三角、京津冀经济圈[①]着力加大改革力度，实施创新驱动发展战略，着力推动平衡发展，区域经济保持平稳增长，新的增长极加快成长，区域合作交流深入推进，区域经济社会发展的活力和潜力不断提升。

经济保持平稳较快增长。2017 年，长三角、珠三角、京津冀经济圈实现地区生产总值 32.6 万亿元，加权平均增长率为 7.3%，较全国 GDP 增速高 0.4 个百分点。服务业成为经济增长主要动力，三大经济圈第三产业增加值比重和增速均高于全国平均水平。投资稳步增长，三大经济圈实现固定资产投资 17.0 万亿元，加权平均增长率为 7.7%，增速高于全国平均增速 0.5 个百分点。

自主创新步伐加快，新增长动能持续增强。长三角地区深入实施创新驱动发展战略，以数字经济、“互联网 +”为特征的新业态持续活跃，以高新技术、战略性新兴产业为主的新动能加快成长。江苏突出企业创新主体地位，新增 3 家国家级工程研究中心（工程实验室）；规划创建国家产业创新中心，启动建设江苏大数据

表 11　2017 年三大经济圈产业结构

单位：%

	长三角	珠三角	京津冀	全 国
	产业结构			
第一产业	3.7	1.6	4.7	7.9
第二产业	41.9	42.1	36.7	40.5
第三产业	54.4	56.3	58.6	51.6
	增长率			
第一产业	2.2	2.4	3.5	3.9
第二产业	6.6	7.7	3.0	6.1
第三产业	8.2	8.3	8.3	8.0

数据来源：国家统计局、相关省（自治区、直辖市）统计局，中国人民银行工作人员计算。

表 12　2017 年三大经济圈主要经济指标

单位：%

	长三角	珠三角	京津冀	全 国
	占全国比重			
地区生产总值	20.3	9.2	9.7	100.0
固定资产投资	14.2	4.0	8.3	100.0
社会消费品零售总额	18.5	7.5	9.1	100.0
一般公共预算收入	11.9	4.3	6.4	100.0
实际利用外资	45.8	16.7	33.5	100.0
货物进出口总额	35.2	23.4	11.9	100.0
进口总额	32.7	20.1	19.2	100.0
出口总额	37.3	26.1	5.9	100.0
	增长率			
地区生产总值	7.3	7.9	6.0	6.9
固定资产投资	7.9	13.7	4.4	7.2
社会消费品零售总额	10.2	9.0	7.2	10.2
一般公共预算收入	7.7	10.4	5.2	7.4
实际利用外资	-0.8	-3.4	51.3	7.9
货物进出口总额	15.9	8.2	15.6	14.2

数据来源：国家统计局、相关省（自治区、直辖市）统计局，中国人民银行工作人员计算。

① 长三角经济圈指上海市、江苏省和浙江省；珠三角经济圈指广东省的 9 个地级市，分别是广州市、深圳市、珠海市、佛山市、惠州市、肇庆市、江门市、中山市和东莞市；京津冀经济圈指北京市、天津市和河北省。

管理中心，国家政务信息系统整合共享应用试点成功获批。上海出台《关于本市推动新一代人工智能发展的实施意见》，旨在形成应用驱动、科技引领、产业协同、生态培育、人才集聚的新一代人工智能发展体系。珠三角地区积极推动结构优化、动力转换和质量提升，经济活力、动力和潜力不断释放。珠三角国家自主创新示范区建设工作会在广州召开，加快形成多支柱的新兴产业体系。《广东高新技术产业开发区创新发展战略提升行动实施方案》出台，提出加快形成以创新为主要引领和支撑的经济体系和发展模式。京津冀协同创新深入开展，中关村国家自主创新示范区引领带动作用增强，天津国家自主创新示范区加快建设，石保廊全面创新改革试验区、京南国家科技成果转移转化示范区建设取得新成效。

区域合作深入推进，引领带动作用继续增强。长三角地区稳步推进《长江三角洲城市群发展规划》，2017年长三角地区合作与发展联席会议在南通召开，进一步深化开放、健全机制，推动长三角区域合作取得新突破。《广东省深化泛珠三角区域合作实施意见》出台，旨在推动泛珠三角区域“9+2”各方合作发挥更加积极的作用；深化粤港澳金融合作，促进广东与港澳金融市场合作与对接，开展广东与港澳地区支付结算业务合作，支持广东与港澳地区金融机构跨境互设，全面推进大珠三角金融圈建设。京津冀协同发展规划实施有序推进，京津冀一体化进程进一步深化。北京市通州区、天津市武清区和河北省廊坊市签署《贯彻落实京津冀协同发展重大国家战略》《推进通武廊战略合作发展框架协议》，京冀产业协同发展联席会在北京举行，推进两地产业协同，打造京冀产业协同发展升级版。北京加快推进功能疏解，全力支持雄安新区规划建设，与河北签订战略合作协议，已确定重点合作领域及一批先期支持项目。

（二）区域城市群协同发展态势良好

所谓城市群，是在一定的区域范围内，分布一定数量的不同性质、类型和等级的城市，其依托一定的自然环境、交通条件和信息网络建立起内在的有机联系，并以一个或两个特大城市为核心，共同构成一个经济、社会、生态等密切联系且相对完整的城市“集合体”[①]，城市群是推动新型城镇化、支撑区域发展的重要增长极。目前，我国已经形成海峡西岸、中原、长江中游、北部湾、成渝等城市群，推动了城市群协调发展。2017年，各城市群深入贯彻区域发展战略部署，着力推进改革创新，新增长动能加快凝聚，一体化进程更趋深入，城市群质量不断提高。

海峡西岸城市群成为两岸交流合作前沿平台，创新发展步伐加快。海峡西岸城市群与台湾产业合作更加密切，台商在福建的直接投资金额占比不断上升。海峡西岸城市群以各级高新技术开发区为载体，产业基地快速发展，新一代信息技术产业、高端装备制造业、新能源汽车产业、节能环保产业等战略性新兴产业持续壮大。2017年海峡西岸城市群地区生产总值突破5万亿元大关，城市群内的20个城市之间经济联系更趋紧密，逐步形成以沿海地区福州、厦门、泉州、温州、汕头五个城市为中心的城市群。

中原城市群规划有序实施，先进制造业和现代服务业支撑作用不断提升。2017年，河南出台《河南省建设中原城市群实施方案》，把增强郑州国家中心城市龙头带动作用、提升洛阳中原城市群副中心城市地位、推动城市群一体化发展作为突出任务，全面启动郑州大都市区建设。加快推进郑东新区金融集聚核心功能区建设，开展2017中国（郑州）制造业与互联网融合应用推广活动，郑洛新“中国制造2025”试点示范城市群获工信部批复。中原城

① 参考高洪深编著的《区域经济学（第四版）》关于城市群的定义。

市群启动郑州—卢森堡“空中丝绸之路”建设，机场集团、郑州国际陆港多式联运信息平台建设加快推进。

长江中游城市群绿色发展深入推进。长江中游城市群探索环境污染的市场化治理机制，跨省主要污染物排污权交易制度和环境污染责任保险制度取得进展，建立了突发环境事件联处、打击非法采砂联勤等机制，联合开展了荆江大堤、黄盖湖等跨界河湖流域综合整治。长江中游城市群省会城市合作机制不断完善，2017年四省会城市共同签署并发布了《长江中游城市群省会城市合作行动计划（2017~2020年）》。

北部湾城市群深化对外开放，协调效应初步显现。以北部湾港口群为起点的海上开放通道和以边境口岸为支撑的陆上开放通道加快形成，中国—东盟博览会、边境经济合作区、“两国双园”等开放平台建设有序推进。北部湾城市群积极打造陆海统筹发展示范区，形成以电子信息、石油化工、冶金、新材料、粮油食品等为主的临海工业体系。

成渝城市群创新驱动发展加快，区域合作进一步深化。成渝城市群高技术产业、战略性新兴产业、信息消费服务业、科技服务业增长较快。2017年，重庆市高技术产业、战略性新兴产业增加值分别增长24.9%和25.7%，占规模以上工业增加值比重均接近两成；成都市高技术制造业增加值增长20.5%，电子及通信设备制造业、计算机及办公设备制造业等先进制造业对规模以上工业增长的贡献率达40.8%。成渝城市群举办渝西川东经济社会发展协作会，签署交通、文化、环保等领域79项协议，深化了区域内经济社会发展合作。

六、区域金融改革创新与对外开放情况

近年来，按照党中央、国务院的统一部署，根据各区域金融特色定位和发展侧重，在具备条件地区有针对性地开展了一系列形式多样的区域金融改革试点。在多方努力下，区域金融改革试点总体取得阶段性成果，为全国金融改革提供了大量可复制、可推广的经验和做法。

金融对外开放不断深化。2017年，中国人民银行制定并发布了《内地与香港债券市场互联互通合作管理暂行办法》，成功推出内地与香港债券市场互联互通合作（简称“债券通”），丰富了境外投资者投资渠道，进一步推进银行间债券市场对外开放。自贸区金融改革向纵深推进，上海自由贸易试验区先后推出自由贸易账户、跨境投融资汇兑便利、人民币跨境使用等一系列金融改革制度安排，在投资自由化、贸易便利化、金融开放创新、事中事后监管、优化营商环境、推进科技创新、服务国家战略等方面积极探索，一批创新举措在全国推广实施。天津、福建和广东三地充分发挥政策先行先试优势，持续加大对供给侧结构性改革、创新驱动发展和新旧动能转换等重大发展战略的支持力度。辽宁、湖北、四川、陕西、重庆和浙江等地区依托已有试点经验，稳步实施扩大人民币跨境使用、拓展融资渠道、深化外汇管理改革等举措，积极探索跨境电子商务、智能制造、融资租赁等发展路径。广东自由贸易试验区为企业提供了“利率互换+期权组合+差额清算业务”衍生工具综合服务，满足“走出去”企业境外融资的套期保值需求。

绿色金融改革试点稳步推进。2017年，5个省份开展绿色金融创新试验区试点建设，时间虽然较短，但推动绿色产业、生态经济发展的良好势头已经显现。贵州贵阳通过推动金融机构创新信贷模式、发展绿色产业基金、创新绿色保险等措施，着力支持贫困地区农户及农业经营主体发展绿色涉农产业，形成了特色涉农绿色金融模式。浙江积极研究探索绿色信用信息共享平台开发，探索构建地方绿色信用信息体系和共享机制。广东围绕《广东省广州市建设绿色金融改革创新试验区总体方案》，从设立发展专项资金、培育绿色金融组织体系、推动绿色金融支持绿色产业、引导绿色产业集聚发展、建立政务服务绿色通道等十个方面提出了发展措施，统筹推进绿色金融改革创新发

展。江西南昌以“两个基地”和“三个特色区域”[①]建设为中心，着力推进绿色金融组织建设，拓宽绿色产业融资渠道。新疆侧重发挥现代农业、清洁能源以及风光电高端制造业的比较优势，积极引导金融资源向资源生产升级改造、绿色农业、旅游、城镇化等绿色发展领域配置。

金融推动创新驱动步伐不断加快。全面创新改革试验区完善体制机制，对创新发展领域的支持力度显著提升。湖北武汉创新发展金融支持科技发展的“东湖模式”，通过设立科技金融专营机构、建立科技金融专项机制、推出科技金融专项产品、搭建科技金融信息信用专业平台、出台科技金融直接融资等专项措施，构建服务科技企业全生命周期的投融资服务体系。安徽合肥着力推进科技基础设施建设，在科技成果转化、人才培养和引进及科研力量建设等方面加大了奖补力度，为提升创新主体自主创新能力开辟了新路径。

金融科技不断创新，移动支付发展走在世界前列。伴随着移动支付业务创新以及智能手机的推广普及，移动支付业务量保持较快增长。2017 年银行业金融机构共处理移动支付业务 375.5 亿笔，金额 202.9 万亿元，同比分别增长 46.1% 和 28.8%。非银行支付机构发生网络支付业务[②]2 867.5 亿笔，金额 143.3 万亿元，同比分别增长 75.0% 和 44.3%。

国家级金融综合改革试验区改革推进力度不断提升。山东青岛利用区域优势，从机构、市场和人才三个方面推进财富管理的供给侧改革，积极探索财富管理对外开放和跨境投融资等创新机制，示范效应初步显现。珠江三角洲地区积极引导金融机构资金配置向粤东西北地区倾斜，推动金融机构跨区域经营，促进广东与港澳金融市场合作与对接，推进区域经济协调发展。江苏泰州以供给侧结构性改革为主线，以合理配置资源为抓手，持续优化金融服务基础设施建设，积极打造产融对接平台，大力推动金融资源积聚，为产业转型升级、绿色发展提供助力。浙江温州、福建泉州通过完善社会信用体系建设和信用保险机制，建立“平台 + 银行 + 担保”的多层次金融服务体系，不断提升小微企业的金融服务水平。沿边金融综合改革进展成效显著，对东盟国家货币银行间市场区域交易和服务平台持续优化，跨境金融交流初显成效。

---

① “两个基地”：绿色金融研究基地和绿色金融创新基地；“三个特色区域”：金融生态集聚区、金融服务功能区和产融结合样板区。
② 非银行支付机构处理网络支付业务量不包含红包类等娱乐性产品的业务量。

第三部分 区域经济与金融展望

展望未来一段时期，经济持续健康发展的有利条件较多。全球经济保持回暖态势。我国发展有巨大的潜能，新型城镇化、服务业、高端制造业以及消费升级有很大的发展空间，回旋空间也比较大。近年来经济结构调整取得积极进展，经济增长动力加快转换，总供求更加平衡，经济韧性进一步增强。但也要看到贸易摩擦、地缘政治等也给全球经济发展带来较大的不确定性。同时，我国经济也正处在转变发展方式、优化经济结构、转换增长动力的攻关期，制约经济持续向好的结构性、深层次问题仍然突出，防范化解重大风险的任务依然艰巨。各地区将按照党中央、国务院部署，继续深入贯彻落实推进西部大开发，加快东北等老工业基地振兴，推动中部地区崛起，支持东部地区率先发展的区域协调发展战略，坚持优势互补、互利共赢，找准区域优势、明确发展定位，深化区域间分工，全力打好“三大攻坚战”，把加快调整结构与持续扩大内需结合起来，实现区域协调发展。中国人民银行将按照党中央、国务院部署，实施好稳健中性的货币政策，健全货币政策和宏观审慎政策双支柱调控框架，灵活运用多种政策工具组合，保持流动性合理充裕，为供给侧结构性改革和高质量发展营造适宜的货币金融环境。扎实推进金融改革开放，大力发展普惠金融，在服务实体经济、支持创业创新和新动能培育上发挥更大作用。打好防范化解重大金融风险攻坚战，把握好结构性去杠杆的力度和节奏，守住不发生系统性金融风险的底线。

东部地区的区位优势明显、产业基础雄厚，是全国经济增长的主要动力和稳定器，地区经济韧性和活力强。金融基础设施相对完善，资源配置效率较高，改革创新能力突出。但部分省份经济金融发展也面临着资源环境约束凸显、金融服务实体经济质效有待进一步提高等问题。展望 2018 年，东部地区由于创新能力较强，产业结构相对合理，将在经济结构优化升级和有效转变增长方式上继续走在全国前列。东部地区金融业将在继续推进机构发展、扩大对外开放水平和加强区域金融改革的同时，切实防范和化解金融风险，优化融资结构和信贷结构，为支持东部地区供给侧结构性改革、服务实体经济转型发展营造良好的金融环境。

中部地区是我国新一轮工业化、城镇化、信息化和农业现代化的重点区域，是扩大内需、提升开放水平具有潜力的区域，也是支撑我国经济保持中高速增长的重要区域。但部分省份也面临新动能发展不足、传统产业占比较高等挑战。展望2018年，中部地区依然处于“十三五”时期促进中部地区全面崛起的历史机遇期，创新驱动能力将进一步增强，“一中心、四区”[①]建设的深入推进，将带动中部地区发展再上新水平。中部地区金融业将继续围绕五大发展理念和供给侧结构性改革要求，大力发展科技金融、绿色金融、普惠金融，做好金融对实体经济的对接及服务工作，助推中部地区实现经济社会健康可持续发展。

西部地区立足资源禀赋，发挥后发优势，加快产业结构转型升级，经济发展延续了较快

① “一中心、四区”即全国重要先进制造业中心、全国新型城镇化重点区、全国现代农业发展核心区、全国生态文明建设示范区、全方位开放重要支撑区。

增长态势。金融业保持稳定发展，金融支持重点领域和薄弱环节的力度不断加大。但经济金融运行中还存在一些不稳定、不确定因素，部分省份新兴产业规模相对较小，新型金融业态发展缓慢，资本市场活力有待进一步提高。展望2018年，西部地区将在国家“三大战略”推进实施、供给侧结构性改革、承接东部产业转移等积极因素的带动下，保持较快发展，与东部的经济差距将逐渐缩小。金融业将进一步优化金融资源配置，提升金融支持实体经济水平；完善金融风险排查和处置机制，维护区域金融稳定；加大金融扶贫力度，提升精准脱贫功效；进一步扩大金融对外开放，助推“一带一路”核心区建设。

东北地区以供给侧结构性改革为依托，积极推进国有企业等重点领域改革，加快传统产业转型升级，经济运行出现了积极变化，恢复性增长势头显现。但也要看到经济发展的体制性、机制性、结构性问题仍有待进一步解决，新产业、新动能、新优势的主体地位尚未形成，个别地区金融生态环境仍有待改善。展望2018年，东北地区将在新一轮振兴战略的实施推动下，加快培育新动能，着力改善营商环境，有效激发市场活力和民间投资动力，进一步巩固经济向好回升的基础。金融业将以东北振兴金融合作机制为契机，加大金融对制造强国建设、农业供给侧结构性改革、小微企业等领域的支持力度；依托冰雪经济，提升金融对旅游服务业的服务水平；坚持底线思维，注重风险防范，为供给侧结构性改革和地区经济发展营造健康的金融生态环境。

专题 1 各地区新旧动能转换发展情况研究

当前，我国正处在新旧动能接续转换、产业发展转型升级的关键时期，各地区结合当地要素禀赋与发展实际，积极探索适合自身的发展方式。本专题通过对不同地区产业结构合理化和高级化情况的分析，从宏观和微观两个角度分析国内部分地区的新旧动能转换发展情况，厘清发展思路，总结发展经验，为各地区进一步推进新旧动能转换发展提供一定参考。

一、新旧动能转换的理论基础

对经济增长动能的研究，一直是经济学界重点关注的问题之一。早期索洛增长模型将经济增长的源泉解释为资本积累和劳动投入，索洛余量作为外生变量反映技术进步的贡献。随后，科学技术发展催生的新增长理论，将技术进步、信息、知识等要素纳入增长模型内生变量，认为知识创新是内生的，技术进步并不是匀速的，而是部分地取决于政府和企业行为。新制度经济学进一步扩大了经济增长动能的内涵，指出资本、人力资源、制度三大要素最为重要。熊彼特的创新理论认为，创新就是对“生产要素的重新组合”，把一种从来没有的生产要素和生产条件的“新组合”引进到生产体系中去，以实现生产函数的“新组合”，经济发展就是这种不断创新的结果。当前，新动能以技术创新为引领，以新动力、新结构、新机制、新业态为核心，以知识、技术、信息、数据等新生产要素为支撑，科技进步对经济增长的贡献率不断提升，为实体经济转型升级持续注入强大动力。

经济增长新旧动能的转换，往往表现为产业结构持续的调整升级，向合理化和高级化迈进。罗斯托（1960）① 在增长阶段论中首次提出产业结构升级概念，认为产业结构的调整升级是一个经济增长对技术创新的吸收以及主导经济部门依次更替的过程，是推动一国经济社会跨阶段发展的重要力量。库兹涅茨（1980）② 指出，随着经济不断发展，农业部门收入和劳动力比重将不断下降，工业部门收入比重上升，劳动力比重稳定或小幅上升，服务部门劳动力比重上升。钱纳里（1989）③ 揭示出产业之间的关联效应，认为产业结构转变是理解发展中国家与发达国家经济发展区别的核心变量，同时也是后发国家加快经济发展的本质要求。从经济发展实践看，各国正是通过不断改善生产要素在不同产业之间的配置结构，来促进产业结构合理化；通过不断引入高级生产要素（如技术、制度等），使产业结构高级化，来实现经济长期增长。

总的来看，新旧动能转换在创造和满足新需求的同时，也不断优化产品和服务，最终转化为推动经济高质量发展的持续动力。但也要看到，新旧动能转换是一个长期的系

① Rostow, W.W.(1960). *The stages of economic growth: A non-communist manifesto*. Cambridge University Press.

② Kuznets S.(1980). *Modern economic growth: Rate, structure and spread*. New Haven and London: Yale University Press.

③ Chenery, H.B., S.Robinson and M.Syrquin(1986). *Industrialization and growth: a comparative study*. Oxford University Press.

统性工程，新旧动能长期并存、双轮驱动将是未来一段时间内经济的重要特征之一，传统产业是产业转型升级的主战场，新动能的支撑作用仍需积蓄成长。要在积极培育发展新动能的同时，充分发挥传统产业比较优势，运用新技术新模式推动传统产业转型升级，为培育壮大新动能赢得时间、腾挪空间、催生需求，实现新旧动能的平稳接续。

二、各地区新旧动能转换的情况分析

党的十六届五中全会提出产业结构升级的概念，并规划推进高新技术产业为先导、基础产业和制造业为支撑、服务业全面发展的产业格局。2017年，国务院办公厅出台《关于创新管理优化服务　培育壮大经济发展新动能　加快新旧动能接续转换的意见》。党的十九大报告提出，要在中高端消费、创新引领、绿色低碳、共享经济、现代供应链、人力资本服务等领域培育新增长点、形成新动能，支持传统产业优化升级。在党中央、国务院一系列政策指引下，各地出台相关政策文件、编制产业发展规划、制订工作方案等，在发挥市场在资源配置中的决定性作用的同时，更好地发挥政府作用，为新旧动能转换提供制度保障。

新旧动能转换的影响作用涵盖了各个层级的经济主体，本专题整理了全国30个省份（因数据一致性原因，未纳入西藏）的经济发展数据，划分为东、中、西、东北四个区域，分别从宏观和微观角度分析各地区产业结构调整升级的情况，以反映地区新旧动能转换发展水平。

（一）从宏观角度看，东部地区在产业结构合理化和高级化方面具有明显优势

在产业结构理论中，产业结构合理化，是指在现有技术水平下，通过改善生产要素在不同产业之间的配置结构，提升整个经济的投入产出效率；产业结构高级化是指通过创新和提高效率，引入高级生产要素（如技术、制度等），使产业结构向更高层级演进，显著提升生产效率的过程。本专题通过评估各区域的产业结构合理化和高级化水平，从宏观角度分析各区域推进新旧动能转换的基本情况。

参考干春晖等（2011）① 的研究，产业结构合理化可以看作是产业要素投入结构和产出结构耦合程度的一种衡量；产业结构高级化具体表现为经济增长中服务业占比上升、工业占比回落。通过对泰尔指数（Theil，1967）② 重新定义，考虑了产业的相对重要性并避免了绝对值的计算，同时保留了结构偏离度的理论基础和经济含义，能够较好地反映产业结构合理化水平。测算的产业结构合理化指标③，指标值为0即表明产业结构处于均衡状态，各产业部门生产率水平一致，各地区合理化水平越趋近于0，则反映该地区产业结构越合理。通过测算各地区二三产业产值之比的变化④ 趋势，比较各地区经济增长转型升级情况，比值越大反映地区三产经济比重越大，产业高级化水平越高。测算结果如图24所示⑤。

---

① 干春晖、郑若谷、余典范：《中国产业结构变迁对经济增长和波动的影响》，载《经济研究》，2011（5）。

② Theil，H. (1967). *Economics and information theory*. Amsterdam: North-Holland.

③ 产业结构合理化指标：参考干春晖（2011），指标计算如下：$T=\sum_{i=1}^{n}(\frac{Y_i}{Y})\ln\left(\frac{Y_i}{L_i}\Big/\frac{Y}{L}\right)$。式中，$Y$、$L$ 分别反映产业总产值和总就业人数；Y_i 和 L_i 则反映 i 产业的产值和就业人数。

④ 本专题计算二三产业产值之比＝第三产业产值／第二产业产值，指标样本期为2012~2017年。

⑤ 因各省份2017年二三产业就业人口数据尚未公布，本专题计算产业结构合理化指标的样本期为2012~2016年。其中，由于黑龙江省2012年和2013年未公布二三产业就业人数，为保证数据可比性，在图表中剔除了东北地区2012年和2013年的指标数据。

综合各地区产业结构合理化水平看，东部地区优势明显，中部产业结构调整速度加快，西部和东北地区相对滞后。东部地区由于在经济资源、人才储备、技术创新等领域的显著优势，在改革开放进程中形成了更为合理的产业结构，当地经济金融市场为实施新旧动能转换提供了良好的环境，在培育新产业、新动能，带动传统产业升级方面取得了一定成效。中部地区产业转型速度有所加快，产业结构合理化发展趋势向好。作为传统农业和工业的重点区域，中部地区劳动力在第一产业和第二产业部门的聚集度更高，第三产业劳动生产率略弱于东部和西部地区。但从中长期看，随着东部地区产业和技术转移带来的产业升级，中部各省份推进新旧动能转换的潜力很大。西部地区产业结构合理化进程平稳，但速度落后于东部和中部地区，这可能是受区域内各省份的产业结构差异较大、技术创新能力偏弱等因素影响，从中长期看，完善产业结构，充分挖掘传统产业增长动能，将有助于支持西部地区经济增长。东北地区工业生产增速从2015年开始放缓，经济增长一度面临较大下行压力，尽管具备良好的传统产业基础，但产业升级和新兴产业发展缓慢，产业发展趋势对合理结构的偏离有所加重，在推进新旧动能转换上还面临较大挑战。

综合各地区产业结构高级化水平看，东部地区“经济服务化”趋势向稳，中部地区工业经济占比较高，西部地区服务业增长势头良好，东北地区动能转换接续存在较大压力。2017年，东部地区二三产业比值为126.2%，较2012年上升28.6个百分点，相比中西部地区优势明显；从变化趋势看，近年来东部地区生产性服务业快速发展，推动工业生产增速加快，二三产业发展协调性增强，“经济服务化”进程趋稳。中部地区第三产业产值基本达到当地第二产业产值水平，二三产业产值比99.1%。反映该地区传统工业在经济中的比重仍较高，新兴服务业发展对传统工业的带动作用仍待进一步加强。西部地区在互联网服务、大数据、运输物流等生产性服务业发展带动下，产业结构高级化水平稳步提升，近五年地区服务业年均增长16.2%，居各地区之首。东北地区产业状况较为复杂，二三产业比为136.0%，高于其他地区，主要是因为近年来工业增长明显放缓，造成传统服务业产值相对较高，产业结构呈现“三二一”结构，但尚未发掘出经济服务化带来的新增长动能，新旧动能转换发展面

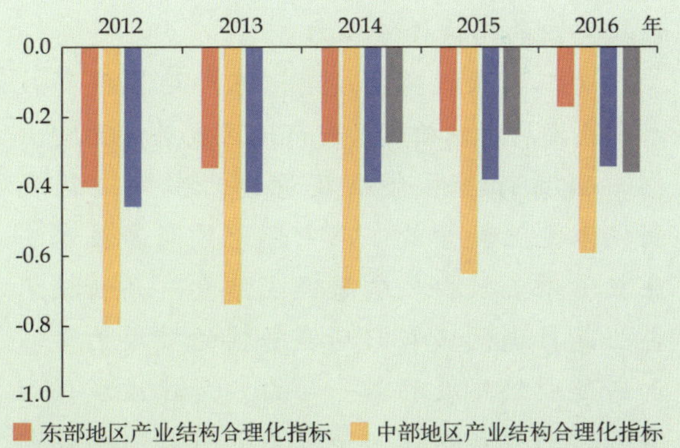

数据来源：各省（自治区、直辖市）《国民经济和社会发展统计公报》，中国人民银行工作人员计算。

图 23 各地区产业结构合理化情况

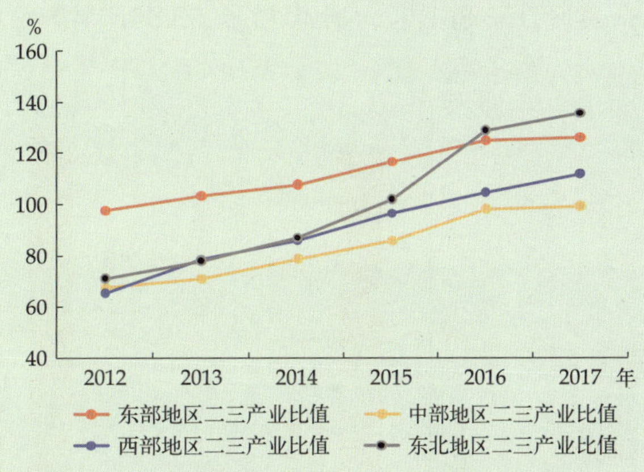

数据来源：各省（自治区、直辖市）《国民经济和社会发展统计公报》，中国人民银行工作人员计算。

图 24 各地区产业结构高级化情况

临较突出的转换接续压力。

（二）从微观角度看，东部地区高新技术企业发展基础雄厚，中部地区发展潜力突出

从高新技术企业数量看，东部地区高新技术企业数量最多，中部地区高新技术企业数量增长较快。从微观主体看，高新技术企业是推进区域新旧动能转换的重要力量。创新是引领发展的第一动力，是建设现代经济体系的战略支撑，而作为创新载体的高新技术企业，在实现创新驱动、推进新旧动能转换方面发挥着重要作用。因此，高新技术企业发展情况可以反映地区新旧动能转换水平。截至2017年末，全国获批高新技术企业总计153 861家，同比增长53.8%，增速比上年加快22.4个百分点。其中，东部地区有111 045家、中部地区有22 459家、西部地区有15 713家、东北地区有4 644家，四个地区占比依次为72.2%、14.6%、10.2%和3.0%。从近三年的变化情况来看，东部地区高新技术企业规模最大，且增长稳定；中部地区2017年高新技术企业总数同比增长58.3%，增速居首位，比全国增速高出4.5个百分点；西部地区2017年高新技术企业总数增速为55.1%，较上年提升31.7个百分点；东北地区在高新技术企业数量方面基数较弱，但在2017年以56.1%的增速位居第二，比全国水平高出2.3个百分点，反映地区企业发展趋势有所回升。

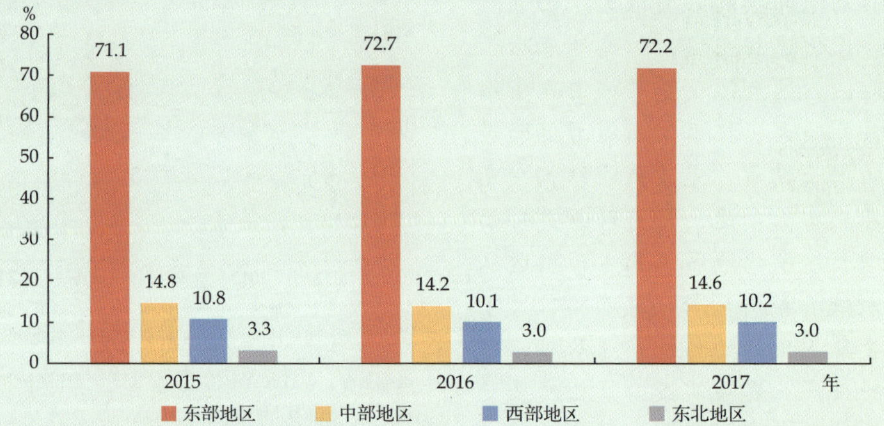

数据来源：全国高新技术企业认定工作网，中国人民银行工作人员计算。

图25　各地区高新技术企业数量占全国总数比重

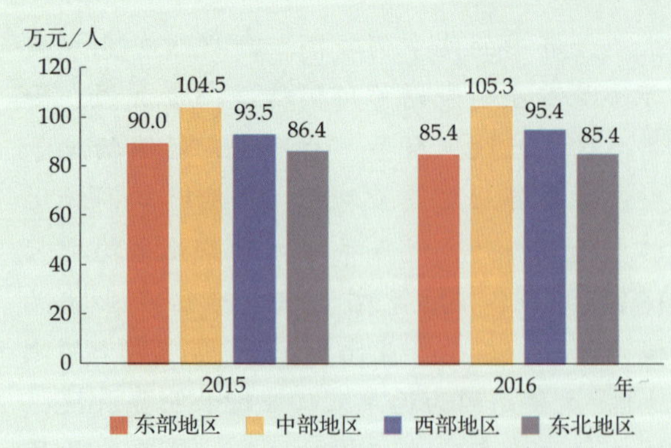

数据来源：全国高新技术企业认定工作网，中国人民银行工作人员计算。

图26　各地区高新技术企业从业人员人均产值

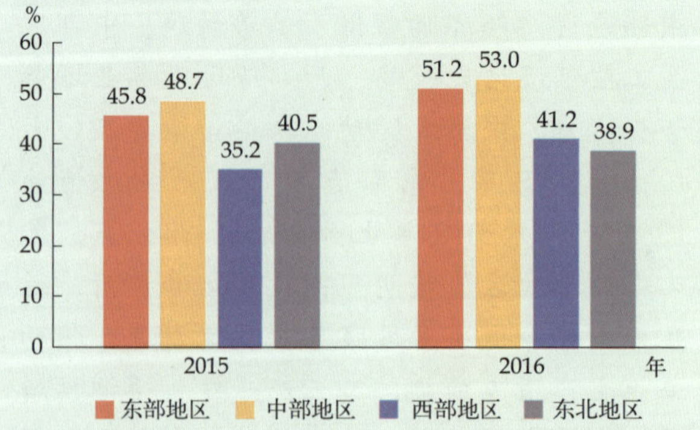

数据来源：全国高新技术企业认定工作网，中国人民银行工作人员计算。

图27　各地区高新技术企业R&D支出经费占比

从各地区高新技术企业发展情况看，东部地区基础雄厚，中部地区创新积极性高，西部和东北地区企业科研投入放缓。通过计算各地区2015~2016年高新技术企业从业人员人均产值和高新技术企业R&D支出经费占地区R&D总经费的比重等指标，从企业发展层面判断该地区的新旧动能发展情况。东部地区尽管在企业人员人均产值和R&D支出经费占比数据方面并不突出，但在高新技术企业总产值和R&D总经费的绝对数上都远超其他地区之和，是高新技术企业的发展聚集区。中部地区高新技术企业从业人员人均产值最高，R&D经费投入比重最大，反映中部地区作为东部产业和技术转移的相对优势地区，高新技术企业拥有良好的发展平台和创新基础，对新技术新产品的吸收转化效率更高，在技术研发创新领域投资更积极。西部地区高新技术企业人均产值水平优于全国水平，但在研发经费方面的投入明显弱于东部和中部地区，反映了当地在新旧动能转换时期，一方面充分发挥后发优势，以高新技术企业创新发展带活区域市场，推动产业转型升级；另一方面受到区域市场容量和开放程度影响，高新技术企业持续大规模投入科研创新面临一定压力。东北地区数据显示高新技术企业在2015~2016年的发展基本平稳，但从绝对数来看，企业数量、从业人员数、企业产值等指标增长均有所放缓，R&D经费支出占比下滑，反映当地高新技术企业发展仍面临较大压力。

三、进一步推进新旧动能转换发展的建议

深入实施创新驱动战略，着力打造产业制高点。一是加快发展战略性新兴产业。东部地区应将推进战略性新兴产业高端化、融合化、集聚化、智能化作为发展重点，充分发挥科技优势，加快壮大战略性新兴产业。二是大力改造提升传统优势制造业。中西部及东北地区应当大力推动传统制造业改造升级，鼓励企业采用新技术、新设备、新工艺、新材料，延伸产业链和价值链，提高产品价值含量。三是提高企业自主创新能力。各地区应推动产学研协同创新，让机构、人才、资金、项目都充分活跃起来，加强企业核心技术、核心竞争力建设，加快关键核心技术攻关步伐，鼓励企业加大研发投入。

深化供给侧结构性改革，形成供给结构优化和总需求适度扩大的良性循环。各地区应当大力降低实体经济成本，继续简政放权，减税降费，降低企业融资、用能和物流成本。各地区要结合自身发展特征，大力推动供给创新，以更优质的产品、更丰富的新业态、更便利的服务，引领和创造消费需求，推进消费升级，释放需求潜力。

强化金融对新兴产业的支持力度，着力提升金融服务效率。一是合理配置金融资源。深化科技与金融融合，加大对科技型企业、创新型中小微企业的金融支持力度，全面提升金融服务和水平。坚持区别对待、有扶有控，支持企业化解过剩产能，推动企业实施兼并重组。二是完善金融产品体系。引导金融机构回归服从服务于经济社会发展的本源，围绕各地区产业发展的新特点，提供具有高针对性和适应性的特色金融服务。三是构建层次丰富的直接融资体系。深化资本市场改革，提升资本市场对新经济的服务水平，推动优质企业上市融资，创新运用债务融资工具，多渠道融资助力新旧动能加速转换。

专题 2　房地产市场分析

2017 年，全国房地产市场调控延续“房子是用来住的，不是用来炒的”这一基本要求，继续坚持“分类调控、因城施策”原则，在限购、限贷等传统需求端调控手段的基础上，丰富调控方式，促进房地产市场健康稳定发展。

房价总体趋于稳定，一二线城市房价涨幅回落。2017 年，“分类调控，因城施策”的房地产调控政策效果继续显现。一线城市和部分二线城市涨幅回落，三四线城市涨幅略有扩大。2017 年 12 月，全国 70 个大中城市中，新建商品住宅价格同比上涨的城市有 61 个，比 2016 年 12 月减少 4 个，城市间房价涨幅波动大幅收窄。

商品房销售分化，住宅待售面积下降。2017 年，全国商品房销售面积和销售额增速趋缓。一线城市商品房销售面积明显缩减；三四线城市销售面积较快增长，但下半年以来增速回落。2017 年，全国商品房销售面积 16.9 亿平方米，同比增长 7.7%，较 2016 年回落 14.8 个百分点。商品房销售额 13.4 万亿元，同比增长 13.7%，较 2016 年回落 21.1 个百分点。随着市场交易回升和新增供应下降，商品房待售面积下降。2017 年末，全国商品房待售面积 5.9 亿平方米，同比下降 15.3%，其中住宅待售面积下降 25.1%。

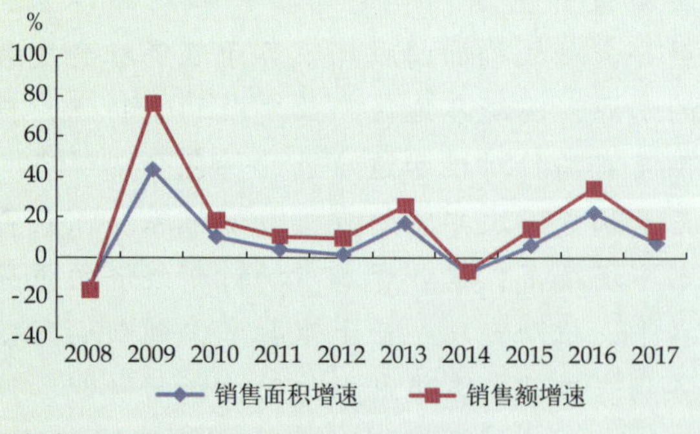

数据来源：国家统计局《中国经济景气月报》。

图 28　2008~2017 年全国房地产销售面积及销售金额同比增速走势

房地产开发投资总体平稳增长。2017 年，全国共完成房地产开发投资 11.0 万亿元，同比增长 7.0%，增速较 2016 年回升 0.1 个百分点。其中，住宅开发投资同比增长 9.4%，增速较 2016 年提高 3.0 个百分点；办公楼、商业营业用房开发投资分别同比增长 3.5% 和下降 1.2%，较 2016 年分别回落 1.7 个和 9.6 个百分点。分地区看，东部、中部和西部地区房地产开发投资分别同比增长 7.2%、11.6% 和 3.5%，东北地区房地产开发投资同比增长 1.0%。住宅用地供应增加和销售稳定增长增强了企业开发住宅的意愿。

住宅用地供应明显增加，溢价率出现回落。2017 年，各地土地市场调控持续深化，租赁住房用地加快推出。据自然资源部数据①，2017 年，出让国有建设用地 22.5 万公顷，同比增长 6.4%；出让合同价款 5.0 万亿元，同比增长 36.7%。土地拍卖溢价率回落，主要城市住宅地价涨幅收窄，但部分三线城市住宅地价涨幅扩大，城市分化格局延续。2017 年第四季度，全国 105 个主要监测城市住宅用地价格同比增长 10.2%。

表 13　2017 年各地区房地产开发投资比重和增长率

	占比（%）		加权平均增长率（%）
		比 2016 年增减（百分点）	
东部	52.8	0.1	7.2
中部	21.8	0.9	11.6
西部	21.7	-0.7	3.5
东北	3.7	-0.2	1.0

数据来源：各省（自治区、直辖市）《国民经济和社会发展统计公报》，中国人民银行工作人员计算。

① 中华人民共和国自然资源部《2017 年中国土地矿产海洋资源统计公报》。

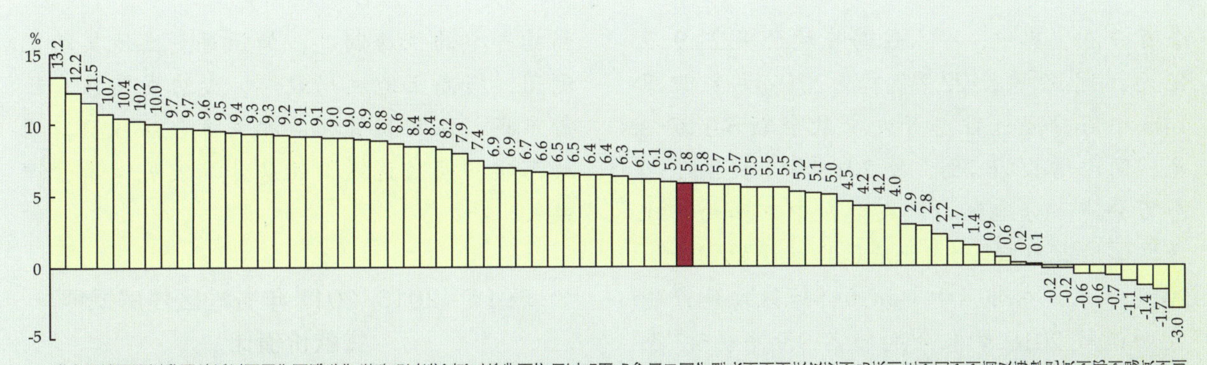

数据来源：国家统计局《中国经济景气月报》。

图 29　2017 年 12 月 70 个大中城市新建商品住宅价格同比涨幅

保障性安居工程建设持续推进，保障房信贷支持力度加大。国家实施保障性安居工程主要包括保障性住房建设、棚户区改造、农村危房改造三大类，各类保障性安居工程建设稳步推进。2017 年，全国城镇棚户区住房改造开工 609 万套，棚户区改造基本建成 604 万套，公租房基本建成 82 万套；全国农村地区建档立卡贫困户危房改造 152.5 万户。金融支持保障性安居工程建设力度较大。2017 年末，全国保障性住房开发贷款余额为 3.3 万亿元，同比增长 32.6%，继续保持快速增长；全年新增 8 202.5 亿元，占同期房产开发贷款增量的 61.8%。此外，利用住房公积金贷款支持保障性住房建设试点工作稳步推进，截至 2017 年末，已有 85 个城市的 373 个保障房建设项目通过贷款审批，并按进度发放贷款 871.7 亿元。

加快培育和发展住房租赁市场。2017 年 7 月，住房和城乡建设部会同有关部门联合印发《关于在人口净流入的大中城市加快发展住房租赁市场的通知》，选取 12 个城市开展试点，从增加供应、完善服务、加强政策支持等方面推出综合举措，加快培育和发展住房租赁市场。同期，广州率先提出租售同权，赋予租房居民在基本公共服务方面与买房居民享有同等待遇，成为扶持住房租赁市场发展的一项重要举措。随后，全国超过 50 个城市发布了支持住房租赁相关政策，多渠道增加租赁住房供应，培育规模化租赁企业。同时，商业银行积极布局住房租赁金融战略，与地方政府和房地产开发企业开展合作，推出一系列金融创新产品全面支持住房租赁市场发展。

2017 年，各地陆续强化房地产调控政策，中国人民银行不断完善住房金融宏观审慎政策，加强居民消费信贷管理，引导金融机构支持租赁住房市场发展。

房地产开发资金增长趋缓，购房款仍是主要资金来源。2017 年，全国房地产开发企业到位资金 15.6 万亿元，同比增长 8.2%，较 2016 年回落 7.0 个百分点。其中，国内贷款 2.5 万亿元，同比增长 17.3%，占房地产开发资金的 16.2%；自筹资金 5.1 万亿元，同比增长 3.5%，占房地产开发资金的 32.6%；其他资金占房地产开发资金的 51.1%，其他资金中定金及预收款、个人按揭贷款分别为 4.9 万亿元和 2.4 万亿元，合计占到房地产开发资金的 46.5%。

房地产贷款增速总体下降，住房抵押贷款价值比有所回落。2017 年末，全国主要金融机构（含外资）房地产贷款余额 32.2 万亿元，同比增长 20.9%，较 2016 年末回落 6.1

个百分点。其中，个人住房贷款余额21.9万亿元，同比增长22.2%，较2016年末回落14.5个百分点；住房开发贷款余额5.6万亿元，同比增长26.7%，较2016年末提高13.4个百分点。分地区看，东部、中部和西部地区增速均有所回落，东北地区增速小幅回升。2017年末，东部、中部和西部地区房地产贷款增速较2016年末分别回落9.9个、5.7个和2.9个百分点；东北地区房地产贷款余额增长12.1%，较2016年末提高0.3个百分点。贷款价值比（Loan To Value，LTV）有所回落。2017年，全国住房抵押贷款价值比为59.3%，同比回落1.1个百分点。其中，东部地区回落幅度较大，较2016年回落2.3个百分点；东北地区LTV相对较高，较2016年末提高0.4个百分点。

当前房地产市场发展总体平稳，租赁住房市场发展加快，房地产投资韧性较强。但也要看到，一些房地产企业负债率较高，偿债压力较大；部分城市新房、二手房价格倒挂；租赁关系不稳定，市场不规范，监管难度较大；存量土地利用效率有待提高，房地产市场长效调控机制有待完善。下一阶段，要围绕“房子是用来住的，不是用来炒的”这一主线，进一步巩固房地产调控政策效果的同时，应当加快住房制度改革和长效机制建设，建立多主体供应、多渠道保障、租购并举的住房制度，加强存量土地集约化利用，提高土地利用效率，大力发展住房租赁市场，保护租赁利益相关方合法权益，继续落实“因城施策”住房金融宏观审慎管理政策。

表14　2016~2017年各地区住房抵押贷款价值比

单位：%

年份	东部	中部	西部	东北	全国
2017	57.3	62.6	62.6	63.7	59.3
2016	59.6	60.8	63.4	63.3	60.4

数据来源：中国人民银行上海总部、各分行、营业管理部、省会（首府）城市中心支行。

表15　2017年各地区房地产贷款比重和增长率

	占比（%）		加权平均增长率（%）	
		比2016年增减（百分点）		比2016年增减（百分点）
东部	59.1	-0.1	19.8	-9.9
中部	17.9	1.0	27.4	-5.7
西部	17.9	-0.6	16.2	-2.9
东北	5.1	-0.4	12.1	0.3

数据来源：中国人民银行上海总部、各分行、营业管理部、省会（首府）城市中心支行。

专题 3　地方法人银行机构流动性管理情况分析

——基于 95 家地方法人银行机构的典型调查

近年来，随着金融改革不断深入推进，市场环境、资产负债结构及金融机构盈利模式等发生明显变化，流动性管理成为地方法人银行机构面临的重要挑战之一。中国人民银行采用抽样调查的方式对地方法人银行机构的流动性状况进行研究分析，本次抽样兼顾资产规模、机构类型、机构地域分布状况以及数据的可得性，最终确定 95 家地方法人银行机构为调查样本，其中东部地区 36 家、中部地区 27 家、西部地区 26 家、东北地区 6 家；从机构类型看，包括城市商业银行及农村商业银行 43 家、农村合作金融机构 33 家、村镇银行 19 家。调查显示：地方法人银行机构流动性总体稳定，流动性资产储备相对充足，流动性风险管理体系逐渐完善，但也存在期限错配、批发性融资占比较高等方面的问题。

一、地方法人银行机构流动性现状

1. 流动性水平总体合理稳定。2017 年末，样本银行机构流动性比例为 46.3%，同比下降 4.8 个百分点，较全国商业银行流动性比例低 3.7 个百分点①。从总量占比看，样本银行 2017 年末流动性资产占总资产比例为 20.2%，同比提高 2.9 个百分点。样本银行机构流动性覆盖率保持较高水平，2017 年样本银行机构流动性覆盖率为 111.5%，高于监管标准 100% 的要求。2017 年末样本银行②净稳定资金比例同比上升 4.5 个百分点，稳定资金来源较为充足。

2. 优质流动性资产相对充裕，短期偿债能力较强。据测算，2017 年末样本银行优质流动性资产充足率和流动性匹配率分别为 159.5% 和 116.1%，高于监管标准，同比分别提高 37.1 个和 7.8 个百分点，优质流动性资产总体水平较高。

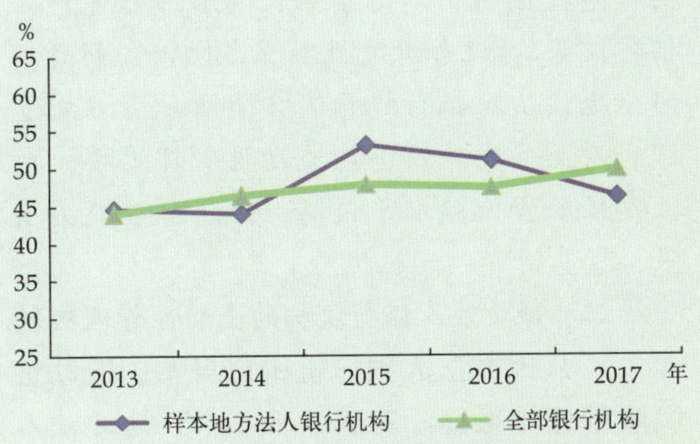

图 30　银行机构流动性比例

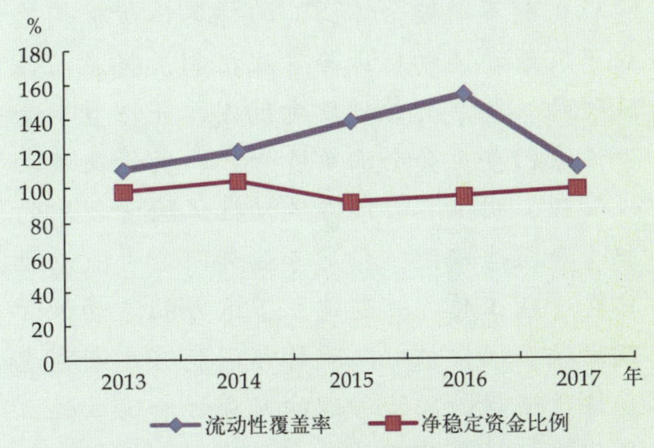

图 31　样本银行主要流动性指标趋势

3. 同业负债比例有所下降，核心负债依存度相对较高。随着一系列加强金融监管措施出台，地方法人银行机构同业负债依存度明显降低。2017 年末，样本银行机构同业负债比例为 10.4%，较 2013 年末下降 1.9 个百分点。2013~2017 年，样本银行的核心负

① 数据来自中国银监会网站。
② 剔除资产规模 2 000 亿元以下的 55 家地方法人银行机构数据。

债依存度分别为54.3%、55.6%、52.4%、49.7%和48.2%。

总体来看，样本银行流动性状况良好，但是个别商业银行也存在一些问题值得关注，如期限错配问题。地方法人银行机构负债来源逐步多元化，样本银行定期存款加权期限较2013年平均缩短15个月，而资产端用于相对高收益的长期债券或长期限的资管产品相对较多。再比如批发性融资占比较高问题。部分地方法人银行机构依靠同业融资方式支撑资产业务发展及满足流动性管理需要，对批发性融资依赖水平较高，应急融资能力有限，容易诱发流动性风险。

二、地方法人银行机构的流动性管理机制

1. 从地方法人银行机构自身看，流动性风险管理体系逐渐完善。近年来，地方法人银行机构公司治理架构逐渐完善，资产负债配置精细化管理程度不断提高，流动性风险管理机制不断健全。88%的样本银行机构建立了有效的流动性风险管理机制，将流动性风险纳入董事会管理职责范围，并在董事会下设专门委员会全面负责资产、负债及流动性管理，明确各部门在流动性风险管理中的职责和报告路线，指定专业部门负责流动性日常管理工作。普遍建立了适当的流动性管理考核及问责机制，审计部门能够定期审查和评价流动性风险管理的充分性和有效性，整体流动性管理架构的有效性得以提高。部分地方法人银行机构根据其风险偏好制定了流动性风险管理办法、流动性应急计划等，并综合考虑业务发展、技术更新及市场变化等因素，调整流动性风险偏好，法人机构流动性管理精细化程度不断提升。56.8%的样本银行定期开展流动性压力测试和应急演练。

2. 从同业合作情况看，地方法人银行机构普遍建立起各类流动性互助机制。一方面，通过同业互助协作建立稳定的市场化流动性应急融资能力。地方法人银行机构资产规模相对较小，应急同业融资能力相对较低，为防范流动性风险，不少地区在监管部门、行业协会、省级管理机构的主导下建立了流动性互助机制，通过互助协议明确参与者在一定条件下对同类机构的救助责任与方式等。例如湖北辖内农村商业银行建立流动性互助资金，专项用于帮助化解辖内农商行出现的重大流动性风险。另一方面，强化发起行救助职责，建立小型银行机构防范流动性风险屏障。发起行救助主要分为两类：一是流动性应急支持，主要在流动性应急预案中，要求主发起行对于突发性风险给予支持。二是给予相对较长期限（一般是1年以内）流动性资金扶持，但资金价格相对较高。同时，关联银行拆借也是村镇银行等规模较小的法人金融机构流动性风险防范的重要渠道。

3. 从央行流动性管理情况看，通过运用央行货币政策工具满足短期流动性需求。在出现流动性紧张时，地方法人银行机构可向央行申请使用常备借贷便利（SLF）。以辽宁为例，2015年以来，辽宁法人金融机构共使用常备借贷便利224.8亿元，在提供短期流动性支持的同时，也发挥了利率走廊上限作用。此外，2017年中国人民银行发布了新的《自动质押融资业务管理办法》（中国人民银行公告〔2017〕第18号），将城商行等小型存款类金融机构的自动质押融资余额上限由实收资本的5%提高至15%，当其清算账户资金不足时，可以通过系统自动向央行质押债券融入资金完成清算，这也为保障地方法人银行机构支付结算安全、防范流动性风险提供了一种有效机制。

三、下一步加强地方法人银行机构流动性管理的有关考虑

1. 进一步完善流动性管理框架。一方面，中国人民银行将加强预调微调和预期引导，灵活开展公开市场操作，平滑银行体系流动性；另一方面，要加强对公开市场业务一级交易商的业务指导，发挥一级交易商中城商行、农商行类机构作为地方主要金融机构的辐射作用，疏通流动性传导的“毛细血管”，确保央行提供的流动性充分传导到地方法人银行机构。同时，进一步完善常备借贷便利（SLF）操作机制，扩大电子化操作的实施范围，提高操作效率和便利程度，进一步发挥SLF利率作为利率走廊上限的作用，维护货币市场利率平稳运行。中国人民银行分支机构将加强对法人银行机构的流动性监测和分析，对期限错配突出、流动性缺口大、短期资金来源占比高的金融机构予以重点关注，努力做到流动性风险“早发现，早报告，早处置”，守住不发生系统性金融风险的底线。

2. 重视流动性管理机制建设，提高风险管理能力。引导地方法人银行机构根据各自的机构类型，建立特色化的流动性风险管理机制，将流动性风险管理纳入全面风险管理体系，建立高管层向董事会定期报告机制，在考核政策中体现流动性风险对高管层绩效的约束，同时要加强流动性风险监测和管理人员培养。要定期测试应急融资能力，确保应急融资渠道的畅通。在此基础上，优化和规范金融机构流动性风险互助机制，探索共同研发适用性较强的风险压力测试模板及业务操作系统，提高数据分析、监测及预判水平。

3. 优化流动性管理策略，着力缓解期限错配问题。地方法人银行机构应根据风险偏好制定流动性管理策略，保持合理的资产负债结构，有效防范流动性风险。在资产方面，要按照宏观审慎要求，建立分层次的流动性储备，积极开发新的信贷产品，调整客户和期限结构，用好增量、盘活存量，合理把握信贷投放节奏，严防信贷等资产过快扩张可能导致的流动性风险。在负债方面，增强主动负债能力，调整优化负债结构，避免资金来源过度集中。同时，根据资产流动性特征，合理配置各类资产，确保资产、负债规模和期限的合理配置。探索在主要业务条线的产品定价、绩效激励和新产品准入方面准确计算流动性成本、收益和风险，树立流动性成本理念，探索建立流动性成本分摊机制。

专题 4　消费金融发展研究

近年来，随着我国经济转型升级逐步推进、居民收入持续增长、消费观念不断转变以及金融创新加快发展，消费金融行业进入了快速发展时期。除传统商业银行和持牌消费金融公司外，互联网小贷公司、新兴电子商务企业等机构，也纷纷进入消费金融市场，积极创新模式、拓展业务。消费金融在快速发展的同时，也存在一些问题和潜在风险需要密切关注。下一步，应加强对消费金融业务的规范化管理，稳步推进消费金融健康发展。

一、我国消费金融的发展现状

本专题研究的消费金融范畴，既包括传统商业银行向消费者发放的住房按揭贷款、汽车贷款、信用卡和其他贷款等，以及持牌消费金融公司向消费者提供的家装贷、购物分期等，也包括新兴的互联网消费金融，其往往基于网上购物等消费场景，为消费者提供线上购物分期服务。

国外发展经验表明，消费金融发展应与居民的消费能力、收入水平相匹配。一方面，消费金融与居民消费之间可以相互促进、相互发展。消费金融的创新和发展能够带动居民消费需求增长，居民消费为金融机构零售业务发展提供了发展空间。另一方面，消费金融的过度和无序发展，也有可能潜藏较大风险。党的十九大报告指出，“中国特色社会主义进入新时代，我国社会主要矛盾已经转化为人民日益增长的美好生活需要和不平衡不充分的发展之间的矛盾”，这充分表明居民对于消费升级的需求正在增加。在此背景下，积极稳妥推动消费金融发展，对于满足居民消费升级需求、持续扩大内需、促进我国经济转型发展具有重要的现实意义。近年来，我国消费金融发展较快，并呈现出如下特点：

1. 交易规模快速增长。一方面，传统商业银行主导的消费信贷快速增长。截至 2017 年末，我国金融机构消费贷款余额达 31.5 万亿元，是 2012 年末的 3 倍，年均增长率约为 24.7%。信用卡发卡量和贷款余额持续增长。2012 年至 2017 年，我国信用卡发行量从 3.3 亿张增至 5.9 亿张，信用卡贷款余额从 1.1 万亿元增至 5.6 万亿元。另一方面，互联网企业主导的新兴消费金融快速发展。2013 年以来，随着互联网技术和各类金融科技的助推，新兴消费金融在降低交易费用的同时扩张业务规模。Wind 数据显示，2013 年到 2016 年互联网消费金融业务交易规模从 60 亿元增长到 4 367 亿元。

2. 市场主体不断丰富。从服务供给方看，商业银行、消费金融公司、互联网金融公司等各类市场主体共同拓展消费金融市场，特别是部分电商平台、分期购物平台等机构，依托独特的业务场景推出消费金融产品和服务，部分机构依托网络小额贷款公司进行经营。从服务对象看，大学生、职场新人、三四线城市居民以及农村人口逐渐成为消费金融的目标客户群，并呈现出年轻化、互联网化、低收入化的趋势。

3. 业务模式多元化、场景化。按运作模式，可以分为线上和线下两类，线上模式注重利用购物和社交场景切入消费金融市场，以大数据技术驱动业务发展；线下模式注重依靠线下地推团队和经营网点占有市场，与各类线下超市、连锁店等合作，开展线下分期业务。按有无消费场景，可以分为两类，第一类是纯网络借贷业务，此类业务不涉及具体的消费场景、借款期限较短，但总体贷款利率较高；第二类是结合具体的消费场景而提供的消费金融服务。当前已有的服务模式涵盖了 3C 数码产品、租房、家装、教育、医疗、旅游等居民消费支出的大部分领域，各类消费金融产品层出不穷，许多业务模式和服务领域已经走在全球前列。

4. 信贷风控智能化管理。随着科技进步，银行、消费金融公司和新兴消费金融机构越来越重视应用“技术 + 数据”进行风险管理，改变了传统以人为主的风控模式，更多借助于全面多维度的数据，通过模型自动甄别分析、实时计算结果，提升量化风险评估能力，提高风险管理的时效性。如有的银行基于大数据和云计算风控平台，建设了“准入—授信—反欺诈—贷后监控预警—贷后催收”的全流程贷款管理体系，推出了基于特定消费情景的信贷产品，有的新兴消费金融机构通过机器学习等人工智能技术，结合用户在网上的消费、理财等数据，深入刻画客户特征、洞察客户需求和识别客户风险。

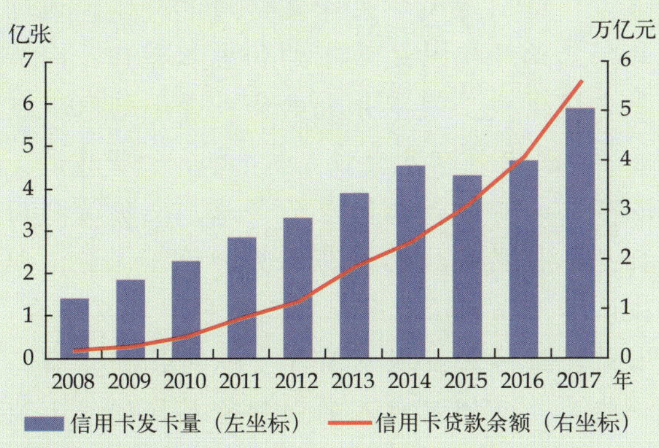

数据来源：中国人民银行。

图 32　中国信用卡发卡量和信用卡贷款增长情况

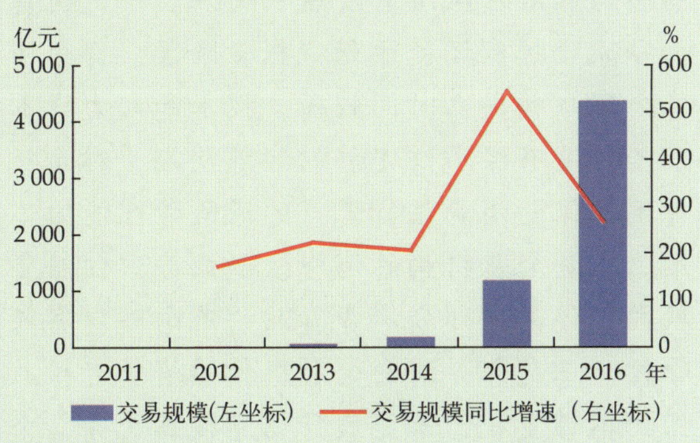

数据来源：Wind。

图 33　中国互联网消费金融业务交易规模情况

二、我国消费金融发展的模式分析

由于掌握着庞大的客户资源、储蓄卡和信用卡等账户体系以及具有资金成本优势，商业银行一直是我国消费金融的主力军；随着消费场景的复杂化、分期贷款小额分散化，消费金融行业对金融科技和智能风控的要求越来越高，互联网消费金融快速发展。当前，传统消费金融和新兴的互联网消费金融在差异化发展的同时，正呈现出融合发展的趋势。

（一）传统金融机构积极发力消费金融业务

1. 商业银行。依托稳定、低成本的资金优势，商业银行在消费金融领域占据优势地位，其业务模式主要为抵押贷款（房贷和车贷）、纯信用贷款（一次授信，循环使用）和信用卡。近年来主要通过三种方式切入新兴消费市场。一是控股或参股消费金融公司。目前，25 家持牌消费金融公司中[①]，有 20 余家是由银行作为主要发起人或参股的，银行主导的态势明显。二是创新消费金融产品和自主构建电商平台。如有些银行开发了可用理财产品质押申请消费贷款的产品，以及住房公积金缴存人申请消费贷款的模式，还有部分银行自主构建电商平台，积极参与网络消费生态建设。三是与电商平台开展业务合作。如有些银行与大型互联网企业开展战略合作，共同推进线上、线下的消费金融业务发展。

2. 消费金融公司。目前消费金融公司的主要发起人及股东由首批的银行系为主，逐步拓展到家电制造业、零售百货企业和电子商务企业，业务范围覆盖了家装、租房、教育、旅游、助学、网上零售等领域，同时有着相对独立的风控体系和信用评估体系，探索出有别于商业银行的业务模式和功能定位。具体而言，其商业模式可以分为三类：以线

① 前瞻产业研究院：《2017~2022 年中国消费金融行业竞争格局与领先企业分析报告》，2017 年 9 月。

下渠道为主的消费金融公司；互联网程度较高的消费金融公司；将线下业务与互联网相结合的消费金融公司。随着行业竞争加剧，商业模式之间开始融合发展，如某些消费金融公司与零售商合作，创新消费信贷产品，推广线上分期和贷款业务。

表 16　我国消费金融的业务模式及主要特点

运营分类	传统消费金融		新兴的互联网消费金融
参与机构	商业银行	持牌消费金融公司	互联网小贷公司、电商平台、购物分期平台等
产品形态	房贷、车贷、信用卡、随借随还的纯信用贷款等	车位贷、家装贷和线下购物分期等	线上购物分期和纯信用贷款等
核心优势	资金来源充足，成本较低	资金成本适中，审批速度较快	大数据和智能风控
相对劣势	难以满足分散、小额的消费需求	行业规模尚小，比较优势不明显	资金来源不稳定，成本较高

（二）大量互联网机构参与消费金融发展

1. 互联网小贷公司。近年来，众多拥有小贷牌照和网络小贷牌照的公司成为消费金融市场主体之一，自 2011 年起，蚂蚁金服、百度、京东金融、苏宁金融等多家科技公司均成立了小贷公司，并持有网络小贷牌照，为个人消费者、小微企业和农户提供消费金融服务。

2. 电子商务企业。电商平台天然与现金流、物流、数据流紧密相连，具有发展消费金融的有利条件。一方面，电商平台拥有庞大的客户群以及多年积累的大数据资源，与传统金融机构相比，电商平台可以基于大数据风控模型，以更低的成本和更高精度度量消费者的风险水平；另一方面，与其他消费金融产品相比，电商平台推出的消费金融产品可以更为快捷地切入到消费场景中，提升消费者黏性，成为其消费生态建设的有效补充。

3. 其他互联网机构。一是分期购物平台。与电商平台不同，分期购物平台通常不直接提供商品和服务，而是将电商消费数据作为其授信和风控的基础，并代替消费者将资金支付给商品服务的提供者，随后消费者需要向分期购物平台按期偿还。目前，分期购物平台主要针对传统金融机构没有触及的消费群体，特别是大学生等无信用卡群体，通过与知名购物网站或线下购物中心合作，向消费者提供线上线下分期购物或者小额取现服务。二是垂直细分平台。近年来，一些房产、汽车、旅游等行业的龙头企业，也纷纷利用自身在特定领域的交易优势和获客优势，积极试水互联网消费金融。三是 P2P 网贷平台。当前我国涉足互联网消费金融的 P2P 平台，一般是为有固定收入的白领阶层提供线上消费信贷。

三、推动我国消费金融规范发展的建议

消费金融在快速发展的同时，也存在一些问题和潜在风险需要密切关注。一是消费金融风险控制还处于研究探索阶段，部分消费金融机构成立时间较短，技术和人力资本不足，没有经历过完整的经济周期，对无抵押无担保的消费信贷资产的风险管理能力不足。二是金融机构的消费金融业务中住房贷款占比偏高，部分消费贷款的流向难以有效管控。三是部分消费金融机构对消费者权益保护不够重视，未能履行信息披露义务，个人信息不当使用以及个人隐私泄露现象时有发生。部分新兴机构消费金融业务游离在现有的金融监管框架之外，出现了利率过高、暴力催收等不合规经营方式，对行业发展造

成了一定的负面冲击。四是个别消费金融机构过度宣传超前消费观念，利用消费者的攀比心理，甚至采取虚假宣传、隐瞒实际资费等手段，诱导部分消费者尤其是缺乏金融知识和社会阅历的年轻人过度借贷，给消费者本人、家庭和社会带来不良影响。针对消费金融发展中存在的突出问题，2017 年以来，我国金融监管部门出台多项政策文件，加强消费贷业务管理，防范信贷资金违规流入房地产市场；规范银行业金融机构参与、投资“现金贷”业务相关产品，并对小额贷款公司、融资性担保公司、P2P 等领域加大整治力度，提出限制杠杆率等具体要求，当前市场环境已经得到有效改善。下一步，应平衡好监管与发展的关系，促进消费金融规范发展。

1. 坚持消费行为真实合理，有效防范金融风险。坚持消费行为的真实性审查，杜绝以虚假方式套取资金并流入其他领域。各金融机构应对大额消费贷款的流向进行排查，严格防范消费贷款资金违规流入房地产等其他市场。应注重消费金融发展的节奏和速度，进一步规范整顿“现金贷”业务，降低风险隐患。

2. 完善征信体系建设，建立信用信息共享机制。完善信用收集、分析评价和监督体系，进一步扩大信用信息覆盖面，加快互联网消费金融信息纳入征信体系的步伐，建立全覆盖的个人征信体系，实现个人征信信息的全面征集和使用。

3. 加强消费者权益保护，加大金融知识宣传教育力度。应结合实际建立金融管理部门间的协调处理机制，建立健全金融消费纠纷重大事件应急机制，共同维护好金融消费者权益和金融稳定。加强金融知识宣传教育，增强金融消费者对现代金融产品、金融服务和相应风险的识别和了解，增强金融消费者权益自我保护意识和维权意识。

专题5 大力发展普惠金融 助推脱贫攻坚

金融助推脱贫攻坚工作是贯彻落实党中央、国务院扶贫开发决策部署的重要举措，是构建社会主义和谐社会的重要要求。普惠金融重视消除贫困、实现社会公平，对于脱贫攻坚具有特殊重要意义。近年来，我国大力推动完善普惠金融服务体系、引导创新普惠金融产品和服务、加快建设普惠金融基础设施等，贫困地区金融服务覆盖面、可得性、满意度不断提高，普惠金融的发展为推动贫困地区脱贫攻坚提供了有力有效的金融支撑。

一、普惠金融的含义及其对推动脱贫攻坚的重要意义

“普惠金融”（financial inclusion）理念起源于小额信贷，在引入中国之初也被译为“包容性金融”。世界银行扶贫协商小组（Group to Assist the Poor，GAP）在2005年世界小额信贷年提出了普惠金融的概念，将其界定为让每一个有金融需求的人都能够及时地、方便地、有尊严地以适当的价格获得高质量的金融服务。吴晓灵（2007）对普惠金融的内涵作出了进一步阐述，认为普惠金融要具有价格合理、服务多样、商业可持续等特征；在健全的政策、法律和监管框架支持下，每个发展中国家都应有这样的普惠金融系统。周小川（2013）认为：包容性金融强调通过完善金融基础设施，以可负担的成本将金融服务扩展到欠发达地区和社会低收入人群，向他们提供价格合理、方便快捷的金融服务，不断提高金融服务的可获得性；包容性金融应具有成本合理、服务多样、监管审慎、发展可持续、市场竞争等特点。我国一直高度重视普惠金融发展，并着力为小微企业、农民等社会各阶层和群体提供适当的、可负担的金融服务。2013年11月，“发展普惠金融”被写入《中共中央关于全面深化改革若干重大问题的决定》。2015年国务院发布我国普惠金融领域的第一个国家级战略——《推进普惠金融发展规划（2016~2020年）》，指出普惠金融的重点服务对象为小微企业、农民、城镇低收入人群、贫困人群和残疾人、老年人等特殊群体。

大力发展普惠金融对于推动打好脱贫攻坚战、实现党的十九大提出的全面建成小康社会和第一个百年奋斗目标具有重要意义。普惠金融强调机会平等，其重点在于改进薄弱环节的金融服务，补足弱势群体金融服务短板，为弱势群体提供平等享受现代金融服务的机会与权利，尤其注重加大对贫困地区的金融资源投入，增强了贫困地区金融服务的可获得性。从发展普惠金融的政策框架看，无论是货币信贷政策、金融监管政策，还是财税政策、地方政府配套政策等，均剑指薄弱领域和特殊群体。更为重要的是，普惠金融可持续发展的新型发展理念，为助推打赢打好脱贫攻坚战提供了良好的金融环境。首先，普惠金融的可持续性注重提升消费者的金融能力，有助于实现“金融扶贫同扶志扶智”有机统一。通过金融知识普及教育，可以帮助贫困地区和群体增强对金融的了解与信任，使其接受并积极使用金融产品与服务，帮助贫困地区提升金融技能、增强使用金融资源实现自我发展的能力，激发贫困群众生产积极性和主动性。其次，普惠金融的可持续性要求提供完善的金融基础设施，构建和维持良好金融生态系统。一个良好的金融生态环境可以降低信息不对称和交易成本，使得金融服务提供者能以低成本的方式可持续地提供产品和服务，从而可以有效提高金融服务提供者的贷款投放意愿，促进贫困地区产业聚集，进而带动贫困人口就业，形成“良好生态环境、金融与产业聚集、贫困人口脱贫”的良性循环。

二、完善顶层设计，营造良好普惠金融发展政策环境

1. 完善普惠金融发展的货币信贷政策。一是积极改进和加强信贷指导，强化政策落实。中国人民银行制定出台了《关于金融助推脱贫攻坚的实施意见》（银发〔2016〕84号）、《关于进一步推进普惠金融发展的通知》（银办发〔2017〕223号）等政策文件，提出了完善普惠金融发展和推进金融精准扶贫的具体政策措施。二是运用货币政策工具，引导金融机构加大对普惠金融领域的信贷支持力度。2017年9月，中国人民银行将原有对小微企业和“三农”领域实施的定向降准政策拓展并延伸至脱贫攻坚和“双创”等其他普惠金融领域。创新设立扶贫再贷款，合理增加支农、支小再贷款额度，截至2017年末，全国支农再贷款余额为2 564亿元，支小再贷款余额为929亿元，扶贫再贷款余额为1 616亿元。三是实施差别化信贷政策。开展金融精准扶贫政策效果评估，做好易地扶贫搬迁相关资金筹措和管理服务、金融扶贫信息对接和统计监测，推动金融机构聚焦深度贫困地区。提升农村金融服务，稳妥有序推进农村“两权”抵押贷款试点工作。

2. 改进普惠金融发展的监管政策。银行业监管方面，监管部门鼓励大中型商业银行设立普惠金融事业部，要求国有商业银行率先做到，并于2017年内完成。支持商业银行发行专项用于小微企业和涉农贷款的金融债券，增加银行为小微企业、“三农”提供贷款的资金来源，并在不良贷款率等方面实行差异化计算和考核。如允许在未对金融机构产生不利影响的前提下，针对小微企业贷款的不良贷款率可以高于行业不良贷款率2个百分点。保险业监管方面，鼓励农业保险健康发展，建立健全相关法律体系，支持和鼓励保险公司开发创新农产品价格保险产品。证券业监管方面，证券监管部门出台了一系列举措满足中小企业融资需求，包括完善中小企业板制度安排，将中小企业股份转让系统试点扩大至全国，进一步扩大中小企业私募债试点范围等；同时，针对国家扶贫开发工作重点县和集中连片特殊困难地区县的企业申请首发上市实行“即报即审、审过即发”政策。

3. 加大普惠金融发展的财税政策扶持力度。为鼓励地方政府发展普惠金融，2016年9月财政部印发了《普惠金融发展专项资金管理办法》，由中央财政提供专项资金，支持和引导地方政府、金融机构和社会资本进入普惠金融领域，专项资金主要用于县域金融机构涉农贷款增量奖励、农村金融机构定向费用补贴、创业担保贷款贴息及奖补等。另外，部分地区通过设立风险补偿基金，鼓励金融机构加大对扶贫领域、“三农”和小微企业的贷款投放力度。如江西出台《产业扶贫贷款贴息管理（暂行）办法》，2017年江西到位扶贫贷款风险补偿基金24.7亿元，其中25个贫困县实现全覆盖，当年产业扶贫贷款累计贴息2.8亿元。

4. 大力推进普惠金融改革创新试点。各地区积极开展推进普惠金融发展试点，推动改革创新，加强实践验证。河南兰考县作为全国首个国家级普惠金融改革试验区围绕“全国普惠金融改革先行区、创新示范区、运行安全区”的目标定位，初步形成了“以数字普惠金融为核心，以金融服务、普惠授信、信用建设、风险防控为基本内容”的“一平台四体系”普惠金融模式，有力地助推了当地的脱贫攻坚工作，2017年3月兰考成功脱贫摘帽。浙江宁波市以建设全国首个普惠金融综合示范区为契机，以“普惠”为中心，以融资服务、支付服务为两条主线，全力优化普惠金融信用信息服务、普惠金融（移动）公共服务、助农金融服务三大平台，形成符合当地特色的普惠金融发展“宁波模式”。陕西铜川市宜君县农村普惠金融综合示范区，探索构建基于需求的普惠金融服务体系，形成了“服务创新 + 金融扫盲 + 便捷设施”的农村普惠金融“宜君模式”。

三、普惠金融工作成效显著，为打赢脱贫攻坚战提供重要支撑

1. 普惠金融服务可得性得到提升。 截至2017年末，全国银行业金融机构小微企业贷款和涉农贷款余额分别为24.3万亿元和31.0万亿元，同比分别增长16.4%和9.6%。全国建档立卡贫困人口及已脱贫人口贷款余额6 008亿元，同比增长46.2%；产业精准扶贫贷款余额8 971亿元，同比增长48.5%。央行低成本政策资金引导降低贫困地区融资成本。以宁夏为例，该地区法人金融机构运用扶贫再贷款发放的扶贫贷款执行基准利率，运用自有资金发放的个人精准扶贫贷款加权平均利率低于当地银行业金融机构贷款加权平均利率5.3个百分点。

表 17　全国金融精准扶贫贷款情况

指标名称	2017 年末贷款余额（亿元）	2017 年末贷款余额增速（%）	2017 年贷款累计发放额（亿元）
1. 建档立卡贫困人口及已脱贫人口贷款	6 008	46.2	5 154
2. 产业精准扶贫贷款	8 971	48.5	5 685

数据来源：中国人民银行上海总部、各分行、营业管理部、省会（首府）城市中心支行。

2. 普惠金融产品和服务创新进一步丰富。 一是农村承包土地的经营权和农民住房财产权抵押贷款试点稳妥推进，67个贫困地区试点县的农村资产得到有效盘活，拓宽了贷款抵押担保物范围和融资渠道。二是鼓励和引导金融机构结合地区产业特点和扶贫项目融资需求，创新开展农机具抵押、林权抵押、应收账款质押等信贷业务，适度延长贷款期限，简化贷款审批流程，为贫困地区特色产业提供优质金融服务。三是着力做好易地扶贫搬迁金融服务，保证易地扶贫搬迁相关资金按要求筹措落实。

3. 金融基础设施建设进一步完善。 农村支付清算的网络覆盖范围逐步扩大，网络支付、手机支付等新型支付方式不断推广，银行卡助农取款和农民工银行卡特色服务进一步深化。截至2017年末，我国农村地区银行网点数量12.6万个，每万人拥有的银行网点数量为1.3个；农村地区累计开立单位银行结算账户1 966.5万户，同比增长7.9%，个人银行结算账户39.7亿户，同比增长11.4%；手机银行高速增长，农村地区

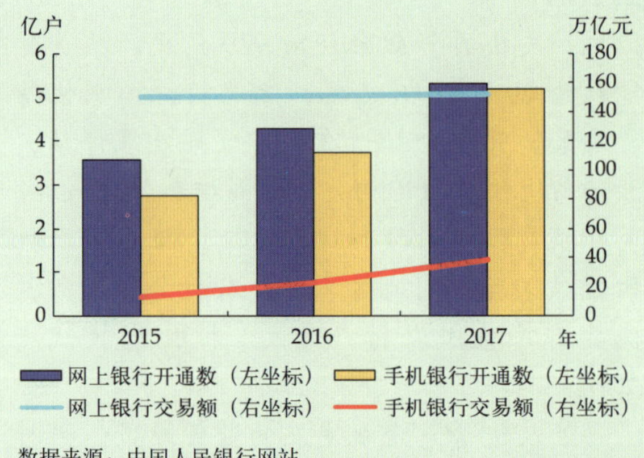

数据来源：中国人民银行网站。

图 34　中国农村地区电子银行业务发展情况

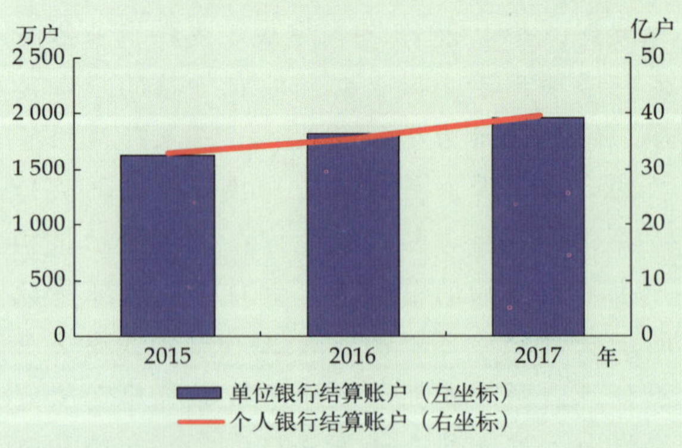

数据来源：中国人民银行网站。

图 35　中国农村地区银行结算账户发展情况

手机银行开通数累计5.2亿户，较上年新增1.4亿户；网上银行开通数累计5.3亿户，较上年新增1.0亿户。积极探索助农服务点模式，改善农村金融服务环境，农民足不出村即可获得查询、取现、转账、汇款、缴费、金融知识咨询等服务。例如，中国人民银行长沙中心支行联合湖南扶贫办在省内所有贫困村建设金融扶贫服务站，为贫困村、贫困人口提供信贷、支付、反假货币、金融知识宣传等普惠金融服务，积极打通金融服务进村入户“最后一公里”。截至2017年末，湖南建立金融扶贫服务站6 923家，覆盖了74万户、247万贫困人口，累计发放贷款174.7亿元，布设助农取款等支付服务设备5 501台。

四、当前发展普惠金融助推脱贫攻坚面临的挑战及下一步工作思路

尽管普惠金融助推脱贫攻坚工作取得了积极成效，但是在我国各地区的普惠金融发展过程中也面临一些问题和挑战。一是普惠金融供给与需求匹配度有待进一步提高。受农村金融服务成本较高、资本回报率较低等因素影响，农村地区存在资金外流现象，农村金融体系不健全，普惠金融供给尚不能满足需求。二是各地区普惠金融发展不平衡的问题仍较突出。中西部地区对金融产品和服务的使用情况明显落后于东部地区，信贷、保险等金融服务资源仍然较多地分布于东部，数字支付等普惠金融新型业态在东部地区的发展也明显快于中西部地区。三是普惠金融发展的配套政策有待完善。普惠金融对象普遍居住地偏远、抵押物缺乏、收入不高，普惠金融服务的商业可持续性面临挑战，这客观上需要进一步完善配套的产业、财税、金融监管、法律法规等政策措施，加强信用信息体系建设，为普惠金融发展提供良好的政策环境。四是数字普惠金融监管相对滞后。实现普惠金融的发展，需要充分利用数字技术，然而数字普惠金融模式也会带来一定的风险，目前与数字普惠金融相匹配的监督管理机制仍有待健全和完善。五是普惠金融理念有待深入普及，消费者保护和金融素养有待进一步提升。

针对普惠金融，尤其是金融助推深度贫困地区脱贫攻坚工作这一普惠金融发展的重点和难点，下一步，应找准定位、创新机制、精准施策，推动普惠金融持续健康发展，为脱贫攻坚提供有力的金融支撑。一是按照党的十九大提出的贯彻新发展理念、建设现代化经济体系的要求，推动加快建设现代化普惠金融体系，继续宣传引导树立正确的普惠金融理念，加强金融消费者保护和金融知识普及教育。二是继续发挥政策引导和激励作用，引导金融资源向深度贫困地区、小微企业、创新创业等群体倾斜。三是完善普惠金融基础设施建设。持续推进农村支付环境建设，发挥供给对催化和改善农村支付服务需求的推动作用，创新升级助农支付产品，持续提升农村支付服务供需匹配度；进一步完善征信体系，健全农户信用信息征集与信用评级体系，提高中小微企业信用档案建档率，营造守信激励、失信惩戒的信用环境。四是鼓励金融创新，提升普惠金融服务水平和商业可持续性。鼓励金融服务提供者创新经营管理，降低成本；以客户为中心，探索移动互联、大数据、云计算、人工智能等信息技术在金融领域的合理运用方式；加快探索数字普惠金融在县域的有效落地路径，让更多贫困地区农户享受到开放、便捷、安全的金融服务。五是发挥部门合力，建立健全普惠金融风险分担机制，降低金融机构的服务成本和风险，营造良性、可持续的普惠金融发展环境。加强数字金融运用的指导和监管，平衡好创新和风险管理的关系。

中国人民银行济南分行货币政策分析小组

负责人：周逢民　刘　健

统　稿：李　瑞　李　伟　郑玉坤　王俊豪　刘旭强

执　笔：孙　健　程晋鲁　张　勇　庞念伟　韩庆潇　孙　毅　林贞龙　翟庆锋　高进群

提供材料的还有：孙欣华　孙　蕾　刘爱鹏　楚晓光　牛玉莲　王　斌　尹　楠　刘　震　单琳琳
祁文婷　陈　强　牟　颖　孔仪方　葛　新　史运昌

专题及各区域板块经济金融运行部分执笔人（排名不分先后）：

中国人民银行广州分行货币政策分析小组　黄载良　胡逸闻　吴国兵

中国人民银行上海总部货币政策分析小组　李冀申

中国人民银行成都分行货币政策分析小组　苟于国　万　博　饶　丽

中国人民银行杭州中心支行货币政策分析小组　周永涛

中国人民银行郑州中心支行货币政策分析小组　许艳霞　茹芳芳

中国人民银行武汉分行货币政策分析小组　熊艳春　王春元

中国人民银行沈阳分行货币政策分析小组　陈宁波　苏婵媛

中国人民银行南京分行货币政策分析小组　谢　姗　杨司键

2017 年各地区主要经济金融指标比较表

2017 年各地区主要经济指标比较表（Ⅰ）

地区	地区生产总值（亿元）				固定资产投资额（不含农户）（亿元）		社会消费品零售总额（亿元）	外贸进出口（亿美元）				实际利用外商直接投资（亿美元）	地方财政收支（亿元）		
		第一产业	第二产业	第三产业		房地产开发投资		总额	进口	出口	差额（出口－进口）		差额（收入－支出）	一般公共预算收入	一般公共预算支出
北　京	28 000.4	120.5	5 310.6	22 569.3	8 307.3	3 692.5	11 575.4	3 237.2	2 652.2	585.0	-2 067.1	243.3	-1 388.7	5 430.8	6 819.5
天　津	18 595.4	218.3	7 590.4	10 786.7	11 274.7	2 233.4	5 729.7	1 129.4	693.8	435.6	-258.2	106.1	-970.8	2 310.1	3 280.9
河　北	35 964.0	3 507.9	17 416.5	15 039.6	33 012.2	4 823.9	15 907.6	498.1	184.5	313.6	129.1	89.4	-3 381.9	3 233.3	6 615.2
山　西	14 973.5	777.9	6 181.8	8 013.9	5 722.2	1 166.3	6 918.1	171.7	69.8	102.0	32.2	16.9	-1 889.9	1 866.8	3 756.7
内蒙古	16 103.2	1 647.2	6 408.6	8 047.4	13 827.9	889.7	7 160.2	139.0	89.6	49.4	-40.3	31.5	-2 819.7	1 703.4	4 523.1
辽　宁	23 942.0	2 182.1	9 397.8	12 362.1	6 444.7	2 289.7	13 807.2	994.5	545.5	449.0	-96.5	53.4	-2 452.7	2 390.2	4 842.9
吉　林	15 288.9	1 429.2	7 012.9	6 846.9	13 130.9	910.1	7 855.8	185.4	141.1	44.3	-96.8	—	-2 514.9	1 210.8	3 725.7
黑龙江	16 199.9	2 968.8	4 289.7	8 941.4	11 079.7	815.6	9 099.2	189.4	136.8	52.6	-84.2	58.6	-3 397.5	1 243.2	4 640.7
上　海	30 133.9	99.0	9 251.4	20 783.5	7 240.9	3 856.5	11 830.3	4 761.2	2 824.4	1 936.8	-887.6	170.1	-905.3	6 642.3	7 547.6
江　苏	85 900.9	4 076.7	38 654.9	43 169.4	53 000.2	9 629.1	31 737.4	5 911.2	2 278.2	3 633.0	1 354.8	251.4	-2 449.9	8 171.5	10 621.4
浙　江	51 768.2	2 017.4	22 471.5	27 279.3	31 126.0	8 226.8	24 308.5	3 779.0	910.0	2 868.9	1 958.9	179.0	-1 726.9	5 803.4	7 530.3
安　徽	27 518.7	2 611.7	13 486.6	11 420.4	28 816.4	5 612.5	11 192.6	536.4	231.5	304.8	73.3	158.9	-3 390.0	2 812.3	6 202.3
福　建	32 298.3	2 442.4	15 770.3	14 085.5	26 110.3	4 794.2	13 013.0	1 710.3	661.0	1 049.3	388.4	85.8	-1 910.6	2 808.7	4 719.3
江　西	20 818.5	1 953.9	9 972.1	8 892.6	21 770.4	2 014.0	7 448.1	444.7	117.8	326.9	209.1	114.6	-2 876.8	2 246.9	5 123.7
山　东	72 678.2	4 876.7	32 925.1	34 876.3	54 236.0	6 637.2	33 649.0	2 630.6	1 159.5	1 471.0	311.5	—	-3 159.2	6 098.5	9 257.7
河　南	44 988.2	4 339.5	21 450.0	19 198.7	43 890.4	7 090.3	19 666.8	776.1	305.8	470.3	164.4	172.2	-4 827.7	3 397.0	8 224.7
湖　北	36 523.0	3 759.7	16 259.9	16 503.4	31 872.6	4 574.9	17 394.1	463.1	158.1	305.0	146.9	109.9	-3 583.3	3 248.4	6 831.7
湖　南	34 590.6	3 690.0	14 145.5	16 755.1	31 328.1	3 426.1	14 854.9	360.4	128.7	231.8	103.1	144.7	-4 340.0	2 756.8	7 096.7
广　东	89 879.2	3 792.4	38 598.6	47 488.3	37 403.9	12 075.7	38 200.1	10 064.8	3 836.9	6 227.8	2 390.9	229.1	-3 727.9	11 315.2	15 043.1
广　西	20 396.3	2 906.9	9 297.8	8 191.5	19 908.3	2 683.5	7 813.0	572.1	297.5	274.6	-23.0	8.2	-3 297.9	1 615.0	4 912.9
海　南	4 462.5	979.3	997.1	2 486.1	4 125.4	2 053.1	1 618.8	103.7	60.0	43.7	-16.4	23.1	-770.4	674.1	1 444.5
重　庆	19 500.3	1 339.6	8 596.6	9 564.0	17 440.6	3 980.1	8 067.7	666.0	240.0	426.0	185.9	101.8	-2 084.4	2 252.3	4 336.7
四　川	36 980.2	4 282.8	14 294.0	18 403.4	31 235.9	5 149.9	17 480.5	681.2	305.7	375.5	69.9	85.9	-5 106.8	3 579.8	8 686.6
贵　州	13 540.8	2 020.8	5 439.6	6 080.4	15 288.0	2 201.0	4 154.0	81.6	23.7	57.9	34.3	38.9	-2 990.9	1 613.6	4 604.6
云　南	16 531.3	2 310.7	6 387.5	7 833.1	18 474.9	2 786.3	6 423.1	235.1	119.7	115.4	-4.4	9.6	-3 826.8	1 886.2	5 713.0
西　藏	1 310.6	122.8	514.5	673.3	1 975.6	40.4	523.3	8.7	4.3	4.4	0.1	—	-1 496.1	185.8	1 681.9
陕　西	21 898.8	1 739.5	10 895.4	9 264.0	23 468.2	3 102.0	8 236.4	401.4	155.9	245.6	89.7	58.9	-2 826.7	2 006.4	4 833.1
甘　肃	7 677.0	1 063.6	2 562.7	4 050.8	5 696.3	944.5	3 426.6	50.6	32.2	18.3	-13.9	0.2	-2 491.7	815.6	3 307.3
青　海	2 642.8	238.4	1 180.4	1 224.0	3 819.9	408.6	839.0	6.6	2.3	4.2	1.9	0.2	-1 284.1	246.1	1 530.3
宁　夏	3 453.9	261.1	1 580.5	1 612.3	3 640.1	652.8	930.4	50.4	13.9	36.5	22.7	3.1	-958.5	417.5	1 375.9
新　疆	10 920.1	1 691.6	4 292.0	4 936.5	11 795.6	1 037.9	3 044.6	206.6	29.3	177.3	148.0	2.0	-3 175.7	1 465.5	4 641.2

数据来源：国家统计局《中国统计摘要》，各省、自治区、直辖市《国民经济和社会发展统计公报》及统计局。

2017 年各地区主要经济指标比较表（Ⅱ）

地区	地区生产总值同比增长（%）	第一产业	第二产业	第三产业	规模以上工业增加值同比增长（%）	固定资产投资（不含农户）同比增长（%）	房地产开发投资	社会消费品零售总额同比增长（%）	外贸进出口同比增长（%，美元口径）总额	进口	出口	实际利用外商直接投资金额同比增长（%，美元口径）	地方财政收支同比增长（%）收入	支出	各类价格指数同比增长（%）居民消费价格指数	农业生产资料价格指数	工业生产者购进价格指数	工业生产者出厂价格指数
北　京	6.7	-6.2	4.6	7.3	5.6	5.3	-7.7	5.2	17.7	18.1	15.9	86.7	6.8	6.2	1.9	—	4.4	0.7
天　津	3.6	2.0	1.0	6.0	2.3	0.5	-2.9	1.7	10.0	18.8	-1.6	5.0	-10.4	-11.3	2.1	—	11.1	8.4
河　北	6.7	3.9	3.4	11.3	3.4	5.3	2.7	10.7	9.7	17.5	5.5	9.7	13.5	9.1	1.7	1.0	14.5	15.0
山　西	7.0	3.0	6.5	7.8	7.0	6.3	-27.0	6.8	5.6	6.0	5.3	-27.5	19.9	9.2	1.1	2.2	15.2	19.4
内蒙古	4.0	3.7	1.5	6.1	3.1	-7.2	-21.5	6.9	19.6	23.8	12.7	-20.6	14.6	0.2	1.7	0.0	6.3	10.6
辽　宁	4.2	3.6	3.2	5.0	4.4	0.1	9.3	2.9	14.8	25.3	4.2	77.9	8.6	5.8	1.4	0.3	8.0	8.1
吉　林	5.3	3.3	3.9	7.5	5.5	1.4	-10.5	7.5	3.0	1.5	8.2	—	-4.1	3.1	1.6	-2.1	3.4	3.1
黑龙江	6.4	5.4	2.9	8.7	2.7	6.2	-5.7	8.3	14.5	18.9	4.4	-0.7	11.0	9.8	1.3	0.6	10.2	9.3
上　海	6.9	-9.5	5.8	7.5	6.8	7.3	3.8	8.1	12.5	15.4	8.4	-8.1	9.1	9.1	1.7	—	8.9	3.5
江　苏	7.2	2.2	6.6	8.2	7.5	7.5	7.5	10.6	19.0	22.6	16.9	2.4	4.6	6.4	1.7	2.1	9.7	4.8
浙　江	7.8	2.8	7.0	8.8	8.3	8.6	10.1	10.6	11.2	32.4	7.1	1.8	10.3	8.6	2.1	1.8	9.6	4.8
安　徽	8.5	4.0	8.6	9.7	9.0	11.0	21.9	11.9	20.8	45.0	7.2	7.6	7.9	12.3	1.2	1.3	9.2	8.0
福　建	8.1	3.6	6.9	10.3	8.0	13.9	4.5	11.5	9.1	24.4	1.2	4.7	8.7	9.9	1.2	0.0	5.3	4.1
江　西	8.9	4.4	8.3	10.7	9.1	12.3	13.7	12.3	14.5	17.9	13.3	9.8	4.4	11.0	2.0	1.0	7.2	7.9
山　东	7.4	3.5	6.3	9.1	6.9	7.3	5.0	9.8	15.2	22.2	10.1	—	6.6	5.2	1.5	0.9	7.3	1.5
河　南	7.8	4.3	7.3	9.2	8.0	10.4	14.7	11.6	10.9	9.6	11.8	1.4	10.4	9.8	1.4	-0.3	7.3	6.8
湖　北	7.8	3.6	7.1	9.5	7.4	11.0	6.5	11.1	20.6	21.4	20.2	8.5	8.4	6.4	1.5	0.9	8.3	5.6
湖　南	8.0	3.6	6.7	10.3	7.3	13.1	15.9	10.6	39.8	53.3	33.3	12.6	4.9	8.2	1.4	1.0	7.2	5.8
广　东	7.5	3.5	6.7	8.6	7.2	13.5	17.2	10.0	8.0	10.1	6.7	-1.9	10.9	11.9	1.5	0.4	5.3	3.3
广　西	7.3	4.1	6.6	9.2	7.1	12.8	11.9	11.2	22.6	22.9	22.3	-7.4	5.2	10.6	1.6	1.4	6.5	7.6
海　南	7.0	3.6	2.7	10.2	0.5	10.1	14.9	11.4	-8.9	-35.1	105.4	4.1	11.5	4.3	2.8	-0.1	12.4	8.8
重　庆	9.3	4.0	9.5	9.9	9.6	9.5	6.8	11.0	6.1	8.6	4.8	-10.2	3.0	7.9	1.0	—	4.4	4.1
四　川	8.1	3.8	7.5	9.8	8.5	10.6	-2.5	12.0	38.2	43.1	34.4	7.5	9.5	10.8	1.4	-0.2	8.3	6.5
贵　州	10.2	6.7	10.1	11.5	9.5	20.1	2.4	12.0	46.2	151.6	24.9	21.0	7.2	8.0	0.9	-1.2	9.7	7.2
云　南	9.5	6.0	10.7	9.5	10.6	18.0	3.6	12.2	19.9	45.0	1.5	11.1	6.2	13.8	0.9	0.4	6.2	5.2
西　藏	10.0	4.3	11.9	9.7	14.2	23.9	-16.8	13.9	13.9	43.6	-5.6	—	25.6	7.8	1.6	1.6	1.6	10.0
陕　西	8.0	4.6	7.9	8.7	8.2	14.6	13.3	11.8	37.4	13.3	58.8	17.6	11.9	10.1	1.6	2.1	6.4	10.8
甘　肃	3.6	5.4	-1.0	6.5	-1.7	-40.3	11.1	7.6	-23.9	18.6	-53.4	-72.6	7.8	5.0	1.4	3.7	15.5	14.5
青　海	7.3	4.9	7.2	7.9	7.0	10.5	2.9	9.3	-55.9	50.7	-68.2	20.0	13.5	0.4	1.5	2.4	8.0	16.7
宁　夏	7.8	4.3	7.0	9.2	8.6	4.2	-10.3	9.5	54.8	80.9	46.8	22.8	10.1	8.7	1.6	3.1	12.9	12.1
新　疆	7.6	5.6	5.9	9.8	6.4	20.0	12.4	7.7	17.1	42.6	13.8	-51.1	12.8	12.2	2.2	0.8	12.8	13.7

数据来源：国家统计局《中国统计摘要》，各省、自治区、直辖市《国民经济和社会发展统计公报》及统计局。

2017 年全国 35 个大中城市新建住宅销售价格指数同比增长

单位：%

地区	1 月	2 月	3 月	4 月	5 月	6 月	7 月	8 月	9 月	10 月	11 月	12 月
北　京	24.7	22.1	19	16	13.5	10.7	8.9	5.2	0.5	-0.2	-0.2	-0.2
天　津	23.2	22.7	20.5	17.3	14.7	12.3	9.7	5.9	1.8	0.6	-0.1	0.2
石家庄	18.5	18.2	18.6	17.6	16.4	15.8	13.1	9.3	5	3.5	3	2.8
太　原	2.9	3.2	3.4	4.9	5.8	6.4	6.9	6.9	6.9	7.2	7.3	7.6
呼和浩特	1	1.1	1	1.4	1.7	1.9	2.8	3.7	4.2	4.8	6.1	6.8
沈　阳	3.2	4.1	5.1	6.1	7.6	9	9.8	10.3	10.7	11	11.7	11.5
大　连	2.5	3.4	3.8	4.1	4.6	4.8	6.4	6.6	7.1	7.1	7.6	8.4
长　春	4.3	4.4	4.6	5.4	6.1	6.9	7.6	7.7	7.9	7.7	8	8.8
哈尔滨	2.1	3	3.1	3.8	5.5	6.7	7.5	7.7	8.5	9.9	10.5	10.7
上　海	23.8	21.1	16.8	13.2	11	8.6	7.3	2.8	0	-0.2	-0.2	0.2
南　京	35.4	31.8	27.4	22.1	17.3	13	9.2	4.8	1.3	-1	-1.5	-1.3
杭　州	27.4	25.4	22.8	19.3	16.2	14.5	11.8	8.1	2.2	-0.9	-0.6	-0.6
宁　波	11.1	10.7	9.9	9.7	9.6	9.9	9.4	8.4	6.3	5	4.6	5
合　肥	44	40.5	34.5	27.2	20.9	15.4	11	5.8	1	-0.6	-0.3	-0.2
福　州	25.5	23.7	21.1	17.4	15.5	14	11.9	7.1	1.5	-1.1	-1.8	-1.6
厦　门	38.4	36.5	32	25.5	19.4	14.5	9.8	5.7	2.6	1.8	2.3	2.2
南　昌	14.3	13.6	13.4	12.5	12	10.8	9.4	8.6	6.5	5.6	5.9	6.3
济　南	19	18.3	18.1	17.3	16.7	15.9	15.1	11.2	5.1	1.5	0.3	0.9
青　岛	13	13.1	12.9	11.9	11.4	11.2	10.9	9.1	4.4	3.4	3.7	4.1
郑　州	27.3	26.5	25	23.6	21.8	19.9	17.5	11	3.1	-0.5	-1	-0.7
武　汉	23	21.7	20.2	18.3	16	14.2	12.1	8.6	4.6	1.6	0.1	0.6
长　沙	17.9	18.4	19.1	18.2	18.4	18.1	17.9	16.5	11.8	7.5	5.9	5.9
广　州	24	23.1	22.7	21.6	19.4	17.8	16.7	13.2	9.4	7.7	6.6	5.5
深　圳	18.2	13.5	9.1	6.6	5.4	2.7	0.5	-1.9	-3.7	-3.3	-3.1	-2.9
南　宁	10.2	10.1	10.6	10.4	10.8	11.2	11.8	11.4	9.5	8.3	8.7	8.4
海　口	6.5	7.1	9.6	8.7	7.4	8.5	8.4	6.7	5.9	5	4.2	5.9
重　庆	7.7	8.3	8.9	9.9	10.2	12	12.8	12.8	11.9	11.4	10.7	10
成　都	5.3	4.9	3.9	3.3	2.9	2	1	-0.3	-2.7	-1.3	-1.2	-0.6
贵　阳	5.3	5.4	6.3	7.2	7.7	8.4	8.7	9.1	9	8.8	9.5	10.3
昆　明	4.2	4.6	5.5	6.3	6.5	7.3	7.7	8	7.8	7.1	7.8	10.1
西　安	7.6	8.7	9.5	10.7	11.9	13.1	13.8	13.4	13.6	12.6	11.3	11.2
兰　州	3.2	3.5	3.6	3.6	3.9	4.4	4.4	3.5	3.2	3.6	4.3	5.4
西　宁	2.3	2.8	2.8	2.6	2.8	3.1	3.3	3.2	3.5	3.1	4.3	5.4
银　川	2.4	2.2	2.2	1.7	1.5	2.1	2.3	2.7	2.8	2.9	3.7	4
乌鲁木齐	-0.9	-0.3	-0.1	0.2	0.2	0.8	1.1	2.1	2.9	3.7	5.5	6.1

注：从 2011 年 1 月起，国家统计局开始实施《住宅销售价格统计调查方案》，对数据来源渠道、指标设置、计算方法等影响价格指数计算的主要因素都进行了调整。

数据来源：国家统计局。

2017年末各省、自治区、直辖市主要存贷款指标

地区	本外币						人民币							
	金融机构各项存款		金融机构各项贷款				金融机构各项存款				金融机构各项贷款			
	余额（亿元）	比年初（亿元）	余额（亿元）	短期	中长期	比年初（亿元）	余额（亿元）	住户存款	非金融企业存款	比年初（亿元）	余额（亿元）	个人消费贷款	房地产贷款	比年初（亿元）
北京	144 086.0	5 677.1	69 556.2	21 471.3	42 001.7	5 816.8	137 952.1	28 962.2	53 771.3	5 134.4	63 382.5	13 664.6	16 333.6	6 763.7
天津	30 940.8	873.8	31 602.5	7 838.2	18 308.0	2 848.5	29 746.2	9 558.0	13 808.4	704.8	30 103.0	5 714.0	7 195.0	2 735.1
河北	60 451.3	4 522.4	43 315.3	14 328.2	26 492.8	5 569.4	60 033.0	35 573.3	13 839.6	4 519.8	42 891.2	11 276.5	12 870.5	5 538.9
山西	32 844.9	1 975.8	22 573.8	8 289.0	12 796.1	2 217.3	32 480.6	18 620.3	8 146.9	2 109.2	22 463.9	2 527.2	2 809.8	2 235.3
内蒙古	23 092.7	1 847.1	21 566.3	7 709.0	13 006.0	2 107.9	22 952.8	10 730.0	6 748.1	1 787.2	21 456.0	2 767.0	3 806.3	2 095.0
辽宁	54 249.0	2 533.4	41 278.7	15 816.3	23 288.1	2 593.1	53 227.2	27 400.7	14 000.8	2 486.7	40 063.7	6 644.7	8 901.2	2 773.1
吉林	21 696.9	542.1	18 010.3	7 201.0	10 315.0	799.9	21 562.7	11 506.0	5 530.5	566.9	17 959.7	3 221.1	3 624.8	822.6
黑龙江	23 796.0	1 401.1	19 466.1	9 344.0	8 994.7	1 379.9	23 615.1	14 331.0	4 531.1	1 436.1	19 208.4	3 233.8	3 801.7	1 483.4
上海	112 461.7	1 950.8	67 182.0	16 903.1	39 993.7	7 199.8	105 098.8	24 338.5	45 901.5	1 939.4	61 188.9	18 159.2	19 848.5	7 201.9
江苏	134 776.2	9 199.2	104 007.3	33 295.0	65 544.0	11 050.3	129 942.9	46 088.0	47 205.0	8 840.5	102 113.3	27 688.0	32 734.9	11 005.8
浙江	107 320.5	7 790.2	90 233.3	38 921.8	47 449.7	8 428.8	104 000.6	40 192.5	34 905.8	7 562.4	88 606.5	22 727.3	22 251.2	8 680.4
安徽	46 146.9	4 822.5	35 162.0	10 061.8	22 758.0	4 387.5	45 608.8	20 538.2	14 202.2	4 752.6	34 481.2	9 822.8	11 940.5	4 300.5
福建	44 086.8	3 599.8	41 899.7	14 457.1	25 570.2	4 112.4	42 794.8	16 583.1	14 068.9	3 519.0	40 484.9	14 243.7	12 576.2	4 128.9
江西	32 535.7	3 430.5	25 900.4	8 216.7	16 652.1	4 053.0	32 324.9	15 503.4	9 833.2	3 431.8	25 712.6	6 790.9	8 105.3	3 990.4
山东	91 018.7	5 335.2	70 873.9	28 927.9	37 609.5	5 630.4	88 531.7	44 035.8	27 913.9	5 113.5	67 576.0	15 540.0	18 839.7	5 851.5
河南	60 037.6	5 057.9	42 546.8	15 014.9	25 892.6	5 407.2	59 068.7	32 279.1	15 802.1	5 089.7	41 713.3	11 021.2	12 490.0	5 242.1
湖北	52 352.4	5 067.5	39 571.1	8 537.4	27 895.6	5 040.4	51 708.3	23 841.7	16 663.1	4 930.4	38 154.9	9 356.2	12 888.1	5 025.7
湖南	46 729.3	4 732.6	31 850.0	7 145.7	23 866.8	4 317.7	46 437.7	23 261.6	13 675.4	4 743.2	31 532.7	7 359.9	9 066.0	4 317.2
广东	194 535.8	15 231.7	126 031.9	35 833.8	81 976.7	15 103.5	184 779.6	61 890.1	64 874.0	14 280.3	118 978.6	45 002.9	44 400.5	15 328.8
广西	27 899.6	2 420.8	23 226.1	4 866.6	17 550.9	2 585.6	27 714.2	13 761.0	8 315.3	2 455.7	22 781.8	6 086.7	6 866.4	2 606.0
海南	10 096.4	976.2	8 459.3	1 467.6	6 867.4	771.6	10 016.6	3 790.1	3 660.5	1 018.0	7 376.6	1 541.8	2 792.0	797.1
重庆	34 853.5	2 693.4	28 417.5	5 922.8	20 889.1	2 893.3	33 719.0	14 367.4	10 727.2	2 502.5	27 871.9	8 814.9	9 651.2	3 086.7
四川	73 079.4	6 187.3	49 144.1	10 416.6	37 088.0	5 597.7	71 591.4	34 800.9	18 151.6	5 953.3	48 124.4	11 129.4	13 757.6	5 293.0
贵州	26 194.1	2 362.9	20 965.3	3 812.5	16 798.6	3 004.3	26 088.9	9 580.3	10 059.6	2 318.1	20 860.3	3 617.9	4 679.4	3 002.5
云南	30 160.7	2 239.2	25 857.6	6 281.9	17 597.1	2 366.2	29 990.0	13 165.0	8 730.8	2 243.3	25 440.5	4 333.9	5 236.8	2 351.2
西藏	4 959.1	579.4	4 043.6	392.0	3 426.0	995.0	4 952.5	879.7	1 444.0	581.0	4 041.4	247.3	218.0	995.7
陕西	38 153.3	2 445.9	26 924.5	5 552.8	20 076.3	2 700.1	37 784.0	18 683.6	11 806.0	2 528.5	26 679.1	4 879.2	6 962.3	2 757.3
甘肃	17 777.2	250.6	17 707.2	5 141.1	11 441.6	1 780.8	17 660.8	9 059.5	5 073.0	238.2	17 404.6	1 818.7	2 926.7	1 754.1
青海	5 843.2	257.0	6 353.1	1 287.5	4 315.0	635.9	5 826.6	2 141.4	1 608.3	256.2	6 222.5	360.4	776.3	642.8
宁夏	5 867.2	406.6	6 461.5	2 051.9	3 880.6	765.5	5 848.4	2 791.5	1 591.3	406.9	6 332.6	818.4	1 209.4	664.7
新疆	21 753.1	2 453.0	17 477.6	4 993.5	10 164.0	2 281.5	21 257.4	8 402.5	6 357.7	2 509.7	16 871.0	2 132.3	2 883.1	2 318.3

数据来源：中国人民银行各分行、营业管理部、省会（首府）城市中心支行。

《中国区域金融运行报告（2018）》

分报告

北京市金融运行报告（2018）

中国人民银行营业管理部货币政策分析小组

[内容摘要] 2017年，北京市深入贯彻党的十九大、中央经济工作会议、全国金融工作会议精神和习近平总书记系列重要讲话精神，坚持稳中求进工作总基调，牢固树立新发展理念，着力服务于北京“四个中心”功能建设和京津冀协同发展国家战略，加快疏功能、转方式、治环境、补短板、促协同、惠民生，推动首都现代化建设取得重大进展。2017年，全市实现地区生产总值2.8万亿元，同比增长6.7%；全市城镇登记失业率在1.5%左右，就业形势稳定；居民消费价格同比上涨1.9%，涨势温和。供给侧结构性改革效果显现，产业结构不断优化。规模以上工业增加值同比增长5.6%，较上年提高0.5个百分点，其中，医药制造业、通用设备制造业、计算机通信和其他电子设备制造业等高端制造业实现两位数增长；第三产业增加值同比增长7.3%，其中，信息服务业、科技服务业、金融业对全市经济增长的贡献率合计超过五成。

2017年，北京市金融体系平稳运行，金融“脱虚向实”效果明显，金融对科技创新、文化创意等特色产业支持力度持续增强，金融支持重点项目建设成效显著，企业直接融资有所减少，房地产市场回归平稳增长。一是本外币贷款增速回升，社会融资规模同比少增。2017年末，北京市金融机构本外币各项贷款余额同比增长9.1%，较上年同期高0.3个百分点，人民币各项贷款余额同比增长11.9%，外币贷款余额同比减少8.0%。2017年，北京地区社会融资规模同比较上年少增5 190.8亿元。二是金融对重点领域、特色行业、薄弱环节的支持力度持续加大。2017年末，北京市金融机构对租赁和商务服务业、科学研究和技术服务业、文化体育和娱乐业的人民币贷款余额同比分别增长30.6%、19.4%和19.2%。小微企业本外币贷款余额同比增长16.9%，增速比大型企业高5.2个百分点。三是房地产贷款增速大幅回落，调控效果显著。2017年末，北京市金融机构人民币房地产贷款余额同比增长13.5%，较上年同期低10.6个百分点。其中，个人住房贷款余额同比增长16.5%，较上年同期低25.2个百分点，个人住房贷款新增额占人民币各项贷款新增额比重降至20.2%，较2016年下降20.1个百分点。四是存款利率整体保持平稳，贷款利率温和上升。人民币活期存款利率平稳下行，定期存款利率先降后升。人民币贷款利率小幅上升，12月，一般贷款加权平均利率为4.85%，较2016年12月的历史低点上升31个基点。五是多层次资本市场稳健发展，支持供给侧结构性改革。2017年，北京地区新增A股上市公司24家，230家公司在新三板挂牌；企业通过首发上市、定向增发、配股、公司债、新三板挂牌、资产证券化等融资方式募集资金超过7 000亿元。六是保险业运行平稳，为实体经济强身健体。2017年，全市保险市场原保险保费收入同比增长7.3%，保费收入居全国第5位。

中国人民银行营业管理部维护首都经济平稳健康发展，大力支持北京市供给侧结构性改革和非首都功能疏解。一是有效落实稳健中性货币政策，服务首都供给侧结构性改革。完善宏观审慎评估（MPA）指标体系和工作程序，促进稳健中性货币政策的有效落实。推动科技金融和文化金融创新发展，引导信贷资金支持首都“四个中心”功能建设。充分发挥再贴现、抵押补充贷款（PSL）等货币政策工具的引导作用，优化信贷结构，降低社会融资成本，加大对经济重点领域和薄弱环节的支持力度。二是紧贴北京实际，支持京津冀协同发展、“一带一路”倡议等国家重大战略实施。发挥牵头作用，着力提升金融支持京津冀协同发展水平。与津冀两地人民银行推动落实重点工作28项，推动扩大长期建设资金供给，促进政银企对接。三是着力加强金融监管与风险防范，维护首都金融安全稳定。深化“两管理、两综合”，有效开展综合评价，建立大型企业信用风险监测机制，有效落实存款保险制度，有序推进央行评级工作。四是稳步推进外汇管理改革，加强本外币一体化协同管理。大力支持北京市服务业扩大开放综合试点，继续推进跨国公司外汇资金集中运营管理、跨境双向人民币资金池等业务，扩大政策惠及范围，不断促进首都贸易投资便利化。五是全面落实推进普惠金融发展规划，大力提升金融服务水平。实施补贴激励政策，大力推动农村支付环境建设，制订移动支付便民示范工程实施方案。以“现金服务进农村”为主题，持续开展“现金服务贴心工程”，工作触角延伸至偏远郊区。加强征信信息安全管理，在全国率先推出财关库银横向联网银行端查询缴款、代理支库支出无纸化、电子缴税三方协议网签等创新业务模式，国库信息化建设水平不断提升。

2018 年，北京市将继续积极推进供给侧结构性改革，着力打造“高精尖”产业结构，深入落实京津冀协同发展战略，加快北京城市副中心、新机场、冬奥会等重大项目建设。中国人民银行营业管理部将有效落实稳健中性的货币政策，打好防范化解重大金融风险攻坚战，大力推进金融改革开放发展，着力提升金融服务和管理水平，促进首都经济金融实现高质量发展。一是落实稳健中性的货币政策，促进金融更好地为实体经济服务。健全货币政策和宏观审慎政策双支柱调控框架，以服务非首都功能疏解为核心，积极推动金融支持京津冀协同发展。助力“四个中心”功能建设，服务北京供给侧结构性改革。坚持“房子是用来住的，不是用来炒的”定位，构建租购并举的住房金融服务体系。二是积极构筑金融风险防控和处置体系，坚决打好防范化解重大金融风险攻坚战。坚持从严监管的原则，前移风险防控关口，加强与监管部门、地方金融管理部门的协调和协作，努力构筑金融风险防控的处置体系，主动做好辖区内金融风险防控工作。三是有序推进外汇管理改革，稳步拓展跨境人民币业务，切实防范跨境资金流动风险。按照增强服务实体经济能力的要求，进一步推进外汇管理体制改革。结合“一带一路”倡议和北京市服务业扩大开放综合试点，着力推进高水平的跨境贸易投资自由化、便利化。四是大力推进普惠金融，全面提升金融服务水平。进一步完善支付结算等基础设施建设，提高支付服务水平；强化货币发行管理，推进反假货币示范区建设；进一步改善缴税体验，提升经理国库水平；提高征信查询服务水平；以普惠金融指标体系为评价核心，推动辖区大力发展普惠金融。

一、金融运行情况

2017 年，北京市金融运行整体平稳，信贷增速保持较快水平，金融降杠杆效果显著，机构改革继续稳步推进，服务水平显著提高，金融生态环境建设取得新成效。

（一）银行业运行平稳，信贷保持较快增速

1. 银行业金融机构平稳发展，收益水平有所提高。2017 年，北京市银行业金融机构资产总额同比增长 2.8%，增速同比下降 7 个百分点；实现利润同比增长 16.7%，增速同比上升 1.1 个百分点；银行业金融机构数量有所减少，2017 年末机构网点总数同比减少 44 家；法人金融机构数量比上年增加2家；银行支付业务快速发展，2017 年末银行卡发卡量累计达到 2 亿张，全年新增 2 405 万张。

表 1　2017 年北京市银行业金融机构情况

机构类别	营业网点			法人机构（个）
	机构个数（个）	从业人数（人）	资产总额（亿元）	
一、大型商业银行	1 825	53 020	81 692	0

续表

机构类别	营业网点			法人机构（个）
	机构个数（个）	从业人数（人）	资产总额（亿元）	
二、国家开发银行和政策性银行	18	918	16 149	0
三、股份制商业银行	900	24 262	44 884	0
四、城市商业银行	398	11 475	25 028	1
五、城市信用社	—	—	—	—
六、小型农村金融机构	675	8 983	8 165	1
七、财务公司	72	4 784	30 958	71
八、信托公司	12	3 510	1 288	12
九、邮政储蓄银行	574	3 267	3 919	0
十、外资银行	121	4 357	4 046	9
十一、新型农村金融机构	39	750	244	11
十二、其他	13	4 179	5 623	13
合　计	4 647	119 505	221 995	118

注：营业网点机构数据不包括国家开发银行和政策性银行、大型商业银行、股份制商业银行金融机构总部；大型商业银行包括中国工商银行、中国农业银行、中国银行、中国建设银行和交通银行；小型农村金融机构指农村商业银行；新型农村金融机构包括村镇银行、贷款公司和农村资金互助社；"其他"包含金融租赁公司、汽车金融公司、货币经纪公司、消费金融公司等。

数据来源：中国人民银行营业管理部、北京银监局、北京市金融工作局。

2. 人民币存款增速持续回落，外币存款增速有所提高。2017 年末，北京市金融机构人民币存款余额同比增长 3.9%，比全国低 5.1 个百分点，比上年同期低 3.4 个百分点，全年新增额为近七年同期最低，且为近七年首次低于人民币贷款新增额。2017 年以来，金融降杠杆效果显著，非银行金融机构存款大幅下降对人民币存款产生较强拉低效应。受境外存款增加影响，外币存款全年新增额高于往年。2017 年末，北京市金融机构外币存款余额同比增长 15.9%，比上年同期高 6.5 个百分点。

3. 本外币贷款增速保持在较高水平，重点领域和薄弱环节金融支持持续加强。2017 年末，北京市金融机构本外币贷款余额同比增长 9.1%，比上年高 0.3 个百分点，增速自 1 月的 6.6% 升至 6 月的 11% 后有所回落。其中，人民币贷款余额同比增长 11.9%，外币贷款余额同比减少 8%，比上年降幅收窄 8.7 个百分点。

重点领域贷款增长强劲。2017 年末，北京市金融机构对租赁和商务服务业、科学研究和技术服务业、文化体育和娱乐业的人民币贷款余额分别同比增长 30.6%、19.4%、19.2%。小微企业本外币贷款余额同比增长 16.9%，增速较大型企业高 5.2 个百分点。

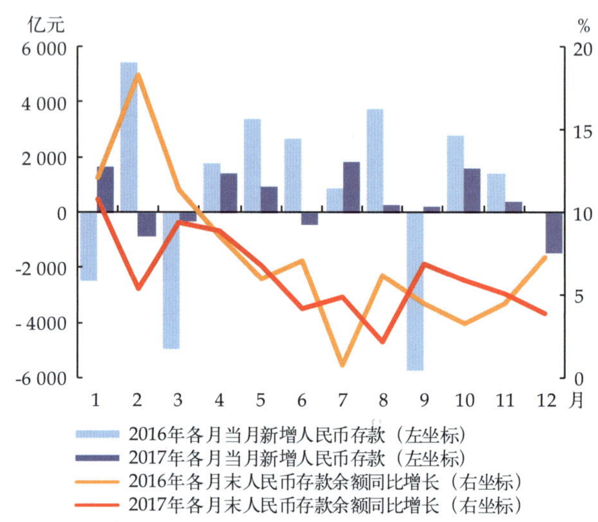

数据来源：中国人民银行营业管理部。

图 1　2016~2017 年北京市金融机构人民币存款增长变化

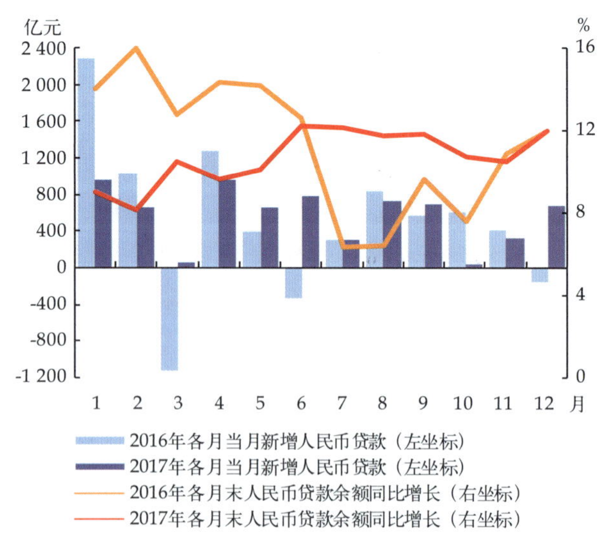

数据来源：中国人民银行营业管理部。

图 2　2016~2017 年北京市金融机构人民币贷款增长变化

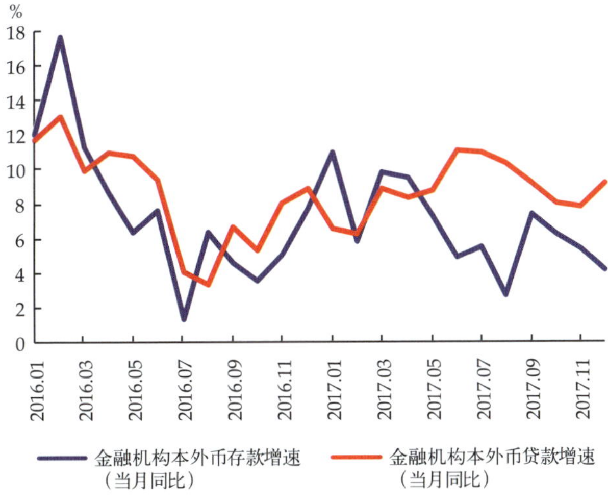

数据来源：中国人民银行营业管理部。

图3　2016~2017年北京市金融机构本外币存、贷款增速变化

4. 金融降杠杆效果显著，表外业务明显收缩。2017年末，北京地区银行业金融机构表外业务余额同比增长25.4%。其中，托管资产业务余额同比增长35.1%，成为拉动表外业务增长的最重要力量。表外理财资金有所下降，2017年末，北京地区银行理财产品余额同比下降3.7%，上年同期增速为42.5%。金融衍生品业务降幅明显，辖内银行业金融衍生品业务余额同比下降30.6%。同业业务全面收缩，辖内银行业同业资产、同业负债余额分别同比下降3.1%、15.6%。

5. 人民币存贷款利率平稳运行，外币存贷款利率波动明显。2017年，人民币一般贷款加权平均利率整体呈增长态势，其中，8月达到年内最高值5.08%，创2015年11月以来新高，但总体看，贷款利率仍明显低于全国总体水平。全年金融机构执行下浮利率的人民币贷款占比较2016年明显下降，其中，7月下浮贷款占比29.2%，创2014年12月以来新低。人民币活期存款利率稳中有降，定期存款利率触底后小幅反弹。美元存款利率同比上升，美元贷款利率涨跌不一。北京地区市场利率定价自律机制有效运行，维护了良好的市场竞争秩序，促进了利率市场规范健康发展，为利率市场化改革顺利推进、金融机构持续稳健发展奠定了良好基础。

表2　2017年北京市金融机构人民币贷款各利率区间占比

月份		1月	2月	3月	4月	5月	6月
合计		100.0	100.0	100.0	100.0	100.0	100.0
下浮		56.8	57.8	54.2	48.3	48.1	38.8
基准		16.1	15.5	16.8	19.2	18.9	24.3
上浮	小计	27.1	26.7	29.0	32.5	33.0	36.9
	(1.0, 1.1]	6.8	7.6	9.0	9.2	10.2	13.3
	(1.1, 1.3]	6.7	7.4	9.2	10.0	10.6	10.2
	(1.3, 1.5]	3.6	2.2	3.4	4.3	4.0	4.4
	(1.5, 2.0]	8.1	7.5	5.2	6.6	5.7	6.6
	2.0以上	1.9	2.0	2.2	2.4	2.5	2.4
月份		7月	8月	9月	10月	11月	12月
合计		100.0	100.0	100.0	100.0	100.0	100.0
下浮		29.2	31.3	32.9	31.2	29.2	37.1
基准		28.5	26.4	25.8	27.4	29.3	29.3
上浮	小计	42.3	42.3	41.3	41.4	41.5	33.6
	(1.0, 1.1]	13.7	13.0	15.0	14.3	15.0	13.0
	(1.1, 1.3]	12.1	12.9	12.2	10.7	11.3	8.5
	(1.3, 1.5]	4.7	5.5	4.3	3.9	4.0	2.6
	(1.5, 2.0]	8.4	7.9	7.2	9.3	8.4	7.1
	2.0以上	3.4	3.0	2.6	3.2	2.8	2.4

数据来源：中国人民银行营业管理部。

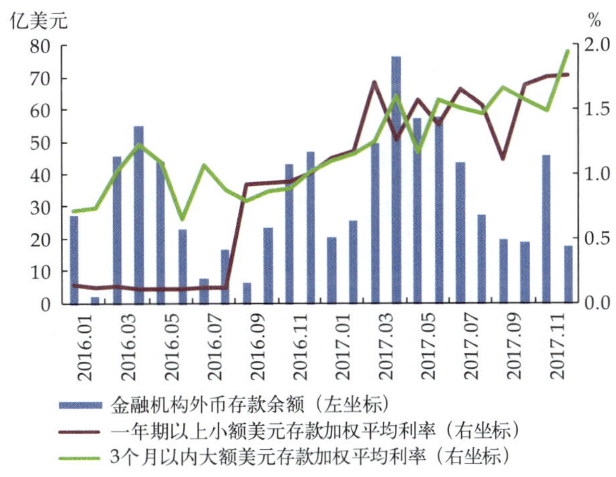

数据来源：中国人民银行营业管理部。

图4　2016~2017年北京市金融机构外币存款余额及外币存款利率

6. 信用风险抵补能力较强，各项监管指标满足要求。2017 年末，辖内银行业金融机构不良贷款率 0.37%，同比下降 0.22 个百分点；法人银行类金融机构拨备覆盖率 297.33%，同比提高 18.14 个百分点，信用风险抵补能力较强。法人银行类金融机构资本充足率 13.77%，同比下降 0.17 个百分点；流动性比率 50.73%，同比下降 5.04 个百分点；累计外汇敞口头寸比例 2.31%，同比下降 0.75 个百分点。

7. 银行业机构改革稳步推进，金融服务能力不断提高。2017 年 7 月，北京市首家民营银行中关村银行正式开业，民间资本进入银行业取得积极成果。11 月，全国首家直销银行中信百信银行正式开业，开启了“互联网 + 金融”的新金融模式。北京银行非公开定向发行普通股，提升核心一级资本充足率。北京农商银行开展上市“助推”工程，纵深推进 IPO 工作。

8. 人民币国际结算能力不断增强。2017 年，北京地区跨境人民币结算 1.49 万亿元，业务笔数 13.04 万笔。自 2010 年 6 月 23 日试点启动至 2017 年末，跨境人民币收付涉及的国家和地区已达 201 个。2017 年，北京地区经常项目人民币收付 5 695.2 亿元，资本与金融项目人民币收付 9 247 亿元。2017 年末，已有 104 家跨国企业集团开立人民币双向资金池专用账户，累计归集跨境收入 1 354.9 亿元，累计跨境支出 1 155.6 亿元；北京地区银行已经与境外 87 个国家和地区的 823 家银行建立了代理行关系，为非居民机构开立人民币结算账户 1 010 个。

专栏 1　2017 年北京地区跨境人民币业务发展呈现新特点

2017 年，北京地区跨境人民币业务发展取得显著成效，结算量增长超四成，业务亮点突出，同时资金净流出规模下降近八成。北京地区跨境人民币收付总额 14 944 亿元，同比增长 44%。业务开展主要集中在资本和金融项下，收付合计 9 246 亿元，占比超七成；净流出规模缩减至 904 亿元，同比下降 78%。跨境人民币业务亮点纷呈，人民币使用范围进一步扩大，境外市场主体对人民币的接受程度不断提高。

一、人民币助力企业“走出去”，“一带一路”成为业务发展新动力

自“一带一路”倡议提出以来，北京地区与沿线国家（地区）往来不断加深，人民币接受程度不断提高。2017 年，结算总量飞跃式上涨，人民币成为沿线国家（地区）贸易和投融资结算的新选择。

（一）结算总量飞跃式上涨

2017 年，北京与“一带一路”沿线 52 个国家（地区）开展跨境人民币业务，实现跨境结算 2 807.3 亿元，较 2016 年增长近 3 倍，占北京地区全部跨境人民币结算量的 19%，创 2013 年以来新高。

（二）货物贸易稳步发展

2017 年，北京与沿线国家（地区）货物贸易进出口跨境人民币收付 529 亿元，同比增长 56%，进口支出与出口收入基本持平。主要出口商品为汽车、设备和发动机，覆盖沿线 37 个国家；进口涉及沿线 18 个国家，主要是进口原油、药品和铁矿石。

（三）资本项下业务增长近 7 倍，跨境人民币贷款大力支持沿线项目

随着金融对外开放程度不断加深，资本项下交易成为业务新亮点。2017 年，北京与沿线国家资本项下跨境人民币结算量高达 2 178 亿元，同比增长约 7 倍，占沿线国家（地区）全部结算量的 77%。跨境人民币贷款对沿线大型项目建设支持力度进一步提升。2017 年，北京地区的政策性银行向多个沿线国家（地区）提供跨境人民币贷款 740.97 亿元。

（四）与国际金融中心新加坡在金融领域的合作快速发展

新加坡是重要的人民币离岸中心之一，当地机构投资者对境内金融市场的参与程度逐步加深。2017年，北京与新加坡的跨境人民币结算达1 782亿元，其中证券投资收付占比近八成，主要是境外机构在境内银行间债券市场买卖债券业务。

二、金融支持实体经济发展力度进一步加大，顺利推进中国联通混合所有制改革业务

2017年，人民银行营业管理部指导中国银行北京市分行为中国联合网络通信集团有限公司（以下简称联通集团）完成了全国首笔集团层面混合所有制改革项目的跨境人民币结算业务。该笔业务支持了联通集团混合所有制改革的顺利推进，对国有企业混合所有制改革思路和跨境人民币支持实体经济发展具有示范作用。

（一）业务规模较大

根据国家有关部门批复的混改方案，中国联合网络通信股份有限公司（联通有限）通过A股市场筹集资金后，在集团内部逐级投资至中国联合网络通信有限公司（联通运营）。增资完成之后，将实现对外直接投资749.5亿元，外商直接投资749.5亿元，累计结算量1 499.07亿元，业务体量相对较大。

（二）业务形式新颖

在人民银行的指导下，结算银行和企业共同设计提出资金跨境划转工作方案，在防范跨境资本流动风险的同时，有效满足企业实际经营需求，最终顺利完成了联通有限对联通运营的混改增资业务。

（三）业务示范性强

深化国有企业改革任务艰巨，而混合所有制改革正是国企改革的重要突破口。在目前我国已确定的七大领域、三批试点单位中不乏A股和H股上市公司。作为首批国企混改试点单位以及首家在集团层面整体混改的上市中央企业，联通集团的混改方案思路和操作方法将成为未来国企改革的重要依据，具有强烈的示范效应。

三、服务业扩大开放取得显著成效，资金池业务量稳步提升

截至2017年末，已累计为100余家跨国企业集团办理人民币双向资金池业务备案。开办业务的跨国企业集团通过资金池累计归集跨境收支合计2 510亿元，跨境收支基本均衡。自业务开办以来，跨境资金池月度业务结算规模从2014年12月的4.6亿元稳步增长至2017年12月的257亿元，有力支持了跨国企业集团境内外双向资金融通。

（二）证券期货业发展整体稳健，市场融资规模有所下降

1. 证券期货机构数量稳步增长，上市及改制进程有序推进。2017年末，辖内法人证券公司18家，法人期货公司19家，法人基金管理公司19家，均与上年相同；证券营业部477家，期货分支机构102家，分别比上年增加55家和7家。证券公司从业人员10 979人，比上年增加590人；期货公司从业人员2 969人，比上年增加157人。2017年，中国银河证券股份有限公司在A股上市，国都证券有限责任公司在全国股份转让系统挂牌，第一创业摩根大通证券有限责任公司因外资股东退出，更名为第一创业证券承销保荐有限责任公司。

2. 证券公司营业收入下降，期货公司抗风险能力增强。2017年末，法人证券公司资产总额同比增长15.1%；净资本比上年末增加84.9亿元；全年营业收入同比减少12%；市场监管进一步加强，期货公司抗风险能力增强，盈利能力提高。2017年末，辖区期货公司总资产同比减少1.4%；期货累计代理交易额41.5万亿元，比上年减少14.2%。净利润比上年增长26.1%。法人基金管理公司管理基金年末资产净值同比增长12.3%。

3. 新三板挂牌公司数量稳步增长，股票融

资总额下降。2017年末，全国中小企业股份转让系统挂牌公司总数11 630家，比上年末增加1 467家；总股本和总市值同比分别增长15.5%和21.8%；挂牌公司共实现股票融资1 336.3亿元，同比下降3.9%。其中，北京辖区共有挂牌公司1 618家，占全国总数的13.9%；共有创新层企业232家，占全国总数的17.2%；股票融资金额276.1亿元，同比减少19.5%。

表3　2017年北京市证券业基本情况

项目	数量
总部设在辖内的证券公司数（家）	18
总部设在辖内的基金公司数（家）	32
总部设在辖内的期货公司数（家）	19
年末境内上市公司数（家）	306
当年国内股票（A股）筹资（亿元）	1 421
当年发行H股筹资（亿元）	—
当年国内债券筹资（亿元）	-2 748
其中：短期融资券筹资额（亿元）	-3 702
中期票据筹资额（亿元）	-1 546

注：证券公司家数为法人机构数量，国内股票（A股）筹资额包含金融企业A股筹资，债券筹资为社会融资规模中企业债券融资额。

数据来源：中国人民银行营业管理部、北京证监局。

（三）保险市场加快回归本源，社会服务功能进一步增强

1. 保险行业稳步发展，市场秩序显著好转。截至2017年末，北京共有保险总公司46家，其中，财产险公司16家，人身险公司30家；保险销售从业人员16.3万人。全年实现原保险保费收入同比增长7.3%；累计赔付支出同比减少3.2%；保险深度7.1%，同比下降0.3个百分点；保险密度9 085.3元/人，同比增加617.5元/人。在监管严背景下，车险不正当竞争乱象有所缓解，人身险公司更加注重高质量发展，行业风险防范意识和能力增强，保险市场秩序显著好转。

2. 财产险业务平稳发展，人身险公司非保险合同新增交费减少。2017年，财产险公司实现保费收入同比增长10.7%，累计赔款支出同比减少6.8%。其中，车险业务和非车险业务保费收入分别同比增长4.1%和24%。2017年，人身险公司保费收入同比增长6.4%，非保险合同业务本年新增交费同比减少62.5%。人身险新单期交率29.9%，同比上升6.8个百分点；退保率5.6%，同比上升0.2个百分点。

3. 保险业社会服务范围扩大，保障功能进一步增强。2017年，京郊政策性旅游保险、露地蔬菜气象指数保险等创新险种试点稳步推进；西城区食责险试点工作有序开展。2017年末，安全生产责任险累计投保企业3.4万家，提供风险保障1 875亿元。新农合“共保联办”已覆盖11个区，服务的参合人群达163.1万人。医疗责任保险投保医疗机构1 247家次，提供风险保障13.6亿元，累计处理纠纷1 126件。保险公司为“中国制造2025”龙头企业提供质量和责任风险保障97.7亿元，有力支持了我国重大技术装备的创新应用。保险机构以债权投资计划形式投资于市重点项目的保险资金规模1 582.5亿元。

表4　2017年北京市保险业基本情况

项目	数量
总部设在辖内的保险公司数（家）	68
其中：财产险经营主体（家）	16
人身险经营主体（家）	30
保险公司分支机构（家）	109
其中：财产险公司分支机构（家）	47
人身险公司分支机构（家）	59
保费收入（中外资，亿元）	1 973
其中：财产险保费收入（中外资，亿元）	434
人身险保费收入（中外资，亿元）	1 539
各类赔款给付（中外资，亿元）	578
保险密度（元/人）	9 085
保险深度（%）	7.05

数据来源：北京保监局。

（四）社会融资规模有所下降，金融创新步伐加快

1. 社会融资规模下降，人民币贷款占比显著提高。2017年，北京地区非金融企业社会融资规模8 255.3亿元，同比减少5 190.8亿元。其中，人民币贷款新增7 206.5亿元，占社会融资规模的87.3%，同比提高47.2个百分点。委托贷款、信托贷款和未贴现银行承兑汇票合计

占社会融资规模的 33.7%，同比提高 4.8 个百分点。2017 年，北京地区企业债券净融资 -2 747.8 亿元，上年为 3 767.8 亿元；非金融企业境内股票融资 958.7 亿元，同比减少 505.8 亿元。

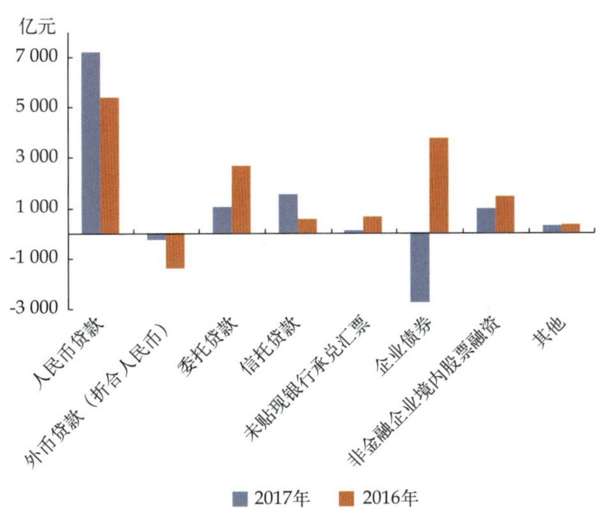

数据来源：中国人民银行营业管理部。

图 5　2016~2017 年北京地区社会融资规模分布结构

2. 金融市场交易规模呈收缩态势，货币市场净融出资金同比下降，市场利率总体上升。 2017 年，北京地区金融机构同业拆借和债券回购累计净融出资金 173.1 万亿元，同比下降 27.7%；债券现券净买入 1.2 万亿元，同比增长 0.7%。2017 年，在稳健中性的货币政策和去杠杆、强监管政策影响下，市场流动性相对偏紧，货币市场利率整体上升，信用拆借、质押式回购和买断式回购加权平均利率分别为 2.7514%、2.8919%、3.1790%，较 2016 年分别上升 58.7 个、73.4 个和 75.2 个基点。

3. 票据市场运行平稳，银行承兑汇票余额小幅下降，票据贴现余额有所下降。 2017 年，北京市金融机构累计签发银行承兑汇票同比下降 4%，累计贴现票据金额同比下降 74.3%，回购式转贴现累计转入票据金额同比增长 51.8%。2017 年末，银行承兑汇票余额同比下降 2.5%，票据贴现余额同比下降 18.6%，回购式转贴现转入余额同比增长 49.9%。北京地区票据贴现和转贴现利率震荡上扬。

表 5　2017 年北京市金融机构票据业务量统计

单位：亿元

季度	银行承兑汇票承兑		贴现			
			银行承兑汇票		商业承兑汇票	
	余额	累计发生额	余额	累计发生额	余额	累计发生额
1	3 281	1 416	1 624	8 088	101	176
2	3 031	1 396	1 491	4 942	83	195
3	3 141	1 605	1 468	5 419	114	179
4	3 326	1 766	1 595	5 288	136	229

数据来源：中国人民银行营业管理部。

表 6　2017 年北京市金融机构票据贴现、转贴现利率

单位：%

季度	贴现		转贴现	
	银行承兑汇票	商业承兑汇票	票据买断	票据回购
1	4.1686	4.7489	3.6820	3.3772
2	4.8942	5.3499	4.1486	3.5460
3	4.7316	5.3097	4.1251	3.6701
4	4.9404	5.1484	4.3713	4.7141

数据来源：中国人民银行营业管理部。

4. 政府债务余额大幅下降，地方债发行规模同比减少。 截至 2016 年末，全市清理甄别确定的政府债务余额 3 741.2 亿元，较 2015 年下降 34.7%。2016 年，北京市政府债务率下降至 43%，较 2015 年下降 17.8 个百分点。2017 年，北京市政府地方债券发行额 1 070 亿元，较 2016 年减少 96.4 亿元。其中，置换 545 亿元，新增 525 亿元；一般债券 361.7 亿元，专项债券 708.3 亿元。按债券发行方式分为定向发行和公开招标发行，发行金额分别为 356.5 亿元、713.5 亿元。

5. 金融市场创新步伐进一步加快。 大力推广“债券通”业务，5 家在京央企作为“首日试点发行人”通过“北向通”发行债券融资，金额合计 70 亿元人民币。绿色债券蓬勃发展，2017 年北京地区共发行绿色金融债（包括政策性银行债、商业银行债）、绿色企业债、绿色公司债（包括私募债）、非金融企业绿色债务融资工具、绿色资产支持证券 1 900.5 亿元，发行额是 2016 年的 3.2 倍。资产证券化业务快速发展，2017 年北京地区共发行资产证券化产品 2 741.9 亿元，较 2016 年增加 944.2 亿元。

（五）北京地区金融改革稳步推进，多项金融创新试点取得积极成效

围绕京津冀协同发展战略，推动金融服务改革创新。探索京津冀区域票据交换试点，协同推进三地市政交通“一卡通”和社保卡互联互通，完善三地金融数据共享机制，引导金融服务跟进产业转移，注重发挥直接融资支持作用，扩大长期建设资金供给。以服务业扩大开放综合试点为契机，扩大并推广跨境双向人民币资金池在北京地区的使用，拓宽境外人民币投资回流渠道，继续推进跨国公司外汇资金集中运营管理，有效落实全口径跨境融资政策，进一步优化北京市营商环境，人民银行营业管理部获得“北京市服务业扩大开放综合试点示范单位”荣誉称号。提升外债宏观审慎试点便利化措施，将政策惠及范围扩大至中关村 7 个重点园区，有力支持了中关村科技企业发展及北京科创中心建设。稳妥推进北京市农村承包土地的经营权抵押贷款试点，农村承包土地的经营权抵押贷款累计发放 1 987 万元。

（六）金融生态环境持续优化，金融惠民功能成效凸显

金融生态环境不断优化。个人信用报告查询服务网点实现北京 16 区全覆盖，上线“信用小帮手”微信小程序，便利个人征信服务。社会信用体系建设水平进一步提升。创新性实施金融空白村布设金融机具补贴政策，共补贴 7 家机构 962 个建设项目，发放补贴资金 613.7 万元，成功消除 962 个金融空白村。2017 年，北京市支付清算协会正式成立，全面加强行业自律，推动北京支付清算市场健康发展。完成支付系统架构调整，CCPC 安全保障能力不断提升，大小额支付系统和网上支付跨行清算系统业务金额居全国首位。北京重点库正式启用，科学调拨发行基金，有效保障辖区现金供应。创新实施分区治理、各区各策，有效提升精准反假币水平。全国率先上线“财关库银”横向联网银行端查询缴款业务、首家试点上线代理支库支出无纸化业务并实现“退更免”业务电子化、首批创新试点电子缴税三方协议网签，国库信息化服务水平大幅提升。在中关村地区开展金融消费保护环境评估，开创区域性协同开展环境评估的先河。强化银行卡受理终端安全管理，北京地区金融 IC 卡累计发行突破 1 亿张，非接触式受理支持率达到 100%。开展“现金服务贴心工程”“普及金融知识，守住‘钱袋子’”等系列活动，创新开展综合金融知识宣传，将服务和宣传触角延伸至偏远郊区，公众金融素养及金融惠民水平全面提升。

二、经济运行情况

2017 年，北京市坚持“稳中求进”工作总基调，紧紧围绕新发展理念和首都城市战略定位，深入推进供给侧结构性改革，统筹推进疏功能、稳增长、促改革、调结构、惠民生、防风险等各项工作，经济保持了稳中向好的发展态势。2017 年全市实现地区生产总值 28 000.4 亿元，按可比价格计算，同比增长 6.7%。

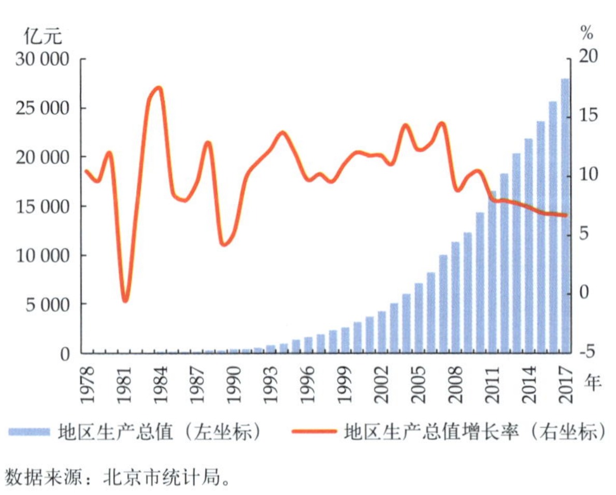

数据来源：北京市统计局。

图 6　1978~2017 年北京市地区生产总值及其增长率

（一）三大需求协调发展，经济保持稳中向好态势

2017年，北京市深化供给侧结构性改革，改革效果进一步显现，经济发展质量和效益继续提升。从三大需求看，投资稳步增长，消费增速平稳，进出口双向增长。

1. 投资稳步增长，基础设施投资带动作用明显。2017年，全社会固定资产投资8 948.1亿元，比上年增长5.7%，增速低于上年0.2个百分点。从结构看，基础设施投资在交通、能源、园林绿化等项目带动下，增长24.4%；房地产开发投资下降7.4%。分产业看，三大产业完成投资增速分别为-3.9%、24.6%和4.2%，其中，租赁和商务服务业，信息服务业，交通运输、仓储和邮政业，水利、环境和公共设施管理业投资增速较高，投资结构进一步优化。

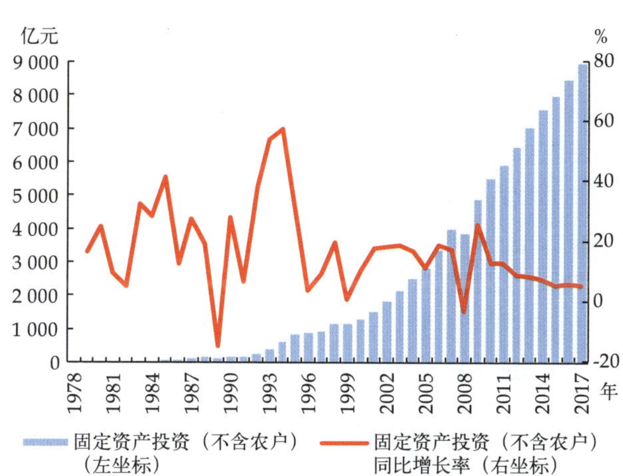

数据来源：北京市统计局。

图7　1978~2017年北京市固定资产投资（不含农户）及其增长率

2. 居民收入稳步增加，消费结构进一步升级。2017年，城乡居民收入增长总体稳定，居民人均可支配收入实际增长6.9%，高于经济增速0.2个百分点。市场总消费额23 789亿元，比上年增长8.5%，社会消费品零售总额11 575.4亿元，同比增长5.2%。从商品类别看，家用电器和音像器材类、文化办公用品类、新能源汽车零售额分别增长18.1%、16.4%和15.3%。实现服务性消费额增长11.8%，占市场总消费的51.3%，对总消费增长的贡献率达到69.4%，成为带动消费增长的主要力量，引领首都消费转型升级。

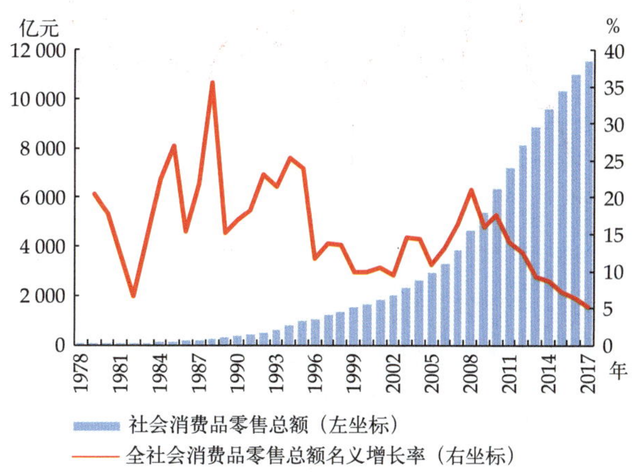

数据来源：北京市统计局。

图8　1978~2017年北京市社会消费品零售总额及其增长率

3. 进出口涨势平稳，利用外资居全国首位。2017年，北京地区进出口总值3 237.2亿美元，同比增长14.6%。其中，出口585亿美元，同比增长12.5%；进口2 652.2亿美元，同比增长15.1%。实际利用外资243.3亿美元，居全国首位，同比增长86.7%，其中服务业利用外资超九成。

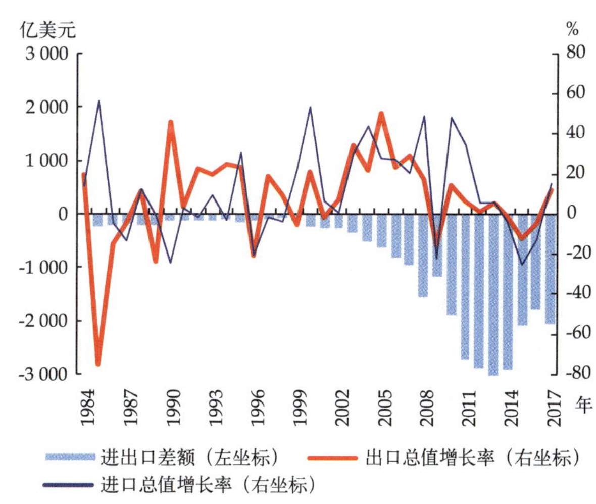

数据来源：北京市统计局。

图9　1984~2017年北京市外贸进出口变动情况

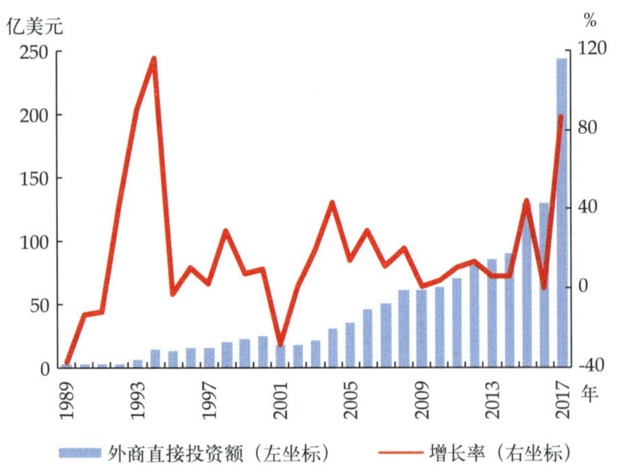

数据来源：北京市统计局。

图 10 1989~2017 年北京市外商直接投资额及其增长率

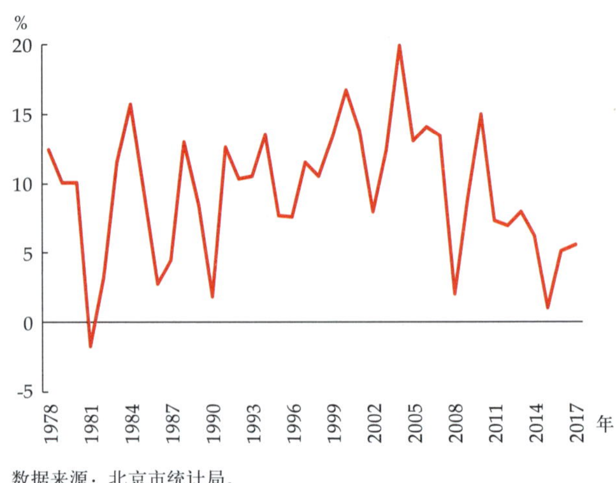

数据来源：北京市统计局。

图 11 1978~2017 年北京市规模以上工业增加值实际增长率

（二）推动经济加快转型，发展质量效益持续优化提升

2017 年，北京市持续促进产业结构优化升级，三次产业构成由 2016 年的 0.5 ∶ 19.2 ∶ 80.3 进一步调整为 0.4:19.0:80.6。

1. 农业持续转型升级，生态农业、都市农业稳步发展。2017 年，农林牧渔业总产值 308.3 亿元，同比下降 8.8%。传统农业持续收缩，粮食播种面积比上年下降 23.5%，生猪出栏数、牛奶产量、禽蛋产量分别比上年下降 12.1%、18.1% 和 14.4%。农业生态功能增强，全市林业产值比上年增长 12.7%。休闲农业平稳发展，全年观光园实现收入同比增长 6.9%。

2. 工业生产增势稳定，效益效率不断提升。2017 年，规模以上工业增加值增长 5.6%，比上年提高 0.5 个百分点。工业新兴产业发展态势良好，对全市规模以上工业增长发挥了引领作用。其中，高技术制造业和战略性新兴产业增加值分别增长 13.6% 和 12.1%。重点行业中，医药制造业增长 18.8%，计算机、通信和其他电子设备制造业增长 10.8%，电力、热力生产和供应业增长 9.3%。规模以上工业实现利润总额 1 992.5 亿元，比上年增长 27.5%；规模以上工业企业全员劳动生产率比上年提高 3.2 万元 / 人。

3. 第三产业走势平稳，优势行业发挥带动作用。2017 年，第三产业增加值增长 7.3%，比上年提高 0.3 个百分点。金融、科技服务、信息服务等优势行业对全市经济增长的贡献率合计达到 53.3%。其中，金融业增长 7%，科学研究和技术服务业增长 10.7%，信息传输、软件和信息技术服务业增长 12.6%。流通领域中，交通运输、仓储和邮政业在运输行业带动下，增长 12.1%。公共服务业中，水利、环境和公共设施管理业增长 12.1%，教育增长 8.3%。

4. 供给侧改革加快推进，生态环境质量明显提升。疏解整治促提升专项行动有力推进，疏解提升市场和物流中心 296 个，关停退出一般制造业企业 651 家，均为上年全年的近 2 倍。高精尖经济结构加快构建，出台促进新一代信息技术、集成电路、新能源智能汽车、人工智能、新材料等 10 个高精尖产业发展指导意见，发布实施疏解非首都功能构建高精尖经济结构的财政支持政策。生态环境质量明显提升，生态环境保护制度更加完善，城市人居环境明显改善。森林覆盖率提高至 43%，污水处理率达 92%，生活垃圾资源化率达 57%，中心城绿色出行比例达 72%，本市细颗粒物年均浓度控制在 58 微克 / 立方米，完成了大气污染治理阶段性目标。

（三）价格涨幅基本稳定，工业生产者价格涨势平稳

1. 居民消费价格稳定，服务消费价格增长相对较快。2017 年，全市居民消费价格总水平同比上涨 1.9%，比上年提高 0.5 个百分点。从八大类商品和服务项目来看，食品烟酒类价格上涨 0.5%，衣着类价格下降 2.2%，居住类价格上涨 3.8%，生活用品及服务类价格上涨 0.6%，交通和通信类价格上涨 0.3%，教育文化和娱乐类价格上涨 2.3%，医疗保健类价格上涨 7.4%，其他用品和服务类价格上涨 2.7%。

2. 工业生产价格持续恢复性上涨，涨势保持平稳。2017 年，北京市工业生产者出厂和购进价格结束了 2012 年以来连续五年的下降态势。工业生产者出厂价格指数由 2016 年下降 1.9% 转为上涨 0.7%。工业生产者购进价格指数由 2016 年下降 1.5% 转为上涨 4.4%。

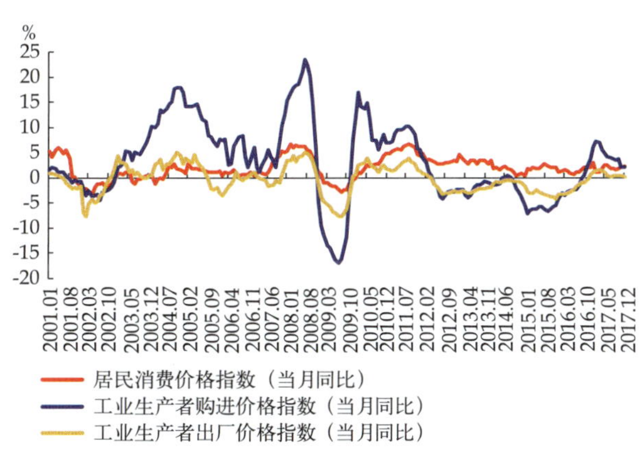

数据来源：北京市统计局。

图 12　2001~2017 年北京市居民消费价格指数和工业生产者价格指数变动趋势

3. 劳动力成本增长平稳，社会保障水平进一步提高。2017 年，居民人均工资性收入 35 217 元，同比增长 6.4%。城镇居民人均工资性收入 37 883 元，同比增长 6.1%；农村居民人均工资性收入 18 223 元，同比增长 9.5%。就业形势保持稳定，新增就业 42.2 万人，城镇登记失业率 1.43%。社会保障水平进一步提高，六项社会保险待遇标准联动调整：企业退休职工基本养老金增幅为 5.5%；城乡居民基础养老金、福利养老金增幅分别为 19.6% 和 23.5%；伤残津贴增幅为 7.7%；失业保险金每档增加 80 元；企业最低工资标准增幅为 5.8%。

4. 资源性产品价格改革继续深化，利用价格杠杆促进资源节约。完善差别电价政策，2017 年 7 月 1 日起，统调燃煤发电企业标杆上网电价每千瓦时上调 0.83 分，燃煤发电企业含脱硫、脱硝、除尘电价的标杆上网电价调整为每千瓦时 0.3598 元（含税），平均销售电价每千瓦时降低 1.42 分。继续实施阶梯气价、阶梯水价和差别化供热价格，通过价格差异引导产业有序调整转移，促进区域协调发展。

（四）财政收入平稳增长，财政支出结构进一步优化

2017 年，财政收入保持平稳增长，全市一般公共预算收入 5 430.8 亿元，同比增长 6.8%。随着首都产业转型升级及疏解提升工作的不断深入，财政收入质量和效益持续提升。其中，六大高端产业功能区企业贡献财政收入近三成；2.2 万家中关村示范区高新技术企业对全市财政收入增收贡献率达到 34.6%，成为财政收入增长的重要力量；全市规模以上消费性服务业、现代制造业分别实现财政收入增长 6.8%、9.4%。全年一般公共预算支出 6 540.5 亿元，同比增长 6.2%，主要是加快教育、科学技术、节能环保等重点领域支出，推动教育、医疗等公共服务资源均衡分布。

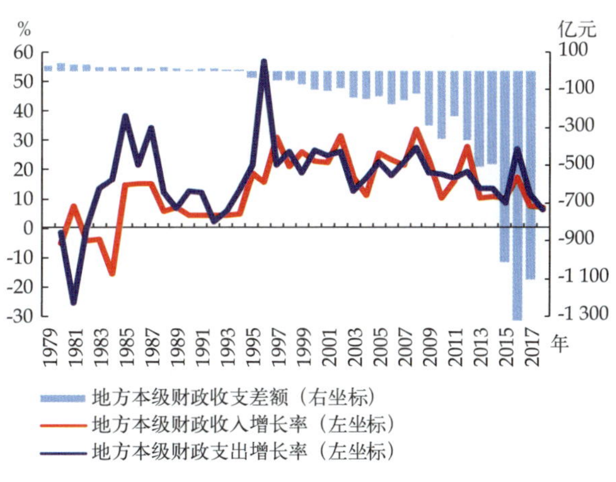

数据来源：北京市统计局。

图 13　1979~2017 年北京市财政收支状况

专栏 2　中关村科技金融专营机构创新发展成效显著

2015 年 3 月，人民银行中关村中心支行成立，成为国内首家在国家高新示范区成立的人民银行分支机构。人民银行营业管理部依托中关村中心支行搭建“科技金融专营机构监测及评估机制”，实施先行先试政策，积极推动信贷资源向中关村示范区聚集。与此同时，北京市各银行在中关村示范区加快设立科技金融专营组织机构，深入开展体制机制创新和科技金融产品创新，科技信贷实现“两增、一降、一低、一优化”。

一、中关村科技金融创新发展

（一）组织体制创新

截至 2017 年末，中关村示范区共有 20 家银行设立 56 家科技金融专营机构，比 2015 年末增加 4 家银行的 9 家专营机构。3 家银行（中国农业银行北京市分行、中国建设银行北京市分行、北京银行）设立了中关村分行；2 家银行（中国工商银行北京市分行、华夏银行北京分行）设立了中关村管理部，1 家银行（中国银行北京市分行）设立了中关村中心支行。多家银行对科技金融业务组织体制作出调整。中国建设银行中关村分行增设投资银行业务部，对科技金融部和小企业部进行整合；浦发银行北京分行设立科技金融服务中心；民生银行北京分行成立科技金融处；杭州银行北京分行成立科技文创金融事业部北京分部。

（二）考核机制创新

各银行持续优化专项考核激励机制，有效激发科技金融从业人员的积极性。中国工商银行北京市分行将科技金融专项考核与团队绩效结合，责任到人；中国银行北京市分行建立了高新企业贷款独立考核机制，重点奖励中小企业贷款业务；中国光大银行总行给予北京分行调整辖内分支机构小微企业不良容忍度的权限；招商银行北京分行建立专营团队独立考核机制，主要考核贷款规模和户数，弱化利润考核。

（三）产品与服务创新

各银行积极创新知识产权质押融资，开展“银行＋创投”合作，为科技企业提供全周期综合金融服务。中国建设银行中关村分行和华夏银行中关村管理部突破性地开展纯知识产权质押贷款业务；杭州银行北京分行与创投机构深度合作，围绕创投基金“募、投、管、退”全方位推进金融服务；中国银行北京市分行、北京银行加速落地投贷联动业务，与多家新三板企业、小微企业签订了选择权贷款协议。

（四）政策支持创新

政府部门针对中关村科技金融专营机构给予财政支持，包括债务性融资风险补贴资金、小微企业信贷风险补偿资金等。2017 年，中关村示范区内 8 家科技金融专营机构获得中关村管委会、北京市科学技术委员会等政府部门信用风险补贴、科技金融业务补助金等，总计 1 711.8 万元。

二、科技信贷实现“两增、一降、一低、一优化”

“两增”指科技信贷贷款规模和户数增加。根据中国人民银行中关村中心支行监测的科技金融专营机构数据，2017 年末，科技金融专营机构高新技术企业贷款余额 797.8 亿元，同比增长 15.7%；存量贷款户数 2 276 户，同比增长 224 户；贷款余额在企业贷款中的比重为 22.2%；高新户数在企业户数中的比重达 43.9%。

“一降”指科技信贷融资成本降低。科技金融专营机构高新技术企业贷款加权平均利率低于全市中小微型企业贷款利率。2017 年末，中关村高新技术企业贷款加权平均利率 4.9%，比全市中小微企业贷款加权平均利率低 47.6 个基点。

“一低”指科技信贷不良率较低。2017年末，科技金融专营机构高新技术企业不良贷款率为0.08%，比全市中资银行业金融机构不良贷款率低0.29个百分点。

“一优化”指科技信贷结构不断优化。2017年末，科技金融专营机构高新技术企业信用贷款余额471.6亿元，同比增长26.6%，占科技金融专营机构全部贷款余额的59.1%，从2016年第四季度开始占比持续超过50%。

（五）房地产市场在从严调控后迅速降温，高新文创行业继续保持较高增速

1. 房地产市场调控效果显现。2017年，北京市认真落实中央“房子是用来住的，不是用来炒的”相关精神，实施更加严格的住房调控政策。打出“3·17”房地产调控系列政策“组合拳”，住房交易量显著下降，房价全面回落。2017年，商品住房签约量同比下降45.6%，其中，新建商品住房签约量同比下降26.5%，二手住房签约量同比下降49.8%。截至2017年末，新建商品住宅价格自2016年“9·30”新政后连续15个月环比不增长，二手住房价格指数连续8个月回落，降幅持续居全国首位。2017年住房租赁平均租金同比涨幅较2016年回落13.3个百分点。

多渠道增加住房市场供给。全年住宅用地供应1 200公顷，比原计划增长近1倍，发布共有产权住房管理暂行办法，出台加快发展和规范管理住房租赁市场的政策措施，大力推进利用集体土地建设租赁住房试点。

实施更加严格的差别化住房信贷政策。控总量、调结构、提利率、防风险，多项调控政策措施为全国首创或率先实施，房地产信贷过快增长势头得到有效抑制。2017年末，个人住房贷款余额同比增长16.5%，较上年下降25.2个百分点；全年个人住房贷款同比少增1 075.7亿元；个人住房贷款新增额占人民币各项贷款新增额比重降至20.2%，较上年下降20.1个百分点。

2. 文化创意产业稳步发展。2017年，规模以上文化创意产业法人单位收入总值1.62万亿元，同比增长10.8%，实现文创产业固定资产投资353亿元，占地区生产总值比重居全国首位，逐渐成为助推北京高质量发展的“新引擎”。截至2017年末，上市文创企业21家，占全国文创上市企业的36.2%，市值累计达3 000多亿元。文化信贷持续增长助力文创产业发展。2017年末，中资银行文化创意产业人民币贷款余额（不含票据融资）1 408.5亿元，其中，广播电视电影、软件网络及计算机服务、新闻出版、广告会展子行业贷款余额同比增速分别为18%、8.4%、8.2%、8.1%。

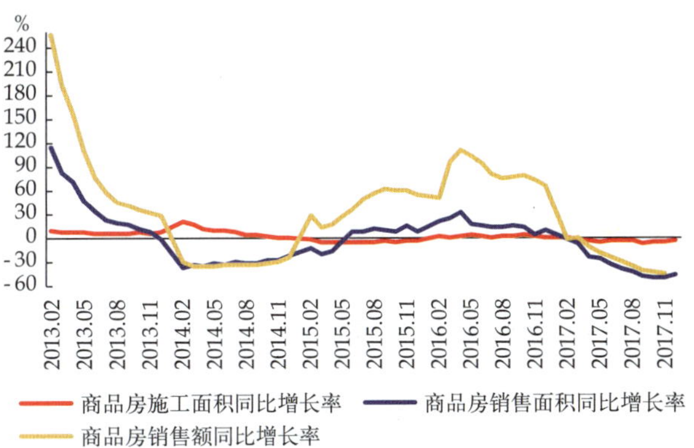

注：商品房销售额包含存量房网签金额。

数据来源：北京市统计局。

图14　2013~2017年北京市商品房施工和销售变动趋势

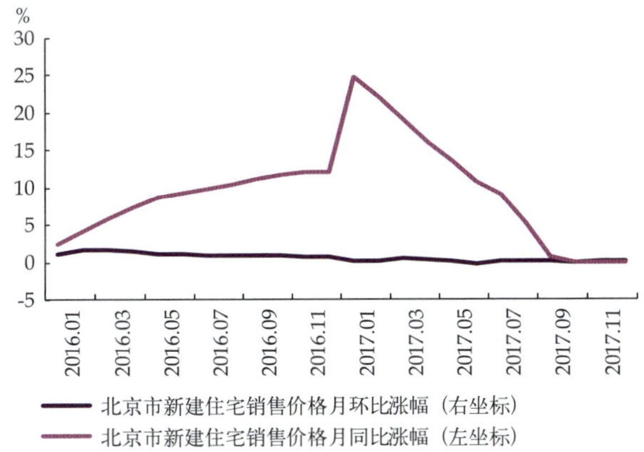

数据来源：北京市统计局。

图15　2016~2017年北京市新建住宅销售价格变动趋势

3. 科技创新中心建设迈上新台阶，科技创新主要指标保持较快增长。截至2017年末，高新技术企业超过2万家，科技型企业50.3万家，国家级科技创新平台近400家，占全国1/3。2017年，全市科技服务业增加值2 859.2亿元，增长率高于地区生产总值增速4个百分点。中关村自主创新示范区经济规模效益双提升。2017年，示范区企业总收入突破5万亿元，同比增长11.1%；利润总额4 670.8亿元，同比增长25.1%。创新创业生态持续优化。全年新设立科技型企业超过3万家，涌现独角兽企业67家，约占全国一半，数量仅次于硅谷。天使投资和创业投资金额超过1 100亿元，案例和投资额均占全国1/3以上。银行科技信贷持续发力。2017年末，中资银行高新技术产业人民币贷款余额（不含票据融资）3 287亿元，同比增长8.5%。其中，国家重点支持的高新技术领域中的电子信息技术、高技术服务、航空航天技术业贷款余额同比增速分别为13.5%、11.1%、6%。

三、预测与展望

2018年是贯彻党的十九大精神的开局之年，是决胜全面建成小康社会、实施“十三五”规划承上启下的关键一年。虽然面临的内外部环境复杂，但国民经济保持稳定发展的有利条件仍然较多。预计北京市经济运行将延续稳中有进的基本态势，发展速度保持平稳，发展质量将继续提升。

从国际环境看，世界经济处于由收缩向复苏转变的关键时期，发达经济体私人部门资产负债表修复、社会信心逐渐恢复，带动全球经济复苏动能增强。但世界经济深层次结构性矛盾尚未解决，部分发达经济体金融财政政策出现调整，存在引发金融市场动荡的风险；贸易保护主义愈演愈烈，地缘政治风险依然存在，世界经济复苏进程将呈现曲折往复的特点。从国内环境看，随着供给侧结构性改革持续推进，我国经济已由高速增长阶段转向高质量发展阶段，经济增长的韧性、稳定性和可持续性不断增强；货币政策总体保持稳健中性，也有利于引导现代金融更好地服务实体经济。

从自身发展看，2018年北京将继续深入落实首都城市战略定位，加强“四个中心”功能建设，提升“四个服务”水平。持续推进疏解非首都功能，打好污染防治攻坚战，有助于优化城市功能布局和发展质量，改善宜居环境。京津冀协同发展向纵深推进，将加快形成雄安新区与城市副中心两翼齐飞新格局，有效带动城乡和区域一体化发展。全国科技创新中心、文化中心建设，为北京市加快构建高精尖经济结构，实现经济可持续发展提供新的动能。

从需求动力看，落实“一核一主一副、两轴多点一区”城市空间布局，城市副中心、新机场加快建设，冬奥会、世园会筹办工作全面展开，将对全市投资增长提供有效支撑；构建高精尖经济结构和改革优化营商环境也有助于优化投资结构和激发民间投资活力，总体来看，北京市2018年投资增速将保持平稳。消费方面，随着城乡居民基本医疗保险制度、租购并举住房制度的完善，北京市居民消费潜力将得到进一步释放；互联网发展影响深化，消费业态和方式不断创新，网络零售消费、服务消费将保持较高增速；乡村振兴战略的实施也将进一步提升农村居民的消费需求。对外贸易方面，全面完成服务业扩大开放两轮试点任务，制订北京“一带一路”三年行动计划和金融业对外开放的具体措施，都有利于巩固外贸竞争新优势，但在当前全球贸易保护主义加剧，产业竞争更加激烈，大宗商品价格震荡波动，也会在一定程度上影响对外贸易增长，预计2018年北京市进出口增速将保持平稳。

从金融运行情况看，2018年北京市金融业将进一步提高服务首都实体经济的能力和效率，加大对重点领域和薄弱环节的支持力度。国家科技金融创新中心和多层次资本市场建设将更好地满足新兴产业多元化的融资需求，增强服务实体经济的能力；金融街与丽泽金融商务区一体化发展将优化北京市金融业空间布局，提高行业发展水平；扩大金融业对外开放，吸引国际金融机构在京新设金融机构将为首都金融发展增添新动力。京津冀协同发展、全国科技创新中心和文化中心建设，以及加快构建高精尖经济结构都为金融业服务实体经济提供更广阔空间，预计2018年全市社会融资规模有望保持合理增长，融资结构将进一步优化。

2018年，中国人民银行营业管理部将全面贯彻党的十九大、中央经济工作会议、全国金融工作会议精神，认真落实人民银行工作会议的各项部署，坚持稳中求进工作总基调，把握供给侧结构性改革这条主线，认真贯彻落实稳健中性的货币政策，引导金融业提高服务实体经济的能力和效率，切实防范和化解区域性金融风险，促进首都经济金融持续健康发展。

中国人民银行营业管理部货币政策分析小组
总　纂：杨伟中　贺同宝
统　稿：魏海滨　张　丹　王丝雨
执　笔：贺　杰　邓凯宏　韩睿玺　孙　丹　苏乃芳　刘文权　张素敏　郭元淇　朱琳琳　张向军
吕潇潇　朱　睿　童怡华　周　翔　赵晓英　单　方
提供材料的还有：李海辉　周　丹　黄美娟　唐　均　张　煜　张英男　卢　朋　盖　静　陈永波
杨　兵　李天懋　杨　荻　王　丽

附录

（一）2017年北京市经济金融大事记

3月17日，北京市住房和城乡建设委员会、中国人民银行营业管理部、北京银监局、北京住房公积金管理中心联合印发《关于完善商品住房销售和差别化信贷政策的通知》（京建法〔2017〕3号）。

4月7日，金融支持京津冀协同发展座谈会在天津召开。

6月30日，中国人民银行营业管理部与北京证监局签署《证券期货行业监管合作备忘录》。

9月4日，中国人民银行营业管理部发布《关于落实对代币发行融资开展清理整顿工作　加强支付结算管理的通知》（银管发〔2017〕245号）。

9月11日，北京市金融工作局、北京市发展和改革委员会、北京市财政局、北京市环境保护局、中国人民银行营业管理部、北京银监局、北京证监局、北京保监局联合出台《关于构建首都绿色金融体系的实施办法》（京金融〔2017〕152号）。

9月12日，北京市支付清算协会正式成立。

11月18日，中信银行与百度联合发起成立的中信百信银行正式在朝阳区开业，这是国务院批准的全国首家独立法人直销银行。

11月28日，第21届北京·香港经济合作研讨洽谈会——金融服务合作专题活动在香港会展中心成功举办。

12月14日，北京市委市政府召开全市金融工作会议，深入学习贯彻党的十九大精神，以习近平新时代中国特色社会主义思想为指导，按照全国金融工作会议要求，研究部署首都金融工作。

12月28日，北京市商务委与北京市人民政府新闻办公室联合召开北京市服务业扩大开放综合试点新一轮开放措施新闻发布会，公布服务业新一轮十条扩大开放措施。

（二）2017 年北京市主要经济金融指标

表 1 2017 年北京市主要存贷款指标

		1 月	2 月	3 月	4 月	5 月	6 月	7 月	8 月	9 月	10 月	11 月	12 月
本外币	金融机构各项存款余额（亿元）	140 209	139 455	139 432	141 037	141 864	141 412	143 103	143 227	143 571	145 136	145 700	144 086
	其中：住户存款	30 058	29 892	30 282	29 868	29 818	30 221	29 785	29 651	30 170	29 793	29 942	30 377
	非金融企业存款	51 295	51 109	52 930	52 588	52 231	53 476	53 091	53 362	54 339	54 387	54 844	56 399
	各项存款余额比上月增加（亿元）	1 775	-755	-23	1 606	827	-452	1 691	123	344	1 565	564	-1 614
	金融机构各项存款同比增长（%）	11.0	5.8	9.8	9.5	7.3	4.9	5.5	2.7	7.4	6.2	5.4	4.1
	金融机构各项贷款余额（亿元）	64 636	65 302	65 323	66 220	66 942	67 827	68 073	68 528	68 227	68 259	68 570	69 556
	其中：短期	19 162	19 744	20 195	20 505	21 030	21 499	21 754	21 856	21 907	21 910	21 534	21 471
	中长期	38 224	38 458	38 476	38 803	39 089	39 461	39 673	40 144	40 477	40 855	41 519	42 002
	票据融资	2 033	1 890	1 598	1545	1 542	1 487	1 298	1 368	1 385	1 289	1 347	1 501
	各项贷款余额比上月增加（亿元）	896	667	21	897	722	885	246	455	-301	32	311	986
	其中：短期	532	582	451	310	524	469	255	102	51	3	-376	-63
	中长期	689	234	18	328	285	372	212	471	334	378	663	483
	票据融资	-29	-142	-292	-53	-3	-54	-189	70	17	-96	58	154
	金融机构各项贷款同比增长（%）	6.6	6.3	8.8	8.3	8.8	11.0	10.9	10.4	9.2	8.0	7.8	9.1
	其中：短期	5.9	4.9	12.6	14.7	15.7	16.2	19.1	19.7	20.0	17.7	15.7	14.9
	中长期	11.8	11.9	11.3	11.3	10.8	10.8	10.6	11.1	11.0	11.3	11.9	12.1
	票据融资	-20.5	-25.2	-37.9	-42.0	-39.7	-35.2	-37.8	-36.0	-38.9	-45.2	-42.6	-27.2
	建筑业贷款余额（亿元）	1 917	1 888	1 887	1 869	1 890	1 905	1 968	2 015	2 080	2 105	2 074	1 931
	房地产业贷款余额（亿元）	15 051	15 344	15 212	15 343	15 559	15 736	15 809	15 916	16 054	16 137	16 259	16 358
	建筑业贷款同比增长（%）	5.6	5.2	8.0	6.5	5.5	6.9	7.9	10.3	16.3	15.7	12.6	13.1
	房地产业贷款同比增长（%）	26.0	27.2	24.1	23.0	21.6	20.6	19.5	18.1	16.2	14.8	13.8	13.4
人民币	金融机构各项存款余额（亿元）	134 459	133 578	133 218	134 618	135 527	135 062	136 927	137 227	137 443	139 030	139 417	137 952
	其中：住户存款	28 542	28 382	28 773	28 371	28 334	28 775	28 340	28 254	28 765	28 382	28 541	28 962
	非金融企业存款	48 528	48 251	49 855	49 323	49 119	50 346	50 104	50 526	51 542	51 637	51 987	53 771
	各项存款余额比上月增加（亿元）	1 641	-881	-360	1 400	909	-465	1 864	300	216	1 587	387	-1 465
	其中：住户存款	529	-159	391	-402	-37	441	-435	-87	512	-383	159	421
	非金融企业存款	-2 469	-278	1 605	-532	-204	1227	-242	422	1 015	95	350	1 784
	各项存款同比增长（%）	10.9	5.4	9.4	8.9	6.7	4.1	4.9	2.2	6.9	5.9	5.0	3.9
	其中：住户存款	7.4	6.4	5.9	4.7	4.0	4.4	3.6	3.0	3.6	3.1	3.1	3.4
	非金融企业存款	13.4	15.1	11.3	12.1	10.1	9.1	9.6	6.4	8.2	7.0	6.3	5.4
	金融机构各项贷款余额（亿元）	57 567	58 215	58 269	59 221	59 874	60 654	60 950	61 668	62 363	62 402	62 720	63 383
	其中：个人消费贷款	12 167	12 377	12 550	12 738	12 876	13 063	13 190	13 318	13 401	13 467	13 577	13 665
	票据融资	2 033	1 890	1 598	1 545	1 542	1 487	1 298	1 368	1 385	1 289	1 347	1 501
	各项贷款余额比上月增加（亿元）	948	648	55	951	653	780	297	718	695	39	318	663
	其中：个人消费贷款	371	210	173	188	138	187	127	129	83	66	110	88
	票据融资	-29	-142	-292	-53	-3	-54	-189	70	17	-96	58	154
	金融机构各项贷款同比增长（%）	9.0	8.1	10.5	9.6	10.1	12.2	12.1	11.7	11.8	10.7	10.5	11.9
	其中：个人消费贷款	33.0	34.8	33.5	32.8	30.6	28.3	27.0	24.5	21.7	19.5	16.8	15.8
	票据融资	-20.5	-25.2	-37.9	-42.0	-39.7	-35.2	-37.8	-36.0	-38.9	-45.2	-42.6	-27.2
外币	金融机构外币存款余额（亿美元）	838	855	901	931	923	937	918	909	923	920	951	939
	金融机构外币存款同比增长（%）	8.9	10.3	12.0	14.7	15.9	21.1	20.4	17.5	20.1	17.3	18.0	15.9
	金融机构外币贷款余额（亿美元）	1 031	1 031	1 022	1 015	1 030	1 059	1 059	1 039	883	882	886	945
	金融机构外币贷款同比增长（%）	-13.6	-11.2	-9.2	-8.3	-5.2	-0.2	0.5	0.9	-12.2	-12.6	-10.8	-8.0

数据来源：中国人民银行营业管理部。

表 2　2011~2017 年北京市各类价格指数

单位：%

		居民消费价格指数		农业生产资料价格指数		工业生产者购进价格指数		工业生产者出厂价格指数	
		当月同比	累计同比	当月同比	累计同比	当月同比	累计同比	当月同比	累计同比
2001		—	3.1	—	2.0	—	0.5	—	-0.6
2002		—	-1.8	—	-7.6	—	-2.9	—	-3.4
2003		—	0.2	—	2.4	—	4.7	—	1.5
2004		—	1.0	—	6.2	—	14.2	—	3.0
2005		—	1.5	—	2.9	—	11.4	—	1.3
2006		—	0.9	—	-0.9	—	5.5	—	-0.9
2007		—	2.4	—	14.4	—	5.0	—	-0.3
2008		—	5.1	—	12.3	—	15.8	—	3.3
2009		—	-1.5	—	-1.7	—	-11.4	—	-5.6
2010		—	2.4	—	6.5	—	10.5	—	2.2
2011		—	5.6	—	10.7	—	8.4	—	2.3
2012		—	3.3	—	4.7	—	-1.3	—	-1.6
2013		—	3.3	—	4.7	—	-2.2	—	-2.6
2014		—	1.6	—	-0.3	—	-1.2	—	-0.9
2015		—	1.8	—	-0.3	—	-6.3	—	-3.1
2016		—	1.4	—	-0.4	—	-1.5	—	-1.9
2017		—	1.9	—	-3.9	—	4.4	—	0.7
2016	1	1.2	1.2	—	—	-4.3	-4.3	-3.3	-3.3
	2	1.3	1.3	—	—	—	—	—	—
	3	1.6	1.4	6.9	6.9	-3.5	-3.7	-3.4	-3.4
	4	1.4	1.4	—	—	-2.8	-3.5	-3.0	-3.3
	5	0.9	1.3	—	—	-2.6	-3.3	-2.8	-3.2
	6	0.7	1.2	3.5	5.1	-2.5	-3.2	-2.3	-3.0
	7	1.1	1.2	—	—	-2.5	-3.1	-1.8	-2.9
	8	1.0	1.1	—	—	-1.7	-2.9	-1.4	-2.7
	9	1.6	1.2	3.9	1.0	-0.4	-2.6	-1.1	-2.5
	10	1.9	1.3	—	—	0.3	-2.3	-0.9	-2.3
	11	2.0	1.3	—	—	2.4	-1.9	-0.2	-2.2
	12	2.1	1.4	-1.0	-0.4	3.7	-1.5	0.7	-1.9
2017	1	2.9	2.9	—	—	6.0	6.0	1.1	1.1
	2	1.1	2.0	—	—	7.2	6.6	1.4	1.3
	3	1.0	1.6	-4.0	-4.0	6.8	6.6	1.6	1.4
	4	1.9	1.7	—	—	5.4	6.3	1.4	1.4
	5	2.5	1.8	—	—	4.8	6.0	1.0	1.3
	6	2.5	2.0	-3.3	-3.7	4.0	5.7	0.5	1.2
	7	1.7	1.9	—	—	3.9	5.4	0.2	1.0
	8	1.9	1.9	—	—	3.7	5.2	0.3	0.9
	9	1.6	1.9	-4.8	-4.7	3.4	5.0	0.3	0.9
	10	1.8	1.9	—	—	3.7	4.9	0.4	0.8
	11	2.0	1.9	—	—	2.1	4.6	0.3	0.8
	12	2.2	1.9	-1.6	-3.9	1.9	4.4	0.1	0.7

数据来源：北京市统计局。

表 3　北京市主要经济指标

	1 月	2 月	3 月	4 月	5 月	6 月	7 月	8 月	9 月	10 月	11 月	12 月
	绝对值（自年初累计）											
地区生产总值（亿元）	—	—	6 040.5	—	—	12 406.8	—	—	19 569.8	—	—	28 000.4
第一产业	—	—	18.1	—	—	49.5	—	—	86.9	—	—	120.5
第二产业	—	—	1 090.2	—	—	2 159.1	—	—	3 429.6	—	—	5 310.6
第三产业	—	—	4 932.2	—	—	10 198.2	—	—	16 053.3	—	—	22 569.3
工业增加值（亿元）	—	—	—	—	—		—	—		—	—	
固定资产投资（亿元）	—	—	1 314	—	—	3 570	—	—	6 094	—	—	8 948
房地产开发投资	—	3 003	620	859	1 171	1 564	1 860	2 218	2 645	2 960	3 252	3 746
社会消费品零售总额(亿元)	—	1 683	2 584	3 429	4 284	5 257	6 206	7 152	8 175	9 253	10 474	11 575
外贸进出口总额（亿元）	1 753	3 255	5 236	6 893	8 767	10 696	12 487	14 264	16 092	17 829	19 806	21 924
进口	1 459	2 713	4 385	5 746	7 295	8 882	10 336	11 766	13 285	14 706	16 284	17 961
出口	295	542	851	1 147	1 472	1 814	2 151	2 497	2 807	3 123	3 523	3 962
进出口差额(出口－进口)	-1 164	-2 172	-3 534	-4 599	-5 823	-7 068	-8 185	-9 269	-10 478	-11 583	-12 761	-13 999
实际利用外资（亿美元）	—	42.5	58.1	75	85.2	100	105.3	114.5	123.2	130.2	243.3	243.3
地方财政收支差额（亿元）	252	—	-299	-147	38	-300	-307	-448	-831	-511	-750	-1 110
地方财政收入	787	—	1 497	2 088	2 641	3 034	3 603	3 886	4 243	4 870	5 195	5 431
地方财政支出	534	—	1 796	2 235	2 603	3 334	3 910	4 334	5 074	5 381	5 946	6 541
城镇登记失业率(%)(季度)	—	—	1.5	—	—	1.5	—	—	1.5	—	—	1.5
	同比累计增长率（%）											
地区生产总值	—	—	6.9	—	—	6.8	—	—	6.8	—	—	6.7
第一产业	—	—	-2.2	—	—	-1.4	—	—	-4.6	—	—	-6.2
第二产业	—	—	8.1	—	—	5.1	—	—	5.4	—	—	4.6
第三产业	—	—	6.6	—	—	7.2	—	—	7.1	—	—	7.3
工业增加值	—	9.5	8.8	6.8	5.5	5.8	6.4	6.3	6.0	5.8	5.6	5.6
固定资产投资	—	—	7.9	—	—	6.2	—	—	5.0	—	—	5.7
房地产开发投资	—	-4.3	-7.2	-9.3	-2.4	-6.4	-7.1	-3.3	-6.8	-8.4	-10.3	-7.4
社会消费品零售总额	—	4.1	6.1	5.3	5.1	5.6	5.6	5.4	5.4	5.1	5.7	5.2
外贸进出口总额	34.0	33.8	33.2	28.8	26.8	25.8	21.6	19.8	18.5	18.0	18.6	17.7
进口	39.6	38.5	36.9	31.1	28.6	27.4	22.7	20.4	19.0	18.7	19.2	18.1
出口	12.0	14.3	16.7	18.0	18.7	18.3	16.7	17.2	15.9	15.1	16.1	15.9
实际利用外资	—	-18.3	1.4	-10.9	-3.9	-14.5	-13.0	-7.4	-2.4	0.6	86.7	87.2
地方财政收入	-0.5	—	4.8	3.1	3.2	5.7	5.8	5.6	6.1	6.1	6.5	6.8
地方财政支出	46.0	—	23.6	22.6	8.4	13.6	10.3	10.5	12.5	10.4	8.0	6.2

数据来源：北京市统计局、北京海关、北京市商务委员会、北京市财政局。

天津市金融运行报告（2018）

中国人民银行天津分行货币政策分析小组

[内容摘要] 2017年，天津市深入贯彻习近平总书记视察天津时提出的“三个着力”重要要求，牢固树立新发展理念，坚持稳中求进工作总基调，深化供给侧结构性改革，持续推进京津冀协同发展，狠抓转型升级，经济主要指标增速回落，但整体继续保持增长，质量效益稳步提升，新动能加快积聚，转型发展成效显现，市场活力持续释放。全市生产总值18 595.4亿元，按可比价格计算，同比增长3.6%。分三次产业看，第一产业增加值218.3亿元，增长2.0%；第二产业增加值7 590.4亿元，增长1.0%；第三产业增加值10 786.7亿元，增长6.0%。全市金融业认真执行稳健中性的货币政策，坚持以服务实体经济为宗旨，全面提升金融服务效率和水平，加快金融改革创新步伐，金融保持了平稳运行，有力支持了经济社会发展。

经济运行主要呈现如下特点：一是投资、消费增速下行，出口增速降幅收窄。固定资产投资（不含农户）11 274.7亿元，同比增长0.5%，增速比上年下滑11.4个百分点。实体投资增长3.0%，占全市投资的60.3%。社会消费品零售总额5 729.7亿元，同比增长1.7%，增速比上年下滑5.5个百分点。实体零售业企业（含商场、超市等）零售额下降5.5%，上年为增长4.6%，占限额以上社会消费品零售总额的比重为82.2%。出口435.6亿美元，同比下降1.6%，降幅较上年下降11.8个百分点，贸易方式进一步优化，一般贸易出口占全市出口比重较上年提高了1.2个百分点。二是产业结构进一步优化。三次产业增加值占全市总产出比重分别为1.2%、40.8%和58.0%，“三二一”的产业结构进一步得到巩固。农业生产基本稳定，粮食生产再获丰收，现代都市型农业加快发展。规模以上工业增加值增速有所回落，先进制造业和高技术产业制造业助推工业转型升级，工业企业效益增长较快，39个行业大类中，38个行业盈利。服务业地位进一步巩固，占全市生产总值的比重较上年上升。商贸经济稳步发展，限额以上民营企业销售额不断扩大，汽车销售成为拉动批发和零售业销售额上涨的重要因素；新兴服务业增势良好，融资租赁保持全国领先地位，电信业务较快增长。供给侧结构性改革持续深化，工业产能利用率提高，去库存持续显效，去杠杆稳步实施，新出台降成本政策措施，补短板逐步加力。新动能加快集聚，国家自主创新示范区建设深入推进，科技型企业发展活跃；新产业新产品快速成长，符合产业升级方向和市场要求的新产品生产形势较好；坚持绿色发展，铁腕治理环境污染。三是价格水平温和上涨。居民消费价格指数同比增长2.1%，涨幅与2016年持平。从构成居民消费价格的八大类商品变化来看，全部呈上升走势。其中，服务价格上涨4.1%，拉动CPI上涨1.7个百分点，是拉升CPI上涨的主要动力。工业生产者出厂价格和购进价格指数均呈现快速上升态势。四是财政收支负增长。税收收入实现增长，非税收入负增长；社会保障和就业支出、教育支出保持增长。五是房地产市场平稳发展，天津按照国家关于房地产市场“分类调控、因城施策”的管理要求，落实地方主体责任，促进市场平稳健康发展。

金融运行主要呈现如下特点：一是银行业平稳运行。银行业资产、负债规模增长放缓，盈利能力下降，不良贷款延续“双升”走势。贷款适度增长，信贷投放重点突出，租赁和商务服务业、小微企业本外币贷款增加较多。存款增长趋缓，非银行业金融机构存款下降，非金融企业存款和广义政府存款同比少增较多。存、贷款利率水平基本稳定，人民币存款加权平均利率与上年持平，人民币一般贷款加权平均利率比上年略有上升。跨境人民币业务量下降，业务主要集中在金融证券、租赁、科技制造业、批发业、房地产、钢铁化工等行业。二是证券期货公司规模扩大。各类证券业机构稳步发展，经营风险基本可控，法人证券公司资产规模有所增加，基金管理公司业务规模有较大幅度增长，期货公司平稳运营。三是保险业发展结构优化调整。经营主体保持稳定，资产规模下降，保费收入保持增长，产品、业务结构进一步调整优化。四是金融市场健康发展。社会融资规模同比减少，间接融资占比提高，直接融资萎缩；货币市场、银行间债券市场交易量稳步上升，票据融资继续下降。五是扎实推进金融创新运营示范区建设，助推金融业发展迈上新台阶。六是金融生态环境持续优化。稳步推进信用体系建设，积极推动支付体系稳健发展，健全完善金融消费权益保护工作机制。

2018 年，天津将全面落实党的十九大和中央经济工作会议精神，以供给侧结构性改革为主线，抢抓天津发展的历史性窗口期，加快推进改革创新和转型升级，坚定不移推动高质量发展，促进经济社会持续健康发展。全市金融业将认真落实稳健中性的货币政策，着力调整优化服务理念，注重防范化解重大金融风险。继续加快金融改革创新，巩固扩大融资租赁、互联网金融等新型业态优势；大力发展直接融资，集聚更多金融要素资源；继续落实金融支持自贸区建设政策，推进京津冀金融协同发展；不断加大支持实体经济、民营经济、中小微企业和产业结构调整的力度，促进经济高质量发展；扎实做好服务实体经济、防控金融风险和深化金融改革各项工作，为经济社会发展营造良好的金融环境。

一、金融运行情况

2017 年，天津市金融业认真贯彻落实稳健中性的货币政策，加快金融改革创新步伐，努力提高服务实体经济水平，有力支持了经济社会发展。

（一）银行业平稳运行

1. 资产规模增长放缓，盈利能力下降。 2017 年末，天津市银行业金融机构资产总额 4.9 万亿元，同比增长 2.7%，增速较上年下降 3.1 个百分点；负债总额 4.6 万亿元，同比增长 2.4%，增速较上年下降 3.1 个百分点。不良贷款延续“双升”走势，2017 年末，银行业金融机构不良贷款余额 672.7 亿元，比年初增加 135 亿元；不良贷款率 1.97%，较年初上升 0.22 个百分点。银行业金融机构累计实现营业收入 1 099.4 亿元，同比下降 5.8%，降幅较上年扩大 5.1 个百分点；累计实现净利润 378.9 亿元，同比下降 9.1%，降幅较上年扩大 0.5 个百分点。

表 1　2017 年天津市银行业金融机构情况

机构类别	营业网点			法人机构（个）
	机构个数（个）	从业人数（人）	资产总额（亿元）	
一、大型商业银行	1 247	27 129	12 631.1	0
二、国家开发银行和政策性银行	13	568	3 037.5	0
三、股份制商业银行	431	12 473	8 277.1	1
四、城市商业银行	304	7 843	9 535.7	1
五、小型农村金融机构	549	8 481	4 553.4	2
六、财务公司	8	238	566.3	7
七、信托公司	2	343	110.5	2
八、邮政储蓄银行	405	2 694	963.3	0
九、外资银行	51	1 168	888.0	1
十、新型农村金融机构	105	1 464	352.8	18
十一、其他	14	2 205	7 013.0	13
合　计	3 129	64 606	47 928.7	45

注：营业网点不包括国家开发银行和政策性银行、大型商业银行、股份制商业银行等金融机构总部数据；大型商业银行包括中国工商银行、中国农业银行、中国银行、中国建设银行和交通银行；小型农村金融机构包括农村商业银行；新型农村金融机构包括村镇银行、贷款公司；“其他”包含金融租赁公司、汽车金融公司、中德住房储蓄银行、金城银行。

数据来源：中国人民银行天津分行、天津银监局。

2. 存款增长趋缓。2017 年末，本外币各项存款余额 30 940.8 亿元，同比增长 2.9%，增速比上年明显回落，比年初增加 873.8 亿元，同比少增 1 043.9 亿元。从存款结构看，非银行业金融机构存款下降；非金融企业存款和广义政府存款同比少增较多；住户存款略有少增。

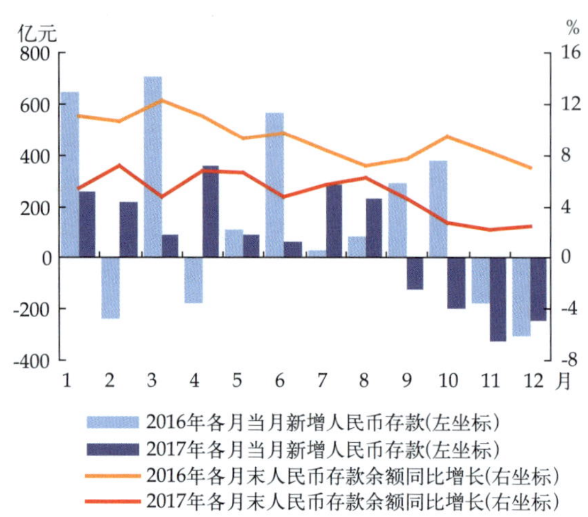

数据来源：中国人民银行天津分行。

图 1　2016~2017 年天津市金融机构人民币存款增长变化

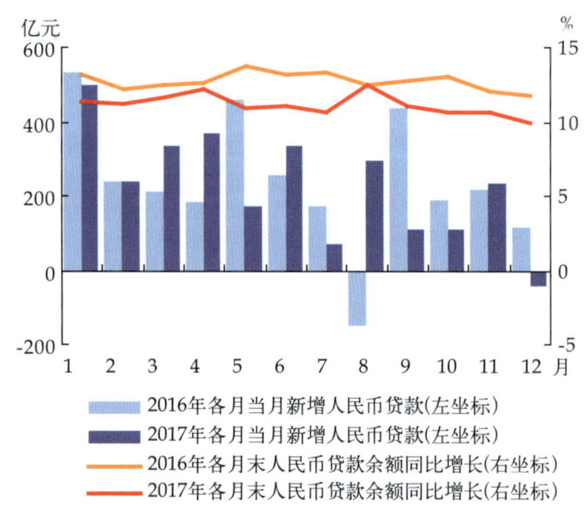

数据来源：中国人民银行天津分行。

图 2　2016~2017 年天津市金融机构人民币贷款增长变化

3. 贷款适度增长。2017 年末，本外币各项贷款余额 31 602.5 亿元，同比增长 9.9%，增速比上年末有所回落，比年初增加 2 848.5 亿元，同比多增 89.1 亿元。从贷款结构看，非金融企业及机关团体贷款同比多增，住户贷款同比略有少增。其中，住户贷款项下的中长期消费贷款增加较多，占全部新增贷款的 46.4%，但比上年少增。非金融企业及机关团体贷款项下的中长期贷款同比多增较多，短期贷款同比少增，票据融资余额继续下降。

信贷投向重点突出。租赁和商务服务业本外币贷款比年初增加 1 048.5 亿元，同比多增 394.6 亿元。小微企业本外币贷款比年初增加 885.8 亿元，同比多增 47.1 亿元。交通运输、仓储和邮政业本外币贷款比年初增加 513.9 亿元，同比多增 550.3 亿元。保障性住房开发贷款比年初增加 55.2 亿元，同比多增 173.3 亿元。

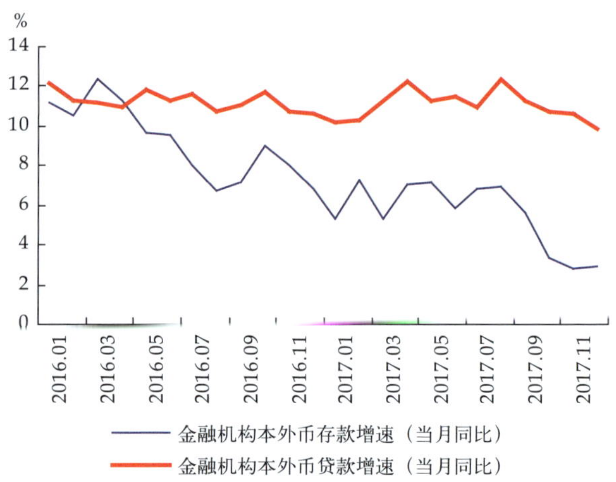

数据来源：中国人民银行天津分行。

图 3　2016~2017 年天津市金融机构本外币存、贷款增速变化

外币存、贷款恢复增长。2016 年外币存、贷款余额双双下降。2017 年，外币存款同比增长 23.7%，比年初增加 35 亿美元。其中，境外存款增加较多，非金融企业存款同比多增，住户存款余额下降。外币贷款同比增长 14.9%，比年初增加 29.7 亿美元。其中，短期贷款及中长期贷款均同比多增，融资租赁同比少增。

4. 表外各类业务增速出现分化。2017 年末，天津市银行业金融机构担保类、承诺类、金融资产服务类、金融衍生品类等四类表外业务余额同比增长13.7%。其中，担保类表外业务减少2.9%，承诺类、金融资产服务类和金融衍生品类表外业务分别同比增长14.5%、18.1%和7.3%。

表2 2017年天津市人民币贷款各利率浮动区间占比

单位：%

月份		1月	2月	3月	4月	5月	6月
合计		100.0	100.0	100.0	100.0	100.0	100.0
下浮		32.6	25.9	32.9	37.5	35.0	29.7
基准		22.2	34.2	21.1	16.9	14.5	18.3
上浮	小计	45.2	39.9	46.0	45.6	50.5	52.0
	(1.0, 1.1]	20.4	15.1	17.4	20.9	22.2	19.5
	(1.1, 1.3]	13.8	12.7	14.0	12.8	12.7	18.1
	(1.3, 1.5]	5.1	7.4	8.8	6.2	7.3	8.9
	(1.5, 2.0]	4.2	3.3	4.2	4.2	6.4	4.2
	2.0以上	1.6	1.4	1.7	1.5	1.9	1.4
月份		7月	8月	9月	10月	11月	12月
合计		100.0	100.0	100.0	100.0	100.0	100.0
下浮		29.2	19.9	23.5	22.8	22.5	18.3
基准		14.1	19.7	18.6	22.8	21.4	23.2
上浮	小计	56.7	60.4	57.9	54.4	56.1	58.6
	(1.0, 1.1]	22.5	23.6	20.4	15.7	20.5	21.4
	(1.1, 1.3]	16.1	15.7	20.0	19.9	17.0	18.3
	(1.3, 1.5]	8.2	11.9	9.6	10.2	11.8	8.5
	(1.5, 2.0]	7.6	6.1	4.4	4.8	3.7	7.4
	2.0以上	2.1	3.1	3.4	3.9	3.2	2.9

数据来源：中国人民银行天津分行。

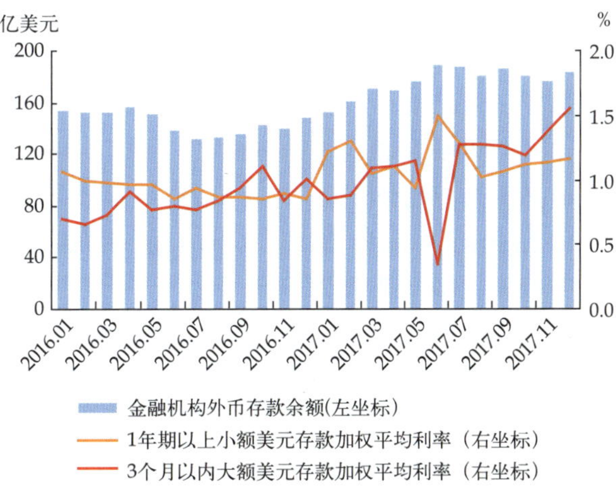

数据来源：中国人民银行天津分行。

图4 2016~2017年天津市金融机构外币存款余额及外币存款利率

5. 存、贷款利率水平基本稳定。2017年，天津市金融机构人民币企业一般贷款加权平均利率为4.88%，比上年上升0.06个百分点。全部企业贷款中，对大型、中型和微型企业贷款利率上升，对小型企业贷款利率下降。贴现、转贴现利率上升。人民币存款加权平均利率与上年持平。天津市金融机构逐步完善利率定价机制，进一步提高利率定价能力，利率市场秩序平稳，利率水平基本稳定。

专栏1 天津市银行承兑汇票运行情况

2017年以来，天津市银行承兑汇票承兑余额和贴现余额继续“双降”，现将相关情况分析如下：

一、银行承兑汇票基本情况

1. 承兑余额下降。2017年末，天津市银行承兑汇票余额3 143.4亿元，比上年末下降53.8亿元。2016年以来，银行承兑汇票余额改变上行趋势开始下降，2016年下降较多，比2015年下降了1 504.6亿元，2017年下降趋势放缓。

2. 大型和小微型企业银行承兑汇票余额占比下降明显。2017年末，大型企业银行承兑汇票余额为834.5亿元，占全部企业银行承兑汇票余额的26.6%，比上年下降1.5个百分点。小微型企业银行承兑汇票余额为504.1亿元，占比为16.1%，比上年下降3.8个百分点。

3. 制造业银行承兑汇票余额及占比均下降。2017年末，制造业银行承兑汇票余额为684.1亿元，比2016年末和2015年末分别下降59.3亿元和911亿元，占全部行业的比重为21.8%，比2016年末和2015年末分别下降 1.5 个和 12.2 个百分点。而批发和零售业银行承兑汇票余额占比呈明显上升趋势。

4. 贴现余额下降。2017 年末，本外币票据融资余额为 687.4 亿元，比年初下降 431.7 亿元，同比多降 223.9 亿元，余额增速为 -38.6%，比上年低 22.9 个百分点。

二、银行承兑汇票下降原因分析

（一）承兑余额下降的原因

1. 外部市场原因。一是宏观经济下行，导致企业签票需求或能力下降。2017 年天津经济仍处于下行趋势，企业生产和流通活跃度减弱，融资需求下降。调研显示，承兑余额减少的客户大部分为出现经营困难或自身业务模式发生调整的客户。二是监管力度加大，不规范的票据业务受到压缩。2016 年以来，监管部门加强票据业务监管，票据空转、中介倒票、规模腾挪等操作受到严格限制。三是其他结算和融资方式对银行承兑汇票形成替代。互联网支付、电商平台、ABS 债券、信用证、融资租赁、保理等为企业提供了丰富的结算和融资选择，对传统的银行承兑汇票业务具有替代作用。

2. 银行转型发展。一是业务重点发生变化。当前形势下，银行更加注重质量效益提升，不再比拼规模，不再一味追求银行承兑汇票快速增长。如银行注重利润考核，在信贷需求不足情况下，主动用利润率较高的贷款替代利润率较低的银行承兑汇票；为提高低风险资产比重，为客户提供贸易融资时，尽量用风险权重较低的国内信用证代替风险权重较高的银行承兑汇票。二是业务审核更加严格。在强化防范金融风险的背景下，银行对客户的准入标准提高，持续压缩存在潜在风险客户的授信。如一些银行将银行承兑汇票的平均保证金比例提高；强化了贸易背景真实性和手续合规性核查，对于不符合审批要求的银行承兑汇票业务坚决不予办理；对于出现经营困难的客户采取主动退出授信措施。

（二）贴现余额下降的原因

除了银行承兑汇票签发余额下降，票源减少外，还有以下原因导致票据贴现下降：

1. 票据利率走高，企业贴现意愿下降。票据利率对银行间市场资金价格较为敏感，2017 年以来票据贴现利率随着银行间市场资金价格的上升而逐步走高，企业贴现意愿直接受到影响。

2. 税收成本增加，企业贴现成本进一步上升。"营改增"导致银行贴现业务按照规定应全额缴纳增值税，增加了相应的税收成本，银行会将增加的成本转嫁给企业，进一步降低了企业的贴现意愿。

3. 票据交易更加透明，银行套取利率的空间缩小。票交所模式带动票据价格、交易流程更趋透明，使试图通过信息差、地域差、通道差等赚取价差的交易减少。

三、天津市银行承兑汇票业务量走势预判

当前经济下行、实体经济需求不足、监管力度加大等影响银行承兑汇票增长的内外部因素短期内不会有大的变化，但是银行和企业经过一段时间的适应调整，银行承兑汇票余额已趋于稳定。银行承兑汇票贴现量在受签票数量影响的同时，将主要根据银行间市场资金利率变化情况而变化。

6. 跨境人民币业务量下降。2017 年，全市跨境人民币收付金额合计 2 391.8 亿元，同比下降 28.7%。已与 148 个国家和地区发生跨境人民币结算业务往来。共有 6 020 余家企业开展跨境人民币业务。业务主要集中在金融证券、租赁、科技制造业、批发业、房地产、钢铁化工等行业。

（二）证券期货公司规模扩大

2017 年，天津各类证券业机构稳步发展，经营风险基本可控，法人证券公司资产规模有所增加，基金管理公司业务规模有较大幅度增长，期货公司平稳运营。

1. 法人证券公司资产规模有所增加，经营风险可控。法人证券公司资产总额同比增长3.7%；负债总额同比增长7.2%。2017年末，各项风控指标高于监管标准的预警阈值，经营风险可控。

2. 法人基金公司规模持续扩大，业务结构有所改善。2017年末，法人基金公司资产总额比年初增加23亿元，新发基金5只，基金净值同比增长111.8%。

3. 法人期货公司稳步发展，代理交易规模有所下降。2017年末，法人期货公司资产总额76.7亿元，同比增长14.1%；净资产总额22.1亿元，同比增长14.1%；代理交易额3.4亿元，同比下降12.3%；代理交易量5 903.1万手，同比下降35%。

表3　2017年天津市证券业基本情况

项目	数量
总部设在辖内的证券公司数（家）	1
总部设在辖内的基金公司数（家）	1
总部设在辖内的期货公司数（家）	6
年末国内上市公司数（家）	49
当年国内股票（A股）筹资（亿元）	54.9
当年发行H股筹资（亿元）	0.0
当年国内债券筹资（亿元）	1 629.2
其中：短期融资券筹资额（亿元）	457.9
中期票据筹资额（亿元）	387.7

注：国内债券筹资包括金融债。

数据来源：天津证监局、中国人民银行天津分行。

（三）保险业发展结构优化调整

2017年末，天津市共有6家法人保险公司，57家省级分公司。经营主体保持稳定，资产规模下降，保费收入保持增长，产品、业务结构进一步调整优化。

1. 资产规模大幅下降，人身险公司资产占主导。2017年末，保险公司在津分支机构总资产为1 284.9亿元，比年初下降23.4%。其中，财产险公司资产总额为141.2亿元，人身险公司资产总额1 143.7亿元。

2. 保费收入持续增长，保险保障覆盖面扩大。2017年，天津市保险业共实现保费收入565亿元，同比增长6.7%。全年财产保险公司累计签单3 616.5万件，同比增长18.2%；人身险公司累计赔款支出12.1亿元，同比增长9.1%。

3. 财产险业务发展结构优化，赔付显著下降。2017年，财产保险公司车险保费收入105.8亿元，占财产保险公司业务收入比重的71.8%，同比下降3.1个百分点；而信用保险、货物运输保险保费收入明显上升，占财产保险公司业务收入比重分别同比上升3.3个和0.5个百分点。全年财产险赔付74.1亿元，同比下降21.5%，其中企业财产险赔款支出同比下降75.4%。

4. 人身险公司产品结构有所调整，对银邮代理渠道的依赖下降。2017年，人身险公司普通寿险实现保费收入206.5亿元，占人身险保险收入比重为48.8%，较上年下降7.9个百分点；分红寿险实现保费收入143亿元，占人身险保险收入比重为33.8%，较上年上升4.2个百分点。从渠道结构看，银邮代理渠道实现保费收入170亿元，同比下降15.7%，较上年下降80.8个百分点。

表4　2017年天津市保险业基本情况

项目	数量
总部设在辖内的保险公司数（家）	6
其中：财产险经营主体（家）	2
人身险经营主体（家）	4
保险公司分支机构（家）	57
其中：财产险公司分支机构（家）	24
人身险公司分支机构（家）	33
保费收入（中外资，亿元）	565.0
其中：财产险保费收入（中外资，亿元）	141.6
人身险保费收入（中外资，亿元）	423.4
各类赔款给付（中外资，亿元）	155.3
保险密度（元/人）	3 629.2
保险深度（%）	3.0

数据来源：天津保监局、中国人民银行天津分行。

（四）金融市场健康发展

2017年，天津市金融市场总体运行平稳，货币市场、银行间债券市场交易量稳步上升，票据融资继续下降。

1. 间接融资占比提高，直接融资萎缩。2017年，天津市社会融资规模2 790.3亿元，比上年少804.2亿元。从社会融资规模的结构看，一是对实体经济发放的表内贷款占比大幅提高。银行业机构本外币各项贷款占社会融资规模的102.6%，同比上升30.1个百分点。二是表外融资占比较低。银行业机构表外融资占社会融资规模的0.8%，同比上升3个百分点。三是企业直接融资净减少179.7亿元，同比少增1 142.4亿元。

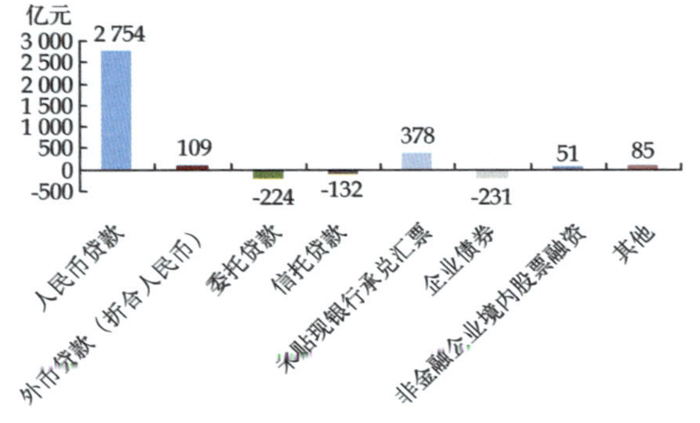

数据来源：中国人民银行天津分行。

图5　2017年天津市社会融资规模分布结构

2. 货币市场交易量上升，市场交易以短期为主。2017年，天津市银行间同业拆借市场累计完成信用拆借3 455笔，同比上升80.5%；累计金额12 842.8亿元，同比上升16.1%。从期限看，市场交易仍以短期为主。隔夜和7天拆借占全部拆借成交金额的84.4%。

3. 银行间债券市场交易量稳步增长，债务融资工具产品创新稳步推进。2017年，现券买卖成交金额为41 464.7亿元，同比上升35.2%。天津企业在银行间市场成功发行全国首单绿色短期融资券、天津市首单京津冀协同发展债务融资工具。

表5　2017年天津市金融机构票据业务量统计

单位：亿元

季度	银行承兑汇票承兑		贴现			
			银行承兑汇票		商业承兑汇票	
	余额	累计发生额	余额	累计发生额	余额	累计发生额
1	3 064.2	1 149.7	635.0	603.6	16.8	5.1
2	2 951.6	1 113.8	511.5	492.5	12.6	9.9
3	2 882.7	1 122.5	473.1	478.4	11.5	10.1
4	3 007.2	1 079.7	513.3	516.1	13.8	15.9

数据来源：中国人民银行天津分行。

4. 票据市场总体呈下降态势，贴现利率上升。2017年，天津市银行承兑汇票余额、票据贴现余额和再贴现余额均比上年下降，金融机构贴现业务整体定价上升。电票覆盖率持续提高，全年办理电子商业汇票承兑业务占全部商业汇票业务的比例较上年提高15.3个百分点。

表6　2017年天津市金融机构票据贴现、转贴现利率

单位：%

季度	贴现		转贴现	
	银行承兑汇票	商业承兑汇票	票据买断	票据回购
1	4.79	4.92	4.20	3.65
2	5.32	5.57	4.79	3.90
3	5.21	5.77	4.77	3.42
4	4.97	5.85	4.72	3.16

数据来源：中国人民银行天津分行。

专栏2　天津自贸区金融改革深入推进

2015年12月9日，中国人民银行正式出台《关于金融支持中国（天津）自由贸易试验区建设的指导意见》（以下简称“金改30条”）。天津“金改30条”落地实施实

现了天津自贸区在金融领域的一系列开放创新，贸易投资便利化水平不断提高，法治化、国际化、便利化营商环境不断完善，改革红利、开放红利、制度红利不断显现，充分发挥出“助力器”作用。

一、金融制度创新加快推进，金融跨境业务快速发展

2017年末，已推动八成政策落地实施。自贸区挂牌至2017年末，区内主体累计新开立本外币账户4.7万个；办理跨境收支1 276.2亿美元，占全市总额的24.4%；结售汇504.3亿美元；跨境人民币结算2 729.9亿元人民币，占全市总额的41.5%。自贸区金融创新绿地森林效应不断扩大，有力地支持了天津外向型经济发展。

二、大力支持实体经济发展，金融服务高效性凸显

一是跨境融资渠道有效拓宽。全口径跨境融资宏观审慎管理实现了中外资企业跨境融资政策的平等化，有效拓宽了中资企业境外融资渠道。二是贸易投融资更加便利。区内企业跨境双向人民币资金池业务260.5亿元，区内银行发放境外人民币贷款149.6亿元，为涉外企业更好地利用“两个市场，两种资源”创造了良好条件。三是资金使用效率显著提升。货物贸易A类企业收入不入待核查账户、外汇资本金和外债意愿结汇政策，大幅提高了企业资金使用效率；跨国公司外汇集中运营提高企业平均资金周转率50%以上；为境外机构办理外汇衍生品交易，更好地满足了市场主体规避汇率风险和套期保值的需求。

三、租赁业实现快速发展，加快建设国家租赁创新示范区

天津东疆港成为全国首家获批开展经营性租赁收取外币租金试点的区域，累计办理业务30亿美元。区内符合条件的82家融资租赁类公司办理收取外币租金20.7亿美元，办理售后回租项下外币支付货款2.1亿美元，企业减少汇兑损失最高达2%。同时，进一步加大创新力度，在支持租赁公司实施外债意愿结汇、开展联合租赁和外汇资金集中运营等方面，实现了多个全国“首单”和“第一”，充分发挥了天津租赁特色产业的辐射带动效应。

四、金融政策复制性初步实现，简政放权力度不断加大

一是创新政策可复制可推广取得新进展。“金改30条”中关于外债宏观审慎监管、A类企业货物贸易收入不入待核查账户、直接投资外汇登记下放银行办理、融资租赁收取外币租金、区内个人开展经常项下跨境人民币业务等10项政策已在全国推广实施。二是行政服务能力和水平不断提升。天津自贸区实现了外汇业务一站式综合服务，畅通区内企业开户“绿色通道”，最大限度缩短业务办理时间。三是金融基础设施及功能不断完善。加强征信环境建设，进一步完善了区内金融集成电路卡应用环境，拓宽应用领域。

（五）高水平建设金融创新运营示范区

2017年，天津扎实推进金融创新运营示范区建设，助推金融业发展迈上新台阶。一是金融创新运营示范区建设稳步推进。制定《关于加快金融创新运营示范区建设有关政策》，支持金融机构落户、金融改革创新、金融人才发展和金融环境优化。二是金融业发展活力和开放水平进一步提升。金融机构体系更加健全，自贸试验区金融改革创新进一步深化，融资租赁持续保持全国领先，租赁公司境内外总资产约占全国的四分之一。三是金融服务实体经济能力不断增强。科技金融、农业金融、绿色金融和普惠金融稳步发展，投贷联动试点和农村

"两权"抵押贷款试点有序推进，对经济社会发展重点领域和薄弱环节金融支持力度不断增强。四是强化金融风险防控。建立"推进金融创新运营示范区建设工作协作机制"，形成加快金融创新、防范金融风险、维护金融安全的合力。

（六）金融生态环境持续优化

1. 信用体系建设稳步推进。出台《天津市加强个人诚信体系建设实施方案》，为地方信用体系建设提供政策支持；率先开展和谐劳动关系企业信用体系建设，为企业建立电子信用档案；开展民营中小企业信用体系建设；开展农民专业合作社信用体系建设，对544户农民合作社进行信息采集和评价；编写出版征信知识全覆盖通俗读物——《征信知识伴我行》，为社会公众了解征信、获取征信知识提供了有益读本。

2. 支付体系稳健发展。支付业务量保持增长。各类支付系统共处理人民币业务量同比增长13.6%，移动支付业务量同比增长84.9%。服务实体经济实施新举措。启动移动支付便民示范工程，加强农村支付环境建设，支付服务普惠性不断增强。业务改革创新进一步深化。空头支票行政处罚改革试点成效显著，集中代收付业务调整有序推进，电子商业汇票、RFID票据、支票圈存等创新业务取得新进展。

3. 金融消费权益保护工作机制进一步健全完善。编制《金融消费纠纷处理实务操作指引》，提供有效应对金融消费纠纷的操作指引、处置流程和处理技巧，妥善处置金融消费争议。深入推进金融消费权益保护检查和评估，推动金融机构提升业务合规意识和金融消费权益保护意识。依托"金融消费者权益日"和"金融知识普及月"，通过金融知识宣传作品展播、我的一堂金融课、金融知识宣传活动品牌创建、绿色金融进校园等系列活动，广泛开展金融知识宣传教育，提升了社会公众的金融素养和风险意识。

二、经济运行情况

2017年，天津市整体经济保持增长，主要指标增速有所回落，转型发展取得积极成效。全市生产总值18 595.4亿元，按可比价格计算，比上年增长3.6%。第三产业地位进一步巩固，占比58.0%，比上年提高1.6个百分点。

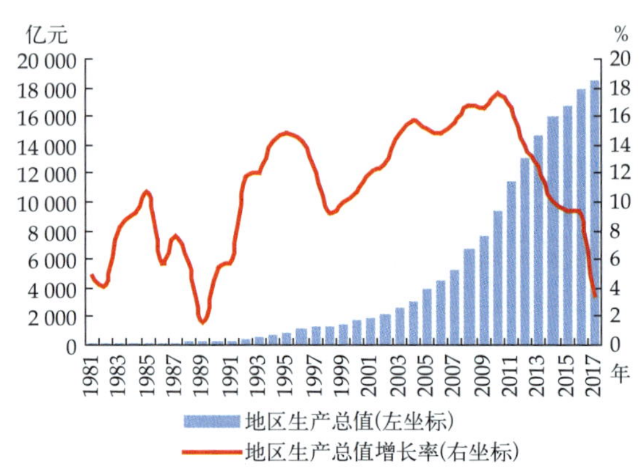

数据来源：天津市统计局。

图6　1981~2017年天津市生产总值及其增长率

（一）经济增长动力趋弱

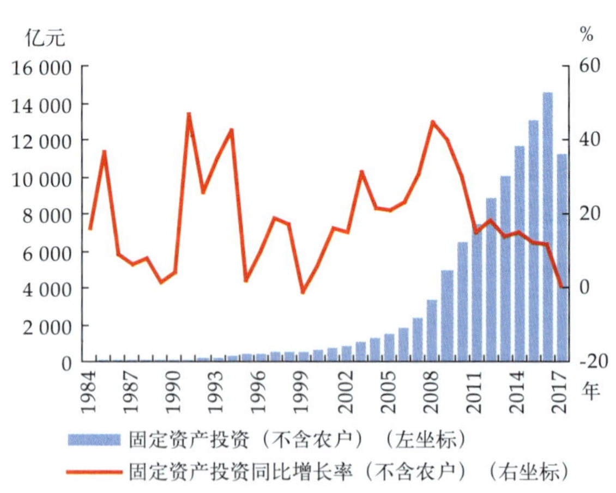

注：图中2011年以前为全社会固定资产投资数据，2011年（含）以后为固定资产投资（不含农户）数据。

数据来源：天津市统计局。

图7　1984~2017年天津市固定资产投资（不含农户）及其增长率

1. 投资增速下滑，结构进一步优化。2017年，天津市固定资产投资（不含农户）11 274.7亿元，同比增长0.5%，比上年下滑11.4个百分点。一是实体投资增速大幅下滑，占比有所下降。完成实体投资6 804亿元，同比增长3.0%，比上年下滑14.2个百分点；实体投资占全市投资的60.3%，比上年下降5.4个百分点。二是工业优势产业投资加快。工业优势产业投资增长6.9%，比上年加快2.4个百分点。三是“三新”产业投资增势迅猛。“三新”产业投资1 926.2亿元，同比增长30.5%，占全市投资的比重为17.1%，比上年提高4.0个百分点。其中，高技术服务业投资同比增长66.6%。

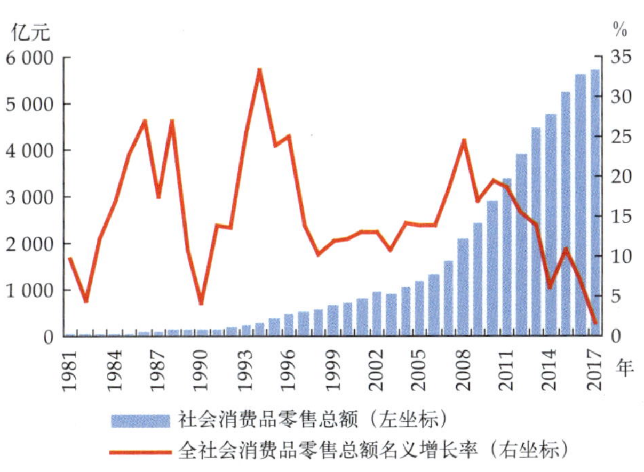

数据来源：天津市统计局。

图8　1981~2017年天津市社会消费品零售总额及其增长率

2. 消费市场总体放缓，转型升级速度加快。2017年，天津市社会消费品零售总额5 729.7亿元，同比增长1.7%。一是实体零售业企业（含商场、超市等）零售额下降5.5%，上年为增长4.6%。二是消费升级类相关商品保持较高增速。体育娱乐用品类、家具类和通信器材类商品实现零售额分别增长85.7%、47.8%和13.0%；金银珠宝类增长9.6%，化妆品类增长14.8%。三是服务性消费支出较快增长。全市城镇常住居民人均服务性消费支出同比增长12.3%，高于人均消费支出5.5个百分点。

3. 进出口稳中有进，招商引资势头良好。2017年，全市外贸进出口总额1 129.4亿美元，同比增长10%。其中，出口435.6亿美元，同比下降1.6%，降幅较上年下降11.8个百分点；进口693.8亿美元，同比增长18.8%，增速创6年来新高。贸易方式进一步优化，一般贸易出口占全市的48.7%，较上年提高了1.2个百分点。全市新批外商投资企业951家，实际直接利用外资106.1亿美元，同比增长5.0%，其中自贸区引进外资成效显著，实际直接利用外资28亿美元，同比增长12.1%。

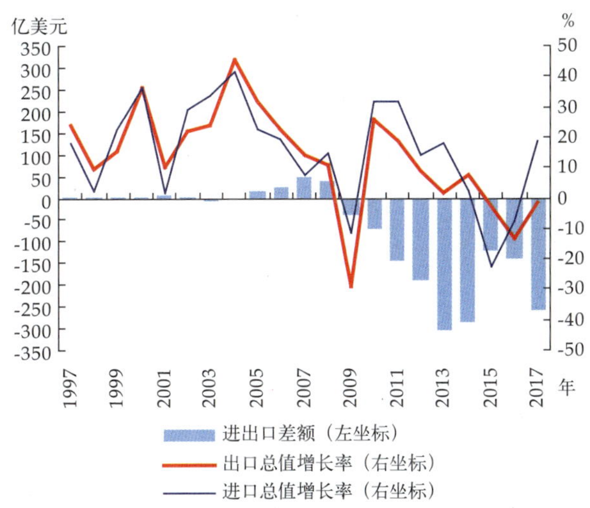

数据来源：天津市统计局、天津海关。

图9　1997~2017年天津市外贸进出口变动情况

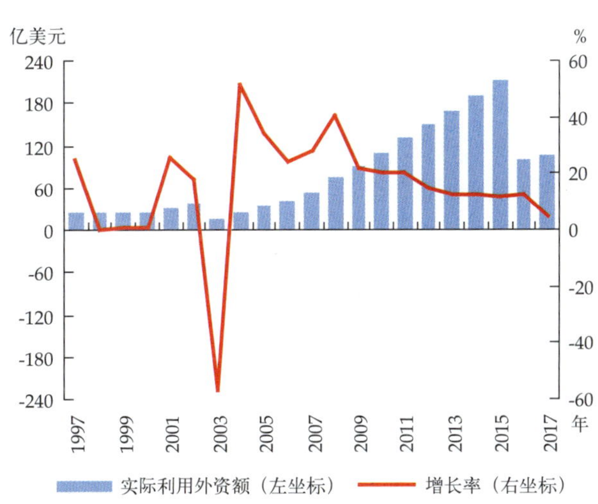

数据来源：天津市统计局。

图10　1997~2017年天津市实际利用外资额及其增长率

（二）产业结构进一步优化

2017 年，天津市三次产业增加值占全市总产出比重分别为1.2%、40.8%和58.0%，“三二一”的产业结构进一步得到巩固。

1. 农业生产基本稳定，现代都市型农业加快发展。粮食生产再获丰收，2017 年，粮食总产量 212 万吨，同比增长 8.0%。科技引领农业设施发展，共建成 60 万亩高标准设施农业、20 个现代农业园区、155 个养殖园区。

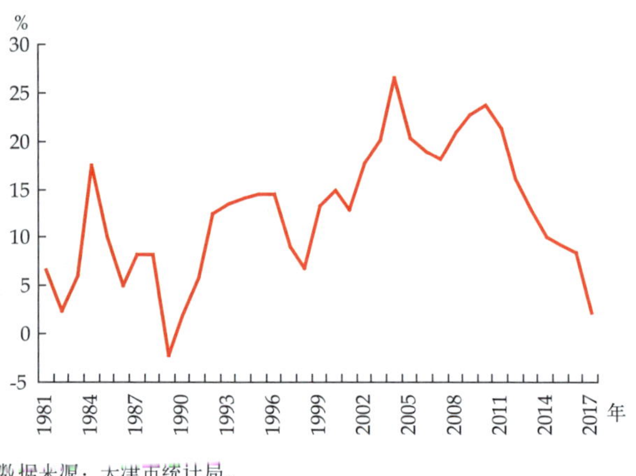

数据来源：天津市统计局。

图 11　1981~2017 年天津市规模以上工业增加值实际增长率

2. 工业稳定增长，转型升级稳步推进。2017 年，全市规模以上工业增加值同比增长 2.3%，增速有所回落，但工业发展质量和效益水平稳中有进。先进制造业增加值占规模以上工业增加值的 53.4%，同比增长 2.9%，贡献率达 69.9%，拉动全市工业增加值增长 1.6 个百分点。高技术产业增加值占规模以上工业增加值的 14.0%，同比增长 10.4%，贡献率达 64.6%，拉动全市工业增加值增长 1.5 个百分点。企业效益增长较快。全年规模以上工业企业利润总额增长 22.4%，而上年同期为下降 0.8%。全市 39 个行业大类中，38 个行业盈利。

3. 服务业地位进一步巩固，新兴服务业增势良好。2017 年，第三产业增加值占全市生产总值的比重比上年提高。商贸经济平稳运行，汽车销售成为拉动销售额上涨的重要因素，全市限额以上汽车销售企业实现销售额 2 371 亿元，同比增长 15.2%，拉动限额以上销售额增长 1.1 个百分点。民营经济比重不断扩大。全市限额以上民营企业销售额 13 868.3 亿元，同比增长 7.1%，占全市限额以上销售额的 46.1%，比重比上年提高 1.3 个百分点。

新兴服务业增势良好。融资租赁保持全国领先地位，境内外租赁总资产超过 1.15 万亿元。电信业务总量增长 71.3%，比上年加快 18.9 个百分点。“互联网 +”加快推进，新业态新模式蓬勃发展。2017 年，限额以上批发和零售业网上零售额 418.6 亿元，同比增长 30.0%，占全市的 17.8%，比上年提高 5.7 个百分点。

4. 供给侧结构性改革持续深化，新动能加快集聚。扎实推进“三去一降一补”。2017 年第四季度规模以上工业产能利用率 77.1%，比上年同期提高 3.4 个百分点；去库存持续显效，全年商品房待售面积下降 29.9%；去杠杆稳步实施，年末规模以上工业企业资产负债率 59.8%，比上年末下降 2.1 个百分点；全年新出台两批 52 项降成本政策措施，规模以上工业企业每百元主营业务收入成本 84.9 元，比上年减少 0.6 元；补短板逐步加力，全年科研技术服务、信息技术服务和居民服务投资分别增长 76.1%、52.4% 和 16.9%。

持续推进创新发展。加快建设国家自主创新示范区，科技型企业发展活跃，2017 年，全市新增规模超亿元科技型企业 420 家，国家高新技术企业突破 4 000 家。19 项科技成果荣获国家科学技术奖励，涉及装备制造、生物医药、新材料等多个领域。

新产业新产品快速成长。2017 年，战略性新兴产业增加值增长 3.9%。符合产业升级方向和市场要求的新产品生产形势较好，碳纤维增强复合材料、太阳能电池、锂离子电池、集成电路、服务机器人和城市轨道车辆产量分别增长 29.3%、27.9%、26.6%、14.2%、3.5% 和 2.3%。

全力推进绿色发展。2017 年，天津市坚持绿色发展，对 2.1 万家“散乱污”企业进行分类整治，淘汰高污染、高能耗落后产能。2017 年全市 PM2.5 平均浓度 62 微克 / 立方米，比上年下降 10.1%；空气质量达标天数达到 209 天。

（三）价格水平稳中有升

1. 居民消费价格基本稳定。2017 年，天津市居民消费价格指数同比增长 2.1%，涨幅与 2016 年持平。从构成居民消费价格的八大类商品变化来看，各类商品价格全部呈上升走势。服务价格上涨 4.1%，拉动 CPI 上涨 1.7 个百分点，是拉升 CPI 上涨的主要动力。

2. 工业生产者出厂价格和购进价格上升。工业生产者出厂价格和购进价格指数均呈现快速上升态势，扭转了过去五年负增长走势。2017 年，天津市工业生产者购进价格同比上升 11.1%，较上年提高 12.7 个百分点；工业生产者出厂价格同比上升 8.4%，较上年提高 10.5 个百分点。

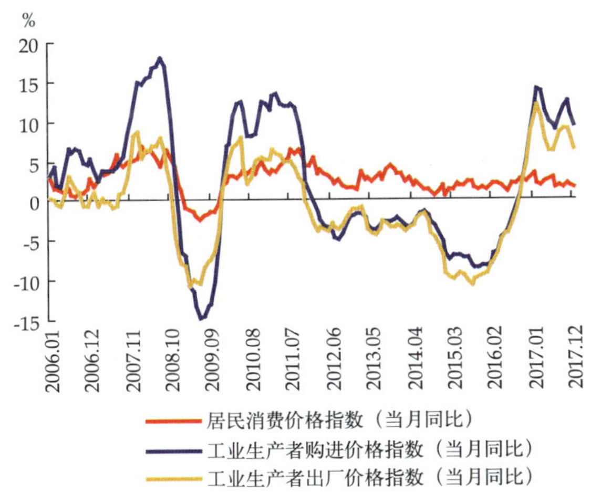

数据来源：天津市统计局。

图 12　2006~2017 年天津市居民消费价格指数和工业生产者价格指数变动趋势

（四）财政收支增速下降

2017 年，天津市财政收入明显下降，质量持续改善。全年一般公共预算收入 2 310.1 亿元，同比下降 10.4%。税收收入 1 611.7 亿元，同比增长 4.4%。其中，增值税同比增长 42.4%。一般公共预算支出 3 282.2 亿元，同比下降 11.3%。其中，社会保障和就业支出 458.92 亿元，同比增长 21.4%；教育支出 435.29 亿元，同比增长 0.2%。

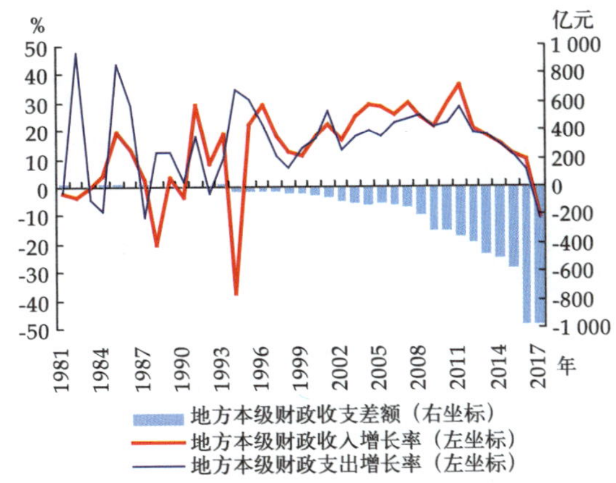

数据来源：天津市统计局。

图 13　1981~2017 年天津市财政收支状况

（五）房地产市场平稳发展

2017 年，天津市按照国家关于房地产市场"分类调控、因城施策"的管理要求，落实地方主体责任，促进市场平稳健康发展。

1. 开发投资增速下降，资金来源增速回落。2017 年，天津市房地产开发累计实现投资 2 233.4 亿元，同比下降 2.9%，较上年低 25.8 个百分点。到位资金合计 6 211.3 亿元，同比增长 9.4%，较上年低 24.7 个百分点。其中，本年资金来源同比下降 0.7%，较上年低 37.7 个百分点；上年结余资金同比增长 44%，较上年高 19.2 个百分点，各项应付款同比增长 7.4%，较上年高 6.9 个百分点。

2. 住宅用地成交规模下降，施竣工及新开工面积下滑。2017 年，天津市房地产开发土地供应总量为 148 宗、938.5 万平方米，较上年分别下降 20% 和 22.5%。其中，住宅用地出让面积为 598.3 万平方米，同比下降 14.2%，较上年增幅低 80.1 个百分点。房屋累计施工、竣工和新开工面积分别为 8 209 万、2 036 万和 2 334 万平方米，同比分别下降 6.6%、30.1% 和

7.1%，较上年增幅分别低 2.3 个、低 30.5 个和高 3.8 个百分点。

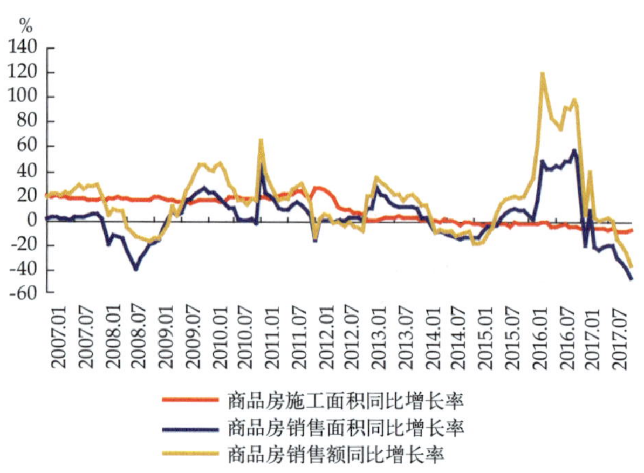

数据来源：天津市统计局。

图 14　2007~2017 年天津市商品房施工和销售变动趋势

3. 房屋市场交易低迷，新房及二手房销售面积和金额萎缩。2017 年，天津市房屋销售面积为 2 492.5 万平方米，同比下降 45.1%。现房及期房累计销售面积 1 482.1 万平方米，同比下降 45.3%，较上年增幅低 98.4 个百分点，累计销售金额 2 272.3 亿元，同比下降 34.7%，较上年增幅低 129 个百分点；二手房累计销售面积 1 010.4 万平方米，同比下降 44.8%，较上年增幅低 86.7 个百分点，交易金额 1 276.1 亿元，同比下降 42.3%，较上年增幅低 113.5 个百分点。

4. 住宅成交均价总体保持稳定，但同比涨幅回落明显。2017 年，天津市住宅销售价格较为稳定，环比涨幅波动不大，特别是在 4 月之后基本与上月持平。但同比涨幅受上年房价快速上涨影响，持续大幅回落。

5. 住房开发贷款规模提高，个人住房贷款增长趋缓。2017 年末，天津市房地产贷款余额为 7 195 亿元，同比增长 20.4%，较上年增幅低 4.5 个百分点。其中，住房开发贷款余额为 950.8 亿元，同比增长 13.1%，较上年增幅高 41.6 个百分点；个人住房贷款余额 5 047.3 亿元，同比增长 29.1%，较上年增幅低 30.8 个百分点，比年初新增 1 137.9 亿元，同比少增 326 亿元，占各项人民币贷款新增额的比重为 41.6%，同比下降 9.5 个百分点。

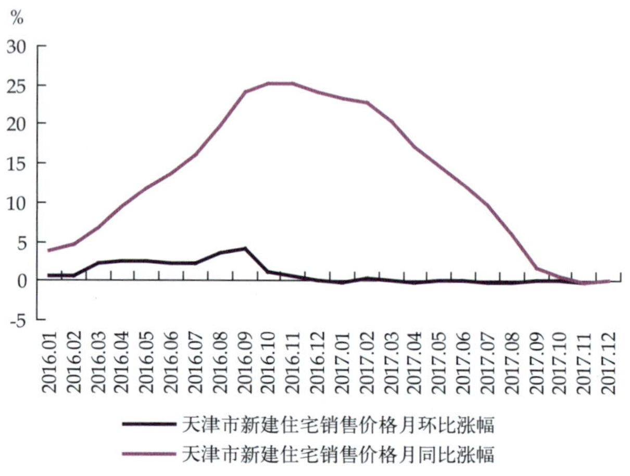

数据来源：天津市统计局。

图 15　2016~2017 年天津市新建住宅销售价格变动趋势

三、预测与展望

2018 年是贯彻党的十九大精神的开局之年，天津将深入推进供给侧结构性改革，推进京津冀协同发展，推进“五位一体”总体布局、“四个全面”战略布局在天津的实施，打好防范化解重大风险、精准脱贫、污染防治的攻坚战，努力实现高质量增长。

天津市金融业将继续加快金融改革创新，巩固扩大融资租赁、互联网金融等新型业态优势；大力发展直接融资，集聚更多金融要素资源；继续落实金融支持自贸区建设政策，推进京津冀金融协同发展；不断增强支持实体经济、民营经济、中小微企业和产业结构调整的力度，促进经济高质量发展；切实防范金融风险，保持稳健运行。

中国人民银行天津分行货币政策分析小组

总　纂：周振海　苏东海　杨红员

统　稿：张永春　贾　科

执　笔：魏昆利　郝慧刚　张成祥

提供材料的还有：王贵鹏　侯玉玲　钟　辉　周中明　王雅琪　李　萌　杨维曦　李稳立　刘　冬　赵建斌　高　婧　梁景宗　苗润雨　李晓迟　杨彩丽　曾　薇　李西江　寇霭婷　安瑞萍　张　坤　徐智伟　李　师　刘丹丹　于海欢

附录

（一）2017年天津市经济金融大事记

1月25日，召开驻津金融监管部门和金融企业主要负责人座谈会，共商天津金融业发展大计。市委书记李鸿忠出席并讲话。

3月31日，中国人民银行天津分行与天津银监局联合发文，完善天津差别化住房信贷政策。

4月7日，中国人民银行会同国家发展改革委、证监会等部门以及京津冀三省市召开金融支持京津冀协同发展座谈会，深入学习贯彻中央关于京津冀协同发展的决策部署和最新精神。

4月末，天津市本外币各项贷款余额突破3万亿元，标志着天津市的金融实力和金融服务水平又迈上一个新台阶。

6月5日至6日，第十一届中国企业国际融资洽谈会——科技国际融资洽谈会在天津开幕，来自23个国家和地区的3 000多家投融资机构和企业参会，意向融资金额达548亿元。

6月14日，由京津冀三地人民银行分支行共同主办、天津经济技术开发区管委会和滨海新区中心支行协办的2017年“信用记录关爱日”联合宣传活动在滨海新区正式启动。

8月19日，举办第二届天津绿色金融论坛，来自联合国、政府部门、国内外金融机构等数十位专家学者围绕“绿色金融助力实体经济发展”的主题展开交流探讨。

9月23日，中国人民银行天津分行联合天津市金融局在第四届天津市网络安全宣传周期间举办“金融日”集中宣传活动。

9月27日，召开全市金融工作会议，深入学习贯彻习近平总书记系列重要讲话精神特别是关于金融工作的重要思想，部署新形势下全市金融改革发展稳定工作。市委书记李鸿忠出席并讲话。

12月底，《中国人民银行关于金融支持中国（天津）自由贸易试验区建设的指导意见》落地实施两年，八成政策措施已落地，7项措施在全国推广，金融创新绿地森林效应不断扩大，自贸试验区政策优势、区位优势和资源优势得到进一步凸显。

（二）2017 年天津市主要经济金融指标

表 1　2017 年天津市主要存贷款指标

		1 月	2 月	3 月	4 月	5 月	6 月	7 月	8 月	9 月	10 月	11 月	12 月
本外币	金融机构各项存款余额（亿元）	30 343.4	30 626.5	30 788.8	31 140.6	31 268.6	31 400.5	31 667.6	31 830.3	31 744.8	31 516.3	31 155.2	30 940.8
	其中：住户存款	9 653.7	9 641.7	9 724.4	9 549.3	9 573.2	9 729.0	9 526.5	9 541.6	9 688.2	9 551.4	9 571.9	9 756.9
	非金融企业存款	14 160.2	14 106.5	14 424.5	14 841.0	14 814.9	14 951.6	14 724.5	14 806.5	14 655.0	14 413.9	14 447.0	14 488.2
	各项存款余额比上月增加（亿元）	276.4	283.0	162.4	351.8	128.0	131.9	267.1	162.7	-85.5	-228.5	-361.1	-214.4
	金融机构各项存款同比增长（%）	5.4	7.3	5.3	7.1	7.2	5.9	6.8	7.0	5.6	3.4	2.8	2.9
	金融机构各项贷款余额（亿元）	29 226.5	29 482.7	29 897.4	30 271.6	30 485.4	30 839.0	30 877.4	31 157.3	31 295.5	31 420.7	31 624.5	31 602.5
	其中：短期	7 519.7	7 543.9	7 656.5	7 745.3	7 737.2	7 808.6	7 734.0	7 724.8	7 642.7	7 600.0	7 674.2	7 838.2
	中长期	16 491.5	16 750.2	17 045.9	17 333.2	17 530.2	17 780.2	17 848.1	18 094.3	18 300.2	18 414.4	18 471.9	18 308.0
	票据融资	1 031.9	951.6	867.8	802.7	788.8	720.1	673.0	681.1	665.3	653.7	678.2	687.4
	各项贷款余额比上月增加（亿元）	472.4	256.2	414.7	374.2	213.9	353.6	38.4	279.9	138.1	125.2	203.9	-22.0
	其中：短期	110.6	24.2	112.7	88.7	-8.1	71.4	-74.6	-9.2	-82.0	-42.8	74.2	164.0
	中长期	391.2	258.7	295.8	287.3	197.0	250.0	67.9	246.2	205.9	114.1	57.5	-163.9
	票据融资	-87.3	-80.3	-83.8	-65.1	-14.0	-68.7	-47.1	8.1	-15.8	-11.7	24.6	9.2
	金融机构各项贷款同比增长（%）	10.2	10.3	11.3	12.2	11.3	11.5	10.9	12.4	11.3	10.7	10.6	9.9
	其中：短期	10.4	10.2	12.3	13.3	11.2	9.0	7.3	6.8	4.5	3.8	4.8	5.3
	中长期	11.3	12.4	13.6	14.9	14.9	15.5	15.0	17.5	16.9	16.3	15.0	13.9
	票据融资	-22.3	-30.4	-37.6	-41.3	-41.6	-43.8	-44.6	-40.2	-43.7	-42.3	-38.1	-38.6
	建筑业贷款余额（亿元）	1 055.0	1 077.1	1 096.9	1 084.4	1 107.1	1 157.5	1 160.6	1 177.2	1 165.9	1 217.0	1 177.7	1 138.6
	房地产业贷款余额（亿元）	1 730.0	1 720.8	1 748.7	1 768.1	1 777.2	1 824.9	1 850.6	1 868.6	1 867.4	1 847.9	1 860.5	1 841.4
	建筑业贷款同比增长（%）	-0.2	1.1	-1.1	-1.3	-2.0	-1.3	0.9	1.6	-1.1	4.9	6.7	8.1
	房地产业贷款同比增长（%）	-11.3	-12.9	-13.1	-11.9	-11.3	-4.6	1.1	5.1	7.3	7.9	8.8	10.3
人民币	金融机构各项存款余额（亿元）	29 298.7	29 518.1	29 610.0	29 970.2	30 061.0	30 122.3	30 407.1	30 637.4	30 513.7	30 314.6	29 988.7	29 746.2
	其中：住户存款	9 435.9	9 424.8	9 507.6	9 335.1	9 360.8	9 522.7	9 321.0	9 343.6	9 489.9	9 352.6	9 374.0	9 558.0
	非金融企业存款	13 470.6	13 398.7	13 656.0	14 086.7	14 027.5	14 151.8	13 928.0	14 044.7	13 849.4	13 674.6	13 744.7	13 808.4
	各项存款余额比上月增加（亿元）	257.3	219.4	91.9	360.2	90.9	61.2	284.9	230.3	-123.7	-199.1	-325.8	-242.6
	其中：住户存款	310.3	-11.1	82.8	-172.5	25.7	162.0	-201.7	22.6	146.3	-137.3	21.3	184.1
	非金融企业存款	-148.0	-71.9	257.3	430.6	-59.2	124.3	-223.8	116.7	-195.3	-174.8	70.1	63.7
	各项存款同比增长（%）	5.4	7.2	4.8	6.7	6.7	4.8	5.7	6.2	4.7	2.7	2.2	2.4
	其中：住户存款	7.9	6.0	5.9	6.3	6.1	5.8	4.1	3.9	3.0	2.2	2.9	4.7
	非金融企业存款	2.0	4.6	2.2	5.9	6.8	4.8	3.8	3.6	2.6	-0.1	-0.5	1.4
	金融机构各项贷款余额（亿元）	27 864.1	28 105.6	28 442.6	28 809.9	28 982.7	29 315.5	29 387.2	29 685.2	29 797.8	29 909.9	30 145.8	30 103.0
	其中：个人消费贷款	4 451.4	4 565.5	4 698.5	4 829.2	4 960.8	5 112.7	5 240.5	5 364.1	5 487.7	5 568.6	5 650.5	5 714.0
	票据融资	1 031.9	951.6	867.8	802.7	788.7	720.0	673.0	681.1	665.3	653.6	678.2	687.4
	各项贷款余额比上月增加（亿元）	496.1	241.5	337.0	367.3	172.8	332.8	71.8	298.0	112.5	112.1	235.9	-42.8
	其中：个人消费贷款	137.4	114.2	133.0	130.7	131.6	151.9	127.7	123.6	123.6	80.8	81.9	63.6
	票据融资	-87.3	-80.3	-83.8	-65.1	-14.0	-68.7	-47.1	8.1	-15.8	-11.7	24.6	9.2
	金融机构各项贷款同比增长（%）	11.3	11.2	11.6	12.2	10.9	11.1	10.7	12.4	11.0	10.6	10.6	10.0
	其中：个人消费贷款	56.0	58.7	59.8	60.2	56.5	52.6	49.5	47.0	43.2	40.5	36.3	32.5
	票据融资	-22.3	-30.4	-37.6	-41.3	-41.6	-43.8	-44.6	-40.2	-43.7	-42.3	-38.1	-38.6
外币	金融机构外币存款余额（亿美元）	152.3	161.2	170.9	169.8	175.9	188.7	187.3	180.7	185.5	181.0	176.6	182.8
	金融机构外币存款同比增长（%）	-0.9	5.5	12.2	8.5	16.7	36.0	42.9	35.6	37.1	27.5	26.1	23.7
	金融机构外币贷款余额（亿美元）	198.6	200.3	210.9	212.0	219.0	224.9	221.5	223.0	225.7	227.5	223.9	229.5
	金融机构外币贷款同比增长（%）	-12.3	-10.2	-1.8	4.9	14.0	18.0	15.2	14.0	19.1	14.9	15.3	14.9

数据来源：《天津市金融统计月报》。

表 2　2001~2017 年天津市各类价格指数

单位：%

		居民消费价格指数		农业生产资料价格指数		工业生产者购进价格指数		工业生产者出厂价格指数	
		当月同比	累计同比	当月同比	累计同比	当月同比	累计同比	当月同比	累计同比
2001		—	1.2	—	—	—	-1.2	—	-4.1
2002		—	-0.4	—	—	—	-4.1	—	-4.1
2003		—	1.0	—	—	—	2.5	—	8.7
2004		—	2.3	—	—	—	15.4	—	4.1
2005		—	1.5	—	—	—	4.9	—	0.1
2006		—	1.5	—	—	—	4.7	—	0.6
2007		—	4.2	—	—	—	5.7	—	1.5
2008		—	5.4	—	—	—	12.9	—	4.1
2009		—	-1.0	—	—	—	-9.8	—	-7.5
2010		—	3.5	—	—	—	10.0	—	5.1
2011		—	4.9	—	—	—	9.8	—	3.8
2012		—	2.7	—	—	—	-2.9	—	-3.0
2013		—	3.1	—	—	—	-2.6	—	-3.0
2014		—	1.9	—	—	—	-2.9	—	-3.7
2015		—	1.7	—	—	—	-7.6	—	-9.7
2016		—	2.1	—	—	—	-1.7	—	-2.1
2017		—	2.1	—	—	—	11.1	—	8.4
2016	1	1.8	1.8	—	—	-8.0	-8.0	-8.0	-8.0
	2	2.1	1.9	—	—	-6.8	-7.4	7.8	-7.9
	3	2.2	2.0	—	—	-6.4	-7.1	-6.6	-7.5
	4	1.8	2.0	—	—	-4.7	-6.5	-5.0	-6.9
	5	1.3	1.8	—	—	-4.1	-6.0	-4.2	-6.3
	6	1.1	1.7	—	—	-3.6	-5.6	-4.1	-6.0
	7	2.2	1.8	—	—	-2.1	-5.1	-2.8	-5.5
	8	2.2	1.8	—	—	-0.6	-4.6	-1.4	-5.0
	9	2.6	1.9	—	—	0.9	-4.0	0.5	-4.4
	10	2.6	2.0	—	—	2.3	-3.3	2.3	-3.7
	11	2.5	2.0	—	—	5.2	-2.6	-4.7	-3.0
	12	2.8	2.1	—	—	8.9	-1.7	8.7	-2.1
2017	1	3.4	3.4	—	—	11.9	11.9	10.7	10.7
	2	2.0	2.7	—	—	13.9	12.9	11.9	11.3
	3	1.8	2.4	—	—	13.7	13.1	10.4	11.0
	4	2.4	2.4	—	—	11.3	12.7	7.7	10.2
	5	2.7	2.5	—	—	9.9	12.1	6.2	9.3
	6	2.8	2.5	—	—	9.4	11.6	6.1	8.8
	7	1.6	2.4	—	—	9.0	11.3	6.8	8.5
	8	1.8	2.3	—	—	10.4	11.2	8.4	8.5
	9	1.5	2.2	—	—	11.7	11.2	9.0	8.6
	10	2.0	2.2	—	—	12.4	11.3	8.8	8.6
	11	1.8	2.2	—	—	10.9	11.3	8.2	8.5
	12	1.6	2.1	—	—	9.3	11.1	6.5	8.4

数据来源：《天津统计月报》。

表 3 2017 年天津市主要经济指标

	1 月	2 月	3 月	4 月	5 月	6 月	7 月	8 月	9 月	10 月	11 月	12 月
	绝对值（自年初累计）											
地区生产总值（亿元）	—	—	4 667.2	—	—	9 386.9	—	—	13 449.5	—	—	18 595.4
第一产业	—	—	24.2	—	—	91.8	—	—	140.4	—	—	218.3
第二产业	—	—	2 091.8	—	—	4 216.7	—	—	5 128.5	—	—	7 590.4
第三产业	—	—	2 551.2	—	—	5 078.4	—	—	8 180.6	—	—	10 786.7
固定资产投资（不含农户）（亿元）	—	1 118.0	2 520.6	3 722.7	5 161.1	7 329.9	8 302.4	9 330.0	10 458.8	10 803.6	10 978.8	11 274.7
房地产开发投资	—	185.9	421.9	593.3	822.6	1 192.9	1 424.6	1 660.3	1 899.1	2 013.8	2 121.3	2 233.4
社会消费品零售总额（亿元）	—	932.9	1 417.7	1 875.0	2 365.8	2 851.0	3 333.6	3 832.6	4 295.6	4 787.5	5 229.3	5 729.7
外贸进出口总额（亿元）	616.9	1 117.8	1 719.4	2 325.0	2 949.1	3 586.5	4 251.7	4 969.5	5 658.7	6 220.7	6 859.1	7 646.8
进口	369.2	676.1	1 024.4	1 372.1	1 751.6	2 147.2	2 569.2	3 031.9	3 477.1	3 804.3	4 186.3	4 694.5
出口	247.8	441.7	695.1	952.8	1 197.6	1 439.3	1 682.4	1 937.6	2 181.6	2 416.4	2 672.8	2 952.4
进出口差额（出口 – 进口）	-121.4	-234.5	-329.3	-419.3	-554.0	-707.9	-886.8	-1 094.4	-1 295.6	-1 388.0	-1 513.4	-1 742.1
实际利用外资（亿美元）	9.1	18.0	27.5	77.0	43.8	55.0	62.3	70.7	79.9	87.6	98.2	106.1
地方财政收支差额（亿元）	69.2	14.1	-191.9	—	—	-510.4	—	—	-598.4	—	—	-972.0
地方财政收入	290.9	461.7	699.7	940.6	1 173.0	1 459.8	1 683.4	1 849.8	2 066.5	2 243.1	2 337.9	2 310.1
地方财政支出	221.8	447.6	891.5	—	—	1 970.3	—	—	2 664.9	—	—	3 282.2
城镇登记失业率（%）（季度）	—	—	3.5	—	—	3.5	—	—	3.5	—	—	3.5
	同比累计增长率（%）											
地区生产总值	—	—	8.0	—	—	6.9	—	—	6.0	—	—	3.6
第一产业	—	—	3.0	—	—	3.0	—	—	2.9	—	—	2.0
第二产业	—	—	7.2	—	—	5.4	—	—	3.2	—	—	1.0
第三产业	—	—	8.7	—	—	8.3	—	—	8.5	—	—	6.0
工业增加值	—	6.7	7.5	6.6	5.3	5.6	5.0	4.0	3.2	3.0	2.8	2.3
固定资产投资	—	9.1	10.0	3.0	0.2	3.6	2.5	1.1	-0.3	-5.6	-1.4	0.5
房地产开发投资	—	35.7	6.0	-3.7	-4.4	-0.8	0.8	2.9	4.2	0.3	-2.9	-2.9
社会消费品零售总额	—	4.3	5.0	5.3	5.2	5.5	6.0	5.5	4.3	3.1	2.0	1.7
外贸进出口总额	15.2	15.2	14.0	10.2	12.4	11.4	12.6	12.7	12.9	12.6	11.8	12.8
进口	27.8	27.9	22.5	17.5	22.1	21.5	23.3	23.7	23.9	23.0	21.2	21.6
出口	0.5	0.1	3.4	1.1	0.8	-0.9	-0.7	-1.0	-1.2	-0.7	-0.4	1.2
实际利用外资	6.8	5.4	5.4	-34.9	3.1	5.3	4.5	5.0	4.9	4.0	6.2	5.0
地方财政收入	10.2	10.2	10.3	10.1	9.1	8.6	6.6	5.3	3.3	0.1	-3.1	-10.4
地方财政支出	12.8	5.3	20.6	—	—	11.1	—	—	-1.0	—	—	-11.3

数据来源：《天津统计月报》。

河北省金融运行报告（2018）

中国人民银行石家庄中心支行货币政策分析小组

[内容摘要] 2017年，河北省经济运行总体平稳、稳中有进，需求结构、产业结构继续优化，供给侧结构性改革持续推进，京津冀协同发展迈出新步伐，经济发展的质量和效益进一步提高。党中央、国务院决定设立雄安新区，是千年大计、国家大事。2017年，全省地区生产总值同比增长6.7%，连续四年运行在6.5%~7%的合理区间。

具体来看，一是需求结构继续优化。消费增速有所加快，对经济增长的贡献率超过60%。投资增速趋缓、结构优化。2017年河北省全社会固定资产投资同比增长5.2%，增速较上年放缓2.6个百分点；民间固定资产投资增长6.4%，增速较上年加快0.8个百分点，占全部投资的比重达到77.5%，比上年提高0.8个百分点。全省货物进出口总额扭转了连续两年下降的局面。二是供给结构继续优化。服务业占地区生产总值的比重达到41.8%，对经济增长的贡献率接近七成，成为经济增长的主动力；高新技术产业增加值、装备制造业增加值增速均明显快于全部工业增速，装备制造业可比价增加值占规模以上工业的比重为27%，比钢铁工业高2.2个百分点，六大高耗能行业增加值由增转降。三是供给侧结构性改革持续推进。超额完成煤炭、钢铁行业化解过剩产能年度目标任务；去库存效果明显，商品房待售面积同比下降约三成；企业去杠杆和降成本力度加大，年末规模以上工业企业资产负债率比上年下降0.1个百分点，每百元主营业务收入中的成本减少0.17元；短板领域投资较快增长，基础设施投资增速高于全部投资10个百分点。四是京津冀协同发展迈出新步伐。京津冀交通、生态环境、产业三大领域重点突破深入推进；党中央、国务院决定设立雄安新区，是继深圳经济特区和上海浦东新区之后又一具有全国意义的新区，是千年大计、国家大事；雄安新区规划建设稳步推进，冬奥会、冬残奥会筹办工作扎实推进；雄安新区与北京城市副中心共同构筑首都发展的两翼，与冬奥会筹办带动张北地区发展形成河北省的两翼，为河北省发展注入了强大发展动能。五是财政收入增速加快，物价总体稳定。全部财政收入同比增长16.4%，增速较上年加快8.4个百分点；财政支出结构不断优化，民生支出占一般公共预算支出的比重达到80%；居民消费价格温和上涨，全年涨幅1.7%。

2017年，河北省人民银行各分支机构认真落实稳健中性的货币政策，加强宏观审慎管理，金融运行稳中有进，社会融资规模较快增长，贷款增速平稳，信贷结构继续优化，支持实体经济重点领域和薄弱环节力度加大，金融改革深入推进，金融生态环境不断优化，为供给侧结构性改革和高质量发展提供了中性适度的货币金融环境。

具体来看，一是对实体经济支持力度稳固。2017年末，河北省金融机构本外币贷款余额为4.3万亿元，同比增长14.8%，比年初增加5 569.4亿元，同比多增432.1亿元。2017年，河北省社会融资规模增量为8 346.4亿元，同比增加2 018.9亿元。企业积极利用银行间市场开展直接融资，全年非金融企业债务融资工具累计发行1 163亿元，同比增长34.1%。二是对国民经济重点领域的信贷支持力度加大。服务业贷款保持较高增速。2017年末，全省服务业贷款余额突破1.5万亿元，同比增长12.8%，在全部行业贷款中的占比达到57.3%，明显高于行业增加值占比。制造业贷款增速稳步上升。2017年末，全省制造业贷款余额同比增长10.6%，为2014年3月以来最高增速，且连续7个月攀升。对京津冀协同发展支持力度加大。2017年末，全省支持京津冀协同发展项目授信余额1.16万亿元，较年初增加1 031.2亿元；对交通一体化、生态环境保护和产业升级转移三个率先突破领域授信余额6 181.3亿元，较年初增加968.3亿元；分地区看，省会石家庄，环首都的廊坊、保定，冬奥会区域的张家口贷款增速较快，环渤海的秦皇岛、唐山贷款增速回升。三是对薄弱环节的信贷支持力度继续加大。2017年末，全省小微企业贷款余额超过1万亿元，同比增长18.4%，高于全部企业贷款增速4.5个百分点。全省62个贫困县贷款余额同比增长17.3%，其中，10个深度贫困县贷款余额同比增长17.9%，均高于全省总体贷款增速。全年累计发放支农再贷款55.9亿元，其中累放扶贫再贷款34.1亿元，深度贫困地区扶贫再贷款实现全覆盖。小额票据贴现工作扎实推进，有力支持了小微企业融资。五家大型银行省分行均已于2017年8月底前设立普惠金融事业部。信用体系建设的持续推进在便利小微企业融资、农户融资方面发挥了重要作用。四是房地产信贷增速趋缓。2017年末，河北省房地产贷款余额同比增长26.6%，增速明显放缓。其中，个人住房贷款余额同比增长27.2%，增速连续10个月回落，有效抑制了投资投机性购房需求；房地产开发贷款一半以上流向保障性住房领域。五是市场利率小幅上行，信贷资产质量稳定。2017年12月，全省一般贷款加权平均利率为6.73%，同比上升51个基点，考虑到通胀率的回升，实际利率保持总体平稳。2017年末，全省金融机构不良贷款余额比年初增加164亿元，不良贷款率为2.29%，同比上升0.09个百分点，升幅连续两年放缓。关注类贷款率较年初下降0.94个百分点，扭转了连续两年的上升趋势。六是证券期货保险业稳步发展。证券公司分公司、营业部数量继续增加，投资者账户数量较快增长，上市公司数量平稳增长，直接融资额下降，期货业营业收入下降。保险业平稳发展。保险业机构数量持续增加，保费收入保持较快增速，赔付支出平稳，保险密度、保险深度继续提高，保险深度高于全国平均水平。

展望未来，河北省既面临着京津冀协同发展、规划建设雄安新区、筹办冬奥会等重大历史机遇，也面临着新旧动能转换不快、生态环境治理任重道远、民生领域仍有短板、营商环境尚需改善等发展不平衡不充分的问题。2018年，河北省人民银行各分支机构将坚持稳中求进工作总基调，坚持新发展理念，紧紧围绕服务实体经济、防控金融风险、深化金融改革三项任务，认真落实稳健中性的货币政策，保持货币信贷和社会融资规模合理增长，着力提升金融服务实体经济效率和水平，加大对京津冀协同发展、雄安新区规划建设、筹办北京冬奥会、战略性新兴产业、“三农”、小微、精准扶贫等重点领域和薄弱环节的支持力度，加强宏观审慎管理，促进金融体系稳健运行，切实防范化解各类金融风险，为供给侧结构性改革、高质量发展和新时代建设经济强省、美丽河北营造中性适度的货币金融环境。

一、金融运行情况

2017年，河北省金融业认真落实稳健中性的货币政策，加强宏观审慎管理，存款增速趋缓，贷款增速平稳，信贷结构继续优化，市场利率小幅上行，金融改革深入推进，金融生态环境不断优化，为供给侧结构性改革和高质量发展提供了中性适度的货币金融环境。

（一）银行业稳中有进，支持实体经济力度加大

1. 银行业稳步发展，机构体系更加完善。 2017年末，河北省银行业金融机构资产总额达到7.4万亿元，同比增长8.3%，放缓8.1个百分点；从业人员达到18万人，增加8 000余人；法人机构271个，营业网点181 096个。其中，城市商业银行资产总额超过1.6万亿元，占全省银行业资产总额的比重达到22%；新型农村金融机

构资产总额达到450.7亿元。2017年末，全省已开业新型农村金融机构97家，全省银行业组织体系更加完善。

表1　2017年河北省银行业金融机构情况

机构类别	营业网点			法人机构（个）
	机构个数（个）	从业人数（人）	资产总额（亿元）	
一、大型商业银行	3 264	75 405	27 776.0	0
二、国家开发银行和政策性银行	165	3 571	5 082.7	0
三、股份制商业银行	506	10 774	4 814.1	0
四、城市商业银行	1 114	22 309	16 312.0	11
五、小型农村金融机构	4 901	47 501	14 931.1	152
六、财务公司	7	226	705.4	7
七、信托公司	1	254	140.1	1
八、邮政储蓄银行	1 461	16 792	3 186.6	0
九、外资银行	2	68	38.5	0
十、新型农村金融机构	265	3 934	450.7	97
十一、其他	3	262	593.5	3
合　计	11 689	181 096	74 030.7	271

注：营业网点不包括国家开发银行和政策性银行、大型商业银行、股份制商业银行等金融机构总部数据；大型商业银行包括中国工商银行、中国农业银行、中国银行、中国建设银行和交通银行；小型农村金融机构包括农村商业银行、农村合作银行和农村信用社；新型农村金融机构包括村镇银行、贷款公司、农村资金互助社；"其他"包含金融租赁公司、汽车金融公司、货币经纪公司、消费金融公司等。

数据来源：河北银监局。

2. 存款增量下降，增速总体趋缓。2017年末，全省金融机构本外币各项存款余额突破6万亿元，达到60 451.3亿元，同比增长8.1%，新增4 522.4亿元；人民币存款余额达到60 033.0亿元，同比增长8.1%，增速同比放缓6.2个百分点，新增4 519.8亿元，同比少增2 442.6亿元。分季度看，存款增速逐季下行，第一至第四季度末人民币存款增速分别为13.7%、11.4%、9.6%和8.1%。分类型看，2017年末，住户存款余额同比增长8.8%，较年初增加2 861.1亿元；非金融企业存款余额同比增长2.9%，较年初增加419.4亿元；政府存款余额同比增长17.8%，较年初增加1 454.9亿元；非银行业金融机构存款余额同比下降22.4%，较年初下降218.7亿元。2017年末，河北省外币存款余额为64.0亿美元，比年初增加4.1亿美元，同比增长6.8%。

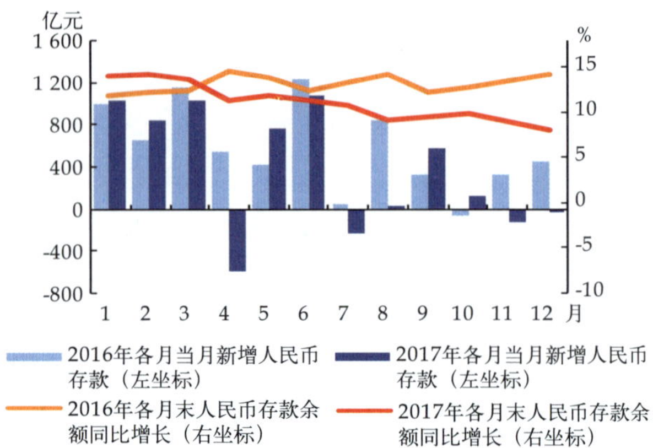

数据来源：中国人民银行石家庄中心支行。

图1　2016~2017年河北省金融机构人民币存款增长变化

3. 各项贷款增速平稳，政策调控效果明显。2017年末，河北省金融机构本外币贷款余额达到4.3万亿元，同比增长14.8%，增速同比回落1个百分点；人民币各项贷款余额42 891.2亿元，同比增长14.8%，增速比上年末回落1.4个百分点，比年初增加5 538.9亿元，同比多增338.1亿元。贷款增速与存款增速之间的剪刀差较上年度有所扩大。2017年末，河北省外币贷款余额达到64.9亿美元，同比增长14.4%，较年初增加8.2亿美元，结束了连续三年下降的趋势。

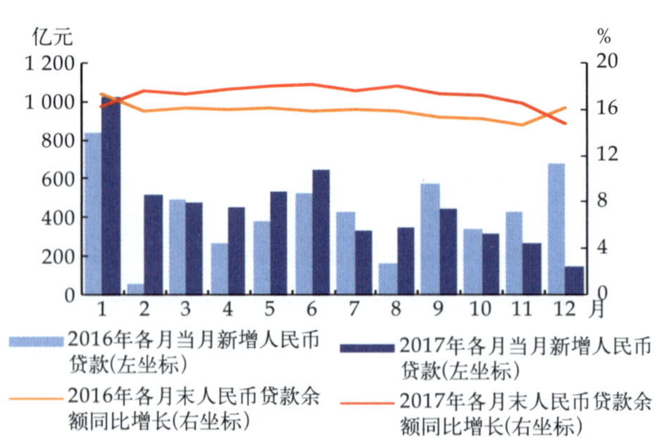

数据来源：中国人民银行石家庄中心支行。

图2　2016~2017年河北省金融机构人民币贷款增长变化

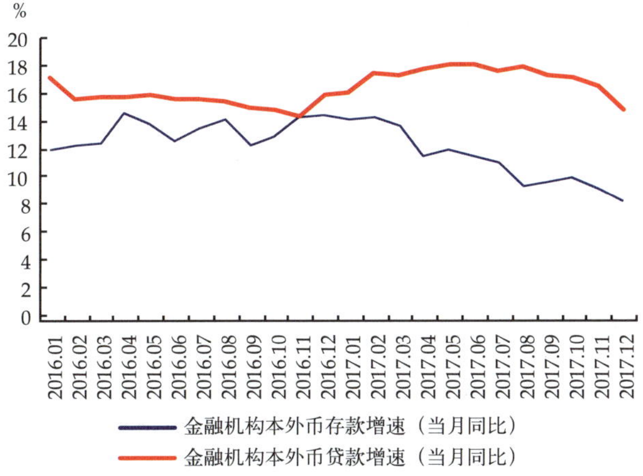

数据来源：中国人民银行石家庄中心支行。

图3　2016~2017年河北省金融机构本外币存、贷款增速变化

对京津冀协同发展的支持力度加大。2017年末，全省支持京津冀协同发展项目授信余额1.16万亿元，较年初增加1 031.2亿元；对交通一体化、生态环境保护和产业升级转移三个率先突破领域授信余额6 181.3亿元，较年初增加968.3亿元。分地区看，省会石家庄，环首都的廊坊、保定，冬奥会区域的张家口贷款增速较快，环渤海的秦皇岛、唐山贷款增速回升。

对薄弱环节的信贷支持力度加大。2017年末，全省小微企业贷款余额突破万亿元，达到10 213.5亿元，同比增长18.4%，高于全部企业贷款增速4.5个百分点。全省62个贫困县贷款余额4 486.1亿元，同比增长17.3%，高于全省贷款增速。其中，10个深度贫困县贷款余额804.1亿元，同比增长17.9%，均高于全省总体贷款增速。

再贷款和再贴现的定向支持作用有效发挥。全年累计发放支农再贷款55.9亿元，其中累放扶贫再贷款34.1亿元，深度贫困地区扶贫再贷款实现全覆盖。推广上海票交所再贴现模块，鼓励金融机构线上办理票据质押操作，全年累计办理再贴现221.6亿元，其中小微企业票据占比67%。积极发挥再贷款工具引导涉农和小微企业贷款利率下行作用，第四季度全省金融机构借用支农再贷款资金发放的贷款加权平均利率较其自有资金发放的涉农贷款利率低3.31个百分点。

小额票据贴现工作深入推进，进一步便利小微企业融资。截至2017年末，全省已建立28家小额票据贴现分中心，其中市级分中心18家，县级分中心10家。2017年，共办理小额票据贴现291.7亿元，有力支持了小微企业融资。

表2　2017年河北省金融机构人民币贷款各利率区间占比

单位：%

月份		1月	2月	3月	4月	5月	6月
合计		100.0	100.0	100.0	100.0	100.0	100.0
下浮		15.5	16.6	17.2	11.8	15.0	10.1
基准		16.9	17.3	15.4	10.8	12.2	16.3
上浮	小计	67.6	66.1	67.3	77.4	72.9	73.6
	(1.0, 1.1]	13.9	17.0	10.8	15.0	13.6	10.9
	(1.1, 1.3]	13.6	16.5	14.7	17.9	14.5	18.3
	(1.3, 1.5]	10.1	10.1	9.1	10.9	9.4	11.6
	(1.5, 2.0]	16.6	12.8	17.5	18.4	19.3	18.1
	2.0以上	13.4	9.7	15.2	15.2	16.0	14.7
月份		7月	8月	9月	10月	11月	12月
合计		100.0	100.0	100.0	100.0	100.0	100.0
下浮		7.0	5.8	6.5	8.6	10.1	7.8
基准		16.2	13.7	14.2	13.7	13.7	16.2
上浮	小计	76.8	80.5	79.3	77.7	76.2	75.9
	(1.0, 1.1]	10.1	8.9	10.1	13.1	11.0	12.4
	(1.1, 1.3]	20.3	17.6	20.7	16.0	14.6	15.6
	(1.3, 1.5]	11.4	14.1	11.1	11.6	12.5	11.5
	(1.5, 2.0]	17.6	20.4	19.1	17.9	19.4	17.6
	2.0以上	17.3	19.6	18.3	19.1	18.6	18.8

数据来源：中国人民银行石家庄中心支行。

4. 市场利率小幅上行，利率市场化改革继续推进。2017年12月，全省一般贷款加权平均利率为6.73%，同比上升0.51个百分点，考虑到通胀率的回升，实际利率保持总体平稳；河北省金融机构发放的人民币贷款中，实行上浮利率的贷款占比较1月上升8.3个百分点；3个月以内大额美元存款加权平均利率较1月上升0.25个百分点。利率市场化改革继续推进，河北省市场利率定价自律机制的运行架构、制度建设进一步完善。河北省各市、石家庄各县均建立了市场利率定价自律机制，在推进金融机构定价能力建设、维护市场利率定价秩序方面发挥了重要作用。

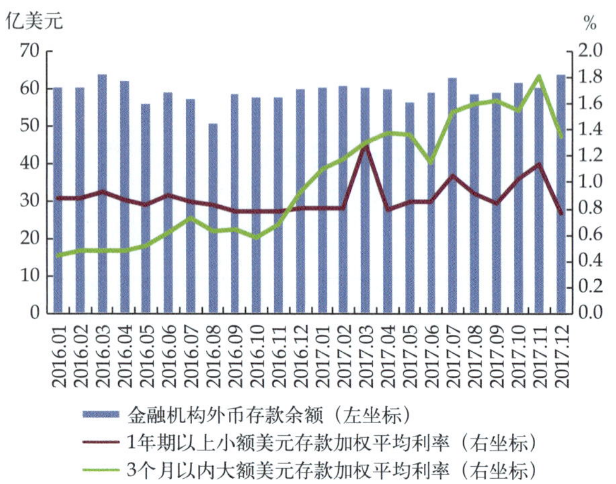

数据来源：中国人民银行石家庄中心支行。

图 4　2016~2017 年河北省金融机构外币存款余额及外币存款利率

5. 银行业金融机构改革深入推进。河北省国有商业银行发挥排头兵和主力军的作用，积极推进普惠金融事业部设立，不断完善普惠金融制度体系，五家大型银行省分行均已于 2017 年 8 月底前设立普惠金融事业部。农村信用社改革积极推进，截至 2017 年末，全省 125 家县级联社完成或启动组建农商银行，其中，已开业农村商业银行 43 家，筹建中 17 家（含合并组建 1 家）。全省 60 家已组建（含批筹）农商银行 2017 年末资产总额占全省农村合作类金融机构资产总额的 47.4%，平均资本充足率高于农村合作类金融机构平均水平 1.7 个百分点，平均不良贷款率较之低 1.2 个百分点，平均拨备覆盖率较之高 51.7 个百分点，2017 年实现拨备后利润占全省农村合作类金融机构总额的 54%。2017 年，河北省新设 2 家非银行金融机构，分别是东旭集团财务有限公司、河北幸福消费金融股份有限公司，其中，河北幸福消费金融股份有限公司成为河北省首家消费金融公司。截至 2017 年末，全省已开业村镇银行 96 家，筹建中 7 家；全省村镇银行县域覆盖率达 76%，全省 62 个贫困县中，有 37 个县已设立村镇银行。

6. 银行盈利能力上升，信贷资产质量稳定。2017 年，全省银行业金融机构资产利润率为 0.90%，同比上升 0.02 个百分点，净息差同比下降 0.05 个百分点，连续三年下降。银行业金融机构净利润达到 641 亿元，较上年增加 78.9 亿元，结束了连续两年下降的趋势。盈利能力上升的同时，信贷资产质量总体稳定。2017 年末，全省金融机构不良贷款余额比年初增加 164 亿元，不良贷款率为 2.29%，同比上升 0.09 个百分点，升幅连续两年放缓。关注类贷款率较年初下降 0.94 个百分点，扭转了连续两年的上升趋势。

7. 跨境人民币业务稳步推进。中国人民银行石家庄中心支行坚持发展改革与风险防范并重，稳步推进全省跨境人民币业务工作开展。制定印发《跨境双向人民币资金池业务风险评估集体审议工作制度》等多项规范性文件，完善业务管理。多渠道开展宣传培训，扩大政策影响力。围绕市场需求，鼓励银行业务创新，产品种类和业务结构不断优化。引导企业在对外贸易和投资中使用人民币计价结算，进一步促进贸易投资便利化。2017 年，全省跨境人民币收付金额 371 亿元，收付比为 1 : 1.26，收支结构趋于平衡。截至 2017 年末，河北省跨境人民币累计收付金额达 3 862 亿元，办理结算企业 5 187 家，较 2016 年新增 584 家，业务主体更加壮大。“一带一路”沿线人民币跨境使用呈现亮点，2017 年，“一带一路”沿线人民币收付金额 54 亿元，占同期全省跨境人民币收付的 15%，较 2016 年提高 6 个百分点，覆盖 57 个国家和地区。

专栏 1　金融助力河北省新旧动能加快转换

近年来，中国人民银行石家庄中心支行先后制定了金融支持经济结构调整、产业转型升级、供给侧结构性改革、做好科技金融服务等一系列政策措施，并综合运用各项货币信贷政策工具，引导金融机构加大对河北省新旧动能转换的金融支持力度。特别是围绕建设制造业强省，引导金融机构加大对河北省七大新兴产业集群、传统产业技术改造和转型升级的支持力度；围绕优化产业结构，引导金融机构加大对生产性服务业、现代服务业的支持力度；围绕优化需求结构，引导金融机构加大对消费的支持力度，促进增长动能从投资为主向消费和投资共同拉动转变；围绕支持大众创业、万众创新，引导金融机构加大金融产品、服务创新，在支持河北省新旧动能转换方面取得一系列新成效。

从金融运行来看，对新动能的支持力度明显加大。一是服务业贷款保持较高增速。2017 年末，全省服务业贷款余额突破 1.5 万亿元，同比增长 12.8%；在全部行业贷款中的占比达到 57.3%，明显高于行业增加值占比；较年初新增 1 719 亿元，同比多增 402.4 亿元。其中，信息传输、软件和信息技术服务业贷款余额同比增速达到 74.6%，较年初增加 41.7 亿元，同比多增 38.1 亿元。二是个人消费贷款较快增长。2017 年末，全省个人消费贷款余额达到 11 276.5 亿元，同比增长 29%，占各项贷款余额的比重达到 26.3%。三是制造业贷款增速稳步上升。2017 年末，全省制造业贷款余额 6 931.9 亿元，同比增长 10.6%，为 2014 年 3 月以来最高增速，且连续 7 个月攀升；比年初增加 663.0 亿元，同比多增 510.9 亿元。其中，电气机械和器材制造业、汽车制造业、医药制造业中长期贷款增速分别高达 66.1%、38.1% 和 16.7%。

河北省在新旧动能转换方面呈现一系列可喜变化。一是服务业加快发展。2017 年，河北省服务业增加值增速始终保持在两位数以上，占比达到 41.8%，对经济增长的贡献率为 69.3%，比上年提高 10.4 个百分点，高于第二产业 45.1 个百分点。二是消费贡献率提升。2017 年，河北省消费需求对经济增长的贡献率为 61.9%，高于投资需求 14.6 个百分点，在全省 6.7% 的经济增长中，有 4.1 个百分点是由消费需求拉动的。服务业投资占全省投资的 46.1%，同比提高 1.3 个百分点，而六大高耗能行业投资同比下降 0.3%。三是新产业加快成长。全年规模以上工业战略性新兴产业增加值比上年增长 12.4%，比规模以上工业增加值增速快 9 个百分点。四是新产品快速增长。新能源汽车、工业机器人、太阳能电池和锂离子电池新产品产量分别增长 1.4 倍、26.7 倍、34.6% 和 75.7%。五是新主体快速增加。年末法人单位 105.3 万个，比上年末增加 26.8 万个，增长 34.1%。

2018 年，中国人民银行石家庄中心支行将认真贯彻落实习近平总书记对河北加快转型升级的重要指示要求，围绕省委九届六次全会关于全面推动高质量发展的重要部署，强化信贷政策导向作用，进一步加大对河北省战略性新兴产业、钢铁行业转型升级、现代服务业、创业创新等的支持力度，将更多金融资源配置到经济社会发展的重点领域和薄弱环节，提升金融服务的效率和水平，在支持新动能培育上发挥更大作用。

（二）证券期货业稳步发展，多层次资本市场体系日趋完善

1. 证券机构稳步发展。截至 2017 年末，河北省共有法人证券公司 1 家，证券分公司 26 家，新增 6 家，证券营业部 255 家，新增 31 家。2017 年末，投资者证券账户数为 1 088.1 万户，同比增长 20.0%，全年实现证券交易额 4.3 万亿

元，与上年基本持平。2017 年，河北省证券经营机构营业收入 20.6 亿元、净利润 4.4 亿元。

表 3　2017 年河北省证券业基本情况

项目	数量
总部设在辖内的证券公司数（家）	1
总部设在辖内的基金公司数（家）	0
总部设在辖内的期货公司数（家）	1
年末国内上市公司数（家）	56
当年国内股票（A 股）筹资（亿元）	170.0
当年发行 H 股筹资（亿元）	0.0
当年国内债券筹资（亿元）	297.0
其中：短期融资券筹资额（亿元）	-70.0
中期票据筹资额（亿元）	325.4

注：当年国内股票（A 股）筹资额指非金融企业境内股票融资。

数据来源：河北证监局、中国人民银行石家庄中心支行。

2. 期货机构业务收入有所下降。截至 2017 年末，河北省共有法人期货公司 1 家，期货营业部 36 家。2017 年，全省期货营业部全年营业收入和手续费收入分别为 6 615.9 万元和 5 665.0 万元，同比分别下降 0.9% 和 5.5%。

3. 上市公司数量增加。截至 2017 年末，河北省上市公司共计 56 家，较上年增加 4 家。其中，主板上市公司 36 家，中小板 10 家，创业板 10 家；在沪深两市挂牌交易的股票 57 只，总市值 8 308.1 亿元。2017 年，上市公司境内直接融资总额 278.2 亿元。截至 2017 年末，新三板挂牌家数达到 241 家，较上年增加 46 家，实现融资 21.8 亿元；境外上市公司 49 家，较上年增加 3 家，融资 18.4 亿元。

（三）保险业平稳发展，服务民生能力提升

1. 分支机构数量持续增加，保费收入保持较快增速。2017 年末，河北省共有法人保险公司 1 家，省级分公司 68 家，新增 3 家，分支机构 5 021 家，较上年增加 227 家。2017 年，河北省保险业累计实现原保险保费收入 1 714.5 亿元，同比增长 14.7%。其中，财产险和人身险业务原保险保费收入分别增长 10.2% 和 16.5%。其中，万能险、中短存续期产品明显降温，保障型业务加快发展，业务结构进一步优化。

2. 保险保障功能充分发挥，保险深度高于全国平均水平。2017 年，河北省保险业累计赔付支出 547.6 亿元，同比下降 0.12%，其中，财产险业务赔付支出同比增长 4.6%，人身险业务赔付支出同比下降 3.2%；河北省保险密度为 2 287.5 元 / 人，较上年增加 291.9 元 / 人，保险密度较全国低 351.1 元 / 人；保险深度达到 4.8%，较上年增加 0.07 个百分点，河北省保险深度高于全国 0.35 个百分点。

表 4　2017 年河北省保险业基本情况

项目	数量
总部设在辖内的保险公司数（家）	1
其中：财产险经营主体（家）	1
人身险经营主体（家）	0
保险公司分支机构（家）	68
其中：财产险公司分支机构（家）	31
人身险公司分支机构（家）	37
保费收入（中外资，亿元）	1 714.5
其中：财产险保费收入（中外资，亿元）	487.4
人身险保费收入（中外资，亿元）	1 227.0
各类赔款给付（中外资，亿元）	547.6
保险密度（元 / 人）	2 287.5
保险深度（%）	4.8

数据来源：河北保监局。

（四）社会融资规模较快增长，金融市场运行总体平稳

1. 社会融资规模较快增长。2017 年，河北省社会融资规模为 8 346.4 亿元，同比增加 2 018.9 亿元。其中，人民币贷款占同期社会融资规模的 66.3%，同比下降 15.9 个百分点；委托贷款占比为 1.2%，同比下降 6.7 个百分点；信托贷款占比为 22.5%，同比上升 13.4 个百分点；企业债券占比为 3.6%，同比下降 5.4 个百分点；非金融企业境内股票融资占比为 2.0%，同比下降 3.4 个百分点。2017 年，河北省非金

融企业债务融资工具累计发行 1 163 亿元，同比增长 34.1%，继续保持较快增长势头。

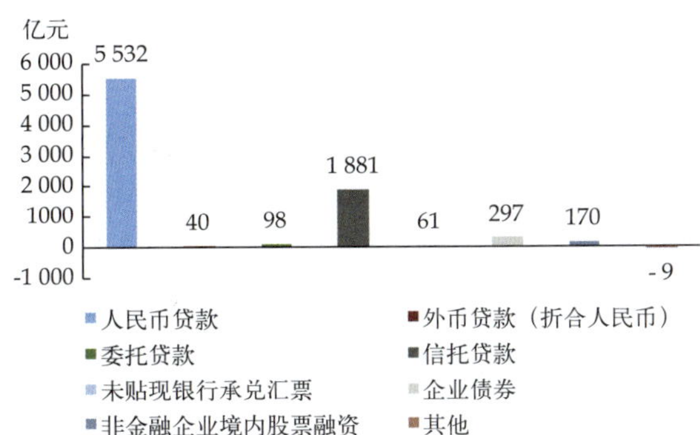

数据来源：中国人民银行石家庄中心支行。

图 5　2017 年河北省社会融资规模分布结构

2. 货币市场交易活跃，拆借规模较快增长。2017 年，河北省法人金融机构同业拆借市场交易活跃。全年累计发生 2 030 笔拆借交易，同比增加 153 笔；拆借发生额合计 5 900.1 亿元，同比增加 1 725.7 亿元。从期限看，2017 年度拆入业务仍以隔夜拆入为主。其中：河北省内成员单位同业拆入业务期限为 1 天的占比 81.9%，7 天的占比 8.8%；拆出业务期限为 1 天的占比 56.0%，7 天的占比 22.6%。从利率看，同业拆借市场利率同比上升。其中：隔夜拆出利率 2.88%，同比增加 58 个基点；7 天拆出利率 3.95%，同比增加 123 个基点。隔夜拆入利率 2.76%，同比增加 57 个基点；7 天拆入利率 3.65%，同比增加 105 个基点。

表 5　2017 年河北省金融机构票据业务量统计

单位：亿元

季度	银行承兑汇票承兑		贴现			
			银行承兑汇票		商业承兑汇票	
	余额	累计发生额	余额	累计发生额	余额	累计发生额
1	3 871.6	1 865.3	2 086.4	2 880.5	167.1	251.8
2	3 334.7	1 112.0	2 004.1	3 331.7	238.3	205.1
3	3 550.2	1 403.6	1 907.7	1 767.7	161.4	66.8
4	3 392.6	1 344.7	1 833.8	2 233.4	123.6	138.9

数据来源：中国人民银行石家庄中心支行。

表 6　2017 年河北省金融机构票据贴现、转贴现利率

单位：%

季度	贴现		转贴现	
	银行承兑汇票	商业承兑汇票	票据买断	票据回购
1	4.43	6.10	4.16	4.32
2	5.15	6.02	4.72	4.42
3	5.22	6.26	4.40	3.59
4	4.90	6.21	4.50	3.89

数据来源：中国人民银行石家庄中心支行。

3. 商业汇票签发量继续下降。2017 年，全省累计签发银行承兑汇票 5 725.6 亿元，同比减少 1 295.4 亿元，较 2016 年降幅有所收窄。2017 年末，全省银行承兑汇票余额 3 392.6 亿元，同比减少 493.2 亿元；全省票据融资余额 1 957.4 亿元，同比减少 451.4 亿元。票据贴现利率呈先降后升态势，第三季度为全年最高点，第四季度利率环比略降；票据转贴现利率第四季度环比小幅上升。2017 年第四季度，全省银行承兑汇票贴现加权平均利率为 4.90%，较第一季度上升 0.47 个百分点，商业承兑汇票贴现加权平均利率为 6.21%，较第一季度上升 0.11 个百分点；2017 年第四季度，票据买断式和回购式转贴现加权平均利率分别为 4.50% 和 3.89%，分别较第一季度上升 0.34 个和下降 0.43 个百分点。

（五）金融生态环境不断优化，金融基础设施更趋完善

1. 社会信用体系建设持续推进。金融信用信息基础数据库日益完善。截至 2017 年末，已为河北省 42 万户企业和 3 377 万个自然人建立信用档案，全年提供 1 328 万次信用报告查询服务。稳步开展信息采集与更新，截至 2017 年末，全省采集更新小微企业信用信息 5.8 万户，1.1 万户小微企业获得银行贷款，贷款余额 2 215 亿元。全省共评定信用农户 460 万户，信用村 8 882 个，信用乡镇 586 个，共向 284 万户信用农户累计发放贷款 2 435 亿元，余额 694 亿元。“河北省农户信用信息管理系统”已在全省 11 个地

市22个县（市）正式上线，为27万户农户建立信用档案，发放贷款635亿元，余额554亿元。信用体系试验区建设成效显著。张家口市试验区、廊坊市试验区分别带动中小微企业贷款投放413亿元和1 429亿元。沧州市肃宁试验区累计投放农户贷款34亿元，邢台市威县试验区信息服务体系基本建成，采集了2.6万户农户信用信息，涵盖全县522个行政村，农户贷款余额22亿元。河北省社会信用体系建设官方门户网站“信用河北”平稳运行，全省政务、商务、个人诚信建设全面加强。

2. 支付系统安全、稳定、高效运行。全年共处理支付业务38 645.9万笔，金额120.6万亿元，同比分别增长29.8%和4.4%。其中，大额实时支付系统和小额批量支付系统业务量呈稳步增长态势，大额实时支付系统全年共处理往来业务7 113.3万笔，金额117.6万亿元，同比分别增长14.8%和4.3%；小额批量支付系统全年共处理往来业务27 278.3万笔，金额26 684.1亿元，同比分别增长29.1%和8.6%。全国支票影像交换系统业务量及金额与上年基本持平，全年共处理往来业务57.6万笔，金额524.3亿元，同比分别上升2.1%和2.2%。网上支付跨行清算系统业务量持续快速增长，全年共处理往来业务4 196.7万笔，金额3 198.6亿元，同比分别增长75.2%和62.3%。支付系统的平稳运行对畅通货币政策传导、维护金融稳定、改善金融服务、加速社会资金周转、推动经济社会健康发展起到有力的促进作用。

3. 金融消费者权益保护工作持续推进。2017年，中国人民银行石家庄中心支行认真贯彻落实《国务院办公厅关于加强金融消费者权益保护工作的指导意见》《中国人民银行金融消费者权益保护实施办法》，加强金融消费权益保护监督检查和评估评价，全省人民银行系统共对64家银行业金融机构、6家非银行支付机构进行现场检查，对1 414家银行业金融机构开展金融消费权益保护评估评价。妥善处理消费者投诉事项，全年共受理处理消费者投诉237件。推进金融消费者投诉分类标准应用试点工作，为进一步优化标准、全面推广应用提供可行性建议和可复制经验。强化金融知识宣传教育，开展金融知识进老区、进农村、进社区、进工地等集中宣传活动，组织省内10个地市、133个县级人民银行分支机构及金融机构，走进796所学校课堂，面向8.5万余名中小学学生开展“加油开学季·金融知识进课堂”系列活动；积极利用新闻、网络媒体公布典型案例，普及金融知识，提升消费者金融风险防范意识；组织开展消费者金融素养问卷调查，增强金融知识宣传教育针对性。2017年，全省金融系统累计开展宣传活动1.2万余次，发放宣传资料6.3余万份，微信推送点击量240万余次，媒体报道5 000余次，取得了良好的宣传效果。

二、经济运行情况

2017年，河北省经济运行稳中有进、稳中向好，供给侧结构性改革取得新成效，新动能加快壮大，协同发展迈出新步伐，经济结构继续优化、质量效益稳步提高，物价保持平稳。2017年，全省地区生产总值达到35 964.0亿元，同比增长6.7%，较上年略降0.1个百分点。其中，第一产业增加值3 507.9亿元，同比增长3.9%；第二产业增加值17 416.5亿元，同比增长3.4%；第三产业增加值15 039.6亿元，同比增长11.3%。第三产业占地区生产总值的比重为41.8%，较上年小幅上升0.1个百分点。

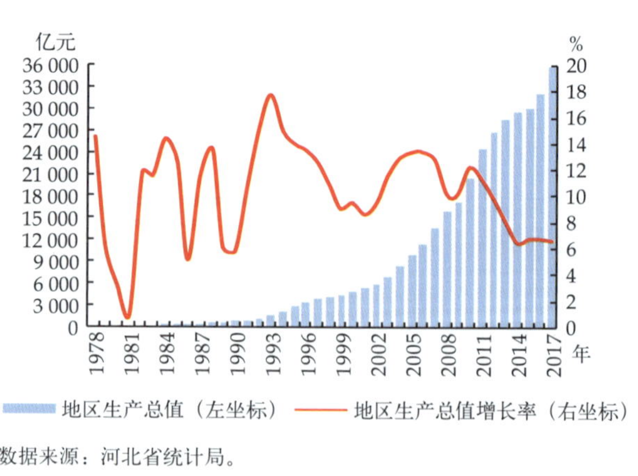

数据来源：河北省统计局。

图6　1978~2017年河北省地区生产总值及其增长率

（一）投资结构改善，消费驱动力强

1. 固定资产投资结构不断优化。2017 年，河北省全年固定资产投资（不含农户）33 012.2 亿元，同比增长 5.3%。其中，民间投资 25 577 亿元，同比增长 6.4%，比上年加快 0.8 个百分点，占全部投资的比重为 77.5%，比上年提高 0.8 个百分点。分产业看，第一、第二、第三产业投资分别同比增长 7%、2.5% 和 8.3%。工业技改投资同比增长 6.3%，快于全部投资 1 个百分点，占工业投资的比重为 61.6%。装备制造业投资比重提高，占工业投资的比重为 34.1%，比上年提高 0.8 个百分点。六大高耗能行业投资同比下降 0.3%。大项目支撑作用明显，亿元以上在建项目完成投资占固定资产投资的比重为 66.8%。

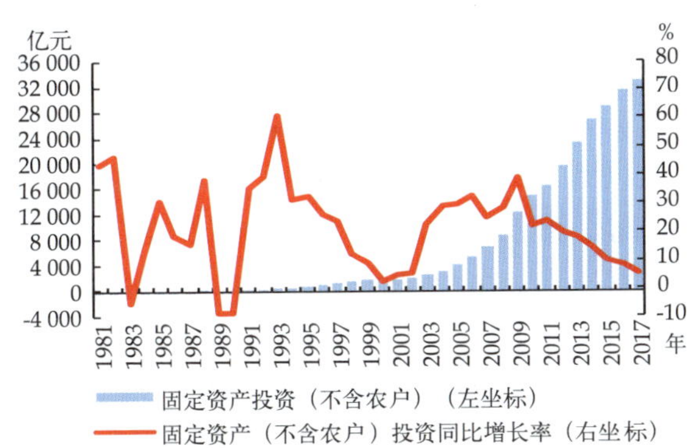

数据来源：河北省统计局。

图 7　1981~2017 年河北省固定资产投资（不含农户）及其增长率

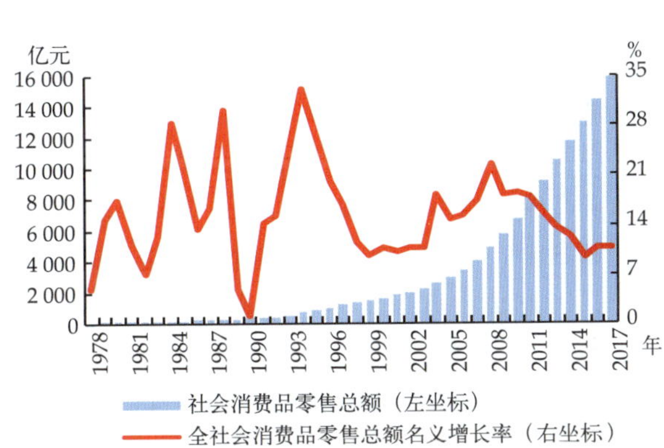

数据来源：河北省统计局。

图 8　1978~2017 年河北省社会消费品零售总额及其增长率

2. 消费是经济增长的主要驱动力。2017 年，河北省社会消费品零售总额为 15 907.6 亿元，比上年增长 10.7%，增速比上年加快 0.1 个百分点。乡村市场增速继续快于城镇。城镇消费品零售额 12 324.3 亿元，同比增长 10.6%；乡村消费品零售额 3 583.3 亿元，同比增长 11.4%。消费升级类商品较快增长。在限额以上批发和零售业商品零售额中，通信器材类、中西药品类、建筑及装潢材料类、体育娱乐用品类分别同比增长 44.8%、18.5%、15% 和 10.3%，较上年分别加快 40.3 个、3.2 个、2.7 个和 9.2 个百分点。消费对经济增长的贡献率超过 60%，高于投资需求 14.6 个百分点。

3. 进出口规模扩大。2017 年，河北省外贸进出口总值为 498.1 亿美元，同比增长 6.8%。以人民币口径计算，2017 年，全省进出口总值 3 375.8 亿元，比上年增长 9.7%，扭转了连续两年下降的局面。其中，出口总值 2 126.2 亿元，增长 5.5%；进口总值 1 249.6 亿元，增长 17.5%。出口结构调整优化。机电产品出口增长 19%，占全省出口总值的比重为 30.5%，比上年提高 3.4 个百分点；高新技术产品出口增长 18%，占全省出口总值的比重为 6.9%，比上年提高 0.7 个百分点。对“一带一路”沿线的俄罗斯、波兰、哈萨克斯坦出口分别增长 32.2%、19.7% 和 67.2%。

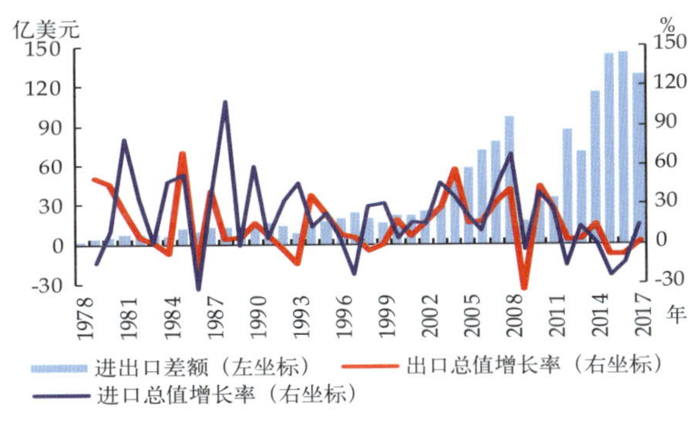

数据来源：河北省统计局。

图 9　1978~2017 年河北省外贸进出口变动情况

4. 实际利用外资呈现较快增长。2017 年，全省实际利用外资 89.4 亿美元，比上年增长

9.7%。其中，外商直接投资84.9亿美元，增长15.4%。全省新设立外资项目194个，增长19.8%；合同外资额37.1亿美元，增长10.8%。其中，新设合同外资额1 000万美元以上大项目48个，增长29.7%，占全省新设外资项目的24.7%，合同外资额34.4亿美元，增长9.4%，占全省合同外资额的92.8%。

（二）三次产业平稳发展，产业结构继续优化

1. 农业经济稳定增长，粮食生产再获丰收。2017年，河北省农林牧渔业增加值为3 674.8亿元，比上年增长4.0%，增速较上年加快0.3个百分点。畜牧、蔬菜、果品三大优势产业产值占农林牧渔业总产值的69.6%。全年粮食总产量3 508万吨，比上年增加47.8万吨，增长1.4%。

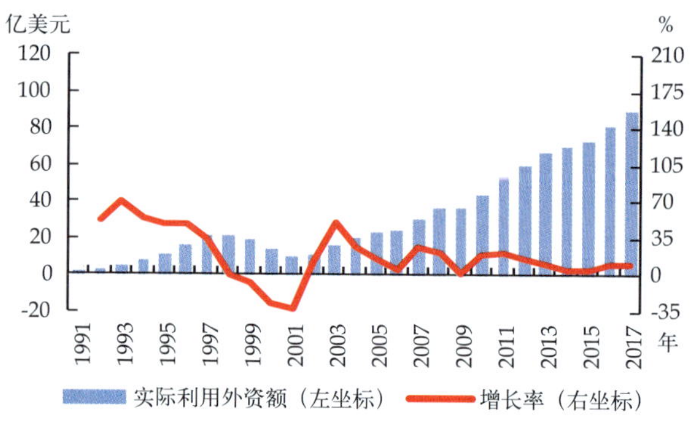

数据来源：河北省统计局。

图10　1991~2017年河北省实际利用外资额及其增长率

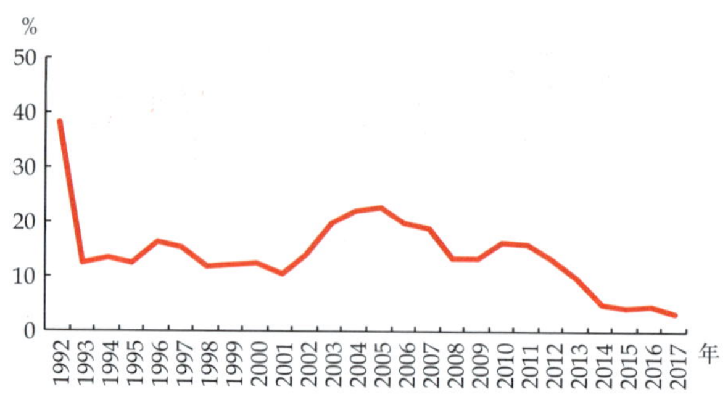

数据来源：河北省统计局。

图11　1992~2017年河北省规模以上工业增加值实际增长率

2. 工业生产平稳运行，企业利润增长加快。2017年，河北省规模以上工业增加值比上年增长3.4%。其中，高新技术产业增加值增长11.3%，快于规模以上工业7.9个百分点；占规模以上工业增加值的比重为18.4%。装备制造业增加值增长12.1%，快于规模以上工业8.7个百分点；装备制造业可比价增加值占规模以上工业增加值的比重为27%，比钢铁工业高2.2个百分点。六大高耗能行业增加值由2016年增长1.4%转为下降2.1%。全年规模以上工业企业实现利润总额3 118.7亿元，比上年增长21%，增速比上年加快2.1个百分点。规模以上工业企业主营业务收入利润率为6%，比上年提高0.4个百分点。

3. 服务业成为经济增长主动力，现代服务业快速发展。全年服务业增加值增长11.3%，比上年加快1.4个百分点，快于全省生产总值增速4.6个百分点。服务业占地区生产总值的比重达到41.8%，对经济增长的贡献率接近七成，高于第二产业45.1个百分点，服务业比重和贡献率均达到历史最高水平，成为经济增长的主动力。其中，金融业增加值增长11%，信息传输、软件和信息技术服务业等营利性服务业增长31%。全年规模以上服务业企业营业收入增长12.7%，比上年加快7.2个百分点。其中，生产性服务业增长14.3%，现代服务业增长13.3%。规模以上服务业企业利润总额比上年增长22.3%。

4. 供给侧结构性改革取得新成效。去产能全力推进。超额完成煤炭、钢铁行业化解过剩产能年度目标任务，全年原煤、焦炭产量比上年分别下降6.4%和7.2%，生铁下降3.4%，水泥下降8.5%。去库存效果明显。商品房待售面积比上年末减少525.9万平方米。企业去杠杆和降成本力度加大。年末规模以上工业企业资产负债率为55.2%，比上年下降0.1个百分点；全年每百元主营业务收入中的成本为87.33元，较上年减少0.17元。短板领域投资较快增长。基础设施投资8 232.7亿元，增长15.3%，增速高于全部投资10个百分点。其中，生态保护和环

境治理、城市市政公用事业投资分别增长 18.4% 和 34.1%。

（三）居民消费价格温和上涨，工业生产者价格涨中趋稳

全年居民消费价格同比上涨 1.7%，涨幅比上年扩大 0.2 个百分点。其中，城市上涨 1.9%，农村上涨 1.4%。分类别看，八大类商品及服务价格“七升一降”。其中，食品烟酒类价格下降 0.7%，衣着类上涨 1.4%，居住类上涨 3.0%，生活用品及服务类上涨 0.8%，交通和通信类上涨 0.4%，教育文化和娱乐类上涨 1.6%，医疗保健类上涨 6.9%，其他用品和服务类上涨 10.1%。12 月，居民消费价格同比上涨 2.1%。全年工业生产者出厂价格同比上涨 15%，12 月，工业生产者出厂价格同比上涨 11.1%。全年工业生产者购进价格同比上涨 14.5%，12 月，工业生产者购进价格同比上涨 6.5%。

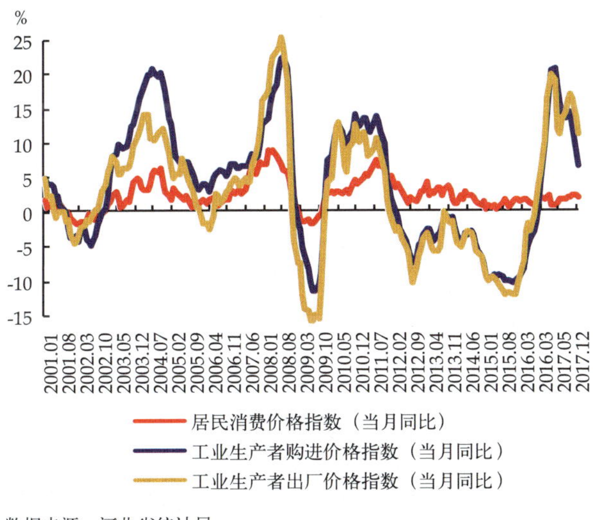

数据来源：河北省统计局。

图 12 2001~2017 年河北省居民消费价格指数和工业生产者价格指数变动趋势

（四）财政收入增速加快，财政支出结构不断优化

2017 年，河北省全部财政收入完成 5 086.9 亿元，比上年增收 713.9 亿元，增长 16.4%，增速同比上升 8.4 个百分点。其中，地方一般公共预算收入 3 233.3 亿元，比上年增收 382.50 亿元，增长 13.5%，增速同比上升 5.9 个百分点，为近五年最高水平。

1. 财政预算支出稳步增长。全省一般公共预算支出 6 615.2 亿元，比上年增加 577.2 亿元，同比增长 9.1%，较上年同期提高 1.8 个百分点。财政支出结构不断优化，全省民生支出完成 5 294.2 亿元，占一般公共预算支出的比重为 80%，比上年增长 9.3%。教育、社会保障和就业、节能环保等重点领域支出增长较快，较好落实了国家和河北省制定的各项民生政策。

2. 省级国库现金管理工作进展顺利。全年河北省共实施 10 期地方国库现金管理商业银行定期存款操作，累计操作金额 1 360 亿元，收回 9 期，累计收回金额 1 240 亿元，实现利息收益 5.6 亿元，年末余额 200 亿元。

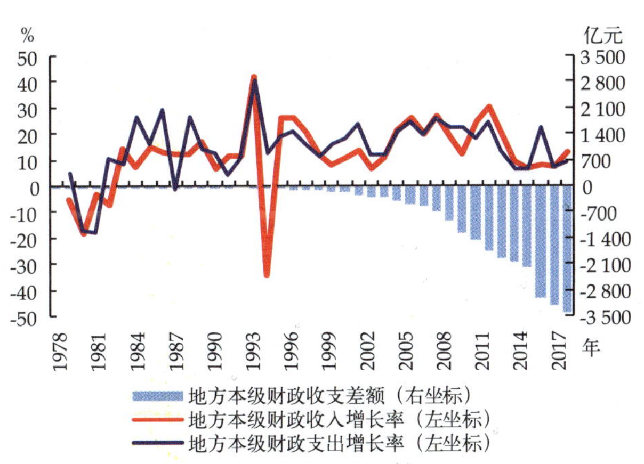

数据来源：河北省统计局。

图 13 1978~2017 年河北省财政收支状况

专栏 2 河北省借助银行间市场拓宽企业融资渠道

2017 年，中国人民银行石家庄中心支行积极推动河北省企业在银行间债券市场融资。一是融资规模较快增长。全省非金融企业在银行间市场累计发行短期融资券、中期

票据等融资工具达到 1 163 亿元，同比增长 34.1%。二是创新品种不断推出。实现四个债券品种的全国首创，分别是雄安新区首只债券成功注册，全国首单非银行金融机构绿色金融债券成功发行，全国首单 PPP 项下资产支持票据落户河北，以及全国首单京津冀协同发展债务融资工具成功发行。三是市场秩序不断好转。在相关部门的大力支持下，稳步推进河北省银行间债券市场风险处置机制建设，信用风险得到有效控制，维护了河北省金融生态环境。

为不断拓宽企业融资渠道，更好地引导金融资源支持河北省实体经济发展，中国人民银行石家庄中心支行多措并举，扎实开展工作。一是协调联动，构建协同合作机制。推动中国银行间市场交易商协会与京津冀三地人民银行分支机构、金融工作局（办公室）签署《借助银行间市场助推京津冀协同发展战略合作协议》，为债券市场发展奠定坚实基础。二是加强沟通，及时传递市场信息。加强与中国银行间市场交易商协会的日常沟通联系汇报，减少信息不对称，积极争取交易商协会对河北省重点优质企业的支持，省内优质企业债务融资工具注册与发行速度明显提升。三是精准发力，支持重点地区率先发展。针对雄安新区建设中遇到的前期资金问题，与交易商协会赴雄安新区开展联合专题调研，并召开“债务融资工具支持雄安新区发展座谈会”，引导资金向雄安新区汇聚。会同京津两地人民银行分支机构，与唐山市人民政府签署《金融支持唐山（曹妃甸区）协同发展共同构建开放型经济新体制合作备忘录》。四是加强培训，提升河北省债券市场参与度。与河北省国资委、河北省金融票据协会联合举办“2017 年河北省银行间债券市场业务培训会”，各市和直管县的国资监管机构、人民银行各市中心支行，以及 51 家省属、市属企业的相关部门负责人参加培训，进一步提升河北省企业直接融资意识。

（五）房地产市场趋于降温，政策调控效果显现

1. 房地产开发投资增速回落。2017 年，全省房地产开发完成投资 4 823.9 亿元，同比增长 2.7%，增速较上年回落 6.9 个百分点。随着限购限贷政策逐步推进，全省房地产开发投资增速自 4 月份以来，已连续 8 个月持续回落。2017 年，全省房屋施工面积 30 318.3 万平方米，同比下降 0.5%，增速较上年回落 0.6 个百分点；新开工面积 8 417.2 万平方米，同比增长 3.1%，增速较上年回落 9.9 个百分点；房屋竣工面积 3 416.0 万平方米，同比下降 20.3%。

2. 商品房销售放缓，库存继续下降。在房地产限购政策和银行收缩信贷双重影响下，投机性购房得到有效遏制，商品房销售放缓。2017 年，全省商品房销售面积 6 425.9 万平方米，同比略降 3.8%，增速同比回落 17.9 个百分点。

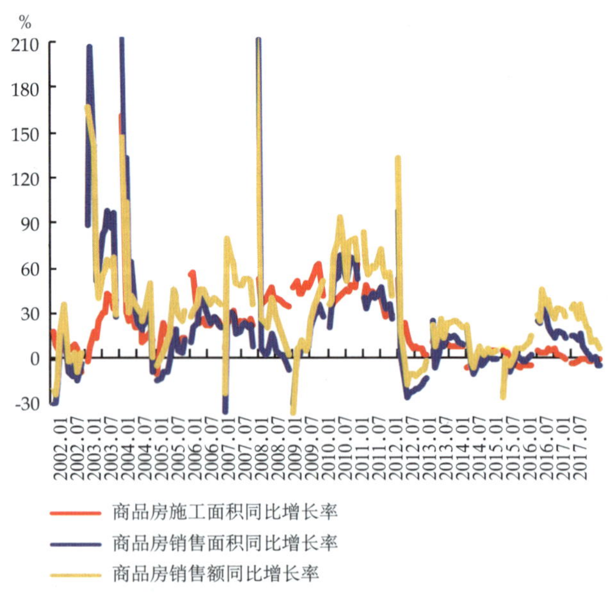

数据来源：河北省统计局。

图 14　2002~2017 年河北省商品房施工和销售变动趋势

其中，商品住宅销售面积同比下降5.5%，增速同比回落19.8个百分点。从分市情况看，承德、张家口、唐山、廊坊、保定、沧州六市商品房销售面积均出现不同程度的下降，其中，张家口、保定、廊坊受限购政策影响较为明显，商品房销售面积分别同比下降12%、21.9%和39.1%。2017年，全省商品房销售额4 628.4亿元，同比增长7.6%，增速同比回落20个百分点。2017年末，河北省商品房待售面积为1 056.5万平方米，同比下降33.2%，其中，住宅待售面积同比下降38%，河北省房地产市场保持较快去库存态势。

3. 房地产贷款余额增速放缓。2017年末，河北省房地产贷款余额12 870.5亿元，同比增长26.6%，增速明显放缓。其中，个人住房贷款余额9 829.3亿元，同比增长27.2%，增速连续10个月回落，有效抑制了投资投机性购房需求；房地产开发贷款余额2 316.9亿元，同比增长19.9%，一半以上流向保障性住房领域。雄安新区房地产贷款余额较年初下降1亿元，雄安新区周边县市房地产金融平稳运行。

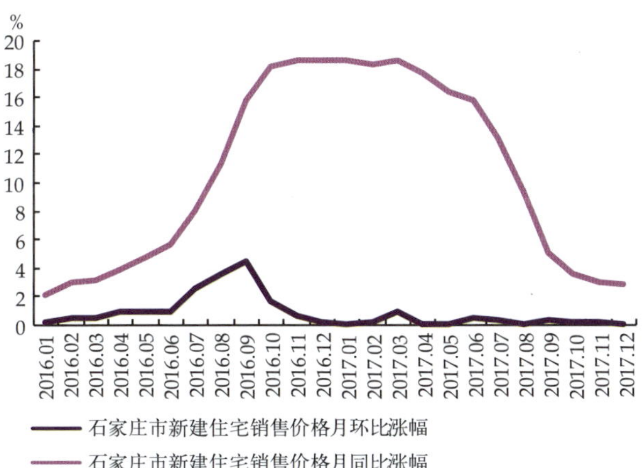

数据来源：河北省统计局。

图15　2016~2017年石家庄市新建住宅销售价格变动趋势

（六）协同发展迈出新步伐，雄安新区规划建设稳步推进

协同发展迈出新步伐。京津冀交通、生态环境、产业三大领域重点突破深入推进，京唐城际铁路、津石高速公路开工建设，互联互通的交通一体化格局逐步形成，共享共治的生态环境明显改善，北京非首都功能疏解和京津产业转移承接齐头并进，一批产业项目建成投产。党中央、国务院决定设立河北雄安新区，这是继深圳经济特区和上海浦东新区之后又一具有全国意义的新区，是千年大计、国家大事。雄安新区规划建设稳步推进，新区着力强化土地、房地产管控，大力实施白洋淀及上游流域环境综合治理，新区管理机构和投融资平台组建运行。冬奥会、冬残奥会筹办工作扎实推进，高质量编制张家口赛区场馆和相关建设规划并获国家批准，43个项目开工建设。雄安新区与北京城市副中心共同构筑首都发展的两翼，与冬奥会筹办带动张北地区发展形成河北省的两翼，为河北省发展注入了强大发展动能。

三、预测与展望

展望未来，河北省既面临着京津冀协同发展、规划建设雄安新区、筹办冬奥会等重大历史机遇，也面临着结构性矛盾突出、新旧动能转换不快、生态环境治理任重道远、风险隐患不容忽视、民生领域仍有短板、营商环境尚需改善等发展不平衡不充分的问题。2018年，通过扎实推进京津冀协同发展、规划建设雄安新区、着力推动转型升级、加大重点领域改革、推动全面开放、大力实施乡村振兴战略、打好三大攻坚战等一系列举措，河北省将在新时代高质量发展道路上迈出新步伐。预计2018年全省经济增速在6.5%左右，经济结构更优，发展质量更高，居民消费价格涨幅在2%左右。

2018年，河北省人民银行各分支机构将坚持稳中求进工作总基调，坚持新发展理念，紧紧围绕服务实体经济、防控金融风险、深化金融改革三项任务，认真落实稳健中性的货币政策，保持货币信贷和社会融资规模合理增长，着力提升金融服务实体经济效率和水平，加大对京津冀协同发展、规划建设雄安新区、战略性新兴产业、“三农”、小微、精准扶贫等河北省国民经济重点领域和薄弱环节的支持力度，加强宏观审慎管理，促进金融体系稳健运行，切实防范化解各类金融风险，为供给侧结构性改革、高质量发展和新时代建设经济强省、美丽河北营造中性适度的货币金融环境。

中国人民银行营业管理部货币政策分析小组
总　纂：陈建华　文洪武
统　稿：曹增和　杜文忠　高宏业　温振华　黄艳霞
执　笔：高东胜
提供材料的还有：薛秀丽　魏　莹　李福贵　李婕琼　尹　洁　范宪忠　岳永丽　任珍珍　岳岐峰　高晨红　张皓阳　应　明　邓东雅　靳凤菊　梁雅楠　杜彦尊　霍建兵　李　玲　李　楠　门　超　李建令　孙刚强　许晓杰

附录

（一）2017年河北省经济金融大事记

1月20日，东旭集团财务有限公司获批开业。

4月1日，中共中央、国务院印发通知，决定设立河北雄安新区。这是以习近平同志为核心的党中央作出的一项重大的历史性战略选择，是继深圳经济特区和上海浦东新区之后又一具有全国意义的新区，是千年大计、国家大事。

6月13日，河北省内首家消费金融公司——河北幸福消费金融股份有限公司获批开业。

7月20日，唐山曹妃甸发展投资集团有限公司成功发行10亿元京津冀协同发展债务融资工具，这是全国首单京津冀协同发展债务融资工具，为协同发展开辟了新的融资渠道。

7月24日，河北省成功办理首笔地方法人银行（廊坊银行）全口径跨境融资提款业务，标志着河北省全口径跨境融资政策的直接受益主体由单一企业扩大至企业和银行。

7月27日，河北省首笔中资企业（张家口远大建设集团）跨境人民币贷款落地，标志着河北省全口径跨境人民币融资企业由外资企业拓宽到了中资企业。

8月21日，全国首单PPP项目资产支持票据在河北成功发行。

12月1日，《河北省地方金融监督管理条例》经河北省人大常委会议表决通过，标志着河北省地方金融监管步入法治化、规范化轨道。

12月5日，中国工商银行、中国农业银行、中国银行、中国建设银行获批筹建河北雄安分行，这是雄安新区首批获批的分行级银行业金融机构。

（二）2017年河北省主要经济金融指标

表1　2017年河北省主要存贷款指标

		1月	2月	3月	4月	5月	6月	7月	8月	9月	10月	11月	12月
本外币	金融机构各项存款余额（亿元）	56 958.5	57 803.3	58 827.1	58 237.3	58 983.3	60 076.0	59 872.3	59 869.7	60 451.9	60 591.2	60 459.7	60 451.3
	其中：住户存款	34 432.7	34 556.0	34 942.6	34 364.8	34 493.7	34 966.1	34 786.4	34 910.2	35 503.6	35 238.3	35 437.7	35 719.2
	非金融企业存款	13 335.2	13 782.0	14 071.2	13 828.9	13 839.3	14 057.1	13 855.1	13 772.0	13 704.4	13 686.6	13 677.7	14 073.5
	各项存款余额比上月增加（亿元）	1 029.6	844.9	1 023.8	-589.8	746.0	1 092.7	-203.7	-2.6	582.3	139.2	-131.4	-8.5
	金融机构各项存款同比增长（%）	14.1	14.2	13.6	11.3	11.9	11.4	10.9	9.3	9.6	9.9	9.0	8.1
	金融机构各项贷款余额（亿元）	38 786.3	39 311.0	39 804.9	40 266.8	40 794.9	41 433.5	41 759.4	42 085.1	42 536.7	42 858.6	43 141.5	43 315.3
	其中：短期	12 943.4	13 096.1	13 358.2	13 413.8	13 481.8	13 764.7	13 894.4	14 002.5	14 087.1	14 163.6	14 183.5	14 328.2
	中长期	23 040.5	23 469.8	23 769.9	24 151.7	24 575.5	24 968.4	25 185.2	25 482.1	25 862.8	26 085.7	26 331.2	26 492.8
	票据融资	2 400.3	2 325.8	2 253.6	2 265.1	2 282.5	2 242.4	2 210.2	2 113.7	2 069.1	2 081.5	2 084.3	1 957.4
	各项贷款余额比上月增加（亿元）	1 040.4	524.7	494.0	461.9	528.1	638.6	325.9	325.6	451.6	321.9	283.0	173.8
	其中：短期	205.4	152.6	262.2	55.5	68.0	282.9	129.7	108.0	84.7	76.5	19.9	144.7
	中长期	811.6	429.2	300.1	381.8	423.8	392.9	216.8	296.9	380.7	222.9	245.5	161.5
	票据融资	-8.5	-74.5	-72.3	11.6	17.4	-40.1	-32.2	-96.5	-44.6	12.3	2.8	-126.9
	金融机构各项贷款同比增长（%）	16.0	17.4	17.2	17.7	17.9	18.0	17.5	17.8	17.3	17.1	16.4	14.8
	其中：短期	3.9	4.4	5.1	5.9	6.2	7.7	8.7	9.4	9.3	10.7	11.7	12.4
	中长期	23.9	26.8	25.9	26.0	26.0	25.2	24.3	25.0	24.1	23.2	22.1	19.2
	票据融资	13.7	8.9	8.9	8.7	8.9	5.9	0.4	-4.8	-8.2	-9.1	-13.7	-18.7
	建筑业贷款余额（亿元）	1 015.9	1 042.4	1 053.6	1 084.4	1 076.8	1 107.8	1 098.3	1 156.4	1 203.9	1 223.9	1 231.7	1 228.5
	房地产业贷款余额（亿元）	1 928.2	1 981.8	2 010.1	2 010.6	2 049.4	2 100.3	2 137.0	2 131.5	2 120.7	2 142.3	2 169.8	2 167.5
	建筑业贷款同比增长（%）	24.5	21.3	24.6	28.4	28.6	31.8	28.7	36.2	38.7	37.7	38.4	35.5
	房地产业贷款同比增长（%）	18.9	23.7	20.7	18.7	20.4	22.4	24.5	24.7	22.0	22.0	23.8	17.8
人民币	金融机构各项存款余额（亿元）	56 544.8	57 385.1	58 411.0	57 825.4	58 596.7	59 676.3	59 448.9	59 482.1	60 059.5	60 181.6	60 062.1	60 033.0
	其中：住户存款	34 274.5	34 400.2	34 788.2	34 211.8	34 340.9	34 814.7	34 634.9	34 767.3	35 360.9	35 093.2	35 293.1	35 573.3
	非金融企业存款	13 121.1	13 560.6	13 850.9	13 600.9	13 616.5	13 819.0	13 600.6	13 548.0	13 475.3	13 449.9	13 458.0	13 839.6
	各项存款余额比上月增加（亿元）	1 031.6	840.3	1 025.9	-585.7	771.3	1 079.6	-227.4	33.3	577.4	122.1	-119.5	-29.1
	其中：住户存款	1 562.2	125.7	388.0	-576.3	129.1	473.8	-179.8	132.4	593.6	-267.7	199.9	280.2
	非金融企业存款	-299.0	439.5	290.2	-250.0	15.7	202.5	-218.4	-52.5	-72.7	-25.4	8.1	381.6
	各项存款同比增长（%）	14.1	14.3	13.7	11.4	12.0	11.4	10.9	9.2	9.6	10.0	9.1	8.1
	其中：住户存款	15.6	12.3	11.9	11.3	11.3	11.2	10.5	10.0	9.6	9.4	9.2	8.8
	非金融企业存款	15.2	20.7	18.2	13.3	12.9	10.9	9.4	7.3	5.7	5.7	4.1	2.9
	金融机构各项贷款余额（亿元）	38 376.2	38 895.4	39 378.4	39 836.7	40 375.6	41 026.7	41 362.7	41 709.3	42 156.0	42 471.5	42 742.6	42 891.2
	其中：个人消费贷款	9 063.5	9 276.3	9 553.6	9 768.1	9 984.8	10 263.5	10 496.4	10 706.0	10 950.1	11 084.0	11 220.7	11 276.5
	票据融资	2 400.3	2 325.8	2 253.6	2 265.1	2 282.5	2 242.4	2 210.2	2 113.7	2 069.1	2 081.5	2 084.3	1 957.4
	各项贷款余额比上月增加（亿元）	1 023.9	519.2	483.0	458.3	538.9	651.1	336.0	346.6	446.8	315.4	271.1	148.5
	其中：个人消费贷款	324.3	212.8	277.3	214.5	216.7	278.7	232.9	209.6	244.1	133.9	136.7	55.8
	票据融资	-8.5	-74.5	-72.2	11.6	17.4	-40.1	-32.2	-96.5	-44.6	12.3	2.8	-126.9
	金融机构各项贷款同比增长（%）	16.3	17.7	17.4	17.8	18.1	18.1	17.7	18.1	17.4	17.2	16.6	14.8
	其中：个人消费贷款	44.9	47.4	46.6	45.7	44.5	43.1	42.3	40.2	37.3	34.8	31.9	29.0
	票据融资	13.7	8.9	8.9	8.7	8.9	5.9	0.4	-4.8	-8.2	-9.1	-13.7	-18.7
外币	金融机构外币存款余额（亿美元）	60.3	60.8	60.3	59.8	56.3	59.0	62.9	58.7	59.1	61.7	60.2	64.0
	金融机构外币存款同比增长（%）	-0.3	0.6	-5.3	-3.4	0.7	0.1	9.6	16.2	0.9	6.7	4.3	6.8
	金融机构外币贷款余额（亿美元）	59.8	60.4	61.8	62.4	61.1	60.1	59.0	56.9	57.3	58.3	60.4	64.9
	金融机构外币贷款同比增长（%）	-12.1	-7.0	-1.8	0.7	0.8	0.9	-1.0	-3.7	3.1	9.1	10.3	14.4

数据来源：中国人民银行石家庄中心支行。

表 2　2001~2017 年河北省各类价格指数

单位：%

		居民消费价格指数		农业生产资料价格指数		工业生产者购进价格指数		工业生产者出厂价格指数	
		当月同比	累计同比	当月同比	累计同比	当月同比	累计同比	当月同比	累计同比
2001		—	0.5	—	0.2	—	1.0	—	-0.2
2002		—	-1.0	—	0.4	—	-2.8	—	-0.6
2003		—	2.2	—	-0.2	—	9.4	—	7.1
2004		—	4.3	—	6.7	—	18.4	—	11.6
2005		—	1.8	—	6.8	—	7.0	—	4.4
2006		—	1.7	—	1.6	—	5.0	—	0.8
2007		—	4.7	—	6.9	—	7.8	—	6.9
2008		—	6.2	—	18.6	—	15.9	—	16.7
2009		—	-0.7	—	0.6	—	-6.5	—	-10.9
2010		—	3.1	—	4.4	—	10.9	—	9.0
2011		—	5.7	—	12.6	—	10.9	—	7.7
2012		—	2.6	—	8.2	—	-3.8	—	-5.3
2013		—	3.0	—	1.1	—	-2.4	—	-3.4
2014		—	1.7	—	-0.9	—	-4.4	—	-4.8
2015		—	0.9	—	-0.2	—	-9.7	—	-10.9
2016		—	1.5	—	0.0	—	-1.7	—	-0.1
2017		—	1.7	—	1.0	—	14.5	—	15.0
2016	1	1.8	1.8	-1.2	-1.2	-9.8	-9.8	-10.7	-10.7
	2	1.5	1.7	-1.1	-1.2	-9.4	-9.6	-9.4	-10.1
	3	1.8	1.7	-1.4	-1.2	-8.3	-9.2	-7.2	-9.1
	4	1.6	1.7	-0.7	-1.1	-6.5	-8.5	-2.9	-7.6
	5	1.3	1.6	-0.1	-0.9	-4.8	-7.8	-1.9	-6.5
	6	1.0	1.5	0.8	-0.6	-4.1	-7.2	-2.9	-5.9
	7	0.9	1.4	0.7	-0.4	-2.9	-6.6	-0.6	-5.1
	8	0.7	1.3	0.3	-0.3	-1.6	-6.0	1.6	-4.3
	9	1.7	1.4	0.5	-0.3	0.7	-5.2	4.0	-3.4
	10	2.1	1.4	0.3	-0.2	4.3	-4.3	5.7	-2.6
	11	1.8	1.5	0.8	-0.1	9.7	-3.1	10.3	-1.5
	12	1.9	1.5	1.3	0.0	13.9	-1.7	16.3	-0.1
2017	1	2.3	2.3	2.0	2.0	17.5	17.5	18.0	18.0
	2	0.7	1.5	2.2	2.1	20.3	18.9	19.7	18.8
	3	0.7	1.2	2.9	2.3	20.7	19.5	18.9	18.8
	4	1.2	1.2	2.4	2.4	18.0	19.1	11.8	17.0
	5	1.7	1.3	1.2	2.1	15.9	18.5	11.2	15.8
	6	1.8	1.4	0.0	1.8	14.3	17.8	13.3	15.4
	7	1.7	1.4	-0.3	1.5	13.6	17.1	14.4	15.2
	8	1.9	1.5	-0.2	1.2	14.2	16.8	16.2	15.4
	9	1.9	1.5	-0.3	1.1	14.4	16.5	16.8	15.5
	10	2.4	1.6	0.3	1.0	12.2	16.0	16.3	15.6
	11	2.4	1.7	0.9	1.0	8.7	15.3	13.5	15.4
	12	2.1	1.7	0.6	1.0	6.5	14.5	11.1	15.0

数据来源：河北省统计局、《中国经济景气月报》。

表 3　2017 年河北省主要经济指标

	1 月	2 月	3 月	4 月	5 月	6 月	7 月	8 月	9 月	10 月	11 月	12 月
	绝对值（自年初累计）											
地区生产总值（亿元）	—	—	7 512.2	—	—	16 404.9	—	—	25 603.5	—	—	35 964.0
第一产业	—	—	580.6	—	—	1 436.3	—	—	2 309.8	—	—	3 507.9
第二产业	—	—	3 672.6	—	—	8 126.6	—	—	12 650.3	—	—	17 416.5
第三产业	—	—	3 259.2	—	—	6 842.0	—	—	10 643.4	—	—	15 039.6
工业增加值（亿元）	—	1 691.1	2 817.4	3 836.6	4 931.7	6 205.7	7 319.1	8 441.9	9 675.5	10 861.6	12 019.0	13 002.7
固定资产投资（亿元）	—	1 004.6	4 189.9	6 999.2	10 416.2	14 722.8	17 861.2	21 080.7	24 787.9	28 167.7	30 961.9	33 012.2
房地产开发投资	—	220.5	717.9	1 167.0	1 657.6	2 239.8	2 702.7	3 202.0	3 757.6	4 228.5	4 580.2	4 823.9
社会消费品零售总额（亿元）	—	—	3 508.3	—	—	7 065.9	—	—	10 938.7	—	—	15 907.6
外贸进出口总额（亿元）	293.4	518.0	814.8	1 092.5	1 392.4	1 676.5	1 966.7	2 257.8	2 541.6	2 800.1	3 096.5	3 357.8
进口	109.3	201.5	316.8	414.9	526.8	629.6	732.0	835.8	948.8	1 043.6	1 157.4	1 249.6
出口	184.1	316.5	498.0	677.6	865.6	1 046.8	1 234.6	1 422.0	1 592.8	1 756.4	1 939.1	2 126.2
进出口差额（出口－进口）	74.8	115.0	181.2	262.7	338.8	417.2	502.6	586.2	644.0	712.8	781.7	876.6
实际利用外资（亿美元）	1.2	7.1	17.1	19.1	29.3	52.0	53.2	57.5	64.7	72.3	83.6	89.4
地方财政收支差额（亿元）	-85.0	-98.4	-519.9	-685.6	-1 031.5	-1 495.6	-1 623.7	-1 909.6	-2 170.4	-2 399.4	-2 875.3	-3 381.9
地方财政收入	333.9	535.6	873.0	1 142.0	1 391.8	1 804.8	2 100.0	2 309.9	2 617.3	2 850.5	2 995.3	3 233.3
地方财政支出	418.9	634.0	1 392.9	1 827.6	2 423.3	3 300.4	3 723.7	4 219.5	4 787.7	5 249.9	5 870.6	6 615.2
城镇登记失业率（%）（季度）	—	—	3.6	—	—	3.6	—	—	3.6	—	—	3.7
	同比累计增长率（%）											
地区生产总值	—	—	6.5	—	—	6.8	—	—	6.7	—	—	6.7
第一产业	—	—	3.4	—	—	3.5	—	—	3.4	—	—	3.9
第二产业	—	—	4.1	—	—	4.5	—	—	3.9	—	—	3.4
第三产业	—	—	10.2	—	—	10.4	—	—	11.0	—	—	11.3
工业增加值	—	3.0	4.5	4.8	4.8	5.0	4.5	4.0	3.7	3.4	3.2	3.4
固定资产投资	—	10.1	8.4	7.3	6.9	6.8	6.2	4.8	5.1	5.2	5.2	5.3
房地产开发投资	—	6.8	4.8	8.9	8.4	6.2	5.9	5.3	5.0	4.0	3.2	2.7
社会消费品零售总额	—	—	9.7	—	—	10.6	—	—	10.8	—	—	10.7
外贸进出口总额	22.0	19.9	22.0	18.2	18.3	15.2	14.3	13.6	13.5	12.1	10.8	9.7
进口	50.2	48.4	40.5	31.0	30.2	29.4	27.6	26.5	27.2	24.5	22.0	17.5
出口	9.8	6.9	12.5	11.5	12.1	8.1	7.7	7.2	6.6	5.8	5.1	5.5
实际利用外资	2.2	7.4	18.9	24.4	86.2	28.0	18.7	25.9	11.9	23.3	13.5	9.7
地方财政收入	11.4	11.2	10.0	7.6	7.6	12.5	17.7	17.6	17.1	16.5	14.3	13.5
地方财政支出	101.5	5.8	5.8	6.6	10.2	12.9	14.7	13.0	10.4	9.7	12.4	9.1

数据来源：河北省统计局。

山西省金融运行报告（2018）

中国人民银行太原中心支行货币政策分析小组

[内容摘要] 2017年，山西省认真贯彻落实党的十九大精神和全省第十一次党代会精神，统筹稳增长、促改革、调结构、惠民生、防风险等各项工作，经济增长步入合理区间，同时经济转型升级步伐加快，发展质量效益稳步提高。

具体来看，呈现以下特点：一是“三驾马车”增速平稳，内生增长动力增强。投资增速平稳增长，民间投资、基础设施、工业投资成为拉动投资增长的主要因素，受结构调整影响，产业投资增速出现明显分化，房地产开发投资大幅减少。消费稳步回升，餐饮、商品零售、网购和旅游等生活类需求保持较快增长。外贸进出口实现“双上涨”，加工贸易增长较快，钢材、手机、机电产品与高技术产品占进出口主导地位，对外贸易合作不断深化，对欧盟、美国等主要经济体出口总额同比实现增长。外商直接投资增速回落。二是三次产业持续增长，供给侧结构性改革取得新成效。农业产业现代化建设稳步推进，全年粮食产量实现丰收，以省级战略推动山西农谷、雁门关农牧交错带示范区、运城农产品出口平台建设，开展农田改造和新型农业主体培育工作，强农富农惠农政策效应开始显现。工业经济继续向好，规模以上工业增加值、工业用电量、公路铁路货运量等工业指标快速增长，工业企业利润回升至2012年以来同期最好水平，大数据、高端装备制造、新材料、新能源汽车等战略性新兴产业快速发展，高端碳纤维、笔尖钢、高铁轮轴钢等一批关键技术取得新突破。服务业稳步发展，结构继续优化升级，金融、现代物流、康养等现代服务业快速发展，文化旅游融合发展步伐加快，“双创”活动稳步开展，吸引人才“入晋”“留晋”创业就业。供给侧结构性改革取得新成效，累计退出煤炭产能4 590万吨，淘汰炼铁产能82万吨、炼钢产能325万吨；加大房地产去库存力度，山西省房地产待售面积、库存周期实现“双下降”；多措并举降低国有企业负债率；全面落实降低实体经济成本的政策措施；加大脱贫攻坚、基础设施、科技创新、社会民生、生态环保等薄弱环节投资力度，加快补齐发展短板。三是价格指数和居民就业总体稳定，资源价格改革深入推进。居民消费价格指数低位运行，其中食品价格小幅下降是带动消费价格保持稳定的主要因素；工业生产者出厂价格指数回升，农业生产资料价格指数基本平稳。就业形势总体稳定，城镇登记失业率控制在预期目标以内。居民收入稳步增加，农村居民收入增速快于城镇居民，贫困发生率明显下降。电力、土地、公路收费等各类资源价格改革深入推进。四是财政收支大幅增加。增值税、企业所得税、资源税等主体税种增幅明显，财政支出扶持科学技术、节能环保、社会保障与就业、教育、医疗卫生等民生领域能力增强。五是生态环境质量持续改善。大力开展大气、水、土壤污染防治三大战役，狠抓节能降耗，推进燃煤机组超低排放改造，万元地区生产总值能耗累计下降19%。六是房地产业积极去库存，煤炭经济运行质量持续改善。房地产开发投资、房屋施工规模下降；商品房销量增速回落，商品房待售面积消化周期缩短，商品房价格上涨。煤炭经济主要效益指标继续向好，产业优化升级进一步加快。

2017年山西省金融业稳健运行，货币信贷合理适度增长，金融市场健康运行，改革与创新稳步推进，风险得到有效化解，生态环境建设不断优化，金融支持经济转型发展能力增强。

具体来看，呈现以下特点：一是银行业稳健运行，货币信贷合理适度增长。2017年，山西省银行业金融机构资产总额、负债总额实现稳健增长，盈利能力明显回升。存款余额增速小幅下滑，住户存款增速有所下降，非金融企业存款增速稳中有升。受经济企稳回升和企业投资意愿增强等因素提振，贷款余额增速企稳回升，其中中长期贷款高速增长。贷款投向“有扶有控、重点突出”，转型综改、精准扶贫、普惠金融等领域贷款保持较快增长，支持煤炭钢铁行业去产能工作效果明显。表外融资行为趋于理性，规模合理压缩。人民币贷款加权平均利率和民间借贷监测点借贷加权平均利率小幅下降，企业融资成本得到合理控制。银行业不良贷款实现“双降”，但存量风险仍处于高位，金融风险防范和处置能力增强。金融机构改革稳步深入。农信社改制步伐加快，晋商银行上市工作继续推进，驻晋金融机构数量增加。跨境人民币结算金额同比回落，推动大型企业集团跨境双向人民币资金池业务开展，便利了企业对外贸易和投融资业务，本外币协同管理加强，促进辖区跨境资金流动双向平衡。二是证券保险业发展总体平稳。2017 年，山西省证券期货经营机构稳步增加，经营业绩改善，风控指标良好。上市公司并购重组有序推进，增发融资金额大幅下降，再融资能力有待提升。保险业健康发展，保险密度和保险深度提高，风险保障金额明显增加，服务和保障重点领域的功能不断增强。三是金融市场健康运行，市场主体交易活跃。2017 年，山西省社会融资规模中直接融资占比下降，其中企业债券融资增幅高，股票融资金额较上年减少。山西省参与全国银行间市场的金融机构增多，累计交易规模小幅下降。票据市场交易量稳中有升，利率有所上升。四是地方金融改革与创新力度增强。2017 年，山西省法人金融机构实力不断增强，体系不断完善。企业专项债券发行取得突破，融资渠道不断拓宽。各类交易场所规范发展，山西省股权交易中心推出“文化旅游板”“农业板”和“企业创新板”等特色板块，支持企业融资，资源配置能力提升。五是金融生态环境建设不断优化。社会信用体系建设步伐加快，农村支付基础设施建设取得重要进展，金融 IC 卡推广、金融消费权益保护工作取得显著成效。

2018 年，山西省将继续全面贯彻党的十九大精神，以习近平新时代中国特色社会主义思想为指导，坚持稳中求进的工作总基调，坚持新发展理念，坚持深化供给侧结构性改革与深化转型综改试验区建设有机结合，促进经济社会持续健康发展。金融业将贯彻落实货币政策和宏观审慎政策双支柱调控框架，继续提升信贷政策的导向作用，增强金融风险防范化解能力，持续提升金融服务水平，为供给侧结构性改革和高质量发展营造中性适度的货币金融环境。

一、金融运行情况

2017 年，山西省金融业稳健运行，货币信贷规模合理适度增长，金融市场健康运行，改革与创新稳步推进，风险得到有效化解，生态环境建设不断优化，金融支持经济转型发展能力增强。

（一）银行业稳健运行，货币信贷合理适度增长

2017 年，山西省银行业金融机构认真贯彻落实稳健中性的货币政策，存贷款合理适度增长，信贷政策导向力增强，融资成本降低，利率市场化改革取得新进展，金融机构布局优化，风险防范和处置取得新成效。

1. 银行业金融机构资产负债规模稳步增长，盈利能力明显回升。2017 年，山西省银行业金融机构资产总额 42 014.8 亿元，负债总额 40 563.7 亿元，所有者权益 1 451.1 亿元，同比分别增长 6.9%、6.5% 和 19.4%。受经济企稳回升、资产质量好转等因素提振，山西省银行业金融机构盈利能力增强，2017 年实现利润 335.8 亿元，

同比增长 26.81%，较上年增加 71.0 亿元。

表 1　2017 年山西省银行业金融机构情况

机构类别	营业网点			法人机构（个）
	机构个数（个）	从业人数（人）	资产总额（亿元）	
一、大型商业银行	1 798	45 669	14 901.0	0
二、国家开发银行和政策性银行	81	1 952	3 430.7	0
三、股份制商业银行	424	7 792	4 729.4	0
四、城市商业银行	456	10 520	4 668.7	6
五、小型农村金融机构	3 172	39 753	10 351.2	114
六、财务公司	7	340	978.1	6
七、信托公司	1	233	21.7	1
八、邮政储蓄银行	1 213	13 002	2 436.5	0
九、外资银行	2	39	17.4	0
十、新型农村金融机构	157	4 015	402.0	83
十一、其他	6	528	78.1	2
合计	7 317	123 843	42 014.8	212

注：营业网点不包括国家开发银行和政策性银行、大型商业银行、股份制商业银行等金融机构总部数据；大型商业银行包括中国工商银行、中国农业银行、中国银行、中国建设银行和交通银行；小型农村金融机构包括农村商业银行、农村合作银行和农村信用社；新型农村金融机构包括村镇银行、贷款公司、农村资金互助社和小额贷款公司；“其他”包含金融租赁公司、汽车金融公司、货币经纪公司、消费金融公司等。

数据来源：山西银监局。

2. 各项存款增速小幅回落，年末分流现象明显。2017 年，山西省金融机构本外币各项存款余额 32 844.9 亿元，同比增长 6.4%，增速同比下降 1.4 个百分点，全年新增存款 1 975.8 亿元，同比少增 251.9 亿元。受企业投资意愿增强等因素影响，山西省金融机构存款增速放缓，全年非金融企业存款同比少增 94.3 亿元。受年末财政资金集中拨付、企业集中用款等因素影响，12 月山西省本外币存款当月减少 572.5 亿元，其中单位存款、财政性存款当月分别减少 321.3 亿元和 305.2 亿元。

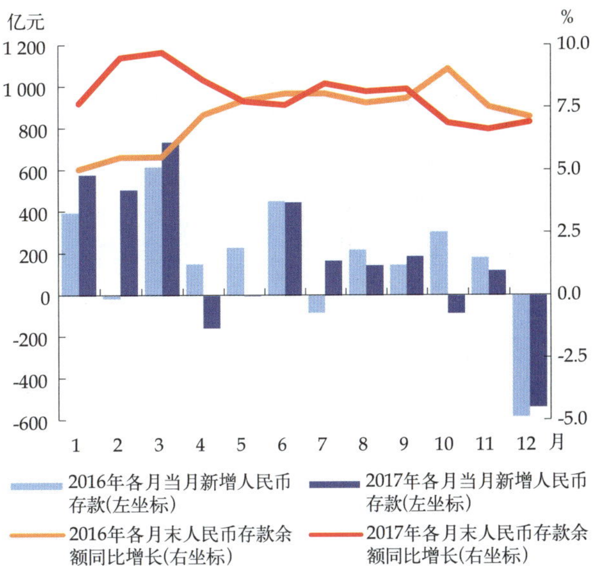

数据来源：中国人民银行太原中心支行。

图 1　2016~2017 年山西省金融机构人民币存款增长变化

3. 各项贷款增速回升。2017 年，山西省金融机构本外币各项贷款余额 22 573.8 亿元，同比增长 10.8%，增速同比提升 1.2 个百分点，全年新增贷款 2 217.3 亿元，同比多增 435.6 亿元。分结构看，中长期贷款保持高速增长，增速高于全部贷款 6.9 个百分点。分机构看，法人金融机构新增贷款居首位，占到全部贷款增量的近五成。

贷款投向“有扶有控、重点突出”，支持实体经济转型升级力度增强。落实“全面降准”政策，向山西省法人金融机构释放流动性 36.0 亿元；全年累计发放信贷政策支持再贷款、再贴现资金 269.8 亿元，其中发放扶贫再贷款 47.5 亿元，提升金融机构支持脱贫攻坚、民生领域和薄弱环节发展的能力。2017 年，山西省“转型综改”领域新增贷款 1 406.5 亿元，精准扶贫贷款较年初增加 453.1 亿元，涉农、小微企业、保障性住房和就业创业等普惠金融领域贷款也保持了较快增长。煤炭、钢铁行业贷款增速放缓，同比增速分别低于全部贷款增速 7.8 个和 5.6 个百分点。

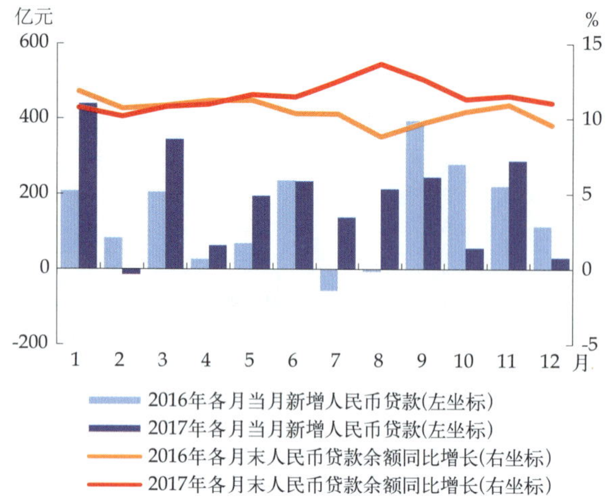

数据来源：中国人民银行太原中心支行。

图2　2016~2017年山西省金融机构人民币贷款增长变化

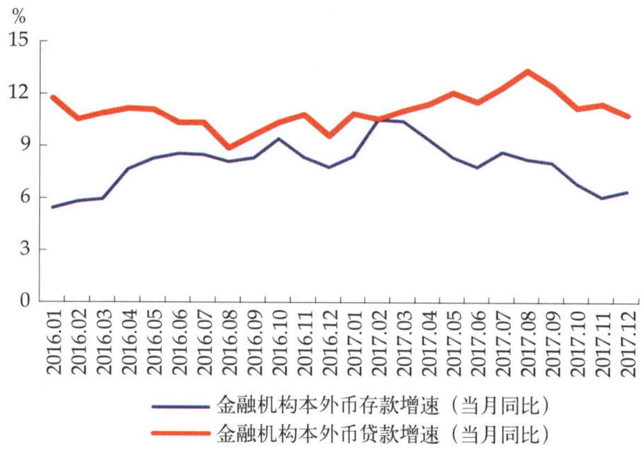

数据来源：中国人民银行太原中心支行。

图3　2016~2017年山西省金融机构本外币存、贷款增速变化

金融支持煤炭钢铁行业去产能工作效果明显。2017年，山西省金融机构认真执行国家“有扶有控”的信贷政策，支持优势煤炭钢铁骨干企业稳贷续贷，逐步退出对高污染、高消耗项目的信贷支持。2017年末，山西省煤炭行业银行贷款和表外融资合计余额6 433.3亿元，较年初增加363.9亿元；钢铁行业银行贷款和表外融资合计余额737.1亿元，较年初增加9.7亿元。对违规新增产能企业、不符合国家产业政策规定的落后产能企业、“僵尸企业”以及有恶意逃废债行为的企业累计压缩退出贷款31.3亿元，其中煤炭行业25.6亿元、钢铁行业5.8亿元。

4. 表外融资[①]行为趋于理性，规模合理压缩。2017年，山西省银行业金融机构表外融资余额9 391.7亿元，同比增长9.6%，增速低于同期贷款增速1.2个百分点，其中城市商业银行、农村商业银行等法人金融机构表外融资金额压缩较多。

5. 企业融资成本得到合理控制。2017年12月，山西省金融机构人民币贷款加权平均利率6.506%，同比下降0.044个百分点。小型、微型企业人民币贷款加权平均利率分别为7.199%和7.498%，同比分别降低0.401个和0.389个百分点。企业贷款执行上浮利率的占比为64.58%，较上年提升2.9个百分点。

表2　2017年山西省金融机构人民币贷款各利率区间占比

单位：%

月份		1月	2月	3月	4月	5月	6月
合计		100.0	100.0	100.0	100.0	100.0	100.0
下浮		18.3	14.3	11.0	11.8	9.7	6.9
基准		21.4	20.3	17.9	15.6	16.3	19.7
上浮	小计	60.3	65.4	71.2	72.6	73.9	73.5
	(1.0, 1.1]	17.0	21.6	19.7	21.0	18.2	16.7
	(1.1, 1.3]	11.5	18.5	11.9	13.7	17.9	18.3
	(1.3, 1.5]	6.0	4.1	6.9	6.0	6.3	7.5
	(1.5, 2.0]	9.7	5.3	12.0	11.5	11.3	10.5
	2.0以上	16.2	15.9	20.7	20.5	20.3	20.4
月份		7月	8月	9月	10月	11月	12月
合计		100.0	100.0	100.0	100.0	100.0	100.0
下浮		12.0	7.1	7.5	9.8	14.9	5.2
基准		15.3	17.9	18.7	14.6	16.3	17.0
上浮	小计	72.8	75.1	73.8	75.7	68.7	77.8
	(1.0, 1.1]	15.0	17.1	17.4	14.9	12.1	16.7
	(1.1, 1.3]	18.8	17.1	15.2	21.6	20.0	16.2
	(1.3, 1.5]	8.0	8.4	9.1	9.0	7.8	10.8
	(1.5, 2.0]	11.0	11.0	11.8	9.8	11.3	14.2
	2.0以上	20.1	21.6	20.4	20.3	17.6	20.0

数据来源：中国人民银行太原中心支行。

① 表外融资指委托贷款、信托贷款和未贴现的银行承兑汇票。

利率市场化改革持续推进。2017年，山西省市场利率定价自律机制进一步完善相关规章制度，在指导金融机构完善利率定价机制、维护市场竞争秩序和金融稳定中发挥了积极作用。金融机构主动负债能力增强。2017年，山西省共有35家法人金融机构发行同业存单1 950.3亿元，9家法人金融机构发行大额存单74.9亿元。

民间借贷利率趋于下降。2017年末，山西省各民间借贷监测点借贷加权平均利率21.270%，同比下降0.870个百分点。

数据来源：中国人民银行太原中心支行。

图4　2016~2017年山西省金融机构外币存款余额及外币存款利率

6. 银行业不良贷款实现“双降”，金融风险防范和处置能力增强。2017年末，山西省银行业不良贷款余额794.3亿元，较年初下降122.2亿元；不良贷款率3.5%，较年初下降1.0个百分点，但高于全国水平1.6个百分点，存量风险仍处于高位。2017年，山西省政府牵头相关部门深化监测制度，加大摸底排查，及时提示预警潜在违约风险，积极探索运行新机制化解地方金融风险。同时，加大监管力度，治理市场乱象，压实风险防控责任，积极推进高风险农信社改制化解信贷资源存量风险。

7. 金融机构改革稳步推进。2017年，山西省20家农村信用社改制为农村商业银行，新设立16家村镇银行。晋商银行完成股权托管、变更注册资本等工作，A股上市工作稳步推进。金融机构布局继续优化，中国进出口银行山西省分行、广东发展银行太原分行开业运营。

8. 跨境人民币业务发展稳健。2017年，山西省银行业金融机构累计办理跨境人民币结算172.7亿元，同比下降16.4%，占同期本外币全部跨境收支余额的6.2%，同比下降6.3个百分点。全年4个大型企业集团跨境双向人民币资金池总净流入限额达到245.9亿元人民币，极大地便利了企业对外贸易和投融资业务。建立健全内外相关部门的沟通机制，实现了本外币协同管理，促进辖区本外币跨境资金流动的双向平衡。

专栏1　山西省绿色金融发展的实践与成效

一、主要实践

（一）多方联动，推动出台绿色金融配套政策

中国人民银行太原中心支行联合山西省金融办等七单位联合印发《关于推动山西绿色金融发展的指导意见》，与山西省环保厅联合制定《关于印发〈山西省绿色信贷政策效果评价办法（试行）〉的通知》；山西保监局与山西省环保厅联合印发《关于试行环境污染责任保险工作的通知》等文件，成立环境污染责任保险领导小组。

（二）建章立制，完善绿色信贷管理机制

一是成立绿色信贷工作领导组并建立政策传导机制。如建设银行山西省分行成立横跨22个相关部门的绿色信贷委员会，并在各二级行建立跨部门协调联动机制。二是完善绿色信贷标识制度并严格贷款审批制度。各金融机构普遍根据企业环保达标情况在信贷系统中增加环境风险标识，在合规审查、授信审批、资金拨付、贷后管理等各环节，对环保不达标企业或项目实行“一票否决制”。

三是建立绿色信贷优先政策。部分金融机构对优质绿色信贷项目在贷款定价和经济资本分配等方面优先给予授信支持，在业务受理、审批、贷款发放方面开辟绿色通道。四是建立绿色信贷考核激励机制。如中国建设银行山西省分行将绿色信贷业务开展情况纳入二级分行考核办法，在完成年度增速任务目标的基础上对各二级分行绿色贷款余额比年初增长部分，给予5%经济资本奖励。

（三）积极探索，优化绿色信贷产品和服务

一是优化业务流程。如兴业银行太原分行上线绿色金融业务系统，实现绿色金融业务环境效应测算、赤道原则评审、授信业务办理、考核评价等精细化管理功能。二是创新绿色信贷产品。如浦发银行通过合同能源管理保理/应收账款质押业务，为节能服务公司针对其合同能源管理项目的应收账款（未来收益权）提供融资支持。晋商银行将绿色信贷与金融扶贫相结合，推出专门针对“三农”发展的扶贫贷款。国家开发银行山西省分行发挥“投资、信贷、债券、租赁、证券”的协同优势，积极开展银团、信托等业务，向企业提供一揽子综合金融服务。与5家金融机构组成的银团为蒙西—天津南1 000千伏特高压交流输变电工程（山西段）项目提供融资支持48亿元，利率为中国人民银行1年期贷款基准利率下浮10%。

二、取得的成效

（一）绿色信贷持续快速发展

近三年来，山西省21家主要银行业金融机构绿色信贷余额年均增长率为16.9%，高出各项贷款余额年均增幅6.9个百分点。

（二）绿色保险和绿色债券发展取得阶段性成果

山西省环境污染责任保险试点范围涉及495家试点企业和3家试点承保机构。2014年以来，累计承保798家次，签单保费1.0亿元，提供环境污染责任保障近30亿元，赔款金额近千万元。

（三）设立绿色发展基金，通过PPP模式引入社会资本

“山西省改善城市人居环境PPP投资引导基金”设立，重点用于节能领域的PPP项目。

（二）证券业发展总体平稳，融资规模有所减少

1. 证券期货经营机构稳步增加，代理交易规模大幅增长。2017年，山西省证券经营机构新增4家分公司、21家营业部，证券交易总额同比增长20.6%；2家法人证券公司净利润同比增长1.0%。期货业新增1家分公司，期货交易额同比增长15.2%；3家法人期货公司亏损761.9万元，亏损额同比有所下降。法人证券、期货公司各项风控指标良好。

2. 上市公司并购重组有序推进，再融资能力有待提升。2017年末，山西省共有上市公司38家，上市公司总股本789.9亿股、总市值6 271.9亿元。上市公司全年共有7期并购重组，实现金额67.6亿元。上市公司全年股票增发融资95.1亿元，同比大幅下降41.04%。

表3　2017年山西省证券业基本情况

项目	数量
总部设在辖内的证券公司数（家）	2
总部设在辖内的基金公司数（家）	0
总部设在辖内的期货公司数（家）	3
年末国内上市公司数（家）	38
当年国内股票（A股）筹资（亿元）	95.1
当年发行H股筹资（亿元）	0.0
当年国内债券筹资（亿元）	1 522.7
其中：短期融资券筹资额（亿元）	90.0
中期票据筹资额（亿元）	238.0

注：当年国内股票（A股）筹资额指非金融企业境内股票融资。
数据来源：山西证监局、中国人民银行太原中心支行。

（三）保险业健康发展，服务保障功能不断增强

1. 保险市场运行良好。2017年，山西省新

增1家财产险省级分公司，保险业原保险保费收入、赔款与给付支出同比分别增长17.6%和9.3%，保障功能突出的险种业务占比进一步提高，保险密度和保险深度分别较上年提高322元／人和0.1个百分点，保险业的经济助推器和社会稳定器作用进一步凸显。

2. 服务经济社会能力进一步增强。2017年，山西省保险业为全社会提供风险保障29.3万亿元，同比增长37.9%。重大技术装备保险发展迅速，全年累计为省内34台设备提供4.0亿元风险保障；出口信用保险出口企业覆盖率和一般贸易出口渗透率分别达到90.7%和86.1%，继续位居全国第一；农业保险持续实现提标增品扩面，全年为372.9万户农户提供454.4亿元风险保障，已决赔款4.6亿元，134.8万户农户受益；借助保险资管协会平台，保险资金与山西重大项目建立对接机制，全年共发布302个项目、资金需求3 700亿元。2017年，保险资金在晋新增投资146.8亿元，同比增长18.6%，有力支持了实体经济发展。

表4　2017年山西省保险业基本情况

项目	数量
总部设在辖内的保险公司数（家）	1
其中：财产险经营主体（家）	1
人身险经营主体（家）	0
保险公司分支机构（家）	49
其中：财产险公司分支机构（家）	26
人身险公司分支机构（家）	23
保费收入（中外资，亿元）	823.9
其中：财产险保费收入（中外资，亿元）	194.1
人身险保费收入（中外资，亿元）	629.8
各类赔款给付（中外资，亿元）	194.1
保险密度（元／人）	2 225.0
保险深度（%）	5.5

数据来源：山西保监局。

（四）金融市场健康运行，市场主体交易活跃

2017年，山西省金融市场平稳运行。金融机构参与市场意识增强，货币市场交易活跃。

1. 企业直接融资占比下降。2017年，山西省企业直接融资金额625.6亿元，占到社会融资规模的19.5%，较上年下降12.1个百分点，企业债券融资增幅高，股票融资金额较上年减少。

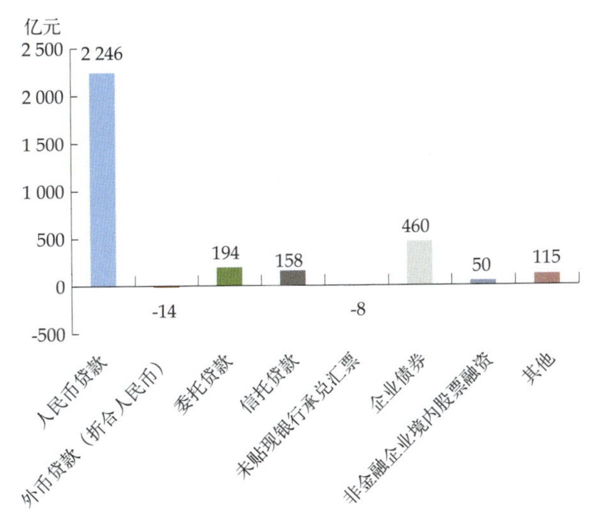

数据来源：中国人民银行太原中心支行。

图5　2017年山西省社会融资规模分布结构

2. 市场参与主体增多，交易量小幅下降。2017年，山西省加入全国银行间同业拆借市场的金融机构有63家，加入全国银行间债券市场的金融机构有100家，分别较上年增加7家和18家。山西省金融机构在全国银行间市场累计成交173 699.6亿元，同比下降0.4%，其中在银行间同业拆借市场累计拆借资金3 912.3亿元，在银行间债券市场质押式回购123 264.6亿元，现券交易金额35 739.4亿元，买断式回购10 783.4亿元。

3. 票据市场交易稳中有升，利率有所提高。2017年，山西省金融机构累计签发银行承兑汇票5 639.8亿元，同比上升43.4%；累计办理贴现5 591.0亿元，同比减少13.3%。各类贴现业务加权平均利率为5.090%，比上年提高1.706个百分点；各类转贴现业务加权平均利率为4.394%，比上年提高1.650个百分点。

表5　2017年山西省金融机构票据业务量统计

单位：亿元

季度	银行承兑汇票承兑		贴现			
			银行承兑汇票		商业承兑汇票	
	余额	累计发生额	余额	累计发生额	余额	累计发生额
1	2 367.8	972.4	1 233.9	1 870.0	85.5	56.9
2	2 159.6	3 250.5	1 172.6	2 029.0	55.2	33.7
3	2 240.3	738.1	1 026.3	882.9	53.4	18.6
4	1 987.8	678.8	988.5	809.1	50.8	834.2

数据来源：中国人民银行太原中心支行。

表6　2017年山西省金融机构票据贴现、转贴现利率

单位：%

季度	贴现		转贴现	
	银行承兑汇票	商业承兑汇票	票据买断	票据回购
1	4.629	5.033	4.178	4.127
2	5.307	5.286	4.415	4.363
3	5.100	6.060	4.610	4.272
4	5.137	5.706	4.724	4.492

数据来源：中国人民银行太原中心支行。

（五）地方金融改革与创新力度增强

1. 法人金融机构实力不断增强，体系不断完善。农村金融机构改革持续深化。2017年末，山西省农信社系统县级法人机构共有110家，其中农村信用社52家、农村商业银行58家，农村金融机构治理结构不断优化。村镇银行设立实现常态化，业务发展迅速。2017年末，山西省共有77家村镇银行，农村金融供给质量不断提升，覆盖面不断扩大。晋商银行完成增资扩股工作，共募集股份16亿股，募集资金51.0亿元，资本实力显著增强。山西证券、大通证券融资融券业务可授信总额度880亿元，融资融券业务规模达65.1亿元。

2. 专项债券发行实现突破，融资渠道不断拓宽。2017年，山西省企业实现了绿色债、可转债、可交换债等多种债券发行零的突破。永东化工发行3.4亿元的可转债，阳泉煤业（集团）有限责任公司和龙跃实业集团有限公司分别发行10亿元和15亿元的可交换债，山西国际能源、山西晋煤华昱煤化工发行绿色债2只，合计募集资金12.8亿元。

3. 各类交易场所规范发展，资源配置能力提升。2017年，山西省依法整顿规范各类交易场所，支持各类交易场所稳步发展，增强服务实体经济能力。山西省股权交易中心挂牌企业1 585家，较上年增加143家；累计托管企业238家，较上年增加103家，积极推出“文化旅游板”“农业板”和“企业创新板”等特色板块，支持企业融资。

（六）金融生态环境建设不断优化

1. 社会信用体系建设步伐加快。截至2017年末，征信系统累计为山西省23.7万户企业和1 937.3万个自然人建立了信用档案。全年企业征信系统提供查询19.5万次，个人征信系统提供查询1 114.5万次。山西省中小微企业和农村信用信息平台收录了443.8万户农户和50.8万户贫困户的基本信息。山西省各类企业通过应收账款融资服务平台完成融资352笔，融资金额674.4亿元，同比增长14.1%。

2. 农村支付基础设施建设取得重要进展。2017年末，山西省农村地区共建设农村金融综合服务站30 563个，覆盖23 089个行政村，实现了有条件建站行政村全覆盖，每万人拥有的助农取款服务站（点）居全国首位。优化深度贫困地区支付服务环境，重点形成了以忻州岢岚宋家沟村、吕梁兴县蔡家崖村为代表的综合性支付服务渠道建设典型。进一步加大支付业务支持农村电商发展力度，为乐村淘、晋汇达等十余家山西本土电商提供了个性化在线支付结算方案，支撑了两万余个电商体验店的业务发展。

3. 金融IC卡推广工作取得显著成效。2017年末，山西省累计发行金融IC卡7 066.74万张，全年新发行金融IC卡1 743.5万张，基于金融IC卡的线下消费交易额占比达到69.9%，较上年提升11.1个百分点。山西省纯磁条银行卡淘汰速度进一步加快，芯片磁条复合卡的磁条交

易全面关闭。金融IC卡“一卡多应用”取得新突破，实现了在公共交通、医疗卫生、生活缴费等公共服务领域的广泛应用。

4. 金融消费权益保护工作深入推进。2017年，山西省大力推进金融消费者教育和金融知识普及工作，开展“3·15金融消费者权益日”“金融知识普及月”和“普及金融知识，守住‘钱袋子’”等活动，以开展“金融与诚信”知识主题教育活动为载体，通过将“金融与诚信”知识嵌入小学五年级德育课程以及全科目渗透方式，积极推进金融知识普及教育纳入国民教育体系工作。稳步推进金融机构金融消费权益保护工作评估，晋城、朔州、忻州等地区域金融消费权益保护环境评估试点工作持续深化。认真受理金融消费者咨询投诉，全年共受理投诉331件，解答各类咨询4 621件。

二、经济运行情况

2017年，山西省经济发展由“疲”转“兴”，经济增长步入合理区间。全年地区生产总值达到14 973.5亿元，同比增长7.0%，增速较上年加快2.5个百分点，高于全国平均水平0.1个百分点。地区生产总值第一季度、上半年、前三季度、全年分别增长6.1%、6.9%、7.2%和7.0%，呈现向好态势。第一产业完成增加值777.9亿元，同比增长3.0%；第二产业完成增加值6 181.8亿元，同比增长6.5%；第三产业完成增加值8 013.9亿元，同比增长7.8%。

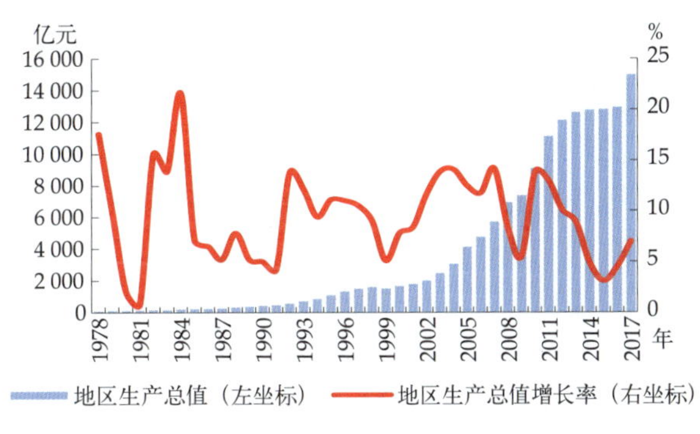

数据来源：山西省统计局。

图6 1978~2017年山西省地区生产总值及其增长率

（一）投资、消费、进出口增速平稳，经济内生增长动力增强

2017年，山西省社会经济稳定增长，内生动力增强。从结构看，消费和投资对地区生产总值增长率贡献较大，进出口贡献有所回落。

1. 投资增速平稳增长，房地产开发投资下滑。2017年，山西省固定资产投资完成5 722.2亿元，同比增长6.3%，但低于全国水平0.9个百分点。全年新开工项目6 983个，同比下降64.6%。投资资金到位率90.7%，以自筹资金为主，占全部到位资金的62.4%。

受经济企稳回升和结构调整影响，产业投资增速出现明显分化。第二、第三产业投资加快，同比分别增长3.3%和9.9%，民间投资、基础设施、工业投资成为拉动投资增长的主要因素，同比分别增长7.8%、7.2%和3.1%，房地产开发投资大幅减少，增幅同比降低27.0个百分点。

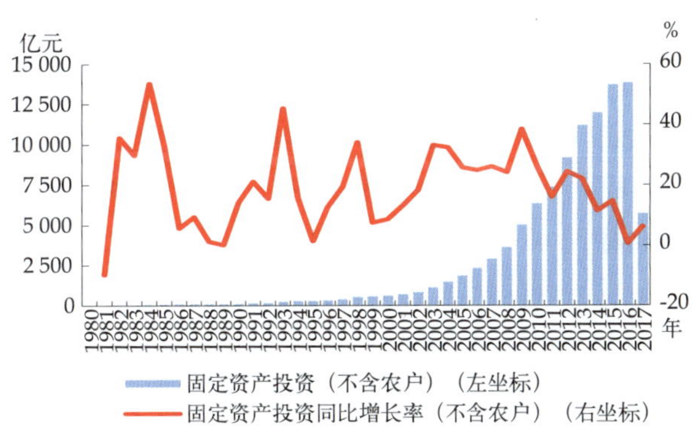

数据来源：山西省统计局。

图7 1980~2017年山西省固定资产投资（不含农户）及其增长率

2. 消费稳步回升，基本生活类需求保持较快增长。2017年，山西省实现社会消费品零售总额6 918.1亿元，同比增长6.8%，其中限额以上零售额2 348.8亿元，同比增长3.5%。分地域看，城镇零售总额5 643.6亿元，同比增长6.8%；乡村零售总额1 274.5亿元，同比增长6.6%。分消费形态看，餐饮收入626.5亿元，同比增长8.8%；商品零售收入6 291.5亿元，同比增长6.6%。

消费结构转型升级，网购消费和旅游活跃。2017 年，山西省限额以上消费品零售额中，限额以上网上商品零售额实现 40.6 亿元，同比增长 27.9%。旅游消费总收入 5 360.2 亿元，同比增长 26.2%；接待国内旅游者 56 072.5 万人次，同比增长 26.5%。

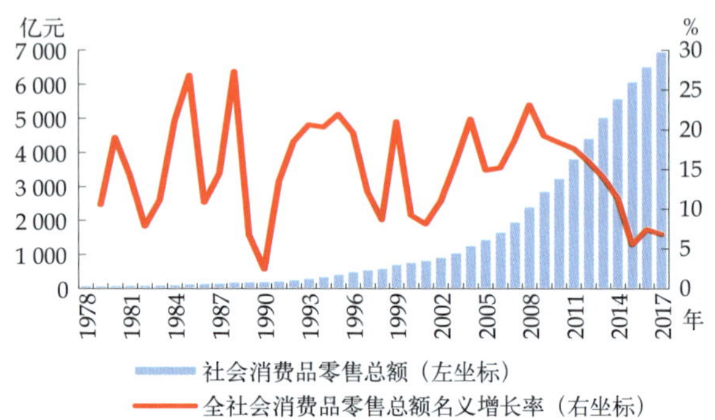

数据来源：山西省统计局。

图 8　1978~2017 年山西省社会消费品零售总额及其增长率

3. 外贸进出口实现“双上涨”，对外贸易合作不断深化。2017 年，山西省进出口总额 1 161.9 亿元，同比上涨 5.6%，进口总额、出口总额增速双上涨，同比分别增长 6.0% 和 5.3%，贸易顺差额 218.8 亿元。贸易结构方面，加工贸易增长较快，钢材、手机、机电产品与高技术产品占进出口主导地位。深化对外贸易合作关系，对欧盟、美国、韩国、东盟等主要经济体出口总额同比实现增长。

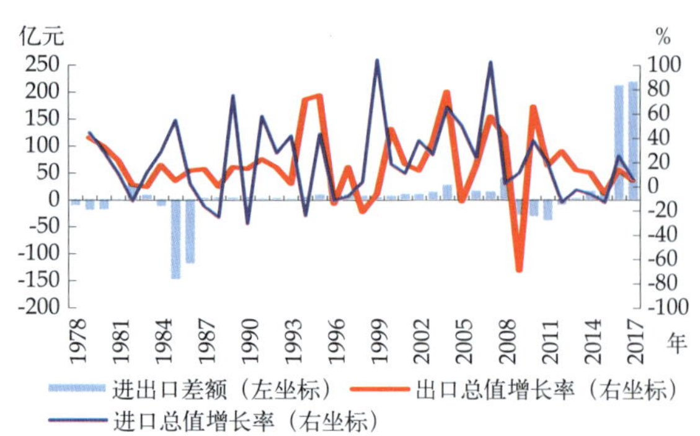

数据来源：山西省统计局。

图 9　1978~2017 年山西省外贸进出口变动情况

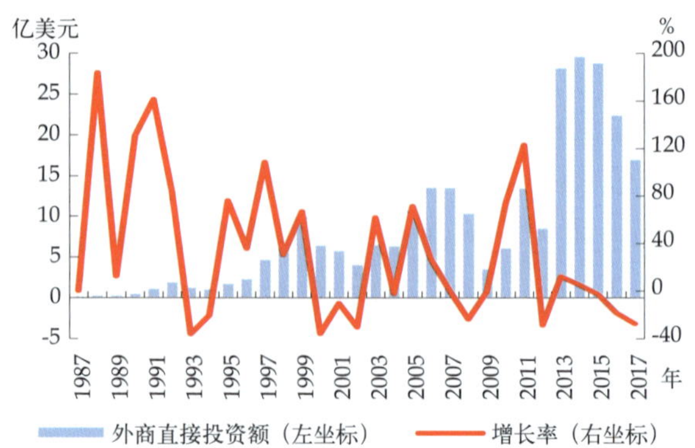

数据来源：山西省统计局。

图 10　1987~2017 年山西省外商直接投资额及其增长率

外商直接投资增速回落。2017 年，山西省实际利用外商直接投资 16.9 亿美元，同比下降 27.5%。山西省本外币资金呈现“本币净流出、外汇收支平衡”格局，人民币净流出 13.5 亿美元，外汇收支基本平衡。

（二）三次产业持续增长，供给侧结构性改革取得新成效

1. 农业现代化建设稳步推进。2017 年，山西省粮食总产量 130 亿公斤，为历史第四高产年，粮食亩产 270.4 公斤。现代农业发展步伐加快，全年出台多项强农富农惠农政策，以省级战略推动山西农谷、雁门关农牧交错带示范区、运城农产品出口平台建设，开展农田改造和新型农业主体培育工作，实施特色现代农业增效工程，扎实推动农业供给侧结构性改革。

2. 工业经济继续向好，产业升级改造成效显著。2017 年，山西省大力推动新旧动能转换，加快发展大数据、高端装备制造、新材料、新能源汽车等战略性新兴产业，改造提升传统产业，推动工业经济持续向好发展。2017 年，山西省规模以上工业增加值增长 7.0%，增速较上年加快 5.9 个百分点，高于同期全国水平 0.4 个百分点。工业用电量、公路铁路货运量等先行指标快速增长，工业企业利润回升至 2012 年以来同期最好水平。战略性新兴产业、非煤产业增加值占工业增加值比重分别达到 9.0% 和

53.5%，高端碳纤维、笔尖钢、高铁轮轴钢等一批关键技术取得新突破。

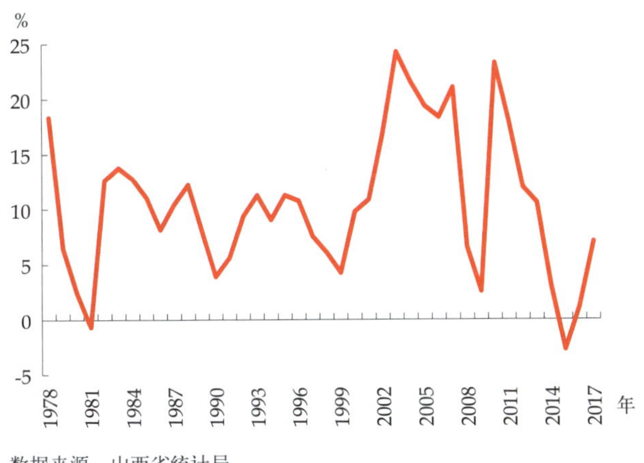

数据来源：山西省统计局。

图 11　1978~2017 年山西省规模以上工业增加值实际增长率

3. 服务业稳步发展，结构继续优化升级。 2017 年，山西省服务业增加值增长 7.8%，高于地区生产总值增速 0.8 个百分点，占全省 GDP 比重达到 53.5%，高于工业增加值占比 12.2 个百分点。金融、现代物流、康养等现代服务业快速发展，文化旅游融合发展步伐加快，完成 149 个景区的所有权、经营权分离改革。实施“十大创新行动”，大力开展“双创”活动，继续深化人才发展体制机制改革，完善以增加知识价值为导向的分配政策，吸引人才“入晋”“留晋”创业就业。

4. 供给侧结构性改革取得新成效。 山西省认真落实“三去一降一补”五大任务，2012 年以来累计退出煤炭产能 4 590 万吨，淘汰炼铁产能 82 万吨、炼钢产能 325 万吨；率先实施煤炭减量化生产，为改善全国煤炭市场供应作出了突出贡献。加大房地产去库存力度，山西省房地产待售面积、库存周期实现“双下降”。多措并举降低国有企业负债率，2017 年同比下降 1.7 个百分点。全面落实降低实体经济成本的政策措施，2017 年山西省规模以上工业企业每百元主营业务收入成本较 2012 年下降 3.3 元。加大脱贫攻坚、基础设施、科技创新、社会民生、生态环保等薄弱环节投资力度，加快补齐发展短板。

（三）价格指数和居民就业总体稳定，资源价格改革深入推进

1. 居民消费价格指数低位运行，食品价格下降。 2017 年，山西省居民消费价格指数同比上涨 1.1%，低于全国平均水平 0.5 个百分点。其中，食品价格小幅下降是带动消费价格保持稳定的主要因素，其余消费品及服务项目价格保持上涨或者持平，其中医疗保健、教育文化和娱乐价格涨幅较大。

2. 工业生产者资料价格指数回升，农业生产者资料价格指数基本平稳。 2017 年，山西省工业生产者出厂价格和购进价格指数分别上涨 19.4% 和 15.2%，增幅同比分别提高 22.6 个和 17.1 个百分点。农业生产资料价格基本保持平稳，同比上升 2.2 个百分点。

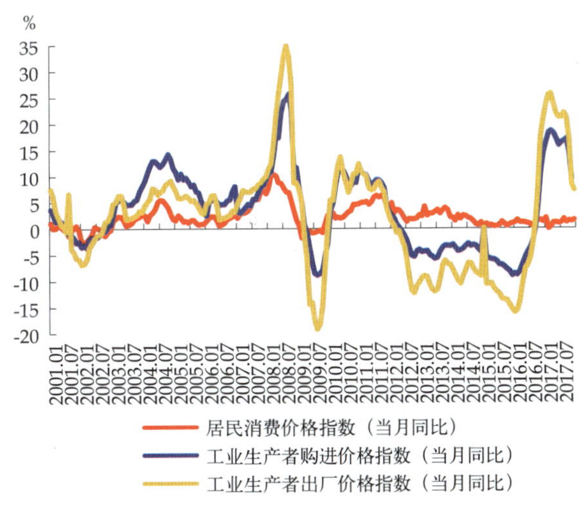

数据来源：山西省统计局。

图 12　2001~2017 年山西省居民消费价格指数和工业生产者价格指数变动趋势

3. 就业形势总体稳定，居民收入稳步增加。 2017 年，山西省就业形势总体稳定，城镇新增就业 51.8 万人，城镇登记失业率 3.4%，控制在预期的 4.2% 以内。高校毕业生、农村转移劳动力、城镇困难人员、退役军人等群体的就业安

置工作进展顺利。居民收入稳步增加，城镇居民和农村居民人均可支配收入分别达到 29 132 元和 10 788 元，同比分别增长 6.5% 和 7.0%，农村居民收入增速快于城镇居民。累计帮助 275 万贫困人口脱贫，贫困发生率从 13.6% 下降至 3.9%。

4. 各类资源价格改革深入推进。2017 年，山西省积极推进电力体制改革综合试点，深化输配电价改革，有序扩大市场化交易用电规模。继续推进农村集体经营性建设用地入市、集体土地征收制度改革和集体资产股份权改革，基本完成农村土地承包经营权确权。落实铁路公路运费优惠政策，继续清理规范涉企收费，对减轻资源性企业负担、增强价格调节功能、对进一步优化资源配置起到了积极作用。

（四）一般公共预算收入大幅增加，一般公共预算支出支持民生领域能力增强

2017 年，山西省一般公共预算收入 1 866.8 亿元，同比增长 19.9%，其中税收收入 1 397.2 亿元，同比增长 34.8%。受到煤炭、钢铁等主导行业市场提振，增值税、企业所得税、资源税几个主体税种增幅明显，同比分别增长 77.6%、49.5% 和 94.3%。

2017 年，山西省一般公共预算支出 3 756.7 亿元，较上年增长 9.2%。科学技术、节能环保、社会保障与就业、教育、医疗卫生等民生领域支出 1 768.2 亿元，占到山西省一般公共预算支出的 47.07%。以财政资金为杠杆，引导社会资金积极参与交通设施建设、传统产业升级改造、城乡基本建设、新兴产业培育等方面的投入。

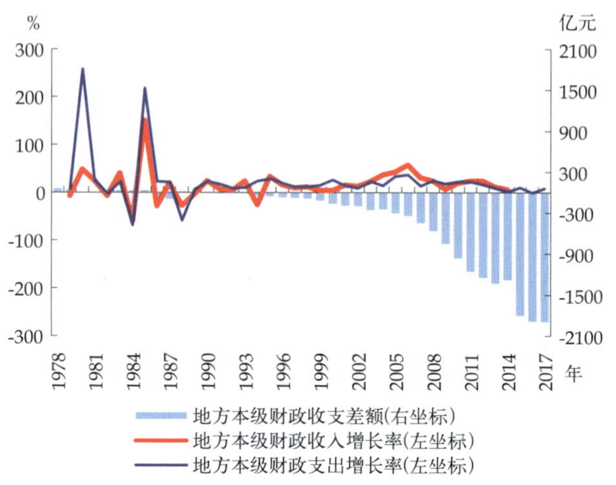

数据来源：山西省统计局。

图 13　1978~2017 年山西省财政收支状况

（五）生态环境质量持续改善

2017 年，山西省大力开展大气、水、土壤污染防治三大战役，与 2013 年相比，2017 年环境空气质量综合指数下降 8.3%，细颗粒物（PM2.5）浓度下降 23.4%。全面推行河长制，实施饮用水、流域水、地下水、黑臭水、污废水“五水同治”。地表水优良断面比例较 2012 年上升 7.5 个百分点，重度污染断面比例下降 4.3 个百分点。实施“两山七河”生态治理工程，2012 年至 2017 年完成造林 2 205.8 万亩，治理水土流失面积 1.3 万平方公里，推进燃煤机组超低排放改造，万元地区生产总值能耗累计下降 19%。

专栏 2　山西煤炭行业去产能取得积极成效

一、山西煤炭行业去产能情况

产能退出情况。2016 年，山西省关闭 25 座煤矿，退出产能 2 325 万吨；2017 年，山西省关闭 27 座煤矿，退出产能 2 265 万吨，后三年去产能任务为 6 790 万吨 / 年。已压减的产能主要为资源枯竭、资不抵债和煤质较差三类矿井。其中，第一类因资源枯竭列入关停计划，这些煤矿开采年限较长，有的已经有 60~70 年的开采历史，目前进入资源衰减期，有的煤矿地质条件恶劣，产能较大但年产量低，人员多，处于亏损状态。第二类主要因资不抵债列入关停计划，近几年受煤炭形势拖累，经营出现极度困难，退出前已经持续亏损。第三类煤矿主要为资源整合

矿井。有的因整合后亏损严重关闭，有的因整合主体企业资金紧张，且煤质较差、市场需求较小、盈利前景不好，而主动放弃技术改造，停止投资。

产能接续情况。一是减量置换。目前，国家能源局已批复山西27座煤矿置换方案，建设规模1.563亿吨/年。同时，已完成76座资源整合兼并重组煤矿产能置换方案的确认，建设规模7 570万吨/年。二是减量重组。2017年初国家明确减量重组有关原则，对山西而言，可有效解决股份制煤矿关闭退出和重组整合遗留问题。目前省政府已向国务院报送了相关工作请示，出台《山西省推进煤矿减量重组的实施意见》。三是产能核增。2017年国家出台《关于做好符合条件的优质产能煤矿生产能力核定工作的通知》，对产能核增提出工作要求。山西省经摸底后，共上报拟核增产能煤矿37座，产能4 405万吨/年，拟核增3 345万吨/年，核增后产能7 750万吨/年。“僵尸企业”处置进展。山西省制订了《山西煤炭行业处置“僵尸企业”总体方案》，已上报国家部际联席会议办公室。三年内拟处置“僵尸企业”29个，产能2 645万吨/年。其中24座煤矿为引导退出煤矿，5座为减量重组煤矿。

二、山西煤炭行业去产能后比较优势凸显

煤炭产能先进程度高。据2017年初统计，山西省共有357座现存煤矿（产能7.15亿吨/年）被评定为安全高效矿井，是全国（763座）的47%；共建成标准化煤矿453座（公告产能7.53亿吨/年），占全省总能力的53%。目前已形成2个亿吨级大型煤炭集团，正在推进5座千万吨级矿井建设。采煤机械化程度达到81%，资源回收率达到80%以上，煤矿百万吨死亡率为0.053，大大低于全国0.156的水平。煤炭企业可持续发展能力足。经过2009~2012年的煤炭资源整合和2016年以来的煤炭去产能，山西省煤炭行业产业集中度进一步提高，组建的省属七大煤炭集团资产规模大、风险承担能力强，在产能、资金、技术等方面长期处于领先地位。同时，各大型煤炭企业根据自身的资源禀赋条件和区位优势，按照“煤—焦—化”“煤—电—材”“煤—电—铝”“煤—电—新能源车”“煤—电—输电”等产业延伸现有煤炭产业链条，发展下游行业，煤炭产能就地消化的能力大大增强。

（六）房地产业平稳发展，煤炭行业运行情况持续改善

1. 房地产去库存成效明显，房地产贷款较快增长。

（1）房地产开发投资明显下降。2017年末，山西省房地产开发投资完成1 166.3亿元，同比下降27.0%，降幅比上半年扩大29.0个百分点，比前三季度扩大7.4个百分点，比全国平均增速低34.0个百分点。其中，住宅投资完成838.9亿元，同比下降26.5%，增幅比上年回落30.4个百分点，占房地产开发投资比重提升到71.9%。

（2）房屋施工规模下降，商品房销量增速回落。2017年，山西省房地产开发项目房屋施工面积16 473.4万平方米，同比下降3.5%，增幅比上年下降11.0个百分点。商品房销售面积2 415.9万平方米，同比增长17.2%，增幅比上年回落12.2个百分点，商品房销售额1 357.5亿元，同比增长32.2%，增幅比上年小幅回落0.2个百分点。

（3）商品房待售面积消化周期缩短。2017年末，山西省商品房待售面积1 225.7万平方米，比上年末减少535.3万平方米，该年是待售面积减少量历史最多的年份。商品房待售面积消化周期6.1个月，比上年末减少4.2个月。省内各

城市消化周期差异较大，例如太原仅为2.7个月，而朔州消化周期为22.8个月。

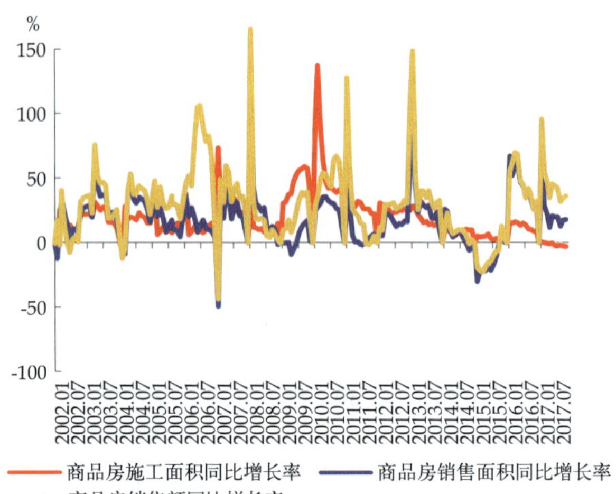

数据来源：山西省统计局。

图 14　2002~2017 年山西省商品房施工和销售变动趋势

（4）商品房价格明显上涨。2017年12月，太原市新建住宅价格指数同比上涨7.6%，增幅较上年同期加快5.1个百分点，其中新建商品房住宅价格指数同比上涨7.9%，增幅较上年同期加快5.3个百分点，其他10个地市价格上涨幅度不一。

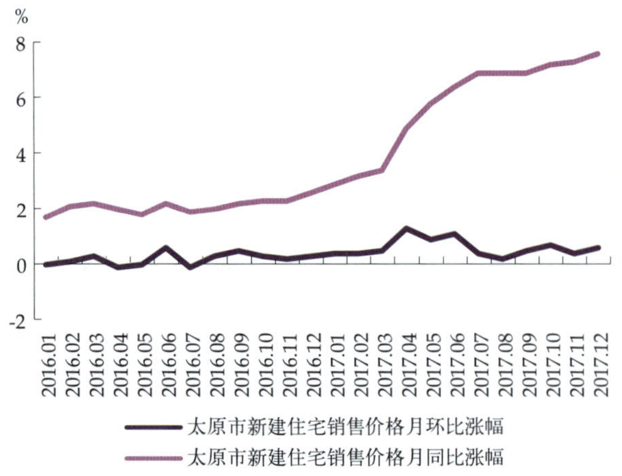

数据来源：山西省统计局。

图 15　2016~2017 年太原市新建住宅销售价格变动趋势

（5）房地产贷款增长迅猛。2017年末，山西省房地产贷款余额2 809.7亿元，比年初增加955.5亿元，同比增长51.5%。房地产开发贷款余额852.3亿元，比年初增加411.3亿元，增长93.3%。个人购房贷款余额1 942.6亿元，比年初增加546.7亿元，增长39.2%。

2. 煤炭经济运行质量持续改善，金融服务发挥重要支撑作用。

（1）煤炭行业主要效益指标继续向好，产业优化升级进一步加快。随着化解过剩产能的深入推进，全国煤炭市场发生了积极变化，山西煤炭行业呈现良好发展势头。2017年，累计生产原煤8.56亿吨，同比增长3.5%；煤炭综合售价440.0元/吨，同比增加148.3元/吨；煤炭行业实现利润320亿元，同比增加303亿元。山西省煤炭行业将总量性去产能转向结构性优产能，按照国家新标准，潞安高河等5座省级试点煤矿率先建成一级标准化，先进产能煤矿占比进一步提高。

（2）金融服务煤炭行业发挥积极作用，支持供给侧结构性改革成效显著。2017年末，山西省煤炭行业银行贷款和表外融资合计融资余额同比增长5.5%，银行间市场债券融资累计兑付金额1 159.98亿元，累计发行金额1 575.3亿元，融资余额较年初净增415.3亿元。2017年末，山西省6家金融机构与6家煤炭企业合作开展市场化债转股业务，签约金额1 200亿元。金融机构通过开展融资租赁、保理、票据池、出售标准化融资产品等创新业务，支持煤炭企业盘活资产约130亿元。

三、预测与展望

2018年，从国际形势看，全球经济出现明显复苏迹象，经济增长的基本周期已经启动。从国内看，经济工作总基调仍是稳中求进，经济发展由高速增长阶段向高质量发展阶段转变，经济发展长期向好的基本面没有变，经济持续增长的良好支撑基础和条件没有变，经济结构调整优化的前进态势没有变。

从山西实际情况看，2018 年将继续坚持稳中求进工作总基调，按照高质量发展要求，深化供给侧结构性改革，建设资源型经济转型发展示范区，打造能源改革排头兵，构建内陆地区对外开放新高地，大力实施乡村振兴战略，打赢防范化解重大风险、精准脱贫、污染防治三大攻坚战役，经济继续呈稳步发展态势。金融业将贯彻落实稳健中性货币政策和宏观审慎政策双支柱调控框架，在社会融资规模和金融机构流动性合理适度的基础上，继续提升信贷政策的导向作用，加大对精准扶贫、经济重点领域“三去一降一补”、普惠金融、绿色金融等领域的支持力度，增强金融风险防范化解能力，持续提升金融服务水平，为供给侧结构性改革和高质量发展营造适度的货币金融环境。

预计 2018 年山西省地区生产总值增长 6.5% 左右，全社会固定资产投资增长 9%，社会消费品零售总额增长 7%，一般公共预算收入增长 6.5%，城乡居民人均可支配收入分别增长 6.5% 和 6.5% 以上，居民消费价格指数涨幅在 3% 左右，城镇登记失业率控制在 4.2% 以内。从金融运行情况看，山西经济发展对信贷资源的需求会继续增强，预计全年本外币贷款余额同比增长12% 左右，本外币存款余额同比增长7% 左右。

中国人民银行营业管理部货币政策分析小组
总　纂：李文森　杜　斌
统　稿：王瑞林　薄文英　王　东
执　笔：武　洋　台彦龙
提供材料的还有：吴晋科　孙树恩　崔逸斐　王　栋　高　婧　马　丽　张雅婷　石瑞华　梁丽坤　何　畅　袁永宏　孙　晶　张旭梅　任　磊　李建辉　段淑红

附录

（一）2017年山西省经济金融大事记

1月4日，山西省与天津市签订《山西转型综改示范区天津滨海新区区域合作协议》，此后山西转型综改示范区党工委、管委会正式挂牌，首批58个项目正式开工，总投资约2 105亿元。

2月28日，山西省脱贫攻坚工作会议在太原召开。会议强调，要认真贯彻落实中央扶贫开发工作会议精神，坚定决心信心，聚焦精准方略，以改革创新精神破解突出问题，确保脱贫攻坚再战再胜，以脱贫攻坚的优异成绩迎接党的十九大、贯彻十九大。

4月12日，山西农谷管委会正式挂牌，这标志着山西农谷作为功能（食品）农业研发高地、农业科技创新高地和技术集成示范推广平台，将打造成为山西省特色现代农业的新引擎。

4月13日，中国人民银行2017年全国金融稳定工作座谈会议在山西太原召开。

6月9日，山西省印发《关于深化国企国资改革的指导意见》（晋发〔2017〕26号），对推进山西省国企国资改革作出全面部署。

6月21日至23日，中共中央总书记、国家主席、中央军委主席习近平在山西考察。

9月4日至5日，中共中央政治局常委、国务院总理李克强在山西长治、临汾考察。

9月11日，国务院印发《关于支持山西省进一步深化改革促进资源型经济转型发展的意见》（国发〔2017〕42号）。

9月20日至23日，山西省在晋中市举办以“华夏古文明，山西好风光”为主题的旅游发展大会，开展了山西省旅游的大展示、大推介和大招商活动。

（二）2017 年山西省主要经济金融指标

表 1　2017 年山西省主要存贷款指标

		1 月	2 月	3 月	4 月	5 月	6 月	7 月	8 月	9 月	10 月	11 月	12 月
本外币	金融机构各项存款余额（亿元）	31 502.1	32 075.6	32 787.1	32 635.4	32 589.1	32 955.6	33 112.3	33 242.7	33 367.3	33 337.3	33 417.4	32 844.9
	其中：住户存款	17 830.1	17 927.9	18 243.9	17 982.2	18 049.8	18 262.1	18 212.8	18 238.9	18 524.0	18 544.7	18 595.0	18 713.9
	非金融企业存款	7 755.5	7 979.7	8 464.4	8 440.7	8 271.6	8 354.6	8 539.5	8 631.6	8 572.4	8 576.0	8 656.1	8 414.5
	各项存款余额比上月增加（亿元）	633.0	573.5	711.5	-151.7	-46.3	366.4	156.7	130.4	124.6	-30.0	80.1	-572.5
	金融机构各项存款同比增长（%）	8.4	10.5	10.4	9.4	8.4	7.8	8.6	8.2	8.0	6.9	6.1	6.4
	金融机构各项贷款余额（亿元）	20 826.4	20 840.5	21 181.2	21 261.4	21 456.8	21 648.5	21 754.9	21 947.1	22 198.3	22 261.2	22 556.0	22 573.8
	其中：短期	7 971.4	8 016.5	8 065.4	8 122.7	8 166.0	8 195.6	8 204.4	8 209.0	8 314.9	8 303.3	8 335.0	8 289.0
	中长期	11 134.6	11 218.5	11 403.8	11 529.6	11 688.6	11 844.7	12 004.8	12 200.0	12 367.0	12 511.4	12 728.0	12 796.1
	票据融资	1 626.3	1 510.3	1 616.7	1 512.6	1 498.6	1 503.4	1 434.6	1 428.2	1 411.0	1 338.7	1 386.6	1 397.4
	各项贷款余额比上月增加（亿元）	469.9	14.1	340.6	80.3	195.4	191.6	106.4	192.2	251.2	62.8	294.8	17.8
	其中：短期	120.0	45.1	48.9	57.3	43.3	29.5	8.9	4.6	105.9	-11.6	31.7	-46.0
	中长期	266.5	84.0	185.2	125.8	159.0	156.1	160.1	195.2	167.0	144.4	216.7	68.1
	票据融资	82.3	-115.9	106.4	-104.1	-14.0	4.8	-68.8	-6.4	-17.2	-72.3	47.9	10.8
	金融机构各项贷款同比增长（%）	10.9	10.6	11.1	11.4	12.1	11.6	12.4	13.4	12.5	11.2	11.4	10.8
	其中：短期	4.7	5.1	5.0	6.4	6.5	5.1	5.1	5.4	6.4	5.6	5.4	5.6
	中长期	15.7	15.4	15.9	16.5	17.6	18.2	18.8	21.0	19.7	19.1	19.5	17.7
	票据融资	13.8	10.1	12.3	6.5	7.3	2.7	8.2	4.8	-4.5	-12.4	-11.0	-9.5
	建筑业贷款余额（亿元）	437.7	425.8	440.6	449.7	467.9	486.1	492.6	500.7	519.1	533.5	541.9	514.3
	房地产业贷款余额（亿元）	1 932.9	1 971.9	2 045.0	2 113.1	2 169.0	2 240.7	2 327.9	2 458.7	2 574.7	2 655.9	2 729.8	2 809.7
	建筑业贷款同比增长（%）	25.8	21.3	23.2	24.3	29.5	34.9	25.5	29.2	24.6	29.8	26.4	20.0
	房地产业贷款同比增长（%）	37.3	38.9	39.5	42.5	43.9	43.3	46.5	51.9	55.3	55.2	52.7	51.5
人民币	金融机构各项存款余额（亿元）	30 952.1	31 459.4	32 196.2	32 038.4	32 035.7	32 482.3	32 648.8	32 794.1	32 982.3	32 897.5	33 015.9	32 480.6
	其中：住户存款	17 727.6	17 826.4	18 142.5	17 881.4	17 949.2	18 163.0	18 114.7	18 145.1	18 430.8	18 450.9	18 501.8	18 620.3
	非金融企业存款	7 333.4	7 490.7	7 979.1	7 948.6	7 823.4	7 984.1	8 197.6	8 299.8	8 284.3	8 257.8	8 376.0	8 147.0
	各项存款余额比上月增加（亿元）	580.7	507.4	736.7	-157.7	-2.8	446.6	166.5	145.3	188.2	-84.8	118.5	-535.4
	其中：住户存款	599.5	98.8	316.1	-261.1	67.8	213.8	-48.3	30.4	285.7	20.1	50.9	118.5
	非金融企业存款	-120.0	157.3	488.4	-30.5	-125.2	160.7	213.5	102.2	-15.5	-26.5	118.2	-229.1
	各项存款同比增长（%）	7.7	9.5	9.7	8.6	7.8	7.6	8.5	8.2	8.3	6.9	6.7	6.9
	其中：住户存款	11.5	9.5	9.8	9.8	9.9	9.9	9.7	9.9	9.7	9.8	9.2	8.7
	非金融企业存款	4.4	11.7	15.4	14.8	10.7	10.1	16.5	15.5	13.6	11.1	10.7	9.3
	金融机构各项贷款余额（亿元）	20 667.8	20 653.8	20 999.2	21 061.8	21 256.9	21 491.3	21 628.7	21 843.0	22 088.3	22 144.7	22 433.2	22 463.9
	其中：个人消费贷款	1 874.3	1 908.5	1 999.7	2 040.8	1 937.1	1 996.8	2 009.5	2 290.0	2 377.6	2 430.7	2 502.3	2 527.2
	票据融资	1 626.3	1 510.3	1 616.7	1 512.6	1 498.6	1 503.4	1 434.6	1 428.2	1 411.0	1 338.7	1 386.6	1 397.4
	各项贷款余额比上月增加（亿元）	439.2	-14.0	345.4	62.6	195.1	234.4	137.4	214.3	245.3	56.5	288.5	30.7
	其中：个人消费贷款	37.5	34.2	91.2	41.1	-103.7	59.7	12.7	280.5	87.6	53.0	71.6	24.9
	票据融资	82.3	-115.9	106.4	-104.1	-14.0	4.8	-68.8	-6.4	-17.2	-72.3	47.9	10.8
	金融机构各项贷款同比增长（%）	10.7	10.2	10.8	11.0	11.6	11.4	12.5	13.6	12.6	11.3	11.5	11.1
	其中：个人消费贷款	34.1	36.5	36.4	38.3	28.7	27.5	26.3	38.7	38.6	39.0	38.6	37.6
	票据融资	13.8	10.1	12.3	6.5	7.3	2.7	8.2	4.8	-4.5	-12.4	-11.0	-9.5
外币	金融机构外币存款余额（亿美元）	80.2	89.6	85.6	86.6	80.6	69.9	68.9	68.0	58.0	66.2	60.8	55.8
	金融机构外币存款同比增长（%）	68.8	97.6	61.1	66.1	53.8	19.2	21.6	15.2	-7.3	4.8	-23.5	-22.3
	金融机构外币贷款余额（亿美元）	23.1	27.2	26.4	29.0	29.1	23.2	18.8	15.8	16.6	17.5	18.6	16.8
	金融机构外币贷款同比增长（%）	29.3	77.5	46.3	88.0	109.6	29.0	-3.7	-22.8	-7.6	-1.9	2.0	-8.8

数据来源：中国人民银行太原中心支行。

表2 2001~2017年山西省各类价格指数

		居民消费价格指数		农业生产资料价格指数		工业生产者购进价格指数		工业生产者出厂价格指数	
		当月同比	累计同比	当月同比	累计同比	当月同比	累计同比	当月同比	累计同比
2001		—	-0.5	—	1.9	—	1.8	—	0.3
2002		—	-2.2	—	0.9	—	3.0	—	3.6
2003		—	1.6	—	-1.6	—	7.8	—	2.2
2004		—	4.1	—	7.3	—	14.5	—	16.1
2005		—	2.3	—	13.3	—	8.2	—	10.2
2006		—	2.0	—	3.6	—	2.6	—	1.0
2007		—	4.6	—	6.2	—	5.3	—	7.4
2008		—	7.2	—	18.7	—	18.3	—	22.4
2009		—	-0.4	—	1.6	—	-3.4	—	-8.0
2010		—	3.0	—	2.0	—	9.0	—	9.5
2011		—	5.2	—	9.4	—	8.1	—	7.5
2012		—	2.5	—	5.4	—	-1.9	—	-5.5
2013		—	3.1	—	2.5	—	-4.5	—	-9.3
2014		—	1.7	—	-0.8	—	-3.8	—	-8.6
2015		—	0.6	—	-0.4	—	-6.9	—	-12.7
2016		—	1.1	—	-0.2	—	-1.9	—	-3.2
2017		—	1.1	—	2.2	—	15.2	—	19.4
2016	1	1.0	1.0	-0.2	-0.2	-8.7	-8.7	-16.1	-16.1
	2	1.5	1.2	0.2	0.0	-9.0	-8.9	-15.6	-15.8
	3	1.1	1.2	-0.6	-0.2	-8.2	-8.6	-13.8	15.2
	4	1.1	1.2	-0.7	-0.3	-6.8	-8.2	-10.4	-14.0
	5	1.0	1.1	-0.2	-0.3	-5.5	-7.7	-7.8	-12.8
	6	0.9	1.1	0.0	-0.2	-4.6	-7.2	-7.1	-11.9
	7	0.7	1.0	-0.3	-0.3	-3.8	-6.7	-5.6	-11.0
	8	0.3	0.9	-0.8	-0.3	-2.4	-6.1	-2.7	-10.1
	9	1.2	1.0	-0.9	-0.4	0.3	-5.5	1.8	-8.8
	10	1.4	1.0	-0.4	-0.4	4.3	-4.4	7.7	-7.3
	11	1.5	1.1	0.5	-0.3	10.3	-3.3	17.4	-5.2
	12	1.2	1.1	1.1	-0.2	14.2	-1.9	20.9	-3.2
2017	1	1.9	1.9	1.3	1.3	16.3	16.3	23.5	23.5
	2	-0.1	0.9	2.3	1.8	18.1	17.2	25.4	24.5
	3	0.2	0.8	3.6	2.4	18.4	17.6	25.6	24.8
	4	1.0	0.8	3.3	2.6	18.0	17.7	23.6	24.5
	5	1.0	0.9	2.3	2.6	16.9	17.5	21.8	24.0
	6	0.9	0.9	1.5	2.4	15.7	17.2	21.1	23.5
	7	1.1	0.9	1.4	2.2	16.3	17.1	21.1	23.1
	8	1.7	1.0	1.9	2.2	16.5	17.0	21.9	23.0
	9	1.1	1.0	2.1	2.2	16.9	17.0	21.0	22.7
	10	1.4	1.1	2.4	2.2	14.2	16.7	16.9	22.1
	11	1.3	1.1	2.6	2.2	9.2	16.0	8.3	20.7
	12	1.5	1.1	2.2	2.2	7.6	15.2	7.2	19.4

数据来源：山西省统计局。

表 3　2017 年山西省主要经济指标

	1 月	2 月	3 月	4 月	5 月	6 月	7 月	8 月	9 月	10 月	11 月	12 月
	绝对值（自年初累计）											
地区生产总值（亿元）	—	—	2 809.4	—	—	6 577.9	—	—	10 460.4	—	—	14 973.5
第一产业	—	—	114.9	—	—	320.0	—	—	593.1	—	—	777.9
第二产业	—	—	1 174.5	—	—	2 715.8	—	—	4 324.4	—	—	6 181.8
第三产业	—	—	1 520.1	—	—	3 542.1	—	—	5 542.9	—	—	8 013.9
工业增加值（亿元）	—	—	—	—	—	—	—	—	—	—	—	—
固定资产投资（亿元）	—	192.3	694.7	1 259.4	2 038.2	3 249.6	3 894.6	4 256.4	4 669.8	5 050.0	5 390.9	5 722.2
房地产开发投资	—	41.5	142.1	251.8	379.5	568.1	711.0	807.8	918.6	1 005.8	1 087.2	1 166.3
社会消费品零售总额（亿元）	—	—	1 572.3	—	—	3 226.6	—	—	4 976.0	—	—	6 918.1
外贸进出口总额（亿元）	97.1	172.2	275.8	371.4	462.0	525.3	615.7	728.9	837.6	936.8	1 049.6	1 161.9
进口	37.2	70.3	108.9	144.4	176.8	208.2	244.7	289.6	342.0	372.2	420.2	471.5
出口	59.8	101.9	166.8	227.0	285.2	317.1	371.0	439.3	508.0	564.6	629.4	690.3
进出口差额（出口－进口）	22.6	31.6	57.9	82.6	108.5	109.0	126.3	149.7	166.0	192.3	209.2	218.8
实际利用外资（亿美元）	0.1	0.2	0.9	1.4	3.1	5.9	4.7	8.3	8.5	11.1	14.4	16.9
地方财政收支差额（亿元）	-62.7	-99.4	-373.9	-458.6	-626.1	-745.1	-900.6	-1 073.8	-1 322.0	-1 422.9	-1 600.9	-1 889.9
地方财政收入	219.5	328.6	491.1	655.4	814.2	984.0	1 145.8	1 278.1	1 429.6	1 595.8	1 721.2	1 866.8
地方财政支出	282.2	428.0	865.0	1 114.0	1 440.3	1 729.0	2 046.4	2 351.9	2 751.6	3 018.7	3 322.1	3 756.7
城镇登记失业率（%）（季度）	—	—	—	—	—	3.4	—	—	—	—	—	3.4
	同比累计增长率（%）											
地区生产总值	—	—	6.1	—	—	6.9	—	—	7.2	—	—	7.0
第一产业	—	—	3.0	—	—	3.0	—	—	2.5	—	—	3.0
第二产业	—	—	5.4	—	—	7.2	—	—	7.1	—	—	6.5
第三产业	—	—	7.0	—	—	7.1	—	—	7.8	—	—	7.8
工业增加值	—	4.8	5.8	8.0	8.0	8.1	8.2	7.9	7.7	7.5	7.2	7.0
固定资产投资	—	4.1	4.1	4.7	4.5	5.1	5.0	5.0	5.3	5.8	6.1	6.3
房地产开发投资	—	10.7	7.9	10.3	3.6	2.0	-5.3	-15.0	-19.6	-22.2	-25.0	-27.0
社会消费品零售总额	—	—	5.8	—	—	6.6	—	—	6.8	—	—	6.8
外贸进出口总额	22.8	18.4	19.0	22.8	21.7	10.4	6.1	5.4	4.8	3.1	4.3	5.6
进口	16.9	22.3	22.1	20.2	18.0	13.3	8.3	6.7	2.9	1.6	4.1	6.0
出口	26.8	15.9	17.0	24.6	24.2	8.6	4.7	4.6	6.1	4.2	4.5	5.3
实际利用外资	-59.5	-74.3	-60.5	-56.9	-21.9	-53.1	-24.3	29.1	16.7	9.3	15.1	-27.5
地方财政收入	7.1	18.8	12.6	11.1	15.1	14.8	18.0	20.6	20.6	21.9	20.7	19.9
地方财政支出	44.0	20.5	37.6	34.3	36.2	13.7	21.0	22.5	19.2	20.7	16.8	9.2

数据来源：山西省统计局。

内蒙古自治区金融运行报告（2018）

中国人民银行呼和浩特中心支行货币政策分析小组

[内容摘要] 2017年，内蒙古各地、各部门认真贯彻落实党中央、国务院和自治区党委政府重大决策部署，坚持稳中求进工作总基调，加快推动经济结构战略性调整，经济运行动力在转换中增强，质量在转型中提升，实现了平稳健康发展。全年地区生产总值同比增长4%，低于全国平均增速2.9个百分点。具体看：一是经济运行主要先行指标持续好转。用电量、公路货运量、铁路货运量三项先行指标分别增长11.0%、12.9%和14.5%。二是有效需求相对稳定。消费市场平稳运行，城乡居民人均可支配收入分别增长8.2%和8.4%，快于经济增长速度。全年投资呈现负增长态势，同比下降7.0%，投资结构进一步优化，新兴产业投资增速加快，信息传输、软件和技术服务业以及科学研究和技术服务业同比分别增长50.7%和19.6%，房地产开发投资同比下降21.5%。对外贸易保持较快增长，货物进出口总额942.4亿元，同比增长22.8%。三是经济结构进一步优化。三次产业结构调整为10.2：39.8：50.0，第三产业快速发展，占比提高7.5个百分点，成为保持经济运行在合理区间的重要支撑，对整体经济的带动作用明显。传统产业转型升级加快，煤电、煤化一体化比重达到90%以上，工业企业利润明显上升。新能源、新材料、电子通信等新兴产业增长较快，稀土化合物产能、云计算服务器承载能力居全国第一。四是物价指数总体上涨。居民消费价格指数同比上涨1.7%，涨幅较上年扩大0.5个百分点；工业生产者出厂价格指数同比上涨10.6%，呈恢复性上涨态势，结束了自2013年以来连续4年的下降态势。五是财政收支总体平稳。一般公共预算收入同比下降14.4%，剔除2016年虚增因素，按可比口径同比增长14.6%；一般公共预算支出达到4 523.1亿元，同比增加10.4亿元，增长0.2%。六是供给侧结构性改革扎实推进。继续化解过剩产能，全年退出810万吨煤炭、55万吨钢铁产能，取缔“地条钢”243万吨；积极稳妥去库存，坚持分类指导、因城施策，商品房待售面积下降8.6%；扎实有效去杠杆，工业企业资产负债率64.0%，同比下降0.2个百分点；综合施策降成本，推进简政放权、减税降费、电力市场化改革，降低实体经济成本，全区规模以上工业企业每百元主营业务成本同比下降4.4元；突出重点补短板，全区民生支出占一般公共预算支出的69.8%，比上年提高4个百分点。

2017年，中国人民银行呼和浩特中心支行全面落实总行各项工作要求及自治区党委政府决策部署，认真贯彻稳健中性的货币政策，切实维护金融稳定，引导金融机构优化金融资源配置，有效提高金融服务实体经济的质量和效率，全年货币信贷和地区社会融资规模保持合理增长，较好地支持了自治区供给侧结构性改革和经济社会持续健康发展。一是地区社会融资规模稳定增长。全年地区社会融资规模新增2 104.2亿元，比上年同期少34亿元。信贷融资为支撑社会融资规模增长的主要动力，表外融资、直接融资小幅下降。二是存款增速明显放缓。2017年末，全区本外币各项存款余额23 092.7亿元，同比增长8.7%，较年初增加1 847.1亿元，同比少增1 226.4亿元。三是重点领域贷款平稳增长。2017年末，全区本外币各项贷款余额21 566.3亿元，同比增长10.8%，较年初增加2 107.9亿元，同比少增86.3亿元。先进制造业、战略性新兴产业、现代服务业、经济薄弱环节和民生领域的信贷投入进一步加大，产能过剩行业贷款增速放缓。四是金融精准扶贫取得实效。结合农村信用体系建设探索金融扶贫新模式，全区金融扶贫贷款增速高于各项贷款增速平均水平18.2个百分点。五是扎实开展“两权”抵押贷款试点。2017年末，全区“两权”抵押贷款余额28.5亿元，较年初增加12.5亿元，承包土地经营权贷款余额居全国前列。六是跨境人民币业务创新发展。人民币对蒙古图格里克银行间市场区域交易顺利落地，中俄、中蒙金融合作进一步深化。七是地区金融生态环境进一步改善，金融基础设施不断完善。农村牧区和中小企业信用体系建设深入推进，现代化支付系统直通旗县乡镇取得明显成效。

全区金融业稳健运行，区域金融改革向纵深推进。银行业稳健运行，不良贷款增势放缓。全年银行业金融机构资产同比增长8.7%，年末关注类贷款余额同比下降9.7%，不良贷款率与年初持平，法人银行业机构杠杆率为6.7%、流动性比例为55.1%，总体经营较为稳健，流动性风险基本可控。证券业平稳发展，直接融资规模同比下降。证券交易规模稳步增长，沪深两市上市公司总市值同比增长29.3%，全年A股募集资金和债券筹资同比分别下降50.6%和21.5%。保险业较快发展，助推经济与保障民生作用凸显。保险密度同比提高348元/人，保险深度同比上升0.3个百分点。深入推进利率市场化改革，自律机制有序运转，金融机构自主定价能力不断提升，贷款利率水平保持稳定，2017年一般贷款加权平均利率较上年上升0.13个百分点。农信社深化改革深入推进，全年共有4家农村信用社改制为农村商业银行。农业银行“三农金融事业部”改革持续深化，服务“三农”水平进一步提升。深入推进普惠金融发展，辖内5家国有商业银行、2家股份制银行和1家地方法人银行业机构陆续设立普惠金融事业部或专业化的经营机构。

当前，内蒙古正处于新旧动能转换和转型升级的关键期，经济运行中自身长期积累的结构性矛盾和积极因素相互交织。一方面，内蒙古经济发展不平衡问题仍较突出，传统产业依赖与新产业支撑不足并存，经济发展的质量和效益不高，脱贫攻坚任务艰巨，生态环境依然脆弱，化解政府债务需要进一步加大力度。另一方面，经济运行中的积极变化和利好因素增多。首先，经济指标去虚求实，财政税收质量明显提高，用电量、货运量等先行指标持续好转，企业效益改善，经济增长的根基更加稳固；其次，以云计算、大数据为代表的信息技术产业、新型煤化工产业、新能源产业、蒙医药产业等一系列新动能的涌现助推经济转型升级发展，经济的内生增长动力和可持续性不断增强。预计2018年内蒙古地区生产总值增长6.5%左右，居民消费价格涨幅3%左右，城乡居民人均可支配收入分别增长7.5%左右。

2018年，内蒙古金融业将全面深入贯彻落实党的十九大和中央经济工作会议、全国金融工作会议精神，以习近平新时代中国特色社会主义思想为指导，按照高质量发展要求，继续执行好稳健中性货币政策，认真贯彻落实货币政策和宏观审慎政策双支柱调控框架，积极推动金融改革，进一步优化信贷结构，提高直接融资比重，切实防范化解金融风险，提升服务实体经济的效率和水平，做好稳增长、促改革、调结构、惠民生、防风险各项工作，保持货币信贷和社会融资规模合理适度增长，为自治区供给侧结构性改革和高质量发展营造中性适度的货币金融环境。

一、金融运行情况

2017年，内蒙古金融业稳健发展，货币信贷和地区社会融资规模保持合理增长，证券业健康发展，保险保障功能提升，金融市场平稳运行，金融生态不断改善，有力支持了内蒙古经济转型升级和创新驱动发展。

（一）银行业稳健运行，支持实体经济质量提升

2017年，内蒙古银行业存贷款平稳增长，信贷结构优化，利率市场化和金融改革持续推进，信贷支持实体经济的能力显著提升。

1. 银行业资产规模稳步增长，盈利能力有

所下降。2017 年末，全区共有银行业金融机构 198 家，资产总额 3.4 万亿元，同比增长 8.7%。受经济增长放缓、监管趋严等影响，银行业盈利能力有所下滑，实现净利润 157.4 亿元，同比下降 22.4%。全年 4 家农村信用社改制为农村商业银行。

表 1　2017 年内蒙古自治区银行业金融机构情况

机构类别	营业网点			法人机构（个）
	机构个数（个）	从业人数（人）	资产总额（亿元）	
一、大型商业银行	1 601	38 781	9 992	0
二、国家开发银行和政策性银行	87	2 293	5 798	0
三、股份制商业银行	210	4 715	2 623	0
四、城市商业银行	576	13 179	8 023	4
五、城市信用社	0	0	0	0
六、小型农村金融机构	2 320	27 496	5 665	93
七、财务公司	6	161	592	5
八、信托公司	2	314	132	2
九、邮政储蓄银行	810	8 025	888	0
十、外资银行	1	5	3	0
十一、新型农村金融机构	204	4 478	613	75
十二、其他	1	172	34	1
合计	5 818	99 619	34 363	180

注：营业网点不包括国家开发银行和政策性银行、大型商业银行、股份制商业银行等金融机构总部数据；大型商业银行包括中国工商银行、中国农业银行、中国银行、中国建设银行和交通银行；小型农村金融机构包括农村商业银行、农村合作银行和农村信用社；新型农村金融机构包括村镇银行、贷款公司和农村资金互助社。

数据来源：内蒙古银监局。

2. 存款增速放缓，广义政府存款下降较多。2017 年末，金融机构本外币各项存款余额 23 092.7 亿元，同比增长 8.7%。其中，人民币各项存款余额 22 952.8 亿元，同比增长 8.4%，增速较上年回落 8.7 个百分点；比年初增加 1 787.2 亿元，同比少增 1 300.8 亿元。存款增速放缓的主要因素：一是受地方财政虚增收入集中清退影响，广义政府存款大幅回落，全年同比少增 831.9 亿元。二是同业和通道类业务监管趋严背景下，金融机构同业存款、协议存款以及银行承兑汇票保证金存款大幅下降，全年同比少增 273.5 亿元。三是 2017 年以来市场资金面偏紧，理财产品收益率不断攀升，住户资金向理财产品分流明显。个人理财产品全年新增 512.9 亿元，同比多增 77.9 亿元。

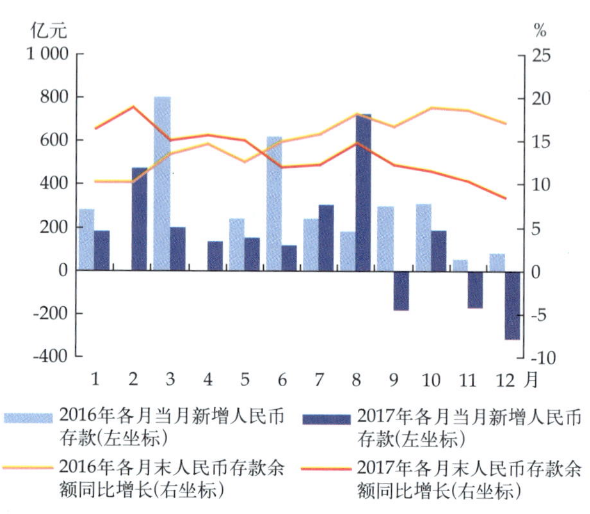

数据来源：中国人民银行呼和浩特中心支行。

图 1　2016~2017 年内蒙古自治区金融机构人民币存款增长变化

3. 贷款增长稳定，信贷结构持续优化。2017 年末，金融机构本外币贷款余额 21 566.3 亿元，同比增长 10.8%。其中，人民币贷款余额 21 456 亿元，同比增长 10.8%，增速较上年下降 2.2 个百分点；比年初增加 2 095 亿元，同比少增 125.3 亿元。分部门看，受住户消费和个人住房贷款拉动，住户贷款快速增长，增速高于上年 3.6 个百分点；受规范政府举债政策影响，企业贷款增速放缓，增速低于上年 4 个百分点。分机构看，机构间信贷增长差异明显。政策性银行和股份制商业银行贷款增长乏力，全年贷款同比分别少增 375.9 亿元和 271 亿元；国有商业银行成为拉动贷款增长的主力，全年贷款同比多增 145 亿元。分投向看，基础设施建设和小微企业、涉农等薄弱环节的金融支持力度加大，信贷支持经济转型升级发展力度明显提升。全年基础设施类中长期贷款、高新技术行业和新兴产业贷款、小微企业贷款、个人住房贷款、试点地区“两权”抵押贷款同比分别多增134.3亿元、34亿元、295亿元、100.3亿元和7.8亿元。

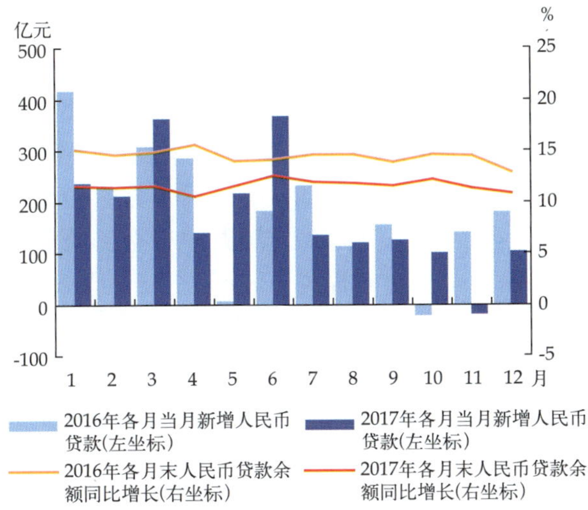

数据来源：中国人民银行呼和浩特中心支行。

图2　2016~2017年内蒙古自治区金融机构人民币贷款增长变化

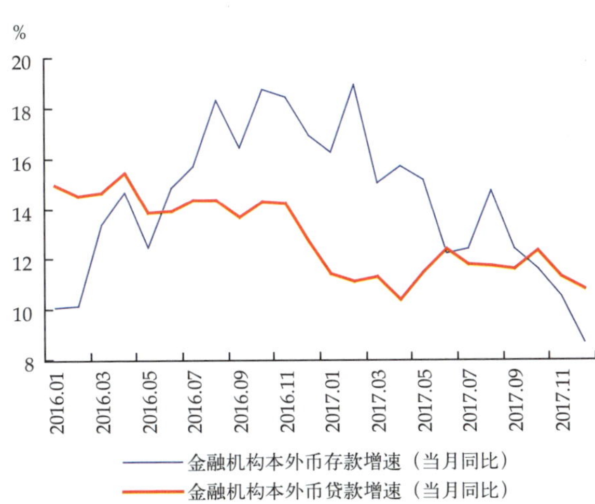

数据来源：中国人民银行呼和浩特中心支行。

图3　2016~2017年内蒙古自治区金融机构本外币存、贷款增速变化

4. 表外业务增势分化，表外融资小幅下降。伴随着金融去杠杆和监管趋严，委托贷款明显收缩，信托贷款持续负增长，未贴现银行承兑汇票同比多增。2017年，全区表外业务融资净减少130.6亿元，同比少增159.6亿元。其中，委托贷款同比少增306.2亿元，信托贷款同比多降20.6亿元，未贴现银行承兑汇票同比多增167.2亿元，表外融资业务总体呈收缩态势。

5. 负债成本提高，贷款利率上行。受金融去杠杆与强监管政策影响，金融机构资金流动性趋紧，负债成本显著上升。12月，全区金融机构定期存款加权平均利率为2.54%，高于上年同期0.63个百分点。银行的负债端成本上升逐步向资产端传导，全年一般贷款加权平均利率为6.64%，较上年上升0.13个百分点。内蒙古利率定价自律机制积极发挥作用，切实维护市场竞争秩序，金融机构差异化、精细化定价能力显著提高。地方法人金融机构主动负债能力进一步增强，全年累计发行同业存单2 406.5亿元、大额存单124.5亿元。2017年，美元存款利率波动明显。

表2　2017年内蒙古自治区金融机构人民币贷款各利率区间占比

单位：%

月份		1月	2月	3月	4月	5月	6月
合计		100.0	100.0	100.0	100.0	100.0	100.0
下浮		14.9	18.1	14.0	15.8	17.1	9.7
基准		17.5	23.8	19.5	15.4	14.0	20.2
上浮	小计	67.6	58.1	66.5	68.8	68.9	70.1
	(1.0，1.1]	11.7	11.8	10.8	9.8	11.3	16.0
	(1.1，1.3]	9.2	14.1	17.6	11.5	11.8	9.2
	(1.3，1.5]	8.9	8.5	5.3	5.1	7.1	9.2
	(1.5，2.0]	15.1	6.5	10.1	19.5	16.2	16.7
	2.0以上	22.7	17.2	22.7	22.9	22.5	19.0
月份		7月	8月	9月	10月	11月	12月
合计		100.0	100.0	100.0	100.0	100.0	100.0
下浮		6.7	8.6	7.8	9.1	5.0	7.1
基准		17.5	23.5	22.5	26.0	24.1	23.1
上浮	小计	75.8	67.9	69.7	64.9	70.9	69.8
	(1.0，1.1]	19.1	9.8	11.3	10.1	12.0	12.1
	(1.1，1.3]	12.8	10.9	13.4	12.0	8.2	11.9
	(1.3，1.5]	6.5	7.1	8.6	6.3	9.2	6.3
	(1.5，2.0]	16.2	21.3	17.8	19.0	13.9	16.1
	2.0以上	21.2	18.8	18.6	17.5	27.6	23.4

数据来源：中国人民银行呼和浩特中心支行。

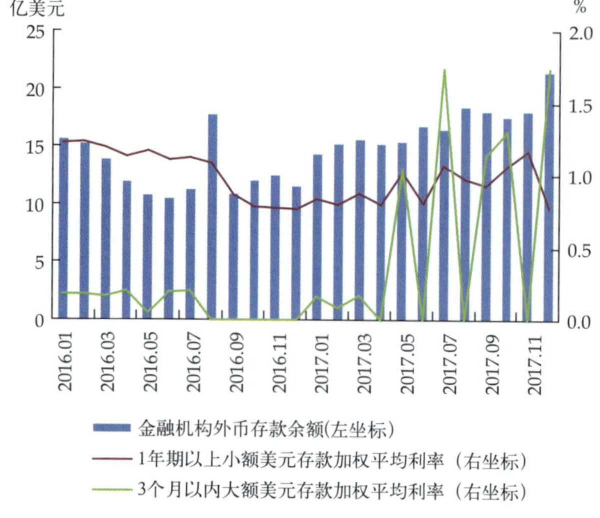

数据来源：中国人民银行呼和浩特中心支行。

图4 2016~2017年内蒙古自治区金融机构外币存款余额及外币存款利率

6. 不良贷款增势放缓，信贷资产质量依然承压。2017年，全区地方法人银行业金融机构杠杆率为6.7%，流动性比例为55.1%，个别地区和个别机构的风险较为突出，但风险总体可控。年末全区银行业金融机构不良贷款余额较年初增加87.4亿元，不良贷款率与年初持平。不良贷款上迁、收回、处置核销的力度加大，关注类贷款余额和不良贷款偏离度也均呈现下降，不良贷款增长的压力有所缓解，但"边清边冒"的问题依然突出，潜在的不良贷款风险仍然存在。

7. 金融改革稳步推进，金融服务水平不断提升。农信社深化改革深入推进，全年共有4家农村信用社改制为农村商业银行；包商惠农贷款公司改制为村镇银行，2家村镇银行更换了发起行。中国农业银行"三农金融事业部"改革持续深化，年末中国农业银行内蒙古分行三农金融事业部各项贷款余额占分行全部贷款余额的44.3%，较上年提高1.5个百分点，服务"三农"水平进一步提升。深入推进普惠金融发展，辖内5家国有商业银行、2家股份制商业银行和1家地方法人银行业机构陆续设立普惠金融事业部或专业化的经营机构。

8. 跨境人民币业务创新发展，中俄、中蒙金融合作进一步深化。2017年，全区人民币跨境收支309.1亿元，占地区国际收支总额的27.4%，其中，对蒙人民币跨境结算117.5亿元，同比增长28.4%，占全国对蒙人民币跨境结算的88%。与毗邻俄蒙双边代理行关系稳步拓展，区内商业银行与蒙古国、俄罗斯商业银行建立62个代理行结算关系，开立金融同业往来账户154个。全区6家跨国企业集团开办跨境人民币资金集中运营业务。成功办理国内首笔蒙古图格里克现钞跨境调出业务。人民币对蒙古图格里克银行间市场区域交易顺利落地。

专栏1 承包草牧场的经营权抵押贷款试点工作取得积极进展

内蒙古赤峰市克什克腾旗、锡林郭勒盟镶黄旗是全国仅有的2个承包草牧场的经营权抵押贷款试点地区。试点工作启动以来，在中国人民银行积极推动、试点地区政府具体组织、金融机构积极参与下，形成了一套完整的制度和操作体系，草牧场承包经营权抵押贷款进展顺利，为增加牧区融资量、促进牧区经济发展起到了积极作用，也为少数民族牧业地区解决融资和发展问题积累了经验。

一、试点工作开展情况

（一）推进草牧场承包经营权确权和颁证工作

截至2017年末，克什克腾旗共发放《草原承包经营权证》56 044本，确权率和颁证率均为100%；镶黄旗发放新版《草原承包经营权证》5 430 本，颁证率达 95%，确权率达 100%，为开展承包草牧场的经营权抵押贷款试点夯实了工作基础。

（二）完善制度和配套机制建设

两地先后出台了《农村牧区承包土地（草牧场）的经营权抵押贷款试点工作实施细则》《草原承包经营权流转管理办法》等文件，为开展承包草牧场的经营权抵押贷款试点奠定了制度基础。中国人民银行呼和浩特中心支行联合自治区财政厅、金融办制定“两权”抵押贷款财政补贴政策，对试点地区金融机构当年以“两权”为单一抵押方式发放的贷款，按金额的 1% 给予补贴；对试点地区设立“两权”抵押贷款风险补偿基金的，按财政出资额给予 50% 的补助。

（三）建立风险补偿基金

为降低贷款风险，提高金融机构积极性，克什克腾旗政府、镶黄旗政府分别建立了 500 万元、600 万元的草牧场抵押贷款风险基金，并制定了具体的管理办法。办法规定，对金融机构开办抵押贷款出现非人为因素形成的损失，旗人民政府和贷款金融机构分担比例各为 50%。

（四）完善流转交易平台功能

克什克腾旗依托旗草监局建立流转交易平台，由旗草监局在平台网站发布草场流转供求信息，对流转的草场提交合同进行备案记载，并免费出具评估报告。同时，流转平台协助金融机构对抵押物进行流转处置，以流转收益保证贷款不受损失。

（五）合理开展价值评估

为提高草场价值评估的精准度，给放款银行提供科学合理的价值评估依据，镶黄旗提出“三方协议”评估法，既简化了评估流程，又切实减轻了牧民负担。截至 2017 年末，已有超过 25 万亩的草场实现了物权抵押功能。

二、试点工作取得的成效

（一）促进牧区经济发展

各金融机构充分利用承包草牧场的经营权抵押贷款试点工作契机，不断增加涉农信贷投入，促进牧区经济持续健康发展。截至 2017 年末，克什克腾旗草牧场抵押贷款余额 8 625 万元，当年累计发放 923 笔、7 974 万元，共支持了 911 户农牧户和 12 户新型农牧业经营主体；镶黄旗草牧场抵押贷款余额 8 255 万元，累计发放 1 604 笔、8 605 万元，共支持了 1 590 户农牧户和 4 户家庭农场。

（二）提高牧区金融服务水平

试点地区金融机构依托政府项目资金配套，以草牧场抵押为基础，创新推出草原肥羊贷、草原肥牛贷、牧草贷、牧机贷等信贷产品，进一步拓宽了广大牧户和牧业生产经营企业的融资渠道。同时，积极提高抵押贷款办理效率，从贷款审核到发放，一般在 3 个工作日内完成。

（三）降低了牧民融资成本

草牧场经营权抵押贷款利率一般在 7.2%~11.8%，低于同类贷款 2~3 个百分点，有效降低了牧区融资成本，一定程度上遏制了牧区高利贷现象。

（四）带动农牧户脱贫致富

克什克腾旗和镶黄旗均为内蒙古自治区级贫困县，试点工作开展以来，金融机构将推动草牧场抵押贷款与金融扶贫工作结合起来，有效带动了当地农牧户脱贫致富。如内蒙古草原金峰畜牧有限公司以草牧场经营权为抵押获得 400 万元贷款，通过与克旗扶贫办合作推出“羊联体”产业扶贫模式，引导扶持有能力、有意愿的贫困户加入“羊联体”，发展肉羊养殖业实现稳定脱贫。

（五）更好地促进草原生态保护

金融机构积极配合做好草原生态环境保护工作，严禁借款户通过草原承包经营权抵押贷款扩大牲畜饲养量，造成超载养畜，破坏草原生态环境。

（二）证券业平稳发展，直接融资能力较弱

2017年，内蒙古证券经营机构交易规模稳步增长，经营效益大幅提升，期货经纪公司业绩明显改善，上市公司市值上升，新三板挂牌企业数量和融资规模稳步增长。

1. 证券公司交易规模稳步增长，盈利水平大幅提升。2017年，内蒙古两家法人证券公司各项业务呈扩张态势，盈利能力明显增强。全年2家证券公司分支机构新增31家，新增客户25.6万户，托管股票市值同比增加48.1亿元，实现证券交易额同比增加6 275.5亿元。年末2家证券公司累计实现营业收入27.5亿元，同比增长27.2%，净利润同比增加2.9亿元，增长75.4%。辖内10家期货营业部全年主营业务收入同比增长176%，净利润同比增加0.06亿元。

表3　2017年内蒙古自治区证券业基本情况

项目	数量
总部设在辖内的证券公司数（家）	2
总部设在辖内的基金公司数（家）	0
总部设在辖内的期货公司数（家）	0
年末国内上市公司数（家）	26
当年国内股票（A股）筹资（亿元）	84.5
当年发行H股筹资（亿元）	0.0
当年国内债券筹资（亿元）	390.3
其中：短期融资券筹资额（亿元）	88.0
中期票据筹资额（亿元）	74.0

数据来源：内蒙古证监局。

2. 上市公司总市值上升，直接融资规模下降。2017年末，全区共有境内上市公司26家，同比持平，沪深两市上市公司总市值6 586.6亿元，同比增长29.3%。全年A股募集资金84.5亿元，同比下降50.6%；全年债券筹资390.3亿元，同比下降21.5%。2017年新三板市场企业数量和融资规模稳步增长，全区新三板上市企业66家，当年新增6家。新增募集资金13.6亿元，同比增长84.9%。

（三）保险业较快发展，助推经济与保障民生作用凸显

2017年，内蒙古保险市场总体呈现平稳较快发展，保障能力持续提高，市场秩序持续好转，市场格局日臻完善。

1. 市场主体保持稳定，赔付支出增速加快。2017年末，全区共有省级分公司42家，其中人身险公司18家，财产险公司24家。保险业资产总计1 116.6亿元，同比增长15.3%。全年实现保费收入569.9亿元，同比增长17.1%，低于上年6.1个百分点。全年赔付支出186.5亿元，同比增长35.4%，增速高于上年24.7个百分点。保险密度同比提高348元/人，保险深度同比上升0.3个百分点。

2. 保险保障功能不断提升，对经济社会的渗透力逐步提高。2017年，保险资金在全区投资余额超过700亿元，涉及11个投资主体，涵盖11个盟市60个项目。全面完成大兴安岭重点国有林管理局“4·30”“5·2”森林火灾理赔工作，共计支付赔款0.91亿元，帮助受灾林农及时做好灾害应对和灾后恢复重建工作。

表4　2017年内蒙古自治区保险业基本情况

项目	数量
总部设在辖内的保险公司数（家）	0
其中：财产险经营主体（家）	0
人身险经营主体（家）	0
保险公司分支机构（家）	42
其中：财产险公司分支机构（家）	24
人身险公司分支机构（家）	18
保费收入（中外资，亿元）	569.9
其中：财产险保费收入（中外资，亿元）	191.3
人身险保费收入（中外资，亿元）	378.7
各类赔款给付（中外资，亿元）	186.5
保险密度（元/人）	2 279.6
保险深度（%）	2.9

数据来源：内蒙古保监局。

（四）地区融资规模稳步增长，金融市场运行平稳

2017年，地区社会融资总量总体呈“前高

后低”走势，信贷融资是支撑社会融资规模增长的主要动力，直接融资规模下降，但较上年有所改善。银行间市场分化明显，票据市场稳步发展，金融市场运行总体平稳。

1. 地区融资规模保持稳定增长，直接融资同比下降。2017 年，全区社会融资规模增量为 2 104.2 亿元，比上年同期少 34 亿元。若还原政府债券置换的银行贷款 403.2 亿元和银行业金融机构不良贷款核销 153.8 亿元，社会融资规模新增 2 639.8 亿元。从结构看，信贷融资为支撑社会融资规模增长的主要动力，表外融资、直接融资小幅下降。直接融资净减少 26.7 亿元，同比少减 180.6 亿元。其中，企业债券融资净减少 111.2 亿元，同比少减 267.4 亿元；股票融资少于上年同期 86.8 亿元。

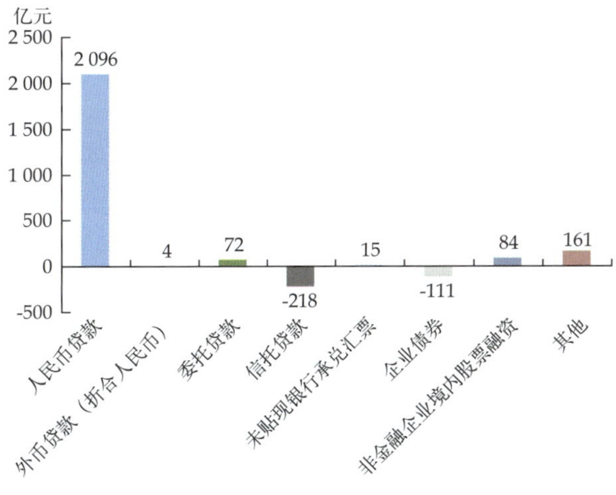

数据来源：中国人民银行呼和浩特中心支行。

图 5　2017 年内蒙古自治区社会融资规模分布结构

2. 货币市场交易分化明显，市场利率高位运行。2017 年，银行间同业拆借交易大幅下降，全区金融机构累计进行信用拆借交易 3 760.5 亿元，同比下降 57.7%。银行间债券交易活跃，债券回购交易 17.3 万亿元，同比增长 21.2%；现券交易 2.6 万亿元，同比增长 38.9%。从市场利率看，货币市场利率整体上行，同业拆借、债券回购加权平均利率较上年分别上升 95.3 个和 71 个基点。

3. 票据市场平稳运行，融资投向行业相对集中。2017 年末，全区金融机构承兑汇票余额 1 230.8 亿元，同比增加 33.7 亿元；贴现余额 787.4 亿元，同比增加 11.1 亿元。贴现主要集中于煤炭和钢铁行业。票据贴息利率大幅上升。12 月，全区票据直贴和转贴现利率分别较上年同期上升 1.3 个和 1.5 个百分点。

表 5　2017 年内蒙古自治区金融机构票据业务量统计

单位：亿元

季度	银行承兑汇票承兑		贴现			
			银行承兑汇票		商业承兑汇票	
	余额	累计发生额	余额	累计发生额	余额	累计发生额
1	1 187.1	469.7	884.6	10 807.8	20.2	10.2
2	1 067.5	377.5	743.3	5 724.4	35.4	21.5
3	1 116.08	526.5	741.97	6 183.6	37.5	15.6
4	1 230.8	471.6	787.4	6 299.7	29.3	20.5

数据来源：中国人民银行呼和浩特中心支行。

表 6　2017 年内蒙古自治区金融机构票据贴现、转贴现利率

单位：%

季度	贴现		转贴现	
	银行承兑汇票	商业承兑汇票	票据买断	票据回购
1	4.75	5.62	4.11	3.53
2	5.62	5.68	4.75	4.00
3	5.22	5.24	4.46	3.87
4	5.04	6.07	4.55	3.94

数据来源：中国人民银行呼和浩特中心支行。

（五）金融基础设施不断完善，金融生态环境持续优化

1. 信用体系建设扎实推进。2017 年，全区 18.5 万户企业和 1 522.7 万个自然人建立了信用档案。推动核心企业与应收账款融资平台达成系统对接意向，全年累计注册平台用户 2 562 户，通过平台达成融资交易 1 256 笔，融资金额 1 206 亿元。

2. 支付服务环境日趋完善。全区现代化支

付系统覆盖率、农信银支付清算系统县城乡镇合计接入比率、村镇银行接入支付系统比率均达100%。积极开展“助农金融服务点+”创新工作，设立助农取款服务点28 018个，覆盖村级行政区11 023个，村级行政区覆盖率超过98%。加强非现金支付工具推广应用，全年全区累计发放银行卡11 924.9万张，人均4.7张。

3. 金融消费权益保护成效明显。2017年，全区通过12363热线共受理金融消费者投诉122件、咨询411件，办结率100%。深入推动金融消费者教育和金融知识普及，制作“轻松识别网络电信诈骗十大陷阱”和“伪基站识别风险防控”动漫宣传短片，针对青少年、残疾人、农民、社区人员、务工人员等低净值人群开展金融知识普及专题活动，取得良好宣传效果。

二、经济运行情况

2017年，内蒙古经济运行总体保持了平稳态势，供给端的质量和层次明显提高，经济的内生增长动力和可持续性提升。全年实现地区生产总值16 103.2亿元，同比增长4.0%，低于全国平均增速2.9个百分点。三次产业结构为10.2：39.8：50.0，第三产业比重较上年提高7.5个百分点，对生产总值增长的贡献率达到了74.9%，拉动生产总值增长3.0个百分点，对经济增长起到了主要支撑作用。人均生产总值达到63 786元。

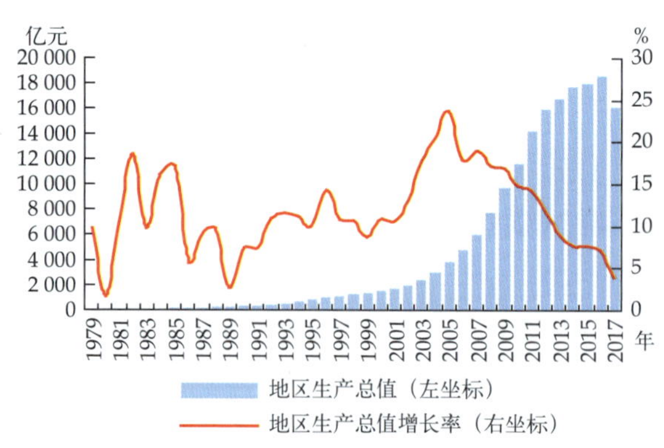

数据来源：内蒙古统计局。

图6 1979~2017年内蒙古自治区地区生产总值及其增长率

（一）有效需求相对稳定，结构不断调整优化

2017年，内蒙古投资同比下降，投资结构有所优化，消费结构升级，居民收入稳定增长，对外贸易保持快速增长。

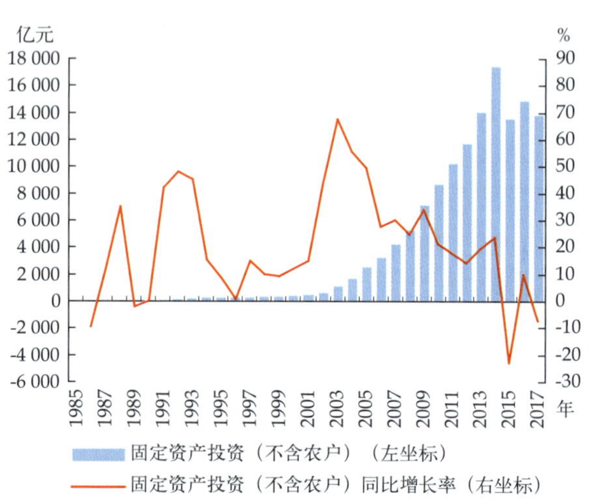

数据来源：内蒙古统计局。

图7 1985~2017年内蒙古自治区固定资产投资（不含农户）及其增长率

1. 投资增速回落明显，结构有所优化。按照控制政府债务的需要，全区一大批基础设施建设项目停工或缓建，全年投资呈现负增长态势。2017年，全区固定资产投资额完成14 219.3亿元，同比下降7.0%。投资结构进一步优化，第三产业投资占固定资产投资总额的54.2%，高于第二产业投资比重14.7个百分点；新兴产业投资增速加快，信息传输、软件和技术服务业以及科学研究和技术服务业投资增长较快，同比分别增长50.7%和19.6%；房地产开发投资下降，全年全区房地产开发完成投资889.7亿元，同比下降21.5%。

2. 消费市场平稳运行，城乡居民收入稳步增加。2017年，全区实现社会消费品零售总额7 160.2亿元，比上年增长6.9%，增速低于上年2.8个百分点。乡村消费市场增速继续领跑城镇消费市场，乡村零售额增速快于城镇增速2.9个百分点。城乡居民收入稳定增长，全年全区城镇居民和农村牧区居民人均可支配收入分别增长 8.2% 和 8.4%，均快于经济增速。

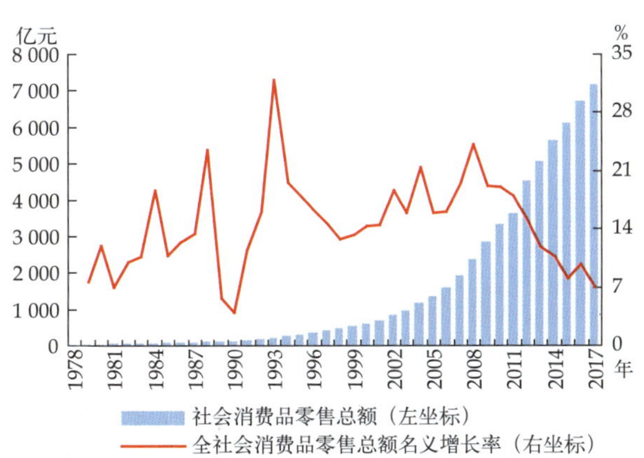

数据来源：内蒙古统计局。

图 8　1978~2017 年内蒙古自治区社会消费品零售总额及其增长率

3. 对外贸易保持较快增长，实际利用外资下降。 2017 年以来，全区进出口保持两位数高增长态势。全年货物进出口总额 942.4 亿元，同比增长 22.8%，高于全国平均增速 8.6 个百分点，增速排全国第 7 位。其中，出口完成 334.8 亿元，同比增长 15.8%；进口完成 607.7 亿元，同比增长 27%。分国别看，自治区对蒙古国和俄罗斯的进出口总值分别较上年增长 42.5% 和 12.4%。全年实际利用外资 31.5 亿美元，同比下降 20.6%，外商投资主要来自中国香港。

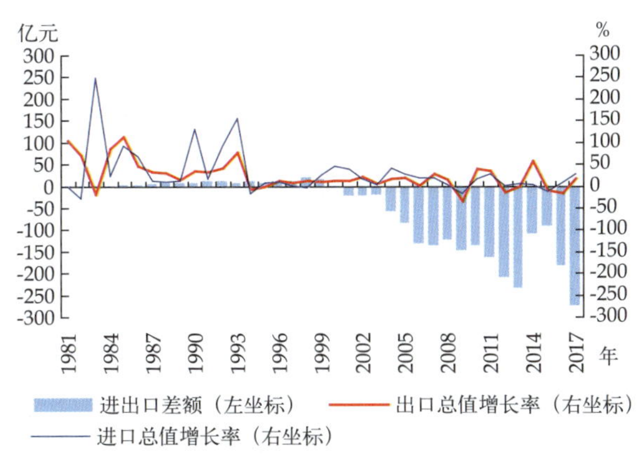

数据来源：内蒙古统计局。

图 9　1981~2017 年内蒙古自治区外贸进出口变动情况

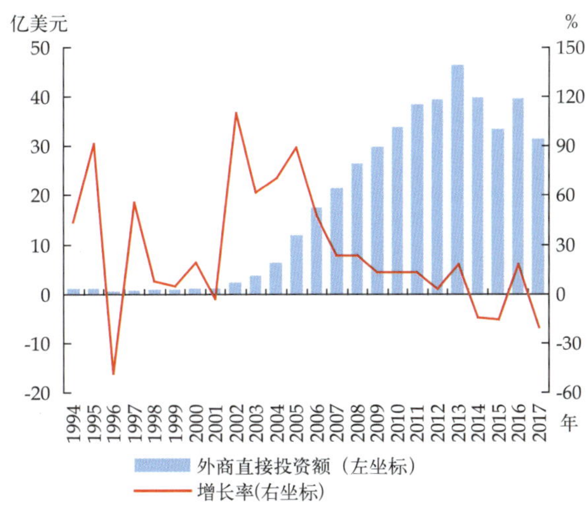

数据来源：内蒙古统计局。

图 10　1994~2017 年内蒙古自治区外商直接投资额及其增长率

（二）三次产业平稳发展，结构调整稳步推进

2017 年，内蒙古第三产业的快速发展，成为经济运行保持在合理区间的重要支撑，对整体经济的带动作用非常明显。

1. 农牧业结构进一步优化。 2017 年，全区粮食总产量达 553.7 亿斤，居全国第 10 位，自 2013 年以来连续 5 年稳定在 550 亿斤以上；种植业方面，压减籽粒玉米 783 万亩，超额完成了调减任务；牧业年度牲畜存栏 1.3 亿头（只），连续 13 年稳定在 1 亿头（只）以上。

2. 工业经济增速回落，企业效益回升。 2017 年，全区规模以上工业增加值同比增长 3.1%，增速较上年回落 4.1 个百分点。能源工业和化学工业同比分别增长 10.3% 和 11.8%，分别拉动工业增长 5.3 个和 1.5 个百分点。稀土化合物产能、云计算服务器承载能力居全国第一。工业企业效益持续改善，全年全区规模以上工业企业实现利润总额同比增长 1.2 倍。

3. 服务业保持较快增长。 2017 年，全区服务业增速、比重、对经济增长的贡献和拉动在三次产业中均居首位，起到了主要支撑作用。第三产业增加值同比增长 6.1%，对经济增长的贡献率达 74.9%，拉动生产总值增长 3.0 个百分点。全区规模以上服务业企业营业收入 1 178.1 亿元，同比增长 18.2%，高于全国平均水平 4.3 个百分点。

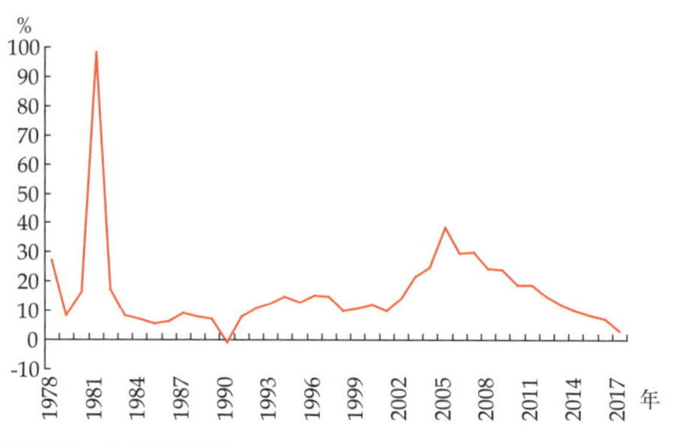

数据来源：内蒙古统计局。

图 11　1978~2017 年内蒙古自治区规模以上工业增加值实际增长率

4. 供给侧结构性改革扎实推进，“三去一降一补”取得成效。继续化解过剩产能，全年退出 810 万吨煤炭、55 万吨钢铁产能，取缔“地条钢”243 万吨，平板玻璃产量下降 1.3%，水泥产量下降 25.7%。积极稳妥去库存，坚持分类指导、因城施策，商品房待售面积下降 8.6%。扎实有效去杠杆，工业企业资产负债率 64.0%，同比下降 0.2 个百分点。综合施策降成本，推进简政放权、减税降费、电力市场化改革，降低实体经济成本。全区规模以上工业企业每百元主营业务收入中的成本同比下降 4.4 元。突出重点补短板，全区民生支出占一般公共预算支出的 69.8%，比上年提高 4 个百分点。

（三）物价运行平稳，工业生产者价格恢复性上涨

1. 居民消费价格指数温和上涨。2017 年，全区居民消费价格指数同比上涨 1.7%，涨幅较上年扩大 0.5 个百分点。其中，城市上涨 1.7%，农村牧区上涨 1.6%。分类别看，医疗保健类涨幅居首，上涨 10.0%，其他商品和服务价格相对稳定。

2. 工业生产者价格指数同比上涨。2017 年，全区工业生产者出厂价格指数同比上涨 10.6%，结束了自 2013 年以来连续 4 年下降的态势；工业生产者购进价格指数同比上涨 6.3%。

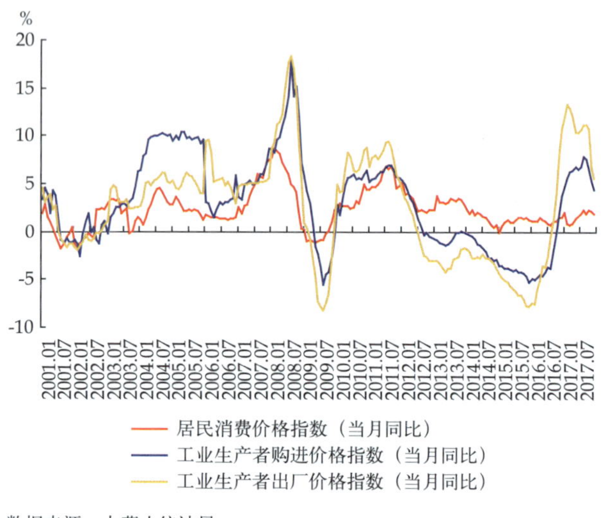

数据来源：内蒙古统计局。

图 12　2001~2017 年内蒙古自治区居民消费价格指数和工业生产者价格指数变动趋势

3. 持续推进电力市场化改革。通过完善电力市场多边交易平台建设、大用户直供等措施，全年共完成交易电量 983 亿千瓦时。发电、供电两侧累计向用电市场让利近 120 亿元。其中，新兴产业用电价格最低降到 0.26 元 / 度，大工业用电平均达到 0.32 元 / 度，处于全国最低水平。低电价提高了优势特色产品市场竞争力，稳定了存量企业，对内蒙古经济发展起到了积极的推动作用。

（四）财政收支总体平稳，保障民生改善需要

2017 年，全区全面落实“营改增”等减税降费政策和中央巡视“回头看”整改要求，一般公共预算收入完成 1 703.4 亿元，同比下降 14.4%，剔除 2016 年虚增空转因素，按可比口径同比增长 14.6%。全区一般公共预算支出达到 4 523.1 亿元，同比增加 10.4 亿元，增长 0.2%。用于民生方面支出占一般公共预算支

出的 69.8%。地方政府债发行规模缩小，全年发行地方债券 1 310.1 亿元，完成发行计划的 81.9%，较上年减少 1 191.9 亿元。全面支持重点项目建设，大力推广政府和社会资本合作项目，全区 96 个政府和社会资本合作项目落地，带动社会投资 1 126 亿元。

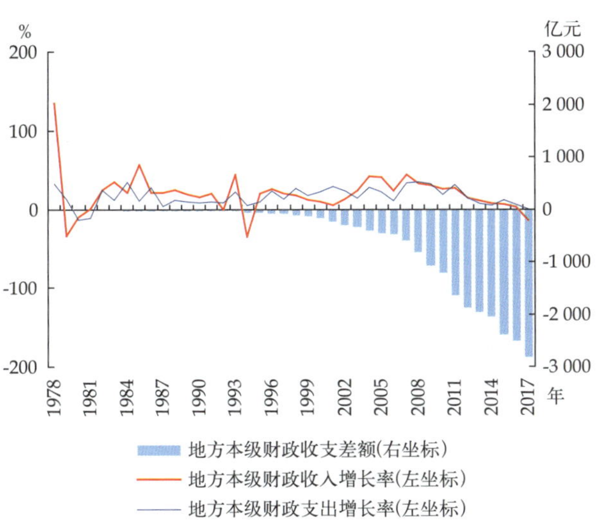

数据来源：内蒙古统计局。

图 13　1978~2017 年内蒙古自治区财政收支状况

（五）房地产市场保持平稳，大数据产业助推传统产业转型升级

1. 房地产开发投资降幅明显，商品房销售面积及销售额增速回落，房地产金融运行平稳。

（1）房地产开发投资呈下降趋势。2017 年末，全区房地产开发投资额同比下降 21.5%。其中，住宅开发投资完成额同比下降 18.6%，住宅开发投资占房地产开发投资的 72.6%。全年房地产新开工面积和商品房屋施工面积同比分别下降 8% 和 12.8%，商品房竣工面积同比增长 45%。

（2）商品房销售面积及销售额增速下降，重点城市房价上涨。2017 年末，全区商品房销售面积同比下降 18.2%，商品房销售额同比下降 16.7%。从房价走势看，全区主城区新建商品住房均价为 4 120 元 / 平方米，同比上涨 8.2%。其中，呼和浩特和包头主城区新建商品住房均价分别为 5 679 元 / 平方米和 5267 元 / 平方米，分别同比上升 8.8% 和 8.6%。

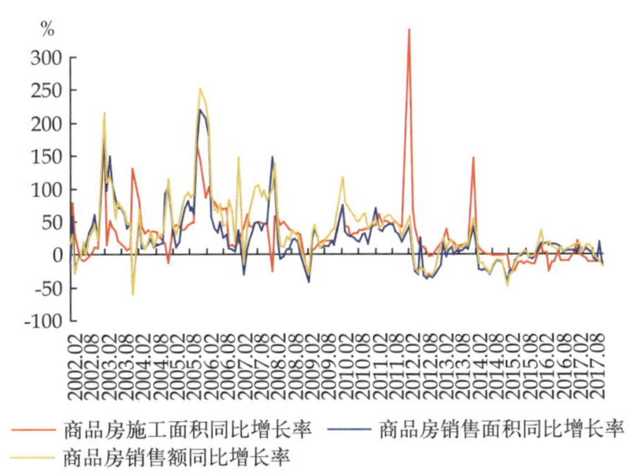

数据来源：内蒙古统计局。

图 14　2002~2017 年内蒙古自治区商品房施工和销售变动趋势

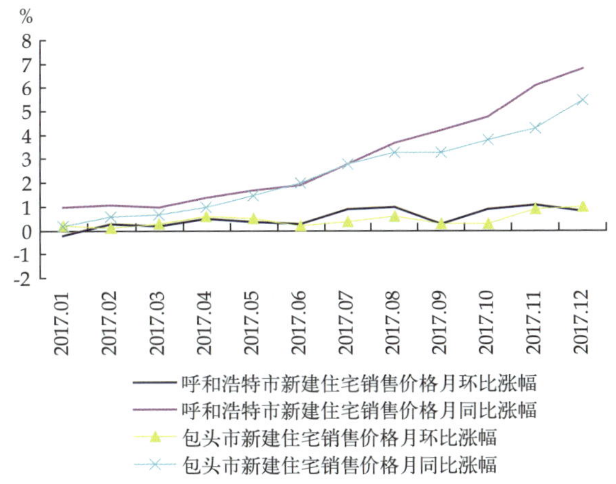

数据来源：内蒙古统计局。

图 15　2017 年内蒙古自治区主要城市新建住宅销售价格变动趋势

（3）房地产贷款增速放缓，个人住房贷款快速攀升。2017 年，全区房地产贷款余额增长 15.1%，增速同比下降 11.6 个百分点。其中，保障性住房开发贷款余额增长 37.9%，增速同比下降 59 个百分点；货币化安置比例达 97.7%，同比提高 22.5 个百分点。全区金融机构认真贯彻落实差别化住房信贷政策，重点支持首套购房

需求。个人住房贷款余额同比增长 17.1%，增速同比提升 5.7 个百分点。从增量看，个人住房贷款新增占全部房地产各项贷款新增的比重达到 50.2%，同比提高 28.6 个百分点 。全年执行首套房信贷政策的占比为 89.8%，首套房交易中，平均首付比例为 29.8%。

专栏 2　结合农村信用体系建设探索金融扶贫新模式　助推金融精准扶贫取得实效

中国人民银行呼和浩特中心支行积极落实各项金融精准扶贫政策，充分发挥央行扶贫再贷款引领作用，强化信贷产品创新。辖内分支机构在金融精准扶贫实践中将农村信用体系建设与扶贫再贷款相结合，创新实施“信用体系 + 扶贫再贷款政策”金融扶贫模式，推出“央贷信”“精准扶贫通”等系列信贷产品，进一步提高了金融扶贫精准度，改善了农村信用环境，金融助推脱贫攻坚成效显著。

一、主要做法

（一）立足当地，创新模式

兴安盟中心支行以开展“信用村”建设为切入点，通过“内蒙古自治区小微企业和农村信用信息系统”（以下简称系统）为每一个农牧户建立信用档案，根据农牧户资产负债情况、家庭收入情况、历史信用状况等因素为农牧户科学评定信用等级，对建档立卡贫困信用户量身定做金融产品，推出了扶贫再贷款创新项目“央贷信”业务。锡林郭勒盟中心支行以扶贫办提供的建档立卡贫困户花名册为依据，将贫困户“建档立卡”数据纳入到系统中，筛选出“信用户 + 贫困户”作为重点关注户，推出“精准扶贫通”信贷产品对信用贫困户给予扶贫再贷款的优先扶持。逐步形成“扶贫再贷款 + 征信 + 涉农牧小企业 + 贫困户”“扶贫再贷款 + 征信 + 青年信用示范户 + 贫困户”“扶贫再贷款 + 征信 + 农牧民专业合作社 + 贫困户”“扶贫再贷款 + 征信 + 党员 + 贫困户”四种模式，提高建档立卡贫困户获贷的可得性，推动社会信用意识提高。

（二）制订方案，周密筹划

货币信贷与征信部门共同研究农牧户信用指标体系信用状况评价方法，制作信息采集表，建立贫困户扶贫档案。成立由中国人民银行、扶贫办、涉农金融机构以及乡镇政府和村委会参与的金融扶贫工作领导小组。截至 2017 年末，兴安盟共建成信用村 250 个，采集农牧户信息 158 654 户，数据完整率达 97%。深入嘎查村贫困户，以专题培训、实践活动、典型宣传等方式，宣传信用村评定工作的目的、意义和内容。

（三）构筑平台，提高效率

金融机构利用人民银行征信部门构筑的信息平台，运用科学的方法为农牧户信用水平打分评价。系统在农牧户与金融机构、相关政府部门等信息使用者之间构筑了信息共享的平台，提高了涉农金融机构审贷效率。

（四）政策引领，降低风险

地方政府及相关部门积极参与试点工作，为建档立卡贫困户贷款贴息，贴息比例在 3~5 个百分点，基本覆盖贫困户贷款利息。通过财政扶贫资金建立风险补偿和缓释机制，存入一定数量的保证金并按照保证金比例扩大 10 倍发放扶贫贷款，对扶贫贷款进行风险缓释。通过建立动态的信用村退出机制，增强村民诚实守信意识，一定程度上降低了扶贫贷款的风险，调动了地方法人金融机构开展金融扶贫的积极性。

二、取得的成效

（一）降低融资成本，助力农牧民脱贫致富

截至2017年末，兴安盟地区250个信用村已累计投放“央贷信”扶贫再贷款18.1亿元，挂牌的“信用村”贷款利率执行4.35%，共为农牧民节省利息支出8 672万元，24 300户农牧户从中受益。自试点工作开展以来，试点地区9 287户农牧户脱贫致富，95%以上脱贫户直接从金融扶贫政策中受益。锡林郭勒盟“精准扶贫通”信贷产品累计发放6 345万元，扶持120名建档立卡贫困户实现就业脱贫。

（二）农户贷款覆盖面扩大，贷款满意度得到提升

“央贷信”低利率贷款的农牧民惠及面不断扩大，试点地区“信用村”农户申请贷款获得率达100%，授信额度可高达5万~10万元，农户（含贫困户）贷款需求得到有效满足。

（三）“守信激励、失信惩戒”机制的实施，促进了农村信用环境改善

试点工作使老百姓的信用观念发生根本变化，对涉农金融机构的认识有了好转，特别是信用村退出机制，使村民的诚信意识和主动还款意愿明显增强，农村信用环境得到进一步提升。试点地区信用村的贷款获得率和归还率均达到100%。

2. 大数据行业应用不断深化，助推传统产业转型升级。

（1）大数据产业体系逐渐形成。内蒙古大数据发展全面落实对外开放战略，全方位开展对外交流合作和招商引资。2017年，新引进大数据招商合作项目53个，总投资约347.65亿元。和林格尔新区大数据产业园等一批大数据园区加快建设，苹果、京东、微软（中国）公司、银河航天（北京）科技、今日头条等行业领军企业相继落户，产业集聚效应开始显现。

（2）大数据行业应用不断深化。在全国率先建立了能源云、乳业大数据平台、稀土交易大数据平台、牧区全产业链溯源数据平台和煤炭、药材、草业等一批大数据应用系统，各领域的大数据应用逐渐开展，大数据在带动传统产业转型升级中的效应开始显现。

三、预测与展望

2018年是改革开放40周年，是决胜全面建成小康社会、实施“十三五”规划承上启下的关键一年。内蒙古正处于新旧动能转换和转型升级的关键期，经济运行中自身长期积累的结构性矛盾和积极因素相互交织。一方面，内蒙古经济发展不平衡不充分问题突出，传统产业依赖与新产业支撑不足并存，经济发展的质量和效益不高，脱贫攻坚任务艰巨，生态环境依然脆弱，化解政府债务需要进一步加大力度。另一方面，经济运行中的积极变化和利好因素增多。首先，经济指标去虚求实，财政税收质量明显提高，用电量、货运量等先行指标持续好转，企业效益改善，经济增长的根基更加稳固；其次，以云计算和大数据为代表的信息技术产业、新型煤化工产业、新能源产业、蒙医药产业等一系列新动能的涌现助推经济转型升级发展，经济的内生增长动力和可持续性不断增强。预计2018年内蒙古地区生产总值增长6.5%左右，居民消费价格涨幅在3%左右，城乡居民人均可支配收入分别增长7.5%左右。

2018年，内蒙古金融业将全面深入贯彻落实党的十九大和中央经济工作会议、全国金融工作会议精神，以习近平新时代中国特色社会主义思想为指导，按照高质量发展要求，继续执行好稳健中性货币政策，认真贯彻落实货币政策和宏观审慎政策双支柱调控框架，积极推动金融改革，进一步优化信贷结构，提高直接融资比重，切实防范化解金融风险，提升服务实体经济效率和水平，做好稳增长、促改革、调结构、惠民生、防风险各项工作，保持货币

信贷和社会融资规模合理适度增长，为自治区供给侧结构性改革和高质量发展营造中性适度的货币金融环境。

中国人民银行呼和浩特中心支行货币政策分析小组

总　纂：肖龙沧　肖长江

统　稿：师立强　李　雄　汪俊艳　刘春雷

执　笔：高国鹏　陈　璐　杨　茁　韩光涛　赵　婧　赵　平　伊丽琪　张海波　苏　雅　郭　鑫

提供材料的还有：张宇薇　刘天梅　王　璐　闵德明　库晓星　陈新行　张佳伟　李幸瑶　周雪峰　袁井香　乔　莉

附录

（一）2017年内蒙古自治区经济金融大事记

3月10日，编撰发布《2016年内蒙古经济金融运行分析报告》，该报告为社会各界全面了解内蒙古经济金融运行提供了信息平台。

5月22日，内蒙古自治区政府一般债券通过上海证券交易所政府债券发行系统成功发行，这是内蒙古首次在上交所市场发行政府债券，也是上交所2017年以来成功发行的第三单地方政府债券。

7月29日，内蒙古自治区金融支持东部盟市跨越发展政银企推进会暨小微企业应收账款融资专项行动启动会议在兴安盟召开。签约仪式上，金融机构与东部盟市重点项目单位达成473.7亿元融资意向。

7月29日，第六届库布其国际沙漠论坛在内蒙古库布其沙漠隆重开幕，主题为“绿色一带一路，共享沙漠经济”，习近平总书记发来贺电，马凯副总理出席开幕式并发表主题演讲。

8月3日，内蒙古首条高铁路线——张呼客专呼和浩特东至乌兰察布段开通运行。

8月11日，人民币对蒙古图格里克银行间市场区域交易在呼和浩特正式启动，实现了中蒙两国货币的直接兑换。

9月7日，采取券款对付结算方式（以下简称DVP结算）向内蒙古银行发放常备借贷便利1 000万元，标志着常备借贷便利DVP结算操作在内蒙古正式落地。

9月26~30日，第二届中蒙博览会在呼和浩特市举办，各投资贸易方签署合作协议、意向47项，投资额达到881.43亿元和179.9亿蒙古图格里克。

12月11日，世界首条稀土硫化物着色剂连续化隧道窑生产线在包头市建成，并成功实现产业化。

12月26日，通过上海票据交易所系统再贴现模块，成功办理内蒙古首笔票交所系统再贴现业务。

（二）2017年内蒙古自治区主要经济金融指标

表1 2017年内蒙古自治区主要存贷款指标

		1月	2月	3月	4月	5月	6月	7月	8月	9月	10月	11月	12月
本外币	金融机构各项存款余额（亿元）	21 445.2	21 924.7	22 123.2	22 253.0	22 405.1	22 529.9	22 832.6	23 567.7	23 380.3	23 562.0	23 392.4	23 092.7
	其中：住户存款	10 568.4	10 553.6	10 654.4	10 432.4	10 400.9	10 522.6	10 450.2	10 448.7	10 640.4	10 481.3	10 480.9	10 777.5
	非金融企业存款	5 874.3	5 993.2	6 100.4	6 300.0	6 307.9	6 463.2	6 445.6	6 593.4	6 565.2	6 575.7	6 618.5	6 834.0
	各项存款余额比上月增加（亿元）	199.6	479.4	198.5	129.8	152.1	124.8	302.7	735.1	-187.4	181.7	-169.6	-299.7
	金融机构各项存款同比增长（%）	16.2	18.9	15.0	15.7	15.1	12.2	12.4	14.7	12.4	11.6	10.5	8.7
	金融机构各项贷款余额（亿元）	19 691.1	19 899.6	20 269.0	20 408.8	20 622.9	20 988.3	21 122.2	21 242.9	21 386.0	21 486.3	21 450.4	21 566.3
	其中：短期	7 158.3	7 187.3	7 332.9	7 472.5	7 542.2	7 730.6	7 778.2	7 812.9	7 806.5	7 807.4	7 761.2	7 709.0
	中长期	11 711.6	11 846.9	12 113.6	12 121.3	12 253.9	12 433.3	12 562.7	12 648.7	12 796.2	12 896.7	12 895.2	13 005.5
	票据融资	714.0	722.7	704.0	688.2	700.3	669.4	654.6	654.5	654.8	654.1	672.1	737.5
	各项贷款余额比上月增加（亿元）	232.7	208.5	369.4	139.8	214.1	365.4	133.9	120.7	143.1	100.3	-35.9	115.9
	其中：短期	20.3	29.0	145.6	139.6	69.7	188.4	47.6	34.7	-6.4	0.9	-46.2	-52.2
	中长期	212.0	135.3	266.7	7.7	132.6	179.4	129.4	86.0	147.5	100.5	-1.5	110.3
	票据融资	-0.2	8.8	-18.7	-15.8	12.1	-30.9	-14.8	-0.1	0.3	-0.7	18.0	65.4
	金融机构各项贷款同比增长（%）	11.4	11.1	11.3	10.4	11.5	12.4	11.8	11.7	11.6	12.3	11.3	10.8
	其中：短期	2.8	2.0	2.2	3.1	3.4	6.7	6.4	7.0	7.9	8.8	8.2	7.9
	中长期	19.5	19.8	20.1	18.0	19.0	17.9	16.8	16.4	15.3	15.5	14.5	13.2
	票据融资	-10.6	-13.9	-10.9	-17.0	-9.3	-10.5	-6.8	-7.1	-7.0	-1.8	-5.5	3.3
	建筑业贷款余额（亿元）	626.3	626.8	628.2	644.2	674.1	721.8	723.6	730.4	738.1	769.5	781.7	794.5
	房地产业贷款余额（亿元）	549.0	548.5	576.7	587.1	572.8	592.2	598.2	587.9	577.6	593.5	521.0	526.0
	建筑业贷款同比增长（%）	30.6	29.6	23.0	11.7	19.1	24.4	24.1	26.9	29.6	35.6	38.2	32.3
	房地产业贷款同比增长（%）	3.1	2.6	8.0	9.0	8.3	13.0	14.0	17.1	14.3	15.7	-2.4	-3.1
人民币	金融机构各项存款余额（亿元）	21 347.1	21 820.1	22 015.9	22 148.4	22 299.6	22 416.4	22 721.2	23 446.3	23 261.2	23 446.0	23 273.2	22 952.8
	其中：住户存款	10 516.8	10 502.5	10 604.0	10 382.4	10 350.9	10 472.6	10 400.6	10 401.2	10 593.4	10 434.1	10 433.9	10 730.0
	非金融企业存款	5 833.0	5 946.9	6 049.3	6 250.8	6 258.7	6 405.7	6 391.1	6 525.8	6 500.4	6 513.9	6 552.3	6 748.1
	各项存款余额比上月增加（亿元）	181.5	473.0	195.8	132.5	151.2	116.8	304.8	725.1	-185.1	184.8	-172.8	-320.4
	其中：住户存款	555.9	-14.3	101.5	-221.6	-31.5	121.7	-72.0	0.6	192.2	-159.3	-0.2	296.1
	非金融企业存款	-121.2	113.9	102.4	201.5	7.9	147.0	-14.6	134.7	-25.4	13.5	38.4	195.8
	各项存款同比增长（%）	16.3	18.9	15.0	15.7	15.0	12.0	12.2	14.8	12.2	11.5	10.4	8.4
	其中：住户存款	16.0	12.5	12.7	12.2	12.3	11.9	11.0	9.9	9.7	9.1	8.0	7.7
	非金融企业存款	14.4	19.8	15.9	16.6	14.1	14.6	13.4	9.5	6.7	9.2	9.4	13.2
	金融机构各项贷款余额（亿元）	19 597.8	19 809.3	20 171.6	20 310.7	20 526.6	20 892.8	21 027.9	21 148.8	21 274.4	21 373.3	21 353.3	21 456.0
	其中：个人消费贷款	2 308.2	2 318.5	2 377.1	2 398.9	2 440.6	2 511.5	2 553.7	2 594.0	2 663.7	2 697.8	2 754.5	2 767.0
	票据融资	714.0	722.7	704.0	688.2	700.3	669.4	654.6	654.5	654.8	654.1	672.1	737.5
	各项贷款余额比上月增加（亿元）	236.8	211.5	362.3	139.1	215.9	366.2	135.1	120.9	125.6	98.9	-20.0	102.7
	其中：个人消费贷款	21.0	10.3	58.6	21.8	41.7	70.9	42.2	40.3	69.7	34.1	56.7	12.5
	票据融资	-0.2	8.7	-18.7	-15.8	12.1	-30.9	-14.8	-0.1	0.3	-0.7	18.0	65.4
	金融机构各项贷款同比增长（%）	11.6	11.4	11.5	10.5	11.6	12.5	11.9	11.8	11.6	12.2	11.3	10.8
	其中：个人消费贷款	12.3	14.3	15.4	14.9	15.4	16.7	16.9	17.0	18.9	20.5	21.1	21.0
	票据融资	-10.6	-13.9	-10.9	-17.0	-9.3	-10.5	-6.8	-7.1	-7.0	-1.8	-5.5	3.3
外币	金融机构外币存款余额（亿美元）	14.3	15.2	15.6	15.2	15.4	16.8	16.5	18.4	18.0	17.5	18.0	21.4
	金融机构外币存款同比增长（%）	-8.3	-0.1	12.6	27.6	42.1	60.3	47.8	3.9	65.9	46.4	44.0	85.4
	金融机构外币贷款余额（亿美元）	13.6	13.1	14.1	14.2	14.0	14.1	14.0	14.3	16.8	17.0	14.7	16.9
	金融机构外币贷款同比增长（%）	-27.8	-30.3	-21.1	-19.1	-15.9	-9.8	-8.4	-4.9	14.8	19.5	3.3	20.3

数据来源：中国人民银行呼和浩特中心支行。

表 2　2001~2017 年内蒙古自治区各类价格指数

单位：%

		居民消费价格指数		农业生产资料价格指数		工业生产者购进价格指数		工业生产者出厂价格指数	
		当月同比	累计同比	当月同比	累计同比	当月同比	累计同比	当月同比	累计同比
2001		—	1.3	—	1.4	—	-0.1	—	-0.7
2002		—	0.2	—	2.6	—	-0.1	—	-0.7
2003		—	2.1	—	1.2	—	2.9	—	3.2
2004		—	2.9	—	9.5	—	9.2	—	5.1
2005		—	2.4	—	8.3	—	9.8	—	5.1
2006		—	1.5	—	1.1	—	5.9	—	3
2007		—	4.6	—	3	—	4.8	—	5.7
2008		—	5.7	—	14.9	—	11.7	—	12.5
2009		—	-0.3	—	-0.3	—	-0.87	—	-3.77
2010		—	3.2	—	2	—	4.97	—	6.71
2011		—	5.6	—	6.3	—	6.1	—	7.8
2012		—	3.1	—	4.9	—	2	—	0.2
2013		—	3.2	—	3.5	—	-0.7	—	-3
2014		—	1.6	—	-0.1	—	-1.6	—	-2.7
2015		—	1.1	—	-1.3	—	-4.1	—	-6
2016		—	1.2	—	-3.6	—	-2.6	—	-1.1
2017		—	1.7	—	0.0	—	6.3	—	10.6
2016	1	0	0	-1.1	-1.1	-4.8	-4.8	-7.4	-7.4
	2	1.3	1.2	-1.1	-1.1	-4.9	-4.8	-7.5	-7.4
	3	1.2	1.2	-3.2	-1.8	-4.7	-4.8	-5.9	-6.9
	4	1.6	1.3	-4.1	-2.4	-4.4	-4.7	-5	-6.5
	5	1.3	1.3	-3.7	-2.7	-4.5	-4.6	-3.5	-5.9
	6	1.1	1.3	-3.6	-2.8	-4.1	-4.5	-3.6	-5.5
	7	0.9	1.2	-3.8	-3	-3.6	-4.4	-2.5	-5.1
	8	0.7	1.1	-4.4	-3.1	-3.3	-4.3	-0.6	-4.5
	9	1.1	1.1	-4.1	-3.3	-1.7	-4	1.5	-3.9
	10	1.1	1.1	-5	-3.4	-0.1	-3.6	4.1	-3.1
	11	1.5	1.2	-4.7	-3.5	1.9	-3.1	8.2	-2.1
	12	1.5	1.2	-4.2	-3.6	3.8	-2.6	10.8	-1.1
2017	1	2.1	2.1	-3.6	-3.6	4.8	4.8	12	12
	2	0.9	1.5	-3.5	-3.5	5.6	5.2	13.4	12.7
	3	0.8	1.3	-0.1	-2.7	6.3	5.6	13	12.8
	4	0.9	1.2	0.5	-1.9	6.4	5.8	12.2	12.7
	5	1.4	1.2	-0.5	-1.6	6.8	6	10.5	12.2
	6	1.7	1.3	-0.5	-1.5	6.6	6.1	10.5	11.9
	7	1.9	1.4	-0.2	-1.3	6.9	6.2	10.7	11.8
	8	2.3	1.5	1.1	-1	7.9	6.4	11.2	11.7
	9	2	1.6	1.2	-0.7	7.7	6.6	11.3	11.6
	10	2.3	1.6	2.2	-0.5	6.6	6.6	10.9	11.6
	11	2.2	1.7	2.4	-0.2	5.4	6.4	6.8	11.1
	12	1.9	1.7	2.2	0.0	4.5	6.3	5.7	10.6

数据来源：国家统计局内蒙古调查总队、《中国经济景气月报》。

表 3 2017 年内蒙古自治区主要经济指标

	1 月	2 月	3 月	4 月	5 月	6 月	7 月	8 月	9 月	10 月	11 月	12 月
	绝对值（自年初累计）											
地区生产总值（亿元）	—	—	3 742.2	—	—	8 465.7	—	—	13 740.2	—	—	16 103.2
第一产业	—	—	142.2	—	—	338.4	—	—	668.2	—	—	1 647.2
第二产业	—	—	1 861.5	—	—	4 120.4	—	—	6 791.7	—	—	6 408.6
第三产业	—	—	1 738.5	—	—	4 006.9	—	—	6 280.3	—	—	8 047.4
工业增加值（亿元）	—	—	—	—	—	—	—	—	—	—	—	—
固定资产投资（亿元）	—	99.5	652.9	1 906.5	3 889.4	6 870.2	8 861.2	10 859.4	12 700.5	13 627.2	14 068.3	14 219.3
房地产开发投资	—	7.6	40.4	107.5	216.1	373.1	496.2	616.2	757.2	863.4	906.0	889.7
社会消费品零售总额（亿元）	—	1 139.6	1 668.0	2 186.4	2 742.6	3 315.1	3 891.7	4 498.2	5 121.0	5 808.7	6 474.3	7 160.2
外贸进出口总额（亿元）	—	141.1	232.2	330.6	414.9	495.5	572.8	646.3	717.5	787.3	864.9	942.4
进口	—	91.0	150.6	217.2	268.1	322.5	366.1	416.7	462.6	509.6	559.8	607.7
出口	—	50.2	81.6	113.4	146.9	172.9	206.7	229.6	255.0	277.6	305.1	334.8
进出口差额（出口 – 进口）	—	-40.8	-69.0	-103.8	-121.2	-149.6	-159.5	-187.1	-207.6	-232.0	-254.8	-272.9
实际利用外资（亿美元）	—	1.3	1.7	5.4	10.0	12.2	13.9	16.4	20.4	21.4	24.3	31.5
地方财政收支差额（亿元）	—	-251.5	-421.1	-658.5	-837.6	-1 251.9	-1 384.4	-1 677.4	-1 991.4	-2 089.3	-2 278.5	180.3
地方财政收入	—	318.1	523.6	680.8	852.9	1 110.5	1 270.9	1 379.7	1 482.5	1 507.0	1 631.1	1 703.4
地方财政支出	—	569.5	944.7	1 339.3	1 690.5	2 362.5	2 655.3	3 057.1	3 473.8	3 676.3	3 909.7	4 523.1
城镇登记失业率（%）（季度）	—	—		—	—		—	—		—	—	3.6
	同比累计增长率（%）											
地区生产总值	—	—	7.2	—	—	6.6	—	3.0	5.0	—	—	4.0
第一产业	—	—	2.7	—	—	3.1	—	—	3.6	—	—	3.7
第二产业	—	—	6.8	—	—	5.3	—	—	2.8	—	—	1.5
第三产业	—	—	7.9	—	—	8.4	—	—	7.8	—	—	6.1
工业增加值	—	—	7.6	6.2	6.4	5.5	4.2	3.0	2.6	3.6	3.5	3.1
固定资产投资	—	12.2	14.8	12.4	12.2	11.3	7.5	5.9	1.1	-3.9	-6.3	-7.0
房地产开发投资	—	3.7	9.7	10.6	7.9	-8.3	-10.6	-13.1	-14.9	-15.9	-19.2	-21.5
社会消费品零售总额	—	9.2	9.8	9.9	9.7	9.4	9.1	8.7	8.4	8.0	7.4	6.9
外贸进出口总额	—	38.5	41.2	48.6	46.8	44.1	39.8	33.2	29.1	26.7	24.4	22.8
进口	—	43.4	36.8	53.6	47.2	46.8	40.3	36.8	34.3	32.9	29.6	27.0
出口	—	30.4	43.7	39.9	46.1	39.3	39.0	27.0	20.7	16.7	15.9	15.8
实际利用外资	—	321.0	12.6	2.6	8.6	8.6	10.7	17.5	36.0	31.8	1.6	-20.6
地方财政收入	—	7.5	11.1	12.1	12.9	6.3	6.3	5.9	0.0	-1.3	-7.1	14.6
地方财政支出	—	8.3	2.8	11.0	15.6	10.7	9.7	8.1	3.5	2.0	-3.8	0.2

数据来源：内蒙古统计局、《中国经济景气月报》。

辽宁省金融运行报告（2018）

中国人民银行沈阳分行货币政策分析小组

[内容摘要] 2017 年，辽宁经济扭转了 2011 年以来的增速持续下滑态势，由上年的负增长转为正增长，同比增长 4.2%，增速较上年回升 6.7 个百分点。从需求看，投资需求回暖，投资增速实现自 2014 年 10 月以来首次正增长，同比微增 0.1%。消费需求增速放缓，社会消费品零售总额同比增长 2.9%，较上年回落 2 个百分点。对外贸易复苏，货物进出口总值（按美元计）同比增长 14.8%，较上年提高 24.7 个百分点。财政收入和支出增速均快于上年，其中，一般公共预算收入同比增长 8.6%，较上年提高 5.2 个百分点；一般公共预算支出同比增长 5.8%，较上年提高 3.6 个百分点，社会保障和就业支出增幅较上年扩大 3 个百分点，且占财政支出比重最大。分行业看，三次产业增加值增速均高于上年，第一产业、第二产业和工业增加值以及工业企业主营业务收入的增速均由负转正，工业四大支柱产业实现不同程度增长。服务业继续保持良好发展势头。房地产市场投资、销售均有所增长，房屋施工面积降幅收窄，价格有所上涨，呈现缓慢复苏态势；房地产开发贷款余额同比减少，个人住房贷款保持快速增长，年内首套房贷款利率优惠幅度持续收窄，对棚户区改造的金融支持力度加大。先进装备制造业稳步发展。经济发展质量明显提升。工业企业利润较上年接近翻番，亏损企业亏损额大幅下降；钢铁、煤炭、水泥等行业去产能工作取得明显成效。2017 年辽宁省居民消费价格指数同比上涨 1.4%，涨幅较上年下降 0.2 个百分点；全省工业生产者出厂价格指数同比上涨 8.1%，涨幅较上年提高 9.3 个百分点。重要领域和关键环节改革开放取得明显成效。辽宁自贸试验区沈阳、大连、营口三个片区正式运营。国有企业改革深入推进。取消调整省级行政职权 315 项。开展优化营商环境方面的专项整治 752 批次，工商登记前置审批事项由 226 项减至 32 项。深化“营改增”改革，全省减税超过 199.6 亿元。中国人民银行沈阳分行推动辽宁自贸区建设取得积极进展。自贸区聚集效应初步显现；银行机构积极开展金融创新，支持企业“走出去”；企业与金融机构有效对接，实现“双赢”。

在稳健中性货币政策背景下，全省货币信贷和社会融资规模实现合理增长。受经济增速低、其他渠道分流等因素影响，全省金融机构本外币各项存款增速为 5.0%，较上年同期低 3.3 个百分点。全省金融机构本外币各项贷款同比增长 6.7%，增速较上年高 0.1 个百分点。信贷结构不断优化，为经济结构调整助力。信贷投放更多向基础设施建设、最终消费、房地产流转、高新技术等领域倾斜。金融扶贫取得成效。北票市推进“1+4”（政府牵头主导，扶贫企业、金融机构、专业合作社和贫困户参与）产业扶贫模式，在有效带动建档立卡贫困户实现增收脱贫的同时，促进了扶贫企业发展。地区社会融资规模连续两年同比少增。银行表外业务规模继续下降。以未贴现银行承兑汇票、信托贷款和委托贷款的口径计算，2017 年辽宁省表外融资增加 1 191.8 亿元，较上年少增 508.6 亿元。地方法人银行机构发行理财产品的金额下降 12.4%。人民币跨境使用继续保持良好发展态势，人民币为全省跨境收支第三大结算货币、直接投资项下的第二大结算货币，跨境人民币收付额占本外币跨境收支总额的比重达 14.2%。各金融市场交易情况差异较大。辽宁省金融机构在全国银行间市场拆借金额下降 31.2%，市场成员在全国银行间债券市场交易额增长 11.3%，票据签发余额增长 10.3%，票据融资余额下降 30.7%。银行间外汇市场即期交易金额增加 21.5%；外币交易金额增加 48.4%，远期交易金额增长 45.8 倍，掉期交易金额增长7.2倍。省内各商业银行代理上海黄金交易所业务累计成交数量和金额分别较上年同期增长115.9%和164.6%。大连商品交易所交易总体萎缩，但不同交易品种交易活跃度差异较大。利率水平保持基本稳定。2017年12月新发放人民币一般贷款加权平均利率为6.11%，同比有所上升，存款利率水平相对稳定。金融改革稳步推进并取得成效。农信机构产权改革稳步推进。年内新开业农商行3家，5家县联社获批筹建农商行。金融机构利率定价能力提升，2017年自律机制成员增加8家，总数达56家。金融基础设施建设继续稳步有序推进。信用体系加大建设和运用力度，支付环境进一步改善，打击洗钱、逃税和恐怖融资犯罪工作取得成效，金融消费者权益得到有效保护。从金融业自身情况看，去杠杆背景下银行机构面临加快转型发展压力。银行机构业务发展虽进一步多元化，但盈利水平、资产质量有所下降，部分机构资产规模萎缩。证券业克难前行，证券公司业绩下滑，但部分机构获得的业务准入资格有所增加，证券期货经营机构数量有所增加。保险业稳步发展，原保费收入增长14.3%，融盛财产保险股份有限公司获保监会批复筹建，与经济发展密切相关的新险种顺利推进，业务结构进一步优化。

2018年，辽宁省将深入贯彻落实习近平总书记提出的“四个着力”①“三个推进”②要求，进一步推动放管服改革、自贸试验区建设、“一带五基地”③建设和“五大区域发展战略”④，支持和鼓励创业创新。总体来看，2018年辽宁经济有望保持企稳回升态势，同时也将伴随着结构调整与企业应对市场变化的阵痛；随着供给侧结构性改革深入推进，经济发展质量有望提升。金融管理部门将落实稳健中性的货币政策要求，保持存贷款和社会融资规模合理增长，加大对重大战略与精准扶贫等领域的金融支持，做好金融风险防范化解工作，进一步深化金融改革。

---

① 2015年7月17日，习近平总书记在长春主持召开部分省区党委主要负责同志座谈会时，提出了关于东北老工业基地振兴发展的“四个着力”（着力完善体制机制、着力推进结构调整、着力鼓励创新创业、着力保障和改善民生）要求。

② 2017年3月7日，习近平总书记在参加十二届全国人大五次会议辽宁代表团审议时的重要讲话，提出了“三个推进”（推进供给侧结构性改革、推进国有企业改革发展、推进干部作风转变）要求。

③《中共中央国务院关于全面振兴东北地区等老工业基地的若干意见》（中发〔2016〕7号，2016年4月）提出，到2030年前后，东北地区实现全面振兴，走进全国现代化建设前列，成为全国重要的经济支撑带，具有国际竞争力的先进装备制造业基地和重大技术装备战略基地，国家新型原材料基地、现代农业生产基地和重要技术创新与研发基地。

④ 2017年10月19日，辽宁省代表团召开全体会议讨论党的十九大报告时，陈求发提出深入实施沈阳经济区、辽宁沿海经济带、突破辽西北、加快沈抚新区建设、做大做强县域经济五大区域发展战略。

一、金融运行情况

2017 年，辽宁省货币信贷和社会融资规模实现了合理增长，利率水平基本稳定。金融改革和建设工作稳步推进。银行机构仍然面临加快转型发展压力，证券业克难前行，保险业稳步发展。

（一）银行业加快转型，但压力仍然较大

2017 年，辽宁省银行机构业务发展虽进一步多元化，但盈利水平仍有所下降。

1. 部分机构资产萎缩，盈利水平总体下降。截至 2017 年末，辽宁省银行业金融机构资产总额 78 767.3 亿元，同比增长 3.4%。分机构看，大型商业银行资产萎缩 3.3%，股份制商业银行资产萎缩 13.0%，城商行资产则大幅增长 16.0%。2017 年，辽宁省银行业金融机构累计实现利润 377.1 亿元，同比下降 27.5%。其中，城商行表现较好，实现利润 234.3 亿元，同比增长 14.9%；农商行经历改制后，盈利能力增强，实现净利润 28.1 亿元，同比增长 10.6%；其他类型银行机构盈利水平则较上年下降。贷款质量下降。年末不良贷款余额 1 522.2 亿元，比年初增加 377.5 亿元；不良贷款率为 3.69%，比年初提高 0.73 个百分点。

表 1　2017 年辽宁省银行业金融机构情况

机构类别	营业网点			法人机构（个）
	机构个数（个）	从业人数（人）	资产总额（亿元）	
一、大型商业银行	3 140	77 229	20 612	0
二、国家开发银行和政策性银行	83	2 439	6 302	0
三、股份制商业银行	828	16 703	8 636	0
四、城市商业银行	1 343	30 922	31 067	15
五、小型农村金融机构	2 186	30 081	6 928	63
六、财务公司	7	268	976	5
七、信托公司	1	176	136	1
八、邮政储蓄银行	1 507	18 921	2 611	0
九、外资银行	36	1 127	545	0
十、新型农村金融机构	259	4 595	840	65
十一、其他	3	176	113	3
合计	9 393	182 637	78 767	152

注：大型商业银行包括中国工商银行、中国农业银行、中国银行、中国建设银行和交通银行；小型农村金融机构包括农村商业银行、农村合作银行和农村信用社；新型农村金融机构包括村镇银行、贷款公司；“其他”包含民营银行、金融租赁公司、消费金融公司。

数据来源：辽宁银监局、大连银监局。

2. 存款增速放缓。2017 年末，辽宁省金融机构本外币各项存款余额 54 249 亿元，同比增长 5.0%，增速较上年同期低 3.3 个百分点。主要原因，一是辽宁省经济增速仍处低位，企业融资需求不足，信用派生受到一定影响。二是企业及居民投资渠道增加，理财、基金、信托等资产管理产品分流了部分存款。特别是 2017 年金融去杠杆政策使得市场利率总水平上升，理财和资管产品与存款之间的利差拉大，存款的吸引力进一步下降。2017 年，辽宁省地方法人银行发行的理财产品加权平均利率高达 4.76%，是同期定期存款加权平均利率的两倍多。

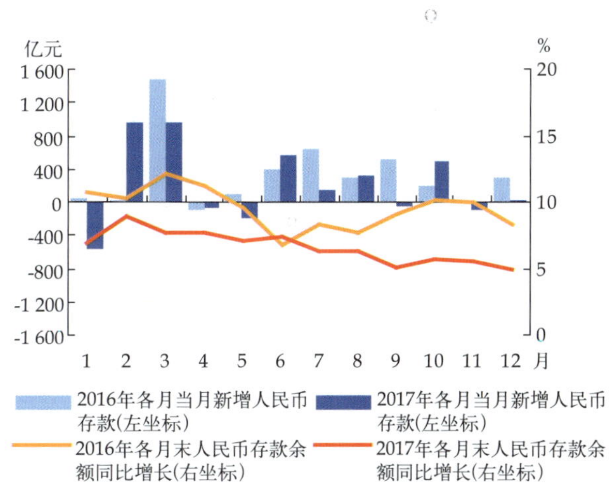

数据来源：中国人民银行沈阳分行。

图 1　2016~2017 年辽宁省金融机构人民币存款增长变化

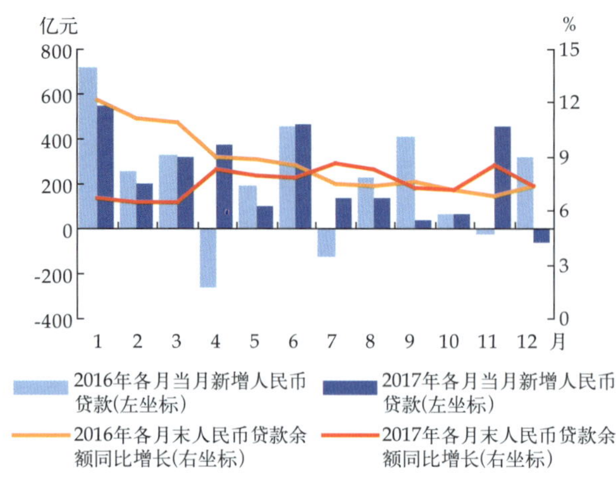

数据来源：中国人民银行沈阳分行。

图 2 2016~2017 年辽宁省金融机构人民币贷款增长变化

3. 贷款增速趋升，结构优化。2017 年末，辽宁省金融机构本外币各项贷款余额 41 279 亿元，同比增长 6.7%，增速较上年高 0.1 个百分点。2017 年辽宁经济增速由负转正，有助于稳定信贷需求。第四季度辽宁银行家问卷调查显示，银行家对宏观经济感受的热度指数为 32.4%，比上季度和上年同期分别高 0.6 个和 15.3 个百分点。从投向看，一是对基础设施建设领域支持力度加大。2017 年，与基础设施建设相关行业新增贷款 661 亿元，同比多增 82 亿元。二是注重支持最终消费领域。2017 年，投向批发零售、住宿餐饮、居民服务、教育、卫生、文化等与最终消费相关行业贷款增加 1 272 亿元，同比多增 522 亿元。三是对房地产流转的支持力度加大。2017 年，再交易住房贷款新增 379 亿元，比上年同期多增 111 亿元。四是对高新技术行业贷款投放增加。2017 年，投向信息传输、软件和信息技术服务业以及科学研究和技术服务业贷款增加 73 亿元，同比多增 59 亿元。金融支持“三农”、小微企业和贫困地区等国民经济重点领域和薄弱环节的力度加大。2017 年末，全省信贷政策支持再贷款余额 79.5 亿元，同比增长 24.6 亿元。开展融资顾问进创新型企业活动，当年累计组织 354 名融资顾问进行现场走访，对 255 家创新型企业贷款 53.2 亿元。开展绿色信贷后督察行动，解除 1 家整改成功企业的信贷限制。2017 年末，全省精准扶贫贷款余额 176 亿元，当年累计发放 105.7 亿元、支持 13.7 万人；创业担保贷款余额 23.9 亿元，当年累计发放 5.6 亿元、支持 5 744 人；国家助学贷款余额 19 818 万元，当年累计发放 2 415 万元、支持 3 310 人。

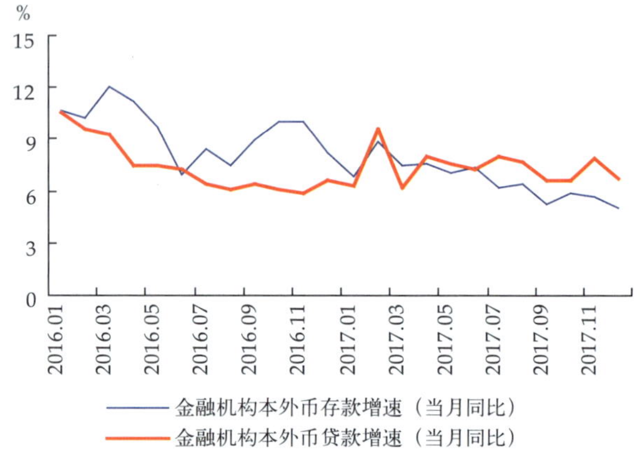

数据来源：中国人民银行沈阳分行。

图 3 2016~2017 年辽宁省金融机构本外币存、贷款增速变化

4. 表外业务规模增速继续下降。以未贴现银行承兑汇票、信托贷款和委托贷款的口径计算，2017 年辽宁省表外融资增加 1 191.8 亿元，较上年少增 508.6 亿元。其中，由于资管业务、委贷业务、流动性管理等方面的监管政策不断加强，委托贷款降幅明显，全年减少 175.8 亿元，较上年少增（多降）1 924.2 亿元；信托贷款全年增加 36.5 亿元，较上年少增 175.4 亿元；未贴现银行承兑汇票全年新增 1 331.1 亿元，较上年多增 1 591.1 亿元。此外，随着货币政策和监管政策逐步收紧，市场资金成本大幅上升，辽宁省自主发行银行理财产品规模有所回落，当年共有 14 家地方法人金融机构累计发行银行理财产品 4 311.4 亿元，同比下降 12.4%。

5. 贷款利率波动上行，存款利率相对稳定。2017 年，随着经济基本面向好、稳健中性货币政策的实施以及金融去杠杆的推进，市场利率总体上行是全国性的走势。辽宁更受债券违约事件拖累，企业直接融资成本和难度增加，更加依赖贷款融资，助推了利率上行。2017 年 12 月，金融机构新发放人民币一般贷款加权平均利率为 6.11%，环比上升 14 个基点，同比上升 43 个基点。存款利率水平则相对稳定。金融机构定价能力提升，2017 年自律机制成员增加 8 家，总数达 56 家。

表 2　2017 年辽宁省金融机构人民币贷款各利率区间占比

单位：%

月份		1月	2月	3月	4月	5月	6月
合计		100.0	100.0	100.0	100.0	100.0	100.0
下浮		19.3	36.3	22.2	18.5	22.8	16.1
基准		24.1	20.6	19.7	28.2	23.1	22.4
上浮	小计	56.6	43.1	58.1	53.2	54.1	61.5
	(1.0, 1.1]	13.6	13.3	11.6	10.2	11.0	10.0
	(1.1, 1.3]	16.4	11.2	14.3	13.9	11.2	16.5
	(1.3, 1.5]	9.9	9.0	14.5	11.9	11.2	15.6
	(1.5, 2.0]	12.1	6.9	12.5	11.7	15.1	14.0
	2.0 以上	4.7	2.7	5.2	5.5	5.6	5.4
月份		7月	8月	9月	10月	11月	12月
合计		100.0	100.0	100.0	100.0	100.0	100.0
下浮		15.7	15.5	13.7	15.8	18.4	12.2
基准		22.5	25.0	19.9	26.0	20.4	22.4
上浮	小计	61.7	59.5	66.4	58.2	61.1	65.5
	(1.0, 1.1]	11.9	9.6	10.0	10.1	9.7	9.7
	(1.1, 1.3]	14.7	15.8	13.3	11.8	11.5	14.0
	(1.3, 1.5]	14.6	13.0	20.8	11.1	16.0	17.1
	(1.5, 2.0]	14.2	14.1	16.9	21.4	19.5	18.5
	2.0 以上	6.3	7.0	5.4	3.9	4.4	6.2

数据来源：中国人民银行沈阳分行。

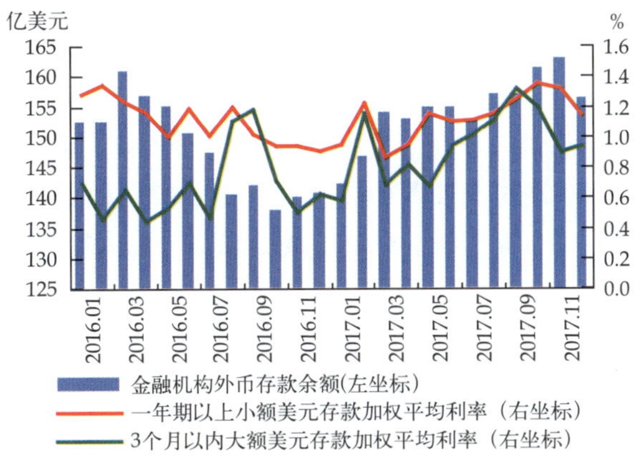

数据来源：中国人民银行沈阳分行。

图 4　2016~2017 年辽宁省金融机构外币存款余额及外币存款利率

6. 辽宁省农信机构产权改革稳步推进。岫岩农商行、南芬农商行和沈本农商行挂牌开业，全省农商行达 25 家。海城市、昌图县、新宾县、盖州市和建平县联社获得筹建农商行批复。政府为农信机构提供帮扶资金 8.6 亿元，落实各类扶持政策资金 4 067 万元，完成资产确权 195 宗，改制机构与意向投资人签订募股协议 77.1 亿元。

7. 人民币跨境使用继续保持良好发展态势。截至 2017 年末，全省跨境人民币结算金额 7 848.7 亿元，累计为企业节约成本约 157 亿元。当年人民币为全省跨境收支第三大结算货币、直接投资项下的第二大结算货币。全省已有 71 家银行的 698 家分支机构办理了跨境人民币结算业务，较上年末增加 54 家；涉及企业 6 355 家，较上年末增加 790 家；涉及境外国家和地区 141 个，较上年末增加 4 个，跨境人民币使用主体和范围不断拓展。2017 年，辽宁省跨境人民币收付金额合计 1 076.4 亿元，净流出 90.8 亿元。辽宁省跨境人民币收付额占本外币跨境收支总额的 14.2%。

（二）证券业克难前行，不同市场间业务发展差异较大

2017 年，辽宁省证券期货行业平稳发展，证券期货经营机构数量稳步增加，不同市场交易活跃度迥异。证券公司业绩下滑，但业务资质有所扩展。

1. 上市公司数量与上年持平，多层次资本市场有序发展。截至 2017 年末，辽宁省共有境内上市公司 76 家（主板上市 52 家，中小板 13 家，创业板 11 家），新增上市公司 2 家（上年仅新增 1 家），共首发募集资金 6.8 亿元。1 家公司被强制退市，1 家公司迁址外省。上市公司总股本 1 140.9 亿股，同比增加 5.3%，总市值 8 283.4 亿元，同比下降 6.6%。2017 年，辽宁省上市公司共发生并购重组 18 起，涉及交易金额 45.1 亿元；募集配套资金 38.7 亿元。全年上市公司定向增发募集资金 271.9 亿元，3 家公司通过非公开发行股票募集资金 33.8 亿元，1 家公司通过非公开发行债券募集资金 15 亿元。全

国中小企业股份转让系统挂牌公司234家，较上年增加29家。

2. 证券期货经营机构数量增加，交易规模增长。截至2017年末，辽宁省共有法人证券公司3家；证券咨询公司3家；证券分公司45家，比上年增加15家；证券营业部353家，比上年增加27家。全省共有期货公司3家，期货分支机构104家（分公司14家，营业部90家），比上年增加8家。登记基金管理人158家，比上年增加31家。其中，私募证券投资管理人61家，股权投资管理人91家，创业投资管理人4家。截至2017年末，辽宁省在沪深交易所开户数1 319万户，同比增加18.4%；证券成交额103 730亿元，同比增加17.8%；股票交易额44 174亿元，同比下降16.4%。基金交易额大幅增加，达到2 527亿元，同比增加42.3%；期货开户数12.1万户，同比增加3.7%；成交量35 485万手，同比下降40.7%；手续费收入23 952万元，同比下降18.4%。

表3　2017年辽宁省证券业基本情况

项目	数量
总部设在辖内的证券公司数（家）	3
总部设在辖内的基金公司数（家）	0
总部设在辖内的期货公司数（家）	3
年末国内上市公司数（家）	76
当年国内股票（A股）筹资（亿元）	223
当年发行H股筹资（亿元）	—
当年国内债券筹资（亿元）	950
其中：短期融资券筹资额（亿元）	452
中期票据筹资额（亿元）	279

数据来源：辽宁证监局、大连证监局。

3. 法人证券公司经营业绩下滑，业务种类增加。2017年，受到监管从严、股市震荡、债市疲软等因素影响，券商业绩整体表现较弱，辽宁省3家法人证券公司的规模和经营业绩均有所下滑。截至2017年末，辽宁省3家法人证券公司资产总额188.5亿元，同比下降11.8%；负债总额92.9亿元，同比下降18.3%。2017年，3家法人证券公司共实现营业收入8.9亿元，同比下降27.2%；净利润-2 202.7万元，同比下降110.3%。3家证券公司监管评级较上一年度有所提高，其中网信证券新增证券交易、证券投资活动有关的财务顾问资格，中天证券新增投行业务资格。

表4　2017年大连商品交易所交易统计

交易品种	累计成交金额（亿元）	同比增长（%）	累计成交量（万手）	同比增长（%）
豆一	10 245.6	-16.3	2 632.4	-19.2
豆二	14.1	2 036.4	4.3	2 244.6
胶合板	0.7	-84.2	0.1	-87.7
玉米	21 070.9	10.3	12 732.4	4.1
玉米淀粉	9 926.8	-24.0	5 043.4	-25.2
纤维板	0.4	90.5	0.1	40.8
铁矿石	170 794.5	18.0	32 874.4	-4.0
焦炭	77 295.0	37.2	4 012.0	-20.5
鸡蛋	14 228.1	76.2	3 726.2	65.8
焦煤	31 144.0	41.3	4 219.5	2.7
聚乙烯	29 148.4	-34.4	6 142.1	-39.1
豆粕	45 853.8	-59.0	16 287.8	-58.1
棕榈油	37 804.0	-50.0	6 804.6	-51.1
聚丙烯	24 263.8	-44.3	5 669.2	-54.2
聚氯乙烯	12 783.3	249.4	3 900.0	246.9
豆油	35 473.2	-40.2	5 715.8	-39.7
合计	520 046.6	-15.3	109 764.3	-28.6

数据来源：大连商品交易所。

4. 大连商品交易所交易萎缩，不同交易品种间差异较大。2017年，大连商品交易所累计成交金额52.0万亿元，同比减少15.3%。其中，聚氯乙烯、鸡蛋、纤维板交易十分活跃；焦炭、焦煤、铁矿石交易价格大幅上升；胶合板、豆粕、聚丙烯、棕榈油、豆油、聚乙烯交易量大幅萎缩。

（三）保险业稳步发展，新险种顺利推进

2017年，辽宁省保险市场运行总体平稳，发展态势良好，风险总体可控。

1. 行业平稳发展，业务规模持续增大。截至2017年末，辽宁省共有省级以上保险公司

115家，其中人身险法人公司3家，财产险法人公司1家，省级财产险公司49家，省级人身险公司62家。此外，2017年，新成立保险资管公司1家（百年人寿资管公司），1家财产保险公司（融盛财产保险股份有限公司）尚在筹建中。当年全省保险业共实现原保费收入1 275.4亿元，同比增长14.3%。其中，人身险保费收入956.5亿元，同比增长16.7%；财产险保费收入319.0亿元，同比增长7.7%。全省保险业总资产2 949.5亿元，同比增长6.7%。其中，人身险公司2 695.3亿元，同比增长7.5%；财产险公司254.2亿元，同比下降1.5%。

表5 2017年辽宁省保险业基本情况

项目	数量
总部设在辖内的保险公司数（家）	4
其中：财产险经营主体（家）	1
人身险经营主体（家）	3
保险公司省级分公司（家）	115
其中：财产险公司省级分公司（家）	50
人身险公司省级分公司（家）	65
保费收入（中外资，亿元）	1 275
其中：财产险保费收入（中外资，亿元）	319
人身险保费收入（中外资，亿元）	956
各类赔款给付（中外资，亿元）	196
保险密度（元/人）	2 913
保险深度（%）	5.3

数据来源：辽宁保监局、大连保监局。

2. 保险业的经济补偿作用持续发挥。2017年，全省财产险公司共发生赔付支出176.8亿元，同比增长5.2%；与国计民生密切相关的农业保险、责任保险赔付支出分别达到12.9亿元和6.6亿元，同比分别增加11.5%和11.6%。一些与经济发展密切相关的新险种顺利推进。如通过保险保障为小微企业提供融资增信服务，着力缓解小微企业融资难、融资贵问题。2017年，小微企业信用保证保险共计实现原保险保费收入513.2万元（不含大连）。

3. 业务结构进一步优化，业务品质有所提升。在规范中短期存续期产品的监管政策引导下，各公司纷纷调整业务结构，人身险业务结构改善幅度加大，新单期趸比例保持上升趋势。全省人身险公司寿险业务实现新单保费收入490.3亿元，同比增长9.7%，其中新单期缴保费184.2亿元，同比增长46.4%，期趸比例上升到1∶1.64。

（四）地区社会融资规模增长放缓，融资结构中贷款占比回升

2017年，辽宁省社会融资规模新增3 936亿元，同比少增757.3亿元，连续两年同比少增。从结构上看，表外融资增量占地区社会融资规模增量的比重为30.3%，较上年下降6.0个百分点；受部分企业违约事件影响，直接融资增量继续下滑，并出现负值；贷款增量占比结束了连续两年的下滑态势，反弹至67.3%，较上年提高了18.5个百分点。

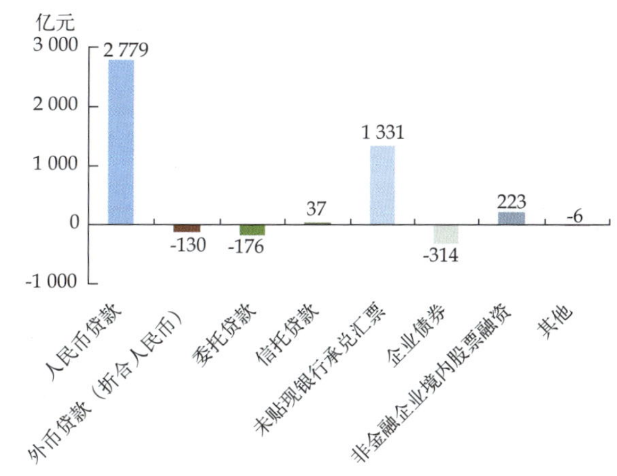

数据来源：中国人民银行沈阳分行。

图5 2017年辽宁省社会融资规模分布结构

（五）各货币市场交易热度不一，外汇与黄金交易活跃

1. 同业拆借市场交易量大幅减少。2017年，辽宁省金融机构在全国银行间市场累计拆借资金2 036笔，累计拆借金额10 378.3亿元，同比减少4 715.4亿元，同比下降31.2%。除年中时点外，各月拆借利率稳步抬升，12月加权平均

利率较1月上升0.8个百分点。

2. 债券市场交易较上年同期小幅增长。 2017年，辽宁市场成员在全国银行间债券市场交易总量314 007亿元，同比增长11.3%。其中，债券回购交易相对活跃，成交267 345.5亿元，同比增长29.1%；现券买卖交易大幅减少，成交46 661亿元，同比减少37.8%。

3. 票据签发余额有所增长。 2017年末，辽宁省内票据签发余额6 090亿元，同比增加567亿元，增长10.3%。受监管政策影响，票据贴现余额呈净下降走势。2017年末，全省票据融资余额1 602亿元，同比下降30.7%，比年初减少708亿元。票据贴现利率快速上升后震荡下行。2017年上半年，受市场流动性趋紧影响，辽宁省票据贴现利率持续回升。2017年6月，全省直贴利率为5.5%，比2016年8月的低点上升2.6个百分点；买断式转贴现利率为4.7%，比2016年8月的低点上升1.8个百分点。2017年下半年，贴现利率震荡下行，但利率水平仍高于2016年。

表6　2017年辽宁省金融机构票据业务量统计

单位：亿元

季度	银行承兑汇票承兑		贴现			
			银行承兑汇票		商业承兑汇票	
	余额	累计发生额	余额	累计发生额	余额	累计发生额
1	5 062	1 720	1 757	5 562	46	49
2	5 288	2 559	1 591	3 294	66	70
3	5 608	2 118	1 473	3 246	64	23
4	6 024	2 348	1 391	3 239	68	28

数据来源：中国人民银行沈阳分行。

表7　2017年辽宁省金融机构票据贴现、转贴现利率

单位：%

季度	贴现		转贴现	
	银行承兑汇票	商业承兑汇票	票据买断	票据回购
1	4.4875	5.6303	4.0149	3.3683
2	5.1831	7.6080	4.4543	4.2096
3	4.7165	6.3780	4.2994	4.7443
4	4.8745	8.3819	4.2671	4.6262

数据来源：中国人民银行沈阳分行。

4. 外汇市场交易量大增。 2017年，辽宁省银行间外汇市场即期交易共成交8 049笔，成交金额折合359.8亿美元，同比增加21.5%。外币对交易同比大幅增长，共成交12 485笔，成交金额220.0亿美元，同比增加48.4%。远期交易共成交508笔，币种包括美元、港元、欧元、英镑、加元、澳元，成交金额124.8亿美元，同比增长45.8倍。掉期交易共成交3 261笔，币种为美元、港元、欧元，成交金额1 625.2亿美元，同比增长7.2倍。

5. 黄金交易活跃。 截至2017年末，辽宁省内各商业银行代理上海黄金交易所业务累计成交248 504.8千克，成交金额688.2亿元，分别较上年同期增长115.9%和164.6%。其中主要为黄金询价业务，成交量占比76.4%；其次为个人黄金延期业务，成交量占比23.0%。

（六）金融基础设施建设继续稳步有序推进

信用体系加大建设和运用力度。截至2017年末，企业征信系统共征集40万户企业及其他组织的信用信息，开通查询用户3 361个；个人征信系统共收录2 312万个自然人、7 117万个信贷账户信息，开通查询用户2.6万个。以中小微企业信用培育池建设为抓手，推进中小微企业信用体系建设。中征应收账款融资服务平台新开通用户192户，累计通过平台实现成交333亿元。继续推进和推广铁岭西丰县农村信用体系建设，累计为7万多户农户、132户家庭农场和农民合作社建立电子信用档案，为其中信用户发放贷款787笔，共计7 115万元。辽宁省互联网征信查询服务平台新增注册用户95万个，申请查询服务236万次，比上年增加10%。沈阳、大连等地市引入106台自助查询终端提供信用报告查询服务，累计提供个人信用报告查询服务143万次，比上年同期增长10%。

支付环境进一步改善。沈阳城市处理中心本地备份接入系统（LBAS）成功投产运行，实现了沈阳CCPC主、备中心双活运行。2017

年，辽宁省共处理大额支付系统业务 4 490.4 万笔，金额 138.8 万亿元，同比分别增长 11.1% 和 2.2%；小额支付系统共处理业务 12 401.2 万笔，金额 12 668.2 亿元，同比分别增长 8.6% 和 6.8%。网上支付跨行清算系统共处理业务 3 224.7 万笔，金额 2 414.3 亿元，同比分别增长 87.3% 和 59.3%。银行卡受理环境改善。全省 POS 机具数量为 92.2 万台，同比增长 48.1%。人均持卡数量为 5.5 张，同比增长 8.3%。银行卡渗透率达到 48.6%，与上年同期持平。农村支付服务环境建设持续推进。全省共设立 26 801 个银行卡助农取款服务点，同比增长 10.2%。全省农村地区人均持卡量为 3.0 张，同比增长 19.5%。2017 年，辽宁省回收残损人民币 666.4 亿元。

表 8　2016~2017 年辽宁省支付体系建设情况

年	支付系统直接参与方（个）	支付系统间接参与方（个）	支付清算系统覆盖率（%）	当年大额支付系统处理业务数（万笔）		同比增长（%）
2016	18	5 746	62.3	4 043.2		4.3
2017	19	5 882	62.8	4 490.4		11.1
年	当年大额支付系统业务金额（亿元）	同比增长（%）	当年小额支付系统处理业务数（万笔）	同比增长（%）	当年小额支付系统业务金额（亿元）	同比增长（%）
2016	1 359 100	16.3	11 423.9	37.3	11 866.8	31.0
2017	1 388 400	2.2	12 401.2	8.6	12 668.2	6.8

数据来源：中国人民银行沈阳分行。

打击洗钱、逃税和恐怖融资犯罪工作取得成效。辽宁“1・07”特大虚开增值税发票案、辽宁“3・14”涉恐案件及洪某顺家族团伙地下钱庄案成功侦破。金融消费者权益得到有效保护。2017 年，辽宁省共受理咨询 6 725 件，受理有效投诉 243 件。全年收缴假人民币 1 131.7 万元、20.2 万张（枚）。

专栏 1　北票市推进“1+4”产业扶贫模式　有效支持脱贫攻坚

北票市打造“1+4”产业扶贫模式，着力解决了“扶贫发展什么、怎么发展、效果如何、前景怎样”的问题。该模式被国务院《扶贫信息》专刊发表，被确定为 24 种产业扶贫模式之一向全国推广。国务院第三次大督查对该模式也予以了通报表扬。

一、主要做法

所谓“1+4”扶贫模式，是指由政府出资担保，银行注入信贷资金，企业自主经营，贫困户 + 合作社投资入股，使贫困户在企业家的带领下参与投资，按期获得企业分红的运行模式。其中：“1”是指政府牵头主导，“4”是指参与运行的扶贫企业、金融机构、专业合作社和贫困户。实际操作步骤：第一步，政府财政出资建立扶贫贷款风险补偿基金，存入金融机构专户，同时明确信贷资金风险政府承担 70%，金融机构承担 30%。第二步，金融机构按风险补偿基金基数放大 10 倍对建档立卡贫困户发放基准利率贷款，期限 5 年，前 2 年由财政贴息，后 3 年由企业负责还息。第三步，以乡镇、村组为单位吸收贫困户组建合作社，合作社统一将信贷资金入股企业，企业依靠自筹资金和农户贷款入股资金筹建扶贫农场。第四步，企业定期按经营情况和贫困户投资额进行分红，由合作社发放给贫困户。

二、取得的成效

（一）有效带动建档立卡贫困户实现增收脱贫

2016 年，北票市确定国家级扶贫龙头企业北票市宏发食品有限公司和农业银行北票市支行为合作方，实施“1+4”产业扶贫工程。截至2017年末，宏发公司共建成扶贫农场11个，投资1.5亿元，带动贫困户3 092户、6 304人，贫困户获得分红463.8万元，户均增收1 500元。

（二）促进企业发展，保证扶贫模式持续推进

北票市政府组织专家团队指导农场建设，每个农场投入1 000万元引进先进的机械化笼养技术，有效提高了鸡舍空间利用率，企业产出效益进一步增大，对贫困户定额返利有了更加充分的保障。截至2017年12月末，11个高标准扶贫农场建成后，肉鸡存栏量增加1 100万只，满足了企业的生产需要，加快了企业产业升级，保证了扶贫模式持续推进。

二、经济运行情况

2017年，辽宁省实现生产总值23 942亿元，同比增长4.2%，增速较上年回升6.7个百分点，改变了2011年以来经济增速单向下滑的状况。

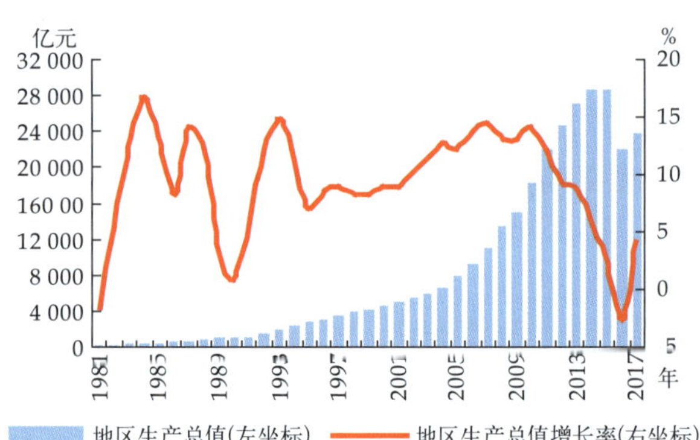

数据来源：辽宁省《国民经济和社会发展统计公报》。

图6　1981~2017年辽宁省地区生产总值及其增长率

（一）受投资需求带动，总需求有所提升

2017年，辽宁省投资需求回暖，消费需求增速放缓，进出口状况好转。

1. 固定资产投资增速由负转正。2017年，辽宁省固定资产投资累计完成额6 444.7亿元，同比增长0.1%，实现自2014年10月以来首次正增长。从项目情况看，中央项目固定资产投资额同比增长51.9%，增幅较上年扩大83个百分点；地方项目固定资产投资额同比下降2.9%，降幅较上年收窄61.6个百分点。亿元以上建设项目累计达1 850个，同比增长8.7%；完成投资3 313亿元，同比增长13.8%。

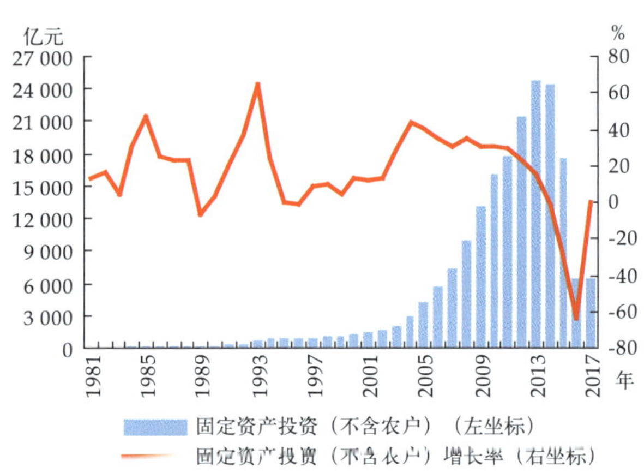

注：2010年及以前年度采用“全社会固定资产投资”数据。

数据来源：《中国经济景气月报》。

图7　1981~2017年辽宁省固定资产投资（不含农户）及其增长率

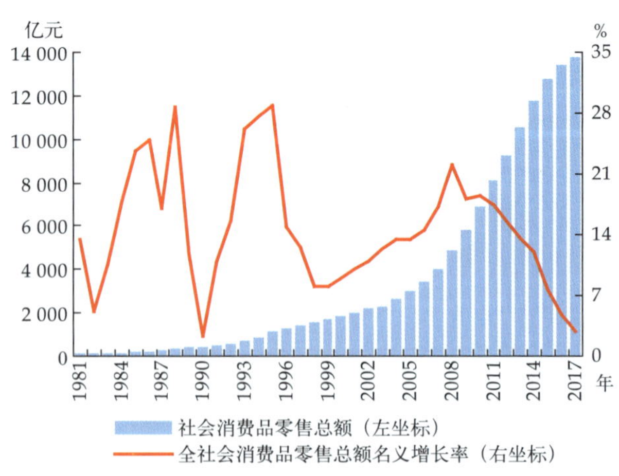

数据来源：《中国统计摘要》。

图8　1981~2017年辽宁省社会消费品零售总额及其增长率

2. 消费增速趋缓。2017 年，全省社会消费品零售总额累计实现 13 807.2 亿元，同比增长 2.9%，增幅比上年收窄 2 个百分点。限额以上单位消费品零售额 3 917.5 亿元，同比下降 2%，降幅较上年收窄 4.5 个百分点。结构特点依旧是农村消费增长（7.1%）快于城镇消费增长（2.5%），餐饮消费增长(3.2%)好于商品消费增长(2.9%)。收入不是制约消费增长的主要因素。2017 年，辽宁城镇居民人均可支配收入增长 6.4%，农村居民人均可支配收入增长 6.7%。消费增长较慢，一是反映了社会主要矛盾的变化。二是由于网络销售电子商务平台的普及，便捷的网上消费正逐渐替代传统消费模式，导致消费外流。2017 年，全省网络销售额增长 40%。

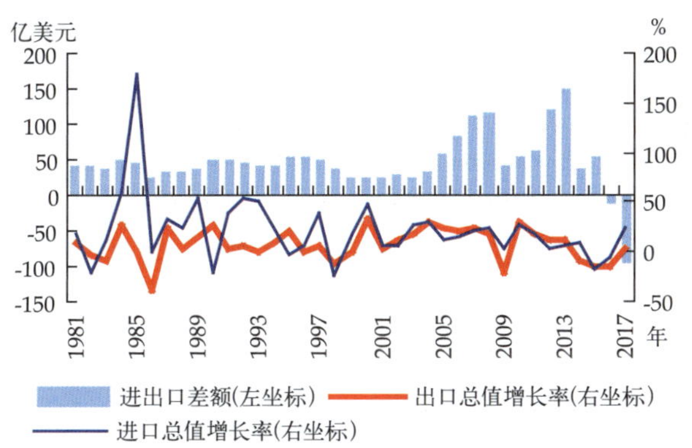

数据来源：《中国经济景气月报》。

图 9　1981~2017 年辽宁省外贸进出口变动情况

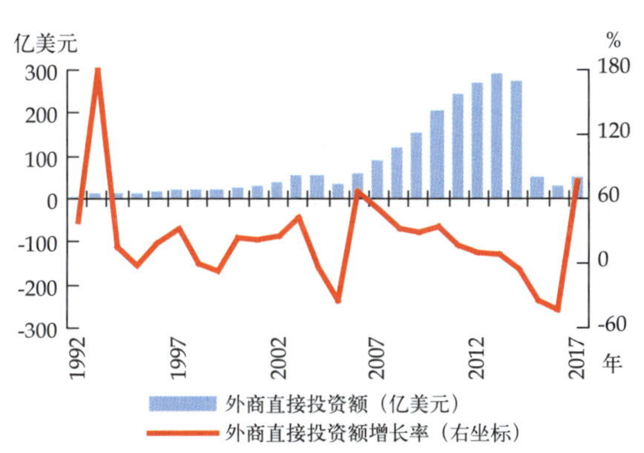

数据来源：《中国统计摘要》。

注：从 2015 年开始，外商直接投资计算口径有变化。

图 10　1992~2017 年辽宁省外商直接投资额及其增长率

3. 出口止跌回升，进口保持较高增速，外商直接投资大幅增长。2017 年，辽宁省货物进出口总值 994.3 亿美元，同比增长 14.8%，增幅较上年扩大 24.7 个百分点。其中，出口 449.0 亿美元，同比增长 4.2%，增幅较上年扩大 19.3 个百分点；进口 545.5 亿美元，同比增长 25.3%，较上年扩大 29.3 个百分点。外贸复苏既与全球经济向好一致，又体现了辽宁产业特点。外贸复苏带动跨境收支降幅明显收窄。2017 年，跨境收支总量 1 161 亿美元，同比微降 0.8%，降幅比上年收窄 8.7 个百分点。外商直接投资 53.4 亿美元，同比增长 77.9%。

（二）三次产业均实现了恢复性增长

2017 年，辽宁省三次产业增加值均为正增长，且增速均高于上年。

1. 农业生产恢复正增长。2017 年，辽宁省第一产业增加值为 2 182.1 亿元，同比增长 3.6%，增速较上年提高 8.2 个百分点。

2. 工业增速止跌，企业效益指标大幅改善。2017 年辽宁省工业增加值同比增长 4.4%，增速较上年回升 19.6 个百分点。四大支柱产业均实现正增长，其中装备制造业同比增长 7.4%，冶金工业同比增长 5.9%，石化工业同比增加 1.7%，农产品加工业同比增长 0.5%。2017 年，规模以上工业企业实现主营业务收入 22 480 亿元，同比增加 8.9%，实现自 2014 年以来首次正增长，增速较上年提升 35.9 个百分点；实现利润总额 1 001 亿元，同比增长 93.7%，增速较上年提升 125.6 个百分点；亏损企业亏损额为 445 亿元，同比下降 30%。去产能工作取得成效。2017 年，钢铁行业淘汰 12 座落后小高炉、产能 129 万吨，取缔“地条钢”企业 66 家；煤炭行业淘汰 9 万吨以下煤矿 179 处、产能 873 万吨；水泥行业淘汰 33 条落后水泥磨机生产线、水泥产能 421.5 万吨。

3. 服务业持续保持良好发展势头。2017 年，全省货运量增长 4.4%，比上年提高 1.9 个百分点。沈阳、辽阳开展农产品公益性批发市场试点，68 个农产品连锁零售企业直接对接 865 个生产基地。电信业务总量增长 62%，邮政业务总量增长24.6%，快递业务量突破2亿件。全年旅游业总收入增长12.2%。

数据来源：《中国经济景气月报》。

图11　1995~2017年辽宁省规模以上工业增加值实际增长率

4.重要领域和关键环节改革开放取得明显成效。辽宁自贸试验区沈阳、大连、营口三个片区正式运营。大连金普新区构建开放型经济新体制综合试点试验有4项经验在全国复制推广。125家非公司制国有企业完成公司制改革，20家国企推进混合所有制改革，10家国企开展员工持股试点。取消调整省级行政职权315项。开展优化营商环境方面的专项整治752批次。工商登记前置审批事项由226项减至32项。深化"营改增"改革，全省减税超过199.6亿元。

（三）消费价格涨幅小幅收窄，生产价格涨幅较大

主要是受食品价格下拉影响，2017年辽宁省居民消费价格指数（CPI）涨幅同比下降0.2个百分点，实现涨幅1.4%。食品价格同比下降1.3%，其中，猪肉价格下降11%，鸡蛋价格下降5.2%，鲜菜价格下降10%。非食品价格保持微幅上涨，医疗保健价格（7.5%）增幅较大，教育文化和娱乐（3.5%）、其他用品和服务价格（1.8%）也出现不同程度的上涨。

2017年，辽宁省工业生产者出厂价格指数（PPI）同比上涨8.1%，较上年提高9.3个百分点。其中，重工业PPI涨幅（9.8%）远高于轻工业（0.8%），生产资料涨幅（10%）远高于生活资料（0.7%）。PPI月同比连续16个月保持上涨。

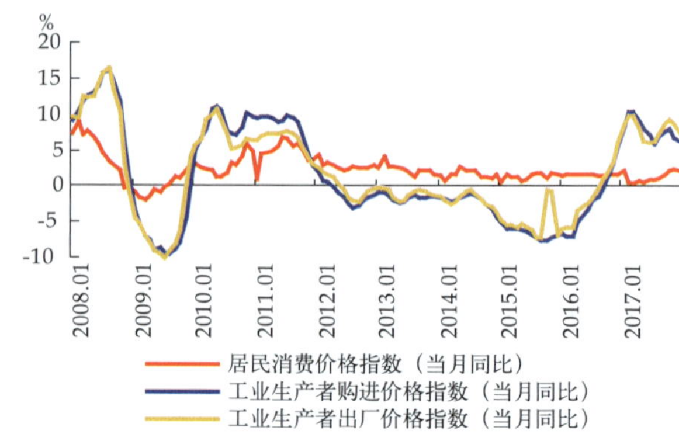

数据来源：《中国经济景气月报》。

图12　2008~2017年辽宁省居民消费价格指数和工业生产者价格指数变动趋势

（四）财政收入增速加快，财政支出重点用于民生领域

2017年，辽宁省一般公共预算收入2 390亿元，同比增长8.6%，增幅较上年扩大5.2个百分点。其中，税收收入1 812亿元，增长7.4%；非税收入578亿元，增长12.7%。省内14个地市一般公共预算收入全部正增长。葫芦岛、盘锦等六城市增幅超10%。

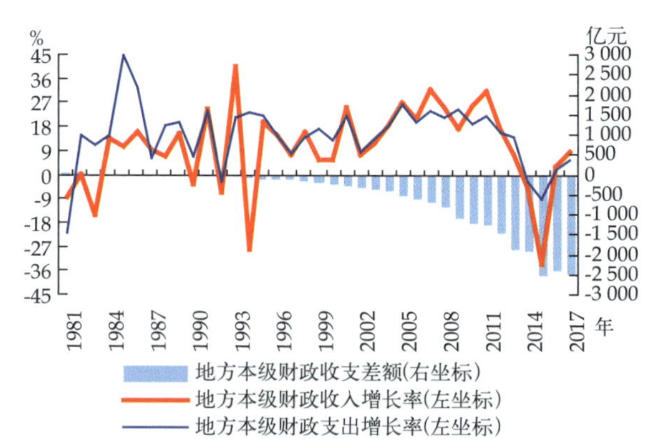

数据来源：《中国统计摘要》。

图13　1981~2017年辽宁省财政收支状况

2017年，辽宁省一般公共预算支出4 843亿元，同比增长5.8%，增幅较上年扩大3.6个百分点。与民生相关的教育、社会保障与就业、城乡社区、医疗卫生等项目的支出占比超过1/2。其中，社会保障和就业支出1 346亿元，

占比27.8%，增幅较上年扩大3个百分点，占财政支出比重最大。

专栏2 中国人民银行沈阳分行推动辽宁自贸区建设取得积极进展

自贸区成立以来，中国人民银行沈阳分行围绕辽宁自贸区战略定位，以实体经济为依托，积极发挥金融在资源配置中的引导和促进作用，支持辽宁自贸区建设取得成效。

一、主要做法

（一）主动作为，统筹布局自贸区发展规划

成立自贸区专题研究小组，先后到广东自贸区三个片区、辽宁自贸区三个片区进行实地调研，摸清自贸区业务发展的金融政策需求。积极参与制订自贸区金融创新三年滚动工作计划、自贸区条例草案及营商环境工作方案等制度文件；协助三个片区迅速出台实施方案，发布政策清单；代政府起草《促进金融服务业发展奖励政策》，推动构建了促进各类金融要素集聚发展的财税金融政策框架体系。紧扣辽宁振兴的突出需求和发展特色，提出了以“金融岛”为核心的全业态自贸区金融板块建设总体规划。

（二）聚焦实体经济，构建支持自贸区业务发展的政策环境

一是制定出台《关于金融支持中国（辽宁）自由贸易试验区建设的指导意见》，从扩大人民币跨境使用、深化外汇管理改革等七个方面提出36条具体措施，其中包括6条突破性创新政策。二是探索形成适应金融改革创新的审慎风险管理环境。协调金融办、公安厅、省国税局和省地税局等部门，牵头建立辽宁自贸区跨境资金流动风险联合监管工作机制。三是营造高效便捷优质的金融服务环境。运用“互联网＋金融”思维，搭建“自贸金融在线服务平台”，实现自贸区新设企业行政注册登记和人民银行业务柜台网络互联，为企业开户、纳入征信系统管理、办理外汇企业名录登记提供便利，节约办理时间至少7个工作日。

二、取得的成效

（一）自贸区聚集效应初步显现

截至2017年底，辽宁自贸区新注册企业21 641家，注册资本3 132.1亿元。自贸区内注册的银行类金融机构37家。基金、商业保理、融资租赁等新兴金融服务类企业注册数目快速增长。

（二）激发金融产品创新，支持企业“走出去”

银行机构充分利用自贸区的有利环境，创新推出“全口径跨境融资＋金融衍生品交易”服务组合，通过利率掉期、货币互换等衍生品保值业务，帮助企业规避跨境融资的汇率和利率风险。截至2017年底，辽宁省共办理全口径跨境融资宏观审慎外债签约登记114笔，累计签约额约折合21.2亿美元。

（三）助力企业与金融机构实现“双赢”

沈飞民机、东网科技、东软医疗、东软熙康等一批先进装备制造、高新技术企业相继入驻辽宁自贸区，并与区内金融机构进行了有效对接，既支持了优质企业发展，又提高了金融资源配置效率。以中国银行辽宁省分行为例，自贸区成立以来，该行累计为区内企业提供各类贷款1.7亿元。

（五）房地产市场回暖，先进装备制造业稳步发展

1. 房地产市场总体向好。

2017年，辽宁省房地产市场投资、销售均有所增长，价格也有所上涨，呈现缓慢复苏态势。

（1）房地产开发投资明显上升，但房地产开发贷款余额同比减少，个人住房贷款保持快速增长。2017年，房地产开发投资2 289.7亿元，同比上升9.3%，增幅较上年扩大50.4个百分点。

2017 年末，辽宁省房地产贷款余额 8 901.8 亿元，同比增长 8.4%。其中，房地产开发贷款余额 2 812.8 亿元，比年初减少 273 亿元，同比下降 8.9%；个人住房贷款余额 5 690.8 亿元，比年初增加 958.3 亿元，增长 20.3%，2017 年各月增速始终保持在 20% 左右。

（2）对棚户区改造支持力度加大。依托中国人民银行抵押补充贷款发放的棚户区改造贷款增长较快。2017 年末，全省利用 PSL 发放的棚户区改造贷款余额为 924.6 亿元。

（3）房屋施工面积降幅收窄。2017 年，辽宁省房屋施工面积 25 907 万平方米，同比下降 1.7%，降幅同比收窄 8.3 个百分点。其中，房屋新开工面积 3 807 万平方米，同比上升 2%，增速同比提高 22.6 个百分点；房屋竣工面积 2 788 万平方米，同比增长 2.9%，增速同比提高 19.2 个百分点。

（4）房屋销售情况总体向好，房地产价格有所上涨。商品房销售面积 4 148 万平方米，同比增长 11.8%；商品房销售额 2 772 亿元，同比上升 22.8%。待售面积 3 556 万平方米，同比下降 13.8%，降幅较上年收窄 4.5 个百分点。2017 年 12 月，70 个大中城市新建住宅价格指数中，沈阳、大连、丹东和锦州的当月同比增速分别为 11.5%、8.4%、4.2% 和 1.7%。

数据来源：《中国经济景气月报》。

图 14　2008~2017 年辽宁省商品房施工和销售变动趋势

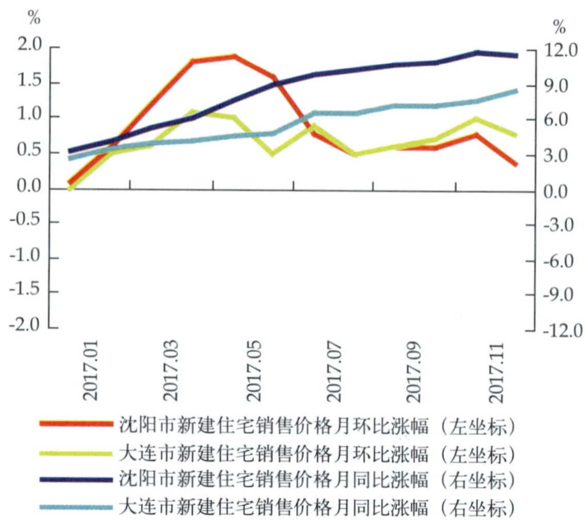

数据来源：《中国经济景气月报》。

图 15　2017 年辽宁省主要城市新建住宅销售价格变动趋势

（5）利率方面，随着市场利率走高，下半年金融机构首套房贷款利率优惠幅度持续收窄。12 月首套房贷款利率较基准利率的平均浮动幅度为上浮 4%，而 1 月为下浮 11%。

2. 先进装备制造业稳步发展。

（1）先进装备制造业发展势头良好。一是发展目标明确。围绕《中国制造 2025 辽宁行动纲要》，《辽宁省装备制造业重点领域发展指导意见》明确了重点发展高档数控机床、机器人及智能装备、航空装备、汽车装备、先进轨道交通装备等八大领域。二是拉动经济作用明显。2017 年，全省规模以上装备制造业增加值同比增长 7.4%，增幅较上年提高 19.1 个百分点，居四大支柱产业之首。高端装备制造业引领全行业稳步发展，利润大幅提升。计算机、通信和其他电子设备制造业增加值同比增长 24.6%，铁路、船舶、航空航天和其他运输设备制造业同比增长 24.8%；汽车制造业实现利润总额 281.9 亿元，计算机、通信和其他电子设备制造业实现利润总额 82.9 亿元，两者合计占到全省规模以上工业企业利润总额的 36.4%。三是骨干企业快速成长。全省高新技术企业达到 2 580 家，高端装备制造业占比为 18%。沈阳鼓风机集团、大连电瓷集团、辽宁忠旺集团、大连一重加氢、大连华阳新材料等5家企业当选全国制造业单项冠军示范企业；朝阳金达钛业、鞍山森远路桥等2户企业入选制造业单项冠军培育企业；大连金玛硼业的中子吸收球获评单项冠军产品。

（2）金融大力支持制造业高端化。2017年末，全省制造业贷款余额达到7 518亿元，比年初增加173亿元。对相关生产性服务业的金融支持力度加大，助推装备制造业高端化。2017年，全省投向信息传输、软件和信息技术服务业以及科学研究和技术服务业的贷款增加了73亿元，同比多增59亿元。中国建设银行签署100亿元战略合作框架协议，支持沈阳机床集团综合创新改革。

三、预测与展望

2018年，辽宁省将深入贯彻落实习近平总书记提出的“四个着力”“三个推进”要求，进一步推动放管服改革、自贸试验区建设、“一带五基地”建设和“五大区域发展战略”，支持和鼓励创业创新，不断优化营商环境，不断积聚经济增长动能。不利因素则包括：受美国税改、贸易保护主义等因素影响，外贸和利用外资仍存在一定不确定性；工业领域去产能进程尚未结束，部分传统行业企业仍未摆脱经营困境；新兴行业、经济发展新动能虽初步显现但尚未真正确立并形成规模；信用环境有待改善。总体来看，2018年辽宁经济有望保持企稳回升态势，同时也将伴随着结构调整与企业应对市场变化的阵痛；随着供给侧结构性改革深入推进，经济发展质量有望提升。

2018年，金融管理部门将全面深入贯彻党的十九大、中央经济工作会议、全国金融工作会议精神，继续致力于辽宁振兴目标，围绕“服务实体经济、防范金融风险、促进金融改革”，落实稳健中性的货币政策要求，在保持存贷款和地区社会融资规模合理增长的同时，着力支持供给侧结构性改革，加大对先进制造业、军民融合、乡村振兴、精准扶贫、“三农”、小微企业等国民经济重点领域和薄弱环节，以及辽宁重要发展战略的支持力度。进一步完善宏观审慎政策框架，引导金融机构资金合理使用，提高金融运行效率和服务实体经济的能力。加强信息共享和监测分析，切实防范化解金融风险。

中国人民银行沈阳分行货币政策分析小组

总　纂：朱苏荣　宋慧中

统　稿：高　兵　尹　久　陈宁波

执　笔：高　霞　龚珈玉　宋杭倩　陈庆海　于松涛　董　研

提供材料的还有：赵　越　王　可　吴新宇　李丽丽　马　笛　刘承洋　边　赛　年海石　侯一明　阿　荣　王均文　姜　山　王姚瑶　李士涛　张　冰　邓吉宁　张晓玲　孙　洋　杨光伟　高新宇　张　博

附录

（一）2017年辽宁省经济金融大事记

3月4日，辽宁省人民政府印发《关于进一步提高金融服务实体经济质量的实施意见》，推进金融供给侧结构性改革，提升辽宁老工业基地振兴金融服务水平。

4月1日，中国（辽宁）自由贸易试验区正式揭牌，辽宁自贸区实施范围119.89平方公里，涵盖沈阳、大连、营口3个片区。

5月2日，中国人民银行沈阳分行向辽宁省政府上报《建设自贸区金融岛　打造特色金融品牌》的辽宁（沈阳）自贸区金融板块建设总体方案，积极推动自贸区金融板块建设。

5月18日，2017盛京汇年会暨金融驱动与产业升级高峰论坛开幕，69家金融机构发起设立的盛京汇企业家金融服务平台正式启动。

6月13日，中国人民银行沈阳分行向辽宁省政府上报《"金融岛"先进制造业基金小镇规划方案》，推动建立与辽宁自贸区产业结构相匹配的多元化融资渠道。

6月22日，辽宁自贸区大连片区正式上线"自贸金融在线服务平台"，大幅提升了自贸区企业的业务办理效率。

8月21日，中国人民银行沈阳分行、国家外汇管理局辽宁省分局联合印发《关于金融支持中国（辽宁）自由贸易试验区建设的指导意见》。

9月1日，第十六届中国国际装备制造业博览会在沈阳开幕。博览会以"高新技术与装备制造"为主题，突出国际性、专业性、先进性，美国、日本、德国等13个国家和地区的769家知名企业参展。

9月9日，"海峡两岸青年创业基地"落户沈阳。这是由中台办、国台办授牌的东北地区首家海峡两岸青年创业基地。

9月9日，沈阳—二连浩特—杜伊斯堡中欧双向班列正式开通，成为第二条连接沈阳至欧洲的国际物流通道，极大地促进了辽宁地区企业与欧洲国家间的经贸往来。

11月18日，支付系统沈阳城市处理中心本地备份接入系统（LBAS）建成投产，极大地提升了辽宁省支付系统的安全性、稳定性和抗风险能力，为辽宁金融安全提供了更有力的保障。

12月11日，中国人民银行沈阳分行、国家外汇管理局辽宁省分局联合印发《金融支持沈阳全面创新改革试验区建设的指导意见》。

12月29日，中国人民银行沈阳分行印发《辽宁省移动支付便民示范工程实施方案》，着力打造多元化非现金支付方式，优化地区金融服务环境。

（二）2017 年辽宁省主要经济金融指标

表 1　2017 年辽宁省主要存贷款指标

		1 月	2 月	3 月	4 月	5 月	6 月	7 月	8 月	9 月	10 月	11 月	12 月
本外币	金融机构各项存款余额（亿元）	51 151.0	52 134.0	53 131.0	53 063.0	52 883.0	53 429.0	53 559.0	53 899.0	53 866.0	54 372.0	54 278.0	54 249.0
	其中：个人存款	26 389.0	26 674.0	27 097.0	26 753.0	26 785.0	27 258.0	26 986.0	27 038.0	27 380.0	27 273.0	27 372.0	27 768.0
	单位存款	13 607.0	13 702.0	14 105.0	14 074.0	13 771.0	14 210.0	14 060.0	14 068.0	14 029.0	14 150.0	14 211.0	14 592.0
	各项存款余额比上月增加（亿元）	-541.0	982.0	997.0	-68.0	-180.0	546.0	130.0	340.0	-33.0	506.0	-94.0	-29.0
	金融机构各项存款同比增长（%）	6.8	8.8	7.5	7.6	7.0	7.3	6.2	6.4	5.3	5.9	5.6	5.0
	金融机构各项贷款余额（亿元）	39 246.0	39 424.0	39 763.0	40 128.0	40 219.0	40 629.0	40 743.0	40 866.0	40 895.0	40 941.0	41 393.0	41 279.0
	其中：短期	14 505.0	14 673.0	14 913.0	15 074.0	15 319.0	15 779.0	15 804.0	15 852.0	15 935.0	15 848.0	15 989.0	15 816.0
	中长期	21 967.0	22 097.0	22 249.0	22 500.0	22 467.0	22 450.0	22 605.0	22 621.0	22 679.0	22 835.0	21 398.0	23 288.0
	票据融资	2 192.0	2 059.0	1 995.0	1 933.0	1 804.0	1 795.0	1 695.0	1 750.0	1 670.0	1 629.0	1 579.0	1 601.0
	各项贷款余额比上月增加（亿元）	560.0	178.0	339.0	365.0	91.0	410.0	114.0	122.0	29.0	46.0	452.0	-114.0
	其中：短期	229.0	167.0	240.0	161.0	245.0	460.0	25.0	48.0	83.0	-87.0	141.0	-173.0
	中长期	392.0	131.0	152.0	251.0	-33.0	-17.0	155.0	16.0	58.0	156.0	-1 437.0	1 890.0
	票据融资	-117.0	-133.0	-64.0	-62.0	-129.0	-9.0	-100.0	55.0	-80.0	-41.0	-50.0	22.0
	金融机构各项贷款同比增长（%）	6.3	6.3	6.2	8.0	7.5	7.3	8.0	7.7	6.6	6.6	7.9	6.7
	其中：短期	4.4	5.1	5.9	6.3	8.3	10.4	11.7	11.6	11.1	11.1	12.9	11.1
	中长期	7.3	6.9	6.4	9.9	9.0	8.2	8.6	8.3	7.1	7.7	9.4	7.7
	票据融资	2.7	0.8	-2.3	-8.0	-17.7	-22.8	-25.4	-24.1	-28.5	-31.4	-36.4	-30.7
	建筑业贷款余额（亿元）	1 117.0	1 119.0	1 136.0	1 166.0	1 197.0	1 215.0	1 221.0	1 242.0	1 242.0	1 221.0	1 229.0	1 211.7
	房地产业贷款余额（亿元）	2 323.0	2 340.0	2 342.0	2 343.0	2 331.0	2 238.0	2 235.0	2 199.0	2 160.0	2 167.0	2 167.0	2 131.9
	建筑业贷款同比增长（%）	-3.9	-4.7	-3.5	4.3	7.8	11.4	11.7	13.8	14.5	11.9	13.6	11.4
	房地产业贷款同比增长（%）	-11.7	-12.6	-12.3	-10.0	-10.1	-10.4	-10.6	-12.1	-13.8	-11.7	-8.2	-8.1
人民币	金融机构各项存款余额（亿元）	50 175.0	51 125.0	52 088.0	52 027.0	51 820.0	52 376.0	52 529.0	52 861.0	52 801.0	53 300.0	53 200.0	53 227.0
	其中：个人存款	26 000.0	26 285.0	26 707.0	26 365.0	26 340.0	26 880.0	26 609.0	26 673.0	27 015.0	26 907.0	27 006.0	27 401.0
	单位存款	13 072.0	13 140.0	13 511.0	13 485.0	13 156.0	13 590.0	13 467.0	13 453.0	13 386.0	13 500.0	13 566.0	14 001.0
	各项存款余额比上月增加（亿元）	-542.0	983.0	963.0	-62.0	-207.0	556.0	153.0	-698.0	-60.0	499.0	-100.0	27.0
	其中：个人存款	505.0	285.0	422.0	-342.0	-25.0	540.0	-271.0	64.0	342.0	-30.0	99.0	395.0
	单位存款	-920.0	95.0	371.0	-26.0	-329.0	434.0	-123.0	-14.0	-67.0	-108.0	66.0	435.0
	各项存款同比增长（%）	7.0	8.8	7.6	7.7	7.0	7.3	6.2	6.3	5.1	5.7	5.5	5.0
	其中：个人存款	9.2	8.5	8.4	8.7	8.8	8.8	8.3	6.3	7.6	7.3	7.1	7.5
	单位存款	3.9	6.3	5.5	5.2	3.0	3.7	2.8	1.4	-1.5	1.5	1.7	0.1
	金融机构各项贷款余额（亿元）	37 832.0	38 033.0	38 350.0	38 723.0	38 827.0	39 291.0	39 429.0	39 563.0	39 604.0	39 669.0	40 123.0	40 064.0
	其中：个人消费贷款	5 609.0	5 663.0	5 764.0	5 832.0	5 934.0	6 078.0	6 152.0	6 249.0	6 381.0	6 474.0	6 587.0	6 645.0
	票据融资	2 192.0	2 059.0	1 995.0	1 993.0	1 804.0	1 795.0	1 695.0	1 750.0	1 670.0	1 629.0	1 579.0	1 602.0
	各项贷款余额比上月增加（亿元）	541.0	201.0	317.0	372.0	104.0	464.0	138.0	135.0	41.0	65.0	454.0	-59.0
	其中：个人消费贷款	83.0	54.0	101.0	68.0	102.0	144.0	74.0	97.0	132.0	93.0	113.0	58.0
	票据融资	-117.0	-133.0	-64.0	-2.0	-189.0	-9.0	-100.0	55.0	-80.0	-41.0	-50.0	23.0
	金融机构各项贷款同比增长（%）	6.7	6.5	6.4	8.3	8.0	7.9	8.6	8.3	7.2	7.2	8.5	7.4
	其中：个人消费贷款	16.7	17.8	18.3	18.9	19.1	19.9	20.0	19.9	20.5	20.7	20.6	20.2
	票据融资	2.7	0.8	-2.3	-8.0	-17.7	-22.8	-25.4	-24.1	-28.5	-31.4	-36.4	-30.7
外币	金融机构外币存款余额（亿美元）	142.0	147.0	154.0	153.0	155.0	155.0	153.0	157.0	157.0	161.0	163.0	156.0
	金融机构外币存款同比增长（%）	-7.2	-3.9	-4.3	-2.5	0.0	2.6	4.1	12.1	10.6	16.7	16.4	10.6
	金融机构外币贷款余额（亿美元）	206.0	202.0	209.0	207.0	203.0	198.0	195.0	197.0	191.0	192.0	192.0	186.0
	金融机构外币贷款同比增长（%）	-8.4	-4.7	-4.1	-4.2	-7.3	-9.6	-9.7	-6.6	-10.7	-8.1	-5.4	-7.5

数据来源：中国人民银行沈阳分行。

表 2　2017 年辽宁省各类价格指数

单位：%

		居民消费价格指数		农业生产资料价格指数		工业生产者购进价格指数		工业生产者出厂价格指数	
		当月同比	累计同比	当月同比	累计同比	当月同比	累计同比	当月同比	累计同比
2001		—	0.0	—	0.5	—	0.0	—	-1.4
2002		—	-1.1	—	1.7	—	-1.7	—	-2.2
2003		—	1.7	—	-1.6	—	5.1	—	3.6
2004		—	3.5	—	13.3	—	21.1	—	7.1
2005		—	1.4	—	10.0	—	8.1	—	5.1
2006		—	1.2	—	0.5	—	4.2	—	4.1
2007		—	5.1	—	14.2	—	4.8	—	4.4
2008		—	4.6	—	28.1	—	11.5	—	10.9
2009		—	0.0	—	-3.3	—	-6.7	—	-6.0
2010		—	3.0	—	3.7	—	8.6	—	7.4
2011		—	5.2	—	12.8	—	8.3	—	6.5
2012		—	2.8	—	6.9	—	-1.0	—	-0.1
2013		—	2.4	—	-0.1	—	-1.5	—	-1.0
2014		—	1.7	—	-1.1	—	-2.0	—	-1.8
2015		—	1.4	—	-0.5	—	-6.5	—	-6.1
2016		—	1.6	—	0.4	—	-2.1	—	-1.2
2017		—	1.4	—	0.3	—	8.0	—	8.1
2016	1	1.5	1.5	-0.3	-0.3	-6.6	-6.6	-5.9	-5.9
	2	1.8	1.6	0.0	-0.2	-6.9	-6.8	-5.7	-5.8
	3	1.9	1.7	-0.7	-0.3	-6.9	-6.8	-5.7	-5.8
	4	1.9	1.7	0.2	-0.2	-4.9	-6.1	-3.4	-5.0
	5	1.7	1.7	0.5	-0.1	-3.9	-5.6	-2.6	-4.5
	6	1.4	1.7	1.0	0.1	-3.2	-5.2	-2.2	-4.1
	7	1.2	1.6	0.8	0.2	-2.0	-4.8	-1.6	-3.8
	8	0.9	1.5	0.3	0.2	-1.3	-4.3	-0.2	-3.3
	9	1.8	1.5	0.2	0.2	-0.3	-3.9	0.9	-2.9
	10	1.7	1.6	0.6	0.3	1.1	-3.4	1.8	-2.4
	11	1.5	1.6	0.8	0.3	3.3	-2.8	3.4	-1.9
	12	1.7	1.6	1.7	0.4	5.7	-2.1	6.2	-1.2
2017	1	2.3	1.6	2.3	0.4	8.4	8.4	8.7	8.7
	2	0.6	1.4	2.0	2.2	10.4	9.4	9.9	9.3
	3	0.5	1.1	1.8	2.0	10.4	9.7	9.9	9.5
	4	0.7	1.0	1.1	1.8	9.3	9.6	8.1	9.2
	5	0.6	0.9	-0.2	1.4	8.1	9.3	6.4	8.6
	6	0.9	0.9	-1.2	1.0	7.2	8.9	6.2	8.2
	7	0.9	0.9	-1.4	0.6	5.9	8.5	6.3	7.9
	8	1.2	1.0	-0.5	0.5	7.0	8.3	7.4	7.9
	9	1.7	1.0	-0.1	0.4	7.8	8.3	8.8	8.0
	10	2.2	1.2	-0.1	0.4	8.1	8.2	9.4	8.1
	11	2.4	1.3	0.1	0.3	6.9	8.1	8.9	8.2
	12	2.3	1.4	0.1	0.3	6.3	8.0	7.6	8.1

数据来源：《中国经济景气月报》、辽宁省统计局。

表 3　2017 年辽宁省主要经济指标

	1月	2月	3月	4月	5月	6月	7月	8月	9月	10月	11月	12月
	绝对值（自年初累计）											
地区生产总值（亿元）	—	—	4 574.7	—	—	10 296.8	—	—	16 639.4	—	—	23 942.0
第一产业	—	—	253.3	—	—	683.4	—	—	1 197.7	—	—	2 182.1
第二产业	—	—	1 630.2	—	—	3 828.1	—	—	6 457.4	—	—	9 397.8
第三产业	—	—	2 691.2	—	—	5 785.4	—	—	8 984.3	—	—	12 362.1
工业增加值（亿元）	—	—	—	—	—	—	—	—	—	—	—	—
固定资产投资（亿元）	—	353.0	1 061.8	1 579.9	2 196.2	3 156.4	3 708.6	4 338.4	5 143.7	5 715.0	6 145.9	6 444.7
房地产开发投资	—	143.5	393.4	600.6	837.2	1 181.8	1 418.8	1 681.1	1 955.7	2 152.6	2 261.2	2 289.7
社会消费品零售总额（亿元）	—	2 263.0	3 342.4	4 385.0	5 543.7	6 694.8	7 845.4	9 025.4	10 185.5	11 403.1	12 568.1	13 807.2
外贸进出口总额（亿元）	—	1 071.0	1 674.1	2 225.8	2 773.4	3 349.7	3 926.1	4 467.1	5 025.5	5 521.7	6 133.9	6 737.4
进口	—	591.8	924.3	1 243.0	1 550.1	1 864.3	2 175.1	2 457.9	2 765.3	3 027.3	3 359.6	3 695.7
出口	—	479.3	749.9	982.9	1 223.3	1 485.4	1 751.0	2 009.2	2 260.2	2 494.4	2 774.3	3 041.7
进出口差额（出口－进口）	—	-112.5	-174.4	-260.1	-326.8	-379.0	-424.0	-448.7	-505.1	-532.9	-585.4	-653.9
实际利用外资（亿美元）	—	6.6	11.6	16.6	21.4	28.1	30.2	31.8	36.9	43.3	49.6	53.4
地方财政收支差额（亿元）	—	-207.7	-482.4	-570.8	-713.1	-1 050.6	-1 167.6	-1 321.2	-1 565.2	-1 653.0	-1 860.5	-2 452.7
地方财政收入	—	450.2	632.5	842.7	1 055.1	1 262.9	1 472.4	1 643.2	1 836.2	2 055.4	2 222.2	2 390.2
地方财政支出	—	657.9	1 115.0	1 413.5	1 768.2	2 313.6	2 640.0	2 964.4	3 401.4	3 708.4	4 082.7	4 842.9
城镇登记失业率（%）（季度）	—	—	—	—	—	—	—	—	—	—	—	—
	同比累计增长率（%）											
地区生产总值	—	—	2.4	—	—	2.1	—	—	2.5	—	—	4.2
第一产业	—	—	0.6	—	—	1.9	—	—	3.1	—	—	3.6
第二产业	—	—	-4.3	—	—	-2.4	—	—	-0.9	—	—	3.2
第三产业	—	—	7.1	—	—	5.3	—	—	4.9	—	—	5.0
工业增加值	—	-6.9	-6.2	-6.0	-6.1	-4.3	-3.9	-3.0	-1.8	0.7	2.4	4.4
固定资产投资	—	-21.7	-24.9	-34.4	-35.9	-31.4	-28.7	-24.0	-15.4	-8.7	-3.6	0.1
房地产开发投资	—	-1.7	-10.5	-16.8	-21.2	-17.9	-14.3	-8.0	-0.6	5.2	8.8	9.3
社会消费品零售总额	—	1.2	1.6	1.7	1.5	1.6	1.6	1.7	1.8	2.1	2.5	2.9
外贸进出口总额	—	44.0	39.2	33.4	29.5	26.3	25.6	23.4	20.6	20.0	19.3	17.9
进口	—	73.3	61.9	53.3	45.7	40.7	38.3	34.2	32.6	32.0	32.0	7.1
出口	—	19.2	18.7	14.7	13.5	12.0	12.7	12.3	8.5	8.1	6.9	28.6
实际利用外资	—	6.1	31.7	14.8	22.6	38.8	44.7	42.6	63.6	82.5	91.4	77.9
地方财政收入	—	11.6	10.2	4.1	4.1	6.3	6.4	6.8	8.3	8.2	8.3	8.6
地方财政支出	—	32.8	32.4	16.6	15.9	14.8	13.0	10.8	8.3	9.2	10.0	5.8

数据来源：《中国经济景气月报》、辽宁省统计局。

吉林省金融运行报告（2018）

中国人民银行长春中心支行货币政策分析小组

[内容摘要] 2017年，吉林省坚持以提高发展质量和效益为中心，深入贯彻落实新一轮东北振兴各项举措，千方百计稳定经济增长，经济发展基本处于合理区间，综合经济实力持续增强。供给侧结构性改革积极推进，新旧动能转换取得突破，三次产业结构得到优化；需求侧管理于困境中砥砺前行，投资和消费需求增势趋缓，净出口基本保持稳定；吉林老工业基地正不断焕发出新的生机和活力，为全面建成小康社会奠定了坚实的物质基础。全年实现地区生产总值15 288.9亿元，同比增长5.3%。一是内需增长动力略显不足，经济外向度水平不高。固定资产投资增幅明显回落，投资增速同比下降8.7个百分点。民间投资规模保持稳定，占全部投资的比重为73.6%。消费需求稳中趋缓，社会消费品零售总额增速同比回落2.4个百分点。进出口额形势较上年有所改善，但增幅逐季收窄，全年进出口总额小幅增长3%。二是产业升级积极推进，供给侧结构性改革成效显现。农业生产基本稳定，农林牧渔业增加值同比增长3.3%。工业经济总体平稳，规模以上工业增加值同比增长5.5%。服务业发展较快，增速比地区生产总值增速快2.2个百分点，对经济增长的贡献率为56.2%，服务业的快速发展给经济的发展动力和结构调整均带来积极变化。过剩产能有效压减，企业交易费用和税收负担大幅下降。三是消费品价格整体运行较为平稳，工业品价格由降转升。居民消费价格涨势平稳，累计上涨1.6%。生产价格由降转升，工业生产者出厂价格指数同比上升3.1%，增幅比上年提高4.7个百分点。四是财政收入负增长，财政支出结构有改善。受经济增长动能不足、减税降费政策优惠力度较大和上年一次性收入基数较高等因素综合影响，财政收入自6月起由正转负，降幅逐月扩大，全年地方级财政收入同比下降4.1%。财政支出结构进一步改善，财政对民生的投入占全部财政支出的82%。五是房地产市场景气度不高，医药产业健康平稳发展。房地产投资同比下降较多，增速较上年下降20.5个百分点。房地产市场景气度不高，房地产企业筹集资金难度增大，房地产开发企业对商品房供给意愿不强，房地产开发企业购置土地面积为近十年来最低水平。房屋销售增速回落，新建商品房销售面积同比下降1.8%。具有区域特色的医药产业呈现健康平稳发展态势，医药企业积极响应新一轮药品招标采购和“两票制”等医药体制改革，加快项目建设和新产品研发，新药品研发成效显著，关键技术取得重大突破，全年规模以上医药企业完成工业总产值1 217.6亿元。

吉林省金融业认真贯彻落实稳健中性的货币政策，金融服务实体经济的能力和水平进一步提升。一是各项贷款受政策性因素影响明显，信贷结构持续优化。本外币各项存款整体增长缓慢，年末同比增速仅为2.6%，非金融企业存款同比少增较多。本外币贷款增速持续回落，年末增速为4.7%，增速低于全国平均水平7.4个百分点，主要原因是粮食收储市场化改革和粮食去库存导致粮食收储贷款减少较多。信贷结构进一步优化，新兴产业贷款快速增长，小微企业贷款、消费贷款、精准扶贫贷款持续增加，金融对吉林经济重点领域和薄弱环节的支持力度进一步增强。二是利率水平稳中有升，银行业机构资产质量下迁压力加大。2017年12月，一般贷款加权平均利率为6.12%，较上年同期上升21个基点。受产能过剩行业贷款质量向下迁徙影响，吉林省银行业金融机构信贷资产质量有所降低，年末不良贷款率同比上升0.46个百分点。金融机构积极通过诉讼回收、批量转让、核销等方式加大不良贷款处置力度，地方法人银行机构资本充足率、流动性比例、超额备付率等指标均高于监管标准，风险抵御能力仍然较强。三是改革创新持续推进，跨境人民币业务稳步发展。银行业改革创新积极推进，农村金融综合改革顺利实施，东北首家民营银行——亿联银行和省内首家金融租赁公司——九银金融租赁公司相继开业，两家股份制商业银行在吉林省设立分支机构，金融机构类型进一步丰富和完善。跨境人民币业务稳步发展，全年业务量达到300.3亿元，七成有实际进出口经营业绩的企业办理跨境人民币结算业务，对俄、对韩跨境人民币结算业务快速发展。四是证券业平稳发展，市场交易活跃。机构数量持续增加，市场交易活跃，证券交易额同比增长6.2%，新三板挂牌公司融资量较快增长，挂牌公司全年融资额同比增长144.2%，私募基金稳步发展，备案基金管理资金规模达到2 934亿元。五是保险业呈现快速发展趋势，农业保险特色明显。保险机构数量持续增加，资产总额同比增长104.2%，保险业务加快发展，保费收入同比增长15.2%，保险密度和保险深度均同比增加，分别达到2 361.2元/人和4.2%。农业保险覆盖面进一步提高，承保面积同比增长6.8%，大豆收入、玉米价格等新型保险产品陆续推出，“保单＋期货”试点稳步推进。六是社会融资规模增速放缓，直接融资占比提升。直接融资发展加快，年内增量占地区社会融资规模的三成。货币市场业务回归理性，交易额同比下降48.4%。票据业务量减价升。外汇市场和黄金市场稳健运行，银行结售汇同比增长2.1%，商业银行黄金交易额成交额同比减少。七是金融生态环境持续改善，金融基础设施更趋完善。信用体系建设扎实推进，征信系统累计收录17万户企业和1936万个自然人信用信息。支付体系高效平稳运行，银行卡受理环境不断改善，助农取款服务点达到1.3万个，农村地区支付环境持续优化。金融消费软环境持续改善，金融消费者投诉办结率及消费者满意度均为100%。

2018年是贯彻落实党的十九大精神的开局之年，是加快吉林全面振兴的关键一年。当前，推动吉林全面振兴发展仍面临创新能力不足以及发展不平衡不充分的问题。但东北振兴政策措施的深入实施、吉林省产业结构的持续调整优化、新旧动能的加速转化，以及国有企业改革的进一步深化，必将为吉林经济高质量增长和转型升级提供基础和动力。2018年，吉林省将高举习近平新时代中国特色社会主义思想伟大旗帜，全面贯彻党的十九大、全国金融工作会议和中央经济工作会议精神，坚持新发展理念，紧扣社会主要矛盾变化，按照高质量发展的要求，加快实施“三个五”[①]战略，统筹推动中东西“三大板块”[②]建设，全面做好稳增长、促改革、调结构、惠民生、防风险各项工作，促进经济社会持续健康发展。预计地区生产总值增长6%左右，物价涨幅控制在3%左右。

2018年，吉林省金融业将继续贯彻落实稳健中性的货币政策，着力调整优化信贷结构和融资结构，进一步加大对实体经济的信贷投入，支持吉林省供给侧结构性改革，进一步优化金融生态环境，将防控金融风险放到更加重要的位置，牢牢守住不发生系统性金融风险的底线，为吉林振兴发展营造良好的货币信贷环境。

---

① “三个五”是吉林省政府提出的突出发挥“五个优势”，推进“五项举措”，加快“五大发展”，即：突出发挥吉林老工业基地振兴优势，推进体制机制转型和产业结构优化升级，加快创新发展；突出发挥国家重要商品粮基地优势，推进农业现代化和新型城镇化，加快统筹发展；突出发挥吉林沿边近海优势，推进长吉图战略，融入“一带一路”建设，加快开放发展；突出发挥吉林生态资源优势，推进生态文明建设，加强生态环境保护和资源利用转化，加快绿色发展；突出发挥吉林科教、人才、人文优势，推进高教强省、人才兴省、文化大省和法治吉林建设，加强社会治理创新，排除各类风险隐患，加快安全发展。

②“三大板块”：吉林东部绿色转型发展区、中部创新转型核心区和西部生态经济区。

一、金融运行情况

2017年，吉林省金融业运行基本稳健，银行业发展有所放缓，证券业务稳步发展，保险业务快速发展，金融市场融资功能不断增强，金融资源向小微、扶贫、新兴产业等民生领域和关键环节倾斜力度加大，有效发挥了对吉林实体经济发展和转型升级的支持作用。

（一）银行业发展有所放缓，信贷支持重点突出

1. 银行业机构发展趋缓。2017年，吉林省银行业机构积极落实金融去杠杆各项要求，资产总额、负债总额、利润额分别减少3.3%、3.6%和32.3%。银行业金融机构数量稳步增加，年末银行机构营业网点数量同比增长8.9%。

表1　2017年吉林省银行业金融机构情况

机构类别	营业网点			法人机构（个）
	机构个数（个）	从业人数（人）	资产总额（亿元）	
一、大型商业银行	1 609	41 814	9 496	0
二、国家开发银行和政策性银行	61	1 873	4 930	0
三、股份制商业银行	172	3 873	2 529	0
四、城市商业银行	387	9 315	3 687	1
五、小型农村金融机构	1 626	36 752	6 792	53
六、财务公司	1	197	886	2
七、信托公司	0	176	66	1
八、邮政储蓄银行	1 075	10 363	1 544	0
九、外资银行	2	47	15	0
十、新型农村金融机构	165	10 307	893	805
十一、其他	4	712	445	3
合计	5 102	115 429	31 283	865

注：营业网点不包括国家开发银行和政策性银行、大型商业银行、股份制商业银行等金融机构总部数据；大型商业银行包括中国工商银行、中国农业银行、中国银行、中国建设银行和交通银行；小型农村金融机构包括农村商业银行、农村合作银行和农村信用社；新型农村金融机构包括村镇银行、贷款公司和农村资金互助社；"其他"包含金融租赁公司、汽车金融公司、货币经纪公司、消费金融公司等。

数据来源：吉林银监局。

2. 本外币存款整体增长缓慢。2017年，吉林省各项存款增速逐月放缓，年末，本外币各项存款余额同比增长2.6%，增速同比下降10.6个百分点，为近15年来最低增速。分存款结构看，住户存款增量同比微降，受贷款增长乏力进而派生存款减少等因素影响，非金融企业存款增量同比减少1 600亿元。分币种看，人民币存款增长2.7%，外币存款下降5.5%。

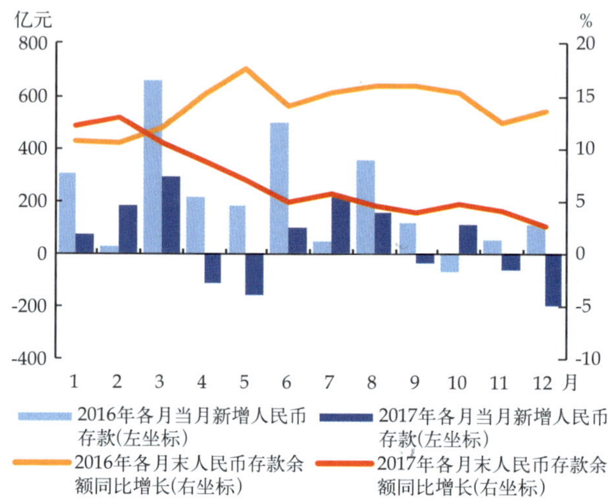

数据来源：中国人民银行长春中心支行。

图1　2016~2017年吉林省金融机构人民币存款增长变化

3. 本外币贷款增速持续回落。2017年，吉林省粮食市场化收储改革深入推进，粮食库存去化进度加快，致使粮食收储贷款减少较多，加之地方政府债务置换量占比较高以及实体经济有效信贷需求不足，吉林省本外币各项贷款增速持续回落，各项贷款余额同比仅增长4.7%，增速同比下降8.1个百分点，低于全国平均增速7.4个百分点。其中，人民币和外币贷款同比分别增长4.8%和-22.5%。同时，银行机构积极优化信贷结构，对重点领域和薄弱环节的支持力度不断增强。信息传输、软件和信息技术服务业贷款同比增长378.8%，科学研究和技术服务业贷款同比增长75.4%。小微企业贷款同比增长14.2%，消费信贷同比增长19.6%，精准扶贫贷款持续增加，年末余额达到555.9亿元。

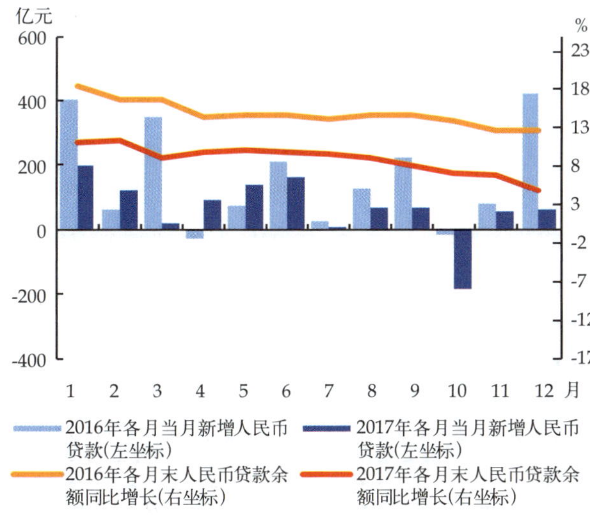

数据来源：中国人民银行长春中心支行。

图 2　2016~2017 年吉林省金融机构人民币贷款增长变化

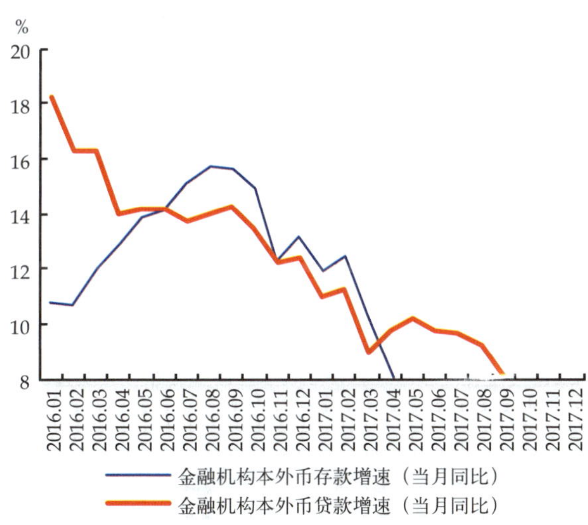

数据来源：中国人民银行长春中心支行。

图 3　2016~2017 年吉林省金融机构本外币存、贷款增速变化

4. 理财产品增速企稳回升。2017 年前三季度，吉林省理财产品延续了 2016 年的下滑态势，存续期理财产品增速在第三季度末达到 1.7% 的低点，第四季度明显回升，年末同比增长 13.7%，仅低于上年同期 0.1 个百分点，高于各项存款余额同比增速 11.1 个百分点。其中，表外理财期末资金余额同比增长 6.6%，表外理财产品规模占比达到 72.5%。

5. 存贷款利率稳中略升。2017 年，吉林省银行机构自律意识显著增强，主动维护市场正当竞争秩序，各类银行机构间分层有序的定价格局进一步形成。吉林省 12 月一般贷款加权平均利率 6.12%，比年初上升 0.21 个基点；定期存款加权平均利率 2.14%，比年初小幅上升 0.01 个百分点。同时，地方法人金融机构积极推进利率定价能力建设，存贷款定价科学性进一步增强，2017 年，吉林省共有 30 家银行业法人金融机构通过合格审慎评估，成为全国市场利率定价自律机制成员。

表 2　2017 年吉林省金融机构人民币贷款各利率区间占比

单位：%

月份		1 月	2 月	3 月	4 月	5 月	6 月
合计		100.0	100.0	100.0	100.0	100.0	100.0
下浮		10.6	19.6	12.4	7.4	12.5	10.6
基准		29.0	20.1	26.0	32.3	32.0	27.2
上浮	小计	60.5	60.3	61.6	60.4	55.4	62.2
	(1.0, 1.1]	11.6	13.4	11.6	13.5	15.1	11.3
	(1.1, 1.3]	20.5	20.2	20.1	17.1	13.5	20.5
	(1.3, 1.5]	14.7	16.2	16.0	13.7	10.8	13.6
	(1.5, 2.0]	12.2	9.8	11.9	13.7	13.9	15.3
	2.0 以上	1.6	0.7	2.0	2.4	2.1	1.5
月份		7 月	8 月	9 月	10 月	11 月	12 月
合计		100.0	100.0	100.0	100.0	100.0	100.0
下浮		5.7	4.0	12.5	7.0	6.7	9.2
基准		37.7	34.8	26.5	34.4	35.7	33.7
上浮	小计	56.6	61.2	61.0	58.6	57.6	57.2
	(1.0, 1.1]	10.3	20.5	14.6	8.2	18.4	12.2
	(1.1, 1.3]	14.0	18.4	19.7	19.6	10.4	13.7
	(1.3, 1.5]	13.2	9.5	10.4	10.7	7.9	9.4
	(1.5, 2.0]	17.5	11.5	13.4	16.9	18.4	17.0
	2.0 以上	1.7	1.3	2.8	3.2	2.4	5.0

数据来源：中国人民银行长春中心支行。

6. 信贷资产质量有所降低。2017 年，金融机构积极通过诉讼回收、批量转让、核销等方式加快不良贷款处置，全年处置不良贷款 186.7 亿元。但受区域产能过剩行业贷款质量向下迁徙影响，吉林省银行业金融机构不良贷款率同比上升0.46个百分点。年末，省内地方法人银行机构流动性比例、资本充足率、超额备付率等指标均高于监管标准，保障存款支付和资金清算的能力较强。

7. 银行业改革创新积极推进。吉林省农村金融综合改革顺利实施，年内3家农村商业银行开业，全省农村商业银行数量占农合机构数量的73%，已开业村镇银行63家，村镇银行实现全省县域全覆盖。中国工商银行吉林省分行和中国农业银行吉林省分行设立普惠金融事业部。东北地区首家民营银行——亿联银行正式开业，吉林省首家金融租赁公司——吉林九银金融租赁公司开业，渤海银行和广发银行在吉林省设立分支机构，银行机构服务体系更趋完善。

8. 跨境人民币业务稳步发展。2017年，吉林省跨境人民币结算业务量达到300.3亿元，业务办理网点扩大到全省25家银行机构的344个银行网点，累计办理跨境人民币结算业务的企业达1 282家，占吉林省有实际进出口经营业绩企业总数的71.2%。图们江区域跨境人民币业务发展迅速，2017年，吉林省对俄跨境人民币结算业务占吉林省对俄本外币结算的37.2%，占比是上年同期的2.1倍；中韩跨境人民币结算业务占吉林省对韩本外币结算的12.3%，同比提高5.2个百分点。

专栏1　中国人民银行长春中心支行组织创建金融扶贫示范区　探索助力老弱病残脱贫有效路径

2017年初，中国人民银行长春中心支行在吉林省少数民族国家级贫困县和龙市创建金融扶贫示范区，通过构建政府主导、职能部门协作、金融机构广泛参与的工作格局，探索出契合吉林特色的金融精准扶贫模式，取得了阶段性成效。截至2017年末，示范区金融精准扶贫信贷累计投放达到41 064万元，惠及贫困人口7 360户，已经实现脱贫2 620人，占全部贫困人口的19.2%。

一、建立联动工作机制，统筹推进示范区建设

一是下发指导意见，明确创建目标和任务。二是推动和龙市成立由市长任组长的创建工作领导小组，强化部门协作，建立市、乡（镇）、村三级金融扶贫服务网络。三是协调各省级金融机构在示范区信贷规模等方面出台具体的优惠政策，并建立金融扶贫主办行制度，将金融机构与示范区87个贫困村进行对接，避免金融扶贫真空。四是制定示范区金融机构扶贫考核办法，并将考核结果纳入宏观审慎评估和信贷政策导向效果评估中。

二、强化激励引导作用，完善扶贫政策传导机制

一是通过实施定向降准政策、合理调增示范区法人金融机构合意贷款规划、发放扶贫再贷款，定向支持示范区法人金融机构信贷投放，和龙市法人金融机构扶贫贷款占当地扶贫信贷增量的81%。二是推动示范区政府整合财政资金7 531万元设立扶贫贷款风险补偿基金，由金融机构按3~10倍发放扶贫贷款。三是协调示范区政府整合各类扶贫资金1亿元成立扶贫担保公司，金融机构已借助风险担保基金发放扶贫贷款13 659万元。

三、创新信贷扶贫模式，实现精准扶贫全覆盖

中国人民银行长春中心支行组织示范区金融机构结合贫困户家庭状况有针对性地开发信贷产品和制定扶贫模式，重点支持人参、木耳种植和养貂、养驴以及乡村旅游等特色产业发展，并创新形成了四大精准扶贫信贷模式。一是小额农贷助贫。对有贷款意愿，有就业潜质，有技能素质的建档立卡贫困户，提供5万元（含）以下、期限在3年以内（含）、利率不高于基准利率，并由政府全额贴息的扶贫小额贷款。截至年末，此类贷款余额3 528万元，带动1 142户贫困户增收。二是金穗农贷扶贫。以专业合作社作为承贷主体，农业银行和龙市支行按每户5万~10万元的标准发放"金穗惠农精准脱贫贷款"，政府按所发放贷款的十分之一向承贷行注入风险基金，并辅以土地承包经营权、林权抵押等方式保全信贷资金安全。截至年末，示范区共发放此类贷款4 013万元，带动479户贫困户增收。三是龙头企贷帮贫。银行采用"抵押＋担保"方式给龙头企业发放贷款，企业按每万元带动1人脱贫匹配贫困人口，并以不低于6%的比例向贫困农户计提分红基金。和龙市政府以扶贫风险基金形式对该类贷款承担70%的损失代偿责任。截至年末，市政府以该种模式注入风险担保基金853万元，撬动信贷资金8 530万元，带动3 597户贫困户增收。四是政府保贷脱贫。成立扶贫合作社158个，农商行以每个贫困人口1万元标准向合作社发放扶贫贷款，整合扶贫资金1亿元成立融资担保公司，对不良贷款承担100%代偿责任。目前已发放此类精准扶贫贷款13 359万元，带动6 218户贫困户增收。

四、加强普惠金融建设，提升示范区金融服务可获得性

一是改善示范区支付服务水平。示范区内ATM和POS机具布放量分别较创建前增长8.3%和7.5%，助农取款服务点实现行政村全覆盖。二是积极推进示范区诚信机制建设。及时将建档立卡贫困户信息录入农村信用信息数据库内，开展建档立卡贫困户信用评级，实现贫困户信息在金融机构间共享。三是深入开展金融知识宣传。组织示范区金融机构深入农村，普及信贷、支付、反假币、征信等金融知识，提升广大农民金融素养。

（二）证券业平稳发展，市场交易活跃

1. 证券机构数量持续增长。2017年，吉林省新增证券公司分公司7家，营业部7家，证券营业部覆盖全省9个地区，网点布局渐趋合理。证券市场活跃，吉林省证券交易额同比增长6.2%。

2. 资本市场融资功能得到有效发挥。截至年末，吉林省辖区共有上市公司42家，总市值4 156.3亿元。当年有10家公司在新三板挂牌，累计达到88家，挂牌公司全年合计融资11.1亿元，较上年增长144.2%。私募基金较快发展，辖区已完成登记的私募基金管理人共70家，备案基金100只，管理资金规模2 934亿元。

表3　2017年吉林省证券业基本情况

项目	数量
总部设在辖内的证券公司数（家）	2
总部设在辖内的基金公司数（家）	0
总部设在辖内的期货公司数（家）	2
年末国内上市公司数（家）	42
当年国内股票（A股）筹资（亿元）	109
当年发行H股筹资（亿元）	0
当年国内债券筹资（亿元）	139
其中：短期融资券筹资额（亿元）	74
中期票据筹资额（亿元）	0

注：当年国内股票（A股）筹资额指非金融企业境内股票融资。

数据来源：吉林证监局。

（三）保险业快速发展，农业保险特色明显

1. 保险机构稳步发展。2017 年末，吉林省内的法人保险公司 2 家，新设保险分公司 1 家，省级保险分公司达到 35 家，财产险公司和人身险公司分别为 17 家和 18 家。各保险公司从业人员 17.6 万人，比上年同期增加 2.5 万人。保险业总资产较快增长，吉林省保险业资产总额同比增长 104.2%。

2. 保险业务较快增长。2017 年，吉林省保险业实现保费收入同比增长 15.2%，保险密度 2 361.2 元 / 人，保险深度 4.2%，分别比上年提高 13.7% 和上升 0.5 个百分点。吉林省农险保障覆盖面进一步提高，承保面积同比增长 6.8%。创新开办大豆收入、玉米价格等新型保险产品，为生产主体提供价格风险保障 1 877 万元。稳步推进“保单 + 期货”试点，提供风险保障 1.6 亿元。

表 4　2017 年吉林省保险业基本情况

项目	数量
总部设在辖内的保险公司数（家）	2
其中：财产险经营主体（家）	2
人身险经营主体（家）	0
保险公司分支机构（家）	35
其中：财产险公司分支机构（家）	17
人身险公司分支机构（家）	18
保费收入（中外资，亿元）	642
其中：财产险保费收入（中外资，亿元）	163
人身险保费收入（中外资，亿元）	478
各类赔款给付（中外资，亿元）	175
保险密度（元 / 人）	2 361
保险深度（%）	4

数据来源：吉林保监局。

（四）直接融资发展较快，金融市场运行平稳

1. 社会融资规模增长放缓。2017 年，吉林省社会融资规模同比增长 6.6%，比全国低 5.4 个百分点。其中，表内融资同比增长 4.7%；表外融资同比增长 12%；直接融资同比增长 19.7%，年内直接融资增量占比达到 31.6%。

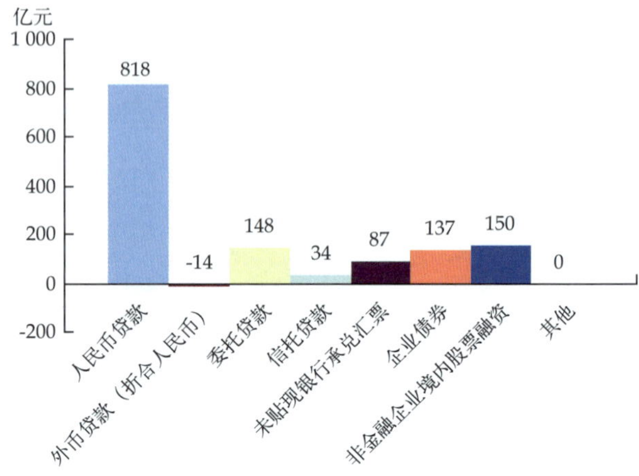

数据来源：中国人民银行长春中心支行。

图 4　2017 年吉林省社会融资规模分布结构

2. 货币市场业务回归理性。2017 年，吉林省积极稳妥推进货币市场去杠杆，金融机构在全国银行间市场拆借成交 5 003.3 亿元，同比下降 48.4%。市场经过优化调整，隐性风险逐步化解。

3. 票据业务量减价升。2017 年，吉林省票据承兑累计发生额同比下降 20.5%，票据融资总量明显减少，贴现累计发生额同比下降 76.5%。票据市场利率呈上升态势，银行承兑汇票贴现加权平均利率在 4.35%~5.17% 区间运行，转贴现加权平均利率在 3.67%~4.77% 区间运行。

表 5　2017 年吉林省金融机构票据业务量统计

单位：亿元

季度	银行承兑汇票承兑		贴现			
			银行承兑汇票		商业承兑汇票	
	余额	累计发生额	余额	累计发生额	余额	累计发生额
1	884.8	420.5	696.0	1 237.1	8.0	24.4
2	749.1	386.8	521.8	558.8	7.4	8.3
3	765.7	358.3	381.1	692.4	8.2	16.6
4	802.6	341.8	420.1	365.3	10.6	5.1

数据来源：中国人民银行长春中心支行。

表 6　2017 年吉林省金融机构票据贴现、转贴现利率

单位：%

季度	贴现		转贴现	
	银行承兑汇票	商业承兑汇票	票据买断	票据回购
1	4.35	7.88	3.87	3.67
2	5.17	6.32	4.77	4.16
3	4.88	6.84	4.23	3.95
4	5.01	8.21	4.72	4.71

数据来源：中国人民银行长春中心支行。

4. 外汇市场和黄金市场稳健运行。企业积极运用外汇交易工具应对汇率波动，全年银行结售汇规模 193.9 亿美元，同比增长 2.1%。黄金市场保持稳健发展，全年通过上海黄金交易所销售黄金量同比增长 0.5%。15 家商业银行开办了上海黄金交易所黄金代理业务、账户金、自营品牌金等六大类业务，全年人民币业务累计成交额同比减少 38.8%。

（五）金融生态环境持续改善，金融基础设施更趋完善

1. 信用体系建设扎实推进。依托“信用吉林”网站构建公共信用信息长效共享机制，为社会公众提供便捷的公共信用信息查询渠道。截至 2017 年末，吉林省征信系统累积收录 17 万户企业、1 936 万个自然人信用信息，148 家金融机构接入人民银行征信系统，全年提供个人信用报告查询 560.9 万次，同比增长 24.3%，企业信用报告查询 22.1 万次，同比下降 18.7%。持续开展信用企业、信用农户等信用评定工作，累计为全省 4.8 万家中小微企业和 347 万户农户建立信用档案。联合政府有关部门出台涉及多领域的合作备忘录，不断强化信用联合奖惩合力。

2. 支付体系高效平稳运行。2017 年，吉林省支付系统处理业务 6.8 亿笔，金额 50.3 万亿元。银行卡受理环境不断改善。截至年末，吉林省联网商户、POS 终端和 ATM 数量分别同比增长 39.5%、37.1% 和 6.2%。银行卡助农取款、“联银快付”等项目助推农村地区支付环境持续优化，助农取款服务点达 1.3 万个，“联银快付”全年交易金额 668.6 亿元。银行卡消费较快增长，吉林省银行卡消费总量和人均卡消费分别同比增长 23.2% 和 22.5%。银行卡信贷规模和授信使用率持续提升，分别同比增长 40.3% 和 31.9%。

3. 金融消费软环境持续改善。2017 年，中国人民银行长春中心支行对 120 家金融机构金融消费权益保护工作进行了综合量化考评，对 30 家银行机构和 5 家支付机构开展了现场检查，督导辖内金融机构提升金融服务水平。妥善处理金融消费者咨询投诉，继续加强“12363 金融消费权益保护咨询投诉电话”及“金融消费权益保护信息管理系统”的管理和使用，全年共受理处置金融消费者咨询和投诉 65 笔，投诉办结率及消费者满意度均为 100%。积极组织开展消费者权益宣传活动，开发金融知识“益易农”手机 APP 软件，消费者的风险意识和为自己决策承担责任的意识进一步增强。

二、经济运行情况

2017 年，吉林省经济在困境中砥砺前行，经济运行基本保持在合理区间。全年实现地区生产总值 15 288.9 亿元，同比增长 5.3%。人均地区生产总值达到 56 263.1 元，同比增长 3.7%。

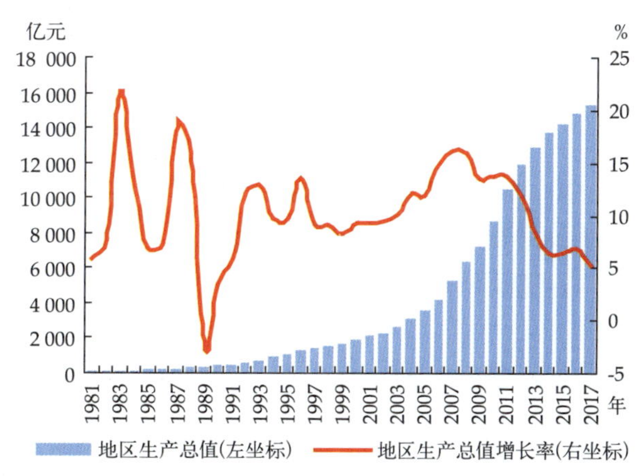

数据来源：吉林省统计局。

图 5　1981~2017 年吉林省地区生产总值及其增长率

（一）内需增长动力不足，经济外向度水平待提高

1. 固定资产投资增幅明显回落。2017 年，吉林省完成固定资产投资 13 130.9 亿元，同比增长 1.4%，比上年同期回落 8.7 个百分点。分产业看，第一、二、三产业分别完成投资 852.9 亿元、6 351.3 亿元、5 926.7 亿元，同比分别增长 28.9%、-4.4%、5.1%。从重点领域看，基础设施投资 2 155.7 亿元，同比增长 8.3%；房地产开发投资 910.1 亿元，同比下降 10.5%。民间投资规模保持稳定，全年完成民间投资 9 666.7 亿元，同比增长 1.3%，占全部投资的比重为 73.6%。

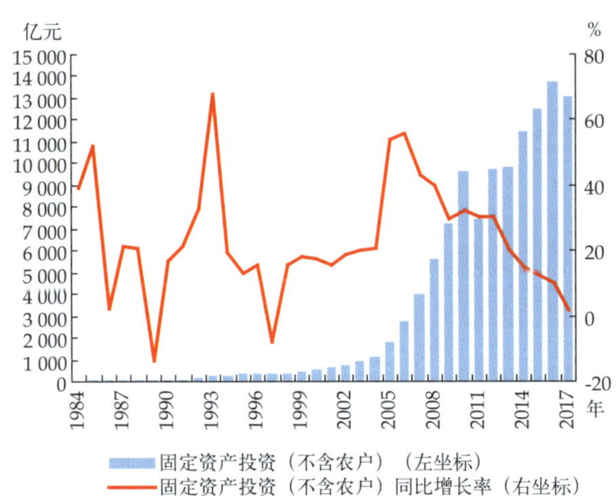

数据来源：吉林省统计局。

图 6　1984~2017 年吉林省固定资产投资（不含农户）及其增长率

2. 消费需求稳中趋缓。2017 年，吉林省实现社会消费品零售总额 7 855.8 亿元，同比增长 7.5%，增速同比回落 2.4 个百分点。其中，城镇消费增长 7.5%，乡村消费增长 7.4%。新兴消费模式日益受到欢迎，电子商务交易额实现 4 530 亿元，同比增长 37%。农村电商发展步入快车道，农村网络零售额同比增长 72.4%，高出全部网络零售额增速 29.6 个百分点。

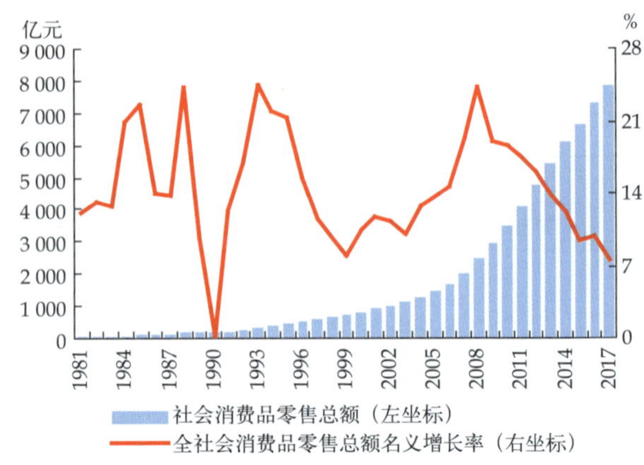

数据来源：吉林省统计局。

图 7　1981~2017 年吉林省社会消费品零售总额及其增长率

3. 进出口额微幅增长。受全球经济温和复苏、国际市场需求回暖以及大宗商品价格企稳等因素影响，吉林省进出口形势较上年有所改善，但增幅逐季收窄。2017 年，吉林省实现进出口总值 185.3 亿美元，同比增长 3%，低于全国平均水平 11.2 个百分点。其中，出口 299.9 亿元，同比增长 8.2%；进口 954.2 亿元，同比增长 1.5%。对外经济合作积极开展。实际利用外资 92.8 亿美元，同比增长 8.0%。

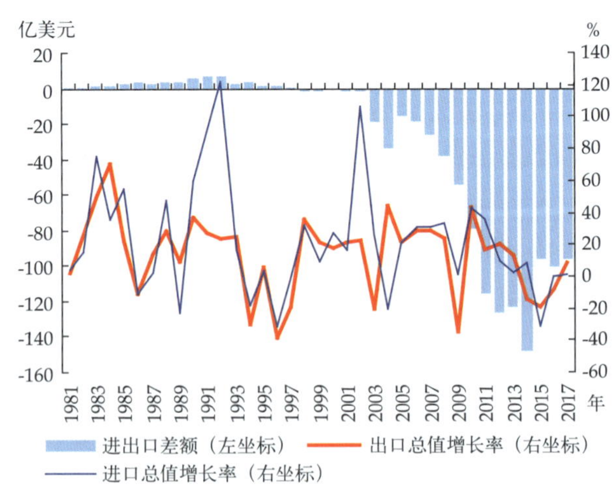

数据来源：吉林省统计局。

图 8　1981~2017 年吉林省外贸进出口变动情况

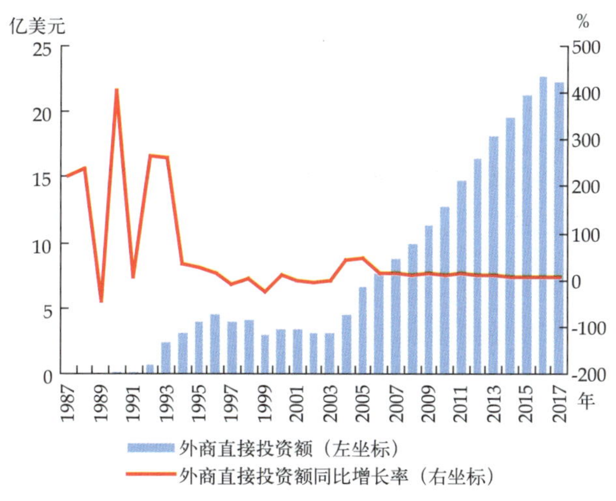

数据来源：吉林省统计局。

图9　1987~2017年吉林省外商直接投资额及其增长率

（二）产业转型积极推进，供给侧结构性改革成效显现

2017年，吉林省三大产业结构由上年的10.1：48：41.9调整为9.3：45.9：44.8，服务业比重提高了2.9个百分点，产业结构呈现积极变化。

1. 农业生产基本稳定。2017年，吉林省实现农林牧渔业增加值1 482.1亿元，同比增长3.3%，比上年同期回落0.5个百分点。农业生产再获丰收，粮食总产量达744亿斤，总量创历史新高。新兴现代农业加快发展，园艺特产业产值增长9%，人参、食用菌产值分别增长8.9%和6%，棚膜经济种植面积增长28%。农业现代化基础工作扎实推进，建成高标准农田233万亩，基本完成农村土地确权登记试点工作，土地适度规模经营面积占比提高5个百分点。

2. 工业经济总体平稳。2017年，吉林省规模以上工业增加值同比增长5.5%，比上年同期回落0.8个百分点。重点产业支撑作用突出，全年列入产业跃升计划的八大重点产业增加值同比增长6.8%，对规模以上工业增长的贡献率达到81.4%，拉动增长4.5个百分点。其中，汽车制造业增加值同比增长13.9%，贡献率达到30.8%，拉动增长1.7个百分点。食品、石化和医药产业增加值分别增长7.4%、5.6%和1.9%。

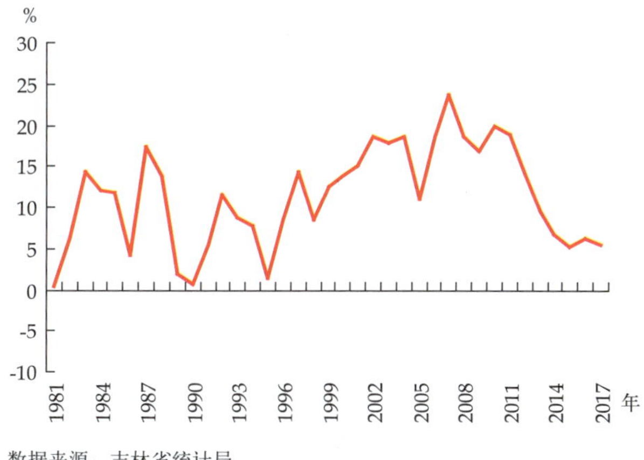

数据来源：吉林省统计局。

图10　1981~2017年吉林省规模以上工业增加值实际增长率

3. 服务业发展较快。2017年，吉林省积极推进服务业攻坚战，服务业的快速发展给经济的发展动力和结构调整均带来积极变化。全年服务业实现增加值6 846.9亿元，同比增长7.5%，比地区生产总值增速快2.2个百分点，对经济增长的贡献率为56.2%，拉动地区生产总值增长3.0个百分点。

4. 供给侧结构性改革见成效。去产能方面，有效压减过剩产能，2017年，吉林省水泥产量下降12.5%，铁合金产量下降45.1%。降成本方面，企业交易费用和税收负担大幅下降，规模以上工业企业每百元收入中的销售、财务、管理三项费用为9.2元，同比减少0.3元。补短板方面，基础设施领域投资保障有力，全年基础设施投资同比增长8.3%，占全部投资的比重比上年同期提高1.2个百分点。

5. 生态文明建设取得新进展。2017年，吉林省生态环境质量进一步改善，节能减排任务全面完成。与“十二五”末相比，吉林省环境空气优良天数比例上升9.7个百分点，重污染天数减少了68%，优良水体比例上升了10.4个百分点，单位地区生产总值能耗累计下降31.4%，完成造林面积83 979公顷。

（三）消费品价格整体平稳，工业品价格由降转升

1. 居民消费价格涨势平稳。2017 年，吉林省居民消费价格指数累计上涨 1.6%，与上年持平。八大类商品“七涨一跌”。吉林省全面完成公立医院改革，药品价格涨跌互现，医疗服务类价格全年累计上涨 10.9%，拉动总指数上涨 1.1 个百分点，对总指数上涨的贡献率达 69.4%，是物价上涨的核心因素。

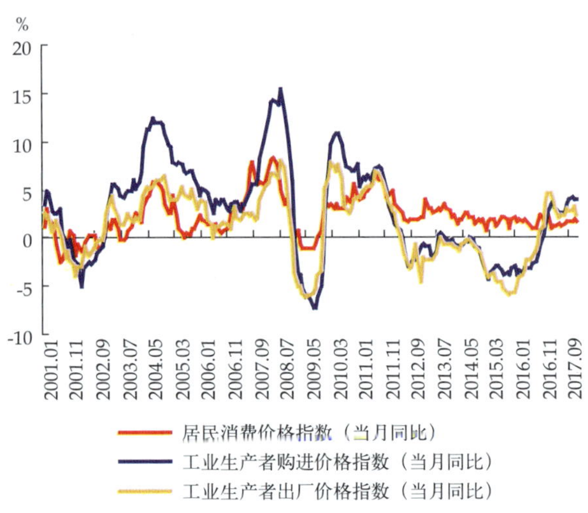

数据来源：吉林省统计局。

图 11　2001~2017 年吉林省居民消费价格指数和工业生产者价格指数变动趋势

2. 生产价格由降转升。2017 年，吉林省工业生产者出厂价格指数累计同比上升 3.1%，与上年同期相比，增幅提高 4.7 个百分点。生产资料类产品出厂价格同比上涨 6.7%，拉动总指数上涨约 3.8 个百分点。生活资料类产品出厂价格同比下降 1.7%，拉动总指数下降约 0.7 个百分点。工业生产者购进价格指数走势与出厂价格走势一致，全年累计同比上升 3.4%。

3. 劳动力成本保持不断上升趋势。2017 年，吉林省城市低保月标准达到 484 元，同比增长 8.8%；农村低保年保障标准达到 3734 元，同比增长 9.4%。2017 年，退休人员养老金平均水平提高 5.5%。

（四）财政收入负增长，财政支出结构有改善

2017 年，受经济增长动能不足、减税降费政策优惠力度较大、上年一次性收入基数较高等因素综合影响，吉林省财政收入自 6 月份起由正转负，降幅逐月扩大。全年实现地方级财政收入 1 210.8 亿元，同比下降 4.1%，较上年下降 6.9 个百分点。其中，税收收入 853.9 亿元，同比下降 0.9%；非税收入 356.9 亿元，同比下降 10.9%。财政收入结构优化。税收收入占财政收入的比重达到 70.5%，比上年同期提升 2.2 个百分点。非税收入比重由上年的 44.2% 下降至 29.5%。2017 年，吉林省完成财政支出 3 725.7 亿元，同比增长 3.1%。其中，财政对民生的投入超过 3 000 亿元，占全部财政支出的 82%，比上年提高 1 个百分点。

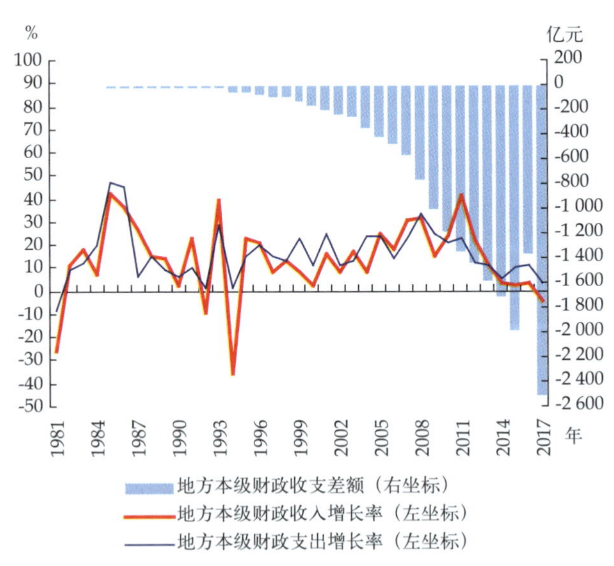

数据来源：吉林省统计局。

图 12　1981~2017 年吉林省财政收支状况

专栏2 强化综合服务 突出风险防控 吉林省龙井市多措并举有效推进农地抵押贷款试点

吉林省龙井市作为国家级农村金融综合改革试验区，2013年先于国家层面试点开展承包土地的经营权抵押贷款。自试点以来，该市以“集合式”物权融资公司为依托，建立扎实有效的风险防控及抵押物处置机制，配套优惠的贷款贴息政策，形成了特点鲜明、成效显著的“物权融资公司＋承包土地的经营权抵押贷款”模式，有力推动了区域承包土地的经营权抵押贷款的顺利发放，切实盘活了农民手中的土地资源，有效促进了当地农业规模化经营。

一、主要做法

（一）建立高效能的综合服务平台

2013年4月，龙井市政府成立物权融资公司，该公司与龙井市农村经济管理服务中心合署办公，集土地确权、产权登记、价值评估、流转备案和承包土地的经营权抵押贷款担保等功能于一身，推动龙井市土地经营权融资创新形成政策合力。物权融资公司还通过发挥农村土地流转和抵押的综合服务功能，对借款人办理土地抵押有关手续实行一站式服务，业务经办仅需5天，比吉林省内其他试点地区节省一半以上时间。

（二）形成规范化的增信担保体系

借款人申请借款时，物权融资公司对借款人土地经营权进行权属核实和价值评估，在借款期间将土地经营权流转至物权融资公司并签订流转合同，物权融资公司为其提供借款担保以获得银行贷款，当贷款结清时流转合同自动解除。物权融资公司的贷款担保对象以经营土地面积10公顷以上的家庭农场为主，以零散型小面积耕种农户为辅。

（三）构建多层次的风险防控机制

一是在借款人提出借款申请后，物权融资公司借助农经部门下属乡镇经管站及村委会对借款农户信用状况、经济状况、借款用途等方面信息全面了解的优势，先于银行进行客户筛查，把好贷款准入关。二是物权融资公司建立风险保障基金池，目前基金规模达1 500万元，除政府少量注入外，主要由借款人按借款金额的5%按年筹集缴纳，交由物权融资公司、承贷银行及全体借款人三方共管，当贷款结清后返还借款人。三是出现贷款逾期时，物权融资公司先以风险保障基金垫付，再将抵押的土地经营权优先在基金缴纳人内部进行挂牌流转，转让收入用于偿还代偿基金，盈余部分退还借款人。四是为进一步覆盖风险，借款人须在指定保险公司参加农业保险，在发生冰雹、严重旱涝等自然灾害导致贷款逾期时，保险公司的赔付款优先用于偿还贷款。

（四）享受优惠的补贴政策

物权融资公司对借款人办理融资增信所有环节均不收取任何费用，借款人还享受吉林省政府对家庭农场贷款60%贴息的政策。

二、取得的成效

（一）有效推动了贷款发放

龙井市物权融资公司通过扎紧多道风险防控篱笆，有效保障了银行的信贷资产安全，调动了金融机构开办农地抵押贷款的积极性。截至2017年末，龙井市农村承包土地的经营权抵押贷款余额6 834万元，自试点工作以来，累计发放贷款1 477笔，累放金额3.02亿元。通过龙井市物权融资公司担保办理的农地抵押贷款一直保持“零不良”。

（二）极大地降低了农民融资成本

通过龙井市物权融资公司担保申请贷款的利率执行基准利率上浮30%，低于当地农信社等金融机构上浮60%~70%的普通农户贷款利率水平。在政府对农场实行优惠贴息的政策下，以当前1年期贷款基准利率4.35%计算，专业农场及家庭农场实际负担的贷款利率仅为2.26%，真正做到了让利于民。

（三）有力地促进了农业规模化发展

物权融资公司成立5年来，龙井市土地流转率由13%提高至80%，家庭农场数量由零发展至目前220家。家庭农场平均耕地面积45公顷，总耕地面积2.3万公顷，占全市耕地面积的34.5%。家庭农场年均粮食总产量达5万吨，占全市粮食总产量的36%。家庭农场平均年收入25万元，较试点前提升208%。

（五）房地产市场呈现一定分化，医药产业健康平稳发展

1. 房地产市场景气度不高。2017年，吉林省房地产投资、房屋新开工面积、新建商品房销售面积同比下降，二手住房销售面积同比增长。保障房建设积极推进，棚户区改造搬迁货币化安置比例较高，在完成棚改任务同时促进了库存商品房的消化。受相关政策调控影响，房地产开发贷款同比下降较多，导致房地产贷款同比增速回落。

房地产投资同比下降较多。2017年，吉林省房地产开发投资额为910.1亿元，同比下降10.5%，增速较上年下降20.5个百分点。房地产开发投资实际到位资金1 090.1亿元，同比下降13.1%。房地产开发投资资金来源中的国内贷款和自筹资金占比分别为9.7%和40.8%，较上年同期分别下降1.3个和5.7个百分点；其他资金来源占比为49.5%，较上年同期上升7.3个百分点。

房地产企业供给意愿不强。由于房地产市场景气度不高，筹集资金难度增大，加上房地产供给侧改革持续推进等，房地产开发企业对商品房供给意愿不强。土地购置面积、房屋新开工面积等同比下降。2017年，吉林省房地产开发企业购置土地面积为668.1万平方米，为近十年来最低水平，同比下降4.5%；房屋新开工面积1 907.9万平方米，同比下降9.8%。房屋施工面积和竣工面积同比增长。其中，房屋施工面积11 887.3万平方米，同比上升0.8%；房屋竣工面积1 478.9万平方米，同比增长9.4%。

商品房销售状况不够理想。受银行机构住房信贷规模趋紧导致房贷利率上升，以及房屋价格逐步上升等因素影响，房屋销售增速逐步回落。2017年，吉林省新建商品房销售面积为1 885.2万平方米，同比下降1.8%；二手住房销售面积为1 617.5万平方米，同比增长6%。

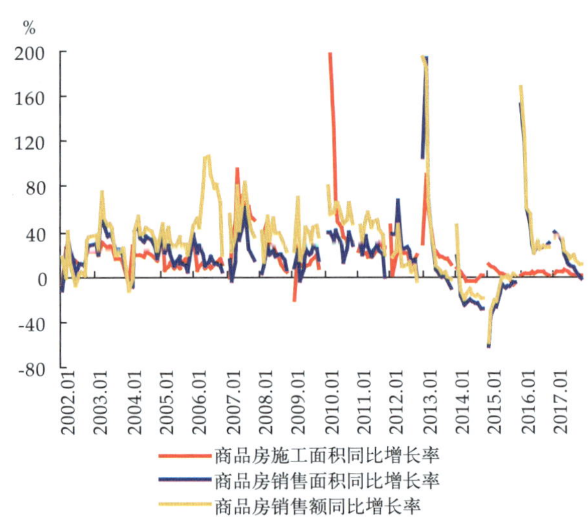

数据来源：吉林省统计局。

图13　2002~2017年吉林省商品房施工和销售变动趋势

商品房住宅平均销售价格上升较多。2017年，吉林省商品房住宅平均销售价格为6 021元/平方米，同比上升12.25%。从国家统计局公布的70个大中城市住宅价格指数来看，长春市和吉林市住宅销售价格指数也有较大幅度上升。2017年12月，长春市和吉林市新建住宅销售价格分别同比上升8.8%和6.9%。吉林省商品房住宅平均销售价格有较大幅度上升，部分原因在于学区房价格大幅上升，带动住房均价上升。

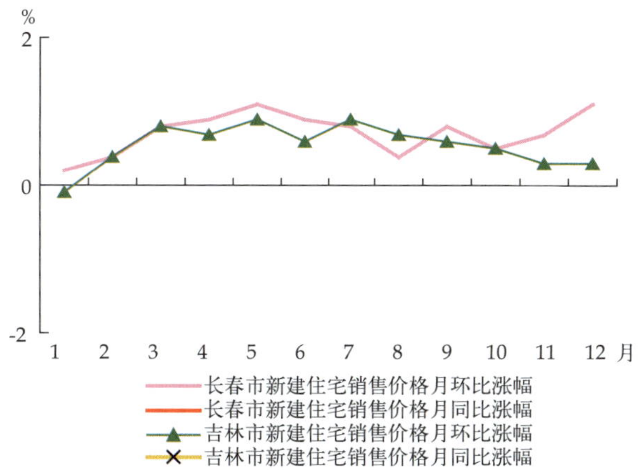

数据来源：吉林省统计局。

图 14　2017 年吉林省主要城市新建住宅销售价格变动趋势

房地产贷款增长回落。受土地储备机构不得再向银行业金融机构举借土地储备贷款，以及政府债务置换导致棚改贷款减少较多等因素影响，房地产贷款同比增速有所回落。2017 年，吉林省房地产贷款余额 3 624.8 亿元，同比增长 9.3%，增速较上年回落 5.3 个百分点。其中，地产开发贷款同比下降 51.1%，保障性住房开发贷款同比下降 1.6%。个人住房贷款余额 2 368.3 亿元，同比增长 20.3%，较好地支持了居民贷款购房需求。

2. 医药产业发展呈现健康平稳态势。2017 年，吉林省医药产业积极应对新一轮药品招标采购和“两票制”等医药体制改革，加快项目建设，加强新产品研发，全年规模以上医药企业完成工业总产值 1 217.6 亿元。一是重大项目建设进展顺利。医药产业 3 000 万元以上项目 234 个，总投资 835 亿元。其中，新开工项目 63 个，投资 165 亿元；续建项目 171 个，投资 670 亿元。二是新药产品研发成效显著。全年申报药品临床批件 24 个，申报生产批准文号 16 个；获得临床批件 43 个，获得药品批准文号 17 个。三是关键技术取得重大突破。吉林先进医疗器械制造业创新中心首创“产学研医用”协同创新模式，集聚省内研发、生产、临床资源，推动科技成果加快转化，目前肝储备功能分析仪、皮肤 CT 这 2 个项目进入临床研究，红外诊断平台等 5 个项目完成基础研究。四是生物制药产业快速发展。

医药产业发展中的深层问题仍需破解。一是企业创新能力有待进一步提高。2017 年，企业在研发投入上虽然有所增加，但与国际水平相比投入甚微。企业自主创新能力与现实要求尚有较大差距。具有自主知识产权的创新药偏少，化学新药以仿制药为主，生物制药水平与发达国家差距较大，中药现代化水平不高。二是政策调整对行业发展带来的冲击较大。仿制药一致性评价、工艺核对等政策导致企业压力增大。

金融对医药产业的支持力度持续增强。2017 年末，吉林省医药产业贷款余额为 314.7 亿元，同比增长 6.0%。金融机构优先支持行业经营优势明显，拥有市场畅销成熟品牌，在细分市场处于优势地位，具有产品研发、原料、规模、市场等竞争优势，主要产品列入国家基本药物目录或医保目录，自有现金流充足的优质大型医药集团及其下属核心生产型企业；择优支持年销售额较小、品牌单一、自主研发能力较弱、网络渠道较少的医药生产企业。采用供应链金融服务等模式，为医药行业提供全产业链条产品与服务，有力保障医药企业快速发展的融资需要。

三、预测与展望

2018 年是贯彻落实党的十九大精神的开局之年，是加快吉林全面振兴的关键一年。吉林经济虽然面临结构性矛盾突出、实体经济发展困难较多、新经济对经济发展的支撑能力还相对偏弱等问题，但东北振兴政策措施的深入实施，吉林省产业结构的持续调整优化，新旧动能的加速转化，以及国有企业改革的进一步深化，必将为吉林经济高质量增长和转型升级提供基础和动力。2018 年，吉林省将全面贯彻党的十九大精神，按照高质量发展的要求，加快实施“三个五”战略，统筹推动中东西“三大板块”建设，全面做好稳增长、促改革、调结构、惠民生、防风险各项工作，预计地区生产总值增长6%左右，物价涨幅控制在3%左右。

2018年，吉林省金融业将深入贯彻落实稳健中性的货币政策，着力调整优化信贷结构，支持吉林省供给侧结构性改革，将防控金融风险放到更加重要的位置，牢牢守住不发生系统性金融风险的底线，为吉林振兴发展营造良好的货币信贷环境。

中国人民银行长春中心支行货币政策分析小组

总　纂：张文汇　孙维仁

统　稿：丁树成　曹鲁峰　杨　珩　连　飞　叶骏骅　景祥云

执　笔：佟训舟　邵　洋　孟繁博　周飞虎　安立环　赵　锋　曹　楠　陈　亮　马　琳　刘鸿鹄　王春萍　王宇洋　王伟树　柴文梁　王宇光

提供材料的还有：郑凯元　刘　健　杨彬彬　杨　爽　杨　柳　任建春

附录

（一）2017 年吉林省经济金融大事记

1 月，吉林省首家金融租赁公司——九银金融租赁股份有限公司获批开业，注册资本金 5 亿元。

1 月，吉林九台农村商业银行股份有限公司正式在香港证券交易所主板上市交易，成为继重庆农商行后第二家成功登陆 H 股的内地农商银行。

4 月，吉林中部（长春—吉林—松原）获批成为全国首批产业转型升级示范区。

5 月，东北首家民营银行——吉林亿联银行股份有限公司正式在长春开业。

6 月，长春地铁 1 号线正式载客运营，全长 40.1 公里。

7 月，第十四届中国（长春）国际汽车博览会在长春举行，参展厂家 139 个，参展品牌 145 个，新车型占比超过 80%，新能源车的展出数量创历届展会新高。

9 月和 10 月，渤海银行长春分行和广发银行长春分行分别正式开业。

11 月，长春长光卫星技术有限公司自主研发的商用高分辨率光学遥感卫星——“吉林一号”视频 04、05、06 星发射成功，“吉林一号”卫星星座在轨运行卫星达到 8 颗。

12 月，东北首家成功登陆新三板的商业新闻网站吉报集团旗下吉和网在京挂牌敲钟。

2017 年，吉林省粮食总产量达到 744 亿斤，再创历史新高，单产达到 987 斤 / 亩。

（二）2017 年吉林省主要经济金融指标

表 1　2017 年吉林省主要存贷款指标

		1 月	2 月	3 月	4 月	5 月	6 月	7 月	8 月	9 月	10 月	11 月	12 月
本外币	金融机构各项存款余额（亿元）	21 219.5	21 400.5	21 704.6	21 580.5	21 421.3	21 527.1	21 729.8	21 883.1	21 849.5	21 956.5	21 892.6	21 696.9
	其中：住户存款	10 981.6	11 065.8	11 327.4	11 206.7	11 199.8	11 352.6	11 270.7	11 278.8	11 374.9	11 329.0	11 397.6	11 397.6
	非金融企业存款	5 858.0	5 731.1	5 769.3	5 677.9	5 465.6	5 479.0	5 347.5	5 401.6	5 416.1	5 485.9	5 499.4	5 499.4
	各项存款余额比上月增加（亿元）	64.7	181.1	304.1	-124.2	-159.1	105.8	202.6	153.4	-33.6	107.0	-63.9	-195.8
	金融机构各项存款同比增长（%）	11.9	12.5	10.3	8.5	6.8	4.8	5.6	4.6	3.9	4.7	4.1	2.6
	金融机构各项贷款余额（亿元）	17 414.5	17 537.4	17 560.3	17 652.6	17 789.4	17 950.1	17 955.2	18 022.2	18 082.6	17 893.0	17 947.6	18 010.3
	其中：短期	7 171.6	7 191.8	7 335.1	7 382.6	7 418.1	7 452.9	7 425.2	7 389.4	7 341.1	7 307.5	7 263.6	7 201.0
	中长期	9 527.0	9 612.0	9 487.5	9 582.8	9 716.3	9 913.3	9 982.9	10 132.2	10 286.0	10 137.3	10 215.2	10 315.0
	票据融资	683.2	698.6	704.0	639.1	602.4	529.2	491.9	451.3	389.3	378.9	402.5	430.7
	各项贷款余额比上月增加（亿元）	204.0	122.9	22.9	92.3	136.8	160.7	5.1	67.1	60.3	-189.6	54.6	62.8
	其中：短期	104.7	20.1	143.4	47.5	35.5	34.8	-27.7	-35.8	-48.3	-33.6	-43.9	-62.6
	中长期	151.9	85.0	-124.5	95.3	133.6	196.9	69.7	149.2	153.8	-148.7	78.0	99.8
	票据融资	-53.3	15.4	5.4	-64.9	-36.7	-73.2	-37.4	-40.6	-62.0	-10.4	23.6	28.2
	金融机构各项贷款同比增长（%）	11.0	11.3	9.0	9.8	10.2	9.8	9.7	9.2	8.1	7.1	6.9	4.6
	其中：短期	11.3	11.3	8.4	5.7	6.4	6.1	5.6	5.7	4.5	4.6	9.4	1.4
	中长期	12.3	12.6	9.8	15.4	16.0	16.1	16.8	16.8	16.2	13.7	13.3	10.4
	票据融资	-8.4	-3.5	3.7	-15.5	-20.5	-30.7	-35.7	-42.6	-52.0	-50.6	-49.0	-41.5
	建筑业贷款余额（亿元）	456.9	466.5	462.7	477.8	476.8	486.7	489.3	509.7	510.2	512.3	519.3	515.1
	房地产业贷款余额（亿元）	768.6	795.0	773.3	766.8	778.1	783.6	776.6	770.0	775.6	734.2	719.8	717.8
	建筑业贷款同比增长（%）	13.1	15.1	9.2	14.0	11.6	7.4	7.8	13.0	11.2	15.9	20.4	15.7
	房地产业贷款同比增长（%）	-2.1	-0.6	-6.5	7.7	9.6	11.6	8.9	5.7	3.5	-1.3	-3.6	-6.7
人民币	金融机构各项存款余额（亿元）	21 074.7	21 255.0	21 545.9	21 434.6	21 275.8	21 374.6	21 588.4	21 746.1	21 710.8	21 821.0	21 757.1	21 562.7
	其中：住户存款	10 868.4	10 953.1	11 214.8	11 095.0	11 088.5	11 242.9	11 161.6	11 172.9	11 268.5	11 222.1	11 291.3	11 506.0
	非金融企业存款	5 830.2	5 701.8	5 726.7	5 647.3	5 434.9	5 439.2	5 318.1	5 373.7	5 387.0	5 460.1	5 472.9	5 530.5
	各项存款余额比上月增加（亿元）	70.8	180.3	290.9	-111.3	-158.7	98.8	213.7	157.7	-35.3	110.2	-63.9	-194.4
	其中：住户存款	314.3	84.7	261.8	-119.8	-6.5	154.4	-81.4	11.3	95.6	-46.4	69.2	214.7
	非金融企业存款	-188.3	-128.4	24.9	-79.4	-212.5	4.3	-121.0	55.6	13.3	73.1	12.8	57.6
	各项存款同比增长（%）	12.1	12.9	10.5	9.8	7.0	4.9	5.7	4.6	3.9	4.7	4.1	2.7
	其中：住户存款	12.0	10.4	11.2	11.0	11.3	11.1	10.8	9.1	9.5	9.8	9.5	9.0
	非金融企业存款	20.1	22.9	16.0	11.9	6.7	7.4	3.1	0.6	-1.8	0.5	-2.8	-8.1
	金融机构各项贷款余额（亿元）	17 414.5	17 468.3	17 489.3	17 581.5	17 719.6	17 882.1	17 884.7	17 953.8	18 022.5	17 837.1	17 895.2	17 959.7
	其中：个人消费贷款	2 732.0	2 741.6	2 781.8	2 827.9	2 873.8	2 930.7	2 980.6	3 038.6	3 114.7	3 172.8	3 227.3	3 221.0
	票据融资	683.2	698.6	704.0	639.1	602.4	529.2	491.9	451.3	389.3	378.9	402.5	430.7
	各项贷款余额比上月增加（亿元）	204.0	124.7	21.0	92.2	138.1	162.5	2.6	69.2	68.6	-185.4	58.2	64.5
	其中：个人消费贷款	38.3	9.9	40.2	46.2	45.9	56.9	49.8	58.0	76.1	58.1	54.5	-6.2
	票据融资	-53.3	15.4	5.4	-64.9	-36.7	-73.2	-37.4	-40.6	-62.0	-10.4	23.6	28.2
	金融机构各项贷款同比增长（%）	11.1	11.5	9.2	9.9	10.3	9.9	9.7	9.3	8.2	7.2	7.0	4.8
	其中：个人消费贷款	21.1	21.3	21.3	21.4	21.0	21.1	21.0	20.8	21.3	22.0	21.5	19.6
	票据融资	-8.4	-3.5	3.7	-15.5	-20.5	-30.7	-35.7	-42.6	-52.0	-50.6	-49.0	-41.5
外币	金融机构外币存款余额（亿美元）	21.1	21.2	23.0	21.2	21.2	22.5	21.0	20.8	20.9	20.4	20.5	20.5
	金融机构外币存款同比增长（%）	-17.4	-27.7	-21.0	-29.1	-20.9	-5.0	-2.6	7.1	5.1	2.9	1.0	-5.5
	金融机构外币贷款余额（亿美元）	10.3	10.0	10.3	10.3	10.2	10.0	10.5	10.4	9.1	8.4	7.9	7.8
	金融机构外币贷款同比增长（%）	-20.5	-23.1	-20.4	-19.1	-14.2	-8.8	0.9	3.9	-7.8	-15.8	-16.3	-22.5

数据来源：中国人民银行长春中心支行。

表 2　2001~2017 年吉林省各类价格指数

单位：%

		居民消费价格指数		农业生产资料价格指数		工业生产者购进价格指数		工业生产者出厂价格指数	
		当月同比	累计同比	当月同比	累计同比	当月同比	累计同比	当月同比	累计同比
2001		—	1.3	—	-1.0	—	1.8	—	0.3
2002		—	-0.5	—	0.4	—	-2.2	—	-1.4
2003		—	1.2	—	1.0	—	4.8	—	2.5
2004		—	4.1	—	6.3	—	10.5	—	5.0
2005		—	1.5	—	9.2	—	7.0	—	4.5
2006		—	1.4	—	-2.8	—	3.8	—	1.7
2007		—	4.8	—	6.0	—	5.2	—	2.7
2008		—	5.1	—	27.3	—	11.3	—	4.9
2009		—	0.1	—	-3.6	—	-4.7	—	-3.9
2010		—	3.7	—	-0.9	—	8.6	—	5.2
2011		—	5.2	—	11.4	—	6.1	—	5.4
2012		—	2.5	—	6.8	—	-0.7	—	-0.9
2013		—	2.9	—	0.8	—	-0.6	—	-1.3
2014		—	2.0	—	-4.9	—	-0.8	—	-0.9
2015		—	1.7	—	0.6	—	-3.4	—	-4.7
2016		—	1.6	—	-6.9	—	-2.2	—	-1.6
2017		1.7	1.6	-0.6	-2.1	4.0	3.4	2.4	3.1
2016	1	1.7	1.7	0.9	0.9	-3.8	-3.8	-4.9	-4.9
	2	1.9	1.8	1.2	1.1	-3.3	-3.5	-4.1	-4.5
	3	1.6	1.7	-1.7	0.1	-3.5	-3.5	-3.8	-4.3
	4	1.8	1.8	-3.0	-0.6	-3.2	-3.4	-3.3	-4.0
	5	1.6	1.7	-3.4	-1.2	-3.1	-3.4	-2.3	-3.7
	6	1.3	1.7	-3.1	-1.5	-3.1	-3.3	-2.1	-3.4
	7	0.9	1.6	-3.4	-1.8	-2.7	-3.2	-2.0	-3.2
	8	0.9	1.5	-3.4	-2.0	-2.4	-3.1	-1.3	-3.0
	9	1.7	1.5	-3.3	-2.1	-1.7	-3.0	-0.5	-2.7
	10	2.3	1.6	-4.3	-2.3	-0.8	-2.8	0.7	-2.4
	11	1.9	1.6	-4.2	-2.5	0.3	-2.5	1.3	-2.1
	12	2.0	1.6	-3.8	-2.6	1.5	-2.2	3.6	-1.6
2017	1	2.7	2.7	-3.3	-3.3	2.7	2.7	4.7	4.7
	2	1.0	1.9	0.0	-3.1	3.6	3.1	4.6	4.7
	3	1.3	1.7	-1.3	-2.5	3.8	3.4	4.0	4.4
	4	1.3	1.6	-1.2	-2.2	3.0	3.3	3.1	4.1
	5	1.4	1.5	-2.2	-2.2	2.6	3.1	2.2	3.7
	6	1.3	1.5	-3.2	-2.3	2.5	3.0	2.3	3.5
	7	1.4	1.5	-3.5	-2.5	2.5	3.0	2.4	3.3
	8	1.7	1.5	-2.6	-2.5	3.4	3.0	3.0	3.3
	9	1.7	1.5	-2.3	-2.5	4.0	3.1	2.8	3.2
	10	1.6	1.5	-1.2	-2.4	4.3	3.2	2.8	3.2
	11	1.8	1.6	-0.7	-2.2	4.0	3.3	3.2	3.2
	12	1.7	1.6	-0.6	-2.1	4.0	3.4	2.4	3.1

数据来源：吉林省统计局。

表 3　2017 年吉林省主要经济指标

	1月	2月	3月	4月	5月	6月	7月	8月	9月	10月	11月	12月
	绝对值（自年初累计）											
地区生产总值（亿元）	—	—	2 683.4	—	—	6 124.2	—	—	9 970.6	—	—	15 288.9
第一产业	—	—	127.4	—	—	280.5	—	—	737.8	—	—	1 429.2
第二产业	—	—	1 453.8	—	—	3 387.8	—	—	5 216.4	—	—	7 012.9
第三产业	—	—	1 102.3	—	—	2 455.9	—	—	4 016.4	—	—	6 846.9
工业增加值（亿元）	—	799.2	1 562.7	2 075.6	2 560.1	3 167.2	3 670.9	4 196.5	4 651.4	5 174.6	5 584.7	
固定资产投资（亿元）	—	53.5	455.7	1 102.8	2 620.6	5 258.9	7 213.0	9 719.7	10 636.8	12 619.3	13 027.8	13 130.9
房地产开发投资	—	10.1	33.1	87.3	193.7	321.3	433.8	549.8	676.7	787.7	868.3	910.1
社会消费品零售总额（亿元）	—	—	1 774.6	—	—	3 684.4	—	—	5 648.0	—	—	7 855.8
外贸进出口总额（亿元）	125.5	211.8	328.8	435.2	535.1	633.6	730.0	843.0	948.9	1 038.0	1 149.9	1 254.2
进口	98.5	166.4	256.7	338.0	414.1	486.5	558.3	647.2	728.0	796.3	881.5	954.2
出口	27.1	45.4	72.1	97.3	121.0	147.1	171.7	195.7	220.9	241.7	268.4	299.9
进出口差额（出口－进口）	-71.4	-121.0	-184.6	-240.7	-293.1	-339.4	-386.7	-451.5	-507.1	-554.6	-613.1	-654.3
实际利用外资（亿美元）	3.8	8.3	18.7	23.5	33.6	52.0	60.0	65.5	72.7	82.3	92.8	92.8
地方财政收支差额（亿元）	-153.5	-255.2	-553.6	-655.4	-882.0	-1 083.9	-1 288.8	-1 532.2	-1 807.8	-1 873.0	-2 035.7	-2 514.9
地方财政收入	127.7	206.6	311.2	418.4	518.3	667.5	768.2	839.9	949.6	1 052.7	1 114.0	1 210.8
地方财政支出	281.2	461.8	864.8	1 073.8	1 400.2	1 751.4	2 057.1	2 372.1	2 757.4	2 925.7	3 149.7	3 725.7
城镇登记失业率（%）（季度）	—	—	3.5	—	—	3.5	—	—	3.5	—	—	3.5
	同比累计增长率（%）											
地区生产总值	—	—	5.9	—	—	6.5	—	—	5.7	—	—	5.3
第一产业	—	—	2.8	—	—	2.9	—	—	3.2	—	—	3.3
第二产业	—	—	4.8	—	—	5.2	—	—	4.7	—	—	3.9
第三产业	—	—	8.1	—	—	9.0	—	—	7.6	—	—	7.5
工业增加值	—	7.4	4.9	5.5	6.1	5.8	5.4	5.1	5.4	5.3	5.5	5.5
固定资产投资	—	6.5	6.0	6.3	6.8	2.4	-3.1	-1.3	0.0	-6.4	-2.5	1.4
房地产开发投资	—	8.2	11.2	2.0	4.9	8.0	2.3	-3.9	-10.0	-11.3	-10.4	-10.5
社会消费品零售总额	—	—	9.5	—	—	8.8	—	—	8.1	—	—	7.5
外贸进出口总额	33.3	19.5	16.7	13.1	7.2	4.8	2.8	3.9	5.1	4.1	3.7	3.0
进口	36.8	20.0	17.1	12.7	6.1	3.1	0.6	2.4	4.4	3.5	2.8	1.5
出口	22.3	17.6	15.6	14.6	10.9	10.9	10.8	9.1	7.5	5.9	6.7	8.2
实际利用外资	8.9	8.0	8.1	8.1	8.0	8.1	8.3	8.0	8.1	8.2	8.0	8.0
地方财政收入	-7.8	3.0	2.7	3.3	3.6	-0.9	-0.2	-1.6	-2.0	-2.3	-4.2	-4.1
地方财政支出	19.8	1.6	12.6	6.9	12.6	11.1	9.4	10.8	8.3	6.7	2.8	3.1

数据来源：吉林省统计局。

黑龙江省金融运行报告（2018）

中国人民银行哈尔滨中心支行货币政策分析小组

[内容摘要] 2017年，黑龙江省按照供给侧结构性改革要求，顶住传统产业下行压力，加强转换发展动能，激发内生动力，培育新增长点，经济总量不断扩大，经济运行总体稳中向好。全省金融业运行总体平稳，信贷总量和地区社会融资规模合理适度增长，银行业、证券业、保险业协调发展，积极支持“三农”、小微企业、扶贫、城市建设、新增长动能等重点领域。

从经济运行来看，全年地区生产总值突破16 000亿元，经济增速由近四年最低时的5.6%回升至6.4%。第一，从需求侧来看，内需增长较为稳定，外需支撑回暖上行。一是投资规模稳中有升，民间投资和新动能投资增势良好。受产业项目、城乡基础设施建设拉动，全省固定资产投资增长6.2%，高于上年0.7个百分点。民间投资占比提高3.2个百分点。高技术产业和战略性新兴产业投资分别增长13.1%和10.4%。二是消费增速有所放缓，消费升级有所提速。受国内外多地域消费、线上平台消费较快增长因素影响，全省社会消费品零售总额增长8.3%，低于上年1.7个百分点。体育娱乐、文化办公、通信器材等商品消费不断增长。三是外贸进出口回稳上升，扭转上年负增长态势。全年货物进出口总额189.4亿美元，增长14.5%，其中，出口增长4.4%、进口增长18.9%。第二，从产业结构和供给侧来看，产业结构发生积极变化，去产能去库存取得实效。2017年三次产业结构为18.3∶26.5∶55.2，其中，第一、第二、第三产业增加值分别增长5.4%、2.9%和8.7%，第一、第三产业增幅分别高于全国平均水平1.5个和0.7个百分点。一是第一产业优势明显，现代农业加快发展。在主动调减高产作物玉米的情况下，全省粮食总产达到1 203.8亿斤，实现14年连丰，连续七年居全国首位。农业耕种收综合机械化水平继续保持全国首位。二是工业经济低速增长，工业企业培育战略积极推进。2017年全省规模以上工业增加值增长2.7%。出台《黑龙江省加快培育规上工业企业十项措施》《黑龙江省制造业转型升级“十三五”规划》《工业企业流贷贴息政策实施细则》。三是第三产业良性发展，快递、通信、旅游、养老等产业快速增长。全省邮政、电信业务总量分别增长15.6%、86.5%。省外银行卡在黑龙江省刷卡交易额增长62.0%。到黑龙江省度假的外地老年人数增长65.3%。哈尔滨机场旅客吞吐量继续保持东北四大机场首位。四是落后产能加快淘汰，商品房去库存工作成效明显。截至2017年末，全省淘汰煤炭、钢铁、水泥落后产能分别为2 938万吨、675万吨、129万吨。通过加大棚改货币化安置、严控商品住宅土地供应等措施，商品房库存比2016年底减少1 254万平方米。出台《黑龙江省加快培育和发展住房租赁市场实施意见》《哈尔滨市进一步促进房地产市场平稳健康发展的通知》。五是非公经济和科技创新助推供给侧结构性改革。2017年全省非公经济增加值增长7.8%，占全省地区生产总值的53.3%。新注册成立科技型企业数量增长66.8%，新增主营业务收入500万元以上的科技型企业数量增长50.9%。第三，从其他主要经济指标来看，一般公共预算收入增速由降转升，一般公共预算支出凸显普惠性；居民收入和支出持续增长；2017年10月1日起调整全省最低工资标准；居民消费价格指数涨幅1.3%，低于上年和全国水平；工业生产者出厂、购进价格指数涨幅较快。

从金融运行来看，全省金融业有效贯彻落实稳健中性货币政策和宏观审慎政策，银行业、证券业、保险业运行总体稳健，服务实体经济能力和水平不断提升，为全省社会经济发展提供了稳健中性的货币金融环境。第一，银行业稳健运营，货币信贷合理增长。一是银行业效益指标有增有降，机构和业务有所突破。年末全省银行业资产、负债总额稳步增长，税后利润同比下滑，不良贷款率同比下降。哈银消费金融公司开业，是全省首家消费金融公司。新增5家村镇银行，11家农信社改制农商行。二是存贷款适度增长，信贷支持重点领域力度不减。2017年末全省银行业金融机构本外币存款余额23 796.0亿元，同比增长6.3%，增速高于上年1.8个百分点，新增存款1 401.1亿元，同比多增436.1亿元；本外币贷款余额19 466.1亿元，同比增长7.6%，增速低于上年1.1个百分点，新增贷款1 379.9亿元，同比少增61.4亿元。住户贷款和短期贷款增长放缓，企业贷款和中长期贷款因涉农、棚改、公路、铁路、地铁、电力等需求拉动而增势良好。涉农贷款、小微企业贷款分别增长6.6%和24.2%。全省试点地区“两权”抵押贷款总量和农村承包土地的经营权抵押贷款余额均居全国首位。现代服务业和民营企业授信增势良好。三是一般贷款加权平均利率同比小幅上升。全年全省金融机构一年期存款加权平均利率1.92%，同比持平。法人金融机构存款利率定价能力有所提升。全年全省金融机构一般贷款加权平均利率6.24%，同比上升6个基点。四是跨境人民币业务结算量回落，对俄结算量在全省占比高于上年。绥芬河市实现全省卢布现钞自助兑换业务零的突破。第二，证券市场平稳发展，发行产品有所创新。法人机构保持3家。证券交易额同比下滑。期货公司均完成增资。2017年第二批黑龙江省地方政府债券在上海证券交易所公开发行，是黑龙江省首次、东北三省首家在上交所发行地方债。第三，保险市场发展势头良好，服务民生取得新成效。全省保费收入快速增长，市场体系逐渐完善，农业保险稳定增长，大病保险和养老健康保险积极推进，失业保险费率再次降低。第四，地区社会融资规模同比多增，金融市场平稳发展。全年全省社会融资规模增量2 394.3亿元，同比多增453.4亿元。信贷融资仍是主要融资来源。债券市场交易量增长。银行间市场直接债务融资余额和发行规模双升，哈尔滨银行发行全省首例绿色金融债券。第五，金融基础设施逐步完善，金融生态建设扎实推进。出台《关于加快推进我省农村信用体系建设的指导意见》，选择试点将农村信用体系建设与精准扶贫有效结合。支付系统运行平稳，小额支付系统、网上支付跨行清算系统功能升级改造，农村支付环境建设持续拓展。

2018年，全省经济仍然处于传统产业转型升级与新增长领域加快培育的结构调整时期，下一步将深刻把握社会主要矛盾变化和经济转向高质量发展阶段的重大判断，在国内有总需求增长空间、省内有鲜明供给优势的领域持续发力，提高全要素生产率，将重点推动农业供给侧结构性改革、美丽乡村建设、“老字号”改造升级、“原字号”深度开发、“新字号”培育壮大、“五头五尾”①、农垦和森工改革、精准脱贫攻坚、旅游养老健康体育文化等产业融合和民营经济发展、对俄合作、保障和改善民生，防范化解重大风险。预计2018年全省地区生产总值增长6%以上，居民消费价格指数涨幅控制在3%左右，城乡居民可支配收入增长与经济增长基本同步。2018年，全省金融业将紧紧围绕服务实体经济、防控金融风险、深化金融改革三项任务稳健运行，贯彻落实好稳健中性的货币政策，完善金融市场体系，提高直接融资比重，大力发展普惠金融，重点推进涉农金融、金融支持新动能培育、金融脱贫、对俄金融合作等，加强金融监管协调，守住不发生系统性金融风险的底线。

一、金融运行情况

2017年，黑龙江省金融业平稳健康运行，信贷总量和社会融资规模合理适度增长，存贷款利率定价保持在合理范围，银行业、证券业、保险业积极服务涉农、小微、民生等重点领域。

① “五头五尾”即“粮头食尾”“农头工尾”“油头化尾”“煤头电尾”“煤头化尾”。

（一）银行业稳健运行，货币信贷平稳增长

1. 资产负债规模稳步增长，利润指标总体下滑。2017 年末，黑龙江省银行业金融机构规模同比缩减，营业网点个数、从业人数分别比上年减少 30 家、2 372 人。全省银行业金融机构资产总额、负债总额分别同比增长 4.6% 和 4.6%，税后利润同比下降 27.8%。地方法人银行机构中，2017 年新增 5 家村镇银行，分别是讷河融兴、桦南融兴、穆棱远东、海林远东、宁安融兴村镇银行；共有农商行 39 家、农信社 41 家，其中 11 家农信社改制为农商行；哈尔滨哈银消费金融有限责任公司开业，是全省首家消费金融公司，是全国第 17 家获银监会批准设立的消费金融公司。

表 1　2017 年黑龙江省银行业金融机构情况

机构类别	营业网点			法人机构（个）
	机构个数（个）	从业人数（人）	资产总额（亿元）	
一、大型商业银行	2 041	50 937	10 834.0	0
二、国家开发银行和政策性银行	90	2 620	7 967.7	0
三、股份制商业银行	201	4 887	2 498.5	0
四、城市商业银行	567	12 733	8 227.3	2
五、城市信用社	0	0	0	0
六、小型农村金融机构	1 961	29 788	5 082.8	80
七、财务公司	3	80	263.5	2
八、信托公司	1	1 974	209.8	1
九、邮政储蓄银行	1 668	17 625	2 354.6	0
十、外资银行	7	122	31.0	0
十一、新型农村金融机构	86	1 211	167.6	33
十二、其他	2	115	189.9	2
合计	6 627	122 092	37 827	120

注：营业网点不包括国家开发银行和政策性银行、大型商业银行、股份制商业银行等金融机构总部数据；大型商业银行包括中国工商银行、中国农业银行、中国银行、中国建设银行和交通银行；小型农村金融机构包括农村商业银行、农村合作银行和农村信用社；新型农村金融机构包括村镇银行、贷款公司、农村资金互助社；“其他”包含金融租赁公司、汽车金融公司、货币经纪公司、消费金融公司等。

数据来源：黑龙江银监局、中国人民银行哈尔滨中心支行。

2. 存款持续增长，存款结构走势分化。2017 年，黑龙江省银行业金融机构本外币存款余额 23 796.0 亿元，同比增长 6.3%，增速高于上年 1.8 个百分点；新增存款 1 401.1 亿元，同比多增 436.1 亿元。其中，人民币存款余额 23 615.1 亿元，同比增长 6.5%。从部门看，住户存款同比少增，原因是部分存款资金流向其他高收益中短期理财渠道，以及粮食购销量同比减少，导致农户收购粮食相关资金存入活期存款也随之减少；非金融企业存款同比小幅上升，受宏观经济平稳向好、部分企业投融资好于上年因素拉升，企业活期存款流动资金相对增加、企业定期存款资金相对减少；广义政府存款同比小幅下降；非银行业金融机构存款逐季快速回升。

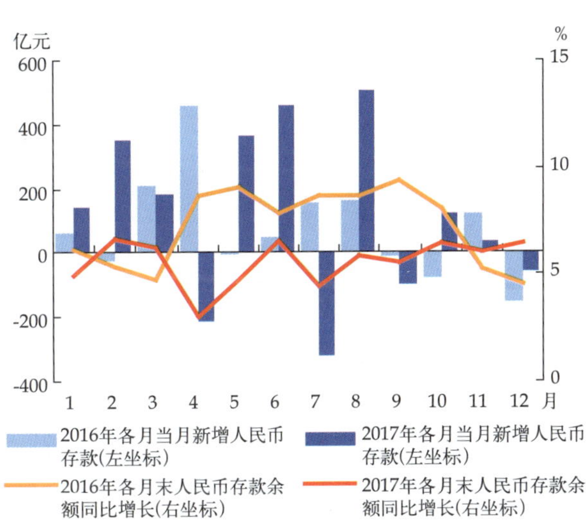

数据来源：中国人民银行哈尔滨中心支行。

图 1　2016~2017 年黑龙江省金融机构人民币存款增长变化

3. 贷款适度增长，支持重点领域和薄弱环节力度不减。2017 年，黑龙江省银行业金融机构本外币贷款余额 19 466.1 亿元，同比增长 7.6%，增速低于上年 1.1 个百分点；新增贷款 1 379.9 亿元，同比少增 61.4 亿元。其中，人民币贷款余额 19 208.4 亿元，同比增长 8.4%，低于上年 0.9 个百分点。从各月本外币贷款增速波动来看，存款增长与贷款增长波动基本相符。

分部门看，住户贷款增长放缓，其中，住户消费贷款和经营贷款分别同比少增40.2亿元、103.0亿元；企业贷款增势好于上年，主要受棚改、公路、铁路、地铁、电力等大额资金需求拉动，非金融企业及机关团体贷款新增964.6亿元，同比多增135.6亿元。

分期限看，短期贷款增长放缓，由于粮食收购短期贷款投放量下滑这一主要因素，短期贷款增长7.5%，增速比上年回落1.4个百分点；中长期贷款增势突出，受棚户区改造、哈尔滨机场扩建、火车站改造、地铁建设、高速公路等基础设施建设投资力度加大，个人中长期消费贷款持续增长，以及涉农加工制造企业信贷需求旺盛等因素拉动，中长期贷款增长13.2%，增速分别高于上年、短期贷款增速、各项贷款平均增速2.7个、5.7个和5.6个百分点，新增中长期贷款占全部新增贷款的76.0%，高于上年22.7个百分点，高于短期贷款占比28.6个百分点。

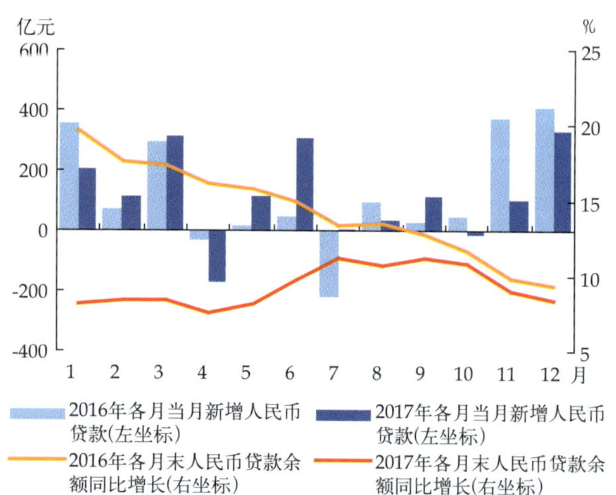

数据来源：中国人民银行哈尔滨中心支行。

图2 2016~2017年黑龙江省金融机构人民币贷款增长变化

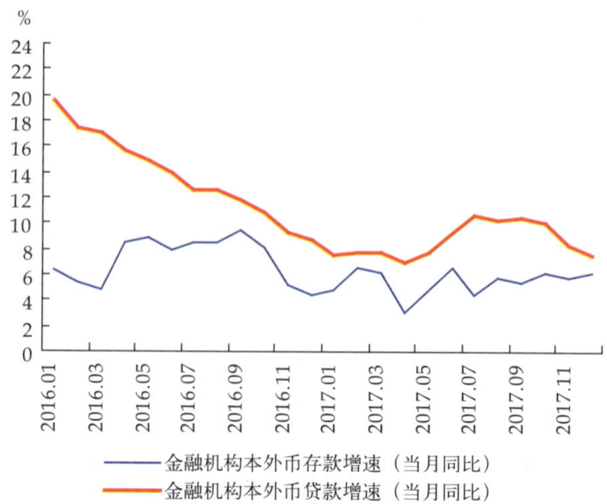

数据来源：中国人民银行哈尔滨中心支行。

图3 2016~2017年黑龙江省金融机构本外币存、贷款增速变化

分领域看，通过宏观审慎评估（MPA）政策实施，以及定向降准、支农支小再贷款、扶贫再贷款、再贴现、常备借贷便利、抵押补充贷款等货币政策工具引导，金融机构主动优化资产负债结构，积极支持“三农”、小微企业、扶贫、基础设施、棚户区改造、经济结构转型升级等重点领域和薄弱环节信贷投放。2017年全省涉农贷款增长6.6%，增幅和增量均低于上年，原因是粮食收储政策因素导致涉农贷款投放量下滑①；全省试点地区“两权”抵押贷款总量和农村承包土地的经营权抵押贷款余额均居全国首位；小微企业贷款增长24.2%，分别高于上年、全省各项贷款增速和大型企业、中型企业贷款增速9.4个、16.6个、8.8个和14.8个百分点；电力、燃气及水的生产和供应业贷款增长26.9%，支持华电能源、国电热电运营；保障性住房开发贷款新增262.0亿元，同比多增114.8亿元；现代服务业部分领域贷款增势良好，例如信息服务业、养老服务业、旅游业、

① 2017年横跨2个粮食年度，即2016粮食年度（2016年10月至2017年4月）和2017粮食年度（2017年11月至2018年4月）。2016粮食年度，国家调整玉米收储政策，由国家临储转变为“市场定价、价补分离”，玉米收购受产量下降、收购主体及融资渠道多元化和玉米价格下降等因素影响，玉米收储贷款投放量相应减少；2017粮食年度，国家实施玉米和大豆市场化收购政策，此外，最低价水稻收购政策启动时间较2016年晚20天。受这些粮食收储政策因素影响，涉农贷款投放量低于同期水平。

文化产业贷款分别同比增长 123.5%、61.3%、10.9%、10.1%。但部分领域信贷有效需求明显不足，例如受全省工业经济整体低位运行影响，制造业贷款仅增长 0.2%。

4. 一般贷款加权平均利率同比小幅上升，小微企业贷款利率呈下降走势。省级利率自律定价机制继续开展自律管理，全省金融机构存款利率水平基本稳定，2017 年全省金融机构一年期存款加权平均利率 1.92%，同比持平，此外，法人金融机构存款利率定价能力有所提升。2017 年全省金融机构一般贷款加权平均利率①6.24%，比年初上升 0.15 个百分点，同比上升 0.06 个百分点。从月度变化趋势看，从 1 月的 6.09% 上升到 10 月的 6.78%，又下降到 12 月的 5.97%。12 月，全省金融机构执行下浮及基准利率的贷款占比之和为 57.0%，比年初上升 7.19 个百分点，同比上升 7.62 个百分点。2017 年，金融机构小微企业贷款加权平均利率 5.35%，比年初下降 0.05 个百分点，同比下降 0.2 个百分点。

表 2　2017 年黑龙江省金融机构人民币贷款各利率区间占比

单位：%

月份		1 月	2 月	3 月	4 月	5 月	6 月
合计		100.0	100.0	100.0	100.0	100.0	100.0
下浮		25.3	25.1	21.9	28.0	27.4	17.2
基准		24.5	17.6	16.3	12.9	16.4	14.9
上浮	小计	50.2	57.3	61.8	59.0	56.2	67.9
	(1.0, 1.1]	5.4	7.4	4.7	6.0	4.2	5.9
	(1.1, 1.3]	9.3	11.5	7.5	13.0	16.3	15.1
	(1.3, 1.5]	6.2	9.4	7.8	7.6	3.9	4.7
	(1.5, 2.0]	10.5	12.7	17.2	14.2	15.3	26.9
	2.0 以上	18.8	16.3	24.7	18.2	16.4	15.3

续表

月份		7 月	8 月	9 月	10 月	11 月	12 月
合计		100.0	100.0	100.0	100.0	100.0	100.0
下浮		15.4	13.4	15.2	12.4	17.8	8.4
基准		20.2	22.4	18.1	12.7	24.2	48.6
上浮	小计	64.3	64.2	66.7	74.9	58.0	43.0
	(1.0, 1.1]	4.7	11.7	8.1	13.2	8.5	4.1
	(1.1, 1.3]	13.0	12.8	10.0	13.4	9.2	6.3
	(1.3, 1.5]	5.0	8.0	10.6	7.1	4.2	2.5
	(1.5, 2.0]	24.0	15.1	19.2	22.3	19.3	16.6
	2.0 以上	17.5	16.5	18.8	19.0	16.7	13.6

数据来源：中国人民银行哈尔滨中心支行。

5. 不良贷款指标一升一降，业务合作稳步推进。2017 年末，全省银行业不良贷款余额 685.3 亿元，比上年同期增加 34.8 亿元；不良贷款率 3.32%，比上年同期下降 0.11 个百分点。中国农业发展银行黑龙江省分行与省林业厅签署合作框架协议，可为林业政策性贷款项目提供长周期、低成本的资金支持。中国工商银行黑龙江省分行与晋商联盟控股股份有限公司进行全面战略合作协议签约，可为晋商联盟提供更多金融服务。《存款保险条例》继续顺利实施，风险差别费率制良好运行。

6. 跨境人民币业务结算量下滑，卢布现钞自助兑换业务首次开办。截至 2017 年末，全省人民币跨境收支总额 167.0 亿元，其中，经常项下 64.7 亿元，资本项下 102.3 亿元。受人民币汇率形势影响，人民币资金跨境流动双向平衡工作力度加大，人民币跨境收支总额同比下降 54.4%。对俄跨境人民币结算业务累计实现 71.4 亿元，在全省跨境人民币结算总量中的占比达到 42.7%，比上年提高 8.0 个百分点。绥芬河市累计兑换卢布现钞 3.5 亿卢布，中国银行绥芬河分行实现全省卢布现钞自助兑换业务零的突破。

①此处贷款加权平均利率统计口径不包含票据贴现利率。

专栏 1　黑龙江省金融支持农业供给侧结构性改革取得明显实效

近年来，黑龙江省按照中央部署，深入推进农业供给侧结构性改革。与此同时，全省在金融支持农业供给侧结构性改革方面主动作为、积极创新，取得显著成效。

一是全省涉农贷款余额逐年增长，涉农贷款结构更趋合理。自 2012 年以来，全省金融机构涉农贷款余额稳步增长，年均增长率达到 15.37%。截至 2017 年末，全省涉农贷款余额达 8 518.3 亿元，占全省全部贷款余额的 43.8%，同比增长 6.6%。其中，非农户涉农贷款 63.6 亿元，同比下降 14.8%；农村企业贷款 4 145.7 亿元，同比增长 17.75%。涉农贷款余额比年初新增 527.7 亿元，占全部新增贷款的 38.2%。

二是加大支农再贷款投放力度，为农业提供低成本的资金供给。截至 2017 年末，全省支农再贷款余额 146.3 亿元，比年初增加 80.6 亿元，累计投放 220.2 亿元，同比增加 111.5 亿元，其中扶贫再贷款余额 55.11 亿元，累计投放 82.6 亿元。同时，为确保政策执行到位，在使用支农再贷款前，讲明使用支农再贷款的条件和要求，确保运用支农再贷款发放的涉农贷款利率在规定的合理范围内。

三是着力加强金融产品创新，努力破解农业经营主体融资难问题。截至 2017 年末，全省累计开展了五大类 20 余项金融创新产品，创新贷款余额达 717.6 亿元，同比增长 11.8%。全省新型农业经营主体贷款余额 769.6 亿元，同比增加 42.8 亿元，同比增长 5.89%，超过 13 万个新型农业经营主体获得信贷支持。其中，活体畜禽抵押贷款业务覆盖 6 个地市的 11 个县（区）99 户养殖业经营主体，贷款余额达 3.54 亿元。

四是全面开展“两权”抵押贷款试点，探索农村抵押融资新路径。深入开展农村“两权”抵押贷款试点工作，积极协调相关部门完善试点配套措施，着力扩大业务规模，为农业经营主体，特别是新型农业经营主体提供信贷资金支持。截至 2017 年末，全省 17 个试点县“两权”抵押贷款余额 72.2 亿元，同比增长 16.3%。促进土地规模流转面积达 1 735 万亩，流转率达 50.17%，较试点前提高 7.7 个百分点。共计 1.6 万个新型农业经营主体以农地抵押方式获得了贷款。

五是积极推进金融支持农业重点领域扶持培育工作。深入开展农机合作社示范社、规范社金融扶持工作。截至 2017 年末，全省金融机构累计与 115 家农机合作社开展了 1 375 次融资对接，累计落实授信资金 3.17 亿元，基本满足农机示范社、规范社的全部融资需求。115 家示范社、规范社贷款余额达 3 亿元。切实做好全省规模以上养殖主体金融扶持工作。截至 2017 年末，养殖主体融资总需求合计 9.7 亿元，已落实授信金额 7.3 万元，占融资总需求比重的 75.3%。养殖主体贷款余额达 3.1 亿元。

六是大力加大金融支持粮食市场化改革工作力度。不断引导政策性银行增强粮食收购的信贷支持力度，中国农业发展银行黑龙江省分行此次玉米收购周期共计为 160 户企业累计发放市场化收购贷款 228 亿元。与此同时，针对鼓励多元化主体入市收购玉米做好政策引导，有效促进玉米去库存。省玉米收购信用保证基金效能也在逐步放大，截至 2017 年末，共有 114 户企业认缴基金 5 亿元，投放贷款 14.7 亿元，支持企业收购水稻、玉米和大豆。

（二）证券市场平稳发展，发行产品有所创新

1. 证券市场主体较为稳定，证券交易额同比下滑。截至2017年末，辖区共1家法人证券公司、2家期货经纪公司。证券从业人员2 789人、期货从业人员154人。股票账户数655.5万户，比上年增加90.4万户。证券市场交易额35 653.1亿元，比上年减少742.4亿元。法人证券公司资产总额、负债总额、营业收入均呈现增长态势，但受支出小幅增加、所得税费用减少因素影响，净利润同比下滑。2家期货公司2017年均完成增资。

表3　2017年黑龙江省证券业基本情况

项目	数量
总部设在辖内的证券公司数（家）	1
总部设在辖内的基金公司数（家）	0
总部设在辖内的期货公司数（家）	2
年末国内上市公司数（家）	36
当年国内股票（A股）筹资（亿元）	—
当年发行H股筹资（亿元）	—
当年国内债券筹资（亿元）	—
其中：短期融资券筹资额（亿元）	—
中期票据筹资额（亿元）	—

数据来源：黑龙江证监局。

2. 上市公司机构增加1家，融资运营平稳发展。全省有A股上市公司36家，其中主板30家、中小板4家、创业板2家，首次公开发行并上市1家。上市公司直接融资总计51.7亿元。

3. 地方债首次在上海证券交易所发行，也是东北三省首发。2017年，黑龙江省第二批地方政府债券在上海证券交易所公开发行，发行规模为190.6亿元，全部为新增债券，是全省首次、东北三省首家在上交所发行地方政府债券。

（三）保险市场发展势头良好，服务民生取得新成效

1. 市场体系不断完善，行业实力有所增强。2017年，全省保险市场主体48家，当年新增1家，其中财产险公司21家（含1家法人机构）、人身险公司27家。全省保险销售从业人员执业登记人数34.8万人，比上年增加8.2万人。2017年末，保险公司总资产合计1 894.6亿元，比年初增长7.4%。2017年，保险业为全社会提供风险保障13.8万亿元，同比增长33.1%。保险业赔款与给付240.5亿元，同比增长1.1%。

表4　2017年黑龙江省保险业基本情况

项目	数量
总部设在辖内的保险公司数（家）	48
其中：财产险经营主体（家）	21
人身险经营主体（家）	27
保险公司分支机构（家）	2 488
其中：财产险公司分支机构（家）	1 064
人身险公司分支机构（家）	1 424
保费收入（中外资，亿元）	931
其中：财产险保费收入（中外资，亿元）	170
人身险保费收入（中外资，亿元）	762
各类赔款给付（中外资，亿元）	240.5
保险密度（元／人）	2 452
保险深度（%）	6

数据来源：黑龙江保监局。

2. 农业保险势头良好，有力支持种植结构调整和农业供给侧改革。2017年黑龙江政策性种植业保险承保作物1.2亿亩，同比增长10.3%，增速同比提高4个百分点，服务农户96.2万户，同比增长12.6%。重点加强对新型农业经营主体的保障服务，种植业保险承保新型农业经营主体13.3万户，占总承保户数的13.8%；承保面积占比47.2%，提高7.4个百分点；提供风险保障226亿元，占总保额的54.7%，亩均保障金额超过410元，较全省平均水平高出15.7%。支持“两牛一猪”产业转型，会同财政、畜牧部门联合制定上报省政府《养殖业政策性保险实施意见》。2017年，政策性养殖险承保奶牛、能繁母猪、育肥猪78.04万头，同比增长7.09%。

3. 民生类保险积极推进，民生保障不断加强。黑龙江省再次降低失业保险费率，总费率由1.5%降至1%，其中单位缴费费率由1%调

整为0.5%，个人缴费费率保持0.5%不变，降低失业保险费率期限为2017年1月1日至2018年4月30日。全省已连续三年降低失业保险费率，将进一步减轻企业负担、增强企业活力，促进全省就业形势稳定。2017年，黑龙江大病保险覆盖人口1 866万人，自2013年开办以来，累计赔款11.7亿元，提高报销比例12个百分点，理赔周期从原来的1~2个月缩短至10个工作日内。2017年，个人年金保险业务实现保费收入352.8亿元，同比增长117%，增幅同比提高85个百分点。长期护理保险制度在齐齐哈尔市率先试点落地。

（四）地区社会融资规模同比增长，金融市场平稳发展

1. 信贷融资仍是主要融资来源，表外融资增长突出。2017年，全省社会融资规模增量为2 394.3亿元，同比多增453.4亿元。从结构看，对实体经济发放的人民币贷款和外币贷款占全省社会融资规模增量的57.8%，比上年下降12.8个百分点；全年新增表外融资（含委托贷款、信托贷款、未贴现银行承兑汇票）777.4亿元，比上年多增564.3亿元，其中信托贷款和未贴现银行承兑汇票分别比上年多增359.8亿元、230.1亿元；全年企业直接融资（含企业债券融资和股票融资）增量合计108.4亿元，其中，股票融资量仅为上年股票融资量的26.8%。

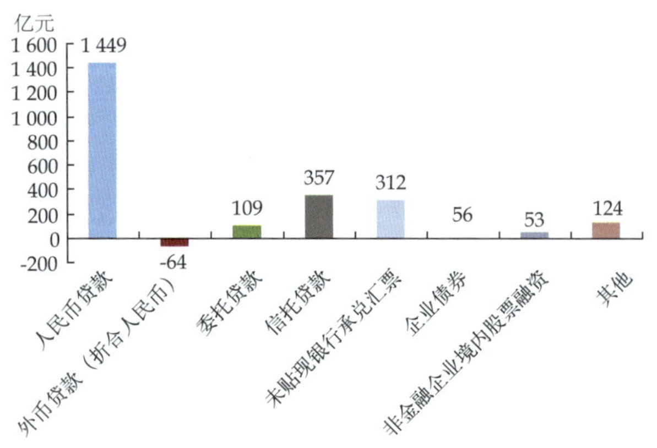

数据来源：中国人民银行哈尔滨中心支行。

图4　2017年黑龙江省社会融资规模分布结构

2. 同业拆借市场交易活跃度下降，债券市场交易量增长。2017年末，全省金融机构累计进行信用拆借交易628笔，同比下降11.6%；同业拆借市场累计成交金额933.4亿元，同比下降47.7%。其中，拆入金额566.8亿元，同比下降50.9%；拆出金额366.7亿元，同比下降41.8%。2017年，全省金融机构在银行间债券市场累计成交7.2万笔，同比增长39.3%；金额16.6万亿元，同比增长29.1%。其中，融入资金8.1万亿元，同比下降0.6%；融出资金8.4万亿元，同比增长81.3%。质押式回购、买断式回购成交金额分别同比增长60.5%和0.5%。质押式回购、买断式回购加权平均利率分别比上年增加198个和64个基点。现券交易累计金额1.7万亿元，同比下降49.9%，现券成交收益率为4.62%，同比增加146个基点。

3. 银行间市场直接债务融资余额和发行规模双升，绿色债实现突破。受全省宏观经济延续平稳向好态势、中期票据发行量加大等因素拉动，截至2017年末，全省银行间市场直接债务融资余额385.5亿元，同比增长4.4%；全年全省企业共发行债务融资工具24只，累计发行额202亿元，同比增长5.2%。哈尔滨银行发行两期绿色金融债共计50亿元，是全省首例发行绿色金融债券。

4. 票据市场交易量继续萎缩，票据利率小幅上升。2017年，由于全国票据业务风险监管力度加大，黑龙江省银行机构签发商业汇票余额、票据贴现余额分别为493.2亿元、426.0亿元，分别同比减少19.7亿元、239.4亿元。2017年，票据贴现利率和转贴现利率呈上行趋势，其中，2017年第四季度办理的银行承兑汇票贴现平均利率、商业承兑汇票贴现平均利率分别为5.01%、5.23%，分别比同年第一季度上升0.16个、1.26个百分点；2017年第四季度票据买断和票据回购转贴现平均利率分别为4.49%、5.06%，分别比同年第一季度上升0.49个、0.82个百分点。

表 5　2017 年黑龙江省金融机构票据业务量统计

单位：亿元

季度	银行承兑汇票承兑		贴现			
			银行承兑汇票		商业承兑汇票	
	余额	累计发生额	余额	累计发生额	余额	累计发生额
1	510.9	151.4	572.0	1 169.6	6.5	5.2
2	452.5	189.3	506.0	436.3	9.9	8.1
3	424.0	171.5	388.4	394.4	24.2	-2.4
4	493.2	208.6	405.0	520.4	21.0	31.2

数据来源：中国人民银行哈尔滨中心支行。

表 6　2017 年黑龙江省金融机构票据贴现、转贴现利率

单位：%

季度	贴现		转贴现	
	银行承兑汇票	商业承兑汇票	票据买断	票据回购
1	4.85	3.97	4.00	4.24
2	5.21	3.50	4.90	4.62
3	5.13	4.43	4.53	4.43
4	5.01	5.23	4.49	5.06

数据来源：中国人民银行哈尔滨中心支行。

（五）金融基础设施逐步完善，金融生态建设扎实推进

1. 社会信用体系建设有序开展，集中推动贫困农户和中小微企业信用建设。2017 年末，企业征信系统已收录全省企业及其他组织 18.1 万户，个人征信系统共收录 2 579.6 万个自然人信息。农村和中小微企业信用体系建设不断创新，通过出台《关于加快推进全省农村信用体系建设的指导意见》加强顶层设计；选择哈尔滨市兰西县作为试点，将农村信用体系建设与精准扶贫有效结合，引导金融机构对贫困信用户实行“免担保、免抵押、基准利率、期限三年、额度5万元以下、健全保障机制”等政策，创新“一扶多”扶贫模式，通过对企业和农户进行信用评级，采取“户贷、企用、企还、企担保”形式，既解决企业融资难题，也带动贫困户脱贫；继续推进大庆市“一库、二网、一平台”[①]中小企业信用体系建设，评选“金融守信红名单企业”，形成金融培育企业名录；齐齐哈尔市创新推出“以纳税信用等级获得银行贷款授信”的“银税合作”模式，建立该市政银企信用信息交互平台。

2. 支付系统运行平稳，农村支付环境建设持续拓展。现代支付系统共处理支付业务 1.4 亿笔、53.5 万亿元，分别同比增长 24.8% 和 14.4%；小额支付系统、网上支付跨行清算系统功能升级改造；金融机构接入非银行支付机构网络支付清算平台。2017 年 10 月全面启动哈尔滨市移动支付便民示范工程建设，惠及交通、校企园区、菜市场等八大民生领域；金融 IC 卡行业应用已涉及社会保障、医疗卫生、公共交通、移动支付等领域；俄罗斯天然气工业银行等 8 家境外银行可发行银联卡。单位银行结算账户数量首次突破 100 万户。开通黑龙江省农村金融综合服务站微信公众号和中国人民银行哈尔滨中心支行官网农村金融综合服务站宣传模块。截至 2017 年末，全省助农取款服务点达到 1.5 万个，全年共发生助农取款 1 173.5 万笔、42.9 亿元。

3. 金融消费权益保护工作不断创新，深入推进普惠金融。在全省范围内举办“重走抗联路　普惠金融行”主题实践活动，努力推动金融政策、金融知识、金融人才、金融服务、银行电商“五进”老区村屯，进一步提高金融服务的覆盖率、可得性和满意度。积极开展普惠金融指标体系建设工作，系统全面评估普惠金融发展水平。2017 年共受理金融消费者投诉 93 起，解答咨询 288 人次，没有发生群体性投诉事件，

① “一库、二网、一平台”指企业信用数据中心数据库、中小微企业信用信息公示网和中小微企业信用信息管理网、融资服务平台。

有效防范了金融消费纠纷所产生的不稳定因素。

二、经济运行情况

2017 年，黑龙江省加强转换发展动能，激发内生动力，培育新增长点，经济运行总体稳中向好。全年地区生产总值实现 16 199.9 亿元，同比增长 6.4%，增速高于上年 0.3 个百分点，为近四年来最高。

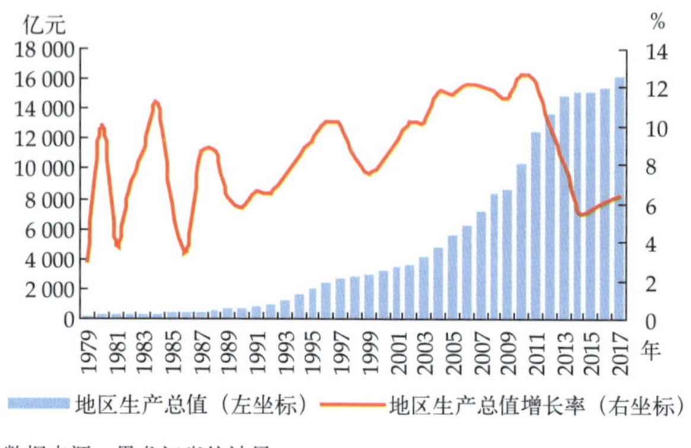

数据来源：黑龙江省统计局。

图 5　1979~2017 年黑龙江省地区生产总值及其增长率

（一）内需增长较为稳定，外需支撑回暖上行

1. 投资稳中有升，民间投资和新动能投资增势良好。2017 年，全省完成固定资产投资（不含农户）11 079.7 亿元，同比增长 6.2%，增幅高于上年 0.7 个百分点，为近四年来最高。其中，第一产业、第二产业、第三产业完成投资分别同比增长 25.2%、3.6% 和 4.6%。全省固定资产投资 500 万元以上施工项目 24 037 个，同比增长 10.3%。2017 年，全省民间投资 7 915.9 亿元，同比增长 11.3%，增幅高于上年 3.4 个百分点；民间投资占全省投资比重为 71.4%，比上年提高 3.2 个百分点。2017 年，全省高技术产业完成投资 648.9 亿元，同比增长 13.1%，其中，高技术制造业和高技术服务业投资分别同比增长 8.0% 和 14.7%。2017 年，全省战略性新兴产业完成投资 4 210.6 亿元，同比增长 10.4%。

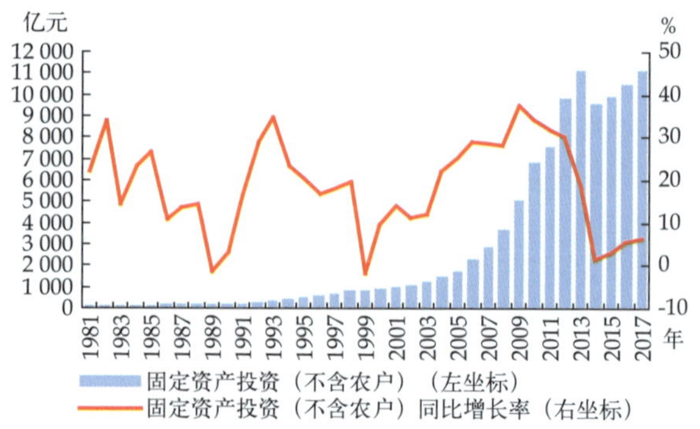

数据来源：黑龙江省统计局。

图 6　1981~2017 年黑龙江省固定资产投资（不含农户）及其增长率

2. 居民支出持续增长，消费增速有所放缓。受居民人均可支配收入稳定增长、居民消费理念多元化因素推动，2017 年全省城镇常住居民人均生活消费支出 19 270 元，同比增长 6.2%，其中，教育文化娱乐消费支出同比增长 13.8%；农村常住居民人均生活消费支出 10 524 元，同比增长 11.7%。受国内外多地域消费、线上平台消费较快增长等因素影响，全省实现社会消费品零售总额 9 099.2 亿元，同比增长 8.3%，增幅下降 1.7 个百分点。其中，批发零售业实现零售额 8 010.9 亿元，同比增长 8.2%，占全省社会消费品零售总额的 88.0%。消费升级有所提速，比如体育娱乐用品类、文化办公用品类、通信器材类等消费升级类商品分别同比增长 8.0%、13.1% 和 11.3%。

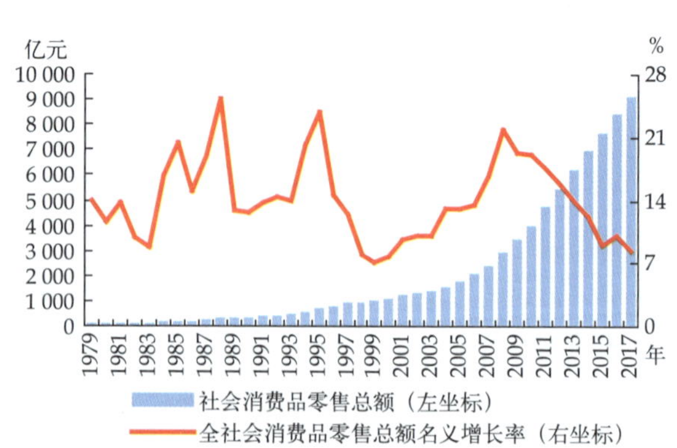

数据来源：黑龙江省统计局。

图 7　1979~2017 年黑龙江省社会消费品零售总额及其增长率

3. 外贸进出口回稳上升，扭转上年负增长态势。2017 年，全省货物进出口总额实现 189.4 亿美元，同比增长 14.5%。其中，出口 52.6 亿美元，同比增长 4.4%；进口 136.8 亿美元，同比增长 18.9%。机电产品出口大幅增长，2017 年，全省机电产品出口 23.1 亿美元，增长 37.7%，占全省出口总额的 43.9%。

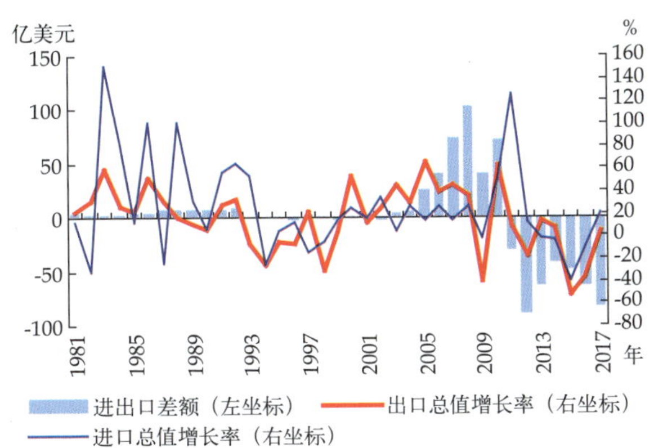

数据来源：黑龙江省统计局。

图 8　1981~2017 年黑龙江省外贸进出口变动情况

外商直接投资增幅回落，实际利用外资略有下降。2017 年，全省外商直接投资 58.4 亿美元，同比增长 0.3%，增幅比上年回落 6.5 个百分点。全省实际利用外资 58.6 亿美元，同比下降 0.7%。

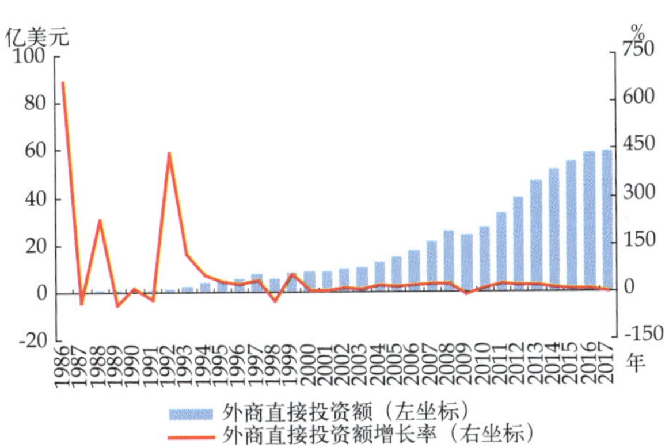

数据来源：黑龙江省统计局。

图 9　1986~2017 年黑龙江省外商直接投资额及其增长率

（二）第一、第三产业发展势头较好，产业结构发生积极变化

2017 年，全省产业结构为 18.3 ∶ 26.5 ∶ 55.2，其中，第一、第二、第三产业增加值分别增长 5.4%、2.9% 和 8.7%。第一产业和第三产业增幅分别高于全国平均水平 1.5 个和 0.7 个百分点。

1. 第一产业优势明显，现代农业加快发展。2017 年，全省种植业、林业、畜牧业和渔业增加值分别增长 5.7%、5.8%、4.5% 和 6.2%。2017 年，全省粮食生产有效克服了春季西部干旱、苗期低温、夏季局地旱涝等自然灾害影响，再夺丰收，在主动调减高产作物玉米的情况下，粮食总产达到 1 203.8 亿斤，实现 14 年连丰，连续 7 年居全国首位。按照“稳粮、优经、扩饲”的调整方向，全省种植业结构得到优化，已调减玉米种植面积 3 000 多万亩，增加蔬菜、杂粮杂豆等高效经济作物面积 700 多万亩。2017 年，全省完成高标准玉米秸秆还田面积超过 200 万亩，是 2016 年的两倍，取得了良好的经济效益、社会效益和生态效益。全省落实国家农机购置补贴政策，目前全省现代农机合作社总数达到 1 359 个，农业耕种收综合机械化水平继续保持全国首位。全省市、县（区）两级农机管理调度指挥中心达到 86 个，实现省、市、县三级农机管理全覆盖。全省农作物良种覆盖率保持在 98% 以上，优质专用品种覆盖率达到 95% 以上。全省农业“三减”示范面积达到 3 054 万亩，比上年增加 1 814 万亩。在“黑龙江省玉米收购贷款信用保证基金”基础上成立“黑龙江省粮食收购贷款信用保证基金”，在全省范围内由政府适当出资，引导符合条件的粮食企业共同出资设立，专项用于支持粮食贸易和加工企业开展玉米、稻谷和大豆的市场化收购。3 月 25 日，黑龙江大米网农产品网上拍卖平台正式启动运营，当日在线交易总量 5 160 吨，线上交易额 2 690 万元，开创了黑龙江优质农产品市场竞价、网上拍卖的先河。黑龙江省奶业协会在全国首开先河，制定实施《黑龙江省奶业协会会员单位生鲜乳交易指导价格机制》，推行生鲜乳“分级计价、优质优价、同质同价”的科学计价体系。

2. 工业经济低速增长，工业企业培育战略积极推进。2017 年，全省规模以上工业增加值增长 2.7%，增幅比上年提高 0.7 个百分点，为近三年来最高。其中，装备工业增长 15.8%，食品工业增长 5.8%。黑龙江省政府将加快培育规模以上工业企业作为推动工业经济扩量升级、提质增效的重要举措，印发《黑龙江省加快培育规模以上工业企业十项措施》，即推动优势领域加快发展、实行临规企业[①]靶向培育、鼓励临规企业做大做强、支持临规企业拓展市场、帮助临规企业降低成本、加强临规企业融资服务、开展临规企业专项培训、优化临规企业综合服务、规范工业经济活动统计、完善工作推进机制。为缓解工业企业流动资金紧张，黑龙江省实施《工业企业流贷贴息政策实施细则》，可申请流贷贴息的工业企业包括符合条件的普通工业企业、困难工业企业、新兴产业制造业企业、贫困县制造业企业四类。省政府出台《黑龙江省制造业转型升级“十三五”规划》《黑龙江省“十三五”科技创新规划》。此外，黑龙江省大庆油田 2017 年生产原油 3 952.0 万吨，全年油气当量达到 4 271.8 万吨，开创了稳油增气、内外并举的新局面。

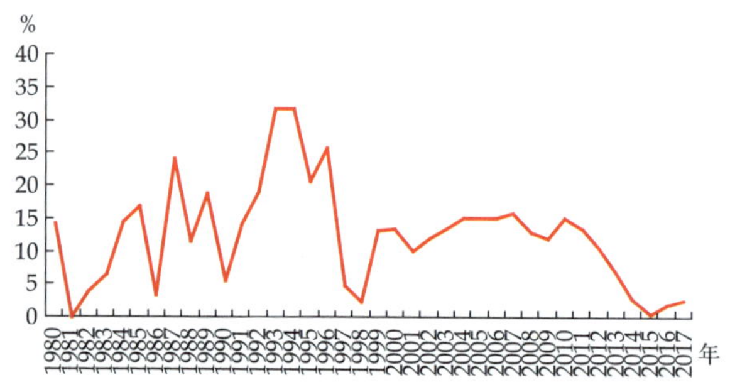

数据来源：黑龙江省统计局。

图 10　1980~2017 年黑龙江省规模以上工业增加值实际增长率

3. 第三产业良性发展，快递、通信、旅游、养老等相关产业快速增长。2017 年，全省第三产业增加值增长 8.7%，增幅比上年提高 0.1 个百分点。全省交通运输、仓储和邮政业增长 6.3%，增幅比上年提高 4.3 个百分点。全省邮政电信业务总量 676.6 亿元，同比增长 74.0%，增幅比上年提高 13.5 个百分点。全省邮政业务总量增长 15.6%，其中快递服务企业的同城业务量增长 43.6%，国际、港澳台业务量增长 1.2 倍。电信业务总量增长 86.5%，其中移动电话用户和移动互联网用户数量分别增长 6.1% 和 13.9%。2017 年，省外银行卡在本省刷卡交易额达到 3 729.7 亿元，比上年增长 62.0%。2017 年到本省度假的外地老年人达到 205 万人，比上年增长 65.3%。2017 年，哈尔滨机场共完成旅客吞吐量 1 881 万人次，实现运输飞行起降 13.6 万架次，比上年分别增长 15.6%、12%，旅客吞吐量继续保持东北四大机场首位。

4. 去产能、去库存取得成效，非公经济和科技创新助推供给侧结构性改革。截至 2017 年末，全省关闭煤矿 363 处，退出煤炭产能 2 938 万吨，钢铁、水泥分别淘汰落后产能 675 万吨和 129 万吨。2017 年，全省原煤产量下降 3.9%，水泥产量下降 17.6%。商品房去库存工作成效明显，通过加大棚改货币化安置、严控商品住宅土地供应等措施，商品房库存比 2016 年底减少 1 254 万平方米。非公经济稳定发展。2017 年，全省非公经济实现增加值 8 634.6 亿元，比上年增长 7.8%，增幅比上年提高 0.1 个百分点，高于全省地区生产总值增速 1.4 个百分点。非公经济增加值占全省地区生产总值比重达到 53.3%，比重同比提高 0.2 个百分点。创新型科技企业增长较快。出台《黑龙江省扶持科技企业孵化器和众创空间发展政策实施细则》《黑龙江省深化科技奖励制度改革方案》。2017 年，全省新注册成立科

① 临规企业：按照《黑龙江省加快培育规模以上工业企业十项措施》第二项内容，把主营收入 2 500 万元以下及存在退出规模以上的风险工业企业、规模以上新增的停产工业企业、销售额 1 500 万元以上未纳入规模以上工业企业、科技型高增长工业企业、近两年退出规模以上统计但有望重返规模以上工业企业等企业对象，建立临规企业库。

技型企业5 204家，同比增长66.8%；新增一定规模科技型企业（主营业务收入500万元以上）961家，同比增长50.9%。全省“科技型企业三年行动计划”累计新注册成立科技型企业10 440家，累计新增一定规模科技型企业2 037家。

5. 环境治理稳步推进，河长制度升级实施。 全省2017年完成风电发电量108亿千瓦时，同比增长22%，历史上首次突破100亿千瓦时，可节约4座60万千瓦容量火电厂全年的燃煤，减少二氧化碳等污染物排放约820万吨。全面推行“升级版”河长制，建立省市县乡村五级河长组织体系，构建责任明确、协调有序、监管严格、保护有力的河湖管理保护机制，提出河长制具体目标、实施五级双河长体系、明确河长叠加责任、配置各级河道警长、对无河湖村屯设双河长。目前，全省39 518名河长已全部上岗到位，实现零死角全覆盖监管。

（三）居民消费价格温和上涨，工业生产者出厂及购进价格上涨较快

1. 居民消费价格指数涨幅低于上年，低于全国平均水平。 2017年，全省居民消费价格指数同比上涨1.3%，同比涨幅比上年回落0.2个百分点，低于全国平均水平0.3个百分点。其中，医疗保健、教育文化和娱乐价格全年同比上涨居高，分别上涨10.4%、3.6%；食品烟酒、交通和通信价格全年呈下降走势，分别下降1.4%、0.5%。

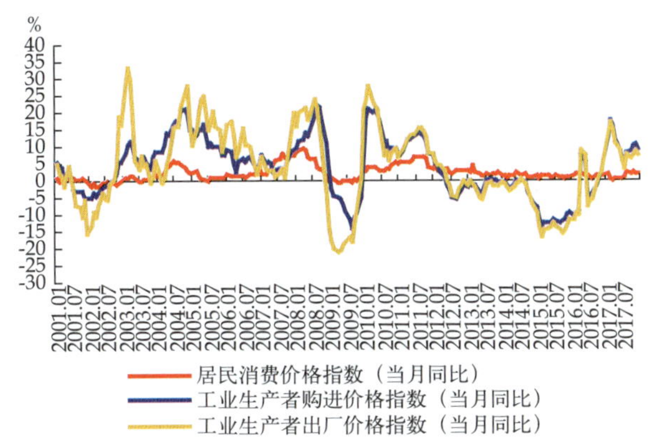

数据来源：黑龙江省统计局。

图11 2001~2017年黑龙江省居民消费价格指数和工业生产者价格指数变动趋势

2. 工业生产价格涨势明显，农业生产资料价格小幅上行。 2017年，全省工业生产者出厂价格指数、购进价格指数彻底扭转上年下行走势，分别同比增长9.3%、10.2%，分别比上年同期提高14.2个、14.2个百分点。在工业生产者出厂价格指数中，重工业和生产资料上涨最高，分别上涨13.9%、13.5%；在工业生产者购进价格指数中，燃料动力类上涨最高，达到17.3%。2017年，全省农业生产资料价格指数同比增长0.6%，增幅比上年提高0.6个百分点。

3. 劳动力成本持续上涨，全省调整最低工资标准。 2017年，全省城镇和农村常住居民人均工资性收入分别为15 783元、2 840元，分别比上年增长5.2%、16.9%，涨幅分别比上年提高0.8个百分点、8.7个百分点。黑龙江省从2017年10月1日起调整全省最低工资标准，按不同地区调整后的月最低工资标准三档分别为1 680元、1 450元、1 270元；调整后的小时最低工资标准三档分别为16元、13元、12元。

4. 资源品价格逐步走高，煤炭价格涨幅较大。 受国际原油价格涨势影响，2017年12月大庆原油结算价为3 398元/吨，比上年同期增长15.4%。2017年12月，监测的煤炭规格品价格同比上涨23.5%，主要原因是煤炭产量下降、替代品天然气价格上涨、冬季煤炭运力紧张等。2017年12月，监测的钢材规格品价格同比上涨15.4%，主要原因是钢材出现北材南运现象，市场需求旺盛，价格保持上涨。

（四）财政职能作用有效发挥，着力落实结构性减税政策

1. 一般公共预算收入增速由降转升，一般公共预算支出凸显普惠性。 2017年，受全省经济稳步回升影响，一般公共预算收入1 243.2亿元，同比增长11.0%，扭转了上年负增长局面。全省一般公共预算支出4 640.7亿元，同比增长9.8%，增速高于上年4.6个百分点，其中，社会保障和就业、农林水事务、教育类支出分别占一般公共预算总支出的20.0%、17.6%和12.3%；节能环保类支出增势突出，增长70.4%。

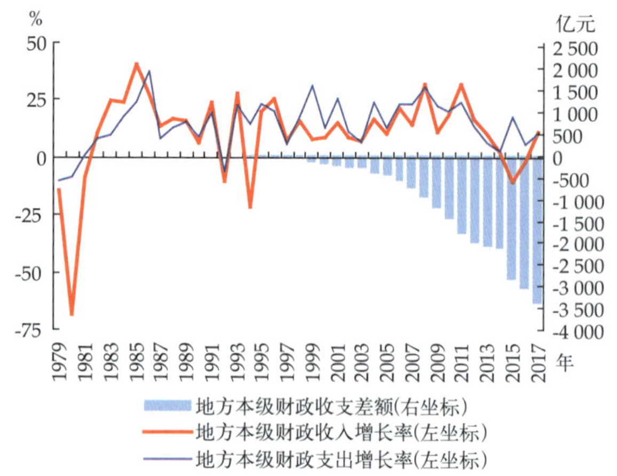

数据来源：黑龙江省财政厅、中国人民银行哈尔滨中心支行。

图 12　1979~2017 年黑龙江省财政收支状况

2. 结构性减税政策效果较好，减轻企业负担。2017 年，全省根据规定将增值税税率由四档简并为三档，全年减轻小微、科技创新等企业税负130多亿元。自落实结构性减税政策以来，共减轻企业税负 318 亿元，削减行政事业性收费和政府性基金188项减轻社会负担44.7亿元，进一步激发了市场活力。

3. 地方国库现金管理试点工作稳步推进，实现效益共赢。2017 年，顺利完成黑龙江省省级国库现金管理定期存款 2 期操作，资金规模合计为 200 亿元，存款期限均为 3 个月，共实现利息收入 7 150 万元。省级现金管理操作在保证资金安全的前提下，提高了财政资金的使用效益，而且有效改善了商业银行的流动性状况，对支持地方经济发展起到了较好的促进作用。

4. 地方政府债券发行工作积极开展，新增债券发行增加。2017 年，全省共组织开展了四批次地方债发行工作，发行政府债券 965.3 亿元，同比减少 139.5 亿元。其中，新增债券 377.9 亿元，同比增加 130.4 亿元；置换债券 587.4 亿元，同比减少 269.9 亿元。发行债券主要投入水利设施、公路、铁路及保障房建设等重点基建项目。

（五）房地产业持续去库存格局，金融支持民生住房力度增强

2017 年，黑龙江省出台《黑龙江省加快培育和发展住房租赁市场实施意见》，省会哈尔滨市出台《进一步促进房地产市场平稳健康发展的通知》。房地产供给持续下降，商品房销售量持续扩大，省会城市住房价格同比上涨，房地产信贷增速适度加快。

1. 房地产投资持续压缩，住宅竣工面积降幅扩大。受房地产去库存政策引导，2017 年全省房地产开发投资额完成 815.6 亿元，同比下降 5.7%，降幅较上年收窄 7.1 个百分点。受棚户区改造力度加大影响，全省房屋新开工面积 2 219.7 万平方米，改变上年负增长局面，同比增长 10.6%。全省房屋竣工面积 1 651.2 万平方米，同比下降 30.5%，其中，住房竣工面积 1 205.9 万平方米，同比下降 31.4%。

2. 商品房销售额较快增长，哈尔滨市住房价格涨幅扩大。受居民住房刚性需求拉动，全省全年商品房销售面积 2 255.8 万平方米，同比增长 6.5%，涨幅比上年扩大 0.5 个百分点；商品房销售额 1 459.7 亿元，同比增长 30.2%，涨幅比上年扩大 21.1 个百分点。其中，住宅销售面积和住宅销售额分别同比增长 4.0%、25.5%。受地铁等基础设施环境建设、学区房等因素拉动，省会城市哈尔滨市新建住宅销售价格月同比涨幅从 2017 年 1 月的 0.1% 涨到 2017 年 12 月的 10.7%，特别是 2017 年下半年上涨趋势加快。

3. 房地产信贷增速高于上年，主要投向个人住房信贷和保障房建设。受住房消费需求持续增长和棚户区建设力度加大等因素拉动，2017 年末，全省房地产贷款余额 3 801.7 亿元，同比增长 25.3%，增速高于上年同期 9.3 个百分点；全年新增房地产贷款 768.4 亿元，是上年同期的 1.8 倍。各金融机构严格执行差别化住房信贷政策，按照市场利率定价自律机制决议执行。个人购房贷款余额 2 498.6 亿元，同比增长 21.8%，增速高于上年同期 3.9 个百分点，个人购房贷款余额占全部房地产贷款余额的 65.7%；保障性住房开发贷款余额 954.7 亿元，同比增长 37.8%，贷款新增 262.0 亿元，同比多增 114.8 亿元。

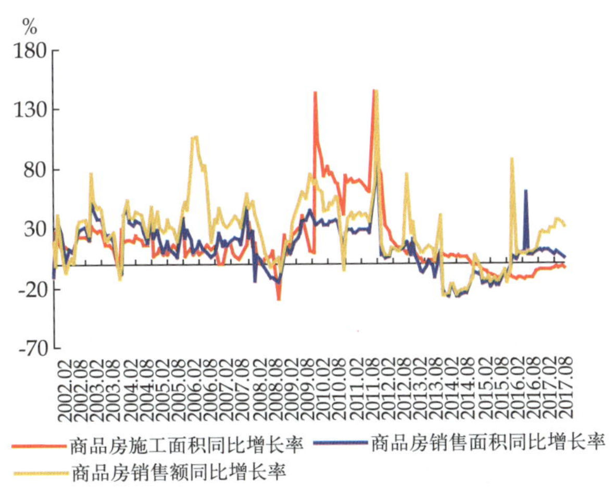

数据来源：《中国经济景气月报》。

图 13　2002~2017 年黑龙江省商品房施工和销售变动趋势

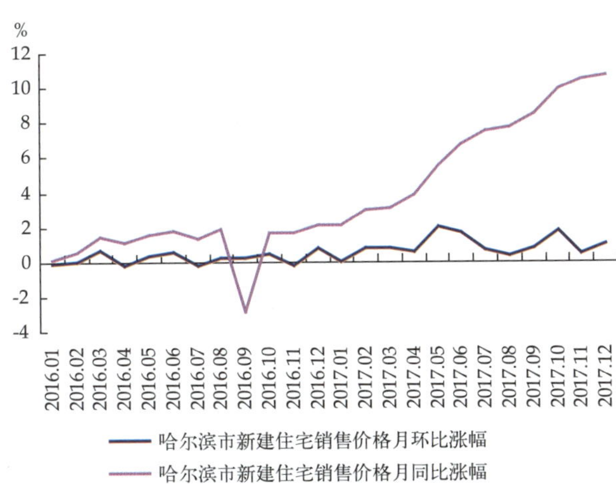

数据来源：《中国经济景气月报》。

图 14　2016~2017 年哈尔滨市新建住宅销售价格变动趋势

专栏 2　中俄双边金融合作机制不断健全　对俄跨境人民币业务五年增长 7.3 倍

为发挥黑龙江省对俄贸易大省优势，全省把深化对俄金融合作、推进对俄跨境人民币业务作为工作重点，切实加大金融政策支持力度，积极开展中俄特色金融产品及服务，拓宽中俄金融合作渠道。

对俄人民币结算增长较快。2017 年，黑龙江省办理中俄本币结算业务 7.9 亿美元，占中俄跨境收支总额的 35.3%，同比增长 23%。截至 2017 年末，黑龙江省有 9 家商业银行分支机构与俄罗斯 27 家商业银行分支机构建立了代理账户行关系，双方银行共设代理行账户 133 户。黑龙江省对俄跨境人民币业务规模从 2012 年的 8.6 亿元增至 2017 年的 71.4 亿元，累计增长 7.3 倍。黑龙江省对俄跨境人民币结算量占全国对俄跨境人民币结算量的 18.0%。黑龙江省对俄人民币结算以支出为主，主要集中在货物贸易和其他投资项下，占全部对俄跨境人民币结算量的 89.2%。

中俄区域金融合作日趋深化。成功举办第四届中俄博览会暨第 28 届哈洽会。承办“第四届中俄博览会—中俄两国扩大使用本币结算圆桌会议”，深入交流探讨中俄本币结算发展、本国货币在对方外汇市场的交易情况、中俄金融合作的新机遇、边境地区银行间合作等问题。连续三年同俄罗斯联邦中央银行驻远东管理局进行交流会晤，就双方关切的代理行分布范围、本币现钞在对方边境地区使用、在俄远东地区银联卡发行等问题充分交换了意见。参加中俄金融合作分委会第十八次会议，完成《中俄金融合作分委会第十七次会议以来与俄方合作进展情况及第十八次分委会讨论议题建议》，被中方主体报告采用。

中俄银行间人民币业务逐渐拓展。中俄两国商业银行间的合作逐渐拓宽，已由过去单一的结算业务推广到同业融资和银团贷款业务。截至 2017 年末，支持国家开发银行黑龙江省分行、哈尔滨银行与俄罗斯商业银行签订 5 笔总额 235 亿元人民币同业融资协议，目前已兑现 3 笔，实际融资 144 亿元，2017 年新增实际融资金额 44 亿元，融资资金主要用于中俄间贸易合作等35个项目。哈尔滨银行作为牵头行，与俄罗斯开发与对外经济银行签署的总额100亿元人民币的同业间银行授信协议计划进入提款阶段，正式由协议层面进入资金使用环节。

人民币现钞跨境调运取得新突破。2015年，推动哈尔滨银行建立哈尔滨—北京—莫斯科现钞空运渠道。截至2017年末，哈尔滨银行已先后6次通过北京海关调往莫斯科人民币现钞8 000万元。2017年，针对人民币现钞跨境调运渠道单一问题，研究推动建立人民币现钞陆路跨境调运的新路径。经与东宁市海关、边检及公安部门协调，龙江银行与俄罗斯亚太银行合作，通过东宁口岸陆路调运人民币现钞工作已取得突破性进展。

卢布现钞使用试点进展顺利。绥芬河市卢布现钞使用试点运行平稳，积极推动试点地区银行机构卢布汇率定价权下放，新建特许机构正式成立，卢布现钞自助兑换业务实现零的突破。截至2017年末，绥芬河地区累计办理卢布现钞兑换金额35 149.4万卢布，卢布现钞买入16 603.8万卢布，卖出18 545.6万卢布，净卖出1 941.8万卢布。其中，银行累计兑换卢布现钞23 369.4万卢布，占比66.5%；特许机构累计兑换卢布现钞11 780.0万卢布，占比33.5%，较试点前提高32.8个百分点。卢布现钞使用试点的顺利开展，对推动双边商贸、旅游等经济的繁荣发展起到了支持促进作用。

三、预测与展望

2018年，是贯彻落实党的十九大精神的开局之年。从不利因素看，当前全省经济仍然处于传统产业提档升级与新增长领域加快培育的结构调整时期，石油减产对第二产业的负向拉动还将持续，农垦、森工改革任务十分艰巨，企业整体竞争力亟待增强，农民增收能力需要大力提升，民生领域还有不少短板和历史遗留问题，生态环境保护任务相当繁重。从有利因素看，新时代中国特色社会主义发展理念、国家供给侧结构性改革发展主线，均给予黑龙江省振兴实体经济发展定位和行动指南。下一步，全省将深刻把握社会主要矛盾变化给经济发展带来的重大机遇，在国内有总需求增长空间、全省有鲜明供给优势的领域持续发力，把多年积累的农业、林业、生态等优势资源面向市场充分转化为满足人民对美好生活需要的产品和服务，形成更多经济总量；深刻把握经济已由高速增长阶段转向高质量发展阶段的重大判断，从供给、需求、投入、产出、分配等各方面实现从“有没有”向“好不好”转变，提高全省全要素生产率。2017年，全省将主要推动农业供给侧结构性改革、农村产权制度改革、农村一二三产业融合、美丽乡村建设、“老字号”改造升级、“原字号”深度开发、“新字号”培育壮大、“粮头食尾”“农头工尾”“油头化尾”“煤头电尾”“煤头化尾”、农垦和森工改革、精准脱贫攻坚、旅游养老健康体育文化等产业融合和民营经济发展、对俄合作、保障和改善民生，并防范和化解重大风险。预计2018年全省地区生产总值增长6%以上，居民消费价格指数涨幅控制在3%左右，城乡居民可支配收入增长与经济增长基本同步。

2018年，全省金融业将紧紧围绕服务实体经济、防控金融风险、深化金融改革三项任务稳健运行，贯彻落实好稳健中性的货币政策和宏观审慎政策框架。中国人民银行哈尔滨中心支行将灵活运用普惠金融定向降准、支农支小再贷款、扶贫再贷款、再贴现、常备借贷便利、抵押补充贷款等多种货币政策工具，加强宏观审慎管理和评估，维持好流动性基本稳定和去杠杆之间的平衡。金融业将推进建设普惠金融体系，降低实体经济融资成本，扎实做好新型农业经营主体金融服务，稳妥推进“两权”抵押贷款试点；支持工业稳增长调结构增效益，做好改造升级“老字号”、深度开发“原字号”、培育壮大“新字号”等优化产业结构的信贷支持和金融服务；加大金融精准脱贫攻坚力度，精准扶持建档立卡贫困户脱贫致富；支持好棚户区改造、居民首套房和租赁住房、铁路、地铁、机场、电力等民生领域的信贷需求；改善对小微企业、民营经济的金融服务，不断创新知识产权、股权等新型抵质押方式，加大对创业创新、科技、文化、信息、旅游、养老、健康、教育的金融支持力度；深入中俄金融合作，开展中俄特色金融产品及服务；加强金融监管协调，守住不发生系统性金融风险的底线。

中国人民银行哈尔滨中心支行货币政策分析小组
总　纂：王　迅　张会元　宋志国
统　稿：管公明　刘　畅　赵振宁　高　磊
执　笔：高　磊　马　辉　王　迟　张普雷　程逸飞　肖九思　许　硕　包艳龙　李　丹　李铖斐　徐　扬　鲁　荣　罗　希
提供数据的还有：何延伟　张　杰　海　平　李婷婷　常云峰　鹿雨竹　刘　爽　孙　杨　王文博　杜艳艳　林金龙

附录

（一）2017 年黑龙江省经济金融大事记

3 月，黑龙江省政府印发《关于支持黑龙江绥芬河—东宁重点开发开放试验区建设若干政策的通知》，给予试验区在财政税收、土地、产业贸易、公共服务、口岸通关与旅游管理、投融资和人才等七个方面 35 条优惠政策。

4 月 6 日，哈尔滨银行发行首笔绿色金融债券，成为全省首例获准发行的绿色金融债，募集资金专项支持绿色产业项目。

4 月 11 日，哈尔滨哈银消费金融有限责任公司开业，是全省首家消费金融公司，是全国第 17 家获银监会批准设立的消费金融公司。

6 月 15 日，中俄两国扩大使用本币结算圆桌会在黑龙江哈尔滨市举行。

6 月 15~19 日，第四届中俄博览会和第二十八届哈洽会举行，共签署中外合作、区域合作等意向协议 100 多项，金额超 300 亿元人民币，达成合作线索近千条，涉及 14 个领域。

8 月 5~14 日，“中国金融四十人论坛与伊春市人民政府战略合作协议”签约仪式、首届中国金融四十人伊春论坛在黑龙江省伊春市举行。

10 月 1 日，黑龙江省调整全省最低工资标准，按不同地区调整后的月最低工资标准三档分别为 1 680 元、1 450 元、1 270 元；调整后的小时最低工资标准三档分别为 16 元、13 元、12 元。

10 月 15 日，黑龙江跨国采购中心有限公司国有股权正式移交黑龙江旅游集团有限公司，成为全省首个完成国有股份划转的案例。

12 月 6 日，黑龙江省委省政府与中俄投资基金签订《黑龙江省人民政府与中俄投资基金推动“一带一路”、“中蒙俄经济走廊”建设和“打造一个窗口、建设四个区”备忘录》。

12 月 20 日，哈尔滨银行通过莫斯科—北京—哈尔滨调运路径调入 1 000 万元卢布现钞，完成黑龙江首笔卢布现钞跨境调入业务，实现了中俄卢布现钞的双向流动。

（二）2017 年黑龙江省主要经济金融指标

表 1　2017 年黑龙江省主要存贷款指标

		1 月	2 月	3 月	4 月	5 月	6 月	7 月	8 月	9 月	10 月	11 月	12 月
本外币	金融机构各项存款余额（亿元）	22 538.7	22 888.0	23 024.2	22 811.9	23 177.4	23 628.5	23 311.6	23 806.9	23 692.9	23 822.6	23 855.7	23 796.0
	其中：住户存款	13 790.3	13 874.7	14 014.7	13 757.7	13 802.8	13 958.2	13 787.0	13 739.6	13 890.7	13 973.5	14 064.0	14 468.5
	非金融企业存款	4 121.0	4 172.2	4 253.4	4 206.2	4 245.1	4 361.9	4 334.8	4 354.3	4 362.2	4 365.0	4 458.3	4 569.8
	各项存款余额比上月增加（亿元）	143.9	349.3	186.2	-212.4	365.5	451.1	-316.8	495.3	-114.0	129.7	33.1	-59.7
	金融机构各项存款同比增长（%）	4.8	6.6	6.2	3.1	4.8	6.6	4.4	5.8	5.3	6.2	5.7	6.3
	金融机构各项贷款余额（亿元）	18 275.2	18 376.3	18 686.9	18 518.5	18 630.4	18 921.8	18 920.3	18 947.2	19 055.3	19 039.1	19 137.0	19 466.1
	其中：短期	8 807.0	8 882.0	9 118.8	9 160.5	9 193.1	9 292.6	9 272.1	9 189.0	9 160.3	9 068.0	9 046.8	9 344.0
	中长期	8 081.7	8 145.2	8 249.4	8 112.6	8 236.9	8 450.0	8 537.2	8 674.7	8 853.1	8 875.3	8 990.0	8 994.7
	票据融资	950.9	915.7	870.8	800.8	760.5	757.8	696.0	669.0	618.9	643.3	653.9	689.5
	各项贷款余额比上月增加（亿元）	189.0	101.1	310.6	-168.4	111.9	291.3	-1.4	26.8	108.2	-16.2	97.9	329.1
	其中：短期	116.4	74.9	236.8	41.7	32.5	99.6	-20.5	-83.2	-28.6	-92.3	-21.2	297.3
	中长期	135.5	63.4	104.2	-136.8	124.3	213.0	87.3	137.5	178.4	22.2	114.7	4.6
	票据融资	-73.1	-35.2	-44.9	-70.0	-40.3	-2.7	-61.7	-27.0	-50.1	24.3	10.6	35.6
	金融机构各项贷款同比增长（%）	7.5	7.7	7.7	7.1	7.8	9.3	10.7	10.2	10.5	10.1	8.3	7.6
	其中：短期	8.0	7.9	8.6	9.3	10.7	11.4	13.2	12.5	12.7	11.4	6.5	7.5
	中长期	11.5	11.9	11.9	9.1	9.2	11.7	12.6	13.2	14.2	14.8	15.4	13.2
	票据融资	-21.1	-21.0	-25.8	-24.4	-24.7	-22.0	-19.6	-26.4	-31.3	-32.5	-31.7	-32.7
	建筑业贷款余额（亿元）	136.0	152.7	143.6	158.3	165.5	189.2	196.4	214.4	229.5	230.9	236.3	222.2
	房地产业贷款余额（亿元）	536.7	536.7	536.4	509.5	531.4	560.3	564.2	591.3	608.5	617.7	618.6	646.7
	建筑业贷款同比增长（%）	10.6	18.3	6.4	25.7	32.2	40.7	53.5	76.6	83.8	81.0	86.3	73.8
	房地产业贷款同比增长（%）	15.4	12.8	12.8	15.3	13.9	20.9	19.5	20.5	18.4	22.1	24.4	23.2
人民币	金融机构各项存款余额（亿元）	22 320.8	22 671.1	22 807.7	22 598.3	22 966.7	23 423.2	23 104.7	23 609.9	23 511.7	23 636.8	23 675.2	23 615.1
	其中：住户存款	13 645.1	13 729.8	13 869.6	13 613.3	13 658.8	13 817.0	13 645.4	13 602.6	13 754.0	13 836.3	13 926.8	14 331.0
	非金融企业存款	4 055.0	4 106.5	4 188.4	4 143.8	4 185.4	4 304.2	4 275.7	4 301.2	4 323.4	4 322.2	4 420.7	4 531.1
	各项存款余额比上月增加（亿元）	141.8	350.3	186.6	-209.5	368.4	456.5	-318.4	505.1	-98.2	125.1	38.4	-60.1
	其中：住户存款	194.9	84.7	139.8	-256.3	45.5	158.2	-171.6	-42.8	151.4	82.3	90.5	404.3
	非金融企业存款	-242.1	51.6	131.8	-44.6	41.6	118.8	-28.5	25.5	22.2	-1.2	98.5	110.4
	各项存款同比增长（%）	4.9	6.7	6.3	3.1	4.8	6.6	4.4	5.9	5.5	6.4	6.0	6.5
	其中：住户存款	8.4	7.1	7.7	7.4	8.4	8.0	7.5	7.2	7.0	8.0	5.9	6.6
	非金融企业存款	4.3	10.6	9.6	10.5	8.5	5.3	7.2	6.4	3.1	4.3	3.7	5.4
	金融机构各项贷款余额（亿元）	17 932.1	18 044.3	18 361.0	18 193.7	18 310.6	18 621.1	18 628.9	18 665.2	18 781.0	18 771.0	18 875.6	19 208.4
	其中：个人消费贷款	2 797.2	2 822.7	2 885.2	2 930.1	2 984.8	3 030.6	3 064.8	3 103.0	3 166.4	3 200.2	3 228.0	3 233.8
	票据融资	950.9	915.7	870.8	800.8	760.5	757.8	696.0	669.0	618.9	643.3	653.9	689.5
	各项贷款余额比上月增加（亿元）	207.1	112.2	316.7	-167.3	116.9	310.4	7.9	36.2	115.8	-10.0	104.7	332.8
	其中：个人消费贷款	52.0	25.5	62.5	44.9	54.7	45.8	34.3	38.1	63.5	33.8	27.8	5.8
	票据融资	-73.1	-35.2	-44.9	-70.0	-40.3	-2.7	-61.7	-27.0	-50.1	24.3	10.6	35.6
	金融机构各项贷款同比增长（%）	8.2	8.4	8.4	7.6	8.1	9.7	11.2	10.7	11.2	10.8	9.0	8.4
	其中：个人消费贷款	24.6	25.2	25.9	25.3	24.9	24.1	23.7	23.2	21.8	21.0	19.3	17.8
	票据融资	-21.1	-21.0	-25.8	-24.4	-24.7	-22.0	-19.6	-26.4	-31.3	-32.5	-31.7	-32.7
外币	金融机构外币存款余额（亿美元）	31.8	31.6	31.4	31.0	30.7	30.3	30.7	29.8	27.3	28.0	27.3	27.7
	金融机构外币存款同比增长（%）	-6.6	-7.6	-5.1	-3.1	3.1	4.8	5.1	2.3	-13.1	-14.5	-17.3	-11.0
	金融机构外币贷款余额（亿美元）	50.0	48.3	47.2	47.1	46.6	44.4	43.3	42.7	41.3	40.4	39.6	39.4
	金融机构外币贷款同比增长（%）	-22.9	-24.8	-25.8	-20.6	-13.3	-11.5	-12.3	-16.7	-22.2	-23.0	-24.1	-24.3

数据来源：中国人民银行哈尔滨中心支行。

表 2　2001~2017 年黑龙江省各类价格指数

单位：%

		居民消费价格指数		农业生产资料价格指数		工业生产者购进价格指数		工业生产者出厂价格指数	
		当月同比	累计同比	当月同比	累计同比	当月同比	累计同比	当月同比	累计同比
2001		—	0.8	—	-1.1	—	-0.5	—	-4.0
2002		—	-0.7	—	-0.3	—	-0.7	—	-2.2
2003		—	0.9	—	1.8	—	7.6	—	11.9
2004		—	3.8	—	12.0	—	15.2	—	13.1
2005		—	1.2	—	8.6	—	11.8	—	16.7
2006		—	1.9	—	1.9	—	5.6	—	9.9
2007		—	5.4	—	9.4	—	5.0	—	5.3
2008		—	5.6	—	22.7	—	14.1	—	14.0
2009		—	0.2	—	-5.8	—	-6.6	—	-12.6
2010		—	3.9	—	5.6	—	14.5	—	15.0
2011		—	5.8	—	10.2	—	11.1	—	12.0
2012		—	3.2	—	7.8	—	-1.2	—	0.0
2013		—	2.2	—	4.1	—	-1.3	—	-2.0
2014		—	1.5	—	0.3	—	-2.4	—	-2.9
2015		—	1.1	—	1.3	—	-11.8	—	-14.0
2016		—	1.5	—	0.0	—	-4.0	—	-4.9
2017		—	1.3	—	0.6	—	10.2	—	9.3
2016	1	1.5	1.5	1.7	1.7	-10.3	-10.3	-11.6	-11.6
	2	1.9	1.7	2.1	1.9	-9.4	-9.9	-9.4	-10.5
	3	1.9	1.8	0.5	1.4	-9.0	-9.6	-10.0	-10.3
	4	1.9	1.8	-0.5	0.9	-7.6	-9.1	-8.8	-10.0
	5	1.4	1.7	-0.8	0.6	-5.5	-8.4	-7.7	-9.5
	6	1.5	1.7	-0.4	0.4	-5.1	-7.8	-7.3	-9.1
	7	1.0	1.6	-0.4	0.3	-4.3	-7.3	-6.1	-8.7
	8	0.7	1.5	-0.7	0.2	-4.2	-6.9	-5.6	-8.3
	9	1.4	1.5	-0.5	0.1	-1.4	-6.3	-1.0	-7.5
	10	1.5	1.5	-0.7	0.0	0.6	-5.7	1.2	-6.7
	11	1.5	1.5	-0.4	0.0	2.4	-5.0	2.4	5.9
	12	1.5	1.5	-0.1	0.0	6.5	-4.0	6.4	-4.9
2017	1	1.9	1.9	0.5	0.5	12.6	12.6	13.5	13.5
	2	0.5	1.2	0.2	0.3	17.6	15.1	17.1	15.3
	3	0.2	0.9	1.4	0.7	15.8	15.3	15.1	15.2
	4	0.3	0.7	1.3	0.8	12.2	14.5	11.2	14.2
	5	0.6	0.7	0.3	0.7	9.1	13.4	8.9	13.1
	6	0.6	0.7	-0.4	0.5	6.5	12.2	6.1	11.9
	7	0.9	0.7	-0.4	0.4	4.7	11.1	3.4	10.6
	8	2.5	0.9	0.5	0.4	7.8	10.7	7.3	10.2
	9	2.1	1.1	0.7	0.4	8.4	10.4	6.5	9.8
	10	2.3	1.2	0.8	0.5	9.8	10.4	7.5	9.6
	11	2.2	1.3	1.1	0.5	10.3	10.3	8.5	9.5
	12	2.2	1.3	0.8	0.6	8.8	10.2	7.6	9.3

数据来源：黑龙江省统计局、《中国经济景气月报》。

表 3 2017 年黑龙江省主要经济指标

	1月	2月	3月	4月	5月	6月	7月	8月	9月	10月	11月	12月
	绝对值（自年初累计）											
地区生产总值（亿元）	—	—	2 798	—	—	6 108	—	—	9 901.8	—	—	16 199.9
第一产业	—	—	160	—	—	506.7	—	—	769.5	—	—	2 968.8
第二产业	—	—	705.4	—	—	1 669.9	—	—	3 097	—	—	4 289.7
第三产业	—	—	1 932.6	—	—	3 931.4	—	—	6 035.3	—	—	8 941.4
工业增加值（亿元）	—	—	—	—	—	—	—	—	—	—	—	—
固定资产投资（亿元）	—	28.3	203.4	524.4	1 133	2 618.6	3 743.3	4 878.9	6 543.9	8 072.5	9 299.1	11 079.7
房地产开发投资	—	2.6	16.9	58.8	134.7	233.6	326.3	424.6	564.2	677.2	770.5	815.6
社会消费品零售总额（亿元）	—	—	2 038.5	—	—	4 090.5	—	—	6323.6	—	—	9 099.2
外贸进出口总额（亿美元）	14.1	27.2	41.6	55.6	71.2	85.3	100.9	116.3	134.3	152.2	171.1	189.4
进口	10	20.7	31.4	41.6	52.1	61	71.5	81.4	93.4	107.1	122.3	136.8
出口	4.2	6.6	10.2	14	19.1	24.3	29.4	35	40.9	45.2	48.8	52.6
进出口差额（出口－进口）	-5.8	-14.1	-21.2	-27.6	-33	-36.7	-42.1	-46.4	-52.5	-61.9	-73.5	-84.2
实际利用外资（亿美元）	2.4	4.5	10	12.3	16.2	25.9	27.8	31.1	35	41.5	51.4	58.6
地方财政收支差额（亿元）	-274.9	-451.9	-802	-906.6	-1 107.4	-1 576.1	-1 866.2	-2 143.5	-2 468.1	-2616.5	-2 909.8	-3 397.5
地方财政收入	128.6	191.3	320.6	417.3	522.4	636.8	735.8	813.3	912.4	1 016.2	1 108.6	1 243.2
地方财政支出	403.5	643.2	1 122.6	1 323.9	1 629.8	2 212.9	2 602	2 956.8	3 380.5	3 632.7	4 018.4	4 640.7
城镇登记失业率（%）（季度）	—	—	4.34	—	—	4.28	—	—	4.27	—	—	4.21
	同比累计增长率（%）											
地区生产总值	—	—	6.1	—	—	6.3	—	—	6.3	—	—	6.4
第一产业	—	—	4.9	—	—	5.1	—	—	5.1	—	—	5.4
第二产业	—	—	2.4	—	—	2.4	—	—	2.6	—	—	2.9
第三产业	—	—	8.4	—	—	8.6	—	—	8.6	—	—	8.7
工业增加值	—	1.0	2.1	2.2	2.1	2.3	2.2	2.1	2.3	2.4	2.2	2.7
固定资产投资	—	2.5	5.8	5.3	5.8	6.6	6.5	6.5	7.5	7.3	6.6	6.2
房地产开发投资	—	-30.6	-0.2	2.5	-4.4	-17.0	-13.8	-9.1	-3.6	-3.2	-3.7	-5.7
社会消费品零售总额	—	—	9.1	—	—	8.3	—	—	8.4	—	—	8.3
外贸进出口总额	24.7	30.1	26.6	23.7	25.4	21.7	21.1	19.2	18.0	18.3	16.7	14.5
进口	40.6	50.4	46.7	39.3	38.0	31.1	28.0	23.9	20.8	22.5	21.1	18.9
出口	-2.0	-8.6	-11.0	-7.0	0.5	3.0	7.2	9.6	12.1	9.5	6.9	4.4
实际利用外资	5.0	11.5	-3.0	0.1	-2.5	4.4	0.7	3.5	2.6	1.1	-5.0	-0.7
地方财政收入	1.0	-1.8	8.3	5.9	11.0	11.8	12.8	12.9	13.3	12.5	12.1	11.0
地方财政支出	44.1	20.8	19.2	20.3	24.2	23.5	25.9	24.7	16.2	14.4	8.2	9.8

数据来源：黑龙江省统计局、《中国经济景气月报》。

上海市金融运行报告（2018）

中国人民银行上海总部货币政策分析小组

[内容摘要] 2017年，上海市经济运行总体平稳、稳中有进，二三产业协同增长，产业结构升级和新旧动能转换取得新进展，自贸区和科创中心建设两大国家战略加快推进，供给侧结构性改革持续深化，经济发展质量和效益进一步提高。2017年，全市实现地区生产总值突破3万亿元，同比增长6.9%，增速比上年提高0.1个百分点，与全国生产总值增速持平。

具体来看，一是二三产业协同增长。上海工业生产走出连续两年低位运行的状态，全年规模以上工业增加值同比增长6.8%，为2012年以来同期最高，其中汽车和电子行业较快增长。同时，服务业平稳增长，全年第三产业增加值同比增长7.5%，占全市生产总值的比重为69.0%。新兴服务业支撑作用明显增强，信息传输、软件和信息技术服务业增加值和金融业增加值分别增长18.9%和11.8%，现代航运服务业营业收入实现两位数增长。二是新动能和传统行业共同支撑工业回升。2017年，上海市战略性新兴产业制造业总产值增速同比提高4.2个百分点，占比提高4.1个百分点。六大传统重点工业行业产值从上年的“四降两升”转为“全面回升”。在生产回升、价格上涨等因素作用下，工业企业效益明显好转。全市规模以上工业企业实现利润同比增长10.5%，增速同比提高2.4个百分点。三是外贸进出口延续较快增长势头。受市场需求回暖、大宗商品进口价格上涨以及基数低等因素影响，上海外贸进出口延续自上年11月以来的正增长态势，增幅扩大至两位数。2017年，上海市货物进出口总额同比增长12.5%。其中，出口总额增长8.4%，进口总额增长15.4%。四是地方财政收入增势良好。2017年，上海市一般公共预算收入6 642.3亿元，同比增长9.1%。税源结构有所变化，在“营改增”减税、金融企业利润下滑等因素的影响下，三产财政收入增长放缓，二产财政收入增长回升，对全市财政收入贡献作用增强。五是投资、消费、就业、物价和居民收入总体稳定。全年，上海市固定资产投资和社会消费品零售总额同比分别增长7.3%和8.1%，增速比上年分别提高1.0个和0.1个百分点。就业形势总体稳定。全年，全市新增就业岗位57.9万个，年末全市城镇登记失业人数22.1万人，比上年末减少2.2万人。物价涨幅稳中趋缓。全年居民消费价格同比上涨1.7%，涨幅同比回落1.5个百分点。居民收入平稳增长。全年，全市居民人均可支配收入增长8.6%，其中城镇、农村居民收入分别增长8.5%和9.0%。六是房地产市场调控取得成效。在限购、限贷、限价等调控政策的基础上，上海加快推进租赁住房土地供应，下半年共成交21幅租赁住宅用地，同时强化市场监管，规范市场行为，合理引导市场预期和购房行为。全市房地产市场量跌价稳，房价上涨预期初步得到抑制，土地溢价率降低，调控取得阶段性成效。全年，全市市场化新建商品住房成交576万平方米，同比下降55.6%；二手存量住房成交1 180万平方米，同比下降62.7%。12月，全市新建商品住宅价格环比上涨0.3%，二手住宅价格环比下跌0.1%。

中国人民银行上海总部紧紧围绕服务实体经济和供给侧结构性改革，坚持稳健中性的货币政策，促进金融和实体经济的良性循环；抓好各项重点难点金融改革任务，深入推进上海自贸区金融改革和国际金融中心建设，大力支持“一带一路”建设和科创中心建设，紧扣上海经济转型发展的重点、难点和薄弱环节，优化融资结构和信贷结构；加强和完善风险管理，守住不发生系统性金融风险底线。

具体来看，一是金融支持实体经济力度加大。2017 年，全市各项贷款累计增加 7 199.8 亿元，同比多增 604.7 亿元。贷款对实体经济的支持力度进一步增强。新增本外币企业贷款（不含票据融资）中，投向第三产业的贷款占新增企业贷款的 96.4%，投向第二产业的贷款同比多增 716 亿元，其中制造业新增贷款同比多增 332.1 亿元。二是证券期货业平稳发展。2017 年末，上海辖区证券公司合计总资产 14 059.7 亿元；全年实现营业收入 708.8 亿元，净利润 294.1 亿元。2017 年末，上海辖区基金公司管理资产总规模较上年同期增长 22.3%，其中有八家基金公司规模突破两千亿元。2017 年末，上海辖区期货公司客户权益达 1 172.5 亿元，占全国的 29.3%；全年实现净利润 21.8 亿元，较上年增长 18.8%。三是保险业继续发挥保障民生功能。2017 年，上海市原保险保费收入累计达 1 587.1 亿元，同比增长 3.8%。其中，产、寿险原保险保费收入比例为 30：70，中、外资保险公司原保险保费收入比例为 85：15。保险赔付支出增长总体平稳。2017 年，上海市保险业赔付支出累计达 548.9 亿元，同比增长 3.8%。四是金融市场规范稳健运行。2017 年，上海市社会融资规模中，人民币贷款投放力度较大，外汇贷款小幅下降，委托贷款及信托贷款增长放缓，未贴现银行承兑汇票有所反弹，企业债券融资净额少增较多，非金融企业股票融资同比多增。2017 年，上海市金融机构票据承兑量下降，转贴现业务显著收缩，全年累计承兑银票 5 536.9 亿元，同比减少 13.4%。随着上海票据交易所正式开业，上海票据市场进入规范发展阶段，制度建设进一步加强，市场更加透明和标准，风险防控能力显著增强。五是自贸区金融改革和上海国际金融中心建设加快推进。上海金融业在服务国家战略和支持实体经济发展的同时，自身实现了蓬勃发展。上海金融市场交易总额达到 1 438 万亿元，在沪持牌金融机构总数达到 1 537 家，金融业增加值占上海 GDP 总值的比重超过 17%。上海进一步巩固了以金融市场体系为核心的中国金融中心的地位。自贸区各项金融改革开放举措扎实推进。2017 年 7 月，上海自贸试验区首批全功能型跨境双向人民币资金池落地，进一步满足了跨国公司在岸管理全球人民币资金的现实需求。全功能型跨境双向人民币资金池业务已经全面启动。在外汇业务管理上，进一步推动了贸易投资便利、外汇市场管理等方面的政策完善和体制机制改革。

2018 年，上海市经济社会发展面临一系列重大机遇和有利条件，国际国内经济回稳向好将为全市经济发展提供有利于外部环境，国家大幅度放宽金融业外资准入将为上海国际金融中心建设带来新机遇，探索建立自由贸易港、筹备举办首届中国国际进口博览会等也将有利上海构筑新的战略优势。同时，上海也面临不少周期性、结构性的困难和挑战，需重点关注以下问题。一是工业持续增长回升的基础仍不牢固。受周期性驱动减少、基数抬高等影响，2018 年汽车制造和电子信息两大行业对工业的支撑力可能下降。同时，工业投资增长持续乏力，新项目储备不足、落地困难问题仍较突出。二是消费也面临较多不利因素，住宅成交下降导致家电、家具及装潢材料等相关消费回落，部分车型购置税优惠取消可能使下一阶段汽车销售承压。2018 年，中国人民银行上海总部将重点推进以下工作：一是加强金融风险研判和预警，切实防范化解金融风险。二是继续推动上海自贸区金融改革和国际金融中心建设联动，持续深化金融改革创新。三是围绕服务实体经济，落实好货币政策和宏观审慎政策双支柱调控框架。四是按照优化营商环境的要求，优化金融服务环境。五是继续落实好差别化住房信贷政策，推动住房租赁金融稳步发展。

一、金融运行情况

2017 年，中国人民银行上海总部按照总行工作会议精神，抓好各项重点难点金融改革任务，大力推动自贸试验区金融改革，支持上海科创中心建设；综合运用多种货币政策工具，保持货币信贷及社会融资规模合理增长，维护流动性合理稳定。全年各项存款同比少增，信贷增长较好，证券期货业平稳发展，保险业继续发挥保障民生功能，金融市场规范稳健运行，自贸区金融改革扎实推进，上海国际金融中心建设加速前行。

（一）存贷款增长分化，金融支持实体经济力度加大

1. 银行业金融机构平稳发展。2017 年末，上海市共有中资银行法人 4 家，外资银行法人 20 家，新型农村机构 136 家，从业人员 11.8 万人。2017 年末，上海市中外资金融机构本外币资产总额 14.8 万亿元，同比增长 2.3%；各项存款、贷款余额分别为 11.3 万亿元和 6.7 万亿元，同比分别增长 1.8% 和 12%，增速比上年末分别下降 4.7 个和 0.4 个百分点。2017 年，全市金融机构实现净利润 1 739.5 亿元，同比增长 15.5%。

表 1　2017 年上海市银行业金融机构情况

机构类别	营业网点			法人机构（个）
	机构个数（个）	从业人数（人）	资产总额（亿元）	
一、大型商业银行	1 690	48 289	50 365	1
二、国家开发银行和政策性银行	14	589	4 816	—
三、股份制商业银行	723	22 641	32 376	1
四、城市商业银行	394	13 611	20 211	1
五、小型农村金融机构	377	6 198	7 720	1
六、财务公司	22	1 535	5 112	20
七、信托公司	7	1 904	766	7
八、邮政储蓄银行	485	3 045	1 881	—
九、外资银行	213	12 543	15 626	20
十、新型农村金融机构	154	2 297	273	136
十一、其他	20	4 947	7 928	20
合 计	4 099	117 599	147 074	207

注：大型商业银行包括中国工商银行、中国农业银行、中国银行、中国建设银行和交通银行；小型农村金融机构包括农村商业银行、农村合作银行和农村信用社；新型农村金融机构包括村镇银行、贷款公司和农村资金互助社；“其他”包含金融租赁公司、汽车金融公司、货币经纪公司、消费金融公司等。

数据来源：中国人民银行上海总部。

2. 各项存款同比少增，非银存款时点波动加剧。2017 年，全市各项存款累计增加 1 950.8 亿元，同比少增 4 799.6 亿元。其中，非银行金融机构存款累计减少 4 550.4 亿元，同比多减 922.3 亿元。剔除该项存款后其他各项存款实际累计增加 6 501.2 亿元，同比少增 3 877.3 亿元。同时，2016 年住户存款与非金融企业存款大幅增加，导致基数较高，2017 年以来各项存款同比增速明显下滑。

数据来源：中国人民银行上海总部。

图 1　2016-2017 年上海市金融机构人民币存款增长变化

各项存款中，境内存款累计增加 865.9 亿元，同比少增 5 510.4 亿元；境外存款累计增加 1 084.9 亿元，同比多增 710.8 亿元。受境内资金面紧张、境内外市场利率倒挂的影响，境外存款大幅回升。12 月末，境外人民币存款同比增长 31%。同时，由于金融机构积极开展离岸客户贸易融资业务，通过结构化产品吸收外币存款，12 月末境外外币存款同比增长 31%。

从境内存款看，住户存款、非金融企业存款和广义政府存款均同比少增。2017 年，全市本外币住户存款累计增加 649.9 亿元，同比少增 1 078.3 亿元。其中，活期存款仅增加 143.4 亿元，同比少增 1 088.8 亿元；定期及其他存款增加 506.5 亿元，同比多增 10.6 亿元。2017 年，全市非金融企业本外币存款累计增加 4 266.9 亿元，同比少增 2 795.5 亿元。其中，活期存款增加 2 202.1 亿元，同比少增 28.1 亿元；定期及其

他存款增加2 064.8亿元，同比少增2 767.4亿元。2017年，全市广义政府存款累计增加499.4亿元，同比少增714.3亿元。这主要是因为2017年上海市财政收入增速比上年明显下降。2017年，财政性存款累计增加160.1亿元，同比多增453.7亿元；机关团体存款累计增加339.3亿元，同比少增1 168亿元。

外汇存款同比少增。2017年，全市外汇存款累计增加67.7亿美元，同比少增145.3亿美元。随着人民币兑美元汇率趋于稳定，居民购汇意愿下降。全年个人外汇存款增加5.7亿美元，同比少增66.4亿美元。同时，企业结汇意愿较高，外汇存款余额自下半年以来持续下降，全年累计增加3.2亿美元，同比多增2.8亿美元。值得注意的是，境外外汇存款累计新增80.7亿美元，成为拉动外汇存款增加的主要因素。

3. 各项贷款同比多增，结构进一步优化。 2017年，全市本外币贷款累计增加7 199.8亿元，同比多增604.7亿元。在中国人民银行宏观审慎政策的引导下，信贷投放节奏更加均衡。第一季度各项贷款新增2 959亿元，同比多增474.8亿元；第二季度新增2 004.2亿元，同比多增981.5亿元；第三季度新增1 144.2亿元，同比多增247.9亿元；第四季度新增1 092.3亿元，同比少增1 099.6亿元。在各项贷款中，境内贷款累计增加7324亿元，同比多增2 784.8亿元；境外贷款累计下降124.2亿元，同比多减2 180.1亿元。境外贷款的回落与银行信贷额度紧张及资金成本提高有很大关系。

从境内贷款看，住户贷款同比少增，非金融企业贷款增长较好。2017年，全市住户贷款累计增加3 527.6亿元，同比少增956亿元；中长期消费贷款增加2 745.1亿元，同比少增1 369.2亿元，主要得益于对个人住房贷款投放的调控。其中，个人住房贷款新增1 528.8亿元，同比少增1 823.6亿元；占全市贷款新增额的21.2%，较上年同期下降29.6个百分点。2017年，全市非金融企业及机关团体贷款累计增加3 843.6亿元，同比多增3 816.8亿元。其中，短期贷款累计增加2 075.9亿元，同比多增1751.1亿元；中长期贷款累计增加2 363.8亿元，同比多增2 841.9亿元；票据融资累计减少744.5亿元，同比多减480.5亿元；融资租赁累计增加154.2亿元，同比少增297.9亿元。

从贷款投向看，信贷结构继续向第三产业倾斜，第二产业贷款投放好于上年，小微企业信贷支持力度进一步增强。2017年，全市新增的本外币企业贷款（不含票据融资）中，投向第三产业的贷款累计增加4 632.2亿元，占全部境内企业贷款（不含票据融资）增量的96.4%；投向第二产业的贷款累计增加181亿元，同比多增716亿元。其中，制造业贷款累计增加128.7亿元，同比多增332.1亿元；建筑业贷款累计增加4.1亿元，同比多增207.5亿元。2017年末，小微企业贷款余额同比增长15.6%，高于企业贷款平均增速2.6个百分点；占全部企业贷款的29.9%，同比上升0.7个百分点。

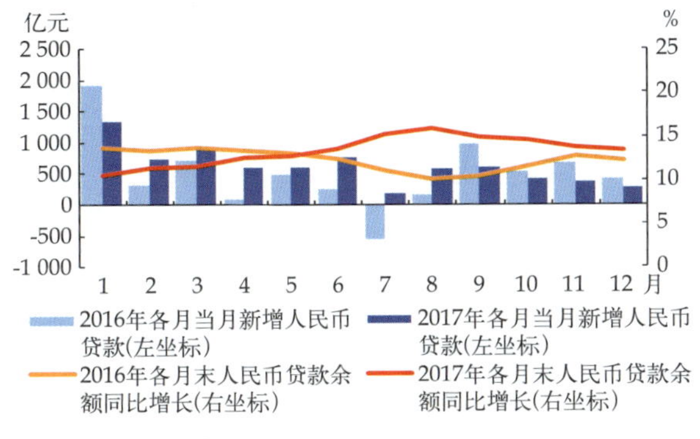

数据来源：中国人民银行上海总部。

图2 2016~2017年上海市金融机构人民币贷款增长变化

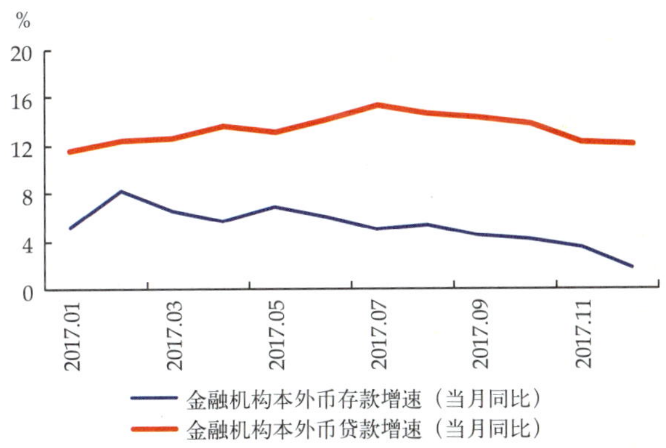

图3 2017年上海市金融机构本外币存、贷款增速变化

从币种结构看，外汇贷款同比多增。2017年，全市外汇各项贷款累计增加52.7亿美元，同比多增3.8亿美元。其中，境内贷款累计下降3.7亿美元，同比少减115.5亿美元；境外贷款增加56.4亿美元，同比少增111.7亿美元。在境内贷款中，非金融企业及机关团体贷款累计下降8.3亿美元，同比少减114.4亿美元。由于进出口回暖，外汇贸易融资累计增加23.3亿美元，同比多增39.5亿美元。

专栏1　中国人民银行上海总部落实普惠金融政策，提高金融服务水平

上海金融系统认真贯彻落实党的十九大和中央金融工作会议精神，立足自身实际，大胆探索创新，在普惠金融方面取得了明显进步。

一、主要举措

一是完善定向降准政策，支持普惠金融发展。中国人民银行上海总部认真贯彻落实《关于对普惠金融实施定向降准的通知》（银发〔2017〕222号）精神，对照时间节点，抓紧落实、推动与评估，做好达标商业银行定向降准政策支持工作。

二是普及金融消费知识，加强金融消费者权益保护。近年来，上海加大金融知识普及教育力度、培育公众金融风险意识、妥善处理金融消费纠纷，保护金融消费者权益、强化普惠金融宣传，各项工作都取得了显著成效。截至2017年末，上海市金融消费纠纷调解中心共调解案件797件（其中2017年487件），成功645件，成功率81%，涉案金额达18 132万元。

三是引导机构完善组织运作，提高专业服务能力。中国人民银行上海总部率先推动金融机构建立普惠金融专门服务组织。截至2017年末，上海已有中国工商银行、中国建设银行、上海银行等机构成立了普惠金融事业部，围绕推进普惠金融业务，以产品创新、服务模式优化为抓手，深化专业化经营、精细化管理的理念。

四是大力推进信贷政策导向效果评估与表彰。中国人民银行上海总部根据新版评估框架，从小微信贷政策、支农信贷政策、普惠信贷政策等方面，对上海各类型金融机构服务实体经济的成效进行全面深入的综合评估，突出了“惠及百姓、服务民生、履行社会责任”的理念，受到各界肯定。评估结果成为政府性奖励、表彰以及货币政策工具应用的重要依据。在近期揭晓的“2017年上海小微金融创新优秀案例”评选活动中，共评选出三大类13个具有代表性的优秀创新案例。

五是普惠金融服务社会满意度得到显著提高。上海银行业金融机构针对小微企业贷款服务开辟绿色通道，推出小微金融服务办理时限承诺。据统计，在沪中资银行中，授信回复时限在1~3天的银行占比达75%。上海小微企业申贷获得率达到92.7%，连续4年达到监管部门的标准要求。

二、主要成效

信贷资源进一步向普惠金融倾斜。2017年末，上海中资银行涉农贷款余额为1 838.1亿元，比年初增加129.3亿元，其中农林牧渔贷款、农村基础设施贷款分别比年初新增37亿元、95.4亿元，聚焦支持效果明显。全市小微企业贷款余额在全部企业贷款中的占比达到29.9%，小型企业、微型企业贷款余额分别为10 388.9亿元、1 629.9亿元，合计比年初增加1 569.1亿元，同比多增594.1亿元。

金融基础服务实现地域全覆盖。截至2016年末，上海银行业金融机构营业网点数量4 120个，同比增幅为23.4%；平均每900人拥有一台ATM自助设备，每20人拥有一台POS机，金融服务覆盖全辖109个乡镇及1 569个行政村，已全面实现机构零空白乡镇、基础金融服务辖内全覆盖。

涌现出许多普惠金融服务的典型机构和特色产品。例如，上海银行持续推广服务电子化，提供标准化、便捷化的“简易产品包”套餐；推出小微专属金融服务方案，与上海中小微企业政策性融资担保基金合作，搭建科技金融服务联动平台。

4. 同业资产增长放缓，债券投资大幅下降。 2017年末，全市金融机构人民币存放同业、拆放同业和买入返售三项资产余额分别为4 672.5亿元、2 906.6亿元和1 157.8亿元，较年初分别减少84.1亿元、减少49.8亿元和增加410.5亿元，合计较年初增加276.6亿元。同时，前两年迅猛增长的股权投资和债券投资呈负增长，全年金融机构股权投资下降2 123.6亿元，同比多减4 012亿元。因债市利率走高，压缩表外理财带来的债券配置需求减少，以及同业专营等因素，2017年债券投资明显收缩。全年金融机构债券投资下降96.3亿元，同比多减1 660.9亿元。

同业负债持续收缩。2017年末，上海市银行业人民币同业负债余额为27 908.2亿元，同比下降14.8%；比年初减少4 863亿元，同比多减2 240.4亿元。一方面，股市债市成交下滑导致大量资金流出，证券公司、基金公司及登记结算公司在上海各银行的同业存款均显著下降。另一方面，在流动性收紧、MPA考核加强、监管去通道去杠杆的大背景下，金融机构压降表外资产和同业业务，特殊目的载体存放减少。其中，证券业机构、交易及结算类机构、特殊目的载体存款分别较年初减少792.9亿元、976.9亿元和2 692.9亿元。根据上海银监局数据，12月末，全市银行业同业负债在全部负债中占22%，同比下降3.3个百分点。

5. 贷款利率有所抬升，存贷利差小幅扩大。 2017年12月，上海市金融机构贷款加权平均利率为5.56%，较上年末提高51个基点。其中，新增贷款中执行基准利率上浮的占比为52%，比上年同期提高18.2个百分点。各项定期存款加权平均利率为1.96%，较上年末上升6个基点。以贷款加权利率与定期存款利率之差计算，12月份上海市金融机构利差为3.22个百分点，较上年同期扩大13个基点。

表2　2017年上海市金融机构人民币贷款各利率区间占比

单位：%

月份		1月	2月	3月	4月	5月	6月
合计		100.0	100.0	100.0	100.0	100.0	100.0
下浮		52.0	44.2	45.4	37.6	32.5	27.2
基准		14.5	20.2	17.3	17.8	22.2	23.4
上浮	小计	33.5	35.6	37.3	44.6	45.3	49.4
	(1.0, 1.1]	10.8	12.7	13.2	15.9	15.1	17.0
	(1.1, 1.3]	11.7	11.3	11.9	12.9	13.9	17.4
	(1.3, 1.5]	3.6	4.0	4.9	5.9	5.4	6.4
	(1.5, 2.0]	7.1	6.8	3.2	4.1	4.5	3.8
	2.0以上	0.3	0.8	4.1	5.8	6.4	4.8
月份		7月	8月	9月	10月	11月	12月
合计		100.0	100.0	100.0	100.0	100.0	100.0
下浮		21.0	18.8	22.9	18.5	23.6	26.2
基准		27.6	21.3	22.9	20.1	21.9	21.8
上浮	小计	51.4	59.9	54.2	61.4	54.6	52.0
	(1.0, 1.1]	18.0	19.8	16.8	16.6	17.7	13.3
	(1.1, 1.3]	16.3	17.3	17.1	19.7	16.9	19.0
	(1.3, 1.5]	5.7	6.8	6.5	7.7	6.4	7.3
	(1.5, 2.0]	6.4	8.1	6.9	8.6	6.4	5.9
	2.0以上	5.0	7.9	6.9	8.8	7.2	6.5

数据来源：中国人民银行上海总部。

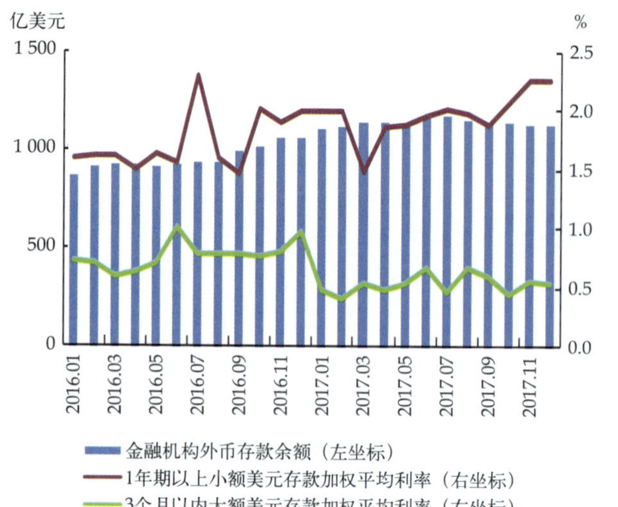

数据来源：中国人民银行上海总部。

图 4　2016~2017 年上海市金融机构外币存款余额及外币存款利率

6. 银行理财资金出现回落，资金信托增长较快。2017 年，上海市银行理财产品累计募集资金 18.1 万亿元，较上年少募集 1.2 万亿元；兑付资金 18.1 万亿元，较上年少兑付 0.6 万亿元。2017 年末，上海市银行理财资金余额 2.8 万亿元，同比下降 2%，增速同比回落 30.9 个百分点，占全国理财资金余额的 9.6%。全年理财资金减少 575.1 亿元，同比多减 7 081.1 亿元。2017 年，上海市资金信托产品累计募集资金 2.4 万亿元，较上年多募集 2 474.9 亿元；兑付资金 2 万亿元，较上年多兑付 56.3 亿元。2017 年末，上海市资金信托余额 2.6 万亿元，同比增长 17.2%，占全国资金信托余额的 11.9%。

7. 金融机构不良贷款情况继续好转，利润增速触底回升。随着风险的逐步暴露与处置，上海市不良贷款率和不良贷款额继续处于低位。2017 年末，上海市金融机构不良贷款余额 380.3 亿元，比上年末下降 23.8 亿元；不良贷款率为 0.57%，比上年末下降 0.11 个百分点，远低于同期全国 1.74% 的水平。同时，年末逾期 90 天以上贷款占不良贷款的比例为 89.4%，较上年同期下降 6.5 个百分点，较 6 月末下降 1.7 个百分点，表明贷款质量向下迁徙的情况有所改善。2017 年，全市金融机构实现净利润 1 739.5 亿元，同比增长 15.5%，因基数较低，增速同比提高 6.5 个百分点。存贷利差回升导致金融机构利息净收入余额同比提高 11.7%。但受理财产品规模下降及政策影响，2017 年全市金融机构中间业务收入同比增长 0.9%，增速同比下降 25.9 个百分点。

8. 涉外收支小幅回升，市场结汇意愿改善。2017 年，上海涉外收支总额 11 640.5 亿美元，同比增加 1.6%，增速较上年同期提高 18.8 个百分点。其中，收入 4 466.3 亿美元，同比增加 11.3%；支出 7 174.2 亿美元，同比减少 3.5%。收支逆差 2 707.9 亿美元，同比减少 20.8%。其中，上海跨境人民币收支总额 3 474.3 亿美元，同比减少 2.6%，在涉外收支总额中占比 29.9%，同比下降 1.3 个百分点。2017 年，在沪银行结售汇总额 6 007.2 亿美元，同比减少 2.4%，降幅较上年收窄 13 个百分点。其中，结汇 1 915.1 亿美元，同比增加 17.5%；售汇 4 092.1 亿美元，同比减少 9.6%。结售汇逆差 2 177 亿美元，同比减少 24.8%。结汇意愿有所回升，购汇意愿明显降低。全年上海地区外汇收入结汇率 65.2%，同比上升 5.9 个百分点；外汇支出购汇率 78.3%，同比下降 9.8 个百分点。

（二）证券期货业平稳发展，机构数量保持增长

1. 证券公司平稳运行，机构数量保持增长。2017 年 12 月末，上海辖区证券公司合计总资产 14 059.7 亿元、净资产 4 451.8 亿元、净资本 3 928.9 亿元。全年累计实现营业收入 708.8 亿元、净利润 294.1 亿元。从机构数量看，2017 年末，上海资本市场各类市场主体共计 2 614 家。其中，上市公司 279 家，占全国的 8%；新三板挂牌公司 991 家，占全国的 8.5%；证券期货法人经营机构 240 家，约占全国的 30.3%；证券期货各类分支机构 1 091 家；从事证券业务的会计、资产评估事务所等其他证券类持牌机构 12 家。

表 3　2017 年上海市证券业基本情况

项目	数量
总部设在辖内的证券公司数（家）	20
总部设在辖内的基金公司数（家）	44
总部设在辖内的期货公司数（家）	28
年末国内上市公司数（家）	204
当年国内股票（A 股）筹资（亿元）	1 145
当年发行 H 股筹资（亿元）	13
当年国内债券筹资（亿元）	352
其中：短期融资券筹资额（亿元）	-733
中期票据筹资额（亿元）	108

数据来源：上海证监局。

2. 基金公司资产管理规模增长较快。2017 年末，上海辖区基金公司管理资产总规模合计 55 515.4 亿元，较上年同期增长 22.3%，其中有 8 家基金公司规模突破 2 000 亿元。51 家基金公司管理公募基金产品 1 772 只，较上年同期增长 26.1%；总净值 35 214.8 元，较上年同期增长 26.1%。49 家基金公司开展专户业务，4 家开展社保基金管理业务，3 家开展企业年金管理业务。辖区基金公司共设立专业子公司 37 家、海外子公司 8 家。

3. 期货公司盈利水平上升。2017 年末，上海辖区期货公司客户权益达 1 172.5 亿元，占全国的 29.3%；全年实现代理交易额 145.1 万亿元，占全国的 38.7%，市场份额较上年有所提高。2017 年，累计实现营业收入 76.5 亿元，同比减少 25.4%；实现净利润 21.8 亿元，同比增加 18.8%。

4. 证券市场融资较快增长。2017 年，上海辖区公司累计直接融资 1 496 亿元（不含 H 股融资，下同），同比下降 46.2%。其中：企业债券融资 351.5 亿元，同比减少 81.7%；非金融企业境内股票融资 1 144.5 亿元，同比增加 33%。

（三）保险业增长良好，继续发挥保障民生功能

1. 保险市场主体稳中有升。截至 2017 年末，上海市共有 55 家法人保险机构。其中，保险集团公司 1 家，财产险公司 20 家，人身险公司 24 家，再保险公司 3 家，保险资产管理公司 7 家。全市共有 101 家省级保险分支机构，较上年末新增 2 家。其中，财产险公司 50 家，人身险公司 49 家，再保险公司 2 家。全市共有 225 家保险专业中介机构法人，较上年末增加 9 家。其中，保险代理机构 110 家，保险经纪机构 73 家，保险公估机构 42 家。全市保险专业中介分支机构共 212 家，较上年末增加 61 家。其中，保险代理机构 95 家，保险经纪机构 91 家，保险公估机构 26 家。

2. 保险业务稳步增长，其中财产险公司保费收入增长加快。2017 年，上海市原保险保费收入累计达 1 587.1 亿元，同比增长 3.8%。其中，财产险公司原保险保费收入 482.7 亿元，同比增长 17.5%，增速较上年同期上升 11.1 个百分点；人身险公司原保险保费收入 1 104.4 亿元，同比下降 1.3%。产、寿险原保险保费收入比例为 30 ： 70，中、外资保险公司原保险保费收入比例为 85 ： 15。

3. 保险赔付支出增长总体平稳，充分发挥保障民生的能力。2017 年，上海市保险业赔付支出累计达 548.9 亿元，同比增长 3.8%。其中，财产险赔款支出 233.8 亿元，同比增长 5.1%；寿险给付 237.1 亿元，同比减少 3.6%；健康险赔款给付 62.9 亿元，同比增长 25.8%；意外险赔款支出 15.2 亿元，同比增长 45.8%。

表 4　2017 年上海市保险业基本情况

项目	数量
总部设在辖内的保险公司数（家）	55
其中：财产险经营主体（家）	20
人身险经营主体（家）	24
保险公司分支机构（家）	101
其中：财产险公司分支机构（家）	50
人身险公司分支机构（家）	49
保费收入（中外资，亿元）	1 587.1
其中：财产险保费收入（中外资，亿元）	482.7
人身险保费收入（中外资，亿元）	1 104.4
各类赔款给付（中外资，亿元）	548.9
保险密度（元 / 人）	6 562.8
保险深度（%）	5.3

数据来源：上海保监局。

（四）金融市场规范稳健运行，表外融资转表内趋势明显

1. 信贷占比大幅提升。2017 年，上海市社会融资规模中人民币贷款投放力度较大，外汇贷款小幅下降，委托贷款及信托贷款增长放缓，未贴现银行承兑汇票有所反弹，企业债券融资净额少增较多，非金融企业股票融资同比多增。初步统计，2017 年上海市社会融资规模为 11 748.4 亿元，同比多增 282.6 亿元。其中，人民币贷款增加 7 606.5 亿元，同比多增 2 502.3 亿元。外币贷款（折合人民币）减少 52 亿元，同比少减 763.2 亿元。两项贷款合计占比 64.3%，较上年提高 26.9 个百分点。委托贷款增加 221.5 亿元，同比少增 2 011.8 亿元。信托贷款增加 1 869.3 亿元，同比少增 12.7 亿元。未贴现银行承兑汇票增加 297.7 亿元，同比多增 280.3 亿元。上述三项表外融资占比 17.8%，较上年下降 18.1 个百分点。非金融企业债券净融资 351.5 亿元，同比少增 1 569 亿元。非金融企业境内股票融资 1 144.5 亿元，同比多增 283.8 亿元。

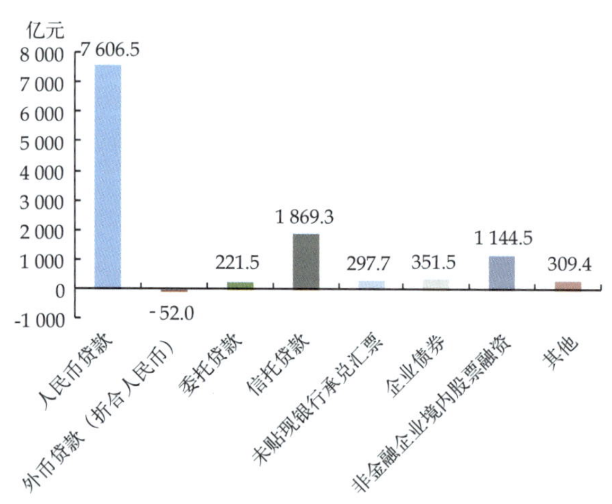

数据来源：中国人民银行上海总部。

图 5　2017 年上海市社会融资规模分布结构

2. 银行间市场运行稳定。2017 年，上海银行间市场债券回购较上年显著增长，同业拆借和现券交易小幅下降。银行间同业拆借市场累计成交 79 万亿元，同比下降 17.7%。其中，上海市金融机构拆入拆出合计 31.7 万亿元，同比下降 4.3%。银行间债券市场质押式回购累计成交 588.3 万亿元，同比增长 3.5%；买断式回购累计成交 28.1 万亿元，同比下降 14.9%。其中，上海市金融机构质押式和买断式正逆回购合计分别成交 138.3 万亿元和 4.9 万亿元，同比分别增长 32% 和 4.5%。银行间债券市场现券交易累计成交 92.5 万亿元，同比下降 20%。其中，上海金融机构现券买卖合计 37.5 万亿元，同比下降 7.3%。

3. 票据业务出现下降。2017 年，上海市金融机构票据承兑量下降，转贴现业务也显著收缩。全年累计承兑银票 5 536.9 亿元，同比减少 13.4%。累计办理企业直接贴现 5 002.6 亿元，同比减少 46.1%；累计办理买断式转贴现转入 28 611.1 亿元，同比减少 61.9%。累计买入返售票据 2 236.2 亿元，同比减少 54.1%；累计卖出回购票据 893.4 亿元，同比减少 8.7%。2017 年末，上海市金融机构银行承兑汇票余额 2 680.9 亿元，较上年末减少 8.7%；票据贴现余额 1 686.3 亿元，较上年末减少 30.9%。随着 2016 年 12 月 8 日上海票据交易所正式开业，票据市场进入规范发展阶段。2017 年，票据市场制度建设进一步加强，票交所陆续发布《票据交易规则》《纸质商业汇票业务操作规程》《票据登记托管清算结算业务规则》等多项规则，使得市场更加透明和标准，风险防控能力显著增强。

表 5　2017 年上海市金融机构票据业务量统计

单位：亿元

季度	银行承兑汇票承兑		贴现			
			银行承兑汇票		商业承兑汇票	
	余额	累计发生额	余额	累计发生额	余额	累计发生额
1	2 569.28	1 130.56	1 607.73	8 730.09	59.23	357.95
2	2 431.91	2 454.84	1 414.11	16 964.34	45.98	771.69
3	2 456.43	3 829.99	1 405.19	23 927.12	53.51	1 096.46
4	2 680.94	5 536.89	1 584.34	32 047.53	101.93	1 566.09

数据来源：中国人民银行上海总部。

表 6　2017 年上海市金融机构票据贴现、转贴现利率

单位：%

季度	贴现		转贴现	
	银行承兑汇票	商业承兑汇票	票据买断	票据回购
1	5.25	4.38	4.15	3.63
2	4.12	5.08	4.42	3.98
3	4.69	4.85	4.41	3.17
4	4.98	4.89	4.63	3.16

数据来源：中国人民银行上海总部。

4. 货币市场资金总体偏紧，融资成本有所抬升。2017 年以来，央行通过公开市场操作对流动性“削峰填谷”，并拉长逆回购期限，多次上调 MLF、SLF、逆回购等利率，显示货币政策去杠杆化解金融风险的意图。对比 2017 年与上年的日均值，尽管央行关注的银行间存款类金融机构 7 天期回购市场利率仅上升了 18.6%，但同业存单发行利率（3 个月）、上海银行间同业拆放利率（1 个月）及银行间质押式回购加权利率（7 天）分别上涨了 48.9%、44.2% 和 30.7%。12 月银行间市场同业拆借及质押式债券回购月加权平均利率分别为 2.91% 和 3.11%，较上年末分别上升 47 个和 55 个基点。

5. 股票融资规模下降，股价震荡上行。2017 年，上海证券交易所股票累计融资 7 578.1 亿元，同比减少 5.7%。其中，IPO 首发融资 1376.6 亿元，同比增长 35.3%；再融资 6 201.5 亿元，同比减少 11.9%。股票交易累计成交 51.1 万亿元，同比增长 1.8%。上证综指全年震荡上行，年初开盘 3 105.31 点，5 月 11 日创下年内最低点 3 016.53 点，11 月 14 日达到年内最高点 3 450.49 点，年末收于 3 307.17 点，比上年末上涨 6.6%。

表 7　2017 年中国金融期货交易所交易统计

交易品种	累计成交金额（亿元）	同比增长（%）	累计成交量（万手）	同比增长（%）
股指期货	105 071.8	12.8	982.6	4.5
国债期货	140 850.2	58.2	1 477.0	65.3
合计	245 922.0	35.0	2 459.6	34.1

数据来源：中国金融期货交易所。

表 8　2017 年上海期货交易所交易统计

交易品种	累计成交金额（亿元）	同比增长（%）	累计成交量（万手）	同比增长（%）
铜	26 7748.7	-3.6	10 820.0	-25.3
铝	98 529.5	78.8	13 084.7	47.4
锌	214 052.4	69.9	18 289.9	25.2
黄金	108 385.8	-42.0	3 895.6	-44.0
天然橡胶	275 021.9	11.2	17 868.2	-8.3
燃料油	6.0	-42.4	0.3	-51.0
螺纹钢	485 411.3	11.4	140 403.9	-24.9
线材	0.1	102.3	0.0	60.7
铅	23 110.6	190.3	2 501.8	174.3
白银	64 055.5	-37.8	10 622.2	-38.6
石油沥青	50 653.4	-31.0	19 488.1	-47.8
合计	1 586 975.1	-6.6	236 974.8	-29.5

数据来源：上海期货交易所。

6. 商品期货交易有所下降，金融期货交易大幅增长。2017 年，上海期货交易所累计成交量 13.6 亿手，同比下降 18.8%，占全国总成交量的 44.4%；累计成交金额 89.9 万亿元，同比增长 5.8%，占全国总成交额的 47.9%①。中国金融期货交易所股指期货和国债期货累计成交 2 459.6 万手，同比增长 34.1%，占全国总成交量的 0.8%；累计成交金额 24.6 万亿元，同比增长 35.0%，占全国总成交金额的 13.1%。

7. 黄金交易规模稳步增长。2017 年，上海黄金交易所各黄金品种累计成交 5.4 万吨，同比增长 11.5%；成交金额 19.5 万亿元，同比增长 11.9%。黄金现货主力合约 Au99.99 年初以 264.0 元 / 克开盘，年末收于 273.0 元 / 克，较上年末上涨 3.4%。

（五）自贸区金融改革扎实推进，上海国际金融中心建设加速迈上新征程

1. 上海国际金融中心建设取得稳步进展。2017 年，上海金融业在服务国家战略和支持实体经济发展的同时，自身实现了蓬勃发展。上海金融市场交易总额达到 1 438 万亿元，在沪持

① 成交量、成交金额数据为单边统计。

牌金融机构总数达到 1 537 家，金融业增加值占上海 GDP 总值的比重超过 17%。上海进一步巩固了以金融市场体系为核心的中国金融中心的地位，初步形成了全球性人民币产品创新、交易、定价和清算中心，并成为全球金融要素市场最齐备的金融中心城市之一。根据英国独立智库 Z/Yen 集团发布的第 22 期“全球金融中心指数”（GFCI），上海全球金融中心排名升至全球第 6 位，较上期上升了 7 位，体现了上海国际金融中心地位的不断确立和提升。

2. 自贸区各项金融改革开放举措扎实推进。 2017 年 7 月，上海自贸试验区首批全功能型跨境双向人民币资金池落地，进一步满足了跨国公司在岸管理全球人民币资金的现实需求。目前，全功能型跨境双向人民币资金池业务已经全面启动。在外汇业务管理上，进一步推动贸易投资便利、外汇市场管理等方面政策完善和体制机制改革。依托自由贸易账户体系，上海各类金融机构相继在自贸试验区设立国际交易平台。黄金交易所“国际板”总体运行稳健，上海清算所铜溢价、乙二醇掉期交易，以及自贸区大宗商品现货交易陆续开展，上海股权托管交易中心首单挂牌企业 FT 跨境债转股落地，“一带一路”熊猫债在自贸区银行间债券市场成功发行等。

3. 总部型功能性金融机构进一步聚集，金融市场开放创新加快。 年初以来，金砖国家新开发银行、人民币跨境支付系统（CIPS）、全球清算对手方协会（CCP12）等一批重要金融机构或组织落户上海；内地与香港债券市场互联互通合作（债券通）上线试运行；票据、保险、信托登记市场在上海平稳起步；中债金融估值中心落户上海。上述一系列新兴市场要素的出现和集聚，推动上海国际金融中心基础市场功能得以进一步完善。

4. 支付结算平稳增长。 2017 年，上海市支付系统直接参与方 48 家。2017 年，上海市大额支付系统处理业务 10 752 万笔，同比增长 9.1%；小额支付系统处理业务 30 400 万笔，同比下降 3.8%。

表 9　2016~2017 年上海市支付体系建设情况

年份	支付系统直接参与方（个）	当年大额支付系统处理业务数（万笔）	同比增长（%）	当年小额支付系统处理业务数（万笔）	同比增长（%）
2016	48	9 856	2.2	31 600	9.7
2017	48	10 752	9.1	30 400	-3.8

数据来源：中国人民银行上海总部。

二、经济运行情况

2017 年，上海市经济运行总体平稳、稳中有进，二三产业协同增长，产业结构升级和新旧动能转换取得新进展，自贸区和科创中心建设两大国家战略加快推进，供给侧结构性改革持续深化，经济发展质量和效益进一步提高。2017 年，全市实现地区生产总值突破 3 万亿元，同比增长 6.9%，增速比上年提高 0.1 个百分点，与全国生产总值增速持平。

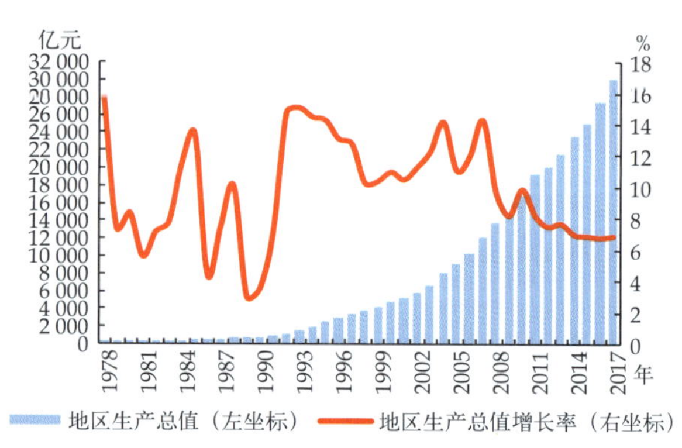

数据来源：上海市统计局、《上海统计年鉴》。

图 6　1978~2017 年上海市地区生产总值及其增长率

（一）投资和消费稳定增长，进出口保持较快增长

1. 固定资产投资增长基本稳定。 2017 年，上海市完成固定资产投资 7 246.6 亿元，同比增长 7.3%，增速比上年提高 1.0 个百分点，与全国平均水平基本持平。从三大投资领域看，在市政建设、轨道交通等项目带动下，城市基础

设施投资发挥支撑作用，全年增长 9.9%，增速比上年提高 1.0 个百分点；基建投资占全社会固定资产投资的比重为 23.5%，同比提高 0.5 个百分点。在企业加大技术改造力度和制造业新项目启动建设的支撑下，工业投资扭转了连续多年零增长或负增长的局面，全年增长 5.3%，增速比上年提高 3.0 个百分点。房地产市场调控力度加大，房企投资更趋谨慎，全年房地产开发投资增长 4.0%，增速比上年回落 2.9 个百分点。

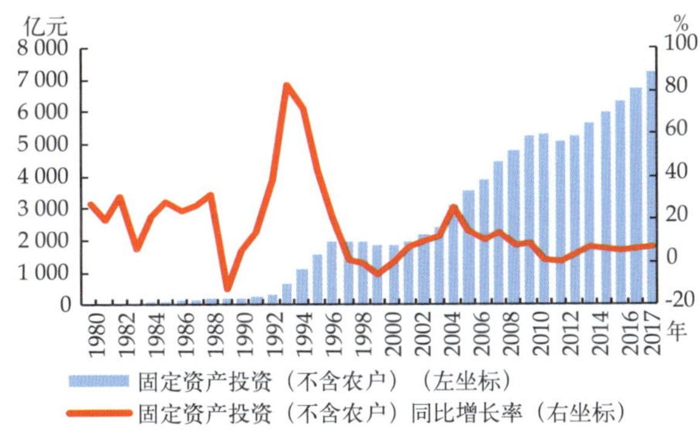

数据来源：上海市统计局、《上海统计年鉴》。

图 7　1980~2017 年上海市固定资产投资（不含农户）及其增长率

2. 消费保持稳定增长。2017 年，在需求回暖和价格上涨的双重拉动下，全市商品销售总额同比增长 12.0%，增速比上年提高 4.1 个百分点；社会消费品零售总额增长 8.1%，增速比上年提高 0.1 个百分点。

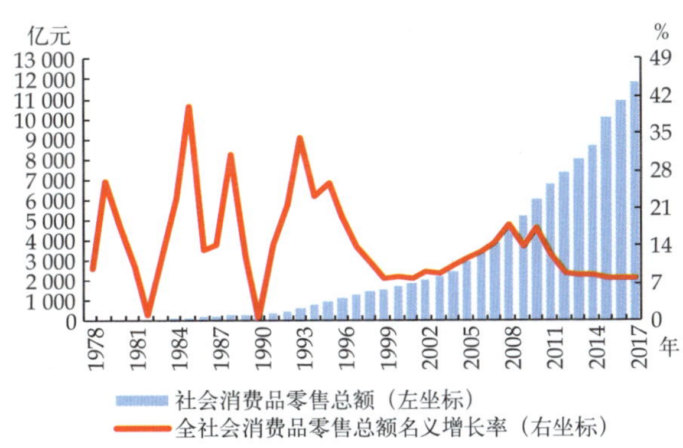

数据来源：上海市统计局、《上海统计年鉴》。

图 8　1978~2017 年上海市社会消费品零售总额及其增长率

消费升级特征明显，一是网络经济继续在消费扩张中发挥主力作用，全年网上商店零售额增长 9.6%，占社会消费品零售总额的 12.2%，比重比上年提高 0.8 个百分点。二是消费升级步伐加快，通信器材、新能源汽车、体育娱乐用品零售额增长较快，为消费增长提供稳定动力。三是以“线上＋线下、零售＋体验”等为特征的消费新格局正在形成，主要商圈全面回暖，新消费模式成为消费转型的新动力。

3. 外贸进出口较快增长。受外部市场回暖、大宗商品进口价格上涨以及基数低等因素影响，上海外贸进出口延续自上年 11 月以来的正增长态势，全年保持较快增长。2017 年，上海市货物进出口总额 3.2 万亿元人民币，占全国进出口总额的 11.6%，同比增长 12.5%，增速比上年提高 9.8 个百分点。其中，出口增长 8.4%，进口增长 15.4%，贸易逆差 5 997.2 亿元人民币。出口产品附加值持续提高，高新技术产品出口增长 9.2%，占全市出口比重为 43.4%。从贸易伙伴看，在美国经济总体平稳和欧洲经济强劲复苏的支撑下，两大市场需求继续好转，对美国、欧盟出口分别增长 6.1% 和 16.9%。从商品类型看，铁矿砂、煤炭等大宗商品进口量价齐升，汽车、酒类、手表等消费升级类商品进口增长较快。

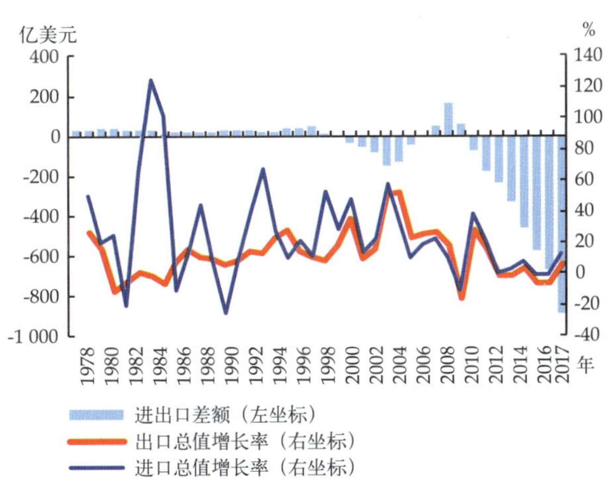

数据来源：上海市统计局、《上海统计年鉴》。

图 9　1978~2017 年上海市外贸进出口变动情况

利用外资出现下降。2017年，上海市外商直接投资合同金额401.9亿美元，同比下降21.2%；实际到位金额170.1亿美元，同比下降8.1%。从结构看，制造业实到外资大幅下降，服务业实到外资基本持平。利用外资出现下降，不仅受上海要素门槛提高、综合成本上升、制造业全球重新布局等因素影响，也与房地产市场调控、融资租赁和股权投资行业监管收紧等因素有关。

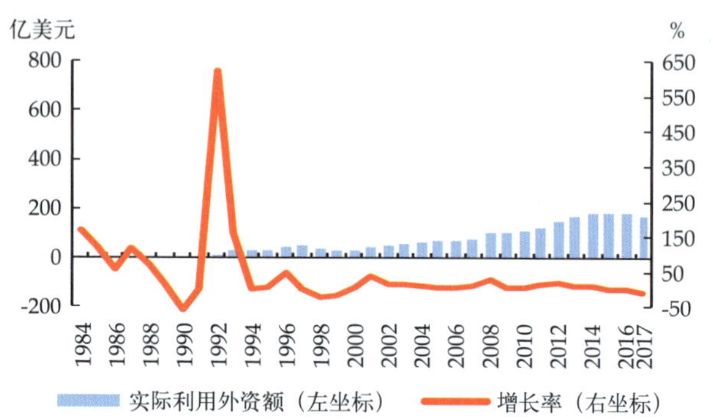

数据来源：上海市统计局、《上海统计年鉴》。

图10 1984~2017年上海市实际利用外资金额及其增长率

（二）工业生产明显好于预期，二三产业协同增长

1. 工业生产明显好于预期。2017年，上海工业生产走出连续两年低位运行的状态，全年工业增加值同比增长6.4%，增速比上年提高5.4个百分点。全球经济总体向好提振外部需求回暖，全市规模以上工业出口交货值增长6.6%，增速比上年提高11.3个百分点。

新动能和传统行业共同支撑工业生产持续回升，实体经济向好的态势继续保持。2017年，上海市战略性新兴产业制造业产值增长5.7%，增速比上年提高4.2个百分点，一批引领产业发展的重大战略项目和基础工程实现突破。其中，新能源汽车、新一代信息技术产值分别增长42.6%和7.3%。同时，上海六大重点工业行业产值从上年的“四降两升”转为“全面回升”。其中，在全国汽车市场增速趋缓的背景下，上海汽车行业加快结构调整，实现逆势增长，产值增长19.1%；电子信息制造业扭转了之前连续5年下降的趋势，产值增长7.6%；生物医药、成套设备、钢铁和石化行业产值分别增长6.9%、4.2%、2.0%和1.8%。

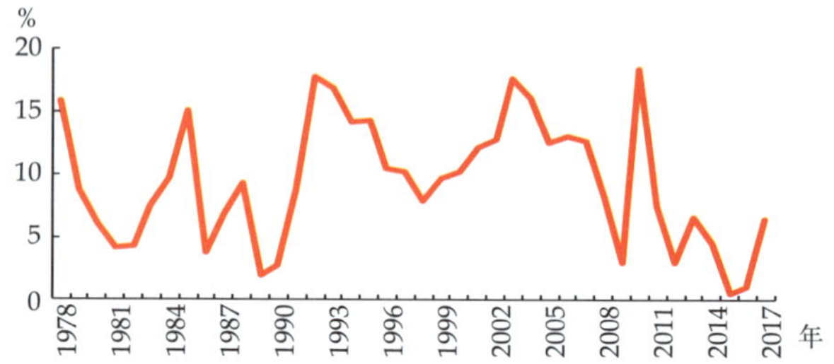

数据来源：上海市统计局、《上海统计年鉴》。

图11 1978~2017年上海市规模以上工业增加值实际增长率

2. 服务业平稳增长。2017年，虽然房地产和证券业出现回落，但服务业实现平稳增长，新兴服务业支撑作用明显增强。2017年，第三产业增加值同比增长7.5%，占全市生产总值的比重为69%，比重保持稳定。其中，信息服务业和金融业增加值分别增长18.9%和11.8%。航运业恢复性增长，全年货运总量和港口货物吞吐量分别增长9.7%和6.9%，同比分别提高12.5个和9.1个百分点；现代航运服务业营业收入实现两位数增长。

3. 供给侧结构性改革持续深化。上海积极推进新旧动能转换，加快落后产能淘汰和低效建设用地减量。全年完成高耗能、高污染、高危险和低效益的结构调整项目1 300项左右，实施桃浦二期等重点区域调整17个，实施低效建设用地减量8平方公里。

深入推进“三去一降一补”。上海落实新一轮降低企业负担方案，实施调整社会保险费率、降低进出口环节收费等一系列政策举措，两年来为企业降费319亿元。着力降低制度性交易成本，全面实行“多证合一、一照一码”，建立服务企业联席会议制度，上海市服务企业平台开通试运行。

专栏 2　上海加快建设具有全球影响力的科技创新中心

2014 年 5 月，习近平总书记提出，上海要加快建成具有全球影响力的科技创新中心。三年多来，上海科创中心建设取得良好进展和成效。一是张江综合性国家科学中心建设全面推进。张江科学城规划发布实施，大科学设施、研发和转化功能型平台、城市功能、基础设施和生态环境、重大能级提升产业项目等“五个一批”共 73 个重点项目启动建设。二是全面创新改革试验加快落实落地。上海出台《上海市促进科技成果转化条例》和行动方案，在 21 所高校、科研院所建立健全专业化技术转移服务机构，科技成果转化率活跃度提升，每万人口发明专利拥有量达到 41 件左右，比上年增长 16.5%。落实进一步深化人才发展体制机制改革加快推进具有全球影响力的科技创新中心建设实施意见，加大海外人才和高层次人才引进培养力度，推进实施两批 22 条海外人才出入境试点政策，新当选中国科学院院士 10 人，占全国的 16.4%。三是启动建设重大专项研究与功能型平台。启动国际人类表型组等首批 3 个市级科技重大专项研究，启动建设微技术工业研究院等首批6个研发与转化功能型平台。四是创新创业环境持续优化。全市积极推进杨浦区、上海交通大学2个第一批国家“双创”示范基地建设，众创空间超过 500 家，在孵和服务科技企业 1.6 万余家，覆盖科技类创业者超过 38 万名。

近年来，上海各金融机构坚持以服务实体经济为出发点和落脚点，推进科技金融机构体系与产品服务创新，大力支持上海科创中心建设。中国人民银行将自由贸易账户的适用主体扩大到全市科创企业，为科创企业提供一揽子跨境金融服务。整合再贷款、准备金政策等货币政策工具，定向支持科技企业和科技创新。探索符合科技企业特征的利率定价模式，推进风险共担、利益共享的利率定价新机制。“投贷联动”试点稳步推进，科技型企业贷款存量家数近 5 000 家，投贷联动下的贷款企业近 300 家。上海股权托管科技创新板运行良好，挂牌企业已超百家。专门服务于科创中心的引导基金——上海科创中心股权投资基金成立。

新时代背景下，上海将深入推进科技创新中心建设，更加注重强化创新驱动在推动经济高质量发展中的作用。一是全力推进张江综合性国家科学中心建设，加快建设国际先进的大科学设施集群，同步研究形成重大科学设施开放共享和第三方管理方案，谋划布局一批新的大科学设施和大科学计划。二是启动建设新一批功能型平台和重大科技专项，在已启动 6 个功能型平台基础上，再抓紧启动建设一批功能型平台，加快探索实行市场化激励的动力机制等，为科技成果转化提供强有力支撑。三是着力营造良好的“双创”环境，推动国家授权的 10 项先行先试改革举措落地见效，推动新型产业技术研发组织等改革举措尽快落地，促进科技成果加速转移转化，深化落实促进科技成果转化条例和行动方案。四是制定实施更有针对性、更具竞争力的人才政策，在落实普适性人才政策“30 条”基础上，发布实施人才高峰工程行动方案，大力引进培育国际化高端人才，多层次、多渠道引进国内优秀人才。

（三）消费价格涨幅回落，生产类价格由降转升

1. 居民消费价格涨幅回落。2017 年，居民消费价格同比上涨 1.7%，涨幅比上年回落 1.5 个百分点，其中服务项目价格和消费品价格分别上涨 2.3% 和 1.2%，涨幅分别回落 2.2 个和 1.0 个百分点。从八大类别看，医疗保健类价格涨幅居前，全年上涨 6.6%；食品烟酒类价格涨幅回落，全年上涨 1.2%，涨幅比上年回落 2.5 个百分点。

2. 生产类价格由降转升。在需求回升、去产能及补库存的拉动下，上游工业品价格明显上涨，带动生产类价格涨幅自上年 10 月份由负转正，扭转了自 2012 年以来持续下跌的局面。2017 年，上海市工业生产者出厂价格同比上涨 3.5%，涨幅比上年提高 4.7 个百分点；工业生产者购进价格同比上涨 8.9%，涨幅比上年提高 11.2 个百分点。价格向下游传导效应依次减弱，1~11 月原料工业、加工工业及生活资料价格分别上涨 13.5%、2.8% 和 0.3%。

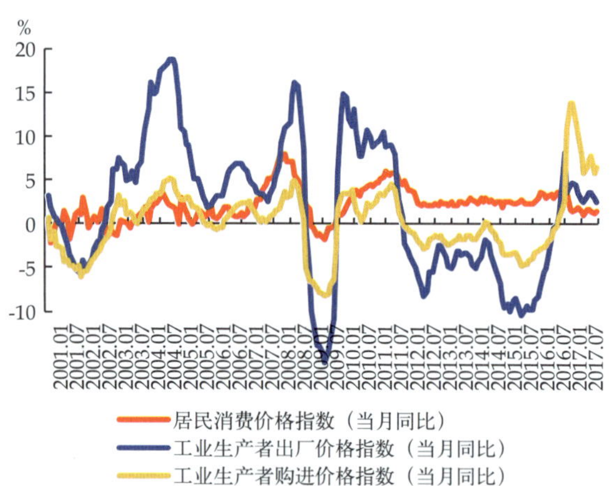

数据来源：上海市统计局、《上海统计年鉴》。

图 12　2001~2017 年上海市居民消费价格指数和工业生产者价格指数变动趋势

（四）地方财政和居民收入平稳增长，企业效益持续好转

1. 地方财政收入平稳增长。上海地方财政收入在高基数、“营改增”减收等因素影响下实现平稳增长。2017 年，全市完成一般公共预算收入 6 642.3 亿元，同比增长 9.1%，增速比上年回落 7 个百分点，但比上半年提高 0.8 个百分点，好于预期。其中，增值税、企业所得税、个人所得税分别增长 15.2%、4.9% 和 16.8%。2017 年，全市一般公共预算支出完成 7 547.6 亿元，同比增长 9.1%。

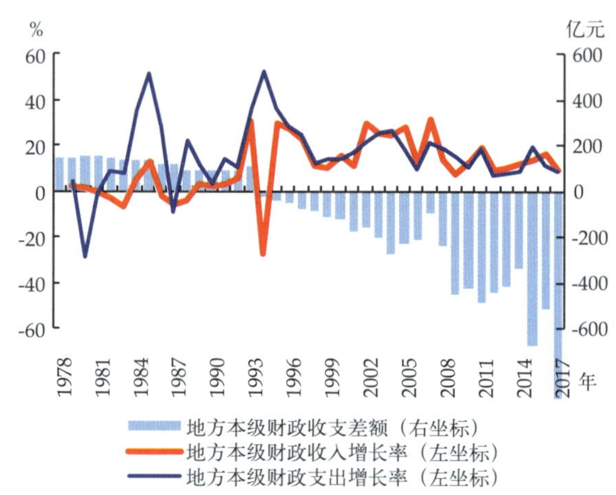

数据来源：上海市统计局、《上海统计年鉴》。

图 13　1978~2017 年上海市财政收支状况

2. 企业效益持续好转。在生产回升、价格上涨等因素作用下，工业企业效益明显好转。2017 年，全市规模以上工业企业实现利润同比增长 10.5%，增速比上年同期提高 2.4 个百分点；主营业务收入同比增长 10.4%，增速比上年同期提高 10 个百分点。分行业看，受上游工业品价格快速上涨的推动，石化行业效益明显好转，利润增长 65%；电子行业利润较快增长，增速达 31.3%；汽车、生物医药和成套设备利润分别增长 0.9%、增长 2.5% 和下降 5.5%。

3. 居民收入稳步增长。2017 年，全市居民人均可支配收入 58 988 元，名义增长 8.6%，实际增长 6.8%，实际增速比上年加快 1.3 个百分点，其中城镇常住居民和农村常住居民人均可支配收入分别实际增长 6.7% 和 7.2%。就业形势保持稳定。截至 12 月底，全市城镇登记失业人数比上年末减少 2.2 万人，全年新增就业岗位 57.9 万个。

（五）环保投入力度继续加大，生态环境持续改善

2017 年，上海第一轮清洁空气行动计划的目标任务提前完成，长三角区域大气污染联防联控取得明显成效。水污染防治行动计划有力有效推进，河长制实现全覆盖，1 864 条段、1 756 公里城乡中小河道综合整治全面完成，全市中小河道基本消除黑臭。土壤污染防治行动计划启动实施。生活垃圾处置设施“一主多点”布局基本形成。

生态文明建设成效显著。2017 年，上海市环保投入相当于全市生产总值的比例保持在 3% 左右，单位生产总值能耗累计下降 22.8%，PM2.5 年平均浓度从 2013 年的 62 微克 / 立方米下降到 39 微克 / 立方米。规划建设 21 个郊野公园，建成廊下等 6 座郊野公园，森林覆盖率从 13.1% 提高到 16.2%。制定实施崇明世界级生态岛发展规划，新一轮三年行动计划重点项目加快建设。装配式建筑全面推广，绿色建筑面积达到 1.1 亿平方米。

（六）房地产市场量跌价稳，调控成效有所显现

2017 年以来，在限购、限贷、限价等调控政策的基础上，上海加快推进租赁住房土地供应，下半年共成交 21 幅租赁住宅用地，同时强化市场监管，规范市场行为，合理引导市场预期和购房行为。2017 年，全市房地产市场量跌价稳，房价上涨预期初步得到抑制，土地溢价率降低，调控取得阶段性成效。全年，全市市场化新建商品住房成交 576 万平方米，同比下降 55.6%；二手存量住房成交 1 180 万平方米，同比下降 62.7%。

1. 房地产开发投资增速低位波动，商品房建设规模基本稳定。2017 年，上海市房地产开发投资 3 856.5 亿元，同比增长 4.0%，增速同比回落 2.9 个百分点。全年商品房施工面积小幅增长，新开工面积有所下降。2017 年，全市商品房施工面积比上年增长 1.7%，其中住宅施工面积比上年下降 0.7%；新开工面积比上年下降 7.8%，其中住宅新开工面积比上年下降 2.3%；竣工面积比上年增长 32.8%，其中住宅竣工面积比上年增长 21.5%。

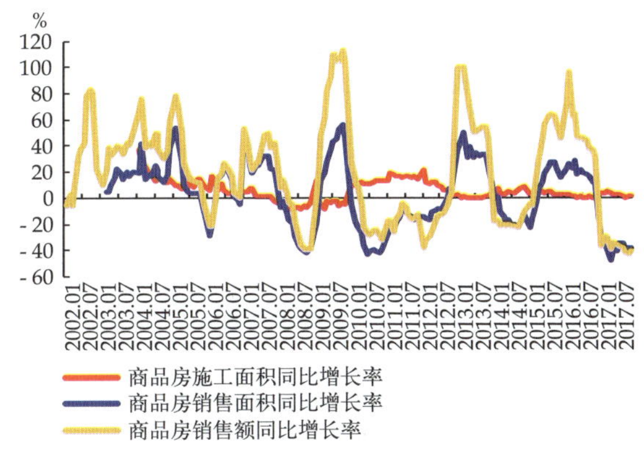

数据来源：上海市统计局、《上海统计年鉴》。

图 14　2002~2017 年上海市商品房施工和销售变动趋势

2. 房价同比涨幅明显回落，环比涨幅保持稳定。2017 年以来，上海市房价同比涨幅逐月回落，12 月市场化新建商品住房和二手住房价格分别同比上涨 0.2% 和 0.3%，涨幅比年初分别下降 28.1 个和 28.4 个百分点。房价环比涨幅在零增长附近小幅波动，总体稳定。12 月，新建商品住宅价格环比上涨 0.3%，二手住宅价格环比下跌 0.1%。

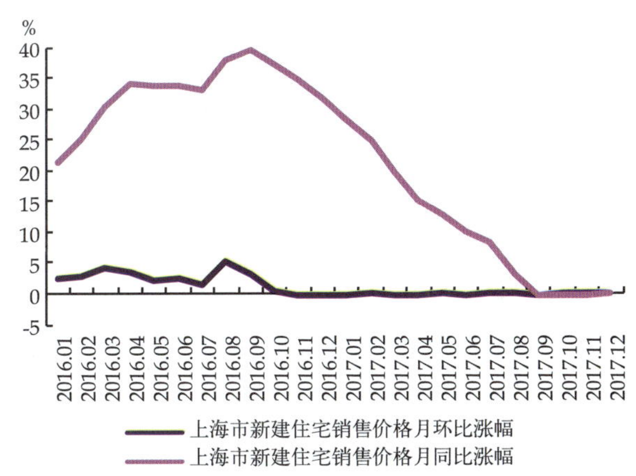

数据来源：上海市统计局、《上海统计年鉴》。

图 15　2016~2017 年上海市新建住宅销售价格变动趋势

3. 租赁住房用地供应大幅增加。《上海市住房发展“十三五”规划》明确提出，建立购租并举的住房体系，“十三五”期间大幅增加租赁住房供应，计划新增租赁住房用地 1 700 公顷，新增租赁住房约 70 万套。2017 年，上海累计公告出让 29 幅租赁住房用地，涉及土地面积约 80 公顷，可建建筑面积约 182 万平方米。

4. 个人住房贷款增速明显回落。2017 年末，上海市中外资商业银行房地产贷款余额近 2 万亿元，同比增长 12.6%，增速同比下降 6.8 个百分点。其中，个人住房贷款余额为 1.3 万亿元，同比增长 13.3%，增速比上年末下降 27.9 个百分点。

三、预测与展望

2017 年以来，受世界经济逐步复苏，以及全国经济企稳回升的影响，上海市经济稳中向好，但仍面临不少周期性、结构性的困难和挑战。从国际看，一方面，全球经济逐步复苏，主要发达国家复苏总体延续。但另一方面，部分新兴经济体仍面临挑战，国际金融市场依然存在风险隐患。此外，美国货币政策不断加码、改革政策等待落地，其他发达国家的加息及缩表也将相继开启，地缘政治冲突不断，这些都造成了世界大宗商品价格、股市、汇市大幅动荡，也增加了世界经济复苏的不稳定和不确定性。从国内看，目前我国经济金融运行延续了稳中向好态势，主要指标好于预期。工业生产和企业效益快速增长，进出口增长较快。产业和需求结构继续优化，消费成为经济增长主动力，新动能加快成长。“三去一降一补”进展顺利，商品房库存持续减少，工业企业资产杠杆率及成本不断下降。民生状况持续改善。同时，我们也要看到，当前国内经济运行中还存在不少困难和挑战，经济回升的基础并不牢固，提质增效任重道远。

2018 年，上海市经济社会发展面临一系列重大机遇和有利条件，国际国内经济回稳向好将为全市经济发展提供有利外部环境，国家大幅度放宽金融业外资准入将为上海国际金融中心建设带来新机遇，探索建立自由贸易港、筹备举办首届中国国际进口博览会等也将有利于上海构筑新的战略优势。同时，上海也面临不少周期性、结构性的困难和挑战，需重点关注以下问题。一是工业持续增长回升的基础仍不牢固。受周期性驱动减少、基数抬高等影响，2018 年汽车制造和电子信息两大行业对工业的支撑力可能下降。同时，工业投资增长持续乏力，新项目储备不足、落地困难问题仍较突出。二是消费也面临一些不利因素，住宅成交下降导致家电、家具及装潢材料等相关消费回落，汽车购置税优惠取消可能使下一阶段汽车销售承压。

总体来看，2018 年全市信贷投放情况喜忧参半。目前仍有若干因素制约银行贷款投放：一是经济尚未完全企稳，企业扩大再生产和投资意愿没有明显回升，尤其是民间投资依旧低迷。新增贷款集中在部分央企、市属国企和优质项目。2017 年因债市利率高企，不少企业转向信贷融资，多为流动资金贷款。这部分贷款到期后是否续作存在不确定性，很大程度取决于发债成本，随着贷款利率的上升，部分融资需求可能再度转回债市。二是个人住房相关贷款需求继续减少。受房地产调控影响，上海市住宅交易量大幅下滑，个人住房贷款业务受理量也不断缩减。同时，符合首套房标准的贷款比例大幅下降，随着每笔业务首付比例提高，可贷金额也减少。预计后期个人住房贷款业务规模增速将继续放缓。同时，加大对消费贷款违规进入房市的整治也将抑制个人消费贷款的快速增长。三是存款增长仍将乏力。随着存贷比的持续上升，上海部分金融机构的资金可能将趋于紧张，信贷供给能力受到制约。同时，我们也应看到促进贷款增长的有利因素。在人民银行货币政策及监管政策的引导下，各种表外融资渠道被限制后，融资需求总体将回归表内。地方政府债务置换接近尾声，随着财政收入增速的放缓，政府提前还贷的冲击将减弱；上海市租赁房建设、市政基础设施建设项目等融资需求有望加速释放；推进科创中心建设也令新产业新业态相关贷款快速增长。综合考虑各方因素，2018 年全市信贷投放可能与 2017 年持平。

根据当前的政策环境和经济金融运行情况，2018 年上海市各金融机构要认真做好以下各项工作：一是围绕服务实体经济，落实好货币政策和宏观审慎政策双支柱调控框架。二是按照优化营商环境的要求，优化金融服务环境。三是加强对“五个中心”和供给侧结构性改革的金融支持。四是继续落实好差别化住房信贷政策，推动住房租赁金融稳步发展。五是加强金融风险研判和预警，切实防范化解金融风险。

中国人民银行上海总部货币政策分析小组
总　纂：黄　敏
统　稿：刘　斌
执　笔：刘　斌　李冀申　张挽虹
提供材料的还有：邹丽华　王　晟　邵　珺　张若雪　张国文　郭　芳　钱国根

附录

（一）2017年上海市经济金融大事记

1月12日，上海清算所正式推出上海碳配额远期交易中央对手清算业务，上海环境能源交易所为上海碳配额远期交易提供交易平台。

3月2日，中央国债登记结算有限责任公司与全球最具影响力的金融基础设施之一明讯银行（Clearstream）在上海举行合作备忘录签署仪式。

6月21日，上海市银行同业公会召开“上海银行业投贷联动业务试点”通气会，上海银行、华瑞银行和浦发硅谷银行三家投贷联动试点银行的方案已经完成。

6月24日，全国外汇市场自律机制在上海宣告成立，并召开了第一次工作会议。

7月4日，上海清算所完成“债券通—北向通”试运行首单结算业务。

7月5日，中央国债登记结算有限责任公司宣布中债金融估值中心正式落户上海，实现权威债券市场基准价格在上海发布。

7月26日，匈牙利在中国银行间债券市场成功发行3年期人民币债券10亿元，成为首单通过“债券通”渠道面向境内外投资者完成簿记发行的外国主权政府人民币债券。

8月28日，国务院国资委、上海市政府加快建设具有全球影响力科技创新中心推进会在上海举行，会上签订《国务院国资委、上海市政府共同推进上海加快建设具有全球影响力的科技创新中心战略合作协议》。

10月16日，上海市政府举行新闻发布会，对外发布《上海市关于进一步支持外资研发中心参与上海具有全球影响力的科技创新中心建设的若干意见》。

12月4日，中央国债登记结算有限责任公司宣布正式设立上海总部，当日，中央结算公司成立了中债担保品业务中心，发布了上海关键收益率（SKY）曲线。

（二）2017 年上海市主要经济金融指标

表 1　2017 年上海市主要存贷款指标

		1 月	2 月	3 月	4 月	5 月	6 月	7 月	8 月	9 月	10 月	11 月	12 月
本外币	金融机构各项存款余额（亿元）	109 366.3	110 996.1	110 284.2	111 752.7	112 186.0	111 591.9	110 666.3	111 663.3	110 638.6	112 062.2	113 797.5	112 461.7
	其中：住户存款	25 966.4	25 785.7	26 012.7	25 485.5	25 603.5	26 020.3	25 549.1	25 654.6	25 815.8	25 670.1	25 649.6	25 763.2
	非金融企业存款	44 167.5	44 078.1	44 853.5	45 112.5	44 646.3	46 269.1	45 466.5	45 558.4	46 365.7	46 797.9	48 185.6	49 354.2
	各项存款余额比上月增加（亿元）	-1 144.6	1 629.7	-711.9	1 468.6	433.3	-594.1	-925.6	997.0	-1 024.7	1 423.6	1 735.3	-1 335.7
	金融机构各项存款同比增长（%）	5.1	8.1	6.5	5.7	6.8	6.1	5.0	5.4	4.6	4.1	3.4	1.8
	金融机构各项贷款余额（亿元）	61 385.3	62 097.8	62 941.3	63 544.1	63 848.8	64 945.5	64 976.2	65 235.0	66 089.7	66 546.2	66 781.4	67 182.0
	其中：短期	15 048.9	15 426.8	15 923.4	16 172.7	16 430.1	16 824.3	16 928.2	16 999.5	16 937.0	16 894.9	16 972.2	16 903.1
	中长期	35 508.3	35 964.4	36 504.0	36 886.5	37 206.8	37 687.0	38 090.5	38 553.9	39 205.9	39 467.6	39 710.5	39 993.7
	票据融资	2 877.1	2 704.8	2 532.6	2 477.6	2 419.0	2 355.4	2 265.7	2 299.6	2 339.5	2 386.5	2 384.3	2 458.7
	各项贷款余额比上月增加（亿元）	1 403.0	712.6	843.5	602.8	304.7	1 096.7	30.8	258.8	854.7	456.6	235.1	400.6
	其中：短期	583.6	377.9	496.6	249.4	257.3	394.2	104.0	71.3	-62.6	-42.0	77.3	-69.1
	中长期	1 044.2	456.1	539.6	382.5	320.4	480.2	403.5	463.4	652.0	261.7	242.9	283.2
	票据融资	-326.0	-172.3	-172.2	-55.0	-58.6	-63.6	-89.7	33.9	39.9	47.0	-2.2	74.4
	金融机构各项贷款同比增长（%）	11.5	12.4	12.7	13.5	13.2	14.2	15.3	14.7	14.4	13.8	12.2	12.0
	其中：短期	2.0	4.0	7.0	9.8	12.2	14.1	17.5	19.7	17.7	16.7	15.6	15.6
	中长期	14.1	14.0	13.9	14.4	13.5	16.7	18.2	18.7	19.1	18.3	17.3	16.6
	票据融资	-22.0	-22.6	-26.7	-27.3	-28.2	-34.9	-35.8	-34.6	-33.4	-30.6	-29.0	4.5
	建筑业贷款余额（亿元）	1 072.3	1 093.8	1 080.4	1 099.0	1 079.2	1 091.6	1 095.8	1 076.7	1 076.3	1 060.5	1 072.4	1 022.0
	房地产业贷款余额（亿元）	6 523.8	6 631.6	6 696.3	6 683.7	6 695.4	6 770.6	6 814.3	6 951.1	7 114.9	7 172.7	7 182.4	7 219.4
	建筑业贷款同比增长（%）	-16.8	-14.9	-15.3	-12.2	-12.8	-5.0	-2.0	-2.7	-2.3	-4.7	-2.4	0.4
	房地产业贷款同比增长（%）	-6.6	-4.5	-4.6	-3.6	-2.9	3.4	7.6	10.0	11.8	13.8	14.6	15.7
人民币	金融机构各项存款余额（亿元）	101 820.0	103 291.1	102 443.4	103 873.3	104 382.7	103 719.5	102 808.4	104 070.2	103 040.0	104 531.8	106 316.0	105 098.8
	其中：住户存款	24 472.7	24 288.0	24 507.8	23 990.8	24 118.2	24 573.9	24 101.5	24 249.7	24 404.3	24 256.1	24 240.3	24 338.5
	非金融企业存款	40 400.8	40 203.9	40 961.1	41 215.5	40 809.7	42 456.0	41 734.1	41 922.4	42 802.8	43 169.6	44 639.9	45 901.5
	各项存款余额比上月增加（亿元）	-1 343.9	1 471.1	-847.7	1 429.9	509.4	-663.2	-911.1	1 261.8	-1 030.3	1 491.8	1 784.2	-1 217.2
	其中：住户存款	832.6	-184.7	219.8	-517.0	127.4	455.7	-472.4	148.2	154.5	-148.2	-15.9	98.2
	非金融企业存款	-1 043.3	-196.9	757.2	254.4	-405.8	1 646.3	-721.8	188.3	880.4	366.8	1 470.3	1 261.6
	各项存款同比增长（%）	3.6	6.9	5.0	4.1	5.4	4.7	3.7	4.4	3.9	3.7	3.5	1.9
	其中：住户存款	7.1	5.2	5.5	3.7	3.8	4.3	2.8	2.9	2.5	2.8	2.9	3.0
	非金融企业存款	13.3	17.5	14.6	15.1	11.9	15.3	14.3	12.3	11.4	10.5	10.2	10.7
	金融机构各项贷款余额（亿元）	55 310.7	56 039.0	56 937.1	57 521.9	58 110.6	58 853.2	59 022.2	59 590.3	60 174.0	60 571.0	60 926.0	61 188.9
	其中：个人消费贷款	15 375.2	15 561.6	15 859.9	16 105.3	16 344.4	16 678.7	16 907.6	17 174.6	17 468.7	17 688.0	17 869.6	18 159.2
	票据融资	2 875.5	2 703.1	2 528.1	2 474.2	2 416.8	2 351.3	2 264.2	2 298.7	2 338.7	2 386.1	2 384.1	2 456.9
	各项贷款余额比上月增加（亿元）	1 325.6	728.2	898.1	584.8	588.6	742.6	169.0	568.1	583.8	396.9	355.0	262.9
	其中：个人消费贷款	337.2	186.3	298.4	245.4	239.1	334.3	228.9	267.0	294.1	219.3	181.6	289.6
	票据融资	-324.8	-172.4	-175.0	-53.9	-57.4	-65.4	-87.2	34.6	40.0	47.4	-1.9	72.8
	金融机构各项贷款同比增长（%）	10.6	11.4	11.6	12.5	12.6	13.6	15.1	15.9	14.9	14.5	13.7	13.3
	其中：个人消费贷款	37.1	36.8	34.7	33.1	30.6	28.9	27.8	26.6	25.5	24.1	21.9	20.8
	票据融资	-22.0	-22.7	-26.8	-27.4	-28.3	-35.0	-35.8	-34.6	-33.4	-30.6	-28.9	-23.2
外币	金融机构外币存款余额（亿美元）	1 100.2	1 120.7	1 136.5	1 143.1	1 137.0	1 162.1	1 167.9	1 150.3	1 144.9	1 134.1	1 133.0	1 126.8
	金融机构外币存款同比增长（%）	26.0	22.0	23.1	23.4	24.4	25.8	24.9	22.6	15.4	11.7	6.7	6.4
	金融机构外币贷款余额（亿美元）	885.7	881.3	870.3	873.6	836.1	899.3	884.9	855.1	891.3	899.9	886.7	917.2
	金融机构外币贷款同比增长（%）	14.9	17.5	16.2	16.2	13.9	17.8	15.8	4.6	10.1	9.2	2.6	6.1

数据来源：中国人民银行上海总部。

表 2　2001~2017 年上海市各类价格指数

单位：%

		居民消费价格指数		农业生产资料价格指数		工业生产者购进价格指数		工业生产者出厂价格指数	
		当月同比	累计同比	当月同比	累计同比	当月同比	累计同比	当月同比	累计同比
2001		—	0.0	—	—	—	-1.3	—	-3.3
2002		—	0.5	—	—	—	-2.3	—	-3.6
2003		—	0.1	—	—	—	6.4	—	1.4
2004		—	2.2	—	—	—	16.4	—	3.6
2005		—	1.0	—	—	—	6.8	—	1.7
2006		—	1.2	—	—	—	4.8	—	0.6
2007		—	3.2	—	—	—	4.1	—	1.2
2008		—	5.8	—	—	—	10.3	—	2.2
2009		—	-0.4	—	—	—	-10.2	—	-6.2
2010		—	3.1	—	—	—	11.2	—	2.3
2011		—	5.2	—	—	—	7.5	—	2.9
2012		—	2.8	—	—	—	-5.3	—	-1.6
2013		—	2.3	—	—	—	-3.5	—	-1.8
2014		—	2.7	—	—	—	-4.1	—	-1.1
2015		—	2.4	—	—	—	-9.4	—	-3.9
2016		—	3.2	—	—	—	-2.3	—	-1.2
2017		—	1.7	—	—	—	8.9	—	3.5
2016	1	2.5	2.5	—	—	-8.6	-8.6	-3.3	-3.3
	2	2.9	2.7	—	—	-8.2	-8.4	-3.0	-3.1
	3	3.5	3.0	—	—	-7.3	-8.0	-2.9	-3.1
	4	3.4	3.1	—	—	-5.4	-7.4	-2.7	-3.0
	5	3.0	3.1	—	—	-5.1	-6.9	-2.5	-2.9
	6	3.2	3.1	—	—	-4.0	-6.4	-2.1	-2.7
	7	3.4	3.1	—	—	-1.6	-5.8	-1.6	-2.6
	8	3.0	3.1	—	—	-0.5	-5.1	-0.7	-2.4
	9	3.6	3.2	—	—	0.0	-4.6	-0.2	-2.1
	10	3.5	3.2	—	—	1.0	-4.0	0.7	-1.8
	11	3.7	3.2	—	—	5.5	-3.2	1.8	-1.5
	12	3.3	3.2	—	—	8.2	-2.3	2.8	-1.2
2017	1	3.6	3.6	—	—	10.7	10.7	3.6	3.6
	2	1.6	2.6	—	—	13.8	12.2	4.5	4.1
	3	1.4	2.2	—	—	13.8	12.8	4.7	4.3
	4	1.6	2.1	—	—	11.5	12.4	4.4	4.3
	5	1.8	2.0	—	—	10.3	12.0	3.6	4.2
	6	1.5	1.9	—	—	8.0	11.3	2.8	3.9
	7	1.1	1.8	—	—	5.8	10.5	2.5	3.7
	8	1.7	1.8	—	—	6.4	10.0	3.1	3.6
	9	1.7	1.8	—	—	7.2	9.7	3.5	3.6
	10	1.5	1.7	—	—	7.8	9.5	3.5	3.6
	11	1.2	1.7	—	—	5.7	9.1	2.9	3.5
	12	1.5	1.7	—	—	6.4	8.9	2.6	3.5

数据来源：上海市统计局、《上海统计年鉴》。

表 3　2017 年上海市主要经济指标

	1 月	2 月	3 月	4 月	5 月	6 月	7 月	8 月	9 月	10 月	11 月	12 月
	绝对值（自年初累计）											
地区生产总值（亿元）	—	—	6 923	—	—	13 909	—	—	21 618	—	—	30 134
第一产业	—	—	14	—	—	32	—	—	54	—	—	99
第二产业	—	—	2 013	—	—	4 162	—	—	6 660	—	—	9 251
第三产业	—	—	4 896	—	—	9 714	—	—	14 903	—	—	20 783
工业增加值（亿元）	—	—	1 800	—	—	3 753	—	—	6 056	—	—	8 304
固定资产投资（亿元）	—	795	1 316	1 780	2 344	2 990	3 533	4 066	4 703	5 426	6 166	7 247
房地产开发投资	—	550	870	1 136	1 435	1 754	2 058	2 365	2 710	3 054	3 412	3 857
社会消费品零售总额（亿元）	—	1 831	2 750	3 673	4 682	5 670	6 648	7 668	8 667	9 725	10 767	11 830
外贸进出口总额（亿元）	2 604	4 808	7 511	10 044	12 753	15 533	18 179	20 885	23 862	26 456	29 371	32 238
进口	1 444	2 828	4 462	6 005	7 662	9 267	10 811	12 400	14 210	15 690	17 446	19 118
出口	1 161	1 980	3 049	4 039	5 091	6 266	7 368	8 485	9 652	10 766	11 924	13 120
进出口差额（出口－进口）	-283	-848	-1 413	-1 965	-2 572	-3 001	-3 443	-3 916	-4 558	-4 924	-5 522	-5 997
实际利用外资（亿美元）	11	22	38	50	65	81	95	111	127	142	156	170
地方财政收支差额（亿元）	459	557	164	562	504	233	577	484	52	124	-499	-905
地方财政收入	975	1 533	2 063	2 860	3 607	4 194	4 855	5 220	5 560	6 014	6 357	6 642
地方财政支出	516	976	1 899	2 299	3 103	3 961	4 277	4 736	5 508	5 891	6 856	7 548
城镇登记失业率（%）（季度）	—	—		—	—		—	—		—	—	4.1
	同比累计增长率（%）											
地区生产总值	—	—	6.8	—	—	6.9	—	—	7.0	—	—	6.9
第一产业	—	—	-8.7	—	—	-8.2	—	—	-9.2	—	—	-9.5
第二产业	—	—	5.4	—	—	6.6	—	—	8.1	—	—	5.8
第三产业	—	—	7.5	—	—	7.0	—	—	6.6	—	—	7.5
工业增加值	—	—	6.0	—	—	7.3	—	—	8.9	—	—	6.4
固定资产投资	—	10.4	10.5	7.9	7.7	6.4	4.7	5.9	6.4	6.8	6.9	7.3
房地产开发投资	—	10.0	8.6	7.1	6.4	4.1	4.9	4.5	5.0	3.7	3.0	4.0
社会消费品零售总额	—	7.6	7.8	7.9	8.2	8.1	7.7	7.8	8.0	8.0	8.1	8.1
外贸进出口总额	18.7	23.0	20.1	19.5	18.7	18.7	17.5	16.2	16.6	16.1	14.7	12.5
进口	23.1	31.6	25.3	25.3	24.8	23.7	21.8	20.3	21.2	20.3	18.7	15.4
出口	13.7	12.4	13.2	11.8	10.5	12.0	11.8	10.7	10.5	10.4	9.3	8.4
实际利用外资	-9.8	-11.8	-9.5	-9.6	-7.3	-7.1	-7.5	-9.1	-8.4	-6.2	-7.6	-8.1
地方财政收入	8.4	7.5	8.2	8.5	8.6	8.3	8.3	8.3	8.3	8.4	8.7	9.1
地方财政支出	115.4	50.1	16.3	18.0	6.7	10.3	10.9	7.7	5.9	8.1	7.0	9.1

数据来源：上海市统计局、《上海统计年鉴》。

江苏省金融运行报告（2018）

中国人民银行南京分行货币政策分析小组

[内容摘要]2017年，面对错综复杂的宏观经济环境和艰巨繁重的改革任务，江苏省金融部门以习近平新时代中国特色社会主义思想为指引，认真贯彻落实党的十九大和全国金融工作会议精神，坚持稳中求进工作总基调，全力推进稳增长、促改革、调结构、惠民生、防风险各项工作，经济社会发展的稳定性协调性明显增强。

一是内需增长较为稳定，外需呈恢复性增长态势。全年实现地区生产总值85 900.9亿元，同比增长7.2%。全省工业技术改造投资增长11.5%，占工业投资比重达57.9%；高耗能行业投资比上年下降1.4%。全年实现出口3 633亿美元，同比增长13.9%，增速较上年提升19.6个百分点，其中对"一带一路"沿线国家出口保持较快增长，出口额5 929.4亿元，增长16.3%。全省实际使用外资251.4亿美元，同比增长2.4%，延续上年平稳增长态势。二是三次产业比重继续优化，结构调整深入推进。2017年，江苏省三次产业增加值比例为4.7∶45.0∶50.3，第三产业增加值占GDP比重比上年提高0.2个百分点，产业结构继续向"三二一"的现代产业构架稳步优化。全省实现规模以上工业增加值3.5万亿元，同比增长7.5%；全省列统的40个工业大类行业中有32个行业利润保持同比增长。全省压减钢铁产能634万吨、煤炭产能18万吨、水泥产能510万吨、平板玻璃产能330万重量箱，顺利完成全年目标。三是消费价格指数温和上涨，生产价格指数持续回升。全省居民消费价格指数同比上涨1.7%，低于上年同期0.6个百分点，连续6年保持在3%以下的较低水平。工业生产者价格指数继续回升。全省工业生产者出厂价格指数较上年上涨4.8%，涨幅比上年扩大6.7个百分点；工业生产者购进价格指数上涨9.7%，涨幅扩大11.7个百分点。四是一般公共预算收入稳定增长，一般公共预算支出有所回升。江苏省共完成一般公共预算收入8 172亿元，同口径增长4.6%。一般公共预算支出10 621.4亿元，同比增长6.4%，其中教育支出和医疗卫生支出同比分别增长8.7%和11.8%，社会保障和就业支出、住房保障支出同比分别增长16.6%和21.1%。五是房地产销售增速明显回落，价格涨势趋缓。住宅销售增速明显回落。南京、苏州、无锡商品住宅登记销售面积同比分别下降42.6%、32.3%和18.6%。商品住宅去化周期保持低位。商品住宅去化周期为7.8个月，南京、苏州、无锡去化周期分别为4.4个月、11.2个月和11.5个月。商品住宅成交价格涨势趋缓。商品住宅累计成交均价为8 672元/平方米，同比下降1.9%，从时序看，2016年第四季度后，商品住宅成交均价呈现逐月回落趋势。2017年末，房地产贷款余额增速较上年同期回落12.2个百分点，保障性住房开发贷款余额3 039亿元，同比增长42.2%。

2017年，江苏金融运行较为稳健，继续保持了总量适度、结构优化的趋势。多层次资本市场实现新突破，直接债务融资实现"六连冠"。金融改革持续深化，金融基础设施不断完善，服务社会经济发展能力显著提升。一是金融对实体经济支撑作用进一步增强。全年实现金融业增加值6 786.4亿元，同比增长9.2%。从贷款投向看，制造业贷款呈恢复性增长。全省制造业本外币贷款余额1.6万亿元，同比增长3.9%，增速同比提升7.5个百分点，《中国制造2025江苏行动纲要》确定的15个重点领域贷款同比增长18.1%。二是证券业实力持续增强，多层次资本市场建设稳步推进。证券行业平稳发展。2017年末，江苏省共有法人证券公司6家，总资产4 279.5亿元，证券营业部887家，同比增长17.86%。行业利润实现较快增长，证券行业实现营业总收入227.7亿元，同比增长17.2%，实现利润总额134.6亿元，同比增长34.9%。境内上市公司总数为382家，较上年新增65家，上市公司总数位居全国第三。三是保险业发展平稳，服务能力再上新台阶。江苏省共有省级以上保险公司5家，资产总额6 527.8亿元，同比增长10.8%。全年实现保费收入3 449.5亿元，同比增长28.2%，各类赔款给付983.6亿元，同比增长7.5%。分险种看，财产险保费收入856.2亿元，同比增长11.7%，人身险保费收入2 593.3亿元，同比增长34.8%。四是地区社会融资规模保持适度增长，金融市场创新力度进一步加大。2017年，江苏省社会融资增量1.5万亿元。新增各项贷款1.1万亿元，占社会融资增量比例提高至73.1%，同比提升3.2个百分点。委托贷款、信托贷款和银行承兑汇票合计新增896.2亿元，同比多增1 102亿元。金融市场创新力度进一步加大。2017年，"双创"、绿色等领域创新债务融资工具在江苏落地，南京银行在城商行系统率先获准发行绿色金融债50亿元。五是金融基础设施不断完善。移动支付示范工程建设取得较大成就，无锡成为全国首个实现银联标准行业二维码乘坐地铁的城市。征信服务不断改善，中小企业信用体系和农村信用体系建设持续推进，为江苏233万户中小微企业、267万户农户、4 035户农村经济主体建立了信用档案。江苏辖区金融消费者投诉咨询热线受理投诉862件，办结率99.3%，全省共计开展执法检查46次，督促金融机构切实维护消费者合法权益。

2018年，江苏省将继续坚持稳中求进工作总基调，紧扣我国经济社会主要矛盾变化，以高质量发展为中心、以供给侧结构性改革为主线，推动江苏经济转型升级和持续健康发展。中国人民银行南京分行将继续围绕服务实体经济、防控金融风险、深化金融改革三大主要任务，重点推进以下工作：一是继续做好宏观审慎管理，贯彻落实好双支柱调控框架；二是推动金融更加聚焦服务实体经济，助推结构调整和转型升级；三是落实利率市场化改革各项措施，发挥利率定价自律机制作用；四是探索发挥货币政策的结构引导功能，加大对国民经济重点领域和薄弱环节的支持力度；五是防范市场风险，推动金融市场持续稳定健康发展。

一、金融运行情况

2017年，江苏省金融业保持平稳运行，社会融资规模增长适度，金融市场交易活跃。金融基础设施建设不断完善，金融生态环境持续优化。证券业实力持续增强，多层次资本市场建设稳步推进。保险业发展平稳，保险服务创新取得突破。

（一）银行业稳步发展，存贷款增长趋缓

1. 金融机构规模稳步增长，组织体系更趋完备。2017年末，江苏省金融机构总资产为16.7万亿元，同比增长6.7%。机构数量稳步增加，地方法人金融机构171家，比年初新增2家。盈利水平有所上升，全年银行业金融机构实现净利润1 702.8亿元，同比增加183.4亿元。金融对实体经济支撑作用进一步增强，全年实现金融业增加值6 786.4亿元，同比增长9.2%。

表1 2017年江苏省银行业金融机构情况

机构类别	营业网点			法人机构（个）
	机构个数（个）	从业人数（人）	资产总额（亿元）	
一、大型商业银行	5 073	109 137	57 505	0
二、国家开发银行和政策性银行	93	2 446	8 444	0
三、股份制商业银行	1 369	42 177	29 539	0
四、城市商业银行	938	29 827	33 404	4
五、城市信用社	0	0	0	0
六、小型农村金融机构	3 331	50 331	25 989	63
七、财务公司	16	437	1 113	14
八、信托公司	4	538	276	4
九、邮政储蓄银行	2 524	9 421	6 849	0
十、外资银行	76	2 229	1 493	6

续表

机构类别	营业网点			法人机构（个）
	机构个数（个）	从业人数（人）	资产总额（亿元）	
十一、新型农村金融机构	867	10 346	951	704
十二、其他	6	854	1 140	6
合计	14 297	257 743	166 703	801

注：营业网点不包括国家开发银行和政策性银行、大型商业银行、股份制商业银行等金融机构总部数据；大型商业银行包括中国工商银行、中国农业银行、中国银行、中国建设银行和交通银行；小型农村金融机构包括农村商业银行、农村合作银行和农村信用社；新型农村金融机构包括村镇银行、贷款公司、农村资金互助社；“其他”包含金融租赁公司、汽车金融公司、货币经纪公司、消费金融公司等。

数据来源：中国人民银行南京分行、江苏银监局、江苏省金融办。

2. 各项存款增长趋缓，高成本负债同比多增。在去杠杆、存款脱媒、派生存款减少等因素的共同影响下，全省存款增长继续放缓。2017 年末，全省金融机构人民币存款余额为 13 万亿元，同比增长 7.3%，增速同比下降 5 个百分点。其中，住户存款新增 2 184 亿元，同比少增 1 154 亿元；企业存款新增 1 954 亿元，同比少增 4 391 亿元。

从存款品类看，在存款总量同比少增的情况下，高成本负债反而同比多增。2017 年，全省协议存款、协定存款、结构性存款共计新增 3 861 亿元，同比多增 928 亿元；非银行业金融机构存款新增 366 亿元，同比多增 1 068 亿元。

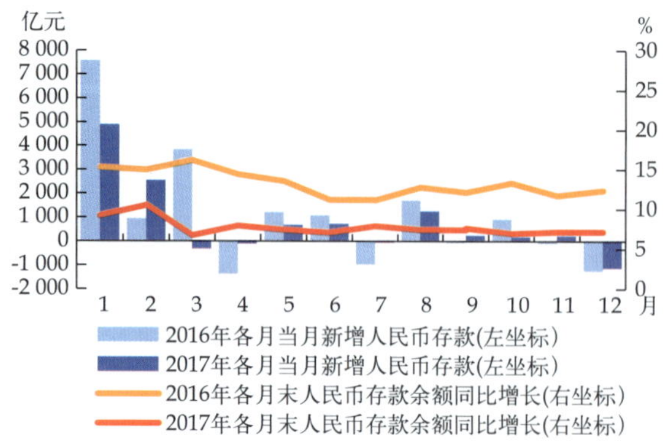

数据来源：中国人民银行南京分行。

图 1 2016~2017 年江苏省金融机构人民币存款增长变化

从存款币种看，人民币存款和外币存款均同比少增，全年新增人民币存款 8 836 亿元，同比少增 4 397 亿元；受汇率波动影响，企业和居民持有外币意愿减弱，全年外币存款增长 95.3 亿美元，同比少增 16.8 亿美元。

3. 贷款保持适度增长，信贷资源进一步流向实体经济。2017 年末，全省本外币各项贷款余额 10.4 万亿元，同比增长 11.9%，增速同比回落 2.9 个百分点。全年新增本外币贷款 1.1 万亿元，同比少增 1 010 亿元。

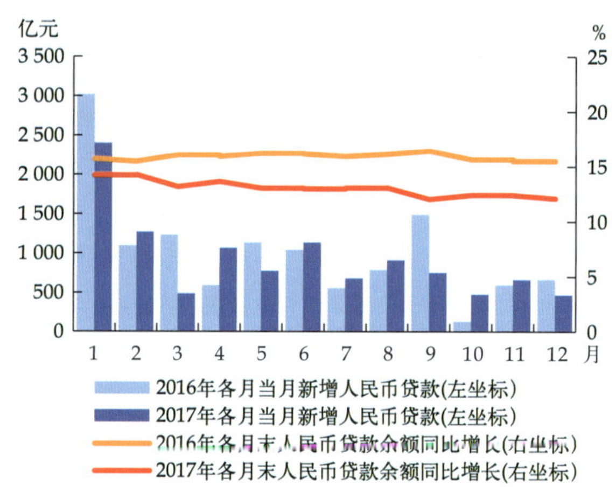

数据来源：中国人民银行南京分行。

图 2 2016~2017 年江苏省金融机构人民币贷款增长变化

从贷款币种看，人民币贷款增速同比回落，全年新增人民币贷款 1.1 万亿元，同比少增 1 233 亿元。受 2017 年进出口贸易回暖、贸易融资需求增加影响，全省外币贷款同比回升，至 2017 年末，全省外币贷款余额 289.9 亿美元，同比增长 8.7%，增速较上年大幅提高 33.5 个百分点。

从期限结构看，短期贷款与票据融资此消彼长，中长期贷款高位增长。2017 年，全省本外币短期贷款增加 2 341 亿元，同比多增 3 709 亿元。票据融资比年初减少 1 712 亿元，同比多减 2 432 亿元。中长期贷款保持高位增长，年末全省本外币中长期贷款余额增速为 18.4%，较年初增加 1 万亿元，同比少增 1 945 亿元。

从贷款投向看，制造业贷款呈恢复性增长，涉农及小微企业贷款同比多增。2017 年末，全省制造业本外币贷款余额 1.6 万亿元，同比增长 3.9%，增速同比提升 7.5 个百分点；比年初新增 594 亿元，同比多增 1 167 亿元。其中，《中国制造 2025 江苏行动纲要》确定的 15 个重点领域贷款同比增长 18.1%；全省钢铁、煤炭、水泥、平板玻璃、船舶等产能过剩行业贷款同比净下降 8.7%。2017 年末，全省金融机构本外币小微企业贷款（不含票据融资）余额为 2.5 万亿元，同比增长 15.4%，增速比上年末提高 1.4 个百分点；本外币涉农贷款余额为 3.1 万亿元，同比增长 9.9%，增速比上年末提高 1.7 个百分点。

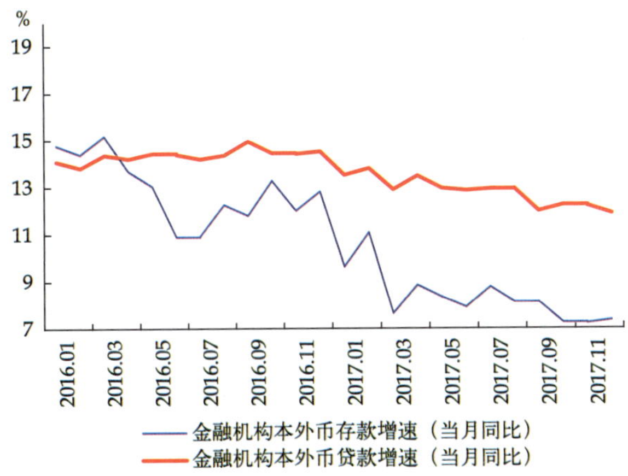

数据来源：中国人民银行南京分行。

图 3　2016~2017 年江苏省金融机构本外币存、贷款增速变化

4. 表外融资同比多增，各类表外业务增势不一。2017 年末，全省表外融资（委托贷款、信托贷款和银行承兑汇票净额）同比多增 1 102 亿元。分具体业务看，委托贷款同比大幅下滑，信托贷款保持较快增长。2017 年末，全省金融机构委托贷款新增 375 亿元，同比少增 1 835 亿元；全省金融机构信托贷款新增 620 亿元，同比多增 611 亿元。未贴现银行承兑汇票明显减少，2017 年，全省金融机构未贴现银行承兑汇票减少 98.7 亿元，同比多增 2 326 亿元。

5. 贷款利率有所上涨。2017 年第一至第四季度，江苏省定期存款加权平均利率分别为 2.07%、2.0011%、2.0024% 和 2.0119%，同比分别上涨 9 个、3.9 个、5.8 个和 4.44 个基点。受市场利率上涨向信贷市场传导影响，全年贷款利率呈现上行态势。2017 年第一至第四季度，江苏省新发放人民币贷款加权平均利率分别为 5.342%、5.4808%、5.6504% 和 5.6051%，同比变动幅度分别为 -21.82 个、-8.31 个、12.90 个和 21.72 个基点。

利率市场化改革深入推进。省、市、县三级利率定价自律机制相继建立并有序运转，市场化产品发行量不断扩大，全省 90 家地方法人机构通过合格审慎评估，累计发行同业存单 11 362 亿元，发行大额存单 1 033 亿元。

表 2　2017 年江苏省金融机构人民币贷款各利率区间占比

单位：%

月份		1 月	2 月	3 月	4 月	5 月	6 月
合计		100.0	100.0	100.0	100.0	100.0	100.0
下浮		11.9	15.6	12.5	10.5	11.0	7.7
基准		27.1	25.7	23.7	23.0	24.5	24.5
上浮	小计	60.9	58.7	63.8	66.5	64.6	67.8
	(1.0, 1.1]	25.0	21.9	19.1	21.5	18.5	16.6
	(1.1, 1.3]	18.7	18.4	18.7	20.7	20.7	25.3
	(1.3, 1.5]	7.6	8.4	11.8	10.8	11.6	12.5
	(1.5, 2.0]	6.7	6.7	10.0	9.4	9.7	9.6
	2.0 以上	3.0	3.4	4.2	4.1	4.0	3.8
月份		7 月	8 月	9 月	10 月	11 月	12 月
合计		100.0	100.0	100.0	100.0	100.0	100.0
下浮		7.2	7.0	5.7	6.9	6.3	4.6
基准		19.9	20.3	20.9	17.8	20.0	23.4
上浮	小计	73.0	72.7	73.4	75.4	73.7	72.0
	(1.0, 1.1]	16.8	16.7	18.0	17.7	19.4	19.9
	(1.1, 1.3]	26.2	24.7	25.6	26.8	25.2	26.5
	(1.3, 1.5]	14.8	15.1	14.2	15.3	14.0	13.1
	(1.5, 2.0]	10.5	11.4	11.1	10.7	10.6	8.8
	2.0 以上	4.7	4.7	4.5	5.0	4.5	3.7

数据来源：中国人民银行南京分行。

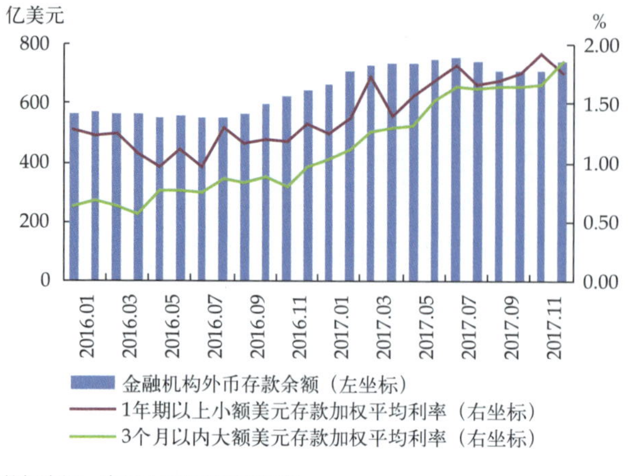

数据来源：中国人民银行南京分行。

图 4　2016~2017 年江苏省金融机构外币存款余额及外币存款利率

6. 银行业金融风险防控更加扎实。2017 年末，全省银行业金融机构不良贷款余额 1 299 亿元，比年初减少 37 亿元，同比多减 86.9 亿元。不良贷款率 1.3%，比年初下降 0.11 个百分点。关注类和逾期贷款余额分别较年初下降 248 亿元和 167 亿元。

2017 年，中国人民银行南京分行坚持把防控金融风险放在更加重要的位置，前移风险把控关口。一是深入推进金融风险监测评估。密切关注重点行业、重点领域、重点企业、重点地区的风险状况，对潜在高风险法人金融机构和相关地区发出风险提示函推动风险化解。二是创新推进存款保险工作。建立片区监管联系人和“一对一”主监管人制度，创新实施“关注类机构”名单制管理，持续加强风险警示与早期纠正。

专栏 1　江苏金融支持制造业转型升级取得阶段性进展

2016 年以来，中国人民银行南京分行着力推动制造业高质量发展，组织实施了“江苏金融支持制造业提质增效行动计划（2016~2020）”，并取得阶段性进展。2017 年末，全省制造业贷款余额同比增长 6.2%，增速较上年同期提升 7 个百分点。

一是资源配置进一步优化。会同产业主管部门，通过发布新兴产业企业名录、建立重点智能改造项目库等方式，引导金融机构积极加大对《中国制造 2025 江苏行动纲要》15 个重点领域的支持。同时，着力支持传统产业转型，一方面，大力发展绿色金融，建立完善绿色金融监测机制，积极推动排污权质押、合同能源管理等融资模式发展，助推传统企业实现绿色转型发展。另一方面，对产能过剩行业坚持“区别对待、有扶有控”，实施差别化授信。截至 2017 年末，全省钢铁、煤炭、水泥、平板玻璃、船舶等产能过剩行业贷款同比净下降 8.7%。

二是金融服务方式不断丰富。推动发展弱担保、无担保信贷产品，大力发展应收账款、知识产权、收益权、股权等新型抵质押方式。至 2017 年末，全省制造业企业股权质押贷款余额同比增长 25.3%，通过应收账款融资服务平台促成融资总额 1.03 万亿元，连续三年位居全国第一。支持省内企业通过金融市场获取融资，2016 年以来，全省制造业企业共发行各类债务融资工具 1 503 亿元，制造业上市公司通过首发、增发等方式融资 1 989 亿元。

三是企业“走出去”力度进一步加大。大力推动跨国公司外汇资金集中运营管理试点，目前获批试点企业 70 家，累计归集资金 1 407 亿美元。积极鼓励境内机构合理利用境外低成本资金，2017 年，全省全口径跨境融资签约金额折合人民币 560 亿元。推动泰州医药高新区于 2017 年 7 月率先获批资本项目收入兑换便利化试点，极大地便利了企业生产经营。截至 2017 年末，共有 14 家企业参与试点，其中 5 家企业已开展相关业务，金额共计 3 120 万美元。

（二）证券业实力持续增强，多层次资本市场建设稳步推进

1. 证券行业平稳发展。2017 年末，江苏省共有法人证券公司 6 家，总资产 4 279.5 亿元，证券营业部 887 家，同比增长 17.86%。行业利润实现较快增长，2017 年，江苏省证券行业实现营业总收入 227.7 亿元，同比增长 17.2%；实现利润总额 134.6 亿元，同比增长 34.9%。从收入结构看，自营业务收入增长较快，同比增长 147.8%。

2. 资本市场总体规模继续位居全国前列。截至 2017 年末，江苏省境内上市公司总数为 382 家，较上年新增 65 家，上市公司总数位居全国第三。拟上市公司 238 家，后备上市企业资源充足。IPO 融资在全国位居前列。2017 年，全省上市公司首发融资 304 亿元，同比增长 20.6%；配股、增发融资 1 850 亿元，同比增长 27.3%。

3. 多层次资本市场建设稳步推进。截至 2017 年末，江苏省新三板挂牌公司 1 390 家，总量位居全国前列，江苏企业境内上市公司总股本 3 258.1 亿股，比上年增长 14.8%，市价总值 40 676 亿元，比上年增长 9.4%。截至 2017 年底，江苏区域股权交易中心已有 2 220 家挂牌企业，累计通过各种方式为企业融资 360.9 亿元。

4. 期货和私募基金等行业稳步发展。截至 2017 年末，全省共有 9 家法人期货公司，1 124 家证券期货分支机构，3 家投资咨询公司和 57 家基金销售机构。此外，江苏登记私募基金管理人 1 024 家，管理基金 2 601 只，管理规模 4 771 亿元，位列全国第六。

表 3　2017 年江苏省证券业基本情况

项目	数量
总部设在辖内的证券公司数（家）	6
总部设在辖内的基金公司数（家）	0
总部设在辖内的期货公司数（家）	9
年末国内上市公司数（家）	382

续表

项目	数量
当年国内股票（A 股）筹资（亿元）	762
当年发行 H 股筹资（亿元）	162
当年国内债券筹资（亿元）	1 000
其中：短期融资券筹资额（亿元）	-72
中期票据筹资额（亿元）	1 058

注：当年国内股票（A 股）筹资额指非金融企业境内股票融资。

数据来源：江苏证监局、江苏省金融办、中国人民银行南京分行。

（三）保险业发展平稳，服务能力再上新台阶

1. 市场体系不断完善，各项业务较快增长。截至 2017 年末，江苏省共有省级以上保险公司 5 家，资产总额 6 527.8 亿元，同比增长 10.8%。全年实现保费收入 3 449.5 亿元，同比增长 28.2%，各类赔款给付 983.6 亿元，同比增长 7.5%。分险种看，财产险保费收入 856.2 亿元，同比增长 11.7%，人身险保费收入 2 593.3 亿元，同比增长 34.8%。

2. 保险资金投资力度进一步加大，资金运用配置更趋优化。2017 年，全省保险资金投资保持较快速度增长，并以多种形式参与江苏产业科技创新中心和先进制造业基地、苏南国家自主创新示范区和南京江北新区等重大平台、战略性新兴产业建设。

3. 服务“三农”取得新成效。2017 年，江苏保监局制定大病保险业务监管实施细则、建立农村建档立卡低收入人口重疾兜底保障机制。全省统颁的政策性农业保险险种达 55 种，保险产品不断丰富。涉农贷款保证保险收入突破 1 亿元，为破解农业企业融资难融资贵问题提供了新动力。

表 4　2017 年江苏省保险业基本情况

项目	数量
总部设在辖内的保险公司数（家）	5
其中：财产险经营主体（家）	2
人身险经营主体（家）	3
保险公司分支机构（家）	502
其中：财产险公司分支机构（家）	301
人身险公司分支机构（家）	201

续表

项目	数量
保费收入（中外资，亿元）	3 450
其中：财产险保费收入（中外资，亿元）	856
人身险保费收入（中外资，亿元）	2 593
各类赔款给付（中外资，亿元）	984
保险密度（元／人）	4 312
保险深度（%）	4

数据来源：江苏保监局。

（四）社会融资规模保持适度增长，金融市场创新力度进一步加大

1. 社会融资规模保持适度增长。2017 年，全省社会融资增量 1.5 万亿元，同比少增 1 515 亿元。从融资结构看：一是对实体经济信贷投放占比有所提升，占社会融资增量比例提高至 73.1%，同比提升 3.2 个百分点。二是表外融资（委托贷款、信托贷款和银行承兑汇票三者合计）有所增加。全年新增表外融资 896.2 亿元，同比多增 1 102 亿元。三是直接融资增量同比有所下降。2017 年，股票融资同比少增 470 亿元。

2. 金融市场创新力度进一步加大。2017 年，“双创”、绿色等领域创新债务融资工具在江苏落地，南京银行在城商行系统率先获准发行绿色金融债 50 亿元。法人机构主动负债能力不断增强。全年共有 10 家地方法人金融机构发行金融债 222 亿元，其中二级资本债 67 亿元、普通金融债 100 亿元、绿色金融债 50 亿元、小微金融专项债 5 亿元；5 家法人机构共发行信贷资产证券化产品 57.5 亿元。

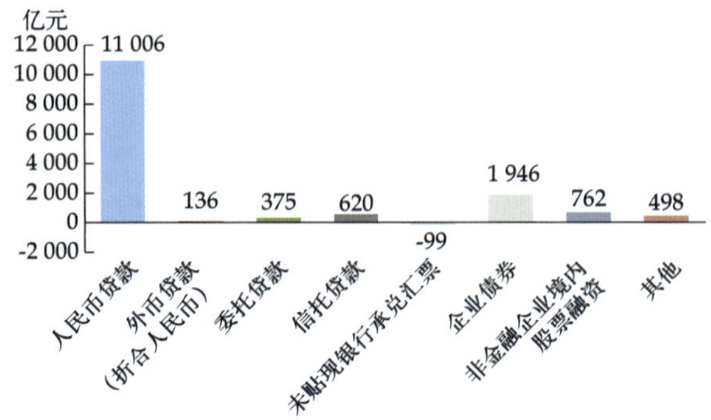

数据来源：中国人民银行南京分行。

图 5　2017 年江苏省社会融资规模分布结构

3. 银行间市场业务平稳发展。2017 年江苏省共有 77 家市场成员参与同业拆借交易，同比增加 1 家，累计拆借资金 3.08 万亿元，净拆入资金 1.22 万亿元。2017 年，江苏省有 182 家市场成员参与质押式回购交易，累计成交 43.17 万亿元，同比增长 5.99%。共有 177 家市场成员参加现券交易，累计交易额 7.16 万亿元。

4. 票据业务有所收缩，利率低位回升。2017 年，全省承兑汇票累计发生额 1.7 万亿元，比上年减少 6 203 亿元，票据贴现累计发生额 4.1 万亿元，比上年减少 3.7 万亿元，主要受票据业务监管趋严、商业银行加强票据风险管控等因素叠加影响，票据业务持续收缩。2017 年第一至第四季度，全省票据贴现加权平均利率分别为 4.3414%、5.2334%、4.9599% 和 4.9929%，票据转贴现加权平均利率分别为 3.9371%、4.3139%、4.2167% 和 4.3963%，主要是受市场资金成本抬升和年底季节性因素影响，第四季度票据利率低位回升。其中，12 月全省票据贴现、转贴现加权平均利率分别为 5.1748% 和 4.6019%，比上年同期分别上升 137.9 个基点和 97.8 个基点。

表 5　2017 年江苏省金融机构票据业务量统计

单位：亿元

季度	银行承兑汇票承兑		贴现			
			银行承兑汇票		商业承兑汇票	
	余额	累计发生额	余额	累计发生额	余额	累计发生额
1	11 843.68	5 576.25	3 730.72	14 002.51	119.93	606.32
2	11 020.91	3 246.18	3 401.64	9 025.68	106.75	315.34
3	10 172.40	4 331.79	3 421.03	8 457.06	129.14	326.19
4	10 185.19	3 976.01	3 633.89	8 137.38	130.03	501.59

数据来源：中国人民银行南京分行。

表 6　2017 年江苏省金融机构票据贴现、转贴现利率

单位：%

季度	贴现		转贴现	
	银行承兑汇票	商业承兑汇票	票据买断	票据回购
1	4.3126	4.3414	3.9705	3.7958

续表

季度	贴现		转贴现	
	银行承兑汇票	商业承兑汇票	票据买断	票据回购
2	5.2105	5.2334	4.3590	4.1354
3	4.9015	4.9599	4.2867	3.7714
4	4.9361	4.9929	4.5371	3.7217

数据来源：中国人民银行南京分行。

（五）金融基础设施不断完善，金融生态环境持续优化

金融基础设施不断完善。开展省级数据中心基础环境“云”化试点，深化金融IC卡受理环境建设，在全省11个设区市实现金融IC卡公共交通应用。移动支付示范工程建设序时推进，无锡成为全国首个实现银联标准行业二维码乘坐地铁的城市。征信服务不断改善。中小企业信用体系和农村信用体系建设持续推进，为江苏233万户中小微企业、267万户农户、4 035户农村经济主体建立了信用档案。

金融消费权益保护工作不断完善。江苏辖区金融消费者投诉咨询热线受理投诉862件，办结率99.3%，全省共计开展执法检查46次，现场工作时间累计达1 549人/天，检查网点87个，参与执法人员235人，督促金融机构切实维护消费者合法权益。

持续优化金融生态环境。紧扣县域金融生态环境的新形势、新特点，出台了《2016~2020年江苏省县域金融生态环境建设规划》，修订完善《江苏省金融生态县创建考核办法》。完成2014~2016年创建周期的金融生态县评估工作，评估结果在媒体上公示并报送江苏省及相关设区市政府，并对金融生态环境存在突出问题的县（市、区）发出风险警示，地方党政履行金融生态建设主体责任的主动性明显提升。

二、经济运行情况

2017年，全省深入推进供给侧结构性改革，经济运行总体稳定，主要指标平稳运行，质量效益稳步改善，结构调整明显加快。全年实现地区生产总值85 900.9亿元，同比增长7.2%。

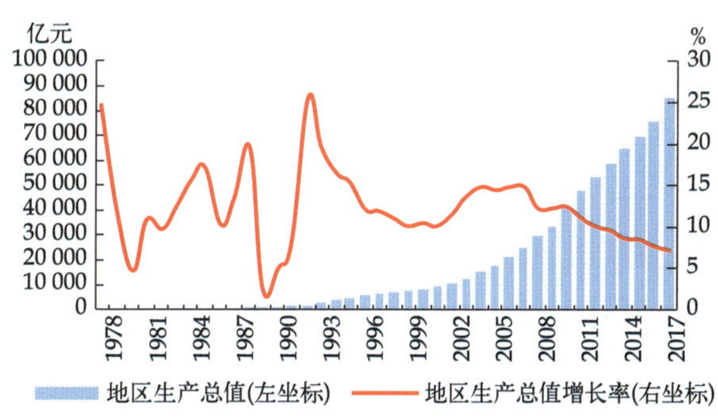

数据来源：江苏省统计局。

图6 1978~2017年江苏省地区生产总值及其增长率

（一）内需增长较为稳定，外需呈恢复性增长态势

1. 投资增速总体稳定，房地产投资增速回落明显。2017年，江苏省完成固定资产投资53 000.2亿元，同比增长7.5%，增速与上年度持平，较2015年回落3个百分点，处历史较低水平。分季度看，各季度累计同比增速分别为6.5%、7.4%、7.5%和7.5%，总体保持稳定。

投资结构不断优化。2017年，全省工业技术改造投资15 167.9亿元，同比增长11.5%，占工业投资比重达57.9%，高耗能行业投资比上年下降1.4%，增速比全部投资低8.9个百分点。服务业类投资继续保持快速增长，科学研究和技术服务业增长20.2%，居民服务和其他服务业增长17.7%，教育业增长14.8%，卫生、社会保障和社会福利业增长19.7%。

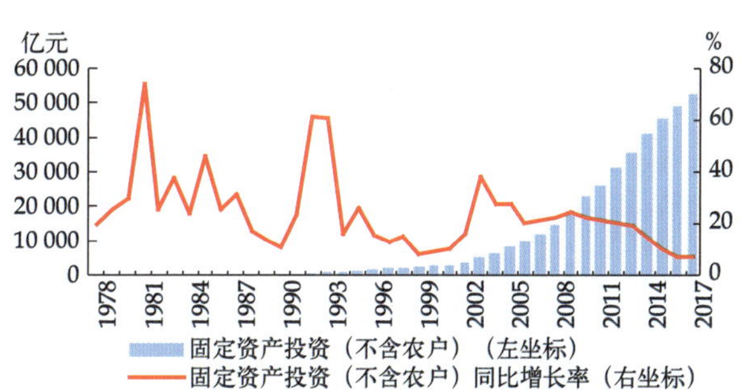

数据来源：江苏省统计局。

图7 1978~2017年江苏省固定资产投资（不含农户）及其增长率

2. 消费需求平稳增长，消费结构不断优化。 2017年，全省实现社会消费品零售总额31 737亿元，比上年增长10.6%。从消费品类看，一是受房地产调控政策收紧影响，居住类消费逐渐恢复常态。建筑及装潢材料类、五金电料类、家具类分别增长9.9%、7.7%和12.8%，增速较上年同期分别回落2.6个、12.4个和2个百分点。二是受购置税优惠政策退出影响，汽车消费有所下降。全年汽车类消费同比增长6.7%，增速较上年同期回落3.8个百分点。三是消费升级相关商品保持较快增长。通信器材类、书报杂志类和体育娱乐用品类商品分别增长18.6%、17.4%和13%。四是网上零售保持较快增长，限额以上批发和零售业网上零售额增长49.8%。

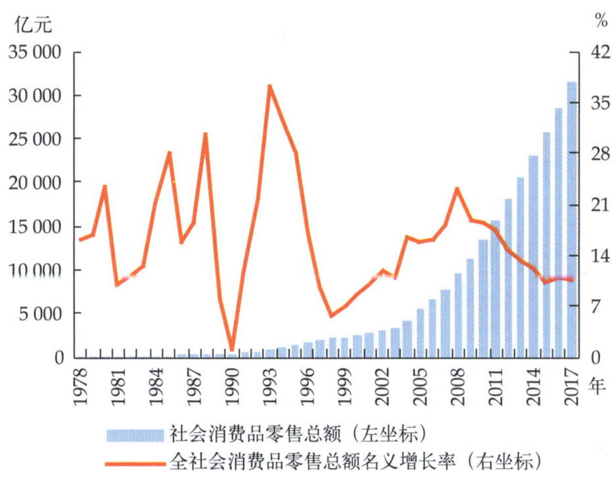

数据来源：江苏省统计局。

图8　1978~2017年江苏省社会消费品零售总额及其增长率

3. 外需呈恢复性增长，出口增速稳步提升。 2017年，全省实现进出口总额5 911亿美元，同比增长16.1%，增速较上年提高22.7个百分点。其中，实现进口2 278亿美元，同比增长19.8%；受发达经济体复苏带动，出口总额增幅稳步提高，全年实现出口3 633亿美元，同比增长13.9%，增速较上年提升19.6个百分点。其中，对"一带一路"沿线国家出口保持较快增长，出口额5 929.4亿元，增长16.3%；占全省出口总额的比重为24.1%，对全省出口增长的贡献率为23.3%。

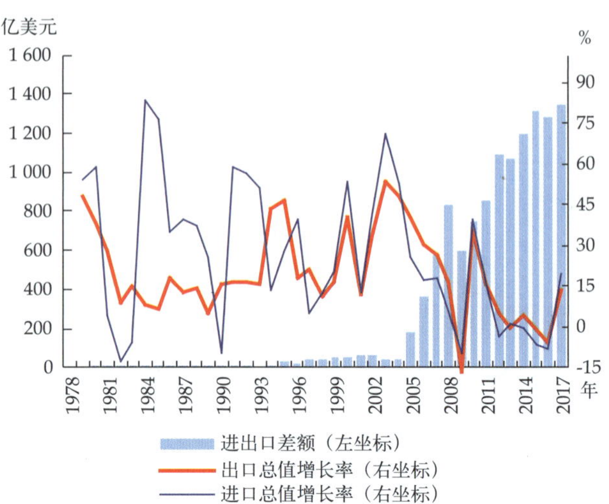

数据来源：江苏省统计局。

图9　1978~2017年江苏省外贸进出口变动情况

利用外资保持平稳增长，"走出去"步伐不断加快。2017年，全省实际使用外资251.4亿美元，同比增长2.4%，延续上年平稳增长态势。全年新批外商投资企业3 254家，比上年增长13.9%；新批协议注册外资554.3亿美元，比上年增长28.5%。新批及净增资9 000万美元以上的外商投资大项目347个，比上年增长19.7%。全年新批境外投资项目631个，中方协议投资额92.7亿美元。

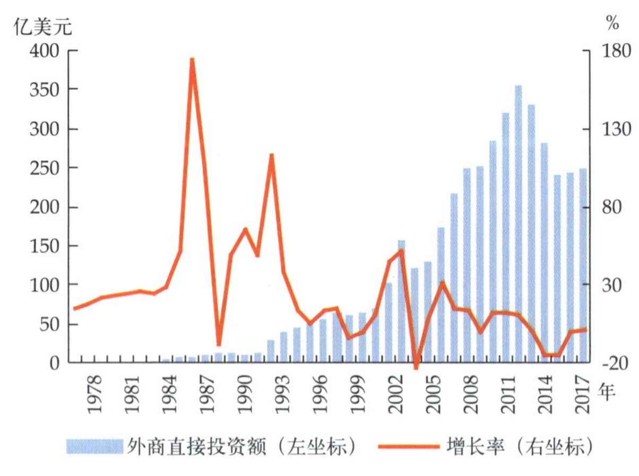

数据来源：江苏省统计局。

图10　1978~2017年江苏省外商直接投资额及其增长率

专栏 2　中小银行的流动性压力不容忽视

2017 年以来，市场资金面处于紧平衡状态，货币市场利率始终维持较高水平。在此背景下，商业银行尤其是中小银行的流动性风险不容忽视。

一是存款增长乏力导致相关流动性指标堪忧。2017 年，全省金融机构人民币存款大幅少增，各月的日均存贷比基本处于同比大幅上升的态势，以 12 月为例，当月国有银行、股份制银行和城商行这一比例分别为 79.6%、85.5% 和 69.2%，同比分别提高 2.7 个、7.2 个和 4.7 个百分点。从全省地方法人金融机构的流动性监测数据看，2017 年以来超额准备金率、月末备付率、日均备付率及流动性比例等指标总体低于上年。

二是传统存贷款业务的期限错配问题凸显。目前信贷资源流向政府类项目和个人按揭贷款，中长期贷款占比处于历史高位。2017 年末，全省中长期贷款余额占比达到 63.8%，比上年末提高 3.5 个百分点。而存款期限结构则以活期和 1 年期以内为主。市场上中长期负债供给较少，导致存款的稳定性承压，资产负债期限管理难度加大。

三是部分机构流动性管理水平仍有待提高。当前中小银行资金业务管理能力总体仍较薄弱，缺口分析、久期分析、敏感性分析等风险计量分析工具应用不足。对于涉及缴税、缴准、债券和股票发行等特殊事件对流动性的影响估计不足，导致在部分时点依赖央行的短期流动性支持，突破利率走廊上限交易的现象也时有发生。此外，部分机构热衷于将金融同业部门搬迁至上海等城市，这种“离行式”管理模式下的操作风险也极易引发流动性风险。

（二）三次产业比重继续优化，结构调整深入推进

2017 年，江苏省三次产业增加值比例调整为 4.7：45.0：50.3，第三产业增加值占 GDP 比重比上年提高 0.3 个百分点，产业结构继续向“三二一”的现代产业构架稳步优化。

1. 农业生产形势基本稳定。2017 年，江苏省实现农林牧渔业增加值 4 076.7 亿元，同比增长 2.2%。全年粮食总产量 3 539.8 万吨，比上年增产 73.8 万吨，增长 2.1%。其中，夏粮 1 260.6 万吨，增长 3.6%；秋粮 2 279.2 万吨，增长 1.3%。绿色农业、智慧农业、订单农业等现代农业加快发展。全年有效灌溉面积达 413.2 万公顷，新增有效灌溉面积 6.4 万公顷，新增节水灌溉面积 17.7 万公顷，新增设施农业面积 3.4 万公顷。

2. 工业经济运行平稳。2017 年，江苏省实现规模以上工业增加值 3.5 万亿元，同比增长 7.5%，增速比上年回落 0.2 个百分点。各季度累计同比增速分别为 7%、7.4%、7.5% 和 7.5%，年内各季度增速较为平稳。其中，先进制造业实现快速增长，全年规模以上工业中，医药制造业增加值比上年增长 12.9%，专用设备制造业、电气机械及器材制造业、通用设备制造业和计算机、通信和其他电子设备制造业增加值分别比上年增长 15.1%、11.7%、11.4% 和 11.9%。

工业效益保持较快增长，全年规模以上工业企业实现主营业务收入 15.5 万亿元，比上年增长 10.9%；利润总额 10 359.7 亿元，比上年增长 12.4%。全省列统的 40 个工业大类行业中有 32 个行业利润保持同比增长，其中，电子设备制造业、化学制品制造业和专用设备制造业等先进制造行业利润增速保持在 15% 以上。

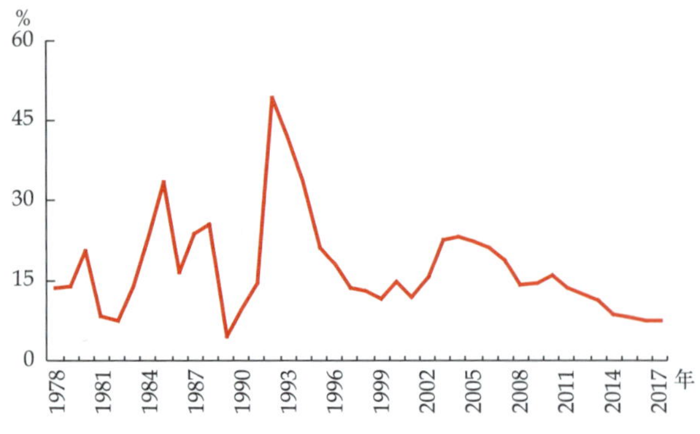

数据来源：江苏省统计局。

图 11　1978~2017 年江苏省规模以上工业增加值实际增长率

3. 服务业发展态势良好。2017 年，江苏省服务业增加值同比增长 8.2%，比 GDP 增速高 1 个百分点；占 GDP 比重为 50.4%，比上年提高 0.3 个百分点。现代服务业加速发展。2017 年，全省互联网和相关服务业营业收入同比增长 71.3%，商务服务业、软件和信息技术服务业营业收入同比分别增长 16.6% 和 17.6%，增速分别高出全省规模以上服务业营业收入 4.4 个和 5.4 个百分点。民生相关产业快速发展，2017 年，全省居民服务业营业收入增长 27.7%，文化艺术业营业收入增长 13.2%，体育服务业营业收入增长 20.8%，卫生服务业营业收入增长 15.9%。

4. 供给侧结构性改革深入推进。深入实施“263”专项行动，去产能取得积极进展。2017 年，全省压减钢铁产能 634 万吨、煤炭产能 18 万吨、水泥产能 510 万吨、平板玻璃产能 330 万重量箱，顺利完成全年目标。第四季度规模以上工业产能利用率 81.5%，同比提高 2.5 个百分点。积极落实差别化住房信贷政策，去库存稳步推进。2017 年末，全省商品房待售面积下降 14.2%。去杠杆积极推进。2017 年末，全省规模以上工业企业资产负债率比上年下降 0.5 个百分点。补短板扎实推进。2017 年，全省 200 个民生领域补短板重大项目顺利实施，完成投资 4 100 亿元。

生态文明建设有力推进。2017 年末，全省自然保护区增至 31 个，其中国家级自然保护区 3 个，面积达 53.63 万公顷；自然湿地保护率达到 48.2%；林木覆盖率提高到 22.9%。全面推行河长制和断面长制，确保太湖流域实现安全供水、不发生大面积湖泛，长江、淮河等重点流域以及近岸海域污染治理深入推进。城乡环境综合整治成效显著，建成国家生态市（县、区）45 个，国家生态园林城市 16 个，国家生态工业园区 21 个，国家生态文明建设示范市县 5 个。

（三）消费价格指数温和上涨，生产价格指数持续回升

1. 居民消费价格指数温和上涨。2017 年末，全省居民消费价格指数同比上涨 1.7%，低于上年同期 0.6 个百分点，连续 6 年保持在 3% 以下的较低水平。其中，食品烟酒类价格指数上涨 0.4%，衣着类价格指数上涨 2.3%，居住类价格指数上涨 2.8%，生活用品及服务类价格指数上涨 3.1%，交通和通信类价格指数上涨 1.8%，教育文化和娱乐类价格指数上涨 2%，医疗保健类价格指数上涨 1.5%。

2. 工业生产者价格指数继续回升。2017 年，全省工业生产者出厂价格指数比上年上涨 4.8%，涨幅比上年扩大 6.7 个百分点；工业生产者购进价格指数上涨 9.7%，涨幅扩大 11.7 个百分点。其中，受国际市场大宗能源、原材料商品进口价格上涨等综合因素影响，部分产品出厂价格指数保持上涨。

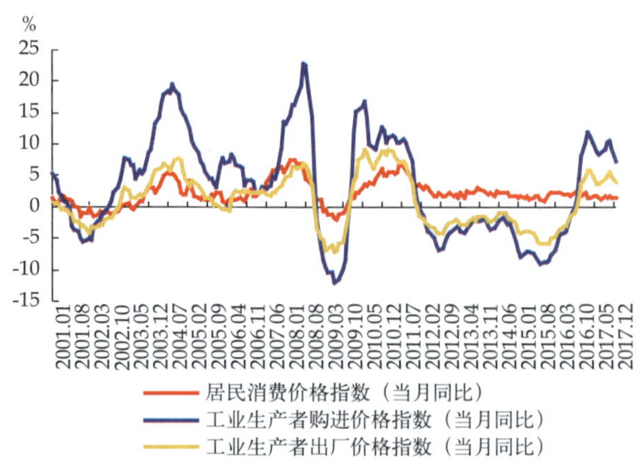

数据来源：江苏省统计局。

图 12　2001~2017 年江苏省居民消费价格指数和工业生产者价格指数变动趋势

（四）一般公共预算收入稳定增长，一般公共预算支出有所回升

1. 一般公共预算收入稳定增长。2017 年，江苏省共完成一般公共预算收入 8 172 亿元，同口径增长 4.6%，增速较上年同期上升 3.4 个百分点。其中，完成税收收入 6 484 亿元，同口径增长 4.7%，增速同比提升 5.9 个百分点；企业所得税、个人所得税收入分别增长 17% 和 1.2%，增速分别较上年提高 11.9 个和下降 4.8 个百分点。

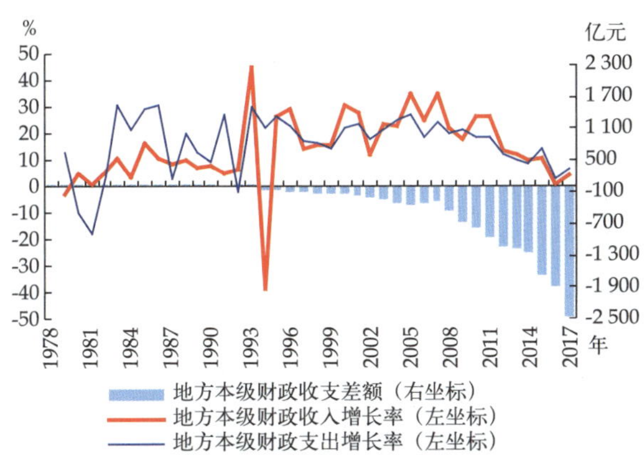

数据来源：江苏省统计局。

图 13　1978~2017 年江苏省财政收支状况

2. 一般公共预算支出有所回升，支出结构持续优化。2017 年，江苏省一般公共预算支出 10621.4 亿元，同比增长 6.4%，增速较上年同期回升 3.3 个百分点。其中，民生领域投入力度持续加大，一般公共预算支出中，教育支出和医疗卫生支出同比分别增长 8.7% 和 11.8%，社会保障和就业支出及住房保障支出同比分别增长 16.6% 和 21.1%。

3. 地方政府债务风险总体可控。2017 年，江苏省地方政府债券余额同比增长 57.4%，增速处历史较高水平，但考虑到地方政府债务新增渠道和额度均有所增加，总体偿债风险基本可控。国库现金管理规范有序推进，中国人民银行南京分行自主开发的江苏国库业务前置系统有效整合，江苏国库指数应用成功推广至 8 省（区）。

（五）房地产销售增速明显回落，价格涨势趋缓

1. 住宅销售增速明显回落。分季度看，全省商品住宅登记销售面积累计同比增速分别为 2.1%、7.7%、3.6% 和 1.8%，同比分别大幅回落 59.2 个、36.7 个、31.5 个和 20.5 个百分点。南京、苏州、无锡商品住宅登记销售面积同比分别下降 42.6%、32.3% 和 18.6%，降幅较上年末分别大幅回落 70.5 个、41.8 个和 77.1 个百分点。

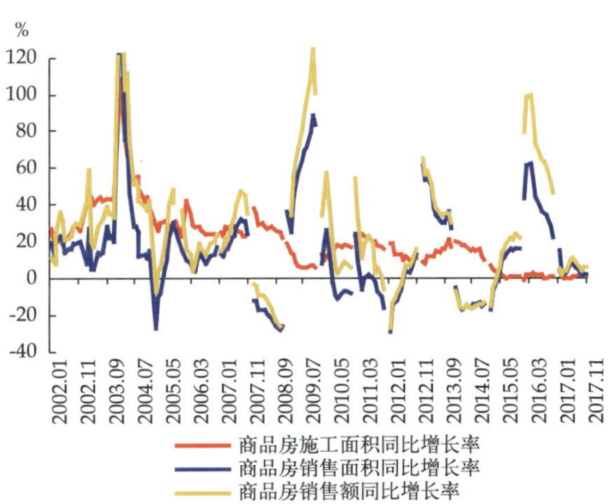

数据来源：江苏省统计局。

图 14　2002~2017 年江苏省商品房施工和销售变动趋势

2. 商品住宅去化周期保持低位。2017 年末，江苏省商品住宅累计可售面积为 8 027.1 万平方米，比上年末下降 11.1%；商品住宅去化周期为 7.8 个月，比上年末回升 0.3 个月。南京、苏州、无锡去化周期分别为 4.4 个月、11.2 个月和 11.5 个月，分别比上年末提高 2 个月、3.6 个月和 1.5 个月。

3. 商品住宅成交价格涨势趋缓。2017 年，江苏省商品住宅累计成交均价为 8 672 元 / 平方米，同比下降 1.9%，与 2016 年 9 月成交均价相比，下降 14.2%。从时序看，2016 年第四季度后，江苏省商品住宅成交均价呈现逐月回落趋势。南京、苏州和无锡房价涨势趋缓，全年商品住宅成交均价同比分别上涨 7.5%、8.9% 和

5.9%，涨幅较上年同期分别回落16.4个、18.1个和4.8个百分点。

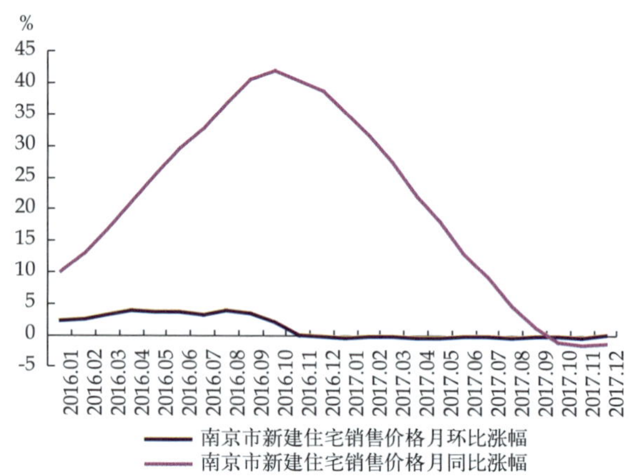

数据来源：江苏省统计局。

图15　2016~2017年南京市新建住宅销售价格变动趋势

4. 房地产贷款增速明显回落，保障房贷款保持较快增长。2017年末，江苏省房地产贷款余额3.27万亿元，同比增长20.2%，增速较上年同期回落12.2个百分点。其中，房产开发贷款余额同比增长32.1%，增速较上年同期上升19.6个百分点。受房企境内发债政策收紧和监管层加强对表外融资、资管业务监管的影响，一部分房企融资回归表内，带动了开发贷款增速回升。2017年末，江苏省保障性住房开发贷款余额3 039亿元，同比增长42.2%。

三、预测与展望

当前，全球经济整体延续复苏向好态势，美国、欧元区和日本货币政策逐步回归正常化，政策外溢影响存在不确定性，全球债务规模仍在持续攀升，贸易保护主义和地缘冲突风险加大。从国内环境看，新旧动能转换还不充分，发展不平衡的问题仍然突出，江苏经济高质量发展还面临错综复杂形势。但在供给侧结构性改革向纵深推进，“一带一路”、长江经济带、长三角区域发展一体化等战略深入实施，“中国制造2025”全面落实等因素推动下，预计2018年江苏经济将保持平稳增长，转型升级步伐进一步加快，产业结构继续优化调整，经济新动能不断发展壮大，消费和生产价格保持温和上涨态势。

2018年，中国人民银行南京分行将继续围绕服务实体经济、防控金融风险、深化金融改革三大主要任务，重点推进以下工作：一是继续做好宏观审慎管理，贯彻落实好双支柱调控框架；二是推动金融更加聚焦服务实体经济，助推结构调整和转型升级；三是落实利率市场化改革各项措施，发挥利率定价自律机制作用；四是创新货币政策工具管理，发挥结构引导功能；五是防范市场风险，推动金融市场持续稳定健康发展。

中国人民银行南京分行货币政策分析小组

总　纂：郭新明　高爱武

统　稿：戴　俊　陈　实　李晓斌

执　笔：谢　姗　杨司键

提供材料的还有：戴晓东　唐成伟　张　辉　张　明　王维全　李　艳　孙良涛　王琦玮　万　秋　王宗林　童嘉欣

附录

（一）2017年江苏省经济金融大事记

3月22日，江苏省制造业大会在南京召开，同时发布《关于加快发展先进制造业振兴实体经济的若干政策措施》，出台26条政策措施助力先进制造业发展，振兴实体经济。

5月9日，南京银行为泰州华诚医学成功发行全国首批“双创”债券。

5月20日，首届江苏发展大会在南京召开，1 200多位海内外知名乡贤参加会议。

6月21日，江苏银行成为全国首批由B类主承销商升级为A类主承销商的金融机构。

7月28日，国家外汇管理局在江苏泰州开展全国首个资本项目外汇收入兑换便利化试点。

9月1日，江苏金融工作会议在南京召开。

12月1日，镇江红色金融钱币专题博物馆暨新四军十大银行红色货币展馆、华东财经委旧址陈列馆在江苏丹阳开馆。

12月11日，国务院正式批准在江苏省盐城市设立中韩（盐城）产业园。

（二）2017 年江苏省主要经济金融指标

表 1　2017 年江苏省主要存贷款指标

		1 月	2 月	3 月	4 月	5 月	6 月	7 月	8 月	9 月	10 月	11 月	12 月
本外币	金融机构各项存款余额（亿元）	130 537	133 346	133 181	133 127	133 760	134 468	134 410	135 432	135 479	135 602	135 798	134 776
	其中：住户存款	48 665	48 026	48 180	46 673	46 583	47 362	46 595	46 607	47 309	46 370	46 278	46 687
	非金融企业存款	49 524	50 909	51 417	51 437	51 560	51 639	50 473	50 693	50 618	50 012	50 165	51 121
	各项存款余额比上月增加（亿元）	4 960	2 809.4	-165.7	-53.82	633.58	707.57	-58.06	1 022.6	46.556	123.26	195.81	-1 022
	金融机构各项存款同比增长（%）	9.61	11.07	7.62	8.83	8.32	7.89	8.75	8.11	8.12	7.23	7.2	7.33
	金融机构各项贷款余额（亿元）	95 448	96 797	97 354	98 418	99 194	100 302	100 942	101 794	102 546	102 950	103 593	104 007
	其中：短期	31 335	31 497	31 735	31 813	32 116	32 725	32 743	32 830	32 976	32 912	33 158	33 296
	中长期	58 517	59 698	60 487	61 461	62 094	62 721	63 330	63 988	64 654	65 046	65 454	65 544
	票据融资	4 416.2	4 355.1	3 864.9	3 848.4	3684	3 537.2	3524	3 627.2	3 570.8	3 649.7	3 627.9	3 783.3
	各项贷款余额比上月增加（亿元）	2 491.3	1 348.7	556.71	1 064.5	776.11	1 107.1	640.37	851.74	752.74	403.45	643.43	137.53
	其中：短期	380.4	162.5	237.6	77.84	302.6	609.5	17.6	86.97	146.4	-63.42	245.51	3 783.3
	中长期	3 156.6	1 181.8	788.5	974.3	632.5	627.8	608.8	657.73	665.6	392.55	407.45	90.87
	票据融资	-1 079	-61.1	-490.3	-16.44	-164.4	-146.8	-13.2	103.19	-56.34	78.88	-21.86	155.41
	金融机构各项贷款同比增长（%）	13.52	13.8	12.9	13.48	12.95	12.86	12.93	12.94	11.99	12.25	12.21	11.89
	其中：短期	-4.1	-3.7	-3.4	-1.8	-0.4	1.1	2.74	3.62	4.47	6.13	7.16	7.51
	中长期	28.8	28.47	26.97	27.63	26.27	24.87	24.2	23.61	21.5	20.9	20.2	18.42
	票据融资	-13.3	-12.5	-19.7	-26.4	-32	-33.4	-36.4	-35.7	-37.6	-36.5	-33.1	-31.2
	建筑业贷款余额（亿元）	3 543.4	3 535.5	3 541.7	3 589.8	3 611	3 637.7	3 643.5	3 638.5	3 643.6	3 652	3 685.3	3 676.3
	房地产业贷款余额（亿元）	6 294.4	6 364.7	6 381.6	6 389.5	6 321.5	6 356.4	6 391.5	6 461	6 534.9	6 608.2	6 648.5	6 613.5
	建筑业贷款同比增长（%）	0.98	0.12	-0.1	3.1	3.9	4.3	6.3	6.9	7	8.8	10.16	10.2
	房地产业贷款同比增长（%）	-1.4	-2.3	-3.1	-2	-3.5	-2.1	0.13	1.16	2.22	4.8	8.7	8.72
人民币	金融机构各项存款余额（亿元）	125 974	128 489	128 142	128 075	128 719	129 409	129 329	130 551	130 761	130 906	131 099	129 943
	其中：住户存款	48 020	47 385	47 535	46 037	45 951	46 742	45 979	46 015	46 718	45 773	45 683	46 088
	非金融企业存款	45 863	46 965	47 275	47 284	47 420	47 477	46 275	46 669	46 773	46 193	46 334	47 205
	各项存款余额比上月增加（亿元）	4 867.1	2 515.7	-347.2	-67.32	643.72	690.33	-80.24	1 222.6	209.7	145.33	193.1	-1156
	其中：住户存款	4115.4	-635	150.55	-1498	-86.38	791.22	-763.1	36.166	702.7	-944.8	-90.08	405.08
	非金融企业存款	611.26	1 102.6	309.72	9.3965	136.15	56.5	-1202	394.03	103.57	-579.6	140.77	871.04
	各项存款同比增长（%）	9.15	10.47	6.68	7.89	7.37	7.02	7.85	7.37	7.57	6.91	7.12	7.3
	其中：住户存款	14.5	6.7	7.75	7.27	7.16	7.1	6.2	5.55	5.99	5.12	3.07	4.98
	非金融企业存款	-2.5	2.5	4.24	3.9	3.6	2.3	2.7	1.43	2.12	2.23	-5.22	4.26
	金融机构各项贷款余额（亿元）	93 501	94 764	95 245	96 304	97 072	98 198	98 872	99 778	100 524	100 994	101 650	102 113
	其中：个人消费贷款	22 906	23 275	23 817	24 276	24 751	25 351	25 766	26 207	26 632	27 006	27 429	27 688
	票据融资	4 416.1	4 354.9	3 864.7	3 848.3	3 683.8	3 537.1	3 524	3 627.1	3 570.7	3 649.6	3 627.7	3 783.1
	各项贷款余额比上月增加（亿元）	2 393.2	1 263	481.41	1 058.4	767.89	1 126.9	673.98	905.14	746.01	470.21	656.05	463.4
	其中：个人消费贷款	507.9	369	541.9	459.4	474.5	599.8	415.1	441.23	425.2	373.9	423	259.23
	票据融资	-1079	-61.14	-490.3	-16.42	-164.4	-146.7	-13.23	103.17	-56.33	78.89	-21.9	155.37
	金融机构各项贷款同比增长（%）	14.19	14.22	13.14	13.61	13.01	12.96	13.03	13.05	12.02	12.39	12.38	12.08
	其中：个人消费贷款	42.1	42.31	39.9	37.46	34.93	33.4	31.4	29.49	27.43	26.11	24.58	23.62
	票据融资	-13.3	-12.5	-19.7	-26.4	-32	-33.4	-36.4	-35.7	-37.6	-36.5	-36.6	-31.2
外币	金融机构外币存款余额（亿美元）	665.31	706.46	730.29	732.9	734.61	746.79	755.2	739.48	710.9	707.27	711.57	739.69
	金融机构外币存款同比增长（%）	18.57	23.6	29.54	30.97	34.28	33.58	36.72	34.36	26.76	19.06	14.4	14.78
	金融机构外币贷款余额（亿美元）	283.94	295.74	305.62	306.78	309.31	310.45	40.978	305.42	304.78	294.6	294.31	289.87
	金融机构外币贷款同比增长（%）	-15.66	-7.69	-3.25	1.13	5.56	5.78	7.16	9.1	11.11	7.26	8.43	8.73

数据来源：中国人民银行南京分行。

表 2　2001~2017 年江苏省各类价格指数

单位：%

		居民消费价格指数		农业生产资料价格指数		工业生产者购进价格指数		工业生产者出厂价格指数	
		当月同比	累计同比	当月同比	累计同比	当月同比	累计同比	当月同比	累计同比
2001		—	0.8	—	-3.2	—	-0.5	—	-0.9
2002		—	-0.8	—	-0.7	—	-1.4	—	-2.4
2003		—	1.0	—	1.9	—	6.5	—	2.3
2004		—	4.1	—	12.3	—	16.3	—	6.5
2005		—	2.1	—	6.9	—	7.6	—	2.6
2006		—	1.6	—	1.7	—	6.4	—	1.5
2007		—	4.3	—	6.9	—	5.0	—	2.6
2008		—	5.4	—	17.3	—	15.0	—	4.6
2009		—	-0.4	—	-2.4	—	-8.1	—	-4.8
2010		—	3.8	—	4.2	—	12.8	—	7.3
2011		—	5.3	—	12.6	—	8.9	—	6.2
2012		—	2.6	—	4.6	—	-4.2	—	-2.9
2013		—	2.3	—	2.4	—	-2.9	—	-2.0
2014		—	2.2	—	0.2	—	-3.0	—	-1.7
2015		—	1.7	—	-0.4	—	-7.9	—	-4.7
2016		—	2.3	—	-0.1	—	-2.0	—	-1.9
2017		—	1.7	—	2.1	—	9.7	—	4.8
2016	1	2.3	2.3	-1.5	-1.5	-7.6	-7.6	-5.0	-5.0
	2	2.5	2.4	-1.1	-1.3	-6.9	-7.3	-4.6	-4.8
	3	2.5	2.4	-0.8	-1.1	-5.8	-6.8	-4.2	-4.6
	4	2.3	2.4	-0.6	-1.0	-4.4	-6.2	-3.5	-4.3
	5	2.2	2.4	-0.6	-0.9	-4.0	-5.8	-3.1	-4.1
	6	2.2	2.3	0.3	-0.7	-3.9	-5.5	-3.0	-3.9
	7	2.2	2.3	0.0	-0.6	-2.7	-5.1	-2.3	-3.7
	8	1.9	2.3	-0.4	-0.6	-1.4	-4.6	-1.4	-3.4
	9	2.3	2.3	-0.4	-0.6	-0.1	-4.1	-0.7	-3.1
	10	2.6	2.3	0.2	-0.5	1.3	-3.6	0.0	-2.8
	11	2.3	2.3	1.5	-0.3	4.5	-2.9	1.6	-3.4
	12	2.0	2.3	2.5	-0.1	8.2	-2.0	3.9	-1.9
2017	1	2.3	2.3	3.0	3.0	10.2	10.2	4.9	4.9
	2	1.5	1.9	3.3	3.2	11.9	11.1	6.0	5.5
	3	1.7	1.8	3.2	3.2	11.5	11.2	6.0	5.6
	4	1.8	1.8	2.7	3.0	9.7	10.8	4.7	5.4
	5	1.9	1.8	1.8	2.8	8.8	10.4	3.7	5.1
	6	1.6	1.8	0.4	2.4	8.5	10.1	3.9	4.9
	7	1.4	1.7	0.6	2.1	8.6	9.9	4.1	4.8
	8	1.9	1.8	1.1	2.0	9.3	9.8	4.6	4.7
	9	1.7	1.8	1.6	1.9	10.3	9.9	5.2	4.8
	10	1.8	1.8	2.4	2.0	10.5	9.9	5.7	4.9
	11	1.6	1.7	2.8	2.1	9.2	9.9	4.9	4.9
	12	1.7	1.7	2.5	2.1	7.4	9.7	4.0	4.8

数据来源：《中国经济景气月报》。

表 3　2017 年江苏省主要经济指标

	1 月	2 月	3 月	4 月	5 月	6 月	7 月	8 月	9 月	10 月	11 月	12 月
	绝对值（自年初累计）											
地区生产总值（亿元）	—	—	18 822.6	—	—	40 821.2	—	—	62 604.5	—	—	85 900.9
第一产业	—	—	516.1	—	—	1 358.4	—	—	2 135.1	—	—	4 076.7
第二产业	—	—	8 392.5	—	—	18 743.5	—	—	28 879.2	—	—	38 654.9
第三产业	—	—	9 914.0	—	—	20 719.4	—	—	31 590.1	—	—	43 169.4
工业增加值（亿元）	—	5 390.1	8 774.8	11 976.5	15 289.3	18 903.7	22 183.8	25 478.8	28 714.7	31 896.7	33 051.6	35 117.4
固定资产投资（亿元）	—	6 171.7	11 178.2	15 706.1	20 410.9	24 117.2	29 000.6	33 084.1	37 498.2	42 646.5	47 759.8	53 000.2
房地产开发投资	—	1 277.4	2 176.3	2 952.3	3 884.4	4 847.9	5 658.1	6 446.3	7 333.5	8 112.4	8 878.0	9 629.1
社会消费品零售总额（亿元）	—	5 171.1	7 807.6	10 187.5	12 815.7	15 416.5	17 961.5	20 548.8	23 161.7	26 041.2	28 875.3	31 737.4
外贸进出口总额（亿元）	3 107.4	5 670.2	8 871.0	11 979.3	15 283.6	18 748.0	22 163.5	25 725.0	29 302.7	32 544.9	36 362.0	40 022.1
进口	1 124.8	2 234.0	3 492.9	4 695.1	5 969.8	7 259.5	8 561.3	9 903.0	11 352.2	12 595.9	14 037.4	15 414.9
出口	1 982.6	3 436.2	5 378.1	7 284.2	9 313.8	11 488.5	13 602.2	15 822.0	17 950.5	19 949.0	22 324.6	24 607.2
进出口差额（出口 – 进口）	857.8	1 202.2	1 885.2	2 589.1	3 344.0	4 229.0	5 040.9	5 919.0	6 598.3	7 353.1	8 287.2	9 192.3
实际利用外资（亿美元）	27.6	46.4	72.0	84.5	98.4	137.2	147.0	164.0	195.0	207.6	225.0	251.4
地方财政收支差额（亿元）	72.3	-12.8	-494.1	-288.2	-428.0	-1 252.9	-1 186.4	-1 553.0	-1 877.1	-1 611.1	-1 960.0	-2 449.9
地方财政收入	911.9	1 432.0	2 055.8	2 864.1	3 536.7	4 288.7	5 034.9	5 513.6	6 022.5	6 796.0	7 299.3	8 171.5
地方财政支出	839.6	1 444.8	2 549.8	3 152.2	3 964.7	5 541.5	6 221.3	7 066.6	7 899.6	8 407.2	9 259.4	10 621.4
城镇登记失业率（%）（季度）	—	—	—	—	—	—	—	—	—	—	—	3.0
	同比累计增长率（%）											
地区生产总值	—	—	7.1	—	—	7.2	—	—	7.2	—	—	7.2
第一产业	—	—	0.4	—	—	2.2	—	—	2.1	—	—	2.2
第二产业	—	—	6.1	—	—	6.3	—	—	6.6	—	—	6.6
第三产业	—	—	8.4	—	—	8.3	—	—	8.1	—	—	8.2
工业增加值	—	6.7	7.0	7.0	7.2	7.4	7.4	7.4	7.5	7.5	7.5	7.5
固定资产投资	—	5.1	6.5	6.7	6.9	7.4	7.6	7.6	7.5	7.2	7.3	7.5
房地产开发投资	—	10.0	9.8	9.8	10.1	7.8	8.8	9.7	9.7	8.4	7.4	7.5
社会消费品零售总额	—	9.7	10.3	10.6	10.8	11.0	11.1	11.0	10.9	10.8	10.7	10.6
外贸进出口总额	18.1	19.4	16.4	14.8	16.9	20.4	20.5	19.8	20.1	19.5	19.9	19.0
进口	18.2	28.9	22.9	20.0	20.7	24.3	24.8	24.4	25.0	24.5	24.3	22.6
出口	18.1	13.9	12.6	11.7	14.6	18.1	18.0	17.0	17.2	16.6	17.2	16.9
实际利用外资	-15.5	-9.5	-7.2	-8.8	-9.1	-5.1	-5.1	-0.3	7.2	6.4	4.4	2.4
地方财政收入	-2.7	2.8	1.7	2.0	2.7	2.3	2.9	3.8	5.1	5.4	5.1	4.6
地方财政支出	34.4	5.1	13.2	6.3	5.8	12.3	9.7	10.1	5.2	4.4	1.5	6.4

数据来源：江苏省统计局。

浙江省金融运行报告（2018）

中国人民银行杭州中心支行货币政策分析小组

[内容摘要] 2017年，浙江省加快推进“最多跑一次”改革，充分激发市场活力，推动经济结构转型升级。全省经济运行稳中向好，供给侧结构性改革稳步推进，经济实力再上新台阶。全年实现地区生产总值51 768亿元，同比增长7.8%，其中服务业对生产总值增长的贡献率为57%。人均地区生产总值92 057元，居民消费者价格同比上涨2.1%。金融运行稳中向好、总量适度、结构优化，对经济社会发展的支撑、保障、引领作用得到较好发挥。全省金融机构贷款余额同比增长10.3%，与全省经济增长相匹配；全省金融机构紧紧围绕服务实体经济发展和推进新旧动能转换各项部署，努力提升金融服务水平；金融风险防范化解工作取得成效，不良贷款保持“双降”态势；资本市场稳步发展，保险服务保障功能日益增强。

从经济运行看，全省经济运行稳中向好，三大需求平稳增长，产业结构不断优化，供给侧结构性改革持续显效。一是固定资产投资增速有所放缓，投资结构持续优化。固定资产投资同比增长8.6%，同比回落2.3个百分点。其中，制造业投资增长5.9%，同比回升2.7个百分点，高新技术、装备制造业、战略性新兴产业投资占制造业投资的比重分别为30.8%、49.2%和35.7%；服务业投资增长9.8%，快于总体投资增速；基础设施投资增长13.2%，同比回落13.1个百分点。二是消费市场平稳运行，新兴消费较快发展。社会消费品零售额增长10.6%，同比回落0.4个百分点；网络零售额、省内居民网络消费额和跨境网络零售出口额分别同比增长29.4%、29%和37.2%。三是外贸回暖态势明显。其中，出口总额为2 868.9亿美元，同比上升7.1%；进口总额为910亿美元，同比上升32.4%；进出口顺差同比小幅下降1.7%；引进外资稳步提升。全省对外直接投资78亿美元，同比下降37.8%。四是工业经济稳中向好。规模以上工业增加值、销售产值和企业利润分别同比增长8.3%、14.6%和16.6%，比上年分别提高2.1个、10.1个和0.5个百分点；装备制造、战略性新兴、高新技术等产业增加值分别同比增长12.8%、12.2%和11.2%，增速均高于规模以上工业。五是信息服务业引领作用明显。随着电子商务、互联网金融、智慧物流、物联网、云计算、大数据等信息服务业的快速发展，信息经济成为经济发展的新动能和新引擎。规模以上信息经济核心产业中，1 588家信息经济服务业企业营业收入和利润总额分别增长33.0%和21.8%。六是“三去一降一补”取得新进展。全省共处置“僵尸企业”404家，淘汰落后产能企业2 690家，整治“脏乱差”企业4.7万家；年末新建商品房库存去化周期比年初减少5.2个月；规模以上工业企业资产负债率同比下降1.1个百分点；规模以上工业企业每百元主营业务收入中的业务成本低于全国1.2元；预计研发经费支出占生产总值的比重为2.43%，规模以上工业科技活动经费支出增长22.3%。

从金融运行看，银行业、证券业和保险业运行总体稳健，服务实体经济能力和水平不断提升。一是货币信贷平稳增长。实体经济融资渠道不断拓宽，直接融资稳健发展。社会融资规模新增13 331亿元，同比多增5 846亿元，委托及信托等表外业务增速放缓，直接融资占同期社会融资规模增量的15.6%。从债券发行看，全省共发行企业债务融资工具2 193亿元，同比增长6%。二是宏观审慎管理取得实效。资金链条长、交易环节多、风险因素复杂的同业投资类和表外理财业务增长显著放缓，金融机构稳健经营意识不断提升。2017年末，全省金融机构投资类业务余额同比增长4%，增速较上年下降26.3个百分点；表外理财余额同比下降2.4%，增速较上年下降43.4个百分点。三是信贷投向结构持续调整优化。2017年，中国人民银行杭州中心支行深入开展“金融服务供给侧结构性改革深化年”活动，充分发挥各类货币政策工具的导向作用，引导金融机构优化信贷结构，加大对重点领域和薄弱环节的支持力度。货币政策工具资金投放精准性进一步提升，发放的支农支小再贷款、再贴现资金惠及农户及小微企业5.9万余家；通过央行抵押贷款补充资金带动约3.2倍的政策性银行和社会资金参与棚改、水利等特定领域建设；2017年末，全省涉农、小微企业、制造业贷款余额同比增速分别比上年提高9.3个、5.1个和5.3个百分点；全年个人住房贷款新增额占各项贷款新增额的比重比上年下降27.9个百分点。加大新旧动能转换金融支持力度。2017年末，全省排污权、商标专用权、专利权抵押贷款余额同比分别增长43.7%、77.5%和135.8%，通过投贷联动发放贷款同比增长66%；共设立科技金融专营机构62家，全年新增科技贷款135.4亿元。四是银行业稳健运行。全省银行业资产规模扩张放缓，本外币资产和负债总额分别同比增长6.0%和5.3%，增幅同比回落5.7个和6.4个百分点。银行业资产质量好转，不良贷款余额和不良贷款率继续保持“双降”态势，年末不良贷款余额和不良贷款率分别比年初减少298.7亿元和0.5个百分点。在金融风险得到有效控制的情况下，全省银行业盈利能力恢复性增长。五是银行业改革持续深化。政策性银行、大型商业银行在浙分支机构改革创新持续推进，中国农业银行“三农金融事业部”和邮政储蓄银行改革稳步推进；全省已有59家农信社改制成农村商业银行，村镇银行基本实现县域全覆盖；两家民营银行浙江网商银行和温州民商银行运营总体稳健。六是证券业和保险业平稳发展，金融生态环境进一步优化。多层次资本市场建设持续推进，上市公司不断增加，公司并购重组意识持续深化；保险机构和从业人员稳步增加，保费收入快速增长，财产和人身保险保障功能较好发挥。信用体系建设成效明显，多元化的征信市场格局逐渐形成；支付清算基础设施不断完善，电子支付、银行卡等在民生领域的应用更加广泛深入。

展望未来，浙江经济已由高速增长阶段转向高质量发展阶段，正处在转变发展方式、切换增长动力的攻关期，挑战与机遇并存。一方面，传统制造业投资需求仍显不足，新旧动能转换难以一蹴而就，短期内新动能难以完全抵消结构调整的负面影响，其中部分地区尚处于转型升级的阵痛期，部分企业经营仍较困难，资金链和担保链风险尚未根本化解。另一方面，受益于全球经济的复苏以及国内供给侧结构性改革、简政放权、创新驱动战略的不断深入，浙江以数字经济为核心的新产业、新业态、新模式快速发展，新旧动能接续转换和市场主体转型升级均走在全国前列。预计2018年，浙江经济将保持平稳增长，结构继续改善，新动能加快成长，企业效益改善，金融支持实体经济力度加大，经济金融发展的协调性进一步提升。

2018年是贯彻党的十九大精神的开局之年，也是中国特色社会主义进入新时代、推动高质量发展的关键之年。中国人民银行杭州中心支行将继续按照稳中求进的工作总基调，围绕“服务实体经济、防控金融风险、深化金融改革”三大任务，切实执行好稳健中性的货币政策和宏观审慎管理要求，坚持总量稳定、结构优化的政策取向，综合运用再贴现和再贷款等各类政策工具，引导金融机构合理把握信贷总量与节奏，用好增量，盘活存量，着力加强对经济薄弱环节和重点领域的金融支持，推动金融业在体制机制、服务方式、金融产品等各个层次的创新，有效防范金融风险，持续提升服务实体经济的效率和水平，为浙江经济高质量发展和供给侧结构性改革营造良好的货币金融环境。

一、金融运行情况

2017 年，浙江金融业认真贯彻落实货币政策和宏观审慎政策双支柱调控，全力服务供给侧结构性改革和经济转型升级，货币信贷和社会融资规模平稳增长，融资结构优化，证券和保险业稳健发展，金融生态环境建设扎实推进，金融改革持续深化。

（一）银行业稳健运行，货币信贷平稳增长

2017 年，浙江银行业金融机构积极提升服务实体经济能力，银行业运行呈现总量适度、结构优化、质量改善态势。

表 1　2017 年浙江省银行业金融机构情况

机构类别	营业网点			法人机构（个）
	机构个数（个）	从业人数（人）	资产总额（亿元）	
一、大型商业银行	3 760	93 494	47 528	93 494
二、国家开发银行和政策性银行	45	1 950	7 613	1 950
三、股份制商业银行	1 058	34 363	23 445	34 363
四、城市商业银行	1 549	45 976	29 514	45 976
五、城市信用社	—	—	—	—
六、小型农村金融机构	4 183	51 337	23 391	51 337
七、财务公司	0	337	1 180	337
八、信托公司	0	1 263	335	1 263
九、邮政储蓄银行	1 726	9 169	3 845	9 169
十、外资银行	10	762	604	762
十一、新型农村金融机构	250	5 961	930	5 961
十二、其他	0	1 496	2 642	1 496
合计	12 581	246 108	141 027	246 108

注：营业网点不包括国家开发银行和政策性银行、大型商业银行、股份制商业银行等金融机构总部数据；大型商业银行包括中国工商银行、中国农业银行、中国银行、中国建设银行和交通银行；小型农村金融机构包括农村商业银行、农村合作银行和农村信用社；新型农村金融机构包括村镇银行、贷款公司和资金互助社；"其他"包含金融租赁公司、汽车金融公司、货币经纪公司、消费金融公司等。

数据来源：中国人民银行杭州中心支行、浙江银监局。

1. 资产负债扩张放缓，盈利能力恢复性增长。2017 年末，浙江省银行业金融机构本外币资产和负债总额分别同比增长 5.98% 和 5.32%，增幅同比回落 5.73 个和 6.36 个百分点；全年实现净利润 1 134.4 亿元。

2. 存款同比少增，政府存款多增。2017 年末，浙江省金融机构本外币各项存款余额 107 320.5 亿元，同比增长 7.8%，增速同比回落 2.4 个百分点；全年新增存款 7 790.2 亿元，同比少增 1 438.4 亿元。分类型看，住户存款较年初新增 2 058.1 亿元，同比少增 1 909.7 亿元；企业存款新增 2 711.6 亿元，同比少增 527.6 亿元；政府存款新增 3 318.6 亿元，同比多增 1 145.4 亿元；非银行金融机构存款减少 392.3 亿元，同比多减 185.9 亿元。

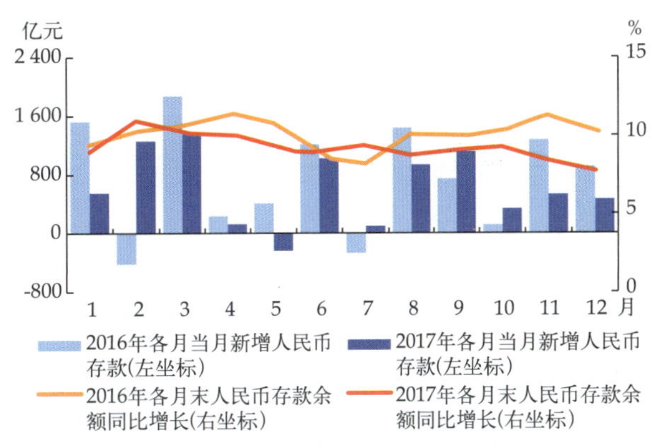

数据来源：中国人民银行杭州中心支行。

图 1　2016~2017 年浙江省金融机构人民币存款增长变化

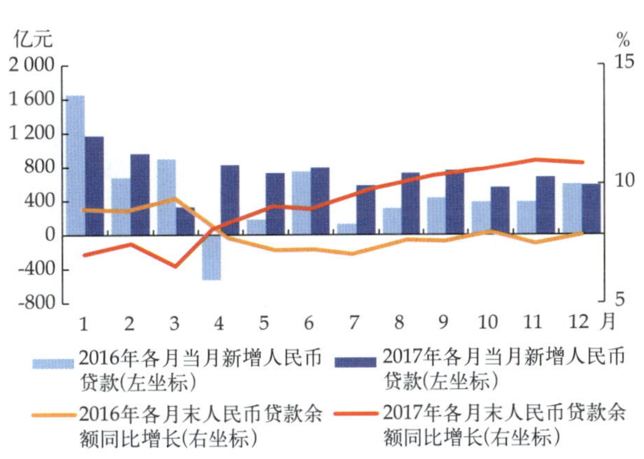

数据来源：中国人民银行杭州中心支行。

图 2　2016~2017 年浙江省金融机构人民币贷款增长变化

3. 贷款同比多增，信贷结构不断优化。2017年末，浙江省金融机构本外币各项贷款余额90 233.3亿元，同比增长10.3%；全年新增贷款8 428.8亿元，同比多增3 090.6亿元。信贷投向持续优化：年末全省小微企业贷款余额2.2万亿元，同比增长9.5%；农村“两权”① 抵押贷款试点地区的农房抵押贷款和农地抵押贷款余额分别为132.1亿元和21.1亿元，分别同比增长43.3%和169.9%；个人住房贷款新增3 380.7亿元，占各项贷款新增额的40.1%，同比下降27.9个百分点。

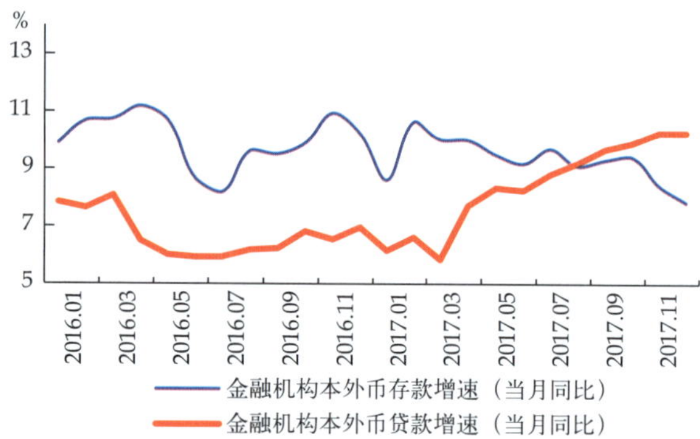

数据来源：中国人民银行杭州中心支行。

图3　2016~2017年浙江省金融机构本外币存、贷款增速变化

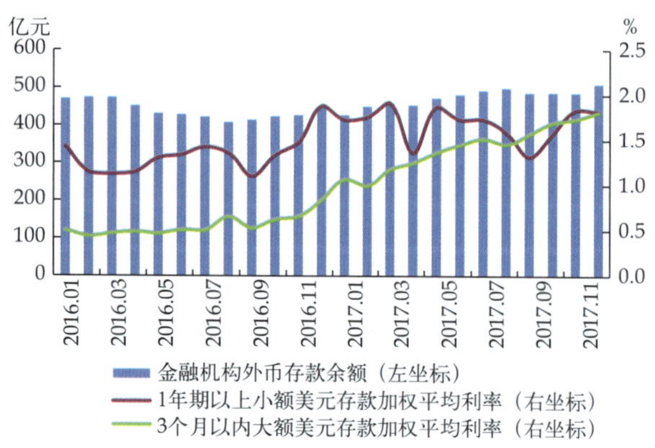

数据来源：中国人民银行杭州中心支行。

图4　2016~2017年浙江省金融机构外币存款余额及外币存款利率

4. 贷款利率平稳，利率市场化改革创新成效显现。在金融市场利率趋升情况下，充分发挥省级市场利率定价自律机制作用，保持融资成本在合理区间运行，减轻实体经济融资负担。2017年，全省一般贷款加权平均利率为5.91%，与上年基本持平。

2017年，全省地方法人金融机构大额存单和同业存单发行量分别为14 808亿元和1 007亿元，分别同比增长28.7%和20.4%，有效提升了地方中小法人机构的主动负债、流动性管理及市场化定价能力。

表2　2017年浙江省金融机构人民币贷款各利率区间占比

单位：%

月份		1月	2月	3月	4月	5月	6月
合计		100.0	100.0	100.0	99.8	83.9	81.8
下浮		12.4	13.5	10.6	9.5	9.6	5.7
基准		12.9	14.3	13.4	13.7	13.2	12.7
上浮	小计	74.7	72.2	76.1	76.6	61.1	63.4
	(1.0, 1.1]	18.0	21.0	18.8	18.3	13.2	12.7
	(1.1, 1.3]	25.8	22.9	28.0	27.9	17.4	17.0
	(1.3, 1.5]	11.4	10.3	12.1	11.8	12.9	15.0
	(1.5, 2.0]	11.0	10.1	9.2	10.6	10.1	10.9
	2.0以上	8.5	7.9	7.9	7.9	7.6	7.8
月份		7月	8月	9月	10月	11月	12月
合计		100.0	100.0	100.0	100.0	100.0	100.0
下浮		5.9	4.9	5.1	5.5	4.7	4.2
基准		12.4	9.8	11.8	10.3	10.5	12.5
上浮	小计	81.8	85.3	83.1	84.2	84.8	83.3
	(1.0, 1.1]	15.8	15.7	15.3	15.4	16.4	18.1
	(1.1, 1.3]	30.8	32.2	31.6	31.0	29.2	29.6
	(1.3, 1.5]	15.3	16.2	16.2	16.8	17.2	15.8
	(1.5, 2.0]	11.5	12.1	12.0	12.0	13.2	11.7
	2.0以上	8.4	9.0	8.0	9.1	8.9	8.1

数据来源：中国人民银行杭州中心支行。

5. 银行业改革持续深化。政策性银行、大型商业银行在浙分支机构改革创新持续推进，中国农业银行“三农金融事业部”改革试点稳

① “两权”指农村承包土地经营权和农民住房财产权。

步推进，邮政储蓄银行改革持续深化。2家民营银行浙江网商银行和温州民商银行运营总体稳健。农村金融机构改革继续推进，全省已有59家农信社改制成农村商业银行，村镇银行基本实现县域全覆盖。浙商资产管理有限公司和光大金瓯资产管理有限公司业务规模快速增长。

6. 银行业资产质量好转。2017年，浙江省银行业不良贷款余额和不良贷款率继续保持“双降”态势。年末不良贷款余额1 478.2亿元，比年初减少298.7亿元；不良贷款率为1.64%，比年初下降0.53个百分点。关注类贷款比例为3.47%，比年初下降0.85个百分点；全年共处置不良贷款1 850.8亿元，同比减少30.5%。

7. 跨境人民币业务稳步发展。2017年，浙江省跨境人民币业务量6 561.5亿元，继续保持全国第4位，全年开展跨境人民币结算企业累计达2.9万余家，比上年增加3 000家，业务参与面不断扩大。推动6家银行与7家第三方支付公司开展业务合作，全年办理电子商务跨境人民币结算业务151亿元，是上年的3.6倍；为77家跨国企业办理跨境人民币双向资金备案，可跨境融入资金规模达2 500亿元。

专栏1　金融支持浙江省新旧动能转换取得新进展

2017年，浙江省出台《浙江省全面改造提升传统制造业行动计划（2017~2020年）》，继续实施“小微企业三年成长计划”和科技企业“双倍增计划”，结合“最多跑一次”改革优化民营企业发展环境，推动新旧动能加快转换。浙江金融业充分结合当地实际，找准重点支持新旧动能转换：一是优化信贷结构、创新融资方式，为企业改造提升创造良好环境。一方面，积极将金融资源向绿色经济、低碳经济等领域倾斜，退出环保排放不达标、严重污染且整改无望的企业。另一方面，大力发展股权、专利权、商标权、排污权等无形资产抵押贷款，解决传统产业企业抵押担保难的问题。截至2017年末，全省排污权抵押贷款、商标专用权质押贷款、专利权质押贷款余额同比分别增长43.7%、77.5%和135.8%。二是灵活运用各项政策工具，促进科技与金融深度结合。一方面，强化货币政策工具对科技金融的定向支持。通过支小再贷款、再贴现加大对科技金融的定向支持，充分发挥财政政策的增信和激励作用，对银行发放专利权质押贷款和小微企业贷款等给予风险补偿。另一方面，鼓励金融机构设立科技金融专营机构，加快推动科技金融产品创新。2017年末，全省金融机构在自主创新示范区、高新技术开发区共设立62家科技金融专营机构，全年新增科技贷款135.4亿元。三是多措并举，为先进制造业提供多元化、综合化的金融服务。鼓励银行机构通过与创业投资、风险投资、产业引导基金等机构合作，建立“风险投资＋银行贷款＋期权选择权”投贷联动模式。2017年末，全省通过投贷联动发放贷款余额123.1亿元，同比增长66%；支持金融租赁公司以智能装备和大型高端设备为核心租赁物，为制造企业提供金融租赁服务；支持企业通过上市融资，深度挖掘银行间市场、债券市场、基金市场等融资功能，发行企业债、公司债、可转换公司债、短期融资券等来募集发展所需资金。

（二）证券业平稳发展，企业上市稳步推进

2017年，浙江省多层次资本市场稳步发展，公司并购重组持续深化，企业上市稳步推进，证券经营机构业务规模有所下降。

1. 多层次资本市场建设持续推进。2017年末，浙江股权交易中心挂牌企业5 311家，比上

年增加 1 452 家；新三板挂牌企业 1 032 家，比上年增加 129 家。公司并购重组在经历 2016 年的高峰后有所回落，2017 年共有 189 家上市公司实施并购重组，数量和金额分别达 337 次和 1 138.5 亿元，分别比上年减少 38 次和 447.4 亿元。

2. 企业上市稳步推进。2017 年末，浙江省共有境内上市公司 415 家，比上年新增 86 家，位居全国第二。其中，中小板上市公司、创业板上市公司分别为 138 家、80 家，分别占全国同类上市公司家数的 15.3%、11.3%。2017 年，浙江省境内上市公司在资本市场合计融资 9 077.3 亿元，同比增长 2.9 倍。

表 3　2017 年浙江省证券业基本情况

项目	数量
总部设在辖内的证券公司数（家）	5
总部设在辖内的基金公司数（家）	2
总部设在辖内的期货公司数（家）	12
年末国内上市公司数（家）	415
当年国内股票（A 股）筹资（亿元）	1 519
当年发行 H 股筹资（亿元）	—
当年国内债券筹资（亿元）	1 718
其中：短期融资券筹资额（亿元）	—
中期票据筹资额（亿元）	—

注：当年国内股票（A 股）筹资额指非金融企业境内股票融资，债券筹资额为扣除到期兑付额的余额增量。

数据来源：中国人民银行杭州中心支行、浙江证监局。

3. 证券经营机构业务规模有所下降。2017 年末，浙江省共有法人证券公司 5 家，证券公司分公司 77 家，证券营业部 925 家；期货公司 12 家，期货营业部 208 家。2017 年，全省法人证券公司营业收入 94.2 亿元，同比下降 23.6%。证券经营机构代理交易额 37.9 万亿元，同比下降 0.55%。期货经营机构代理交易额 38 万亿元，同比下降 9.9%。

（三）保险业稳步增长，服务民生功能增强

2017 年，浙江保险业持续发展，承保业务增长较快，险种结构稳步改善，保险服务民生功能不断增强。

1. 市场体系不断完善。2017 年，浙江省各类保险机构（不含宁波，下同）3 243 家，专业中介机构 191 家，保险销售从业人员 37.7 万人。全年新增各类保险机构 102 家。保险公司资产总额 4 303.9 亿元，较年初增加 314 亿元。

2. 各项保险业务平稳增长。2017 年，浙江省保险业共实现保费收入 1 844.4 亿元，同比增长 20.8%。其中，财产险保费收入和人身险保费收入同比分别增长 9.2% 和 27.6%。保险业赔付支出 540.1 亿元，同比增长 4.3%。

表 4　2017 年浙江省保险业基本情况

项目	数量
总部设在辖内的保险公司数（家）	3
其中：财产险经营主体（家）	1
人身险经营主体（家）	2
保险公司分支机构（家）	80
其中：财产险公司分支机构（家）	36
人身险公司分支机构（家）	44
保费收入（中外资，亿元）	1 844
其中：财产险保费收入（中外资，亿元）	622
人身险保费收入（中外资，亿元）	1 222
各类赔款给付（中外资，亿元）	540
保险密度（元 / 人）	3 260
保险深度（%）	4

数据来源：浙江保监局。

3. 保险服务领域稳步拓宽。2017 年，浙江省保险业积极落实国家金融战略，服务实体经济发展，全年省内财产险公司责任险保费收入 26.4 亿元，同比增长 26.2%，共提供风险保障 191.5 万亿元，同比增长 15.4%。

（四）社会融资规模稳步增长，金融市场运行平稳

1. 社会融资规模稳步增长。2017 年，浙江省社会融资规模新增 13 331 亿元，同比多增 5 846 亿元。从结构看，本外币贷款增量占比下降 4.3 个百分点至 63.8%；委托贷款和信托贷款等表外间接融资新增量占比下降 2.1 个百分点至 15.2%；未贴现银行承兑汇票增加 256.6 亿元，而上年为减少 1 843.3 亿元；直接融资（含债券和股票）增加 2 072.9 亿元，其中非金融企业债

务融资工具发行 2 193 亿元，同比增长 6%。

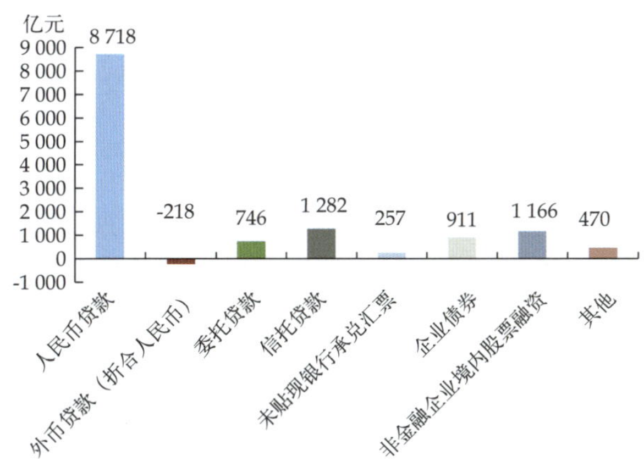

数据来源：中国人民银行杭州中心支行。

图 5　2017 年浙江省社会融资规模分布结构

表 5　2017 年浙江省金融机构票据业务量统计

单位：亿元

季度	银行承兑汇票承兑		贴现			
			银行承兑汇票		商业承兑汇票	
	余额	累计发生额	余额	累计发生额	余额	累计发生额
1	7 473.57	2 633.41	2 932.02	12 344.72	153.97	1 345.94
2	6 912.52	3 996.92	22 81.87	14 185.65	224.40	1 395.77
3	6 757.07	3 552.91	1 973.48	11 233.76	193.76	1 322.43
4	6 739.44	3 429.57	1 837.56	10 591.56	264.19	1 289.84

注：累计发生额为当季累计。

数据来源：中国人民银行杭州中心支行。

表 6　2017 年浙江省金融机构票据贴现、转贴现利率

单位：%

季度	贴现		转贴现	
	银行承兑汇票	商业承兑汇票	票据买断	票据回购
1	4.41	4.60	3.94	3.23
2	5.01	5.33	4.34	3.98
3	4.81	5.76	4.24	4.26
4	4.89	5.79	4.27	4.28

数据来源：中国人民银行杭州中心支行。

2. 银行间市场交易保持活跃。省内金融机构在银行间市场现券交易量和债券回购交易额分别较上年增长 12.8% 和 20.1%。全省银行间市场成员拆借交易量同比增长 3.8%。从市场利率看，现券交易加权平均到期收益率 4.41%，同比提升 0.99 个百分点；债券回购加权平均利率 2.74%，同比提升 0.62 个百分点；同业拆借市场利率上半年逐月上升、下半年保持平稳，12 月为 2.85%，比年初上升 0.42 个百分点。

3. 银行承兑汇票签发量同比减少，票据贴现大幅回落。受票据业务监管加强和实体经济需求放缓等因素影响，2017 年末全省银行承兑汇票余额 6 739.4 亿元，同比下降 14.7%。票据贴现余额大幅回落，2017 年末全省金融机构票据贴现余额 2 101.7 亿元，同比下降 47%。12 月，全省银行承兑汇票直贴加权平均利率 5.11%，同比上涨 1.38 个百分点。

4. 外汇交易快速增长，黄金交投活跃。2017 年，随着中国经济企稳回升、人民币汇率形成机制进一步完善，全年人民币对美元累计升值 6.74%，创九年来最大涨幅。在此背景下，浙江省市场成员外汇即期交易 4 747.9 亿美元，同比增长 26%；外汇衍生产品交易 10 170.8 亿美元。国际金价总体上涨，黄金交易活跃，2017 年全省金融机构实物金交易量和账户黄金交易量分别为 6.2 吨和 12.1 吨。

（五）信用体系建设成效明显，金融基础设施不断完善

1. 征信体系建设成效显著。2017 年末，全省共有 3 792 万个自然人和 142 万户企业及其他经济组织纳入了全国统一的征信系统。开通征信查询用户约 4 万个，金融机构月均查询量近 479 万笔。多元化的征信市场格局逐渐形成，全省有 6 家企业征信机构和 1 家开展个人征信业务准备的机构立足市场，创新推出多层次、多元化的征信产品和服务。

2. 农村和小微企业信用体系建设工程全面推广。以试验区建设为抓手，全面深化农村和小微企业信用体系建设，积极开展信用评价，搭建培育池，助力优质中小微和农村经济主体成长，推进普惠金融和精准扶贫。联合省发展

改革委、省农办在全国率先开展“信用县”创建工作，联合工商、电力、电信、税务等多个政府部门开展信息共享和联合惩戒。

3. 支付清算基础设施不断完善。2017年，全省各类支付清算系统共处理业务11.1亿笔、金额397.3万亿元，同比分别增长45.2%和13.6%。推广实施“智慧支付工程”，大力推进电子支付、银行卡等在民生领域的应用。2017年，银联“云闪付”实现了杭州市主城区和丽水市全辖公交领域的全覆盖，衢州市区和其他9个县市也已成功上线运营，上线的公交车累计交易超过700万笔；智慧医疗已覆盖全省8个省级医院、105个市级医院、1 626个县级以下医疗机构。

二、经济运行情况

2017年，浙江经济运行走稳向好，全年实现地区生产总值51 768亿元，比上年增长7.8%。产业结构持续优化，三次产业比重分别为3.9%、43.4%和52.7%。人均地区生产总值92 057元，比上年增长10.2%。

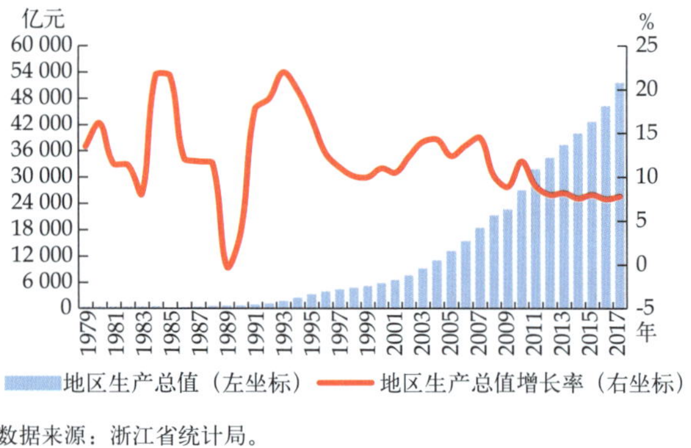

数据来源：浙江省统计局。

图6　1979~2017年浙江省地区生产总值及其增长率

（一）三大需求平稳增长

2017年，浙江省投资、消费和出口三驾马车协同发力，需求结构不断改善。固定资产投资、社会消费品零售总额、外贸出口额分别为31 126亿元、24 308亿元和2 868.9亿美元。

1. 投资需求放缓，结构有所优化。2017年，全省固定资产投资同比增长8.6%，同比回落2.3个百分点。其中，制造业投资增长5.9%，同比回升2.7个百分点；基础设施投资增长13.2%，同比回落13.1个百分点；房地产开发投资增长10.1%。

随着产业结构向中高端迈进，浙江省投资结构不断优化，新兴产业投资空间扩大。2017年，服务业投资增长9.8%，快于全部投资增速。以“机器换人”为重点的工业技术改造投资占工业投资的比重达到75.5%。高新技术、装备制造业、战略性新兴产业投资占制造业投资的比重分别为30.8%、49.2%和35.7%。

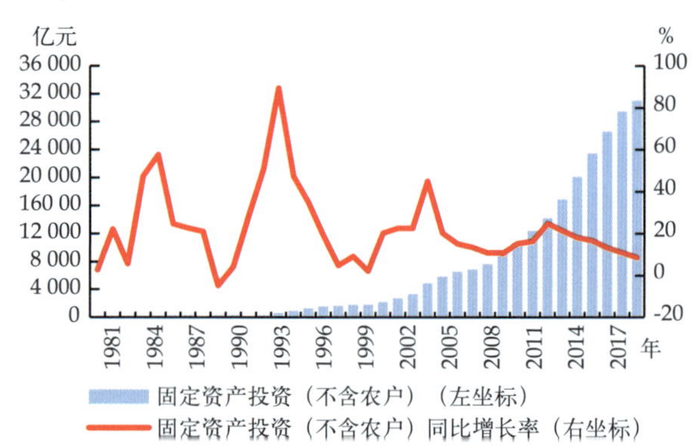

数据来源：浙江省统计局。

图7　1981~2017年浙江省固定资产投资（不含农户）及其增长率

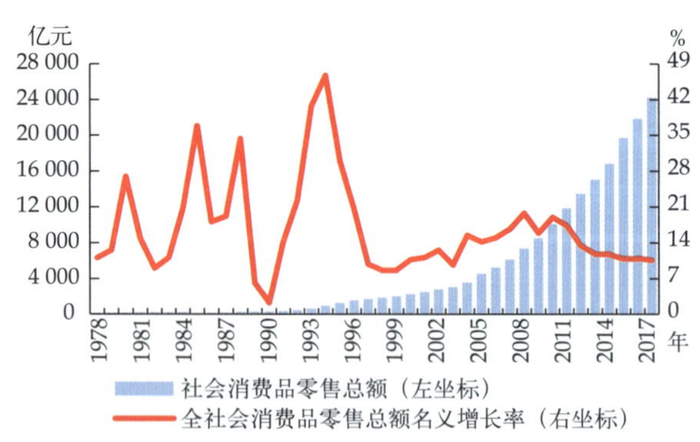

数据来源：浙江省统计局。

图8　1978~2017年浙江省社会消费品零售总额及其增长率

2. 消费稳步增长，消费升级态势明显。2017年，全省社会消费品零售总额同比增长

10.6%，同比回落 0.4 个百分点。随着居民收入增加，消费层次不断升级。2017 年，零售规模最大的是汽车类、石油及制品类，分别占限额以上批零贸易商品零售额的 38.5% 和 14.7%。网络零售持续发力。2017 年，网络零售额、省内居民网络消费额和跨境网络零售出口额分别同比增长 29.4%、29% 和 37.2%。

3. 外贸明显回暖，外商直接投资流入反超对外直接投资流出。2017 年，浙江省出口 2 868.9 亿美元，同比上升 7.1%；进口 910 亿美元，同比上升 32.4%；进出口顺差 1 958.9 亿美元，同比小幅下降 1.7%。2017 年，浙江省对外直接投资流出 78 亿美元，同比下降 37.8%，外商直接投资流入反超对外直接投资流出。

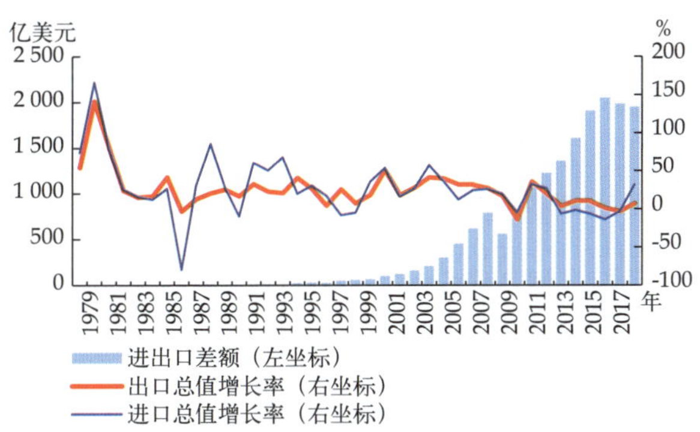

数据来源：浙江省统计局。

图 9　1979~2017 年浙江省外贸进出口情况

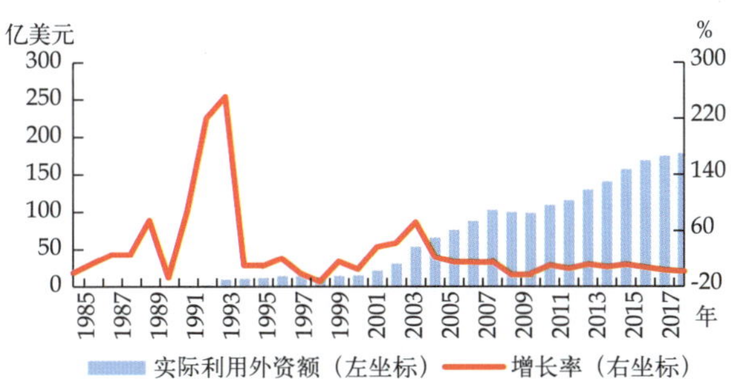

数据来源：浙江省统计局。

图 10　1985~2017 年浙江省实际利用外资额及其增长率

（二）三次产业优化升级

2017 年，浙江省产业结构由上年的 4.2：44.2：51.6 调整为 3.9：43.4：52.7，第三产业比重比全国高 1.1 个百分点，第三产业对经济增长的贡献率提升至 57%。

1. 农业经济总体稳定，效益农业提质增效。2017 年，浙江省深入践行“绿水青山就是金山银山”理念，培育农业农村发展新动能。第一产业同比增长 2.8%。种植业、林业、渔业增加值分别增长 4.1%、7.7% 和 3.8%。中药材、蔬菜、花卉苗木等效益农业保持较好发展态势，播种面积同比分别增长 13.6%、2% 和 1.1%，产量分别增长 16.8%、3.5% 和 1.7%。

2. 工业经济稳定向好，新产业和新动能加快形成。2017 年，规模以上工业增加值同比增长 8.3%，增速比上年快 2.1 个百分点。规模以上工业企业利润同比增长 16.6%，增速比上年提高 0.5 个百分点。装备制造、战略性新兴、高新技术等产业增加值分别增长 12.8%、12.2% 和 11.2%，分别占规模以上工业的 39.1%、26.5% 和 42.3%，比重分别比上年提高 0.7 个、1 个和 1.1 个百分点。

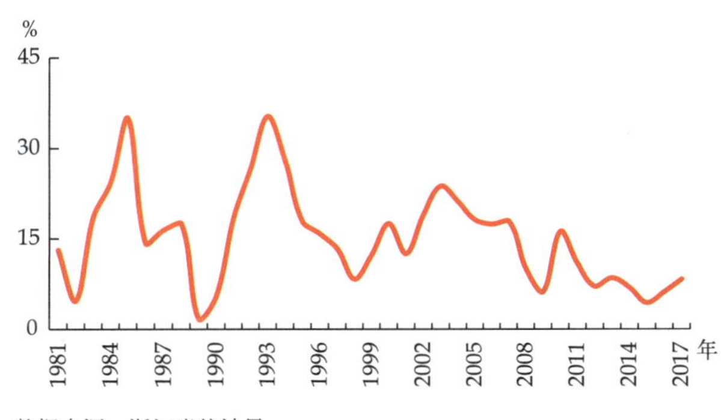

数据来源：浙江省统计局。

图 11　1981~2017 年浙江省规模以上工业增加值实际增长率

3. 服务业持续较快增长，信息服务业引领作用明显。2017 年，浙江省服务业增加值比上年增长 8.8%，占地区生产总值比重为 52.7%。随着电子商务、互联网金融、智慧物流、物联网、云计算、大数据等信息服务业的快速发展，信息经济呈现快速增长的态势，成为经济创新发展的新动能和新引擎。规模以上信息经济核心产业中，1 588 家信息经济服务业企业营业收入和利润总额分别增长 33% 和 21.8%。

4. 供给侧结构性改革持续显效，“三去一降一补”取得新进展。2017 年，全省共处置“僵尸企业”404 家，淘汰落后产能企业 2 690 家，整治“脏乱差”企业 4.7 万家，单位工业增加值能耗下降 5%；2017 年末，新建商品房库存去化周期为 6.5 个月，比年初减少 5.2 个月；规模以上工业企业资产负债率为 54.8%，同比下降 1.1 个百分点；规模以上工业企业每百元主营业务收入中的业务成本为 83.7 元，低于全国 1.2 元；预计研究与试验发展经费支出达到 1 260 亿元，研发经费支出占生产总值的比重为 2.4%，规模以上工业科技活动经费支出增长 22.3%。

（三）价格水平总体稳定

2017 年，浙江省居民消费价格总体平稳，工业生产者价格显著回升，劳动者报酬稳步提高，居民生活质量明显提升。

1. 居民消费价格小幅回升。2017 年，浙江省居民消费价格上涨 2.1%，涨幅同比回升 0.2 个百分点。八大类消费品和服务项目价格均上涨，其中，居住类涨幅为 5.1%，教育文化娱乐、医疗保健和衣着类涨幅分别为 2.7%、2.3% 和 1.9%，交通通信、其他用品及服务类涨幅分别为 1.3% 和 1.1%，生活用品及服务、食品烟酒类分别上涨 0.7% 和 0.3%。

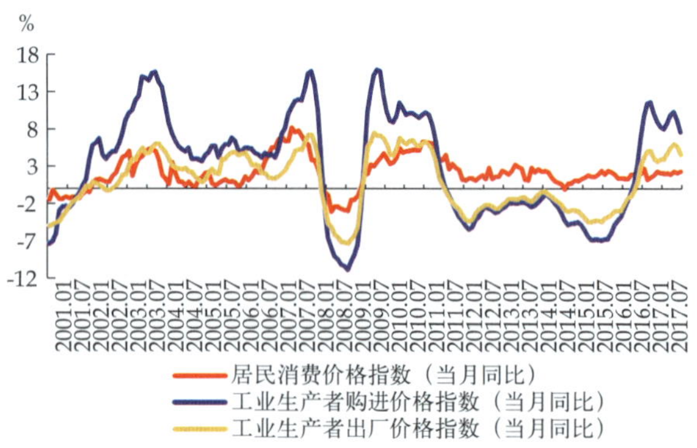

数据来源：浙江省统计局。

图 12　2002~2017 年浙江省居民消费价格指数和工业生产者价格指数变动趋势

2. 生产者价格涨幅明显。2017 年，浙江省工业生产者出厂价格和购进价格同比分别上涨 4.8% 和 9.6%，涨幅比上年分别扩大 6.5 个百分点和 11.8 个百分点。

3. 劳动者报酬稳步提高。2017 年，浙江省居民人均可支配收入 42 046 元，同比增长 9.1%，扣除价格因素实际增长 6.9%。居民生活质量明显提高。2017 年，全省居民人均生活消费支出 27 079 元，比上年增长 6.1%。

（四）财政收支持续增长

2017 年，浙江省公共预算收入 5 803.4 亿元，同比增长 10.3%。税收收入占公共预算收入比重为 85.1%，继续保持较高水平。其中，工业增加值增速加快以及批发零售贸易商品销售额增速大幅提升，带动国内增值税同比增长 14.6%，增速提高 9 个百分点；企业所得税同比增长 16.9%，增速提高 10.4 个百分点；个人所得税同比增长 24.6%，增速提高 5.3 个百分点。据测算，2017 年浙江省“营改增”累计减税 623.15 亿元。

2017 年，浙江省公共预算支出 7 530.3 亿元，同比增长 8.6%。民生保障进一步加强，八项民生支出占比 73.5%，较上年提高 4.9 个百分点。其中，社保就业、节能环保、城乡社区增长突出，分别增长 23.3%、22.9% 和 25.3%。

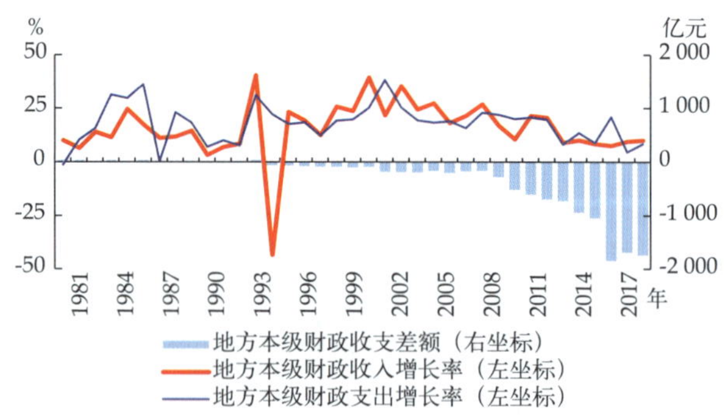

数据来源：浙江省统计局。

图 13　1981~2017 年浙江省财政收支状况

（五）房地产市场总体平稳

2017 年，浙江省新建商品房销售面积同比增幅回落，新建住房销售价格基本保持平稳，房地产贷款增速稳中有降。

1. 房地产开发投资回升，保障房建设稳步推进。2017 年，全省房地产开发完成投资 8 226.7 亿元，同比增长 10.1%。其中，住宅完成投资、新开工面积分别增长 17.5% 和 38.9%。保障性房产开发贷款余额 1 979.9 亿元，同比增长 42.6%，比年初新增 591.8 亿元，同比多增 144.8 亿元，占房产开发贷款新增额比重为 88.2%。

2. 新建商品住房成交量平稳增长。2017 年，浙江省新建商品住房销售面积 9 600 万平方米，同比增长 11.1%，增幅较上年明显回落，销售金额 12 340 亿元，同比增长 28.5%。省内 11 个房价重点监测城市中，有 8 个城市新建商品住宅销售面积的同比增速为正。杭州、宁波、绍兴全市新建商品住宅销售面积分别为 1 735 万平方米、1 026.1 万平方米和 602.3 万平方米，同比分别减少 15.7%、增长 13.2% 和增长 35.6%。

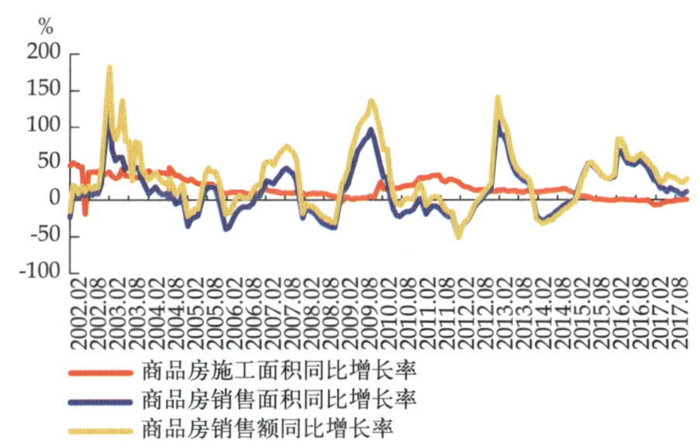

数据来源：浙江省统计局。

图 14　2002~2017 年浙江省商品房施工和销售变动趋势

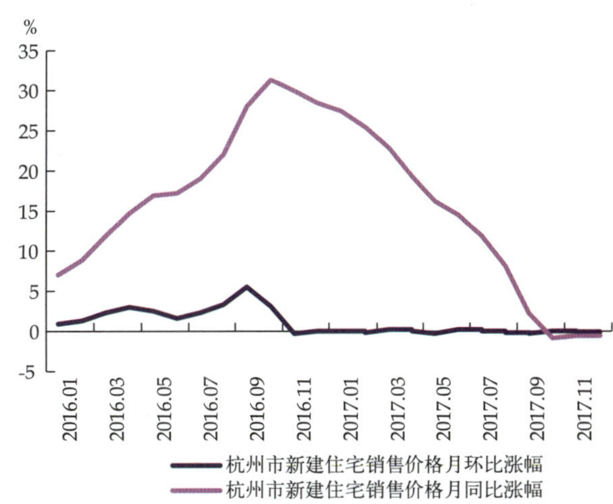

数据来源：浙江省统计局。

图 15　2016~2017 年杭州市新建住宅销售价格变动趋势

3. 房价同比涨幅回落。12 月，全省新建商品住宅销售价格同比上涨 3.4%，同比涨幅比上年回落 16.6 个百分点；环比上涨 0.2%，环比涨幅比上月回落 0.1 个百分点。在全国 70 个大中城市中，杭州新建商品住宅销售价格同比下降 0.6%，宁波、温州、金华三个城市价格同比涨幅分别为 5.1%、6.7% 和 9.7%。2017 年末，全省房地产贷款余额为 2.2 万亿元，同比增长 25.6%，增速较上年同期下降 3.1 个百分点。其中，房地产开发和个人住房贷款余额分别增长 22.2% 和 25.7%。

专栏 2　贯彻落实双支柱调控框架　服务浙江经济高质量发展

2017 年，中国人民银行杭州中心支行按照总行统一部署，认真贯彻落实双支柱调控框架，强化宏观审慎政策与货币政策、信贷政策的配合实施，统筹各类政策工具，充分发挥政策合力，不断提升金融服务实体经济的水平和能力，取得了积极成效。一是有效落实稳健中性的货币政策。发挥基层行贴近基层一线的优势，充分结合宏观审慎评估情况，加强对金融机构资产扩张的跟踪监测，及时予以动态引导，保持全省广义信贷、狭义信贷合理适度增长，使其与地方经济增长相匹配。2017 年末，全省金融机构广义信贷、狭义信贷余额分别同比增长 8.5%、10.9%，本外币贷款新增 8 429 亿元，同比多增 3 091 亿元，合理保障了浙江经济增长的有效资金需求。二是完善和强化宏观审慎管理。成立浙江省宏观审慎评估委员会，进一步完善评估流程，提高评估的客观性和科学性，有效引导金融机构树立资本约束理念，强化稳健经营意识。2017 年第四季度，全省 175 家 MPA 参评法人金融机构中，达标机构占比 96.6%，同比提高 6.8 个百分点。金融机构“脱虚向实”、回归实体理念牢固树立。2017 年末，全省金融机构债券、股权及其他投资类业务余额同比增长 4%，增速回落 26.3 个百分点；表外理财余额同比下降 2.4%，增速回落 43.4 个百分点。金融机构流动性保持稳定。2017 年末，全省地方法人银行流动性比例为 52.7%，远高于 25% 的监管要求。三是积极发挥双支柱调控的结构性引导作用。一方面，优化货币政策工具运用，更加精准“滴灌”重点领域和薄弱环节。2017 年，全省累计发放 206 亿元支农支小再贷款和再贴现资金，惠及农户及小微企业 5.9 万余家；引导省内政策性银行用好 475 亿元央行抵押补充贷款资金，带动棚改、水利建设等特定领域配套贷款 1 552 亿元。另一方面，加强宏观信贷政策指导，将金融机构信贷政策执行情况充分体现到宏观审慎评估中，促进信贷结构不断优化。2017 年末，全省涉农、小微、制造业贷款余额同比增速分别较上年同期提高 9.3 个、5.1 个和 5.3 个百分点。

三、预测与展望

2018 年，浙江经济发展面临的国内外环境仍然复杂多变。从国际环境看，全球经济延续复苏，发达经济体货币政策“渐进式”回归正常，国际金融市场总体稳定，美联储仍处于加息和缩表通道，其货币政策外溢效应不可低估；从国内环境看，经济基本面、企业盈利能力和投资回报率继续改善，有助于提升市场信心，但部分企业杠杆率较高、房地产市场分化等潜在风险依然存在，经济持续向好的基础仍不稳固。

从浙江情况看，经济已由高速增长阶段转向高质量发展阶段，正处在转变发展方式、切换增长动力的攻关期，挑战与机遇并存。一方面，传统制造业投资需求仍显不足，新旧动能转换难以一蹴而就，短期内新动能难以完全抵消结构调整的负面影响，其中部分地区尚处于转型升级的阵痛期，部分企业经营仍较困难，资金链和担保链风险尚未根本化解。另一方面，受益于全球经济的复苏以及国内供给侧结构性改革、简政放权、创新驱动战略的不断深入，浙江以数字经济为核心的新产业、新业态、新模式快速发展，新旧动能接续转换和市场主体转型升级均走在全国前列。预计 2018 年浙江经济将保持平稳增长，结构继续改善，新动能加快成长，企业效益改善，金融支持实体经济力度加大，经济金融发展的协调性、匹配度进一步提升。

2018 年是贯彻党的十九大精神的开局之年，也是中国特色社会主义进入新时代、推动高质量发展的关键之年。中国人民银行杭州中心支行将继续按照稳中求进的工作总基调，围绕“服务实体经济、防控金融风险、深化金融改革”三大任务，认真落实中国人民银行工作会议部署，切实执行好稳健中性的货币政策和宏观审慎管理要求，坚持总量稳定、结构优化的政策取向，综合运用再贴现和再贷款等各类政策工具，引导金融机构合理把握信贷总量与节奏，用好增量，盘活存量，着力加强对经济薄弱环节和重点领域的金融支持，推动金融业在体制机制、服务方式、金融产品等各个层次的创新，有效防范金融风险，持续提升服务实体经济的能力水平，为浙江经济高质量发展和供给侧结构性改革营造良好的货币金融环境。

中国人民银行杭州中心支行货币政策分析小组

总　纂： 殷兴山　陆巍峰

统　稿： 楼　航　徐　宏　施　韬　周永涛

执　笔： 周永涛　王　瑜　周　能　叶菁菁　胡虎肇　王治政　王　甲　周　昂　陈一稀　郭舒萍
楼拥勤　周宇晨　张晓霞　陈　敏　陈楠希　童红坚　陈　怡

提供材料的还有： 汪正红　吴　翔

附录

（一）2017年浙江省经济金融大事记

3月31日，国务院正式印发《中国（浙江）自由贸易试验区总体方案》，次日，中国（浙江）自由贸易试验区挂牌成立。

3月31日，中国人民银行杭州中心支行发文部署开展“金融服务浙江省供给侧结构性改革深化年”活动，组织全省金融系统强化对供给侧结构性改革的金融支持。

6月23日，中国人民银行、国家发展改革委、财政部、环境保护部等七部委正式印发《浙江省湖州市、衢州市建设绿色金融改革创新试验区总体方案》，浙江湖州、衢州成功获批创建全国绿色金融改革创新试验区。

9月30日，中国人民银行杭州中心支行出台全国首个地方性金融支持企业破产重整工作指导意见。

11月23日，浙江省委、省政府召开全省金融工作会议，深入学习贯彻党的十九大和全国金融工作会议精神，研究部署浙江省金融改革发展工作。

11月28日，中国人民银行杭州中心支行与杭州市中级人民法院签署《关于共同推进供给侧结构性改革 防范和化解金融风险的合作框架协议》，建立破产重整常态化合作机制。

2017年，浙江省大力实施“最多跑一次”改革，省级“最多跑一次”事项达到665项，设区市本级平均达到755项，县（市、区）平均达到656项，全省“最多跑一次”实现率达到87.9%。

（二）2017年浙江省主要经济金融指标

表1 2017年浙江省主要存贷款指标

		1月	2月	3月	4月	5月	6月	7月	8月	9月	10月	11月	12月
本外币	金融机构各项存款余额（亿元）	99 911.0	101 334.7	102 783.2	102 871.1	102 747.7	103 787.5	103 935.6	104 852.1	105 899.8	106 238.5	106 742.3	107 320.5
	其中：住户存款	41 775.8	40 926.0	41 038.3	40 287.4	40 266.1	40 939.5	40 145.6	40 233.0	41 007.3	40 304.8	40 439.1	40 804.3
	非金融企业存款	32 321.5	33 453.5	34 512.5	34 636.4	34 752.4	35 354.6	34 747.8	34 954.1	35 608.6	35 835.9	36 532.7	37 250.9
	各项存款余额比上月增加（亿元）	380.7	1 423.8	1448.5	87.9	-123.4	1 039.8	148.1	916.6	1 047.6	338.7	503.8	578.2
	金融机构各项存款同比增长（%）	8.6	10.6	10.0	10.0	9.5	9.2	9.7	9.1	9.3	9.4	8.4	7.8
	金融机构各项贷款余额（亿元）	82 913.1	83 911.5	84 248.4	85 046.9	85 762.1	86 503.7	86 997.2	87 611.0	88 362.7	88 904.4	89 561.4	90 233.3
	其中：短期	38 729.8	38 908.2	38 976.3	38 861.8	38 977.6	39 246.8	39 058.0	39 007.7	38 909.8	38 821.8	38 854.1	38 921.8
	中长期	38 991.7	39 597.2	40 555.6	41 651.7	42 347.3	43 078.5	43 980.5	44 789.8	45 565.1	46 254.9	46 969.1	47 449.7
	票据融资	3 596.2	3 450.9	3 086.1	2 866.6	2 758.5	2 506.7	2 272.2	2 132.6	2 167.2	2 115.2	2 011.4	2 101.7
	各项贷款余额比上月增加（亿元）	1 108.6	998.4	337.0	798.5	715.2	741.6	493.5	613.8	751.7	541.7	657.0	671.9
	其中：短期	127.6	178.4	68.0	-114.4	115.8	269.2	-188.7	-50.3	-97.9	-88.0	32.3	67.7
	中长期	1 355.1	885.1	678.8	1096.1	695.6	731.2	802.0	809.3	775.4	689.8	714.2	480.6
	票据融资	-365.9	-145.3	-364.9	-219.5	-108.0	-251.9	-234.5	-139.6	34.6	-52.0	-103.8	90.3
	金融机构各项贷款同比增长（%）	6.2	6.6	5.9	7.7	8.4	8.3	8.8	9.2	9.7	9.9	10.3	10.3
	其中：短期	-5.0	-4.5	-4.3	-3.7	-2.8	-1.9	-1.2	-0.7	-0.2	0.6	0.9	0.7
	中长期	20.0	107.4	20.5	26.7	26.8	25.7	26.5	27.0	27.1	27.3	27.3	26.2
	票据融资	22.2	-4.9	-17.4	-30.3	-33.2	-38.3	-43.9	-48.0	-48.0	-51.4	-52.4	-47.0
	建筑业贷款余额（亿元）	2 819.8	2 836.1	2 844.8	2 846.7	2 872.7	2 875.3	2 908.1	2 945.6	2 953.9	2 950.6	2 949.2	2 888.6
	房地产业贷款余额（亿元）	3 221.2	3 319.7	3 298.2	3 350.8	3 361.3	3 374.4	3 405.8	3 482.2	3 536.2	3 592.7	3 650.2	3 662.3
	建筑业贷款同比增长（%）	2.4	2.9	1.7	1.2	2.6	2.3	4.1	5.7	6.3	6.5	6.2	4.1
	房地产业贷款同比增长（%）	-2.2	-0.2	-1.7	4.0	5.2	3.2	5.2	9.9	11.4	12.3	15.2	15.2
人民币	金融机构各项存款余额（亿元）	96 987.9	98 248.8	99 623.2	99 749.4	99 511.2	100 534.8	100 631.3	101 566.5	102 679.2	103 013.5	103 539.9	104 000.6
	其中：住户存款	41 108.9	40 260.6	40 393.6	39 665.3	39 650.6	40 323.0	39 530.3	39 641.0	40 413.5	39 705.1	39 838.8	40 192.5
	非金融企业存款	30 259.1	31 250.0	32 221.1	32 344.7	32 380.0	32 985.7	32 343.8	32 608.9	3 3376.9	33 595.1	34 299.6	34 905.8
	各项存款余额比上月增加（亿元）	549.8	1 260.8	1 374.5	126.2	-238.1	1 023.6	96.5	935.3	1 112.6	334.3	526.4	460.7
	其中：住户存款	3 040.6	-848.3	133.1	-728.3	-14.7	672.4	-792.6	110.7	772.5	-708.4	133.6	353.7
	非金融企业存款	-2 057.0	990.9	971.1	123.6	35.3	605.7	-641.9	265.0	768.1	218.2	704.5	606.3
	各项存款同比增长（%）	9.1	11.0	10.2	10.1	9.3	9.0	9.4	8.8	9.1	9.3	8.4	7.8
	其中：住户存款	15.9	10.6	10.7	10.0	10.0	10.1	8.5	7.6	7.4	6.8	5.9	5.6
	非金融企业存款	2.6	10.7	7.4	7.4	7.7	7.4	7.7	5.1	7.6	8.5	7.2	7.9
	金融机构各项贷款余额（亿元）	81 096.9	82 058.2	82 385.3	83 212.5	83 939.4	84 733.4	85 312.4	86 035.9	86 792.2	87 348.3	88 022.7	88 606.5
	其中：个人消费贷款	18 208.2	18 478.5	18 924.6	19 337.4	19 769.6	20 364.6	20 779.0	21 222.1	21 699.7	22 040.2	22 292.4	22 727.3
	票据融资	3 596.2	3 450.9	3 086.1	2 866.6	2 758.5	2 506.7	2 272.2	2 132.6	2 167.2	2 115.2	2 011.4	2 101.7
	各项贷款余额比上月增加（亿元）	1 170.9	961.3	327.1	827.3	726.9	794.0	579.1	723.4	756.4	556.1	674.5	583.7
	其中：个人消费贷款	448.6	270.3	446.2	412.8	432.2	594.9	414.4	443.1	477.6	340.5	252.2	434.9
	票据融资	-365.9	-145.3	-364.9	-219.5	-108.0	-251.9	-234.5	-139.6	34.6	-52.0	-103.8	90.3
	金融机构各项贷款同比增长（%）	7.1	7.4	6.6	8.4	9.1	9.1	9.6	10.1	10.5	10.6	11.0	10.9
	其中：个人消费贷款	28.9	30.8	30.7	31.0	30.7	31.1	31.3	30.6	30.8	30.3	28.3	28.0
	票据融资	5.6	-4.9	-17.4	-30.3	-33.2	-38.3	-43.9	-48.0	-48.0	-51.4	-52.4	-47.0
外币	金融机构外币存款余额（亿美元）	426.2	448.9	458.0	452.9	471.6	480.1	491.1	497.7	485.3	485.7	485.0	508.1
	金融机构外币存款同比增长（%）	-9.3	-5.1	-3.2	0.4	9.5	12.3	16.6	22.3	17.4	14.9	13.8	14.0
	金融机构外币贷款余额（亿美元）	264.8	269.6	270.1	266.1	265.6	261.3	250.4	238.6	236.6	234.4	233.0	249.0
	金融机构外币贷款同比增长（%）	-26.7	-23.2	-23.8	-20.9	-20.7	-20.7	-21.5	-23.6	-20.7	-18.4	-14.7	-8.1

数据来源：中国人民银行杭州中心支行。

表 2　2001~2017 年浙江省各类价格指数

单位：%

		居民消费价格指数		农业生产资料价格指数		工业生产者购进价格指数		工业生产者出厂价格指数	
		当月同比	累计同比	当月同比	累计同比	当月同比	累计同比	当月同比	累计同比
2001		—	-0.2	—	-0.3	—	-0.4	—	-1.7
2002		—	-0.9	—	-0.5	—	-2.5	—	-3.1
2003		—	1.9	—	2.9	—	5.75	—	0.64
2004		—	3.9	—	3.2	—	13.35	—	4.95
2005		—	1.3	—	5.8	—	5.4	—	2.3
2006		—	1.1	—	-0.4	—	5.6	—	3.8
2007		—	4.2	—	7.3	—	5.3	—	2.4
2008		—	5.0	—	18.9	—	10.6	—	4.3
2009		—	-1.5	—	-4.1	—	-7.4	—	-5.1
2010		—	3.8	—	3.0	—	12.0	—	6.2
2011		—	5.4	—	10.8	—	8.3	—	5.0
2012		—	2.2	—	4.2	—	-3.3	—	-2.7
2013		—	2.3	—	2.8	—	-2.3	—	-1.8
2014		—	2.1	—	-0.9	—	-1.8	—	-1.2
2015		—	1.4	—	0.9	—	-5.5	—	-3.6
2016		—	1.9	—	-0.5	—	-2.2	—	-1.7
2017		—	2.1	—	1.8	—	9.6	—	4.8
2016	1	2.0	2.0	-0.7	-0.7	-6.7	-6.7	-3.9	-3.9
	2	2.5	2.3	-0.2	-0.5	-6.6	-6.7	-3.7	-3.8
	3	2.3	2.3	-0.1	-0.4	-5.9	-6.4	-3.4	-3.7
	4	2.0	2.2	-0.4	-0.4	-4.8	-6.0	-2.9	-3.5
	5	1.5	2.1	-0.9	-0.5	-4.2	-5.7	-2.9	-3.4
	6	1.5	2.0	-0.6	-0.5	-3.7	-5.3	-2.8	-3.3
	7	1.4	1.9	-0.5	-0.5	-2.6	-4.5	-2.0	-3.6
	8	1.4	1.8	-1.0	-0.6	-1.6	-4.5	-1.2	-2.9
	9	2.0	1.8	-1.1	-0.6	-0.5	-4.1	-1.0	-2.6
	10	2.0	1.9	-1.2	-0.7	0.8	-3.6	-0.3	-2.4
	11	2.4	1.9	-0.1	-0.6	3.4	-3.0	0.9	-2.1
	12	2.1	1.9	1.0	-0.5	6.9	-2.2	3.1	-1.7
2017	1	2.8	2.8	2.2	2.2	9.8	9.8	4.3	4.3
	2	1.3	2.1	—	2.3	11.5	10.6	5.1	4.7
	3	1.6	1.9	2.9	2.5	11.7	11.0	5.0	4.8
	4	1.9	1.9	2.9	2.6	10.2	10.8	4.1	4.6
	5	2.4	2.0	2.5	2.6	9.1	10.5	3.7	4.4
	6	2.2	2.0	1.4	2.4	8.4	10.1	4.0	4.4
	7	2.1	2.0	1.0	2.2	8.1	9.8	4.1	4.3
	8	2.2	2.1	1.0	2.0	8.9	9.7	4.8	4.4
	9	2.0	2.1	0.7	1.9	10.0	9.7	5.6	4.5
	10	2.4	2.1	1.1	1.8	10.4	9.8	6.1	4.7
	11	2.2	2.1	1.5	1.8	9.3	9.8	5.7	4.8
	12	2.4	2.1	1.6	1.8	7.7	9.6	4.6	4.8

数据来源：《中国经济景气月报》、浙江省统计局。

表 3　2017 年浙江省主要经济指标

	1 月	2 月	3 月	4 月	5 月	6 月	7 月	8 月	9 月	10 月	11 月	12 月
	绝对值（自年初累计）											
地区生产总值（亿元）	—	—	10 551.9	—	—	23 383.2	—	—	36 958.0	—	—	51 768.3
第一产业	—	—	297.1	—	—	820.5	—	—	1 247.8	—	—	2 017.4
第二产业	—	—	4 436.0	—	—	10 174.9	—	—	16 663.6	—	—	22 471.5
第三产业	—	—	5 818.9	—	—	12 387.8	—	—	19 046.7	—	—	27 279.3
工业增加值（亿元）	—	1 947.9	3 280.5	4 546.8	6 002.5	7 518.0	8 856.5	10 217.9	11 681.0	13 097.1	13 236.0	14 440.0
固定资产投资（亿元）	—	2 917.3	5 949.3	8 254.0	11 045.6	14 935.3	17 449.6	19 998.1	23 205.9	25 925.6	28 816.8	31 126.0
房地产开发投资	—	862.0	1 591.0	2 210.8	2 926.8	3 861.4	4 505.4	5 197.4	6 043.0	6 798.7	7 569.5	8 226.8
社会消费品零售总额（亿元）	—	3 670.4	5 471.1	7 223.1	9 175.7	11 184.9	13 156.9	15 192.7	17 265.7	19 598.7	21 956.6	24 308.5
外贸进出口总额（亿元）	2 178.4	3 535.1	5 591.6	7 606.2	9 960.5	12 243.1	14 433.2	16 692.2	18 756.3	20 792.4	23 155.0	25 604.2
进口	446.4	916.2	1 457.3	1 946.6	2 458.6	2 961.7	3 424.9	3 923.2	4 472.8	4 978.6	5 567.2	6 158.2
出口	1 732.0	2 618.9	4 134.2	5 659.6	7 502.0	9 281.4	11 008.4	12 769.0	14 283.5	15 813.8	17 587.8	19 446.0
进出口差额（出口 – 进口）	1 285.6	1 702.7	2 676.9	3 713.0	5 043.4	6 319.8	7 583.5	8 845.8	9 810.7	10 835.3	12 020.7	13 287.7
实际利用外资（亿美元）	14.3	23.3	47.0	54.7	69.9	100.3	111.0	121.3	135.2	143.8	158.1	179.0
地方财政收支差额（亿元）	69.0	120.9	-25.6	45.1	22.3	-404.4	-415.6	-480.1	-767.4	-680.7	4 795.8	-1 726.9
地方财政收入	744.2	1 180.7	1 670.7	2 235.5	2 740.6	3 361.6	3 900.1	4 288.0	4 738.7	5 180.6	5 452.0	5 803.4
地方财政支出	675.2	1 059.8	1 696.3	2 190.5	2 718.3	3 766.0	4 315.7	4 768.1	5 506.1	5 861.3	656.2	7 530.3
城镇登记失业率（%）（季度）	—	—	2.9	—	—	2.8	—	—	2.8	—	—	2.7
	同比累计增长率（%）											
地区生产总值	—	—	8.0	—	—	8.0	—	—	8.1	—	—	7.8
第一产业	—	—	1.1	—	—	1.5	—	—	1.9	—	—	2.8
第二产业	—	—	6.1	—	—	6.6	—	—	7.3	—	—	7.0
第三产业	—	—	10.0	—	—	9.8	—	—	9.3	—	—	8.8
工业增加值	—	7.2	7.5	7.5	7.6	7.7	7.7	7.8	8.3	8.4	8.4	8.3
固定资产投资	—	9.6	9.7	9.3	9.3	9.3	9.4	9.5	9.6	9.6	8.6	8.6
房地产开发投资	—	9.2	9.2	9.6	10.3	10.2	10.3	10.0	11.0	10.7	11.2	10.1
社会消费品零售总额	—	8.3	8.9	9.4	9.8	9.9	10.1	10.2	10.6	10.7	10.7	10.6
外贸进出口总额	21.5	15.9	23.1	19.5	19.6	19.5	17.8	15.6	15.9	15.7	16.0	15.3
进口	38.2	56.2	49.7	45.8	42.9	41.3	38.6	37.3	38.1	38.0	37.5	35.6
出口	17.8	6.3	15.8	12.6	13.6	13.9	12.5	10.2	10.3	10.2	10.5	10.1
实际利用外资	14.3	-0.2	9.9	11.4	17.2	8.1	8.4	9.3	10.2	9.5	8.3	1.8
地方财政收入	21.4	18.6	18.0	16.8	16.1	11.5	16.4	14.0	13.2	11.7	10.5	10.3
地方财政支出	69.5	24.0	25.5	23.9	20.8	20.5	20.2	16.0	15.0	14.0	15.9	8.6

数据来源：浙江省统计局。

安徽省金融运行报告（2018）

中国人民银行合肥中心支行货币政策分析小组

[内容摘要] 2017年，安徽省以习近平新时代中国特色社会主义思想为指导，积极面对经济发展进入新常态等一系列深刻变化，坚持稳中求进工作总基调，深入实施创新驱动发展战略，科技创新能力和科技成果转化水平显著提升，全面实施脱贫攻坚十大工程①，现代化五大发展美好安徽②建设迈出坚实步伐，全年地区生产总值增长8.5%，投资、进出口较快增长，工业增长稳中趋快。金融运行总体稳健，货币信贷和社会融资规模合理增长，对重点领域和薄弱环节支持力度进一步加大，证券期货业较快发展，保险服务领域拓宽，金融基础设施建设进一步完善，金融风险防控切实加强，为全省经济平稳健康发展营造良好的货币金融环境。

经济实现了稳中有进、结构优化。一是内需保持较快增长，对外贸易取得较大回升。固定资产投资较快增长，工业、房地产和基础设施领域投资合计占固定资产投资的86.0%，其中工业投资中技改投资占比超五成。社会消费品零售同比略降，网上零售保持高位增长，拉动限额以上消费品零售总额增长1.6个百分点。对外贸易快速增长，进出口总量和增幅均居中部地区第2位；出口商品结构持续优化，全省机电产品、高新技术产品出口占比均同比提高。二是三次产业稳步发展，产业结构持续优化。三次产业构成为9.5：49：41.5，第三产业占比同比上升0.4个百分点。农业生产形势较好，粮食实现“十四连丰”；农村土地承包经营权确权登记颁证提前1年完成，新型城镇化试点省建设全面展开，农村集体产权制度改革稳步推进，755个村实施“三变”③改革。工业贡献率显著提升，工业增加值增速为近三年最高水平；新动能加速成长，高新技术产业、战略性新兴产业对工业增长带动力显著增强；质量和效益稳步提升，规模以上工业企业实现利润同比多增；但企业回款周期长、成本费用相对较高的问题仍然存在，供给侧结构性改革仍需进一步深化。受金融业、房地产业增速放缓影响，服务业增速有所回落但仍保持较快增长，分别高于第一、第二产业5.7个、1.1个百分点。供给侧结构性改革取得新进展，供给体系质量和效率明显提高，钢铁煤炭行业圆满完成年度去产能任务，房地产去化周期缩短3.3个月，上市（挂牌）企业数量增多，工业企业百元主营业务收入成本较全国多降0.5元，全省补短板重点项目库建立，着力加强改善薄弱环节。生态环境质量持续改善，空气质量、水体水质总体向好。三是居民消费价格温和上涨，工业生产者价格回升，就业形势稳定。居民消费价格小幅上涨，八大类仅食品烟酒价格下跌，由于市场供应充足，食品烟酒价格下降1.1%，为2000年以来新低。2012~2016年安徽工业生产者价格指数连续五年下跌后，2017年大幅上涨，涨幅高于全国平均水平；工业生产者出厂价格指数上涨8.0%，工业生产者购进价格指数上涨9.2%。就业形势保持稳定，2017年城镇新增就业完成年度目标任务的113.7%，城镇登记失业率低于年控制目标1.6个百分点。四是财政收入平稳增长，支出以保障民生为主。财政收入增速同比提高，税收占比升至七成。财政支出增速明显提高，民生支出占比提高至

① 2016年安徽省启动实施脱贫攻坚“十大工程”，即产业脱贫工程、就业脱贫工程、易地扶贫搬迁工程、生态保护脱贫工程、智力扶贫工程、社会兜底脱贫工程、健康脱贫工程、基础设施建设扶贫工程、金融扶贫工程、社会扶贫工程。

② “现代化五大发展美好安徽”即建设创新、协调、绿色、开放、共享的美好安徽。

③ “三变”是指资源变资产、资金变股金、农民变股东。

85.1%；民生工程投入持续加大，高于当年财政支出增长1.6个百分点。五是房地产市场平稳运行，新能源汽车快速发展。全省房地产市场运行总体平稳，房地产开发投资较快增长，商品房库存有所下降，商品房销售回落较大，房地产价格总体稳定，重点调控城市合肥个人住房贷款增速明显回落。汽车行业整体趋势向好，新的增长点不断涌现，技术含量高、符合转型升级方向的新能源汽车快速增长，新能源汽车产业链条不断完善。

金融运行总体平稳，服务实体经济能力和效率进一步提高。一是银行业稳步发展，货币信贷适度增长。银行业机构规模不断扩大，利润水平稳步上升。随着经济回暖迹象逐步显现，企业投资意愿增强，政府类项目进展加快，企业存款同比少增明显；各项贷款适度增长，信贷资源配置更趋优化，对经济发展重点领域和薄弱环节支持力度加大。二是市场利率定价自律机制进一步完善，贷款利率水平总体下行。辖内金融机构利率定价能力不断提高，75家法人金融机构成为全国市场利率定价自律机制基础成员。2017年辖内贷款利率水平总体下降，其中小微企业贷款加权平均利率同比下降28个基点；发挥央行资金成本优势，切实引导社会融资成本下降，全省法人金融机构运用支农再贷款发放的涉农贷款加权平均利率低于同期同档次涉农贷款利率，再贴现票据的贴现利率均低于同期同档次票据直贴加权平均利率。三是地方法人金融机构经营总体稳健，但信贷资产质量有所下降。部分机构、领域和行业风险防控压力有所加大，不良贷款出现双升，部分法人金融机构流动性比例、资本充足率等指标下降，风险抵补能力有待进一步提升。四是跨境人民币业务持续发展，覆盖面持续扩大。全省26家银行办理跨境人民币结算业务，覆盖1 261家涉外企业，涉及境外国家和地区（含港澳台）79个。五是证券业健康发展，企业筹资渠道拓宽。证券机构数量稳步增长，多层次资本市场稳步发展，省内企业积极拓宽融资渠道，多家企业在主板、新三板和省股交中心上市（挂牌），或借助沪深交易所平台发行债券和资产支持证券。六是保险业稳步发展，服务实体经济力度加大。保险市场体系逐步完善，社会贡献不断增强，2017年为社会新增就业岗位6.4万个，上缴税收约35亿元。保险行业平稳快速发展，保障能力持续增强，全年累计实现保费收入首次突破千亿元。大力服务实体经济，为农业和高新技术企业、中小微企业等提供保险支持，促进地方经济发展。七是融资规模继续扩大，货币市场平稳运行。社会融资规模同比多增，直接融资占比略有下降，主要是非金融企业股票融资占比下降；债券融资占比与上年基本持平，新增债券以中期票据为主。同业拆借市场发展较快，2017年安徽省金融机构在银行间市场信用拆借累计成交额同比增长71.4%，交易品种以短期为主。债券回购市场平稳运行，质押式回购占据整个回购市场的主导地位，回购市场维持短期化趋势，隔夜品种成交最为活跃。八是金融基础设施不断完善，消费者权益得到有效维护。中小微和农村信用体系建设成效凸显，九成以上农户信用信息已录入农村信用信息平台，已录入中小微企业信用信息占全部企业数的62.5%。支付结算系统服务效率持续提高，2017年安徽省办理非现金支付业务同比增长近40%。金融IC卡推广运用不断强化，受理环境日益完善，全年电子现金交易笔数居全国首位。金融消费者权益保护切实加强，金融知识宣传教育活动有效开展，消费者金融素养逐步提高。

2018年，安徽将积极推动经济由高速增长向高质量发展转型，经济提质增效升级步伐将进一步加快。预计安徽经济将呈"增速略缓、质量提升"发展态势，地区生产总值增长8%左右，供给侧结构性改革继续深化，创新能力建设持续加强，居民收入较快增长，生态文明建设不断强化。全省金融业将继续贯彻稳健中性的货币政策，统筹兼顾总量增长和结构优化，进一步支持供给侧结构性改革，加大对国民经济重点领域和薄弱环节的支持力度；有效落实宏观审慎政策，注重防范化解重大金融风险，为建设现代化五大发展美好安徽营造中性适度的货币金融环境。

一、金融运行情况

2017年，安徽省金融业运行总体健康平稳，银行业稳健经营，证券业规模扩大，保险市场体系不断完善，金融基础设施建设进一步加强，为供给侧结构性改革营造了适宜的金融环境。

（一）银行业经营稳健，货币信贷适度增长

1. 银行业机构规模不断扩大，利润水平稳步上升。2017年末，安徽省银行业资产和负债规模分别为59 853.6亿元、57 622.7亿元，同比分别增长10.3%和10.1%。全年实现利润总额636.8亿元，同比增长17.0%。营业网点和从业人员较上年均有所增加。

表1　2017年安徽省银行业金融机构情况

机构类别	营业网点			法人机构（个）
	机构个数（个）	从业人数（人）	资产总额（亿元）	
一、大型商业银行	2 368	48 613	19 061.5	0
二、国家开发银行和政策性银行	91	2 318	7 590.1	0
三、股份制商业银行	343	7 897	5 483.9	0
四、城市商业银行	465	9 174	8 907.8	2
五、小型农村金融机构	3 128	33 322	11 889.3	83
六、财务公司	6	197	530.8	6
七、信托公司	2	155	71.9	2
八、邮政储蓄银行	1 778	15 856	4 276.3	0
九、外资银行	5	163	140.4	0
十、新型农村金融机构	278	3 948	627.4	67
十一、其他	9	1 368	1 274.2	5
合计	8 473	123 011	59 853.6	165

注：营业网点不包括国家开发银行和政策性银行、大型商业银行、股份制商业银行等金融机构总部数据；大型商业银行包括中国工商银行、中国农业银行、中国银行、中国建设银行和交通银行；小型农村金融机构包括农村商业银行、农村合作银行和农村信用社；新型农村金融机构包括村镇银行、贷款公司和农村资金互助社；“其他”包含金融租赁公司、汽车金融公司、货币经纪公司、消费金融公司等。

数据来源：安徽银监局。

2. 各项存款增速回落，企业存款同比少增较多。2017年末，全省本外币各项存款余额46 146.9亿元，同比增长11.7%，增速较上年同期回落7个百分点；全年存款增加4 822.5亿元，同比少增1 675.6亿元。分结构看，非金融企业存款下降明显，全年增加1 337.6亿元，同比少增1 398.9亿元，主要是随着供给侧结构性改革持续推进，经济增长的稳定性增强，企业投资意愿加大，政府类项目进展加快，用款量增加；住户存款基本稳定，比年初增加1 670.0亿元，同比少增214.9亿元；广义政府存款较上年少增，全年增加1 271.4亿元，同比少增498.2亿元，主要是社保基金账户存款下降较多。分币种看，人民币存款余额45 608.8亿元，同比增长11.6%；外币存款余额82.3亿美元，同比增长22%。

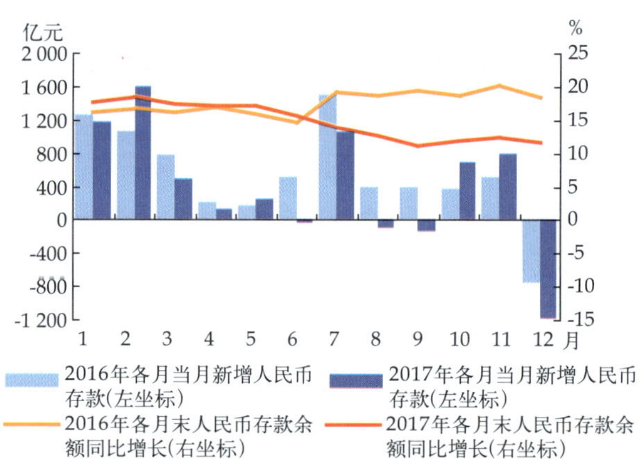

数据来源：中国人民银行合肥中心支行。

图1　2016~2017年安徽省金融机构人民币存款增长变化

3. 各项贷款适度增长，信贷资源配置更趋优化。2017年末，全省本外币各项贷款余额35 162亿元，同比增长14.3%；全年贷款增加4 387.5亿元，同比少增242.6亿元，季度投放进度为32∶25∶22∶21，均衡性较往年有所提高。全年信贷投放特点，一是外币贷款增速明显回升。2017年末，外币贷款余额104.2亿美元，同比增速由上年的-15.2%回升至21.7%；人民币贷款余额34 481.2亿元，同比增长14.2%。二是中长期贷款新增较多。2017年末，全省本外币中长期贷款余额比年初增加3 986.6亿元，同

比多增 690.3 亿元，主要是金融机构加大对企业固定资产投资支持力度，全年企业中长期贷款增加 1 965.2 亿元，同比多增 727.7 亿元。三是票据融资下降较多。受票据业务监管趋严叠加金融去杠杆影响，2017 年票据融资下降 568.8 亿元，同比少增 942.6 亿元。四是对经济发展重点领域和薄弱环节支持力度加大。2017 年末，全省交通、水利等基础设施行业贷款增速高于各项贷款增速 13.6 个百分点，全年贷款同比多增 511.7 亿元；支农支小力度增强，小微企业、涉农贷款余额同比分别增长 21.2% 和 15.0%，分别高于各项贷款增速 6.9 个和 0.7 个百分点；金融精准扶贫贷款大幅增长，2017 年末余额 1 752.6 亿元，同比增长 152.9%。

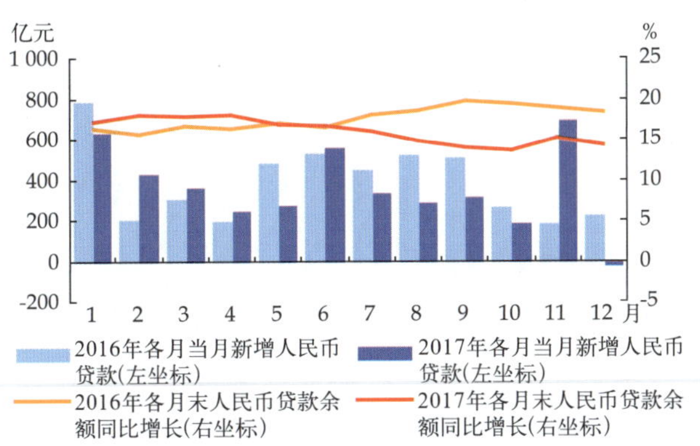

数据来源：中国人民银行合肥中心支行。

图 2　2016~2017 年安徽省金融机构人民币贷款增长变化

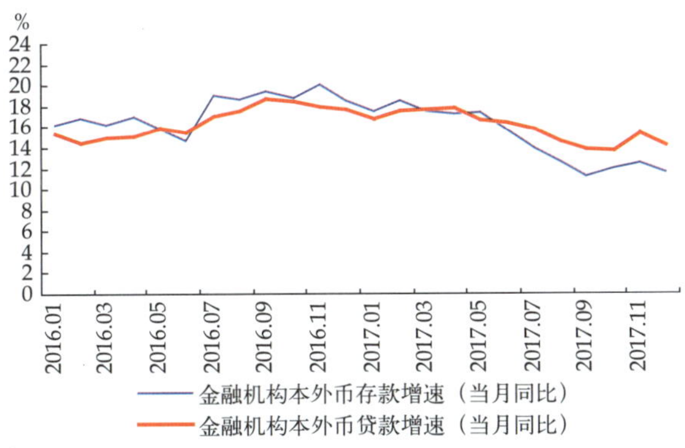

数据来源：中国人民银行合肥中心支行。

图3　2016~2017 年安徽省金融机构本外币存、贷款增速变化

货币政策工具合理运用。2017 年以来，安徽省人民银行各分支机构先后为 96 家法人金融机构、31 家农业银行县级三农金融事业部下调 0.5~2 个百分点存款准备金率；分别累计办理支农、扶贫再贷款 63 亿元、38.5 亿元，累计办理再贴现 311.9 亿元，再贴现余额中的涉农、小微企业票据占比分别达 27.8%、84.4%。

4. 表外业务品种增势分化，信托贷款增长较多。2017 年，全省金融机构表外融资增加 1 804.7 亿元，同比多增 1 071.2 亿元。其中，信托贷款增加 1 197.3 亿元，同比多增 1 164.8 亿元，占比较上年末提高 16.5 个百分点至 17%，主要由于委托贷款、券商资管等通道类业务受限后回流信托；未贴现银行承兑汇票增加 275.9 亿元，同比多增 648 亿元，占比同比提高 9.8 个百分点至 3.9%，主要是受监管趋严、票据融资成本抬升降低企业贴现意愿、电子商业票据推广降低企业贴现需求等因素叠加影响。

5. 市场利率定价自律机制持续完善，贷款利率有所下行。2017 年，安徽省市场利率定价自律机制进一步完善，辖内利率定价平稳运行，75 家法人金融机构成为全国市场利率定价自律机制基础成员。贷款利率水平总体下降，2017 年安徽省一般贷款加权平均利率 6.02%，较上年下降 6 个基点，其中小微企业贷款加权平均利率为 5.87%，同比下降 28 个基点。金融机构上浮利率贷款占比为 68.61%，较上年下降 0.15 个百分点。

发挥央行资金成本优势，切实引导社会融资成本下降。2017 年，安徽省法人金融机构运用支农再贷款发放的涉农贷款加权平均利率低于同期同档次涉农贷款利率 2 个百分点；涉农、小微企业再贴现票据加权平均贴现利率分别较其全部涉农、小微企业票据直贴利率低 0.25 个和 0.23 个百分点。

6. 地方法人金融机构盈利水平提升，信贷资产质量有所下滑。2017 年，安徽省地方法人金融机构各项业务稳步发展，盈利能力进一步上升，全年地方法人银行累计实现净利润 221.4 亿元，同比增长 17.4%，增速较上年提升 5.4 个百分点。

表 2　2017 年安徽省金融机构人民币贷款各利率区间占比

单位：%

月份		1月	2月	3月	4月	5月	6月
合计		100.0	100.0	100.0	100.0	100.0	100.0
下浮		15.2	17.0	16.6	12.6	10.6	7.7
基准		19.1	20.6	21.3	19.4	20.7	26.2
上浮	小计	65.7	62.4	62.1	68.0	68.7	66.1
	(1.0, 1.1]	12.2	15.4	11.7	14.2	13.1	11.4
	(1.1, 1.3]	15.5	14.8	14.6	14.4	16.8	17.9
	(1.3, 1.5]	13.7	12.6	12.6	14.6	14.6	15.4
	(1.5, 2.0]	17.3	13.0	16.4	17.2	17.1	15.2
	2.0 以上	7.0	6.6	6.8	7.6	7.0	6.2
月份		7月	8月	9月	10月	11月	12月
合计		100.0	100.0	100.0	100.0	100.0	100.0
下浮		9.0	7.6	6.2	9.0	7.0	10.2
基准		18.8	17.8	19.5	18.8	25.8	16.4
上浮	小计	72.2	74.6	74.3	72.2	67.2	73.5
	(1.0, 1.1]	13.2	10.4	10.9	13.3	15.6	10.7
	(1.1, 1.3]	18.3	15.9	19.3	17.2	14.9	18.2
	(1.3, 1.5]	15.1	19.2	16.5	17.1	15.1	16.6
	(1.5, 2.0]	17.2	19.0	17.8	14.4	13.4	17.6
	2.0 以上	8.4	10.1	9.7	10.2	8.2	10.4

数据来源：中国人民银行合肥中心支行。

一些机构、领域和行业风险有所积累，风险防控压力有所加大。一是不良贷款出现“双升”。2017 年末，全省地方法人银行不良贷款余额较年初增加 46.1 亿元，不良贷款率较年初上升 0.25 个百分点。二是部分法人机构流动性比例有所下滑。2017 年末，全省农商行、村镇银行流动性比例较年初分别下降 4.14 个和 5.54 个百分点。三是部分法人机构资本充足水平下降。2017 年末，全省城商行和村镇银行的资本充足率较年初分别下降 0.82 个和 0.69 个百分点，风险抵补能力有待进一步提升。为加强辖内风险防控，中国人民银行合肥中心支行不断创新金融风险监测预警手段，持续加强重点领域风险监测，金融风险总体可控。

7. 跨境人民币业务持续发展，覆盖面持续扩大。2017 年，安徽省跨境人民币收付金额 534.0 亿元，位居中部六省第一，在全国排名较上年上升 4 位。全省 26 家银行办理跨境人民币结算业务，覆盖 1 261 家涉外企业，涉及境外国家和地区（包括港澳台）79 个，业务覆盖面较上年进一步拓宽。

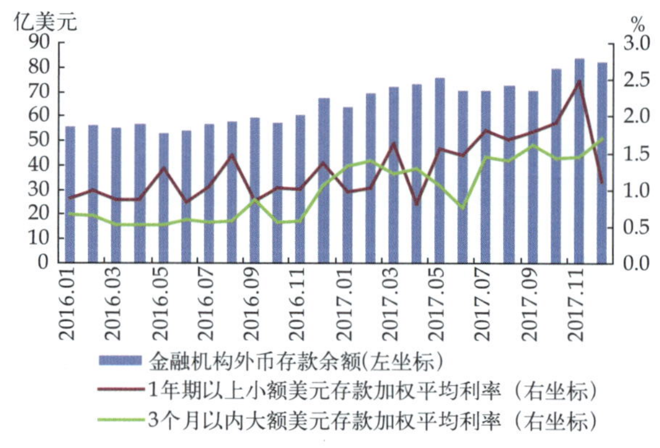

数据来源：中国人民银行合肥中心支行。

图 4　2016~2017 年安徽省金融机构外币存款余额及外币存款利率

专栏 1　多措并举　安徽省绿色金融发展成效初显

近年来，中国人民银行合肥中心支行充分发挥窗口指导作用，引导安徽省银行业金融机构紧紧围绕国家生态文明建设和省委省政府“创新型生态强省”战略部署，以深入推进供给侧结构性改革为主线，大力支持绿色经济、低碳经济和循环经济，积极发挥金融配置社会资源的重要作用，在助力安徽绿色金融发展方面成效初显。

一、绿色金融推进体系初步形成

中国人民银行合肥中心支行建立督查督办制度，将“深入推进绿色金融发展”纳入党委重点督办事项，制订安徽省绿色金融体系实施方案，并建立金融机构半年考核、定期通报、按年评比机制。配合省政府金融办将全省2017年绿色发展行动重点项目库（543个）信息及时推介给辖内所有银行，实现银行与绿色企业项目信息及时、有效对接，充分调动金融机构支持省内绿色发展项目的积极性，引导信贷支持去产能企业转型升级。各市人民银行加大政策支持力度，探索将再贷款、再贴现等货币政策工具与绿色信贷挂钩，构建具体监测指标和科学评估体系，逐步将绿色信贷纳入宏观审慎评估框架。

二、绿色金融配套制度和专营机构逐步建立

一是积极出台绿色金融发展制度指引。全省银行业金融机构高度重视绿色金融工作，从总分行层面，对绿色金融发展出台了各类制度指引，引导信贷资金投向绿色经济领域。如中国工商银行安徽省分行制定《关于加强绿色信贷建设工作的贯彻意见》，严格控制重金属污染等领域新增融资。二是建立绿色金融专营服务机构。全省多数银行业金融机构已建立绿色金融专营服务机构，成立绿色信贷工作领导小组，负责组织和推动绿色信贷工作开展。如兴业银行合肥分行成立环境金融中心，徽商银行、中国建设银行安徽省分行成立绿色信贷委员会，负责组织和推动绿色信贷工作开展。

三、绿色金融产品和服务日益丰富

一是创新绿色金融产品。全省银行业金融机构在创新绿色信贷产品、提供综合化服务和优化贷款审批流程等方面作了诸多有益探索。如兴业银行合肥分行打造“绿色金融”蓝海，光大银行合肥分行推出了“光合动力”低碳金融产品套餐等。二是提供绿色金融综合化服务。省内各银行业金融机构还积极运用银团贷款、供应链融资等提升综合化服务能力。如交通银行安徽省分行积极把握专项融资授权政策机遇，发挥产业链金融产品优势，对江淮汽车集团配套链属117家企业提供敞口授信支持。三是开辟绿色金融审批通道，对项目优先安排立项、审批和投放。

四、绿色金融覆盖面不断扩大

一是绿色信贷投入力度持续加大。截至2017年末，全省银行业绿色信贷余额1 795.3亿元，较年初增加379.7亿元，重点支持了安徽低碳经济、循环经济和绿色农业开发项目。二是绿色债券品种趋于多样化。徽商银行发行50亿元绿色金融债已获批复，募集资金全部用于绿色产业，2017年已在全国银行间债券市场完成首期10亿元绿色金融债发行；铜陵发展投资集团获批发行绿色债券12亿元，该债券在全国率先结合了绿色与创投的概念，目前已发行4亿元全部用于绿色产业投资基金。三是绿色基金规模稳步增长。如黄山市推动建立国内首只跨省流域绿色基金——新安江绿色发展基金，首笔3 000万元已用于徽州区循环经济园区内生态保护、绿色产业转型相关项目建设。

下一步，中国人民银行合肥中心支行将立足省情，学习借鉴浙江等省（区）试点创新做法，进一步优化绿色金融发展运行环境，完善绿色金融发展激励与惩戒机制，并积极推动省政府择机申报合肥绿色金融改革创新试验区建设。

（二）证券业健康发展，企业融资渠道拓宽

1. 证券机构数量稳步增长。截至2017年末，安徽共有2家证券公司，34家证券分公司，299家证券营业部（含5家筹建中），2家证券投资咨询公司，1家基金分公司，3家期货公司，1家期货分公司，34家期货经营部，机构数量较

上年有所增加。

表 3　2017 年安徽省证券业基本情况

项目	数量
总部设在辖内的证券公司数（家）	2
总部设在辖内的基金公司数（家）	0
总部设在辖内的期货公司数（家）	3
年末国内上市公司数（家）	102
当年国内股票（A 股）筹资（亿元）	262
当年发行 H 股筹资（亿元）	0
当年国内债券筹资（亿元）	1 476
其中：短期融资券筹资额（亿元）	582
中期票据筹资额（亿元）	347

注：当年国内股票（A 股）筹资额指非金融企业境内股票融资。
数据来源：安徽证监局。

2. 多层次资本市场稳步发展。2017 年，新增境内外上市公司10家、新三板挂牌企业82家、省区域性股权市场挂牌企业 677 家。省内企业积极拓宽融资渠道，借助沪深交易所平台发行债券和资产支持证券，金禾实业、国祯环保等企业相继推出可转债。至 2017 年末，全省有上市公司102家，上市公司市价总值13 504.2亿元，比上年增长 27.5%。

（三）保险业稳步发展，服务实体经济力度加大

1. 保险市场体系逐步完善，社会贡献不断扩大。2017 年，全省法人保险机构 1 家，各级保险分支机构2 819家；外资保险公司8家，农险、信用险、责任险专业公司各 1 家，养老险专业公司 4 家、健康险专业公司 2 家；各类专业中介机构 636 家。为社会新增就业岗位 6.4 万个，全省保险从业人员约 35 万人，上缴税收约 35 亿元。

2. 保险行业平稳快速发展，保障能力持续增强。2017 年，全省保险业累计实现保费收入 1 107.2 亿元，首次突破千亿元，同比增长 26.4%，增速高于全国 8.2 个百分点。全省保险业累计提供风险保障约 38 万亿元，同比增长 23.7%；累计赔付支出 397.7 亿元，同比增长 11.3%。

表 4　2017 年安徽省保险业基本情况

项目	数量
总部设在辖内的保险公司数（家）	1
其中：财产险经营主体（家）	1
人身险经营主体（家）	0
保险公司分支机构（家）	72
其中：财产险公司分支机构（家）	34
人身险公司分支机构（家）	38
保费收入（中外资，亿元）	1 107.2
其中：财产险保费收入（中外资，亿元）	366.3
人身险保费收入（中外资，亿元）	740.9
各类赔款给付（中外资，亿元）	397.7
保险密度（元 / 人）	1 757.4
保险深度（%）	4.0

数据来源：安徽保监局。

3. 大力服务实体经济，促进地方经济发展。2017 年，安徽打造农业保险 2.0，建立农险转型升级的“黟县模式”；助推科技创新，科技保险全年为全省高新技术企业提供 1 300 多亿元风险保障，是 2016 年全年的 1.5 倍；有效发挥融资增信作用，政策性小额贷款保证保险全年为全省 1 858 家中小微企业提供贷款融资总额 6.8 亿元；大病保险制度实现全覆盖，2017 年累计赔付 50.6 万人次，赔付金额 12.8 亿元，患者实际报销比例 13.4%；特色农险、光伏保险为贫困户提供风险保障 58.8 亿元，帮扶贫困村 105 个，累计实现脱贫 1 914 户、5 921 人。

（四）融资规模继续扩大，货币市场平稳运行

1. 社会融资规模同比多增，直接融资占比略有下降。2017 年，安徽省社会融资规模 7 038.3 亿元，同比多增 754.7 亿元。直接融资占比较上年下降 2.4 个百分点，主要是非金融企业股票融资占比下降 2.2 个百分点，全年同比少增 110.3 亿元；债券融资占比与上年基本持平，同比多增 25.8 亿元，新增债券以中期票据为主。

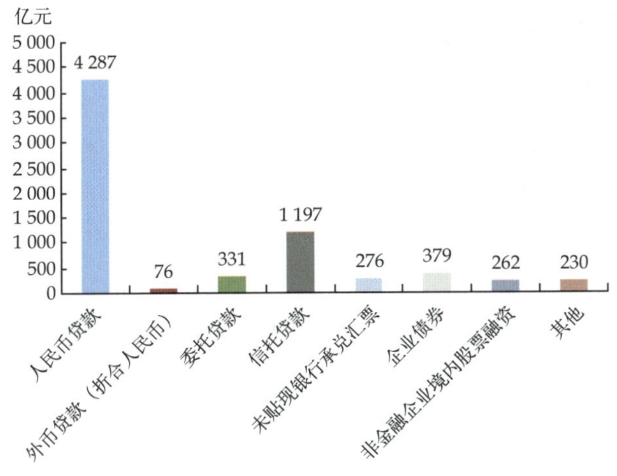

数据来源：中国人民银行合肥中心支行。

图 5　2017 年安徽省社会融资规模分布结构

2. 货币市场较快发展，短期品种交易活跃。同业拆借市场发展较快，2017 年安徽省金融机构在银行间市场信用拆借累计成交额同比增长 71.4%；交易品种以短期为主，其中隔夜拆借占比达 74.6%；市场参与机构较上年增加 14 家，参与种类更加丰富。债券回购市场平稳运行，2017 年安徽省金融机构在债券回购市场累计成交额同比增长 22.7%；质押式回购占整个回购市场的主导地位，2017 年质押式回购交易占比 94.5%；回购市场维持短期化趋势，隔夜品种成交最为活跃，占质押式回购的 84.4%。

表 5　2017 年安徽省金融机构票据业务量统计

单位：亿元

季度	银行承兑汇票承兑		贴现			
			银行承兑汇票		商业承兑汇票	
	余额	累计发生额	余额	累计发生额	余额	累计发生额
1	1 830	725.0	1 267.89	2 700.6	69.2	69.2
2	1 661	702.9	1 117.52	1 285.7	57.9	40.6
3	1 568	683.0	1 044.32	1 979.2	48.9	57.7
4	1 589	722.1	1 120.52	2 391.3	50.3	98.5

数据来源：中国人民银行合肥中心支行。

表 6　2017 年安徽省金融机构票据贴现、转贴现利率

单位：%

季度	贴现		转贴现	
	银行承兑汇票	商业承兑汇票	票据买断	票据回购
1	4.38	5.02	3.74	4.08
2	5.06	5.40	4.10	4.13
3	4.84	5.83	4.02	4.20
4	4.86	5.71	4.19	3.92

数据来源：中国人民银行合肥中心支行。

（五）金融基础设施不断完善，消费者权益得到有效维护

1. 中小微和农村信用体系建设成效凸显。2017 年，安徽各地积极探索，创新推出“政府主导、人行牵头、多部门合作”“人行牵头、金融机构参与为主”“依托政府大数据工程、第三方机构资源”等多种建设模式，并逐步形成各市县全面推进、积极创新、管理不断完善的工作格局。截至年末，全省共 68 个市、县（区）开展农村信用体系建设工作，已收集录入信用信息农户占全部农户数的 90.7%，农村信用信息平台查询量 19.7 万笔；共 14 个市建设中小企业信用信息平台，已录入信用信息中小微企业占全部企业数的 62.5%，中小微企业信用信息平台查询量 2.0 万笔。

2. 支付结算系统服务效率持续提高。2017 年，安徽省以票据和银行卡为代表的非现金支付工具业务量持续提高，支付系统处理业务量平稳增长。全省共办理非现金支付业务 48 亿笔，同比增长 39.9%。全省支付系统共处理支付业务 16.8 亿笔、金额 82.9 万亿元，其中大额实时支付系统处理金额 47.2 万亿元。

3. 金融 IC 卡推广运用不断强化。2017 年，中国人民银行合肥中心支行积极组织全省收单机构大力推进金融 IC 卡受理终端非接、流程优化改造以及终端信息注册等相关工作，并将工作范围由 13 个试点城市扩大至其他非试点城市，受理环境日益完善。金融 IC 卡和移动金融发卡量稳步增长，全年新增发行金融 IC 卡约 2 271.5

万张，消费金额同比增长28.8%，电子现金交易笔数居全国首位。

4. 金融消费者权益保护切实加强。2017年，安徽省优化金融消费者投诉受理渠道，充分发挥“金融消费者权益保护信息管理系统”实时登记、转办、反馈功能，继续发挥12363投诉主渠道功能，有力维护了金融消费者合法权益。同时，利用“3·15国际消费者权益日”“金融知识普及月”等关键时间节点，在全省范围内组织开展多次金融知识宣传教育活动，切实提高消费者金融素养。

二、经济运行情况

2017年，安徽省经济平稳增长，全年实现地区生产总值27 518.7亿元，同比增长8.5%。人均生产总值44 206元，比上年增加4 645元。经济持续稳中向好，产业结构不断优化，新动能加速成长，市场主体、新产品增长较快，高新技术产业、战略性新兴产业对工业增长带动力显著增强。质量和效益稳步提升，规模以上工业企业实现利润同比多增，单位生产总值能耗持续下降。

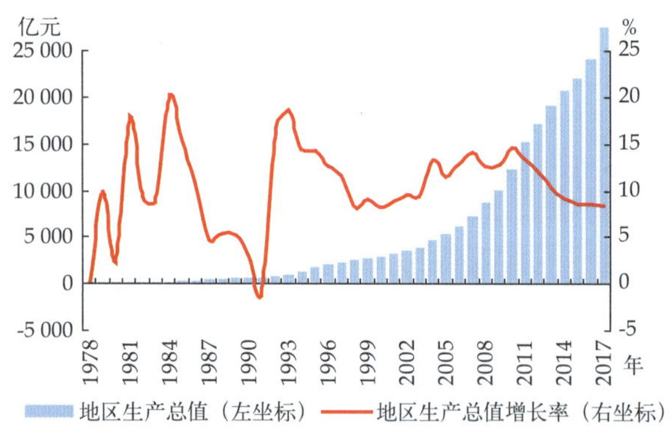

数据来源：安徽省统计局。

图6　1978~2017年安徽省地区生产总值及其增长率

（一）内需保持较快增长，对外贸易取得较大回升

1. 固定资产投资较快增长，工业、房地产和基础设施领域投资提供支撑。2017年，全省固定资产投资29 186亿元，按可比口径计算增长11%，增速比全国高3.8个百分点。三大投资领域贡献突出，工业投资、房地产投资和基础设施投资分别完成投资12 943.5亿元、5 612.5亿元和6 534.9亿元，同比分别增长12.7%、21.9%和24.2%。技改投资增长明显加快，全省工业技改投资完成7 352.9亿元，同比增长18%，增速比上年提高7.5个百分点；占工业投资的比重为56.8%，比上年提高2.5个百分点。

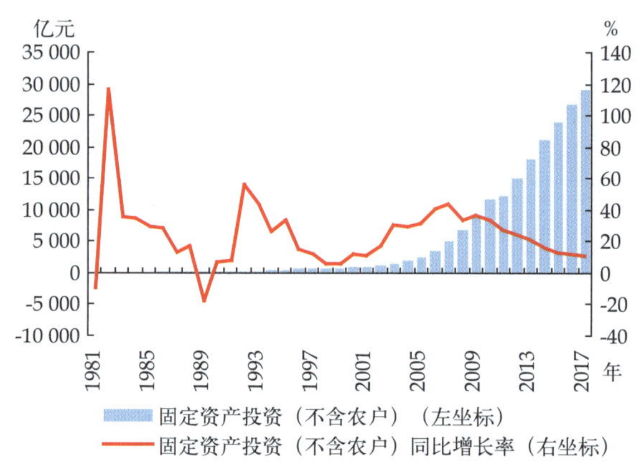

数据来源：安徽省统计局。

图7　1981~2017年安徽省固定资产投资（不含农户）及其增长率

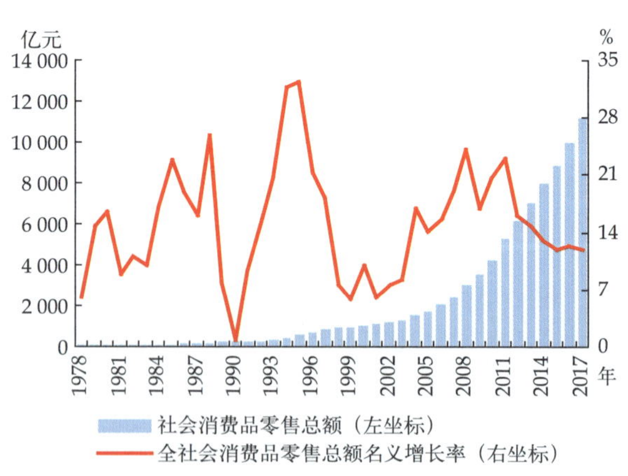

数据来源：安徽省统计局。

图8　1978~2017年安徽省社会消费品零售总额及其增长率

2. 社会消费品零售额同比略降，限额以上

网上商品零售比重提高。2017 年，全省社会消费品零售总额 11 192.6 亿元，同比增长 11.9%，增幅比上年低 0.4 个百分点，比全国高 1.7 个百分点。网上零售保持高位增长，全年共实现网上零售额 314 亿元，同比增长 39.4%，占限额以上消费品零售额的5.6%，同比提高1.2个百分点，拉动限额以上消费品零售额增长 1.6 个百分点。

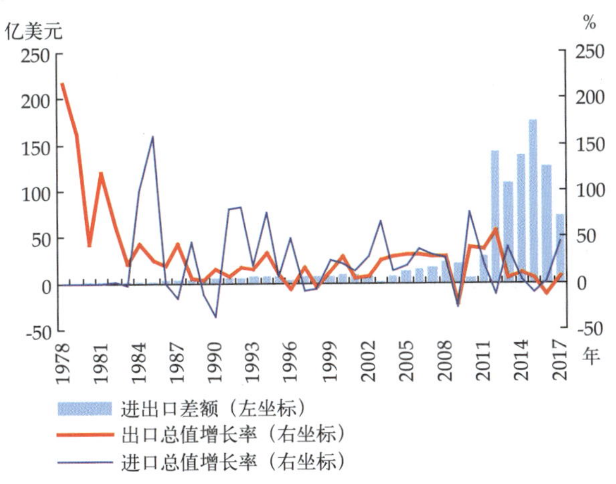

数据来源：安徽省统计局。

图 9　1978~2017 年安徽省外贸进出口变动情况

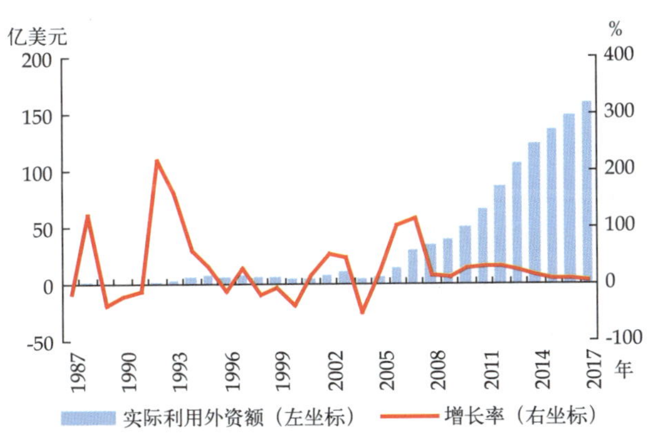

数据来源：安徽省统计局。

图 10　1987~2017 年安徽省实际利用外资额及其增长率

3. 对外贸易快速增长，出口商品结构进一步优化。2017 年，安徽依托地理位置优势，深度融入"一带一路"建设步伐加快，对"一带一路"沿线国家和地区出口增长 10.6%。全年货物进出口总额达到 536.4 亿美元，同比增长 20.8%，总量和增幅均居中部第 2 名，实现历史性突破。其中，出口 304.8 亿美元，同比增长 7.2%；进口 231.6 亿美元，同比增长 45%。出口商品结构持续优化，全省机电产品、高新技术产品出口占比分别比上年提高 1.4 个和 3.7 个百分点。实际利用外商直接投资 158.9 亿美元，同比增长 7.6%，比上年下降 0.8 个百分点。

（二）三次产业稳步发展，产业结构持续优化

2017 年，安徽第一产业增加值 2 611.7 亿元，同比增长 4%；第二产业增加值 13 486.6 亿元，同比增长 8.6%；第三产业增加值 11 420.4 亿元，同比增长 9.7%。一二三次产业比例为 9.5 : 49 : 41.5，第一产业占比首次降至10%以下，第三产业占比同比上升 0.4 个百分点。

1. 农业经济平稳增长，农业产业园建设稳步推进。2017 年，农业生产形势较好，粮食总产 695.2 亿斤，同比增长 1.7%，实现"十四连丰"。养殖业受生猪价格走低、环保压力较大及禽流感等多重因素影响，生产受限。农村土地承包经营权确权登记颁证提前 1 年完成，新型城镇化试点省建设全面展开，农村集体产权制度改革稳步推进，755 个村实施"三变"改革。76 个县（市、区）实现县级电商公共服务中心、农村物流配送中心、乡村电商服务网点全覆盖。阜阳、滁州、芜湖、淮北、宣城和合肥市 6 个农业产业园进入首批国家农村产业融合发展示范园创建名单。和县、宿州市埇桥区获批创建国家现代农业产业园。铜陵市成为全国优先开展农业全产业链开发创新示范区。

2. 工业贡献率显著提升，新兴产业快速增长。2017 年，全省规模以上工业增加值增长 9%，为近三年最高水平；对全省经济增长贡献率为 44.2%，比上年提高 2 个百分点，拉动 GDP 增长 3.8 个百分点。制造业对工业增长贡献率提高，2017 年制造业对全省规模以上工业增长的贡献率为 93.4%，比上年提高 2.4 个百分点，占全省规模以上工业增加值的比重为

87.8%。新兴产业支撑作用提高，2017 年全省规模以上战略性新兴产业产值增长 21.4%，比上年提高 5 个百分点，对全省规模以上工业产值增长的贡献率为 31.4%。企业利润增长较快，全年规模以上工业企业实现利润 2 285.3 亿元，同比增长 19.7%，增速为 2012 年以来最高，但企业回款周期长、成本费用相对较高的问题仍然存在，供给侧结构性改革仍需进一步深化。

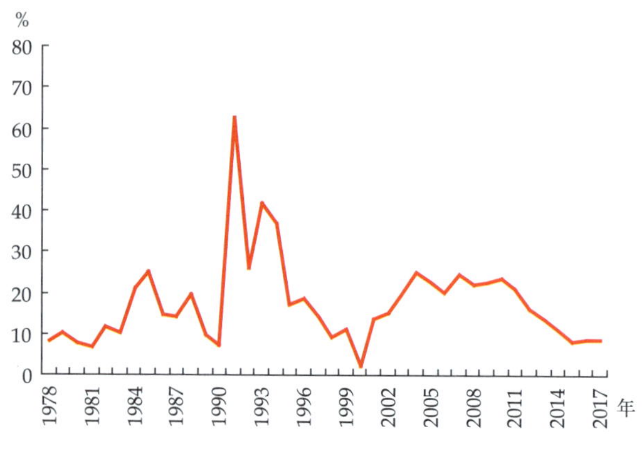

数据来源：安徽省统计局。

图 11　1978~2017 年安徽省规模以上工业增加值实际增长率

3. 服务业增长放缓，对 GDP 增长贡献有所回落。受金融业、房地产业增速放缓影响，服务业增速较上年下降 1.2 个百分点，对全省经济增长的贡献率回落至 45%，拉动 GDP 增长 3.8 个百分点，比上年回落 0.5 个百分点。其中，金融业对全省经济增长贡献率为 7.5%，比上年回落 2.1 个百分点，拉动 GDP 增长 0.6 个百分点，比上年回落 0.2 个百分点；房地产业增加值对全省经济增长贡献率为 2.2%，比上年回落 3.2 个百分点，拉动 GDP 增长 0.2 个百分点，比上年回落 0.3 个百分点。从占比看，批发和零售业，交通运输、仓储和邮政业，住宿和餐饮业增加值合计占服务业的比重较上年下降 2.19 个百分点；金融业、房地产业、其他服务业合计占比较上年提高 2.25 个百分点。

4. 供给侧结构性改革取得新进展。2017 年，安徽省扎实推进供给侧结构性改革，制定了“1+8+4”的一揽子政策体系，全面实施五大发展计划。一是综合运用市场机制、经济手段和法治办法去产能，供给体系质量和效率明显提高，钢铁煤炭行业圆满完成年度去产能任务。全年关闭矿井 4 对，退出煤炭过剩产能 705 万吨，化解生铁产能 62 万吨、粗钢产能 64 万吨。二是围绕供需基本平衡、房价总体稳定，从供需两端综合发力，坚持分类指导、因城施策，加快去库存，商品房待售面积比上年末减少 380.1 万平方米，去化周期缩短 3.3 个月。三是在确保不发生区域性系统性金融风险的同时，积极扩大直接融资，推动具备条件的企业上市（挂牌），大力去杠杆。全年直接融资规模 5 893.4 亿元，增长 34.4%。新增地方政府债务限额 728 亿元，发行地方政府债券 1 462.1 亿元。“三煤一钢”企业签署市场化债转股合作协议 350 亿元，到位资金 135 亿元。四是制定出台降成本 20 条措施，有效降成本。全年实现降低企业成本 1 000 亿元以上，规模以上工业企业百元主营业务收入成本较上年下降 0.8 元，比全国多下降 0.2 元；单位工业增加值能耗同比下降 5.38%。五是建立全省补短板重点项目库，着力加强改善薄弱环节。全年生态保护和环境治理业投资增长 41.7%，皖北六市投资增长 15.4%，均明显高于全省投资增幅。

5. 生态环境质量持续改善。2017 年，安徽省优化对各市生态文明建设情况评价考核机制，引导各地自觉践行绿色发展理念，并以考核结果作为党政领导综合考核评价、干部奖惩任免的重要依据。全省顺利完成《大气污染防治行动计划》第一阶段目标任务，长江、淮河干流安徽段总体水质优，全省 106 个国家考核断面水质优良比例较上年提高 8.4 个百分点。

（三）居民消费价格温和上涨，工业生产者价格回升

1. 居民消费价格温和上升，八大类商品“七涨一跌”。2017 年，安徽省居民消费价格指数比上年上涨 1.2%，涨幅比全国低 0.4 个百分点，比年度控制目标低 1.8 个百分点。八大类仅食品

烟酒价格下跌，由于市场供应充足，食品烟酒价格下降1.1%，创2000年来新低，其中猪肉价格、鲜菜价格和蛋价分别下降11.4%、11%和7.2%，三类合计影响CPI下降0.7个百分点。服务项目价格对CPI贡献最大，受人工成本上涨和服务消费升级影响，服务项目价格上涨2.4%，影响CPI上涨0.86个百分点，对CPI贡献率约为72%，其中私房房租、自有住房和教育服务分别上涨2.6%、2.2%和3.9%，对服务项目贡献率约为63%。

2. 工业生产价格高位运行，涨幅高于全国平均水平。安徽工业生产者价格指数2012~2016年连续五年下跌后，2017年大幅上涨。工业生产者出厂价格指数上涨8.0%，涨幅高于全国平均水平1.7个百分点，其中生产资料出厂价格同比上涨10.8%，影响PPI同比上涨约7.7个百分点，是PPI大幅上涨的主要因素。工业生产者购进价格指数上涨9.2%，其中有色金属材料及电线类涨幅最大，上涨22.2%，其次是燃料、动力类和黑色金属材料类，分别上涨14.5%和14.1%。

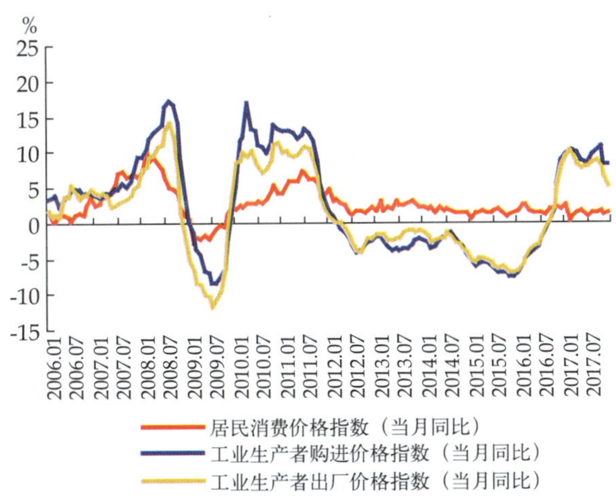

数据来源：安徽省统计局。

图12　2006~2017年安徽省居民消费价格指数和工业生产者价格指数变动趋势

3. 就业形势保持稳定，劳动力价格继续增长。2017年，城镇新增就业68.2万人，比上年增加1.4万人，完成年度目标任务的113.7%；城镇登记失业率2.88%，低于年控制目标1.62个百分点。全年全省劳动力参与率和就业人口比达到2016年以来新高，城镇常住居民工资性收入稳步增长，人均可支配收入首次突破3万元，扣除价格因素实际增长7.1%，农村常住居民工资性收入实际增长7.7%。

（四）财政收入平稳增长，支出以保障民生为主

2017年，安徽省一般公共预算收入4 858亿元，同比增长11.1%，增速比上年提高2.1个百分点，其中地方一般公共预算收入2 812亿元，同比增长7.9%。一般公共预算收入中，税收占比由上年的69.5%提高到70.1%。

一般公共预算支出6 204亿元，同比增长12.3%，增速比上年提高6.9个百分点。其中，民生支出5 280亿元，占全部支出的85.1%。民生工程投入持续加大，2017年全省33项民生工程投入940.6亿元，同比增长13.9%，高于当年一般公共预算支出增长1.6个百分点。

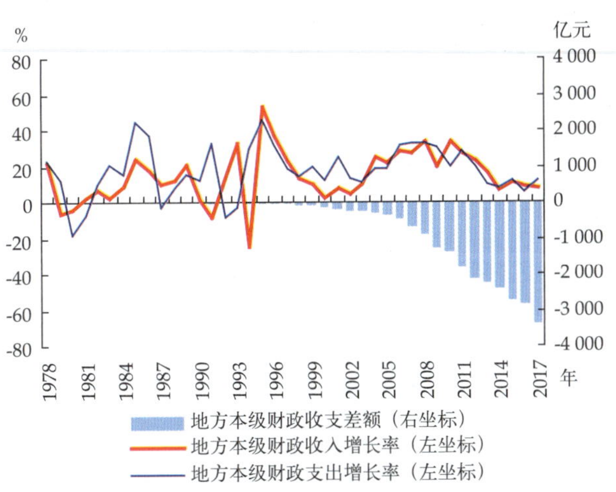

数据来源：安徽省统计局。

图13　1978~2017年安徽省财政收支状况

（五）房地产市场平稳运行，新能源汽车快速发展

1. 房地产市场总体平稳，房地产贷款增速回落。2017年以来，安徽坚决贯彻习近平总书

记关于“房子是用来住的，不是用来炒的”重要指示，坚持因城施策、分类指导，全省房地产市场运行总体平稳，重点调控城市合肥个人住房贷款增速明显回落。

（1）房地产开发投资较快增长。2017 年，全省房地产开发投资 5 612.5 亿元，同比增长 21.9%，增速比上年提高 17.9 个百分点。其中，住宅投资 4 007 亿元，同比增长 30.5%，增速比上年提高 22.8 个百分点。

（2）商品房库存有所下降。2017 年末，全省商品房待售面积 2 021.3 万平方米，比上年下降 15.8%。但房地产施工面积增多，潜在供给能力提升。2017 年，全省房地产开发施工面积 39 169.2 万平方米，同比增长 9.9%，增速比上年提高 5.8 个百分点。其中，新开工面积 11 398.7 万平方米，同比增长 32.8%，增速比上年提高 22.1 个百分点。

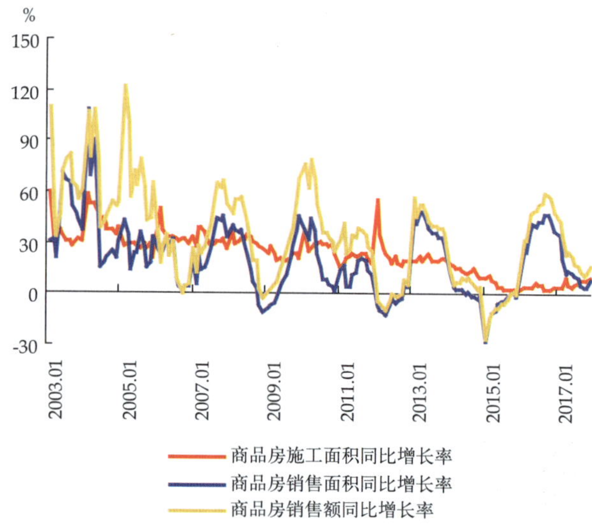

数据来源：安徽省统计局。

图 14　2003~2017 年安徽省商品房施工和销售变动趋势

（3）商品房销售回落较大。2017 年，全省商品房销售面积 9 200.7 万平方米，同比增长为 8.2%，增速比上年回落 29.5 个百分点。全省商品房销售额 5 865.8 亿元，同比增长 16.5%，增速比上年回落 32.9 个百分点。

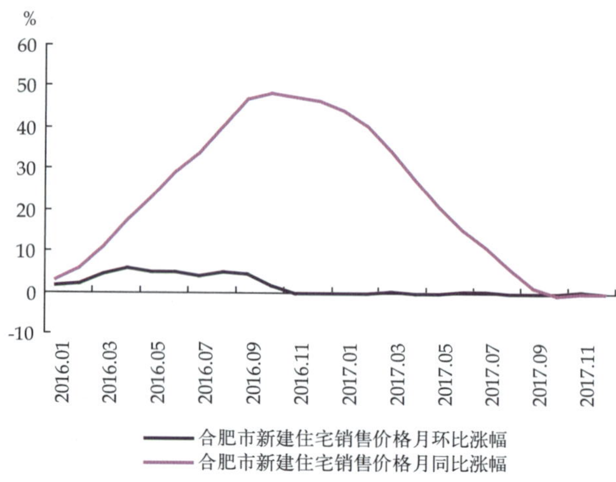

数据来源：安徽省统计局。

图 15　2017 年合肥市新建住宅销售价格变动趋势

（4）房地产价格总体稳定。2017 年，全省主城区新建商品住房销售均价 6 301.0 元 / 平方米，同比下跌 1.0%，自 6 月份起月增幅均为负值。省会合肥商品房销售价格稳定，2017 年全市商品房销售均价 9 927 元 / 平方米，商品住宅销售均价 10 574 元 / 平方米，未超过 2016 年 10 月份水平。

（5）房地产贷款增速下降。截至 2017 年末，全省房地产贷款余额 11 940.5 亿元，同比增长 24.1%，增速较上年末下降 8.5 个百分点。其中，个人住房贷款同比增长 23%，增速同比回落 14 个百分点，主要是因为重点调控城市合肥个人住房贷款增速同比回落 36 个百分点。

2. 新旧动能加快转换，汽车行业发展韧性增强。2017 年，受小排量汽车购置税优惠减少、新能源汽车补贴取消等因素影响，限额以上汽车类零售额同比增速放缓至 7.8%。但汽车行业整体趋势向好，新的增长点不断涌现，技术含量高、符合转型升级方向的新能源汽车快速增长。2017 年末，安徽新能源汽车同比增长 38.5%。

新能源汽车产业链条不断完善。2017 年，安徽省在新能源汽车领域精耕细作、快速布局，坚持自主创新，在技术水平和产品质量上均实现了较大提升，市场竞争力不断增强。目前已形成以合肥、芜湖为中心，以江淮、奇瑞、安凯等新能源整车企业以及星凯龙、广通汽车、芜湖宝骐等新能源改装车企业为龙头，以国轩高科、中盐红四方锂电、巨一自动化等关键零部件企业以及国网电力、普天新能源等充电设施建设运营企业为配套的产业链，为电动汽车的推广应用奠定了坚实基础。

专栏2 深入实施创新驱动发展战略 推动供给侧结构性改革

近年来，安徽省坚持新发展理念，把创新作为引领发展的第一动力，深入实施创新驱动发展战略，推动供给侧结构性改革，区域经济呈现高质量发展态势。

一是强化创新驱动顶层设计。出台贯彻落实国家创新驱动发展战略纲要实施方案，提出“到2020年成为创新型省份”“到2030年跻身创新型省份前列”和“到2050年建成创新型强省”的“三步走”战略；全面实施五大发展行动计划[①]，把创新驱动摆在发展全局的核心位置；以体制机制改革激发创新活力，全面部署开展技术和产业、平台和企业、资本和金融、制度和政策等四大创新支撑体系建设；不断强化调度督察，跟踪掌握重点改革任务进展、存在困难，及时完善配套政策；面向全省企业集中开展“四送一服”[②]双千工程，打通政策落地“最后一公里”。

二是全面构建创新发展新格局。充分发挥国家创新战略平台叠加的效应，扎实推进合肥综合性国家科学中心、合肥滨湖科学城、合芜蚌国家自主创新示范区、全面创新改革试验省“四个一”创新主平台建设，初步形成以合芜蚌为龙头，以创新型城市为载体，皖江、皖北、皖南、大别山区等区域协调发展的新格局。世界首台光量子计算机诞生、量子通信京沪干线全面开通、全超导托卡马克装置世界首次实现百秒量级稳态高约束模运行三项成果入选2017年国内十大科技进展新闻，“墨子”“悟空”和“天宫”作为重大科技成果写入党的十九大报告。

三是积极培育创新发展新动能。依托创新链提升产业链，把创新发展落实到产业发展上，通过强力推进“重大新兴产业基地”“重大新兴产业工程”“重大新兴产业专项”和“创新型现代化产业体系”的“三重一创”建设，区域经济发展新动能加速孕育。2017年，全省规模以上高新技术产业增加值增速比规模以上工业高5.8个百分点，高新技术产业增加值占全省规模以上工业增加值的比重为40.2%，对全省规模以上工业增加值增长的贡献率为63.5%。智能语音、新能源汽车、新型显示、工业机器人、高端装备等产业创新居全国乃至世界前列。

四是全面推进“放管服”政策落地。“营改增”试点平稳推进，涉及全省66.1万户“营改增”试点纳税人，累计减税120.57亿元；全面贯彻国家有关行政事业性收费、政府性基金优惠政策，年减轻企业和社会负担超过40亿元；推动省级政府行政权力事项持续精简，有序推进公共服务和中介服务清单建设，贯彻落实国务院第三批清理规范国务院部门行政审批中介服务事项，减轻企业负担约16亿元；认真落实国家阶段性下调社保费率、失业保险费率政策，减轻企业负担23.9亿元左右；开展直供电试点，全年完成直接交易

① “五大发展行动计划”即创新发展行动、协调发展行动、绿色发展行动、开放发展行动和共享发展行动。

② “四送一服”即送新发展理念、送支持政策特别是深化供给侧结构性改革系列政策措施、送创新项目、送生产要素，服务实体经济。

电量550亿千瓦时，降低企业用电成本约36亿元。

五是稳妥实施金融服务创新推进工程。加大区域特色金融产品与服务发展力度，2017年末，全省"税融通"贷款余额153亿元，服务企业6 422家；新型政银担业务在保余额957.38亿元，在保企业72 223户；年内共安排续贷过桥资金38.1亿元，累计扶持企业14 568户，周转金额749.3亿元，周转次数19.6次；实现专利权质押融资529笔、48.9亿元，分别居全国第1位和第5位。继续发挥"三煤一钢"融资帮扶工作机制作用，中国建设银行与淮北矿业、淮南矿业、马钢集团签署的1期110亿元市场化债转股项目完成投放。大力发展股权融资，已设立和计划设立的省级股权投资基金母基金15只，计划总规模1 250亿元。深化投融资体制改革，2017年，全省共有364个项目纳入国家发展改革委PPP项目推介库，总投资4 000多亿元，项目个数和投资规模均居全国前列。

下一步，安徽省将以习近平新时代中国特色社会主义思想为指导，全面贯彻落实党的十九大精神和中央经济工作会议精神，坚持新发展理念和高质量发展要求，坚定实施创新驱动发展战略，努力为建设现代化"五大发展"美好安徽提供战略支撑。

三、预测与展望

2018年，影响安徽经济发展的积极因素和潜在压力并存。一方面，当前经济领域的结构调整虽出现积极变化，但结构性矛盾仍然存在。企业效益改善集中在钢铁、煤炭、石油等上游行业，投资对基建、房地产等依赖程度较高，发展质量和效益有待提高，环保整改压力依然较大，经济增长的内生动力仍需增强。另一方面，安徽省经济运行基本面较好，经济韧性好、潜力足的特质没有改变，出台的供给侧结构性改革政策措施正在发挥积极作用，钢铁煤炭等传统产业去产能有序推进，新兴产业、高新技术产业发展势头强劲，量子通信、智能语音、智能装备、新能源汽车、工业机器人、新型显示等"安徽智造"行业加快成长，市场回暖迹象逐步显现。预计安徽经济将呈"增速略缓、质量提升"发展态势，地区生产总值增长8%左右，供给侧结构性改革继续深化，创新能力建设持续加强，居民收入较快增长，生态文明建设不断强化。

安徽省金融业将认真贯彻落实稳健中性的货币政策，保持货币信贷和社会融资规模合理增长；进一步支持供给侧结构性改革，加大对国民经济重点领域和薄弱环节的支持力度，做好军民融合发展、乡村振兴等国家战略的金融服务，大力推进金融精准扶贫工作；有效落实宏观审慎政策，加强金融风险研判及重点领域风险防控，完善金融风险监测、评估、预警和处置体系；深化利率和汇率市场化改革，稳步推进人民币国际化，促进金融更好地为实体经济服务。

中国人民银行合肥中心支行货币政策分析小组

总　纂：刘兴亚　丁伯平

统　稿：赵永红　骆盛强　毛瑞丰

执　笔：毛瑞丰　张武强　李　雯　吴玮玮

提供材料的还有：方锡华　李　新　王宗鹏　居　姗　刘　丰　汪昊旻　赵志富　胡维静　卢　璐　徐　蓉　张　振　程　识

附录

（一）2017 年安徽省经济金融大事记

1 月 10 日，国家发展改革委和科技部联合批复了合肥综合性国家科学中心建设方案。合肥是继上海之后，国家正式批准建设的第二个综合性国家科学中心。

2 月 9 日，国务院正式批复《中原城市群发展规划》。规划涉及安徽、河南、河北、山西、山东五省共 30 个城市，安徽省淮北、亳州、宿州、阜阳、蚌埠五市纳入规划范围。

3 月 2 日，《安徽省“十三五”脱贫攻坚规划》《安徽省 2017 年脱贫攻坚工作要点》《安徽省脱贫攻坚期产业精准扶贫规划》等政策文件陆续出台，对脱贫攻坚的目标、措施作出明确规定。

4 月 7 日，《安徽省绿色发展行动实施方案》《“三河一湖一园一区”生态文明示范创建工程施工方案》等重要政策文件密集出台，绿色发展行动“千帆竞发”。

5 月 17 日，第十届中国中部投资贸易博览会在合肥滨湖国际会展中心隆重开幕，中央政治局委员、国务院副总理汪洋发表主旨演讲并宣布开幕。

7 月 5 日，安徽省人社厅、省财政厅、中国人民银行合肥中心支行联合印发《关于进一步推进创业担保贷款促进大众创业万众创新的通知》，提出 8 条新举措，打造创业担保贷款升级版，促进大众创业、万众创新。

8 月 21 日，商务部公布 2017 年国家电子商务进农村综合示范县名单，安徽省 9 个县新入选国家电子商务进农村示范县。

9 月 21 日，环保部命名授牌第一批国家生态文明建设示范市县，安徽省一市两县跻身全国生态文明建设示范市县。

11 月 18 日，安徽首家民营银行——新安银行正式开业。

（二）2017 年安徽省主要经济金融指标

表 1　2017 年安徽省主要存贷款指标

		1 月	2 月	3 月	4 月	5 月	6 月	7 月	8 月	9 月	10 月	11 月	12 月
本外币	金融机构各项存款余额（亿元）	42 462.8	44 098.3	44 617.2	44 747.9	45 003.6	44 930.8	45 991.2	45 910.6	45 776.6	46 522.7	47 338.1	46 146.9
	其中：住户存款	20 512.7	20 904.6	21 006.8	20 409.6	20 495.9	20 887.2	20 616.7	20 627.7	21 007.6	20 561.0	20 528.8	20 628.3
	非金融企业存款	12 632.3	13 266.0	13 751.4	13 794.3	13 872.6	14 048.9	14 288.8	14 384.2	14 150.2	14 319.9	14 710.8	14 598.2
	各项存款余额比上月增加（亿元）	1 138.5	1 635.5	519.0	130.7	255.7	-72.8	1 060.5	-80.6	-134.0	746.1	815.4	-1 191.2
	金融机构各项存款同比增长（%）	17.6	18.6	17.6	17.3	17.5	15.7	14.0	12.7	11.3	12.1	12.6	11.7
	金融机构各项贷款余额（亿元）	31 366.0	31 802.9	32 178.4	32 426.6	32 707.6	33 269.4	33 600.4	33 889.1	34 234.8	34 475.7	35 199.2	35 162.0
	其中：短期	9 369.2	9 466.7	9 628.0	9 636.1	9 661.5	9 852.0	9 880.7	9 927.8	9 907.9	9 939.7	10 074.7	10 061.8
	中长期	19 484.8	19 863.3	20 162.0	20 462.0	20 775.8	21 171.3	21 492.5	21 719.8	22 085.5	22 287.8	22 716.1	22 758.0
	票据融资	1 730.5	1 664.2	1 559.4	1 491.1	1 418.7	1 381.9	1 343.3	1 344.0	1 318.3	1 304.7	1 444.7	1 387.5
	各项贷款余额比上月增加（亿元）	591.5	437.0	375.5	248.1	281.0	561.9	331.0	288.7	345.7	240.9	723.4	-37.1
	其中：短期	88.1	97.5	161.3	8.1	25.4	190.6	28.7	47.0	-19.8	31.8	135.0	-12.9
	中长期	713.4	378.5	298.7	300.0	313.8	395.6	321.2	227.3	365.7	202.3	428.3	41.9
	票据融资	-225.8	-66.3	-104.8	-68.3	-72.4	-36.8	-38.6	0.7	-25.7	-13.6	140.0	-57.2
	金融机构各项贷款同比增长（%）	16.8	17.6	17.7	17.8	16.7	16.4	15.7	14.6	13.9	13.7	15.4	14.3
	其中：短期	8.3	9.5	10.4	11.4	10.5	10.3	9.6	8.9	8.2	8.4	9.4	8.4
	中长期	22.5	23.4	23.7	23.6	23.5	23.3	22.7	21.9	21.6	21.3	22.5	21.3
	票据融资	2.3	-0.5	-7.5	-11.6	-21.0	-23.3	-25.6	-30.1	-34.5	-36.4	-28.1	-29.1
	建筑业贷款余额（亿元）	1 021.6	1 046.6	1 060.5	1 096.6	1 113.2	1 146.5	1 128.9	1 141.1	1 143.4	1 133.4	1 144.4	1 140.8
	房地产业贷款余额（亿元）	1 723.5	1 762.5	1 749.6	1 773.8	1 789.1	1 788.6	1 794.4	1 818.7	1 867.8	1 889.3	1 886.2	1 883.8
	建筑业贷款同比增长（%）	19.2	20.2	22.1	22.9	21.0	23.3	21.1	22.2	22.1	20.3	21.6	20.9
	房地产业贷款同比增长（%）	12.5	11.8	10.4	10.3	8.9	5.0	6.4	7.4	9.1	10.1	11.9	14.0
人民币	金融机构各项存款余额（亿元）	42 025.5	43 620.3	44 118.5	44 241.6	44 481.3	44 450.6	45 513.4	45 429.7	45 306.0	45 990.8	46 783.3	45 608.8
	其中：住户存款	20 413.4	20 806.8	20 909.5	20 313.2	20 399.7	20 792.4	20 522.6	20 537.9	20 918.2	20 470.5	20 438.9	20 538.2
	非金融企业存款	12 311.6	12 912.6	13 375.4	13 409.4	13 471.7	13 689.0	13 929.9	14 022.1	13 804.2	13 909.9	14 291.5	14 202.2
	各项存款余额比上月增加（亿元）	1 169.3	1 594.8	498.2	123.1	239.7	-30.6	1 062.8	-83.7	-123.7	684.8	792.5	-1 174.5
	其中：住户存款	1 554.6	393.4	102.7	-596.3	86.6	392.6	-269.8	15.3	380.4	-447.8	-31.5	99.3
	非金融企业存款	-608.3	601.0	462.8	34.1	62.2	217.3	240.9	92.2	-217.9	105.7	381.6	-89.4
	各项存款同比增长（%）	17.6	18.5	17.4	17.1	17.2	15.6	13.9	12.6	11.2	11.9	12.4	11.6
	其中：住户存款	17.8	10.4	10.0	10.2	11.1	11.7	10.3	9.8	10.6	9.4	9.1	8.9
	非金融企业存款	15.3	28.0	22.3	20.8	20.0	17.6	14.6	12.4	8.8	9.1	10.5	9.9
	金融机构各项贷款余额（亿元）	30 816.8	31 248.0	31 613.3	31 858.3	32 129.6	32 685.9	33 018.6	33 306.4	33 622.3	33 810.5	34 504.7	34 481.2
	其中：个人消费贷款	8 002.5	8 131.1	8 333.4	8 498.3	8 655.7	8 865.4	9 026.8	9 204.9	9 386.5	9 538.7	9 712.3	9 822.8
	票据融资	1 730.5	1 664.2	1 559.4	1 491.1	1 418.7	1 381.9	1 343.3	1 344.0	1 318.3	1 304.7	1 444.7	1 387.5
	各项贷款余额比上月增加（亿元）	636.1	431.2	365.3	245.0	271.2	556.3	332.7	287.8	315.9	188.3	694.2	-23.5
	其中：个人消费贷款	235.4	128.5	202.3	164.9	157.5	209.6	161.5	178.0	181.6	152.3	173.6	110.5
	票据融资	-225.8	-66.3	-104.8	-68.3	-72.4	-36.8	-38.6	0.7	-25.7	-13.6	140.0	-57.2
	金融机构各项贷款同比增长（%）	17.3	18.0	18.0	18.0	16.9	16.7	16.0	14.9	14.0	13.6	15.2	14.2
	其中：个人消费贷款	38.1	39.6	38.7	38.4	37.2	35.6	34.0	31.6	29.7	28.5	27.3	26.5
	票据融资	2.3	-0.5	-7.5	-11.6	-21.0	-23.3	-25.6	-30.1	-34.5	-36.4	-28.1	-29.1
外币	金融机构外币存款余额（亿美元）	63.8	69.5	72.3	73.5	76.1	70.9	71.0	72.9	70.9	80.1	84.0	82.3
	金融机构外币存款同比增长（%）	13.7	23.7	30.7	29.4	43.4	29.9	24.2	26.0	19.3	39.2	37.9	22.0
	金融机构外币贷款余额（亿美元）	80.1	80.7	81.9	82.4	84.2	86.1	86.5	88.3	92.3	100.2	105.2	104.2
	金融机构外币贷款同比增长（%）	-7.0	-3.4	-0.8	0.4	1.7	-0.2	1.4	2.5	7.6	20.7	31.8	21.7

数据来源：中国人民银行合肥中心支行。

表 2　2001~2017 年安徽省各类价格指数

单位：%

		居民消费价格指数		农业生产资料价格指数		工业生产者购进价格指数		工业生产者出厂价格指数	
		当月同比	累计同比	当月同比	累计同比	当月同比	累计同比	当月同比	累计同比
2001		—	2.4	—	0.9	—	-3.1	—	-1.8
2002		—	1.6	—	-0.4	—	-2.8	—	-2.6
2003		—	1.3	—	1.6	—	-6.5	—	-6.1
2004		—	2.1	—	-0.5	—	-2.6	—	-1.4
2005		—	1.9	—	-0.7	—	-2.8	—	-1.7
2006		—	2.0	—	-0.9	—	-3.1	—	-2.1
2007		—	1.8	—	-1.0	—	-3.2	—	-2.2
2008		—	1.9	—	-1.1	—	-3.0	—	-2.3
2009		—	1.8	—	-1.1	—	-2.9	—	-2.3
2010		—	1.8	—	-1.0	—	-2.7	—	-2.2
2011		—	1.8	—	-0.8	—	-2.6	—	-2.2
2012		—	1.7	—	-0.6	—	-2.5	—	-2.2
2013		—	1.7	—	-0.4	—	-2.6	—	-2.3
2014		—	1.7	—	-0.4	—	-2.7	—	-2.5
2015		—	1.6	—	-0.4	—	-2.8	—	-2.6
2016		—	1.8	—	-0.6	—	-1.6	—	-1.5
2017		—	1.2	—	1.3	—	9.2	—	8.0
2016	1	1.7	1.7	-1.2	-1.2	-7.1	-7.1	-6.8	-6.8
	2	2.6	2.1	-1.7	-1.4	-6.1	-6.6	-6.1	-6.4
	3	2.5	2.2	-0.4	-1.1	-5.1	-6.1	-5.2	-6.0
	4	1.6	2.1	0.1	-0.8	-4.5	-5.7	-4.0	-5.5
	5	1.3	1.9	0.3	-0.6	-4.1	-5.4	-3.4	-5.1
	6	1.4	1.8	0.58	-0.38	-3.5	-5.1	-3.1	-4.8
	7	1.3	1.8	-0.6	-0.4	-2.3	-4.7	-2.3	-4.4
	8	1.1	1.7	-1.7	-0.6	-1.2	-4.3	-0.9	-4
	9	1.8	1.7	-1.8	-0.7	0.1	-3.8	0.1	-3.6
	10	2	1.7	-1.4	-0.8	1.7	-3.2	2	-3
	11	2.3	1.8	-0.3	-0.7	5.4	-2.5	5	-2.3
	12	1.8	1.8	-0.4	-0.6	8.6	-1.6	7.8	-1.5
2017	1	2.4	2.4	2.8	2.8	9.4	9.4	9.1	9.1
	2	0.3	1.4	3.6	3.2	10.1	9.7	10.1	9.6
	3	0.7	1.1	2.3	2.9	10.2	9.9	9.5	9.6
	4	1.4	1.2	1.3	2.5	9.8	9.9	8.1	9.2
	5	1.5	1.2	-0.1	2.0	8.8	9.7	7.6	8.9
	6	1.1	1.2	-0.9	1.5	8.5	9.5	7.7	8.7
	7	0.8	1.2	-0.5	1.2	8.5	9.3	7.9	8.6
	8	1.4	1.2	0.4	1.1	9.5	9.3	8.4	8.5
	9	1.2	1.2	0.7	1.0	10.2	9.4	8.6	8.5
	10	1.6	1.2	2.1	1.1	10.6	9.6	7.8	8.5
	11	1	1.2	2.3	1.2	8.2	9.4	6.3	8.3
	12	1.4	1.2	2.2	1.3	6.7	9.2	5.1	8.0

数据来源：《中国经济景气月报》、安徽省统计局。

表 3　2017 年安徽省主要经济指标

	1 月	2 月	3 月	4 月	5 月	6 月	7 月	8 月	9 月	10 月	11 月	12 月
	绝对值（自年初累计）											
地区生产总值（亿元）	—	—	5 826.8	—	—	12 645.4	—	—	19 811.4	—	—	27 518.7
第一产业	—	—	389.9	—	—	985.9	—	—	1 509.5	—	—	2 611.7
第二产业	—	—	2 948.8	—	—	6 352.6	—	—	9 912.7	—	—	13 486.6
第三产业	—	—	2 509.2	—	—	5 306.9	—	—	8 389.2	—	—	11 420.4
工业增加值（亿元）	—	1 616.5	2 632.9	3 587.7	4 391.3	5 382.5	6 295.6	7 238.1	8 253.6	—	—	—
固定资产投资（亿元）	—	2 679.6	5 446.9	8 050.4	1 0951	13 608.4	15 926.3	18 576.1	21 405.3	23 840.2	26 309.1	2 9186
房地产开发投资	—	535.2	997.5	1 464.3	1 966.5	2 503.8	2 955.7	3 495.2	4 085.4	4 594.4	5 075.5	5 612.5
社会消费品零售总额（亿元）	—	—	2 714.7	—	—	5 365.1	—	—	8 108.6	—	—	11 192.6
外贸进出口总额（亿美元）	36.3	65.5	109.2	149.7	194.8	245.4	292.6	343.1	388.9	430.9	481.2	536.4
进口	13.3	26.9	46.1	62.6	81.3	103.5	122.6	145.2	164.7	181.6	203.5	231.6
出口	23	38.6	63.1	87.1	113.5	141.9	170	197.9	224.2	249.2	277.7	304.8
进出口差额（出口 – 进口）	9.7	11.7	17	24.5	32.2	38.4	47.4	52.7	59.5	67.6	74.2	73.2
实际利用外资（亿美元）	—	25.1	39	52.1	66.1	87.5	99.9	113.9	125.5	137.5	148.4	158.9
地方财政收支差额（亿元）	-269.4	-524.2	-971.8	-1 056.7	-1354	-1 908.9	-2 060.3	-2 337.8	-2 755.9	-2 799	-2 974.6	-3 392
地方财政收入	296.2	487.1	733.3	997.5	1 243.4	1 514.5	1 767.3	1 968.3	2 189.6	2 424.3	2 608.6	2 812
地方财政支出	565.6	1011.3	1 705.1	2 054.2	2 597.4	3 423.4	3 827.6	4 306.1	4 945.5	5 223.3	5 583.2	6 204
城镇登记失业率（%）（季度）	—	—	3.2	—	—	3.2	—	—	3.1	—	—	2.9
	同比累计增长率（%）											
地区生产总值	—	—	8.4	—	—	8.5	—	—	8.3	—	—	8.5
第一产业	—	—	2.5	—	—	2.8	—	—	3.3	—	—	4
第二产业	—	—	8.2	—	—	8.2	—	—	8.4	—	—	8.6
第三产业	—	—	9.4	—	—	10	—	—	9	—	—	9.7
工业增加值	—	7.9	8.4	8.4	8.4	8.6	8.7	8.7	8.8	8.8	8.8	9
固定资产投资	—	11	11.1	11.4	11.5	10.7	9.4	9	10	10.1	10.6	11
房地产开发投资	—	7.1	8.9	13.7	15	14.3	14.5	17.8	20.9	21.6	22.3	21.9
社会消费品零售总额	—	—	11.9	—	—	12	—	—	11.7	—	—	11.9
外贸进出口总额	11.5	10.9	22.3	22.5	21.5	25.9	26.2	27.6	28.1	27	25.9	20.8
进口	15.9	24.8	37.8	37.1	35.9	42.2	42.3	47.2	48.2	46.4	45.7	45
出口	9.2	2.9	13	13.8	13	16.3	16.6	16.2	16.5	15.8	14.4	7.2
实际利用外资	—	7	7.4	7.3	7.2	7.2	7	7	7.1	7.6	7.6	7.6
地方财政收入	-10.7	-6.1	-1.5	-0.6	0.1	3.6	4	4.1	4	4.9	5.1	7.9
地方财政支出	41	37.9	19.1	13.5	16.1	18.8	13.8	13.6	13	13	9.2	12.3

数据来源：安徽省统计局。

福建省金融运行报告（2018）

中国人民银行福州中心支行货币政策分析小组

[内容摘要] 2017年福建省适应新发展理念并以此把握和引领经济发展新常态，深入推进供给侧结构性改革，加快培育新动能，推动结构优化、动力转换和质量提升，经济实现平稳健康发展。初步核算，全年全省地区生产总值增长8.1%。作为全国首个生态文明试验区，福建省生态环境保持良好，全年单位GDP能耗下降3.5%，森林覆盖率保持全国首位。

福建省2017年经济增长主要特点：一是需求尤其是投资和出口增长明显提速。投资重返两位数增长，全省固定资产投资增长13.5%，增速比上年加快5.0个百分点，主要受民间投资回暖等拉动。投资结构调整优化，涉农领域投资保持快速增长；工业投资明显加快，增速比上年提高5.3个百分点，其中，以轻工业为主的消费品制造业投资增速提高近20个百分点。货物出口增速由负转正，商品结构进一步优化，技术含量和附加值高的机电、高新技术产品出口形势好于传统劳动密集型产品。消费平稳增长，其中文化信息消费增长明显加快，居民消费需求由满足日常需要向追求品质转变的态势更加明显。二是产业结构逐步调整优化。第二产业增速近七年来首次回升。全省第二产业增加值增长6.9%，增幅较上年提高0.1个百分点。工业产业结构向中高端调整优化，规模以上高技术产业较快增长，增速为12.5%，高于规模以上工业平均增幅4.5个百分点。工业经济效益持续改善，全年全省规模以上工业企业利润总额增长20.2%。高技术制造业利润率比上年提高，盈利能力有所增强。第三产业增速连续第三年超过GDP，全省第三产业增加值增长10.3%，其中生产性服务业保持较快增长，例如，规模以上信息传输、软件和信息服务业企业营业收入增长16.2%。"清新福建"名片越发亮丽，全年全省旅游总收入增速比上年加快3.9个百分点。三是消费价格温和上涨，生产资料价格涨幅由负转正。全省居民消费价格指数上涨1.2%，涨幅为2010年以来最低；全省工业生产者出厂价格指数上涨4.1%，结束了自2012年以来连续五年下降的态势。四是居民和一般公共预算总收入稳定增长。全年全省居民人均可支配收入实际增长7.5%，比上年提高0.6个百分点。农村居民收入增速保持快于城镇居民收入的态势，城乡居民收入差距缩小。在企业所得税、房地产相关税收增长的拉动下，全年全省一般公共预算总收入增长7.2%，增幅比上年提高3.5个百分点。五是供给侧结构性改革成效显现。全省原煤、钢材、生铁和平板玻璃等主要过剩产能产品产量不同程度下降；年末全省住宅待售面积下降24.7%；规模以上工业企业资产负债率比上年下降0.5个百分点。全年民生领域中的居民服务业、卫生和社会工作、水利、公共设施管理业投资快速增长。新动能不断培育增强，符合产业升级和消费升级的新兴智能产品（如平板电脑、新能源汽车等）增势良好。热点城市房价过快上涨趋势得到遏制。

2017年福建省金融业认真贯彻落实党的十九大和全国金融工作会议精神，不断提升服务实体经济的效率和水平，货币信贷和社会融资规模平稳增长，为全省稳增长、调结构、促改革、惠民生、防风险营造适宜的货币金融环境。

福建省2017年金融运行主要特点：一是信贷支持实体经济力度进一步加大。年末全省本外币贷款增速为10.9%，如果考虑不良贷款处置和政府债务置换等因素，贷款实际增长约14.7%。其中制造业、基础设施等领域中长期贷款增长明显加快，比上年分别多增118.9亿元和528.1亿元。信贷导向效果显著，全省大力推进普惠金融、绿色金融发展，"两权"抵押贷款试点、房地产信贷调控等工作取得实效并形成福建特色，年末省内金融精准扶贫贷款、绿色信贷、13个试点地区“两权”抵押贷款余额均实现快速增长，个人住房贷款则比上年明显少增。二是不良贷款实现近六年来首次“双降”。年末全省不良贷款余额和不良贷款率分别比上年末减少135.8亿元、下降0.57个百分点。福建省高度重视不良贷款风险的防控化解工作，把化解不良贷款纳入地方政府的绩效考核，取得积极成效。三是企业直接融资工作继续稳步推进。全年省内企业从沪深证券交易所、新三板市场的股权融资额568.0亿元，年度首发上市家数（25家）创历史新高。银行间市场发债仍是企业债券融资的主渠道，全省企业在银行间市场发债额占企业债券融资的58.2%。债券支持“一带一路”建设实现创新突破，厦门海沧投资集团创新发行全国银行间市场首单“一带一路”债券，厦门翔业集团有限公司创新发行国内首单服务于“一带一路”的“债券通”债务融资工具。四是保险业的风险保障功能进一步发挥。全年福建省实现保费收入比上年增长12.5%。省内保险公司积极承保建设工程投标保证保险、小额贷款保证保险、出口信用保险、政策性农业保险等业务，较好支持相关实体领域发展。全年全省保险业累计承担风险总额44.4万亿元，增长17.8%，累计赔付支出325.7亿元。民生保障水平稳步提升，全省城乡大病保险覆盖率较上年提高5.1个百分点至53.5%，商业健康保险赔付支出增长26.9%。五是金融基础服务水平继续提升。农村普惠金融服务点标准化建设加快推进，成效显著。支付业务稳步发展，网上支付跨行清算系统业务量居全国前列，福州地铁成为全国首个银联交通行业二维码支付项目，龙岩公交成为全国首例公交车ODA应用项目，泉州微笑自行车成为全国首例便民在线租车业务。信用体系不断完善，公共信用信息交换共享应用稳步推进，全省守信激励和失信惩戒的联动机制不断健全。金融消费者合法权益得到有效维护，省级金融教育合作机制有效构建，金融知识教育纳入国民教育体系试点扎实开展。金融司法环境持续改善。六是金融改革和对外开放持续推进。福建自由贸易试验区、泉州金融服务实体经济综合改革试验区等改革稳步推进。闽台金融合作交流富有成效。台资金融机构引进取得突破性进展，目前福建省是大陆各省（市）中台资金融机构最多的省份之一。台企台胞信用报告查询取得突破。截至年末，平潭片区和福州片区累计查询台企台胞在台信用信息情况139笔，累计发放贷款5 277.5万元。

展望2018年，福建省经济运行虽在结构调整和促进经济高质量发展上面临更高要求，但全省经济发展也拥有诸多机遇和有利条件。一是新旧动能转换将持续推进，消费拉动作用进一步凸显，服务业占比持续扩大；二是企业盈利持续改善有利于支撑生产进一步回升；三是重大项目保障有力；四是产业转型升级持续推进。在国家高度重视和支持下，福建省在深化改革扩大开放、大力扶持实体经济发展以及持续推进产业转型升级、培育新动能等有利因素推动下，全省经济稳中有进态势可望进一步延续。

2018年福建省金融业将认真贯彻落实关于健全货币政策与宏观审慎政策双支柱调控框架的决策部署，认真执行稳健中性的货币政策，实现货币信贷和社会融资规模适度增长，继续为经济高质量发展营造适度的货币金融环境。在推进经济结构战略性调整、支持经济社会发展薄弱领域等方面大力提升金融服务实体经济能力；按照供给侧结构性改革新要求，坚定不移深化金融改革；更加注重防控金融风险，对各类金融风险做到早识别、早预警、早发现、早处置，守住不发生系统性金融风险的底线。

一、金融运行情况

2017年，福建省金融业认真贯彻落实稳健中性的货币政策，货币信贷和社会融资规模平稳增长，为稳增长、调结构、促改革、惠民生、防风险营造了适宜的货币金融环境。存、贷款结构变化明显，货币信贷对民生的保障作用持续加强，贷款利率水平总体适度，金融改革不断推进，有效服务实体经济发展。

（一）银行业运行整体稳健，支持实体经济能力提升

1. 银行业规模继续扩大。2017年末，福建省银行业金融机构资产总额95 476亿元，同比增长2.7%；机构个数6 539个，增长0.5%；从业人员增长0.7%；法人机构数137个，同比增加3个，其中，新增1家民营银行、1家金融租赁公司、1家村镇银行。全年省内4家地方法人金融机构发行二级资本债38.5亿元，2家地方法人金融机构发行小微企业专项金融债70亿元。

表1 2017年福建省银行业金融机构情况

机构类别	营业网点			法人机构（个）
	机构个数（个）	从业人数（人）	资产总额（亿元）	
一、大型商业银行	2 298	55 726	19 802	0
二、国家开发银行和政策性银行	44	1 547	6 467	0
三、股份制商业银行	849	24 157	48 300	1
四、城市商业银行	230	9 036	9 067	4
五、小型农村金融机构	1 926	20 469	8 153	68
六、财务公司	6	134	404	5
七、信托公司	2	801	247	2
八、邮政储蓄银行	1 062	6 067	2 051	0
九、外资银行	39	943	507	1
十、新型农村金融机构	79	1 725	286	52
十一、其他	4	1 444	191	4
合计	6 539	122 049	95 476	137

注：营业网点不包括总部；大型商业银行包括中国工商银行、中国农业银行、中国银行、中国建设银行和交通银行；小型农村金融机构包括农村商业银行和农村信用社；新型农村金融机构包括村镇银行；其他包括消费金融公司、金融租赁公司、民营银行。

数据来源：中国人民银行福州中心支行、福建银监局。

2. 存款增速延续上年回落态势，理财产品规模增长明显放缓。2017年末，全省本外币存款余额44 086.8亿元，同比增长8.9%，增速同比回落1个百分点。全年全省存款增加3 599.8亿元，同比少增41.8亿元。分结构看，全年住户存款和非银行业金融机构存款分别增加1 441.4亿元、536.1亿元，同比分别多增161.9亿元、332.6亿元。全年企业存款和政府存款分别增加700.7亿元、803.4亿元，同比分别少增508.2亿元和54.5亿元，其中，企业存款明显少增与企业的投资、存货、应收账款等增加关系密切。

受监管部门调整理财相关监管政策等影响，全年理财产品规模增长明显放缓。年末，在福建省发行且处于存续期的银行理财产品资金余额增长1.6%，增速同比回落42.3个百分点。其中，表内理财产品资金余额增长34.7%，表外理财产品资金余额下降7.4%。

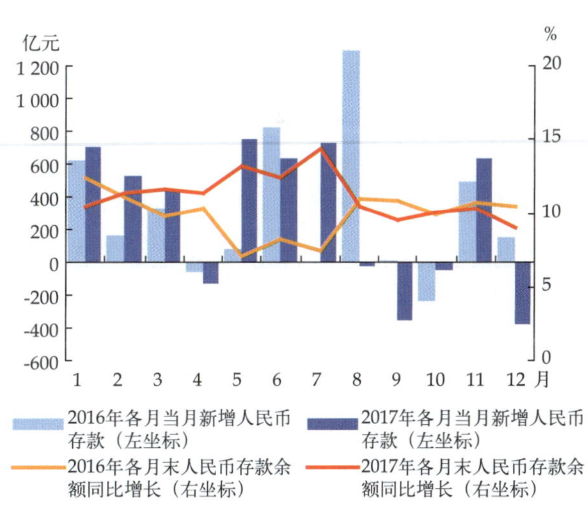

数据来源：中国人民银行福州中心支行。

图1 2016~2017年福建省金融机构人民币存款增长变化

3. 贷款平稳增长，信贷支持重点突出。2017年末，全省本外币贷款余额41 899.7亿元，同比增长10.9%。如果考虑不良贷款处置出表和地方政府债务置换贷款等因素，年末贷款实际增长约14.7%。全年全省贷款新增4 112.4亿元，

同比多增19.6亿元。宏观审慎管理理念进一步渗透到全省地方法人金融机构的经营行为中。全省地方法人金融机构人民币贷款保持平稳增长，年末增速为16.1%，比全省平均水平高4.8个百分点。

从期限结构看，中长期贷款占比继续提升，票据融资和短期贷款此消彼长。2017年，全省中长期贷款增加3 646.9亿元，同比多增528.8亿元，中长期贷款增量占全部贷款增量的比重由上年的76.2%上升到88.7%。其中，制造业贷款同比多增118.9亿元，基础设施领域贷款多增528.1亿元，金融支持实体经济成效明显。个人中长期住房贷款同比少增418.7亿元，房地产信贷调控效果显现。全省短期贷款增加1 385.9亿元，同比多增1 243.9亿元，其中，个人短期消费贷款同比多增777.5亿元。全省票据融资减少1 013.0亿元，同比多减1 747.7亿元，一是年内票据贴现利率上升较多，企业缩减票据融资；二是部分银行加强内部管理，主动压缩票据规模。

从政策导向成效看，信贷投放更加侧重于调结构、惠民生。一是房地产贷款占比下降，全年房地产领域新增贷款在全部新增贷款中的比重比上年下降11.5个百分点。遏制消费信贷资金违规进入房地产市场初见成效，个人综合消费贷款增速平稳回落，新增贷款更多流向实体经济。二是普惠金融发展成效显著，全省小微企业贷款（含个人经营性贷款）、涉农贷款、农户贷款、农林牧渔业贷款均同比多增。以“两权”抵押贷款、“福林贷”等为代表的普惠金融产品加快发展，年末“两权”抵押贷款余额47.8亿元，同比增长1.8倍，规模位居全国前列。金融精准扶贫有效推进，年末全省金融精准扶贫贷款余额同比增长56.7%，带动服务贫困人口超过14万人。三是绿色金融发展加快推进，金融机构加快建立绿色金融运行机制，兴业银行率先建立绿色金融部，上线运行绿色金融专业系统，兴业信托率先在同行业设立绿色信托业务部门。以合同能源管理未来收益权质押、排污权、碳排放权等环境权益抵押的信贷产品加快推出，年末绿色信贷余额同比增长23.0%，显著高于全省贷款平均增速。

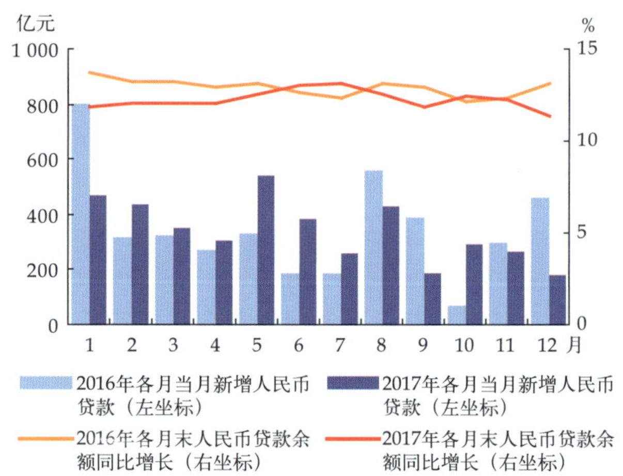

数据来源：中国人民银行福州中心支行。

图2　2016~2017年福建省金融机构人民币贷款增长变化

专栏1　福建省发展普惠金融的宁德实践

1988年习近平总书记任宁德地区地委书记，宁德经济落后，是全国18个集中连片贫困区之一，是全国沿海唯一的贫困地区，9个县（市）有6个是国定贫困县。习总书记提出并秉承“弱鸟先飞”“滴水穿石”的理念，积极推动畲民下山、连家船民上岸定居等移民搬迁工程，大力推进精准扶贫。近年来福建省一任接着一任干，宁德市国定贫困县全部“摘帽”，经济社会取得较大发展。但目前宁德市仍有6个省级扶贫开发重点县、450

个贫困村，扶贫任务依然艰巨。中国人民银行福州中心支行积极作为，在中国人民银行总行指导下开展宁德普惠金融试点，促进扶贫开发，支持“三农”发展。主要实践和措施如下。

一、以推进基础金融服务广覆盖为载体，促进金融服务半径扩大和延伸

突出抓好三项工作，一是升级改造助农取款服务点为农村普惠金融服务点。在实现助农取款服务点行政村全覆盖的基础上，在宁德较早开展扩充服务点功能实践，实现服务点“1+N”发展新模式。农民通过改造后的服务点能够办理取款、转账、缴费、零钞和残损币兑换、农户小额信贷和保险投保理赔、农户信用建档等一系列业务，扩大农民获得金融服务范围。二是创新“垄上行·背包银行”服务模式，针对宁德一些偏远山区农民开户、办卡、获取小额贷款不方便等问题，发挥农信系统优势，推行“垄上行·背包银行”，金融服务主动下乡和上门，截至2017年末累计下乡5 000多个工作日，覆盖1 800多个行政村，服务60多万人次。三是发展“海上移动银行”，组织金融机构推广“手机银行+短信银行”应用，实现银行物理网点和助农取款服务点、数字普惠金融发展的有机结合，为海上养殖提供便捷支付服务。

二、以政府引导、市场主导、深化创新为抓手，提升信贷服务广度和深度

采取措施破解农户融资在缺信息、缺担保方面的制约，改进信贷融资服务。一是推进建立信用信息服务平台，中国人民银行在宁德古田县率先主导搭建农村征信和政银企交流服务平台，在广泛采集农户信用信息基础上，通过平台实现农户网上申请贷款、农户非银行信用信息查询、“三农”政策和支农信贷产品发布、失信公示等金融宣传功能，有效化解金融支农存在的信息不对称难题。二是建立全覆盖的扶贫信贷担保体系，采取省、县两级共同出资的模式，在宁德9个县（市）设立小额信贷担保基金，截至2017年末担保基金总额1.05亿元，担保贷款余额2.28亿元，增加贫困户信贷投入。三是建设“民富中心”推进农户融入现代生产和金融服务体系，在联合国开发计划署指导下，在宁德3个扶贫开发重点县推动政府组建“民富中心”，并通过“合作社担保+民富中心提供风险补偿”模式，支持农户融资。截至2017年末，仅古田县通过“民富中心”平台获贷农户就达1 682户，累计金额3.25亿元，带动124户贫困户脱贫致富。四是开展农村“两权”抵押贷款试点，在古田、屏南推进试点工作，创新“土地经营权+农业设施共同抵押”“合作社担保+两权反担保”“小额信贷促进会担保+两权反担保”等模式，截至2017年末，累计通过试点为4 073户农业经营主体提供7.91亿元融资支持，成效显著。

三、以央行政策支持为保障，确保普惠金融发展可持续

一方面，积极为宁德普惠金融发展注入央行低成本资金，2017年末宁德市支农再贷款、扶贫再贷款额度分别为13.04亿元、6.86亿元，居全省各设区市首位。另一方面，发布全国首张设区市级农村金融生态环境态势图，展示宁德市23个信用乡镇和647个信用村的分布情况和配套的金融优惠措施。农民只需在网上或手机上点击该态势图，就可查询所在乡镇和行政村信用等级、涉农金融机构的惠民措施等，有效促进金融扶持政策落地。

下一步福建省将继续深化宁德普惠金融创新，并在全省以推进普惠金融发展为抓手，聚集政策合力，为“三农”、小微、民生等薄弱环节提供广覆盖、可持续的金融服务。

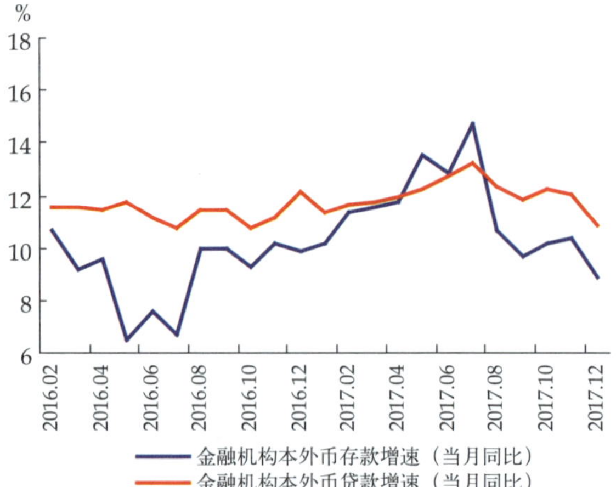

数据来源：中国人民银行福州中心支行。

图3　2016~2017年福建省金融机构本外币存、贷款增速变化

4. 人民币贷款利率略有下降。2017年，全省人民币一般贷款加权平均利率5.87%，同比下降3个基点。其中，中型、小型、微型企业贷款加权平均利率同比分别下降6个、13个、6个基点。2017年，个人住房贷款利率4.70%，同比上涨11个基点。

美元存、贷款利率上升。2017年，全省美元活期、定期存款加权平均利率分别为0.12%、1.21%，同比分别上涨6个和31个基点；美元贷款加权平均利率3.11%，同比上升约50个基点。

表2　2017年福建省金融机构人民币贷款各利率区间占比

单位：%

月份		1月	2月	3月	4月	5月	6月
合计		100.0	100.0	100.0	100.0	100.0	100.0
下浮		24.7	28.1	19.4	19.6	16.7	12.8
基准		14.3	14.5	16.0	18.1	14.3	17.0
上浮	小计	61.0	57.4	64.6	62.3	69.0	70.2
	(1.0，1.1]	12.4	15.5	12.9	12.4	13.5	15.7
	(1.1，1.3]	14.8	12.9	16.1	15.2	18.0	16.6
	(1.3，1.5]	16.1	14.8	18.3	18.9	20.3	21.4
	(1.5，2.0]	10.1	7.2	9.6	8.9	10.0	9.8
	2.0以上	7.7	7.0	7.6	6.9	7.2	6.7

续表

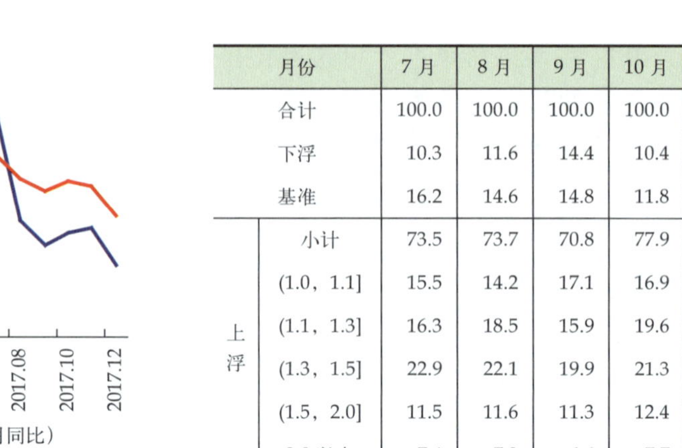

月份		7月	8月	9月	10月	11月	12月
合计		100.0	100.0	100.0	100.0	100.0	100.0
下浮		10.3	11.6	14.4	10.4	8.0	11.0
基准		16.2	14.6	14.8	11.8	14.7	15.6
上浮	小计	73.5	73.7	70.8	77.9	77.3	73.5
	(1.0，1.1]	15.5	14.2	17.1	16.9	16.4	15.5
	(1.1，1.3]	16.3	18.5	15.9	19.6	17.8	18.0
	(1.3，1.5]	22.9	22.1	19.9	21.3	23.3	20.3
	(1.5，2.0]	11.5	11.6	11.3	12.4	12.8	12.4
	2.0以上	7.4	7.3	6.6	7.7	6.9	7.3

数据来源：中国人民银行福州中心支行。

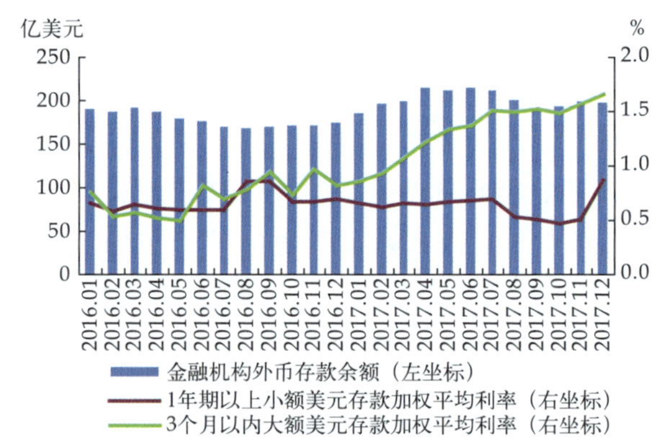

数据来源：中国人民银行福州中心支行。

图4　2016~2017年福建省金融机构外币存款余额及外币存款利率

5. 不良贷款实现“双降”。近年来福建省高度重视不良贷款风险的防控化解工作，把化解不良贷款纳入地方政府的绩效考核，取得积极成效。2017年不良贷款实现近六年来首次“双降”，年末全省不良贷款额和不良贷款率同比分别减少135.8亿元和下降0.6个百分点。但如果考虑到转让、核销等处置不良贷款因素，全年实际不良贷款增量仍偏多，而且关注类贷款余额仍在增加，部分关注类贷款有继续劣变的可能，需高度关注。

6. 金融改革和对外开放持续推进。一是福建自由贸易试验区、泉州金融服务实体经济综合改革试验区等改革稳步扎实推进。台企台胞信用报告查询取得突破。截至年末，平潭片区和福州片区累计查询台企台胞在台信用信息情况 139 笔，累计发放贷款 5277.5 万元。二是台资金融机构引进取得突破性进展。目前福建省是大陆各省（自治区、直辖市）中台资金融机构较多的省份之一。年末，福建省共有 6 家台资银行分行、1 家台资银行参股的银行机构、2 家台资证券机构代表处、4 家台资保险经营主体（包含 2 家法人机构）、1 家两岸合资产业投资基金、1 家台资企业独资融资性担保公司。三是对台跨境人民币贷款试点业务成效明显。截至年末，全省企业按全口径跨境融资宏观审慎管理模式向台湾地区借入外债 141 笔，分别为 6.1 亿美元、0.04 亿欧元与 4.4 亿元人民币。

（二）证券市场呈现多层次特征，直接融资保持增长态势

1. 证券期货经营机构持续发展壮大。全省共有证券期货机构 630 家，其中，法人证券公司 3 家、法人期货公司 5 家、法人基金公司 3 家、区域性股权市场 2 家。年末，全省法人证券公司总资产 1 696.1 亿元、净资产 449.1 亿元，同比分别增长 11.3% 和 8.3%；法人期货公司总资产 195.1 亿元、净资产 35.4 亿元，同比分别下降 11.8% 和增长 15.6%。

2. 多维度直接融资保持平稳增长态势。2017 年，全省境内上市公司、新三板挂牌企业股权融资 568.0 亿元，同比下降 20.2 亿元。其中，境内上市公司股票市场累计募集资金（首发融资、再融资）525.9 亿元，同比下降 33.7 亿元，2 家区域性股权市场融资（挂牌企业）42.0 亿元，同比增加 13.5 亿元。25 家公司实现首发上市，首发融资 110 亿元，首发家数创历史新高。兴业证券、华福证券全年协助 8 家企业上市、17 家企业在新三板市场挂牌，为全省各类企业提供直接融资 469.8 亿元。

银行间市场发债仍是企业直接融资的主渠道。2017 年，全省企业债券融资 1 694.5 亿元（含证监会主管 ABS），同比少 1 424.3 亿元，同比下降 45.7%，主要受发债利率持续走高且相当部分发债利率高于贷款利率的影响。全省企业在银行间市场发债 148 期，融资金额 986.7 亿元，同比少 888.4 亿元。从发债的行业分布看，基础设施行业、制造业与综合贸易服务业发债分别占 48.5%、16.7% 和 34.8%，其中，基础设施发债占比同比下降 1.3 个百分点。与此同时，债券支持“一带一路”建设实现创新突破，厦门海沧投资集团发行全国银行间市场首单“一带一路”债券，厦门翔业集团有限公司发行国内首单服务于“一带一路”的“债券通”债务融资工具，国家开发银行福建省分行成功推动发行国内首单“债券通”熊猫债。

3. 上市公司整体规模提升。截至 2017 年末，全省共有境内外上市公司 284 家，其中，境内上市公司 132 家，当年新增 25 家，年末总市值 1.7 万亿元，全省上市公司数、新增数以及总市值分别居全国第 7 位、第 5 位和第 7 位，均高于福建 GDP 在全国的位次（第 10 位）。

4. 场外市场建设深入推进。2017 年末，全省新三板挂牌企业 405 家，全年新增 86 家，另有 46 家企业已取得挂牌函，5 家企业在挂牌审核程序中。区域性股权市场挂牌企业 3 788 家。全省在中国证券投资基金业协会登记的私募基金管理人 540 家，备案私募基金 1 261 只。

表 3　2017 年福建省证券业基本情况

项目	数量
总部设在辖内的证券公司数（家）	3
总部设在辖内的基金公司数（家）	3
总部设在辖内的期货公司数（家）	5
年末国内上市公司数（家）	132
当年国内股票（A 股）筹资（亿元）	251.5
当年发行 H 股筹资（亿元）	0
当年国内债券筹资（亿元）	1 694.5
其中：短期融资券筹资额（亿元）	91.0
中期票据筹资额（亿元）	415.2

数据来源：中国人民银行福州中心支行、福建证监局。

（三）保险市场发展势头良好，助推经济与保障民生作用增强

1. 保险业稳步发展。2017 年，福建省保险

公司累计实现保费收入 1 032.1 亿元，同比增长 12.5%。其中，财产险保费 301.4 亿元，增长 9.9%；人身险保费 730.7 亿元，增长 13.6%。年末，保险业总资产 2 378.3 亿元，同比增长 9.6%。保险密度 2 639.0 元／人，同比增长 11.4%，保险深度 3.2%，与上年基本持平。

2. 保险业服务经济社会的能力不断增强。一是全年共承保建设工程投标保证保险等相关业务 13.1 万笔，释放建筑工程保证金约 242.2 亿元。二是小额贷款保证保险为全省 227 家小微企业约 2.5 亿元贷款提供风险保障。三是出口信用险为全省 230.9 亿美元的出口贸易提供了收汇保障，通过保单融资协助出口企业获得银行贷款 14.6 亿美元。四是政策性农业保险实现保费收入 6.9 亿元，累计赔款支出 4.6 亿元。

3. 民生保障水平稳步提升。一是累计承担风险总额 44.4 万亿元，同比增长 17.8%，累计赔付支出 325.7 亿元，增长 2.6%。二是全省城乡大病保险参保人数达 2 093 万人，覆盖率同比提高 5.1 个百分点至 53.5%，保费收入 7.9 亿元，已为 4.6 万人次支付大病补偿金约 5.5 亿元。商业健康保险累计赔付支出 42.4 亿元，同比增长 26.9%。责任保险共提供风险保障达 3.6 万亿元。

表 4　2017 年福建省保险业基本情况

项目	数量
总部设在辖内的保险公司数（家）	3
其中：财产险经营主体（家）	2
人身险经营主体（家）	1
保险公司分支机构（家）	58
其中：财产险公司分支机构（家）	27
人身险公司分支机构（家）	31
保费收入（中外资，亿元）	1 032.1
其中：财产险保费收入（中外资，亿元）	301.4
人身险保费收入（中外资，亿元）	730.7
各类赔款给付（中外资，亿元）	325.7
保险密度（元／人）	2 639.0
保险深度（%）	3.2

数据来源：福建保监局。

（四）福建省社会融资规模平稳增长，跨境人民币业务稳步推进

1. 福建省社会融资规模增量虽较上年有所下降，但仍在近年来高位。受委托贷款、企业债券融资同比大幅减少影响，2017 年全省社会融资规模增量 5 263.2 亿元，同比下降 19.7%。其中，委托贷款同比少 1 087.3 亿元，主要受年内监管加强的影响。企业债券同比少 1 217.6 亿元，主要受市场利率上升影响。人民币贷款新增 4 068.9 亿元，占社会融资规模增量的 77.3%，创近年来新高。

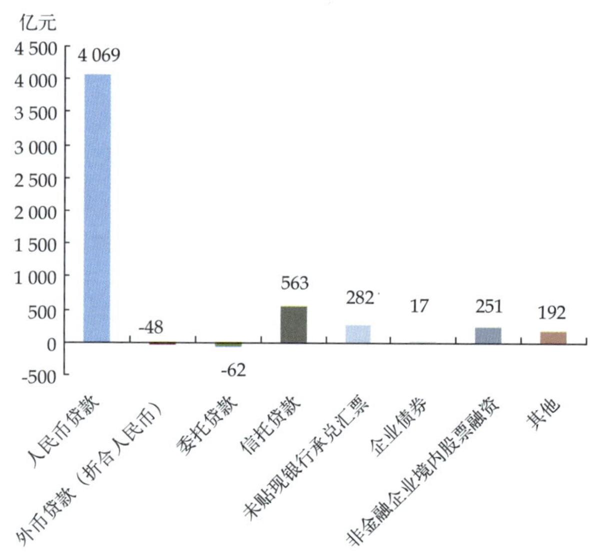

数据来源：中国人民银行福州中心支行。

图 5　2017 年福建省社会融资规模分布结构

2. 货币市场交易增速放缓。2017 年，全省同业拆借、债券回购、现券交易三项成交总额 59.1 万亿元，同比增长 23.0%，增速同比回落 70.8 个百分点。

3. 票据融资总量下降。2017 年末，全省票据融资余额（含承兑、贴现、转贴现）3 119.0 亿元，比年初下降 37.3%。票据市场利率上涨，2017 年全省票据贴现加权平均利率 4.71%，同比上升 141 个基点，转贴现加权平均利率 4.44%，同比上升 123 个基点。

表 5　2017 年福建省金融机构票据业务量统计

单位：亿元

季度	银行承兑汇票承兑		贴现			
			银行承兑汇票		商业承兑汇票	
	余额	累计发生额	余额	累计发生额	余额	累计发生额
1	2 840.9	945.7	1 354.0	2 878.7	86.1	410.4
2	2 600.2	1 009.2	1 023.1	1 871.5	56.5	174.7
3	2 367.0	984.8	921.4	1 880.8	64.3	268.8
4	2 269.9	1157.5	849.1	1 859.2	78.6	258.7

数据来源：中国人民银行福州中心支行。

表 6　2017 年福建省金融机构票据贴现、转贴现利率

单位：%

季度	贴现		转贴现	
	银行承兑汇票	商业承兑汇票	票据买断	票据回购
1	4.2524	5.8647	4.0615	3.9888
2	5.0318	6.4577	4.5569	4.6287
3	5.0525	6.1066	4.5582	4.5306
4	5.1520	6.1109	4.7361	4.5549

数据来源：中国人民银行福州中心支行。

4. 结售汇保持顺差。2017 年，福建省跨境资金净流入态势更趋稳固，外汇供求总体稳中趋好。全省跨境收支总量 2 101.5 亿美元，同比下降 6.3%；顺差 214.5 亿美元，同比增长 93%；结售汇总量 1 663.1 亿美元，同比增长 21.3%；结售汇顺差 279.6 亿美元，同比增长 2.5 倍，结售汇顺差额位列全国第四。全年月均净收汇为 2015 年 8 月以来新高，月均净结汇创下近三年来新高。

5. 跨境人民币业务稳步推进，福建自由贸易试验区创新业务进展良好。2017 年，全省共办理人民币跨境业务 2 635.3 亿元。其中，经常项目人民币跨境收付额 934.1 亿元，资本项目人民币跨境收付额 1 701.2 亿元。

积极推进自贸试验区跨境人民币业务试点。突出福建“海峡两岸”合作的特色优势，稳步推进省内商业银行在结算、本币融资、资金管理、产品研发、债券发行及个人跨境业务等多个领域开展跨境人民币业务试点。自福建自由贸易试验区挂牌至 2017 年末，福建自由贸易试验区跨境人民币业务结算量达 2 817.0 亿元。

（五）金融基础服务水平继续提升，金融生态环境进一步完善

1. 支付业务稳步发展。一是支付清算系统安全稳定运行。2017 年，全省支付清算系统可用率达到 100%，大额支付系统、小额支付系统业务量均居全国第 7 位，网上支付跨行清算系统业务量居全国第 4 位。二是移动支付便民示范工程建设全面推进。宁德环三都澳“海上移动银行”发展迅速，全年共办理业务 1.4 亿笔、金额 3 368.4 亿元，分别是业务发展之初的 18.8 倍、4.6 倍。福州地铁成为全国首个银联交通行业二维码支付项目，龙岩公交成为全国首例公交车 ODA 应用项目，泉州微笑自行车成为全国首例便民在线租车业务。三是支付领域风险防控取得成效。依法查处无证经营网络支付业务行为，严格账户实名制落实，加强电信网络诈骗犯罪资金流源头治理。全年福建省电信网络诈骗发案量下降 24.4%，群众损失下降 27.5%。龙岩新罗区曾是全国 5 个挂牌的电信网络诈骗犯罪重点地区之一，已于 2017 年 11 月完成摘牌。

表 7　2016~2017 年福建省支付体系建设情况

年份	支付系统直接参与方（个）	支付系统间接参与方（个）	支付清算系统覆盖率（%）	当年大额支付系统业务金额（亿元）	同比增长（%）	当年小额支付系统业务金额（亿元）	同比增长（%）
2016	8	5 148	100	2 165 625	40.5	33 559	25.7
2017	8	5 205	100	2 690 272	24.2	29 935	-10.8

数据来源：中国人民银行福州中心支行。

2. 信用体系不断完善。一是金融信用信息基础数据库稳定运行。2017 年末，金融信用信息基础数据库已收录全省各类企业及其他组织

42.9万户（含自然人贷款卡数），涉及人民币贷款余额同比增长5.5%，企业系统日均查询同比增长5.9%，收录全省自然人2 613.1万人，同比增长3.1%，个人系统日均查询同比增长75.2%。二是公共信用信息交换共享应用稳步推进。截至2017年末，全省设区市（含平潭综合实验区）的公共信用信息平台已全部建成，并基本与省平台实现了数据共享。全省守信激励和失信惩戒的联动机制不断健全，出台《福建省建立完善守信联合激励和失信联合惩戒制度加快推进社会诚信建设的实施方案》（闽政〔2017〕3号），并在税收、住房公积金、用人单位工资支付等多个领域签订联合惩戒措施合作备忘录，形成“褒扬诚信，惩戒失信”的合力，推动联合奖惩措施有效落实。三是“福建省中小企业和农户信用信息服务平台”建设有序推进。年末，全省累计建立小微企业信用档案户11.4万户，其中2.6万户企业获得银行融资。全省已为579万户农户建立信用档案，对已建档的265万户农户累计发放贷款6 425.8亿元。

3. 金融消费者合法权益得到有效维护。2017年，福建省人民银行各分支机构共受理金融消费者投诉345件、咨询2 355件。其中，福建省12 363金融消费权益保护咨询投诉热线电话持续平稳运行，全年共受理投诉194件、咨询1 402件，办结率和满意度均达95%以上。省级金融教育合作机制有效构建，金融知识教育纳入国民教育体系试点扎实开展，截至2017年末，全省试点学校达358所，授课2 272课时，受教育学生约11.5万人次。

4. 金融司法环境持续改善。2017年，中国人民银行福州中心支行持续推进法治央行建设，制定或修订依法行政制度6项。继续推进执行联动机制建设，省执行联动机制工作领导小组下发《关于做好福建省失信被执行人联合惩戒系统相关事项的通知》，全省已有74个市、县（区）建立了本地区失信被执行人联合惩戒平台，有2 555家联动单位参与实施联合惩戒。

专栏2 福建省生态文明试验区建设的探索和突破

福建省按照习近平总书记提出的“生态省”建设战略构想，一任接一任持之以恒实施生态省战略，加快生态文明建设，正确处理好经济发展与环境保护的关系。2016年中央决定在福建设立全国首个国家生态文明试验区，系统开展生态文明体制改革综合试验。

试验区建设各项改革任务有序推进。一是国土空间用途管制制度逐步完善，《福建省空间规划（2016~2030年）》编制初步完成，国家重点生态功能区产业准入负面清单完成编制，生态保护红线划定成果调整工作有序开展，建设用地总量和强度双控制度出台，武夷山国家公园体制改革试点积极推进。二是环境治理和生态保护市场体系不断健全，排污权、碳排放权、森林碳汇、用能权交易试点加快推进。培育发展农业面源污染和农村污水垃圾处理市场主体方案出台，实施“畜禽养殖废弃物处理及资源化”投资工程包，累计完成投资9.4亿元；推出以县域为单位捆绑打包的农村生活污水垃圾PPP项目92个，投资额约234亿元。三是多元化生态保护补偿机制进一步完善，在全国率先推进重点生态区位商品林赎买改革，探索出“赎买+改造提升”“赎买+合作经营”“赎买+生态补偿”等多样化的改革模式，全省累计完成重点生态区位商品林赎买等改革试点任务23.6万亩，基本形成覆盖全省、统一规范的全流域生态补偿机制。四是环境监管体系持续健全，全面推行河长制。部分市县通过集中生态环境行政处罚权、建立部门协同联动执法机制等，健全流域水环境保护协作机制。全省环保垂直管理改革有序推进，同时生态司法保护机制进一步完善，在全国率先实现省市县三级环境资源司法机构职能配置全覆盖。五是自然资源产权制度逐步完善，推进自然资源资产统一确权登记试点，开展自然资源管理体制改革，组建全国首个省级国有自然资源资产管理局，探索统一行使全民所有自然资源资产所有者职责。六是环境发展绩效评价考核体系加快健全，生态文明目标评价考核机制和领导干部资产资源离任审计制度出台，加快促进形成绿色发展正确导向。

作为生态文明试验区建设的重要支撑，绿色金融发展在中国人民银行福州中心支行牵头组织下加快推进。一是工作机制有效健全。较早在全国出台《福建省绿色金融体系建设实施方案》，并建立中国人民银行福州中心支行、福建省金融工作办公室双牵头的绿色金融发展厅际联席会议制度。二是绿色项目识别和融资对接平台有效搭建。中国人民银行福州中心支行联合发展改革部门建立涵盖360个项目、融资总需求1 700亿元的绿色企业和项目库，召开推进会，引导金融机构对接支持。三是绿色金融创新有效推进。践行“绿水青山就是金山银山”理念，联合出台《关于进一步深化林业金融服务的指导意见》，深化林权按揭贷款、林地经营权抵押贷款、“福林贷”等林业金融创新。大力推进碳排放权、排污权等环境权益抵押融资创新。年末全省以林权、排污权和碳排放权为抵押的绿色融资余额达到57.06亿元。四是绿色金融统计和评价制度初步建立。在三明等地区率先试点开展绿色信贷导向效果评估，增强金融机构绿色信贷发展能力，年末全省绿色信贷余额同比增长23.04%，高于全省贷款增速12.16个百分点，并对高耗能、高污染行业累计退出授信超过110亿元，有效支持福建生态文明试验区建设。

2017年12月，国家统计局等部委首次联合发布2016年度各省、自治区、直辖市生态文明建设年度评价结果，福建省位居全国第二，生态文明试验区建设取得积极成效。下一步福建省将继续加大探索，加快建设“机制活、产业优、百姓富、生态美”的新福建。

二、经济运行情况

2017年福建省坚持以新发展理念适应、把握、引领经济发展新常态，深入推进供给侧结构性改革，破解经济发展不平衡不充分难题，加快培育新动能，推动结构优化、动力转换和质量提升，全省经济实现了平稳健康发展。从需求看，投资增速加快，消费平稳增长，出口回稳向好。从供给看，第一产业平稳增长，第二产业小幅加快，第三产业有所放缓。物价温和上涨，部分中心城市房价较快上涨得到遏制。城乡居民收入持续增加，一般公共预算收入增长有所加快。初步核算，2017年福建省实现地区生产总值3.2万亿元，同比增长8.1%，增速高于全国平均水平1.2个百分点。

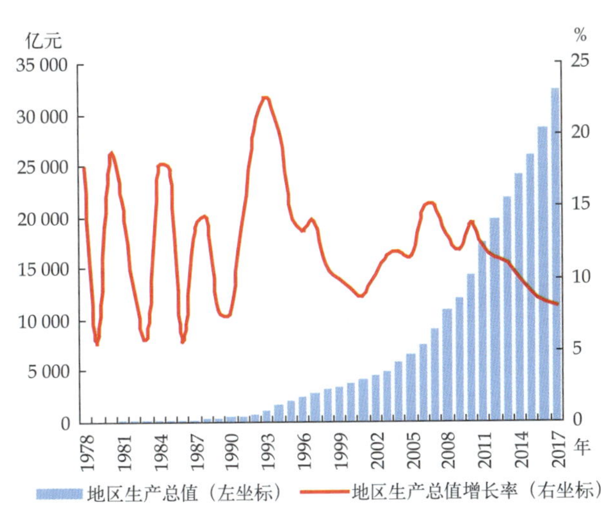

数据来源：福建省统计局。

图6　1978~2017年福建省地区生产总值及其增长率

(一)投资增速加快,消费平稳,进出口回稳向好

1. 投资重返两位数增长。2017 年,全省固定资产投资 2.6 万亿元,同比增长 13.5%,增速同比加快 5.0 个百分点,主要受民间投资回暖等拉动。全省民间投资增速、民间投资占全部投资的比重同比分别提高 13.3 个和 2.6 个百分点。

投资产业结构调整优化。涉农领域保持快速增长,第一产业投资增速为 36%,高于全省投资平均增速 22.5 个百分点;第二产业增长 12.3%,其中,工业投资明显加快,增长为 12.6%,增速同比提高 5.3 个百分点;第三产业增长 12.0%。

从部分行业看,以轻工业为主的消费品制造业投资增速提高近 20 个百分点;基础设施投资虽有所放缓,但增速仍处于两位数,市政建设投资在福州地铁、厦门地铁等大型项目和市政道路工程项目带动下增速达 24.9%。房地产开发投资低位回升,增长 4.5%,增速同比提高 1.8 个百分点。

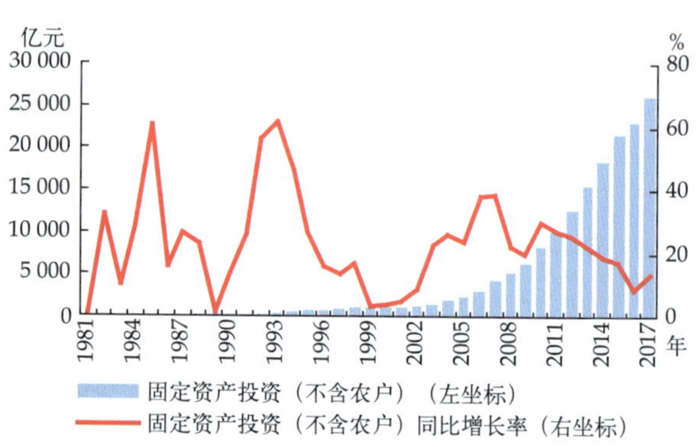

数据来源:福建省统计局。

图 7 1981~2017 年福建省固定资产投资(不含农户)及其增长率

2. 消费平稳增长。2017 年,全省社会消费品零售总额 1.3 万亿元,同比增长 11.5%,增幅同比提高 0.4 个百分点。网上零售持续快速增长,全省限额以上批发和零售企业实现网上商品零售额增长 56.5%,增速同比提高 9.8 个百分点。文化信息消费增长明显加快,限额以上体育娱乐用品类、通信器材类商品零售额增速同比分别提高 27.3 个和 21.5 个百分点,居民消费需求由满足日常需要向追求品质转变的态势更趋明显。

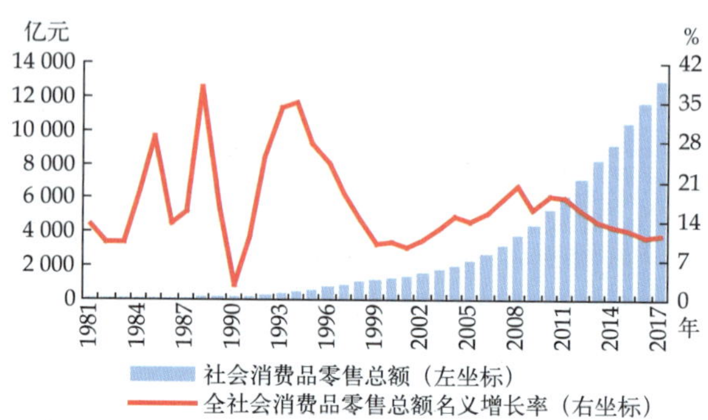

数据来源:福建省统计局。

图 8 1981~2017 年福建省社会消费品零售总额及其增长率

3. 进出口回稳向好。2017 年,全省货物进出口总额 1.16 万亿元,同比增长 12.0%,增幅同比提高 13.2 个百分点。其中,出口 0.71 万亿元,同比增长 4.1%,增幅同比提高 6.3 个百分点;进口 0.45 万亿元,同比增长 27.5%,增幅同比提高 26.8 个百分点。出口商品结构进一步优化,技术含量和附加值高的机电、高新技术产品出口形势好于传统劳动密集型产品。全年全省出口退税总额增长 5.9%,增幅同比提高 21.3 个百分点,有效缓解外向型企业资金紧张状况。

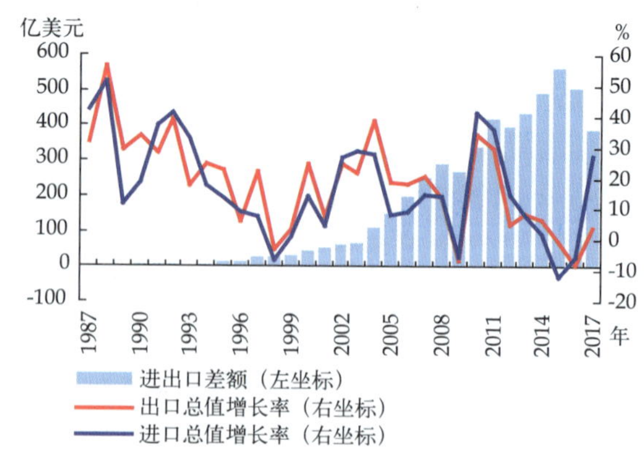

数据来源:福建省统计局。

图 9 1987~2017 年福建省外贸进出口变动情况

2017 年，全省实际利用外商直接投资 85.8 亿美元，同比增长 4.7%，增幅同比回落 2.0 个百分点。全年福建自由贸易试验区片区所在的福州、厦门、平潭利用外资增幅均高于全省平均水平，自由贸易试验区改革开放试验田作用明显。

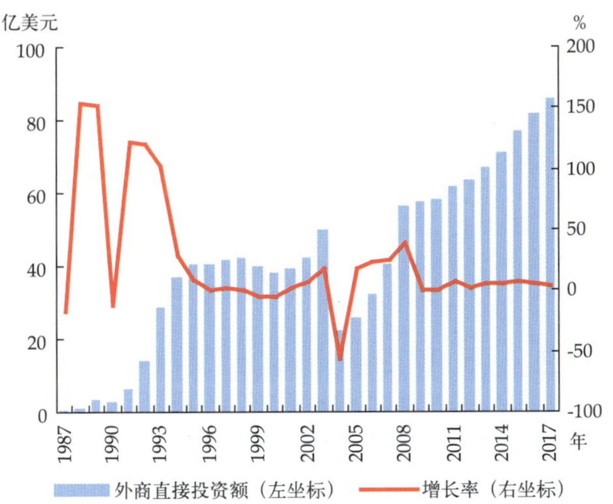

数据来源：福建省统计局。

图 10　1987~2017 年福建省外商直接投资额及其增长率

（二）第一产业平稳增长，第二产业小幅加快，第三产业有所放缓

1. 第一产业平稳增长。2017 年，全省第一产业增加值同比增长 3.6%，与上年持平。全年粮食生产实现增长，林业生产形势稳定，畜牧业结构调整优化，渔业转型升级步伐加快。

2. 第二产业小幅加快。2017 年，全省第二产业增加值同比增长 6.9%，增幅同比提高 0.1 个百分点。其中，规模以上工业增加值增长 8.0%，增幅同比提高 0.4 个百分点。工业产业结构向中高端调整优化，规模以上高技术产业增加值增长 12.5%，增幅同比提高 0.8 个百分点，高于同期规模以上工业平均增幅 4.5 个百分点。

工业经济效益持续改善。2017 年，全省规模以上工业企业利润总额同比增长 20.2%，增幅同比提高 0.7 个百分点。高技术制造业主营业务收入利润率同比提高 0.29 个百分点，盈利能力进一步增强。

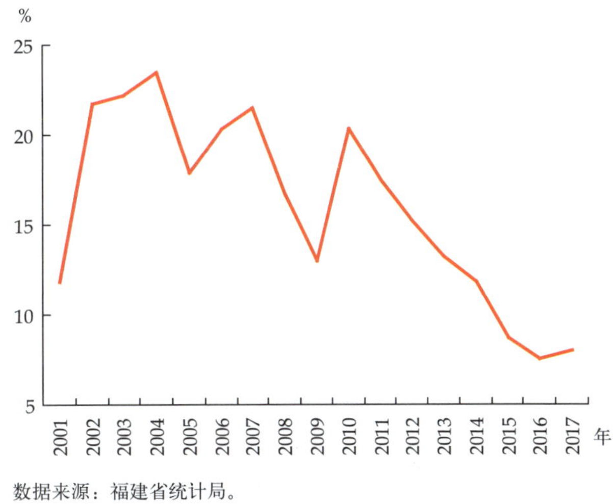

数据来源：福建省统计局。

图 11　2001~2017 年福建省规模以上工业增加值实际增长率

3. 第三产业有所回落。2017 年，全省第三产业增加值同比增长 10.3%，增速同比回落 1.1 个百分点。生产性服务业保持较快增长，其中，信息传输、软件和信息服务业在移动互联网、大数据等信息技术迅猛发展带动下，规模以上企业营业收入同比增长 16.2%。

“清新福建”名片越发亮丽，作为全国首个生态文明试验区，全年福建省旅游业实现旅游总收入同比增长 29.2%，增幅同比加快 3.9 个百分点。

（三）居民消费价格指数温和上涨，工业生产者价格指数涨幅扩大

1. 居民消费价格指数温和上涨。2017 年，全省居民消费价格指数上涨 1.2%，涨幅同比回落 0.5 个百分点，为 2010 年以来最低。其中，食品类价格下降 2.1%，是 2010 年以来首次出现下降，拉动 CPI 下降 0.42 个百分点；服务类价格上涨 2.6%，涨幅同比扩大 1 个百分点，拉动 CPI 上涨 0.98 个百分点。

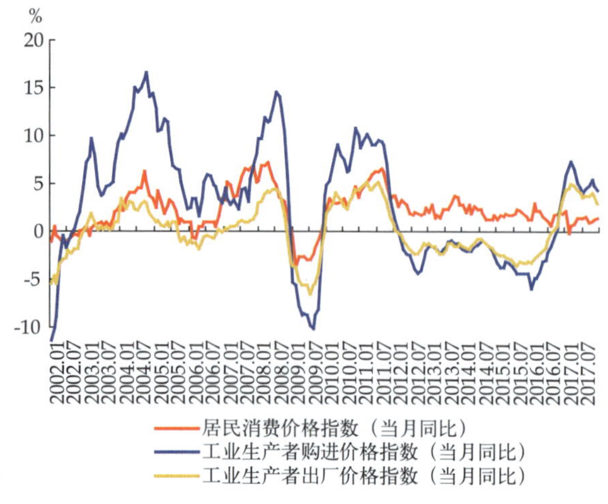

数据来源：福建省统计局。

图 12　2002~2017 年福建省居民消费价格指数和工业生产者价格指数变动趋势

2. 工业生产者价格指数涨幅由负转正。 2017 年，全省工业生产者出厂价格指数上涨 4.1%，结束了自 2012 年以来连续 5 年的下降态势，涨幅创 1996 年以来新高；工业生产者购进价格指数由上年下降 2.0% 转为上涨 5.3%。

3. 居民收入稳步增长。 2017 年，全省居民人均可支配收入 30 048 元，扣除价格因素，实际增长 7.5%，增幅同比提高 0.6 个百分点。其中，城镇居民人均可支配收入实际增长 6.9%，增幅同比提高 0.6 个百分点；农村居民人均可支配收入实际增长 8.0%，增幅同比提高 0.9 个百分点。农村居民收入增速保持快于城镇居民的态势，城乡居民收入差距进一步缩小。

2017 年，全省城镇新增就业 60.49 万人，完成年度目标的 110.0%。城镇失业人员实现再就业 19.96 万人，就业困难人员实现就业 4.77 万人。年末，全省城镇登记失业率 3.87%，低于年度控制目标 0.33 个百分点。

（四）一般公共预算收入增长有所加快，一般公共预算支出较快增长

2017 年，全省一般公共预算总收入 4 603.85 亿元，同比增长 7.2%，增幅同比提高 3.5 个百分点。一般公共预算收入增长加快的主要原因是制造业、批发零售业、房地产业等税收分别增长 12.8%、15.9% 和 4.2%，三者对公共预算总收入增长贡献率达 89.5%。全省一般公共预算支出 4 719.29 亿元，同比增长 9.9%，增幅同比提高 2.8 个百分点，民生支出占比保持在 70% 以上。年末，福建省地方政府债务余额 5 467.86 亿元，全年发行地方政府债券 1 442.49 亿元。

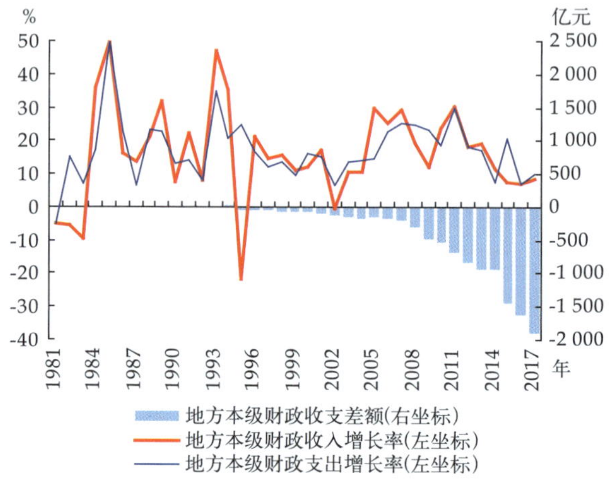

数据来源：福建省统计局。

图 13　1981~2017 年福建省财政收支状况

（五）生态环境保持良好，单位能耗持续下降

2017 年，福建省全社会能源消费总量增速低于同期地区生产总值增速 3.8 个百分点，单位地区生产总值能耗下降 3.5%。森林覆盖率保持全国首位。全年植树造林总面积 133.9 万亩，全省城市（县城）新增建成区绿地面积 3 348 公顷，新增公园绿地面积 1 055 公顷，人均公园绿地面积 14.06 平方米。全省 12 条主要河流整体水质为优，Ⅰ类至Ⅲ类水质比例为 95.8%，119 个县级以上集中式生活饮用水源地水质达标率为 99.2%。

（六）供给侧结构性改革成效显现，经济新动能不断成长

“三去一降一补”成效明显。主要过剩产能工业产品产量下降，2017 年，原煤、钢材、生铁和平板玻璃产量分别下降 16.2%、4.4%、

3.3% 和 14.5%。年末住宅待售面积 643.78 万平方米，同比下降 24.7%。年末全省规模以上工业企业资产负债率同比下降 0.5 个百分点。2017 年，全省基础设施投资增长 13.8%；民生领域中的居民服务业，卫生和社会工作，水利、公共设施管理业投资分别增长 92.8%、33.5% 和 33.4%。

新动能不断增强。符合产业升级和消费升级的新兴智能产品增势良好。全省平板电脑产量增长 127.4%，新能源汽车增长 55.3%，运动型多用途乘用车（SUV）增长 52.7%，太阳能电池增长 40.9%，集成电路增长 35.3%。

（七）商品房库存规模持续下降，热点城市房价过快上涨趋势得到遏制

1. 商品房销售保持平稳。2017 年，全省商品房销售面积同比增长 19.1%，住宅销售面积同比增长 9.5%，两者增速分别较 2016 年回落 2.6 个和 15.2 个百分点。分区域看，福州和厦门以及周边地区商品住房销售回归平稳，其他区域商品住房销售保持较快增长。

2. 商品房库存规模持续下降。2017 年末，全省商品房待售面积增长 1%，其中，住宅待售面积同比下降 24.7%，连续两年减少。全省大部分县（市）商品住房去化周期明显缩短，并回归至合理区间。

3. 福州、厦门房价快速上涨趋势得到遏制。福州市新建商品住宅销售价格由 2017 年 1 月的同比上涨 25.7% 转为 2017 年 12 月的同比下降 1.7%。厦门市新建商品住宅销售价格由 2017 年 1 月的同比上涨 38.8% 收窄至 2017 年 12 月的同比上涨 2.2%。两市实现阶段性调控目标。

4. 房地产调控政策保持稳定。坚持“房子是用来住的，不是用来炒的”定位，2017 年 9 月福建省政府出台进一步加强房地产市场调控的 8 条措施，保持房地产调控政策连续性和稳定性。因城因地根据商品住房库存情况，合理增加住宅供应，2017 年全省住宅新开工面积增长 20.8%。同时，福州和厦门加快建设租赁住房，扩大公共租赁住房保障范围，并启动一批共有产权住房建设，促进房地产市场平稳健康发展。

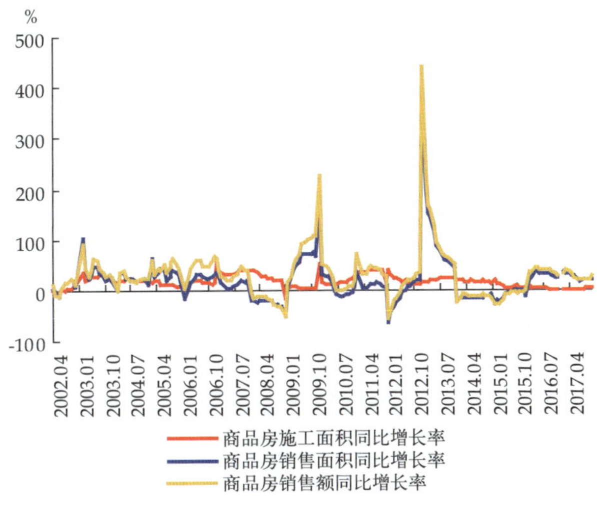

数据来源：福建省统计局。

图 14　2002~2017 年福建省商品房施工和销售变动趋势

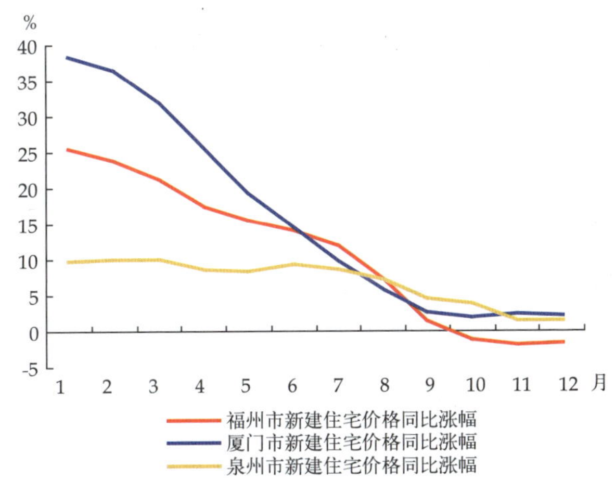

数据来源：福建省统计局。

图 15　2017 年福建省主要城市新建住宅销售价格变动趋势

三、预测与展望

下阶段福建省经济发展有望继续呈现稳中向好、稳中有进的良好态势。福建省经济运行虽在结构调整和促进经济高质量发展面临更高要求，但全省经济发展也拥有诸多机遇和有利条件。一是新动能持续稳健，新旧动能转换将进一步推进，消费拉动作用进一步凸显，服务业占比进一步扩大。二是企业盈利持续改善，

有利于支撑生产进一步回升。2017年全省规模以上工业利润增速创六年来新高。三是重大项目保障有力。2018年全省拟安排重点项目1 562个，同比多75个，其中在建项目年度计划投资额同比增长10%。四是产业转型升级持续推进。福建省政府工作报告指出，在改造提升传统产业方面，全省将实施500项以上省级重点技改项目，推动纺织、鞋服、食品、冶金、建材等传统行业对标国际标准，创品牌提品质；在做大做强主导产业方面，电子信息领域将加快建设新型显示、高端集成电路等重大项目，机械装备领域将发展高档数控机床、工业机器人、智能化专用设备，石油化工领域将以炼化一体化项目为龙头，延伸中下游产业链；在培育壮大新兴产业方面，将实施“双高”培育工程，新增高新技术企业350家、高成长企业100家，大力培育“独角兽”“单项冠军”“专精特新”企业。在提升现代服务业方面，将建设一批服务业示范区，加快发展现代物流、电子商务，推动软件信息、科技服务等向专业高端化发展。总体而言，在国家高度重视和支持下，在福建省深化改革扩大开放、大力扶持实体经济发展以及持续推进产业转型升级、培育新动能等有利因素推动下，2018年全省经济高质量增长态势有望进一步延续。

2018年，福建省金融业将认真贯彻落实国家关于健全货币政策与宏观审慎政策双支柱调控框架的决策部署，认真执行稳健的货币政策，实现货币信贷和社会融资规模适度增长，继续为经济高质量发展营造适度的货币金融环境。在推进经济结构战略性调整、支持经济社会发展薄弱领域等方面大力提升金融服务实体经济能力；按照供给侧结构性改革新要求，坚定不移深化金融改革；更加注重防控金融风险，对各类金融风险做到早识别、早预警、早发现、早处置，守住不发生系统性金融风险的底线。

中国人民银行福州中心支行货币政策分析小组

总　纂：单　强　杨长岩

统　稿：徐剑波　李春玉

执　笔：银小柯　宋科进　朱　敢　杨冰洁

提供材料的还有：杨　民　王丽红　赖永文　张　燕　姚祖明　薛严清　杨少芬　沈良辉　林　勃　黄素英　陈仲光　陈　锋　黄月琴　李志林　陈　雄　许伟达等

附录

（一）2017年福建省经济金融大事记

1月，全省首家民营银行——福建华通银行股份有限公司正式开业。福建华通银行是继深圳前海微众银行、浙江网商银行之后全国第三家完整采用分布式互联网技术的银行。

1月，福建省人民政府出台《福建省建立完善守信联合激励和失信联合惩戒制度加快推进社会诚信建设实施方案》。

2月，中共福建省委、福建省人民政府出台《关于深入推进农业供给侧结构性改革加快培育农业农村发展新动能的实施意见》。

5月，福建省人民政府出台《福建省绿色金融体系建设实施方案》。

6月，福建省人民政府出台《关于进一步降低实体经济企业成本的若干意见》。

9月，金砖国家领导人第九次会晤在厦门国际会议中心举行，共10个国家参加。

9月，福建省人民政府出台《关于福建省推进普惠金融发展的实施意见》。

10月，福建海洋产权交易服务平台在福州正式启动。该平台具备交易、海洋产品定价、投融资、信息平台等功能。

11月，福建省人民政府出台《关于强化实施创新驱动发展战略进一步推进大众创业万众创新深入发展的实施意见》。

11月，福建省人民政府办公厅印发《关于进一步激发民间有效投资活力促进经济持续健康发展的实施意见》。

（二）2017 年福建省主要经济金融指标

表 1　2017 年福建省主要存贷款指标

		1 月	2 月	3 月	4 月	5 月	6 月	7 月	8 月	9 月	10 月	11 月	12 月
本外币	金融机构各项存款余额（亿元）	41 255.8	41 867.1	42 333.5	42 309.5	43 038.7	43 673.2	44 376.9	44 256.9	43 846.6	43 814.7	44 487.6	44 086.8
	其中：住户存款	16 580.2	16 531.3	16 750.8	16 285.2	16 501.4	17 058.7	16 603.7	16 640.0	16 943.0	16 567.8	16 588.1	16 853.2
	非金融企业存款	13 736.9	14 002.6	14 298.1	14 702.3	15 047.3	14 961.9	15 124.8	14 854.7	14 510.7	14 363.3	14 381.2	14 730.3
	各项存款余额比上月增加（亿元）	768.8	611.3	466.4	-24.0	729.1	634.5	703.7	-120.0	-410.3	-31.9	672.9	-400.8
	金融机构各项存款同比增长（%）	10.1	11.4	11.6	11.8	13.5	12.8	14.7	10.7	9.7	10.1	10.4	8.9
	金融机构各项贷款余额（亿元）	38 262.4	38 707.2	39 045.7	39 400.6	39 944.0	40 298.4	40 661.5	40 972.5	41 177.2	41 462.8	41 737.7	41 899.7
	其中：短期	13 132.8	13 277.0	13 503.2	13 610.7	13 802.8	13 992.5	14 046.7	14 182.9	14 319.0	14 424.2	14 506.2	14 457.1
	中长期	22 483.2	22 876.0	23 221.2	23 556.7	24 023.7	24 243.0	24 499.5	24 780.1	24 872.1	25 101.7	25 377.8	25 570.2
	票据融资	1 711.5	1 605.7	1 354.0	1 206.7	1 075.2	1 023.1	971.1	945.3	921.4	879.9	814.5	849.1
	各项贷款余额比上月增加（亿元）	475.1	444.8	338.5	354.9	543.4	354.5	363.1	311.0	204.7	285.7	274.9	162.0
	其中：短期	61.6	144.2	226.2	107.5	192.1	189.8	54.2	136.2	136.0	105.2	82.0	-49.1
	中长期	559.9	392.8	345.2	335.5	466.9	219.4	256.5	280.6	92.0	229.6	276.1	192.4
	票据融资	-150.7	-105.8	-251.7	-147.3	-131.5	-52.1	-52.0	-25.7	-23.9	-41.5	-65.3	34.6
	金融机构各项贷款同比增长（%）	11.3	11.7	11.7	11.9	12.3	12.7	13.2	12.4	11.8	12.3	12.1	10.9
	其中：短期	0.6	1.5	3.2	3.8	5.2	7.0	8.4	8.8	10.8	12.5	12.4	10.7
	中长期	16.7	17.4	17.5	18.1	18.7	18.5	18.2	17.6	16.2	17.0	18.0	16.6
	票据融资	38.7	26.5	4.4	-10.2	-23.1	-25.4	-30.4	-37.0	-43.7	-50.1	-57.1	-54.4
	建筑业贷款余额（亿元）	622.6	633.2	643.8	654.6	659.0	663.2	672.8	680.8	684.5	708.9	706.3	693.1
	房地产业贷款余额（亿元）	2 390.2	2 455.0	2 496.2	2 455.3	2 427.1	2 329.2	2 305.5	2 291.4	2 253.8	2 257.6	2 287.7	2 314.3
	建筑业贷款同比增长（%）	2.3	4.1	4.1	4.9	5.0	4.4	6.3	7.4	7.6	11.9	12.0	10.5
	房地产业贷款同比增长（%）	-0.3	-0.3	-1.1	-2.0	-2.6	-4.0	-4.2	-5.6	-8.2	-3.1	-0.6	-0.2
人民币	金融机构各项存款余额（亿元）	39 984.3	40 515.4	40 952.0	40 828.4	41 578.0	42 217.4	42 947.9	42 929.7	42 577.8	42 527.8	43 165.8	42 794.8
	其中：住户存款	16 291.2	16 244.5	16 467.2	16 004.6	16 223.7	16 785.3	16 330.9	16 375.1	16 676.4	16 298.7	16 320.0	16 583.1
	非金融企业存款	13 047.7	13 260.5	13 536.7	13 848.6	14 203.9	14 137.4	14 327.4	14 156.1	13 857.0	13 706.2	13 716.0	14 068.9
	各项存款余额比上月增加（亿元）	708.5	531.1	436.6	-123.6	749.6	639.4	730.5	-18.2	-351.9	-50.0	638.0	-371.1
	其中：住户存款	1 169.0	-46.7	222.7	-462.6	219.1	561.6	-454.5	44.2	301.3	-377.7	21.3	263.1
	非金融企业存款	-308.8	212.8	276.2	311.9	355.4	-66.5	190.0	-171.2	-299.1	-150.8	9.8	352.8
	各项存款同比增长（%）	10.4	11.4	11.6	11.4	13.2	12.4	14.4	10.5	9.6	10.1	10.4	9.0
	其中：住户存款	14.5	10.4	11.3	9.6	11.2	13.2	10.8	9.4	10.2	8.8	8.3	9.7
	非金融企业存款	9.6	12.5	12.2	14.3	17.3	16.2	19.0	10.0	7.2	6.0	4.3	4.9
	金融机构各项贷款余额（亿元）	36 828.1	37 267.5	37 621.2	37 928.1	38 470.2	38 853.6	39 118.3	39 549.0	39 736.0	40 030.2	40 301.3	40 484.9
	其中：个人消费贷款	11 601.8	11 741.6	12 012.8	12 271.7	12 555.6	12 895.7	13 094.5	13 324.6	13 601.1	13 806.2	14 046.8	14 243.7
	票据融资	1 711.5	1 605.7	1 354.0	1 206.7	1 075.2	1 023.1	971.1	945.3	921.4	879.9	814.5	849.1
	各项贷款余额比上月增加（亿元）	472.1	439.4	353.7	306.9	542.1	383.5	264.7	430.7	187.0	294.2	271.1	183.7
	其中：个人消费贷款	242.7	139.7	271.2	258.9	284.0	340.1	198.8	230.1	276.5	205.1	240.6	196.9
	票据融资	-150.7	-105.8	-251.7	-147.3	-131.5	-52.1	-52.0	-25.7	-23.9	-41.5	-65.3	34.6
	金融机构各项贷款同比增长（%）	11.8	12.1	12.0	12.0	12.5	13.0	13.2	12.6	11.9	12.5	12.3	11.4
	其中：个人消费贷款	28.4	30.0	30.6	31.1	30.8	30.2	28.8	27.2	26.9	26.8	26.3	25.4
	票据融资	38.7	26.5	4.4	-10.2	-23.1	-25.4	-30.4	-37.0	-43.7	-50.1	-57.1	-54.4
外币	金融机构外币存款余额（亿美元）	185.4	196.6	200.2	214.9	212.8	214.9	212.4	201.1	191.2	193.8	200.2	197.7
	金融机构外币存款同比增长（%）	-3.0	5.3	4.0	14.9	18.2	21.9	24.6	19.5	12.7	12.7	16.8	13.3
	金融机构外币贷款余额（亿美元）	209.1	209.4	206.5	213.6	214.7	213.3	229.4	215.6	217.1	215.8	217.5	216.5
	金融机构外币贷款同比增长（%）	-4.8	-3.0	-2.8	1.8	2.0	3.3	12.8	7.7	11.0	9.4	11.6	4.9

数据来源：中国人民银行福州中心支行。

表 2　2001~2017 年福建省各类价格指数

单位：%

		居民消费价格指数		农业生产资料价格指数		工业生产者购进价格指数		工业生产者出厂价格指数	
		当月同比	累计同比	当月同比	累计同比	当月同比	累计同比	当月同比	累计同比
2001		—	-1.3	—	-1.3	—	-3.3	—	-1.9
2002		—	-0.5	—	-0.1	—	-2.4	—	-2.4
2003		—	0.8	—	1.8	—	6.3	—	0.7
2004		—	4	—	12.5	—	13.3	—	2.6
2005		—	2.2	—	8.1	—	8.1	—	0.2
2006		—	0.8	—	0.9	—	3.9	—	-0.8
2007		—	5.2	—	10.3	—	4.3	—	0.8
2008		—	4.6	—	23.6	—	10.2	—	2.7
2009		—	-1.8	—	-6.7	—	-6.8	—	-4.5
2010		—	3.2	—	2.4	—	7.7	—	3.2
2011		—	5.3	—	11.8	—	8.0	—	3.9
2012		—	2.4	—	3.3	—	-2.3	—	-1.3
2013		—	2.5	—	-0.5	—	-1.6	—	-1.6
2014		—	2.0	—	-0.5	—	-1.7	—	-1.4
2015		—	1.7	—	1.4	—	-3.9	—	-3.0
2016		—	1.7	—	0.2	—	-2.0	—	-0.9
2017		—	1.2	—	-0.1	—	5.3	—	4.1
2016	1	1.2	1.2	-0.3	-0.3	-5.9	-5.9	-3.3	-3.3
	2	2.9	2.0	0.3	0.4	-4.9	-5.4	-2.8	-3.1
	3	2.2	2.1	0.6	0.5	-4.9	-5.2	-2.7	-2.9
	4	2.2	2.1	0.2	0.4	-4.2	-5.0	-2.3	-2.8
	5	1.5	2.0	0.8	0.5	-3.2	-4.6	-2.0	-2.6
	6	1.2	1.9	0.5	0.5	-2.9	-4.3	-1.7	-2.5
	7	1.1	1.7	0.5	0.5	-2.2	-4.0	-0.9	-2.3
	8	0.7	1.6	0.0	0.4	-1.6	-3.7	-0.2	-2.0
	9	1.7	1.6	0.0	0.4	-0.6	-3.4	0.1	-1.8
	10	1.8	1.6	-0.5	0.3	0.3	-3.0	0.6	-1.5
	11	2.0	1.7	-0.6	0.2	2.1	-2.6	1.7	-1.2
	12	1.9	1.7	-0.4	0.2	3.9	-2.0	3.3	-0.9
2017	1	2.2	2.2	0.0	0.0	6.0	6.0	4.3	4.3
	2	-0.2	1.0	0.7	0.3	6.8	6.4	4.6	4.5
	3	0.7	0.9	0.4	0.4	7.3	6.7	5.0	4.7
	4	0.8	0.9	0.4	0.4	6.5	6.7	4.8	4.7
	5	1.4	1.0	-0.3	0.2	5.2	6.4	4.3	4.6
	6	1.4	1.1	-0.5	0.1	4.5	6.0	4.0	4.5
	7	1.4	1.1	-0.9	0.0	4.1	5.8	3.6	4.4
	8	1.6	1.2	-0.3	-0.1	4.5	5.6	3.7	4.3
	9	1.0	1.1	-0.5	-0.1	4.8	5.5	3.8	4.2
	10	1.1	1.1	-0.3	-0.1	5.5	5.5	4.1	4.2
	11	1.3	1.2	0.1	-0.1	4.8	5.4	3.8	4.2
	12	1.4	1.2	0.7	0.0	4.3	5.3	3.0	4.1

数据来源：国家统计局福建调查总队。

表 3　2017 年福建省主要经济指标

	1月	2月	3月	4月	5月	6月	7月	8月	9月	10月	11月	12月
	绝对值（自年初累计）											
地区生产总值（亿元）	—	—	6 535.2	—	—	13 289.8	—	—	20 675.0	—	—	32 298.3
第一产业	—	—	359.3	—	—	841.4	—	—	1 413.7	—	—	2 442.4
第二产业	—	—	3 393.4	—	—	6 802.7	—	—	10 385.6	—	—	15 770.3
第三产业	—	—	2 782.5	—	—	5 645.7	—	—	8 875.7	—	—	14 085.5
规模以上工业增加值（亿元）	885.4	1 717.2	2 837.8	3 880.6	4 814.9	5 924.3	6 929.4	7 931.3	8 954.1	9 983.0	11 056.9	12 146.9
固定资产投资（亿元）	1 280.9	2 434.2	5 018.8	7 205.8	9 408.0	12 536.5	14 457.1	16 611.4	19 099.6	21 394.3	23 877.5	26 226.6
房地产开发投资	298.6	549.0	1 076.5	1 424.0	1 797.8	2 365.9	2 714.8	3 098.1	3 539.1	3 989.1	4 386.0	4 794.2
社会消费品零售总额（亿元）	1 087.5	2 135.2	3 153.1	4 108.8	5 111.6	6 156.4	7 173.5	8 214.8	9 266.8	10 458.5	11 723.4	13 013.0
外贸进出口总额（亿元）	966.1	1 696.3	2 712.6	3 681.0	4 721.0	5 728.1	6 708.9	7 689.1	8 650.0	9 551.9	10 606.2	11 590.8
进口	356.8	702.2	1 123.9	1 530.8	1 915.7	2 265.1	2 605.6	2 932.4	3 316.3	3 648.7	4 070.0	4 476.7
出口	609.4	994.1	1 588.7	2 150.2	2 805.3	3 463.0	4 103.4	4 756.7	5 333.7	5 903.2	6 536.3	7 114.1
进出口差额（出口－进口）	252.6	291.9	464.9	619.4	889.6	1 197.9	1 497.8	1 824.4	2 017.4	2 254.5	2 466.3	2 637.4
实际利用外资（亿美元）	7.6	14.4	25.5	31.6	40.1	51.3	55.2	61.6	67.1	71.6	79.1	85.8
地方财政收支差额（亿元）	-20.8	-111.6	-299.8	-391.1	-494.4	-745.7	-889.9	-1 120.5	-1 337.2	-1 499.5	-1 802.3	-1 910.6
地方财政收入	317.0	483.6	729.7	1 007.9	1 262.4	1 507.5	1 764.6	1 941.1	2 137.4	2 384.1	2 560.5	2 808.7
地方财政支出	337.8	595.3	1 029.5	1 399.0	1 756.8	2 253.2	2 654.5	3 061.6	3 474.6	3 883.6	4 362.8	4 719.3
城镇登记失业率（%）（季度）	—	—	3.9	—	—	3.8	—	—	3.9	—	—	3.9
	同比累计增长率（%）											
地区生产总值	—	—	8.6	—	—	8.3	—	—	7.9	—	—	8.1
第一产业	—	—	3.0	—	—	3.1	—	—	2.7	—	—	3.6
第二产业	—	—	7.5	—	—	7.2	—	—	6.9	—	—	6.9
第三产业	—	—	10.7	—	—	10.5	—	—	9.9	—	—	10.3
规模以上工业增加值	7.4	8.2	8.0	7.7	7.7	7.8	7.8	7.8	7.9	7.9	7.9	8.0
固定资产投资	9.3	20.4	16.7	15.6	14.6	14.1	15.1	14.1	13.6	13.5	13.7	13.5
房地产开发投资	-12.8	-7.9	-1.7	0.4	-0.9	2.2	2.2	1.7	2.4	4.9	4.2	4.5
社会消费品零售总额	11.6	11.3	11.3	11.2	11.3	11.5	11.5	11.4	11.3	11.3	11.4	11.5
外贸进出口总额	7.3	14.6	17.9	17.0	15.6	16.4	15.6	13.8	14.1	13.6	13.8	12.0
进口	36.4	56.6	50.4	48.1	41.4	39.8	37.2	31.9	31.0	30.4	30.1	27.5
出口	-4.6	-3.6	2.3	1.8	2.8	4.9	5.1	5.0	5.6	5.3	5.6	4.1
实际利用外资	1.9	2.9	3.7	6.6	4.9	4.4	5.6	5.7	4.6	3.8	4.4	4.7
地方财政收入	14.6	12.1	13.2	11.1	10.7	9.3	11.0	10.8	10.7	8.6	10.4	8.7
地方财政支出	52.9	25.9	23.7	24.0	21.0	18.6	20.5	17.0	14.7	10.7	16.0	9.9

数据来源：福建省统计局。

江西省金融运行报告（2018）

中国人民银行南昌中心支行货币政策分析小组

[内容摘要] 2017 年，江西省经济运行保持良好发展态势。经济增速保持全国“第一方阵”，经济总量突破 2 万亿元。全省生产总值达到 20 818.5 亿元，同比增长 8.9%，高于全国 2.0 个百分点。人均地区生产总值突破 6 000 美元。三次产业继续保持协调发展，产业增加值分别同比增长 4.4%、8.3% 和 10.7%，产业结构由上年的 10.3 : 47.7 : 42.0 调整为 9.4 : 47.9 : 42.7，第一产业占地区生产总值的比重首次降至 10% 以下。

具体来看，一是三大需求总体平稳，对外贸易发展加快。固定资产投资总量创新高，但增速稳中趋缓。2017 年，全省固定资产投资首次突破 2 万亿元，同比增长 12.3%，比上年回落 1.7 个百分点，但仍高于全国 5.1 个百分点。消费市场保持活力，消费结构进一步提升。2017 年，全省社会消费品零售总额同比增长 12.3%，高于全国 2.1 个百分点，其中消费升级类商品销售良好。对外贸易发展加快，实际利用外资保持增长。2017 年，全省货物进出口总额同比增长 14.5%，高于全国 0.3 个百分点。实际利用外商直接投资同比增长 9.8%。二是三次产业结构趋优，供给侧结构性改革稳步推进。农业生产保持稳定，农地确权基本完成，位列全国第一方阵。工业经济稳中提质。2017 年，全省规模以上工业增加值同比增长 9.1%，高于全国 2.5 个百分点，保持全国领先、中部领跑势头。高新技术产业、战略性新兴产业增加值同比分别增长 11.1% 和 11.6%，较上年分别提高 0.3 个和 0.9 个百分点。服务业发展稳步加快，创新创业活力显著增强。2017 年，全省服务业增加值同比增长 10.7%，比第一、第二产业分别快 6.3 个和 2.4 个百分点，高于全国 2.7 个百分点。新增市场主体 180 多万户、国家高新技术企业 1 775 家。供给侧结构性改革进展顺利，企业经营环境优化。2017 年，全省彻底清除“地条钢”，钢铁去产能工作获国务院通报表彰；单位 GDP 能耗较 2012 年下降 18.6% 左右；全省贫困发生率降至 2.37%，50 万人脱贫，1 000 个贫困村退出；降成本优环境专项行动成效显著，全省规模以上工业企业每百元主营业务收入综合成本同比下降 0.5 元。三是价格水平有所回暖，就业及社会保障持续发展。2017 年，全省居民消费价格指数温和上涨 2.0%，涨幅与上年持平。全省工业生产者出厂价格指数同比上涨 7.9%，比上年提高 9.3 个百分点。全省城镇新增就业完成年计划的 123.9%；就业困难人员就业完成年计划的 156.0%。实施全民参保登记计划，企业退休人员基本养老金实现“十三连调”。四是财政收支质量提升，财税收益稳步提高。2017 年，全省一般公共预算收入同比增长 9.7%，比上年提高 5.7 个百分点，其中税收收入占比较上年提高 0.4 个百分点。全省一般公共预算支出同比增长 11.0%，比上年提高 6.3 个百分点。其中，民生方面占比较上年提高 1.5 个百分点。五是房地产市场保持平稳，房地产信贷增长较快。房地产开发投资放缓。房地产开发投资同比增长 13.7%，比上年回落 2.8 个百分点。商品房销售平稳提升。全省商品房销售面积和销售额同比分别增长 24.5% 和 34.1%。房地产贷款量速齐升。48.6% 的新增贷款投向房地产，比上年提高 7.1 个百分点。房地产贷款同比增长 32.1%，高于全省贷款平均增速 13.6 个百分点，比上年提高 3.5 个百分点。

全省金融业坚持稳中求进工作总基调，落实总行、分行、省委省政府部署安排，金融市场运行平稳，信贷投放保持较快增长，地区社会融资规模创历史新高，重点领域和薄弱环节的金融支持力度加强，地方金融风险防控体系不断健全。

具体来看，一是银行业稳健程度提升。2017 年，在金融去杠杆和金融强监管的共振下，银行资产规模扩张减速。2017 年末，全省银行业资产总额同比增长 13.5%，比上年末低 2.6 个百分点。坚持金融回归本源，表外业务增长得到控制。2017 年，全省银行机构主动压缩同业负债和表外理财等业务，股权及其他投资比年初下降 260 亿元，同比少增 2 221.4 亿元。二是贷款增长较快，重点领域和薄弱环节金融支持有力。2017 年末，全省金融机构本外币各项贷款余额同比增长 18.6%，比上年末高 0.8 个百分点，增速在全国排名第二，中部六省排名第一。2017 年末，第三产业人民币贷款同比增长 21.0%，保障性住房开发贷款同比增长 75.5%；涉农、小微贷款同比分别增长 22.8% 和 23.9%；累计发放创业担保贷款 130.7 亿元，有力支持大众创业发展；开发性、政策性银行借用抵押补充贷款（PSL）累计发放贷款 344.1 亿元，大力支持棚户区改造、农村基础设施建设、“一带一路”建设。绿色金融改革试点成效初显。2017 年末，全省绿色信贷余额超过 1 700 亿元，同比增长 38.4%；共有 13 家绿色企业在新三板挂牌，在江西联合股权交易中心挂牌展示的绿色企业达 200 多家；成功发行江西首单绿色企业债券，发行量为 20 亿元。三是股权融资持续发展，保险业社会保障功能有效发挥。全省紧抓资本市场发展有利时机，大力推动企业改制上市和新三板挂牌工作，年末全省国内上市公司增至 39 家，新三板企业 159 家，区域性股权市场挂牌企业达 4 665 家，股权融资持续发展，有力地支持了实体经济发展。保险继续发挥社会保障功能，全省累计赔付支出同比增长 4.8%。四是地区社会融资规模增量创新高，金融市场稳步发展。2017 年，全省社会融资规模增量为 5 347.1 亿元，创 2011 年以来新高。但直接融资占比较低，仅占 2.5%。其中，债券融资下降较多。货币市场交易保持增长，累计债券交易量同比增长 4.3%，在美联储加息、国内货币政策中性偏紧、金融去杠杆政策密集出台等一系列因素叠加影响下，债券市场利率上行。银行承兑汇票业务下降较多，尤其是票据贴现同比下降 74.6%，贴现利率明显走高。五是金融生态环境持续优化。社会信用体系建设不断完善，移动支付应用日益广泛，支付服务环境持续改善，金融消费者保护和教育不断加强。早期风险识别试点工作在全省深入推进，共有 588 家重点企业纳入早期识别试点监测范围，涵盖制造业、房地产业、商贸业等众多领域。

2018 年江西省经济下行压力较大，内生增长动力不足、结构性矛盾等问题依然突出，高质量发展仍面临不少挑战。但应看到，全省供给侧结构性改革深入推进、服务业发展迅猛、居民消费快速增长、“双创”引擎加强、赣江新区建设加快发展、江西全面融入“一带一路”，尤其是党的十九大的胜利召开将进一步激发全社会的创造力和发展活力。预计 2018 年全省经济有望保持平稳增长。2018 年，江西省金融业面临的挑战与机遇并存，江西金融将进一步回归支持实体经济，改善融资结构，提升直接融资比例，加大对小微企业、“三农”、精准脱贫等薄弱环节以及创新驱动发展、新旧动能转换、“双创”等的支持力度，金融监管特别是宏观审慎管理将进一步强化。综合来看，2018 年全省金融业将保持稳健运行态势，货币信贷适度增长。

一、金融运行情况

2017 年，江西省金融运行总体向好，银行信贷保持较快增长，新增本外币贷款突破 4 000 亿元。重点领域和薄弱环节信贷支持有力，一般贷款加权平均利率基本平稳，股权融资持续发展，保险的社会保障功能有效发挥，地区社会融资增量创新高，金融基础设施建设继续优化。

（一）银行业稳健运行，贷款增长较快

1. 银行资产规模扩张减速。2017 年末，

全省银行业资产总额42 372.4亿元，同比增长13.5%，增速比上年末低2.6个百分点。其中，地方法人金融机构资产总额同比增长12.6%，增速比上年末低12.8个百分点，比当年全省平均水平低0.9个百分点。

表1　2017年江西省银行业金融机构情况

机构类别	营业网点			法人机构（个）
	机构个数（个）	从业人数（人）	资产总额（亿元）	
一、大型商业银行	1 849	39 609	12 714	0
二、国家开发银行和政策性银行	99	2 289	5 327	0
三、股份制商业银行	297	5 236	3 840	0
四、城市商业银行	762	11 800	8 523	4
五、城市信用社	0	0	0	0
六、小型农村金融机构	2 496	27 258	8 081	87
七、财务公司	2	187	270	2
八、信托公司	2	830	225	2
九、邮政储蓄银行	1 475	13 745	2 688	0
十、外资银行	5	89	42	0
十一、新型农村金融机构	207	3 347	546	69
十二、其他	1	63	116	1
合计	7 195	104 453	42 372	165

注：营业网点不包括国家开发银行和政策性银行、大型商业银行、股份制商业银行等金融机构总部数据；大型商业银行包括中国工商银行、中国农业银行、中国银行、中国建设银行和交通银行；小型农村金融机构包括农村商业银行、农村合作银行和农村信用社；新型农村金融机构包括村镇银行、贷款公司、农村资金互助社；“其他”包含金融租赁公司、汽车金融公司、货币经纪公司、消费金融公司等。

数据来源：江西银监局。

2. 存款增长压力加大。2017年末，全省金融机构本外币各项存款余额32 535.7亿元，比年初增加3 430.5亿元，同比少增631.8亿元，同比增长11.8%，增速比上年末低4.4个百分点，在全国排名第三，在中部六省排名第一。其中，人民币存款余额32 324.9亿元，同比增长11.9%；外币存款余额32.3亿美元，同比增长5.5%。受理财及互联网金融分流、政府债务融资受限、金融去杠杆等因素综合影响，存款增量近三年来首次低于同期贷款增量。

全年全省人民币住户存款、非金融企业存款及广义政府存款同比分别少增69.6亿元、183.8亿元和150.2亿元，非银行业金融机构存款减少215.4亿元，同比多减275.7亿元。

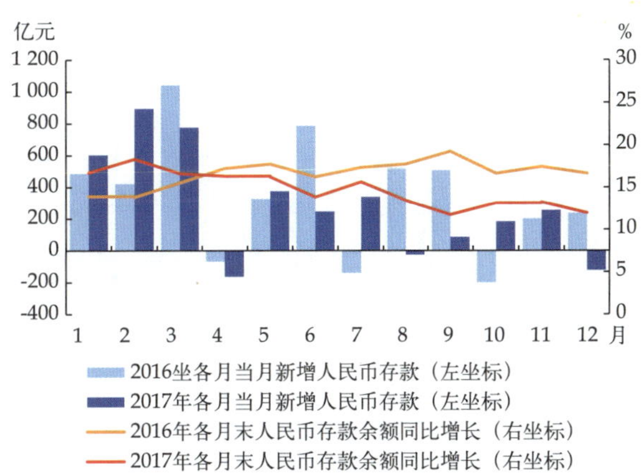

数据来源：中国人民银行南昌中心支行。

图1　2016~2017年江西省金融机构人民币存款增长变化

3. 贷款增速保持较快水平。2017年末，全省金融机构本外币各项贷款余额25 900.4亿元，比年初增加4 053.0亿元，同比增长18.6%，增速比上年末高0.8个百分点，在全国排名第二，在中部六省排名第一。其中，人民币贷款余额25 712.6亿元，同比增长18.4%；外币贷款余额28.8亿美元，同比增长58.7%。落实宏观审慎评估（MPA），地方法人金融机构贷款同比增长20.6%，增速比上年末低2.0个百分点，符合总行调控要求。

重点领域和薄弱环节信贷支持有力。2017年末，第三产业人民币贷款同比增长21%，高于同期贷款增速2.6个百分点；基建类贷款同比增长31.1%，其中，农村基础设施贷款同比增长48.1%；房地产贷款同比增长32.1%，其中，个人购房贷款同比增长31.4%，保障性住房开发贷款同比增长75.5%；涉农贷款、小微贷款同比分别增长22.8%和23.9%；累计发放创业担保贷款130.7亿元，有力支持大众创业发展；开发性、政策性银行借用抵押补充贷款（PSL）累计发放贷款344.1亿元，大力支持棚户区改造、农村基础设施建设、“一带一路”建设。但制造业贷款增长乏力，同比仅增长 3.7%，低于同期人民币贷款增速 14.7 个百分点。

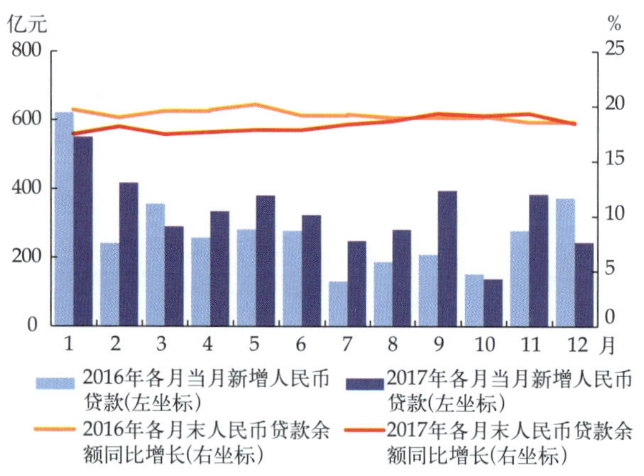

数据来源：中国人民银行南昌中心支行。

图 2　2016~2017 年江西省金融机构人民币贷款增长变化

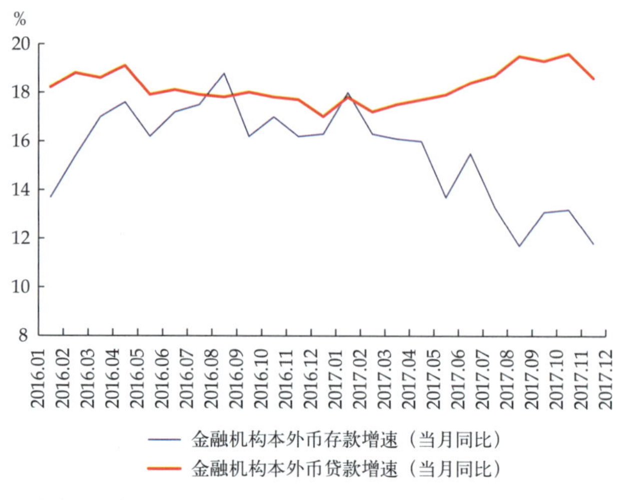

数据来源：中国人民银行南昌中心支行。

图 3　2016~2017 年江西省金融机构本外币存、贷款增速变化

专栏 1　发挥金融功能　助推脱贫攻坚

——金融扶贫的江西实践

江西是中国革命的摇篮，“十三五”期初，仍有 25 个国定和省定贫困县、200 万未脱贫人口，脱贫攻坚任务艰巨。自脱贫攻坚战略实施以来，全省金融部门着力完善工作机制，优化资源配置，深化金融创新，扎实推进金融扶贫向纵深发展，并助推井冈山市在全国率先脱贫。2017 年末，全省精准扶贫贷款余额 1 367.4 亿元，同比增长 63.0%，全年累放 851.2 亿元，其中，个人和产业精准扶贫贷款累放 287.8 亿元，带动建档立卡贫困户 35.5 万人；25 个贫困县贷款余额 3 052.5 亿元，同比增长 24.8%，高于各项贷款增速 6.2 个百分点。

一、健全工作机制，完善制度保障

制定《江西省金融扶贫工作规划》，落实扶贫配套优惠政策；出台《江西省产业扶贫贷款贴息管理（暂行）办法》，由人民银行总行转发至全国。至 2017 年末，全省共到位扶贫贷款风险补偿基金 24.7 亿元，其中 25 个贫困县实现全覆盖；当年产业扶贫贷款累计贴息 2.8 亿元。组织召开脱贫攻坚系列会议，从不同领域部署深入推进金融精准扶贫工作，做大金融扶贫规模。

二、用好扶贫政策，强化资金引导

利用扶贫再贷款引导金融机构加大对贫困地区的信贷支持力度。2017 年累放扶贫再贷款 152.5 亿元，年末余额 146.1 亿元，同比增长 43%。用活抵押补充贷款（PSL）资金，支持棚户区改造、农村公路建设等项目，2017 年累放 344.1 亿元，年末余额 867.2 亿元。对按照各类不同标准测算达标的地方法人金融机构执行差别化存款准备金率，全年共释放资金近 150 亿元。

三、创新信贷模式和产品，扩大覆盖面

创新以“创业扶贫、就业扶贫、受益扶贫”为核心的“三位一体”分类信贷扶持模式，井冈山市整合扶贫资金1 505万元入股“惠农宝”金融产业投资公司，参与地方金融机构资本运作或融资给优质企业，保障建档立卡贫困户获取稳定、持续性收益，共覆盖建档立卡贫困户1 505户，人均年增收1 500元；探索“扶贫车间入村＋金融”家门口扶贫新模式；推动产业发展类信贷产品创新，精准对接地区特色产业资金需求。2017年末，全省“光伏贷”和“油茶贷”贷款余额分别为19.3亿元和26.0亿元。

四、推行保险扶贫，打造安全防线

因地制宜开展“一县一品”特色险种，对接产业扶贫。2017年，全省农业保险实现保费收入10.3亿元，同比增长27.0%，为506.1万户农户提供风险保障941.5亿元；发挥保险融资功能，试点将保险资金定向投放到赣州市“三农”及小微企业，累计放款2.4亿元，惠及94家企业和农户；积极推进大病保险，有效缓解“因病致贫返贫”问题。全省所有县区均开展了精准扶贫医疗保险业务，覆盖贫困人口352.3万人，已向33.6万人次赔付5.0亿元。

4. 表外业务增长得到控制。2017年末，全省金融机构表外业务余额1.9万亿元，与贷款余额之比为0.73:1。金融机构主动压缩同业负债和表外理财等业务，全省银行机构股权及其他投资比年初下降260亿元，同比少增2 221.4亿元。

5. 深化利率市场化改革。2017年，共有98家地方法人金融机构参与合格审慎评估，其中66家机构被评为全国自律机制基础成员，在全国排名第七。成员单位当年同业存单、大额存单发行量分别为2 417.1亿元、75.2亿元，同比分别增长66.6%、20.7%，机构主动负债能力增强，自主定价能力提高。2017年，金融机构一般贷款加权平均利率为6.06%，同比下降0.05个百分点，月度总体呈前低后高走势。民间借贷监测利率为15.7%，同比下降0.2个百分点。在江西省自律机制的引导下，人民币存款定价秩序基本稳定。

表2　2017年江西省金融机构人民币贷款各利率区间占比

单位：%

月份		1月	2月	3月	4月	5月	6月
合计		100.0	100.0	100.0	100.0	100.0	100.0
下浮		8.7	15.9	8.1	10.7	10.6	6.9
基准		15.8	21.4	12.1	18.6	15.5	15.3
上浮	小计	75.5	62.7	79.8	70.7	73.9	77.8
	(1.0, 1.1]	11.4	12.0	10.9	15.8	11.3	12.3
	(1.1, 1.3]	18.0	22.6	16.3	20.1	17.8	20.4
	(1.3, 1.5]	15.1	13.0	17.5	16.2	15.1	16.0
	(1.5, 2.0]	13.0	10.0	8.8	12.7	22.1	22.0
	2.0以上	18.0	5.1	26.3	5.9	7.6	7.1
月份		7月	8月	9月	10月	11月	12月
合计		100.0	100.0	100.0	100.0	100.0	100.0
下浮		5.6	3.8	7.2	7.5	7.6	5.0
基准		14.4	17.8	15.2	13.6	13.9	19.6
上浮	小计	80.0	78.4	77.6	78.9	78.5	75.4
	(1.0, 1.1]	10.7	10.3	11.6	10.2	11.4	10.9
	(1.1, 1.3]	17.1	18.4	18.5	14.7	13.8	20.7
	(1.3, 1.5]	17.8	16.9	17.3	18.8	18.3	17.8
	(1.5, 2.0]	25.8	24.5	22.7	9.3	8.3	18.8
	2.0以上	8.6	8.3	7.5	25.9	26.7	7.2

数据来源：中国人民银行南昌中心支行。

6. 银行业绩有所改善，但潜在风险不容忽视。2017年，全省金融机构实现利润500.8亿元，同比增长14.7%；年末不良贷款率为2%，比年初下降0.2个百分点。其中，农村金融机构不良贷款率较高，为4.1%，比年初提高0.7个百分点；关注类贷款占比为2.6%，同比下降0.6个百分点。

7. 区域金融体系建设进一步健全。2017年，平安银行南昌分行正式开业。城市商业银行在县域实现全覆盖，金融服务范围进一步拓宽。

8. 绿色金融改革试点成效初显。2017 年末，全省绿色信贷余额超过 1 700 亿元，同比增长 38.4%，其中，赣江新区为 55 亿元，同比增长 29.6%；共有 13 家绿色企业在新三板挂牌，在江西联合股权交易中心挂牌展示的绿色企业达 200 多家。2017 年，萍乡市汇丰投资有限公司成功发行江西首单绿色企业债券，发行量为 20 亿元。

9. 跨境资金流动趋于平衡。2017 年，全省银行跨境收支总额 387.2 亿美元，同比增长 2.8%，其中，跨境收支净流入 43.3 亿美元，同比增长 66.7%。全省当年跨境人民币结算量 268.3 亿元，跨境人民币累计净流入 27.6 亿元，同比多流入 8.8 亿元。

（二）证券期货交易仍较清淡，行业盈利总体下降

1. 证券市场交易疲软，盈利继续下滑。2017 年末，全省证券投资者资金账户数 573.2 万户，同比增长 20.0%；客户保证金余额 156.8 亿元，同比下降 33.5%；累计交易额 51 352.9 亿元，同比下降 3.9%。全省证券机构营业收入和净利润继续下降，累计实现营业收入 19.5 亿元、净利润 5.5 亿元，同比分别下降 26.8%、52.8%。其中，两家法人证券公司共实现营业收入 21.0 亿元、净利润 8.7 亿元，同比分别下降 2.0%、9.5%。

2. 期货市场交易萎缩，法人机构经营效益向好。2017 年末，全省期货投资者账户数 4.7 万户，同比增长 21.0%；累计代理成交 2 775.3 万手，同比下降 33.1%；交易金额 17 723.5 亿元，同比下降 10.8%。全省期货机构实现营业收入 19 237.0 万元，同比增长 80.3%；净利润 1 403 万元，同比下降 3.2%。其中，法人期货公司市场主体地位进一步夯实，代理成交金额同比增长 2.7%，占全省成交金额的 42.3%；实现净利润同比增长 154%。

3. 大力推动企业上市挂牌，股权融资持续发展。2017 年，全省紧抓资本市场发展有利时机，大力推动企业改制上市和新三板挂牌工作，取得积极成效。年末全省国内上市公司增至 39 家，当年国内股票（A 股）筹资 68.7 亿元；新三板企业 159 家，当年融资 24.8 亿元；区域性股权市场挂牌企业达 4 665 家，总股本 890.2 亿元，通过挂牌贷、股权质押、私募可转债等方式帮助企业融资 194.3 亿元，有力地支持了实体经济发展。

表 3　2017 年江西省证券业基本情况

项目	数量
总部设在辖内的证券公司数（家）	2
总部设在辖内的基金公司数（家）	0
总部设在辖内的期货公司数（家）	1
年末国内上市公司数（家）	39
当年国内股票（A 股）筹资（亿元）	69
当年发行 H 股筹资（亿元）	0
当年国内债券筹资（亿元）	479
其中：短期融资券筹资额（亿元）	139
中期票据筹资额（亿元）	142

注：当年国内股票（A 股）筹资额指非金融企业境内股票融资。

数据来源：江西证监局。

（三）保险市场规模继续扩大，社会保障功能有效发挥

1. 行业规模继续增长，法人机构经营平稳。2017 年末，全省保险业资产总额 1 195.7 亿元，同比增长 7.4%；累计实现保费收入 727.6 亿元，同比增长 19.5%。法人机构保持平稳运行，资产总额 26.1 亿元，同比增长 6.5%；累计实现保费收入 5.2 亿元，同比增长 11.1%。

2. 机构经营成本仍较高，行业效益有所好转。2017 年末，全省产险综合赔付率和综合成本率分别为 61.0% 和 95.9%，比上年末分别高 2.9 个和 1.5 个百分点。其中，法人机构综合赔付率和综合成本率分别为 63.9%、123.2%，比上年末分别低 5.8 个和 11.5 个百分点，经营成本仍处高位。全省保险业预计税前亏损 53.8 亿元，同比下降 4.0%。其中，法人机构实现净利

润 0.1 亿元，同比增加 0.5 亿元。

3. 社会保障功能有效发挥，寿险退保率持续上升。2017 年末，全省保险业累计赔付支出 216.8 亿元，同比增长 4.8%，其中，财产险赔付支出 106.9 亿元，同比增长 12.6%。全省人寿保险公司退保金 165.4 亿元，同比增长 69.1%；退保率 9.6%，比上年末高 2.9 个百分点。

表 4　2017 年江西省保险业基本情况

项目	数量
总部设在辖内的保险公司数（家）	1
其中：财产险经营主体（家）	1
人身险经营主体（家）	0
保险公司分支机构（家）	46
其中：财产险公司分支机构（家）	21
人身险公司分支机构（家）	25
保费收入（中外资，亿元）	728
其中：财产险保费收入（中外资，亿元）	214
人身险保费收入（中外资，亿元）	514
各类赔款给付（中外资，亿元）	217
保险密度（元 / 人）	1 584
保险深度（%）	3

数据来源：江西保监局。

（四）社会融资规模增量创新高，金融市场稳步发展

1. 地区社会融资同比多增，债券融资下降较多。2017 年，全省社会融资规模增量为 5 347.1 亿元，同比多增 1 471.4 亿元，创 2011 年以来新高。社会融资规模增量占全国的 2.8%，同比提高 0.6 个百分点。其中，间接融资占 97.5%，直接融资仅占 2.5%。全年企业债券净融资 78.3 亿元，同比少增 342.7 亿元，占全省融资规模的 1.5%，比上年低 9.4 个百分点。发行债务融资工具 280.6 亿元，同比少发 243.9 亿元。债券融资下降较多，主要因为债券市场利率高企，全国债券融资均呈下降趋势；省内发债主体资质不高，市场反应平淡，造成企业发债意愿降低。此外，企业授信额度充裕，对债券发行造成挤出效应，也影响了债券融资规模。

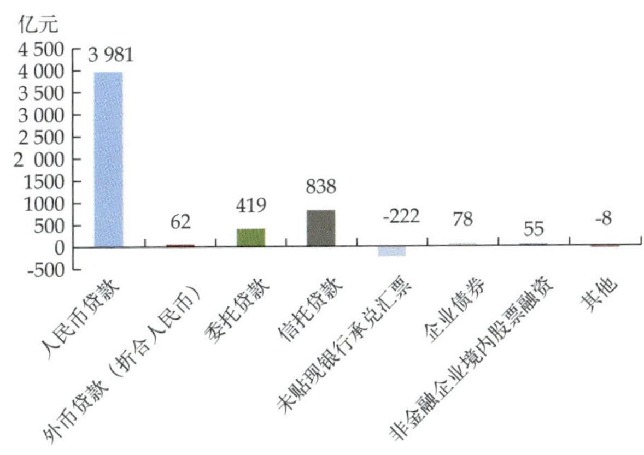

数据来源：中国人民银行南昌中心支行。

图 4　2017 年江西省社会融资规模分布结构

2. 货币市场交易保持增长，市场利率上行。2017 年，省内市场成员累计债券交易量为 16.5 万亿元，同比增长 4.3%。其中，质押式回购同比增长 15.3%，买断式回购和现券交易量则同比分别下降 19.5% 和 30.7%；三者交易加权平均利率分别为 2.8%、3.3% 和 4.7%，比上年分别高 0.6 个、0.7 个和 0.8 个百分点。

3. 银行承兑汇票业务下降较多，贴现利率明显上升。2017 年，在票交所制度、流动性管理新政、资管新政等多重因素影响下，全省银行业机构累计签发银行承兑汇票 1 857.0 亿元，同比下降 17.4%；票据贴现余额 805.0 亿元，同比下降 74.6%。受货币政策和资金市场影响，票据利率整体呈上行趋势，票据直贴和转贴加权平均利率分别为 4.9% 和 4.2%，比上年分别高 1.8 个和 1.2 个百分点。

表 5　2017 年江西省金融机构票据业务量统计

单位：亿元

季度	银行承兑汇票承兑		贴现			
			银行承兑汇票		商业承兑汇票	
	余额	累计发生额	余额	累计发生额	余额	累计发生额
1	1 291	508	752	1 098	6	36
2	1 077	384	673	4 830	3	11
3	996	422	697	2 222	4	20
4	1 077	543	798	1 193	7	3

数据来源：中国人民银行南昌中心支行。

表 6　2017 年江西省金融机构票据贴现、转贴现利率

单位：%

季度	贴现		转贴现	
	银行承兑汇票	商业承兑汇票	票据买断	票据回购
1	4.40	5.18	3.79	3.76
2	5.03	5.41	4.35	4.46
3	4.98	5.39	4.27	4.54
4	4.95	4.90	4.45	4.77

数据来源：中国人民银行南昌中心支行。

（五）社会信用体系建设不断完善，金融生态环境持续优化

1. 信用体系建设不断优化，应收账款质押融资效果明显。截至 2017 年末，金融信用信息基础数据库累计收录省内企业和其他组织 25.7 万户、自然人 2 961.4 万人，接入各类金融机构 63 家，小额贷款公司 93 家，融资性担保公司 41 家；全年查询信用报告 933.1 万笔；全省 5.4 万家中小企业、496.3 万户农户建立信用档案，评定信用农户 195.9 万户，信用村 2 045 个，信用乡（镇）307 个。全年促成应收账款融资交易 521 笔，融资金额 768.0 亿元，有效盘活企业应收账款存量，降低中小企业融资成本。

2. 支付体系基础设施不断完善，支付服务环境进一步优化。移动支付应用日益广泛，全省移动支付业务笔数和金额同比分别增长 208.4% 和 104.5%。农村支付服务环境持续改善，截至 2017 年末，全省共设立助农取款服务点 2.1 万余个，当年共办理助农取款业务 726.5 万笔，同比增长 33.5%，金额 112.3 亿元，同比下降 21.5%。银行卡受理环境继续优化，2017 年全省 ATM 和 POS 终端数量同比分别增长 8.2% 和 24.7%。电票业务不断发展，当年通过电子商业汇票系统办理承兑业务 1 418.3 亿元，占商业汇票业务金额的 73.6%。

3. 金融消费者保护和教育不断加强。2017 年，全省人民银行系统共受理有效投诉 453 笔，投诉结案率 98.7%。围绕“金融知识普及月”积极开展宣传活动，着重提升特殊群体的金融知识水平和防范风险能力。

4. 早期风险识别试点工作深入推进。在全省范围推进早期识别工作，共有 588 家重点企业纳入早期识别试点监测范围，贷款总额 541.3 亿元，涵盖制造业、房地产业、商贸业等众多领域。在早期识别工作机制下，企业风险抑制在萌芽状态，有效降低了银行债权损失，减轻了政府处置企业风险负担和社会维稳成本，优化了金融生态环境。

二、经济运行情况

2017 年，江西经济运行呈现“稳中有进、稳中提质、稳中向好”发展态势，经济总量迈上新台阶，综合经济实力实现历史性跃升。全省地区生产总值首次突破 2 万亿元大关，达到 20 818.5 亿元，同比增长 8.9%，增速高于全国 2.0 个百分点，保持在全国“第一方阵”，人均地区生产总值突破 6 000 美元。三次产业继续保持协调发展，产业增加值同比分别增长 4.4%、8.3% 和 10.7%，产业结构由上年的 10.3 ∶ 47.7 ∶ 42.0 调整为 9.4 ∶ 47.9 ∶ 42.7，第一产业占地区生产总值的比重首次降至 10% 以下。

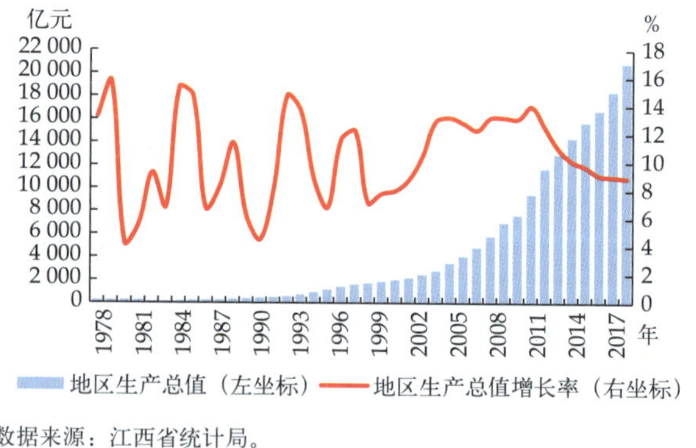

数据来源：江西省统计局。

图 5　1978~2017 年江西省地区生产总值及其增长率

（一）三大需求总体平稳，内需有快的增长点

1. 固定资产投资总量创新高，增速稳中趋

缓。2017 年，全省固定资产投资首次突破 2 万亿元，达 21 770.4 亿元，同比增长 12.3%，增速比上年回落 1.7 个百分点，高于全国 5.1 个百分点。其中，第一产业增长 19.0%，较上年提高 17.3 个百分点，分别高于第二、第三产业投资增速 4.6 个和 9.5 个百分点，领跑三次产业。民间投资 15 631.8 亿元，同比增长 13.0%，较上年提高 3.2 个百分点。重大项目快速推进，亿元以上新开工项目 3 801 个，同比增长 51.8%，较上年增加 1 297 个，完成投资 6 930.9 亿元，同比增长 41.9%，增速较上年提高 6.3 个百分点。

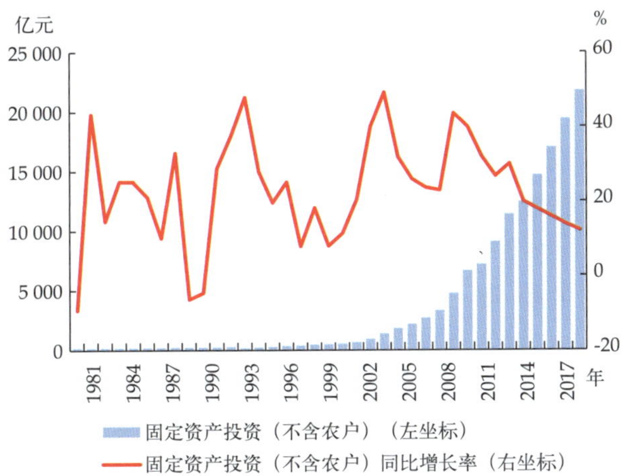

数据来源：江西省统计局。

图 6　1981~2017 年江西省固定资产投资（不含农户）及其增长率

2. 消费市场保持活力，消费结构进一步提升。2017 年，全省社会消费品零售总额 7 448.1 亿元，同比增长 12.3%，比上年提高 0.3 个百分点，高于全国 2.1 个百分点。其中，限额以上单位消费品零售额同比增长 14.1%。乡村市场零售额同比增长 23.5%，快于城镇 9.6 个百分点。网络消费快速增长，通过公共网络实现的商品销售 108.3 亿元，同比增长 39.4%，高于限额以上单位消费品零售额增速 25.3 个百分点。消费升级类商品销售良好，限额以上单位中西药品类、电子出版及音像制品类、家用电器和音像器材类商品零售额同比分别增长 20.0%、15.9% 和 13.1%。

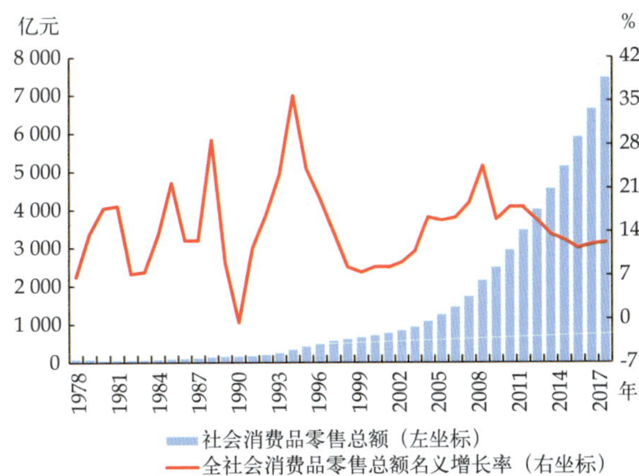

数据来源：江西省统计局。

图 7　1978~2017 年江西省社会消费品零售总额及其增长率

3. 对外贸易加快发展，实际利用外资保持增长。2017 年，全省货物进出口总额 3 020.0 亿元，同比增长 14.5%，较上年加快 14.1 个百分点，高于全国 0.3 个百分点。其中，出口值 2 222.6 亿元，同比增长 13.3%，较上年提高 17.7 个百分点；进口值 797.5 亿元，同比增长 17.9%，较上年提高 0.7 个百分点。实际利用外商直接投资 114.6 亿美元，同比增长 9.8%；新批外商投资企业 495 家，合同金额 101.3 亿美元，同比增长 35.2%。

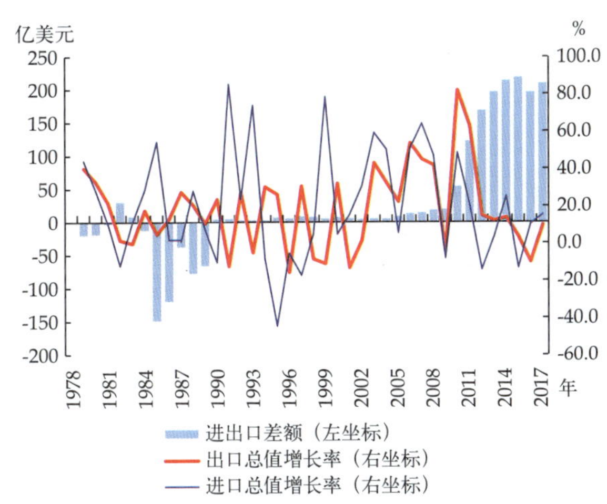

数据来源：江西省统计局。

图 8　1978~2017 年江西省外贸进出口变动情况

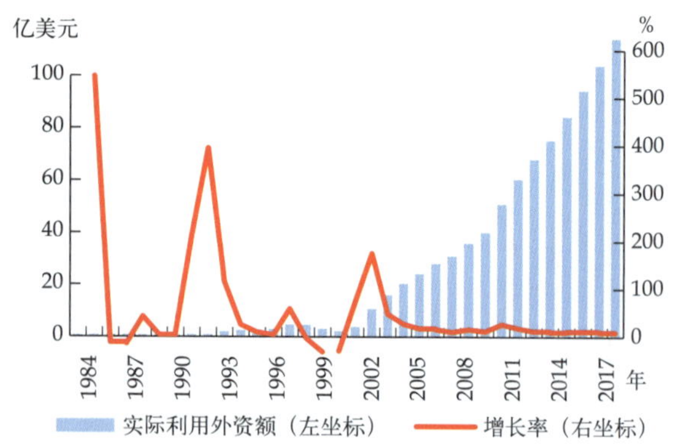

数据来源：江西省统计局。

图 9　1984~2017 年江西省实际利用外资额及其增长率

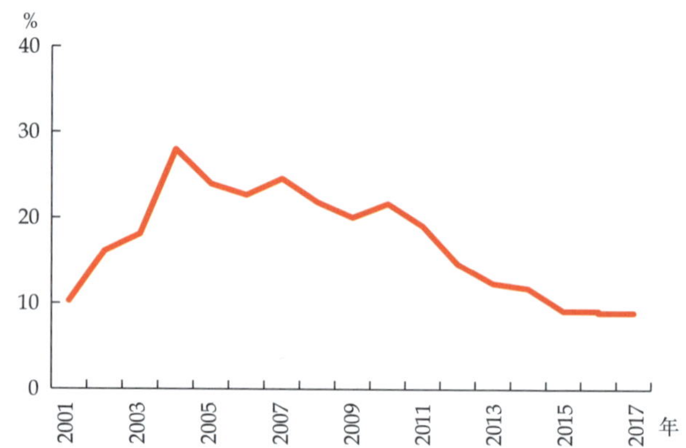

注：自 2011 年起，工业统计范围调整为年主营业务收入 2 000 万元及以上的工业企业。

数据来源：江西省统计局。

图 10　2001~2017 年江西省规模以上工业增加值实际增长率

（二）三次产业结构趋优，供给侧改革稳步推进

1. 农业生产保持稳定，农业发展动力进一步增强。2017 年，全省粮食总产量 425.4 亿斤，连续五年稳定在 420 亿斤以上；单产 386.7 公斤 / 亩，与上年持平。“菜篮子”产品供应充足，畜牧业生产保持平稳，生猪、羊出栏分别增长 2.5% 和 7.3%。农地确权基本完成，位列全国第一方阵；农业适度规模经营有序推进，农地流转率 40.5%。休闲农业快速发展，全省各类规模经营的休闲农业企业总数达 4 810 家，新增 620 家，年综合收入达到 190.0 亿元。

2. 工业经济稳中提质，产业有新的增长点。2017 年，全省规模以上工业增加值同比增长 9.1%，较上年提高 0.1 个百分点，高于全国 2.5 个百分点，保持全国领先、中部领跑势头。38 个行业大类中 34 个实现增长，占比达 89.5%。其中，电子、汽车制造、电气机械、医药等制造业行业均保持两位数以上增长。产业结构不断优化，高新技术产业、战略性新兴产业增加值同比分别增长 11.1% 和 11.6%，较上年分别提高 0.3 个和 0.9 个百分点；六大高耗能行业增加值同比增长 5.1%，较上年回落 1.0 个百分点，低于全省规模以上工业增速 4.0 个百分点。

3. 服务业发展稳步加快，创新创业活力显著增强。2017 年，全省服务业增加值 8 892.6 亿元，同比增长 10.7%，比第一、第二产业分别快 6.3 个和 2.4 个百分点，高于全国 2.7 个百分点；服务业对全省经济增长贡献率为 48.0%，同比提高 0.4 个百分点。全省规模以上服务业实现营业收入 2 397.3 亿元，同比增长 19.5%，高于全国 5.9 个百分点。新增市场主体 180 多万户、国家高新技术企业 1 775 家，全省优化结构培育新动能取得突破性进展。

4. 供给侧结构性改革进展顺利，企业经营环境优化。2017 年，全省取缔地条钢产能 591 万吨，彻底清除地条钢，钢铁去产能工作获国务院通报表彰；单位 GDP 能耗较 2012 年下降 18.6% 左右；全省贫困发生率降至 2.37%，50 万人脱贫，1 000 个贫困村退出。省委、省政府开展降成本优环境专项行动，全省规模以上工业企业每百元主营业务收入综合成本同比下降 0.5 元。

专栏 2　制造业投资进入增长拐点　2018 年将稳步回升

—从微观企业投资计划看 2018 年制造业投资走势

制造业投资走向对于判断未来经济走势具有重要意义，而微观企业的投资计划直接决定了未来制造业投资走势。为此，中国人民银行南昌中心支行对省内 40 户制造业企业（15 户大中型企业，25 户小微企业）开展了投资计划情况调研。

一、制造业企业投资状况及影响因素

2017 年，江西制造业投资增长迅速，同比增长 16.5%，增速同比提高 4.0 个百分点。当年有 37 家样本企业进行过固定资产投资，占 92.5%，共涉及 80 个项目，投资总额达 69.7 亿元，其中当年完成投资额 25.4 亿元，占投资总额的 36.5%。这表明当前企业投资意愿较强。2018 年，样本企业投资计划大幅提升，同比增长 30.0%。主要因为：

一是环保投资是推动投资回升的主要力量。调查发现，在已完成投资额和计划投资额中，环保投资额占比均超过 50%。其一是因为政府对环保违规处罚趋严。各级环保督查组多次到企业检查回访，动辄关停企业或处以罚金，企业必须加快完成环保合规化以应对检查。其二是维持市场占有率的需要。一些环保不合格企业被迫关停整改。其三是获得银行贷款的需要。金融机构普遍将环保达标作为信贷投放的门槛，实行一票否决制。一些企业由于无环评手续和排污许可证，被银行暂停授信。

二是企业进入产能投资期是推动投资回升的周期力量。调查显示，企业涉及扩大产能投资额有 6.5 亿元，占计划投资完成额的 21.3%。目前，江西制造业企业正处在产能投资期。一方面，企业资产负债表修复已接近尾声。2017 年末，全省工业企业资产负债率为 55.4%，同比下降 1.9 个百分点。另一方面，产能利用率持续回升，盈利状况明显好转。全省工业企业平均设备能力利用率为 76.6%，已连续四个季度回升。利润总额同比增长 64.8%，较上年提高 48.4 个百分点。此外，是产品创新升级的需要。样本企业涉及产品创新升级投资有 4.4 亿元，包括技改、自动化、智能化生产等，占计划投资完成额的 14.2%。

二、企业扩大投资面临的问题和困难

一是主业投资的动力受到削弱。环保投资的主体与利益获取者往往不一致，投资效益既体现在环境效益上，又体现在社会效益上。环保投资的增加一定程度上削弱了企业主业投资的规模。治污通常会带来企业产量下降和成本上升，将减弱其兑现 2018 年主业投资计划的动力。特别是一些中小型的传统产业企业，因环保监管要求加大环保投资，由于整体实力有限，有可能面临资金周转困难，从而降低生产设备等的投资需求。

二是现有融资能力难以支撑过快投资步伐。为完成 2018 年投资计划，35 户企业反映运营资金缺口达 17.2 亿元，占计划投资额的 56.0%。但多数企业融资能力不足，难以支撑过快投资计划，由于企业自身抵押物不足，以及受风险防控和金融去杠杆要求影响，银行更侧重于支持企业流动资金贷款，对投资资金支持意愿较低。

三是加大投资也面临较大市场风险。项目投资资金回收期较长，短期内大规模的资金投入，会加大资金周转压力，降低抗风险能力。尤其对于一些有季节性生产要求、原材料价值和流动性资金需求较大的企业，一旦市场行情有风吹草动，容易造成资金紧张甚至资金链断裂的风险。

（三）价格水平有所回暖，工业生产者出厂价格由负转正

1. 居民消费价格涨势温和，医疗保健类价格涨幅相对较大。2017 年，全省居民消费价格指数上涨 2.0%，涨幅与上年持平。分类别看，八大类商品和服务价格“七涨一降”。医疗保健类上涨 9.0%，居住类、其他用品和服务类、教育文化和娱乐类、衣着类、交通和通信类、生活用品及服务类分别上涨 3.4%、2.6%、2.5%、2.1%、1.9% 和 1.2%，食品烟酒类下降 0.7%。

2. 工业生产者出厂价格由负转正，购进价格同比上涨。2017 年，全省工业生产者出厂价格指数同比上涨 7.9%，比上年提高 9.3 个百分点。工业生产者购进价格指数同比上涨 7.2%。

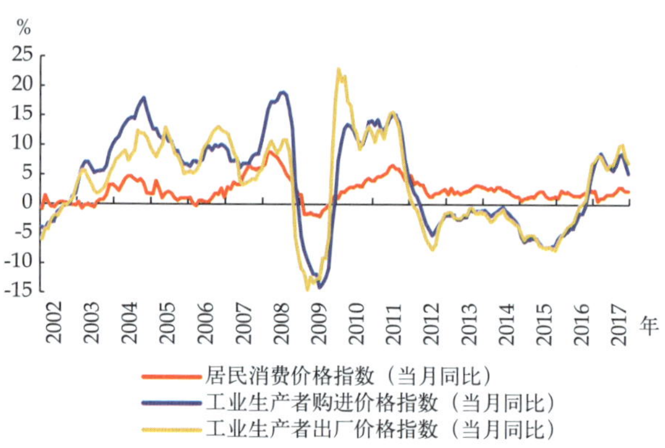

数据来源：江西省统计局。

图 11　2001~2017 年江西省居民消费价格指数和工业生产者价格指数变动趋势

3. 就业形势基本稳定，社会保障进一步健全。2017 年，全省城镇新增就业 55.8 万人，完成年计划的 123.9%；就业困难人员就业 6.2 万人，完成年计划的 156.0%；城镇登记失业率 3.34%，低于 4.5% 的控制目标。实施全民参保登记计划，企业退休人员基本养老金实现“十三连调”。

（四）财政收支质量提升，财税收益稳步提高

1. 财政收入增速回升，税收收入占比提高。2017 年，全省一般公共预算收入 3 447.4 亿元，同比增长 9.7%，比上年提高 5.7 个百分点，其中税收收入 2 715.4 亿元，占一般公共预算收入的 78.8%，比上年提高 0.4 个百分点。工业税收是拉动税收增长的主要动力，对全省税收增收贡献率达到 67.8%，比上年提高 24.9 个百分点。

2. 财政支出增速提高，保障民生力度加大。2017 年，全省一般公共预算支出 5 123.7 亿元，同比增长 11.0%，比上年提高 6.3 个百分点。其中，民生方面的支出 4 057.9 亿元，占 79.2%，比上年提高 1.5 个百分点，教育、社会保障和就业、医疗卫生与计划生育支出同比分别增长 10.9%、15.1% 和 12.5%。

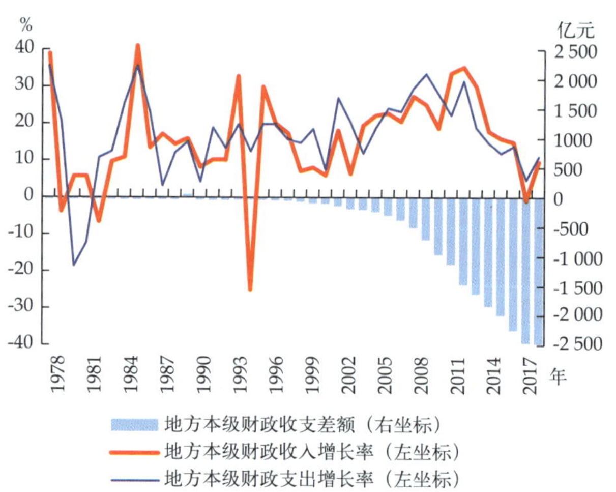

数据来源：江西省统计局。

图 12　1978~2017 年江西省财政收支状况

（五）房地产市场保持平稳，房地产信贷增长较快

1. 房地产开发投资放缓。2017 年，房地产开发投资 2 014.0 亿元，同比增长 13.7%，比上年回落 2.8 个百分点。

2. 商品房销售平稳提升。2017 年，全省商品房销售面积 5 841.9 万平方米，同比增长 24.5%；商品房销售额 3 592.5 亿元，同比增长 34.1%。

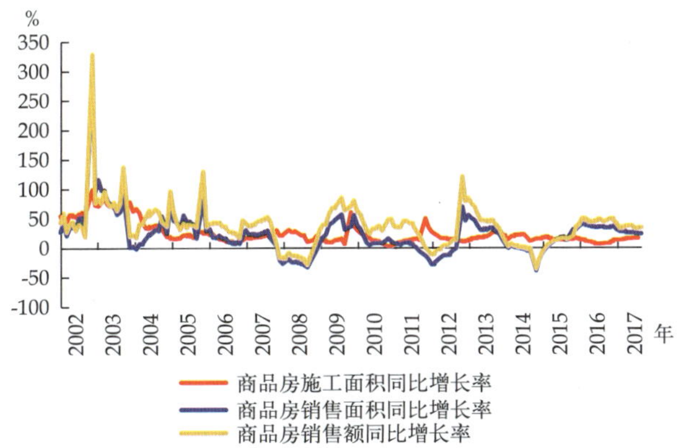

数据来源：江西省统计局。

图 13　2002~2017 年江西省商品房施工和销售变动趋势

3. 房地产贷款量速齐升。2017 年末，房地产贷款余额占全部贷款比重达 31.3%，比 2012 年末提高 10.7 个百分点；48.6% 的新增贷款投向房地产，比上年提高 7.1 个百分点。房地产贷款同比增长 32.1%，高于全省贷款增速 13.6 个百分点，比上年提高 3.5 个百分点。

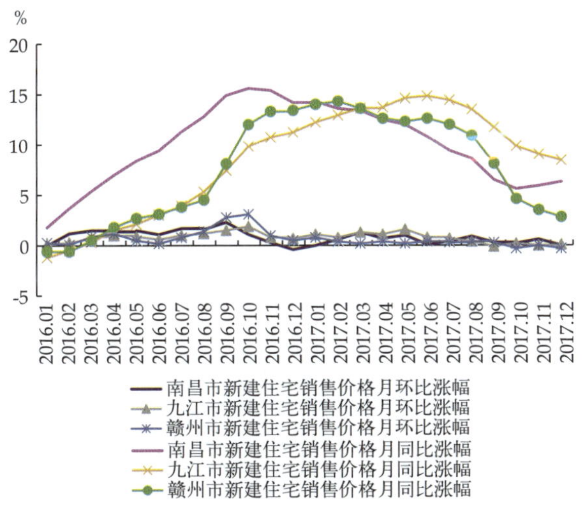

数据来源：《中国经济景气月报》。

图 14　2016~2017 年江西省主要城市新建住宅销售价格变动趋势

三、预测与展望

2018 年是全面贯彻落实党的十九大精神的开局之年，是实施“十三五”规划承上启下的关键一年。当前全球经济正在逐步由收缩向复苏转变，但经济增长的不稳定、不确定因素较多，回升基础仍然薄弱。2018 年中国经济运行活力和韧性将进一步增强，但内在逻辑没有改变，仍然处在结构调整期和经济发展的转型期。江西经济下行压力较大，内生增长动力不足、结构性矛盾等问题依然突出，高质量发展仍面临不少挑战。但应看到，全省供给侧结构性改革深入推进、服务业发展迅猛、居民消费快速增长、双创引擎加强、赣江新区建设加快发展、江西全面融入“一带一路”，尤其是党的十九大的胜利召开将进一步激发全社会的创造力和发展活力。预计 2018 年全省经济有望保持平稳增长，地区生产总值增速在 8.5% 左右，固定资产投资增速在 11% 左右，社会消费品零售总额增速在 12% 左右。

2018 年，江西省金融业面临的挑战与机遇并存。一方面，规范地方政府举债融资文件陆续出台，房地产调控措施接连实施，工业领域去产能、去库存、环保督查力度不断加大，金融领域防风险去杠杆要求日益趋严，包括宏观审慎评估在内的监管政策进一步收紧，在一定程度上抑制了全省的信贷需求。但省内投资力度不减、国外和国内需求市场改善、企业提质增效带动投资意愿回升、现代化服务业和五大幸福产业飞速发展、产业升级、万众创新等将对信贷增长产生拉动效应，全省总体资金需求依然较大。预计全省信贷增量与上年大致相当，增速将保持在全国第一方阵。另一方面，党的十九大和第五次全国金融工作会议对下一步金融工作提出了具体要求，江西金融业将进一步回归支持实体经济，改善融资结构，提升直接融资比例，加大对小微企业、“三农”、精准脱贫等薄弱环节以及创新驱动发展、新旧动能转换、“双创”等的支持力度，金融监管特别是宏观审慎管理将进一步强化。综合来看，2018 年全省金融业将保持稳健运行态势，货币信贷适度增长，流动性保持基本稳定。

中国人民银行南昌中心支行货币政策分析小组

总　纂：张智富　吴豪声

统　稿：罗志东　章　璇

执　笔：许一涌　杨李娟　魏斯怡　胡浩智

提供材料的还有：彭　岚　张德胜　李慧瑶　彭振江　丁小红　陶　静　黄春华　黄　昕　陈源　徐展峰　李　伟

附录

（一）2017年江西省经济金融大事记

1月14日，中共江西省委、省政府印发《关于深化投融资体制改革的实施意见》，充分发挥投资对稳增长、调结构、惠民生的关键作用。

2月27日，中国人民银行南昌中心支行联合四部门印发《江西金融精准扶贫政策效果评估实施细则》，以提升金融精准扶贫政策实施效果。

3月2日，中共江西省委、省政府印发《关于加快发展新经济培育新动能的意见》，以推动江西省新经济发展。

5月16日，中共江西省政府印发《关于积极稳妥降低企业杠杆率的实施意见》，以促进建立和完善现代企业制度，增强经济发展韧性。

6月14日，赣江新区建设绿色金融改革试验区获国务院审议通过，人民银行等七部委于6月23日印发《江西省赣江新区建设绿色金融改革创新试验区总体方案》。

6月29日，中共江西省政府印发《江西省区域金融稳定协调合作机制》，以形成全省金融风险防控强大合力，牢牢守住不发生系统性、区域性金融风险的底线。

7月21日，中共江西省政府转发中国人民银行南昌中心支行、省政府金融办《江西省重点企业金融风险早期识别工作方案》，切实维护全省区域金融稳定。

9月13日，江西省政府金融办、中国人民银行南昌中心支行、赣江新区管委会联合举办江西·赣江新区绿色金融发展大会暨高峰论坛。

9月26日，中共江西省委、省政府召开全省金融工作会议，省委书记鹿心社出席会议并作重要讲话，对贯彻落实全国金融工作会议精神作出部署。

11月16日，中共江西省委、省政府印发《江西省大力支持深度贫困村脱贫攻坚实施方案》，以进一步聚焦深度贫困村状况精准发力。

（二）2017 年江西省主要经济金融指标

表 1　2017 年江西省主要存贷款指标

		1 月	2 月	3 月	4 月	5 月	6 月	7 月	8 月	9 月	10 月	11 月	12 月
本外币	金融机构各项存款余额（亿元）	29 697.8	30 623.3	31 402.4	31 235.0	31 613.7	31 874.9	32 186.9	32 129.7	32 229.7	32 397.7	32 650.5	32 535.7
	其中：住户存款	15 161.4	15 356.5	15 581.1	15 122.7	15 214.0	15 409.3	15 244.7	15 361.0	15 606.7	15 400.9	15 400.4	15 580.3
	非金融企业存款	8 186.2	8 571.5	8 920.9	9 073.7	9 239.4	9 361.0	9 344.1	9 426.2	9 630.5	9 786.7	9 839.6	9 963.3
	各项存款余额比上月增加（亿元）	592.6	925.5	779.1	-167.4	378.8	261.1	312.1	-57.2	100.0	168.0	252.8	-114.8
	金融机构各项存款同比增长（%）	16.3	18.0	16.3	16.1	16.0	13.7	15.5	13.3	11.7	13.1	13.2	11.8
	金融机构各项贷款余额（亿元）	22 398.0	22 818.4	23 113.1	23 449.2	23 835.9	24 172.6	24 433.3	24 716.3	25 134.0	25 266.7	25 654.9	25 900.4
	其中：短期	7 664.8	7 742.6	7 858.6	7 835.5	7 916.4	7 979.1	8 045.5	8 093.2	8 160.1	8 221.6	8 284.3	8 216.7
	中长期	13 703.3	14 027.1	14 294.0	14 640.1	14 959.5	15 276.6	15 472.4	15 699.8	16 055.5	16 098.9	16 419.5	16 652.1
	票据融资	879.7	889.0	814.1	826.8	807.5	762.8	752.9	755.9	744.7	754.0	771.7	844.2
	各项贷款余额比上月增加（亿元）	550.8	420.2	294.7	336.1	386.8	336.7	260.6	283.0	417.6	132.7	388.2	245.6
	其中：短期	103.2	77.8	116.0	-23.1	80.9	62.8	66.3	47.7	66.9	61.6	62.7	-67.6
	中长期	575.3	323.8	266.9	346.1	319.4	317.1	195.8	227.5	355.7	43.4	320.5	232.7
	票据融资	-129.6	9.3	-74.8	12.6	-19.2	-44.7	-9.8	3.0	-11.2	9.2	17.8	72.5
	金融机构各项贷款同比增长（%）	17.0	17.8	17.2	17.5	17.7	17.9	18.4	18.7	19.5	19.3	19.6	18.6
	其中：短期	2.8	3.5	3.2	3.2	4.0	4.2	5.7	6.6	7.4	8.9	9.4	8.7
	中长期	28.4	29.2	28.6	29.1	29.5	29.7	29.1	29.1	30.1	29.0	29.0	26.8
	票据融资	-4.4	-5.4	-7.9	-9.6	-15.6	-18.9	-16.5	-19.0	-22.4	-25.6	-23.8	-16.4
	建筑业贷款余额（亿元）	837.4	844.5	875.7	891.0	898.7	920.4	915.5	921.0	946.7	951.0	981.6	998.5
	房地产业贷款余额（亿元）	1 152.2	1 148.5	1 124.7	1 144.1	1 168.6	1 171.3	1 165.9	1 155.0	1 161.3	1 100.4	1 093.6	1 050.4
	建筑业贷款同比增长（%）	24.9	22.2	24.1	21.4	17.6	20.8	18.5	18.2	21.5	23.7	28.4	22.7
	房地产业贷款同比增长（%）	12.6	6.4	0.6	2.4	5.2	3.2	4.3	3.2	4.2	-1.9	-0.3	-1.8
人民币	金融机构各项存款余额（亿元）	29 495.8	30 389.3	31 163.8	30 999.3	31 373.8	31 618.1	31 956.6	31 929.9	32 014.4	32 196.3	32 449.1	32 324.9
	其中：住户存款	15 075.9	15 271.8	15 496.3	15 039.2	15 130.9	15 327.6	15 163.3	15 283.2	15 529.4	15 323.2	15 323.5	15 503.4
	非金融企业存款	8 083.4	8 435.5	8 780.8	8 933.0	9 096.0	9 202.2	9 204.8	9 313.5	9 507.0	9 669.2	9 724.7	9 833.2
	各项存款余额比上月增加（亿元）	602.6	893.5	774.5	-164.6	374.5	244.3	338.5	-26.7	84.5	181.9	252.8	-124.2
	其中：住户存款	1 094.2	195.9	224.5	-457.1	91.7	196.6	-164.2	119.8	246.2	-206.1	0.2	179.9
	非金融企业存款	-270.3	352.1	345.3	152.1	163.1	106.2	2.6	108.7	193.5	162.2	55.5	108.6
	各项存款同比增长（%）	16.7	18.3	16.6	16.3	16.2	13.8	15.6	13.4	11.7	13.1	13.2	11.9
	其中：住户存款	19.2	12.7	12.8	12.7	13.5	13.2	12.8	12.8	12.5	12.3	11.4	10.9
	非金融企业存款	15.1	26.1	24.3	21.8	21.6	20.1	20.1	17.1	22.5	23.7	21.3	17.7
	金融机构各项贷款余额（亿元）	22 271.8	22 689.0	22 979.7	23 314.5	23 695.3	24 019.7	24 268.7	24 550.7	24 945.4	25 083.1	25 467.4	25 712.6
	其中：个人消费贷款	5 294.4	5 423.4	5 617.8	5 731.9	5 873.5	6 046.5	6 171.0	6 286.0	6 413.1	6 537.5	6 675.2	6 790.9
	票据融资	879.7	889.0	814.1	826.8	807.5	762.8	752.9	755.9	744.7	754.0	771.7	844.2
	各项贷款余额比上月增加（亿元）	550.1	417.1	290.7	334.8	380.9	324.3	249.0	281.9	394.8	137.6	384.3	245.2
	其中：个人消费贷款	159.8	129.0	194.4	114.1	141.7	173.0	124.5	115.1	127.1	124.4	137.7	115.7
	票据融资	-129.6	9.3	-74.8	12.6	-19.2	-44.7	-9.8	3.0	-11.2	9.2	17.8	72.5
	金融机构各项贷款同比增长（%）	17.4	18.1	17.4	17.6	17.8	17.8	18.3	18.6	19.3	19.1	19.3	18.4
	其中：个人消费贷款	31.3	34.3	35.0	35.3	35.3	35.6	35.2	34.3	33.6	33.5	32.6	32.3
	票据融资	-4.4	-5.4	-7.9	-9.6	-15.6	-18.9	-16.5	-19.0	-22.4	-25.6	-23.8	-16.4
外币	金融机构外币存款余额（亿美元）	29.5	34.0	34.6	34.2	35.0	37.9	34.2	30.3	32.4	30.3	30.5	32.3
	金融机构外币存款同比增长（%）	-25.3	-11.3	-14.8	-11.4	-9.0	-4.7	-1.8	-4.2	19.0	15.0	9.8	5.5
	金融机构外币贷款余额（亿美元）	18.4	18.8	19.3	19.5	20.5	22.6	24.5	25.1	28.4	27.7	28.4	28.8
	金融机构外币贷款同比增长（%）	-33.1	-26.1	-18.5	-7.5	-1.7	29.7	49.2	42.9	66.5	68.8	84.1	58.7

数据来源：中国人民银行南昌中心支行。

表 2　2001~2017 年江西省各类价格指数

单位：%

		居民消费价格指数		农业生产资料价格指数		工业生产者购进价格指数		工业生产者出厂价格指数	
		当月同比	累计同比	当月同比	累计同比	当月同比	累计同比	当月同比	累计同比
2001		—	-0.5	—	-0.4	—	-0.7	—	-1.9
2002		—	0.1	—	-0.2	—	-1.4	—	-1.5
2003		—	0.8	—	2.5	—	6.5	—	4
2004		—	3.5	—	10.7	—	14.5	—	9.7
2005		—	1.7	—	7.9	—	10	—	8.8
2006		—	1.2	—	1.1	—	8.6	—	9.7
2007		—	4.8	—	6.6	—	7.9	—	6.2
2008		—	6.0	—	19.9	—	14.2	—	6.4
2009		—	-0.7	—	-2.4	—	-9.3	—	-7.0
2010		—	3.0	—	1.9	—	11.8	—	15.3
2011		—	5.2	—	11.2	—	12.4	—	11.3
2012		—	2.7	—	6.6	—	-1.7	—	-3.5
2013		—	2.5	—	2.4	—	-1.6	—	-1.5
2014		—	2.3	—	-0.4	—	-1.6	—	-2.2
2015		1.5	1.5	2.8	1.4	-6.9	-6.4	-7.6	-6.3
2016		2.3	2.0	-0.3	1.3	5.1	-2.3	7	-1.4
2017		2.3	2.0	2.2	1.0	5.3	7.2	7.2	7.9
2016	1	1.2	1.2	2.0	2.0	-5.7	-5.7	-6.4	-6.4
	2	2.5	1.8	3.2	2.6	-5.1	-5.4	-5.3	-5.9
	3	2.1	1.9	3.1	2.8	-4.9	-5.2	-4.6	-5.4
	4	2.3	2.0	2.0	2.6	-4.6	-5.1	-3.7	-5.0
	5	1.9	2.0	1.8	2.4	-4.0	-4.9	-3.3	-4.7
	6	1.6	1.9	1.8	2.3	-3.8	-4.7	-2.9	-4.4
	7	1.6	1.9	1.9	2.3	-2.8	-4.4	-1.4	-3.9
	8	1.5	1.8	0.8	2.1	-1.5	-4.1	-0.2	-3.5
	9	1.9	1.8	0.3	1.9	-1.5	-3.8	0.2	-3.1
	10	2.2	1.9	-0.5	1.6	-0.3	-3.4	0.8	-2.7
	11	2.5	1.9	-0.8	1.4	2.4	-2.9	4.2	-2.1
	12	2.3	2.0	-0.3	1.3	5.1	-2.3	7.0	-1.4
2017	1	2.5	2.5	0.3	0.3	7.0	7.0	7.5	7.5
	2	0.7	1.6	0.4	0.5	8.3	7.7	8.4	8.0
	3	1.2	1.4	1.0	0.6	8.7	8.0	8.1	8.0
	4	1.3	1.4	1.6	0.8	7.7	7.9	7.0	7.8
	5	1.8	1.5	0.9	0.8	6.6	7.7	6.1	7.4
	6	1.8	1.5	0.1	0.7	6.3	7.4	6.8	7.3
	7	1.9	1.6	-0.3	0.6	5.8	7.2	6.9	7.3
	8	2.3	1.7	0.4	0.6	6.7	7.1	8.2	7.4
	9	3.0	1.8	1.1	0.6	8.3	7.3	10.0	7.7
	10	2.8	1.9	2.2	0.8	8.6	7.4	10.3	7.9
	11	2.4	2.0	2.2	0.9	7.0	7.4	8.1	8.0
	12	2.3	2.0	2.2	1.0	5.3	7.2	7.2	7.9

数据来源：江西省统计局。

表 3　2017 年江西省主要经济指标

	1 月	2 月	3 月	4 月	5 月	6 月	7 月	8 月	9 月	10 月	11 月	12 月
	绝对值（自年初累计）											
地区生产总值（亿元）	—	—	4 318.6	—	—	8 961.2	—	—	14 725.1	—	—	20 818.5
第一产业	—	—	285.7	—	—	554.5	—	—	1 119.5	—	—	1 953.9
第二产业	—	—	2 248.3	—	—	4 619.1	—	—	7 143.3	—	—	9 972.1
第三产业	—	—	1 784.6	—	—	3 787.6	—	—	6 462.3	—	—	8 892.6
工业增加值（亿元）	—	1 166.6	1 850.6	2 439.0	3 028.3	3 765.6	4 477.5	5 248.6	5 956.8	—	—	—
固定资产投资（亿元）	—	1 388.3	3 158.8	5 225.5	7 482.7	9 900.9	11 965.5	13 986.7	16 278.3	18 266.4	20 019.6	21 770.4
房地产开发投资	—	217.0	386.6	530.8	706.4	906.4	1 083.6	1 265.7	1 480.0	1 660.0	1 839.8	2 014.0
社会消费品零售总额（亿元）	—	1 154.9	1 698.2	2 198.4	2 791.7	3 378.0	3 933.9	4 535.9	5 154.9	5 907.0	6 665.0	7 448.1
外贸进出口总额（亿元）	278.6	452.2	715.5	1 059.8	1 389.4	1 695.9	1 951.6	2 189.0	2 427.6	2 635.3	2 868.3	3 020.0
进口	49.5	109.9	171.8	243.7	313.9	389.7	448.5	503.4	590.8	649.5	729.6	797.5
出口	229.1	342.3	543.7	816.1	1 075.5	1 306.2	1 503.1	1 685.6	1 836.7	1 985.8	2 138.6	2 222.6
进出口差额（出口－进口）	179.6	232.5	371.9	572.4	761.6	916.5	1 054.6	1 182.2	1 245.9	1 336.4	1 409.0	1 425.1
实际利用外资（亿美元）	8.2	15.5	26.8	33.2	44.2	62.4	65.7	72.9	83.0	89.9	99.5	114.6
地方财政收支差额（亿元）	-196.9	-322.8	-648.8	-772.5	-969.2	-1 422.4	-1 538.2	-1 818.8	-2 262.7	-2 262.9	-2 442.3	-2 876.8
地方财政收入	242.0	390.0	673.7	832.3	1 039.6	1 280.4	1 455.8	1 591.7	1 797.3	1 974.7	2 113.8	2 246.9
地方财政支出	438.8	712.9	1 322.5	1 604.8	2 008.8	2 702.8	2 994.0	3 410.5	4 060.0	4 237.6	4 556.1	5 123.7
城镇登记失业率（%）（季度）	—	—	3.3	—	—	3.3	—	—	3.3	—	—	3.3
	同比累计增长率（%）											
地区生产总值	—	—	9	—	—	9	—	—	9	—	—	8.9
第一产业	—	—	4.1	—	—	4	—	—	4.4	—	—	4.4
第二产业	—	—	8.4	—	—	8.5	—	—	8.5	—	—	8.3
第三产业	—	—	10.7	—	—	10.5	—	—	10.5	—	—	10.7
工业增加值	—	8.7	9.1	9.1	9.1	9.1	9.1	9.1	9.1	9	9	9.1
固定资产投资	—	13	12.6	12.5	12.5	12.7	12.6	12.7	12.6	12.5	12.3	12.3
房地产开发投资	—	14.4	23.8	20.5	18.4	18	17.9	16	15.4	15.5	14.6	13.7
社会消费品零售总额	—	12.4	12.4	12.5	12.7	12.7	12.7	12.6	12.6	12.5	12.3	12.3
外贸进出口总额	55.9	44.6	42.7	46	38.2	31.9	29.2	24.1	22.5	20.6	19.8	14.5
进口	33.2	40.3	31.7	35	33.9	32.4	29.8	24.9	25.2	23.5	22.9	17.9
出口	61.8	46	46.6	49.7	39.5	31.8	29	23.8	21.7	19.7	18.8	13.3
实际利用外资	8.8	9.9	9.6	7.1	8.5	9	9.3	9	9.2	8.8	9.6	9.8
地方财政收入	-2.9	-3	0.3	-2	-2.9	1.2	3.1	2.9	4.7	3.3	1.6	4.4
地方财政支出	17.5	7.9	26.6	15.7	17.9	20.9	18.5	19.7	21	16.6	10.6	11

数据来源：江西省统计局。

山东省金融运行报告（2018）

中国人民银行济南分行货币政策分析小组

［内容摘要］2017 年，山东省经济运行呈现提质增效、稳中向好态势，供给侧结构性改革取得突破，产业结构持续优化，新旧动能转换接续推进，市场需求稳步扩大，就业与物价基本稳定。地区生产总值迈上 7 万亿元台阶，人均地区生产总值突破 7 万元关口，经济发展质量和效益不断提升。

山东省经济运行主要呈现以下特征：一是三大需求平稳增长，经济发展可持续性增强。有效投资规模扩大，投资质量进一步提升，2017 年固定资产投资同比增长 7.3%，高于全国投资增速 0.1 个百分点。外贸运行持续稳健向好，进出口总额增长 15.2%，高于全国 1.0 个百分点，外贸新业态发展迅速，跨境电子商务进出口 19.8 亿元，增长 4 倍，"一带一路"沿线经贸增势较快。居民消费呈现积极变化，居民人均可支配收入比全国平均水平高 956 元，为山东省经济健康发展打下坚实基础。二是"三二一"结构巩固确立，新旧动能转换加快推进。农业基础地位更加稳固，农业领域改革稳步推进，工业增速企稳回升，动能转换态势明显，服务业主导地位持续巩固，内部结构不断优化，高技术产业和现代服务业保持较快增长，规模以上高技术行业和装备制造业增加值分别增长 10.9% 和 11.0%，高于规模以上工业增速 4.0 个和 4.1 个百分点，互联网和相关服务营业收入增长 43.3%。三是经济发展质量持续改善。企业利润较快增长，工业企业盈利能力增强，2017 年以来山东省规模以上工业利润始终保持两位数增长，服务业企业营业利润实现较快增长。生态文明建设成效显著，绿色发展迎来新转折。四是重点领域财政扶持力度增大。民生领域公共预算支出力度加大，公共安全、社会保障和就业、住房保障等支出分别增长 8.3%、14.0% 和 24.7%。五是物价水平总体稳定。居民消费价格温和上涨，2017 年居民消费价格总水平上涨 1.5%，工业生产者出厂价格指数上涨 5.5%，为连降五年后首次回升。六是房地产调控成效显著，供需结构继续优化。山东省以"房子是用来住的、不是用来炒的"定位，坚持分类调控、因城因地施策、供需双向调节，房地产市场运行总体平稳，商品房价格过快上涨势头得到有效遏制。区域、城乡发展更趋协调，发展空间格局更加优化，深度对接雄安新区、京津冀协同发展、环渤海地区合作等国家战略。

2017 年，山东省金融机构紧紧围绕实体经济发展需求与全省新旧动能转换重大工程各项部署，持续加大金融改革力度，努力提升金融服务水平，实体经济融资渠道不断拓宽，资本市场稳健发展，保险服务保障功能日益增强，金融体系逐步完善，金融市场创新发展，金融风险防范化解工作取得成效，为供给侧结构性改革和高质量发展营造了适宜的货币金融环境，金融对经济社会发展的支撑、保障、引领作用得到较好发挥。中国人民银行济南分行认真贯彻落实稳健中性货币政策，充分发挥各类货币政策工具的导向作用，引导金融机构优化信贷结构和融资结构，加大对供给侧结构性改革重点领域和薄弱环节的支持力度，货币信贷和社会融资规模平稳增长。

山东省金融运行主要呈现以下特点：一是银行业稳健运行，服务实体经济能力不断提升。2017 年，山东省银行业规模增长平稳，市场主体日趋丰富，银行业金融机构资产总额 11.5 万亿元，同比增长 4.5%。2017 年末山东省金融机构本外币贷款余额 70 873.9 亿元，同比增长 8.6%，为山东省新旧动能转换提供了有力支撑。同业业务规范发展，贷款利率基本稳定，银行资产质量总体稳健，金融风险防控扎实有效。二是证券市场资源配置功能继续增强，上市融资规模较快增长。证券期货业经营机构稳健经营，多层次资本市场体系健康发展。2017 年，证券业资产总额 1 419.5 亿元，同比增长 10.7%。全省资本市场融资增长较快，25 家企业首发上市，募集资金 167.5 亿元，新三板挂牌企业新增 66 家，总量达 636 家。区域股权交易市场发展迅速，截至 2017 年末，齐鲁股权交易中心挂牌企业 2 270 家，累计帮助企业融资 350.7 亿元。三是保险市场平稳发展，“保障＋服务”功能进一步发挥。保险产品结构和服务供给不断优化，保险服务实体经济能力不断提高，保险业资产总额 5.3 万亿元，同比增长 12.0%；实现保费收入 2 738 亿元，同比增长 18.9%，保险赔付 831.3 亿元，同比增长 5.7%。农业保险、科技保险服务覆盖面进一步拓宽，社会民生保障功能增强。四是金融市场稳健运行，资源配置效率不断提高。金融市场交易主体日渐扩大，银行间市场直接债务融资产品不断创新，齐鲁银行成功发行全国首单“双创”专项金融债券。五是金融改革向纵深发展，市场主体发展趋于多元化。新型农村合作金融改革试点深入推进，试点合作社达 397 家，累计互助业务金额 1.34 亿元。山东省金融资产管理公司资本金规模扩充到 100 亿元，金融资产交易中心不良资产流转平台作用初步显现。山东省农商行系统“三会一层”治理架构和运行机制逐步完善，事业部制改革、流程银行建设等方面取得积极成效。省内首家民营银行威海蓝海银行开业运营，年末资产总额 103.1 亿元，负债总额 84.1 亿元。

展望 2018 年，随着供给侧结构性改革、简政放权和创新驱动战略的不断深化实施以及山东省新旧动能转换综合试验区启动建设，制造强省、海洋强省、乡村振兴、区域发展、军民融合等重大战略将逐步推进，制度保障、市场机制、营商环境将进一步完善，推动经济实现高质量发展的有利因素不断累积增多，山东省经济发展的稳定性、协调性和可持续性有望继续增强。当然也应看到，山东省经济社会发展中仍然存在一些矛盾和问题，发展的质量和效益还不够高，创新引领能力还不够强，结构性制约凸显。

从金融方面看，2018 年，我国将继续实施稳健中性货币政策，进一步健全完善货币政策和宏观审慎政策双支柱调控框架，积极扩大金融业对外开放，以防控金融风险为重点打好防范化解重大风险攻坚战，促进金融回归本源、专注主业，更好地为实体经济服务。随着这些政策措施在山东省的深入贯彻实施，山东金融业有望继续保持稳健运行，金融机构资产负债规模将总体稳定，货币信贷和社会融资规模将保持平稳增长，融资结构和信贷结构进一步优化，金融服务实体经济效率和水平进一步提高，为全省供给侧结构性改革和高质量发展营造中性适度的货币金融环境，牢牢守住不发生系统性金融风险的底线。

一、金融运行情况

2017 年，山东省金融运行平稳，货币信贷和社会融资规模平稳增长，实体经济融资渠道不断拓宽，资本市场稳健发展，保险服务保障功能日益增强，金融体系逐步完善，金融市场进一步创新发展，金融风险防范化解工作取得成效，为供给侧结构性改革和经济高质量发展营造了适宜的货币金融环境。

（一）银行业稳健运行，货币信贷平稳增长

2017 年，山东省银行业金融机构积极贯彻落实稳健中性的货币政策，各项贷款平稳增长，信贷结构持续优化。金融改革创新步伐加快，服务体系日趋完善，风险得到有效控制，服务实体经济的效率和水平进一步提升。

表 1　2017 年山东省银行业金融机构情况

机构类别	营业网点			法人机构（个）
	机构个数（个）	从业人数（人）	资产总额（亿元）	
一、大型商业银行	4 440	101 162	38 452	0
二、国家开发银行和政策性银行	128	3 722	10 693	0
三、股份制商业银行	1 175	25 072	15 509	1
四、城市商业银行	1 248	28 974	17 741	14
五、小型农村金融机构	5 059	66 927	21 512	112
六、财务公司	2	828	2 893	18
七、信托公司	0	497	155	2
八、邮政储蓄银行	2 954	12 430	5 970	0
九、外资银行	43	1 070	521	0
十、新型农村金融机构	327	6 840	975	128
十一、其他	4	893	467	6
合计	15 380	248 274	114 887	281

注：营业网点不包括国家开发银行和政策性银行、大型商业银行、股份制商业银行等金融机构总部数据；大型商业银行包括中国工商银行、中国农业银行、中国银行、中国建设银行和交通银行；小型农村金融机构包括农村商业银行、农村合作银行和农村信用社；新型农村金融机构包括村镇银行、贷款公司和农村资金互助社；"其他"包含民营银行、金融租赁公司、汽车金融公司、货币经纪公司、消费金融公司等。

数据来源：山东银监局。

1. 银行业规模增长总体平稳，市场主体日趋丰富。2017 年末，山东省银行业金融机构资产总额 11.5 万亿元，同比增长 4.5%，增速同比下降 8.8 个百分点。受银行计提贷款损失准备增多、核销力度加大等因素影响，银行利润总额同比下降 47.1%。新型农村金融机构数量继续增加，覆盖面进一步扩大。

2. 各项存款增势放缓，住户和企业存款少增较多。2017 年末，山东省本外币各项存款余额 91 018.7 亿元，同比增长 6.2%，增速较上年末下降 5.4 个百分点。受理财产品和居民购房分流等因素影响，住户存款较年初增加 2 652.5 亿元，同比少增 1 506.6 亿元。非金融企业存款同比少增 2 522.8 亿元，企业存款少增与企业直接融资同比少增影响存款资金来源有关。随着金融体系内部去杠杆深入推进，资金在金融体系内部循环、多层次嵌套的情况大幅减少，非银行业金融机构存款较年初下降 534.9 亿元。广义政府存款增加 1 669.7 亿元，同比多增 480.3 亿元。外币存款增加 53.6 亿美元，同比多增 76.3 亿美元。

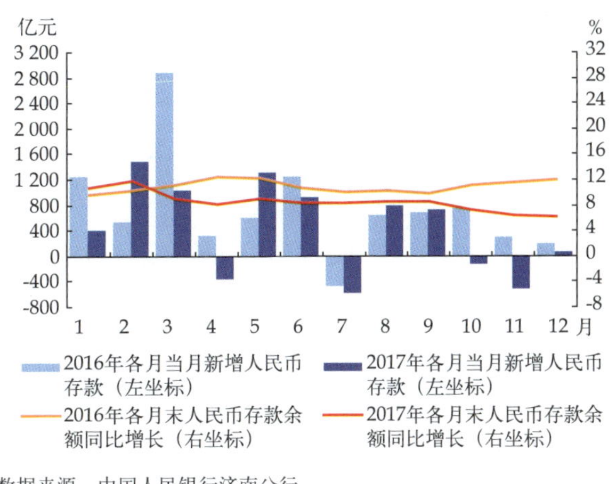

数据来源：中国人民银行济南分行。

图 1　2016~2017 年山东省金融机构人民币存款增长变化

3. 贷款保持平稳增长，支持实体经济力度加大。2017 年末，山东省本外币贷款余额突破 7 万亿元大关，达到 70 873.9 亿元，同比增长 8.6%，增速较上年同期回落 1.8 个百分点。个人住房贷款拉动住户贷款较快增长，全年增加 3 572.7 亿元，同比多增 1 056.5 亿元。一般性贷款增长加快，票据融资下降较多，贷款增长更"实"。对公一般性贷款增加 3 667.1 亿元，同比多增 1 236.8 亿元；票据融资净下降 1 610.2 亿元，同比多降 2 439.2 亿元。企业贷款增长持续放缓，全年增加 2 219 亿元，同比少增 1 090 亿元。外币贷款下降 2.2 亿美元，同比少降 49.3 亿美元。全省扶贫贷款余额 647.5 亿元，较年初增加 204.7 亿元，惠及 74.9 万贫困人口。"两权"抵押贷款增量扩面，沂南县成立全国首家农地收储公司，武城县建立风险防范项目池，青州市探索资产管理公司过桥方式，有效解决"两权"抵押物处置难题。应收账款融资服务平台累计开通用户 6 627 家、促成融资 3 815 亿元，融资额居全国第 4 位。

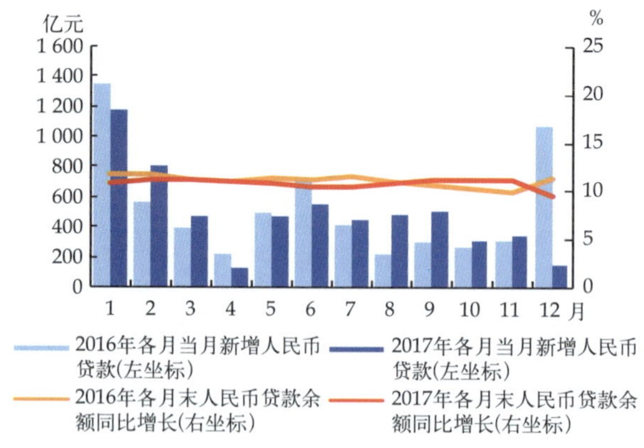

数据来源：中国人民银行济南分行。

图 2　2016~2017 年山东省金融机构人民币贷款增长变化

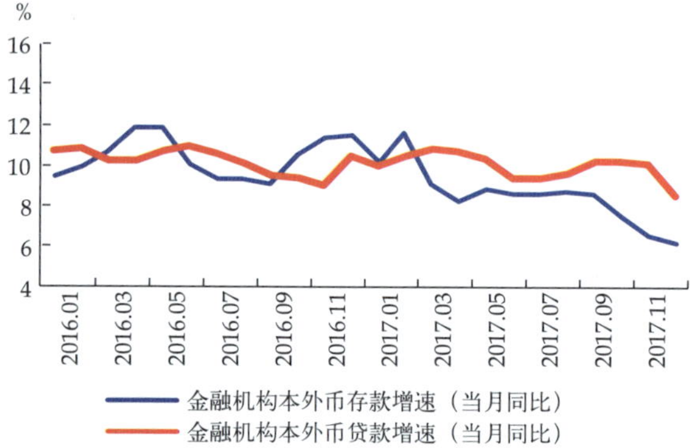

数据来源：中国人民银行济南分行。

图 3　2016~2017 年山东省金融机构本外币存、贷款增速变化

4. 表外业务结构分化，同业业务规范发展。未贴现银行承兑汇票呈现恢复性增长，全年增加 38.6 亿元，扭转 2016 年负增长的态势，同比多增 1 545.4 亿元。信托贷款增加 500.5 亿元，同比多增 44.1 亿元。受监管政策规范因素影响，委托贷款增加 673.1 亿元，同比少增 581.5 亿元。金融机构业务结构向传统业务回归，同业投资趋于理性规范。金融机构以“同业代付”“买入返售信托收益权”等方式开展的同业业务大幅收缩，以购买同业金融资产和理财产品为主的同业投资显著收缩，资金“脱虚向实”势头明显。

5. 贷款利率基本稳定，自律机制有序运转。受银行间市场利率走高影响，山东省利率水平总体稳中略升。2017 年 12 月，山东省一般贷款加权平均利率 5.51%，同比上升 0.23 个百分点，其中，大型、中型、小型、微型企业贷款利率分别同比提高 0.27 个、0.14 个、0.01 个和 0.31 个百分点。民间借贷利率有所回升，同比上升 0.5 个百分点。利率市场化改革深入推进，全省 17 个地市全部建立市级市场利率定价自律机制，市场定价秩序运行良好。人民币存款利率定价分层有序，存款利率波动较小，行别、业务品种呈现明显差异化定价特征。同业存单、大额存单快速增加，年内全省分别发行 9 639.8 亿元和 5 435.5 亿元。

表 2　2017 年山东省金融机构人民币贷款各利率区间占比

单位：%

月份		1 月	2 月	3 月	4 月	5 月	6 月
合计		100.0	100.0	100.0	100.0	100.0	100.0
下浮		15.5	19.4	13.5	17.2	15.3	11.1
基准		23.6	21.6	22.0	19.9	19.5	22.4
上浮	小计	60.9	59.0	64.6	62.9	65.2	66.4
	(1.0, 1.1]	16.1	19.2	19.6	18.4	17.1	16.0
	(1.1, 1.3]	17.7	18.6	19.1	20.8	23.2	23.6
	(1.3, 1.5]	9.9	8.0	10.0	8.9	9.9	11.6
	(1.5, 2.0]	10.5	7.8	9.3	8.8	9.0	9.3
	2.0 以上	6.8	5.4	6.5	6.0	5.9	5.9
月份		7 月	8 月	9 月	10 月	11 月	12 月
合计		100.0	100.0	100.0	100.0	100.0	100.0
下浮		8.1	7.3	9.1	7.1	10.7	7.2
基准		23.7	21.8	22.1	21.4	21.3	27.2
上浮	小计	68.2	70.9	68.8	71.6	68.0	65.7
	(1.0, 1.1]	15.6	16.4	14.5	16.6	15.3	15.9
	(1.1, 1.3]	22.7	24.2	26.0	25.3	24.1	23.9
	(1.3, 1.5]	12.2	12.8	13.3	13.7	13.1	11.7
	(1.5, 2.0]	11.5	11.0	9.5	9.3	9.6	9.2
	2.0 以上	6.2	6.4	5.6	6.6	5.9	5.1

数据来源：中国人民银行济南分行。

6. 银行资产质量总体稳健，金融风险防控工作扎实推进。2017 年末，山东省银行业法人机构杠杆率同比提高 0.21 个百分点；流动性状况有所改善，超额备付率和流动性比率分别较年初上升 0.25 个和 0.46 个百分点。山东省金融机构不良贷款较年初增加 416.2 亿元，不良贷款率同比上升 0.42 个百分点，银行业风险总体可控。

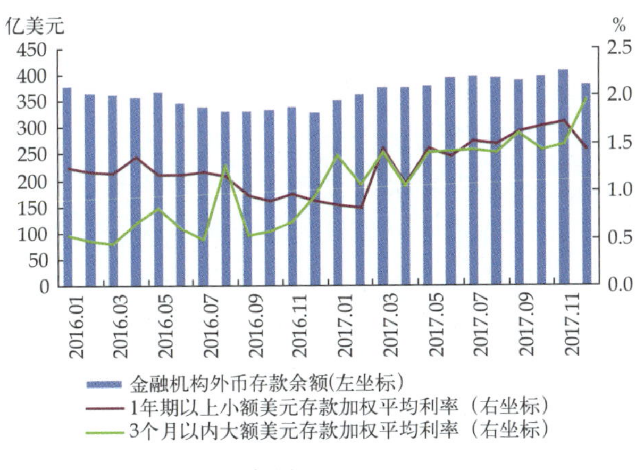

数据来源：中国人民银行济南分行。

图 4　2016~2017 年山东省金融机构外币存款余额及外币存款利率

7. 农商行改革稳妥推进，民营银行开业运营。全省农商行“三会一层”治理架构和运行机制逐步完善，事业部制改革、流程银行建设等方面取得积极成效。大中型商业银行普惠金融事业部改革取得初步成效，工商银行、农业银行、建设银行、中国银行、交通银行、民生银行等机构的省级管辖行已成立了专门的普惠金融事业部，在信贷政策、授信审批、激励考核等方面加大对普惠金融的倾斜力度。省内首家民营银行威海蓝海银行开业运营，年末资产总额 103.1 亿元，负债总额 84.1 亿元。

8. 跨境人民币双向均衡管理有序实施，跨境业务稳步发展。2017 年，山东省跨境人民币全年收付额 2 847.3 亿元，同比下降 34.2%。截至 2017 年末，山东省有 57 家银行 1 261 家分支机构累计办理跨境人民币收付 3 万亿元，涉及企业 1.58 万家，覆盖境外 192 个国家和地区。通过资金池业务支持跨国企业集团进行境内外资金余缺调剂，新增 3 家跨国企业集团跨境双向人民币资金池备案，全省已有 92 家跨国企业集团设立了资金池，办理跨境收付金额149亿元。金运通网络支付有限公司与中信银行临沂分行签订合作协议，成为全省首家办理跨境人民币结算业务的第三方支付机构，当年累计办理跨境人民币收付近 1 900 万元。

专栏 1　坚持市场引导　扎实推动“两权”抵押贷款增量扩面

2017 年以来，中国人民银行济南分行推动省政府全面压实试点地区政府主体责任，注重发挥市场资源配置作用，有效推动“两权”抵押贷款试点工作。截至 2017 年末，13 个试点地区“两权”抵押贷款余额 63.7 亿元，比年初增加 50.9 亿元，是试点前的 10.5 倍，“农地”“农房”抵押贷款余额位居全国前列。

一、发挥牵头作用，推动政府落实好主体责任

积极向省委省政府主要领导汇报试点工作，推动省政府将其列入“全省重点改革任务”，召开全省试点工作现场会，安排部署任务，排查困难问题，研究化解对策。推动组建联合督导组，对试点地区工作开展全面督导，向其所在地市政府逐一通报中期评估结果，按月通报确权颁证、价值评估、流转交易平台建设、抵押物处置、融资担保和风险缓释机制等进展，完善“两权”抵押贷款试点的基础条件。

二、坚持问题导向，逐一破解试点推进难题

一是创设多层次产权流转交易平台，破解“两权”流转交易难问题。推动 13 个试点地区全部建立县域农村产权交易中心，在乡镇设立分中心，在行政村设立服务点，形成三级协作联动的多层次立体化模式。引导试点地区与齐鲁农村产权、大宗农产品交易中心开展合作，推动武城县开发“农村综合产权信息管理系统”，有效提高信息对接效率。截至2017年末，参与“两权”流转土地165.5万亩，通过平台完成流转交易1.9万笔、27.8亿元，办理“两权”抵押38.7万亩。二是创新多样化评估机制，破解“两权”价值评估难问题。推动试点地区引入第三方专业评估机构，对抵押物及经营附加收益进行客观公正评估，创新推出简易免费评估模式，与传统的自评估、协商评估等形成有效互补。截至2017年末，各试点地区通过简易或协商方式评估土地35.5万亩、53.1亿元，通过第三方评估30.3万亩、29.2亿元。三是探索多元市场化处置方式，破解“两权”抵押物处置难问题。推动沂南县、沂源县成立专业收储公司，形成“农地经营权收储”模式，通过农村产权交易中心，按挂牌流转、协商流转、土地托管、代耕代种顺序进行抵押物处置；推动武城县建立“农地”抵押贷款风险防范“项目池”，形成“第三方预接盘”模式，借款人在申请贷款前即找好处置下家；推动青州市形成“市场化打包转让”模式，通过资产管理公司“过桥”，解决承接主体难以一次性支付大额资金的困境。

三、加大政策扶持，激活金融机构业务拓展内生动力

一是凝聚金融部门合力，营造良好的政策环境。优先满足业务办理较好金融机构的再贷款、再贴现需求，累计向参与试点的地方法人金融机构发放再贷款29.5亿元。将金融机构“两权”抵押贷款发放情况纳入宏观审慎评估和金融政策综合评价范围，进行正向激励。协调山东银监局在评先树优、高管监管评价等方面进行倾斜，对不良考核及容忍度进行监管激励。协调山东保监局指导各财产保险公司开办保证保险业务，部分试点地区财政部门对保费按50%给予补贴。二是推动构建风险缓释和补偿机制，消除金融机构顾虑。13个试点地区全部设立风险补偿基金，到位1.5亿元，设立或引入农业融资担保公司开展担保增信的贷款余额1.5亿元，开展“两权”贷款保证保险的贷款余额3 619万元，试点地区抵押贷款不良率0.31%，比试点前低2.34个百分点。三是督促金融机构优化内部激励，增强业务拓展动力。组织试点地区法人机构制定专项信贷制度，提高不良贷款容忍度，对贷款发放过程中尽职尽责的免予追责。组织涉农金融机构省级分行制定实施细则，对试点地区分支机构在信贷资源配置、贷款审批、绩效考核等方面给予倾斜。截至2017年末，试点地区开展业务的银行分支机构达77家，比试点前增加48家。组织金融机构推出“双保惠农贷”“信保产权贷”“富民发展贷”“结对融”等系列产品，不断扩大“两权”抵押贷款规模。

（二）证券业实力不断提升，上市融资规模快速增长

2017年，山东省证券市场资源配置功能继续增强，证券期货业经营机构稳步发展，上市公司股票融资规模保持较快增长，多层次资本市场健康发展，服务实体经济的直接融资功能持续提升。

1. 机构实力进一步增强，业务规模继续扩大。2017年，证券业资产总额1 419.5亿元，同比增长10.7%。证券分公司和营业部合计达到639家，比年初增加78家。证券市场成交平稳，代理证券总交易额11.8万亿元，同比增长0.8%。受股票市场分化因素影响，证券机构营业收入和净利润分别较上年同期回落11.1%和24.1%。2家法人证券公司资产总额1 313.8亿元，同比增长2.5%；融资融券余额333.8亿元，较年初增加37.3亿元。

2. 资本市场融资增长较快，新三板上市工作稳步推进。2017年，山东省25家企业首发上

市，首发募集资金167.5亿元，首发上市家数和融资金额创近七年之最。25家企业平均募集资金6.7亿元，高于全国平均水平，为企业发展提供了更大的直接融资支持。全省新三板挂牌企业较年初增加66家，总量达到636家。

表3 2017年山东省证券业基本情况

项目	数量
总部设在辖内的证券公司数（家）	2
总部设在辖内的基金公司数（家）	0
总部设在辖内的期货公司数（家）	3
年末国内上市公司数（家）	196
当年国内股票（A股）筹资（亿元）	616
当年发行H股筹资（亿元）	0
当年国内债券筹资（亿元）	3 436
其中：短期融资券筹资额（亿元）	1 908
中期票据筹资额（亿元）	562

注：当年国内股票（A股）筹资额指非金融企业境内股票融资。
数据来源：中国人民银行济南分行、山东证监局。

3.区域股权交易发展迅速，市场层次进一步丰富。2017年末，齐鲁股权交易中心挂牌企业达到2 270家，纯托管企业178家，展示企业6 081家；全部挂牌企业挂牌总股本315.02亿元，累计帮助企业实现融资350.69亿元。全省区域资本市场股权质押融资增信基金成立，有力促进了挂牌企业融资。全省已登记私募投资基金管理机构达到443家，管理基金757只，管理规模1 568.6亿元。新设山东齐鲁农产品、国商商品、东营新华福岛能源等3家介于现货与期货之间的大宗商品交易市场，总量达到11家，实现交易额2 451.7亿元，同比增加1 267.4亿元。稳妥有序推进权益类和大宗商品类交易市场建设，股权、金融资产、文化产权、农村产权等权益类交易蓬勃开展，海产品、矿石、板材、畜牧产品等大宗商品交易日趋活跃。

4.期货市场交易上升较快，交易品种继续增多。2017年，山东省期货分公司和营业部合计117家，比年初增加8家。鲁证期货、招金期货、中州期货等3家地方法人期货公司投资者开户数14.4万户，比年初增加0.9万户，实现代理交易额同比增长39.9%；营业收入和净利润分别同比增长19.4%和30.6%。三大商品期货交易所在山东省累计设立26个期货品种的90家交割库。

（三）保险市场平稳发展，行业风险保障功能持续增强

2017年，山东省保险业规模持续扩大，产品结构和服务供给不断优化，“保障+服务”作用凸显，保险服务实体经济能力进一步提高。

1.保险机构实力逐步增强，市场体系进一步完善。2017年，山东省保险业资产总额5.3万亿元，较年初增长12%；保险法人机构5家、保险主体94家，分别比年初增加1家和3家。全省实现保费收入2 738亿元，同比增长18.9%，保险赔付831.3亿元，同比增长5.7%。

2.保险服务覆盖面进一步拓宽，社会民生保障功能增强。农业保险实现“扩面、提标、增品”，为1 729.2万户次农户提供了647.3亿元的风险保障，在20个产粮大县开展农业大灾保险试点；蔬菜目标价格保险承保蔬菜237万亩，提供风险保障49亿元，规模全国最大，有效发挥对蔬菜生产端稳价格、稳收入、稳供给的“三稳”作用。人身保险业务转型取得实效，以养老为主要目的的个人养老年金保险新单增长90%以上。科技保险为90余家企业产品提供92.6亿元的风险保障。“险资入鲁”增速加快，年内保险资金在山东省投资额新增685亿元，增长78.3%。

3.保险科技创新广泛应用，互联网保险业务快速发展。2017年，保险业积极对接场景化、规模化、个性化的消费需求，创新以人工智能、云平台和区块链为主的产品，逐渐将保险科技应用于各业务流程和服务环节，实现承保、核保、定损、理赔等功能的智能化。基于产品线逐渐完善、新技术加速应用、创新险种不断推出等因素，4家互联网保险公司业务发展快速。积极探索保险业发挥社会管理功能的新举措，山东省首个保险服务创新示范区落户济阳。

表 4　2017 年山东省保险业基本情况

项目	数量
总部设在辖内的保险公司数（家）	4
其中：财产险经营主体（家）	3
人身险经营主体（家）	1
保险公司分支机构（家）	94
其中：财产险公司分支机构（家）	41
人身险公司分支机构（家）	53
保费收入（中外资，亿元）	2 738
其中：财产险保费收入（中外资，亿元）	741
人身险保费收入（中外资，亿元）	1 997
各类赔款给付（中外资，亿元）	831
保险密度（元/人）	2 737
保险深度（%）	4

数据来源：山东保监局。

（四）金融市场稳健运行，资源配置效率不断提高

2017 年，山东省社会融资规模平稳增长，表内融资和表外融资均衡发展，直接债务融资工具创新推进，市场交易主体日渐扩大。

1. 社会融资规模适度增长，直接融资服务质效持续提升。2017 年，山东省社会融资规模 8 497.7 亿元，同比多增 185.7 亿元。融资结构“两升一降”，银行贷款占比上升，占社会融资规模的 69.7%，同比提高 1 个百分点；委托贷款、信托贷款、未贴现银行承兑汇票等表外融资占社会融资规模的 14.3%，同比提高 11.8 个百分点；受债券融资成本上升、企业发债意愿下降等因素影响，直接融资同比少增 1 087.9 亿元，占社会融资规模的比重下降 13.3 个百分点。银行间市场直接债务融资产品不断创新，齐鲁银行发行全国首单“双创”专项金融债券。2017 年，全省新发行债务融资工具 258 单、2 613.8 亿元，居全国第 4 位，直接债务融资服务经济高质量发展的能力明显增强。

2. 货币市场交易主体进一步扩大，市场交易量降价升。2017 年，全省 189 家市场成员和非法人投资主体参与货币市场和债券市场交易，同比增加 23 家，交易主体继续增加。受流动性偏紧和监管政策趋严等因素影响，全省二级市场成交量 49.8 万亿元，同比减少 6.1 万亿元。市场流动性保持紧平衡，市场价格中枢维持在较高水平。

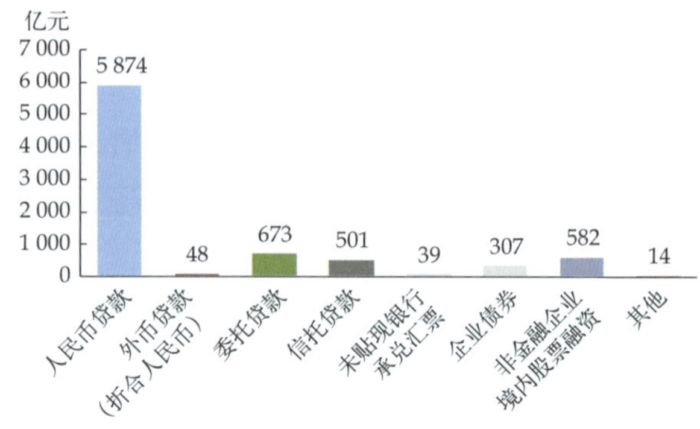

数据来源：中国人民银行济南分行。

图 5　2017 年山东省社会融资规模分布结构

表 5　2017 年山东省金融机构票据业务量统计

单位：亿元

季度	银行承兑汇票承兑		贴现			
			银行承兑汇票		商业承兑汇票	
	余额	累计发生额	余额	累计发生额	余额	累计发生额
1	11 498.1	5 255.8	2 582.3	3 573.5	265.4	297.9
2	11 190.4	9 034.3	1 932.7	6 094.2	281.2	541.7
3	10 392.1	12 860.9	1 805.4	8 329.3	292.8	725.4
4	10 071.9	16 444.6	1 718.4	10 591.3	247.7	911.6

数据来源：中国人民银行济南分行。

3. 票据融资大幅下降，贴现利率有所提升。2017 年，山东省银行承兑汇票累计签发量同比下降 21.4%，票据融资余额同比减少 45%。票据贴现加权平均利率较上年同期上升 1.09 个百分点。

表 6　2017 年山东省金融机构票据贴现、转贴现利率

季度	贴现		转贴现	
	银行承兑汇票	商业承兑汇票	票据买断	票据回购
1	4.54	5.23	4.00	4.08
2	5.20	6.13	4.34	4.49
3	5.02	6.07	4.41	4.45
4	4.88	5.91	4.57	4.80

数据来源：中国人民银行济南分行。

（五）金融改革向纵深发展，市场主体发展趋于多元化

2017年，山东省地方金融组织持续健康发展，419家小额贷款公司和447家民间资本管理公司分别实现资金投放664亿元、285亿元；全省融资担保机构414家，担保余额1 095.5亿元，注册资本总额761.4亿元，其中资本金10亿元以上机构增至12家，融资担保行业减量增资和规模提升取得新成效。新型农村合作金融改革试点深入推进，试点合作社达397家，比年初增加113家，累计互助业务金额1.34亿元。山东信托在香港联交所主板挂牌上市，实现内地信托公司在港上市零的突破。两个省级金融资产管理公司规模达到100亿元，金融资产交易中心不良资产流转平台作用初步显现。

（六）金融生态环境建设深入推进，金融服务水平持续提升

2017年，山东省进一步强化金融生态环境建设，扎实推进信用体系和支付体系建设，大力拓展普惠金融服务。建立“政府主导、央行参谋、部门联动、银企参与”工作机制，多部门联合打击企业逃废债，金融生态环境总体稳定。开展整治非法买卖金融IC卡信息专项行动，删除非法信息1.3万余条，清理预付卡违规经营无证机构9家。构建“助农取款服务点+”金融惠农综合服务平台，在济南市试点移动支付便民示范工程，深化黄河滩区居民迁建支付服务环境建设。建立中小机构接入征信系统风险防控管理体系，上线征信查询前置系统，有效防范违法违规征信查询。实现全省17个地市地方征信数据库联网运行，在临沂等6个地市开展小微经营主体信用评分试点，促进激活小微与农村信贷市场。推进非诉第三方调解机制建设，17个市级金融消费权益保护协会与法院建立诉调对接机制，9个市级协会与仲裁机构建立对接关系，全省建成农村金融消费维权联络点42 628个。普惠金融指标监测体系实现省、市、县三级全覆盖，普惠金融领域建设全面推进。启动为期三年的“金融知识惠万村”活动。现金管理与服务创新取得新突破，硬币自循环“枣庄模式”被认定为全国首创。

表7　2016~2017年山东省支付体系建设情况

年份	支付系统直接参与方（个）	支付系统间接参与方（个）	支付清算系统覆盖率（%）	当年大额支付系统处理业务数（万笔）	同比增长（%）	当年大额支付系统业务金额（亿元）	同比增长（%）	当年小额支付系统处理业务数（万笔）	同比增长（%）	当年小额支付系统业务金额（亿元）	同比增长（%）
2016	17	9 868	74.9	11 749.8	3.6	217.6	14.4	33 050.1	25.1	3.8	34.0
2017	19	10 163	77.6	13 644.0	16.1	224.4	3.1	34 257.8	3.7	4.5	19.3

数据来源：中国人民银行济南分行。

二、经济运行情况

2017年，山东省经济呈现总体平稳、稳中有进的态势，供给侧结构性改革取得突破，产业结构持续优化，新旧动能转换快速推进，市场需求稳步扩大，就业与物价基本稳定。地区生产总值迈上7万亿元台阶，人均地区生产总值突破7万元关口，经济发展的质量和效益进一步提升。

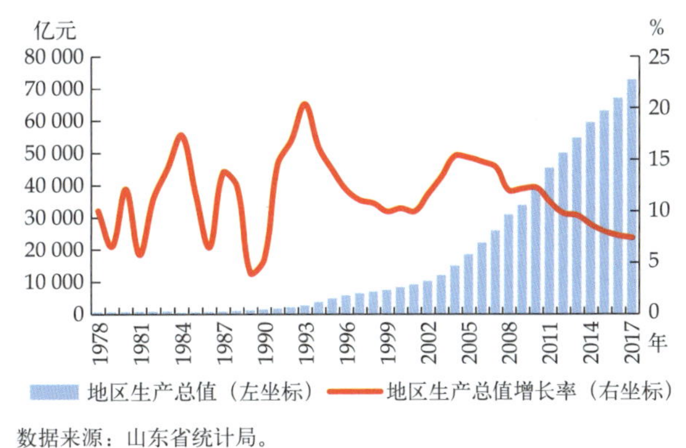

数据来源：山东省统计局。

图6　1978~2017年山东省地区生产总值及其增长率

（一）内外需求展现新内涵，经济发展可持续性增强

2017 年，山东省有效投资规模扩大，投资质量进一步提升；进出口实现快速增长，外贸运行持续稳健向好；居民消费呈现积极变化，为经济健康发展打下坚实基础。

1. 投资结构持续改善，大项目支撑作用明显。2017 年，山东省固定资产投资同比增长 7.3%，连续第八年回落，但仍高于全国投资增速 0.1 个百分点。投资结构进一步优化，高耗能行业投资增速比上年下降 13.7 个百分点，服务业、工业技改、基础设施投资增速分别高于全部投资增速 5.2 个、6.8 个和 21.9 个百分点。大项目带动力强，120 个省重点建设项目完成投资 1 224 亿元；亿元以上项目投资增长 19.1%，对全部投资增长贡献率达 164.6%。

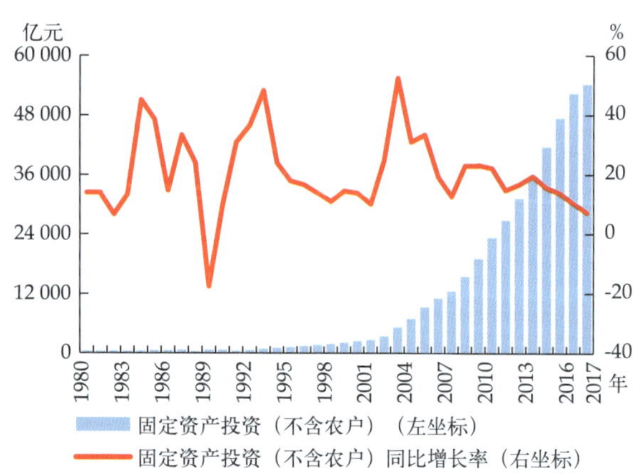

数据来源：山东省统计局。

图 7　1980~2017 年山东省固定资产投资（不含农户）及其增长率

2. 城乡收入差距持续缩小，消费模式加快升级。2017 年，山东省居民人均可支配收入比全国平均水平高 956 元，农村居民人均可支配收入实际增速连续 7 年高于城镇居民，城乡居民收入倍差持续缩小。消费稳定器作用有效发挥，社会消费品零售总额比上年增长 9.8%。传统消费向新型消费转型升级，实物商品网上零售额增长 46.8%，增速高于限额以上单位 39.3 个百分点；体育娱乐、文化信息、家居家装、民用汽车等品质升级类消费持续攀升。

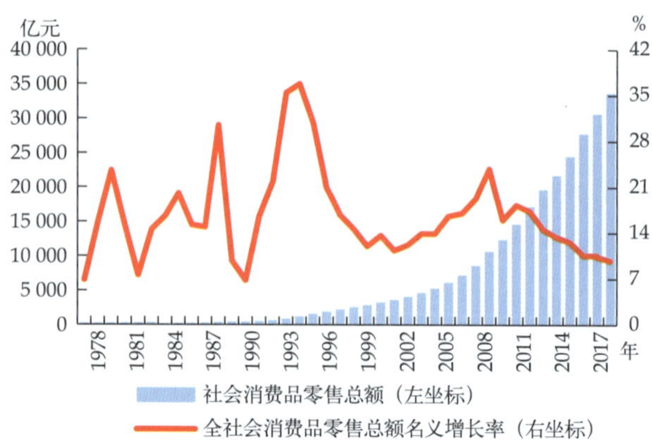

数据来源：山东省统计局。

图 8　1978~2017 年山东省社会消费品零售总额及其增长率

3. 外贸增速创五年来新高，吸收外资量质齐升。2017 年，山东省进出口总额增长 15.2%，增速比上年加快 11.7 个百分点，高于全国 1.0 个百分点，创五年来新高。外贸新业态发展迅速，跨境电子商务实现进出口 19.8 亿元，增长 4.0 倍，其中出口 12.3 亿元，增长 2.1 倍。“一带一路”沿线经贸增长较快，实现进出口 4 816.3 亿元，占全省进出口总额的 27%。实际利用外资 1 210.5 亿元，增长 9%。制造业使用的外资占 53.4%，高于全国 27 个百分点，高技术服务业实际使用外资增长 40.2%。美国谷歌、江森自控、苹果、英国石油公司、荷兰路易达孚、赢创六家世界 500 强企业首次在山东投资。

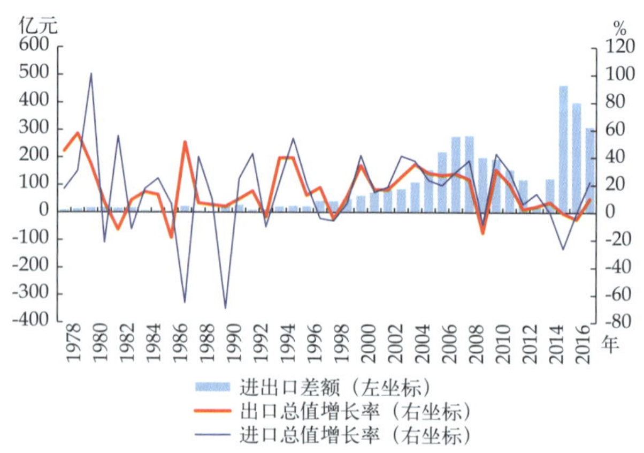

数据来源：山东省统计局。

图 9　1978~2017 年山东省外贸进出口变动情况

（二）“三二一”结构巩固确立，产业结构调整取得新进展

2017 年，山东省经济增长由工业主导向服务业主导转变特征更加明显，三次产业结构进一步优化为 6.7：45.3：48.0，第三产业比重比上年提高 1.3 个百分点。

1. 农业基础地位更加稳固，农业领域改革稳步推进。全年粮食总产量 944.64 亿斤，为历史第一高产年，稳居全国第 3 位，连续 6 年稳定在 900 亿斤以上。农村三次产业融合发展势头良好，水肥一体化、海洋牧场等生态循环农业发展迅速。农业龙头企业销售收入 1.7 万亿元，农民合作社、家庭农场等新型农业经营主体数量居全国第 1 位，土地经营规模化率超过 40%。农村集体产权制度改革试点县（市、区）达到 42 个，20% 的涉农村居完成改革任务。

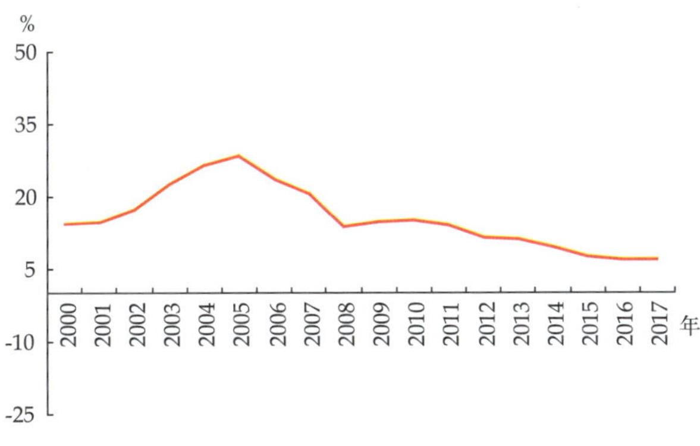

数据来源：山东省统计局。

图 10　2000~2017 年山东省规模以上工业增加值实际增长率

2. 工业增速企稳回升，动能转换态势明显。2017 年，山东省规模以上工业增加值增长 6.9%，比上年提高 0.1 个百分点，高于全国 0.3 个百分点，扭转了 2011 年以来的持续下滑局面。市场供求关系进一步改善，工业产品产销率达到 98.9%，持续位于全国前列。工业效益明显提升，规模以上工业企业实现利润 8 237.6 亿元，同比增长 11.5%，增速比上年高 10.3 个百分点。动能转换加速发力，传统行业高端化加快推进，玻璃纤维和玻璃纤维增强塑料制品制造业增长 12.8%，有色金属合金制造业增长 70.2%。“四新”（新技术、新产业、新业态、新模式）经济快速发展，高技术产业增加值增长 10.9%，增速高于规模以上工业 4.0 个百分点，比上年加快 3.1 个百分点。

3. 服务业主导地位持续巩固，内部结构不断优化。2017 年，山东省服务业增加值同比增长 9.1%，高于全国 1.1 个百分点；对经济增长的贡献率达 56.4%，拉动经济增长 4.2 个百分点，贡献率、拉动点数均高于第一产业和第二产业之和。“互联网 +”强势崛起，互联网和相关服务业营业收入增长 43.3%，软件和信息技术服务业营业收入增长 32.4%，商务服务业营业收入增长 27.7%，比上年提高 4.2 个百分点，并逐步向中高端延伸。生活性服务业向精细化迈进，规模以上电影和影视节目制作营业收入增长 76.6%，文艺创作与表演营业收入增长 35.0%。

4. 供给侧结构性改革深入推进，“去降补”成效明显。全年压减粗钢产能 527 万吨、生铁产能 175 万吨、煤炭产能 351 万吨、电解铝产能 322.25 万吨，超额完成国家下达的目标任务，妥善分流安置去产能企业职工 4.12 万人。商品房待售面积比上年末下降 22.0%，降至 2014 年以来最低水平，住宅去化周期降至 10.1 个月的合理区间。积极稳妥去杠杆，规模以上工业企业资产负债率降至 55%。积极落实各项减税降费政策，为企业减负 860 亿元，规模以上工业企业每百元主营业务收入成本同比下降 0.25 元。基础设施投资比上年增长 29.2%，占全部投资的比重提高 3.4 个百分点。高速铁路、高速公路通车里程分别达到 1 240 公里、5 820 公里，沿海港口吞吐量突破 15 亿吨，两条“外电入鲁”通道建成投用，新增外电接纳能力 500 万千瓦。精准扶贫成效显著，实现省标以下 83.2 万贫困人口脱贫。

5. 生态文明建设成效显著，绿色发展迎来新转折。2017 年，山东省资源环境承载能力监测预警长效机制基本建立，生态文明建设制度体系更加完善。重点领域污染防治工作进展良好，细颗粒物平均浓度改善幅度在京津冀及周

边省份中位列第一。新能源发电量增长 29.7%。煤炭消费量下降 6.6%，创近十年来最大降幅。能源资源综合利用效率进一步提升，规模以上工业万元增加值能耗下降 9.9%，降幅比上年扩大 4.7 个百分点，重点监测的 68 项单位产品综合能耗指标中，61.8% 的指标比上年下降。

（三）物价水平总体稳定，工业品价格止跌回升

2017 年，随着供给侧结构性改革深入推进，市场供需关系持续改善，居民消费价格总体稳定，工业生产者出厂价格恢复性上涨，市场价格总水平继续保持平稳运行态势。

1. 居民消费价格温和上涨，食品价格近 15 年来首次下降。2017 年，山东省居民消费价格总水平同比上涨 1.5%，涨幅比上年回落 0.6 个百分点。其中，城市、农村居民消费价格总水平同比分别上涨 1.6% 和 1.4%。食品价格同比下降 1.7%，比上年回落 6.0 个百分点，自 2003 年以来首次出现下降，影响 CPI 下降 0.3 个百分点。受消费升级、成本上升推动等因素影响，七大类非食品价格同比上涨 2.3%，涨幅比上年扩大 0.8 个百分点。

2. 工业生产者价格转降为升，七大类传统行业对出厂价格影响显著。2017 年，受去产能政策效应显现、环保治理力度强化、国际市场价格上涨等因素推动，全省工业生产者价格结束连续 5 年下降的态势，出厂价格比上年上涨 5.5%，购进价格比上年上涨 7.3%。出厂价格 40 个大类行业中同比累计指数 34 涨 1 平 5 降，上涨面达 85%。其中，黑色金属冶炼和压延加工业等七大类传统行业拉动总指数上涨 4.4 个百分点，对总指数上涨的贡献率高达 80%。

3. 就业形势稳定向好，劳动力成本继续上涨。2017 年，山东省城镇新增就业 128.3 万人，比上年增长 6.0%，完成年度计划的 116.6%。年末城镇登记失业率 3.4%，比上年末下降 0.06 个百分点，低于 4% 的全年调控目标。劳动力价格继续上升，居民人均工资性收入 15 532 元，比上年增长 8.9%。

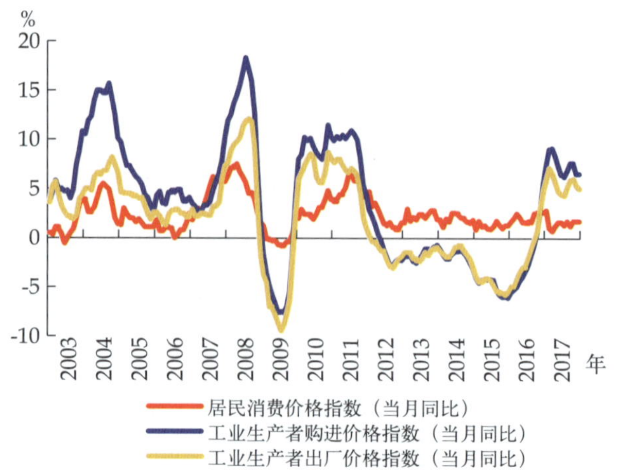

数据来源：山东省统计局。

图 11　2003~2017 年山东省居民消费价格指数和工业生产者价格指数变动趋势

4. 资源性产品价格改革稳步推进，用能成本下降。2017 年，山东省电力体制改革全面启动，省内外电力直接交易批次、交易电量两项指标均居全国前列。市场准入门槛进一步放宽，全年共准入电力用户 1 725 家、售电公司 580 家，是 2016 年市场主体数量的近 5 倍。煤电价格联动和天然气降价政策有效落实，全年降低企业用能成本约 30 亿元。

（四）财政收支增速持续回落，重点领域财政扶持力度增大

2017 年，山东省公共财政预算收入增长 6.6%，比上年回落 1.9 个百分点。税收收入占财政收入的 72.5%，比上年提高 0.6 个百分点。国内增值税、改征增值税及营业税、企业所得税、个人所得税四个主体税种合计增长 11.0%。小规模纳税人免征增值税、提高小型微利企业应纳税所得额、提高科技型中小企业研发费用扣除比例等结构性减税政策有效落实，取消、停征、减征 63 项政府性收费。全省财政支出增长 5.2%，比上年回落 0.9 个百分点。民生支出占财政支出的 79%，比上年提高 0.1 个百分点。投入扶贫开发资金 157.6 亿元，筹集保障性安居工程建设资金 370.3 亿元，下达黄河滩区居民脱贫迁建资金 16.9 亿元。中央对山东税收返还和转移

支付补助 2631 亿元，有效弥补了财政赤字。

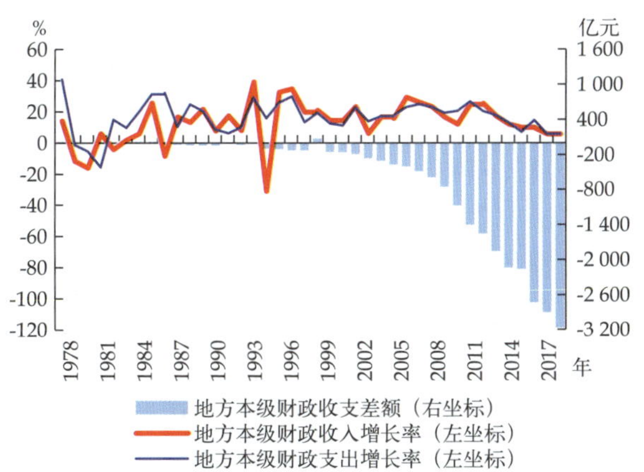

数据来源：山东省统计局。

图 12　1978~2017 年山东省财政收支状况

（五）房地产市场总体平稳健康，装备制造业主力作用凸显

1. 房地产市场总体平稳，房地产贷款规模持续增长。2017 年，山东省坚持“房子是用来住的，不是用来炒的”定位，坚持分类调控、因城因地施策、供需双向调节，房价过快上涨势头得到有效遏制，实现防风险、去库存双赢共进。

房地产投资增速回落，投资结构向改善型需求倾斜。房地产开发投资增长 5.0%，比上年回落 2.3 个百分点。90 平方米以上中大户型投资增长 15.0%，比上年提高 6.8 个百分点。

房地产供给保持较快增长，保障性住房建设加快推进。住宅用地供应量增长 20.6%，14 个地市房地产用地面积增加。商品房施工、新开工、竣工面积同比分别增长 6.0%、8.5% 和 2.1%，均高于全国平均水平。棚户区改造项目建成 64.7 万套，数量居全国第 1 位，连续 6 年超额完成任务。全省居民人均住房建筑面积比上年增长 0.5%。

销售持续增长，改善性需求突出。全省商品房销售面积增长 8.7%，比上年回落 12.5 个百分点，但销量创历史新高。其中，90 平方米以上住宅销售面积占 83.3%，比上年提高 2.0 个百分点。受调控加码影响，济南、青岛商品住宅网签面积同比分别下降 30.1% 和 20.5%。

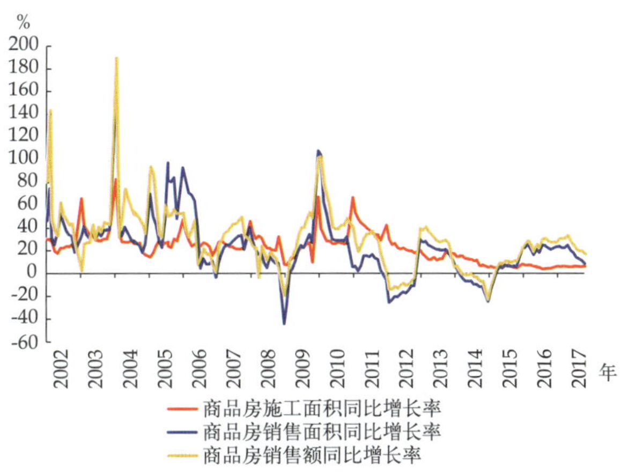

数据来源：山东省统计局。

图 13　2002~2017 年山东省商品房施工和销售变动趋势

销售均价小幅上升，城市间分化较明显。全省商品房、商品住宅网签均价同比分别上涨 6.2% 和 4.3%。济南、青岛商品住宅成交均价分别上涨 2.5% 和 1.8%，其余 15 个三四线城市成交均价同比上涨 10.8%，与上年房价的结构性走势相反。

房地产贷款增速高位回落，增量持续上升。年末房地产贷款余额 18 839.7 亿元，同比增长 26.1%，增速比上年回落 3.5 个百分点。全年房地产贷款增量占各项贷款增量的比重较上年同期上升 14 个百分点。房地产开发贷款增加 801.6 亿元，同比多增 104.2 亿元，其中保障性住房开发贷款增量占 87.7%；个人购房贷款增加 2 928.1 亿元，同比多增 270.9 亿元。

2. 装备制造业加快发展，成为工业增长的主引擎。2017 年，山东省装备制造业增加值增长 11%，比上年加快 3.4 个百分点，对规模以上工业的贡献率达 45%，取代资源、能源类行业，成为工业增长的主引擎。装备制造业技改投资增长 17.2%，比上年提高 3.6 个百分点。工业机器人、城市轨道车辆、新能源汽车产量分别增长 60.7%、80.2% 和 300.0%。相关产品价格稳中有升，通用设备制造业、汽车制造业、电气机械和器材制造业、计算机通信和其他电子设备制造业、仪器仪表制造业出厂价格分别上涨 0.7%、0.8%、2.3%、1.6% 和 1.4%。

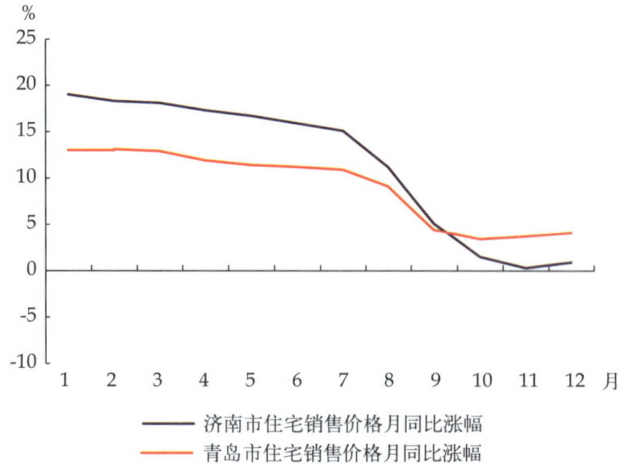

数据来源：国家统计局。

图 14　2017 年山东省主要城市新建住宅销售价格变化趋势

（六）区域城乡发展更趋协调，发展空间格局更加优化

新型城镇化水平稳步提升，2017 年末常住人口城镇化率升至 60.58%，比上年末提高 1.56 个百分点。"两区一圈一带"深度对接雄安新区、京津冀协同发展、环渤海地区合作等国家战略，枣庄、济宁、菏泽、临沂 4 市纳入国家淮河生态经济带规划范围。济南新旧动能转换先行区建设全面启动，石济客专开通运行。青岛成为"中国制造 2025"试点示范城市，保税港区整合优化方案获国务院批复，西海岸新区主要经济指标居 19 个国家级新区前列。黄河三角洲农业高新示范区加快规划编制，西部经济隆起带从薄弱环节发力，逐步缩小与东部、中部的差距。

专栏 2　深化"互联网 + 融资"方式　打造全方位政银企合作品牌

为贯彻落实全国金融工作会议关于金融"回归本源、服务实体经济""充分发挥各级政府信用信息共享平台作用"的有关部署，进一步缓解银企信息不对称问题，提升金融服务实体经济发展质效，2016 年 12 月，中国人民银行济南分行开发上线了山东省融资服务网络平台，在金融城域网上搭建了全省范围内的银企融资对接平台。为方便企业直接向金融机构提报融资需求，打通银企对接内外网连通问题，2017 年 10 月，在山东省政府主导下，在"山东政务服务网"开通"企业融资需求征集"功能，将平台升级为山东省企业融资服务网络系统，实现了互联网与金融城域网的无缝对接。自 2016 年 12 月系统开发上线运行至今，累计发布企业融资需求信息 3.6 万条、融资需求总额 2.1 万亿元，对接成功 1.6 万条、贷款金额 4 020 亿元。其中，自 2017 年 10 月起，通过"山东政务服务网"征求企业融资需求 1 961 条、融资需求总额 1 770 亿元，银行业金融机构主动开展对接 4 539 次，对接成功 718 条、贷款金额 157 亿元。

一、积极推动，精心部署，明确工作任务职责

推动省政府印发《山东省企业融资服务网络系统管理办法（试行）》，明确系统推广工作要求，依托山东政务服务网面向社会开通"企业融资需求征集"模块，鼓励动员企业自主发布融资需求，中国人民银行济南分行负责系统维护和对接督导，实现两个模块的有机衔接。推动省政府召开全省小微企业金融服务电视电话会议，提请王书坚副省长专项部署系统推广运行工作，进一步提高各市、各部门、各金融机构的思想认识，增强工作主动性。召开系统运行工作推进会，通报各市企业融资需求发布和对接情况，针对系统推广中存在的问题，督促辖区人民银行各级行、各银行业金融机构健全管理机制，加强宣传培训，明确要求各金融机构对企业自主发布的融资需求信息对接全覆盖，对符合条件的企业提高审批效率，应贷尽贷。

二、全面整合，突出共享，逐步完善系统功能

以山东省纳入国家政务信息系统整合共享试点为契机，推动山东省政府办公厅整合了各部门涉企信用信息，将发展改革委的企业失信和行政处罚信息、税务部门的纳税信息、农业部门的农村土地确权颁证、工商部门的企业登记信息等信息自动匹配共享，最大程度解决了信息不对称问题，帮助银行更精准、更高效地和企业对接。积极解决企业提报融资需求过程中遇到的问题，进一步完善融资需求征集功能，企业提交融资需求更加方便、快捷。按照国家发展改革委要求，配合省政府办公厅制作完成《融资 e 线牵》可视化展示视频，优化实际业务系统操作展示流程，目前该应用可视化展示已进入国家发展改革委初审阶段。

三、加强宣传，积极培训，提升系统普及度影响力

印制发放系统宣传折页，详细介绍系统建设背景、主要功能和融资填报流程，在各金融机构网点有序摆放，并通过电子书、微信、电子显示屏、公告栏、易拉宝等多种方式广泛开展宣传，动员企业在线填报融资需求信息。组织举办系统推广使用培训班，向金融机构、企业详细讲解系统功能与操作方法。发挥省内主流媒体作用，引导更多企业使用“互联网＋融资”新模式。

三、预测与展望

2018 年山东省将按照高质量发展要求，牢牢把握走在前列的目标定位，实现经济平稳健康发展。随着供给侧结构性改革、简政放权和创新驱动战略的不断深化实施以及山东省新旧动能转换综合试验区启动建设，制造强省、海洋强省、乡村振兴、区域发展、军民融合等重大战略将逐步推进，制度保障、市场机制、营商环境进一步完善，推动经济实现高质量发展的有利因素不断累积增多，山东省经济发展的稳定性、协调性和可持续性有望继续增强。预计 2018 年山东省地区生产总值增速维持缓中趋稳态势，全年增长 7% 以上。

投资增速将小幅放缓。未来房地产调控政策的延续，将继续抑制房地产开发企业的投资意愿，房地产投资增速将维持缓慢下行态势。中央对地方政府融资行为规范力度增强，以及 PPP 项目风险管控逐步趋严，将抑制全省基建资金来源，制约基建投资增长。随着新旧动能转换重大工程实施、“5+5”十大产业加快培育、去产能效应显现和企业利润逐步改善，制造业投资将呈现企稳回升态势。

消费需求将保持平稳增长态势，预计全年增长 10% 左右。山东省居民人均可支配收入平稳增长，为消费稳步增长打下牢固基础。传统消费增速将继续放缓，房地产领域需求扩大态势明显，将带动装修、建材、家电、家具家装等行业消费的快速增长，互联网消费习惯的养成及其消费便利性，也将促进互联网消费快速增长。

进出口将保持较快增长。世界经济保持温和增长，发达经济体再工业化取得成效，新兴市场经济体需求改善，大宗商品价格基本稳定，全球资产负债情况有所改善，美国、欧元区、日本等多数发达经济体及印度等部分新兴市场国家经济复苏势头良好，外部需求仍将维持较高水平，出口有望继续保持平稳增长态势。受原油配额发放和使用进度影响，原油对进口的拉动作用将继续减弱，进口增速将进一步回落。

从物价走势看，随着价格改革稳步推进与市场化程度进一步提高，部分价格改革将对物价水平形成推升效应。劳动年龄人口数量及占比双双下降，人工成本将刚性上扬；环保标准要求提高和去产能持续推进，对钢铁、焦炭、煤炭等工业品产量造成一定影响，冲击供给，推动工业品价格上升。但内需依然维持偏弱态势，粮食产量和库存较高，粮食价格将维持平稳运行态势。综合来看，预计 2018 年物价总体稳定。

从金融方面看，2018 年，我国将继续实施稳健中性货币政策，进一步健全完善货币政策和宏观审慎政策双支柱调控框架，积极扩大金融业对外开放，以防控金融风险为重点打好防范化解重大风险攻坚战，促进金融回归本源、专注主业，更好地为实体经济服务。随着这些政策措施在山东省的深入贯彻实施，山东金融业有望继续保持稳健运行，金融机构资产负债规模将总体稳定，货币信贷和社会融资规模将保持平稳增长，融资结构和信贷结构进一步优化，金融服务实体经济效率和水平进一步提高，为全省供给侧结构性改革和高质量发展营造中性适度的货币金融环境，牢牢守住不发生系统性金融风险的底线。

中国人民银行济南分行货币政策分析小组
总　纂：周逢民　刘　健
统　稿：李　瑞　李　伟　郑玉坤　王俊豪　刘旭强
执　笔：孙　健　程晋鲁　张　勇　王　斌　牛玉莲　楚晓光　刘爱鹏　孙欣华　尹　楠
提供材料的还有：刘　震　单琳琳　祁文婷　孙　毅　魏金明　王　馨　王　冲　陈宝贵　许　轩

附录

（一）2017年山东省经济金融大事记

3月18日，2017中国·菏泽“政府和社会资本合作（PPP）”高峰论坛暨项目推介会举行。

6月13日，中共山东省第十一次代表大会正式确定实施新旧动能转换重大工程。随后制定《山东省新旧动能转换综合试验区建设总体方案》上报国务院。

6月20日，印发《山东省人民政府关于推进普惠金融发展的实施意见》。

6月29日，山东省首家民营银行——威海蓝海银行正式开业。

7月，山东省委、省政府召开全省环境保护突出问题综合整治攻坚动员大会，印发《2017年环境保护突出问题综合整治攻坚方案》。

8月3日，中国人民银行济南分行联合省财政厅、山东银监局、山东证监局、山东保监局印发《关于财政金融政策协同配合　支持全省新旧动能转换的指导意见》。

10月10日，山东省建设济青烟国家科技成果转移转化示范区获得科技部批复。

11月17日，中国（济南）产业金融国际论坛开幕。

12月22日，齐鲁银行发行全国首单“双创”专项金融债券。

（二）2017 年山东省主要经济金融指标

表 1　2017 年山东省主要存贷款指标

		1 月	2 月	3 月	4 月	5 月	6 月	7 月	8 月	9 月	10 月	11 月	12 月
本外币	金融机构各项存款余额（亿元）	86 211.9	87 792.0	88 919.4	88 534.1	89 854.7	90 833.0	90 275.3	91 012.3	91 721.4	91 626.6	91 144.9	91 018.7
	其中：住户存款	43 600.1	43 836.4	44 460.3	43 503.9	43 686.5	44 552.7	44 016.7	44 128.4	44 826.8	44 202.5	44 056.5	44 409.1
	非金融企业存款	27 188.7	27 940.1	28 498.9	28 436.1	28 847.6	29 671.7	29 246.9	29 299.7	29 238.0	29 311.6	28 850.0	29 472.2
	各项存款余额比上月增加（亿元）	528.4	1 580.1	1 127.4	-385.4	1 320.7	978.3	-568.5	737.0	709.1	-94.7	-481.7	-126.2
	金融机构各项存款同比增长（%）	10.2	11.6	9.1	8.2	8.9	8.6	8.6	8.7	8.7	7.6	6.6	6.2
	金融机构各项贷款余额（亿元）	66 434.8	67 376.0	67 984.3	68 092.3	68 476.0	69 011.4	69 399.7	69 786.6	70 297.5	70 546.2	70 835.8	70 873.9
	其中：短期	28 461.3	28 910.9	29 228.6	29 345.0	29 379.1	29 583.2	29 612.0	29 507.7	29 431.6	29 337.8	29 240.4	28 927.9
	中长期	32 299.6	32 873.1	33 519.1	33 700.6	34 233.7	34 848.1	35 273.7	35 807.1	36 393.0	36 803.6	37 235.7	37 609.5
	票据融资	3 307.7	3 199.7	2 847.8	2 635.4	2 433.2	2 214.0	2 128.3	2 113.1	2 098.3	2 005.1	1 945.8	1 966.3
	各项贷款余额比上月增加（亿元）	1 191.2	941.2	608.3	108.0	383.7	535.4	388.3	386.9	510.9	248.7	289.6	38.2
	其中：短期	451.4	449.6	317.7	116.5	34.1	204.1	28.8	-104.3	-76.1	-93.8	-97.4	-312.5
	中长期	1 011.9	573.6	645.9	181.6	533.1	614.4	425.6	533.4	585.9	410.6	432.2	373.8
	票据融资	-268.8	-108.1	-351.8	-212.4	-202.2	-219.1	-85.8	-15.2	-14.8	-93.2	-59.4	20.5
	金融机构各项贷款同比增长（%）	10.0	10.5	10.8	10.7	10.3	9.4	9.4	9.7	10.2	10.2	10.1	8.6
	其中：短期	-0.4	0.3	0.4	1.7	2.1	2.6	3.3	3.5	3.6	3.9	4.5	3.2
	中长期	19.9	20.7	22.1	21.6	21.3	20.9	20.7	22.0	23.3	23.8	22.9	20.3
	票据融资	15.0	9.7	-0.3	-11.5	-19.9	-27.6	-32.8	-2 083.2	-40.2	-45.1	-46.1	-45.0
	建筑业贷款余额（亿元）	2 368.2	2 433.4	2 464.4	2 480.9	2 459.9	2 494.8	2 540.7	2 555.3	2 586.9	2 601.9	2 619.2	2 596.0
	房地产业贷款余额（亿元）	2 438.2	2 467.6	2 485.6	2 464.2	2 494.4	2 559.6	2 545.8	2 602.2	2 612.5	2 596.4	2 666.5	2 712.6
	建筑业贷款同比增长（%）	15.9	17.0	16.4	17.9	16.6	16.7	17.9	17.0	15.7	16.9	17.4	15.6
	房地产业贷款同比增长（%）	-0.3	-0.7	-0.1	-1.3	-1.2	2.2	3.4	5.6	7.3	8.2	11.6	13.9
人民币	金融机构各项存款余额（亿元）	83 814.2	85 303.6	86 329.3	85 959.2	87 262.0	88 181.8	87 617.6	88 414.0	89 143.6	89 000.2	88 470.5	88 531.7
	其中：住户存款	43 194.3	43 432.8	44 057.5	43 104.7	43 289.0	44 163.0	43 629.2	43 756.3	44 455.3	43 828.3	43 685.0	44 035.8
	非金融企业存款	25 672.5	26 320.9	26 801.9	26 771.0	27 147.5	27 874.0	27 474.2	27 562.4	27 541.8	27 644.5	27 206.7	27 913.9
	各项存款余额比上月增加（亿元）	399.4	1 489.4	1 025.6	-370.1	1 302.8	919.8	-575.0	796.4	729.7	-143.5	-529.7	61.2
	其中：住户存款	1 841.7	238.5	624.7	-952.8	184.3	874.0	-533.8	127.1	698.9	-627.0	-143.3	350.8
	非金融企业存款	-949.0	648.4	481.0	-30.9	376.5	726.5	-410.5	88.2	-20.6	102.7	-437.8	707.2
	各项存款同比增长（%）	10.6	11.8	9.0	8.1	8.9	8.4	8.3	8.5	8.5	7.3	6.3	6.1
	其中：住户存款	13.9	10.5	10.2	9.7	9.6	9.8	8.6	8.2	8.3	7.4	6.7	6.5
	非金融企业存款	9.4	15.7	9.2	8.5	8.4	9.2	10.1	8.6	8.5	7.6	4.6	4.7
	金融机构各项贷款余额（亿元）	62 905.1	63 716.2	64 183.2	64 309.8	64 777.3	65 324.6	65 778.5	66 257.8	66 763.9	67 079.3	67 428.8	67 576.0
	其中：个人消费贷款	12 587.5	12 826.4	13 185.4	13 446.4	13 649.5	13 971.0	14 188.7	14 448.5	14 783.3	15 035.9	15 343.7	15 540.0
	票据融资	3 307.6	3 199.5	2 847.7	2 635.2	2 433.1	2 213.9	2 128.2	2 113.0	2 098.2	2 005.0	1 945.6	1 966.2
	各项贷款余额比上月增加（亿元）	1 178.2	811.1	467.0	126.6	467.5	547.3	454.0	479.2	506.2	315.4	349.5	147.2
	其中：个人消费贷款	360.3	238.9	359.0	261.0	203.1	321.5	217.6	259.8	334.8	252.6	307.9	196.3
	票据融资	-268.8	-108.0	-351.8	-212.4	-202.2	-219.1	-85.8	-15.1	-14.8	-93.2	-59.4	20.5
	金融机构各项贷款同比增长（%）	10.8	11.1	11.2	11.0	10.8	10.4	10.4	10.8	11.1	11.2	11.2	9.5
	其中：个人消费贷款	28.4	30.6	31.2	31.8	30.7	30.3	29.6	28.6	28.4	28.5	27.8	27.1
	票据融资	14.9	9.7	-0.3	-11.5	-19.9	-27.6	-32.8	-37.3	-40.2	-45.1	-46.1	-45.0
外币	金融机构外币存款余额（亿美元）	349.6	361.9	375.4	373.5	377.8	391.4	395.0	393.6	388.4	395.6	405.0	380.6
	金融机构外币存款同比增长（%）	-7.0	-0.4	3.8	4.9	3.3	13.6	16.9	19.5	18.1	18.8	20.5	16.4
	金融机构外币贷款余额（亿美元）	514.6	532.3	550.9	548.7	538.9	544.2	538.2	534.6	532.4	522.1	515.9	504.7
	金融机构外币贷款同比增长（%）	-6.5	-3.9	-1.1	-0.5	-1.8	-7.9	-7.1	-6.7	-3.6	-3.7	-2.8	-0.4

数据来源：中国人民银行济南分行。

表 2　2001~2017 年山东省各类价格指数

单位：%

		居民消费价格指数		农业生产资料价格指数		工业生产者购进价格指数		工业生产者出厂价格指数	
		当月同比	累计同比	当月同比	累计同比	当月同比	累计同比	当月同比	累计同比
2001		—	0	—		—		—	
2002		—	-0.7	—	0.3	—	-1.3	—	-1.2
2003		—	1.1	—	2.4	—	5.7	—	3.5
2004		—	3.6	—	10.2	—	13.4	—	6.4
2005		—	1.7	—	6.2	—	5.9	—	3.7
2006		—	1.0	—	3.0	—	4.3	—	2.3
2007		—	4.4	—	7.1	—	4.8	—	3.3
2008		—	5.3	—	19.3	—	13.1	—	8.6
2009		—	0.0	—	-3.7	—	-4.5	—	-5.9
2010		—	2.9	—	3.0	—	9.3	—	7.2
2011		—	5.0	—	11.1	—	9.2	—	6.0
2012		—	2.1	—	5.9	—	-0.8	—	-1.6
2013		—	2.2	—	1.2	—	-1.6	—	-1.6
2014		—	1.9	—	-0.5	—	-1.8	—	-1.6
2015		—	1.2	—	-0.7	—	-5.0	—	-6.1
2016		—	2.1	—	-1.1	—	-2.0	—	-1.5
2017		—	1.5	—	0.9	—	7.3	—	5.5
2016	1	1.7	1.7	-1.8	-1.8	-5.6	-5.6	-4.9	-4.9
	2	2.0	1.8	-1.9	-1.9	-5.3	-5.4	-4.9	-4.9
	3	2.5	2.1	-2.0	-1.9	-5.0	-5.3	-4.2	-4.7
	4	2.1	2.1	-1.7	-1.9	-4.4	-5.1	-3.5	-4.4
	5	1.6	2.0	-0.3	-1.5	-4.0	-4.9	-3.0	-4.1
	6	1.5	1.9	0.3	-1.2	-3.4	-4.6	-2.8	-3.9
	7	1.7	1.9	-0.5	-1.1	-2.7	-4.3	-1.9	-3.6
	8	1.6	1.8	-1.5	-1.2	-1.7	-4.0	-1.0	-3.3
	9	2.5	1.9	-1.6	-1.2	-0.7	-3.6	-0.2	-3.0
	10	2.6	2.0	-1.7	-1.3	0.8	-3.2	0.8	-2.6
	11	2.6	2.0	-0.8	-1.2	3.0	-2.7	3.1	-2.1
	12	2.6	2.1	0.0	-1.1	5.5	-2.0	4.8	-1.5
2017	1	2.8	2.8	0.5	0.5	7.4	7.4	6.0	6.0
	2	1.0	1.9	0.5	0.6	9.0	8.2	7.1	6.6
	3	0.7	1.5	0.5	0.5	9.1	8.5	6.5	6.6
	4	1.2	1.4	0.4	0.5	8.3	8.5	5.6	6.3
	5	1.6	1.4	-0.4	0.3	7.3	8.2	4.7	6.0
	6	1.6	1.5	-1.8	0.0	6.4	7.9	4.4	5.7
	7	1.3	1.4	-0.5	-0.1	6.2	7.7	4.3	5.5
	8	1.7	1.5	1.2	0.1	6.8	7.6	5.2	5.5
	9	1.2	1.4	1.7	0.2	7.6	7.6	5.9	5.5
	10	1.7	1.5	2.7	0.5	7.5	7.6	6.0	5.6
	11	1.7	1.5	2.7	0.7	6.5	7.5	5.3	5.5
	12	1.7	1.5	3.0	0.9	5.4	7.3	5.0	5.5

数据来源：山东省统计局、《中国经济景气月报》。

表 3　2017 年山东省主要经济指标

	1 月	2 月	3 月	4 月	5 月	6 月	7 月	8 月	9 月	10 月	11 月	12 月
	绝对值（自年初累计）											
地区生产总值（亿元）	—	—	16 653.3	—	—	35 017.4	—	—	54 866.8	—	—	72 678.2
第一产业	—	—	636.7	—	—	2 219.5	—	—	3 430.9	—	—	4 876.7
第二产业	—	—	7 511.7	—	—	15 570.6	—	—	24 707.4	—	—	32 925.1
第三产业	—	—	8 504.9	—	—	17 227.3	—	—	26 728.5	—	—	34 876.3
工业增加值（亿元）	—	—	—	—	—	—	—	—	—	—	—	—
固定资产投资（亿元）	—	3 009.6	8 127.9	12 901.8	18 426.4	24 485.5	30 350.6	34 979.8	39 797.8	45 446.7	49 982.1	54 236.0
房地产开发投资	—	573.2	1 159.6	1 751.4	2 385.7	3 197.6	3 789.4	4 347.3	4 985.3	5 570.4	6 123.0	6 637.3
社会消费品零售总额（亿元）	—	5 323.9	7 795.2	10 311.4	13 032.0	15 776.3	18 472.2	21 209.7	24 028.2	27 307.8	30 431.1	33 649.0
外贸进出口总额（亿元）	1 495.0	2 601.3	4 192.2	5 774.0	7 276.2	8 761.6	10 213.3	11 742.2	13 261.8	14 641.6	16 216.6	17 823.9
进口	597.6	1 194.4	1 976.5	2 695.0	3 362.5	3 990.6	4 591.6	5 248.3	5 961.8	6 496.2	7 188.2	7 858.5
出口	897.4	1 406.8	2 215.7	3 079.0	3 913.7	4 771.0	5 621.7	6 493.9	7 300.1	8 145.4	9 028.4	9 965.4
进出口差额（出口－进口）	299.8	212.4	239.2	384.0	551.1	780.4	1 030.1	1 245.6	1 338.3	1 649.2	1 840.2	2 106.9
实际利用外资（亿美元）	92.5	156.6	292.7	354.4	437.2	631.1	670.0	776.3	879.3	944.3	1 025.9	1 210.5
地方财政收支差额（亿元）	39.0	-79.6	-458.5	-691.2	-1 160.0	-1 544.9	-1 761.3	-2 101.9	-2 572.7	-2 533.6	-2 837.8	-3 158.7
地方财政收入	645.9	1 021.4	1 580.0	2 159.1	2 671.7	3 400.6	3 877.6	4 258.9	4 697.1	5 286.2	5 663.5	6 099.0
地方财政支出	606.9	1 101.0	2 038.5	2 850.3	3 831.7	4 945.5	5 638.9	6 360.8	7 269.8	7 819.8	8 501.3	9 257.7
城镇登记失业率（%）（季度）	—	—	3.4	—	—	3.4	—	—	3.4	—	—	3.4
	同比累计增长率（%）											
地区生产总值	—	—	7.7	—	—	7.7	—	—	7.5	—	—	7.4
第一产业	—	—	3.3	—	—	3.7	—	—	3.5	—	—	3.5
第二产业	—	—	7.1	—	—	7.1	—	—	6.7	—	—	6.3
第三产业	—	—	8.6	—	—	8.8	—	—	8.9	—	—	9.1
工业增加值	—	7.5	7.5	7.5	7.6	7.7	7.5	7.0	7.0	7.0	6.9	6.9
固定资产投资	—	9.7	9.7	9.6	9.6	9.7	9.1	8.4	8.0	7.8	7.4	7.3
房地产开发投资	—	8.7	9.5	9.4	9.6	10.1	9.8	9.5	8.8	8.6	7.4	5.0
社会消费品零售总额	—	9.6	9.7	9.8	10.1	10.4	10.3	10.2	10.0	10.0	9.9	9.8
外贸进出口总额	36.0	27.4	28.9	30.0	26.1	24.1	21.8	19.4	18.0	17.6	16.9	15.2
进口	34.2	45.1	45.1	41.0	38.9	34.7	32.8	30.2	29.1	27.4	25.7	22.2
出口	37.3	15.5	17.2	21.7	16.9	16.4	14.1	11.9	10.3	10.8	10.7	10.1
实际利用外资	3.6	9.8	6.7	2.6	1.8	3.1	2.6	2.9	5.8	6.3	5.9	9.0
地方财政收入	13.3	12.9	11.0	10.2	9.8	8.6	8.7	8.2	8.0	8.3	7.7	6.6
地方财政支出	30.3	14.0	18.4	13.7	16.4	15.3	13.4	11.9	11.0	9.1	5.6	5.2

数据来源：山东省统计局、《中国经济景气月报》。

河南省金融运行报告（2018）

中国人民银行郑州中心支行货币政策分析小组

[内容摘要] 2017年，河南省深入贯彻习近平新时代中国特色社会主义思想，围绕全面建成小康社会、让中原更加出彩，坚持稳中求进的总基调，贯彻新发展理念，深入推进供给侧结构性改革，经济保持总体平稳、稳中向好发展态势。全年全省地区生产总值同比增长7.8%，投资、消费需求基本稳定，对外贸易较快增长，经济结构持续优化。金融运行总体平稳，货币信贷和社会融资规模合理增长，服务实体经济能力显著增强，证券期货业快速发展，保险业助推经济与保障民生功能增强，金融基础设施建设日益完善，为全省经济高质量发展营造了适宜的货币金融环境。

经济发展稳中有进，结构持续优化。三大需求总体稳定，结构改善。固定资产投资增速放缓，投资结构不断优化，基础设施投资聚焦重大项目和民生领域，民间投资较快增长，房地产投资增速有所回落。消费市场总体平稳，全省社会消费品零售总额较上年同期下降0.3个百分点，结构升级态势明显。对外贸易延续2016年下半年以来增长态势，受市场需求回暖、大宗商品价格回升以及低基数因素影响，全年货物进出口总额同比较快增长。三次产业结构继续优化，由2016年的10.7：47.4：41.9调整为2017年的9.6：47.7：42.7。农业生产总体稳定，粮食总产量为历史第二高年份。工业生产平稳增长，新动能较快成长。高新技术产业、战略性新兴产业增加值增速高于全省规模以上工业增加值增速。服务业对经济增长贡献度继续提高，第三产业增加值增速分别高于第一、第二产业4.9个和1.9个百分点，对地区生产总值增长的贡献率高于第二产业。价格指数温和上涨，就业基本稳定。全省居民消费价格指数同比上涨1.4%，医疗保健、居住价格涨幅较大，食品烟酒价格小幅下降。受国际大宗产品价格上涨和上年基数较低影响，工业生产者出厂价格指数由降转升。在“大众创业、万众创新”等多种政策引导下，全年城镇新增就业、失业人员再就业均稳定增长。劳动力价格进一步提高，城镇居民工资性收入持续增长。受经济运行平稳向好以及价格上涨等因素影响，一般公共预算收入稳步增长，一般公共预算支出结构优化，财政资金在促改革、调结构中的杠杆作用持续增强，全年安排资金251.7亿元。

供给侧结构性改革持续推进，“三去一降一补”成效显著。农村土地改革、“三权分置”改革等农村综合改革持续推进，激发了农业农村发展活力，各类新型经营主体显著增长。国有企业改革加快推进，积极推动市场化债转股，稳妥推进企业去杠杆。工业结构性改革积极稳妥，煤炭行业去产能年度目标提前完成。因城施策推进房地产去库存，商品房住宅去化周期保持在6个月左右，房地产市场运行平稳。积极推动降低企业成本，出台八大领域40条降成本新措施，共计减轻企业负担450亿元。推动关键领域和薄弱环节补短板，新兴产业、扶贫、教育、环境治理等领域投资力度不断加大。

2017年，河南省金融业稳健运行，存贷款平稳增长，社会融资规模基本稳定，金融服务实体经济能力提升。全省金融机构本外币各项存款增速呈前高后低态势，年末存款余额增速较上年同期回落4.7个百分点。受货币市场利率上行，居民存款理财化及国库现金管理影响，存款结构出现分化，住户存款、企业存款和财政性存款呈两降一升态势。受稳健中性货币政策和房地产调控影响，全省本外币贷款余额增速较上年同期下降2.2个百分点，社会融资规模增量同比少增21.9亿元。中国人民银行郑州中心支行综合施策，积极引导金融机构优化信贷结构，降低企业融资成本。在宏观审慎、定向降准、再贷款再贴现等货币政策与宏观审慎工具引导下，薄弱领域贷款增长加快，全省小微企业、涉农贷款同比大幅增长。在房地产信贷调控政策引导下，房地产开发投资和房地产价格增速回落，全省新增房地产贷款占新增人民币各项贷款的比重较上年下降8.1个百分点。在供给侧结构性改革和稳健中性货币政策背景下，全省一般贷款加权平均利率缓慢抬升，12月末新发放一般贷款加权平均利率较上年同期提高0.49个百分点。在总体利率提升前提下，郑州中支通过创新开展优化运用扶贫再贷款发放贷款定价机制试点，有效带动了贫困县贷款利率下行。受市场利率上行影响，企业债券融资和非金融企业境内股票融资下降明显。

金融改革创新发展稳中有进。银行业资产规模大幅增加，不良贷款稳步下降，农信系统改革稳步推进，村镇银行不断发展壮大。“双创”金融债试点取得突破，全国首批发行落户河南，法人金融机构发行全省首单绿色金融债、首单“三农”金融债。证券业快速发展，多层次资本市场不断完善。中原证券实现上交所主板上市，华信期货完成增资扩股，中原期货申请在新三板市场挂牌，全年新增证券期货分支机构65家，证券服务覆盖面持续扩大。直接融资渠道更加丰富，全年新增境内上市公司4家，新三板和中原股权交易中心挂牌公司大幅增加，全省企业通过首发上市、股权再融资、资产证券化等形式实现境内融资718.9亿元，资本市场服务实体经济能力增强。保险业快速发展，助推经济与保障民生能力增强。保险深度和保险密度分别较上年提高0.14个百分点和481.8元／人，保险资金支农支小融资“政融保”项目落地，与国计民生密切相关的农业保险和责任保险业务增速分别达到23.3%和18.5%。金融生态环境逐步完善，金融服务水平提升。积极推进信用建设试点示范创建、社会信用体系建设与大数据融合发展试点省规划设计和申报工作。稳步推动支付体系建设，推广“普惠金融一网通”移动金融服务平台和“普惠通”手机APP，全国首创开展注销企业账户退出和建立支付结算可疑业务线索共享联动机制。普惠金融改革取得新进展，兰考县作为全国首个国家级普惠金融改革试验区，经过一年的探索试验，初步形成了“以数字普惠金融平台为核心，以金融服务、普惠授信、信用建设、风险防控四个体系为基本内容”的“一平台四体系”兰考普惠金融模式，相关做法在河南逐步复制推广。参与创建并推广金融扶贫“卢氏模式”，推动金融扶贫产品和服务模式创新，不断提升贫困人口信贷可得性。

2018年是贯彻党的十九大精神的开局之年，也是实施“十三五”规划承上启下的关键一年。河南省经济发展机遇与挑战并存。一方面，作为发展中大省、人口大省，发展不平衡不充分的问题以及经济发展深层次、结构性矛盾仍较突出，在去产能、去库存、去杠杆的背景下，经济仍面临较大下行压力。另一方面，郑州航空港经济综合实验区、中国（河南）自由贸易试验区、郑洛新国家自主创新示范区和中原城市群等改革开放创新举措不断深化，经济结构调整不断推进，战略性新兴产业、高新技术制造业快速发展，新动能不断积累，新经济、新业态发展势头良好，创业氛围日益浓厚。预计经济仍将保持平稳较快发展。

2018年，河南省金融业将认真贯彻党的十九大和中央经济工作会议、全国金融工作会议精神，以习近平新时代中国特色社会主义思想为指导，坚持稳中求进总基调，紧紧围绕推动高质量发展，深化供给侧结构性改革，增强金融服务实体经济的能力和水平。中国人民银行郑州中心支行将认真贯彻执行好稳健中性货币政策和宏观审慎管理要求，引导货币信贷和社会融资规模适度增长，继续为推动经济高质量发展提供适宜的货币金融环境，促进河南省经济金融更好地协同发展。

一、金融运行情况

2017年，河南省金融业认真落实稳健中性的货币政策，存贷款合理增长，社会融资规模基本稳定，多层次资本市场加快推进，保险业快速发展，金融基础设施建设加强，金融改革不断推进，金融服务实体经济能力进一步提升。

（一）银行业稳健经营，信贷投放合理增长

1. 银行业资产规模增加，改革创新持续推进。2017年，河南省银行业金融机构资产同比提高35.8%，机构个数和从业人员显著增加。农信系统改革稳步推进，村镇银行不断发展壮大。“双创”金融债试点取得突破，全国首批发行落户河南。

表1　2017年河南省银行业金融机构情况

机构类别	营业网点			法人机构（个）
	机构个数（个）	从业人数（人）	资产总额（亿元）	
一、大型商业银行	3 254	74 805	24 360.3	0
二、国家开发银行和政策性银行	154	3 719	6 769.1	0
三、股份制商业银行	545	12 255	8 136	0
四、城市商业银行	923	23 347	12 953.4	5
五、小型农村金融机构	5 277	58 116	15 107.2	139
六、财务公司	8	232	573.4	6
七、信托公司	2	472	191.2	2
八、邮政储蓄银行	2 415	23 325	6 494	0
九、外资银行	5	86	41	0
十、新型农村金融机构	481	58 116	1 010.2	79
十一、其他	7	462	330.7	2
合计	13 071	254 935	75 967	233

注：营业网点不包括国家开发银行和政策性银行、大型商业银行、股份制商业银行等金融机构总部数据；大型商业银行包括中国工商银行、中国农业银行、中国银行、中国建设银行和交通银行；小型农村金融机构包括农村商业银行、农村合作银行和农村信用社；新型农村金融机构包括村镇银行、贷款公司、农村资金互助社和小额贷款公司；“其他”包含金融租赁公司、汽车金融公司、货币经纪公司、消费金融公司等。

数据来源：河南银监局。

2. 存款增幅回落，结构出现分化。2017年末，河南省金融机构本外币各项存款余额为60 037.6亿元，同比增长9.2%，增速较上年同期回落4.7个百分点；人民币存款增速呈前高后低态势，年末各项存款余额59 068.7亿元，同比增长9.4%，增速较上年同期回落3.9个百分点。全年住户存款增加2 856.8亿元，比上年少增515.9亿元，原因主要是货币市场利率上行，居民存款理财化。企业存款增加973.1亿元，比上年少增578.6亿元。受开展国库现金管理影响，财政性存款增加119.8亿元，比上年多增263.6亿元。

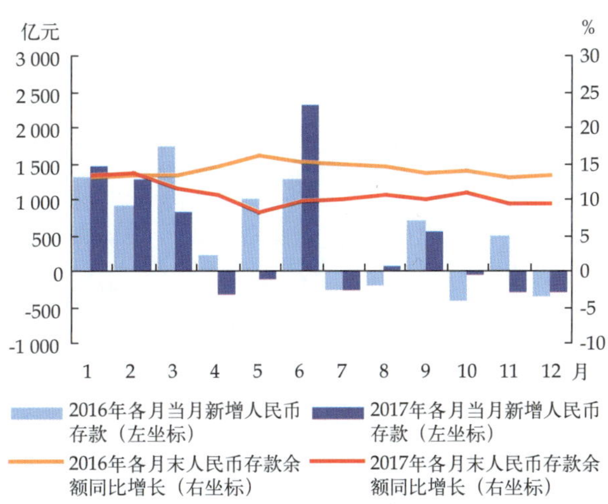

数据来源：中国人民银行郑州中心支行。

图1　2016~2017年河南省金融机构人民币存款增长变化

3. 贷款增速回落，结构不断优化。受稳健中性货币政策和房地产市场调控影响，河南省信贷增速回落。2017年末，本外币贷款余额42546.8亿元，同比增长14.6%，增速较上年同期下降2.2个百分点。在定向降准、再贷款、再贴现等货币政策工具引导下，薄弱领域贷款增长加快，全省小微企业贷款、涉农贷款同比分别增长19.4%、11.6%，较上年同期分别提高9.3个和1.2个百分点，同比分别多增690.4亿元和360.8亿元。

4. 贷款利率趋于上升，利率政策引导效果明显。2017年，河南省金融机构存款利率上

浮幅度基本在基准利率的1.3倍之内。受稳健中性货币政策影响，贷款加权平均利率缓慢抬升，12月末新发放一般贷款加权平均利率为5.93%，同比提高0.49个百分点。中国人民银行郑州中心支行创新开展优化运用扶贫再贷款发放贷款定价机制试点，试点期内带动试点机构一般贷款加权平均利率较2016年末下降0.3个百分点。2017年，全省共有159家金融机构通过合格审慎评估，成为全国市场利率定价自律机制成员，全年发行同业存单2 940.5亿元、大额存单458.1亿元。

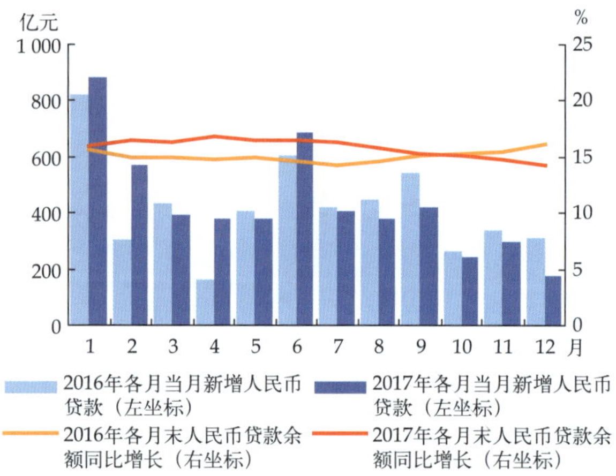

数据来源：中国人民银行郑州中心支行。

图2　2016~2017年河南省金融机构人民币贷款增长变化

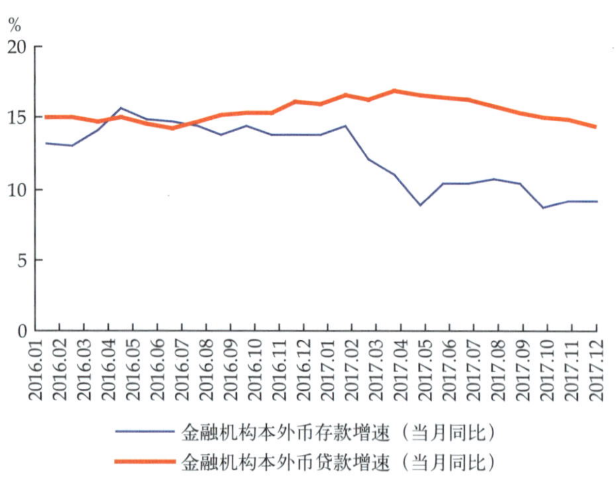

数据来源：中国人民银行郑州中心支行。

图3　2016~2017年河南省金融机构本外币存、贷款增速变化

表2　2017年河南省金融机构人民币贷款各利率区间占比

单位：%

月份		1月	2月	3月	4月	5月	6月
合计		100.0	100.0	100.0	100.0	100.0	100.0
下浮		17.7	16.1	14.9	14.1	8.2	7.6
基准		16.3	15.1	14.1	15.2	14.1	18.4
上浮	小计	66.0	68.8	70.9	70.6	77.7	73.9
	(1.0, 1.1]	15.5	17.0	14.0	12.9	12.8	12.4
	(1.1, 1.3]	11.7	13.4	14.3	18.0	18.6	17.5
	(1.3, 1.5]	7.1	8.3	8.6	8.6	9.8	10.0
	(1.5, 2.0]	11.4	10.1	11.7	11.1	13.0	13.2
	2.0以上	20.5	19.9	22.3	20.0	23.6	20.8
月份		7月	8月	9月	10月	11月	12月
合计		100.0	100.0	100.0	100.0	100.0	100.0
下浮		7.7	7.7	6.9	5.7	4.5	4.6
基准		20.4	14.6	16.0	18.4	16.3	17.8
上浮	小计	71.9	77.7	77.1	75.9	79.2	77.6
	(1.0, 1.1]	10.8	11.1	11.4	10.0	10.7	10.4
	(1.1, 1.3]	16.5	14.9	15.1	17.7	21.2	19.8
	(1.3, 1.5]	11.7	12.2	12.7	11.5	11.2	11.8
	(1.5, 2.0]	12.2	14.8	14.6	13.2	15.6	13.9
	2.0以上	20.7	24.8	23.3	23.5	20.5	21.7

数据来源：中国人民银行郑州中心支行。

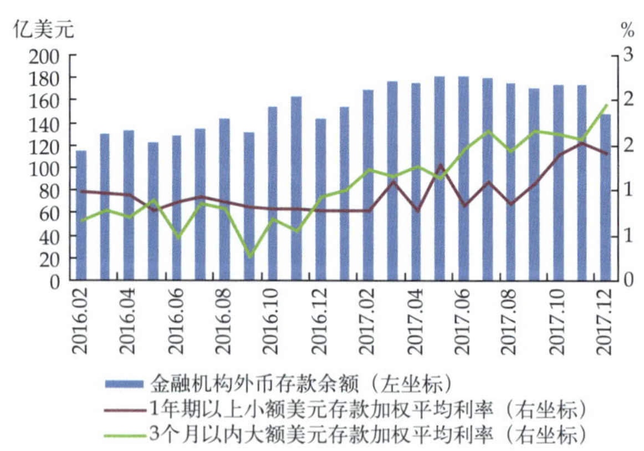

数据来源：中国人民银行郑州中心支行。

图4　2016~2017年河南省金融机构外币存款余额及外币存款利率

5. 不良贷款继续下降，风险总体可控。 2017年末，河南省银行业金融机构不良贷款余额和不良贷款率分别比年初减少20亿元和下降0.41个百分点。其中，小微企业不良贷款率较年初下降0.52个百分点，风险整体可控。

6. 银行业金融改革稳步推进，服务实体经济能力增强。农信社改制加快推进，股权结构不断优化，法人股、职工股占比达72.6%，完成农信社改制组建农商行98家，占全部农信社的70.5%。农业银行河南省分行“三农金融事业部”改革进展顺利，各项业务稳步推进，“三农”服务能力显著提升。

专栏1　河南省地方法人机构利率传导情况分析

一、当前河南省地方法人金融机构内部资金转移定价的管理框架

一是城市商业银行内部资金转移定价的管理框架初步建立。总体来看，河南省5家城商行建立了两类内部资金转移定价曲线，一类是存贷款内部资金转移定价曲线，一般有一条曲线；另一类为市场化产品内部资金转移定价曲线，依据产品不同，又包括1~2条市场化产品内部资金转移定价曲线，如市场收益率曲线和同业定价曲线。

二是农村合作金融机构内部资金转移定价的管理框架仍处于起步探索阶段。被调查的20家农村合作金融机构中，多数机构尚未建立内部资金转移定价曲线。

二、当前河南省地方法人金融机构内部资金转移定价曲线的定价基准

1. 城市商业银行内部资金转移定价曲线的定价基准是货币市场和债券市场利率。总体来看，河南省城市商业银行的市场化产品和存贷款内部资金转移定价曲线的定价基准包括上海银行间同业拆借利率、同业存单利率、国债收益率、商业银行金融债收益率、央行基准利率等。短期（一般为3个月以内）的市场化产品内部资金转移定价曲线和存贷款内部资金转移定价曲线均以上海银行间同业拆放利率为基准构建，中期（一般为3个月至1年）以同业存单或商业银行金融债收益率为基准构建，长期（1年以上）均是以国债收益率加上信用风险溢价为基准构建。

2. 农村合作金融机构没有完全建立起真正意义上的内部资金转移定价曲线，目前定价基准仍是央行存贷款基准利率。目前，多数农村合作金融机构未建立内部资金转移定价曲线，存贷款是这类机构的主要业务，在存贷款定价方面，这类机构主要参考央行基准利率。其中，存款利率定价由省联社统一制定，存款挂牌利率和实际执行利率保持一致；贷款利率在贷款基准利率的基础上综合考虑客户信用状况、还款能力、担保情况等综合确定。

三、河南省地方法人金融机构内部资金转移定价曲线的调整情况及调整原因

总体来看，河南省地方法人金融机构的内部资金转移定价曲线一旦建立，则保持相对稳定，近年来，多数机构的内部资金转移定价曲线没有被整合和拆分过。内部资金转移定价曲线保持相对稳定的主要原因是：我国各类金融市场利率整体较为稳定，金融机构已有的内部资金转移定价曲线基本反映市场情况，能够满足商业银行内部资金管理的需要。2013年以来，尽管货币市场利率阶段性有较大的波动，但总体市场利率水平变动不大，因此，中小型银行并无整合拆分内部资金转移定价曲线的利益驱动。

需要指出的是，2016年以来，市场资金面趋紧，同业市场、同业存单等负债业务日间利率波动扩大，中小银行开始对内部资金转移定价曲线进行有意识的拆分，如一些城市商业银行2016年下半年将同业定价内部资金转移定价曲线从市场化产品内部资金转移定价曲线中分离出来，增设了同业内部资金转移定价曲线，目的是使内部资金转移定价更贴近市场资金面和市场利率水平，更好地满足同业存款、同业存单等负债业务的日间内部资金转移定价调整需求。

四、商业银行内部资金转移价格调整对一般贷款利率的传导及其存在的问题

一是金融市场利率变动对存贷款内部资金转移定价的影响在机构间存在差异。表现为：金融市场利率变化与城商行存贷款内部资金转移定价具有较强的联动关系，但是，金融市场利率变化对农村合作金融机构存贷款内部资金转移定价的传导微弱。二是存贷款内部资金转移定价曲线已成为城商行贷款定价模型中的重要参数，但总体来看，存贷款内部资金转移定价对城市商业银行和农村合作金融机构存贷款利率定价的参考意义有限。三是贷款执行利率和贷款内部资金转移定价的联动关系较弱，且存在一定滞后效应。由于贷款执行利率的影响因素除内部成本外还包括市场利率水平、客户信用等级等多种因素，因此，贷款内部资金转移定价的提升只在一定程度上影响了贷款执行利率。

（二）证券业快速发展，多层次资本市场不断完善

1. 证券期货经营机构实力显著增强。2017年末，河南省共有1家法人证券公司，2家法人期货公司，证券期货经营机构475家，私募基金管理人107家，管理资金规模433.5亿元。中原证券实现上交所主板上市，华信期货注册资本增至18.3亿元，中原期货申请在新三板市场挂牌，全年新增证券期货分支机构65家，金融服务覆盖面扩大，综合实力增强。

表3　2017年河南省证券业基本情况

项目	数量
总部设在辖内的证券公司数（家）	1
总部设在辖内的基金公司数（家）	0
总部设在辖内的期货公司数（家）	2
年末国内上市公司数（家）	78
当年国内股票（A股）筹资（亿元）	251
当年发行H股筹资（亿元）	90
当年国内债券筹资（亿元）	82
其中：短期融资券筹资额（亿元）	-83
中期票据筹资额（亿元）	19

注：当年国内股票（A股）筹资额指非金融企业境内股票融资。
数据来源：河南证监局。

2. 直接融资渠道更加丰富，服务实体经济能力增强。2017年，河南省新增境内上市公司4家，新三板和中原股权交易中心挂牌公司分别增加50家和1 354家。全省企业通过首发上市、股权再融资、资产证券化等形式实现境内融资718.9亿元。

3. 期货交易品种进一步丰富，交易量大幅下降。2017年，郑州商品交易所积极推进产品创新，白糖期权、棉纱期货先后上市交易。主要商品期货全年累计成交合约10.8亿张，成交金额39.8亿元，同比分别降低39.7%和35.8%。油菜籽RS、菜籽粕RM、一号棉花、普麦PM降幅居前，分别下降87.7%、68%、63.4%和51%。

表4　2017年郑州商品交易所交易统计

交易品种	累计成交金额（亿元）	同比增长（%）	累计成交量（万张）	同比增长（%）
一号棉花	40 264.5	-63.4	5 213.6	-67.6
菜籽油	34 754.2	-3.1	5 199.0	-4.8
早籼稻	1.1	-48.1	0.2	-48.2
PTA	73 931.0	-11.6	28 079.9	-18.7
优质强筋小麦	435.4	-22.6	75.5	-24.5
硬白小麦	0.0	0.0	0.0	0.0
白糖	79 142.9	-43.2	12 214.6	-47.9
甲醇	73 148.3	29.4	27 401.5	0.2
动力煤	36 705.8	-23.6	6 141.6	-39.0
玻璃FG	22 143.3	-25.8	8 218.3	-39.3
粳稻JR	0.3	-22.9	0.1	-23.7
普麦PM	0.2	-51.0	0.0	-52.6
菜籽粕RM	37 019.6	-68.0	15 947.3	-67.6
油菜籽RS	1.9	-87.7	0.4	-89.9
合计	397 548.6		108 492.0	

数据来源：郑州商品交易所。

（三）保险业快速发展，助推经济与保障民生能力增强

1. 保险业快速发展。2017 年，河南省保险业分支机构和从业人员小幅增加，保险业资产总额 3 664.7 亿元，同比增长 12.8%，增幅同比回落 8.7 个百分点。全省保险深度和保险密度分别为 4.5% 和 2 113.3 元 / 人，较上年同期分别提高 0.14 个百分点和 481.8 元 / 人。

表 5　2017 年河南省保险业基本情况

项目	数量
总部设在辖内的保险公司数（家）	1
其中：财产险经营主体（家）	1
人身险经营主体（家）	0
保险公司分支机构（家）	6 450
其中：财产险公司分支机构（家）	2 518
人身险公司分支机构（家）	3 932
保费收入（中外资，亿元）	2 020
其中：财产险保费收入（中外资，亿元）	460
人身险保费收入（中外资，亿元）	1 560
各类赔款给付（中外资，亿元）	626
保险密度（元 / 人）	2 113.3
保险深度（%）	4.5

数据来源：河南保监局。

2. 保险支持实体经济能力增强。受益于河南省经济持续增长，与宏观经济相关性较强的工程保险、保证保险增速分别达到 53.2% 和 34.1%。出口信用保险承保河南企业对俄罗斯、巴基斯坦等近十个"一带一路"沿线国家对外工程项目。保险资金支农支小融资"政融保"项目落地 291 个，融资金额 1.2 亿元。

3. 民生保障水平提高。与国计民生密切相关的农业保险和责任保险业务增速分别达到 23.3% 和 18.5%。精准扶贫重要举措"困难群众大病补充保险"覆盖全省 805 万名困难群众，被国务院医改办评为 2017 年医改典型案例。治安保险推广至全省所有县区，实现居民财产得保障、政府增信誉、治安状况好转三方共赢。

（四）融资结构继续调整，金融市场稳定运行

1. 融资结构继续调整，金融创新不断推进。2017 年，河南省社会融资规模增量为 6 801.7 亿元，同比少增 21.9 亿元。受供给侧结构性改革和市场利率上行影响，直接融资增幅下降，企业债券融资和非金融企业境内股票融资分别增加 81.9 亿元和 250.8 亿元，同比分别少增 297 亿元和 142.6 亿元。房地产信托大幅增加带动表外融资增加 777.6 亿元，同比多增 214.7 亿元。人民银行郑州中心支行积极推动银行间债券市场产品创新，开展"双创"金融债券试点研究，中原银行 15 亿元发行申请已正式上报中国人民银行总行。推动发行全省首单绿色金融债 10 亿元、首单"三农"金融债 4 亿元。

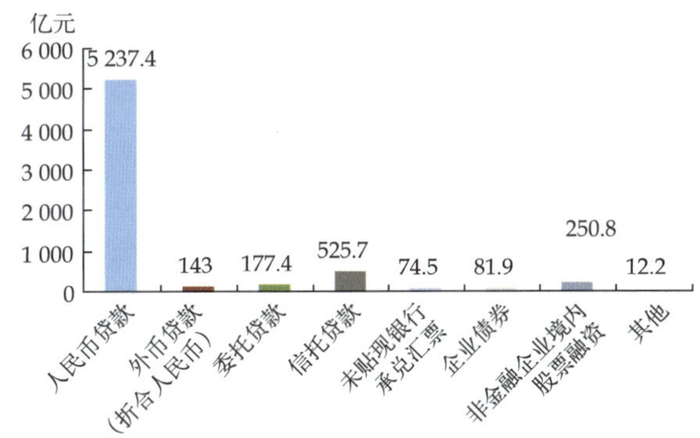

数据来源：中国人民银行郑州中心支行。

图 5　2017 年河南省社会融资规模分布结构

2. 票据融资大幅下降，利率有所回升。2017 年，河南省金融机构累计签发承兑汇票、办理贴现发生额同比分别下降 67.8% 和 71.3%。受货币市场利率上行和票据市场供求变化等因素影响，河南省票据市场利率有所回升。

表 6　2017 年河南省金融机构票据业务量统计

单位：亿元

季度	银行承兑汇票承兑		贴现			
			银行承兑汇票		商业承兑汇票	
	余额	累计发生额	余额	累计发生额	余额	累计发生额
1	5 223.4	2 140.5	2 963.6	1 357.4	147.1	132.7
2	4 765.2	2 131.2	2 484.5	1 458.6	177.6	117.4
3	1 789.9	1 785.7	2 099.5	1 743.9	179.8	135.6
4	4 520.4	1 277.3	2 335.0	1 261.7	206.7	152.2

数据来源：中国人民银行郑州中心支行。

表 7 2017 年河南省金融机构票据贴现、转贴现利率

单位：%

季度	贴现		转贴现	
	银行承兑汇票	商业承兑汇票	票据买断	票据回购
1	4.52	5.36	3.99	3.95
2	5.34	6.36	4.43	4.48
3	4.92	5.81	4.32	3.66
4	5.07	6.01	4.42	3.88

数据来源：中国人民银行郑州中心支行。

（五）金融生态环境逐步完善，金融服务水平提升

1. 信用体系建设持续推进。依托河南省农村信用信息系统和中小企业信用信息系统，推动中小企业和农村信用体系建设，全省已有 116 个县（市、区）使用农村信用信息系统，录入农户信息 931 万户。做好信用建设试点示范创建以及河南省社会信用体系建设与大数据融合发展试点省规划设计和申报工作。

2. 支付体系建设快速健康发展。推广“普惠金融一网通”移动金融服务平台和“普惠通”手机 APP。推进助农取款服务点升级为综合金融服务站。全国首创开展注销企业账户退出工作和建立支付结算可疑业务线索共享联动机制。开展移动支付便民示范工程，推进移动支付在公共服务领域的应用。

（六）金融改革稳步推进

1. 普惠金融改革取得新进展。兰考县作为全国首个国家级普惠金融改革试验区，经过一年探索试验，初步形成了“以数字普惠金融平台为核心，以金融服务、普惠授信、信用建设、风险防控四个体系为基本内容”的“一平台四体系”兰考普惠金融模式，兰考县普惠金融指数大幅提升。中国人民银行党校将兰考确定为教育基地，中国普惠金融研究院在兰考设立普惠金融培训基地。

2. 参与创建并推广金融扶贫“卢氏模式”。人民银行直接参与县、乡、村三级金融服务体系中县级服务中心的建设。协助政府建立以金融服务、信用评价、产业支撑、风险防控“四个体系”建设为特色的卢氏县金融扶贫模式。在全省范围复制推广“卢氏模式”，指导并督促金融机构以“卢氏模式”为基础因地制宜开展扶贫信贷产品创新，不断提升贫困人口信贷可得性。

二、经济运行情况

2017 年，河南省经济保持稳中向好的运行态势。全省地区生产总值达 44 988.2 亿元，同比增长 7.8%。三次产业结构由 2016 年的 10.7 : 47.4 : 41.9 调整为 2017 年的 9.6 : 47.7 : 42.7。

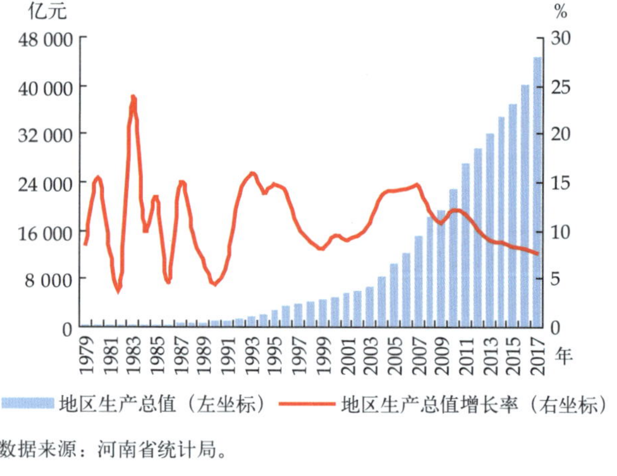

数据来源：河南省统计局。

图 6 1979~2017 年河南省地区生产总值及其增长率

（一）三大需求总体平稳

2017 年，河南省投资增长平稳，消费升级态势明显，进出口小幅上升。

1. 投资平稳增长，投资结构改善。2017 年，河南省聚焦重大产业项目、重大基础设施和环境保护治理等重点领域，积极引导民间资本进入基础设施和公共服务领域，投资总体保持较快增长，全年固定资产投资 43 890.4 亿元（不含农户），同比增长 10.4%。从投资结构看，民间投资活力得到激发，增速较上年提高 3.2 个百分点；房地产调控成效显现，房地产开发投资

增速较上年回落 13.5 个百分点；稳增长措施拉动基础设施投资继续保持高速增长，增速较上年提高 1.4 个百分点。

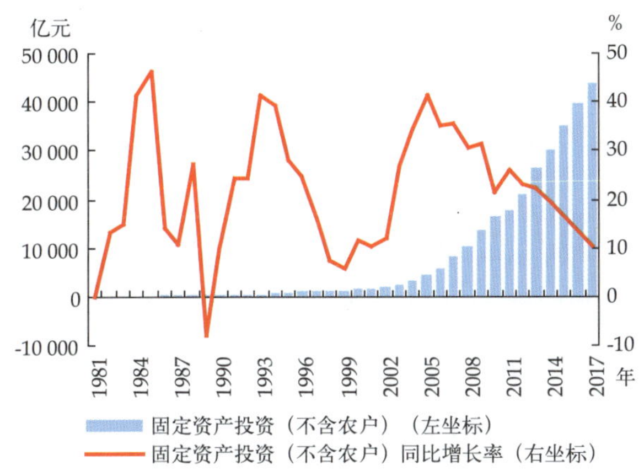

数据来源：河南省统计局。

图 7　1981~2017 年河南省固定资产投资（不含农户）及其增长率

2. 消费稳步增长，消费升级态势明显。 2017 年，河南省社会消费品零售总额 19 666.8 亿元，比上年增长 11.6%。消费升级类商品较快增长，电子出版物及音像制品、计算机及其配套产品、通信器材类和体育娱乐用品类分别增长 28.2%、20.6%、15.9% 和 12.0%。

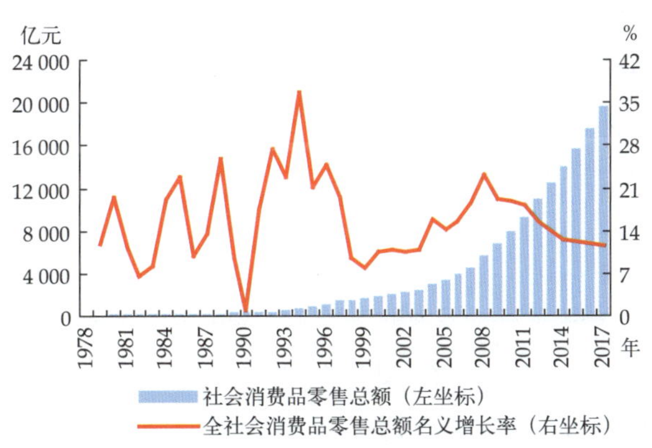

数据来源：河南省统计局。

图 8　1978~2017 年河南省社会消费品零售总额及其增长率

3. 进出口较快增长，外商投资保持稳定。 2017 年，河南省货物进出口总额 5 232.8 亿元，同比增长 10.9%。其中，出口 3 171.8 亿元，同比增长 11.8%；进口 2 061.0 亿元，同比增长 9.6%。全年实际利用外资 172.2 亿美元，实际利用省外资金超过 9 000 亿元。

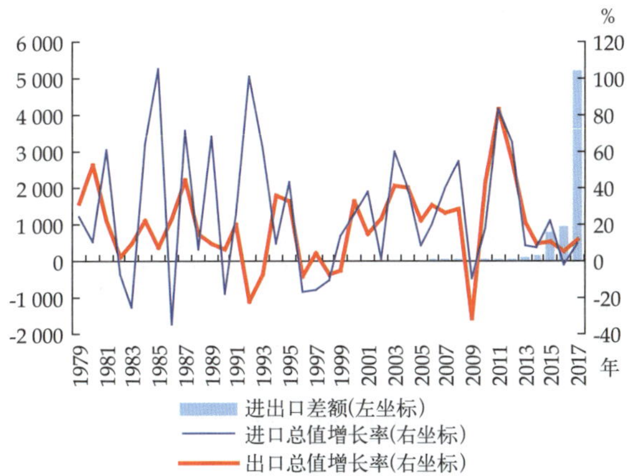

数据来源：河南省统计局。

图 9　1979~2017 年河南省外贸进出口变动情况

（二）三大产业结构持续优化

2017 年，河南省农业总体稳定，工业生产平稳增长，服务业快速发展，对经济贡献度提高。

1. 农业生产总体稳定，农村改革持续推进。 2017 年，河南省粮食总产量 1 194.6 亿斤，为历史第二高年份。农产品加工、休闲农业、农村电商快速发展，农村一二三产业融合度显著提高，全省农产品加工营业收入突破 2.45 万亿元。农村土地改革、“三权分置”改革等农村综合改革持续推进，激发了农业农村发展活力。各类新型经营主体超 24.7 万个，同比增长 12.3%。

2. 工业生产平稳增长，新动能较快成长。 2017 年，河南省第二产业增加值 21 450 亿元，增长 7.3%。经济转型升级持续推进，高新技术产业增长 16.8%，战略性新兴产业增加值增长 12.1%，增速分别高于全省规模以上工业增加值增速 8.8 个和 4.1 个百分点。高耗能工业增加值增速为 3.2%，低于规模以上工业增加值增速 4.8 个百分点。

3. 服务业快速发展，对经济增长贡献度继续提高。 2017 年，河南省第三产业增加值增长 9.2%，增速分别高于第一、第二产业 4.9 个和 1.9

个百分点。第三产业增加值对地区生产总值增长的贡献率为48.4%，高于第二产业2.8个百分点。重点服务业发展态势良好，邮政电信和交通运输业务量分别比上年提高115.6%和11.7%。

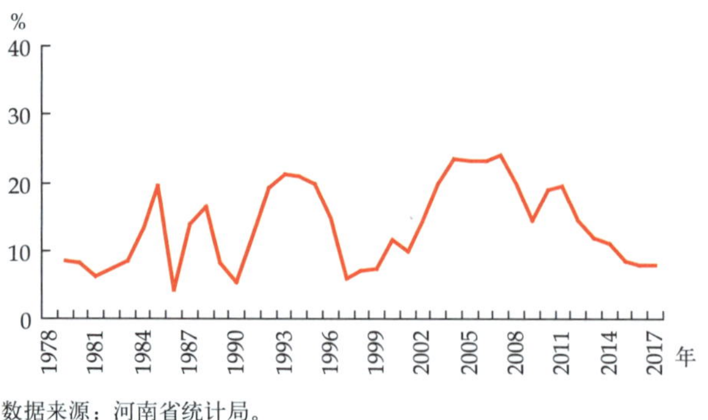

数据来源：河南省统计局。

图10　1978~2017年河南省规模以上工业增加值实际增长率

4. 供给侧结构性改革成效显著。2017年，河南省国有企业改革加快推进，积极推动市场化债转股，稳妥推进企业去杠杆。煤炭行业去产能年度目标提前完成，“地条钢”企业全部拆除。因城施策推进房地产去库存，商品房库存去化周期保持在6个月左右。出台八大领域40条降成本新措施，共计减轻企业负担450亿元。推动关键领域和薄弱环节补短板，新兴产业、扶贫、教育、环境治理等领域投资力度不断加大。

（三）消费价格温和上涨，生产者价格由降转升

1. 居民消费价格温和上涨。2017年，河南省居民消费价格指数比上年上涨1.4%，同比回落0.5个百分点。八大类消费价格同比七涨一跌，医疗保健、居住类涨幅较大，食品烟酒类价格小幅下降。

2. 工业生产者价格指数由降转升。受国际大宗产品价格上涨和上年基数较低影响，2017年，河南省工业生产者出厂价格指数和购进价格指数分别上涨6.8%和7.3%，涨幅比上年分别提高7.8个和8.1个百分点。

3. 就业形势基本稳定，劳动力价格稳步提高。2017年，河南省采取多种措施引导大众创业、万众创新，就业形势基本稳定，全年城镇新增就业144.2万人，失业人员再就业44.0万人。劳动力价格进一步提高，城镇居民工资性收入持续增长。

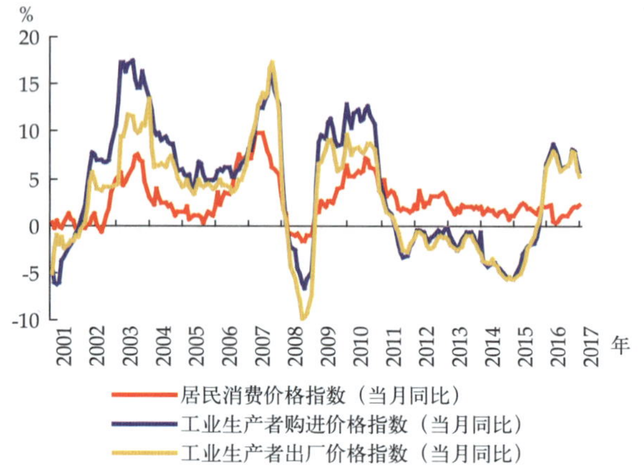

数据来源：河南省统计局。

图11　2001~2017年河南省居民消费价格指数和工业生产者价格指数变动趋势

（四）一般公共预算收入稳步增长，一般公共预算支出结构优化

2017年，河南省实现一般公共预算收入3 397亿元，同比增长10.4%。一般公共预算支出8 224.7亿元，同比增长9.8%。财政资金充分发挥促改革、调结构的杠杆作用，强化对重点领域支持，全年安排资金251.7亿元，强化农业供给侧结构性改革；安排新型城镇化转移支付资金30亿元；出台多项奖补措施，支持国企改革和环境治理工作。

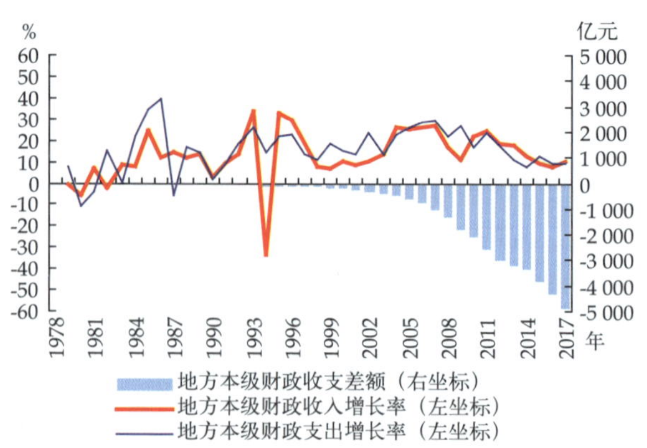

数据来源：河南省统计局。

图12　1978~2017年河南省财政收支状况

（五）房地产市场运行总体平稳，房地产信贷增长趋缓

1. 房地产开发投资保持增长，增速放缓。2017 年，河南省房地产开发投资完成额 7 090.2 亿元，同比增长 14.7%，较上年大幅放缓 13.5 个百分点。

2. 全省商品房投放加快，省会郑州投放增速放缓。2017 年，全省批准商品房预售面积 10 459 万平方米，较上年同期增长 8.2%，其中住宅 8 635 万平方米，同比增长 11.6%。省会郑州批准商品房和住宅预售面积分别为 540.2 万和 399.42 万平方米，同比分别增长 10.3% 和 13.3%，增幅较上年分别放缓 7.6 个和 7.7 个百分点。

3. 商品房销售增速放缓，销售金额创新高。全年全省经备案的商品房成交面积约 11 541 万平方米，成交套数 104.5 万套，同比分别下降 4.4% 和 1.6%，销售金额 6 372.9 亿元，在 2016 年高基数上增长 0.9%。分省辖市看，7 个地市成交面积同比增长，比上年减少 6 个，增幅最大的周口市增长 26%。从县（市）的情况看，全省有 55 个县（市）商品房成交面积同比增长，较上年减少 23 个。

4. 房地产价格增速放缓，重点城市房价指数下行。全省商品房成交备案均价同比增长 5.6%，与上年持平；商品住宅成交备案均价同比增长 4.8%，涨幅较上年下降 0.8 个百分点。根据国家统计局 70 个大中城市房价统计，郑州市 2017 年 12 月新建住宅销售价格指数同比下降 0.7%。

5. 房地产信贷增速明显放缓，利率上行。2017 年，河南省新增房地产贷款占新增人民币各项贷款比重为 47%，较 2016 年下降 8.1 个百分点，较 2015 年仍高 6 个百分点。河南省个人住房贷款同比增长 29.8%，较上年下降 18 个百分点。郑州市个人住房贷款同比增长 27.4%，较上年下降 37.1 个百分点。受市场资金面趋紧、银行融资成本上升影响，河南省首套和非首套房贷利率分别为 5.6% 和 6.0%，较年初分别提高 0.89 个和 0.58 个百分点。

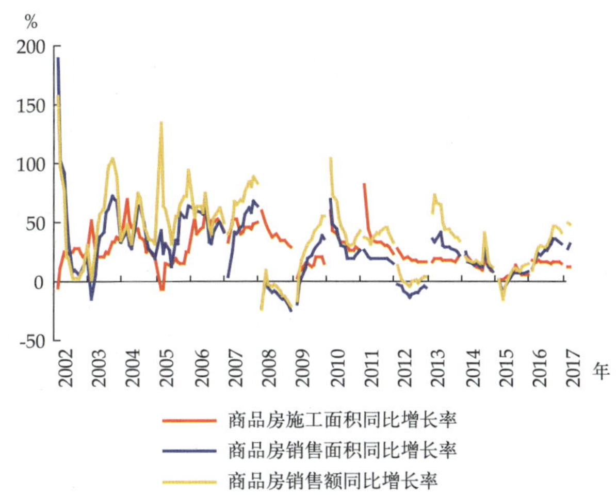

数据来源：河南省统计局。

图 13　2002~2017 年河南省商品房施工和销售变动趋势

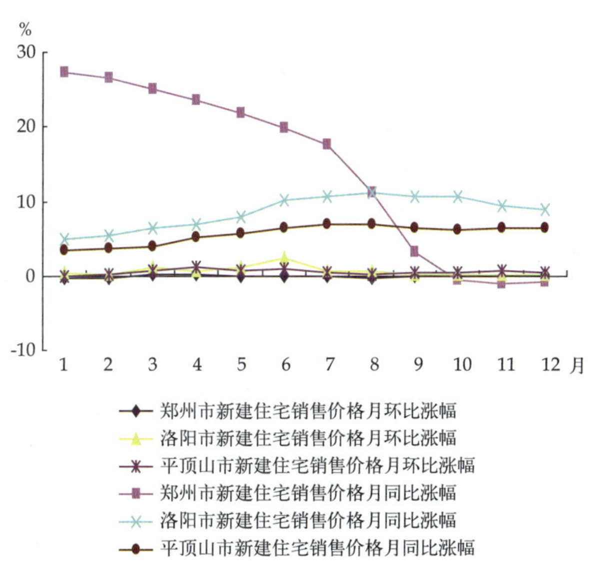

数据来源：河南省统计局。

图 14　2017 年河南省主要城市新建住宅销售价格变动趋势

专栏 2 河南省银行业金融机构新增存贷比提高原因调查

存款是商业银行重要的资金来源，对其流动性管理和资产负债管理等具有重要意义。2015 年以来，河南省银行业金融机构新增存贷比逐步提高，2017 年出现较大幅度提升，新增存贷比达 102.99%，比上年提高 23.14 个百分点。为了解新增存贷比大幅提升的原因及其对商业银行流动性管理的影响，中国人民银行郑州中心支行开展了相关调查。

一、不同类型金融机构新增存贷比存在较大差异

政策性银行新增存贷比最高。政策性银行不对社会公众吸收个人储蓄存款，其存款主要来源于授信客户的结算性存款，新增贷款一般高于新增存款，其新增存贷比一直高于 100%。

股份制银行（全国性中小银行）新增存贷比出现较大幅度提升。2016 年以来，股份制银行新增存贷比大幅提升，2017 年较上年提高 761 个百分点，主要是新增存款整体呈现负增长造成的。

全国性大型银行新增存贷比略有提升。2015 年以来，全国性大型银行新增存贷比基本稳定，2017 年略有提升，但仍低于 100%。

地方法人金融机构新增存贷比低于全国性金融机构。城商行新增存贷比最低，且近年来保持基本稳定；农信社系统由于改制因素，新增存贷比有所波动，但仍保持较低水平；村镇银行由于市场品牌和认可度的原因，新增存贷比在地方法人金融机构中最高，但仍低于 75% 的监测标准。

二、新增存贷比提高的原因

从计算存贷比的分子分母两个指标看，2017 年新增存贷比提高主要原因是新增存款下降较多。2017 年新增贷款基本稳定，同比多增 173.5 亿元。剔除进出口银行开业承接的总行划拨的 187.85 亿元贷款，全年实际新增贷款 5 054.25 亿元，同比少增 14.35 亿元，新增存贷比不到 100%（99.3%）。2017 年全省新增存款 5 089.7 亿元，同比少增 1 258 亿元。存款增长乏力的原因有：

一是强监管治理金融乱象，存款中的水分被挤出。2017 年以来，监管部门治理“三套利”行为，重点针对以票吸存、虚增存款规模等问题。业内长期存在的滚动开票、多轮承兑、以贷转存、以贷款或贴现资金回流充当保证金存款等违规做法被遏制，2017 年全部金融机构保证金存款同比少增 84 亿元。此外，存款偏离度考核在一定程度上限制了商业银行年末冲时点的吸储行为。

二是理财市场分流了部分存款。2017 年 12 月末，全省金融机构新发理财产品余额达 1 104.9 亿元，存续理财产品余额达 7 848.1 亿元，比年初增加 428.1 亿元。

三是居民财富结构变化分流了部分存款。随着经济环境变化以及房价快速上涨，一部分居民储蓄转化为房产，住户部门财富结构明显改变，宏观储蓄率下降，持续分流表内存款。此外，互联网金融产品、第三方支付等分流的存款，一部分虽然以协议存款形式又回流到银行体系，但稳定性大大下降，会造成存款在年度、季度、月度间的大幅波动。

四是剔除进出口银行因素后，全省贷款同比少增，贷款派生存款的能力削弱，也在一定程度上影响了存款增长。2017 年制约贷款增长的因素主要是薄弱环节，受宏观经济形势影响，涉农、小微企业效益大幅下滑，金融机构基于信贷资产质量控制需要，退出了部分涉农和小微客户，主要涉农金融机构农发行、农业银行新增贷款均低于上年，分别低于上年 113 亿元和 32 亿元。

五是实体经济企业经营困难，资金周转

加快，结算资金留存时间缩短。政府融资平台、生产性企业以及涉农、小微企业资金普遍紧张，地方预算收入中土地出让金下降，财政资金紧张等，造成企业资金周转加快，结算资金留存于银行账户的时间缩短。

三、结论与判断

从造成2017年河南省新增存贷比提高的上述原因看，贷款增长和实体经济因素是短期、阶段性的。但是，监管以及分流因素将会持续影响存款新增情况。金融机构反映，对于贷款增量超过存款增量的资金缺口（即新增存贷比超过100%的情况），如果存量无缺口，即余额存贷比还低于100%，那么，金融机构的资金平衡压力不大。2017年河南省银行业金融机构总体余额存贷比维持在70%上下，法人银行业金融机构流动性比例、流动性覆盖率、流动性缺口率均有所改善，因此，新增存贷比整体提升对银行业金融机构的流动性影响不大。

但是，如果增量缺口持续扩大，并带来存量缺口，即余额存贷比低于或持续低于100%，商业银行将会面临以下两种压力：一是资金平衡与流动性管理难度加大；二是资金成本提升，影响盈利能力，因为商业银行的资金缺口需要更多地通过市场化资金来源弥补，而市场化资金价格往往较高，且波动较大。

三、预测与展望

2018年是贯彻党的十九大精神的开局之年，也是实施“十三五”规划承上启下的关键一年。河南省经济发展机遇与挑战并存。一方面，作为发展中大省、人口大省，发展不平衡不充分的问题依然突出，经济发展深层次、结构性矛盾比较大，在去产能、去库存、去杠杆的背景下，经济仍面临下行压力。另一方面，郑州航空港经济综合实验区、中国（河南）自由贸易试验区、郑洛新国家自主创新示范区和中原城市群等改革开放创新举措不断深化，经济结构调整不断推进，战略性新兴产业、高新技术制造业快速发展，新动能不断积累，新经济、新业态发展势头良好，创业氛围日益浓厚，预计经济仍将保持平稳较快发展。

2018年，河南省金融业将认真贯彻党的十九大和中央经济工作会议、全国金融工作会议精神，以习近平新时代中国特色社会主义思想为指导，坚持稳中求进总基调，按照高质量发展要求，贯彻执行好稳健中性货币政策和宏观审慎政策双支柱调控框架，实现货币信贷和社会融资规模适度增长，为供给侧结构性改革创造适宜的货币金融环境，促进河南省经济金融更好发展。

中国人民银行郑州中心支行货币政策分析小组

总　纂：徐诺金　王深德

统　稿：赵继鸿　武松会

执　笔：许艳霞　郭　磊　赵玉龙

提供材料的还有：李　伟　宋　杨　沈志宏　郑　方　武帅峰　乔　斐　蔡星星　陈晓燕　徐红芬　王　浩　马云路　王　晗　刘　芳　张振轩　周永峰　韩宝恒　武宵宇　苗晓艳　郑霄鹏

附录

（一）2017 年河南省经济金融大事记

1 月 22 日，国家发展改革委正式批复河南省政府《关于恳请支持郑州建设国家中心城市的函》，并制定出台《关于支持郑州建设国家中心城市的指导意见》。

3 月 29 日，第十一届中国（河南）国际投资贸易洽谈会在郑州开幕。

4 月 1 日，中国（河南）自由贸易试验区挂牌成立。

5 月末，全省金融机构本外币各项贷款余额突破 4 万亿元。

6 月末，全省金融机构本外币各项存款余额突破 6 万亿元。

7 月 19 日，河南省第一个获批的国家级境外经贸合作园区——吉尔吉斯斯坦亚洲之星农业产业合作区项目启动仪式在吉尔吉斯斯坦楚河举行。

7 月 29 日，郑州南站枢纽工程正式开工，河南“米”字形高速铁路网建设又迈出重要一步。

8 月 8 日，国家外汇管理局正式批准郑州航空港经济综合实验区开展经营性租赁收取外币租金业务，河南省成为全国第二个获批开展此项业务的省份。

11 月 16 日至 17 日，国务院扶贫办、人民银行、银监会在三门峡市联合组织召开全国金融扶贫现场观摩会。

12 月 7 日，国家发展改革委、中国人民银行正式批复《河南建设社会信用体系与大数据融合发展试点省实施方案》，标志着河南省获批全国社会信用体系与大数据融合发展试点省。

12 月 28 日，河南省首单飞机租赁业务落地。

（二）2017 年河南省主要经济金融指标

表 1　2017 年河南省主要存贷款指标

		1 月	2 月	3 月	4 月	5 月	6 月	7 月	8 月	9 月	10 月	11 月	12 月
本外币	金融机构各项存款余额（亿元）	56 496.3	57 881.5	58 755.8	58 416.5	58 337.4	60 608.9	60 331.7	60 358.3	60 857.5	60 833.4	60 527.5	60 037.6
	其中：住户存款	31 403.5	31 936.4	32 350.2	31 516.5	31 567.1	32 417.3	32 056.9	32 130.5	32 471.2	32 007.8	32 002.3	32 422.3
	非金融企业存款	15 513.7	16 021.5	16 431.9	16 375.7	16 228.4	16 868.8	16 837.9	16 619.8	16 719.3	16 477.1	16 565.8	16 591.0
	各项存款余额比上月增加（亿元）	1 515.3	1 385.2	874.2	-339.2	-79.2	2 271.6	-277.2	26.5	499.3	-24.1	-305.9	-489.9
	金融机构各项存款同比增长（%）	13.8	14.4	12.1	11.0	8.8	10.4	10.3	10.7	10.3	10.8	9.1	9.2
	金融机构各项贷款余额（亿元）	38 095.4	38 772.7	39 197.3	39 661.8	40 039.1	40 688.0	41 072.9	41 353.3	41 819.0	42 129.5	42 455.3	42 546.8
	其中：短期	14 879.0	14 985.6	15 086.8	15 077.1	15 076.6	15 302.5	15 284.9	15 208.7	15 266.1	15 282.3	15 229.2	15 014.9
	中长期	21 608.3	22 222.7	22 705.4	23 178.1	23 568.1	24 016.6	24 368.9	24 740.2	25 123.9	25 373.6	25 737.3	25 892.6
	票据融资	1 259.7	1 188.6	1 014.7	990.6	968.2	928.9	966.0	952.7	952.5	994.0	985.7	1 136.4
	各项贷款余额比上月增加（亿元）	955.8	677.3	424.6	464.5	377.3	648.9	384.9	280.4	465.7	310.6	325.8	91.4
	其中：短期	191.0	106.5	101.2	-9.7	-0.5	225.9	-17.7	-76.2	57.5	16.1	-53.0	-214.4
	中长期	944.7	614.4	482.7	472.7	389.9	448.6	352.3	371.3	381.0	249.7	363.7	155.4
	票据融资	-191.9	-71.7	-173.9	-24.2	-22.3	-39.3	37.0	-13.3	-0.1	41.4	-8.3	13.6
	金融机构各项贷款同比增长（%）	16.8	17.7	17.4	18.1	17.9	17.6	17.1	16.2	15.8	15.8	15.4	14.6
	其中：短期	5.1	4.7	3.7	4.2	4.3	4.5	3.8	3.1	3.4	4.1	3.2	2.1
	中长期	27.5	29.4	30.0	31.8	32.0	31.1	30.7	30.3	29.5	28.9	28.0	25.4
	票据融资	-5.7	-6.7	-16.0	-25.7	-33.5	-34.4	-34.4	-39.5	-42.4	-41.5	-38.0	-21.7
	建筑业贷款余额（亿元）	1 134.6	1 154.7	1 172.5	1 178.0	1 221.0	1 257.4	1 278.3	1 313.0	1 318.3	1 334.3	1 329.9	1 264.1
	房地产业贷款余额（亿元）	1 555.9	1 600.2	1 602.9	1 553.5	1 546.0	1 529.2	1 441.3	1 446.2	1 475.9	1 487.3	1 499.6	1 475.7
	建筑业贷款同比增长（%）	11.1	9.0	7.5	8.8	13.2	15.1	17.6	18.6	21.6	24.2	23.6	15.6
	房地产业贷款同比增长（%）	19.8	17.1	15.0	13.9	13.2	8.6	3.2	1.8	1.2	2.8	2.7	-2.6
人民币	金融机构各项存款余额（亿元）	55 435.5	56 710.0	57 533.9	57 202.7	57 086.5	59 381.1	59 119.9	59 193.1	59 725.1	59 674.2	59 380.0	59 068.7
	其中：住户存款	31 247.8	31 782.6	32 197.1	31 364.9	31 416.2	32 268.6	31 908.9	31 988.7	32 330.2	31 866.0	31 860.8	32 279.1
	非金融企业存款	14 630.1	15 036.5	15 410.3	15 359.2	15 174.6	15 836.1	15 818.7	15 640.4	15 758.4	15 491.7	15 596.7	15 802.1
	各项存款余额比上月增加（亿元）	1 456.6	1 274.5	823.9	-331.2	-116.2	2 294.6	-261.2	73.2	532.0	-50.9	-294.1	-311.4
	其中：住户存款	1 825.5	534.8	414.5	-832.2	51.3	852.4	-359.7	79.9	341.5	-464.2	-5.2	418.2
	非金融企业存款	-198.8	406.4	373.8	-51.2	-184.6	661.5	-17.4	-178.3	117.9	-266.7	105.0	205.4
	各项存款同比增长（%）	13.3	13.8	11.6	10.5	8.1	9.8	9.9	10.5	10.0	10.8	9.3	9.4
	其中：住户存款	17.0	12.6	11.9	11.2	11.6	11.7	10.8	10.3	10.3	9.6	9.3	9.7
	非金融企业存款	6.6	14.3	11.9	11.3	10.0	9.9	11.9	8.8	7.1	7.7	6.6	6.4
	金融机构各项贷款余额（亿元）	37 383.5	37 958.0	38 354.1	38 737.8	39 120.3	39 809.4	40 218.9	40 600.5	41 022.5	41 264.6	41 566.0	41 743.3
	其中：个人消费贷款	8 694.4	8 882.0	9 130.0	9 317.0	9 513.0	9 803.0	10 041.0	10 294.0	10 514.8	10 684.9	10 897.0	11 021.0
	票据融资	1 259.7	1 188.6	1 014.7	990.5	968.2	928.9	966.0	952.6	952.5	994.0	985.7	1 136.3
	各项贷款余额比上月增加（亿元）	882.4	574.0	396.1	383.7	382.6	689.0	409.5	381.6	422.0	242.1	301.4	177.4
	其中：个人消费贷款	313.0	188.0	248.0	187.0	196.0	291.0	237.7	252.0	221.4	170.1	212.2	124.1
	票据融资	-191.9	-71.1	-173.9	-24.2	-22.3	-39.3	37.0	-13.3	-0.1	41.4	-8.3	150.7
	金融机构各项贷款同比增长（%）	15.9	16.6	16.2	16.8	16.6	16.5	16.3	15.9	15.3	15.1	14.9	14.4
	其中：个人消费贷款	40.9	43.1	17.9	42.5	41.4	41.7	39.9	38.3	36.2	34.7	33.1	31.6
	票据融资	-5.7	-6.7	-16.0	-25.7	-33.5	-34.4	-34.4	-39.5	-42.4	-41.5	-38.0	-21.7
外币	金融机构外币存款余额（亿美元）	154.7	170.4	177.1	176.1	182.3	181.2	180.1	176.5	170.6	174.6	173.8	148.3
	金融机构外币存款同比增长（%）	44.9	48.8	35.9	32.3	47.9	41.1	33.0	22.4	29.4	13.0	6.2	2.7
	金融机构外币贷款余额（亿美元）	103.8	118.5	122.2	134.1	133.9	129.7	126.9	114.0	120.0	130.3	134.7	123.0
	金融机构外币贷款同比增长（%）	90.9	102.4	98.0	97.9	119.8	100.5	70.6	37.8	54.4	65.8	54.6	33.6

数据来源：中国人民银行郑州中心支行。

表 2　2001~2017 年河南省各类价格指数

单位：%

		居民消费价格指数		农业生产资料价格指数		工业生产者购进价格指数		工业生产者出厂价格指数	
		当月同比	累计同比	当月同比	累计同比	当月同比	累计同比	当月同比	累计同比
2001		—	0.7	—	-0.9	—	1.9	—	0.5
2002		—	0.1	—	0.9	—	-2.4	—	-1.4
2003		—	1.6	—	1.9	—	7.8	—	5.0
2004		—	5.4	—	11.4	—	15.7	—	10.2
2005		—	2.1	—	7.9	—	8.3	—	6.1
2006		—	1.3	—	1.2	—	5.3	—	4.3
2007		—	5.4	—	6.1	—	6.4	—	5.2
2008		—	7.0	—	20.9	—	11.9	—	12.1
2009		—	-0.6	—	-1.9	—	-2.9	—	-5.1
2010		—	3.5	—	3.1	—	10.2	—	7.8
2011		—	5.6	—	11.1	—	10.1	—	7.2
2012		—	2.5	—	5.4	—	-0.8	—	-0.6
2013		—	2.9	—	1.3	—	-0.7	—	-1.5
2014		—	1.9	—	-2.1	—	-1.6	—	-2.9
2015		—	1.3	—	0.3	—	-4.6	—	-4.6
2016		—	1.9	—	0.8	—	-0.8	—	-1.0
2017		2.3	1.4	2.1	-0.3	5.9	7.3	2.1	6.8
2016	1	1.5	1.5	1.1	1.1	-5.1	-5.1	-5.4	-5.4
	2	2.2	1.8	1.8	1.4	-4.1	-4.6	-5.1	-5.3
	3	2.4	2.0	1.8	1.6	-2.9	-4.0	-4.4	-5.0
	4	2.3	2.1	1.3	1.5	-2.6	-3.7	-3.6	-4.6
	5	1.9	2.1	1.5	1.5	-2.1	-3.3	-2.4	-4.2
	6	1.9	2	1.6	1.5	-1.9	-3.1	-1.9	-3.8
	7	1.5	2	0.8	1.4	-1.8	-2.9	-1.1	-3.4
	8	1.3	1.9	0.5	1.3	-1.2	-2.7	-0.1	-3
	9	1.9	1.9	0.5	1.2	-0.1	-2.4	0.6	-2.6
	10	2.1	1.9	-0.3	1.1	1.8	-2	1.8	-2.2
	11	2.1	1.9	-0.2	0.9	4.4	-1.4	4.4	-1.6
	12	2.0	1.9	-0.1	0.8	6.7	-0.8	6.3	-1.0
2017	1	2.3	2.3	-0.1	-0.1	8.0	8.0	7.3	7.3
	2	0.5	1.4	-0.1	-0.1	8.7	8.3	8.0	7.6
	3	0.3	1.0	-0.7	-0.3	8.2	8.3	7.5	7.6
	4	0.6	0.9	-0.7	-0.4	7.4	8.1	6.6	7.3
	5	0.8	0.9	-1.7	-0.6	6.3	7.7	5.8	7.0
	6	1.0	0.9	-2.3	-0.9	6.3	7.5	6.1	6.9
	7	1.0	0.9	-2.1	-1.1	6.5	7.3	6.4	6.8
	8	1.5	1.0	1.0	-1.1	6.8	7.3	6.9	6.8
	9	1.8	1.1	0.0	-1.0	8.2	7.4	8.0	7.0
	10	2.1	1.2	1.2	-0.7	8.0	7.4	7.7	7.0
	11	2.1	1.3	1.7	-0.5	6.8	7.4	6.1	7.0
	12	2.3	1.4	2.1	-0.3	5.9	7.3	5.3	6.8

数据来源：河南省统计局、《中国经济景气月报》。

表 3　2017 年河南省主要经济指标

	1 月	2 月	3 月	4 月	5 月	6 月	7 月	8 月	9 月	10 月	11 月	12 月
	绝对值（自年初累计）											
地区生产总值（亿元）	—	—	9 392.2	—	—	20 307.7	—	—	32 896.7	—	—	44 988.2
第一产业	—	—	634.7	—	—	1 906.3	—	—	3 583.2	—	—	4 339.5
第二产业	—	—	4 729.7	—	—	9 716.6	—	—	15 538.7	—	—	21 450.0
第三产业	—	—	4 027.9	—	—	8 674.8	—	—	13 774.8	—	—	19 198.7
工业增加值（亿元）	—	—	4 274.7	—	—	8 506.6	—	—	13 697.9	—	—	18 807.2
固定资产投资（亿元）	—	2 257.0	5 505.4	9 455.0	13 890.8	18 999.3	22 800.0	26 585.2	30 823.2	34 905.8	39 457.8	43 890.4
房地产开发投资	—	451.8	1 006.0	1 574.0	2 180.9	2 966.0	3 560.0	4 197.7	4 868.3	5 603.9	6 315.6	7 090.3
社会消费品零售总额（亿元）	—	3 278.3	4 757.3	6 268.2	7 793.1	9 359.0	10 889.5	12 493.7	14 102.1	15 891.4	17 763.2	19 666.8
外贸进出口总额（亿元）	496.2	811.3	1 149.2	1 483.8	1 784.1	2 104.0	2 421.1	2 745.9	3 167.3	3 652.5	4 435.9	5 232.8
进口	178.0	312.6	436.8	554.4	671.4	790.2	925.3	1 090.1	1 261.5	1 474.6	1 801.6	2 061.0
出口	318.3	498.6	712.4	929.3	1 112.7	1 313.8	1 495.8	1 655.8	1 905.9	2 177.9	2 634.3	3 171.8
进出口差额（出口－进口）	140.3	186.0	275.6	374.9	441.2	523.7	570.5	565.7	644.4	703.3	832.7	1 110.8
实际利用外资（亿美元）	9.3	15.5	31.6	47.2	65.1	89.4	97.0	109.0	124.8	143.4	160.4	172.2
地方财政收支差额（亿元）	-220.5	-419.3	-1 155.9	-1 337.9	-1 700.1	-2 913.2	-3 051.1	-3 308.9	-4 162.2	-4 189.8	-4 555.3	-4 827.7
地方财政收入	312.9	508.4	839.6	1 107.6	1 377.6	1 764.4	2 023.5	2 230.4	2 576.6	2 850.2	3 090.4	3 397.0
地方财政支出	533.4	927.7	1 995.5	2 445.5	3 077.6	4 677.6	5 074.6	5 539.3	6 738.8	7 040.0	7 645.7	8 224.7
城镇登记失业率（%）（季度）	—	—	2.8	—	—	2.8	—	—	2.8	—	—	2.8
	同比累计增长率（%）											
地区生产总值	—	—	8	—	—	8.2	—	—	8.1	—	—	7.8
第一产业	—	—	3.8	—	—	4.4	—	—	4.4	—	—	4.3
第二产业	—	—	7.1	—	—	7.5	—	—	7.6	—	—	7.3
第三产业	—	—	9.9	—	—	10	—	—	9.8	—	—	9.2
工业增加值	—	—	7.2	—	—	7.6	—	—	7.7	—	—	7.4
固定资产投资	—	12.6	12.1	10.4	10.6	10.9	10.6	10.8	10.8	10.8	10.6	10.4
房地产开发投资	—	24.4	25.2	24.7	24	22.9	20.2	19.1	18.3	17.4	15.5	14.7
社会消费品零售总额	—	12	12	12	12	12	12	11.9	11.8	11.7	11.6	11.6
外贸进出口总额	38.1	31.1	25.3	24.8	19.7	17.1	14.9	12	5.5	15.5	6.2	10.9
进口	16.6	24.9	20.4	16.6	12.8	8.2	6.1	2.9	-1.3	-0.5	6.7	9.6
出口	53.9	35.2	28.4	30.2	24.3	23.2	21.1	18.9	10.7	3	5.8	11.8
实际利用外资	2.8	2.7	3.4	4.5	3.8	0.9	3.5	6.7	8.1	4	4	1.4
地方财政收入	17.3	15.4	14.1	9.2	8.8	10.2	10.3	10.6	12.9	12.1	11.1	10.4
地方财政支出	40.1	21.1	25	17.6	17.9	24	19.5	16.8	16.2	12.7	11.5	9.8

数据来源：河南省统计局。

湖北省金融运行报告（2018）

中国人民银行武汉分行货币政策分析小组

[内容摘要] 2017年，湖北省坚持稳中求进工作总基调，坚定不移贯彻新发展理念，坚持以供给侧结构性改革为主线，牢牢把握推进高质量发展的根本要求，统筹推进稳增长、促改革、调结构、惠民生、防风险各项工作，经济运行呈现“稳中有进、质效提升”的良好态势。2017年，湖北省实现地区生产总值36 523亿元，同比增长7.8%，高于全国平均水平0.9个百分点，全省人均生产总值达到61 972元，比2016年增加6 781元。

全省需求总体保持稳定。一是投资结构持续优化。2017年，湖北省固定资产投资同比增长11.0%，其中制造业投资稳定增长，高技术产业和技术改造投资大幅提升，房地产开发投资适度增长。二是消费结构升级态势明显。2017年，湖北省社会消费品零售总额同比增长11.1%，全省限额以上批发和零售企业（单位）网上商品零售额同比增长39.1%，通信器材类、文化办公用品类、中西医药品类商品零售额分别增长31.9%、18.1%和11.8%。三是外贸形势明显改善。2017年，湖北省进出口总额创历史新高，其中进口增长21.4%，出口增长20.2%，同比分别提高35.0个和25.5个百分点，FDI和ODI同比分别增长8.5%和22.1%，对“一带一路”沿线国家投资合作步伐加快，占对外投资总额的16.1%。

全省产业转型升级步伐明显加快。一是产业结构持续优化。2017年，湖北省三次产业结构从上年的10.8：44.5：44.7调整为10.3：44.5：45.2，其中，农业现代化经营体系不断完善，全年农产品加工业产值与农业总产值之比达到2.4：1；先进制造业发展势头良好，高新技术、装备制造和汽车等产业增加值分别增长14.9%、12.2%和14.5%，增速均高于规模以上工业增加值；第三产业实现增加值16 503.4亿元，对全省经济增长的贡献率由51.7%提升到54.2%。二是产业转型升级取得新成效。2017年，湖北省产业结构出现“三快一慢”的积极变化：服务业、高技术制造业、装备制造业增加值同比分别增长9.5%、14.9%、12.2%，分别快于GDP增速1.7个、7.1个和4.4个百分点，六大高耗能行业增加值同比增长3.8%，慢于GDP增速4个百分点，全年技术改造投资占工业投资的比重达到33.1%，较2016年提高5.9个百分点。三是新经济、新动能培育提速。2017年，全省高新技术产业对经济增长的贡献率达到26%左右。以互联网为引领的新经济增势强劲，信息传输、软件和信息技术服务业保持20%左右的高速增长，旅游、文化、健康等服务消费快速发展。

全省民生领域高质量推进。一是物价涨幅有所分化。2017年，湖北省居民消费价格指数（CPI）同比上涨1.5%，涨幅同比回落0.7个百分点，工业生产者出厂价格指数（PPI）同比上涨5.6%，涨幅比上年扩大6.6个百分点。二是就业市场保持稳定。2017年，全省城镇新增就业91.9万人，同比增长1.3%；城镇登记失业率为2.59%，控制在目标范围之内。三是财政收支质效提高。2017年，湖北省完成地方一般公共预算收入3 248亿元，同比增长8.4%，其中地方税收收入同比增长11.5%，占公共预算收入的比重上升至69.2%；地方一般公共预算支出6 832亿元，同比增长6.4%，其中民生支出占比持续保持在75%以上。

2017年，湖北省金融业紧紧围绕服务实体经济发展和供给侧结构性改革，认真贯彻落实稳健中性货币政策和宏观审慎政策，切实防范化解各类金融风险，有效促进了金融和实体经济的良性循环，为稳增长、调结构、促改革、惠民生、去杠杆、抑泡沫、防风险营造了适宜的货币金融环境。2017年末，湖北省各项存款余额5.2万亿元，同比增长10.7%，各项贷款余额

4.0 万亿元，同比增长 14.6%。

全省金融支持实体经济发展力度更强。一是信贷结构继续优化。2017 年，湖北省重点领域和薄弱环节融资保障有力，其中精准扶贫、小微企业和县域贷款余额同比分别增长 42.0%、22.6% 和 20.0%；差别化住房信贷政策有效实施，个人住房贷款增速和占比持续回落。二是存贷款利率总体平稳。全省"双层级、全方位"市场利率自律机制作用有效发挥，金融机构人民币贷款利率温和上行，12 月份企业一般贷款加权平均利率同比上升 0.27 个百分点。三是金融创新积极推进。2017 年，全省 12 个试点县（市、区）"两权"抵押贷款余额达 15.2 亿元，同比增长 63.8%；汉口银行、国家开发银行、中国银行等 3 家试点银行投贷联动贷款余额 7.4 亿元，同比增长 84.3%；武汉城市圈积极推广以"六个专项"为特点的科技金融专营机制，建设银行"双创"金融服务中心落户湖北；湖北自贸区金融改革成效显著，交通银行离岸金融业务中心（湖北）正式挂牌。

全省金融业发展质效稳步提升。一是银行业转向高质量发展。2017 年，湖北省银行业金融机构资产增速高于贷款增速的趋势有所扭转，资金"脱实向虚"明显改善；组织体系更加完善，股份制银行、外资银行、非银机构数量均居中部前列，武汉区域金融中心的集聚效应凸显；贷款质量企稳向好，风险抵补能力总体处于合理区间，全省银行业金融机构不良贷款同比少增 58.7 亿元，不良贷款率同比下降 0.16 个百分点。二是证券业保持稳健发展。2017 年，湖北省法人机构资本实力和竞争力稳步提升，长江证券和天风证券分类评级均晋升至 A 级，长江期货挂牌新三板市场；多层次资本市场发展成效显著，全年新增上市公司 2 家、新增新三板挂牌企业 59 家、新增股权挂牌交易企业 1 636 家，资本市场直接融资 746.5 亿元。三是保险业平稳较快发展。2017 年，湖北省法人和外资保险机构数量均居中部地区前列，全国性保险机构后台服务中心、客户中心、数据中心、灾备中心等集聚武汉；保险业渗透力继续增强，全省保险深度同比上升 0.4 个百分点，保险密度同比增加 501.4 元 / 人；保险业务覆盖面不断扩大，积极服务小微企业融资、科技创新和支农惠农。

全省金融市场发展规范稳健运行。一是直接融资创新发展。2017 年，湖北省企业资产证券化产品增长迅猛，全年共发行 51 只企业资产证券化产品，金额达 84.1 亿元，同比增长 3.4 倍；债务融资工具市场创新步伐不断加快，全国最大单"双创"专项债务融资工具和全国首单专项扶贫超短期融资券相继成功发行。二是货币市场持续活跃。2017 年，湖北省共有 25 家市场成员参与同业拆借交易，累计拆借金额 7 187 亿元，同比增长 29.0%，整体净融入资金 4 973 亿元，同比增长 6.3%。三是票据融资规模大幅下降。2017 年，受银行机构压缩票据融资为贷款腾出额度影响，湖北省金融机构票据贴现发生额逐季减少，年末余额同比下降 25.7%。四是金融去杠杆取得成效。2017 年，湖北省金融机构表外融资转表内融资趋势总体持续，银行股权及其他投资同比少增 965.0 亿元。

目前，尽管湖北省经济金融依然存在不少困难和问题，面临着主要经济指标增速回落、民间投资乏力、高新科技及装备制造业增长偏弱、直接融资发展不足等诸多挑战，但是湖北经济金融的内外部环境总体稳定，经济结构不断优化，区位优势、产业基础和科教资源均有力支撑着全省经济金融发展。2018 年，湖北省金融机构将全面贯彻党的十九大、中央经济工作会议、全国金融工作会议精神，以习近平新时代中国特色社会主义思想为指导，紧扣我国社会主要矛盾变化，坚持稳中求进的工作总基调，坚持新发展理念，主动适应新时代、聚焦新目标、落实新要求，积极把握中部崛起、"一带一路"、长江经济带、自贸试验区等多项国家战略汇聚的有利时机，坚决贯彻落实稳健中性货币政策，坚持促发展与防风险并重，大力发展科技金融、绿色金融、物流金融、普惠金融和自贸区金融，切实提高金融服务实体经济的质量和效益，努力促进湖北经济社会持续平稳健康发展。

一、金融运行情况

2017年，湖北省金融业运行总体稳健，货币信贷和社会融资规模平稳适度增长，金融改革创新持续推进，多层次资本市场发展成效显著，保险保障功能进一步发挥，有力支持了全省实体经济发展和供给侧结构性改革。

（一）银行业转向高质量发展，服务实体经济质效稳步提升

1. 资产增速小幅放缓，组织体系更加完善。 2017年，湖北省银行业金融机构经营行为更趋理性规范，资产总额同比增长11.6%，较上年下降3.8个百分点，资产增速高于贷款增速的趋势有所扭转，资金“脱实向虚”明显改善。盈利能力持续向好，利润同比增长26.0%。武汉区域金融中心的集聚效应凸显。恒丰银行武汉分行、富邦华一银行武汉分行、三环财务公司和航天科工金融租赁公司相继开业，12家全国性股份制商业银行齐聚湖北，股份制商业银行、外资银行、非银机构数量均居中部前列。

表1　2017年湖北省银行业金融机构情况

机构类别	营业网点			法人机构（个）
	机构个数（个）	从业人数（人）	资产总额（亿元）	
一、大型商业银行	2 840	62 781	24 609	0
二、国家开发银行和政策性银行	96	2 505	9 595	0
三、股份制商业银行	579	11 147	8 575	0
四、城市商业银行	345	6 692	4 915	2
五、小型农村金融机构	2 181	31 643	10 416	78
六、财务公司	12	775	1 777	8
七、信托公司	2	548	176	2
八、邮政储蓄	1 641	7 816	5 065	0
九、外资银行	14	350	192	2
十、新型农村金融机构	166	3 005	340	68
十一、其他	9	1 002	1 072	5
合计	7 885	128 264	66 732	165

注：营业网点不包括国家开发银行和政策性银行、大型商业银行、股份制商业银行等金融机构总部数据；大型商业银行包括中国工商银行、中国农业银行、中国银行、中国建设银行和交通银行；小型农村金融机构包括农村商业银行、农村信用社、农村合作银行；新型农村金融机构包括村镇银行、贷款公司和农村资金互助社；“其他”包含金融租赁公司、汽车金融公司、货币经纪公司、消费金融公司等。

数据来源：湖北银监局。

2. 存款增速总体下降，定期化趋势明显。 2017年末，全省本外币各项存款余额5.2万亿元，同比增长10.7%，增幅较上年下降3.6个百分点。随着各类资管、理财、基金产品收益率与银行存款利率差距的拉大，加之企业债券融资下降较多以及派生存款减少，非金融企业和住户存款增长乏力，同比分别少增1 023.6亿元和439.0亿元。住户和非金融企业新增存款中，活期存款显著减少，定期存款占比为61.1%，较上年同期上升24.4个百分点。

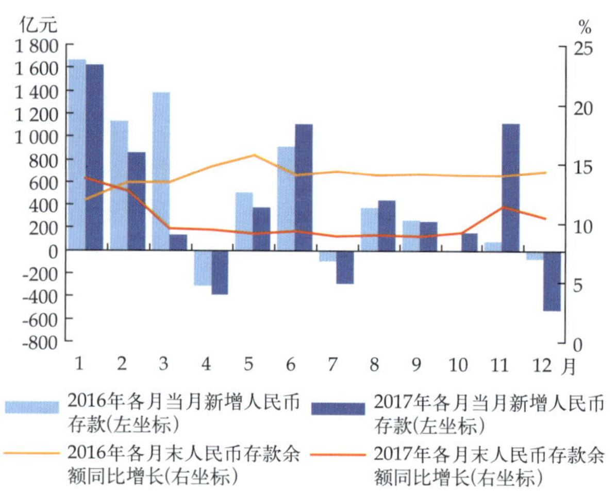

数据来源：中国人民银行武汉分行。

图1　2016~2017年湖北省金融机构人民币存款增长变化

3. 贷款增长有所放缓，信贷投向更趋优化。 2017年末，全省本外币各项贷款余额4.0万亿元，同比增长14.6%，增幅较上年下降2.4个百分点。信贷资金对实体经济支持力度稳步增强，企业中长期贷款同比多增802.5亿元。再贷款、再贴现、准备金率等政策工具的结构引导作用充分发挥，经济薄弱和民生领域贷款增长较快。精准扶贫、小微企业和县域贷款余额同比分别增长42.0%、22.6%和20.0%。绿色金融持续发展，节能环保项目及服务贷款同比增长33.0%。差别化住房信贷政策有效实施，个人住房贷款增速和占比持续回落，分别较上年同期下降18.1个和4.7个百分点。“两权”抵押贷款业务稳步开展，全省12个试点县（市、区）“两权”抵押

贷款余额达 15.2 亿元，同比增长 63.8%。投贷联动业务稳步增长，汉口银行、国家开发银行、中国银行等 3 家试点银行积极与 39 家内外部投资机构开展合作，投贷联动贷款余额 7.4 亿元，同比增长 84.3%。

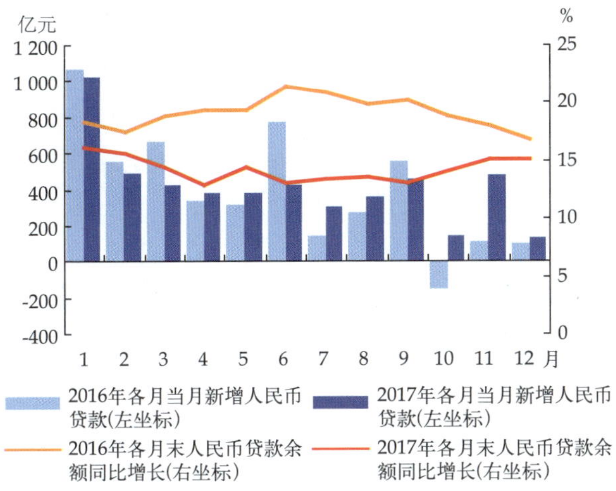

数据来源：中国人民银行武汉分行。

图 2　2016~2017 年湖北省金融机构人民币贷款增长变化

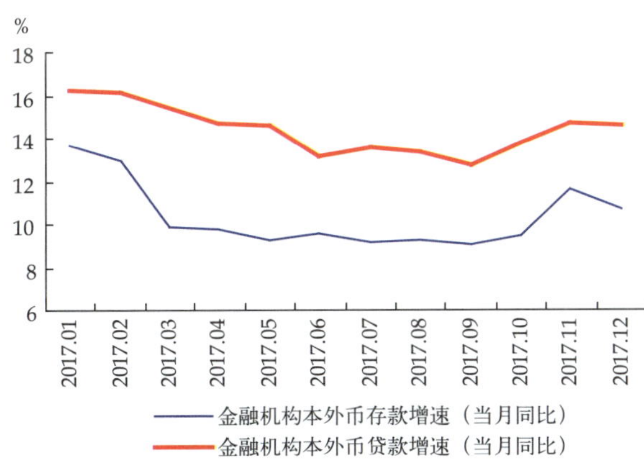

数据来源：中国人民银行武汉分行。

图 3　2017 年湖北省金融机构本外币存、贷款增速变化

4. 表外融资同比多增，同业投资明显萎缩。2017 年，随着金融监管政策加强，金融机构表外融资转表内融资趋势总体持续，但信贷增长受限导致表外融资依然冲高，委托贷款、信托贷款和未贴现银行承兑汇票同比多增 1 524.7 亿元，而包括资管计划、银行理财、信托投资、投资基金等在内的银行股权及其他投资大幅萎缩，同比少增 965.0 亿元。

5. 贷款利率水平有所上升，法人金融机构定价能力提升。2017 年，全省金融机构人民币贷款利率温和上行，执行上浮利率的人民币贷款占比总体上升。12 月企业一般贷款加权平均利率为 5.32%，同比上升 0.27 个百分点，其中小微企业贷款加权平均利率 5.95%，同比上升 0.16 个百分点。全省“双层级、全方位”市场利率定价自律机制运行模式更趋完善，常备借贷便利（FSL）利率有效发挥利率走廊上限的作用，金融机构存款利率呈现分层有序、差异化竞争格局，人民币存款利率水平总体平稳运行。地方法人金融机构自主定价能力切实提升，有 28 家和 26 家机构分别达到全国自律机制基础成员和观察成员标准，全年实际发行同业存单和大额存单共计 2 286 亿元。

表 2　2017 年湖北省金融机构人民币贷款各利率区间占比

单位：%

月份		1 月	2 月	3 月	4 月	5 月	6 月
合计		100.0	100.0	100.0	100.0	100.0	100.0
下浮		20.3	34.5	18.7	35.8	26.5	14.3
基准		28.4	21.4	29.6	21.2	23.4	26.0
上浮	小计	51.3	44.1	51.7	43.0	50.1	59.7
	(1.0, 1.1]	18.0	16.5	19.3	18.3	20.2	21.0
	(1.1, 1.3]	14.3	16.0	15.0	11.7	13.1	17.3
	(1.3, 1.5]	7.4	5.4	8.1	6.2	6.8	9.3
	(1.5, 2.0]	9.8	5.2	8.2	5.4	8.6	10.7
	2.0 以上	1.8	1.1	1.2	1.4	1.5	1.4
月份		7 月	8 月	9 月	10 月	11 月	12 月
合计		100.0	100.0	100.0	100.0	100.0	100.0
下浮		13.9	12.8	10.2	10.3	10.9	11.8
基准		25.1	28.4	28.3	30.4	29.3	25.6
上浮	小计	61.0	58.8	61.5	59.2	59.8	62.7
	(1.0, 1.1]	23.9	19.9	19.2	19.7	20.8	21.0
	(1.1, 1.3]	17.6	15.8	19.3	18.7	19.9	18.2
	(1.3, 1.5]	9.9	9.4	9.9	9.4	8.2	12.9
	(1.5, 2.0]	8.5	12.0	11.7	10.4	9.7	9.5
	2.0 以上	1.3	1.7	1.5	1.1	1.2	1.1

数据来源：中国人民银行武汉分行。

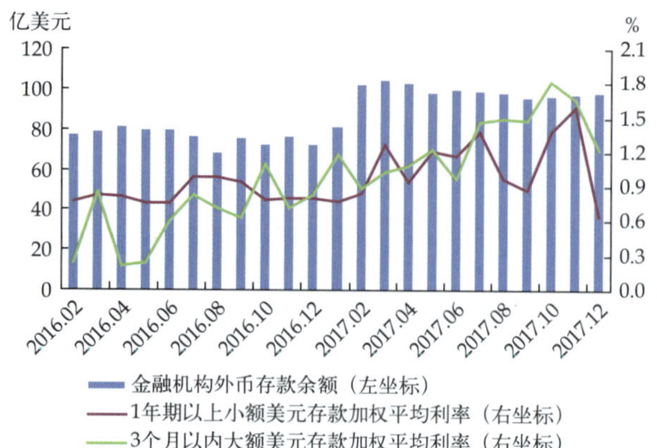

数据来源：中国人民银行武汉分行。

图4　2016~2017年湖北省金融机构外币存款余额及外币存款利率

6. 贷款质量企稳向好，风险抵补能力处于合理区间。2017年末，全省银行业金融机构不良贷款同比少增58.7亿元，不良贷款率1.56%，同比下降0.16个百分点，其中地方法人机构不良贷款率为2.22%，较上年同期下降0.01个百分点；关注类贷款余额同比下降16.3%，全年减少221.6亿元，而上年同期为增加250.0亿元。地方法人金融机构总体拨贷比和拨备覆盖率均高于监管要求。湖北银行、汉口银行、武汉农商行等2家城商行和3家农商行累计发行次级债75亿元，有效提高了资本充足率，增强了抵御风险能力。债委会组建成效显著，已成立银行业债委会92家，涉及银行债权1 295亿元，稳步化解多项债务隐忧，有效支持企业去杠杆。

7. 金融改革创新深入推进，促进经济高质量发展能力不断提升。普惠金融服务体系加速构建。全省各大中型商业银行普惠金融事业部设立工作稳步推进；邮政储蓄银行“三农金融事业部”改革全面落地，省、市、县分支机构已同步挂牌。科技金融改革创新积极推进。武汉城市圈全面推广以“六个专项”为特点的科技金融专营机制，建设银行“双创”金融服务中心落户湖北。金融科技助推银行业务信息化发展。湖北省农信联社与华为签订战略合作协议，就智慧银行、云计算、大数据、互联网创新等业务进行合作。湖北自贸区金融改革成效显著，交通银行离岸金融业务中心（湖北）正式挂牌。

专栏1　湖北省“新型农业经营主体＋建档立卡贫困户”产业带动信贷扶贫模式成效明显

中国人民银行武汉分行联合湖北省扶贫办出台《湖北省“新型农业经营主体＋建档立卡贫困户”扶贫小额信贷管理办法》，以产业扶贫为切入点，主导推出“新型农业经营主体＋建档立卡贫困户”产业带动信贷扶贫模式，充分发挥了新型农业经营主体在产业扶贫方面的优势，激发了贫困户创业就业的意愿和动力，探索了一条使贫困户“广受益、能致富、可持续”的发展之路。2017年以来，全省共发放“新型农业经营主体＋建档立卡贫困户”贷款86亿元，带动帮扶贫困户12.8万户，同比分别增长62.3%和18.7%。

一、主要做法

贷款对象：与建档立卡贫困户建立就业、订单、土地流转、资金入股等利益联结关系，以此吸纳和带动一定数量建档立卡贫困户的新型农业经营主体。

贷款额度：结合新型农业经营主体实际贷款需求，按吸纳和带动的建档立卡贫困户数×10万元计算，且贷款上限最高不超过200万元。

贷款期限和利率：期限不超过3年，贷款利率在市场化原则上实行一定优惠。

贷款操作程序：新型农业经营主体与建档立卡贫困户签订《带动脱贫协议》→村委联合扶贫部门推荐→金融机构贷款审查→金融机构发放贷款→财政部门审核贴息。

贷款配套政策：比照扶贫小额信贷享受

政府部门贷款贴息和风险补偿政策。

二、主要特点

（一）聚焦“特色产业”带脱贫

“新型农业经营主体+建档立卡贫困户”信贷模式必须满足“四个关系”的基本条件，即新型农业经营主体与建档立卡贫困户建立订单、就业、土地流转或资金入股等利益联结关系。

（二）聚焦“精准对接”保脱贫

通过把好三道关口，确保该信贷模式实现对贫困户的精准对接。一是把好贷款筛选关。贫困户所在的村委联合金融精准扶贫工作站梳理建档立卡贫困户信息，筛选出有劳动力、有种养农产品或有可流转土地的贫困户，与新型农业经营主体形成利益联结关系。二是把好贷前审查关。金融机构依托贫困户所在的村委、金融精准扶贫工作站、金融扶贫服务大厅等工作机制开展贷前审查，确保利益联结关系真实有效。三是把好贷后认定关。贫困户所在的村委联合扶贫部门对新型农业经营主体履行脱贫协议情况出具鉴定意见。

（三）聚焦“风险防控”稳脱贫

通过设立三道防火墙，切实防范贷款风险，全省该信贷模式不良贷款率仅为0.13%。一是实行“主体借、主体还”，新型农业经营主体具有更强的财务管理和还款能力，可避免因违规使用贷款资金而形成的风险问题；二是建立风险补偿机制，由县级扶贫小额信贷风险补偿金管理中心与金融机构签订《扶贫信贷业务合作协议》，金融机构享受相应的风险补偿政策；三是引进贷款保证保险机制，试点保险公司和贷款银行共同承担贷后管理责任。

（四）聚焦“持续发展”助脱贫

一是利率定价相对灵活，“新型农业经营主体+建档立卡贫困户”信贷模式利率按市场化方式定价，贷款收益能够覆盖金融机构经营成本，湖北省该模式贷款利率大多在6%左右；二是批量化操作更加高效，该模式下金融机构面对的是新型农业经营主体而不是“点多面广”的贫困户，贷款业务等同于批量化操作；三是贷款贴息降低成本，以财政部门按1年期贷款基准利率标准贴息测算，2017年可为全省新型农业经营主体减少利息支出3.7亿元。

（五）聚焦“多方利益”促脱贫

该模式较好兼顾各方利益，形成了政、银、企、户多方共赢的局面。一是调动了当地政府、企业的积极性，该模式有利于贫困地区做大做强特色产业，增强内生发展动力；二是调动了金融机构积极性，该模式较好地解决了相当一部分贫困户生产项目较少、信用等级不高问题，贷款载体得到优化；三是调动了贫困户的积极性，在该模式支持下，贫困户可获得经营性收入、工资性收入及财产性收入等多种类型收入，收入渠道明显增多，金融扶贫的覆盖面也明显拓宽。

（二）证券业保持平稳较快发展，多层次资本市场不断完善

1. 证券机构持续发展壮大。2017年末，全省有法人证券公司2家，证券分支机构416家，较上年增加70家；法人期货公司2家，期货分支机构55家，较上年增加1家。法人机构资本实力和竞争力稳步提升。长江证券分别发行次级债和公司债20亿元和60亿元，天风证券分别发行次级债和公司债10亿元和20亿元，二者分类评级均晋升至A级。长江期货新增注册资本2 490万元，挂牌“新三板”市场。全省累计证券交易量87 845.2亿元，同比增长2.9%；证券账户数量879.9万户，同比增长18.8%。

2. 多层次资本市场稳健发展。2017年末，全省上市公司数量达97家，新增2家，全年直接融资683.8亿元，其中IPO融资13.8亿元，上市公司增发和债券融资670.0亿元。“新三板”

挂牌企业总数达406家，新增59家，定向增发融资36.3亿元。区域性股权交易市场快速发展，武汉股权托管交易中心全年新增托管登记企业1 865家，新增股权挂牌交易企业1 636家，直接融资26.4亿元。

3. 私募基金数量和规模稳中有升。2017年末，全省已登记注册私募基金管理机构达318家，同比新增98家，管理基金563只，规模911亿元，共投向3 084个项目，涉及制造、环保、制药等70多个行业。

表3　2017年湖北省证券业基本情况

项目	数量
总部设在辖内的证券公司数（家）	2
总部设在辖内的基金公司数（家）	0
总部设在辖内的期货公司数（家）	2
年末国内上市公司数（家）	97
当年国内股票（A股）筹资（亿元）	258.4
当年发行H股筹资（亿元）	0
当年国内债券筹资（亿元）	1 457.1
其中：短期融资券筹资额（亿元）	400.6
中期票据筹资额（亿元）	356.8

数据来源：中国人民银行武汉分行、湖北保监局、湖北省发改委。

（三）保险业发展逐步回归本源，支持经济社会发展能力增强

1. 保险业整体实力持续增强。2017年末，全省共有各级各类保险机构4 095家，保险业总资产2 658.5亿元，同比增长8.2%。法人和外资保险机构数量均居中部六省前列，全国性保险机构后台服务中心、客户中心、数据中心、灾备中心等集聚武汉。保险业渗透力继续增强，全省保险深度3.7%，同比上升0.4个百分点；保险密度2 288.0元／人，同比增加501.4元／人。

2. 经济社会服务保障功能明显增强。2017年，累计实现保费收入1 346.8亿元，同比增长28.1%；支付各类赔款及给付406.5亿元，同比增长9.2%。以万能险为主的投资型业务收入大幅收缩，同比下降57.5%；而保障型业务收入占比达85.2%，同比上升20.2个百分点。保险业务覆盖面不断扩大。助力小微企业融资，小额贷款保证保险累计支持5.4万家小微企业和个体经营户融资64.0亿元。支持科技创新，科技保险累计为316家次科技企业提供177.7亿元风险保障。服务支农惠农，农业保险保费收入9.2亿元，同比增长65.2%，提供风险保障金额294.0亿元，同比增长41.2%。

3. 保险创新和改革试点深入推进。2017年，全省保险业积极推进保险产品创新试点，在全省14个粮食主产县（市）开展主要针对适度规模经营主体的专属水稻、小麦农业大灾保险试点，建设工程履约保证综合保险、首台套重大技术装备保险、新材料首批次应用保险等新业务有序发展。武汉保险示范区建设全面推进，其中科技保险示范区、保险创新示范区、综合保险示范区和健康保险创新示范区建设等初见成效。

表4　2017年湖北省保险业基本情况

项目	数量
总部设在辖内的保险公司数（家）	3
其中：财产险经营主体（家）	1
人身险经营主体（家）	2
保险公司分支机构（家）	74
其中：财产险公司分支机构（家）	32
人身险公司分支机构（家）	42
保费收入（中外资，亿元）	1 346.8
其中：财产险保费收入（中外资，亿元）	341.3
人身险保费收入（中外资，亿元）	1 005.4
各类赔款给付（中外资，亿元）	406.5
保险密度（元／人）	2 288.6
保险深度（%）	3.7

数据来源：湖北保监局。

（四）融资结构有待进一步优化，金融市场运行总体平稳

1. 社会融资规模适度增长，直接融资不断创新发展。2017年，全省新增社会融资规模

7 280.9 亿元，同比多增 1 370.1 亿元。从结构看，人民币贷款占比为 69.0%，同比下降 12.1 个百分点；由于市场利率走高以及 IPO 和定向增发监管趋严等因素，企业债券和境内股票融资同比少增 526.9 亿元。企业资产证券化产品增长迅猛，全年共发行 51 只企业资产证券化产品，金额达 84.1 亿元，同比增长 3.4 倍。债务融资工具市场创新步伐不断加快，全国最大单“双创”专项债务融资工具和全国首单专项扶贫超短期融资券相继成功发行。

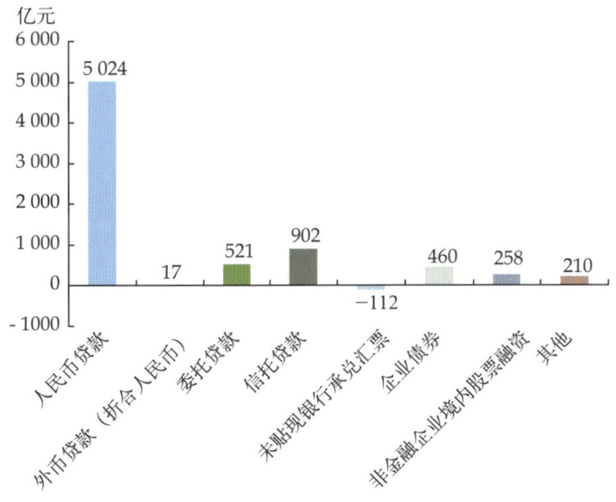

数据来源：中国人民银行武汉分行。

图 5　2017 年湖北省社会融资规模分布结构

2. 同业拆借交易稳步增长，债券回购交易持续活跃。2017 年，全省共有 25 家市场成员参与同业拆借交易，累计拆借金额 7 187 亿元，同比增长 29.0%，整体净融入资金 4 973 亿元，同比增长 6.3%。全省共有 36 家金融机构和 135 只非法人投资产品参与债券质押式回购交易，合计成交金额 13.1 万亿元，同比增长 8.0%，整体净融出资金 2 890 亿元，城商行和非法人产品是主要的资金融出方，农村金融机构是主要的资金融入方。

3. 票据融资规模大幅下降，票据市场利率振荡上行。受银行机构压缩票据融资为贷款腾出额度影响，2017 年，全省金融机构票据贴现发生额逐季减少，年末余额同比下降 25.7%。受货币市场利率和票据市场供求变化等因素影响，票据市场利率总体呈现较大幅度上行态势。

表 5　2017 年湖北省金融机构票据业务量统计

单位：亿元

季度	银行承兑汇票承兑		贴现			
			银行承兑汇票		商业承兑汇票	
	余额	累计发生额	余额	累计发生额	余额	累计发生额
1	2 640.5	1 399.5	1 057.4	5 477.6	46.9	306.7
2	2 354.0	1 169.9	1 032.6	3 305.7	38.7	131.1
3	2 289.0	1 237.8	981.2	2 197.0	43.8	202.9
4	2 383.7	1 650.7	985.9	2 055.2	48.3	139.0

数据来源：中国人民银行武汉分行。

表 6　2017 年湖北省金融机构票据贴现、转贴现利率

单位：%

季度	贴现		转贴现	
	银行承兑汇票	商业承兑汇票	票据买断	票据回购
1	4.486	5.370	3.625	3.406
2	5.062	5.971	4.370	4.408
3	4.882	5.809	4.170	4.654
4	4.931	6.036	4.362	4.596

数据来源：中国人民银行武汉分行。

（五）金融生态环境建设深入推进，金融消费者权益保护积极开展

2017 年，通过信用乡镇创建、信用企业培植、金融生态环境评价等机制，全省继续加大金融生态环境建设力度，共评定信用乡镇 1 008 个，A 级以上信用企业 4 万多家，17 个市州、76 个县市成为“金融信用市（县）”。涉金融领域失信问题专项治理和金融案件“飓风行动”、打击“老赖”、“百日攻坚”等金融维权行动成效显著，共同推进金融债权执结，筑牢金融司法安全底线。金融机构金融消费权益保护评估制度初步建成，金融广告治理工作积极开展，防范和打击非法集资、电信网络犯罪以及反洗钱、反假币等金融知识宣传教育持续推进。

二、经济运行情况

2017 年，湖北省经济保持平稳运行态势，工业生产保持增长，固定资产投资增速有所回落，消费市场和物价保持平稳。2017 年，全省实现地区生产总值 36 523.0 亿元，同比增长 7.8%，高于全国平均水平 0.9 个百分点。人均生产总值达到 61 972 元，比上年增加 6 781 元。三次产业结构由上年度的 10.8 ：44.5 ：44.7 调整为 10.3 ：44.5 ：45.2。

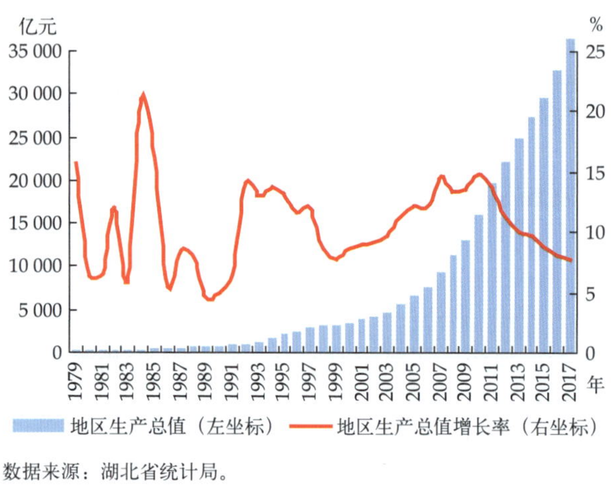

数据来源：湖北省统计局。

图 6　1979~2017 年湖北省地区生产总值及其增长率

（一）投资增速高位回落，消费、进出口明显向好

1. 投资增速有所回落，投资结构持续优化。 2017 年，全省固定资产投资累计完成 31 872.6 亿元，同比增长 11.0%，较上年回落 2.1 个百分点。其中，第一、第二、第三产业累计完成投资分别为 912.3 亿元、13 236.5 亿元和 17 723.9 亿元，分别同比增长 2.5%、12.1% 和 10.6%。工业投资稳定增长，同比增长 11.9%，比上年提高 4.5 个百分点。高技术产业投资快速增长，同比增长 33.4%，高于全省投资平均增速 22.4 个百分点。技改投资大幅提升，同比增长 34.8%，高于全省投资平均增速 23.8 个百分点。基建投资稳步回升，同比增长 18.3%，高于全省投资平均增速 7.3 个百分点。

2. 居民收入持续增加，消费市场平稳发展。 2017 年，全省居民人均可支配收入 23 757 元，其中城镇居民人均可支配收入 31 889 元，农村居民人均可支配收入 13 182 元，同比均增长 8.5%。全年实现社会消费品零售总额 17 394.1 亿元，同比增长 11.1%，增速较上年下降 0.7 个百分点。2017 年，城镇共实现消费品零售额 14 603.9 亿元，同比增长 11.1%；乡村消费品零售额 2 790.2 亿元，同比增长 11.6%；全省商品零售额 15 646.4 亿元，同比增长 11.0%。

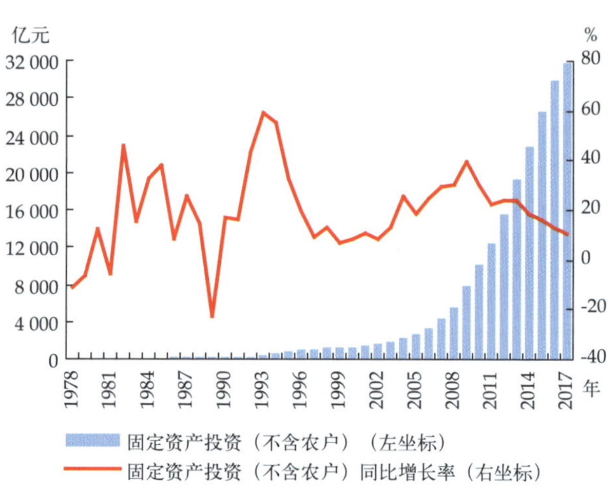

数据来源：湖北省统计局。

图 7　1978~2017 年湖北省固定资产投资（不含农户）及其增长率

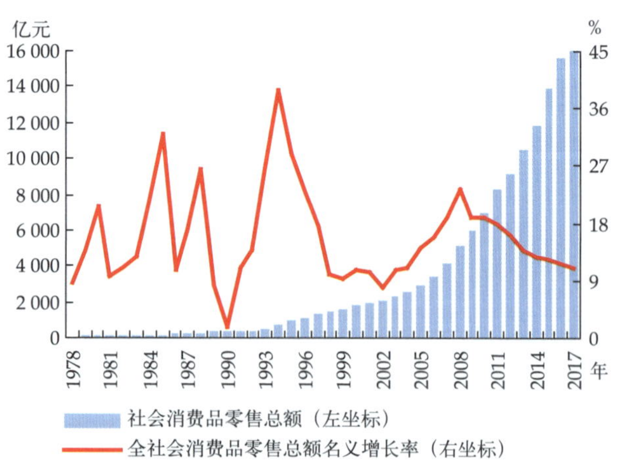

数据来源：湖北省统计局。

图 8　1978~2017 年湖北省社会消费品零售总额及其增长率

3. 进出口持续向好，“引进来”和“走出去”步伐加快。2017年，全省进出口总额3 134.3亿元，规模创历史新高，同比增长20.6%，高于全国平均水平6.4个百分点。其中，进口增长21.4%，出口增长20.2%。全省实际外商直接投资109.9亿美元，同比增长8.5%；对外投资16.1亿美元，同比增长22.1%，对“一带一路”沿线国家投资快速增长，占对外投资总额的16.1%。

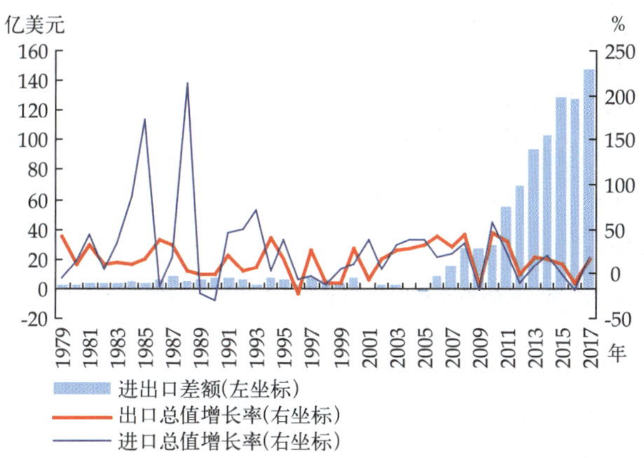

数据来源：湖北省统计局。

图9　1979~2017年湖北省外贸进出口变动情况

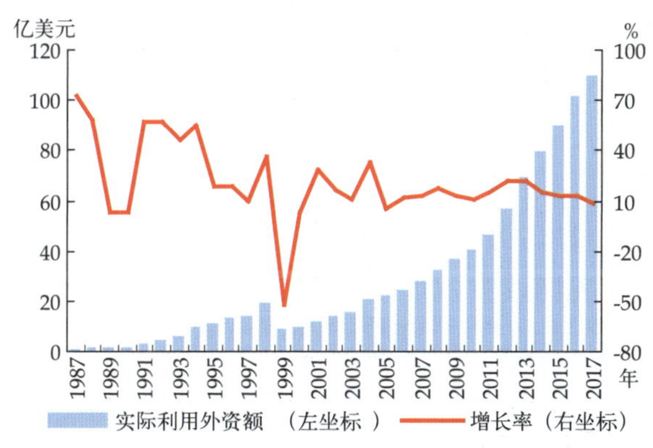

数据来源：湖北省统计局。

图10　1987~2017年湖北省实际利用外资额及其增长率

（二）工业生产保持增长，产业结构继续优化

1. 农业生产形势良好，农村改革持续推进。2017年，全省农林牧渔业增加值3 759.7亿元，同比增长3.6%。农村一二三产业融合发展加快，全年农产品加工业产值与农业总产值之比达到2.4∶1。农业现代化经营体系不断完善，全省注册农民合作社达8.2万个，家庭农场达2.9万家。农户承包土地流转比例达到44.1%。

2. 工业生产企稳回升，转型升级稳步推进。2017年，全省规模以上工业增加值增长7.4%，较上年回落0.6个百分点。汽车制造业增加值增长14.5%，对工业增长的贡献率达到26.9%。装备制造业增加值增长12.2%，高于全部规模以上工业增速4.8个百分点。高技术制造业增长14.9%，高于全部规模以上工业增速7.5个百分点。全年规模以上工业企业实现利润2 470.6亿元，同比增长10.0%。

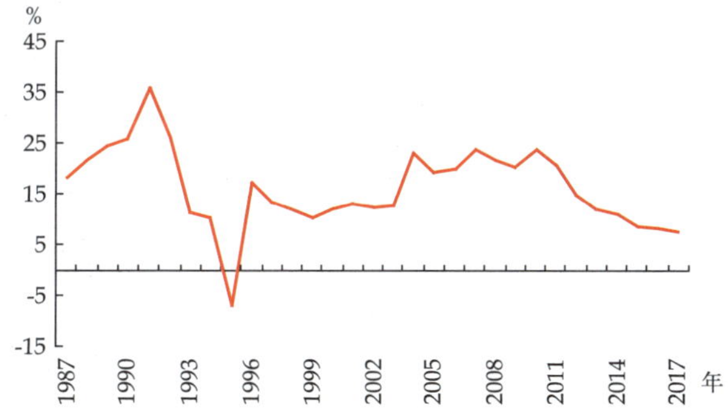

数据来源：湖北省统计局。

图11　1987~2017年湖北省规模以上工业增加值实际增长率

3. 服务业发展加快，主体地位逐步形成。2017年，全省第三产业实现增加值16 503.4亿元，同比增长9.5%，增速较第二产业快2.4个百分点。服务业占GDP的比重达45.2%，较上年提升0.5个百分点。第三产业对经济增长的贡献率由51.7%提升到54.2%。

4. 供给侧结构性改革有效推进，经济发展质效提升。2017年，全省六大高耗能行业增加值增长3.8%，低于全部规模以上工业增速3.6个百分点。重点高能耗产品水泥、平板玻璃、生铁和粗钢产量均在低位运行，分别增长0.7%、4.5%、3.4%和3.4%。商品房待售面积同比下降22.1%，降幅比上年扩大11.6个百分点。全省规模以上工业企业资产负债率降至52.8%，低于全国2.9个百分点。出台降成本32条政策措施，总计为企业减轻负担 1 100 亿元左右。乡镇污水处理、高标准农田建设等补短板十大重点工程推进有力。

（三）物价水平总体稳定，工业品价格有所回升

1. 物价水平总体稳定。2017 年，湖北省居民消费价格指数同比上涨 1.6%，涨幅比上年回落 0.6 个百分点，其中城市居民消费价格指数同比上涨 1.7%，高于农村 0.5 个百分点。从构成来看，除食品烟酒类价格下降 0.6% 以外，其他七个大类价格均有所上升。

2. 工业品价格明显回升。2017 年，湖北省工业生产者出厂价格上涨 5.6%，涨幅比上年扩大 6.6 个百分点。工业生产者购进价格上涨 8.3%，涨幅比上年扩大 10.0 个百分点。

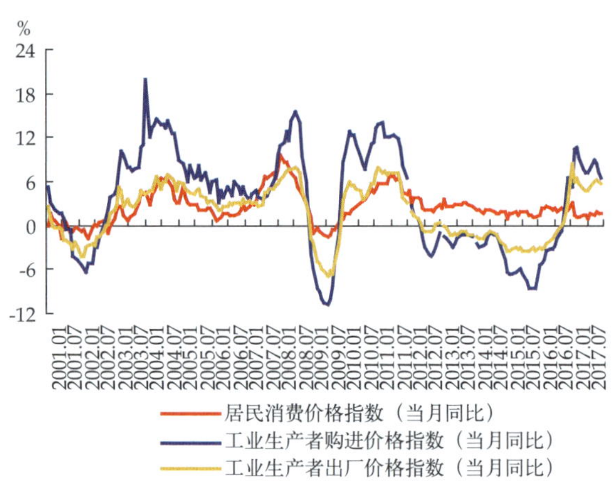

数据来源：湖北省统计局。

图 12　2001~2017 年湖北省居民消费价格指数和工业生产者价格指数变动趋势

（四）财政收入质效同比提高，财政支出保障有力

2017 年，全省地方财政总收入 5 441 亿元，同比增长 9.4%，较上年提高 3.7 个百分点。其中，地方一般公共预算收入 3 248.4 亿元，同比增长 8.4%。从构成来看，地方税收收入同比增长 11.5%，较上年提高 3.8 个百分点；地方税收收入占公共预算收入的比重为 69.2%，较上年提高 0.8 个百分点。地方一般公共预算支出 6 831.7 亿元，同比增长 6.4%，其中民生支出占比持续保持在 75% 以上。2017 年末，全省地方政府债券余额 5 609 亿元，较上年增加 1 110 亿元。全年发行地方政府债券 1 223 亿元，较上年减少 1 421 亿元，其中置换、新增债券分别为 482 亿元和 741 亿元，分别较上年减少 1 606 亿元和增加 185 亿元。

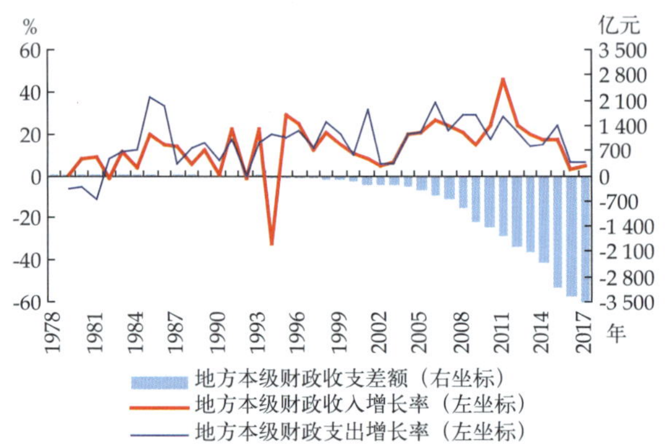

数据来源：湖北省统计局。

图 13　1978~2017 年湖北省财政收支状况

（五）节能环保工作取得实效，生态文明建设扎实推进

2017 年，全省坚持以环境质量改善为核心，持续开展大气污染防治攻坚战，空气质量明显改善。全省 17 个重点城市平均空气质量优良天数比例为 79.1%，同比提高 5.7 个百分点。全年推进实施城镇污水处理、工业治理、畜禽养殖治理等水污染减排项目 2 867 个，实现化学需氧量削减量 5.4 万吨、氨氮削减量 0.7 万吨。京山县成功创建全国首批国家生态文明建设示范县，神农架林区、蔡甸区、茅箭区、张湾区、保康县、远安县、罗田县等 7 个县市区获得省级生态文明建设示范区命名。2017 年末，全省有国家级生态乡镇 45 个，国家级生态村 22 个，省级生态乡镇 393 个，省级生态村 3 565 个。

（六）房地产市场总体保持平稳，保障性安居工程建设加快推进

2017 年，全省房地产市场运行总体平稳，

区域差异化明显，武汉市商品房销售持续升温，个人住房贷款大幅上涨。金融支持保障性住房建设力度进一步加大。

1. 房地产开发投资保持适度增长。 2017 年，全省房地产开发投资增速波动下行。全年房地产开发投资累计完成 4 574.9 亿元，同比增长 6.5%，较上年提高 5.4 个百分点。其中，住宅投资占房地产开发投资的比重为 70.1%，武汉市房地产开发投资占全省的比重为 58.6%。商品房施工面积同比增长 2.1%，较上年下降 3.5 个百分点；商品房竣工面积同比增长 2.9%，而上年同期为下降 9.4%。

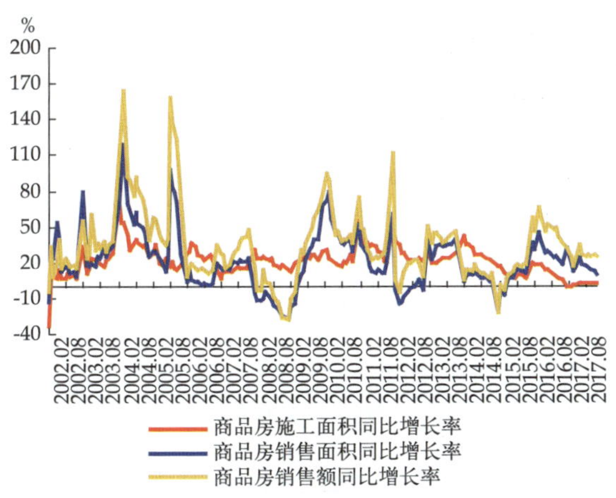

数据来源：湖北省统计局。

图 14　2002~2017 年湖北省商品房施工和销售变动趋势

2. 商品房销售价格变动差异明显。 2017 年，作为全国 16 个房地产调控重点城市之一，武汉市商品住房价格保持平稳，省内其他城市商品住房价格过快上涨势头被遏制。2017 年 12 月，武汉市新建住宅销售价格同比增长 28%，环比上升 2.7%，总体符合调控目标；全省除武汉以外的 79 个市县商品住房销售均价 4 269 元 / 平方米，同比上升 12.8%。

3. 保障性安居工程目标全面完成。 棚户区改造货币化安置加快推进。2017 年，全省棚户区改造开工目标任务为 41.2 万套，其中，全省城市棚户区、国有工矿棚户区、垦区危房改造开工目标任务分别为 39.0 万套、0.2 万套和 2.0 万套。2013 年至 2017 年底，湖北省全省累计开工各类保障性住房和棚户区改造住房 205 万套，有效改善了全省约 600 万城镇居民的居住条件，住房保障覆盖城镇常住人口的比例由 2012 年底的 12.7% 上升到现在的 22.5%。完成农村危房改造 54 万户。金融支持棚户区改造力度加大，以政府购买棚改服务为主要方式的棚改项目融资全面推进，中国人民银行抵押补充贷款（PSL）较好满足棚户区改造项目资金需求，年末棚户区改造贷款余额 2 722 亿元，全年新增 1 060.4 亿元，较年初增长 61.9%。

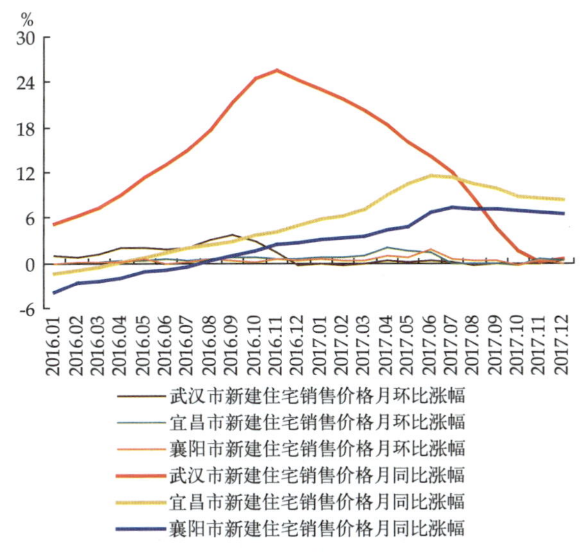

数据来源：湖北省统计局。

图 15　2016~2017 年湖北省主要城市新建住宅销售价格变动趋势

专栏 2　湖北自贸区金融改革取得积极成效

湖北自贸试验区成立一年来，紧紧围绕以制度创新为核心，以可复制可推广为基本要求，努力成为中部有序承接产业转移示范区、战略性新兴产业和高技术产业集聚区、全面改革开放试验田和内陆对外开放新高地。湖北自贸区总体方案明确的170项实验任务已启动160项、完成32项。国务院、相关部委复制推广的111项改革试点经验已落实104项。

一、推动“金融36条”等改革细则落地实施

2017年出台了《关于支持中国（湖北）自由贸易试验区建设的指导意见》，从推动自贸区科技金融创新、扩大人民币跨境使用、拓展融资渠道、深化外汇管理改革、优化金融服务、加强风险监测与管理六个方面提出了36条支持湖北自贸区建设的金融改革措施。将科技金融作为着力点，以提供多样化的金融产品为依托，推动科技金融创新，加大金融支持科技产业发展力度；在坚持风险可控的前提下，以推进人民币资本项目可兑换为重点，加快外汇管理改革；以扩大人民币跨境使用为路径，稳步推进人民币国际化；以增强金融服务功能为手段，促进金融体系创新升级；以数据采集系统为基础，建立金融风险监测、评估和防范机制。

二、继续有序推进外汇管理重点领域改革

一是将直接投资项下外汇登记及变更登记下放至银行办理。二是取消对外担保和向境外支付担保费行政审批，取消境外融资租赁债权审批。三是企业可根据自身经营需要，实行资本项目下外汇收入意愿结汇。四是放宽跨国公司外汇资金集中运营管理准入条件。五是允许银行审核真实、合法的电子单证办理经常项目集中收付汇、轧差净额结算等业务。六是为符合条件的区内跨国企业集团优先办理跨境双向人民币资金池业务备案。2017年，自贸区武汉片区内2家企业已备案开展跨境双向人民币资金池业务。

三、稳步提高金融服务水平

一是探索开展“自贸区”退更免业务电子化。2017年湖北自贸区宜昌片区、襄阳片区和武汉片区共办理企业电子化退更免业务13 621笔，涉及金额37.7亿元。二是鼓励法人支付机构申请跨境支付服务许可。武汉合众易宝科技有限公司已获得互联网支付业务许可，目前正咨询申请牌照相关事宜。三是引导全国性支付机构分支机构开展跨境支付业务。共有15家获得跨境支付许可的支付机构在湖北省设立分公司，其中已有3家提供跨境支付服务。四是突出创新驱动发展。出台科技十条、黄金十条等政策措施，发展投贷联动、银保联动、投债联动，努力探索解决高科技行业轻资产、融资难问题。

四、采取多种措施有效防范金融风险

一是探索建立多维指标体系。结合湖北自贸区的特点，从宏观到微观、机构到个人、区内到区外等不同角度，建立监测指标。二是丰富核查手段。将传统监测手段与现代核查技术有机结合，探索搭建针对不同市场主体、行业特点和业务种类的风险预警、应急预案，运用监测约谈、风险提示等监管手段。三是凝聚监管合力。通过搭建内部监管、强化业务指导、建立跨部门协作等手段和机制，增强市场主体风险防范意识和能力，为稳妥有序推进金融改革创新创造有利条件。四是加强自贸区三反工作。人民银行采取多项措施，强化跨境资金划转背景审查，加大地下钱庄打击、走私线索摸排力度，向公安机关移送地下钱庄线索3起，其中2起已立案侦查，向海关移送走私线索1起。2017年湖北自贸区挂牌以来，区内的风险管理能力经受住了考验，没有发生重大金融风险事件。

三、预测与展望

目前，尽管湖北省经济金融依然存在不少困难和问题，面临着主要经济指标增速回落、民间投资乏力、高新科技及装备制造业增长偏弱、直接融资发展不足等诸多挑战，但是湖北经济金融的内外部环境总体稳定，经济结构不断优化，区位优势、产业基础和科教资源均有力支撑着全省经济金融发展。

2018 年，湖北省金融机构将全面贯彻党的十九大、中央经济工作会议、全国金融工作会议精神，以习近平新时代中国特色社会主义思想为指导，紧扣我国社会主要矛盾变化，坚持稳中求进的工作总基调，坚持新发展理念，主动适应新时代、聚焦新目标、落实新要求，积极把握中部崛起、“一带一路”、长江经济带、自贸试验区等多项国家战略汇聚的有利时机，坚决贯彻落实稳健中性货币政策，坚持促发展与防风险并重，大力发展科技金融、绿色金融、物流金融、普惠金融和自贸区金融，切实提高金融服务实体经济的质量和效益，努力促进湖北经济社会持续平稳健康发展。

中国人民银行武汉分行货币政策分析小组
总　纂：王玉玲　宋军　江成会
统　稿：向秋芳　吴楚平　田湘龙　阮红新　熊川伟　胡红菊
执　笔：熊艳春　王春元　邓晓　李倩　方敏　吴莹　熊敏　李作峰　周贝贝　周远慧
提供材料的还有：杜蔚虹　胡小芳　刘军　胡云飞　曾蕾　潘荣　涂德君　高晓波　孙妍　刘丽　贾晟　熊源　刘畅　程融

附录

（一）2017年湖北省经济金融大事记

1月22日，武汉市启动规划建设“长江新城”。

3月21日，湖北省政府金融办、中国银行间市场交易商协会、中国人民银行武汉分行签署三方合作备忘录。

3月30日，湖北省制定《湖北省社会信用信息管理条例》。此条例为全国首部对社会信用信息管理进行全面规范的地方性法规。

6月29日，国务院发布《关于依托黄金水道推动长江经济带发展的指导意见》，确立武汉国家级航运中心地位。

7月3日，湖北省政府制定《湖北长江经济带生态保护和绿色发展总体规划》，这是长江经济带沿线11个省市中首部有关长江生态保护和绿色发展的区域性发展规划。

9月23日，农业部、中央农办确定湖北省蔡甸、武穴、大冶、枝江、南漳等5个县市区为全国农村集体产权制度改革试点单位。

11月13日，湖北省政府发布《湖北省农村经济发展“十三五”规划》。

11月23日，第十届中国·武汉金融博览会暨中国中部（湖北）创业投资大会在武汉开幕。

12月19日，全国统一碳排放权交易市场建设正式启动，湖北省获批牵头承建全国碳交易注册登记系统。

12月26日，武汉东湖高新区宣布成立光谷金融控股集团，并设立500亿元产业发展引导基金。

（二）2017 年湖北省主要经济金融指标

表 1　2017 年湖北省主要存贷款指标

		1 月	2 月	3 月	4 月	5 月	6 月	7 月	8 月	9 月	10 月	11 月	12 月
本外币	金融机构各项存款余额（亿元）	48 969.6	49 971.7	50 125.5	49 737.3	50 084.9	51 195.8	50 901.7	51 332.4	51 574.8	51 745.2	52 867.3	52 352.4
	其中：住户存款	24 036.0	24 191.6	24 434.8	23 748.4	23 733.1	24 114.4	23 788.1	23 903.9	24 141.7	23 816.7	23 790.3	24 012.5
	非金融企业存款	15 099.8	15 329.5	15 772.6	15 775.4	15 795.2	16 241.1	16 074.0	16 349.1	16 458.2	16 437.3	16 284.5	17 034.8
	各项存款余额比上月增加（亿元）	1 684.7	1 002.1	153.8	-388.2	347.6	1 111.0	-294.2	430.7	242.4	170.4	1 122.1	-514.8
	金融机构各项存款同比增长（%）	13.7	13.0	9.9	9.8	9.3	9.6	9.2	9.3	9.1	9.5	11.6	10.7
	金融机构各项贷款余额（亿元）	35 523.8	36 127.2	36 697.5	37 089.2	37 441.5	37 869.4	38 150.4	38 413.0	38 883.1	39 036.1	39 483.6	39 571.1
	其中：短期	8 576.6	8 685.0	8 722.0	8 725.0	8 730.9	8 812.7	8 746.8	8 773.5	8 733.4	8 692.2	8 696.0	8 537.4
	中长期	23 692.3	24 092.9	24 673.9	24 975.5	25 388.4	25 835.0	26 312.9	26 546.5	26 968.4	27 171.4	27 590.3	27 895.6
	票据融资	1 360.6	1 357.4	1 177.4	1 237.2	1 199.0	1 135.6	1 035.4	1 112.9	1 144.9	1 145.2	1 183.6	1 137.8
	各项贷款余额比上月增加（亿元）	993.1	603.4	570.3	391.7	352.3	427.9	281.0	262.6	470.1	153.0	447.6	87.5
	其中：短期	125.7	108.4	36.9	3.0	5.9	81.7	-65.9	26.7	-40.1	-41.2	3.7	-158.5
	中长期	1 017.1	400.5	581.0	301.6	412.8	446.7	477.9	233.6	421.9	203.0	418.9	305.3
	票据融资	-171.2	-3.2	-180.0	59.7	-38.1	-63.5	-100.1	77.4	32.0	0.3	38.4	-45.7
	金融机构各项贷款同比增长（%）	16.3	16.1	15.4	14.7	14.6	13.2	13.5	13.4	12.8	13.8	14.7	14.6
	其中：短期	-5.5	-5.0	-4.3	-3.8	-3.8	-3.1	-3.2	-1.9	-1.2	0.3	0.9	0.4
	中长期	24.4	23.6	22.7	22.5	23.1	22.7	23.3	22.9	21.7	22.9	24.1	23.3
	票据融资	31.8	28.7	5.9	3.2	-7.7	-26.8	-30.1	-29.7	-29.8	-32.9	-29.9	-25.7
	建筑业贷款余额（亿元）	1 706.8	1 690.3	1 756.2	1 812.7	1 812.1	1 826.3	1 877.1	1 922.7	1 944.5	1 969.9	2 020.4	1 978.9
	房地产业贷款余额（亿元）	3 003.5	3 063.1	3 101.9	3 101.7	3 147.2	3 174.5	3 227.5	3 221.5	3 243.8	3 246.7	3 290.4	3 288.9
	建筑业贷款同比增长（%）	5.6	-0.1	3.2	9.9	11.0	11.4	15.6	20.2	21.0	23.3	23.6	22.9
	房地产业贷款同比增长（%）	9.4	8.3	6.4	7.7	8.4	8.3	10.6	11.3	9.6	15.3	14.3	13.8
人民币	金融机构各项存款余额（亿元）	48 409.3	49 268.0	49 405.0	49 024.6	49 408.4	50 517.3	50 233.9	50 683.1	50 938.2	51 102.3	52 223.7	51 708.3
	其中：住户存款	23 846.4	24 002.9	24 246.0	23 561.0	23 547.0	23 932.8	23 607.9	23 731.1	23 970.3	23 645.2	23 619.5	23 841.7
	非金融企业存款	14 758.5	14 947.5	15 374.7	15 384.0	15 424.3	15 863.3	15 703.8	15 998.5	16 120.7	16 074.7	15 913.4	16 663.1
	各项存款余额比上月增加（亿元）	1 629.7	858.7	137.0	-380.4	383.8	1 108.9	-283.4	449.2	255.1	164.1	1 121.4	-515.3
	其中：住户存款	1 968.5	156.5	243.1	-685.0	-14.0	385.8	-325.0	123.3	239.2	-325.1	-25.6	222.2
	非金融企业存款	-160.7	188.9	427.2	9.3	40.4	438.9	-159.5	294.7	122.2	-46.1	-161.3	749.7
	各项存款同比增长（%）	13.7	12.7	9.6	9.5	9.1	9.3	8.9	9.0	8.9	9.3	11.5	10.5
	其中：住户存款	18.3	11.4	11.0	11.1	11.0	11.0	10.4	10.2	9.4	9.1	9.2	9.0
	非金融企业存款	14.8	22.6	16.2	15.9	11.5	8.8	10.0	9.9	10.8	11.1	8.9	11.6
	金融机构各项贷款余额（亿元）	34 154.2	34 646.2	35 068.0	35 452.2	35 835.8	36 266.8	36 569.5	36 935.2	37 394.9	37 540.5	38 020.0	38 154.9
	其中：个人消费贷款	7 390.6	7 546.2	7 751.9	7 939.1	8 101.5	8 313.8	8 464.3	8 649.2	8 855.4	9 021.1	9 207.4	9 356.2
	票据融资	1 360.6	1 357.4	1 177.4	1 237.2	1 199.0	1 135.6	1 035.4	1 112.9	1 144.9	1 145.2	1 183.6	1 137.8
	各项贷款余额比上月增加（亿元）	1 024.1	492.0	421.8	384.2	383.6	431.0	302.7	365.7	459.7	145.6	479.5	135.0
	其中：个人消费贷款	210.2	155.7	205.6	187.2	162.3	212.4	150.5	184.8	206.3	165.6	186.3	148.8
	票据融资	-171.2	-3.2	-180.0	59.7	-38.1	-63.5	-100.1	77.4	32.0	0.3	38.4	-45.7
	金融机构各项贷款同比增长（%）	16.2	15.6	14.5	14.5	14.5	13.1	13.5	13.7	13.1	14.1	15.1	15.2
	其中：个人消费贷款	39.4	41.3	40.4	39.4	36.9	35.8	34.6	33.2	31.8	31.8	30.7	30.3
	票据融资	31.8	28.7	5.9	3.2	-7.7	-26.8	-30.1	-29.7	-29.8	-32.9	-29.9	-25.7
外币	金融机构外币存款余额（亿美元）	81.7	102.3	104.4	103.4	98.6	100.2	99.2	98.4	95.9	96.8	97.5	98.6
	金融机构外币存款同比增长（%）	8.3	31.9	32.4	27.5	23.2	26.2	29.8	43.1	26.5	32.9	27.5	35.2
	金融机构外币贷款余额（亿美元）	199.7	215.4	236.2	237.5	233.9	236.6	235.0	223.9	224.2	225.2	221.7	216.7
	金融机构外币贷款同比增长（%）	14.5	22.9	30.9	13.0	12.1	13.6	13.0	7.5	5.9	8.3	9.0	7.4

数据来源：中国人民银行武汉分行。

表2 2001~2017年湖北省各类价格指数

单位：%

		居民消费价格指数		农业生产资料价格指数		工业生产者购进价格指数		工业生产者出厂价格指数	
		当月同比	累计同比	当月同比	累计同比	当月同比	累计同比	当月同比	累计同比
2001		—	0.3	—	-0.7	—	5.8	—	0.0
2002		—	-0.4	—	1.0	—	-4.8	—	-1.8
2003		—	2.2	—	0.8	—	8.2	—	3.5
2004		—	4.9	—	11.3	—	13.1	—	5.7
2005		—	2.9	—	15.1	—	7.0	—	4.5
2006		—	1.6	—	1.4	—	4.9	—	2.9
2007		—	4.8	—	8.0	—	4.5	—	3.9
2008		—	6.3	—	27.2	—	10.9	—	6.1
2009		—	-0.4	—	-4.7	—	-6.6	—	-4.4
2010		—	2.9	—	1.9	—	10.4	—	4.9
2011		—	5.8	—	13.5	—	11.5	—	6.6
2012		—	2.9	—	7.2	—	-1.1	—	0.3
2013		—	2.8	—	3.2	—	-1.8	—	-0.8
2014		—	2.0	—	-2.1	—	-1.6	—	-1.6
2015		—	1.5	1.5	0.4	—	-7.2	—	-3.3
2016		2.2	2.2	2.0	0.3	6.5	-1.7	3.3	-1.0
2017		1.7	1.6	-0.5	0.9	6.4	8.3	5.8	5.6
2016	1	1.3	1.3	-0.4	-0.4	-3.1	-3.1	-3.1	-3.1
	2	2.3	1.8	-0.1	-0.2	-5.3	-5.3	-3.2	-3.2
	3	2.3	2.0	-0.3	-0.3	-4.6	-5.1	-3.0	-3.1
	4	2.6	2.1	-0.5	-0.3	-3.6	-4.7	-2.4	-2.9
	5	2.3	2.2	0.1	-0.2	-3.2	-4.4	-2.0	-2.7
	6	2.1	2.1	0.5	-0.1	-3.2	-4.2	-1.8	-2.6
	7	2.3	2.2	-0.1	-0.1	-2.8	-4.0	-1.2	-2.4
	8	1.8	2.1	-0.1	-0.1	-1.9	-3.8	-0.7	-2.2
	9	2.3	2.1	0.1	-0.1	-0.7	-3.4	-0.2	-2.0
	10	2.2	2.1	0.6	0.0	1.1	-3.0	0.5	-1.7
	11	2.4	2.2	1.3	0.1	3.6	-2.4	1.6	-1.4
	12	2.2	2.2	2.0	0.3	6.5	-1.7	3.3	-1.0
2017	1	3.2	3.2	2.2	2.2	8.4	8.4	5.2	5.2
	2	1.4	2.3	2.4	2.3	10.4	9.4	6.1	5.6
	3	1.2	1.9	2.7	2.4	10.7	9.8	6.5	5.9
	4	1.2	1.8	2.8	2.5	9.1	9.6	5.8	5.9
	5	1.3	1.7	0.8	2.2	7.7	9.2	5.1	5.7
	6	1.3	1.6	0.3	1.8	7.2	8.9	4.9	5.6
	7	1.0	1.5	-0.1	1.6	7.3	8.7	4.8	5.5
	8	1.7	1.5	0.0	1.4	7.7	8.5	5.3	5.4
	9	1.3	1.5	0.0	1.2	8.9	8.6	6.1	5.5
	10	1.8	1.5	0.1	1.1	8.5	8.6	6.2	5.6
	11	1.6	1.5	-0.1	1.0	7.2	8.4	6.0	5.6
	12	1.7	1.6	-0.5	0.9	6.4	8.3	5.8	5.6

数据来源：《中国经济景气月报》。

表 3 2017 年湖北省主要经济指标

	1 月	2 月	3 月	4 月	5 月	6 月	7 月	8 月	9 月	10 月	11 月	12 月
	绝对值（自年初累计）											
地区生产总值（亿元）	—	—	7 254.1	—	—	15 871.4	—	—	25 076.0	—	—	36 523.0
第一产业	—	—	499.7	—	—	1 084.5	—	—	2 778.6	—	—	3 759.7
第二产业	—	—	3 335.6	—	—	7 424.5	—	—	11 172.4	—	—	16 259.9
第三产业	—	—	3 418.7	—	—	7 362.4	—	—	11 125.0	—	—	16 503.4
工业增加值（亿元）	—	—	—	—	—	—	—	—	—	—	—	—
固定资产投资（亿元）	—	1 788.6	5 310.1	8 049.9	11 002.7	15 976.1	18 263.5	20 662.8	23 668.1	25 932.0	28 624.4	31 872.6
房地产开发投资	—	367.1	806.5	1 163.0	1 547.7	2 220.1	2 567.7	2 975.1	3 448.3	3 813.0	4 231.6	4 574.9
社会消费品零售总额（亿元）	—	2 823.8	4 084.3	5 377.4	6 781.6	8 224.0	9 633.5	11 027.7	12 459.1	14 084.7	15 689.8	17 394.1
外贸进出口总额（亿元）	—	409.2	665.9	879.8	1 122.3	1 404.4	1 694.2	1 999.9	2 286.6	2 539.5	2 836.1	3 134.3
进口	—	167.0	261.9	334.2	418.6	513.3	612.3	708.9	798.4	878.3	975.5	1 070.2
出口	—	242.2	404.0	545.6	703.7	891.1	1 081.9	1 291.0	1 488.2	1 661.2	1 860.6	2 064.1
进出口差额（出口－进口）	—	75.2	142.1	211.4	285.1	377.8	469.6	582.1	689.8	782.9	885.1	993.9
实际利用外资（亿美元）	—	14.5	26.3	35.2	46.5	58.7	65.0	74.4	85.5	93.2	101.3	109.9
地方财政收支差额（亿元）	—	-296.4	-662.1	-824.7	-1 059.9	-1 790.0	-2 052.8	-2 250.8	-2 576.6	-2 696.9	-3 078.8	-3 583.3
地方财政收入	—	531.7	904.4	1 195.1	1 444.2	1 827.1	2 100.0	2 291.9	2 532.9	2 794.2	2 969.4	3 248.4
地方财政支出	—	828.1	1 566.6	2 019.8	2 504.1	3 617.1	4 152.9	4 542.7	5 109.5	5 491.1	6 048.2	6 831.7
城镇登记失业率（%）（季度）	—	—	—	—	—	—	—	—	—	—	—	—
	同比累计增长率（%）											
地区生产总值	—	—	7.6	—	—	7.8	—	—	7.8	—	—	7.8
第一产业	—	—	3.0	—	—	3.5	—	—	3.6	—	—	3.6
第二产业	—	—	6.4	—	—	6.4	—	—	7.5	—	—	7.1
第三产业	—	—	7.7	—	—	7.7	—	—	9.1	—	—	9.5
工业增加值	—	7.2	7.6	7.6	7.8	8.0	8.0	7.9	7.9	7.7	7.4	7.4
固定资产投资	—	12.1	12.2	12.6	12.8	13.0	12.8	12.6	12.0	11.5	11.1	11.0
房地产开发投资	—	13.1	15.5	15.2	14.1	13.3	8.8	8.1	8.6	8.4	8.6	6.5
社会消费品零售总额	—	10.7	11.0	11.3	11.6	11.8	12.0	11.9	11.8	11.5	11.3	11.1
外贸进出口总额	—	19.6	26.9	24.3	22.8	25.0	23.7	23.7	22.5	21.7	20.8	20.6
进口	—	35.5	37.7	28.7	27.0	27.5	28.0	27.7	23.9	22.2	21.6	21.4
出口	—	10.7	20.8	21.8	20.4	23.6	21.4	21.6	21.8	21.5	20.4	20.2
实际利用外资	—	6.9	1.4	1.4	8.1	10.3	9.6	10.4	9.7	9.4	6.7	8.5
地方财政收入	—	12.4	9.3	5.0	4.1	12.2	12.4	12.9	12.2	11.7	9.6	8.4
地方财政支出	—	7.0	18.8	14.0	12.2	8.7	10.1	9.0	6.1	6.0	5.7	6.4

数据来源：湖北省统计局。

湖南省金融运行报告（2018）

中国人民银行长沙中心支行货币政策分析小组

[内容摘要] 2017年，湖南省坚持稳中求进工作总基调，主动适应经济发展新常态，积极推进供给侧结构性改革，培育新兴动能，全省经济运行稳中有进、稳中向好、稳中趋优。地区生产总值达到3.46万亿元，经济总量跨上新台阶，产业结构不断优化，民生保障水平不断提升，为决胜全面建成小康社会奠定了坚实基础。

经济运行稳中有进、进中育新，延续稳中向好态势。一是投资、消费、进出口保持快速增长。持续加大对高新技术产业、民生工程和基础设施的投资，2017年全省完成固定资产投资额突破3万亿元，同比增长13.1%，投资总量和增速分别居中部六省第3位和第1位。居民收入平稳增长，消费结构逐步升级。全省居民人均可支配收入23 103元，同比增长9.4%；实现社会消费品零售总额14 854.9亿元，同比增长10.6%。受市场需求回暖、大宗商品进口价格上涨以及基数低等因素影响，湖南外贸进出口增长较快，全年实现外贸进出口总额2 434.3亿元，同比增长39.8%，增幅居全国第4位、中部第1位，其中，出口和进口分别增长33.3%和53.3%。二是三大产业协调发展，供给侧结构性改革稳步推进。产业结构进一步优化，2017年全省三次产业结构调整为10.7：40.9：48.4。其中，第一产业增加值同比增长3.6%；全省规模以上工业增加值同比增长7.3%；第三产业增加值同比增长10.3%。供给侧结构性改革稳步推进，"三去一降一补"成效明显。全年，全省共取缔"地条钢"生产企业12家，化解煤炭落后产能350万吨以上，能耗降低5%左右；全省商品房去库存周期下降至10.4个月，商品房待售面积同比下降30.5%；全年为企业减负800亿元，小微企业贷款加权平均利率同比下降2个基点。三是消费价格维持低位窄幅波动，工业价格逐步回升。2017年，全省居民消费价格同比上涨1.4%，涨幅同比回落0.5个百分点。全省工业生产者出厂价格指数、工业生产者购进价格指数分别累计上涨7.2%和5.8%，涨幅较上年扩大9.2个和6.9个百分点。四是财政收支增速有所回落，民生重点支出保障有力。2017年，全省地方财政收入同比增长4.9%，一般公共预算支出同比增长8.2%。全省财政支出继续向民生领域倾斜，教育、社保、医疗卫生等民生支出4 804.3亿元，同比增长8.3%，占公共预算支出比重达到七成，基本公共服务水平明显提高。五是房地产市场总体趋稳，商品房销售增长放缓。房地产开发投资平稳增长，2017年，全省房地产开发投资同比增长15.9%，较上年提高2.8个百分点。商品房销售增长放缓，全年商品房销售面积同比增长5.5%，较上年回落21.6个百分点。重点城市商品房价格上涨，12月，长沙、岳阳、常德新建商品住宅价格指数同比分别上涨6.1%、9.7%和9.1%。

金融业总体运行平稳，进一步聚焦主业、回归本源，服务实体经济发展。一是信贷投放合理增长，重点领域和薄弱环节得到有效支持。2017年末，全省贷款保持快速增长，支持重点突出。各项贷款余额3.2万亿元，同比增长15.7%，较年初新增贷款4 317.7亿元，同比多增1 007.3亿元。全年累计发放再贷款、再贴现316.5亿元，引导金融机构加大对薄弱环节信贷投放，全省涉农贷款、小微贷款、精准扶贫贷款分别同比增长15.9%、30.1%和72.8%，均高于各项贷款平均增速。重点调控领域贷款持续少增，钢铁、煤炭等重点去产能行业中长期贷款净下降19.5亿元，同比多降1.4亿元；个人住房消费贷款增速同比下降5.4个百分点，连续10个月下滑。二是多层次资本市场建设加快发展，融资功能持续增强。市场结构不断完善，全年新增上市公司

17 家，总数达到 101 家，跻身全国前十、中部第二；上市公司资产合计 9 151.2 亿元，同比增长 27.1%。融资功能持续增强，全年上市公司累计募集资金 660.5 亿元，同比增长 16.3%，总市值达到 9 513.8 亿元。三板、四板市场稳步发展，全省共有新三板挂牌企业 239 家，排名全国第 13 位、中部第 4 位；湖南省股权交易所新增挂牌企业 641 家，实现融资 106.7 亿元，累计挂牌企业 3 016 家，排名全国第 8 位、中部第 2 位。三是保险业快速发展，保险保障能力增强。市场服务主体增加，业务快速增长。2017 年末，全省共有法人保险公司 1 家，非法人保险分公司 55 家，较上年增加 3 家；保险公司保费收入同比增长 25.2%，赔付支出同比增长 10.8%。保险深度、保险密度进一步提高，分别达到 3.2% 和 1 617 元 / 人。分险种类别来看，产险保障能力不断增强，全省产险业承担风险保障金额同比增长 24.5%，赔款同比增长 18.7%，充分发挥了服务“三农”、促进经济提质增效等方面的积极作用；人身险不断拓宽民生服务领域，全省人身保险金额 22.2 万亿元，提供服务 2.01 亿人次，全年赔付支出 190.9 亿元。四是社会融资规模总量快速扩张，金融市场稳步发展。2017 年，全省社会融资规模累计新增 6 429.6 亿元，同比增长 44.9%，增速较上年提高 39.2 个百分点。货币市场交易量有所下降，利率走势明显上行。全年，省内法人金融机构参与银行间同业拆借交易同比下降 17.9%，较上年下降 150.3 个百分点；债券回购交易同比增长 0.1%，较上年下降 93.8 个百分点。同业拆借、质押式回购、买断式回购加权平均利率分别同比提高 62.7 个、67.5 个和 112.3 个基点。五是信用体系建设向纵深推进，金融基础设施不断完善。征信体系建设加速推进，征信服务能力继续提升。2017 年，全省征信查询服务网点增加至 142 个，自助查询机增加至 102 台，提供个人信用报告查询 165 万次、企业信用报告查询 4.9 万次。省内首次实现消费金融公司接入金融信用信息基础数据库，全省已接入机构增加至 94 家。通过贫困村金融扶贫服务站共为 62.7 万户贫困农户建立信用档案并开展信用评价，其中 55.2 万户获得授信。支付服务能力不断增强，支付系统运行效率进一步提高。2017 年，全省支付系统参与者增至 5 901 家，办理各项支付业务 28 232 万笔，清算金额 79 万亿元，业务笔数同比增长 32%；电子商业汇票系统推广力度进一步加大，全年电票系统新增参与者 246 家。金融消费权益保护工作扎实开展。全年全省人民银行系统解答咨询 1 127 个，成立“湖南省金融消费纠纷调解中心”，实现调解中心与办公场所的物理隔离，并成功调解首起金融纠纷，切实维护金融消费者权益。积极开展“3·15 金融消费者权益日”“金融知识普及月”宣传活动，提高消费者金融素养，推进普惠金融发展。

展望 2018 年，随着供给侧结构性改革、简政放权和创新驱动战略的不断深化实施，制造强省五年规划的全力推进，大众创业、万众创新的蓬勃发展，新产业、新业态、新模式将加快成长，湖南省经济稳中向好的积极因素不断增多，预计全省经济仍将保持平稳较快增长。湖南省将以习近平新时代中国特色社会主义思想为指导，全面贯彻落实党的十九大精神，按照高质量发展的要求，继续统筹推进“五位一体”总体布局，协调推进“四个全面”战略布局，立足“一带一部”[①]定位，推进“三个着力”[②]，深入实施创新引领开放崛起战略，坚定不移抓产业、振兴实体经济，着力抓重点补短板强弱项、打好三大攻坚战，努力实现全省经济平稳健康发展。湖南金融部门将贯彻落实稳健中性的货币政策和宏观审慎政策，保持信贷总量合理增长，进一步优化金融资源配置，助推经济提质增效升级。

---

① “一带一部”：湖南省处在东部沿海地区和中西部地区的过渡带、长江开放经济带和沿海开放经济带结合部。

② “三个着力”：着力推进供给侧结构性改革，着力加强保障和改善民生工作，着力推进农业现代化。

一、金融运行情况

2017 年，湖南省金融运行总体良好，信贷总量平稳增长，对供给侧结构性改革重点领域和薄弱环节的支持力度进一步加大，机构主体不断丰富，金融生态持续改善。

（一）银行业稳健发展，信贷增长合理适度

1. 银行业资产规模不断扩大，营业网点个数持续增加。2017 年末，湖南省银行业金融机构总资产 5.7 万亿元，同比增长 9.8%，较上年增加 0.5 万亿元；全省银行业金融机构营业网点个数达 9 821 个，同比增加 95 个；地方法人金融机构 170 家，同比增加 4 家；全省银行业金融机构从业人员 13.4 万人。

表 1　2017 年湖南省银行业金融机构情况

机构类别	营业网点			法人机构（个）
	机构个数（个）	从业人数（人）	资产总额（亿元）	
一、大型商业银行	2 480	50 857	22 393	0
二、国家开发银行和政策性银行	117	2 847	7 560	0
三、股份制商业银行	413	9 185	5 906	0
四、城市商业银行	510	11 497	8 641	2
五、城市信用社	0	0	0	0
六、小型农村金融机构	4 055	40 054	9 651	104
七、财务公司	5	150	418	4
八、信托公司	1	159	82	1
九、邮政储蓄银行	2 090	16 073	1 558	0
十、外资银行	6	161	76	1
十一、新型农村金融机构	137	2 066	533	55
十二、其他	7	499	159	3
合计	9 821	133 548	56 978	170

注：营业网点不包括国家开发银行和政策性银行、大型商业银行、股份制商业银行等金融机构总部数据；大型商业银行包括中国工商银行、中国农业银行、中国银行、中国建设银行和交通银行；小型农村金融机构包括农村商业银行、农村合作银行和农村信用社；新型农村金融机构包括村镇银行、贷款公司、农村资金互助社；"其他"包含金融租赁公司、汽车金融公司、货币经纪公司、消费金融公司等。

数据来源：中国人民银行长沙中心支行、湖南银监局。

2. 存款增速总体呈回落趋势，但仍高于全国平均水平。2017 年末，湖南省金融机构本外币存款余额为 4.8 万亿元，同比增长 11.3%，比上年下降 4.7 个百分点，但快于全国 2.4 个百分点。全年新增存款 4 732.6 亿元，同比少增 1 043.6 亿元。分部门看，住户部门存款、非金融企业存款、政府存款分别同比少增 313.9 亿元、861.2 亿元和 395.1 亿元，非银行业金融机构存款同比多增 509.5 亿元。主要原因是：一方面，随着项目建设进度推进，企业工程款支付力度加大，导致企业存款减少；另一方面，地方政府债券发行募集的部分资金用于偿还贷款，导致财政性存款减少。

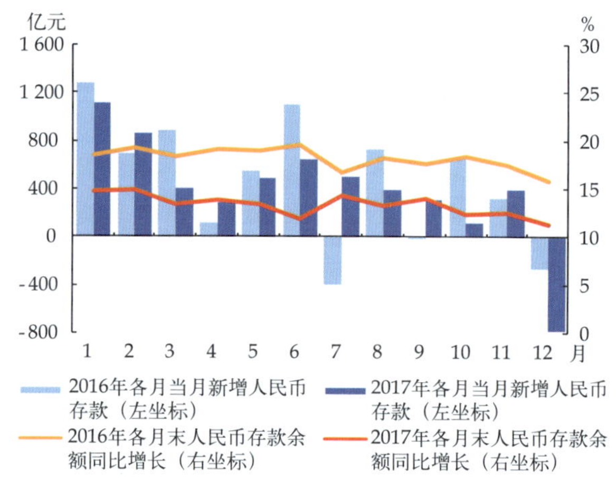

数据来源：中国人民银行长沙中心支行。

图 1　2016~2017 年湖南省金融机构人民币存款增长变化

3. 贷款保持快速增长，支持重点突出。2017 年末，湖南省金融机构本外币贷款余额 3.2 万亿元，同比增长 15.7%，快于全国 3.6 个百分点，比上年末高出 2 个百分点，全年新增贷款 4 317.7 亿元，同比多增 1 007.3 亿元。分期限看，短期贷款增速大幅回升，增速比上年提高 10.2 个百分点，同比多增 672 亿元；中长期贷款继续保持快速增长，贷款余额同比增长 21.4%，比上年同期提高 3.6 个百分点，全年新增 4 211.4 亿元，同比多增 1 233.1 亿元；票据融资明显下降，全年净下降 546.9 亿元。

贷款投向符合供给侧结构性改革要求。

2017 年末，湖南省“两高一剩”行业中长期贷款增速低于贷款平均增速 10.6 个百分点，其中煤炭、钢铁等重点去产能行业中长期贷款全年净下降 19.5 亿元，比上年多降 1.4 亿元；个人住房消费贷款同比增长 28%，比上年同期下降 5.5 个百分点。中国人民银行长沙中心支行综合运用多项货币政策工具，全年累计发放再贷款、再贴现 316.5 亿元，同比多增 75.3 亿元，引导金融机构加大对薄弱环节信贷投放，全省涉农贷款、小微贷款、精准扶贫贷款分别同比增长 15.9% 、30.1% 和 72.8%，均高于各项贷款平均增速。

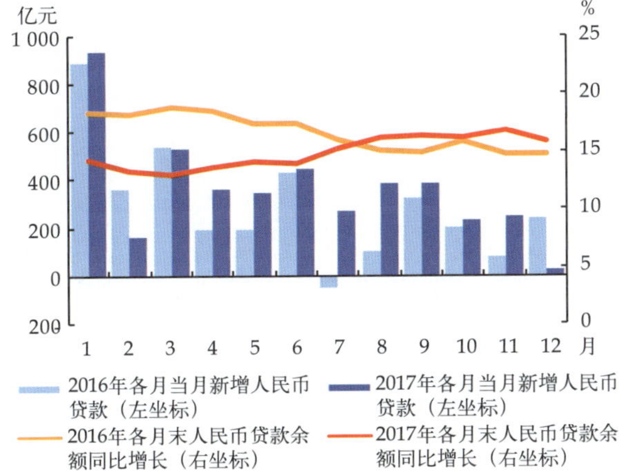

数据来源：中国人民银行长沙中心支行。

图 2　2016~2017 年湖南省金融机构人民币贷款增长变化

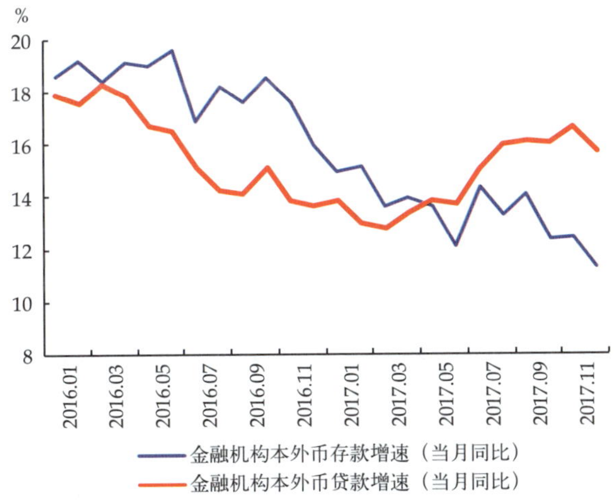

数据来源：中国人民银行长沙中心支行。

图 3　2016~2017 年湖南省金融机构本外币存、贷款增速变化

4. 存贷款利率水平保持基本稳定，利率市场化改革稳步推进。2017 年末，湖南省法人金融机构活期、定期存款加权平均利率分别为 0.33% 和 2.03%，分别较上年同期下降 1 个基点和上升 3 个基点。全年新发放贷款加权平均利率为 6.16%，小微企业贷款加权平均利率为 5.79%，较上年下降 2 个基点。省级市场利率定价自律机制进一步完善，全省 80 家法人金融机构自愿接受合格审慎评估，较上年增加 13 家机构，其中，6 家机构成为全国自律机制基础成员，27 家机构成为观察成员。

5. 农村金融改革深入推进，市场主体不断丰富。2017 年，湖南省 6 家农信社完成改制，累计挂牌农商行 99 家，占全部农合机构的 97.1%。年内，浙商银行获批在湘筹建分支机构，12 家全国性股份制商业银行齐聚湖南；新增 13 家村镇银行；在全省 6 923 个贫困村全部建成金融扶贫服务站，推动金融服务进村入户。

表 2　2017 年湖南省金融机构人民币贷款各利率区间占比

单位：%

月份		1 月	2 月	3 月	4 月	5 月	6 月
合计		100.0	100.0	100.0	100.0	100.0	100.0
下浮		14.2	22.6	15.2	10.9	12.3	7.4
基准		17.9	17.1	17.2	17.2	19.1	13.9
上浮	小计	68.0	60.3	67.5	71.9	68.6	78.7
	(1.0, 1.1]	15.6	18.6	12.4	17.4	16.5	20.2
	(1.1, 1.3]	22.6	17.5	18.0	22.6	18.3	19.5
	(1.3, 1.5]	14.1	8.5	9.9	8.5	9.8	11.3
	(1.5, 2.0]	9.2	8.6	14.4	12.1	13.7	15.2
	2.0 以上	6.5	7.2	12.8	11.4	10.2	12.4
月份		7 月	8 月	9 月	10 月	11 月	12 月
合计		100.0	100.0	100.0	100.0	100.0	100.0
下浮		12.9	10.0	10.1	8.1	9.8	10.8
基准		21.0	19.1	18.1	19.1	17.8	18.5
上浮	小计	66.1	70.9	71.8	72.9	72.4	70.8
	(1.0, 1.1]	14.0	11.2	14.8	12.2	12.9	15.6
	(1.1, 1.3]	16.9	18.6	17.7	21.5	22.0	16.6
	(1.3, 1.5]	11.9	12.0	11.3	12.9	12.7	11.0
	(1.5, 2.0]	13.6	16.8	16.7	15.8	14.9	18.5
	2.0 以上	9.8	12.3	11.4	10.5	9.9	9.0

数据来源：中国人民银行长沙中心支行。

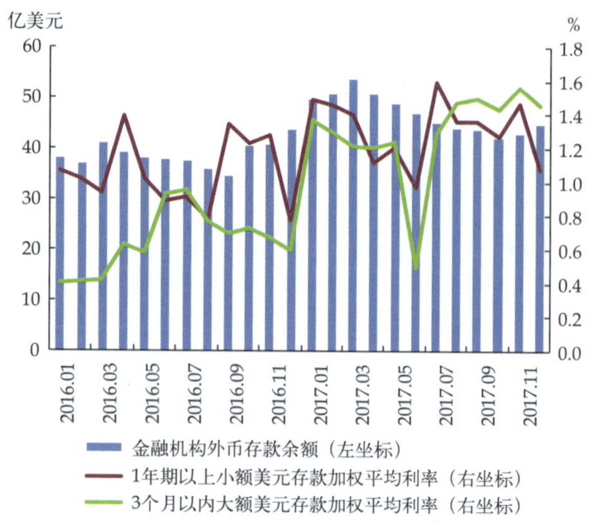

数据来源：中国人民银行长沙中心支行。

图 4　2016~2017 年湖南省金融机构外币存款余额及外币存款利率

6. 跨境人民币业务稳中求进，服务实体经济提质增效。2017 年，全省跨境人民币收付金额为 476.5 亿元，同比下降 47.2%，占同期全省本外币跨境收支的 9.8%。其中，经常项下收付金额 170.8 亿元，同比减少 22.9%；资本项下收付金额 305.7 亿元，同比下降 55.1%。截至 2017 年末，省内跨国企业集团已建立跨境双向人民币资金池 9 个，全年净流入 4.9 亿元。全年人民币境外放款、人民币跨境融资分别达 33.9 亿元和 20.7 亿元。

（二）证券市场结构不断完善，融资功能持续增强

1. 多层次资本市场建设加快发展，市场结构基本完备。2017 年，湖南省新增上市公司 17 家，总数达到 101 家，跻身全国前十、中部第二。全年上市公司累计募集资金 660.5 亿元，同比增长 16.3%，总市值达到 9 513.8 亿元。三板、四板市场稳步发展，全省共有新三板挂牌企业 239 家，在全国排名第十三位、中部第四位；湖南省股权交易所新增挂牌企业 641 家，实现融资 106.7 亿元，累计挂牌企业 3 016 家，排名全国第八位、中部第二位。

表 3　2017 年湖南省证券业基本情况

项目	数量
总部设在辖内的证券公司数（家）	3
总部设在辖内的基金公司数（家）	0
总部设在辖内的期货公司数（家）	3
年末国内上市公司数（家）	101
当年国内股票（A 股）筹资（亿元）	622
当年发行 H 股筹资（亿元）	—
当年国内债券筹资（亿元）	1 569
其中：短期融资券筹资额（亿元）	300
中期票据筹资额（亿元）	675

注：当年国内股票（A 股）筹资额指非金融企业境内股票融资。

数据来源：中国人民银行长沙中心支行、湖南证监局。

2. 机构网点数量增加，法人券商资产负债缩减。2017 年末，湖南省辖内共有法人证券公司 3 家，下设营业部合计 384 家，较上年增加 25 家；非法人证券公司在湘设营业部 410 家，较上年增加 40 家。湖南省 3 家法人证券公司总资产和总负债分别为 1 575.6 亿元和 1 065.8 亿元，同比分别下降 7.5% 和 13.5%。

3. 券商经营效益有所下滑。2017 年，湖南省 3 家法人证券公司实现营业收入 62.8 亿元，利润总额 25.4 亿元，资产利润率为 1.6%，同比下滑 0.5 个百分点；非法人证券公司实现利润总额 7.7 亿元。

（三）保险业快速发展，保险保障能力不断增强

1. 市场服务主体增加，业务快速增长。2017 年末，湖南省共有法人保险公司 1 家，非法人保险分公司 55 家，较上年增加 3 家；保险专业中介法人机构 37 家，较上年增加 1 家。保险公司共实现保费收入 1 110.1 亿元，同比增长 25.2%，较上年提高 0.7 个百分点；赔付支出 376.7 亿元，同比增长 10.8%，较上年下降 21.4 个百分点。2017 年，湖南省保险深度 3.2%，较上年提高 0.4 个百分点；保险密度 1 617 元 / 人，同比增长 23.5%。

表 4　2017 年湖南省保险业基本情况

项目	数量
总部设在辖内的保险公司数（家）	1
其中：财产险经营主体（家）	0
人身险经营主体（家）	1
保险公司分支机构（家）	56
其中：财产险公司分支机构（家）	24
人身险公司分支机构（家）	32
保费收入（中外资，亿元）	1 110
其中：财产险保费收入（中外资，亿元）	314
人身险保费收入（中外资，亿元）	796
各类赔款给付（中外资，亿元）	377
保险密度（元 / 人）	1 617
保险深度（%）	3.2

数据来源：中国人民银行长沙中心支行、湖南保监局。

2. 产险保障能力增强，人身险服务领域持续拓宽。2017 年，湖南省产险业承担风险保障金额 34.4 万亿元，同比增长 24.5%，赔款 185.7 亿元，同比增长 18.7%，充分发挥了服务“三农”、促进经济提质增效等方面的积极作用。其中，种养两业农险为 3 165.5 万户次农户提供了 1 199.9 亿元的风险保障，向 140.9 万户次农户支付保险赔款 20 亿元。人身险公司不断拓宽民生服务领域，年末，全省人身险公司为 2.01 亿人次提供保险金额 22.2 万亿元，赔付支出 190.9 亿元。其中，大病保险补偿 20.5 万人次，共计 10.6 亿元；养老年金业务承保 37.9 万人，赔付支出 3 967.9 万元。

（四）社会融资规模总量快速扩张，金融市场稳步发展

1. 社会融资规模总量快速扩张。2017 年，湖南省社会融资规模累计新增 6 429.6 亿元，同比增长 44.9%，增速较上年同期提高 39.2 个百分点。从结构来看，全年全省间接融资新增 5 114.9 亿元，同比多增 2 335.6 亿元，占社会融资规模比重为 79.6%，其中表内、表外融资分别新增 4 307.2 亿元和 807.8 亿元；直接融资新增 1 083.9 亿元，占社会融资规模比重为 16.9%，其中企业债券融资新增 730.9 亿元。

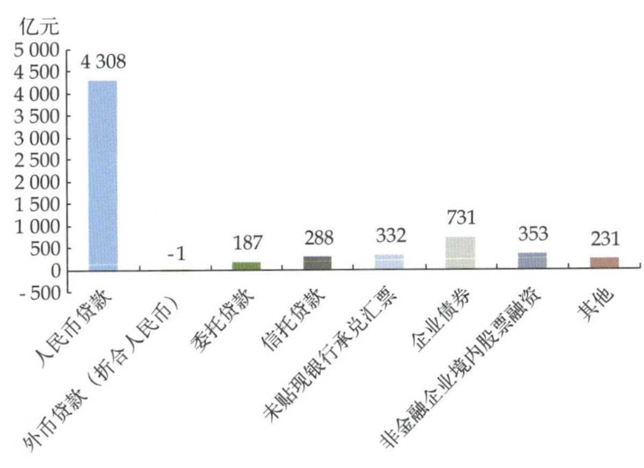

数据来源：中国人民银行长沙中心支行。

图 5　2017 年湖南省社会融资规模分布结构

2. 货币市场交易量有所下降，利率走势明显上行。2017 年，省内法人金融机构参与银行间同业拆借交易 7 960 亿元，同比下降 17.9%，较上年下降 150.3 个百分点；债券回购交易 157 577.1 亿元，同比增长 0.1%，较上年下降 93.8 个百分点。利率走势明显上行，其中同业拆借、质押式回购、买断式回购加权平均利率同比分别提高 62.7 个、67.5 个和 112.3 个基点。

3. 票据承兑余额有所下降，融资利率呈上升态势。截至 2017 年末，全省票据承兑余额为 1 015 亿元，同比下降 23.6%。全年票据融资利率呈上升态势，2017 年 12 月末，全省票据融资利率 4.84%，较年初提高 71 个基点。

表 5　2017 年湖南省金融机构票据业务量统计

单位：亿元

季度	银行承兑汇票承兑		贴现			
			银行承兑汇票		商业承兑汇票	
	余额	累计发生额	余额	累计发生额	余额	累计发生额
1	1 310.9	548.6	726.9	1 119.8	229.1	45
2	1 114.4	550.2	686.4	1 382.7	101.6	83.1
3	979.9	365.9	633.4	813.1	51.3	86.8
4	1 015.02	534	676	824.3	48.9	62

数据来源：中国人民银行长沙中心支行。

表 6　2017 年湖南省金融机构票据贴现、转贴现利率

单位：%

季度	贴现		转贴现	
	银行承兑汇票	商业承兑汇票	票据买断	票据回购
1	4.5	5.9	4.1	3.7
2	5.2	6.1	4.4	4.4
3	5.0	6.0	4.6	4.1
4	5.0	6.3	4.6	3.4

数据来源：中国人民银行长沙中心支行。

（五）信用体系建设向纵深推进，金融基础设施不断完善

1. 征信服务能力继续提升。2017 年，湖南省征信查询服务网点增加至 142 个，自助查询机增加至 102 台，全年提供个人信用报告查询 165 万次、企业信用报告查询 4.9 万次。省内首次实现消费金融公司接入金融信用信息基础数据库，全省已接入机构增加至 94 家。紧紧围绕金融精准扶贫，推进贫困地区农村信用体系建设，全省 20 个国家级贫困县全面启动征信自助查询服务，为 62.7 万户贫困农户建立信用档案并开展信用评价，其中 55.2 万户获得授信。全省累计建成诚信文化教育基地 60 个，实现诚信文化教育进学校、进企业、进社区、进机关、进农村全覆盖。

2. 支付服务能力不断增强。支付系统运行效率进一步提高，2017 年湖南省支付系统参与者增至 5 901 家，办理各项支付业务 28 232 万笔，清算金额 79 万亿元，业务笔数同比增长 32%。电子商业汇票系统推广力度进一步加大，2017 年全省电票系统新增参与者 246 家，共办理电票承兑业务 15.4 万笔，金额 1 934 亿元，分别比上年同期增长 193% 和 72%。加大非现金支付工具推广力度，截至 2017 年底，全省累计发行银行卡 2.6 亿张，累计拓展联网商户 90.5 万户、联网 POS 终端 99.2 万台、ATM 机具 2.8 万台，同比分别增长 36.9%、37.2% 和 9.6%。推动金融扶贫服务站、助农取款服务点和村级电商服务站合作共建，不断优化农村支付环境，2017 年全省建成“三站”融合站点 2 172 个。支付服务的普惠性和可获得感进一步提高。

3. 金融消费权益保护工作扎实开展。成立“湖南省金融消费纠纷调解中心”，实现调解中心与办公场所的物理隔离，并成功调解首起金融纠纷，切实维护金融消费者权益。全年，全省人民银行系统解答咨询 1 127 个，开展金融消费权益保护标准化示范网点建设，加强金融消费权益保护检查监督，开展金融机构消费权益保护工作评估。积极开展“3・15 金融消费者权益日”“金融知识普及月”宣传活动，提高消费者金融素养，推进普惠金融发展。

二、经济运行情况

2017 年，湖南省积极推进供给侧结构性改革，统筹稳增长、促改革、调结构、惠民生、防风险，集中力量打好脱贫攻坚、转型升级、环境治理战役，脱贫攻坚精准度大幅提高，环境治理力度空前加大，产业发展氛围更加浓厚，经济发展质量水平明显提升，保持了稳中向好、稳中趋优的发展态势。全年实现地区生产总值 34 590.6 亿元，同比增长 8%。

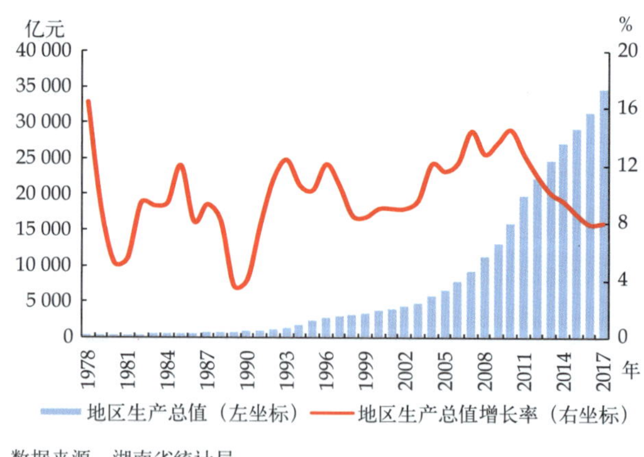

数据来源：湖南省统计局。

图 6　1978~2017 年湖南省地区生产总值及其增长率

（一）内需增长较为稳定，对外贸易降幅收窄

1. 投资保持较快增长，结构调整步伐加快。

2017 年，湖南省完成固定资产投资额 31 328.1 亿元，增速为 13.1%，投资总量和增速分别居中部六省第三位和第一位。从投向看，高新技术产业、战略性新兴产业投资分别增长 24.7% 和 13.5%，明显快于全部投资增速；民生工程、基础设施投资继续保持较快增长，增速分别为 12.8% 和 15.9%；工业投资增长较慢，增速为 7.4%。

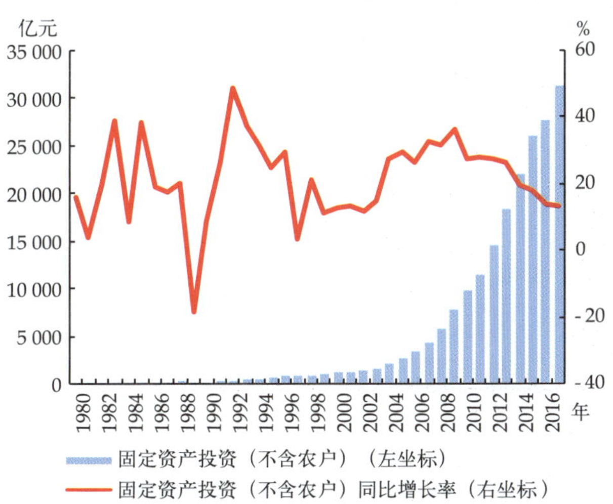

数据来源：湖南省统计局。

图 7　1980~2017 年湖南省固定资产投资（不含农户）及其增长率

2. 居民收入平稳增长，消费结构逐步升级。 2017 年，湖南省居民人均可支配收入 23 103 元，同比增长 9.4%，比上年提高 0.1 个百分点，增速保持平稳，其中城镇、农村居民人均可支配收入分别增长 8.5% 和 8.4%，城乡居民收入比为 2.6 : 1，与上年持平。全省实现社会消费品零售总额 14 854.9 亿元，同比增长 10.6%，比上年回落 1.1 个百分点。消费结构逐步升级，文化办公用品类增长 21.7%，中西药品类增长 12.3%，体育、娱乐用品类增长 10.8%。网络消费成为城镇居民的重要消费方式，2017 年全省网络零售额 1 107.5 亿元，同比增长 41.8%。

3. 对外贸易大幅增长，利用外资稳中提质。 2017 年，湖南省实现外贸进出口总额 2 434.3 亿元，同比增长 39.8%，增幅居全国第四位、中部第一位。其中，出口 1 565.5 亿元，同比增长 33.3%；进口 868.8 亿元，同比增长 53.3%。全年实际利用外商直接投资 144.8 亿美元，同比增长 12.6%。其中，第三产业引资保持较快增长，全年第三产业实际使用外资 64.8 亿美元，同比增长 20.8%。制造业利用外资回暖态势明显。从 3 月份开始，制造业吸收外资扭转连续 14 个月下滑态势，并连续 10 个月保持增长。

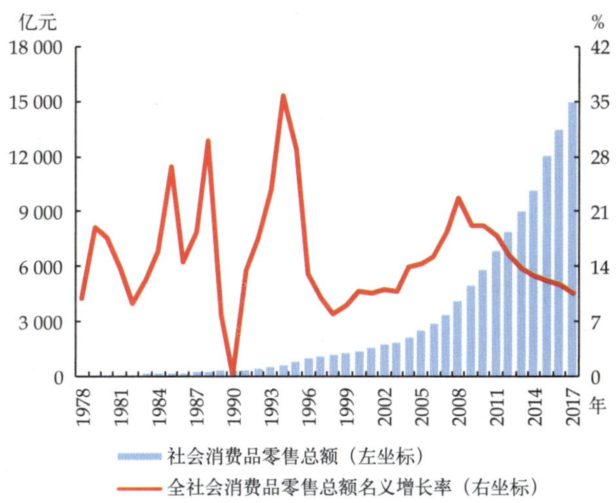

数据来源：湖南省统计局。

图 8　1978~2017 年湖南省社会消费品零售总额及其增长率

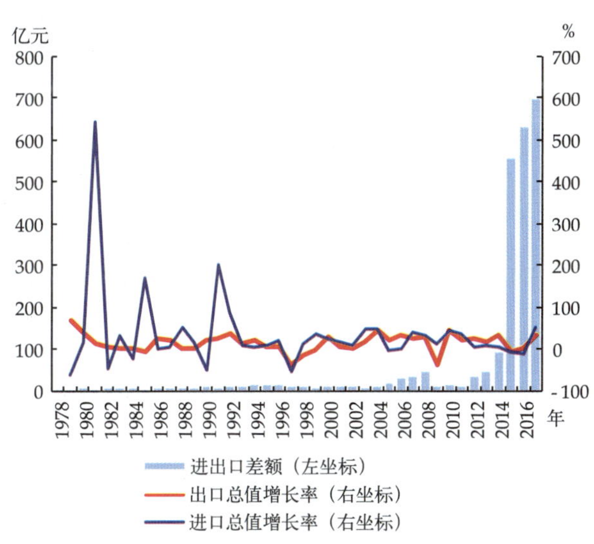

数据来源：湖南省统计局。

图 9　1978~2017 年湖南省外贸进出口变动情况

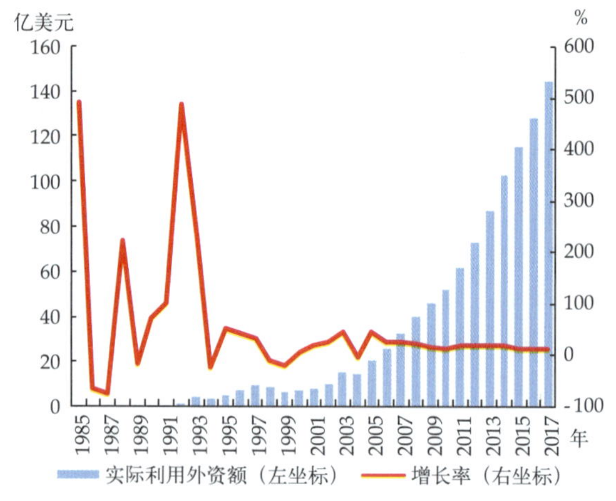

数据来源：湖南省统计局。

图 10　1985~2017 年湖南省实际利用外资额及其增长率

（二）三大产业协调发展，供给侧结构性改革稳步推进

2017 年，湖南省第一、第二及第三产业完成增加值比上年分别增长 3.6%、6.7% 和 10.3%，三次产业结构由上年的 11.5：42.2：46.3 调整为 10.7：40.9：48.4，产业结构更趋优化。

1. 农业生产平稳增长，农业现代化加快推进。2017 年，湖南省第一产业增加值 3 690 亿元，同比增长 3.6%，粮食生产克服早稻减产和水涝灾害不利天气影响，全年实现粮食产量 2 984 万吨，同比增长 1.0%。生猪出栏增速由负转正，同比增长 3.3%；蔬菜生产势头良好，产量同比增长 4.8%；农林牧渔业增加值同比增长 3.9%，比上年加快 0.4 个百分点。

2. 工业经济运行总体呈探底回升态势，工业结构继续改善。2017 年，全省规模以上工业增加值同比增长 7.3%，比上年加快 0.4 个百分点；其中第一季度、上半年及前三季度规模以上工业增加值同比分别增长 7.3%、7.1% 和 6.7%。工业结构加快升级。高加工度工业和高技术制造业增加值同比分别增长 12.2% 和 15.9%，分别较上年提高 1.6 个和 4.5 个百分点，且增加值占规模以上工业比重进一步提升，达 49.3%；省级及以上产业园区规模以上工业增加值同比增长 10.5%，占比接近七成。

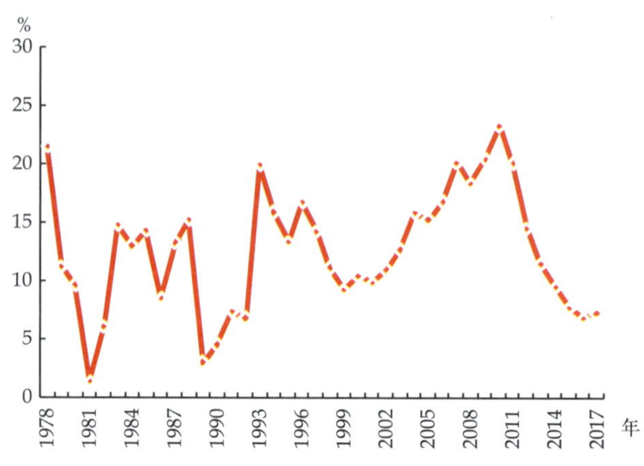

数据来源：湖南省统计局。

图 11　1978~2017 年湖南省规模以上工业增加值实际增长率

3. 服务业发展态势良好，占国民经济比重不断提升。2017 年，湖南省第三产业增加值 16 755.1 亿元，同比增长 10.3%，增速稳居三次产业之首，第三产业增加值占 GDP 的 48.4%，较上年同期提高 2.1 个百分点。规模以上服务业企业 33 个行业类别中，仅水上运输业营业收入略有下降，其余 32 个行业营业收入均保持不同程度增长。营业收入居前三位的行业中，商务服务业贡献突出，实现营业收入 916.34 亿元，同比增长 34.9%，拉动规模以上服务业增长 8.9 个百分点。全省规模以上服务业企业实现营业利润 276.8 亿元，同比增长 46.6%；企业盈利面 75.5%，比上年同期提升 3.9 个百分点。

4. 供给侧结构性改革稳步推进，“三去一降一补”成效初显。2017 年，湖南省取缔“地条钢”生产企业 12 家，化解煤炭落后产能 350 万吨以上，全省能耗降低 5% 左右；全省商品房去库存周期下降至 10.4 个月，商品房待售面积同比下降 30.5%；全省规模以上工业企业资产负债率 50.7%，同比下降 2.2 个百分点；为企业减负 800 亿元，全省规模以上工业企业每百元主营业务收入中的成本为 83.7 元，同比下降 0.5 元；小微企业贷款加权平均利率 5.8%，同比下降 2 个基点。

（三）消费价格维持低位窄幅波动，工业价格逐步回升

1. 消费价格指数继续维持低位运行。2017年，湖南省居民消费价格指数同比上涨1.4%，低于全国平均水平0.4个百分点，同比回落0.5个百分点。八大类商品（及服务）价格指数七涨一跌，食品烟酒价格下跌0.7%，影响总体消费价格指数下跌约0.2个百分点；其他七类均上涨，其中医疗保健、居住价格分别上涨5%和3.5%。

2. 工业价格指数逐步回升。2017年，湖南省工业生产者出厂价格指数、工业生产者购进价格指数分别累计上涨7.2%和5.8%，涨幅较上年分别扩大9.2个和6.9个百分点。分月份来看，工业生产者出厂价格各月指数上涨幅度保持在5%~8%区间震荡；工业生产者购进价格各月指数上涨幅度保持在4%~7%区间震荡。

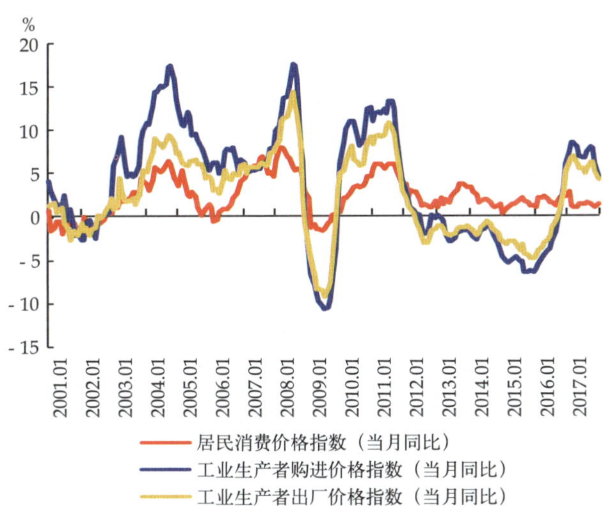

数据来源：湖南省统计局。

图12 2001~2017年湖南省居民消费价格指数和工业生产者价格指数变动趋势

3. 劳动力成本持续上涨。受劳动力数量下降、择业观念变化等因素影响，劳动力成本持续上涨，2017年，湖南省城镇居民人均工资性收入18 766元，同比增长8.6%；农村居民人均工资性收入5 341元，同比增长8%。2017年，湖南省调整最低工资标准，最高档为1 580元/月，较上年提高190元。

（四）财政收支增速回落，民生重点支出保障有力

1. 财政收支增速回落，民生领域支出增长迅速。2017年，湖南省地方财政收入2 756.8亿元，同比增长4.9%，较上年下降3.4个百分点；一般公共预算支出6 857.7亿元，同比增长8.2%，较上年回落3.3个百分点。全省财政支出继续向民生领域倾斜，教育、社保、医疗卫生等民生支出4 804.3亿元，同比增长8.3%，占公共预算支出比重达到七成，基本公共服务水平明显提高。

2. 地方政府债券发行成本有所上升。2017年，湖南省通过公开招标方式发行了四批地方政府债券共计1 965.4亿元，发行平均利率为4.1%，较上年提高1.3个百分点。从期限看，3年、5年、7年和10年期债券分别发行497亿元、593亿元、465亿元和300亿元。从债券类型看，置换债券和新增债券分别为1 342亿元和623.4亿元，分别占实际发行额的68.3%和31.7%。

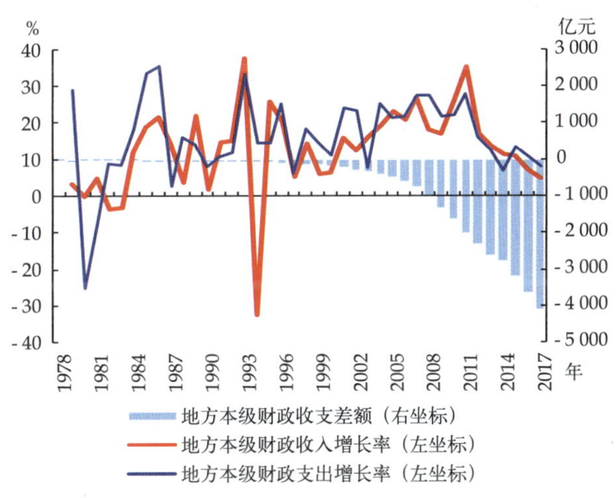

数据来源：湖南省统计局。

图13 1978~2017年湖南省财政收支状况

（五）房地产市场总体趋稳，商品房销售增长放缓

1. 房地产开发投资平稳增长。2017年，湖南省房地产开发投资3 426.1亿元，同比增长

15.9%，增幅较上年提高 2.8 个百分点，高于全国平均水平 8.9 个百分点，其中，住宅完成投资 2194.4 亿元，同比增长 17.3%。

2. 商品房施工面积增速有所下滑。2017 年末，湖南省房地产施工面积 31 691.2 万平方米，同比增长 5.1%，较上年末下降 1.3 个百分点。其中，本年新开工面积 8 235.9 万平方米，同比增长 10.2%，增速较上年下降 6.7 个百分点。

3. 商品房销售增长放缓。2017 年，湖南省商品房销售面积 8 532.3 万平方米，同比增长 5.5%，增速较上年回落 21.6 个百分点，居全国第 21 位。其中，长沙市受房地产调控影响，商品房销售面积 2 259.2 万平方米，同比下降 12.9%。

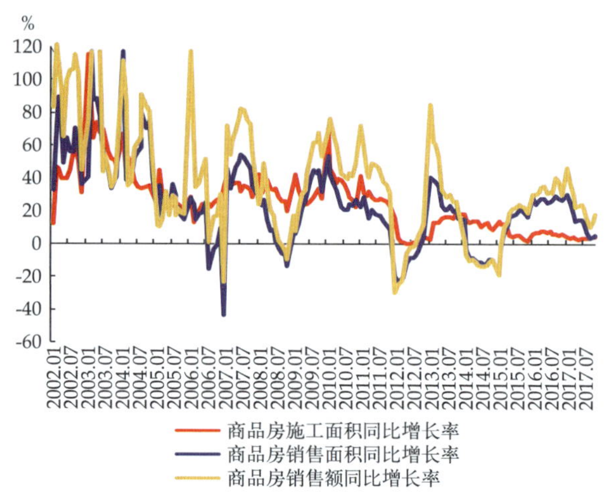

数据来源：湖南省统计局。

图 14　2002~2017 年湖南省商品房施工和销售变动趋势

4. 重点城市商品房价格上涨。国家统计局 70 个大中城市数据显示，2017 年 12 月，长沙、岳阳、常德新建商品住宅价格指数同比分别上涨 6.1%、9.7% 和 9.1%，环比分别上涨 0.2%、0.7% 和 0.6%；二手住宅价格指数同比分别上涨 11.4%、5.0% 和 4.1%。

5. 房地产贷款增速回落，金融支持保障性住房力度加大。2017 年末，湖南省房地产贷款余额 9 066 亿元，同比增长 28.1%，增速较上年末下降 1.6 个百分点，占全部贷款的比重为 28.5%。分项目看，房地产开发贷款同比增长 29.8%。其中，保障性住房开发贷款同比增长 43.3%；个人住房贷款同比增长 28.1%，较上年下降 5.4 个百分点。

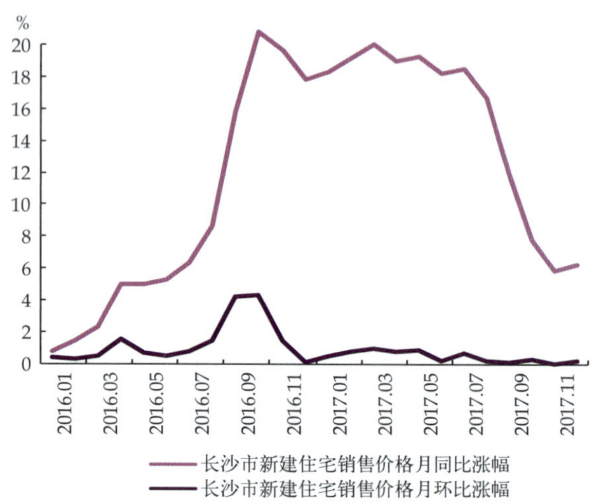

数据来源：湖南省统计局。

图 15　2016~2017 年长沙市新建住宅销售价格变动趋势

（六）“两型社会”建设持续深入，阶段性目标圆满完成

试验区阶段性目标任务圆满完成。2017 年是长株潭两型社会试验区获批 10 周年。十年间，50 多项“国字号”改革试点花落三湘，五大改革经验上升为全国经验。制定中国内地第一个城市群规划——《长株潭城市群区域规划》，颁布第一个“两型”试验地方立法——《长株潭城市群区域规划条例》，出台全国首个省级生态文明体制改革实施方案，编制 16 个“两型”标准、23 个节能减排标准、43 项“两型”地方标准，实施原创性改革 100 多项，创建省级“两型”示范创建单位 1 116 个，建立 4 个省级“两型”宣教基地。

经济增长引领全省。2017 年，长株潭地区实现地区生产总值 15 171.6 亿元，同比增长 10.9%，高于全省平均增速 2.9 个百分点，对全省经济增长的贡献率达 43.7%，拉动全省经济增长 3.5 个百分点。

小康水平稳步提高。2017 年，长株潭地区居民人均可支配收入 36 162 元，比上年增长 8.8%。其中，长沙市 6.4 万贫困人口全部达到脱贫标准，率先建成全面小康社会；湘潭市实现脱贫 1.4 万人，全面小康实现程度 98.6%；株洲市实现 5.7 万贫困人口脱贫，全面小康实现程度 98.7%。

“创新核”作用充分释放。长株潭国家自主创新示范区建设获批以来，成效显著。五年科技进步贡献率提高 3.6 个百分点，超级计算机、超级杂交稻、高铁动力与控制系统、中低速磁悬浮等科技成果达到世界先进水平。2017 年，长株潭自创区技工贸收入突破万亿元大关，自创区扩区增容和高新区升级获国务院通报表彰。

专栏　湖南省小微企业应收账款质押融资情况、问题及措施

2017 年，人民银行总行印发《小微企业应收账款融资专项行动工作方案（2017~2019 年）》（银发〔2017〕104 号），对小微企业应收账款融资工作作出了部署，为切实做好相关工作，人民银行长沙中心支行对湖南省应收账款融资现状、问题及困难等情况进行了专题调查。

一、湖南省应收账款融资现状与特点

2017 年 9 月末，湖南应收账款融资余额 3 972 亿元，结构呈现以下“四多四少”特点：一是未来收益权质押多，销售服务已形成的应收账款质押与保理少。截至 2017 年 9 月末，全省应收账款融资余额中，未来收益权的应收账款质押贷款 2 592 亿元，销售、服务形成应收账款质押贷款 1 063 亿元，保理 317 亿元，分别占全部应收账款融资的 65.3%、26.8% 和 7.9%。二是政府采购与依托核心企业形成的应收账款多，应收账款池融资少。截至 2017 年 9 月末，全省政府采购形成的应收账款质押贷款 335.8 亿元，占 31.6%；依托核心企业的应收账款质押贷款 725 亿元，占 68.2%；应收账款池融资仅占全部应收账款融资的 1.5%。三是国有大行和地方城商行应收账款融资多，股份制银行少。截至 2017 年 9 月末，全省工农中建交 5 家大行和 2 家地方城商行应收账款质押贷款 1 774 亿元，占全部应收账款融资的 44.7%；而 11 家全国性中小股份制银行应收账款融资余额 275 亿元，仅占 6.9%。四是销售、服务形成的应收账款融资不良相对较多，未来收益权质押融资不良少。截至 2017 年 9 月末，全省销售、服务形成的应收账款融资不良率为 0.09%，个别行超过 2.6%，主要是债权虚假、重复质押等操作性风险较大；而未来收益权质押融资不良率仅为 0.02%。

二、湖南应收账款融资发展面临的难点

一是企业应收账款真实性确认难。主要是核心企业认为配合应收账款确权会加大到期付款约束、泄露商业秘密和增加费用，不愿配合银行确权。而银行目前基本采取上门确认或函证方式，确权成本高、时间长，而且存在一些债权企业联合债务企业人员进行应收账款信息造假和虚假确权等问题。二是企业账款回款路径锁定难。湖南 25 家已开展应收账款融资业务的银行业金融机构中，有 24 家机构在合同中指定了回款路径，但有 14 家机构反映经常出现客户不按合同约定路径回款的问题，由此导致出现资金回款后被客户挪作他用的风险。三是融资期限与账期匹配难。应收账款的账期通常为 3~9 个月，账期普遍较短。而银行对应收账款的贷款审批目前仍然按流动资金贷款审批方式和流程进行，加上贷前真实性调查与确权需要较长时间，应收账款审批时间相比一般流动资金贷款更长，难以满足中小企业应收账款融资需求急的特性，导致应收账款融资期限普遍长于其自身账期。四是企业应收账款质量提升难。首先是中小企业自身风险管理严重不足。

对省内300家中小企业的问卷调查显示，将近一半企业没有专门的应收账款风险管理部门或专职人员，近80%的企业没有建立客户信用档案。其次是债务方信用问题。债务方是中小企业的，普遍资金紧张，还款能力与意愿不足；为核心企业的，由于其处于强势地位，又缺乏失信惩戒机制，拖延还款较为普遍。最后是，信用中介服务缺失。主要是中小企业应收账款融资中缺乏信用管理咨询、信用评级、商业保理、信用保险、商账催收等配套信用服务，应收账款质量提升缺乏外力帮扶。

下阶段，湖南省将按照“人行牵头、部门联动、市场运作、分步实施”原则，努力探索建立包括供应链核心企业债务确认体系、中小企业信用服务体系、债权企业信用风险管理体系、应收账款融资供给体系的“四位一体”中小微企业应收账款融资综合服务体系，有效破解中小微企业融资难题。

三、预测与展望

受投资恢复、制造业回暖以及全球贸易稳步增长、新兴市场经济体和发展中国家继续保持强劲增长等多方因素影响，世界经济缓慢复苏趋势更加明显。同时，当前全球经济增长依然面临劳动生产率下降、债务水平上升、新增长动能缺乏等不利因素，加之逆全球化思潮继续发展、主要发达国家逐步退出量化宽松货币政策和地缘政治冲突常态化，全球经济增长的不确定性、不稳定性依然存在。国内经济正处在转变发展方式、优化经济结构、转换增长动力的攻关期，污染防治提升到国家战略高度，环保约束进一步加强。湖南省经济运行总体处于供给侧结构性改革的深化期，传统行业产能过剩与市场需求不足的矛盾短期内难以解决，加之新动能、新经济的规模偏小、支撑不足，湖南经济发展仍然面临较大压力。但与此同时，随着供给侧结构性改革、简政放权和创新驱动战略的不断深入实施，湖南省制造强省五年规划的全力推进，大众创业、万众创新的蓬勃发展，新产业、新业态、新模式将加快成长，经济稳中向好的积极因素不断增多，具备了高质量发展的基础和潜力。预计2018年，湖南省经济仍将保持平稳较快增长。全省金融系统将贯彻落实好党的十九大、中央经济工作会议和全国金融工作会议精神，坚持稳中求进工作总基调，认真贯彻落实稳健中性的货币政策，促进信贷总量合理增长，进一步加大对供给侧结构性改革重点领域和薄弱环节的金融支持力度，提高金融服务实体经济的质量和效益，有效防范金融风险，为全省实体经济发展提供有力金融支撑。

中国人民银行长沙中心支行货币政策分析小组

总　纂：马天禄　曾　涛

统　稿：廖鹤琳　赵遂彬　张　阳　郭　卉

执　笔：焦俊勇　向　柳　曾得利　姜　超　邹庆华　司马亚玺　李远航　丁锐夫　吴　敏　伍圆恒　钟芳芳

提供材料的还有：李　杜　黄　河　周　琳　任中红　徐爱华　常　皓　彭于彪　李　辰　彭　星　张丽康

附录

（一）2017 年湖南省经济金融大事记

1 月 2 日，湖南省政府发布《湖南省“十三五”金融业发展规划》。

1 月 24 日，湖南省首家消费金融公司——湖南长银五八消费金融公司正式挂牌开业。

3 月 16 日，湖南省出台《关于促进私募股权投资行业规范发展的暂行办法》，率先在全国放开全省范围内私募股权投资机构备案登记。

4 月 17 日，长株潭衡“中国制造 2025”试点示范城市群获工信部正式批复。

7 月 26 日，湖南省首个省级基金小镇——湘江基金小镇在湖南湘江新区成立。

11 月 30 日，湖南省 6 923 个贫困村全部建成金融扶贫服务站，实现贫困村全覆盖。

12 月 19 日，湖南省出台《关于促进绿色金融发展的实施意见》。

12 月 26 日，《湖南省推进普惠金融发展实施方案》出台。

12 月 28 日，《湖南省实施开放崛起战略发展规划（2017~2021 年）》出台。

（二）2017 年湖南主要经济金融指标

表 1　2017 年湖南省主要存贷款指标

		1月	2月	3月	4月	5月	6月	7月	8月	9月	10月	11月	12月
本外币	金融机构各项存款余额（亿元）	43 138.4	44 024.6	44 448.8	44 717.8	45 188.7	45 813.6	46 295.5	46 682.0	46 989.2	47 095.3	47 498.6	46 729.3
	其中：住户存款	22 899.5	23 257.9	23 375.7	22 794.4	22 847.1	23 148.2	22 860.1	23 028.4	23 389.2	23 049.8	23 040.9	23 371.6
	非金融企业存款	12 375.1	12 519.8	12 917.5	13 359.8	13 289.4	13 558.2	13 542.6	13 713.1	13 609.4	13 549.4	13 420.6	13 839.8
	各项存款余额比上月增加（亿元）	1 141.7	886.2	424.2	268.9	470.9	625.0	481.9	386.5	307.2	106.1	403.3	-769.3
	金融机构各项存款同比增长（%）	14.9	15.2	13.6	14.0	13.6	12.1	14.3	13.3	14.0	12.4	12.4	11.3
	金融机构各项贷款余额（亿元）	28 469.3	28 659.3	29 210.3	29 565.4	29 910.7	30 364.3	30 635.9	31 012.6	31 385.4	31 606.0	31 837.8	31 850.0
	其中：短期	6 562.0	6 535.6	6 686.7	6 628.1	6 684.6	6 824.0	6 910.5	6 996.5	7 090.7	7 073.6	7 138.2	7 145.7
	中长期	20 706.3	21 006.4	21 464.1	21 909.8	22 257.5	22 649.6	22 919.7	23 202.3	23 495.7	23 746.4	23 918.0	23 866.8
	票据融资	1 117.8	1 005.9	956.0	923.8	867.6	788.5	698.9	704.9	684.7	671.8	670.0	724.9
	各项贷款余额比上月增加（亿元）	937.0	190.0	551.0	355.1	345.3	453.7	271.5	376.7	372.8	220.7	231.8	12.2
	其中：短期	41.3	-26.4	151.1	-58.6	56.5	139.4	86.5	86.0	94.2	-17.1	64.6	7.5
	中长期	1 050.9	300.1	457.7	445.7	347.7	392.1	270.1	282.6	293.5	250.7	171.6	-51.2
	票据融资	-154.0	-111.9	-49.9	-32.2	-56.2	-79.1	-89.6	6.0	-20.2	-12.9	-1.7	54.8
	金融机构各项贷款同比增长（%）	13.8	13.0	12.8	13.4	13.9	13.7	15.0	16.0	16.1	16.0	16.6	15.7
	其中：短期	-1.2	-1.9	-1.1	-0.3	0.8	1.1	4.4	6.1	7.6	8.4	9.7	9.6
	中长期	20.2	19.6	19.9	20.8	21.4	21.7	22.9	24.0	23.6	23.5	23.7	21.4
	票据融资	9.2	0.2	-14.3	-21.7	-26.8	-35.7	-43.6	-46.7	-48.2	-50.9	-49.7	-43.0
	建筑业贷款余额（亿元）	866.8	871.5	890.8	926.0	940.2	976.3	1 046.5	1 053.8	1 090.1	1 101.0	1 085.7	1 020.1
	房地产业贷款余额（亿元）	1 547.0	1 567.9	1 597.2	1 615.6	1 613.0	1 625.8	1 675.8	1 688.2	1 750.1	1 754.7	1 765.6	1 733.8
	建筑业贷款同比增长（%）	11.4	7.7	7.9	12.9	18.8	20.1	30.0	30.2	31.5	35.2	35.7	32.6
	房地产业贷款同比增长（%）	3.0	2.7	2.8	4.1	5.2	5.9	11.8	13.8	17.5	17.8	20.9	17.1
人民币	金融机构各项存款余额（亿元）	42 810.8	43 675.8	44 079.6	44 368.6	44 853.6	45 495.6	45 992.1	46 391.9	46 700.3	46 816.9	47 216.4	46 437.7
	其中：住户存款	22 782.1	23 141.1	23 259.1	22 678.5	22 731.1	23 033.8	22 746.2	22 918.5	23 279.5	22 939.8	22 931.8	23 261.6
	非金融企业存款	12 181.4	12 317.9	12 681.6	13 141.6	13 082.4	13 386.2	13 391.3	13 546.6	13 448.2	13 395.9	13 262.4	13 675.4
	各项存款余额比上月增加（亿元）	1 116.2	865.0	403.8	289.0	485.0	641.9	496.5	399.7	308.4	116.6	399.5	-778.7
	其中：住户存款	1 654.2	359.1	118.0	-580.6	52.6	302.7	-287.6	172.3	360.9	-339.7	-8.0	329.8
	非金融企业存款	79.8	136.5	363.8	460.0	-59.2	303.8	5.1	155.3	-98.4	-52.3	-133.5	413.1
	各项存款同比增长（%）	14.8	15.0	13.4	13.8	13.5	12.0	14.3	13.2	14.0	12.4	12.5	11.4
	其中：住户存款	19.5	12.7	12.1	11.8	12.2	11.4	10.9	10.8	10.9	10.3	10.0	10.1
	非金融企业存款	13.6	19.8	16.1	19.0	17.3	16.0	15.8	23.2	13.9	13.7	12.3	13.0
	金融机构各项贷款余额（亿元）	28 148.5	28 312.1	28 843.0	29 207.1	29 556.3	30 002.3	30 269.0	30 653.0	31 033.3	31 264.1	31 511.3	31 532.7
	其中：个人消费贷款	5 812.1	5 912.5	6 108.7	6 218.0	6 348.6	6 529.0	6 654.4	6 813.2	6 986.6	7 105.9	7 250.4	7 359.9
	票据融资	1 117.8	1 005.9	956.0	923.8	867.6	788.5	698.9	704.9	684.7	671.8	670.0	724.9
	各项贷款余额比上月增加（亿元）	933.0	163.6	530.9	364.1	349.3	446.0	266.7	384.0	380.2	230.8	247.2	21.4
	其中：个人消费贷款	181.1	100.3	196.3	109.2	130.7	180.3	125.4	158.8	173.4	119.3	144.5	109.6
	票据融资	-154.0	-111.9	-49.9	-32.2	-56.2	-79.1	-89.6	6.0	-20.2	-12.9	-1.7	54.8
	金融机构各项贷款同比增长（%）	14.3	13.3	13.0	13.6	14.1	13.9	15.2	16.2	16.3	16.2	16.8	15.9
	其中：个人消费贷款	30.5	33.0	33.5	33.9	33.5	33.1	33.6	33.8	34.3	33.1	31.8	30.7
	票据融资	9.2	0.2	-14.3	-21.7	-26.8	-35.7	-43.6	-46.7	-48.8	-50.9	-49.7	-43.0
外币	金融机构外币存款余额（亿美元）	47.8	50.7	53.5	50.6	48.8	46.9	45.1	44.0	43.5	41.9	42.7	44.6
	金融机构外币存款同比增长（%）	26.3	38.0	30.7	29.8	29.0	24.6	20.7	23.0	26.5	4.1	5.1	2.4
	金融机构外币贷款余额（亿美元）	46.8	50.5	53.2	52.0	51.6	53.4	54.5	54.5	53.1	51.5	49.5	48.6
	金融机构外币贷款同比增长（%）	-20.0	-11.7	-9.1	-9.0	-7.3	-1.5	5.0	3.0	6.2	2.5	4.0	6.3

数据来源：中国人民银行长沙中心支行。

表 2　2001~2017 年湖南省各类价格指数

单位：%

		居民消费价格指数		农业生产资料价格指数		工业生产者购进价格指数		工业生产者出厂价格指数	
		当月同比	累计同比	当月同比	累计同比	当月同比	累计同比	当月同比	累计同比
2001		—	-0.9	—	-1.6	—	1.1	—	-0.2
2002		—	-0.5	—	-2.0	—	-0.7	—	-0.8
2003		—	2.4	—	2.6	—	6.7	—	2.6
2004		—	5.1	—	12.1	—	14.4	—	8.0
2005		—	2.3	—	11.2	—	9.4	—	6.0
2006		—	1.4	—	0.7	—	6.5	—	4.3
2007		—	5.6	—	13.0	—	6.1	—	6.1
2008		—	6.0	—	26.5	—	12.0	—	9.3
2009		—	-0.4	—	-5.0	—	-7.4	—	-5.7
2010		—	3.1	—	1.4	—	10.0	—	6.9
2011		—	5.5	—	10.9	—	10.8	—	8.5
2012		—	2.0	—	4.7	—	0.1	—	-0.9
2013		—	2.5	—	2.3	—	0.1	—	-1.5
2014		—	1.9	—	0.2	—	-2.1	—	-1.6
2015		—	1.4	—	4.1	—	-5.5	—	-3.7
2016		—	1.9	—	1.7	—	-2.0	—	-1.1
2017		—	1.4	—	1.0	—	7.2	—	5.8
2016	1	1.1	1.1	3.6	3.6	-6.1	-6.1	-4.5	-4.5
	2	2.1	1.6	4.5	4.1	-5.6	-5.8	-3.9	-4.2
	3	2.2	1.8	4.4	4.2	-4.9	-5.5	-3.6	-4.0
	4	2.3	1.9	2.6	3.8	-4.4	-5.3	-3.0	-3.8
	5	1.9	1.9	1.5	3.3	-3.9	-5.0	-2.7	-3.6
	6	1.6	1.9	1.5	3.0	-3.7	-4.8	-2.4	-3.4
	7	1.6	1.8	0.5	2.6	-2.8	-4.5	-1.3	-3.1
	8	1.2	1.8	0.0	2.3	-1.8	-3.2	-0.6	-2.8
	9	1.7	1.7	0.1	2.1	-0.6	-3.8	0.0	-2.5
	10	2.1	1.8	0.2	1.9	0.7	-3.3	0.9	-2.1
	11	2.5	1.8	0.4	1.7	3.3	-2.8	2.9	-1.7
	12	2.3	1.9	1.2	1.7	6.0	-2.0	5.1	-1.1
2017	1	2.8	2.8	0.7	0.7	7.5	7.5	6.3	6.3
	2	1.2	2.0	0.4	0.6	8.5	8.0	6.7	6.5
	3	1.0	1.7	0.6	0.6	8.6	8.2	6.9	6.6
	4	1.0	1.5	0.8	0.6	8.1	8.2	6.1	6.5
	5	1.4	1.5	0.5	0.6	6.9	7.9	5.6	6.3
	6	1.4	1.5	0.1	0.5	6.7	7.7	5.5	6.2
	7	1.5	1.5	0.8	0.6	6.7	7.6	5.0	6.0
	8	1.6	1.5	1.3	0.7	7.4	7.5	5.6	5.9
	9	1.5	1.5	1.4	0.7	8.0	7.6	6.2	6.0
	10	1.3	1.5	1.9	0.9	7.8	7.6	6.3	6.0
	11	1.0	1.4	2.0	1.0	6.0	7.5	5.1	5.9
	12	1.4	1.4	1.5	1.0	4.6	7.2	4.3	5.8

数据来源：湖南省统计局。

表 3　2017 年湖南省主要经济指标

	1 月	2 月	3 月	4 月	5 月	6 月	7 月	8 月	9 月	10 月	11 月	12 月
	绝对值（自年初累计）											
地区生产总值（亿元）	—	—	7 051.1	—	—	15 275.5	—	—	24 492.3	—	—	34 590.6
第一产业	—	—	495.0	—	—	1 279.0	—	—	2 458.3	—	—	3 690.0
第二产业	—	—	2 959.5	—	—	6 326.0	—	—	9 999.2	—	—	14 145.5
第三产业	—	—	3 596.6	—	—	7 670.6	—	—	12 034.8	—	—	16 755.1
工业增加值（亿元）	—	—	—	—	—	—	—	—	—	—	—	—
固定资产投资（亿元）	—	1 778.5	3 950.3	6 496.6	9 248.3	12 385.1	14 749.6	17 476.8	20 709.5	23 689.9	27 221.7	31 328.1
房地产开发投资	—	281.5	525.3	770.8	1 071.9	1 466.4	1 734.0	2 031.6	2 368.0	2 701.5	3 060.1	3 426.1
社会消费品零售总额（亿元）	—	2 334.6	3 372.6	4 400.4	5 609.9	6 839.9	8 053.8	9 239.3	10 471.5	11 928.5	13 356.4	14 854.9
外贸进出口总额（亿元）	139.7	250.2	420.3	603.9	798.2	1 006.8	1 209.1	1 419.1	1 656.0	1 892.8	2 161.8	2 434.3
进口	46.4	95.4	160.2	224.7	293.8	369.0	435.6	512.7	599.1	671.9	769.0	868.8
出口	93.2	795.3	260.1	379.2	504.4	637.8	773.6	906.4	1 056.9	1 220.9	1 392.8	1 565.5
进出口差额（出口－进口）	46.8	699.9	99.8	154.5	210.6	268.8	338.0	393.7	457.7	549.0	623.9	696.7
实际利用外资（亿美元）	9.4	20.0	34.9	46.6	59.7	74.6	84.0	96.5	109.6	121.1	133.7	144.7
地方财政收支差额（亿元）	-342.0	-474.7	-940.6	-1 099.6	-1 348.8	-2 182.4	-2 324.5	-2 611.8	-3 339.2	-3 386.0	-3 875.7	-4 101.0
地方财政收入	260.9	433.0	746.4	965.8	1 192.9	1 524.6	1 691.7	1 838.7	2 049.9	2 260.3	2 456.3	2 756.8
地方财政支出	602.9	907.7	1 686.9	2 065.4	2 541.7	3 707.0	4 016.2	4 450.5	5 389.1	5 646.3	6 332.0	6 857.7
城镇登记失业率（%）（季度）	—	—	4.2	—	—	4.2	—	—	4.1	—	—	4.0
	同比累计增长率（%）											
地区生产总值	—	—	7.4	—	—	7.6	—	—	7.5	—	—	8.0
第一产业	—	—	2.0	—	—	2.8	—	—	3.1	—	—	3.6
第二产业	—	—	6.6	—	—	6.6	—	—	6.3	—	—	6.7
第三产业	—	—	8.8	—	—	9.5	—	—	9.7	—	—	10.3
工业增加值	—	6.3	7.3	7.1	7.1	7.1	6.9	6.8	6.7	6.8	7.1	7.3
固定资产投资	—	12.8	12.3	12.2	12.3	12.4	12.6	12.3	12.6	12.7	12.9	13.1
房地产开发投资	—	12.8	4.5	10.1	15.2	14.7	15.1	15.9	14.9	15.4	15.0	15.9
社会消费品零售总额	—	11.4	11.4	11.3	11.2	11.0	10.8	10.6	10.5	10.5	10.5	10.6
外贸进出口总额	23.5	44.6	52.5	57.4	62.6	67.5	67.4	62.2	56.5	52.2	49.2	39.8
进口	28.7	65.2	62.4	59.4	63.8	68.4	66.1	63.8	63.7	58.6	56.2	53.3
出口	21.0	34.3	47.0	56.3	61.9	67.0	68.1	61.3	52.7	48.8	45.6	33.3
实际利用外资	20.9	11.8	19.3	14.7	13.4	11.5	12.4	13.0	12.5	12.6	11.7	12.6
地方财政收入	0.3	4.2	8.4	5.0	3.0	6.5	7.5	7.2	5.2	5.6	5.3	4.9
地方财政支出	46.2	5.9	19.7	20.2	18.9	22.5	19.6	16.1	17.5	15.5	11.3	8.2

数据来源：湖南省统计局。

广东省金融运行报告（2018）

中国人民银行广州分行货币政策分析小组

[内容摘要] 2017 年，广东省以习近平新时代中国特色社会主义思想为指导，全面贯彻落实党中央、国务院决策部署，以供给侧结构性改革为主线，着力推动经济结构优化、动力转换、质量提升。广东省经济运行稳中向好，结构持续改善，新旧动能转换取得积极成效；金融业认真贯彻落实稳健中性货币政策和宏观审慎政策，不断提升服务实体的经济效率和水平，为经济社会发展营造了中性适度的货币金融环境。

2017 年，广东省地区生产总值增长 7.5%，经济运行呈现一些新特点。一是产业结构趋向优化。三次产业比重调整为 4.2∶43∶52.8，其中，服务业对经济增长的贡献率达 58.2%。广东规模以上先进制造业和高技术制造业增加值占规模以上工业增加值的比重分别达 53.2% 和 28.8%。现代服务业增加值占服务业的比重达 62.6%，其中，互联网和相关服务业增长 49.8%，软件和信息服务业增长 26.2%。二是高端产业投资加快。高技术制造业和装备制造业投资增幅分别比 2016 年提高 7 个和 1.4 个百分点。民间资本对信息传输、软件和信息技术服务业以及科学研究和技术发展的投资分别增长 69.9% 和 48.2%。三是消费结构升级态势明显，外贸转型升级加快推进。通信器材类和体育娱乐用品类消费分别增长 19.3% 和 13.0%。跨境电子商务进出口额为 442 亿元，同比增长 93.8%。“一带一路”沿线国家累计进出口增长 14.9%，占全省的 22.1%。自贸区进出口增长 4.8%，占全省的 11.9%。四是“三去一降一补”取得新进展。2017 年压减炼钢产能 50 万吨，完成年度目标任务；年末商品房库存待售面积同比下降 9.3%；规模以上工业企业资产负债率为 55.7%，同比下降 0.5 个百分点。城市建设、环境和公共设施管理业务、卫生和社会等短板领域投资加快。

金融行业发展稳中有进，对实体经济支持力度不断增强。2017 年，新增社会融资规模 2.21 万亿元，位居全国第一，同比多增 936 亿元。一是银行业发展质量提升，信贷结构优化。2017 年银行业总资产同比增长 2.7%，净利润同比增长 19.0%，年末不良贷款率同比下降 0.1 个百分点。2017 年新增贷款 1.51 万亿元，每亿元新增贷款平均撬动地区生产总值增加 5.95 亿元，同比提高 0.65 亿元；单位中长期贷款增量占各项贷款增量比重同比提高 29.5 个百分点；基础设施、高技术领域、小微和民营企业贷款增长加快。二是证券业平稳发展，上市公司数量和融资较快增长。2017 年末，广东省证券和期货业资产比 2016 年末分别下降 4.6% 和 6.2%，证券业整体净利润下滑 5.4%。基金业保持较快增速，基金规模和净值比 2016 年末分别增长 12.1% 和 14.6%。2017 年，广东新增 17 家主板上市公司，39 家中小企业板上市公司，41 家创业板上市公司；上市公司利用资本市场筹资 503 家次，筹资额 2 614 亿元，同比增长 14.8%。三是保险业务平稳增长，保障能力持续提升。2017 年，广东省保险业资产同比增长 11.9%，行业净利润同比增长 1.5%；累计提供风险保障 241.6 万亿元，同比增长 126.4%。其中，财产险提供风险保障规模同比增长 150.5%，责任险同比增长 554.9%；广东省大病保险保障人数 6 673 万人，向 20 万人支付赔款 17 亿元。

金融基础设施和生态环境建设深入推进。一是中小微企业和农户信用体系建设不断强化。2017 年末广东省中小微企业信用信息和融资对接平台累计实现融资对接 2.56 万笔，融资金额 6 580.9 亿元；农户累计建立信用档案数同比增长 19.6%，比 2016 年同期增速加快 7.3 个百分点，向已建档农户发放贷款余额同比增长80.4%。二是现代农村金融服务体系建设持续深入。涉农贷款余额同比增长11.4%，比2016年同期上升6.4个百分点。三是率先实现移动支付多领域规模化应用，助推“智慧广东”建设。移动支付在全部地市实现公共交通、旅游景点、菜市场和校园应用，金融IC卡脱机数据认证技术在部分地市得到规模化应用，打造移动支付示范商户6.7万户，重点便民项目295个。四是金融消费纠纷非诉第三方调解、调处工作深入开展。2017年金融消费权益保护热线“12363”（不含深圳）受理金融消费投诉2 622件，同比增长65.8%，办结率为94.2%。

2018年，广东经济金融发展仍面临复杂的内外部环境。但随着建设现代化经济体系、推动高质量发展各项政策的落地实施，经济金融有望继续保持平稳健康发展。从经济运行看，传统产业和消费增长将延续放缓态势，旧动能将逐渐减弱，但随着珠三角自主创新示范区、粤港澳大湾区建设加快推进以及乡村振兴战略的加快实施，新技术、新产业、新业态、新模式将不断涌现，先进制造业、现代服务业对经济增长的拉动作用将更加明显，居民健康、教育、休闲娱乐等服务消费比重将进一步提升，推动经济发展质量变革、效率变革和动力变革。物价存在一定上行压力。从金融运行看，在稳健中性的货币政策和宏观审慎政策双支柱调控背景下，金融资源将重点投向供给侧结构性改革重点领域和薄弱环节，总量保持合理增长，结构进一步优化。随着金融改革开放的深入推进，金融服务实体经济的水平将进一步提升。

一、金融运行情况

2017年，广东省金融运行总体平稳，信贷规模保持合理适度增长，金融市场交易活跃，投融资结构持续改善，金融生态环境建设不断深入，对实体经济支持力度明显增强。

（一）银行业规模稳中有升，信贷支持实体经济力度增强

1. 银行业经营效益提升，市场规模持续扩大。2017年，广东省银行业总资产同比增长2.7%，净利润同比增长19.0%。营业网点机构数减少35家，从业人数增加10 695人，主要是受股份制和城市商业银行网点调整影响。银行业机构组织体系进一步完善，财务公司和新型农村金融机构数量分别增加至22家和59家，银行法人机构增加11家，业务广度和深度都得到提升。

表1　2017年广东省银行业金融机构情况

机构类别	营业网点			法人机构（个）
	机构个数（个）	从业人数（人）	资产总额（亿元）	
一、大型商业银行	6 129	141 605	92 444	0
二、国家开发银行和政策性银行	82	2 445	10 163	0
三、股份制商业银行	1 865	71 423	52 712	3
四、城市商业银行	635	20 788	18 848	6
五、城市信用社	0	0	0	0
六、小型农村金融机构	5 970	75 095	31 776	109
七、财务公司	13	968	4 072	22
八、信托公司	2	1 396	625	4
九、邮政储蓄银行	2 073	27 182	6 332	0
十、外资银行	257	10 119	6 108	6
十一、新型农村金融机构	250	4 245	828	59
十二、其他	11	3 076	3 181	10
合计	17 287	358 342	227 089	219

注：营业网点不包括国家开发银行和政策性银行、大型商业银行、股份制商业银行等金融机构总部数据；大型商业银行包括中国工商银行、中国农业银行、中国银行、中国建设银行和交通银行；小型农村金融机构包括农村商业银行、农村合作银行和农村信用社；新型农村金融机构包括村镇银行、贷款公司、农村资金互助社和小额贷款公司；“其他”包含金融租赁公司、汽车金融公司、货币经纪公司、消费金融公司等。

数据来源：广东省银监局、深圳市银监局。

2. 存款余额扩大，增速放缓。2017年末，

广东本外币各项存款余额19.5万亿元，同比增长8.2%，比2016年同期低3.9个百分点。住户存款增速同比下降3.3个百分点，非金融企业存款增速同比下降16.4个百分点。在金融去杠杆、严监管政策不断出台落地的背景下，非银行业金融存款继续萎缩，年末余额2.1万亿元，同比下降9.8%。2017年，广东省外币存款相比2016年多增7.4亿美元，同比增幅下降2.92个百分点，主要是受人民币汇率波动以及国际经济形势影响。

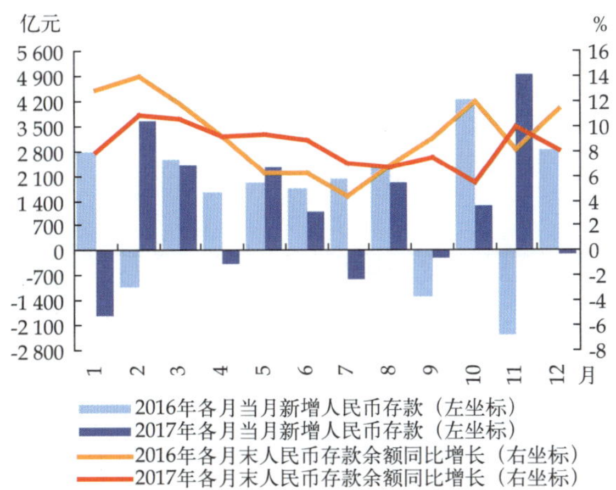

数据来源：中国人民银行广州分行。

图1　2016~2017年广东省金融机构人民币存款增长变化

3. 贷款保持合理适度增长，对实体经济支持力度加大。2017年末，广东本外币各项贷款余额12.6万亿元，同比增长13.6%。金融机构加大支持实体经济发展，资金"脱实向虚"现象持续改善。单位中长期贷款同比多增4 439亿元，占各项贷款增量比重比2016年同期提高29.5个百分点；基础设施贷款增幅同比提高11.1个百分点，科学研究和技术服务业贷款余额同比增长28.4%，文化、体育和娱乐业贷款余额同比增长43.9%。小微和民营企业贷款增长明显加快，2017年末小微企业贷款余额同比增长15.0%，占企业贷款余额的32.6%，同比提高1个百分点；民营企业贷款余额同比增长12.7%，同比加快6.7个百分点。

货币信贷政策支持结构调整效应继续显现。2017年，广东省累计发放支小再贷款27.9亿元，支农再贷款39亿元，扶贫再贷款10.3亿元，引导金融机构加大对经济发展薄弱环节的支持力度；累计办理再贴现209.8亿元，为市场提供较低成本资金，引导金融机构降低企业融资成本。

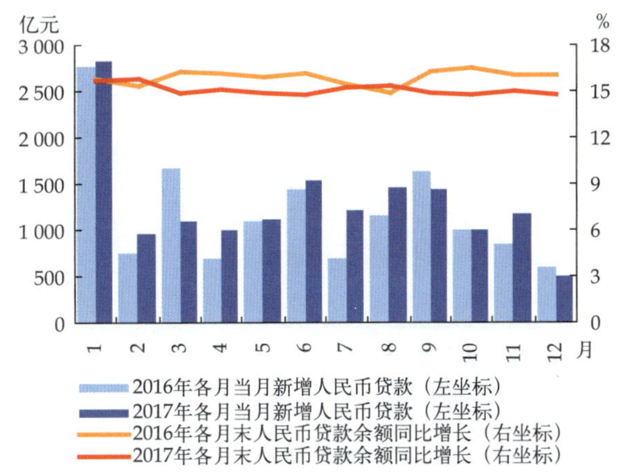

数据来源：中国人民银行广州分行。

图2　2016~2017年广东省金融机构人民币贷款增长变化

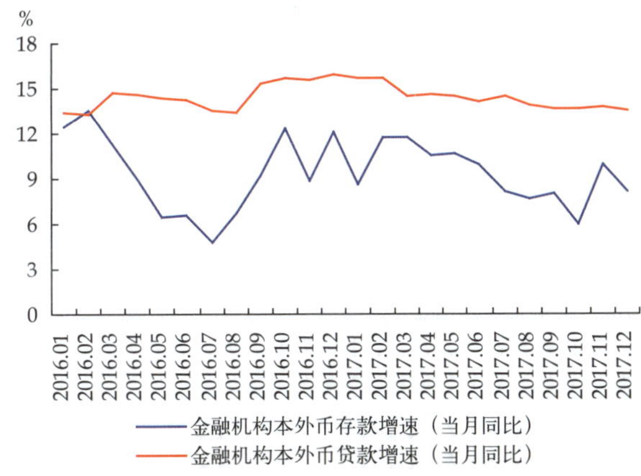

数据来源：中国人民银行广州分行。

图3　2016~2017年广东省金融机构本外币存、贷款增速变化

4. 存续理财规模下降，资金信托规模上升。2017年，广东省理财产品规模进入平稳发展阶段，年末全省银行理财余额3.83万亿元，同比下降1.4%。其中，表外理财产品募集资金规模同比下降6.8%，较2016年降低39.3个百分点。在去杠杆背景下，法人信托公司募集资金上升，年末信托余额2.2万亿元，同比增长35.7%；资金信托存续产品4 193只，较年初增长19.7%。

5. 市场利率低位回升，金融机构定价能力稳步提升。2017年，广东省金融机构新发放一般贷款加权平均利率为5.85%，同比上升0.2个百分点。利率小幅回升主要是受个人住房贷款利率上升的影响，年末广东个人住房贷款加权平均利率为5.10%，同比上升0.71个百分点。受美联储加息及美国出台减税措施等影响，2017年广东美元存款加权平均利率波动性明显放大，但总体保持震荡上行的趋势。

广东省利率定价自律机制积极发挥维护利率定价秩序作用，积极提升金融机构差异化、精细化定价能力。2017年，地方法人金融机构积极开展存单业务，同业存单发行计划备案6 826.5亿元，大额存单发行计划备案802.5亿元。

表2　2017年广东省金融机构人民币贷款各利率区间占比

单位：%

月份		1月	2月	3月	4月	5月	6月
合计		100.0	100.0	100.0	100.0	100.0	100.0
下浮		19.9	24.2	17.5	15.9	14.3	8.4
基准		14.7	10.9	9.2	10.1	11.0	12.3
上浮	小计	65.4	64.9	73.3	74.0	74.7	79.3
	(1.0, 1.1]	15.3	21.6	19.9	18.0	16.5	17.2
	(1.1, 1.3]	23.3	22.0	25.8	28.3	28.6	28.5
	(1.3, 1.5]	14.8	12.1	15.2	15.3	16.5	19.3
	(1.5, 2.0]	7.5	4.8	7.7	7.9	8.5	10.0
	2.0以上	4.5	4.5	4.7	4.5	4.6	4.3
月份		7月	8月	9月	10月	11月	12月
合计		100.0	100.0	100.0	100.0	100.0	100.0
下浮		7.4	6.4	9.4	8.0	8.3	8.8
基准		9.0	8.5	7.6	7.9	10.8	13.0
上浮	小计	83.6	85.1	83.0	84.1	80.9	78.2
	(1.0, 1.1]	19.0	17.1	15.4	16.9	16.1	16.1
	(1.1, 1.3]	31.2	29.3	31.6	30.1	28.6	24.4
	(1.3, 1.5]	20.2	23.4	21.3	20.9	20.5	19.9
	(1.5, 2.0]	8.9	9.9	10.1	11.7	11.6	13.1
	2.0以上	4.3	5.4	4.5	4.6	4.1	4.7

数据来源：中国人民银行广州分行。

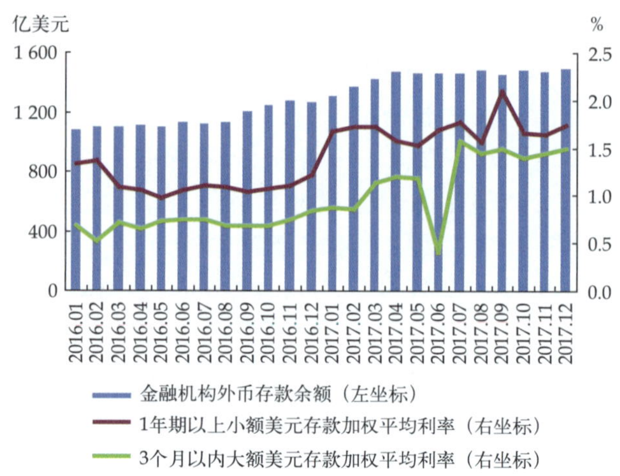

数据来源：中国人民银行广州分行。

图4　2016~2017年广东省金融机构外币存款余额及外币存款利率

6. 金融风险总体可控，防范工作持续推进。2017年末，广东银行业金融机构不良贷款余额上升趋势放缓，新增不良贷款规模相比2016年同期减少31亿元，不良率比2016年末下降0.1个百分点。中国人民银行广州分行积极加强与相关部门的配合协作，落实监管政策，深入推进对各类违法违规机构的专项整治工作，有力遏制了广东非法集资、互联网金融、类金融机构等方面的风险积聚势头，金融市场整体保持稳定。

7. 跨境人民币结算业务迅速发展，支持“一带一路”建设取得成效。截至2017年末，广东省累计办理跨境人民币业务结算13.9万亿元，占全国业务总量的25.7%，居全国首位；占广东省全币种跨境收支总额的22.9%，比全国全币种跨境收支占比高4.4个百分点。立足于自贸区平台，广东省积极开展试点业务创新，截至2017年末，广东省跨境双向人民币资金池业务累计达478.1亿元，区内企业境外母公司境内发行人民币债券境内使用50.0亿元。跨境人民币业务的快速发展，有力支持了“一带一路”建设，2017年，广东省与“一带一路”国家和地区发生的业务量为3 957.2亿元，同比增长5.2%。

专栏1　广东推进绿色金融改革创新试验区发展取得初步成效

一、健全促进绿色金融发展政策体系，统筹推进绿色金融改革创新发展

一是出台了《关于加强环保与金融融合促进绿色发展的实施意见》，从健全企业环境信用信息数据库、引导金融机构创新绿色金融业务等方面提出19条政策措施，为促进辖区环保与金融融合发展明确了重点支持方向和领域。二是围绕《广东省广州市建设绿色金融改革创新试验区总体方案》，广州市花都区制定出台了《支持绿色金融和绿色产业创新发展若干措施》。从设立发展专项资金、培育绿色金融组织体系、推动绿色金融支持绿色产业、引导绿色产业集聚发展、建立政务服务绿色通道等十个方面提出了发展措施。三是广州市花都区制定出台了一系列配套文件，重点奖励绿色金融机构、绿色企业及绿色发展人才，大力支持开展绿色金融业务，引导信贷资金和社会资本流向绿色企业和绿色项目。

二、培育发展绿色金融组织体系，有效增强绿色金融供给能力

一是大力支持和鼓励设立绿色金融专营机构。广州市花都区全力打造绿色金融街，大力吸引绿色金融机构及绿色企业进驻，重点打造绿色金融总部集聚区，目前已引进62家金融及类金融机构，注册资本金总计45亿元；成立了广东省绿色金融投资控股集团有限公司，公司注册资本20亿元，成为集融资和投资于一体的新型绿色金融服务集团。二是营造绿色产业体系。广州市花都区打造规划建设面积约10平方公里的绿色产业园区，通过绿色金融支持，大力发展新能源汽车、智能装备和机器人等先进制造业，加快打造高效、节能、环保的绿色产业发展先进示范区。

三、创新完善绿色金融产品和服务体系，提升绿色金融服务水平

一是创新绿色信贷产品。广东银行机构推出环境权益抵质押贷款、碳排放配额抵押贷款、开发性专项基金等新型融资方式支持绿色产业。二是绿色债券产品取得突破。广东华兴银行、东莞银行、南海农商银行等地方法人金融机构合计发行53亿元绿色金融债券；广州发展集团股份有限公司48亿元绿色企业债券获国家发展改革委核准；东江环保公司成功发行深交所首单6亿元绿色公司债券。三是绿色证券产品发展加快。加快设立绿色发展基金。广州市设立产业转型升级引导基金、战略性新兴产业创业投资基金、孵化基金、国家新兴产业创业投资引导基金等多只政府性投资基金，总规模约220亿元；花都区加快推进以市场化方式运作引导绿色金融机构和绿色企业，发起设立总金额不少于100亿元的绿色发展基金。四是开展碳金融创新。探索研究开展以二氧化碳排放权为主的现货交易、期货交易以及与环境有关的金融衍生品交易等中远期碳金融业务。积极搭建碳交易平台。广州碳排放交易所搭建全国首个绿色金融平台“广碳绿金”，打造多层次金融服务体系，为绿色低碳领域的项目提供资金和第三方服务。目前，已有18家合作机构进驻平台，成功对接二十多个绿色相关投融资项目，意向出资总金额约20亿元。

四、加快完善绿色金融基础设施体系建设，增强绿色金融发展动能

一是搭建绿色金融与绿色企业（项目）对接平台。依托广东省中小微企业信用信息和融资对接平台，运用“互联网＋大数据”模式，实现绿色企业的信用信息查询、信用评级、网上申贷以及融资供需信息发布、撮合跟进，提高绿色企业融资的可得性和便利性。二是搭建环保与金融信息共享平台。中国人民银行广州分行加强与省环保厅、省发展改革委的协作，推动建立环境保护信息、碳排放信息共享机制，省内环保部门发布的企业环境信用评价结果纳入中国人民银行征信系统。

（二）证券业平稳发展，上市公司数量和融资较快增长

1. 证券机构总体平稳发展。2017 年，广东省法人证券公司、基金公司各增加 2 家，期货公司总部增加 1 家。受股票、债券市场波动以及监管因素影响，证券和期货业资产同比分别下降 4.6% 和 6.2%。证券业整体净利润同比下滑 5.4%。风险较低的基金业保持较快增速，2017 年末广东省基金规模和净值比 2016 年末分别增长 12.1% 和 14.6%。

2. 上市公司数量和融资规模平稳增长。2017 年，广东省新增主板上司公司 17 家、中小企业板上市企业 39 家、创业板上市企业 41 家。2017 年，上市公司利用资本市场筹资 503 家次，筹资额为 2 614 亿元，同比增长 14.8%。

表 3　2017 年广东省证券业基本情况

项目	数量
总部设在辖内的证券公司数（家）	28
总部设在辖内的基金公司数（家）	31
总部设在辖内的期货公司数（家）	22
年末国内上市公司数（家）	571
当年国内股票（A 股）筹资（亿元）	1 305
当年发行 H 股筹资（亿元）	—
当年国内债券筹资（亿元）	413
其中：短期融资券筹资额（亿元）	-518
中期票据筹资额（亿元）	186

注：当年国内债券融资指非金融企业净债券融资额；当年国内股票（A 股）筹资额指非金融企业境内股票融资。

数据来源：中国人民银行广州分行、广东证监局。

（三）保险业结构改善，保障能力提升

1. 业务增长总体稳定，转型成效显现。2017 年，广东省保险业资产同比增长 11.9%，居金融业首位，行业净利润同比增长 1.5%。财产险业务增长较快，保费收入同比增幅加快 9.4 个百分点；人身险保费收入同比增长 11.3%，其中，人身险同比下降 8.3 个百分点，健康险同比下降 157.4 个百分点。从结构上看，万能险保费规模占比下降 11.8 个百分点，普通人身险保费规模占比稳步回升。

表 4　2017 年广东省保险业基本情况

项目	数量
总部设在辖内的保险公司数（家）	32
其中：财产险经营主体（家）	14
人身险经营主体（家）	9
保险公司分支机构（家）	109
其中：财产险公司分支机构（家）	51
人身险公司分支机构（家）	58
保费收入（中外资，亿元）	4 305
其中：财产险保费收入（中外资，亿元）	1 105
人身险保费收入（中外资，亿元）	3 199
各类赔款给付（中外资，亿元）	1 142
保险密度（元 / 人）	3 878
保险深度（%）	4.8

注：保险公司分支机构家数为省级分公司以上保险公司。

数据来源：广东保监局、深圳保监局。

2. 保障水平提升。2017 年，广东保险业累计提供风险保障 241.6 万亿元，同比增长 126.4%，其中，财产险提供风险保障规模同比增长 150.5%，责任险同比增长 554.9%，环境污染、食品安全、医疗、工程质量等领域的责任保险快速发展。2017 年，广东省保险公司赔款和给付支出 1 142.4 亿元，同比增长 10.3%。大病保险保障人数 6 673 万人，向 20 万人支付赔款 17 亿元。巨灾指数保险自落地以来累计向 11 个地市赔付超过 1 亿元。

3. 保险业服务大局能力持续增强。2017 年，

广东省保险业为科技创新型企业提供风险保障4 006亿元；为出口企业提供风险保障577.9亿美元，协助出口企业追回海外欠款1.1亿美元；农业保险为1 033万户农户的农业生产提供585亿元的风险保障。2017年，保险资金新增投资1 353.4亿元。

（四）融资结构和金融市场发展总体平稳

1. 社会融资规模平稳增长，直接融资占比回落。在稳健货币政策引导下，2017年广东新增社会融资规模2.2万亿元，占全国比重达11.4%，创历史新高。从融资结构看，直接融资受金融市场清理整顿和行情波动影响，规模同比出现收缩。其中，非金融企业股权融资同比减少1 008亿元，债券融资同比减少3 302亿元，两者合计占新增社会融资规模的7.8%，同比下降20.7个百分点。表外融资（委托贷款、信托贷款、未贴现银行承兑汇票）规模同比回升，占比较2016年同期提高了19.5个百分点。

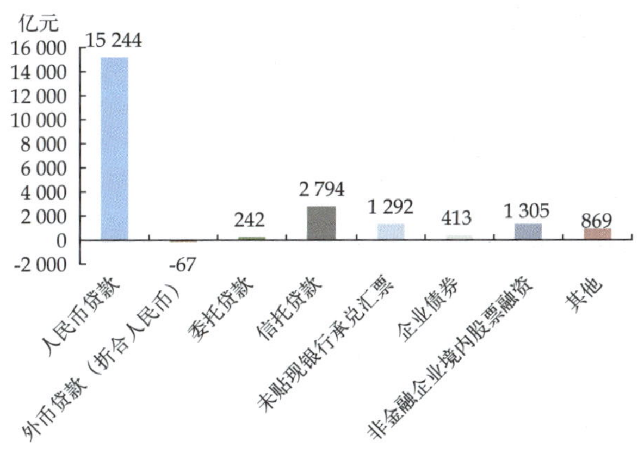

数据来源：中国人民银行广州分行。

图5 2017年广东省社会融资规模分布结构

2. 同业拆借交易规模回落，拆借利率波动上行。2017年，受经济环境及调控政策影响，广东省在银行间市场拆借交易金额同比减少17.0%，其中，净融入资金7.8万亿元；拆借利率先升后降，在6月份达到高点2.85%后，12月末回落至2.73%，比年初高0.5个百分点。从交易品种看，隔夜拆借和7天拆借交易金额共计27.9万亿元，占全省拆借交易量的97.7%。

3. 债券市场融资减少，债券回购有所上升。2017年，受债券违约事件影响，以及金融去杠杆、市场利率上行等因素作用，广东省债券发行及交易规模均有所减少。2017年，银行间市场发行债券融资6 264.3亿元，同比下降25.4%；债券回购交易金额同比增长3.8%，债券现券交易金额同比下降28.3%，其中，同业存单交易金额1.4万亿元，占全省的38.3%。

4. 承兑业务企稳，贴现业务下降，利率水平低位回升。2017年，广东省银行承兑汇票承兑业务累计发生额同比增长44.5%，呈逐季回升趋势。承兑业务企稳，是受市场结算需求增加，承兑业务新增需求上升的影响。2017年，票据风险事件、贴现利率上涨等因素对票据贴现业务造成持续影响，票据贴现（含转贴现）业务同比下降37.4%，贴现加权平均利率4.9%，同比上升1.7个百分点。

表5 2017年广东省金融机构票据业务量统计

单位：亿元

季度	银行承兑汇票承兑		贴现			
			银行承兑汇票		商业承兑汇票	
	余额	累计发生额	余额	累计发生额	余额	累计发生额
1	6 742	3 042	3 210	17 979	160	519
2	6 764	4 295	2 674	17 125	155	688
3	6 839	6 238	2 645	22 939	334	701
4	7 146	7 602	2 572	25 033	406	906

数据来源：中国人民银行广州分行。

表6 2017年广东省金融机构票据贴现、转贴现利率

单位：%

季度	贴现		转贴现	
	银行承兑汇票	商业承兑汇票	票据买断	票据回购
1	4.40	5.47	4.03	3.29
2	5.15	6.05	4.29	4.13
3	4.87	5.99	4.26	4.24
4	4.85	6.27	4.49	3.82

数据来源：中国人民银行广州分行。

（五）金融生态环境建设不断完善

2017年，广东省深入推进金融生态环境建设。一是推广广东省中小微企业信用信息和融资对接平台，着力解决银企信息不对称。截至2017年末，累计实现融资对接2.6万笔，融资金额6 580.9亿元。二是加强农村信用体系建设。截至2017年末，广东省农户累计建立信用档案数同比增长19.6%，比2016年同期增速加快7.3个百分点，向已建档农户发放贷款余额同比增长80.4%。三是加快现代农村金融服务体系建设，鼓励金融机构积极开展农业产业链金融服务。截至2017年末，广东省涉农贷款余额同比增长11.4%，比2016年同期上升6.4个百分点。四是率先实现移动支付多领域规模化应用，助推“智慧广东”建设。截至2017年末，移动支付在广东省全部地市实现公共交通、旅游景点、菜市场和校园应用，金融IC卡脱机数据认证技术在部分地市得到规模化应用，打造移动支付示范商户6.7万户、重点便民项目295个。五是稳步推进中国人民银行金融消费权益保护热线投诉处理管理系统建设，深入开展金融消费纠纷非诉第三方调解、调处工作。2017年，广东省金融消费权益保护热线12363（不含深圳）受理金融消费投诉2 622件，同比增长65.8%，办结率94.2%。

二、经济运行情况

2017年，广东经济运行总体平稳，主要经济指标增速回升，供给侧结构性改革成效显现。全年实现地区生产总值8.99万亿元，同比增长7.5%，增幅与2016年同期持平，比全国平均水平高0.6个百分点。

（一）内需平稳，外需回暖，需求结构持续改善

1. 投资平稳增长，结构持续优化。2017年，广东省固定资产投资3.7万亿元，同比增长13.5%，增速比2016年提高3.5个百分点。从结构上看，基础设施和高技术领域投资增长较快。基础设施投资增长24.3%，比上年提高18.6个百分点，创2010年以来同期最高增速。高技术制造业和装备制造业投资分别增长27.6%和19.3%，比2016年分别提高7.0个和1.4个百分点，工业投资向高端集约化靠拢。民间投资同比增长12.9%，比2016年回落0.6个百分点，但对新兴行业投资保持较快增长，其中，信息传输、软件和信息技术服务业增长69.9%，科学研究和技术发展增长48.2%。

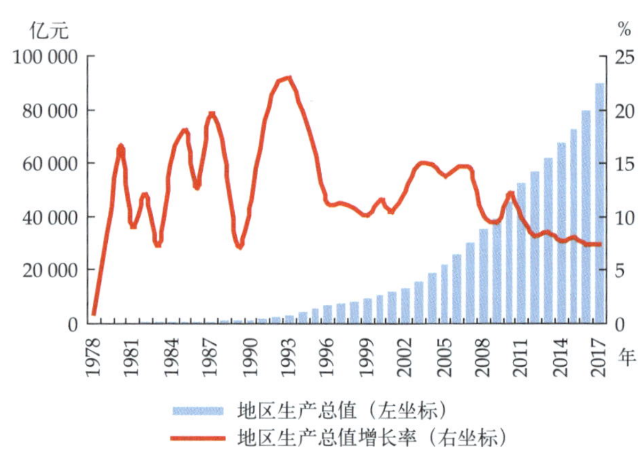

数据来源：广东省统计局。

图6 1978~2017年广东省地区生产总值及其增长率

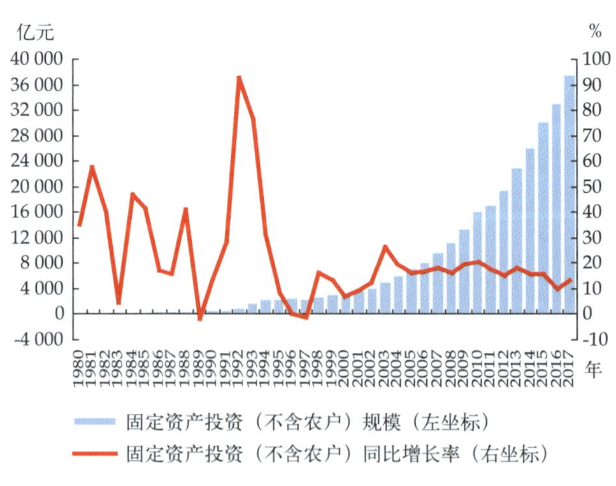

数据来源：广东省统计局。

图7 1980~2017年广东省固定资产投资（不含农户）及其增长率

2. 消费增势略缓，结构升级态势明显。2017

年，广东实现社会消费品零售总额3.82万亿元，同比增长10.0%，增速同比回落0.2个百分点。消费增速放缓主要受汽车消费的影响，全年汽车消费增长6.6%，比2016年回落5.2个百分点。消费升级类商品增长较快，通信器材类和体育娱乐用品类消费分别增长19.3%和13.0%。新兴消费业态保持良好发展势头，网上商店零售额增长18.3%；4G用户数占移动电话用户比重达79.4%，同比提高16.1个百分点，移动互联网接入流量同比增长158.8%。

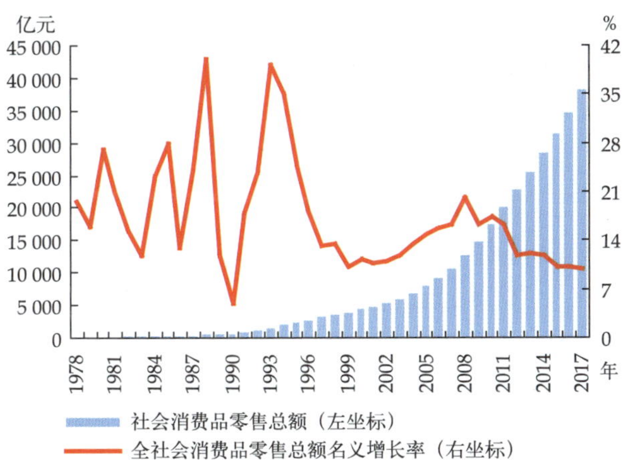

数据来源：广东省统计局。

图8　1978~2017年广东省社会消费品零售总额及其增长率

3. 进出口显著回升，对外开放水平提升。2017年，外部需求明显回暖，广东实现进出口总额6.8万亿元，同比增长8.0%，增速比2016年提高8.8个百分点，进出口规模和增速达到2014年以来最高。外贸结构优化，一般贸易占比46.1%，较加工贸易高9.0个百分点；民营企业出口增长13.1%，占全省的47.0%，成为第一大出口主体。外贸新业态增势迅猛，跨境电子商务进出口442亿元，同比增长93.8%，规模居全国首位。对外开放水平提升，对“一带一路”沿线国家累计进出口增长14.9%，占全省的22.1%；自贸区进出口增长4.8%，占全省的11.9%；全年实际利用外资229.5亿美元。

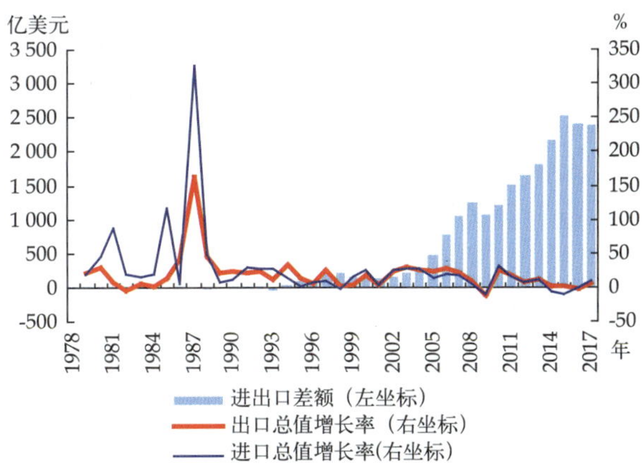

数据来源：广东省统计局。

图9　1978~2017年广东省外贸进出口变动情况

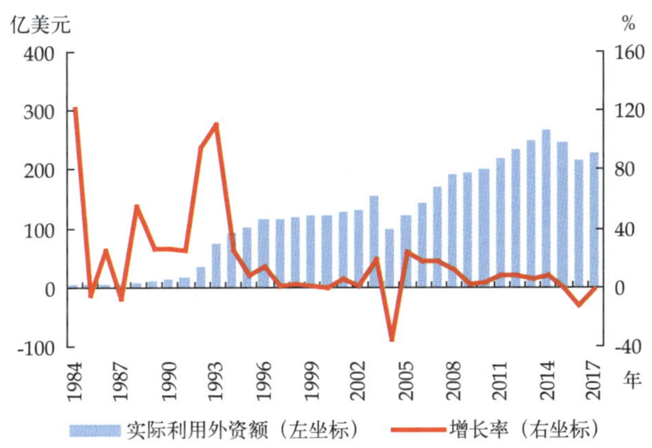

数据来源：广东省统计局。

图10　1984~2017年广东省实际利用外资情况

（二）供给侧结构性改革深入推进，经济质量效益提升

2017年，广东产业结构进一步优化，三次产业比重调整为4.2∶43∶52.8，其中，服务业占比提高0.8个百分点，对经济增长的贡献率达58.2%。

1. 农业发展总体稳定。2017年，广东第一产业增加值同比增长3.5%，增幅比2016年提高0.4个百分点。农业、林业、渔业分别实现增加值增长4.5%、4.8%和2.8%，拉动第一产业增加值分别增长2.7个、0.3个和0.5个百分点。主要农产品产量保持稳定，粮食产量实现连续4年增长。

2. 工业高端化发展态势明显。2017年，广东工业生产形势总体向好，全年规模以上工业企业增加值同比增长7.2%，增速比2016年提高0.5个百分点，各月累计增速均高于2016年同期水平。工业效益提升，2017年规模以上工业企业利润增长15.7%，比2016年提高4.7个百分点。工业结构优化明显，规模以上先进制造业和高技术制造业增加值占比分别达53.2%和28.8%，分别提高1.6个和1.2个百分点；电子行业占全省规模以上工业增加值总量的比重提高到24.5%，对全省规模以上工业增加值增长的贡献率达42.1%，拉动全省规模以上工业增长3.0个百分点。

数据来源：广东省统计局。

图11　1992~2017年广东省规模以上工业增加值实际增长率

3.服务业结构进一步改善。2017年，广东服务业增加值同比增长8.6%，增速比2016年回落0.6个百分点。传统服务业增速放缓，批发零售业和住宿餐饮业增速同比分别回落1.6个和3.2个百分点。新兴服务业增长较快，现代服务业增加值比重达62.6%，同比提高1.0个百分点。全年规模以上服务业营业收入增长16.5%，增速比2016年提高2.8个百分点，其中，互联网和相关服务业增长49.8%，软件和信息服务业增长26.2%。

4.“三去一降一补”取得新进展。2017年，广东省压减炼钢产能50万吨，完成年度过剩产能目标任务。商品房库存水平持续下降，2017年末待售面积同比下降9.3%，其中住宅待售面积同比下降21.7%，降幅比上年扩大10.1个百分点。规模以上工业企业资产负债率为55.7%，同比下降0.5个百分点。规模以上工业企业每百元主营业务收入中的成本为84.1元，在购进价格指数较高的情况下，仍与上年基本持平。短板领域投资加快，城市建设、环境和公共设施管理业务、卫生和社会工作投资增速比全部投资增速分别高14.6个、11.8个和41.4个百分点。

5.绿色发展取得新进展。2017年，广东预计全年万元地区生产总值能耗比上年下降3.7%；超额完成国家下达的节能减排降碳目标任务。全省城市空气质量达标天数比例平均为89.4%，PM2.5治理完成国家大气十条终期考核目标。

（三）消费价格趋缓，生产价格回升

1.居民消费价格小幅回落。2017年，广东省居民消费价格上涨1.5%，同比回落0.8个百分点。食品烟酒价格保持稳定，与2016年持平，涨幅比2016年回落4.8个百分点。

2.生产价格显著回升。2017年，全省工业生产者出厂价格（PPI）同比上涨3.3%，结束了2012年以来连续5年下降的态势，全省工业生产者购进价格（IPI）同比上涨5.3%。其中，石油化工相关和金属相关行业价格分别上涨8.4%和14.6%，两者对PPI价格涨幅贡献率合计达到70.2%，是推动PPI上涨的主要动因。

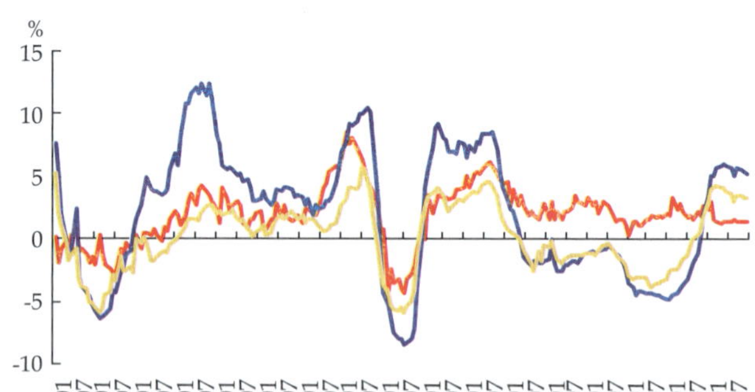

数据来源：广东省统计局。

图12　2001~2017年广东省居民消费价格指数和工业生产者价格指数变动趋势

（四）财政收入稳定增长，民生类支出超过七成

2017 年，广东一般公共预算收入完成 1.13 万亿元，剔除“营改增”增值税收入的划分体制调整及政府性基金转列一般公共预算等因素后，同比增长 10.9%，比 2016 年提高 0.6 个百分点。一般公共预算收入质量有所提高，税收收入同比增长 13%，比 2016 年提高 1.9 个百分点，占一般公共预算收入的 78.4%，比 2016 年提高 0.5 个百分点。一般公共预算支出完成 1.5 万亿元，同比增长 11.9%，比 2016 年提高 6.9 个百分点，其中，民生类支出占比 70.4%。从全年走势看，由于财政支出进度提前，全年财政支出增速呈现前高后低、逐季回落态势。

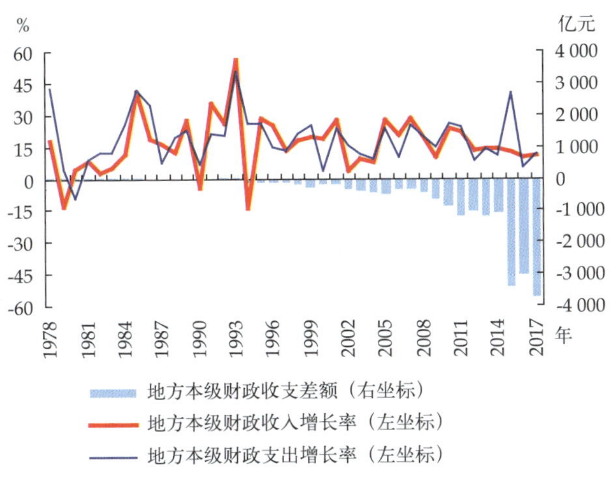

数据来源：广东省统计局。

图 13　1978~2017 年广东省财政收支状况

（五）房地产市场总体平稳，先进制造业加快发展

1. 房地产市场平稳发展，区域分化明显。

（1）房地产开发投资放缓，到位资金趋紧。2017 年，广东省房地产开发投资同比增长 17.2%，增速比 2016 年回落 3.6 个百分点。受房地产调控政策和监管政策收紧影响，企业销售资金回笼放缓，融资渠道受限，到位资金趋紧。全年房地产开发企业到位资金同比增长 8.4%，增速比 2016 年回落 16.3 个百分点。

（2）土地购置面积增速下降，房企开工意愿减弱。2017 年，土地市场有所降温，“地王”现象明显减少，全年房地产企业土地购置面积和成交价款同比分别增长 5.2% 和 12.6%，增速比 2016 年回落 13.2 个和 44.5 个百分点。全省房屋新开工面积同比增长 13%，增速同比降低 4.1 个百分点。

（3）房地产销售增速回落，区域分化明显。2017 年，广东商品房销售面积和销售额同比分别增长 9.2% 和 15.9%，增速比 2016 年分别回落 15.9 个和 25.8 个百分点。差别化调控政策成效显著，重点调控的珠三角地区成交量下滑，销售面积同比下降 2.3%，同比回落 25.2 个百分点。去库化压力较大的粤东西北地区成交保持较快增长，其中，粤东和粤西分别增长 58.2% 和 50.1%，比 2016 年分别提高 6.6 个和 32.2 个百分点；粤北山区增长 29.7%，比上年回落 3.3 个百分点。

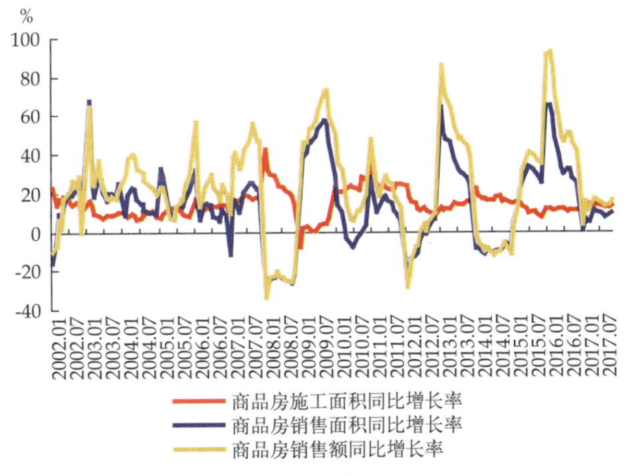

数据来源：广东省统计局。

图 14　2002~2017 年广东省商品房施工和销售变动趋势

（4）热点城市房价降温。2017 年，广东新建商品住宅交易均价同比下降 5.2%。分区域看，珠三角市场降温明显，房价增速显著放缓，新建商品住房成交均价同比增长 2.8%，比 2016 年回落 12.5 个百分点，其中，核心城市广州、深圳的房价分别同比上涨 1.94% 和 1.86%。由于购房需求从珠三角热点城市向周边地区转移，加上去库存政策驱动，粤东西北地区房价上涨

速度有所加快，2017 年新建商品住房成交均价比 2016 年提高 17.9 个百分点。

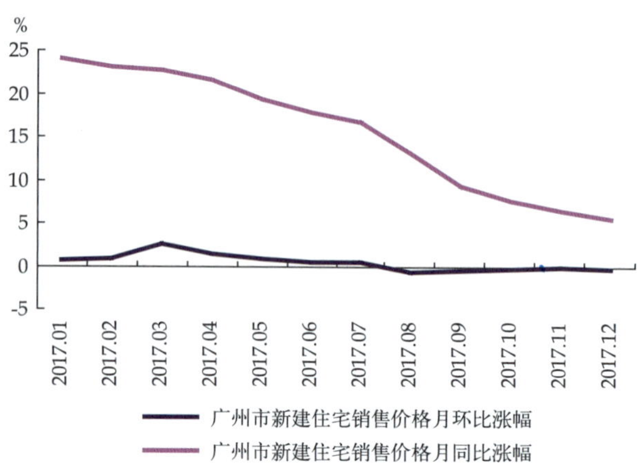

数据来源：国家统计局。

图 15　2017 年广州市新建住宅销售价格变动趋势

（5）房地产贷款增速持续放缓，对保障性住房支持力度加大。2017 年末，广东省房地产贷款余额同比增长 20.8%，增速延续逐月回落趋势，比 2016 年同期下降 12.7 个百分点。全年执行首套房信贷政策的占比为 93.4%。分区域看，房地产贷款重点投向粤东西北地区，粤东西北地区房地产贷款增速同比提升 5.5 个百分点，珠三角地区增速同比回落 14.5 个百分点。对保障性住房的金融支持力度进一步加大。2017 年，累计发放保障性安居工程贷款 188.1 亿元，同比增长 13.4%，其中，累计发放棚户区改造贷款 166.5 亿元，同比增长 5.4%。

2. 先进制造业加快发展，金融支持力度不断加大。2017 年，广东省深入贯彻落实“中国制造 2025”，制定出台先进制造业发展“十三五”规划，加快推动广东由制造业大省向制造业强省转变。2017 年，全省规模以上先进制造业增加值同比增长 10.3%，比规模以上工业平均水平高 3.1 个百分点，拉动规模以上工业增加值增长 5.3 个百分点。其中，智能制造业保持快速发展势头，工业机器人、无人机产量同比分别增长 50.2% 和 69%。企业创新意识不断加强，高端制造发展潜力提升。全省国家高新技术企业总量继续保持全国第一，规模以上工业企业设立研发机构比例达 30%，年主营收入 5 亿元以上工业企业实现研发机构全覆盖。

金融对制造业的支持作用不断提升。2017 年末，广东制造业企业贷款余额达 1.3 万亿元，科学研究和技术服务行业贷款增长 28.4%，信息传输、软件和信息技术服务业贷款增长 36.9%，有力地支持了先进制造业企业创新发展。

（六）珠三角加快发展，产业升级步伐加快

2017 年，珠三角地区生产总值 7.6 万亿元，同比增长 7.9%；人均地区生产总值超 12 万元，达到高收入经济体水平。

结构调整推进，现代产业新体系初步形成。2017 年，珠三角力促服务业和消费加快发展，推动研发设计、科技服务等生产性服务业发展，服务业对经济增长贡献明显，三次产业结构比重优化调整为 1.6 ∶ 42.1 ∶ 56.3。

创新驱动发展势头良好，工业转型升级加快。以国家自主创新示范区建设为契机，深入实施广东工业转型升级三年行动计划和新一轮技术改造，大力推进智能制造，建设珠江西岸先进装备制造产业带。2017 年，珠三角先进制造业和高技术制造业增加值占规模以上工业增加值比重分别高于全省平均水平 3.9 个和 4.7 个百分点。

专栏 2　珠海创新知识产权质押贷款新模式

知识产权的有效运用和产业化是推动经济社会创新驱动发展的核心动力和重要支撑。中国人民银行珠海市中心支行联合珠海市知识产权局，依托国家知识产权运营公共服务

横琴金融特色试点平台（以下简称横琴国家平台）创立以服务联盟为主要方式、以知识产权评价为核心的知识产权质押贷款珠海模式（以下简称“珠海模式”），解决了知识产权评估难、价值波动大、质押办理效率低、交易变现难等问题，推动知识产权质押贷款业务规模化发展，为科技型企业发展注入新的金融活力。

一、主要做法

（一）强化顶层设计，发挥政策引领作用

中国人民银行珠海市中心支行联合珠海市知识产权局等相关部门出台了《珠海市知识产权质押贷款指导意见》《珠海市知识产权质押贷款风险补偿基金管理办法（试行）》等系列配套制度，明确了贷款操作、风险补偿基金管理、参与各方职责等关键环节的制度安排。

（二）集聚金融要素，创新风险分担机制

人民银行珠海市中心支行推动包括横琴国家平台、风险补偿基金管理人、商业银行、担保公司、保险公司等在内的12家机构共同组建服务联盟，各成员按照统一标准行使各自职能，确保各成员专业优势得到充分发挥，提高模式运转效率。同时，建立由珠海市政府风险补偿基金主导（首期规模4 000万元），服务联盟各成员参与的多层次风险分担体系，各成员根据风险偏好灵活确定风险分担比例，有效满足了不同企业的融资需求。

（三）依托国家平台，探索解决知识产权质押贷款识别难、评估难、质押难和交易变现难四大关键难题

“珠海模式”借助横琴国家平台，一是充分借助横琴国家平台专业优势，通过在第三方评估基础上，建立“知识产权价值分析报告”机制，协助金融机构充分了解行业及企业技术现状，解决科技型企业潜在价值“识别难”和知识产权“评估难”问题；二是与国家知识产权局合作开辟知识产权质押“绿色通道”，有效缩短质押办理时间，降低质押办理成本，缓解了知识产权“质押难”问题；三是建立“七弦琴”知识产权交易平台，探索解决“交易变现难”问题。

（四）完善配套措施，打造长效发展生态

作为国家级知识产权试点城市，“珠海模式”更加注重知识产权质押融资的配套环境营造。一是通过政府财政对符合条件的企业一次性奖励，激发企业开发创造知识产权的积极性。二是通过设立知识产权巡回法庭、知识产权快速维权中心，探索建立多元化知识产权纠纷解决机制，打造高效的知识产权保护体系。三是依托横琴国家平台，推动知识产权管理、运营工作，为企业提供知识产权增值服务。

二、实践效果

（一）助推金融资源对接，破解融资瓶颈

通过引入知识产权国家平台和完善顶层设计，知识产权质押贷款“珠海模式”成功破解了科技型小微企业知识产权向金融资本转化的关键难题。截至2017年末，珠海市知识产权质押贷款已撬动信贷资金2.06亿元，并放款1.16亿元，合计23笔，55.56%的企业首次获得银行贷款，国家高新技术企业融资申请占比达81.82%。

（二）激发企业创新活力，促进企业创新发展

通过打通知识产权“知本”向“资本”转移的关键环节，营造知识产权创作、运用、管理和保护的配套环境，“珠海模式”极大地激发了科技型小微企业创新活力，为“轻资产”企业借助核心技术发展壮大增添新的金融支撑，将加快推动创新发展战略实施。2017年，珠海市正式通过国家知识产权示范城市考核验收，迎来知识产权快速增长新阶段。截至2017年末，珠海市高新技术企业超过1 400家，拥有省级新型研发机构12家、省级以上创新平台304家；全市有效发明专利8 401件，每万人口发明专利拥有量50.15件，居全省第二。

三、预测与展望

2018 年，广东经济金融发展仍面临复杂的内外部环境。但随着建设现代化经济体系、推动高质量发展各项政策的落地实施，经济金融有望继续保持平稳健康发展。

从经济运行看，传统产业和消费增长将延续放缓态势，旧动能将逐渐减弱，但随着珠三角自主创新示范区、粤港澳大湾区建设加快推进以及乡村振兴战略的加快实施，新技术、新产业、新业态、新模式将不断涌现，先进制造业、现代服务业对经济增长的拉动作用将更加明显，居民健康、教育、休闲娱乐等服务消费比重将进一步提升，推动经济发展质量变革、效率变革和动力变革。

物价形势总体稳定，地区经济总体企稳向好，叠加去产能推进、环保督察等因素影响，消费者价格指数存在一定上行压力。考虑到目前全国经济通胀水平保持在低位运行，广东省 PPI 上涨趋势可能放缓，综合来看，地区通胀预期趋于稳定。

从金融运行看，在稳健中性的货币政策和宏观审慎政策双支柱调控背景下，金融资源将重点投向供给侧结构性改革重点领域和薄弱环节，总量保持合理增长，结构进一步优化。随着金融改革开放的深入推进，金融风险将逐步缓释降低，金融服务实体经济的水平将进一步提升。

中国人民银行广州分行货币政策分析小组
总　纂：王景武　李思敏
统　稿：张志东　汤克明
执　笔：黄载良　胡逸闻
提供材料的还有：李　敏　韦婵娜　吴国兵　陈　宇　谢青华　史　琳　马　柱　何达之　袁鹏鹏　叶俊华　黎叶子　庄礼焕　陈　瑞　邱全山　安　康　孙方江　戈志武　李美洲　梁　欢

附录

（一）2017 年广东省经济金融大事记

1 月 11 日，中国人民银行广州分行牵头召开 2017 年广东省金融管理工作会议。

1 月 18 日，内地首家“准入前国民待遇加负面清单”模式的外资银行——澳门大西洋银行广东自贸试验区横琴分行在珠海横琴开业。

3 月 29 日，由南方财经全媒体集团主办的 2017 国际金融峰会在广州举行。

5 月 26 日，中国人民银行广州分行发布《关于金融支持广东省农业供给侧结构性改革的实施意见》。

6 月 23 日至 25 日，第六届中国（广州）国际金融交易·博览会在广州举行。

6 月 26 日，中国人民银行、国家发展改革委、财政部、环保部、银监会、证监会、保监会印发《广东省广州市建设绿色金融改革创新试验区总体方案》。

8 月 26 日，广东省召开全省金融工作会议，贯彻落实全国金融工作会议精神。

11 月 22 日，广东省召开珠三角国家自主创新示范区科技金融工作推进会。

12 月 5 日，广东省召开全省小微企业金融服务电视电话会议。

12 月 6 日至 8 日，2017 年广州《财富》全球论坛在广州举办。

（二）2017 年广东省主要经济金融指标

表 1　2017 年广东省主要存贷款指标

		1 月	2 月	3 月	4 月	5 月	6 月	7 月	8 月	9 月	10 月	11 月	12 月
本外币	金融机构各项存款余额（亿元）	177 609.18	181 721.00	184 513.60	184 451.91	186 696.73	187 668.98	186 773.88	188 684.82	188 304.79	189 758.16	194 634.13	194 535.75
	其中：住户存款	60 606.81	60 804.52	61 882.36	61 269.02	61 749.62	63 027.64	62 003.97	62 208.40	63 096.40	62 298.47	62 455.40	62 942.27
	非金融企业存款	61 898.18	63 724.08	65 918.57	64 830.31	65 389.32	66 934.11	65 632.46	66 295.12	66 958.77	66 930.58	68 860.62	71 315.62
	各项存款余额比上月增加（亿元）	-1 694.88	4 111.82	2 792.60	-61.68	2 244.82	972.25	-895.10	1 910.94	-380.02	1 453.37	4 875.97	-98.38
	金融机构各项存款同比增长（%）	8.66	11.78	11.80	10.62	10.66	9.92	8.17	7.71	8.02	6.01	9.97	8.18
	金融机构各项贷款余额（亿元）	113 989.69	114 941.25	115 813.85	116 751.37	117 795.57	118 988.66	120 171.15	121 507.84	123 114.97	124 191.03	125 436.24	126 031.95
	其中：短期	33 203.94	33 463.48	33 527.23	33 649.83	34 322.83	34 466.97	34 603.20	34 713.69	35 128.61	35 303.60	35 776.50	35 917.70
	中长期	71 520.43	72 425.78	73 758.22	74 750.49	75 219.51	76 593.55	77 815.09	78 926.84	80 012.66	80 827.57	81 690.95	82 002.72
	票据融资	4 568.52	4 340.88	3 977.71	3 653.49	3 557.55	3 424.13	3 227.48	3 323.54	3 346.18	3 341.02	3 230.86	3 282.67
	各项贷款余额比上月增加（亿元）	3 061.29	951.55	872.60	937.52	1 044.20	1 193.10	1 182.49	1 336.69	1 607.13	1 076.06	1 245.21	595.70
	其中：短期	828.71	259.54	63.75	122.60	673.00	144.14	136.23	110.50	414.91	175.00	472.90	141.20
	中长期	2 324.54	905.35	1 332.43	992.27	469.02	1 374.05	1 221.54	1 111.75	1 085.81	814.92	863.38	311.77
	票据融资	-313.94	-228.63	-363.17	-324.22	-95.94	-133.41	-196.66	96.06	22.64	-5.16	-110.16	51.81
	金融机构各项贷款同比增长（%）	15.76	15.69	14.52	14.64	14.56	14.14	14.48	13.97	13.68	13.68	13.79	13.62
	其中：短期	7.64	8.65	7.18	8.63	10.78	9.45	10.69	9.18	9.17	9.26	10.86	10.86
	中长期	19.84	19.60	19.69	19.50	19.27	19.08	19.88	20.95	20.58	20.25	19.33	18.55
	票据融资	11.87	3.83	-10.69	-18.20	-29.13	-27.02	-35.81	-39.52	-40.74	-40.50	-36.35	-32.78
	建筑业贷款余额（亿元）	2 616.34	2 664.95	2 676.79	2 689.24	2 704.71	2 691.47	2 699.36	2 722.26	2 752.57	2 767.81	2 764.23	2 643.39
	房地产业贷款余额（亿元）	8 296.33	8 587.49	8 853.97	9 062.66	9 108.72	9 316.59	9 593.94	9 779.44	10 159.05	10 317.29	10 441.94	10 495.29
	建筑业贷款同比增长（%）	-0.84	0.93	1.27	3.38	4.77	2.97	3.73	4.69	4.33	7.25	7.46	4.79
	房地产业贷款同比增长（%）	9.61	11.28	12.73	15.91	18.17	20.38	26.70	31.66	36.35	37.44	34.60	35.26
人民币	金融机构各项存款余额（亿元）	168 654.64	172 306.39	174 682.50	174 294.70	176 646.35	177 747.17	176 944.32	178 851.32	178 674.52	179 923.31	184 870.09	184 779.60
	其中：住户存款	59 468.79	59 675.80	60 762.45	60 161.87	60 645.23	61 937.56	60 921.81	61 162.65	62 050.08	61 250.66	61 414.21	61 890.08
	非金融企业存款	55 462.42	56 823.98	58 714.49	57 371.34	58 179.94	59 957.36	58 681.77	59 634.25	60 580.67	60 501.41	62 445.67	64 873.97
	各项存款余额比上月增加（亿元）	-1 844.69	3 651.74	2 376.11	-387.80	2 351.65	1 100.82	-802.85	1 907.00	-176.80	1 248.79	4 946.78	-90.48
	其中：住户存款	845.76	207.02	1 086.65	-600.59	483.36	1 292.33	-1 015.76	240.84	887.43	-799.42	163.55	475.87
	非金融企业存款	-1 391.52	1 361.26	1 890.51	-1 343.15	808.61	1 777.42	-1 275.69	952.47	946.43	-72.27	1 944.27	2 428.30
	各项存款同比增长（%）	7.88	10.93	10.62	9.25	9.41	8.89	7.08	6.73	7.45	5.49	9.91	8.04
	其中：住户存款	7.97	7.97	8.20	7.65	7.89	8.31	7.03	6.69	6.66	5.87	5.55	5.58
	非金融企业存款	23.80	29.87	26.24	22.66	22.00	21.59	19.48	14.43	13.45	10.57	12.64	13.66
	金融机构各项贷款余额（亿元）	106 475.17	107 436.01	108 531.49	109 537.24	110 648.17	112 188.44	113 401.95	114 872.40	116 313.51	117 307.49	118 474.25	118 978.62
	其中：个人消费贷款	5 608.00	5 535.04	5 763.54	5 876.12	6 022.18	6 347.49	6 521.36	6 809.72	7 113.62	7 259.89	7 495.88	7 721.09
	票据融资	4 503.34	4 274.85	3 910.76	3 595.60	3 515.94	3 393.82	3 209.84	3 306.24	3 331.53	3 329.02	3 222.87	3 276.80
	各项贷款余额比上月增加（亿元）	2 825.38	960.84	1 095.48	1 005.75	1 110.94	1 540.27	1 213.51	1 470.45	1 441.11	993.97	1 166.77	504.36
	其中：个人消费贷款	107.10	-72.96	228.51	112.58	146.05	325.31	173.87	288.35	303.91	146.87	236.00	225.21
	票据融资	-318.14	-228.49	-364.09	-315.15	-79.66	-122.13	-183.97	96.40	25.29	-2.51	-106.15	53.94
	金融机构各项贷款同比增长（%）	15.67	15.78	14.87	15.08	14.93	14.81	15.25	15.39	14.94	14.78	14.97	14.79
	其中：个人消费贷款	18.53	20.85	22.68	24.37	25.39	15.93	30.48	32.79	36.54	39.12	39.72	40.36
	票据融资	10.28	2.29	-12.17	-19.32	-29.58	-27.12	-35.55	-39.30	-40.47	-40.14	-35.75	-32.04
外币	金融机构外币存款余额（亿美元）	1 305.55	1 369.40	1 424.94	1 473.53	1 464.37	1 464.60	1 460.93	1 489.70	1 451.02	1 481.22	1 478.64	1 493.09
	金融机构外币存款同比增长（%）	20.36	23.86	29.12	31.96	23.94	29.40	30.74	31.26	20.61	18.65	15.79	17.64
	金融机构外币贷款余额（亿美元）	1 095.60	1 091.67	1 055.52	1 046.57	1 041.39	1 003.81	1 006.08	1 005.22	1 024.79	1 036.73	1 054.30	1 079.45
	金融机构外币贷款同比增长（%）	11.73	8.93	2.54	1.51	4.63	1.84	1.91	-4.76	-3.70	-0.48	1.00	2.88

数据来源：中国人民银行广州分行。

表 2 2001~2017 年广东省各类价格指数

单位：%

		居民消费价格指数		农业生产资料价格指数		工业生产者购进价格指数		工业生产者出厂价格指数	
		当月同比	累计同比	当月同比	累计同比	当月同比	累计同比	当月同比	累计同比
2001		—	-0.7	—	-2.9	—	-0.9	—	-1.5
2002		—	-1.4	—	-1.6	—	-3.7	—	-3.5
2003		—	0.6	—	-0.4	—	4.1	—	-0.7
2004		—	3.0	—	9.4	—	10.6	—	1.7
2005		—	2.3	—	5.8	—	5.0	—	1.5
2006		—	1.8	—	2.6	—	3.6	—	1.4
2007		—	3.7	—	5.8	—	3.3	—	1.3
2008		—	5.6	—	14.5	—	7.9	—	3.1
2009		—	-2.3	—	-1.8	—	-6.2	—	-4.2
2010		—	3.1	—	1.7	—	7.3	—	3.2
2011		—	5.3	—	9.6	—	7.3	—	3.7
2012		—	2.8	—	4.0	—	-0.5	—	-0.5
2013		—	2.5	—	-0.3	—	-1.8	—	-1.2
2014		—	2.3	—	-0.1	—	-1.2	—	-1.1
2015		—	1.5	—	1.2	—	-4.7	—	-3.2
2016		—	2.3	—	2.0	—	-2.0	—	-0.6
2017		—	1.5	—	0.4	—	5.3	—	3.3
2016	1	2.0	2.0	2.0	2.0	-4.7	-4.7	-2.5	-2.5
	2	3.3	2.7	3.2	2.6	-4.5	-4.5	-2.4	-2.5
	3	2.4	2.6	3.4	2.9	-4.4	-4.4	-2.3	-2.4
	4	2.9	2.6	3.6	3.1	-4.3	-4.3	-2.0	-2.3
	5	2.2	2.6	3.4	3.1	-4.2	-4.2	-1.6	-2.2
	6	1.8	2.4	3.0	3.1	-4.0	-4.0	-1.3	-2.0
	7	1.9	2.4	1.5	2.9	-3.8	-3.8	-0.6	-1.8
	8	1.7	2.3	0.5	2.6	-3.5	-3.5	0.0	-1.6
	9	2.3	2.3	1.0	2.4	-3.3	-3.3	0.3	-1.4
	10	2.0	2.3	0.7	2.2	-2.9	-2.9	0.7	-1.2
	11	2.7	2.3	0.5	2.1	-2.5	-2.5	1.8	-0.9
	12	2.4	2.3	1.0	2.0	-2.0	-2.0	3.0	-0.6
2017	1	3.1	3.1	1.9	1.9	5.2	5.2	4.0	4.0
	2	0.3	1.7	0.9	1.4	5.9	5.5	4.5	4.2
	3	1.0	1.5	0.1	1.0	6.4	5.8	4.4	4.3
	4	1.0	1.3	-0.6	0.6	6.7	6.0	4.0	4.2
	5	1.4	1.4	-2.0	0.0	6.3	6.1	3.4	4.1
	6	1.4	1.4	-2.7	-0.4	5.3	6.0	3.1	3.9
	7	1.6	1.4	-0.4	-0.4	4.9	5.8	2.7	3.7
	8	1.7	1.4	0.2	-0.3	5.1	5.7	3.0	3.6
	9	1.5	1.4	0.8	-0.2	5.4	5.7	3.0	3.6
	10	1.9	1.5	1.8	0.0	5.0	5.6	3.1	3.5
	11	1.4	1.5	2.6	0.2	4.3	5.5	2.5	3.4
	12	1.8	1.5	2.4	0.4	3.5	5.3	1.9	3.3

数据来源：广东省统计局。

表 3　2017 年广东省主要经济指标

	1 月	2 月	3 月	4 月	5 月	6 月	7 月	8 月	9 月	10 月	11 月	12 月
	绝对值（自年初累计）											
地区生产总值（亿元）	—	—	19 438.05	—	—	41 957.84	—	—	64 815.38	—	—	89 879.23
第一产业	—	—	725.61	—	—	1 521.35	—	—	2 643.16	—	—	3 792.40
第二产业	—	—	8 208.99	—	—	18 168.59	—	—	27 621.04	—	—	38 598.55
第三产业	—	—	10 503.45	—	—	22 267.90	—	—	34 551.18	—	—	47 488.28
工业增加值（亿元）	—	4 366.74	7 220.42	9 848.88	12 584.17	15 938.91	18 815.30	21 797.69	25 136.45	28 191.74	31 469.75	33 071.99
固定资产投资（亿元）	—	2 887.67	5 679.23	8 136.99	11 097.27	15 482.32	18 412.51	21 664.34	25 599.70	29 123.96	32 963.01	37 477.96
房地产开发投资	—	1 112.53	2 004.11	2 856.84	3 919.70	5 370.26	6 308.90	7 329.01	8 586.35	9 680.48	10 842.74	12 075.69
社会消费品零售总额（亿元）	—	6 077.51	9 053.38	12 047.33	15 206.73	18 437.11	21 850.15	24 801.32	28 404.43	31 378.33	34 753.23	38 200.07
外贸进出口总额（亿元）	4 859.20	8 780.20	14 482.00	20 103.00	25 839.40	31 643.10	37 303.10	42 877.90	49 256.60	54 746.00	61 131.60	68 155.90
进口	1 580.30	1 755.40	5 532.90	7 498.10	9 551.30	11 768.70	13 826.70	16 074.20	18 641.10	20 798.60	23 289.80	25 969.10
出口	3 278.90	5 444.50	8 949.10	12 604.90	16 288.10	19 874.40	23 476.40	26 803.80	30 615.50	33 947.40	37 841.80	42 186.80
进出口差额（出口 – 进口）	1 698.60	3 689.10	3 416.20	5 106.80	6 736.80	8 105.70	9 649.70	10 729.60	11 974.40	13 148.80	14 552.00	16 217.70
实际利用外资（亿美元）	16.12	29.56	60.44	73.10	92.72	123.08	137.39	150.24	169.62	182.51	194.78	229.48
地方财政收支差额（亿元）	459.17	302.96	-656.96	-583.80	-855.87	-1 787.88	-1 538.03	-1 861.64	-2 529.91	-2 416.74	-3 099.19	-3 727.88
地方财政收入	1 419.11	2 018.93	2 795.95	3 801.10	4 855.77	5 910.63	6 965.68	7 620.77	8 416.06	9 507.25	10 261.10	11 315.21
地方财政支出	959.94	1 715.97	3 452.91	4 384.90	5 711.64	7 698.51	8 503.71	9 482.41	10 945.97	11 923.99	13 360.29	15 043.09
城镇登记失业率（%）（季度）	—	—	2.41	—	—	2.44	—	—	2.46	—	—	2.47
	同比累计增长率（%）											
地区生产总值	—	—	7.8	—	—	7.8	—	—	7.6	—	—	7.5
第一产业	—	—	3.1	—	—	3.3	—	—	3.4	—	—	3.5
第二产业	—	—	6.4	—	—	6.6	—	—	6.6	—	—	6.7
第三产业	—	—	9.3	—	—	9.1	—	—	8.8	—	—	8.6
工业增加值	—	6.6	7.1	7.1	6.8	7.2	6.9	6.7	7.2	7.2	7.2	7.2
固定资产投资	—	11.9	12.5	12.6	12.4	14.6	14.8	14.8	14.6	14.5	14.7	13.5
房地产开发投资	—	12.2	14.7	15.5	16.7	19.0	18.8	18.2	18.9	17.8	18.1	17.2
社会消费品零售总额	—	10.4	10.5	10.5	10.3	10.5	10.4	10.4	10.3	10.2	10.1	10.0
外贸进出口总额	7.8	11.4	15.4	13.7	14.2	14.1	13.0	11.2	11.0	10.0	9.4	8.0
进口	4.6	18.5	18.7	14.5	14.2	14.6	13.7	13.1	13.7	13.0	12.2	10.1
出口	9.4	7.5	13.5	13.2	14.2	13.8	12.6	10.0	9.3	8.3	7.7	6.7
实际利用外资	10.2	0.6	3.6	7.7	5.6	6.6	4.2	12.4	13.6	12.0	6.6	-2.0
地方财政收入	16.7	13.2	16.0	12.3	13.8	13.1	12.0	10.8	10.4	10.7	10.0	10.9
地方财政支出	48.9	32.1	45.1	33.6	32.9	33.5	28.6	27.1	22.7	14.4	15.2	11.9

数据来源：广东省统计局。

中国人民银行深圳市中心支行货币政策分析小组

[内容摘要] 2017年，全球经济逐步走出金融危机后的低谷期，但全球经济复苏仍面临诸多挑战，部分发达经济体财政政策、贸易政策、货币政策存在不确定性，可能对全球经济、资本流动造成冲击。从国内看，中国经济正在加快新旧动能转换，供给侧结构性改革持续深化，稳健中性的货币政策取得了较好成效，金融体系控制内部杠杆取得进展，金融服务实体经济能力和效率明显提升。

在此背景下，深圳高举习近平新时代中国特色社会主义思想伟大旗帜，坚持稳中求进工作总基调，坚定不移贯彻新发展理念，以供给侧结构性改革为主线，加快建设社会主义现代化先行区，全市经济实现有质量的稳定发展。2017年地区生产总值突破2.2万亿元，同比增长8.8%。三大需求持续发力，固定资产投资同比增长23.8%，增速再创新高；商品销售实现较快增长，社会消费品零售总额同比增长9.1%；进出口规模按人民币计价同比增长6.4%，自2014年以来首度“扭负转正”。物价水平保持总体稳定，居民消费价格指数（CPI）同比上涨1.4%，企业经营活跃带动工业生产价格指数（PPI）同比由负转正。

在经济实现平稳较快增长的同时，深圳经济正向高质量发展过渡。主要体现在：一是产业结构进一步优化。第三产业增加值占地区生产总值的比重近六成，现代服务业在第三产业增加值中的占比超过七成。二是新经济成为拉动经济增长的主要引擎。战略性新兴产业对地区生产总值的贡献率超过四成，先进制造业和高技术制造业在规模以上工业增加值的比重分别达到71.0%和65.6%。三是经济增长动能基本完成由投资驱动向创新驱动的平滑转换。工业技改投资再创新高，研发投入在地区生产总值的比重达4.1%，已超过发达国家的平均水平。经济高质量增长带来高效益。全年深圳各级公共财政收入首次突破8 600亿元，同比增长9.2%，单位财税产出继续领先全国，位居全国第一梯队。同时，深圳房地产市场调控取得明显成效，楼市显著降温。从年内趋势来看，房地产开发投资增速有所回落，住房销售大幅减少，新房价格连续12个月下滑，全年成交均价上涨幅度较2016年大幅下降58.2个百分点。

2017年，深圳金融业认真贯彻执行稳健中性的货币政策和宏观审慎政策，不断强化合规经营和管理，实现规模和效益的双增长，争当“一带一路”和粤港澳大湾区建设中金融创新的“排头兵”。

一是金融支持实体经济转型升级的力度进一步加大。2017年末，金融机构本外币存贷款余额11.6万亿元，同比增长10.6%，居全国各大中城市第3位；银行业流动性合理充裕，利率水平小幅上扬，社会融资成本合理稳定。贷款余额同比增速较上年同期回落10.6个百分点，但信贷结构趋于合理。涉房信贷增速显著放缓，信贷资金对小微企业和重点领域的支持力度进一步增强，增速持续加快。二是金融“脱实向虚”的问题初步得到纠正。存款余额增速较上年同期回落3.3个百分点，特别是非银行金融机构存款余额同比由升转降。银行委托贷款业务回归本源，同业资金“空转”得到初步遏制。三是全行业资产规模和净利润企稳回升。2017年末，深圳市银行、证券、保险业资产总额14.0万亿元，同比增长10.5%。全年实现净利润2 407.7

亿元，同比增长21.8%。其中，银行资产质量保持稳定，银行业不良贷款率仍处低位。证券期货业经营业绩趋于稳定，扭转了2016年以来净利润大幅下降的态势；全行业管理资产规模居全国各大中城市第3位。保险业快速发展，业务结构不断改善，呈现市场平稳、结构均衡、效益较好的良好发展态势，资产规模居全国第2位。四是金融市场平稳运行。社会融资规模增长总体平稳，表内信贷和直接融资占比回落，信托贷款增幅显著；货币市场和票据交易保持稳定；证券市场缩量盘整，深港通交易持续活跃，外资增持境内股票趋势明显，资金呈现净流入态势。

2017年，深圳积极推进区域金融改革、完善金融生态环境，立足连接香港“桥头堡”的区位优势，充分发挥自贸区在深化金融改革和创新中的先导作用，持续推进粤港澳大湾区与“一带一路”建设。一是在人民币国际化、资本项目可兑换等领域积极先行先试，跨境金融合作进一步深化。积极推进跨境不良资产转让试点业务，推动CEPA框架下深港两地金融机构的深度合作。进一步完善对外开放金融基础设施，建设面向全球的人民币现钞发行处理中心和IMF联合能力建设中心。二是金融生态环境建设朝着高效化、合规化、普惠化方向进一步优化。大力推进绿色金融和科技金融发展。持续完善辖区反洗钱、反逃税和反恐怖融资监管工作，配合破获中央领导关注的“善心汇”网络传销大案。推进支付结算市场秩序整顿，强化系统建设，积极推进深港金融基础设施的互联互通。进一步推进社会信用体系建设，实现便民利民。加强国库现金管理，实现国库现金管理精准操作；上线“跨境电子支票缴税”，便利跨境缴税。金融服务能力的显著提升，为深圳率先建设社会主义现代化先行先试区提供了有力保障。

目前，深圳仍受到如土地、劳动力等要素的制约，在创新驱动发展过程中的原始创新能力还有待进一步提升，外向型经济结构还面临逆全球化风潮的不利影响。展望未来，深圳将坚持高质量发展和创新引领的根本思路，在发展过程中不断释放制度红利与人才红利，经济有望继续保持“有质量、有效益、可持续”的增长态势。

2018年是全面贯彻落实党的十九大精神的开局之年，是改革开放40周年，是决胜全面建成小康社会、实施“十三五”规划承上启下的关键一年。深圳金融业将以习近平新时代中国特色社会主义思想为指导，全面贯彻党的十九大和全国金融工作会议精神，按照“三个定位、两个率先”[①]和“四个坚持、三个支撑、两个走在前列”[②]以及习近平总书记对深圳工作的重要批示指示要求，认真贯彻落实稳健中性货币政策要求，坚持以推进供给侧结构性改革为主线，统筹稳增长、促改革、调结构、惠民生、防风险各项工作。深圳金融业将为深圳市经济健康发展营造中性适度的货币金融环境，在区域金融改革和创新领域持续作出有益探索的同时，打好防范和化解系统性金融风险的攻坚战。

---

①“三个定位”即要努力成为发展中国特色社会主义的排头兵、深化改革开放的先行地、探索科学发展的试验区；“两个率先”是为率先全面建成小康社会、率先基本实现社会主义现代化而奋斗。

②“四个坚持”即坚持党的领导、坚持中国特色社会主义、坚持新发展理念、坚持改革开放；“三个支撑”即为全国推进供给侧结构性改革、实施创新驱动发展战略、构建开放型经济新体制提供支撑。“两个走在前列”即在全面建成小康社会、加快建设社会主义现代化新征程上走在前列。

一、金融运行情况

2017 年，深圳市金融业认真贯彻稳健中性货币政策，银行体系流动性合理充裕，货币信贷和社会融资规模平稳增长，利率水平基本稳定，金融市场整体平稳，服务实体经济的能力进一步增强。截至 2017 年末，深圳市银行、证券、保险业资产总额 14.0 万亿元，同比增长 10.5%。2017 年实现净利润 2 407.7 亿元，同比增长 21.8%。

（一）银行业健康稳定发展

1. 银行业金融机构资产规模扩大，利润增长提速。 截至 2017 年末，深圳市银行业金融机构营业网点 1 863 个，比年初增加 14 个；从业人数达到 72 780 人，比年初增加 1 227 人；总资产 8.4 万亿元，同比增长 7.7%；受存贷款规模增长、经营管理水平提升及互联网金融等新型高效率金融服务创新等因素推动，全年净利润 1 146.4 亿元，同比增长 18.8%。

表 1　2017 年深圳市银行业金融机构情况

机构类别	营业网点			法人机构（个）
	机构个数（个）	从业人数（人）	资产总额（亿元）	
一、大型商业银行	641	23 571	31 012	0
二、国家开发银行和政策性银行	3	325	5 000	0
三、股份制商业银行	563	27 860	28 738	2
四、城市商业银行	162	6 139	7 131	1
五、城市信用社	0	0	0	0
六、小型农村金融机构	199	2 970	2 683	1
七、财务公司	10	398	1 448	10
八、信托公司	2	1 103	495	2
九、邮政储蓄银行	141	1 711	826	0
十、外资银行	90	5 341	3 772	5
十一、新型农村金融机构	47	1 389	357	10
十二、其他	5	1 973	2 378	4
合计	1 863	72 780	83 840	35

注：营业网点不包括国家开发银行和政策性银行、大型商业银行、股份制商业银行等金融机构总部数据；大型商业银行包括中国工商银行、中国农业银行、中国银行、中国建设银行和交通银行；小型农村金融机构包括农村商业银行、农村合作银行和农村信用社；新型农村金融机构包括村镇银行、贷款公司、农村资金互助社；“其他”包含金融租赁公司、汽车金融公司、货币经纪公司、消费金融公司等。

数据来源：深圳市银监局。

2. 存款增速放缓，主要受非银机构存款下降的影响。 截至 2017 年末，深圳市金融机构本外币存款余额 7.0 万亿元，同比增长 8.2%，比年初增加 5 786 亿元，同比少增 843 亿元。其中，人民币存款余额 6.5 万亿元，同比增长 8.3%，比年初增加 5 450 亿元，同比少增 312 亿元；外币存款余额 792.9 亿美元，同比增长 13.5%，比年初增加 94.4 亿美元，同比多增 8.6 亿美元。从趋势看，全年存款增速明显趋缓，主要是受非银行金融机构存款同比下降 8.3% 拉低所致。

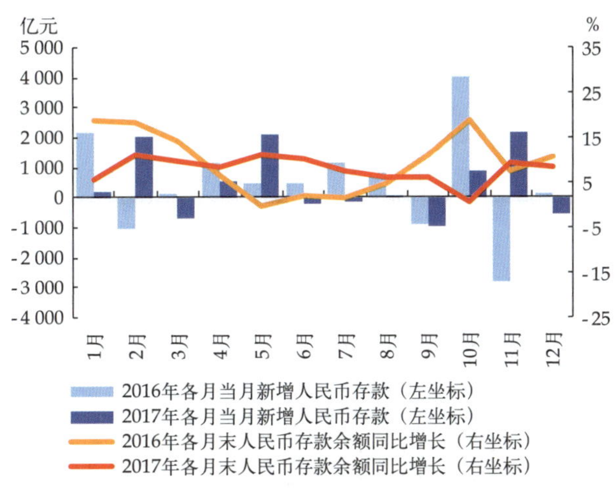

数据来源：中国人民银行深圳市中心支行。

图 1　2016~2017 年深圳市金融机构人民币存款增长变化

3. 房地产调控影响贷款整体增速，但小微企业贷款保持较快增长。 截至 2017 年末，深圳金融机构本外币贷款余额 4.6 万亿元，同比增长 14.3%，比年初增加 5 802 亿元，同比少增 2276 亿元。其中，人民币贷款余额 4.1 万亿元，同比增长 16.7%，比年初增加 5 881 亿元，同比少增 1 061 亿元。外币贷款余额 808.4 亿美元，同比增长 4.6%，比年初增加 35.6 亿美元，同比少增 86.6 亿美元。各期限贷款增量同比均微降。截至 2017 年末，本外币短期贷款余额 13 654.9 亿元，较年初增加 1 954 亿元，同比少增 279 亿元；中长期贷款余额 28 049 亿元，较年初增加 4 175 亿元，同比少增 886 亿元。分部门看，住户和企业部门贷款均小幅下降。截至 2017 年末，本外币非金融企业贷款余额26 239亿元，较年初增加3 180亿元，同比少增321亿元；住户贷款余额17 647亿元，较年初增加2 512亿元，同比少增1 682亿元。整体来看，房地产贷款下降是各项贷款下降的主要原因。2017年新增各项贷款中，房地产贷款占比30.2%，比上年同期低14.0个百分点。2017年末，深圳市金融机构大、中、小微企业人民币贷款余额分别为10 694亿元、6 655亿元、4 456亿元，分别同比增长26.5%、13.0%、23.2%。深圳小微企业贷款增速持续上升，显著超过中型企业。

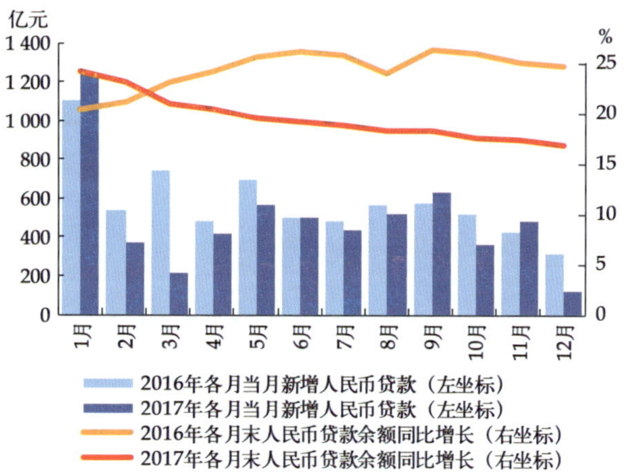

数据来源：中国人民银行深圳市中心支行。

图2　2016~2017年深圳市金融机构人民币贷款增长变化

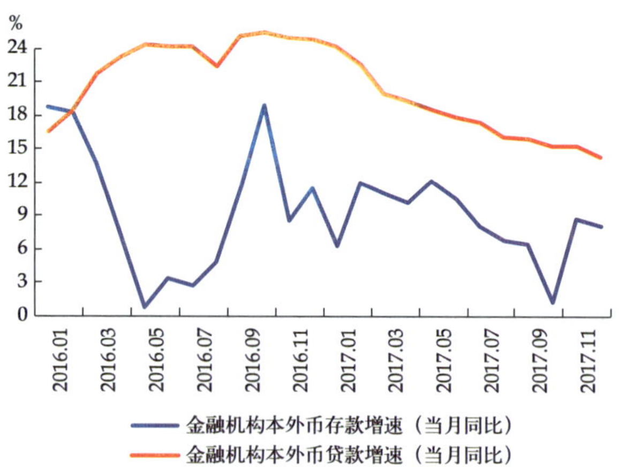

数据来源：中国人民银行深圳市中心支行。

图3　2016~2017年深圳市金融机构本外币存、贷款增速变化

4. 表外业务结构显著调整。2017年，部分表外业务因监管不断加码回归表内，但同时信贷资金流向监管升级迫使部分房地产企业转向信托贷款。一是委托贷款逐步回归本质并持续收缩。2017年，深圳委托贷款净增加228.7亿元，同比下降62.7%。二是信托贷款放量增长，未贴现银行承兑汇票企稳回升。2017年，深圳信托贷款净增加2 352亿元，同比增长203.8%，主要是投向房地产的信托贷款以及个人信贷证券化业务的贷款增长显著。三是未贴现银行承兑汇票净增加623.4亿元，同比多增1 452.1亿元，主要受2016年打击虚假票据融资的低“基数效应”影响。

5. 银行同业资金“脱实向虚”初步得到遏制。从深圳4家同业业务规模逾千亿元的地方法人银行（招商银行、平安银行、华商银行、深圳农村商业银行）情况看，2017年末，同业资产余额19 794.9亿元，在总资产中的占比从年初的25.5%降至20.6%；同业负债余额为21 730.79亿元，在总负债中的占比从年初的22.3%上升至24.5%；同业资产负债率从年中的81.3%升至110%。从导致同业资产规模下降的主要项目来看，同业理财投资余额23 440.3亿元，较年初下降12.7%。从导致同业负债规模增长的主要项目来看，同业存单余额为4 822亿元，较年初增长13.0%；卖出回购证券余额4 906亿元，较年初增长1.2倍。

6. 利率水平基本稳定。一是存款利率略微上升。2017年，深圳市金融机构人民币活期存款加权平均利率为0.39%，较上年上升0.07个百分点，定存整取加权平均利率为2.00%，与上年持平。二是市场利率带动贷款利率上升。2017年，深圳市金融机构（剔除微众银行）新发放一般贷款加权平均利率为5.46%，同比提高0.01个百分点。其中：浮动利率贷款加权平均利率为5.37%，同比提高0.10个百分点；固定利率贷款加权平均利率为5.55%，同比下降0.04个百分点。总体上看，主要是受市场资金以及房贷收紧影响。三是同业资金价格走高。2017年，货币市场流动性总体日益趋紧，特别是进入下半年以来，同业资金价格大幅升高。2017年12月，深圳金融机构同业定期和活期存款的平均利率分别为4.80%和1.46%，比年初分别提高70个基点和7个基点。四是民间借贷利率上升，全年加权平均值为27.67%，同比提高2.50个百分点。五是深圳市场利率定价自律机制进一步完善，主要是结合深圳各类型商业银行存款定价的实际情况，进一步完善《人民币存款利率自律工作方案》；引导各类型机构自觉遵守利率上限约定；提高利率水平透明度，将深圳银行机构主要利率水平在自律机制框架下发布；进一步完善自律机制组织架构，将财务公司纳入自律机制等。

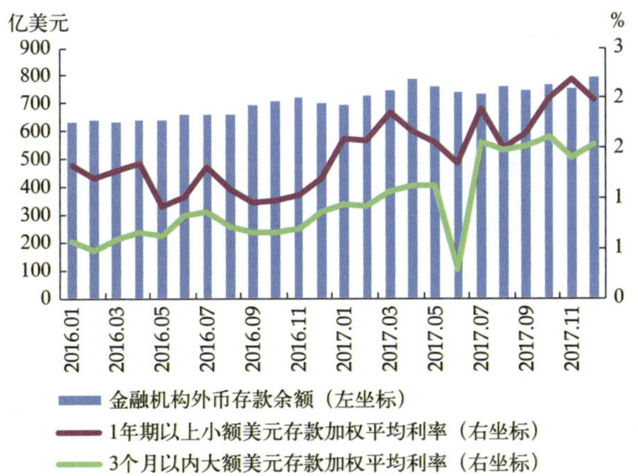

数据来源：中国人民银行深圳市中心支行。

图4　2016~2017年深圳市金融机构外币存款余额及外币存款利率

表2　2017年深圳市金融机构人民币贷款各利率区间占比

单位：%

月份		1月	2月	3月	4月	5月	6月
合计		100.0	100.0	100.0	100.0	100.0	100.0
下浮		30.5	35.9	28.7	17.8	17.4	9.5
基准		26.7	17.1	16.5	18.0	19.8	26.8
上浮	小计	42.8	47.0	54.9	64.2	62.8	63.8
	(1.0, 1.1]	15.5	19.5	16.8	19.7	20.6	15.5
	(1.1, 1.3]	19.3	19.9	25.1	31.8	28.0	31.4
	(1.3, 1.5]	4.4	4.4	7.7	8.6	10.4	11.9
	(1.5, 2.0]	3.3	3.1	4.9	3.6	3.3	4.6
	2.0以上	0.3	0.2	0.3	0.5	0.5	0.4
月份		7月	8月	9月	10月	11月	12月
合计		100.0	100.0	100.0	100.0	100.0	100.0
下浮		5.1	10.5	14.3	14.7	15.1	12.2
基准		17.9	13.6	11.3	11.0	11.0	15.9
上浮	小计	77.0	75.9	74.4	74.3	73.9	71.9
	(1.0, 1.1]	16.6	15.9	16.2	21.2	18.9	21.8
	(1.1, 1.3]	41.3	37.7	38.7	34.6	38.1	28.4
	(1.3, 1.5]	14.5	14.9	13.6	12.8	11.3	14.3
	(1.5, 2.0]	3.9	7.0	5.4	5.1	5.0	7.1
	2.0以上	0.8	0.4	0.5	0.5	0.5	0.4

数据来源：中国人民银行深圳市中心支行。

专栏1　深圳绿色金融发展现状、存在的问题及建议

深圳的绿色发展和环境保护一直走在全国前列，“深圳蓝”“深圳绿”已经成为深圳亮丽的名片，深圳发展绿色金融具有财政资金充足、资本市场发达、区位优势明显等优势。深圳市中支对辖内银行、证券、基金、保险等行业的156家金融机构进行全景式摸底调研，了解深圳绿色金融发展现状。

一、深圳市绿色金融发展总体情况

深圳绿色金融业务虽尚处起步阶段，但业务品种较为齐全。金融机构已经开始接触赤道原则、负责任投资原则（Principles for Responsible Investment，PRI）等绿色金融理念，并将其贯彻到实际业务当中。截至2017年末，深圳共有71家金融机构开展绿色金融业务，占辖内金融机构总数的45.5%。其中，银行开展绿色金融业务的比例最高，占比为60.6%；基金和证券公司占比分别为53.8%与50.0%。从业务规模来看，深圳绿色信贷业务占绝对主体，但绿色债券、基金及保险发展也很迅速。

（一）绿色信贷

截至2017年末，深圳市银行业金融机构

绿色信贷余额 1 034 亿元，同比增长 27.1%，占深圳同期各项贷款余额的 2.3%。从业务分布来看，国家开发银行绿色信贷余额最高，占全市绿色信贷余额近三成。兴业银行绿色信贷业务增长最快，同比增长 65.2%；交通银行与兴业银行绿色信贷占各项贷款比重相对较高，占比分别为 14.2% 和 12.5%。

（二）绿色债券

截至调查结束，已有 8 家深圳注册的证券公司及招商银行绿债承销金额合计 558.8 亿元，占全国绿色债券发行总量的 18.4%。其中，由招商银行主承销的“中国电力新能源发展有限公司 2017 年度第一期绿色非公开定向债务融资工具”是全国首单非金融企业绿色熊猫债，东江环保发行的“17 东江 G1”是深交所首单绿色公司债。

（三）绿色基金

截至调查结束，深圳共有 10 家法人基金公司推出 15 只绿色基金产品，占国内绿色基金产品总数的 30.6%；产品规模 70.8 亿元，约占国内绿色基金产品总量的 14.7%。产品以绿色指数型基金为主。

（四）绿色保险

截至调查结束，深圳逾百家企业累计投保绿色保险 60.1 亿元，涵盖环境污染责任险、新能源企业财产险与环保项目工程险，环境污染责任险占比达 81.5%。其中，平安财险的绿色保险业务占深圳法人保险公司业务总量的 74.9%，该公司还与中国保险学会、北京环境交易所合作开展碳保险方面的研究。

（五）碳排放权交易与碳金融

深圳碳排放权交易试点于 2013 年 6 月 18 日正式启动，是全国首个向个人及境外投资者开放的碳交易市场。截至 2017 年末，成交量及成交额在全国占比两项指标均在七个试点市场中名列第三。同时，深圳高度重视并持续开展碳金融的研究创新与业务推广，在全国首推碳债券、碳资产质押融资、跨境碳资产回购式融资、碳配额托管、碳基金等七种碳金融创新产品与服务。

二、当前深圳绿色金融发展需进一步突破的约束

一是绿色金融本身的商业局限性。“无形之手”难以解决由于外部性导致的市场失灵现象，这在市场经济发达、市场机制发挥主导作用的深圳表现更为突出。一方面，绿色投资产品的投资回报低、周期长、风险大，导致供给与需求错配约束绿色金融发展。另一方面，绿色金融产品发行（例如发债）要求高、审批严、限制多，融资成本优势并不明显。二是绿色金融的激励引导政策有待协调健全。由于市场失灵，更需要政府通过“有形之手”，采取有效的引导激励政策。目前深圳市政府、深交所已出台一系列诸如贴息、奖励等引导激励政策，但政策总体上缺乏统筹协调、较为零碎，引导激励政策与基础设施有待进一步健全。

三、相关建议

在完善市场方面，一是对标国际先进经验，加强绿色金融能力和基础设施建设，鼓励设立绿色第三方评级机构、认证机构及专业化绿色担保公司等专业化机构，完善绿色企业融资增信机制，缓解绿色信贷抵（质）押品不足的难题，提高绿色融资的可获得度。二是积极倡导 PRI 原则，引导社会形成崇尚绿色投资与绿色消费的新风尚。鼓励个人与机构投资者通过转变投资风格，实际推动经济的绿色发展。在完善政策方面，一是贴合市场需求，结合深圳实际，从地域性、期限性与适用性三个方面，优化绿色政策机制设计，完善绿色信贷贴息政策和风险补偿机制。二是完善绿色金融政策统筹协调机制。可考虑一行两局、深交所以及市政府相关部门协调绿色金融政策制定与执行，探索建立绿色信息（如绿色政策、企业环境信息发布、绿色金融数据等）共享机制。三是结合深圳绿色产业特点，由政府统一建立绿色产业信息数据库，明确绿色金融支持重点与发展方向，制定差异化的扶持政策。

（二）证券期货业净利润趋于稳定

2017年末，深圳证券期货业经营机构表内总资产1.5万亿元。其中，22家法人证券公司总资产1.4万亿元，27家法人公募基金管理公司总资产1 150亿元，14家法人期货公司总资产670.7亿元。受市场行情趋稳以及IPO常态化带动，深圳证券期货经营机构净利润趋于稳定，扭转了2016年大幅下降的态势，法人证券公司、公募基金、期货公司全年实现净利润分别为258.8亿元、52.2亿元和9.0亿元，同比分别下降4.7%、增长6.9%和增长0.3%。2017年末，深圳证券期货业资产管理总规模达13.3万亿元（含券商资管、期货资管、公募基金非公募业务和私募机构资管业务），同比下降4.5%；在中国证券投资基金业协会完成登记的深圳私募基金管理人为4 377家，管理规模16 687亿元。

表3　2017年深圳市证券业基本情况

项目	数量
总部设在辖内的证券公司数（家）	22
总部设在辖内的基金公司数（家）	27
总部设在辖内的期货公司数（家）	14
年末国内上市公司数（家）	273
当年国内股票（A股）筹资（亿元）	765
当年发行H股筹资（亿元）	1
当年国内债券筹资（亿元）	2 616
其中：短期融资券筹资额（亿元）	239
中期票据筹资额（亿元）	145

数据来源：深圳市证监局。

（三）保险业业务结构不断改善

2017年末，深圳辖内73家非法人保险公司资产总额合计3 312.8亿元，同比下降16.2%；全年累计实现保费收入1 057.0亿元，同比增长18.4%。险种结构进一步优化，财产险保费增长18.9%，人身险保费增长25.2%。2017年，深圳25家法人保险机构年末总资产4.2万亿元，同比增长15.0%；净利润941.1亿元，同比增长38.0%。综合偿付能力充足率均超过100%。辖区退保金支出102.3亿元，退保率4.3%。

表4　2017年深圳市保险业基本情况

项目	数量
总部设在辖内的保险公司数（家）	25
其中：财产险经营主体（家）	10
人身险经营主体（家）	6
保险公司分支机构（家）	74
其中：财产险公司分支机构（家）	33
人身险公司分支机构（家）	39
保费收入（中外资，亿元）	1 030
其中：财产险保费收入（中外资，亿元）	308
人身险保费收入（中外资，亿元）	721
各类赔款给付（中外资，亿元）	257
保险密度（元/人）	8 219
保险深度（%）	5

数据来源：深圳市保监局。

（四）金融市场整体平稳

1. 社会融资规模累计增量保持平稳，但结构变化较大。2017年，深圳社会融资规模增量10 247.4亿元，与上年基本持平。从结构来看，表内信贷和直接融资新增规模回落，表外融资成为拉升整体增量的重要因素。新增表内信贷占社会融资比重达57.3%，较上年低15.4个百分点，主要受稳健中性货币政策与房地产调控影响；直接融资（企业债及非金融企业股票融资）占7.5%，较上年低11.6个百分点，主要是金融去杠杆所致；表外融资（委托贷款、信托贷款、未贴现银行承兑汇票）占31.3%，较上年高25.8个百分点，主要受信托贷款上升拉动。

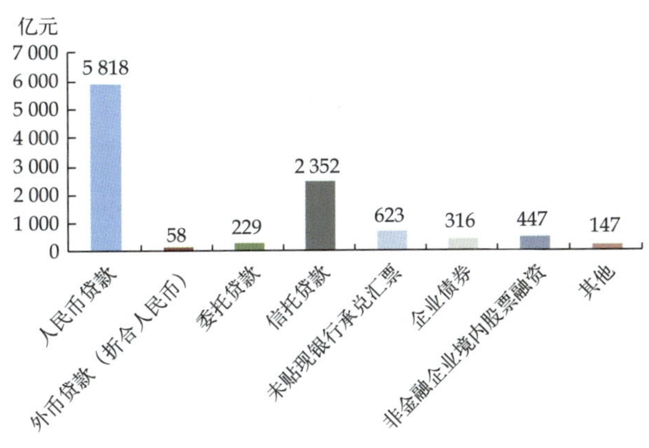

数据来源：中国人民银行深圳市中心支行。

图5　2017年深圳市社会融资规模分布结构

2. 货币市场交易量总体微增。2017 年，市场流动性总体偏紧，资金利率高位运行，导致货币市场成交增速较低。1~12 月，合计成交 98.8 万亿元，同比增长 4.6%，上年的大幅增长趋势逆转。其中，信用拆借合计成交 12.9 万亿元，同比下降 29.2%；质押式回购合计成交 80.8 万亿元，同比增长 15.8%；买断式回购合计成交 5.1 万亿元，同比下降 20.7%。从交易期限看，短期限品种交易量占比较大，隔夜和 7 天期限品种交易量占比超过 90%。

3. 票据承兑、贴现及再贴现量各有增减，利率趋于上升。2017 年，企业生产经营逐步活跃，加之资金通道收窄，企业签发银行承兑汇票量有所增加。截至年末，银行承兑汇票余额为 3 091 亿元，同比增长 11.8%；企业票据贴现余额为 830 亿元，同比下降 32.9%；全年 19 家金融机构共办理票据再贴现 89.5 亿元，同比增长 33.1%，余额 43.6 亿元，同比增长 231.7%。由于市场流动性趋紧，票据贴现利率趋于上升。2017 年 12 月，银行承兑汇票、商业承兑汇票贴现及票据买断、回购转贴现利率同比分别上升 1.57 个、1.45 个、1.30 个和 1.69 个百分点。

表 5　2017 年深圳市金融机构票据业务量统计

单位：亿元

季度	银行承兑汇票承兑		贴现			
			银行承兑汇票		商业承兑汇票	
	余额	累计发生额	余额	累计发生额	余额	累计发生额
1	2 634	1 077	919	6 229	51	306
2	2 788	2 312	802	9 903	44	471
3	2 902	3 827	851	13 115	63	577
4	3 091	5 262	830	16 199	92	758

数据来源：中国人民银行深圳市中心支行。

表 6　2017 年深圳市金融机构票据贴现、转贴现利率表

单位：%

季度	贴现		转贴现	
	银行承兑汇票	商业承兑汇票	票据买断	票据回购
1	4.29	5.32	3.94	3.13
2	5.19	6.09	4.19	3.66
3	4.86	6.03	4.17	3.28
4	4.85	6.37	4.38	4.80

数据来源：中国人民银行深圳市中心支行。

4. 证券市场缩量盘整，深港通呈净流入态势。2017 年，在金融去杠杆持续发力与 M2 增速持续回落的背景下，证券市场呈现缩量盘整、窄幅波动的态势。深证综指年末报收于 1 899.34 点，较年初下降 3.54%。深交所全年累计股票成交金额 61.7 万亿元，同比下降 20.5%，占沪深两市成交总额的 54.9%。全年深港通交易持续活跃，外资增持境内市场股票热情较高，深港通跨境资金整体呈现净流入态势。其中，深股通全年交易额 9 507.1 亿元，日均额度使用率为 31.0%。港股通全年交易金额 5 353 亿港元，日均额度使用率为 22.1%。

5. 黄金交易量降幅较大。2017 年，上海黄金交易所深圳会员黄金交易量 8 586.4 吨，同比下降 11.5%，深圳会员占金交所全部会员黄金交易量的 15.8%，占比下降 4.2 个百分点，主要原因在于个别会员规范代理客户管理，压缩业务。黄金交割库出库量 1 405.0 吨，同比增长 5.9%，占金交所黄金出库量的 64.6%，主要是深圳黄金珠宝行业销量整体企稳回升。

（五）区域金融改革取得新进展

2017 年，深圳立足于粤港澳大湾区与“一带一路”重要支点的区位优势积极推进金融改革。一是充分发挥自贸区在深化金融改革和深港合作中的先导作用，在人民币国际化、资本项目可兑换等领域积极先行先试。二是进一步完善对外开放金融基础设施，前瞻性地开展建设全球人民币现钞发行处理中心研究论证筹建工作，成立 IMF 联合能力建设中心，相关工作得到总行和深圳市委市政府大力支持。三是加强深圳金融业在粤港澳大湾区定位研究，为地方政府提供央行观点和智慧，提出的建议被吸纳到国务院关于粤港澳大湾区城市发展规划征求意见中。四是高度关注绿色金融、科技金融发展新趋势，推进配套基础设施建设。推动深圳经济特区金融学会绿色金融专业委员会成立，深圳成为全国首个成立绿色金融委员会的城市。

（六）金融生态环境建设进一步优化

2017 年，深圳金融生态环境朝着高效化、合规化、普惠化方向发展。一是完善辖区反洗钱、反逃税和反恐怖融资监管工作。与多部门建立合作机制，为推进国家治理体系和治理能力现代化探索基层路径；率先推行“反洗钱工作负责人签名责任制”；配合破获中央领导关注的“善心汇”网络传销大案；顺利完成中国人民银行〔2016〕3 号令落地施行。二是推进支付结算市场秩序整顿，强化系统建设。高压打击电信网络新型违法犯罪，全国首创涉电信网络违法犯罪高危人员数据库（简称“污水池”）移送机制；正式开展空头支票行政处罚改革试点工作，提高执法惩戒效能；顺利完成 ACS 系统各项运行管理升级工作；全面启用联网现金支取业务。三是有效推进社会信用体系建设。加强政府部门协调合作，建立地方平台合作机制，持续推进“信用坪山”等平台建设；发挥深圳科创特色，探索建设南山区科创企业信用服务平台；拓展个人信用报告查询渠道，通过优化布点，实现深圳 9 个区信用报告查询全覆盖，进一步完善便民利民措施。四是做好全年人民币现钞供应和管理。大力推进硬币兑换进社区工作，举办专场普及活动 232 次，便利了市民硬币兑换。流通中人民币整洁度维持在较高水平，反假货币工作水平不断提升，圆满完成全年现钞供应任务。五是加强国库现金管理，实现现金管理精准操作。密切监测地方财政支出、国库库存余额变动情况，确保现金管理不影响正常支出。推动第二代国库信息系统顺利上线，按照二代 TIPS 系统上线工作安排，成功上线省级 MOM 前置系统；正式上线“跨境电子支票缴税”系统，缩短跨境税款缴纳时间。

二、经济运行情况

2017 年，深圳坚持稳中求进工作总基调，以供给侧结构性改革为主线，实现了有质量的稳定发展。初步核算，全年实现地区生产总值 22 438.4 亿元，同比（下同）增长 8.8%。三次产业比重为 0.1 : 41.3 : 58.6，产业结构进一步优化。

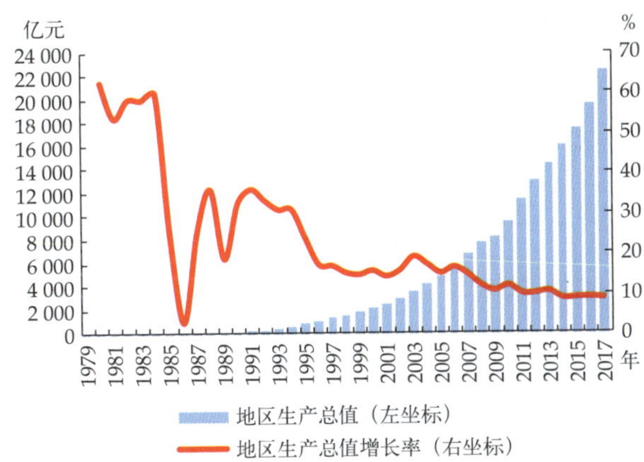

数据来源：深圳市统计局。

图 6　1979~2017 年深圳地区生产总值及其增长率

（一）三大需求持续发力

1. 固定资产投资增速创新高。2017 年，深圳完成固定资产投资 5 147.3 亿元，增长 23.8%，增速创 1994 年以来新高。其中，房地产开发投资 2 135.9 亿元，增长 21.6%，占固定资产投资比重为 41.5%；基础设施投资 1 163.5 亿元，增长 29.2%，占固定资产投资比重为 22.6%。

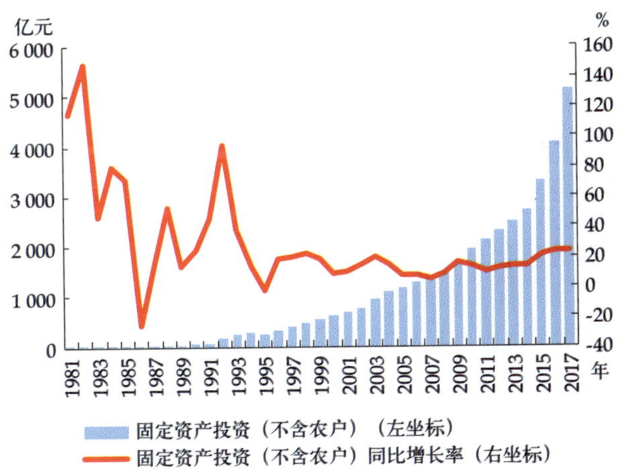

数据来源：深圳市统计局。

图 7　1981~2017 年深圳市固定资产投资（不含农户）及其增长率

2. 商品销售较快增长。2017 年，深圳市社会消费品零售总额累计完成 6 061.2 亿元，增长 9.1%，商品销售总额 31 486.8 亿元，增长 10.1%。从消费类别看，家用电器和音响器材类增长 56.4%，体育娱乐用品类增长 15.9%，文化办公用品类增长 15.5%，日用品类增长 13.6%，通信器材类增长 7.2%。

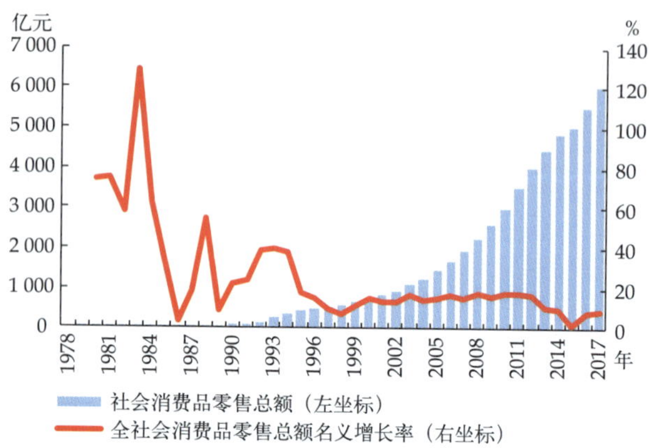

数据来源：深圳市统计局。

图 8　1978~2017 年深圳市社会消费品零售总额及其增长率

3. 进出口增速扭负为正。2017 年，深圳货物进出口总额累计 28 011.5 亿元，增长 6.4%，较上年提高 10.8 个百分点。其中，出口总额 16 533.6 亿元，增长 5.5%，较上年提高 10.0 个百分点；进口总额 11 477.9 亿元，增长 7.9%，较上年提高 12.1 个百分点。

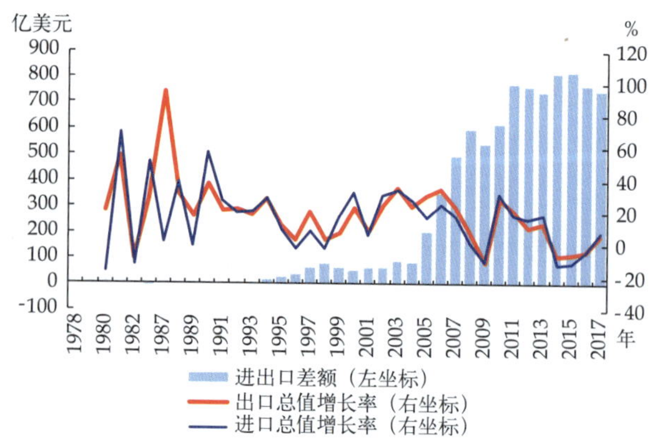

数据来源：深圳市统计局。

图 9　1978~2017 年深圳市外贸进出口变动情况

2017 年，深圳市实际利用外资 74.0 亿美元，增长 9.9%。

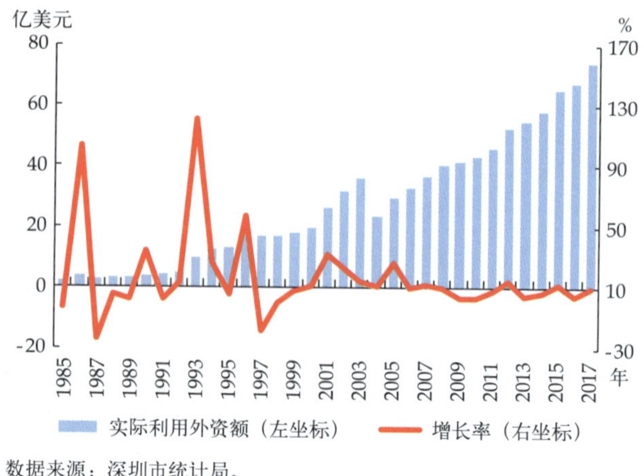

数据来源：深圳市统计局。

图 10　1985~2017 年深圳市实际利用外资额及其增长率

（二）工业生产及服务业平稳增长

1. 工业高端化发展态势良好。2017 年，深圳市规模以上工业增加值 8 087.6 亿元，增长 9.3%，分别高出全国和全省 2.7 个和 2.1 个百分点。全市先进制造业增加值 5 743.9 亿元，增长 13.1%，增速高于全市规模以上工业 3.8 个百分点，占规模以上工业增加值比重为 75.4%；高技术制造业增加值 4 762.9 亿元，增长 9.8%，增速高于全市规模以上工业 2.8 个百分点，占全市规模以上工业增加值比重达到 71.0%。同期，规模以上工业企业经济效益总体向好。全年实现利润总额 2 024.2 亿元，增长 13.6%，主营业务收入增长 9.4%，工业经济效益综合指数达到 265.73%，同比提高 25.0 个百分点。

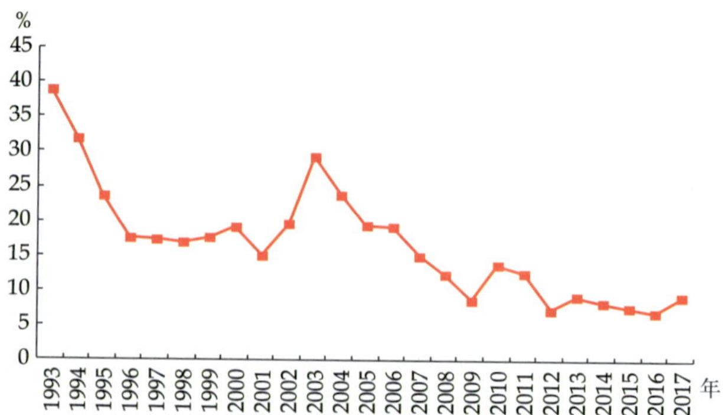

数据来源：深圳市统计局。

图 11　1993~2017 年深圳市规模以上工业增加值及其增长率

2. 服务行业平稳增长。2017 年，深圳货运量、货运周转量、客运量、旅客周转量分别增长 3.6%、2.5%、6.7%、6.4%。深圳机场旅客吞吐量 4 561.1 万人次，增长 8.7%。深圳港口集装箱吞吐量 2 520.9 万标箱，增长 5.1%。

3. 供给体系质量和效率持续提升。2017 年，深圳市“三去一降一补”行动深入推进，供给体系质量进一步提升，产业高端化态势进一步巩固。深圳全年工业技改投资增长 71.9%，民间投资增长 22.5%；新增商事主体 41.1 万户，增长 15.5%，累计达 306.1 万户。与此同时，深圳积极开展降低实体经济成本行动，出台降低经济成本 28 条政策措施，全面实现省定涉企行政事业性“零收费”，全年为企业减负 1 369 亿元，减负力度超过上年。

4. 大力实施创新驱动发展战略，创新发展优势进一步增强。2017 年，深圳出台加快国际科技产业创新中心建设总体方案，稳步推进创新“十大行动计划”，全面落实省“创新八大抓手”，自主创新能力进一步提升。全社会研发投入超过 900 亿元，占地区生产总值比重提高至 4.1%。新组建 3 家诺贝尔奖科学家实验室、3 家基础研究机构、5 家制造业创新中心，新增福田区、腾讯、中科院深圳先进技术研究院等 3 家国家级“双创”示范基地，新增 195 家各类创新载体，累计达 1562 家。PCT 国际专利申请量 2 万件，占全国总量的 43.1%。

5. 绿色发展质量进一步提升，宜居宜业的环境优势不断彰显。全年空气优良天数提高至 341 天，居内地城市最优水平。绿色建筑面积增长 25%，总量达 6 655 万平方米。治水提质效果初显，全年投入约 190 亿元，启动 486 个治水项目，共完成建成区黑臭水体主体工程项目 96 个，排查整治 1 639 个排污口，全市 36 条（45 段）建成区黑臭水体主体治理工程全部完工，实现不黑不臭，公众满意度达 90% 以上。

（三）物价指数运行平稳

2017 年，物价指数运行平稳。深圳市全年居民消费价格上涨 1.4%，涨幅较上年下降 1 个百分点。其中，食品烟酒类上涨 0.9%，衣着类下降 1.5%，生活用品及服务类上涨 0.6%，医疗保健类上涨 5.1%，交通和通信类上涨 1.6%，教育文化和娱乐类上涨 1.7%，居住类上涨 3.2%，其他用品和服务类上涨 1.5%。2017 年，深圳市工业生产者出厂价格同比上涨 1.8%，工业生产者购进价格同比上涨 3.4%，分别较上年同期增长 2.5 个和 5.1 个百分点。

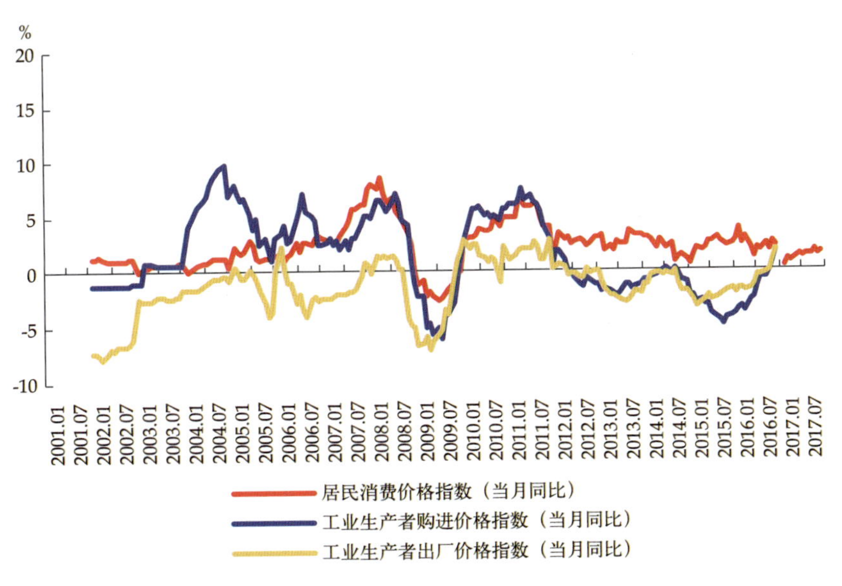

数据来源：深圳市统计局。

图 12　2001~2017 年深圳市居民消费价格指数和工业生产者价格指数变动趋势

（四）财政收入持续增长

2017 年，在全面落实各项税费减免政策的基础上，深圳财政收入继续保持较快增长。全年各级一般公共预算收入达 8 624 亿元，同比增长 9.2%。其中，地方级一般公共预算收入 3 331.6 亿元，增长 10.1%；一般公共预算支出 4 594.7 亿元，增长 9.1%。

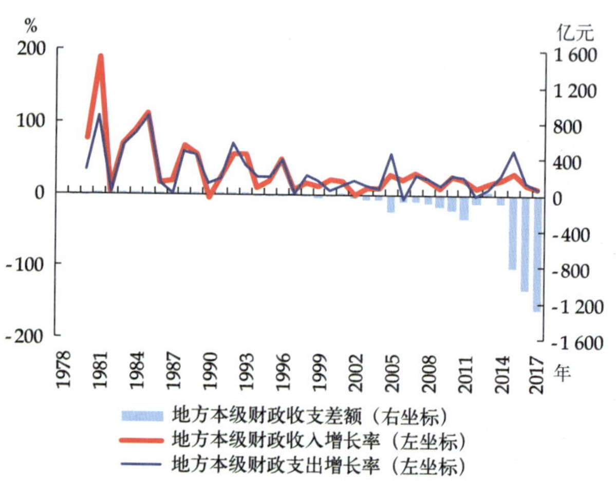

数据来源：深圳市统计局。

图 13　1978~2017 年深圳市财政收支状况

（五）房地产市场显著降温

1. 房地产开发投资增速回落。2017 年，深圳完成房地产投资 2 135.9 亿元，同比增长 19.9%，增速较 2016 年回落 13.9 个百分点。其中，住宅投资 1 014.1 亿元，同比下降 2.9%，较上年大幅回落 19.4 个百分点，住宅投资占房地产开发投资的比重为 47.5%。

2. 住宅用地供应持续匮乏，溢价率大幅下降。2017 年，深圳土地市场共推出各类用地 46 宗，同比减少 20.7%，其中住宅用地 2 宗，面积为 5.7 万平方米，同比下降 72.7%；商业用地 22 宗，面积为 72.6 万平方米，同比增长 26.7%；工业用地 20 宗，面积为 46.6 万平方米，同比下降 62.3%。全年成交各类用地 43 宗，共计 115.2 万平方米，同比下降 47.3%。其中住宅用地 2 宗，面积为 5.7 万平方米，同比下降 69.3%，整体溢价率 15.3%，较 2016 年下降 106.3 个百分点。成交商业用地 20 宗，共计 68.5 万平方米，同比下降 16.7%，整体溢价率 2.3%；工业用地 20 宗，面积为 39.9 万平方米，同比下降 66.1%。2017 年推出商品住宅面积 307.9 万平米，同比下降 30.0%。

3. 住房销售大幅减少。2017 年，深圳新建商品住宅成交 25 822 套，共计 259.3 万平方米，成交面积同比下跌 38.0%。其中，第一季度成交 33.7 万平方米，成交量为全年最低位；第二季度逐渐上升。下半年 7 月、8 月稍有回落后持续增长，12 月为全年峰值。

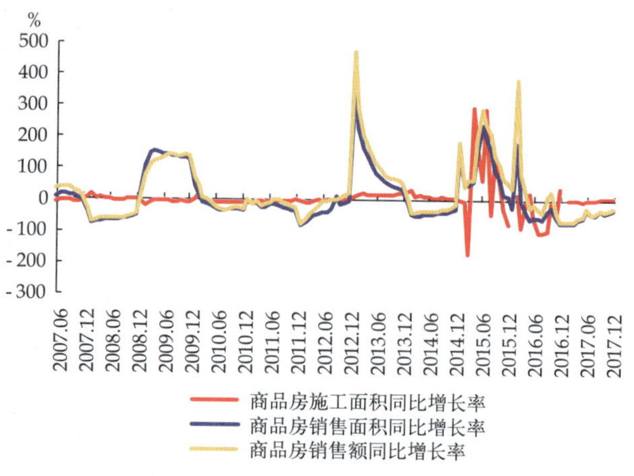

数据来源：深圳市规划和国土资源委员会。

图 14　2007~2017 年深圳市商品房施工和销售变动趋势

4. 新房价格连续 12 个月下降。2017 年，深圳新建商品住房成交均价为 54 455 元 / 平方米，增速较 2016 年大幅回落 58.15 个百分点。新房销售价格由 1 月的 55 063 元 / 平方米连跌至 12 月的 54 255 元 / 平方米。

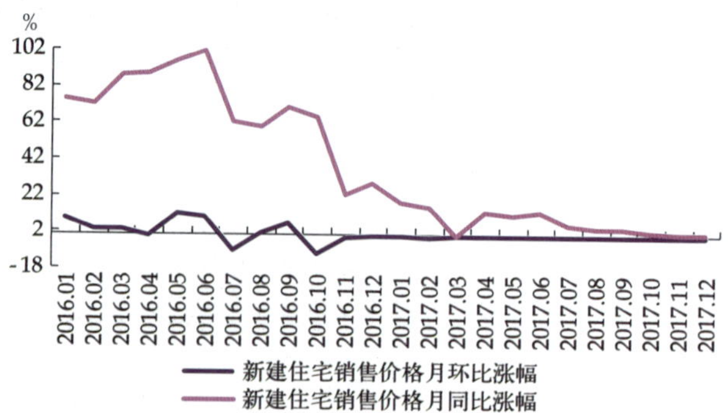

数据来源：深圳市规划和国土资源委员会。

图 15　2017 年深圳市新建住宅销售价格变动趋势

5. 房地产贷款增长放缓。2017 年末，深圳人民币房地产贷款余额为 15 139.1 亿元，同比增长 13.3%，较上年增速低 16.6 个百分点；占各项人民币贷款余额的 36.9%，较上年占比低 1.1 个百分点。其中，房地产开发贷款余额为 3 029.1 亿元，占房地产贷款余额的 20%，较上年占比高 3 个百分点；同比增长 33.1%，较上年增速高 17.9 个百分点。个人住房贷款余额为 10 682.6 亿元，占房地产贷款余额的 70.6%，较上年占比低 3.7 个百分点；同比增长 7.6%，较上年增速低 26.1 个百分点；全年新增 759 亿元，占人民币各项贷款增量的 12.9%，较 2016 年下降 23.2 个百分点。

6. 房地产贷款质量保持稳定，房地产金融风险总体可控。2017 年 12 月，深圳房地产贷款不良率为 0.24%，较年初回落 0.03 个百分点。其中，房地产开发贷款不良率为 0.32%，较年初低 0.13 个百分点；个人住房贷款不良率为 0.16%，与年初持平。

专栏 2　深圳积极推进新旧动能转换成效显著

近年来，深圳抢先谋划、超前布局，大力发展战略性新兴产业，基本完成经济增长动能由投资驱动向创新驱动的平滑转换，在全国率先走上了质量型增长道路。

一、新经济已成为深圳经济增长的重要推动力

新经济增加值占比持续提高，产业结构持续升级。深圳着力打造战略性新兴产业、未来产业、现代服务业和优势传统产业“四路纵队”，形成“三个为主”的产业结构：一是经济增量以战略性新兴产业为主，全市战略性新兴产业增加值占比由 2013 年的 34.5% 提高至 2017 年的 40.9%，对实体经济支撑作用显著增强。二是工业以先进制造业为主，2017 年先进制造业和高技术制造业占规模以上工业增加值比重分别达 71.0%、65.6%，成为拉动工业增长的新引擎。三是第三产业以现代服务业为主，2017 年深圳第三产业占比已达 58.6%，现代服务业在第三产业中的占比达七成。

深圳经济已基本实现投资驱动向创新驱动的平稳过渡。2010 年以来，深圳固定资产投资占地区生产总值的比重一直低于 25%，经济稳增长的动力来源于研发领域投资的快速上升。作为全国首个将研发支出纳入 GDP 核算方法的改革试点城市，深圳 2017 年全社会研发投入占地区生产总值比重已达 4.1%，占比已超过主要发达国家的平均水平，与世界第二的韩国相当。

银行信贷投入结构与深圳产业结构同步变化。2017 年，第二、第三产业的信贷余额占比分别为 33.2% 和 66.6%，与地区产业结构相吻合。全年五大经济主导行业占同期对公新增贷款的 54.9%；制造业和七大战略性新兴产业信贷余额同比分别增长 7% 和 15.6%，有力支持制造业转型升级和新兴产业发展。

二、深圳推进新旧动能转换的主要做法

作为一座外向型经济城市，金融危机后深圳前瞻性地认识到外贸稳增长关键在基于创新驱动，发展打造具有国际竞争力的高端产品，通过转型优化外贸结构。在推进新旧动能转换过程中一方面积极培育新技术、新业态、新模式，另一方面在“做减法”的同时大力改造升级传统产业，做到“无中生有”和“有中出新”的相辅相成、有机统一。

在旧动能转换方面，一是关停旧动能企业。根据产业导向目录，至 2017 年累计清理淘汰低端企业 1.7 万家。二是去除过剩产能。以中集集团为例，2016 年以来通过关停部分集装箱生产线发展特种车和海洋工程等，2017年上半年产能利用率提升至63%，资产负债率控制在50%以内，并实现扭亏为盈。三是推动传统优势产业原地转型。推动内衣、钟表、服装、珠宝、皮革、眼镜、家具、工业设计等八大传统优势产业3万余家有自主创新能力的企业由加工制造升级为创意服务。四是实施技改倍增计划。划拨专项资金，强化财政资金引导和放大功能，鼓励社会资本参与，“零门槛”帮扶企业转型升级。2017年，技改投资353.0亿元，同比增长71.9%，增速同比提高56.6个百分点。

在新动能培育方面，一是构建梯次现代产业体系。实施“产业链＋创新链”融合专项计划，重点扶持5G、新型显示、集成电路、机器人、增材制造、石墨烯、新能源汽车、航空航天装备、海洋工程装备、精准医疗等新兴产业领域。财政计划安排35亿元产业专项资金分7年扶持机器人、可穿戴设备和智能装备产业。二是全方位调动各类要素支持新兴产业发展。2016年以来，集中出台科技创新、企业竞争力、人才优先发展、高等教育等“一揽子”政策共235条措施，增强对各类创新要素的吸聚力。提升政府效率，强化知识产权的保护，营造利于“双创”的制度软环境。实施差别化的土地政策，新兴产业用地已占新增产业用地80%以上。以“人才红利”取代“人口红利”，完善人才引进政策，形成创新创业团队集聚。2017年末已建成各类创新载体1 562个。三是强化金融支持。搭建银政企合作平台，安排专项资金补偿金融机构为创新企业贷款所产生的坏账损失。

在鼓励“双创”方面，实施抓大扶小策略，打造国际化创新全产业链。一是以重大产业项目为抓手，推动华星光电等重大项目落地。支持如华为、中兴等优势企业在“一带一路”沿线开展国际产能合作。二是重点培育中小微民营企业“双创”做大做强，形成业内领先，引领发展的企业集群。如支持华大基因发展成为全球最大的基因测序及分析中心。三是立足粤港澳大湾区打造区域创新枢纽，形成了如光启、大疆无人机等创新企业。

三、深圳在推进新旧动能转换中的问题与建议

一是深圳“双创”尚处于国际中游水平，创新市场全球化的挑战依然严峻。二是各地区支持“双创”措施存在政策竞争，创新资源存在内部消耗。三是支持双创的长期性的制度安排尚未完全建立。四是智力短板与创新企业存活率成为制约新旧动能转换的重要风险。

为此，应进一步建立支持“双创”的制度化、法制化体制，打造开放宜商宜创环境。进一步建立区域新旧动能转换协同机制。立足创新企业实际进一步打造“股权＋债权”的市场化投融资平台，降低创新型企业融资成本。

三、预测与展望

2018年是全面贯彻落实党的十九大精神的开局之年，是改革开放40周年，是决胜全面建成小康社会、实施“十三五”规划承上启下的关键一年。

目前，深圳正处于由经济总量上赶超向创新引领转化的关键时期，发展过程中仍将受到如土地、劳动力等要素的制约，在创新驱动发展过程中的原始创新能力还有待进一步提升，外向型经济结构还面临逆全球化风潮的不利影响。面对上述挑战，深圳将以习近平新时代中国特色社会主义思想为指导，全面贯彻党的十九大和第五次全国金融工作会议、习近平总书记“1·5”重要讲话精神，按照“三个定位、两个率先”和“四个坚持、三个支撑、两个走在前列”以及习近平总书记对深圳工作的重要批示指示要求，坚持稳中求进工作总基调，践行新发展理念，紧扣社会主要矛盾变化，贯彻高质量发展的要求，统筹推进“五位一体”总体布局和协调推进“四个全面”战略布局，坚持以推进供给侧结构性改革为主线，统筹稳增长、促改革、调结构、惠民生、防风险各项工作，大力推进改革开放，推动质量变革、效率变革、动力变革，在打好防范化解重大风险、精准脱贫、污染防治的攻坚战方面取得扎实进展，加强和改善民生，促进经济社会持续健康发展，高质量全面建设小康社会，率先建设社会主义现代化先行区。

金融方面，中国人民银行深圳市中心支行将认真贯彻落实稳健中性货币政策要求，保持深圳信贷总量、社会融资规模合理增长，引导信贷结构优化，紧紧围绕金融服务实体经济、防控金融风险、深化金融改革三项任务，配合总行继续做好金融调控，疏通货币政策传导机制，提高金融运行效率和服务实体经济能力。切实加强宏观审慎管理，做好风险研判与预警，维护金融稳定，为深圳市经济健康发展创造适宜的货币金融环境。

中国人民银行深圳市中心支行货币政策分析小组
总　纂：邢毓静　黄　富
统　稿：张春光　赖纪云
执　笔：钟俊芳　庞春阳　黄海涛
提供材料的还有：黄　练　陈　易　李伟珍　马瑞超　吴　彬　高　苏　孙　静　刁宇绮　林嘉立　谢文芳　郑　琪　徐珑珑　杜　霏　张俊楠　许月梅

附录

（一）2017年深圳市经济金融大事记

2月24日，上海黄金交易所深圳运营中心正式动工，年内启动法人机构的注册。

3月28日，全球最大会计师事务所普华永道宣布位于深圳前海的中国创智中心总部正式启用。

4月7日，香港交易所在内地筹备的大宗商品现货交易中心“前海联合交易中心（QME）”正式注册成立。

5月26日，创业板上市公司广州阳普医疗科技股份有限公司在深圳证券交易所发行国内首只交易所市场小公募创新创业公司债“17阳普S1”，发行规模3亿元，票面利率5.65%。

6月1日，国家外汇管理局授权深圳成为全国首个也是唯一一个自主审核管理银行不良资产跨境转让业务的城市。

6月7日，深圳前海股权交易中心成功发行深圳市中小企业集合可转债，该产品系全国首单中小企业集合可转债。

6月27日，深圳经济特区金融学会绿色金融专业委员会正式成立，深圳成为全国首个成立绿色金融委员会的城市。

8月22日，全球金融科技实验室——中小银行联合创新基地揭牌仪式在深圳举行，江苏银行、赣州银行、苏州银行、尧都银行、大连银行等十家银行首批入驻。

12月8日，内地首家在CEPA框架下获得证监会批准设立的港资控股多牌照证券公司汇丰前海证券、东亚前海证券正式开业。

12月13日，在联合国环境规划署在巴黎举办的“金融中心：调动资本推进气候行动”会议上，深圳同多伦多、日内瓦、苏黎世、法兰克福一起宣布加入“全球金融中心城市绿色金融联盟”。

（二）2017年深圳市主要经济金融指标

表1　2017年深圳市主要存贷款指标

		1月	2月	3月	4月	5月	6月	7月	8月	9月	10月	11月	12月
本外币	金融机构各项存款余额（亿元）	63 972.9	66 257.5	65 707.7	66 537.8	68 436.7	68 059.0	67 812.7	67 952.7	66 918.8	67 918.9	70 005.2	69 668.3
	其中：住户存款	10 891.8	10 850.7	11 099.8	10 930.8	11 018.5	11 490.9	10 901.5	10 859.5	11 141.2	10 846.6	10 907.1	11 159.8
	非金融企业存款	28 144.4	29 047.6	29 771.7	29 626.7	30 428.3	30 716.4	30 671.1	30 558.2	30 771.8	30 949.7	31 643.2	33 014.9
	各项存款余额比上月增加（亿元）	90.2	2 284.6	-549.8	830.2	1 898.9	-377.8	-246.2	140.0	-1 033.9	1 000.1	2 086.3	-336.9
	金融机构各项存款同比增长（%）	6.4	12.0	11.0	10.1	12.2	10.5	8.0	6.9	6.4	1.3	8.7	8.2
	金融机构各项贷款余额（亿元）	41 738.7	42 104.4	42 277.1	42 600.2	43 133.5	43 433.8	43 945.2	44 302.4	45 028.3	45 491.3	46 047.7	46 329.3
	其中：短期	12 306.8	12 526.2	12 370.6	12 340.0	12 812.5	12 634.8	12 727.4	12 722.8	13 037.5	13 140.3	13 413.4	13 654.9
	中长期	24 627.7	24 791.1	25 310.9	25 687.0	25 753.8	26 337.5	26 815.5	27 153.2	27 483.0	27 763.6	28 044.3	28 048.5
	票据融资	1 434.8	1 388.0	1 203.1	1 093.4	1 072.1	1 016.1	946.4	985.2	1 051.9	1 039.9	1 021.5	1 021.2
	各项贷款余额比上月增加（亿元）	1 211.8	365.7	172.7	323.1	533.3	300.3	511.4	357.2	725.9	463.0	556.4	281.7
	其中：短期	605.5	219.4	-155.6	-30.6	472.5	-177.7	92.6	-4.6	314.7	102.8	273.1	241.5
	中长期	754.4	163.4	519.7	376.1	66.8	583.8	477.9	337.7	329.9	280.6	280.7	4.3
	票据融资	-148.2	-46.8	-184.9	-109.7	-21.3	-56.1	-69.7	38.8	66.8	-12.1	-18.4	-0.2
	金融机构各项贷款同比增长（%）	24.1	22.6	20.0	19.3	18.4	17.8	17.4	16.1	16.0	15.3	15.3	14.3
	其中：短期	25.3	25.9	20.4	20.0	23.9	19.8	19.3	16.5	15.9	15.8	16.6	16.7
	中长期	26.3	24.3	24.1	22.5	20.5	20.4	21.7	20.9	20.7	20.0	18.8	17.5
	票据融资	10.4	-2.7	-22.9	-26.7	-38.3	-33.9	-46.1	-46.5	-40.7	-42.7	-35.0	-35.5
	建筑业贷款余额（亿元）	986.1	1 032.6	1 030.6	1 033.4	1 048.4	1 057.7	1 093.3	1 106.5	1 121.7	1 125.5	1 135.2	1 090.6
	房地产业贷款余额（亿元）	3 440.7	3 584.9	3 713.8	3 833.6	3 828.2	3 895.4	4 068.0	4 169.2	4 349.9	4 381.9	4 414.1	4 409.7
	建筑业贷款同比增长（%）	6.8	11.8	11.4	12.3	13.3	12.8	16.5	15.1	13.1	15.8	15.7	13.9
	房地产业贷款同比增长（%）	15.8	17.5	21.5	24.1	23.3	25.7	33.6	37.6	44.0	41.8	37.7	36.8
人民币	金融机构各项存款余额（亿元）	59 216.0	61 247.0	60 554.9	61 120.1	63 223.1	63 032.1	62 897.4	62 957.1	61 967.1	62 834.4	65 031.7	64 487.4
	其中：住户存款	10 529.0	10 492.1	10 745.4	10 583.0	10 673.6	11 152.2	10 566.3	10 535.5	10 818.2	10 524.8	10 588.5	10 837.6
	非金融企业存款	24 235.7	24 874.3	25 512.7	25 130.1	26 178.3	26 659.3	26 694.7	26 778.5	27 089.0	27 165.9	27 862.2	29 136.9
	各项存款余额比上月增加（亿元）	178.9	2 031.0	-692.1	565.2	2 103.0	-191.0	-134.7	59.7	-990.0	867.4	2 197.2	-544.3
	其中：住户存款	137.4	-36.9	253.3	-162.4	90.6	478.7	-585.9	-30.9	282.7	-293.4	63.7	249.1
	非金融企业存款	250.3	638.6	638.4	-382.6	1 048.2	481.0	35.3	83.8	310.5	76.9	696.3	1 274.7
	各项存款同比增长（%）	5.7	11.3	9.9	8.6	11.4	10.1	7.7	6.4	6.4	0.9	9.4	8.3
	其中：住户存款	8.0	8.2	9.6	7.4	7.4	9.4	4.9	4.0	5.5	3.6	3.2	4.3
	非金融企业存款	33.3	39.9	35.2	28.8	32.8	32.0	30.2	21.3	20.9	15.7	17.3	20.4
	金融机构各项贷款余额（亿元）	36 406.2	36 779.6	36 995.7	37 417.3	37 980.5	38 482.8	38 921.5	39 440.0	40 071.3	40 435.8	40 921.6	41 046.8
	其中：个人消费贷款	12 551.3	12 661.6	12 807.2	12 965.3	13 120.9	13 317.8	13 476.0	13 651.3	13 850.7	13 978.7	14 115.1	14 250.6
	票据融资	1 393.8	1 346.9	1 161.1	1 052.0	1 038.9	992.4	930.9	970.0	1 039.4	1 029.6	1 013.5	1 015.4
	各项贷款余额比上月增加（亿元）	1 240.7	373.4	216.2	421.6	563.1	502.3	438.7	518.5	631.4	364.5	485.8	125.1
	其中：个人消费贷款	177.1	110.3	145.6	158.1	155.6	196.9	158.2	175.3	199.4	128.0	136.4	135.5
	票据融资	-152.7	-46.9	-185.7	-109.2	-13.1	-46.4	-61.5	39.1	69.4	-9.8	-16.1	1.9
	金融机构各项贷款同比增长（%）	24.1	23.2	20.9	20.4	19.5	19.2	18.8	18.3	18.2	17.5	17.4	16.7
	其中：个人消费贷款	37.2	34.2	30.6	26.2	23.9	22.4	20.9	19.3	18.4	17.3	15.6	15.2
	票据融资	7.3	-5.5	-25.6	-29.5	-39.8	-34.7	-46.2	-46.6	-40.5	-42.3	-34.0	-34.3
外币	金融机构外币存款余额（亿美元）	693.6	728.8	746.9	786.0	759.6	742.0	730.5	756.8	746.1	765.8	753.2	792.9
	金融机构外币存款同比增长（%）	9.8	14.7	18.1	23.6	18.5	12.5	11.0	15.0	7.5	8.6	5.2	13.5
	金融机构外币贷款余额（亿美元）	777.5	774.5	765.5	751.9	750.8	730.8	746.7	736.6	746.9	761.4	776.3	808.4
	金融机构外币贷款同比增长（%）	18.7	13.3	7.0	5.3	6.6	5.9	6.4	1.9	1.2	2.0	4.7	4.6

数据来源：中国人民银行深圳市中心支行。

表 2　2001~2017 年深圳市各类价格指数

单位：%

		居民消费价格指数		农业生产资料价格指数		工业生产者购进价格指数		工业生产者出厂价格指数	
		当月同比	累计同比	当月同比	累计同比	当月同比	累计同比	当月同比	累计同比
2001		—	97.8	—	—	—	—	—	96.3
2002		—	101.2	—	—	—	99	—	93.8
2003		—	100.7	—	—	—	100.5	—	97.7
2004		—	101.3	—	—	—	109.7	—	99.5
2005		—	101.6	—	—	—	105.1	—	98.7
2006		—	102.2	—	—	—	104.2	—	98.2
2007		—	104.1	—	—	—	102.9	—	98.4
2008		—	105.9	—	—	—	105.3	—	99.6
2009		—	98.7	—	—	—	96.3	—	95.3
2010		—	103.5	—	—	—	104.7	—	101.6
2011		—	105.4	—	—	—	105.9	—	101.8
2012		—	102.8	—	—	—	100.0	—	99.9
2013		—	102.7	—	—	—	98.3	—	98.0
2014		—	102.0	—	—	—	99.6	—	99.1
2015		—	102.2	—	—	—	96.5	—	97.6
2016		—	102.0	—	—	—	98.3	—	99.3
2017		—	101.4	—	—	—	103.4	—	101.8
2016	1	102.8	102.8	—	—	96.1	96.1	98.0	98.0
	2	103.8	103.1	—	—	96.5	96.3	98.3	98.1
	3	102.4	103.0	—	—	96.7	96.4	98.3	98.2
	4	103.0	103.0	—	—	96.3	96.4	98.2	98.2
	5	102.1	102.8	—	—	97.3	96.6	98.4	98.2
	6	101.3	102.6	—	—	97.6	96.7	98.7	98.3
	7	102.1	102.5	—	—	98.5	97.0	99.6	98.5
	8	101.9	102.4	—	—	99.4	97.3	99.5	98.6
	9	102.4	102.4	—	—	99.3	97.5	99.7	98.7
	10	101.9	102.4	—	—	100.0	97.7	100.0	98.9
	11	102.6	102.4	—	—	100.7	98.0	101.1	99.1
	12	102.3	102.4	—	—	101.9	98.3	101.8	99.3
2017	1	102.8	102.8	—	—	102.7	102.7	102.7	102.7
	2	100.3	101.6	—	—	103.2	103.0	102.6	102.6
	3	101.1	101.4	—	—	103.4	103.1	102.8	102.7
	4	100.8	101.3	—	—	103.7	103.3	102.4	102.6
	5	101.2	101.3	—	—	103.6	103.3	102.3	102.6
	6	101.4	101.3	—	—	103.4	103.3	101.8	102.4
	7	101.2	101.3	—	—	102.9	103.3	101.2	102.3
	8	101.4	101.3	—	—	103.2	103.3	101.6	102.2
	9	101.5	101.3	—	—	103.7	103.3	101.6	102.1
	10	101.9	101.4	—	—	104.1	103.4	101.5	102.1
	11	101.5	101.4	—	—	103.6	103.4	101.0	102.0
	12	101.7	101.4	—	—	103.1	103.4	100.5	101.8

数据来源：深圳市统计局。

表 3　2017 年深圳市主要经济指标

	1 月	2 月	3 月	4 月	5 月	6 月	7 月	8 月	9 月	10 月	11 月	12 月
	绝对值（自年初累计）											
地区生产总值（亿元）	—	—	4 584	—	—	9 709	—	—	15 409	—	—	22 438
第一产业	—	—	2	—	—	4	—	—	13	—	—	19
第二产业	—	—	1 781	—	—	3 743	—	—	5 962	—	—	9 267
第三产业	—	—	2 802	—	—	5 961	—	—	9 434	—	—	13 153
工业增加值（亿元）	—	1 006	1 668	2 221	2 813	3 596	4 214	4 872	5 680	6 298	7 061	8 088
固定资产投资（亿元）	—	411	706	1 119	1 555	2 072	2 519	2 977	3 502	4 083	4 622	5 147
房地产开发投资	—	191	298	484	689	945	1 132	1 332	1 554	1 760	1 965	2 136
社会消费品零售总额（亿元）	—	892	1 303	1 757	2 265	2 774	3 283	3 814	4 343	4 883	5 439	6 016
外贸进出口总额（亿元）	—	3 411	5 652	7 815	9 991	12 325	14 691	16 957	19 674	22 067	24 825	28 011
进口	—	1 317	2 260	3 095	3 935	4 877	5 742	6 760	7 909	8 901	10 091	11 478
出口	—	2 095	3 392	4 720	6 056	7 448	8 949	10 197	11 765	13 166	14 734	16 534
进出口差额（出口－进口）	—	778	1 133	1 626	2 121	2 572	3 206	3 437	3 855	4 265	4 644	5 056
实际利用外资（亿美元）	—	9	14	19	26	34	41	50	60	68	70	74
地方财政收支差额（亿元）	—	227	-194	-113	-230	-550	-410	-535	-615	-751	-1 034	-1 263
地方财政收入	—	706	916	1 215	1 521	1 846	2 193	2 378	2 582	2 886	3 113	3 332
地方财政支出	—	479	1 110	1 328	1 750	2 395	2 604	2 914	3 197	3 637	4 146	4 595
城镇登记失业率（%）（季度）	—	—	2.3	—	—	2.2	—	—	2.2	—	—	2.2
	同比累计增长率（%）											
地区生产总值	—	—	8.6	—	—	8.8	—	—	8.8	—	—	8.8
第一产业	—	—	-3.6	—	—	21	—	—	25.6	—	—	52.8
第二产业	—	—	7.4	—	—	7.4	—	—	9.3	—	—	8.8
第三产业	—	—	9.4	—	—	9.7	—	—	8.4	—	—	8.8
工业增加值	—	7.1	7.6	7.2	7.3	7.8	7.5	7.4	9.7	9.3	9.3	9.3
固定资产投资	—	22.5	24.3	31.9	33.3	30.6	29.2	32	31.1	28.4	26.8	23.8
房地产开发投资	—	18.7	7.2	19.7	24.2	25.3	24.5	27.4	28.4	25.8	25.8	21.6
社会消费品零售总额	—	8.1	9.1	9.2	9.2	9.4	9.3	9.2	9.1	9.2	9.3	9.1
外贸进出口总额	—	4.2	7.4	4.5	4.3	5.3	5.7	5	6.4	6.8	7.4	6.4
进口	—	5	7.6	3.8	2.9	4	3.8	5.3	7	7.7	8.8	7.9
出口	—	3.8	7.2	4.9	5.2	6.1	6.9	4.8	5.9	6.2	6.4	5.5
实际利用外资	—	94.7	32.5	22.6	24.5	15.4	10.9	16.5	19	18.4	12.2	9.9
地方财政收入	—	7	10.9	9.2	11.6	12.3	8.9	7.3	7.2	8.4	8.7	10.1
地方财政支出	—	126	171.1	106.8	81.6	60.3	47.4	40.1	24.9	14.6	17.9	9.1

数据来源：深圳市统计局。

广西壮族自治区金融运行报告（2018）

中国人民银行南宁中心支行货币政策分析小组

[内容摘要] 2017年，广西壮族自治区深入学习贯彻党的十九大精神和习近平总书记视察广西时的重要指示，坚持稳中求进的工作总基调，深化供给侧结构性改革，统筹做好稳增长、促改革、调结构、惠民生、防风险各项工作，经济运行总体平稳健康、稳中提质、稳中增效。全年地区生产总值首破2万亿元，同比增长7.3%，与2016年持平。投资结构优化，全年固定资产投资同比增长12.8%，基建投资和房地产投资增速高位回落，工业投资增长加快；居民消费回升，社会消费品零售总额同比增长11.2%；对外贸易持续回暖，货物进出口总额同比增长22.6%。产业结构向优，广西三次产业增速分别为4.1%、6.6%和9.2%，第二、第三产业在经济中的比重增加，第三产业对经济增长的贡献率达到49.8%，近15年来首次超过第二产业，战略性新兴产业比重提高。质量效益向好，规模以上工业企业利润增速同比大幅提高。物价涨势温和，居民消费价格指数全年同比上涨1.6%，工业生产者出厂价格指数结束了连续5年的下降态势，全年同比上涨7.6%。收入稳步增长，居民收入实际增长7%，城乡收入差距有所缩小；农民工用工总量和收入水平显著提高，近百万人脱贫。开放合作加深，边民互市贸易额、跨境人民币结算量稳居西部和边境省区第一位。供给侧结构性改革持续推进，积极取缔“地条钢”，有效化解落后产能；采取支持农民工购房、棚户区改造货币化安置、因城施策的差别化住房信贷政策等措施，促进商品房库存消化周期有效缩短了1.4个月；出台降成本28条为企业减负约400亿元；扶贫、就业和社会保障等薄弱环节财政投入持续加大。区域经济协调发展，北部湾港集群效应持续凸显，粤桂合作特别试验区等成为广西首批CEPA示范基地。重点行业稳健发展，房地产市场运行总体平稳，去库存加速，住房成交量快速上升，房地产各项贷款余额同比增长22.4%，仍较快增长；旅游业保持较快增长，对广西地区生产总值的贡献率达14%，金融对旅游业的投入和服务水平显著提升。生态环境质量稳步提升，万元地区生产总值能耗和万元工业增加值能耗同比分别下降3.2%和2.8%，城市空气优良率、城市饮用水水源水质达标率均达90%。

2017年，广西金融业认真贯彻落实稳健中性的货币政策，金融服务实体经济的效能持续提升。广西社会融资规模稳步扩大，全年新增3 421.4亿元，同比多增804.5亿元。存款增长有所放缓，年末存款余额2.8万亿元，同比增长9.5%，全年新增2 420.8亿元；贷款保持稳步增长，年末贷款余额2.3万亿元，同比增长12.5%，全年新增2 585.6亿元。

信贷结构有所优化，企业贷款占比为68%，固定资产贷款占比为46%，为“一带一路”建设和企业生产回暖提供了持续有力的信贷支持；小微企业、涉农、“两权”、扶贫及创业等领域贷款增速均高于各项贷款增速，对脱贫攻坚和薄弱环节的投入进一步加大。金融体系去杠杆有序推进，货币市场和票据市场价升量减，委托投资及资产托管等表外业务增长有所放缓。人民币一般贷款加权平均利率5.81%，低位小幅回升；小微企业、制造业、基础设施和涉农贷款利率仍保持下降，企业融资成本总体平稳。但信贷资源主要向国有企业及房地产集中，对工业、制造业、民营企业、科技创新和新兴产业领域的投入不足。金融风险总体可控，但信贷市场、债券市场、房地产市场及一些跨市场金融风险隐患仍需重点关注。

银行、证券和保险协同发展，金融改革稳步推进。银行业稳健经营。资产总额和负债总额分别增长 8.5% 和 8.2%；税后净利润增长 21.2%，经营状况好转；贷款不良率 1.7%，同比下降 0.2 个百分点，资产质量有所改善；“引银入桂”取得新进展，中国进出口银行进驻广西，村镇银行实现地市全覆盖目标，银行主体不断丰富；法人金融机构流动性比例较年初提高 1.8 个百分点，流动性水平合理适度。证券业稳步发展。新增新三板挂牌公司 12 家；证券交易总额同比下降 2.5%。保险业较快发展。新增保险从业人员 2.6 万人；保费收入同比增长 20.4%；财产和人身保险保障功能较好发挥。农村金融和沿边金融改革持续推进。“三农事业部”改革进一步深化，县级农商行达标组建工作顺利开展；与多个国家和地区发生跨境人民币收付，人民币对东盟国家货币交易平台建设日趋完善，面向东盟的外币现钞跨境调运通道成功搭建，金融服务便利化程度不断提升。政府债券发行与置换工作开展顺利。发行地方政府债券 1 716.6 亿元，有效缓解了地方政府偿债压力。金融生态环境建设深入推进。诚信园区和农村信用体系建设全面推进；移动支付便民示范工程实施启动，新型非现金支付工具普及度提高；金融消费权益保护机制日趋完善。

2018 年是贯彻落实党的十九大精神的开局之年，是改革开放 40 周年，也是自治区成立 60 周年，社会各方面发展的内在需求很强。习近平总书记赋予广西“三大定位”① 战略新使命、北部湾城市群建设上升为国家战略、中央明确新增财力和地方政府专项债券总体向西部地区倾斜，都对广西形成重大的政策利好。广西将牢牢把握高质量发展的根本要求，在保持经济平稳增长的基础上，推动产业优化升级。在新技术、新能源、新材料及公路、铁路、通信等一批重大产业和基建项目的引领下，投资对经济的拉动力将持续提升。随着系列生态文明及民生工程的深度推进，消费将加快优化升级。随着全球市场回暖，新一轮“加工贸易倍增计划”的实施，外贸进出口将迎来较快增长。预计居民消费价格指数温和上涨，但需关注生产价格持续上涨向消费价格传导。

2018 年，广西金融业将全方位贯彻党的十九大、中央经济工作会议和全国金融工作会议精神，落实好稳健中性的货币政策，灵活运用货币政策和宏观审慎政策“双支柱”，提高金融运行效率和服务实体经济的能力。聚焦社会主要矛盾的变化和辖区发展不平衡不充分问题，不断优化信贷结构，更好地服务供给侧结构性改革。加强风险监测预警、坚决守住不发生系统性金融风险的底线。继续加大金融对贫困地区和贫困人口的支持力度，持续推动农村“两权”抵押贷款试点，打造金融支持制造业、中小企业、新型农业经营主体、海洋经济、绿色金融、科技金融等示范点和示范区。做好沿边金融综合改革试点收官工作，为打造广西面向东盟开放合作门户争取更多金融政策，支持广西经济高质量发展。

一、金融运行情况

2017 年，广西各金融机构认真贯彻落实稳健中性的货币政策，地区社会融资规模稳步增长，融资结构不断优化，融资成本保持在合理区间。银行、证券、保险业协调发展，金融生态环境建设深入推进。

（一）银行业稳健经营，信贷较快增长

1. 机构数量持续增加，金融主体不断丰富。 2017 年末，广西银行业金融机构资产总额同比增长 8.5%；负债总额同比增长 8.2%；全年实现税后净利润 379.1 亿元，同比增长 21.2%。2017 年，中国进出口银行进驻广西，全区新增 5 家村镇银行。

① 面向东盟的国际大通道、西南中南地区开放发展的战略支点、“一带一路”有机衔接的重要门户。

表 1　2017 年广西壮族自治区银行业金融机构情况

机构类别	营业网点			法人机构（个）
	机构个数（个）	从业人数（人）	资产总额（亿元）	
一、大型商业银行	1 982	38 448	12 774	0
二、国家开发银行和政策性银行	66	1 735	5 274	0
三、股份制商业银行	206	4 197	2 627	0
四、城市商业银行	437	7 927	4 858	3
五、城市信用社	0	0	0	0
六、小型农村金融机构	2 392	25 020	7 929	95
七、财务公司	2	52	165	1
八、信托公司	0	0	0	0
九、邮政储蓄银行	969	10 442	1 787	0
十、外资银行	4	89	52	0
十一、新型农村金融机构	238	3 416	385	45
十二、其他	1	42	40	1
合计	6 297	91 368	35 891	145

注：营业网点不包括国家开发银行和政策性银行、大型商业银行、股份制商业银行等金融机构总部数据；大型商业银行包括中国工商银行、中国农业银行、中国银行、中国建设银行和交通银行；小型农村金融机构包括农村商业银行、农村合作银行和农村信用社；新型农村金融机构包括村镇银行、贷款公司和农村资金互助社；“其他”包含金融租赁公司、汽车金融公司、货币经纪公司、消费金融公司等。

数据来源：广西银监局、中国人民银行南宁中心支行、广西金融工作办公室。

2. 各项存款增速波动回落。2017 年末，广西本外币各项存款余额 2.8 万亿元，同比增长 9.5%，增速同比下降 2.3 个百分点。主要受银行业金融机构压降非银行业金融机构存款影响，全年各项存款新增 2 420.8 亿元，同比少增 263.4 亿元。

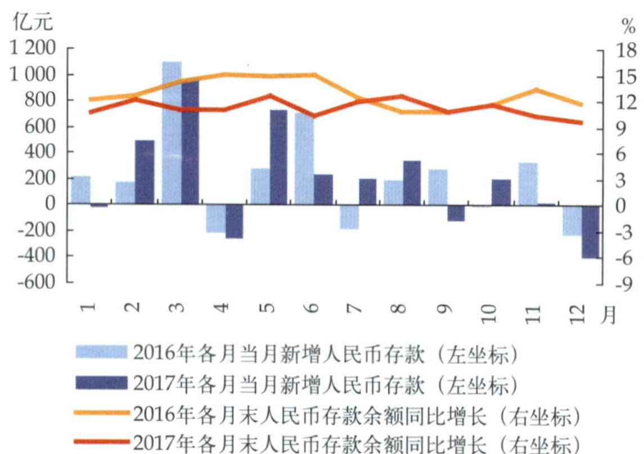

数据来源：中国人民银行南宁中心支行。

图 1　2016~2017 年广西壮族自治区金融机构人民币存款增长变化

3. 各项贷款保持较快增长。年末贷款余额 2.3 万亿元，同比增长 12.5%，增速同比下降 1.4 个百分点，全年新增 2 585.6 亿元，同比多增 64.5 亿元。新增的各项贷款中，从投向主体看，68% 为企业贷款。从投向品种看，46% 为固定资产贷款，为“一带一路”建设和企业生产回暖提供了持续有力的信贷支持。小微企业、涉农贷款同比分别多增 240.5 亿元和 225 亿元。“两权”抵押贷款余额同比增长 1.1 倍，业务覆盖全部 8 个试点地区。扶贫贷款余额同比增长 26.8%，对薄弱环节的支持力度持续加大。但制造业贷款减少，新增民营企业贷款占企业贷款比重仅为 2.5%。

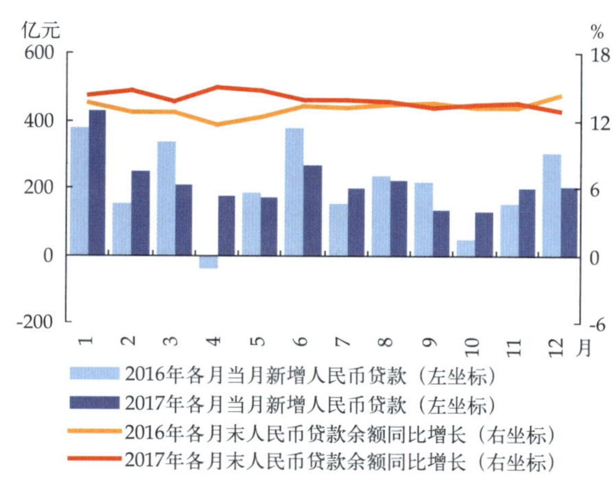

数据来源：中国人民银行南宁中心支行。

图 2　2016~2017 年广西壮族自治区金融机构人民币贷款增长变化

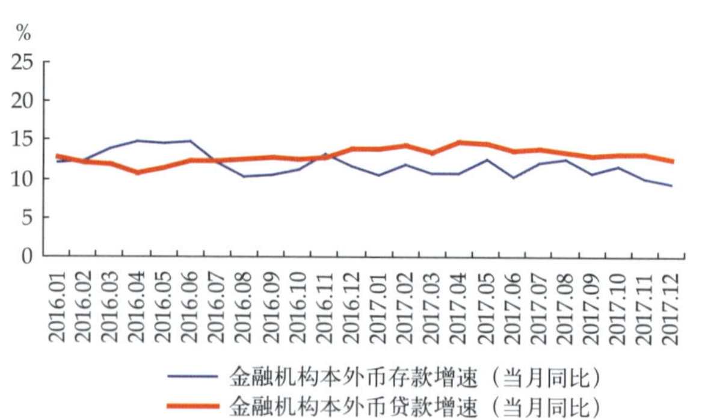

数据来源：中国人民银行南宁中心支行。

图 3　2016~2017 年广西壮族自治区金融机构本外币存、贷款增速变化

4. 表外业务增长有所放缓。2017 年末，占表外业务 75% 左右的金融资产服务类表外业务余额同比增长 18.9%，增速同比回落 90 个百分点；担保类表外业务余额同比下降 3.7%；金融衍生品类表外业务余额小幅萎缩，同比下降 2%。信用卡业务较快发展拉动承诺类表外业务余额同比增长 17.9% 。

5. 贷款利率低位回升，存款利率小幅下降。2017 年，主要受利率较高的个人消费贷款快速增长拉动，广西金融机构人民币一般贷款加权平均利率 5.81%，同比提高 31 个基点。弱势和重点领域贷款利率仍实现下降，其中，小微企业、制造业、基础设施和涉农一般贷款加权平均利率分别为 5.9%、4.31%、4.58% 和 5.79%，同比分别下降 9 个、22 个、13 个和 5 个基点。民间借贷加权平均利率 24.63%，同比下降 259 个基点。广西金融机构人民币存款加权平均利率 0.91%，同比下降 4 个基点。

6. 银行业资产质量有所改善，总体风险可控。广西人民银行各分支机构加强银行业金融风险监测分析，探索存款保险处置功能，对发现的高风险问题机构主动适时采取措施防控风险，推进风险有效处置化解。2017 年末，广西银行业不良贷款率 1.7%，同比下降 0.2 个百分点；不良贷款比年初增加 1.1 亿元，关注类贷款和逾期 90 天以上贷款分别比年初下降 148.8 亿元和 46.2 亿元。法人金融机构流动性比例较年初提高 1.8 个百分点，流动性水平充裕。 广西列入重点对象整改类的互联网金融企业 11 家，不合格存量规模已完成整改 90%。

7. 银行业改革稳步推进，农村金融服务水平不断提高。中国农业银行广西区分行设立“三农”渠道管理中心和“三农”互联网金融管理中心，对 75 个县支行实施差异化授权，重点推进临桂、北流支行“放权搞活”试点，切实加大涉农和县域信贷支持。广西农村合作金融机构稳步开展县级农商行达标组建工作，4 家农信社成功改制为农商行。

表 2 2017 年广西壮族自治区金融机构人民币贷款各利率区间占比

单位：%

月份		1 月	2 月	3 月	4 月	5 月	6 月
合计		100.0	100.0	100.0	100.0	100.0	100.0
下浮		17.2	21.9	17.0	23.5	13.0	13.0
基准		29.4	28.6	32.9	25.7	29.1	34.6
上浮	小计	53.4	49.6	50.1	50.8	57.9	52.4
	(1.0, 1.1]	13.7	13.3	11.5	10.9	13.1	11.9
	(1.1, 1.3]	13.1	11.6	13.0	12.8	13.3	13.0
	(1.3, 1.5]	12.3	11.6	12.6	13.0	14.5	14.0
	(1.5, 2.0]	11.1	11.3	10.5	10.2	12.4	11.3
	2.0 以上	3.3	1.8	2.5	3.9	4.6	2.2
月份		7 月	8 月	9 月	10 月	11 月	12 月
合计		100.0	100.0	100.0	100.0	100.0	100.0
下浮		10.9	15.0	11.1	13.8	8.0	6.6
基准		30.4	27.9	27.0	28.8	33.6	28.1
上浮	小计	58.7	57.1	61.9	57.4	58.4	65.3
	(1.0, 1.1]	11.3	12.7	15.8	16.7	15.4	14.8
	(1.1, 1.3]	16.1	15.7	15.9	16.3	15.7	18.3
	(1.3, 1.5]	16.8	14.2	15.6	11.7	13.8	17.4
	(1.5, 2.0]	12.1	11.7	12.4	10.5	12.0	12.9
	2.0 以上	2.3	2.8	2.3	2.1	1.6	1.9

数据来源：中国人民银行南宁中心支行。

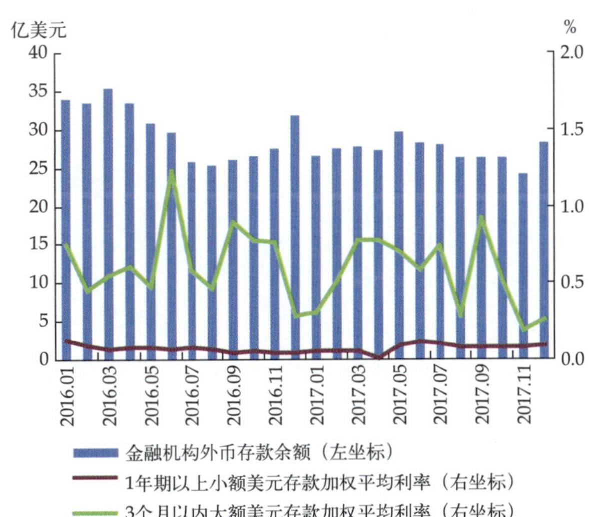

数据来源：中国人民银行南宁中心支行。

图 4 2016~2017 年广西壮族自治区金融机构外币存款余额及外币存款利率

专栏1　广西建立重点项目政银企对接长效机制　支持重点项目建设显成效

2017年，为促投资、稳增长，落实“一带一路”倡议，推进广西产业转型升级，广西统筹推进了一批重点项目。中国人民银行南宁中心支行和政府有关部门构建政银企对接长效机制，促进贷款与项目精准对接。

一、广西开辟重点项目建设“三大主战场”

广西自治区层面重大项目、“一带一路”项目以及产业转型升级项目反映了当前和今后一段时期广西重点项目建设方向。其中，广西自治区层面重大项目每年由自治区发改委公布并统筹推进，2017年共推出项目772项，总投资15 699亿元，年度投资超过2 000亿元；“一带一路”重大项目主要涵盖互联互通、能源资源、合作园区、跨境金融、人文交流、境外项目等多个重点领域，目前已推出近200项，总投资6 000亿元；“四个一百”产业转型升级项目400项，其中新兴产业培育项目、传统产业改造项目、产品升级与工业强基项目、智能制造与智能工厂项目各100项，总投资约4 000亿元。

二、重点项目政银企对接长效机制成功搭建

2017年，中国人民银行南宁中心支行围绕广西重点项目建设“三大主战场”，联合自治区发改委、工信委两次召开大型政银企对接活动，达成现场贷款意向近1 200亿元。同时，搭建重点项目政银企对接长效机制，在广西金融业信息交互平台专门开设“融资项目库”栏目，为金融机构提供实时查阅的最新重点项目基本信息及融资需求信息，并向广西各层级金融机构开通查询权限。各金融机构自上而下分解任务，把重点项目列为优先支持对象，在操作上开辟绿色通道，实行流程优先、产品优先、规模优先，精准高效地实现项目对接。

三、金融服务广西重点项目建设成效突出

目前，多家金融机构总部与广西达成战略合作，地方性金融机构在准入、担保、价格、额度等方面采取灵活优惠的融资政策，持续为广西重点项目提供融资支持。各金融机构推出了“表内＋表外”“商行＋投行”“传统＋创新”“境内＋境外”等100多种融资服务模式，有效满足多元化项目融资需求。2017年，中国人民银行南宁中心支行通过“融资项目库”平台向广西各银行业金融机构发布重点项目1 372项，项目总投资25 556亿元；广西各银行业金融机构共为近600项重点项目提供融资近1 800亿元，同时已列入融资计划的项目近千项，计划融资近万亿元。

（二）证券业稳步发展，交易量有所下降

1. 证券期货市场主体快速增加。截至2017年末，广西共有境内上市公司36家，1家证券公司，1家基金公司，新增新三板挂牌公司12家、广西区域股权市场挂牌企业384家、证券分公司8家、证券营业部10家、已登记私募基金管理人29家。

2. 直接融资渠道有所拓宽。2017年，广西直接融资总额688.8亿元。其中，股票融资和国内债券融资分别为7.7亿元和681.1亿元。广西首单扶贫中期票据在银行间市场成功发行，金额15亿元，为扶贫项目建设开辟了低成本融资渠道。

3. 证券交易量有所下降。2017年，广西证券交易总额3.4万亿元，同比下降2.5%；期货成交量3 525万手，成交金额1.8万亿元，同比分别下降27.2%和14.7%。

表 3　2017 年广西壮族自治区证券业基本情况

项目	数量
总部设在辖内的证券公司数（家）	1
总部设在辖内的基金公司数（家）	1
总部设在辖内的期货公司数（家）	0
年末国内上市公司数（家）	36
当年国内股票（A 股）筹资（亿元）	8
当年发行 H 股筹资（亿元）	—
当年国内债券筹资（亿元）	681
其中：短期融资券筹资额（亿元）	329
中期票据筹资额（亿元）	212

注：当年国内股票（A 股）筹资额指非金融企业境内股票融资。
数据来源：广西证监局、中国人民银行南宁中心支行。

（三）保险业较快发展，保险功能较好发挥

1. 机构主体日趋完善。2017 年，广西新增保险经营主体 1 家，新增保险公司分支机构 69 家、专业保险中介机构 47 家；广西保险从业人员新增 2.6 万人。

2. 保险业务平稳增长。2017 年末，广西累计实现原保险保费收入 565.1 亿元，同比增长 20.4%。其中，财产险保费收入 196 亿元，同比增长 18.3%；人身险保费收入 369.1 亿元，同比增长 21.6%。保险密度为 1 156.8 元／人，同比增长 19.3%；保险深度为 2.8%，同比上升 0.2 个百分点。保险业总资产达到 1 049.1 亿元，同比增长 11.8%。

3. 保险功能较好发挥。2017 年，广西保险业共为全区提供财产和人身保险保障 39.3亿元，同比增长 22.8%；保险赔付支出 181.8 亿元，同比增长 14.4%。

表 4　2017 年广西壮族自治区保险业基本情况

项目	数量
总部设在辖内的保险公司数（家）	1
其中：财产险经营主体（家）	1
人身险经营主体（家）	0
保险公司分支机构（家）	2 151
其中：财产险公司分支机构（家）	1 139
人身险公司分支机构（家）	1 012
保费收入（中外资，亿元）	565
其中：财产险保费收入（中外资，亿元）	196
人身险保费收入（中外资，亿元）	369
各类赔款给付（中外资，亿元）	182
保险密度（元／人）	1 157
保险深度（%）	3

数据来源：广西保监局。

（四）融资规模较快增长，金融市场平稳运行

1. 社会融资较快增长，直接融资占比下降。2017 年，广西社会融资规模新增 3 421.4 亿元，同比多增 804.5 亿元，其中直接融资占 1.2%，同比下降 12 个百分点。受债券利率走高等市场行情影响，全年广西企业债券融资仅新增 33.9 亿元，同比少增 163.9 亿元。

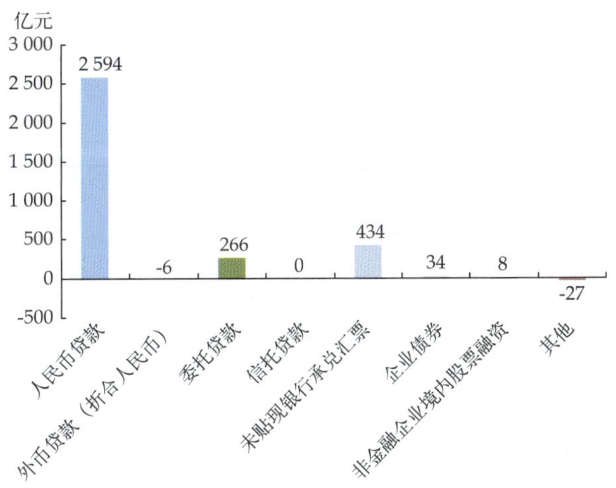

数据来源：中国人民银行南宁中心支行。

图 5　2017 年广西壮族自治区社会融资规模分布结构

2. 市场资金面偏紧，货币市场交易活跃度下降。2017 年，广西银行间债券市场成员累计发生债券回购 6.1 万亿元，同比增长 1.4%，累计净融入资金 7 220 亿元；累计发生现券买卖 7 705 亿元，同比下降 75%。广西银行间同业拆借市场成员交易金额 2 463.7 亿元，同比下降 52.8%，同业拆借正逐步回归调剂金融体系内部

资金余缺的传统模式。广西债券回购和同业拆借加权平均利率分别为2.98%和3.29%，同比分别提高69个和52个基点。

3. 票据贴现价升量减，市场回归理性。 2017年，广西累计签发银行承兑汇票1 596.7亿元，同比下降23.5%；累计办理票据贴现892.6亿元，同比下降22.4%；累计发生票据转贴现7 234.6亿元，同比下降61.5%。广西票据贴现和转贴现加权平均利率分别为4.59%和4.32%，同比分别提高134个和139个基点。

表5　2017年广西壮族自治区金融机构票据业务量统计

单位：亿元

季度	银行承兑汇票承兑		贴现			
			银行承兑汇票		商业承兑汇票	
	余额	累计发生额	余额	累计发生额	余额	累计发生额
1	909.5	385.5	363.6	258.4	3.9	3.6
2	907.6	772.3	342.6	480.0	7.3	9.5
3	909.5	1 148.9	300.2	652.3	8.5	15.0
4	842.3	1 596.7	296.3	864.9	14.5	27.7

数据来源：中国人民银行南宁中心支行。

表6　2017年广西壮族自治区金融机构票据贴现、转贴现利率

单位：%

季度	贴　现		转贴现	
	银行承兑汇票	商业承兑汇票	票据买断	票据回购
1	4.06	5.55	3.84	4.29
2	4.94	5.31	4.13	4.41
3	4.69	5.20	4.48	4.20
4	4.77	5.66	4.64	4.35

数据来源：中国人民银行南宁中心支行。

4. 外汇交易市场日益活跃，资产配置全球化趋势明显。 2017年，广西银行代客结售汇总规模213.5亿美元，同比增长17.9%。其中，结汇金额69.2亿美元；售汇金额144.3亿美元；全年结售汇逆差75.1亿美元，同比增长9.7%。

5. 黄金市场业务持续增长。 2017年，广西黄金市场管理进一步规范，正规黄金市场活跃度进一步提升，辖内各类机构黄金市场业务累计成交金额5 224.3亿元，同比增长5.1倍，其中代理上海黄金交易所业务占比超过95%。

6. 政府债券发行与置换工作开展顺利。 2017年，广西总计发行地方政府债券1 716.6亿元，同比增长19.2%，其中，新增债券491.6亿元，置换债券1 225亿元，置换进度达100%，有效缓解了地方政府偿债压力。地方政府债券加权平均利率为4.04%，同比提高1.15个百分点。

（五）沿边金融综合改革取得新成效

1. 跨境人民币业务稳步推进。 2017年，广西人民币跨境收支总额1 249亿元，继续位列西部12个省（区）和8个边境省（区）第一。广西22家银行的310个分支机构开办了跨境人民币业务，2 835家企业办理人民币跨境结算，103个国家和地区与广西发生跨境人民币收付。推动人民币对柬埔寨瑞尔在广西银行间市场挂牌交易。2017年，人民币对柬埔寨瑞尔成交18笔，成交金额258万元人民币。人民币对越南盾银行间市场区域交易30笔，成交金额3 039万元人民币。

2. 搭建面向东盟的外币现钞跨境调运通道。 中国银行在广西设立东盟货币现钞兑换中心。2017年，广西3家银行累计调入117亿越南盾和15 509万泰铢等东盟国家货币现钞，金额折合3 400万元人民币。

3. 建立互市贸易信息共享机制。 开发与海关数据连接的边民互市贸易跨境资金监测服务平台，平台雏形基本形成，各项功能模块建设正稳步推进。

4. 推动中越边境地区反假货币合作取得进展。 2017年10月，建立“跨境反假货币工作（南宁）中心”。在此基础上，跨境反假货币工作防城港分中心和东兴工作站成立并正式运行。

（六）金融生态环境建设深入推进

1. 广西社会信用体系建设有序推进。 全区金融机构月均查询征信系统逾62万次，广西人民银行各分支机构全年受理信用报告查询100万笔。全区创建诚信园（商）区36个，金融机构对与银行未建立信贷关系的 3.2 万户企业予以信贷支持；全区 4 个市、88 个县（区）建立农户信用信息系统，金融机构向 371.6 万信用户累放贷款 2 924 亿元。

2. 支付体系不断完善。建成广西银行卡收单业务监管平台，实施非银行支付机构客户备付金集中存管，持续协助打击防范电信网络新型违法犯罪，开展无证经营支付业务专项整治，持续规范支付服务市场秩序。不断优化支付系统功能并确保安全稳定运行，推进个人账户分类管理制度改革，启动实施移动支付便民示范工程，大力普及新型非现金支付工具，切实提升支付便民惠民服务水平。深入改善农村支付服务环境，巩固支付服务行政村全覆盖成果，有效提高城乡支付服务的可获得性和可持续性。

3. 金融消费权益保护工作稳步推进。2017 年，中国人民银行南宁中心支行组织全辖开展金融知识普及活动 3 920 余场，发放宣传资料约 157 万份，受众消费者约 156 万人次。部署全辖开展支付服务领域金融消保专项检查。全年受理投诉 242 件，群众满意率 100%。

二、经济运行情况

2017 年，广西经济运行呈现缓中趋稳的态势。全年实现地区生产总值 20 396.3 亿元，同比增长 7.3%，与上年同期持平。人均地区生产总值 41 955 元，比上年增加 3 928 元。

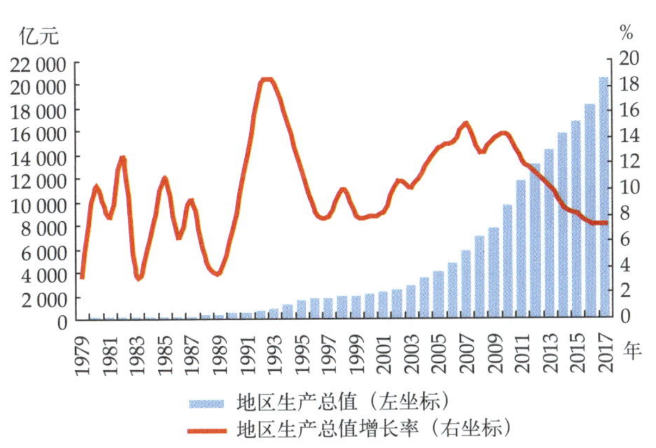

数据来源：广西壮族自治区统计局。

图 6　1979~2017 年广西壮族自治区地区生产总值及其增长率

（一）投资增长基本稳定，消费和外贸回暖

1. 投资增速缓中趋稳，增长内生动力增强。2017 年，广西固定资产投资累计完成 19 908.3 亿元，同比增长 12.8%，与 2016 年持平。投资结构出现明显变化，基建投资和房地产投资增速分别下滑 7.2 个和 13.7 个百分点，但工业投资增长同比加快 6.5 个百分点，投资内生活力增强。

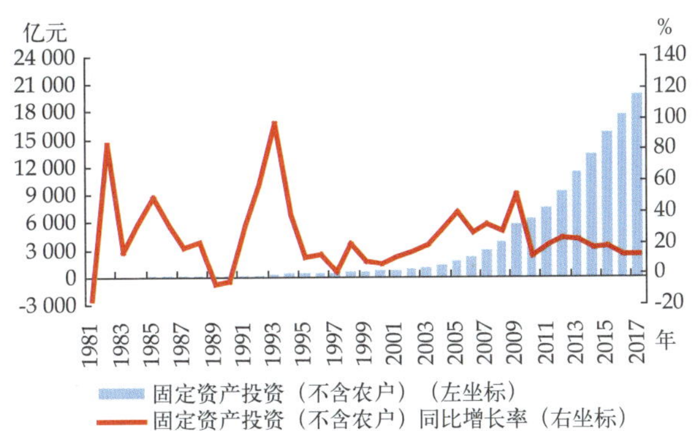

数据来源：广西壮族自治区统计局。

图 7　1981~2017 年广西壮族自治区固定资产投资（不含农户）及其增长率

2. 传统消费平稳增长，消费品市场稳定回升。2017 年，广西社会消费品零售总额 7 813 亿元，同比增长 11.2%，增速连续两年回升。汽车、石油类和中西药品类商品销售增长平稳，三类商品合计对限额以上单位消费品零售额增长贡献率达到 70.7%。消费模式不断提档升级，旅游总消费较快增长，计算机、智能家电、新型数码产品等升级类商品销售额均增长 10% 以上。

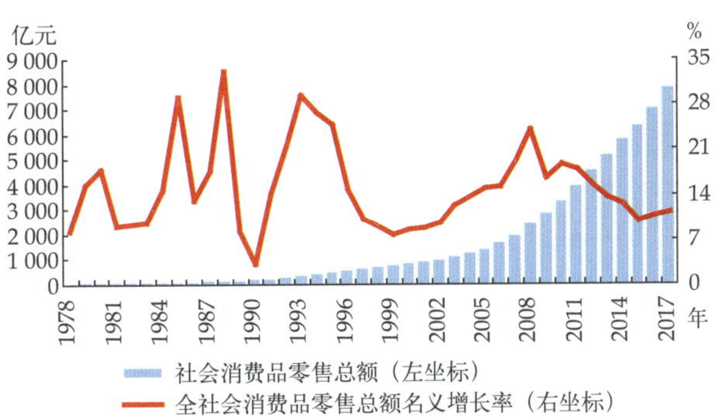

数据来源：广西壮族自治区统计局。

图 8　1978~2017 年广西壮族自治区社会消费品零售总额及其增长率

3. 进出口持续回暖，对外投资继续深化。 2017 年，广西货物进出口总额 572.1 亿美元，同比增长 20.1%。其中，出口增长 19.8%，进口增长 20.5%，贸易逆差 23 亿美元，进出口贸易形势出现好转。

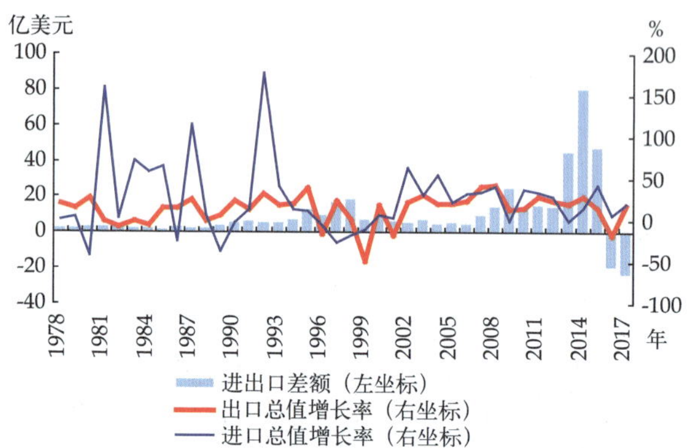

数据来源：广西壮族自治区统计局。

图 9　1978~2017 年广西壮族自治区外贸进出口变动情况

2017 年，广西实际利用外资 8.2 亿美元，同比下降 7.4%。外资流入广西规模最大的行业是制造业，占比 71%，其次是电力、燃气及水的生产和供应业。广西对外协议总投资额 22.1 亿美元，中方协议投资额 17.1 亿美元，同比增长 8.9%。其中，对东盟国家中方协议投资额 8.3 亿美元，对"一带一路"国家中方协议投资额 11.4 亿美元，同比增长 32.3%。对外投资行业涉及农林牧渔、服务、交通运输仓储、建筑等。

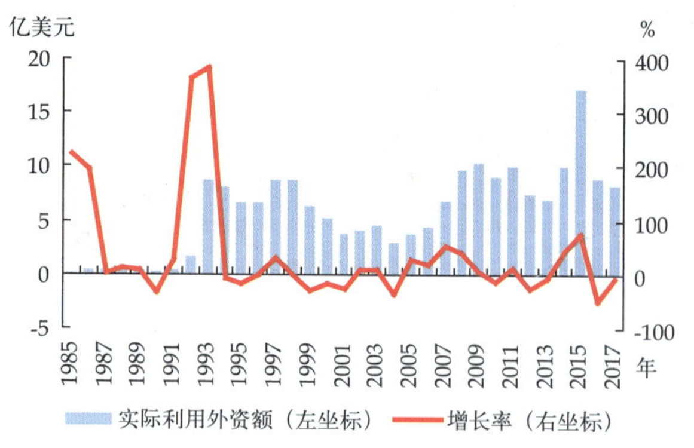

数据来源：广西壮族自治区统计局。

图 10　1985~2017 年广西壮族自治区实际利用外资额及其增长率

（二）工业生产增速回落，服务业成为增长新动力

2017 年，广西三次产业增速分别为 4.1%、6.6% 和 9.2%，与上年相比，第二产业增速回落 0.8 个百分点，第一、第三产业分别提高 0.7 个和 0.6 个百分点。三次产业占地区生产总值的比重分别为 14.2%、45.6% 和 40.2%，与 2016 年相比，农业特征下降明显，第二、第三产业在经济中的比重增加，产业结构持续优化。

1. 农业生产稳中有升，畜牧业恢复性增长。 2017 年，广西农业增加值同比增长 5.3%，比 2016 年提高 0.6 个百分点。畜牧业增加值增速由负转正，同比增长 1.3%。林业增加值同比增长 4.7%，增速同比下降 1.2 个百分点。渔业增加值增速基本保持平稳，同比增长 4.1%。

2. 新旧动能持续转换，工业生产有所下滑。 2017 年，广西规模以上工业增加值同比增长 7.1%，增速连续 7 年下滑。广西制造业加快向中高端迈进，高技术产业和装备制造业增加值同比分别增长 15.4% 和 9.2%，分别快于规模以上工业增加值 8.3 个和 2.1 个百分点。但广西工业结构中传统产业占比较大，新动能的快速发展难以弥补传统产能的低迷。

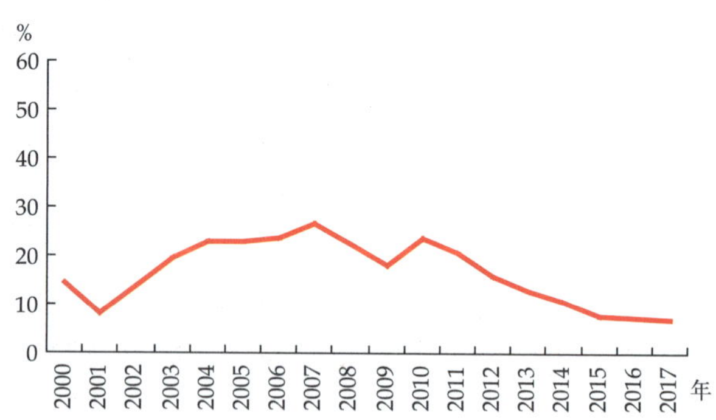

数据来源：广西壮族自治区统计局。

图 11　2000~2017 年广西壮族自治区规模以上工业增加值实际增长率

3. 第三产业贡献率提高，新兴服务业发展动能增强。 2017 年，广西第三产业对经济增长的贡献率达到 49.8%，同比提高 4.0 个百分点，

比第二产业贡献率高 7.9 个百分点，近 15 年来首次超过第二产业成为贡献率最高的产业。除金融业增加值增速下降外，其他传统服务业增长均有所加快，新兴服务业贡献突出。商务、互联网、软件和信息技术等新兴服务业增加值增长 30% 以上，其他营利性服务业增加值增速居全国第 1 位。

4. 供给侧结构性改革扎实推进。2017 年，广西共取缔“地条钢”产能 541 万吨，化解煤炭产能 246 万吨，去产能有力推进。采取支持农民工购房、棚户区改造货币化安置、“因城施策”的差别化住房信贷政策等措施，促进商品房库存消化周期降至 4.6 个月，比 2016 年同期缩短 1.4 个月。区政府出台降成本 28 条，从税费、融资、担保、审批、电力等方面为企业减负约 400 亿元。财政用于扶贫、城乡社区、就业和社会保障三个薄弱环节的支出分别增长 53.4%、48% 和 24.7%，大幅高于 10.6% 的一般公共预算支出增速，补短板力度持续加大。

5. 生态环境质量稳步提升，水、大气、土壤环境保持优良。2017 年，广西万元地区生产总值能耗下降 3.2%，万元工业增加值能耗下降 2.8% 左右，城市空气优良率、城市饮用水水源水质达标率等指标均达 90%，城乡人居环境建设成效显著，“美丽广西”乡村正朝着“幸福广西”乡村发展。

（三）价格水平合理增长，居民收入较快增长

1. 居民消费价格指数涨势温和。2017 年，广西居民消费价格指数同比上涨 1.6%，与全国平均水平保持一致，位列全国第 13 位。其中，城市上涨 1.9%，农村上涨 1.1%。八大类消费价格指数同比七涨一跌。食品烟酒价格指数下降 0.3%，其中，粮食价格指数上涨 1.2%，猪肉价格指数下降 9.6%，对于稳定物价起到了重要作用。

2. 生产价格指数由降转升。2017 年，广西原材料、燃料、动力购进价格指数同比上涨 6.5%，工业生产者出厂价格指数同比上涨 7.6%，结束了自 2012 年以来连续 5 年下降的态势。从月度走势看，两类价格一直处于高位运行。

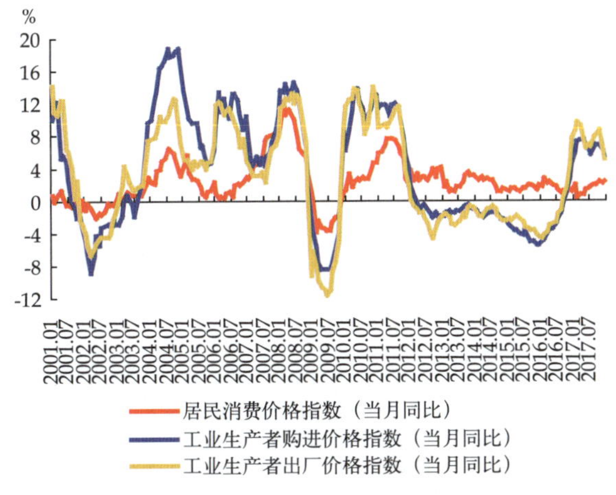

数据来源：广西壮族自治区统计局。

图 12　2001~2017 年广西壮族自治区居民消费价格指数和工业生产者价格指数变动趋势

3. 居民收入较快增长。2017 年，广西居民人均可支配收入 19 905 元，扣除价格因素实际增长 7%。从分类看，城镇居民人均可支配收入 30 502 元，实际增长 5.7%；农村居民人均可支配收入 11 325 元，实际增长 8.1%。城乡居民人均收入倍差 2.7，比上年缩小 0.04。广西居民人均可支配收入中位数 16 707 元，比上年名义增长 9.2%。全年广西居民人均消费支出 13 424 元，实际增长 7.5%。

2017 年，广西农民工总量 1 276 万人，比 2016 年增加 44 万人，增长 3.6%，其中，本地农民工 354 万人，增长 6%，外出农民工 922 万人，增长 2.7%。农民工月均收入水平 3 237 元，增长 5.4%。

（四）公共预算收支总量创新高，民生重点支出保障有力

2017 年，广西一般公共预算收入 1 615 亿元，完成预算的 104.1%，同比增长 5.2%。其中，税收收入 1 057.6 亿元，非税收入 557.4 亿元。一般公共预算支出 4 912.9 亿元，同比增长

10.6%。其中，民生支出 3 996.3 亿元，占一般公共预算支出的 81.3%，占比提高 2.4 个百分点。首次开展国库现金管理操作 2 期，投放金额 150 亿元，收回 30 亿元，余额 120 亿元。

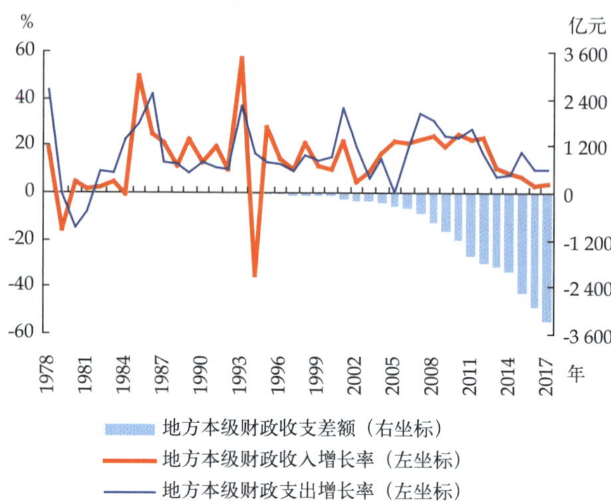

数据来源：广西壮族自治区统计局。

图 13　1978~2017 年广西壮族自治区财政收支状况

（五）房地产运行保持活跃，旅游业快速发展

1. 房地产运行总体平稳，房地产贷款较快增长。

（1）开发投资平稳增长。2017 年，广西房地产开发投资完成额 2 683.5 亿元，同比增长 11.9%，增速同比回落 13.7 个百分点。

（2）土地交易活跃，住房供给增加。2017 年，广西购置土地面积 675.5 万平方米，同比增长 5.6%；房屋竣工面积 1 856.2 万平方米，同比增长 7%，增速同比提高 3.4 个百分点。

（3）住房销售量快速增长，房价总体平稳上涨。2017 年，广西商品房销售面积 5 171 万平方米，同比增长 22.7%，增速较上年同期提高 3.1 个百分点；全区商品住房价格同比上涨 11.4%，涨幅同比提高 5.8 个百分点。其中，南宁和北海新建商品住宅价格同比分别上涨 9.2% 和 13.2%。

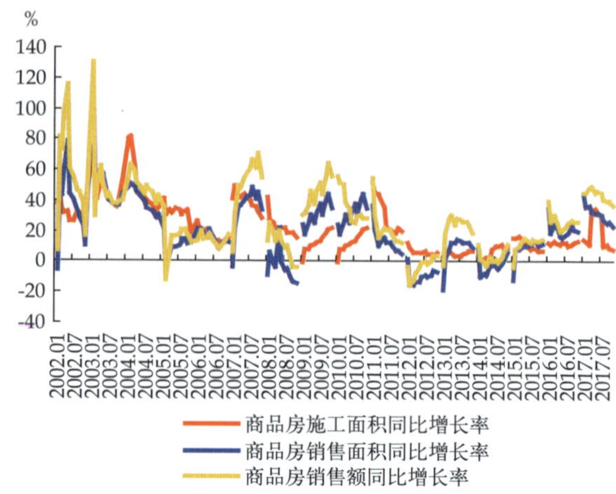

数据来源：广西壮族自治区统计局。

图 14　2002~2017 年广西壮族自治区商品房施工和销售变动趋势

（4）住房信贷保持较快增长，住房贷款需求得到有效满足。2017 年，房地产各项贷款余额 6 866.5 亿元，同比增长 22.4%，增速较上年同期回落 5.1 个百分点。其中，个人住房贷款余额同比增长 27.8%；房地产开发贷款余额同比增长 9.4%，保障性住房开发贷款余额同比增长 10.7%。

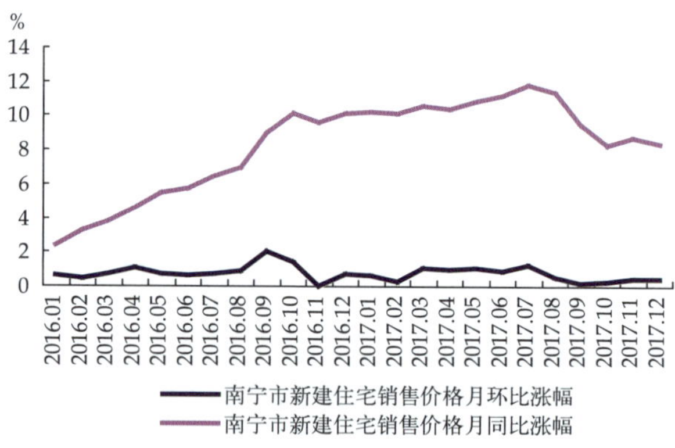

数据来源：国家统计局。

图 15　2016~2017 年南宁市新建住宅销售价格变动趋势

2. 旅游业保持较快增长，金融支持力度不断加大。近年来，广西努力推动单一型观光旅游向全域、特色、文化等复合型旅游转变，通过办好“中国—桂林国际旅游博览会”“中国—

东盟博览会旅游展”，打造中国与东盟旅游合作的广西平台。北部湾经济区“民俗风情 + 海洋文化”、桂西“红色 + 山水生态”以及柳州汽车工业游成为广西旅游新名片。2017 年，全区已有 3 个设区市、16 个特色旅游名县和创建县列入国家全域旅游示范区创建名单，全年接待国内外游客 5.2 亿人次，同比增长 27.9%；实现旅游总收入 5 580.4 亿元，同比增长 33.1%，高于全国平均增速 18 个百分点。旅游业各项主要指标增速连续 7 年保持 20% 以上，对广西地区生产总值的贡献率达到 14%，成为广西经济平稳较快增长的重要推动力之一。

广西持续推动“金融支持乡村旅游示范工程”，通过政府担保基金、货币政策工具支持等政策叠加方式，带动旅游资金投入。2017 年已在河池、梧州、防城港、北海等市县设立贷款担保风险补偿基金共 2 400 万元，可撬动旅游贷款 2.3 亿元。各银行业金融机构创新旅游预付贷、景区贷、新农村建设贷等旅游信贷产品，利用投行、保债、租赁、旅游业发展基金等方式大力支持全域旅游、特色小镇旅游、扶贫旅游项目和涉旅企业发展。2017 年，全区旅游业融资总额 1 691.8 亿元，同比增长 40.2%，其中，银行贷款占融资总额的 87.2%，基金、租赁等其他融资方式占 10.9%，债券融资占 1.9%。

然而，广西旅游业发展仍面临市场化程度不高、区域开发不平衡、旅游基础设施与公共服务设施等配套不足、旅游市场监管力度不够、旅游投资模式和融资渠道仍相对单一等制约。

（六）“两区一带”协调发展

2017 年，广西继续推进“两区一带”[①] 区域经济协调发展。北部湾经济区引领带动作用明显，地区生产总值同比增长 8.3%，形成以电子信息、石油化工、新材料等为主的现代临海工业体系；年产值超 500 亿元的产业园区达 9 个；北部湾港总吞吐能力达 2.5 亿吨。西江经济带基础设施建设大会战持续推进，地区生产总值同比增长 6.6%，占全区经济总量的 50%；粤桂港澳区域合作示范平台再上新台阶，成为广西首批 CEPA 先行先试示范基地。桂西资源富集区发展后劲增强，地区生产总值同比增长 8.7%；有色行业转型升级加快，稀土下游产业产值实现零突破；凭祥综合保税区扩容提量，边境贸易活跃。

专栏 2　广西金融助推“一带一路”建设成效初显

广西是全国唯一的既面向东盟，又沿江、沿边、沿海的省份，是古代海上丝绸之路的重要发祥地，具有得天独厚的地缘优势。2015 年，习近平总书记赋予广西“一带一路”有机衔接的重要门户的定位。广西金融业紧紧围绕这一定位，着重做好金融政策支持、平台支持、资金支持三篇文章，初步探索走出了一条金融服务“一带一路”的特色路子。

一、创新出台系列先试先行金融政策，为跨境资金融通搭桥铺路

广西紧紧抓住《云南省 广西壮族自治区建设沿边金融综合改革试验区总体方案》（银发〔2013〕276 号）出台的重大历史机遇，创造性地提出“铺一条路、搭一个平台、建一个循环圈”的战略构想，陆续推出跨境人民币贷款、境外项目人民币贷款、个人跨境

① “两区一带”：北部湾经济区、桂西资源富集区和西江经济带。

贸易人民币结算、跨境双向人民币资金池等试点业务，建立健全对东盟国家的外币现钞跨境调运业务，建成了广西—东盟资金高速路，启动了人民币与越南盾、柬埔寨瑞尔等部分东盟国家货币的区域银行间交易平台，形成了对东盟的人民币投融资循环圈，使人民币超越美元成为广西跨境收支第一大币种，为“一带一路”建设架起资金融通的桥梁。与此同时，积极促进贸易投资便利化。在试验区开展人民币与越南盾兑换特许业务、跨国公司外汇资金集中运营、经常项目跨境外汇轧差净额结算、外商投资企业外汇资本金意愿结汇制等试点业务，2017 年，将个人本外币特许兑换业务试点范围扩大至实验区内的重点口岸，使其成为边贸企业、边民办理货币兑换的重要渠道。

二、金融开放合作更趋紧密，协同支持企业“走出去”

广西充分利用好中国—东盟博览会每年定期在南宁举办的优势，加强与东盟各国的密切交流，推动境内外金融机构之间紧密合作。一是跨境同业积极搭建合作平台。国家开发银行广西区分行、广西北部湾银行分别与柬埔寨加华银行签署《30 亿元境外人民币合作谅解备忘录》和《战略合作协议》，在资金、机构、人才、信息、业务等方面开展合作。二是证券保险协同支持企业“走出去”。广西有 13 家上市公司被列为沪股通、深港通标的股票，企业境内外投资价值有效提升。出口信用保险对广西一般贸易出口的支持度常年保持在 40% 上，位居全国前列；5 个海外承接项目通过保险业务，有效提升竞标优势及投融资能力；全国首单跨境人民币结算承保业务在广西落地；政保合作创建了广西“走出去”企业风险保障平台。三是银政合作进一步加强。中国工商银行与广西签订建设“一带一路”金融服务战略合作协议、交通银行广西区分行与广西北部湾经济区签订战略合作协议，为“一带一路”建设提供全方位、优质的金融融资服务。

三、金融投入力度持续加大，支持广西“一带一路”建设成效初显

2017 年，广西金融机构共支持“一带一路”建设项目 630 个，惠及企业 939 家，贷款投放金额 893.5 亿元，同比增长 33.4%；广西“一带一路”骨干企业累计发债融资超过 240 亿元。各金融机构用好全口径跨境融资宏观审慎政策，成功办理 59 笔全口径跨境融资业务，累计签约金额 18.7 亿美元；7 家跨国集团企业办理跨境双向人民币资金池业务备案，核定跨境人民币资金净流入上限 483 亿元。此外，各金融机构创新开展海外并购贷、“跨境直贷 + 内保外贷”、跨境供应链融资、债券融资等，支持“一带一路”重点项目建设。交通银行广西区分行通过债权投资计划为北部湾经济区开放开发建设引入 30 亿元保险资金，民生银行南宁分行参与广西国企首单面向全球投资者发行的 3 亿美元海外债券。

三、预测与展望

当前，广西经济企稳向好的基础已经具备，但仍不牢固，未来经济增长仍受到产业结构矛盾和创新能力不足、实体经济困难较多、新的增长点少等瓶颈制约，金融体系潜藏的各类金融风险仍需高度关注。

2018 年是贯彻落实党的十九大精神的开局之年，是改革开放 40 周年，是决胜全面建成小康社会、实施“十三五”规划承上启下的关键一年，也是自治区成立 60 周年，社会各方面发展的内在需求很强。习近平总书记赋予广西“三大定位”[①] 战略新使命，北部湾城市群建设上升为国家战略，中央明确新增财力和地方政府专

① 面向东盟的国际大通道、西南中南地区开放发展的战略支点、“一带一路”有机衔接的重要门户。

项债券总体向西部地区倾斜，都对广西形成重大的政策利好。广西将牢牢把握高质量发展的根本要求，在保持经济平稳增长的基础上，推动产业优化升级。投资方面，有色金属深加工、新能源汽车、电子信息、化工新材料等一批重大产业项目以及公路、铁路、通信等重大基础设施项目的加快推进，将夯实投资对经济的拉动力。消费方面，广西特色生态文明制度体系将加快构建，脱贫攻坚、公共服务等民生工程深入推进，消费市场环境有望持续优化。进出口方面，随着全球市场回暖以及新一轮“加工贸易倍增计划”的实施，外贸进出口将迎来更多商机。预计居民消费价格指数温和上涨，但需关注生产价格持续上涨向消费价格的传导。

2018 年，广西金融业将贯彻落实好稳健中性的货币政策，灵活运用货币政策和宏观审慎政策“双支柱”，提高金融运行效率和服务实体经济的能力。聚焦社会主要矛盾的变化和辖区不平衡不充分问题，不断优化信贷结构，更好地服务供给侧结构性改革。加强风险监测预警、动态排查风险隐患，着力防范化解重点领域风险，坚决守住不发生系统性金融风险的底线。保持合理的住房贷款比重和增速，促进房地产金融健康发展。继续加大金融对贫困地区和贫困人口的支持力度，持续推动农村“两权”抵押贷款试点，打造金融支持制造业、中小企业、新型农业经营主体、海洋经济、绿色金融、科技金融等示范点和示范区，以点带面助力农业供给侧结构性改革。做好沿边金融综合改革试点收官工作，为打造广西面向东盟开放合作门户争取更多金融政策，支持广西经济高质量发展。

中国人民银行南宁中心支行货币政策分析小组

总　纂：崔　瑜　苏　阳

统　稿：冼海钧　刘俊成　罗树昭

执　笔：邓蒂妮　陈少敏　王　涛　潘　玉　陆　峰　梁峰华　胡欢欢　钟　辉　罗冬泉

提供材料的还有：安立波　刘广伟　罗顺兴　周　全　余永波　曾　婕　何安妮　李水德　夏梦迪　刘思佳　农　婧　江东阳　杭乃毅　梁晶晶　曾慕李　韦诗婷　唐馨蕖　陈文杰　王　恒　朱权聪　冼美玲　荆万涛　韦丹萍　黄　丽　黄　珊

附录

（一）2017 年广西壮族自治区经济金融大事记

1 月 20 日，国务院批复北部湾城市群发展规划，广东、广西、海南三省将以打造面向东盟开放高地为重点，建设宜居城市和蓝色海湾城市群。

4 月 19 日至 21 日，中共中央总书记、国家主席、中央军委主席习近平在广西考察。

5 月 22 日，中国人民银行南宁中心支行、自治区金融办、广西银监局、广西证监局、广西保监局联合举办广西金融学会承办金融支持“一带一路”建设座谈会。

6 月 29 日，广西 CEPA 先行先试示范基地建设工作新闻发布会在南宁召开。粤桂合作特别试验区、广西钦州保税港区、桂林溢达纺织有限公司、广西产品质量检验研究院、北海出口加工区成为首批 CEPA 先行先试示范基地。

8 月 17 日，广西壮族自治区发展改革委印发《广西凭祥重点开发开放试验区建设总体规划（2016~2025）》。

9 月 12 日，第 14 届中国—东盟博览会和中国—东盟商务与投资峰会在南宁开幕。

9 月 28 日，广西壮族自治区政府发布支持县域经济发展的“1+6+2”系列政策文件，支持除 21 个城市主城区以外的 90 个县（市、区）加快县域经济发展。

9 月 30 日，广西全区金融工作会议在南宁召开，贯彻落实全国金融工作会议精神。

10 月 12 日，中越人民币、越南盾现钞跨境双向调运启动仪式在东兴市口岸成功举办。

12 月 8 日，中国进出口银行广西分行在南宁开业。

（二）2017 年广西壮族自治区主要经济金融指标

表 1　2017 年广西壮族自治区主要存贷款指标

		1 月	2 月	3 月	4 月	5 月	6 月	7 月	8 月	9 月	10 月	11 月	12 月
本外币	金融机构各项存款余额（亿元）	25 425.9	25 931.8	26 905.9	26 644.8	27 395.1	27 625.7	27 828.0	28 164.9	28 047.6	28 259.7	28 272.1	27 899.6
	其中：住户存款	13 099.4	13 307.6	13 490.5	13 298.8	13 330.7	13 532.0	13 458.1	13 524.6	13 704.1	13 559.3	13 582.7	13 814.3
	非金融企业存款	7 053.9	7 135.3	7 539.9	7 508.0	7 616.6	8 000.3	7 994.7	8 252.0	8 286.2	8 233.2	8 440.9	8 433.3
	各项存款余额比上月增加（亿元）	-52.9	506.0	974.1	-261.1	750.3	230.6	202.3	336.9	-117.3	212.1	12.5	-372.5
	金融机构各项存款同比增长（%）	10.5	11.9	10.8	10.8	12.6	10.3	12.1	12.5	10.8	11.6	10.2	9.5
	金融机构各项贷款余额（亿元）	21 031.4	21 301.4	21 510.7	21 692.9	21 869.0	22 139.3	22 316.0	22 539.1	22 680.3	22 794.8	22 993.5	23 226.1
	其中：短期	4 659.5	4 723.3	4 790.4	4 834.1	4 840.6	4 831.5	4 811.2	4 840.4	4 855.7	4 826.6	4 827.1	4 866.6
	中长期	15 149.5	15 395.5	15 667.2	15 850.8	16 072.0	16 469.6	16 716.7	16 947.3	17 062.7	17 213.7	17 394.5	17 550.9
	票据融资	889.3	846.5	726.5	683.5	632.7	518.8	470.8	437.9	440.7	432.4	444.5	473.6
	各项贷款余额比上月增加（亿元）	390.8	270.1	209.2	182.3	176.1	270.3	176.7	223.1	141.2	114.6	198.7	232.6
	其中：短期	69.6	63.7	67.1	43.7	6.6	-9.1	-20.3	29.2	15.3	-29.1	0.5	39.4
	中长期	426.0	246.0	271.7	183.6	221.2	397.7	247.1	230.6	115.4	151.0	180.8	156.4
	票据融资	-92.5	-42.8	-120.1	-43.0	-50.8	-113.9	-48.0	-32.9	2.9	-8.3	12.0	29.2
	金融机构各项贷款同比增长（%）	13.9	14.4	13.5	14.8	14.7	13.8	13.9	13.6	13.1	13.4	13.4	12.5
	其中：短期	-1.2	0.0	1.4	4.5	5.0	3.3	3.9	4.0	4.9	5.9	6.7	5.9
	中长期	18.3	18.8	18.3	20.1	20.1	20.1	20.5	21.2	20.5	20.9	20.7	19.2
	票据融资	44.4	39.9	10.6	-8.9	-17.5	-29.8	-40.2	-51.2	-54.2	-56.5	-56.7	-51.8
	建筑业贷款余额（亿元）	367.3	367.5	367.6	372.2	374.6	403.6	410.2	434.1	439.2	450.3	467.2	491.4
	房地产业贷款余额（亿元）	731.6	741.2	762.2	755.6	760.5	776.2	782.7	776.1	778.9	787.9	784.2	798.7
	建筑业贷款同比增长（%）	-6.0	-7.0	-7.0	-4.7	-3.9	5.5	6.9	15.4	11.7	16.5	22.0	35.5
	房地产业贷款同比增长（%）	3.6	4.5	2.8	7.0	5.3	6.7	10.7	12.5	9.9	12.3	9.9	10.3
人民币	金融机构各项存款余额（亿元）	25 244.1	25 743.1	26 714.5	26 456.5	27 190.7	27 434.8	27 639.3	27 990.8	27 872.5	28 084.1	28 112.1	27 714.2
	其中：住户存款	13 042.2	13 250.8	13 434.1	13 242.6	13 274.7	13 476.4	13 402.9	13 471.7	13 651.1	13 506.0	13 529.7	13 761.0
	非金融企业存款	6 946.4	7 020.9	7 419.2	7 387.5	7 486.5	7 881.9	7 877.8	8 144.5	8 179.6	8 128.9	8 349.0	8 315.3
	各项存款余额比上月增加（亿元）	-14.4	498.9	971.5	-258.0	734.3	244.0	204.5	351.5	-118.3	211.6	27.9	-397.8
	其中：住户存款	492.7	208.6	183.3	-191.4	32.0	201.7	-73.4	68.7	179.4	-145.1	23.7	231.4
	非金融企业存款	-384.7	74.5	398.3	-31.7	99.0	395.4	-4.1	266.7	35.1	-50.8	220.1	-33.6
	各项存款同比增长（%）	10.8	12.1	11.0	11.0	12.7	10.4	12.1	12.6	10.9	11.7	10.3	9.7
	其中：住户存款	14.0	11.4	11.2	11.6	11.8	11.5	11.1	10.8	10.5	9.9	9.3	9.7
	非金融企业存款	9.8	15.8	12.6	14.1	12.3	13.4	16.1	18.2	18.2	17.4	17.6	13.2
	金融机构各项贷款余额（亿元）	20 605.3	20 857.6	21 067.8	21 246.3	21 419.2	21 687.0	21 884.7	22 109.9	22 247.5	22 377.5	22 577.0	22 781.8
	其中：个人消费贷款	4 810.8	4 884.3	5 005.1	5 111.5	5 213.4	5 340.2	5 454.7	5 564.3	5 694.5	5 819.1	5 973.5	6 086.7
	票据融资	889.3	846.5	726.5	683.5	632.7	518.8	470.8	437.9	440.7	432.4	444.5	473.6
	各项贷款余额比上月增加（亿元）	429.6	252.2	210.2	178.5	172.9	267.7	197.8	225.2	137.6	130.0	199.5	204.8
	其中：个人消费贷款	119.3	73.5	120.9	106.3	101.9	126.8	114.5	109.6	130.1	124.7	154.4	113.2
	票据融资	-92.5	-42.8	-120.1	-43.0	-50.8	-113.9	-48.0	-32.9	2.9	-8.3	12.0	29.2
	金融机构各项贷款同比增长（%）	14.2	14.7	13.7	14.9	14.7	13.8	13.9	13.7	13.1	13.5	13.6	12.9
	其中：个人消费贷款	23.8	25.2	26.0	27.2	27.6	28.2	28.8	29.2	29.8	30.6	30.4	29.7
	票据融资	44.5	39.9	10.6	-8.9	-17.5	-29.7	-40.2	-51.2	-54.2	-56.5	-56.7	-51.8
外币	金融机构外币存款余额（亿美元）	26.5	27.5	27.7	27.3	29.8	28.2	28.1	26.4	26.4	26.4	24.2	28.4
	金融机构外币存款同比增长（%）	-22.4	-18.3	-21.7	-18.5	-0.4	-5.3	8.2	3.5	1.0	-0.7	-12.1	-10.6
	金融机构外币贷款余额（亿美元）	62.1	64.6	64.2	64.8	65.5	66.8	64.1	65.0	65.2	62.9	63.1	68.0
	金融机构外币贷款同比增长（%）	-4.7	-1.9	-1.4	3.0	8.7	12.6	9.0	10.4	11.3	7.8	4.9	1.5

数据来源：中国人民银行南宁中心支行。

表 2　2001~2017 年广西壮族自治区各类价格指数

单位：%

		居民消费价格指数		农业生产资料价格指数		工业生产者购进价格指数		工业生产者出厂价格指数	
		当月同比	累计同比	当月同比	累计同比	当月同比	累计同比	当月同比	累计同比
2001		—	0.6	—	-2.3	—	3.7	—	6.3
2002		—	-0.9	—	-1.8	—	-4.4	—	-4.4
2003		—	1.1	—	2.4	—	1.2	—	2.8
2004		—	4.4	—	15.3	—	16.3	—	9.7
2005		—	2.4	—	10.5	—	8.2	—	4.9
2006		—	1.3	—	1.0	—	11.4	—	9.6
2007		—	6.1	—	14.4	—	6.1	—	4.5
2008		—	7.8	—	24.0	—	10.6	—	9.0
2009		—	-2.1	—	-5.8	—	-4.9	—	-6.5
2010		—	3.0	—	1.9	—	11.2	—	12.0
2011		—	5.9	—	12.2	—	10.0	—	8.5
2012		—	3.2	—	3.9	—	-0.8	—	-2.2
2013		—	2.2	—	-0.1	—	-1.1	—	-1.8
2014		—	2.1	—	-1.1	—	-1.8	—	-1.6
2015		—	1.5	—	0.9	—	-4.3	—	-3.0
2016		—	1.6	—	0.7	—	-1.6	—	-0.8
2017		—	1.6	—	1.4	—	6.5	—	7.6
2016	1	1.7	1.7	0.1	0.1	-5.0	-5.0	-4.6	-4.6
	2	2.7	2.2	0.6	0.4	-4.9	-4.9	-4.2	-4.4
	3	2.2	2.2	0.6	0.4	-4.1	-4.6	-3.9	-4.3
	4	2.3	2.2	0.6	0.5	-3.6	-4.4	-3.1	-4.0
	5	1.8	2.2	1.1	0.6	-3.4	-4.2	-2.9	-3.8
	6	1.6	2.1	1.4	0.7	-2.9	-4.0	-2.6	-3.6
	7	1.3	2.0	1.0	0.8	-2.2	-3.7	-1.7	-3.3
	8	0.9	1.8	0.6	0.7	-1.4	-3.4	-1.0	-3.0
	9	1.2	1.7	0.3	0.7	-0.4	-3.1	0.3	-2.6
	10	0.9	1.7	0.0	0.6	0.9	-2.7	1.6	-2.2
	11	1.4	1.6	0.0	0.6	2.7	-2.2	4.4	-1.6
	12	1.2	1.6	1.7	0.7	4.5	-1.7	7.6	-0.9
2017	1	2.0	2.0	2.8	2.8	5.8	5.8	8.6	8.6
	2	0.4	1.2	3.9	3.4	7.2	6.5	9.6	9.1
	3	0.7	1.0	3.2	3.3	7.5	6.8	9.3	9.2
	4	0.7	1.0	2.5	3.1	7.4	7.0	7.4	8.7
	5	1.4	1.0	1.1	2.7	6.8	6.9	6.4	8.3
	6	1.5	1.1	-0.4	2.2	6.3	6.8	6.9	8.0
	7	1.7	1.2	-0.5	1.8	5.7	6.7	6.6	7.8
	8	2.0	1.3	0.1	1.6	6.4	6.6	7.8	7.8
	9	2.0	1.4	0.6	1.5	6.9	6.7	8.0	7.8
	10	2.4	1.5	0.9	1.4	6.9	6.7	8.7	7.9
	11	2.2	1.5	1.8	1.5	6.2	6.6	6.5	7.8
	12	2.4	1.6	0.7	1.4	5.4	6.5	5.0	7.6

数据来源：《中国经济景气月报》、广西壮族自治区统计局。

表 3　2017 年广西壮族自治区主要经济指标

	1 月	2 月	3 月	4 月	5 月	6 月	7 月	8 月	9 月	10 月	11 月	12 月
	绝对值（自年初累计）											
地区生产总值（亿元）	—	—	3 909.5	—	—	8 179.8	—	—	12 757.9	—	—	20 396.3
第一产业	—	—	354.9	—	—	761.0	—	—	1 527.6	—	—	2 906.9
第二产业	—	—	1 979.6	—	—	4 133.9	—	—	6 277.0	—	—	9 297.8
第三产业	—	—	1 575.0	—	—	3 284.9	—	—	4 953.3	—	—	8 191.5
工业增加值（亿元）	—	—	—	—	—	—	—	—	—	—	—	—
固定资产投资（亿元）	—	776.2	2 468.1	4 329.5	6 312.8	9 421.2	10 531.3	11 988.2	13 689.5	15 469.6	17 539.7	19 908.3
房地产开发投资	—	215.6	464.1	676.5	882.7	1 217.7	1 373.4	1 564.8	1 761.9	2 038.7	2 365.3	2 683.5
社会消费品零售总额（亿元）	—	—	1 763.0	—	—	3 597.8	—	—	5 560.4	—	—	7 813.0
外贸进出口总额（亿元）	—	480.4	808.6	1 108.7	1 450.6	1 786.0	2 135.4	2 541.5	2 832.5	3 165.4	3 547.5	3 866.3
进口	—	293.4	468.1	640.8	827.2	993.5	1 148.7	1 323.9	1 510.1	1 660.8	1 851.3	2 011.1
出口	—	187.0	340.5	467.9	623.4	792.5	986.7	1 217.6	1 322.4	1 504.6	1 696.2	1 855.2
进出口差额（出口 – 进口）	—	-106.4	-127.6	-172.9	-203.8	-201.1	-162.0	-106.3	-187.7	-156.2	-155.1	-155.9
实际利用外资（亿美元）	—	0.9	1.9	2.3	3.2	4.5	5.8	5.9	6.1	6.2	7.0	8.2
地方财政收支差额（亿元）	—	-298.3	-579.7	-734.1	-938.3	-1 519.0	-1 670.1	-1 874.5	-2 369.1	-2 426.0	-2 743.8	-3 297.9
地方财政收入	—	252.9	385.1	514.6	656.8	860.3	973.3	1 055.5	1 186.2	1 317.7	1 431.0	1 615.0
地方财政支出	—	551.2	964.8	1 248.8	1 595.1	2 379.3	2 643.4	2 930.0	3 555.3	3 743.7	4 174.8	4 912.9
城镇登记失业率（%）（季度）	—	—	2.9	—	—	2.9	—	—	2.7	—	—	2.2
	同比累计增长率（%）											
地区生产总值	—	—	6.3	—	—	7.2	—	—	7.0	—	—	7.3
第一产业	—	—	2.9	—	—	3.8	—	—	3.7	—	—	4.1
第二产业	—	—	5.8	—	—	6.6	—	—	6.4	—	—	6.6
第三产业	—	—	7.8	—	—	8.6	—	—	8.8	—	—	9.2
工业增加值	—	5.6	5.8	6.2	6.7	7.0	6.7	6.5	6.7	6.6	7.0	7.1
固定资产投资	—	-32.3	0.5	8.0	13.4	12.8	12.9	12.3	12.5	12.8	12.8	12.8
房地产开发投资	—	26.0	31.9	33.1	31.9	29.3	24.4	23.5	21.0	20.3	16.8	11.9
社会消费品零售总额	—	—	9.9	—	—	10.6	—	—	11.0	—	—	11.2
外贸进出口总额	—	21.3	24.0	26.1	29.7	30.0	32.9	35.5	32.4	30.3	27.6	22.6
进口	—	35.5	43.8	45.6	46.1	42.1	41.0	37.3	36.4	31.7	28.4	22.9
出口	—	4.2	4.3	6.5	12.8	17.4	24.5	33.6	28.1	28.9	26.8	22.3
实际利用外资	—	-69.5	-52.1	-23.0	-50.2	-38.8	-23.5	-23.9	-22.2	-23.7	-17.9	-7.4
地方财政收入	—	5.2	1.2	-0.9	0.1	2.7	3.5	3.5	4.1	4.0	3.3	5.2
地方财政支出	—	21.9	11.0	13.8	10.9	16.1	15.9	15.0	14.8	12.0	9.6	10.6

数据来源：广西壮族自治区统计局。

海南省金融运行报告（2018）

中国人民银行海口中心支行货币政策分析小组

[内容摘要] 2017 年，海南省始终坚持稳中求进工作总基调，坚定不移推动供给侧结构性改革各项工作，努力推动经济在保持平稳较快增长的同时实现更高质量的发展，全省经济运行整体呈现稳中有进、稳中向好、稳中提质的良好态势。2017 年全省地区生产总值完成 4 462.5 亿元，同比增长 7.0%。全省经济增长结构不断优化，三次产业结构为 22.0：22.3：55.7，服务业增加值占地区生产总值比重较上年提高 1.5 个百分点。

具体来看，一是经济增长新动能逐步显现。海南省政府力推的 12 个重点产业[①] 持续较快发展，逐步壮大成形。全年 12 个重点产业增加值同比增长 10.1%，占全省地区生产总值的 73.8%。海南省被国家旅游局确定为全国首个“全域旅游”创建省份，全省旅游业发展不断提质。在全省接待游客人数、旅游业总收入较快增长的同时，入境游客和入境旅游收入分别同比增长 49.5% 和 94.6%。二是投资、消费和外贸进出口增势稳中向好。全年固定资产投资同比增长 10.1%，其中房地产开发投资同比增长 14.9%，对全部投资增长的贡献率达 70.2%。社会消费品零售总额同比增长 11.4%，增速比上年加快 1.7 个百分点，自 2015 年以来增速再次回升至两位数轨道；消费结构趋于优化升级，汽车、成品油、免税品等升级类商品成为推动消费市场增长的主要力量。全年外贸出口同比增长 110.4%，其中成品油出口拉动外贸出口增长 83.2 个百分点，免税品进口增长 29.1%。三是经济发展质量和效益不断提高。全省商品住宅去库存取得明显成效，商品住宅库存去化期比上年末减少 12 个月；企业经营各项成本不断下降，规模以上工业企业每百元主营业务收入中的成本同比下降 0.2%；城乡居民可支配收入稳定增长，城镇、农村常住居民人均可支配收入分别同比增长 8.3% 和 8.9%；就业保持稳定，海口、三亚两大城市的城镇调查失业率保持在 5% 以下的低水平；物价温和上涨，全年 CPI 累计上涨 2.8%。四是惠民生投入力度不断加大。全年地方一般公共预算收入同比增长 11.5%，民生支出占全省地方公共财政支出的 76.8%，较上年进一步提升；脱贫攻坚工作取得较好成绩，全省实际脱贫 4.8 万户、20.8 万人，117 个贫困村脱贫出列；坚持生态立省战略，写好美丽中国海南篇章，出台深化“两个暂停”[②] 政策意见，明确中部生态核心区四市县突出保护自然环境，持续推进六大环境专项整治，全省生态环境持续全国领先。

中国人民银行海口中心支行深入学习贯彻党的十九大、习近平总书记系列重要讲话和全国金融工作会议精神，积极引导辖区金融机构认真贯彻稳健中性的货币政策，完善金融服务，为海南省经济社会发展提供了有力支撑。

具体来看，一是贷款投向重点突出。2017 年末，全省金融机构本外币贷款余额 8 459.3 亿

① 根据《海南省国民经济和社会发展第十三个五年（2016~2020 年）规划纲要》，12 个重点产业指旅游产业，热带特色高效农业，互联网产业，医疗健康产业，现代金融服务业，会展业，现代物流业，油气产业，医药产业，低碳制造业，房地产业，高新技术、教育、文化体育产业。

② “两个暂停”指对商品住宅库存消化期超过全省平均水平的市县，暂停办理新增商品住宅（含酒店式公寓，下同）及产权式酒店用地审批（包括农用地转用及土地征收审批、土地供应审批、已供应的非商品住宅用地改为商品住宅用地审批、商品住宅用地容积率提高审批），暂停新建商品住宅项目规划报建审批。

元，同比增长10.0%。全省贷款较快增长的同时，对重点领域和薄弱环节的支持力度有所增强，新增基础设施类贷款占各行业新增贷款的37.8%，高于上年同期4.1个百分点；小微企业贷款同比增长13.3%，高于全省贷款增速3.3个百分点。二是实体经济部门存款增长较快。2017年末，全省本外币各项存款余额10 096.4亿元，同比增长10.7%。从存款部门分布看，实体经济部门存款增长较快，住户和非金融企业存款分别同比增长11.7%和15.5%，均高于全省存款增速。三是银行业经营状况良好。2017年末，海南省银行业金融机构资产总额同比增长2.9%，其中地方法人银行业金融机构资产总额同比增长14.4%，高于全省银行业金融机构平均水平。全省银行业金融机构实现利润同比增长13.0%，不良贷款持续保持较低水平。四是利率市场化进程稳步推进。金融机构自主定价能力逐步提升，全省地方法人金融机构发行同业存单规模有所增长。海南银行和海口联合农村商业银行通过合格审慎评估，成为全国市场利率定价自律机制基础成员和观察成员。五是证券保险市场发展稳中向好。全年有2家公司实现首发上市，新增13家企业在新三板挂牌。保险市场运行稳健，服务经济能力提升。全省农业保险累计提供风险保障资金387.1亿元，共赔付支出2.9亿元，受益农户20.2万户次，同比增长115.7%。全国首张天然橡胶期货价格保险保单在白沙县签发，随后在省内其他5个市县开始试点。六是金融生态环境建设持续推进。金融基础设施逐步完善，农户征信管理系统推广，农村信用环境不断改善；非现金支付工具受众面不断拓宽，金融IC卡和移动支付在公交、农贸市场、重点商圈、医院就医、校园生活、民生缴费等公共服务领域的应用不断扩大，移动支付业务量显著增加；金融消费纠纷解决机制多元化，金融消费者权益保护工作高效开展。

2018年，随着供给侧结构性改革不断深入实施，海南省加速布局“海澄文”①“大三亚”②“北部湾城市群”等区域发展规划，加之国际旅游岛建设的持续推进，将有效激发海南省的市场活力和发展潜力，激活海南省经济发展新的动能，为海南省经济社会发展带来新机遇和新动力。但同时也要看到，省内经济社会发展还存在不少的困难和问题：经济发展基础还比较薄弱，发展不平衡不充分的问题仍然突出；经济特区体制机制优势还没有充分发挥，对外开放程度和国际化水平仍不高；新的经济增长动能体量小、后劲弱；投资内部结构不均衡，新开工项目建设进度缓慢；相对于居民收入，全省物价维持在较高水平；稳定经济增长、调整经济结构和促进环境保护之间的平衡面临诸多挑战；等等。

2018年是全面贯彻落实党的十九大精神的开局之年，是“十三五”规划承上启下的关键一年，也是海南建省办经济特区30周年。海南省将以习近平新时代中国特色社会主义思想为指导，按照统筹推进“五位一体”总体布局的要求，继续坚持稳中求进工作总基调和新发展理念，不断推进改革开放，着力深化供给侧结构性改革，深入推动具有海南特色的现代化经济体系建设。海南省金融业将继续贯彻稳健中性货币政策，保持货币信贷和社会融资规模总量合理适度增长，进一步优化金融资源配置，加大重点领域和薄弱环节的金融支持力度，不断加强金融改革创新，提升金融服务水平，积极防范化解各类金融风险，维护区域金融稳定，助力海南省国际旅游岛建设向更高质量、更高层次发展。

① “海澄文”是指海口、文昌、澄迈三市县。

② “大三亚”是指三亚、乐东、陵水、保亭四市县。

一、金融运行情况

2017年，海南省金融业运行总体平稳，银行业规模稳步扩大，货币信贷和社会融资规模合理适度增长；证券业和保险业运行良好，金融市场健康发展，金融业改革不断深化。

（一）银行业运行总体平稳，信贷投向重点突出

1. 银行业规模稳步扩大，经营效益良好。 2017年末，海南省银行业金融机构资产总额1.5万亿元，同比增长2.9%。其中，城市商业银行资产规模同比增长43.6%。银行业经营效益良好，全省银行业金融机构实现利润同比增长13%。

2. 存款平稳增长，定期及其他存款增长较快。 2017年末，海南省本外币各项存款余额10 096.4亿元，同比增长10.7%。从存款部门分布看，实体经济部门存款增长较快，住户和非金融企业存款分别同比增长11.7%和15.5%，均高于全省存款增速。从期限看，全省住户存款和非金融企业存款中，定期及其他存款同比增长12.4%，增速高于活期存款。从各月存款波动情况看，5月、7月和9月全省存款余额出现下降，其余月份存款不同幅度增加。

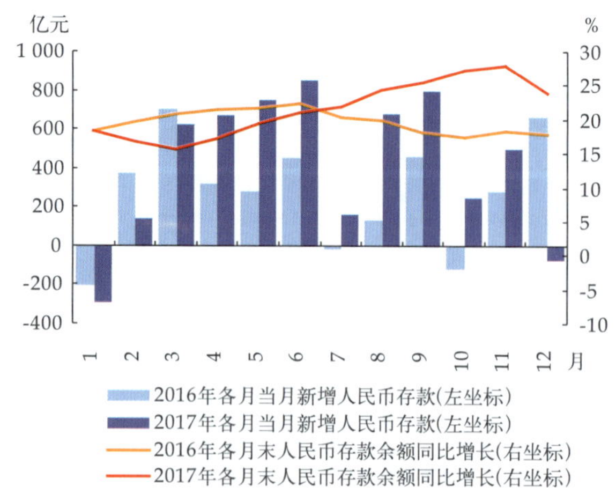

数据来源：中国人民银行海口中心支行。

图1　2016~2017年海南省金融机构人民币存款增长变化

3. 贷款稳步增长，支持重点领域和薄弱环节力度加大。 2017年末，全省金融机构本外币贷款余额8 459.3亿元，同比增长10%。

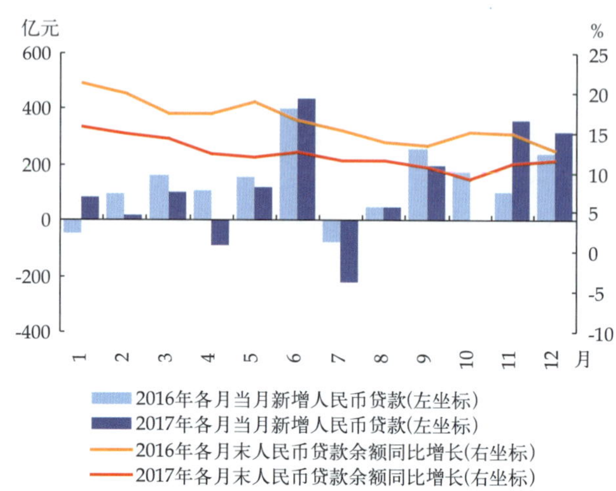

数据来源：中国人民银行海口中心支行。

图2　2016~2017年海南省金融机构人民币贷款增长变化

从投向看，信贷支持重点领域和薄弱环节的力度有所加大。2017年，全省新增基础设施类贷款占各行业新增贷款的37.8%，高于上年同期4.1个百分点。2017年末，全省小微企业贷款同比增长13.3%，高于全省贷款增速3.3个百分点。

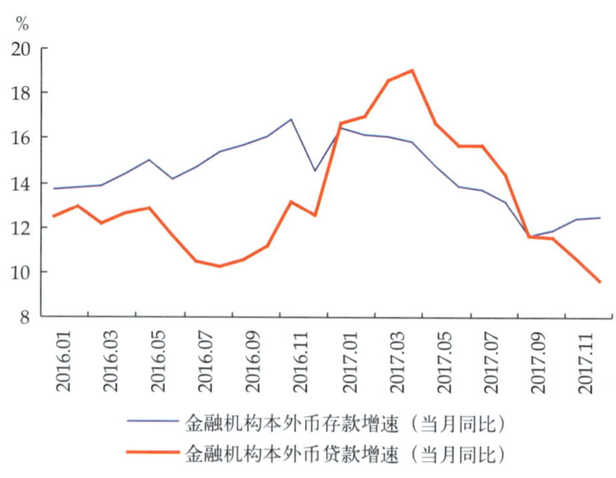

数据来源：中国人民银行海口中心支行。

图3　2016~2017年海南省金融机构本外币存、贷款增速变化

4. 表外业务规模同比下降。2017 年末，海南省银行业金融机构表外业务规模同比下降 1.7%。其中，保函、表外理财、委托贷款和承诺业务占比分别为 25.7%、24.4%、20.3% 和 19.5%。保函和承诺业务分别同比增长 34.8% 和 31.4%，委托贷款和表外理财分别同比下降 22.7% 和 5.7%。

表 1　2017 年海南省金融机构人民币贷款各利率区间占比

单位：%

月份		1月	2月	3月	4月	5月	6月
	合计	100.0	100.0	100.0	100.0	100.0	100.0
	下浮	10.5	12.8	12.1	33.5	18.6	9.4
	基准	37.0	24.6	17.8	13.3	14.5	27.2
上浮	小计	52.6	62.6	70.1	53.2	67.0	63.4
	(1.0，1.1]	16.0	16.6	13.6	13.3	19.6	10.9
	(1.1，1.3]	12.4	23.6	15.8	12.5	14.5	16.5
	(1.3，1.5]	3.7	4.2	12.5	5.3	12.5	11.6
	(1.5，2.0]	11.2	10.9	21.1	13.1	11.0	14.8
	2.0 以上	9.3	7.3	7.1	8.9	9.5	9.6
月份		7月	8月	9月	10月	11月	12月
	合计	100.0	100.0	100.0	100.0	100.0	100.0
	下浮	20.5	15.7	9.6	17.7	20.1	19.3
	基准	17.5	18.3	18.8	16.5	24.2	31.3
上浮	小计	62.0	66.0	71.6	65.7	55.7	49.5
	(1.0，1.1]	15.1	11.3	14.4	8.7	7.3	9.0
	(1.1，1.3]	12.0	13.8	19.1	20.1	11.3	20.1
	(1.3，1.5]	6.7	12.1	15.0	6.5	12.9	5.1
	(1.5，2.0]	13.7	15.5	12.8	13.9	14.0	9.5
	2.0 以上	14.5	13.3	10.3	16.6	10.2	5.7

数据来源：中国人民银行海口中心支行。

5. 贷款利率稳中有降，金融机构自主定价能力逐步提高。2017 年，海南省金融机构人民币一般贷款加权平均利率呈现稳中有降态势，从 1 月的 5.74% 降至 12 月的 5.63%，下降了 0.11 个百分点。海南省利率市场化进程稳步推进，金融机构自主定价能力逐步提升。地方法人金融机构同业存单发行规模稳步扩大。2017 年，全省地方法人金融机构共发行同业存单 54.5 亿元，规模同比增长 23.8%。8 月，海南银行和海口联合农村商业银行分别通过合格审慎评估，成为全国市场利率定价自律机制基础成员和观察成员。

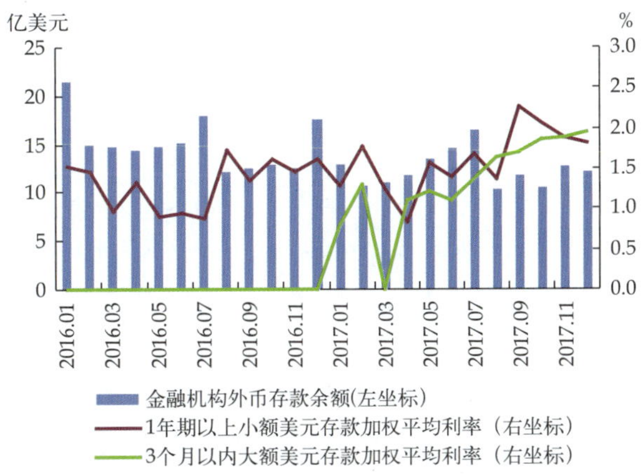

数据来源：中国人民银行海口中心支行。

图 4　2016~2017 年海南省金融机构外币存款余额及外币存款利率

6. 地方法人金融机构经营总体稳健。2017 年末，全省银行业金融机构不良贷款率 1.5%，低于全国平均水平，信贷风险总体可控。地方法人金融机构经营稳健。2017 年末，全省地方法人银行业金融机构资产总额和负债总额分别同比增长 14.4% 和 14.6%，各项贷款余额和各项存款余额分别同比增长 16.7% 和 22.1%。全年累计实现利润 21.8 亿元，同比增长 17.4%。

7. 银行业金融机构改革扎实推进，服务体系进一步健全。2017 年，海南省农信社改革不断深入，临高农村信用联社改制为农村商业银行；全省 18 家村镇银行注册资本、分支机构数量等均比年初增加。中国农业银行海南省分行“三农金融事业部”管理体制进一步完善，“三农”产品和服务创新取得进展，金融扶贫工作进展顺利。2017 年，全省共 41 家金融机构加入人民银行金融管理与服务系统，其中，银行业金融机构 29 个、证券业金融机构 12 个。

8. 跨境人民币业务加快发展。2017 年，海南省跨境人民币结算额 180.9 亿元。市场基础不断扩大，与海南省发生跨境人民币结算的境外国家新增 6 个，办理跨境人民币业务的银行机构与企业分别新增2家和175家，海口农村商业银行成为海南首家开办跨境人民币业务的地方法人金融机构。跨境人民币业务大力支持海南省与“一带一路”沿线国家经贸合作和高端旅游产业发展，旅游产业跨境结算额同比增长41.1%，其中高端旅游产业跨境结算额同比增长44.2%。海南省与“一带一路”沿线国家跨境结算额同比增长12.7%。

专栏1 凝焦聚力 为海南全域旅游发展提供有力金融支持

作为全国首个全域旅游创建省，海南省委、省政府于2017年初制定了全域旅游建设五年规划，提出到2020年要初步建成世界一流海岛休闲度假胜地。中国人民银行海口中心支行紧密围绕省委、省政府决策部署，牵头印发了《关于金融支持海南省全域旅游发展的指导意见》，推动全省金融机构不断完善信贷管理机制，创新开发适合全域旅游特点的融资模式和金融产品，加快建设旅游风险保障体系，着力为全省旅游业发展营造良好的金融环境。

一、主要做法

（一）加大窗口指导和政策扶持力度

通过制定印发《全省信贷工作指导意见》、定期召开全省信贷形势分析会议等形式，积极引导全省金融机构加大对全域旅游发展的支持力度。充分发挥再贷款、再贴现、宏观审慎评估（MPA）等货币政策工具的正向激励作用，进一步加强涉农和小微企业信贷政策导向效果评估，将评估结果与再贴现、再贷款业务办理挂钩，对支持乡村旅游和小微旅游企业发展力度较大的金融机构给予优先支持。

（二）推动完善全域旅游信贷管理机制

一是推动建立为旅游业提供“全产业链”授信的服务体系。引导各金融机构积极服务旅游业基础设施建设、景区建设、旅游酒店建设、旅游消费等产业链上下游优质供应服务商，支持旅游业与现代农业、新型工业深度融合，支持农（渔）家乐、民俗农庄、森林农家、林业观光园等知名乡村旅游品牌建设。二是加大信贷向旅游业倾斜的力度，提高放贷效率。鼓励金融机构每年单独预留部分信贷额度用于支持旅游相关产业的发展，确保每年旅游业的贷款增速不低于全部贷款的增速水平。同时，根据旅游业的市场特征和资金需求特点，简化贷款审批手续，提高审批效率，为旅游经营主体、旅行社和小微旅游经营企业提供及时、便捷的融资服务。

（三）不断创新融资模式和金融产品

对于现金流稳定、项目收益可覆盖贷款本息的经营性旅游项目，探索开展“售后回租”等金融租赁业务。对于现金流和客流稳定的3A级以上的旅游景区，积极开展景区经营权质押、门票收入质押贷款业务。对于经营模式稳定、经济效益好的旅游酒店、产权式酒店和旅游物业项目，大力发放经营性物业抵押贷款。对于沿海市县拥有海域使用权的滨海旅游项目，重点推进海域使用权抵押贷款。对拥有林地的景区项目，大力推动林权抵押贷款业务。对于乡村旅游经营主体，鼓励发放“两权”抵押贷款。

二、取得的成效

（一）创新质押模式，拓宽景区建设融资渠道

中国人民银行三亚市中心支行积极推动开展旅游景区门票收入权质押业务试点，变“会计报表＋强抵押担保”为“强风险识别＋弱担保”，重点扶持全市主要5A级景区做大做强。截至2017年末，累计向三亚市内四个景区授信12.9亿元。目前，该模式已在符合条件的景区逐步推行，为全省景区建设开辟了新的融资渠道。

（二）开辟绿色通道，促进重点特色旅游业发展

地方法人金融机构贴近地方发展实际，深入了解项目进度，在保证风险可控的前提下，主动上门营销，组成了贷前调查团，通过现场办公，有效压缩了审贷时间，最快7天内完成项目贷款发放。

（三）发挥农发基金优势，降低旅游企业融资成本

中国农业发展银行海南省分行精准对接国家发展改革委《专项建设债券项目清单》，加大农发基金对博鳌先行区重点项目的支持力度。截至2017年末，已向博鳌先行区重点项目发放投资基金2亿元，期限15年。2016年至2019年项目建设期内，每年按投资额度1.2%的年收益率收取投资收益120万元；2020年至2031年逐年回购股份，每年约回购830万元。投资基金年收益率较同期同档次贷款基准利率低3.7个基点，有效降低了旅游企业融资成本。

（二）证券市场交易量萎缩，融资渠道进一步拓宽

1. 证券期货交易量萎缩，机构盈利下滑。 2017年末，海南省共有2家法人证券公司、19家证券分公司和59家证券营业部、2家法人期货公司、2家期货分公司和12家期货营业部。全年全省证券市场交易活跃度下降。辖区证券公司分支机构证券交易金额同比下降9.1%，管理客户资产余额同比增长8.9%，净利润同比下降59.4%。

2. 股票筹资小幅下降，多层次资本市场发展稳中向好。 2017年，海南省有2家公司实现首发上市。全省30家境内上市公司总市值3 574亿元，同比下降7.9%。海南省企业全年在沪深证券交易所累计融资114.4亿元。2017年，全省共有43家企业挂牌新三板，比上年增加13家，总股本64.7亿股，同比增长104.7%。

（三）保险市场运行稳健，服务经济能力提升

2017年，海南省保险业总体运行良好，全行业资产规模扩大。全省保险公司资产总额和保费收入分别同比增长10.6%和23.7%，赔付支出同比下降0.3%，保险密度同比增加326.4元／人，保险深度同比提高0.4个百分点。农业保险经济补偿能力增强，产品创新步伐加快。2017年，海南省农业保险累计提供风险保障资金387.1亿元，共赔付支出2.9亿元，受益农户20.2万户次，同比增长115.7%。全国首张天然橡胶期货价格保险保单在白沙县签发，随后在省内其他5个市县开始试点，共为农户提供风险保障1.8亿元，触发赔付支出307.1万元。

（四）社会融资规模大幅下降，直接债务融资工具发行规模稳步扩大

2017年，海南省社会融资规模856.0亿元，同比下降54.9%。其中，银行表内信贷在社会融资规模中的占比为92.6%，高于上年同期40.4个百分点。直接融资占比4.0%，低于上年同期29.7个百分点。全省企业在银行间债券市场新增直接债务融资工具注册规模101.0亿元，累计发行直接债务融资工具83.0亿元，同比增长22.1%。

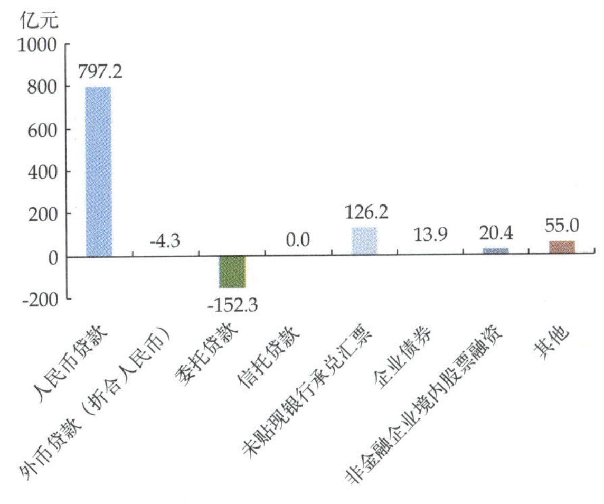

数据来源：中国人民银行海口中心支行。

图5　2017年海南省社会融资规模分布结构

（五）金融生态环境建设持续推进，金融基础设施逐步完善

2017 年，海南省扎实推进金融生态环境建设。一是农村信用环境不断改善。农户征信管理系统推广应用成绩明显。2017 年，建设地级农户信用信息库 1 个，县级在建农户信用信息库 3 个，三亚市农户征信系统信息采集实现农户个人 100% 覆盖，有效缓解了农村借贷双方信息不对称问题。积极推进信用户、信用村、信用乡（镇）建设，推动辖区人民银行各市县支行组织涉农金融机构将建立农户信用档案与精准扶贫工作相结合。中国邮政储蓄银行海南省分行积极构建信用村评价体系，有效推动农业生产和农民增收。二是非现金支付工具受众面不断拓宽。金融 IC 卡和移动支付在公交、农贸市场、重点商圈、医院就医、校园生活、民生缴费等公共服务领域的应用不断扩大，移动支付业务量显著增加。2017 年，全省非现金支付业务办理笔数同比增长 54.5%，其中，移动支付业务笔数增长 248.0%。三是金融消费权益保护工作高效开展。2017 年，中国人民银行海口中心支行全辖共受理金融消费投诉 76 件，投诉主要集中在支付结算、银行卡等领域；所有投诉均按时办结，消费者满意度较高。金融消费者教育持续开展。组织全省金融机构开展“金融消费者权益日”和“金融知识普及月”活动，在儋州、陵水等市县有关学校试点“金融知识纳入国民教育体系”并取得初步成效。

二、经济运行情况

2017 年，海南省经济运行总体保持平稳，呈现出稳中有进、稳中向好、稳中提质的良好态势。全年实现地区生产总值 4 462.5 亿元，同比增长 7.0%，人均地区生产总值 48 430 元，同比增长 6.1%。

（一）需求平稳增长，结构逐步优化

2017 年，海南省投资、消费较快增长，出口贸易快速增长，投资结构逐步改善，消费升级态势明显，经济增长内生动力持续增强。

1. 投资稳步增长，房地产项目是支撑投资增长的主要动力。2017 年，海南省固定资产投资同比增长 10.1%。其中，房地产开发投资增长 14.9%，对全部投资增长的贡献率达 70.2%。全年基础设施建设投资完成 1 100.3 亿元，同比增长 10.2%，对全部投资增长的贡献率为 26.8%。省重点项目建设扎实推进，501 个省重点项目全年完成投资 2 310.3 亿元，实现年度计划的 101%。

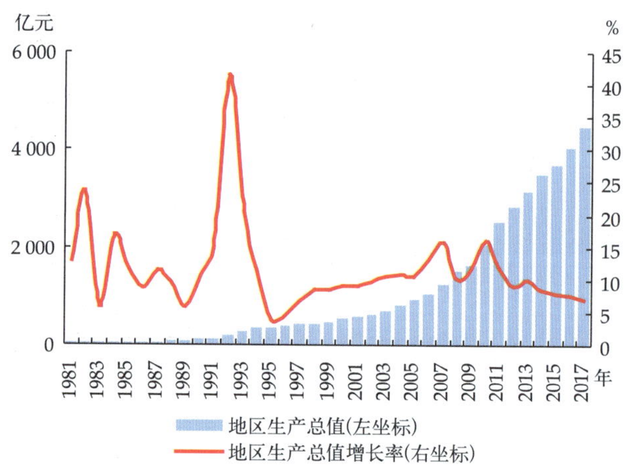

数据来源：海南省统计局。

图 6　1981~2017 年海南省地区生产总值及其增长率

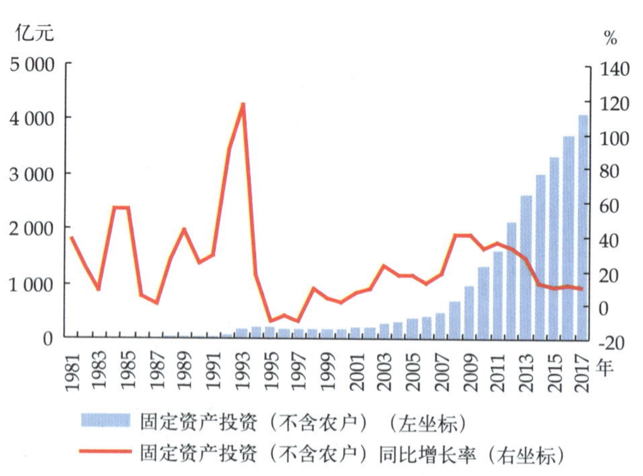

数据来源：海南省统计局。

图 7　1981~2017 年海南省固定资产投资（不含农户）及其增长率

2. 消费品保持较快增长。2017年，海南省社会消费品零售总额同比增长11.4%，增速比上年加快1.7个百分点，自2015年以来增速再次回升至两位数轨道。从消费形态看，全省商品零售增长11.4%，餐饮收入增长11.3%，分别比上年提高1.9个和0.4个百分点。举办海南优质商品推广周、海南名特优产品采购大会、海南国际旅游岛购物节，带动省内消费增长。三亚海棠湾免税购物中心扩大经营面积、商品种类以及举办店庆三周年促销活动，海口美兰机场免税店加大"免税易购"电子商城的推介促销力度，推动旅游消费增长。全年免税品销售额增长33.1%，汽车销售额增长13.1%，成品油销售额增长11.2%。

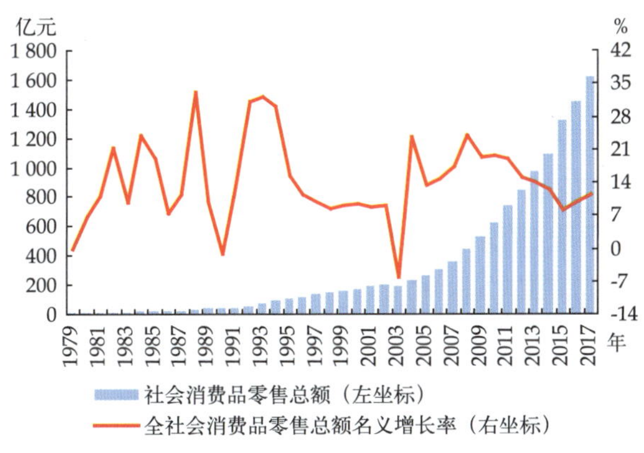

数据来源：海南省统计局。

图8　1979~2017年海南省社会消费品零售总额及其增长率

3. 外贸出口大幅增长，实际利用外资持续增长。2017年，海南省外贸出口同比增长110.4%，进口同比下降33.4%。成品油出口拉动外贸出口增长83.2个百分点，免税品进口增长29.1%。全省实际利用外资总额同比增长4.1%。利用外资新设项目数90个，比上年增加2个。全省实际对外投资55亿美元，同比增长1.2倍，连续4年实现快速增长。民营企业对外投资备案额占全部对外投资额的98.0%，能源、资源类投资继续稳步增长，投资地域更广阔，德国、以色列和瑞士等发达国家成为新的投资目的地。

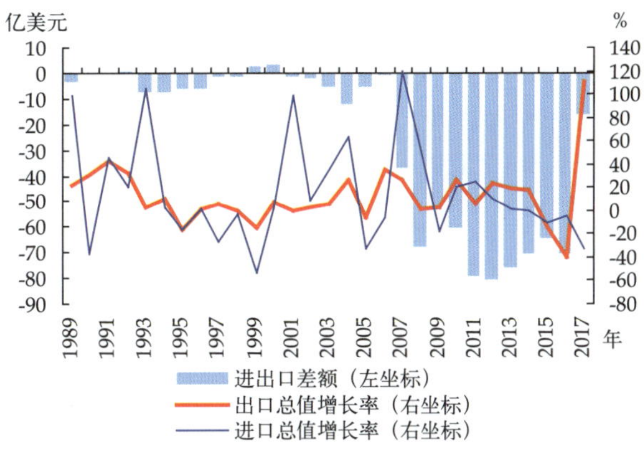

数据来源：《中国经济景气月报》、中国人民银行工作人员计算。

图9　1989~2017年海南省外贸进出口变动情况

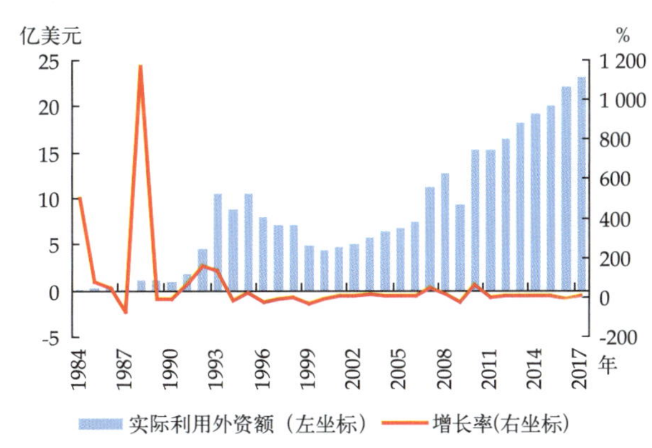

数据来源：海南省统计局。

图10　1984~2017年海南省实际利用外资额及其增长率

（二）重点产业发展提质增速，经济结构不断优化

2017年，海南省产业结构不断优化，三次产业增加值占比为22.0：22.3：55.7。新兴服务业发展迅速，促进产业转型升级，服务业占全省地区生产总值比重比上年提高0.4个百分点，对整体经济增长的贡献率达75.2%，比上年提高3.8个百分点。

1. 农业生产运行平稳。2017年，农林牧渔业增加值同比增长3.8%。种植业完成增加值同比增长5.8%，果用瓜和园林水果分别增长3.2%和3.9%，胡椒、槟榔产量分别增长12.7%和

8.9%，花卉收获面积增长4.4%。林业完成增加值同比增长4.0%，木材采伐量增长14.3%。随着价格逐渐回升，橡胶收获面积和产量分别增长4.5%和2.1%。畜牧业完成增长值同比增长2.9%，生猪及家禽出栏量总体保持稳定，分别增长3.4%和1.6%。渔业完成增加值同比增长0.3%，受休渔期延长及休渔范围扩大因素影响，水产品产量下降7.9%。

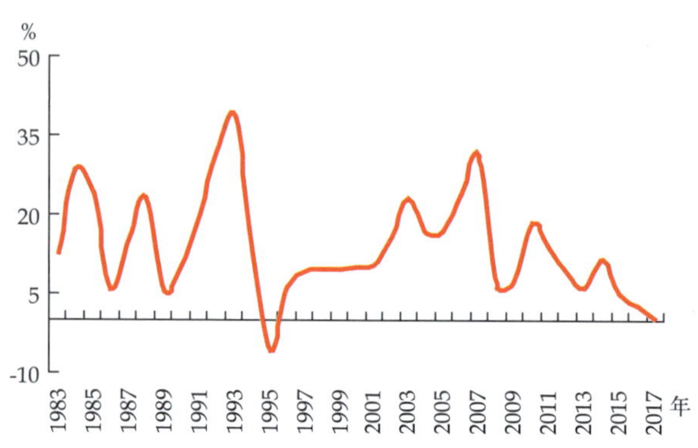

数据来源：海南省统计局。

图11　1983~2017年海南省规模以上工业增加值实际增长率

2. 工业经济增长趋缓。2017年，海南省规模以上工业增加值同比增长0.6%。其中，医药、电力行业是拉动全省规模以上工业增长的主要行业，分别拉动全省规模以上工业增长1.6个和1.3个百分点。石化、汽车行业大幅下降，分别拉低全省规模以上工业增速3.4个和0.2个百分点。由于海南炼化、东方石化、东方甲醇化肥等石化龙头企业停产检修，原油加工量减少，影响下游石化企业生产，以及化学行业PPI高位走势等因素影响，石油加工业增加值下降9.8%，化学行业增加值下降7.4%。

3. 服务业增长较快。2017年，全省服务业增加值同比增长10.2%。房地产业快速增长，完成增加值同比增长20.1%，对经济增长贡献率为22.0%；金融业完成增加值同比增长11.2%，对经济增长贡献率为9.1%。规模以上其他营利性服务业营业收入增长16.8%。12个行业大类中，8个行业增速保持在两位数快车道，其中互联网和相关服务业、机动车、电子产品和日用产品修理业、软件和信息技术服务业增速位居前三，分别为93.2%、54.0%和30.5%。旅游市场发展态势良好，全年接待游客总人数6 745万人次，旅游总收入812.0亿元，同比分别增长12.0%和20.8%；接待入境游客人数达112万人次，同比增长49.5%。

4. 供给侧结构性改革不断深化显效。一是12个重点产业[①]逐步壮大成形。海南省政府力推的12个重点产业持续较快发展，全年增加值增长10.1%。海南省被国家旅游局确定为全国首个“全域旅游”创建省份，全省上下“点、线、面”结合，全面推进全域旅游创建。三亚市和博鳌乐城国际医疗旅游先行区同时进入国家首批13个健康旅游基地行列。全省热带特色高效农业加速发展。新增省级现代农业产业园20家，实现国家现代农业产业园零的突破。二是“三去一降一补”稳步推进。去产能工作不断深入。纳入处置的37户省属“僵尸企业”加快清理步伐。去杠杆有效实施。规模以上工业企业资产负债率54.5%，下降1.8个百分点。降成本不断加力。落实各项“清费降负”政策，清理取消部分收费项目，出台《海南省降低实体经济企业成本工作实施细则》，规模以上工业企业每百元主营业务收入中的成本下降0.2%，行政事业性收费收入下降10.6%。补短板扎实推进。“五网”[②]基础设施不断完善。琼海博鳌机场二期扩建工程、海口港马村港区三期散货码头竣工，海口港新海港区汽车客货滚装码头二期、三亚凤凰机场三期改扩建进入收尾阶段，三条高速

① 根据《海南省国民经济和社会发展第十三个五年规划纲要》，12个重点产业指旅游产业，热带特色高效农业，互联网产业，医疗健康产业，现代金融服务业，会展业，现代物流业，油气产业，医药产业，低碳制造业，房地产业，高新技术、教育、文化体育产业。

② “五网”指路网、光网、电网、气网、水网。

公路加快建设，立体交通网络加快构建。全省旅游重点公共场所 WiFi 网络覆盖率达 95.3%。“一市（县）两校一园一院”建设工作不断推进，“好医生、好院长”“好老师、好校长”引进工作持续发力。

（三）物价水平总体趋稳，居民收入平稳增长

2017 年，海南省居民消费价格温和上涨，生产类价格涨幅较大，居民收入稳步增长。

1. 居民消费价格温和上涨。2017 年，全省居民消费价格累计上涨 2.8%，涨幅与上年持平，高于全国平均水平 1.0 个百分点。从 CPI 构成的八大类指数来看，医疗保健类价格涨幅较大，累计上涨 11.1%，其次是居住价格上涨 6.0%，教育文化和娱乐价格上涨 4.4%，交通和通信价格上涨 2.0%，衣着价格下降 1.2%。

2. 工业生产类价格涨幅较大。2017 年，工业生产者购进价格上涨 12.4%，工业生产者出厂价格上涨 8.8%，农业生产资料价格下降 0.1%，农产品生产者价格上涨 1.9%。

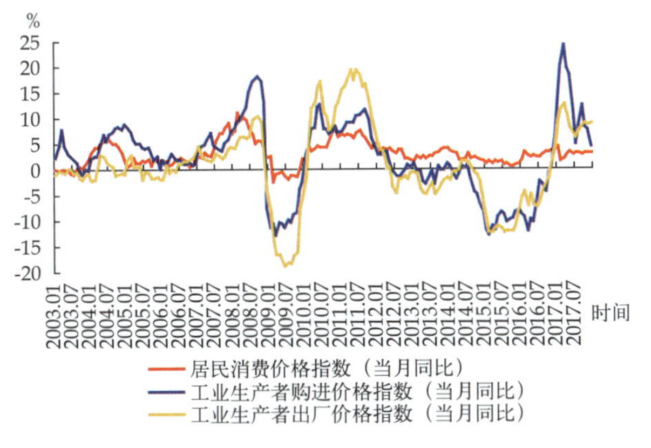

数据来源：海南省统计局。

图 12　2003~2017 年海南省居民消费价格指数和工业生产者价格指数变动趋势

3. 居民收入稳定增长。2017 年，海南省居民人均可支配收入 2.3 万元，同比名义增长 9.2%，扣除价格因素实际增长 6.2%。其中，农村居民人均可支配收入 1.3 万元，同比名义增长 8.9%，扣除价格因素实际增长 6.9%，增速较上年加快 0.5 个百分点。

（四）财政收入增速提升，惠民生力度加大

2017 年，全省地方公共财政收入同比增长 11.5%，高于上年 2.7 个百分点。其中，税收收入同比增长 15.9%，高于上年 8 个百分点。全省地方公共财政支出同比增长 4.3%。2017 年，海南省财政支持民生力度继续加大，全年民生支出增长 5.2%，占全省地方公共财政支出的 76.8%，高于上年 0.8 个百分点。

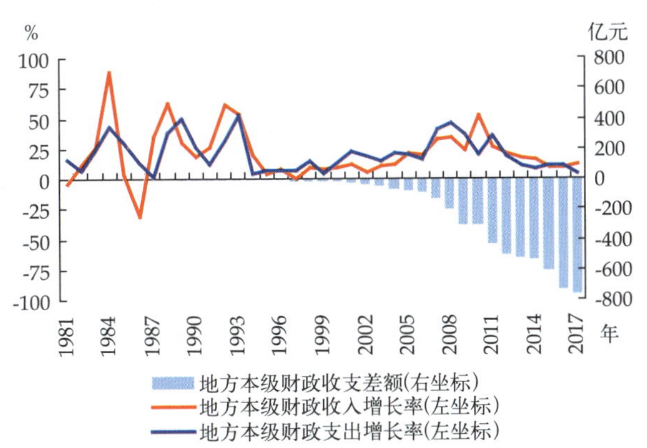

数据来源：海南省统计局。

图 13　1981~2017 年海南省财政收支状况

（五）房地产市场交易活跃，住房金融服务水平提升

1. 房地产市场销售增速冲高回落，商品住宅库存明显下降。2017 年，海南省房地产市场交易活跃，房屋销售增长总体呈冲高回落态势，商品住宅库存面积下降明显。2017 年，全省房屋销售面积 2 292.6 万平方米，同比增长 52.0%，增速比第一季度回落 51.8 个百分点；房屋销售额 2 713.7 亿元，同比增长 82.1%，增速比第一季度回落 50.1 个百分点；全省商品住宅可售面积 1 821.0 万平方米，同比下降 30.5%。

2. 房地产开发投资较快增长，投资结构稳步优化。2017 年，受省内房地产市场销售

情况良好的影响，全省房地产开发投资增速提升。2017 年，全省房地产开发投资同比增长 14.9%，增速比上年高 10.0 个百分点；投资占比 49.8%，同比下降 1.0 个百分点。全省房地产投资结构不断优化，经营性房地产投资比重进一步提高。2017 年，商业营业用房投资占比比上年提高 2.3 个百分点。

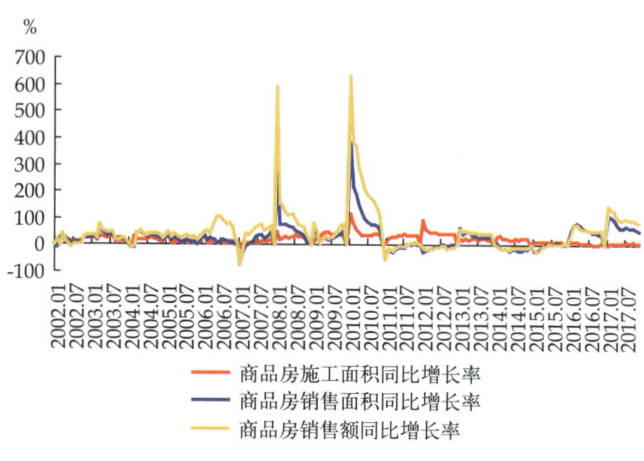

数据来源：海南省统计局。

图 14　2002~2017 年海南省商品房施工和销售变动趋势

3. 保障性安居工程项目贷款和个人住房贷款高速增长，房地产贷款不良率处于低位。 2017 年，国家开发银行海南省分行和中国农业发展银行海南省分行充分运用抵押补充贷款资金，加大对全省城镇棚户区改造项目的信贷投放力度，全年保障性安居工程项目贷款同比增长 64.1%，高于全省贷款增速 54.1 个百分点。在省内外购房需求增加的推动下，全省个人住房贷款快速增长，2017 年末，个人住房贷款余额同比增长 61.8%，比上年同期高 3.8 个百分点。房地产不良贷款率处于低位，2017 年末，全省房地产贷款不良率 0.4%，比年初下降 0.4 个百分点。

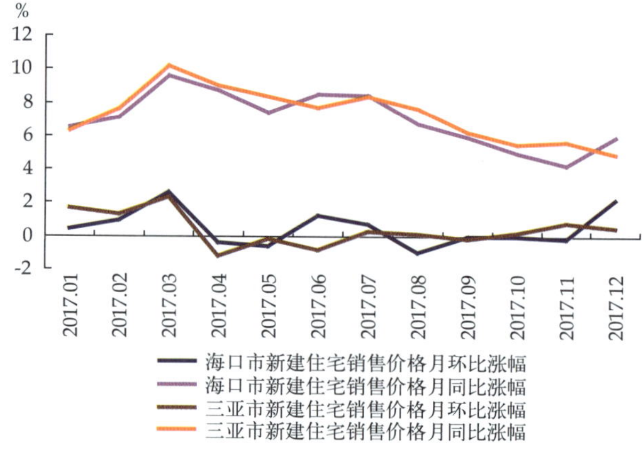

数据来源：海南省统计局。

图 15　2017 年海南省主要城市新建住宅销售价格变动趋势

专栏 2　巩固农村金融综合改革成果　支持热带高效农业发展

2014 年 7 月，海南省政府颁布《海南省农村金融综合改革试点方案》，选定文昌市和澄迈县开展农村金融综合改革试点。2017 年是海南省农村金融综合改革试点成果巩固之年，海南省各试点市县按照“市场运作、政府扶持、多方协作、持续发展”原则，进一步深化改革和创新，积极支持海南热带高效农业发展，提升农村金融服务水平。

一、构建政策支持体系

试点市县人民银行分支机构通过加强窗口指导、印发信贷指导意见、发放支农再贷款等措施，引导信贷支持“三农”发展。试点市县政府部门通过为建档立卡贫困户贷款设立担保基金、为农村“两权”抵押贷款到期发生风险损失设立专项基金、为就业小额贷款设立担保基金，鼓励金融机构发放涉农贷款。

二、健全金融组织体系

支持金融机构下沉网点，扩大农村金融服务覆盖面。其中，2017 年文昌市新设村镇银行支行2家、小微支行1家、保险分支机构3家、担保公司1家、证券机构1家及小贷公司1家，服务网点覆盖全市所有乡镇。试点市县还积极引入新的机构投资者、鼓励社会资本入股市县信用社，将农信社改制为农村商业银行。

三、创新金融服务方式

一是创新信贷服务方式，打造产业链信贷。试点市县金融机构利用“农户＋协会”“担保公司＋农户”模式，支持种养、运输专业户；创建“公司＋基地＋农户”“合作社＋农户”贷款模式，支持椰子加工、文昌鸡养殖等特色产业；提供“公司＋农户”“合作组织＋农户”“专业大户＋农户”等信贷品种，为借款人提供个性化的信贷产品。二是创新农村产权抵押融资方式，解决融资难题。试点市县大胆创新“两权”产品，先后推出了“两权”单独抵押、农村承包土地经营权与地上附属设施组合担保、农村“两权”反担保等模式，打造“两权”抵押贷款绿色通道。三是创新特色信贷模式，支持小微企业发展。试点市县鼓励银行机构与市财政、市商会及保险机构合作，共同探索“助保贷”“商助贷”“政银保”等多样化特色信贷模式，支持小微企业发展。

四、完善金融基础设施建设

一是改善农村支付环境。试点市县推广“银商伙伴”电子商务支付平台，为小微企业支付服务；推行“一卡通”，为农民涉农补贴、纳税、公共服务等缴费；推广手机“微信银行”个人电话银行、“EPOS村村通”工程。二是构建农村信用体系。截至2017年末，文昌市已为11万多户农户建立了信用信息电子档案，金融机构依据系统评分发放农户信用贷款110笔，金额892万元，创建“信用示范村”6个、“信用户”3 500多户。澄迈县开展“信用户、信用村、信用乡（镇）”创建活动，信用好的农户可以得到贷款优先、利率优惠、额度放宽、手续简化等正向激励。三是完善农村金融公共服务体系。试点市县依托助农取款服务点、便民服务点、村邮站、村委会文化室等基础设施，为村民提供小额现金取款、银行转账等基本金融服务，开展“金融消费者权益日”“金融知识普及月”、征信业务等宣传活动，提高金融消费者金融素养、风险识别及自我保护的意识和能力，2017年末已建设289个农村金融服务站。

五、建立风险分担机制

一是扩大农业保险覆盖面。文昌市2014年正式实施10项农业保险险种及农房保险试点，有效分散“三农”信贷风险。澄迈县2016年率先在全省开展新型农业保险试点，截至2017年末，已参保瓜菜达1.5万亩，由政府出资的“以奖代补”资金500万元价格保险补贴资金已全部投入保费中，提供保险保障5 498万元。二是推进信贷保险产品创新。试点市县寿险公司和农行、农商行等银行机构共同探索“农户＋小额贷款＋保险”综合保障服务模式，鼓励农户和流转土地经营主体投保人身意外伤害险，并引入担保公司为借款人提供担保，适度分散贷款风险。

三、预测与展望

2018年是海南建省办特区30周年，海南省经济既面临难得机遇，也面临不少挑战。海南省将进一步用足用好用活中央赋予海南的一系列优惠政策，加大体制机制创新力度，继续深化“多规合一”改革试点，“大胆试、大胆闯、自主改”推进服务贸易创新发展试点、加快推进12个重点产业、“五网”基础设施、“海澄文”和“大三亚”建设，不断改善海南省投资环境，释放更多的发展改革红利和动力，吸引越来越多的战略投资者。总体来看，海南省经济发展空间依然较大。中国人民银行海口中心支行将继续贯彻落实好稳健中性的货币政策，并综合运用宏观审慎评估、信贷政策导向评估等多项政策工具，引导金融机构合理把握信贷投放节奏，积极防范化解各类金融风险，努力提升服务实体经济水平，助力海南省经济社会平稳健康较快发展。

中国人民银行海口中心支行货币政策分析小组

总　纂：曹协和　张华强

统　稿：王江波　石海峰　陈修灿

执　笔：郑其敏　陈太玉　王　宇　符瑞武　陈琼蓉　吴宗书　苗启虎　罗　琎　林明恒　刘春梅　徐文德　郭　雁　林　昕　邓　昕

提供材料的还有：潘　琪　王　培　黄邱婧　冯沙沙

附录

（一）2017 年海南省经济金融大事记

1 月 1 日，海南世界休闲旅游博览会在海口举办。

1 月 12 日，“2017 年海南国际旅游贸易博览会”在三亚举办。

1 月 17 日，“2017 产业转型与金融创新（海南）高峰论坛”在三亚举办。

2 月 15 日，2017 年全省金融工作会议在海口市召开，全面贯彻落实中央经济工作会议精神。

3 月 23 日，海南省成立国内首个金融小镇——三亚亚太金融小镇。

4 月 20 日，首届海南省商业信用建设大会在海口召开。

11 月 9 日，海马财务有限公司成功发行首单“个人汽车抵押贷款”资产证券化产品，发行规模 15.3 亿元人民币，这是海南省信贷资产证券化的重大突破，填补了全省资产证券化产品市场的空白。

12 月 2 日，海南省政府在香港举办 2017 年海南（香港）综合招商推介会。

12 月 15 日，以“智能物联 引创海南”为主题的 2017 年海南“互联网 +”创新创业节开幕式暨中国物联网创新应用大会在海口市召开。

12 月 19 日，以“绿色、创新、发展”为主题的 2017 海上丝绸之路（海南）金融高峰论坛在海口举办。

（二）2017 年海南省主要经济金融指标

表 1 2017 年海南省主要存贷款指标

		1月	2月	3月	4月	5月	6月	7月	8月	9月	10月	11月	12月
本外币	金融机构各项存款余额（亿元）	9 199.6	9 621.3	9 862.0	9 955.2	9 883.7	10 130.4	9 887.0	9 927.4	9 741.1	9 762.2	9 945.6	10 095.9
	其中：住户存款	3 546.6	3 592.1	3 705.5	3 684.0	3 704.0	3 727.6	3 704.2	3 692.3	3 733.7	3 704.2	3 734.9	3 815.8
	非金融企业存款	3 164.6	3 450.7	3 670.9	3 627.9	3 564.5	3 664.9	3 599.5	3 558.6	3 496.9	3 483.3	3 632.0	3 710.2
	各项存款余额比上月增加（亿元）	79.4	421.7	240.6	93.2	-71.5	246.7	-243.4	40.4	-186.4	21.1	183.4	150.3
	金融机构各项存款同比增长（%）	17.9	22.9	20.6	20.4	18.6	20.4	19.6	16.3	12.9	12.2	12.3	10.7
	金融机构各项贷款余额（亿元）	7 756.3	7 842.6	7 955.3	7 939.0	7 965.7	8 029.9	8 084.2	8 024.7	8 182.9	8 253.1	8 346.0	8 459.3
	其中：短期	1 172.1	1 159.7	1 232.4	1 257.4	1 278.7	1 358.6	1 360.2	1 381.8	1 445.2	1 477.6	1 470.7	1 467.6
	中长期	6 277.4	6 336.7	6 462.0	6 440.8	6 456.7	6 445.8	6 495.2	6 420.3	6 535.1	6 568.5	6 686.7	6 867.4
	票据融资	305.4	345.8	260.5	240.3	229.9	224.4	226.8	221.0	201.7	198.1	187.5	123.3
	各项贷款余额比上月增加（亿元）	68.6	86.4	112.7	-16.4	26.7	64.3	54.3	-59.6	158.2	70.2	92.9	113.3
	其中：短期	6.1	-12.4	72.6	25.1	21.3	79.9	1.6	21.6	63.4	32.4	-7.0	-3.1
	中长期	67.1	59.3	125.3	-21.2	15.9	-10.8	49.3	-74.8	114.8	33.4	118.2	180.7
	票据融资	-5.5	40.4	-85.2	-20.2	-10.4	-5.6	2.5	-5.9	-19.3	-3.6	-10.6	-64.3
	金融机构各项贷款同比增长（%）	12.5	13.9	12.3	12.5	14.2	13.2	11.9	9.4	11.9	10.4	12.9	10.0
	其中：短期	10.9	12.9	15.6	20.0	24.4	33.6	32.1	31.2	42.7	44.2	37.2	25.9
	中长期	14.1	13.8	13.3	12.7	13.9	11.2	10.3	8.2	9.6	9.1	12.9	10.6
	票据融资	-9.5	20.6	-16.1	-18.3	-17.4	-20.2	-25.4	-36.0	-40.0	-54.2	-53.0	-60.4
	建筑业贷款余额（亿元）	138.9	138.0	143.9	130.8	143.2	137.8	149.7	151.4	151.0	125.6	132.4	130.0
	房地产业贷款余额（亿元）	1 102.7	1 102.0	1 126.3	1 057.6	1 036.9	1 045.5	1 033.5	1 040.1	1 048.6	1 100.9	1 160.3	1 170.1
	建筑业贷款同比增长（%）	-3.3	-3.5	10.4	10.4	25.0	21.9	21.2	23.3	22.3	2.0	7.3	-4.1
	房地产业贷款同比增长（%）	12.9	10.5	11.0	6.4	6.7	9.0	6.9	7.2	7.0	9.9	16.3	7.3
人民币	金融机构各项存款余额（亿元）	9 110.8	9 548.3	9 786.2	9 874.6	9 791.0	10 032.5	9 776.4	9 860.2	9 663.1	9 693.8	9 862.5	10 016.6
	其中：住户存款	3 517.7	3 563.6	3 677.4	3 656.4	3 676.5	3 700.6	3 677.4	3 666.6	3 707.9	3 678.4	3 709.4	3 790.1
	非金融企业存款	3 115.3	3 417.3	3 634.9	3 586.1	3 507.9	3 600.7	3 522.1	3 521.2	3 450.2	3 446.5	3 578.4	3 660.5
	各项存款余额比上月增加（亿元）	112.1	437.6	237.9	88.4	-83.7	241.6	-256.2	83.8	-197.1	30.8	168.7	154.1
	其中：住户存款	128.9	45.9	113.8	-21.0	20.1	24.1	-23.2	-10.8	41.4	-29.5	31.0	80.7
	非金融企业存款	-14.8	302.0	217.6	-48.8	-78.2	92.8	-78.6	-0.9	-71.0	-3.7	131.9	82.1
	各项存款同比增长（%）	18.9	23.5	21.0	20.8	17.4	20.6	20.0	16.6	13.1	12.6	12.4	11.3
	其中：住户存款	16.6	14.2	16.3	16.4	16.9	15.6	15.4	14.2	12.9	11.9	11.9	11.9
	非金融企业存款	30.3	47.2	44.3	44.1	40.7	38.7	41.0	27.8	27.3	24.6	25.8	16.9
	金融机构各项贷款余额（亿元）	6 717.4	6 822.9	6 919.4	6 916.9	6 978.8	7 058.9	7 111.5	7 021.5	7 129.0	7 197.8	7 296.0	7 376.6
	其中：个人消费贷款	1 018.8	1 056.5	1 113.1	1 180.2	1 240.4	1 299.4	1 355.8	1 402.8	1 446.4	1 483.5	1 509.0	1 541.8
	票据融资	305.4	345.8	260.5	240.3	229.9	224.4	226.8	221.0	201.7	198.1	187.5	123.3
	各项贷款余额比上月增加（亿元）	61.0	105.5	96.5	-2.5	61.9	80.1	52.6	-90.0	107.5	68.8	98.2	80.5
	其中：个人消费贷款	32.8	37.6	56.7	67.0	60.2	59.0	56.4	47.0	43.6	37.1	25.5	32.8
	票据融资	19.4	40.4	27.5	-20.2	-10.4	-5.6	2.5	-5.9	-19.3	-3.6	-10.6	-64.3
	金融机构各项贷款同比增长（%）	13.1	14.6	12.1	12.4	14.9	13.7	12.3	9.1	10.4	8.7	12.4	12.1
	其中：个人消费贷款	50.1	53.3	55.1	58.2	59.4	59.3	60.4	60.7	61.2	61.9	60.0	56.4
	票据融资	-9.5	20.6	-16.1	-18.3	-17.4	-20.2	-25.4	-36.0	-40.0	-54.2	-53.0	-60.4
外币	金融机构外币存款余额（亿美元）	13.0	10.6	11.0	11.7	13.5	14.5	16.5	10.2	11.7	10.4	12.7	12.2
	金融机构外币存款同比增长（%）	-39.7	-29.1	-25.2	-19.1	-8.6	-4.2	-7.8	-15.8	-5.3	-19.6	1.1	-30.3
	金融机构外币贷款余额（亿美元）	151.5	148.3	150.1	148.3	143.8	143.3	144.6	152.0	158.8	158.9	159.0	165.7
	金融机构外币贷款同比增长（%）	3.7	4.0	6.1	5.8	5.0	7.4	8.2	13.4	24.0	25.2	21.2	3.7

数据来源：中国人民银行海口中心支行。

表 2　2001~2017 年海南省各类价格指数

单位：%

		居民消费价格指数		农业生产资料价格指数		工业生产者购进价格指数		工业生产者出厂价格指数	
		当月同比	累计同比	当月同比	累计同比	当月同比	累计同比	当月同比	累计同比
2001		—	-1.5	—	-0.5	—	—	—	—
2002		—	-0.5	—	1.7	—	5.0	—	0.4
2003		—	0.1	—	4.8	—	2.2	—	-0.5
2004		—	4.4	—	11.3	—	5.9	—	0.0
2005		—	1.5	—	8.9	—	4.2	—	-0.5
2006		—	1.5	—	0.7	—	1.5	—	0.8
2007		—	5.0	—	7.1	—	5.0	—	2.7
2008		—	6.9	—	14.8	—	11.6	—	4.5
2009		—	-0.7	—	-6.0	—	-14.7	—	-9.4
2010		—	4.8	—	7.3	—	10.3	—	7.7
2011		—	6.1	—	15.6	—	15.3	—	8.8
2012		—	3.2	—	4.3	—	-0.4	—	0.8
2013		—	2.8	—	1.0	—	-3.0	—	-0.5
2014		—	2.4	—	5.3	—	-1.0	—	-2.4
2015		—	1.0	—	1.6	—	-11.5	—	-10.2
2016		—	2.8	—	0.1	—	-5.2	—	-4.0
2017		—	2.8	—	-0.1	—	12.4	—	8.8
2016	1	1.8	1.8	-1.2	-1.2	-8.9	-8.9	-5.6	-5.6
	2	3.2	2.5	-0.9	-1.1	-9.5	-9.2	-4.5	-5.1
	3	2.5	2.5	-1.3	-1.1	-12.2	-10.2	-7.2	-5.8
	4	2.3	2.5	-0.9	-1.1	-10.1	-10.2	-5.1	-5.6
	5	2.5	2.5	1.1	-0.7	-10.4	-10.2	-7.1	-5.9
	6	2.3	2.4	1.1	-0.4	-6.1	-9.5	-7.4	-6.2
	7	2.3	2.4	1.3	-0.1	-2.4	-8.5	-6.5	-6.2
	8	2.7	2.5	0.8	0.0	-3.1	-7.8	-4.4	-6.0
	9	3.2	2.6	0.2	0.0	-4.5	-7.5	-3.1	-5.7
	10	3.2	2.6	-0.2	0.0	-1.1	-6.9	-1.8	-5.3
	11	3.6	2.7	0.2	0.0	0.6	-6.2	0.9	-4.7
	12	3.8	2.8	1.7	0.1	6.2	-5.2	4.2	-4.0
2017	1	4.2	4.2	1.8	1.8	13.6	13.6	8.9	8.9
	2	1.6	2.9	1.5	1.7	20.0	16.8	11.6	10.2
	3	2.1	2.6	0.9	1.4	23.9	19.1	12.5	11.0
	4	2.8	2.7	0.1	1.1	19.5	19.2	10.6	10.9
	5	3.3	2.8	-1.2	0.6	18.2	19.0	8.1	10.3
	6	2.8	2.8	-1.6	0.3	11.3	17.7	6.8	9.7
	7	2.9	2.8	-1.2	0.0	4.7	15.7	6.1	9.2
	8	2.9	2.8	-0.5	0.0	8.2	14.7	7.3	9.0
	9	2.7	2.8	-0.2	0.0	12.3	14.4	8.2	8.9
	10	3.1	2.8	0.3	0.0	8.1	13.8	8.7	8.9
	11	2.9	2.8	0.2	0.0	7.4	13.2	8.5	8.8
	12	2.9	2.8	-0.8	-0.1	4.2	12.4	8.7	8.8

数据来源：国家统计局、海南省统计局。

表 3　2017 年海南省主要经济指标

	1月	2月	3月	4月	5月	6月	7月	8月	9月	10月	11月	12月
	绝对值（自年初累计）											
地区生产总值（亿元）	—	—	1 056.4	—	—	2 198.2	—	—	3 213.7	—	—	4 462.5
第一产业	—	—	230.7	—	—	492.6	—	—	692.7	—	—	979.3
第二产业	—		191.0	—	—	458.0	—	—	714.3	—	—	997.1
第三产业	—	—	634.7	—	—	1 247.7	—	—	1 806.6	—	—	2 486.1
工业增加值（亿元）	—	84.4	109.4	145.1	179.7	223.9	261.0	298.2	340.9	384.6	428.1	487.1
固定资产投资（亿元）	—	402.6	697.1	1 003.6	1 346.5	1 785.4	2 110.3	2 451.0	2 799.1	3 172.3	3 561.0	4 125.4
房地产开发投资	—	202.7	355.2	487.7	659.2	893.2	1 052.2	1 252.0	1 414.6	1 568.5	1 748.7	2 053.1
社会消费品零售总额（亿元）	122.2	281.6	401.1	529.2	664.6	786.8	912.4	1 041.4	1 172.4	1 319.5	1 466.1	1 618.8
外贸进出口总额（亿元）	67.7	103.0	166.2	223.3	284.0	332.8	392.6	459.3	521.2	566.8	652.2	702.4
进口	37.3	55.7	89.8	123.1	163.8	191.9	225.6	273.1	306.6	331.5	374.6	406.7
出口	30.4	47.3	76.4	100.2	120.1	140.9	167.0	186.2	214.7	235.4	277.6	295.7
进出口差额（出口 – 进口）	-7.0	-8.4	-13.5	-23.0	-43.7	-51.0	-58.6	-86.9	-91.9	-96.1	-97.1	-111.0
实际利用外资（亿美元）	—	3.8	5.9	6.8	7.9	10.1	11.8	15.0	16.3	17.9	20.6	23.1
地方财政收支差额（亿元）	-33.4	-71.9	-140.1	-182.8	-252.3	-334.2	-402.8	-487.8	-574.7	-621.1	-703.3	-770.4
地方财政收入	71.1	116.9	177.6	255.3	322.0	382.1	443.2	484.3	525.4	584.3	622.7	674.1
地方财政支出	104.5	188.8	317.7	438.1	574.3	716.3	846.0	972.1	1 100.1	1 205.4	1 326.0	1 444.5
城镇登记失业率（%）（季度）	—	—	2.4	—	—	2.4	—	—	2.4	—	—	2.3
	同比累计增长率（%）											
地区生产总值	—	—	8.9	—	—	7.5	—	—	7.5	—	—	7.0
第一产业	—	—	3.9	—	—	3.6	—	—	3.4	—	—	3.6
第二产业	—	—	6.1	—	—	4.6	—	—	4.8	—	—	2.7
第三产业	—	—	11.7	—	—	10.2	—	—	10.2	—	—	10.2
工业增加值	—	7.9	7.5	6.0	5.0	4.7	4.2	4.7	4.6	4.3	2.5	0.5
固定资产投资	—	10.6	12.2	13.7	12.2	12.8	12.7	12.6	11.6	12.9	9.1	10.1
房地产开发投资	—	14.0	13.3	10.4	7.8	10.3	9.7	14.1	11.5	11.0	10.5	14.9
社会消费品零售总额	11.7	10.2	10.5	10.7	11.1	11.5	11.4	11.4	11.5	11.5	11.6	11.4
外贸进出口总额	1.3	-20.8	-5.8	-2.6	3.9	-4.6	-3.2	-3.8	-7.3	-5.0	-0.7	-6.3
进口	-32.8	-50.4	-38.4	-33.3	-25.1	-32.7	-32.0	-30.7	-34.2	-32.4	-30.6	-33.2
出口	169.8	166.5	150.3	123.7	119.4	121.1	126.6	123.3	122.5	122.1	137.3	110.4
实际利用外资	—	9.0	7.0	7.0	2.9	4.8	5.0	5.0	4.0	5.0	5.0	4.1
地方财政收入	71.1	11.8	15.2	21.3	20.8	19.2	20.1	18.0	18.0	14.7	12.5	11.5
地方财政支出	14.6	4.7	5.7	12.4	15.2	11.9	14.6	16.2	13.3	14.5	8.5	4.3

注：地方财政收入指地方财政一般预算收入，地方财政支出指地方财政一般预算支出。

数据来源：《中国经济景气月报》、海南省统计局。

重庆市金融运行报告（2018）

中国人民银行重庆营业管理部货币政策分析小组

[内容摘要] 2017 年，重庆市金融业认真贯彻落实党的十九大和全国金融工作会议精神，不断提升服务实体经济的效率和水平，为全市经济社会发展营造了适宜的货币金融环境。全年全市社会融资规模增量为 3719.5 亿元，同比增长 9.1%。融资链条长、成本相对较高的表外融资占比下降至不足 1%，直接投向实体经济的贷款占比接近八成，且结构不断优化。高技术制造业中长期贷款同比增长 29.1%，绿色信贷增速高于全市贷款增速平均水平，精准扶贫贷款余额同比增长近三成，涉农贷款增速有所提高。中国人民银行重庆营业管理部牵头推进实施“金融服务实体经济（中小微企业）转型升级专项行动”，创新支小再贷款精准发放方式、撬动信贷资源投入，带动小微企业贷款增速超 20%。在企业融资渠道和投资者风险偏好变化、市场利率中枢上移等影响下，债券融资增长阶段性放缓，但多类创新融资产品落地，年内全国首只扶贫超短期融资券、全市首只熊猫债和首只绿色标准企业债成功发行。实体经济融资成本总体适度。受主要经济体加息政策溢出效应、国内金融市场资金供求变化和通胀预期升温等影响，全市贷款名义利率小幅上升，但若剔除通胀因素的影响，实际利率同比有所降低。

银行业、证券业、保险业坚持回归本源，发展稳中有进。银行机构主动调整业务，降低内部杠杆，理财产品余额增速和股权及其他投资增速比上年同期大幅下降，业务扩张步伐更为稳健，但在成本压力上升、拨备计提增多等因素的叠加影响下，盈利水平有所降低。主要法人银行业务资质不断丰富，获批储蓄国债承销、尝试做市商和基础类衍生品交易等业务资格。证券市场平稳运行支撑市场参与主体发展向好。沪深股市、新三板和区域 OTC 市场上市、挂牌和展示企业数量持续增长。6 家企业成功在沪深股市首次公开募股，为近五年来最多。法人证券公司全牌照经营格局进一步深化。保险市场组织体系进一步完善，三峡人寿获批开业，全市保险总公司数量增至 5 家，数量居西部第一。全国性保险资产交易平台中保保险资产登记交易系统公司落户重庆。保险保障能力有效提升，巨灾保险、高危行业强制安全生产责任险、“精准脱贫保”、“精准脱困保”等新险种推出。在“保险姓保”发展理念指导下，保险公司投资型业务大幅收缩。

金融风险防范和市场化处置力度进一步加大。全年处置不良贷款金额同比增长 22.5%，其中核销金额增长 45.5%。完成市场化法治化债转股约 300 亿元。地方资产管理公司聚焦国有企业重组整合，化解问题资产近百亿元。互联网金融风险专项整治初见成效，非银行支付、股权众筹、互联网保险和资管整治基本完成，P2P 网络借贷余额逐月下降。担保、小贷公司等新型金融机构非现场监管和现场检查加强。高杠杆大型企业风险监测预警机制建立。

金融改革创新稳步推进。银行业经营体制创新加快，深度参与科技金融、绿色金融等服务创新。保险业改革转型深入推进，保险保障功能进一步发挥。中新（重庆）战略性互联互通示范项目、中国（重庆）自由贸易试验区创新举措落地实施。依托重庆市和上海黄金交易所战略合作框架，华西黄金公司组建成立。重庆自贸试验区内银行完成全国首批、中西部首笔跨境债权转让。对接中欧（重庆）班列等金融需求，在全国首创铁路提单信用证业务。

在金融业稳健运行的支持下，重庆市经济运行保持良好态势。全市地区生产总值同比增长 9.3%。固定资产投资增速有所放缓，投资结构持续优化，基础设施投资突出民生和效率导向，高技术制造业投资较快增长，房地产投资恢复性增长。消费市场运行平稳，全年社会消费品零售总额同比增长11%，住房相关消费、电子商务消费增长较快。外需形势企稳向好，笔记本电脑等加工贸易同比增长25%，汽摩、铜等一般贸易增速回正，带动进出口增速由负转正，对经济增长的贡献度提高。内陆开放不断扩大，中欧班列（重庆）累计开行量占全国的1/4，“渝黔桂新”南向铁海联运班列常态开行，重庆自贸区新增市场主体约1.7万户。重庆积极推进“山清水秀美丽之地”建设，PM2.5等主要环境指标持续改善，长江水源保护进一步加强。

新旧动能转换有序推进，传统支柱产业、战略性新兴产业和现代服务业多点支撑。受汽车产销增长放缓影响，全市规模以上工业增加值同比增长9.6%，增速较上年低0.7个百分点，但电子信息产业增长加快，对工业增长贡献超四成，部分弥补了汽车产业下滑的缺口。装备制造和化工行业实现技术创新和高附加值产品突破，行业发展焕发新活力。电子核心部件、机器人及智能装备、新能源汽车和新材料等战略性新兴制造业产业链条逐步完善，产业集群初具规模，对全市工业增长的贡献达37.5%，对工业发展形成新支撑。互联网、云计算、大数据等生产性新兴服务业加快培育，养老、物流、旅游、共享租车等生活性服务业快速发展，带动全市服务业增加值持续较快增长。

在经济较快发展的同时，全市物价指数温和上涨，就业形势保持良好。全市居民消费价格指数（CPI）同比上涨1%，低于上年0.8个百分点。工业生产价格延续上年下半年以来的回升趋势，涨幅由负转正。全年城镇新增就业74万人，城镇登记失业率保持稳定。城镇、农村常住居民人均可支配收入增速分别高于全国2.2个、2.1个百分点。

展望2018年，重庆市将按照中央“两点”“两地”定位①，围绕供给侧结构性改革主线，在推进实施“三大攻坚战”“八项行动计划”的过程中，提升经济社会发展的质量和效益。在投资方面，对交通建设、脱贫攻坚、乡村振兴等领域的投资将持续增长。在消费方面，随着新兴消费点持续涌现、消费结构不断升级、农村消费潜力有效释放，消费有望保持较快增长。在外贸方面，世界经济回暖态势为重庆外向型产业发展提供了有利环境，国家加快推动形成全面开放新格局也将为重庆内陆开放高地建设带来新契机。预计通胀压力总体温和。

2018年，重庆市金融业将贯彻落实稳健中性的货币政策，围绕服务实体经济、防控金融风险、深化金融改革等三项任务，不断提升服务供给侧结构性改革和经济高质量发展的效率和水平。对照“八项行动计划”②，加强对智能制造、乡村振兴、军民融合、生态保护、小微企业、精准脱贫等领域的金融服务。全力以赴配合打好“三大攻坚战”，坚决守住区域金融风险底线，完善金融扶贫长效工作体系，大力发展绿色金融服务好污染防治。深化跨境结算和投融资便利化、物流金融、金融科技等领域创新，进一步提升金融机构利率定价、企业汇率风险管理的能力和水平。

---

①“两点”即西部大开发的重要战略支点，“一带一路”和长江经济带的联结点；“两地”即加快建设内陆开放高地、山清水秀美丽之地。

②“八项行动计划”即以大数据智能化为引领的创新驱动发展战略行动计划、乡村振兴战略行动计划、基础设施建设提升行动计划、军民融合发展战略行动计划、科教兴市和人才强市行动计划、内陆开放高地建设行动计划、以需求为导向的保障和改善民生行动计划、生态优先绿色发展行动计划。

一、金融运行情况

（一）银行业运行平稳，服务实体经济效能提高

2017 年，重庆银行业认真落实稳健中性的货币政策，信贷总量适度增长，对实体经济的支持力度和精准度提高，创新驱动、绿色发展、精准脱贫等领域金融服务创新取得进展。

1. 规模扩张更趋稳健，机构数量持续增加。2017 年，重庆市银行业资产总额同比增长 8.8%。银行机构主动降低内部杠杆，股权及其他投资增长放缓，6 家股份制商业银行资产总额同比下降。受资金成本上升、盈收渠道收窄、拨备计提增多等影响，银行业利润同比少增。法人机构资本充足率总体稳健，流动性比率、杠杆率均处于适度范围。全年新增2家村镇银行，鈊渝金融租赁公司、渤海银行重庆分行、中信银行总行国际业务运营中心等开业运营。

表 1　2017 年重庆市银行业金融机构情况

机构类别	营业网点			法人机构（个）
	机构个数（个）	从业人数（人）	资产总额（亿元）	
一、大型商业银行	1 362	27 167	13 475	0
二、国家开发银行和政策性银行	39	1 215	5 346	0
三、股份制商业银行	288	9 273	7 164	0
四、城市商业银行	271	8 022	6 669	2
五、城市信用社	0	0	0	0
六、小型农村金融机构	1 775	15 789	8 834	1
七、财务公司	4	125	230	4
八、信托公司	2	368	348	2
九、邮政储蓄银行	234	4 171	2 699	0
十、外资银行	27	646	203	0
十一、新型农村金融机构	116	2 321	315	41
十二、其他	6	2 101	1 782	6
合计	4 124	71 198	47 064	56

注：营业网点不包括国家开发银行和政策性银行、大型商业银行、股份制商业银行等金融机构总部数据；大型商业银行包括中国工商银行、中国农业银行、中国银行、中国建设银行和交通银行；小型农村金融机构包括农村商业银行、农村合作银行、农村信用社；新型农村金融机构包括村镇银行、贷款公司和农村资金互助社；“其他”包含金融租赁公司、汽车金融公司、货币经纪公司、消费金融公司等。

数据来源：重庆银监局、中国人民银行重庆营业管理部。

2. 存款增速先抑后扬，结构变化明显。2017 年末，全市本外币存款增长 8.4%，低于上年末 3.4 个百分点，但较上半年有所回升。受居民购房等支出增加、理财货币基金产品分流和集团企业总部资金归集等影响，住户和非金融企业存款增速下降。在财政收入回暖、地方债集中发行背景下，政府存款自下半年起增长加快。基金公司等存款增多，非银行业金融机构存款保持较高增速。外汇存款较快增长，主要与内保外贷业务增长较快有关。

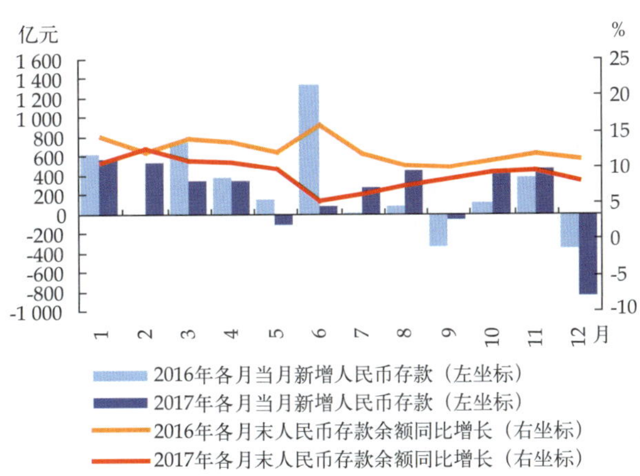

数据来源：中国人民银行重庆营业管理部。

图 1　2016~2017 年重庆市金融机构人民币存款增长变化

3. 贷款持续快速增长，服务实体经济水平提高。2017 年末，全市本外币贷款增速为 11.3%，其中人民币贷款增速为 12.5%，高于上年末 1.8 个百分点。受境内外利差变化影响，外汇贷款增速前高后低。

信贷投向有力支持实体经济发展。医药制造、电子设备制造等高技术制造业贷款增速高位运行，新能源汽车等战略性新兴产业贷款增速高于全市平均水平，创新驱动发展服务效能持续提升。绿色信贷保持快速增长，首笔碳配额抵押贷款落地。金融精准扶贫向深度贫困区县倾斜，精准扶贫贷款余额达 971 亿元，同比增长近三成，为打好精准脱贫攻坚战奠定基础。“两权”抵押贷款等改革试点稳步推进，涉农贷款余额突破 5 000 亿元，增速同比提高 1.6 个百分点。

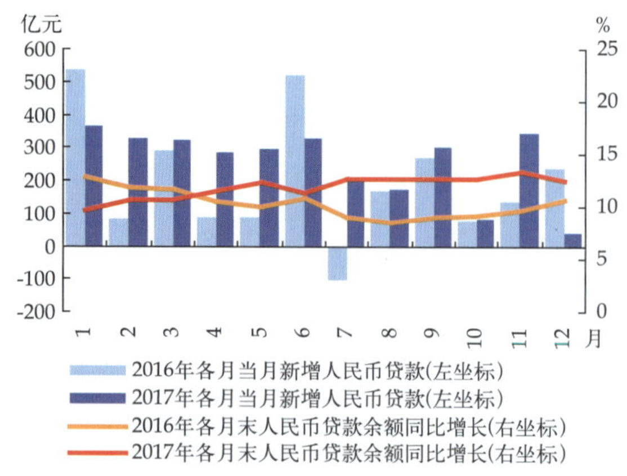

数据来源：中国人民银行重庆营业管理部。

图2　2016~2017年重庆市金融机构人民币贷款增长变化

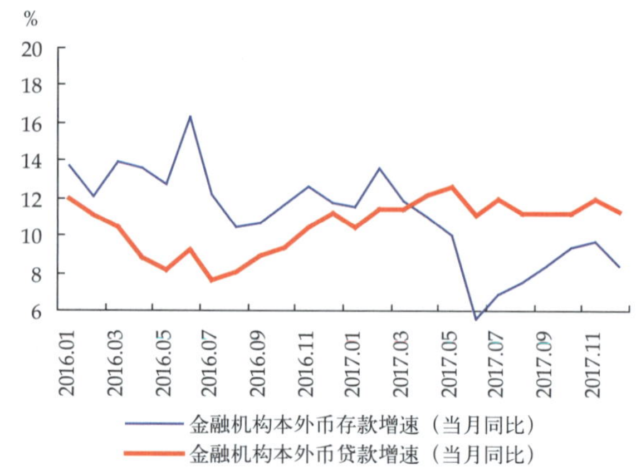

数据来源：中国人民银行重庆营业管理部。

图3　2016~2017年重庆市金融机构本外币存、贷款增速变化

专栏1　实施金融服务实体经济专项行动成效明显

2017年以来，重庆营管部深入贯彻金融服务实体经济的本质要求，以小微企业金融服务为着力点，会同十多家市级部门相继印发《金融服务实体经济（中小微企业）转型升级行动方案》《金融服务实体经济的指导意见》《重庆市小微企业融资专项行动方案（2017~2019）》等多项政策文件，组织开展金融服务中小微企业专项行动试点、应收账款质押融资试点等服务行动，取得阶段性成效。

一是瞄准“缺信息”，推动企业信息定向查询。为缓解银企信息不对称，推动有关区县政府建立辖区内税务、社保、公积金等相关职能部门的企业信息查询平台或机制，依据企业授权向金融机构提供信息定向查询服务。会同市级部门搭建银企信息对接平台，形成银企对接名录库，促成银企对接常态化。

二是瞄准“缺信用”，推动金融服务深度创新。针对小微企业抵押品少的不足，以供应链企业为核心、中征应收账款融资服务平台为支撑，支持小微企业开展应收账款质押融资。在重庆高新区打造科技金融示范区，针对科创型小微企业轻资产、评估难的问题，会同市科委等部门协同推进科技型企业综合信用融资试点。金融机构创新“连续贷”“小微快贷”和“网络循环贷”等产品。首只创投企业债务融资工具顺利推进。

三是瞄准“缺资金”，疏通小微贷款投放渠道。创新开展向市级法人银行区县支行定向投放支小再贷款实践，提升支小精准度，实现支小再贷款投放17亿元。通过金融机构内部资金转移，疏通支小再贷款资金从市级法人银行总行到支行的传导渠道，精准滴灌实体经济。基于中小企业票据投放再贴现80多亿元，推动财政设立奖补资金池，与再贴现政策协同撬动金融机构建立票据贴现“绿色窗口”80个，办理票据贴现840.7亿元。对金融机构向县域地区投放小微贷款进行财政奖补700多万元。

四是瞄准“成本高”，完善小微贷款定价机制。金融机构运用支小再贷款发放的小微企业贷款利率、办理再贴现的小微企业票据贴现利率，低于同等商业贷款（贴现）利率0.3个百分点以上。对面向小微企业发放的创业担保贷款、创业扶持贷款等政策性贷款，以及有市场、有效益、有回款但暂时遇到困难的小微企业提供贴息补助。市中小企业局、市财政局对小微企业融资担保费率在2%以下的担保机构给予财政补助。

五是瞄准“风险高”，加强风险防范机制建设。依托专项行动框架，在11个区县探索建立政银联动的风险分担机制。在此基础上组织区县建立不良贷款风险化解工作机制，协调解决金融机构不良贷款追偿困难，严厉打击恶意逃废债。市财政局建立小微企业融资风险补偿机制，对小微企业流动资金贷款本金损失和微型企业创业扶持贷款本金损失在银行、担保公司、财政之间按比例进行分担。

经过积极努力，金融服务实体经济发展态势良好。截至2017年末，全市小微企业贷款增速达20.1%，高于全市贷款平均增速8.7个百分点，助推小微企业总产值增长20%以上。

4. 理财业务稳健发展，投资业务更趋规范。在金融监管加强环境下，银行业同业、理财和资管等业务发展更为稳健。在负债端，理财产品余额增长6.2%，增速低于上年26.4个百分点。在资产端，股权及其他投资增速同比下降8.7个百分点，法人银行债券投资规模收缩。资金业务链条缩短，资金信托余额增速处于低位。

5. 贷款名义利率小幅上升，企业融资成本总体适度。受主要经济体加息政策效应溢出、通胀预期升温等影响，与全国形势一致，全市贷款名义利率小幅上升。1~12月，全市人民币一般贷款加权平均利率为5.88%，同比上升0.32个百分点，但若剔除通胀因素，实际利率同比有所降低。企业融资成本总体处于适度水平。12月，执行上浮利率的小微企业贷款占比较年初下降6.4个百分点。工业企业利息支出增速分别低于主营业务成本增速和信贷增量增速7个和6个百分点。

表2 2017年重庆市金融机构人民币贷款各利率区间占比

单位：%

月份		1月	2月	3月	4月	5月	6月
	合计	100.0	100.0	100.0	100.0	100.0	100.0
	下浮	21.3	25.4	17.3	17.9	20.0	8.4
	基准	21.7	27.1	23.5	18.7	23.1	25.8
上浮	小计	56.9	47.5	59.2	63.4	56.9	65.8
	(1.0，1.1]	13.7	12.6	18.2	17.0	14.6	14.5
	(1.1，1.3]	21.3	17.2	17.6	19.4	18.9	22.5
	(1.3，1.5]	9.1	7.2	10.3	11.8	11.4	15.2
	(1.5，2.0]	8.1	6.4	8.3	9.1	7.7	8.8
	2.0以上	4.7	4.1	4.9	6.0	4.3	4.9

续表

月份		7月	8月	9月	10月	11月	12月
	合计	100.0	100.0	100.0	100.0	100.0	100.0
	下浮	7.8	15.8	9.2	11.5	6.7	11.2
	基准	25.0	19.6	19.5	21.2	23.7	21.1
上浮	小计	67.1	64.6	71.2	67.3	69.5	67.6
	(1.0，1.1]	10.4	15.1	15.7	9.6	10.1	12.6
	(1.1，1.3]	23.3	17.0	19.4	17.2	18.7	18.2
	(1.3，1.5]	16.0	13.5	16.8	18.0	16.5	16.6
	(1.5，2.0]	9.9	9.5	11.2	11.4	14.0	11.0
	2.0以上	7.6	9.6	8.2	11.1	10.2	9.4

数据来源：中国人民银行重庆营业管理部。

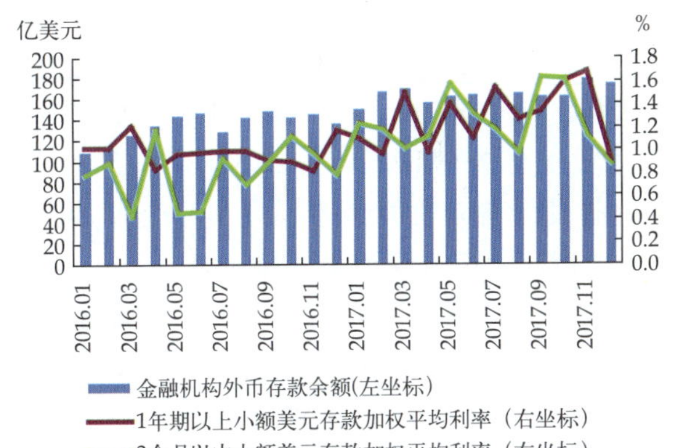

数据来源：中国人民银行重庆营业管理部。

图4 2016~2017年重庆市金融机构外币存款余额及外币存款利率

6. 银行业经营体制创新加快，业务范围有序拓展。银行机构积极支持科技金融示范区建设，参与科技型企业信用融资试点，提升科技金融服务水平；探索设立绿色金融事业部，持续推进绿色金融发展。法人银行业务资质不断丰富。重庆农商行获储蓄国债承销、尝试做市商业务资格，重庆银行获批基础类衍生品交易业务资格。

7. 资产质量保持稳定，风险市场化处置力度加大。2017 年末，全市银行业不良贷款率为 1.16%，同比小幅上升 0.02 个百分点。全年处置不良贷款金额增长 22.5%，其中核销金额增长 45.5%。完成市场化法治化债转股约 300 亿元。地方资产管理公司参与国有企业重组整合，化解问题资产近百亿元。

8. 跨境人民币业务平稳发展。2017 年，全市实现跨境人民币实际收付结算额 790.5 亿元，结算量继续居中西部前列，与“一带一路”国家货物贸易人民币结算量同比增长 51.9%。

（二）证券业稳健发展，IPO 企业数量快速增加

2017 年，重庆证券市场交易活跃度上升。市场参与主体较快增长，IPO 企业数量居近年高位。证券机构经营平稳，综合服务能力有效增强。

1. 市场交易活跃度上升，上市公司市值下降。2017 年，股票市场整体波动上行，证券交易活跃度逐步上升。全市代理证券和期货交易额同比分别增长 10.6% 和 15.8%。蓝筹股和中小企业股行情分化背景下，以中小企业为主的重庆上市公司市值较年初下降。

2. 融资总量稳步增长，IPO 企业数量居近年高位。全市境内上市公司数量达 50 家，在新三板和区域 OTC 市场挂牌及展示企业分别增加 31 家和 261 家。企业通过交易所市场融资约 2 850 亿元。其中，6 家企业在沪深股市 IPO，为近 5 年来最多，但受再融资政策影响，沪深股票市场融资额同比下降；新三板和资产支持证券融资分别增长 2.7 倍和 2 倍；区域 OTC 市场新设科创板和青年创业板，全年新增融资 59.5 亿元。

3. 证券机构平稳发展，综合经营能力提高。2017 年末，全市证券业机构达 284 家，全年新增 36 家。西南证券全牌照经营格局深化，取得军工涉密业务咨询服务资质。西南期货子公司获批设立，成为西部地区唯一一家基础业务资格（基差交易、仓单服务、合作套保、定价服务）齐备的风险管理子公司。

表 3　2017 年重庆市证券业基本情况

项目	数量
总部设在辖内的证券公司数（家）	1
总部设在辖内的基金公司数（家）	1
总部设在辖内的期货公司数（家）	4
年末国内上市公司数（家）	50
当年国内股票（A 股）筹资（亿元）	57.0
当年发行 H 股筹资（亿元）	0.0
当年国内债券筹资（亿元）	1 203.8
其中：短期融资券筹资额（亿元）	56.0
中期票据筹资额（亿元）	138.5

注：当年国内股票（A 股）筹资额指非金融企业境内股票融资。
数据来源：重庆证监局、中国人民银行重庆营业管理部。

（三）保险业发展向好，保险业务向本源回归

2017 年，在“保险姓保”发展理念指导下，全市保险业运行稳中向好，业务结构改善，对实体经济和社会民生的服务保障水平进一步提高。

1. 市场主体不断壮大，机构运行平稳有序。2017 年，全市保险总公司数量达 5 家，全年新增三峡人寿 1 家，数量居西部第一。全国性保险资产交易平台中保保险资产登记交易系统公司落户重庆。保险机构运行平稳。产险公司多数非车险种保费收入增速高于全国平均水平。寿险公司满期给付及退保总体保持平稳。法人机构综合偿付能力充足。

2. 保费收入较快增长，保险保障能力增强。2017 年，全市保费收入同比增长 18.2%。保险密度同比提高 22.5%，保险深度高于上年 0.8 个百分点。全市保险赔付支出 256.8 亿元。政策性农险品种基本覆盖所有涉农领域和区县。城乡居民大病保险和城镇职工大额医疗互助保险覆盖人群逾 3 000 万人。巨灾保险启动，高危行业

强制安全生产责任保险试点探索实施。“精准脱贫保”“精准脱困保”等综合扶贫保险产品推出。

3. 保险业改革转型持续推进，业务结构更趋优化。产险公司车险费率定价自主权扩大，非车险业务占比提高2个百分点。人身险公司分红型业务占比下降1.9个百分点。保险公司投资型业务大幅收缩。

表4　2017年重庆市保险业基本情况

项目	数量
总部设在辖内的保险公司数（家）	5
其中：财产险经营主体（家）	3
人身险经营主体（家）	2
保险公司分支机构（家）	51
其中：财产险公司分支机构（家）	26
人身险公司分支机构（家）	25
保费收入（中外资，亿元）	745
其中：财产险保费收入（中外资，亿元）	211
人身险保费收入（中外资，亿元）	534
各类赔款给付（中外资，亿元）	257
保险密度（元／人）	2 418
保险深度（%）	3.8

数据来源：重庆保监局。

（四）融资总量平稳增长，金融市场稳健运行

1. 社会融资规模平稳增长，信贷融资占主体地位。2017年，全市社会融资规模增量为3 719.5亿元，同比增长9.1%。融资链条长、成本相对较高的表外融资占比下降至不足1%，直接投向实体经济的贷款较快增长，占比近八成。在企业融资渠道和投资者风险偏好变化、市场利率中枢上移等影响下，债券融资增长阶段性放缓，但多类创新融资产品落地，服务实体经济的精准性提高。全国首只扶贫超短期融资券、全市首只熊猫债和首只绿色标准企业债成功发行。

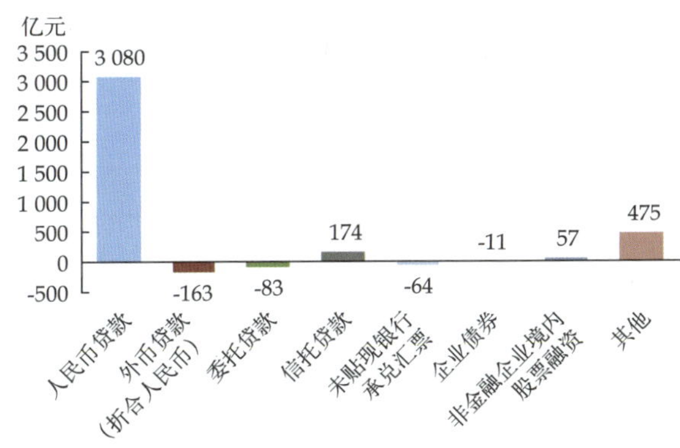

数据来源：中国人民银行重庆营业管理部。

图5　2017年重庆市社会融资规模分布结构

2. 货币市场交易分化，市场利率趋于稳定。2017年，受金融体系降低内部杠杆等影响，金融机构流动性管理要求提高。各类机构运用债券质押式回购加强资金调度，回购交易量增长39.5%；证券公司等融入资金减少，债券买断式回购交易量同比下降。同业拆借受同业存单替代影响，交易量前低后高。市场利率阶段性上升，但下半年有所企稳。12月全市同业拆借加权平均利率同比小幅提高0.16个百分点，债券质押式回购和债券买断式回购加权平均利率同比分别提高0.25个和0.62个百分点，但与6月基本持平。

3. 票据市场业务减少，贴现利率有所企稳。受票据市场业务规范、银行风控增强和企业需求下降影响，票据业务延续收缩态势。全市票据承兑和贴现余额同比分别下降17.5%和31.7%。票据贴现利率下半年企稳，12月全市票据直贴和转贴现利率分别较上年同期提高1.53个和0.47个百分点，但分别低于6月0.03个和0.57个百分点。

表5　2017年重庆市金融机构票据业务量统计

单位：亿元

季度	银行承兑汇票承兑		贴现			
			银行承兑汇票		商业承兑汇票	
	余额	累计发生额	余额	累计发生额	余额	累计发生额
1	2 147.8	803.3	908.3	6 505.6	22.1	277.0
2	1 834.8	816.8	772.3	7 050.0	20.9	209.2
3	1 944.0	1 006.3	758.3	5 553.1	16.4	173.8
4	2 025.1	928.6	786.0	4 840.8	24.0	118.7

数据来源：中国人民银行重庆营业管理部。

表 6　2017 年重庆市金融机构票据贴现、转贴现利率

单位：%

季度	贴现		转贴现	
	银行承兑汇票	商业承兑汇票	票据买断	票据回购
1	4.35	5.26	3.91	3.93
2	5.15	5.27	4.36	4.56
3	4.80	5.99	4.52	3.53
4	5.03	6.47	4.26	3.62

数据来源：中国人民银行重庆营业管理部。

4. 银行结售汇总量提高，黄金交易逐步扩容。在涉外经济回暖、汇率总体稳定等带动下，全市银行结售汇总量同比增长 30.4%。货物进口较快增长，境外投资规模回升，结售汇顺差转为逆差。受美元价格走低影响，外汇交易增速下降。黄金价格波动上行背景下，黄金交易额逐季放大。

5. 金融开放创新稳步推进。全市离岸银行和 NRA 账户业务结算增长 25.5%，惠普离岸账户结算近 900 亿元。跨国公司本外币资金集中运营试点主体、资金规模同步增长。石油天然气交易中心开业运营。依托重庆市和上海黄金交易所战略合作框架，华西黄金公司组建成立。自贸区内银行完成全国首批、中西部首笔跨境债权转让。对接中欧班列（重庆）等金融需求，在全国首创铁路提单信用证业务。

（五）金融生态环境建设取得新进展

2017 年，中央和地方金融监管信息共享机制进一步完善。存款保险风险评级完成。担保、小贷公司等新型金融机构非现场监管和现场检查加强。互联网金融风险专项整治初见成效，非银行支付、股权众筹、互联网保险和资管整治基本完成，P2P 网络借贷余额逐月下降。高杠杆大型企业风险监测预警机制建立。农村信用信息基础数据库上线运行。征信系统基本覆盖各类放贷机构。“银行卡助农服务农村电商结算”“手机支付产业链应用”和“移动支付无障碍示范景区、示范商圈”建设取得成效。金融 IC 卡运用深入医疗卫生、社会保障领域。

二、经济运行情况

2017 年，重庆市务实推进供给侧结构性改革，着力培育发展新动能，经济运行继续保持良好态势，地区生产总值增长 9.3%，人均生产总值达到 63 689 元。

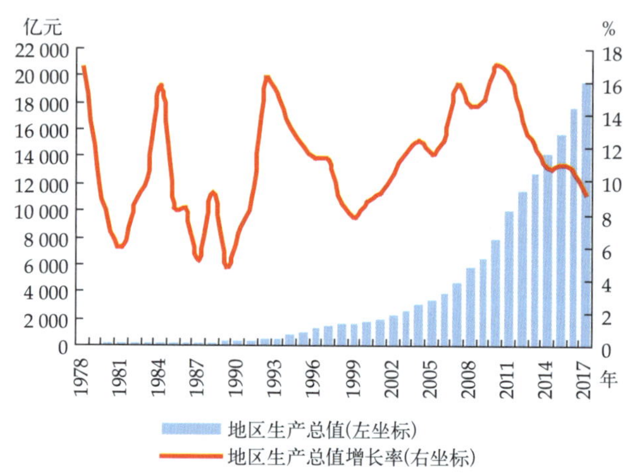

数据来源：重庆市统计局。

图 6　1978~2017 年重庆市地区生产总值及其增长率

（一）三大需求协调增长，净出口贡献有所提高

2017 年，重庆市投资结构进一步改善，消费市场运行良好；对外贸易增速由负转正，对经济增长的带动作用增强。

1. 投资增速放缓，结构调整优化。2017 年，重庆市固定资产投资同比增长 9.5%，低于上年 2.6 个百分点，但投资结构持续改善。围绕“内畅、外联、互通”和加快大都市一体化进程，轨道交通类基建项目投资加快。高端制造、智能制造带动工业投资质量优化。战略性新兴项目助推汽车、电子制造业投资对工业投资贡献度达近七成，高技术制造业投资增速高于制造业平均增速 5.2 个百分点，技术改造投资占制造业投资比重近三成。

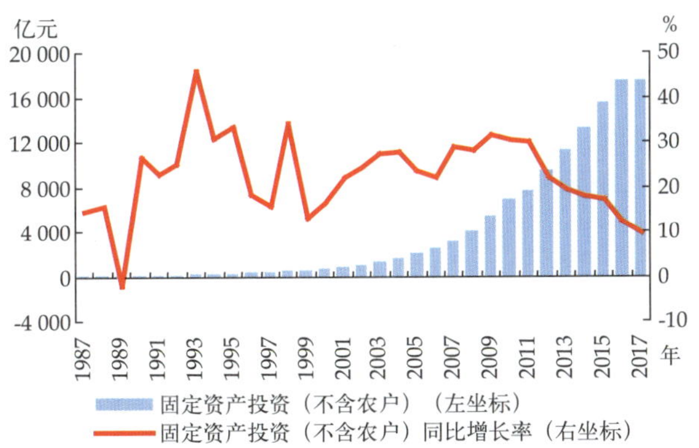

数据来源：重庆市统计局。

图 7　1987~2017 年重庆市固定资产投资（不含农户）及其增长率

2. 消费市场运行平稳，新兴消费发展向好。 2017 年，全市社会消费品零售总额同比增长 11%。基本生活消费保持稳定，住房相关消费较快增长。网上商品零售额增长 34.3%。实体零售转型提速，创新多元经营模式和新零售场景。观景平台、特色文化街区等体验式消费加快发展。

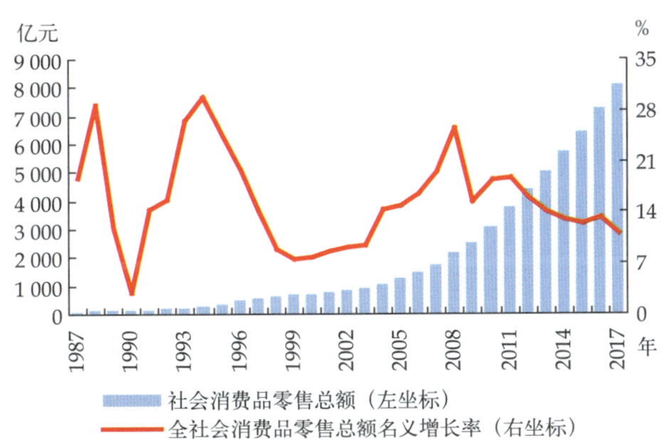

数据来源：重庆市统计局。

图 8　1987~2017 年重庆市社会消费品零售总额及其增长率

3. 进出口增长回暖，开放高地建设加快。 2017 年，在外部需求回暖带动下，全市货物进出口总值同比增长 8.9%，结束了连续两年的负增长。笔记本电脑等加工贸易增长 25%，汽摩、铜和铁矿砂等一般贸易增速回正。总部贸易和转口贸易等新兴贸易业态增速超 20%。中欧班列（重庆）累计开行量占全国的 1/4。中新示范项目南向通道建设取得阶段性成效，渝桂黔陇四地签署合作框架协议和关检合作备忘录，南向铁海联运班列实现每周双向对开。重庆自贸区围绕投资贸易、事中事后监管等领域探索创新举措，全年新增市场主体 11 695 户。

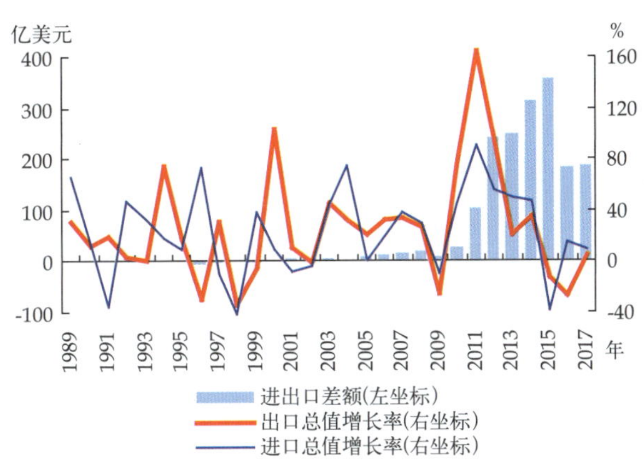

数据来源：重庆市统计局。

图 9　1989~2017 年重庆市外贸进出口变动情况

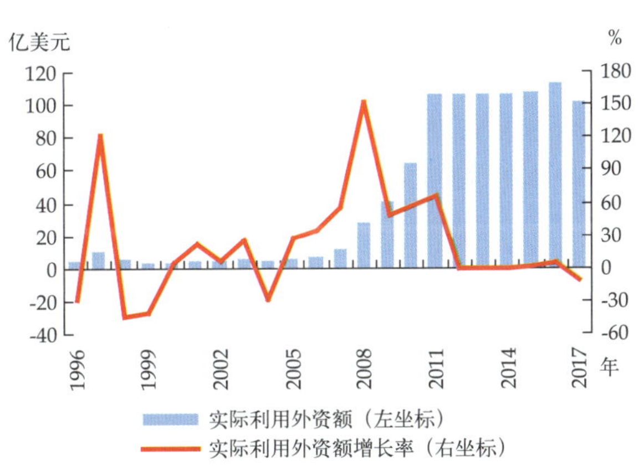

数据来源：重庆市统计局。

图 10　1996~2017 年重庆市实际利用外资额及其增长率

（二）三次产业协同发展，新旧动能有序转换

2017 年，重庆市三次产业增加值占比为

6.9：44.1：49.0，第三产业增加值占比较上年提升0.6个百分点，三次产业结构进一步优化。

1. 农业供给侧改革稳步推进。 2017年，全市农业增加值同比增长3.7%。禽畜生态养殖转型提速，果药茶等特色种植业新增种植面积七成以上布局在贫困区县集中片区。3个特色农产品优势区入选首批全国名单。地理标志商标产品数量超200个。与新华社合作编制的“新华（荣昌）生猪价格指数”发布。农业标准化基地突破800万亩，农产品网上交易额、乡村旅游综合收入分别增长60%、40%。

2. 工业创新发展形势向好。 2017年，全市规模以上工业增加值增长9.6%，低于上年0.7个百分点。汽车产业发展受终端需求升级等影响阶段性放缓，对工业生产影响较大。电子信息产业产销两旺，对工业增长贡献超四成，部分弥补了汽车产业留下的缺口。企业研发准备金备案金额增长41%。半导体封装测试、工业机器人等高新技术产业化基地成立。中匈、中德国际技术转移中心组建完成。高技术产业增加值增速高于工业平均15.3个百分点，增加值占比已近两成。

智能制造引领产业改造升级。依托互联网和制造业融合发展，首批20余家企业开展智能化改造，预计节省人工成本近亿元，生产效率平均提高近40%。龙头车企成功掌握汽车智能化核心技术，初步具备高度自动驾驶智能汽车生产能力。人脸识别技术国内领先，广泛运用于全国主要枢纽机场。8/12英寸半导体级硅片打破国际垄断。

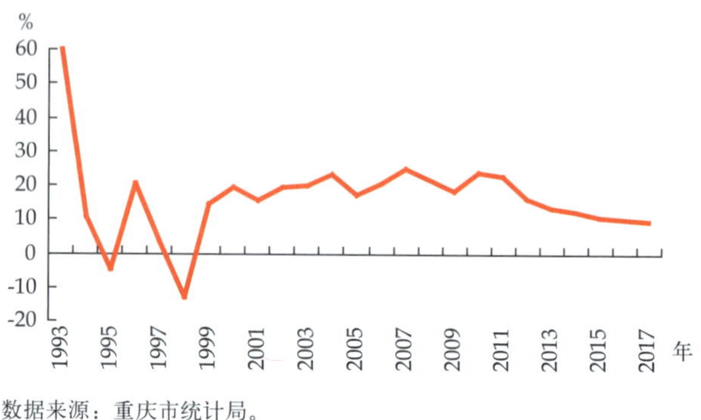

数据来源：重庆市统计局。

图11　1993~2017年重庆市规模以上工业增加值增长率

3. 生活性服务业稳步发展。 2017年，全市服务业增加值同比增长9.9%。全年新增城镇社区养老服务中心（站）1 000家，养老服务床位达21.2万张。共同配送创新模式见成效，物流成本平均降低15%以上。世界旅游及旅行理事会发布的数据显示，重庆居全球发展最快的10个旅游城市榜首。盼达用车等共享经济领域企业发展加快。

专栏2　重庆市加快新旧动能转换取得明显进展

近年来，重庆市准确把握国内产能发展趋势和市场需求变化，强化产业发展新旧动能的衔接，为经济平稳可持续增长作出了重要贡献。

一是落后产能有序化解，产业实现轻装前行。2008年国际金融危机后，重庆对钢铁、煤炭等产能没有大干快上，而是严格实施控制。由于过剩产能行业占比小，“十二五”期间重庆规模以上工业增加值和企业利润增速始终保持全国前列。2016年以来，重庆围绕供给侧结构性改革主线，稳妥推进淘汰落后和过剩产能，累计分别去除钢铁、煤炭产能超800万吨和2 000万吨。

二是沿海地区产业稳步转移，产业基础力量有效夯实。重庆坚持“筑巢引凤”，构建“两江新区＋两路寸滩保税港区、西永综合保税区+7个国家级、市级开发区+36个特色工业园区”塔形架构体系，优化产业承接平台，提升产业承载基本功能。强化与发达省市合作交流，两江新区等与上海张江高科技园区、南京高新区等47个国家级开发区组建长江流域园区合作联盟，加快实现产业梯度转移。龙头企业在转移过程中注重发挥辐射带动作用，吸引上下游关联配套企业，形成一体化产业集群，汽车、摩托车、电脑等产品本地化配套率超过70%。

三是传统支柱产业改造提升，旧动能焕发新活力。重庆传统支柱产业紧跟市场形势变化，积极开展新产品开发和技术改造。汽车产业实现向中高端产品转型，整车产品完成从微车向中级商务车、MPV和小型SUV车型升级。全市汽车产量连续3年突破300万辆，SUV产量占比已超过40%。电子信息产业利用笔记本电脑产业培养的人才、技术和产能溢出效应，转型发展智能手机产业，2017年手机产量增长30%以上，其中智能手机占比五成。装备制造业在风力发电、数控机床、医疗装备、农业机械、环保装备等领域实现技术创新和突破。化工行业实现MDI和氨纶丝等高附加值产品本地化生产。

四是战略性新兴制造业蓬勃发展，产业未来发展新引擎逐渐成形。重庆紧扣产业发展前沿，布局电子核心部件、机器人及智能装备、新材料等战略性新兴制造业。经过几年发展，各行业产业链条逐步完善，产业集群初具规模。集成电路产业初步建成IC设计、晶圆制造、封装测试全流程体系。工业机器人产业基本形成研发、整机制造、系统集成、部件配套、应用服务全产业体系。2017年，战略性新兴制造业增加值增长25.7%，对全市工业增长的贡献达37.5%。

五是战略性新兴服务业加快成长，产业结构优化调整的新生力量不断汇聚。重庆紧抓新一代信息技术向普适性技术转化契机，谋划布局互联网、云计算、大数据等战略性、生产性新兴服务业，通过互联网和制造业融合发展，为产业高质量增长提供支持。截至2017年末，重庆已投用中移物联网等8个公共服务平台，启动建设浪潮云计算等5个工业云平台。全市大数据产业发展指数居全国第十、西部第二，同时，重庆还规划了大健康、文化旅游、电子商务等战略性、生活性新兴服务业。近年来，各生活性服务业发展态势良好，重庆居民的获得感显著增强。

4.“三去一降一补”务实推进。完成钢铁、煤炭去产能计划任务，处置“僵尸企业”160户。规模以上工业企业产能利用率提高1.8个百分点，资产负债率下降3.1个百分点。减税降费政策深入推进，企业再减负400亿元。“放管服”改革不断深化，网上行政审批平台实现四级纵向贯通。5个国家级贫困县整体脱贫，16万人摆脱贫困。

（三）物价指数温和上涨，就业形势保持良好

1. 居民消费价格涨势平稳。全市居民消费价格指数（CPI）同比上涨1%，低于上年0.8个百分点。粮食蔬菜供应稳定叠加生猪出栏数量增长，食品类价格同比下降。居住类价格涨幅平稳。医疗保健、教育文化和娱乐类等与消费升级相关的价格上涨较快。

2. 生产价格涨幅由负转正。随着国际大宗商品价格的上升和国内供给侧结构性改革的推进，工业生产价格延续上年下半年以来的回升趋势，全年工业生产者出厂价格指数和购进价格指数分别上涨4.1%和4.4%，而上年均为同比下降。

3. 就业形势稳定，创业带动就业成效明显。全年城镇新增就业74万人。城镇登记失业率保持稳定。市级创业孵化基地新孵化企业900余家，带动就业2万人以上。返乡农民工创办经济实体近40万户，吸纳就业近200万人。居民收入

平稳增长，城镇、农村常住居民人均可支配收入增速分别高于全国 2.2 个和 2.1 个百分点。

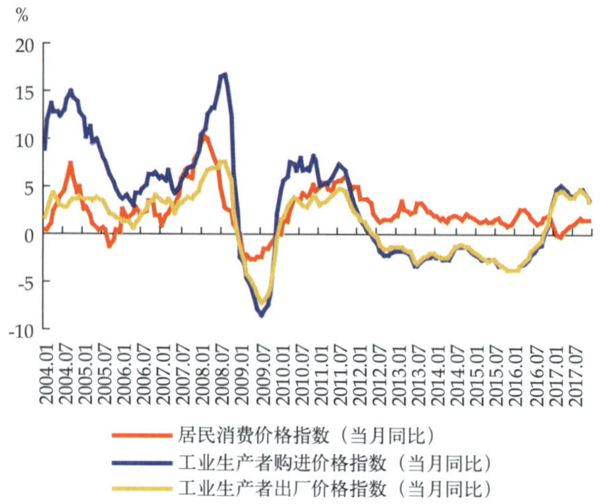

数据来源：重庆市统计局。

图 12　2004~2017 年重庆市居民消费价格指数和工业生产者价格指数变动趋势

（四）财政收入增速回升，地方政府债务置换基本完成

1. 财政收入增速回升，支出向民生领域倾斜进一步加大。2017 年，全市财政收入增速回升。一般公共预算收入增长 3%，税收收入占比超六成。房地产建筑业税收增长 19.5%，契税占税收增量比重接近五成。国有土地出让收入增多，基金预算收入增长 52.5%。民生领域支出占比达 74%，向智能制造等领域的投入较快增长。

2. 地方政府债务置换基本完成。2017 年，重庆市分五期累计发行政府债券 1 310 亿元，其中置换债券发行 781 亿元，新增债券发行 529 亿元。90% 的政府存量债务置换已完成。大渡口区作为全国唯一地级市试点利用世界银行发展政策贷款重组地方债务。

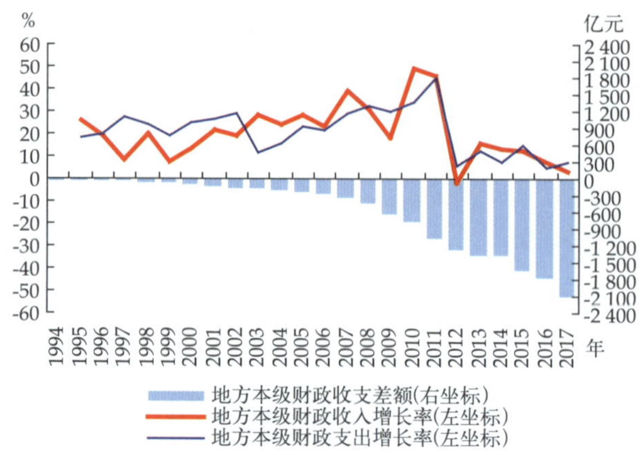

数据来源：重庆市统计局。

图 13　1994~2017 年重庆市财政收支状况

（五）环境整治稳步推进，生态环境更趋优良

2017 年，全市单位工业增加值能耗下降 4.8%。主城区空气质量优良天数达 303 天，PM2.5 浓度下降 16.7%。河长制全面推行，长江干流重庆段保持优等水质。成为西部地区唯一的全国碳交易系统联合建设省市。在全国率先开展污染场地治理修复。各区县划定生态保护红线。璧山区、潼南区入围国家首批气候适应型城市试点。

（六）主要行业分析

1. 房地产调控效应显现，房地产市场运行企稳。上半年，重庆房价"洼地"凸显叠加地价上升，市场上行预期增强，商品房销售面积同比增长 24%，新建住宅价格指数同比涨幅较快。但在房产税、"限售"[①] 及住房金融等政策调控下，下半年商品房销售增速逐步降至近两年低位，交易均价企稳，市场回归理性。

房地产投资回升，商品房市场供给增加。受市场销售回暖带动，房地产开发投资增速由

① 2017 年 1 月 14 日起，对"在重庆市同时无户籍、无企业、无工作的个人新购的首套及以上的普通住房"征收房产税；9 月 23 日起，重庆市主城区新购新建商品住房和二手房须取得《不动产权证》满两年后才能上市交易。

负转正。住宅新开工面积上行至高位企稳，竣工面积、上市面积第四季度显著增长，但商业用房的新开工面积同比下降。

住房信贷调控有效落实，住房贷款增长趋稳。在土地储备贷款余额持续收缩、银行对房企融资更趋审慎的影响下，房地产开发贷款增速连续11个月负增长。个人住房贷款随着楼市交易上升增速有所加快，但在暂停非首套房公积金贷款申请和提高二套房首付款比例等政策作用下，个人住房贷款增速逐步回落。个人首套及改善性住房贷款占比达九成，差别化住房信贷政策有效执行。保障性住房建设贷款增长总体平稳。

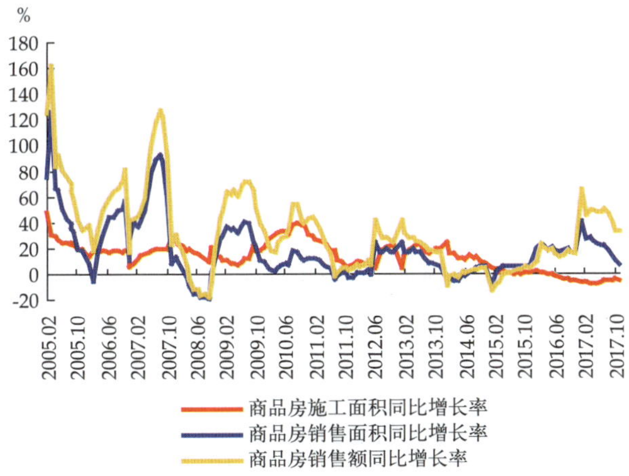

数据来源：重庆市统计局。

图14　2005~2017年重庆市商品房施工和销售变动趋势

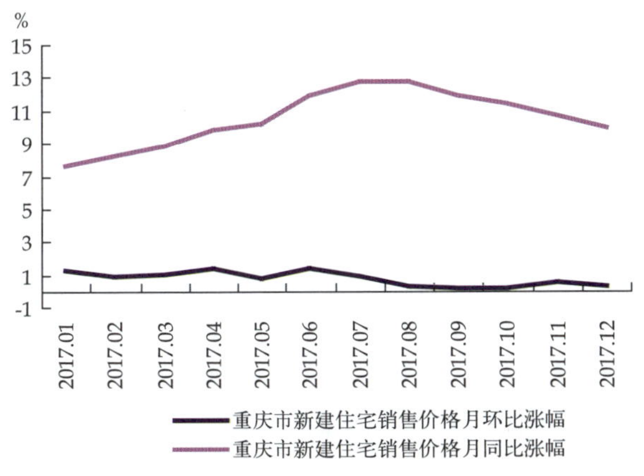

数据来源：重庆市统计局。

图15　2017年重庆市新建住宅销售价格变动趋势

2. 新能源汽车产业快速发展，金融支持方式多元化。2017年，重庆市加强对新能源汽车发展的统筹规划，完善政策支持体系，着力打造国家重要的新能源汽车研发制造和应用示范基地。在中央补贴的基础上，市级财政对新能源乘用车、专用车、客车实施差异化补贴增补，对符合条件的新能源汽车免收路桥费。构建起以7家乘用车企业、3家客车企业、4家物流车企业、30家零部件企业为核心的“7+3+4+30”的新能源汽车产业体系，新能源汽车产量实现翻倍增长。81款车型入选国家目录车型。公共服务领域公交车、出租车等新能源汽车使用率提升，新能源乘用车大部分车型快充时间缩短至20分钟。

金融对新能源汽车产业的支持力度加大。重庆营管部出台信贷指引，明确支持新能源汽车产业发展，推动金融支持方式不断创新。金融机构与行业主管部门建立银政合作机制，精准对接新能源汽车项目需求；立足“票据池”优势，提供低成本票据融资；依托供应链对新能源汽车企业及其配套企业统一授信，实施绿色信贷审批机制；以产业基金投资支持关键零部件研发，支持新能源汽车企业发行银行间市场债务融资工具、公司债等，拓宽融资渠道。截至2017年底，重庆市新能源汽车相关贷款余额约70亿元，同比增长32%。

三、预测与展望

2018年，重庆正处于发展转型、提质增效的关键期，在把握重大发展机遇，加快推进“内陆开放高地”“山清水秀美丽之地”建设的同时，也面临新旧动能转换、创新能力提升、综合环境优化等发展压力。

在投资方面，对交通建设、脱贫攻坚、乡村振兴等领域的投资将持续增长。在消费方面，新兴消费点持续涌现、消费结构不断升级对消费增长形成支撑；随着乡村振兴战略的实施，农村消费潜力将进一步释放。但受居民收入水平相对偏低、本地购买力被电商渠道分流等影响，消费保持较高增速的压力增大。在外贸方面，国家加快推动形成全面开放新格局，为重庆加快建设内陆开放高地提供了有利契机；世界经济稳健复苏对外向型产业集群的拉动效应进一步显现，为出口增长提供支撑。但复杂多变的国际贸易环境仍将为外贸发展带来不确定性。

预计物价指数温和上升。国际原油价格持续上涨，可能带动农产品价格走强，输入通胀预期升温。随着国内肉菜类价格高基数效应减弱以及前期上游企业价格上涨形成向下传导预期，未来消费物价指数存在上涨压力。但是，在肉类价格弱势增长、生产者物价指数高位承压的条件下，预计通胀压力总体温和。

2018年，重庆市金融业将贯彻落实稳健中性的货币政策，促进货币信贷和社会融资规模合理增长，为供给侧结构性改革和经济高质量发展营造适宜的货币金融环境。提高对军民融合、乡村振兴、智能制造和生态保护以及小微企业、精准脱贫等领域的支持力度和精准度，进一步提升对实体经济的服务水平。落实房地产金融、资产管理业务等领域的宏观和微观审慎监管政策，做好“僵尸企业”、债券兑付、互联网金融等重点领域风险防范和处置，打好防范化解重大金融风险攻坚战，守住不发生系统性金融风险的底线。继续推进金融改革创新，大力发展股权融资，提高直接融资占比，深入实施重庆自贸试验区和中新示范项目金融试点政策，深化跨境结算和投融资便利化、物流金融、金融科技等领域创新，提升金融机构利率定价、企业汇率风险管理等业务水平。

中国人民银行重庆营业管理部货币政策分析小组

总　纂：戴季宁　王江渝

统　稿：古　旻　王　红

执　笔：吴恒宇　李　响　董晓亮　邓翊平　王　芳　钱东平　吴尽晓　李高亮　韩　静　王　云　邓静远　杨妮妮

提供材料的还有：岑　露　黄雯婷　卜醉瑶　蒲于滨　冉小华　段　端　傅　宏

附录

（一）2017 年重庆市经济金融大事记

4 月，中国（重庆）自由贸易试验区正式挂牌。

9 月，中新（重庆）战略性互联互通示范项目南向通道铁海联运常态化运营，实现“丝绸之路经济带”“21 世纪海上丝绸之路”和“长江经济带”的有机衔接。

10 月，中国（重庆）国际贸易“单一窗口”上线运行，实现全天候通关通检，重庆口岸通关时间缩短。

11 月，《关于金融支持中国（重庆）自由贸易试验区建设的指导意见》发布，推出 36 条金融创新举措。

12 月，《关于深化金融精准扶贫支持深度贫困地区脱贫攻坚的实施意见》发布，启动实施“金融进村扶贫服务”“万户百村行长扶贫”“政策性金融脱贫攻坚”和“保险托底精准扶贫”等“深度扶贫工程”。

2017 年，重庆市调整脱贫摘帽时序，推动 5 个国家级贫困区县整体脱贫，并全力攻坚 18 个深度贫困乡镇。

2017 年，重庆市绿色金融工作全面起步，出台首个发展规划和行动计划，重点围绕低碳产业发展和水资源保护两大领域，统筹推进绿色金融发展。

2017 年，中新（重庆）战略性互联互通项目落户两年以来，累计签约 5 批 90 个重点项目，总金额约 200 亿美元，涵盖金融服务、交通物流、航空产业、信息通信四大领域。

2017 年，重庆市提出创新驱动发展、乡村振兴、基础设施建设提升、军民融合发展、科教兴市和人才强市、内陆开放高地建设、保障和改善民生、生态优先绿色发展八项行动计划，为未来五年发展奠定基础。

（二）2017 年重庆市主要经济金融指标

表 1　2017 年重庆市主要存贷款指标

		1 月	2 月	3 月	4 月	5 月	6 月	7 月	8 月	9 月	10 月	11 月	12 月
本外币	金融机构各项存款余额（亿元）	32 817.2	33 469.7	33 836.2	34 080.3	34 011.3	34 104.3	34 403.7	34 818.0	34 742.8	35 174.7	35 736.5	34 853.5
	其中：住户存款	14 544.3	14 548.4	14 491.9	14 247.8	14 171.5	14 361.3	14 203.9	14 290.8	14 432.4	14 224.5	14 270.3	14 441.6
	非金融企业存款	11 279.3	11 582.1	11 683.6	11 488.1	11 527.9	11 472.5	11 317.9	11 609.0	11 632.4	11 461.6	11 782.6	11 766.7
	各项存款余额比上月增加（亿元）	657.1	652.5	366.5	244.1	-69.0	93.0	299.5	414.3	-75.2	431.9	561.9	-883.0
	金融机构各项存款同比增长（%）	11.5	13.7	11.8	11.0	10.0	5.6	6.9	7.6	8.4	9.4	9.7	8.4
	金融机构各项贷款余额（亿元）	25 924.8	26 263.3	26 565.1	26 824.6	27 058.5	27 341.8	27 515.6	27 626.5	27 917.3	28 001.9	28 355.6	28 417.5
	其中：短期	5 958.4	6 034.4	6 047.4	6 042.3	5 999.9	5 981.3	5 946.8	5 942.8	5 964.8	5 956.8	5 956.2	5 922.8
	中长期	18 320.4	18 646.0	18 974.0	19 279.8	19 536.3	19 882.4	20 130.2	20 215.2	20 478.8	20 630.1	20 850.7	20 889.1
	票据融资	991.9	921.4	872.7	827.3	819.0	764.1	714.5	734.4	727.2	665.4	725.9	772.2
	各项贷款余额比上月增加（亿元）	400.7	338.4	301.8	259.5	233.9	283.3	173.8	110.9	290.8	84.6	353.6	61.9
	其中：短期	11.9	76.1	13.0	-5.1	-42.4	-18.6	-34.5	-4.0	22.0	-8.0	-0.6	-33.4
	中长期	497.7	325.5	328.0	305.8	256.5	346.1	247.8	85.0	263.6	151.3	220.6	38.4
	票据融资	-116.8	-70.5	-48.7	-45.4	-8.4	-54.9	-49.6	19.9	-7.2	-61.9	60.6	46.2
	金融机构各项贷款同比增长（%）	10.5	11.5	11.4	12.2	12.6	11.1	12.0	11.2	11.2	11.2	11.9	11.3
	其中：短期	0.6	1.7	1.1	2.5	2.4	-0.5	-0.1	-2.9	-2.4	-2.1	-1.5	-1.0
	中长期	15.2	16.0	16.5	17.3	19.0	19.3	20.2	21.0	20.7	20.9	19.7	17.4
	票据融资	-1.6	2.5	-4.8	-10.1	-25.7	-41.2	-41.6	-46.7	-45.7	-50.9	-39.4	-30.4
	建筑业贷款余额（亿元）	1 288.0	1 291.6	1 313.5	1 320.0	1 328.0	1 292.8	1 283.5	1 292.4	1 289.2	1 312.3	1 376.7	1 391.0
	房地产业贷款余额（亿元）	1 941.5	1 959.7	1 971.1	1 974.3	1 923.7	1 926.2	1 881.6	1 847.0	1 856.3	1 839.5	1 798.7	1 769.6
	建筑业贷款同比增长（%）	5.1	4.5	5.4	3.8	6.6	1.7	1.5	3.6	2.5	2.7	9.2	9.0
	房地产业贷款同比增长（%）	-0.2	-1.5	-2.1	-0.4	-0.9	-0.3	-0.2	-4.0	-3.6	-3.8	-5.5	-6.5
人民币	金融机构各项存款余额（亿元）	31 793.1	32 321.0	32 665.1	33 010.4	32 903.9	32 992.5	33 270.6	33 725.4	33 663.8	34 097.3	34 561.1	33 719.0
	其中：住户存款	14 461.7	14 466.0	14 410.1	14 166.9	14 090.9	14 282.8	14 125.7	14 215.8	14 358.1	14 150.2	14 196.6	14 367.4
	非金融企业存款	10 350.8	10 529.2	10 603.9	10 510.9	10 518.8	10 465.9	10 303.5	10 641.2	10 692.0	10 501.2	10 699.2	10 727.2
	各项存款余额比上月增加（亿元）	576.7	527.9	344.1	345.2	-106.4	88.6	278.1	454.8	-61.5	433.5	463.7	-842.1
	其中：住户存款	1 060.8	4.3	-55.8	-243.2	-76.0	191.9	-157.1	90.1	142.3	-207.9	46.4	170.8
	非金融企业存款	-675.8	178.4	74.7	-93.0	7.8	-52.9	-162.4	337.7	50.8	-190.8	198.0	28.0
	各项存款同比增长（%）	10.7	12.6	10.9	10.7	9.7	5.3	6.2	7.4	8.3	9.3	9.5	8.0
	其中：住户存款	15.9	9.6	9.3	9.0	8.8	9.0	8.2	7.6	7.6	6.9	6.7	7.2
	非金融企业存款	0.7	7.8	3.5	1.2	0.8	-3.7	-3.2	-3.9	-2.2	-2.1	-4.5	-4.4
	金融机构各项贷款余额（亿元）	25 150.5	25 481.0	25 804.7	26 092.4	26 389.6	26 719.4	26 927.1	27 101.5	27 403.4	27 484.4	27 829.8	27 871.9
	其中：个人消费贷款	6 867.4	6 994.0	7 152.6	7 306.6	7 452.3	7 628.8	7 769.1	7 927.7	8 075.1	8 189.4	8 354.7	8 422.4
	票据融资	991.9	921.4	872.7	827.3	819.0	764.1	714.5	734.4	727.2	665.4	725.9	772.2
	各项贷款余额比上月增加（亿元）	365.3	330.5	323.8	287.7	297.2	329.8	207.7	174.5	301.9	81.0	345.4	42.1
	其中：个人消费贷款	145.8	126.6	158.6	154.0	145.7	176.5	140.3	158.6	147.4	114.2	165.4	67.6
	票据融资	-116.8	-70.5	-48.7	-45.4	-8.4	-54.9	-49.6	19.9	-7.2	-61.9	60.6	46.2
	金融机构各项贷款同比增长（%）	9.7	10.7	10.7	11.6	12.4	11.3	12.7	12.6	12.6	12.6	13.4	12.5
	其中：个人消费贷款	16.8	19.4	20.8	22.1	22.6	23.4	24.8	25.9	26.6	27.3	27.2	25.3
	票据融资	-1.6	2.5	-4.8	-10.1	-25.7	-41.2	-41.6	-46.7	-45.7	-50.9	-39.4	-30.4
外币	金融机构外币存款余额（亿美元）	149.3	167.1	169.7	155.2	161.3	164.1	168.4	165.5	162.6	162.3	178.0	173.6
	金融机构外币存款同比增长（%）	37.0	46.4	35.8	15.0	13.0	12.2	31.5	16.7	10.1	14.0	23.0	27.6
	金融机构外币贷款余额（亿美元）	112.9	113.8	110.2	106.2	97.5	91.9	87.5	79.5	77.4	77.9	79.6	83.5
	金融机构外币贷款同比增长（%）	37.4	36.2	31.7	33.1	16.6	-0.4	-13.4	-32.6	-33.2	-31.6	-30.2	-21.6

表 2　2001~2017 年重庆市各类价格指数

单位：%

	居民消费价格指数		农业生产资料价格指数		工业生产者购进价格指数		工业生产者出厂价格指数	
	当月同比	累计同比	当月同比	累计同比	当月同比	累计同比	当月同比	累计同比
2001	—	1.7	—	—	—	—	—	-1.9
2002	—	-0.4	—	—	—	-0.9	—	-2.4
2003	—	0.6	—	—	—	4.9	—	0.6
2004	—	3.7	—	—	—	12.9	—	3.9
2005	—	0.8	—	—	—	8.2	—	3.0
2006	—	2.4	—	—	—	4.8	—	2.2
2007	—	4.7	—	—	—	6.2	—	3.5
2008	—	5.6	—	—	—	12.2	—	5.8
2009	—	-1.6	—	—	—	-5.0	—	-4.5
2010	—	3.2	—	—	—	6.9	—	3.1
2011	—	5.3	—	—	—	5.7	—	3.8
2012	—	2.6	—	—	—	-0.5	—	-0.1
2013	—	2.7	—	—	—	-2.4	—	-2.0
2014	—	1.8	—	—	—	-1.9	—	-1.7
2015	—	1.3	—	—	—	-2.9	—	-2.8
2016	—	1.8	—	—	—	-1.6	—	-1.4
2017	—	1.0	—	—	—	4.4	—	4.1
2016　1	—	—	—	—	—	—	—	—
2	2.1	1.7	—	—	-3.8	-3.8	-3.7	-3.7
3	2.6	2.0	—	—	-3.3	-3.6	-3.2	-3.5
4	2.7	2.2	—	—	-3.0	-3.4	-2.8	-3.4
5	2.1	2.2	—	—	-2.6	-3.3	-2.4	-3.2
6	1.8	2.1	—	—	-2.1	-3.1	-1.8	-2.9
7	1.2	2.0	—	—	-1.8	-2.9	-1.3	-2.7
8	1.0	1.9	—	—	-1.4	-2.7	-1.0	-2.5
9	1.3	1.8	—	—	-1.1	-2.5	-0.6	-2.3
10	1.7	1.8	—	—	-0.3	-2.3	0.2	-2.0
11	2.0	1.8	—	—	0.9	-2.0	1.1	-1.8
12	1.7	1.8	—	—	2.5	-1.6	2.4	-1.4
2017　1	—	—	—	—	—	—	—	—
2	0.1	1.0	—	—	4.8	4.3	4.3	3.8
3	-0.2	0.6	—	—	5.2	4.6	4.5	4.0
4	0.2	0.5	—	—	4.9	4.7	4.6	4.2
5	0.6	0.5	—	—	4.5	4.6	4.1	4.2
6	0.8	0.6	—	—	4.2	4.6	3.9	4.1
7	1.0	0.6	—	—	4.2	4.5	4.0	4.1
8	1.3	0.7	—	—	4.3	4.5	4.3	4.1
9	1.7	0.8	—	—	4.7	4.5	4.7	4.2
10	1.5	0.9	—	—	4.8	4.5	4.5	4.2
11	1.6	1.0	—	—	4.2	4.5	4.1	4.2
12	1.6	1.0	—	—	3.6	4.4	3.5	4.1

表 3　2017 年重庆市主要经济指标

	1月	2月	3月	4月	5月	6月	7月	8月	9月	10月	11月	12月
	绝对值（自年初累计）											
地区生产总值（亿元）	—	—	4 306.7	—	—	9 143.6	—	—	14 309.2	—	—	19 500.3
第一产业	—	—	158.3	—	—	386.0	—	—	869.8	—	—	1 339.6
第二产业	—	—	1 882.8	—	—	4 145.7	—	—	6 398.4	—	—	8 596.6
第三产业	—	—	2 265.7	—	—	4 612.0	—	—	7 041.0	—	—	9 564.0
工业增加值（亿元）	—	—	—	—	—	—	—	—	—	—	—	—
固定资产投资（亿元）	—	1 345.2	2 709.4	3 940.5	5 383.5	6 922.8	8 347.7	10 092.2	11 934.7	13 684.4	15 714.5	17 440.6
房地产开发投资	—	392.9	740.7	1 016.0	1 333.6	1 789.2	2 085.1	2 427.3	2 880.4	3 193.2	3 575.3	3 980.1
社会消费品零售总额（亿元）	—	1 352.8	1 977.5	2 562.0	3 245.4	3 914.4	4 555.9	5 208.6	5 856.6	6 569.4	7 305.0	8 067.7
外贸进出口总额（亿元）	—	625.2	964.7	1 287.9	1 644.0	2 044.0	2 415.8	2 802.5	3 188.4	3 594.1	4 062.4	4 508.3
进口	—	226.8	345.6	455.7	578.9	729.8	854.3	1 013.8	1 152.8	1 300.8	1 471.8	1 624.5
出口	—	398.4	619.1	832.2	1 065.1	1 314.2	1 561.4	1 788.7	2 035.6	2 293.4	2 590.6	2 883.7
进出口差额（出口－进口）	—	171.6	273.5	376.5	486.3	584.5	707.1	775.0	882.8	992.6	1 118.9	1 259.2
实际利用外资（亿美元）	—	4.7	23.8	25.9	28.1	44.0	46.1	48.0	69.0	70.5	76.2	101.8
地方财政收支差额（亿元）	—	-86.5	-370.1	-391.1	-577.9	-988.3	-1 019.0	-1 189.5	-1 566.2	-1 570.3	-1 752.1	-2 084.3
地方财政收入	—	367.5	527.5	759.8	958.3	1 252.8	1 430.9	1 575.0	1 732.6	1 918.5	2 045.0	2 252.4
地方财政支出	—	454.0	897.6	1 150.9	1 536.2	2 241.1	2 449.9	2 764.5	3 298.8	3 488.8	3 797.1	4 336.7
城镇登记失业率（%）（季度）	—	—	3.4	—	—	3.4	—	—	3.4	—	—	3.4
	同比累计增长率（%）											
地区生产总值	—	—	10.5	—	—	10.5	—	—	10.0	—	—	9.3
第一产业	—	—	3.8	—	—	3.9	—	—	4.2	—	—	4.0
第二产业	—	—	10.8	—	—	10.7	—	—	10.0	—	—	9.5
第三产业	—	—	10.7	—	—	10.8	—	—	10.6	—	—	9.9
工业增加值	—	10.0	10.3	10.3	10.2	10.4	10.3	10.1	9.6	9.6	9.6	9.6
固定资产投资	—	11.6	11.8	12.0	12.2	12.3	12.1	10.2	10.1	10.0	10.0	9.5
房地产开发投资	—	-1.8	-0.8	0.4	0.9	3.8	4.6	6.4	7.5	7.7	7.9	6.8
社会消费品零售总额	—	12.0	12.0	12.0	12.0	11.7	11.5	11.4	11.0	10.8	10.7	11.0
外贸进出口总额	—	-4.9	-3.1	-1.0	1.8	4.7	5.4	5.9	7.1	8.7	9.7	8.9
进口	—	44.3	30.9	26.5	24.6	28.9	23.3	20.0	16.7	16.5	14.9	11.0
出口	—	-20.3	-15.3	-11.5	-7.4	-5.2	-2.3	-0.8	2.4	4.7	6.9	7.8
实际利用外资	—	-8.4	0.7	4.4	1.7	1.1	0.8	1.3	1.7	-1.1	-7.4	-10.2
地方财政收入	—	6.8	6.2	4.0	6.2	7.1	7.1	7.3	6.4	5.7	4.4	3.0
地方财政支出	—	2.7	16.7	9.5	14.4	13.7	12.3	12.1	8.2	8.5	5.4	7.9

四川省金融运行报告（2018）

中国人民银行成都分行货币政策分析小组

[内容摘要] 2017年，面对艰巨繁重的改革发展任务和多重叠加的困难挑战，四川坚定以习近平新时代中国特色社会主义思想为指导，主动适应把握引领经济发展新常态，深入实施“三大发展战略”①，深化供给侧结构性改革，经济运行呈现稳中有进、稳中向好的良好态势。全年实现地区生产总值3.7万亿元，同比增长8.1%。全年完成固定资产投资（不含农户）同比增长10.6%，基础设施建设投资增长17.2%，成为投资增长的主要动力。最终消费对经济增长贡献较大，全年实现消费品零售总额1.7万亿元，同比增长12.0%。对外贸易大幅增长，结构进一步优化。全年对外贸易进出口总额同比增长41.2%，为加入WTO以来最高增速，其中机电、高新技术产品进出口额比重超过70%；与“一带一路”沿线国家和地区贸易份额逐步提升，全年开行蓉欧快铁1 012班，增长94.6%。

产业结构继续优化。三次产业结构为11.6：38.7：49.8，对经济增长的贡献率分别为5.5%、40.8%和53.7%，第三产业贡献率显著提升。农业生产基本稳定，工业生产增势平稳，企业效益有所好转。规模以上工业增加值同比增长8.5%，其中电子信息产业增长19.2%，汽车制造业增长12.1%，医药制造业增长13%，酒、饮料和精制茶制造业增长13.7%；全省规模以上工业企业利润总额同比增长29.0%。服务业加快发展，第三产业全年实现增加值18 403.4亿元，同比增长9.8%。

物价水平有所分化，就业市场保持稳定。2017年，居民消费价格指数同比上涨1.4%，大部分月份CPI运行在均值附近。工业生产者出厂价格指数同比上涨6.5%，彻底扭转了2012年以来连续53个月的下行局面。全年新增城镇就业106.8万人，城镇登记失业率4.01%，较上年回落0.19个百分点。全年居民人均可支配收入20 540元，同比增长9.4%。

供给侧结构性改革稳步推进。2017年，去除钢铁低效落后产能1 000余万吨，彻底取缔“地条钢”，全省钢铁业主营业务收入增长20.9%，扭亏为盈实现利润62亿元；已关闭煤矿88处，退出煤炭产能1 648万吨。房地产库存去化明显，全年商品房销售面积10 869万平方米，同比增长16.9%，商品住宅消化周期6.6个月，同比缩短2.1个月。企业经营成本进一步降低，规模以上工业企业主营业务成本同比下降0.1个百分点，主营业务利润率提高0.75个百分点，全年全省减税降费超过900亿元，是全国少数省定政府性基金和涉企行政事业性收费均实现“零收费”的省份。民生和社会事业等短板领域明显改善。全省铁路运营里程达约4 800公里，西成客专建成并投入运营，高速公路通车里程达6 642公里。全年完成对15个贫困县、3 769个贫困村、108.5万人的脱贫攻坚任务验收，易地扶贫搬迁14万户、47.9万人。

2017年，四川金融业贯彻落实稳健中性货币政策，着力提升服务实体经济的能力和效率，防范各类金融风险，金融运行总体稳健。社会融资规模平稳增长，金融服务实体经济的能力和效率进一步提高。全年全省社会融资规模新增7 390.8亿元，银行间市场债务融资连续三年突破千亿元，首单“双创”债务融资工具落地四川。2017年末，全省本外币各项贷款余额4.9万

① “三大发展战略”是指：多点多极支撑发展战略，“两化”互动、城乡统筹发展战略，创新驱动发展战略。

亿元，同比增长12.9%。信贷结构继续优化，重点领域和薄弱环节融资保障有力。全省700项重点项目融资增加1 478.6亿元；小微企业贷款余额突破万亿元大关，同比增长20.8%；新增涉农贷款占全部新增贷款的23.2%；累计发放农村“两权”抵押贷款42.1亿元；金融精准扶贫贷款余额3 812.7亿元，同比增长35.4%。

银行业运行总体稳健。2017年末，银行业金融机构资产总额9.3万亿元，同比增长9.2%。全年改制成立14家农村商业银行，成都银行IPO过会，四川金融控股集团正式挂牌成立，在发展壮大金融产业、推进“西部金融中心”建设方面迈出重要一步。2017年末，银行业金融机构不良贷款余额1 287.6亿元，不良贷款率2.61%。

证券、保险业稳步发展，多层次资本市场建设成效逐步显现。四川企业全年实现股权融资433.0亿元，同比增长9.2%；私募股权基金投向四川企业70亿元，同比增长近3倍。天府股权交易中心股权融资3.4亿元，实现零的突破。国内第五家信用增进公司——天府（四川）信用增进公司成立，填补了四川该领域空白。资本市场创新金融扶贫模式，全国首单精准扶贫资产证券化项目在贫困县阆中落地。保险业增长放缓，风险保障功能持续发挥。保险业全年共实现原保险保费收入1 939.4亿元，全省保险密度2 347元／人，保险深度5.24%，提供风险保障68.6万亿元，同比增长25.6%。

金融生态环境和金融基础设施建设不断推进。金融信用信息基础数据库全年向银行和社会公众提供个人信用报告查询1 407.9万次，企业信用报告查询74.6余万次。大力推广应收账款融资“甘泉行动计划”，全年通过中征平台实现应收账款融资1 319.4亿元。推广“银税互动”，2 000余户纳税诚信中小企业获得银行融资123.4亿元。支付体系更加健全，2017年，四川支付系统发生业务数量同比增长40.5%，85%的人民银行市州中支已开通电票再贴现业务，全省农村地区银行网点全部接入现代化支付系统，消除集中连片贫困地区基础金融服务空白行政村1 532个。中国人民银行成都分行自主建设货币信贷大数据监测分析系统，助推货币信贷工作转型；6个市州全域、10个市州主城区和74个县域实现面向全国的金融IC卡开放，旅游景区、高速公路金融IC卡应用取得突破。扎实推进金融消费权益保护工作，全年共受理咨询7 557件，受理消费者投诉1 439件，办结1 425件，投诉办结率99.0%。成都、泸州、凉山等地继续构建完善金融消费纠纷非诉讼解决机制。

2018年是贯彻落实党的十九大精神的开局之年，是决胜全面建成小康社会、实施“十三五”规划承上启下的关键一年。四川将继续坚持稳中求进工作总基调，主动把握“一带一路”、长江经济带发展、自贸区建设等战略机遇，深入实施乡村振兴战略，坚定推进供给侧结构性改革，打好防范化解重大风险、脱贫攻坚、污染防治三大战役，全省经济仍将保持稳定增长。四川金融业将认真贯彻落实稳健中性货币政策，紧紧围绕服务实体经济、防控金融风险、深化金融改革三项任务，将更多的金融资源配置到经济社会发展的重点领域和薄弱环节，积极稳妥推进各项金融改革，不断提升金融服务水平和效率，促进经济提质增效和转型升级，着力防范和化解重点领域金融风险，牢牢守住区域金融稳定底线。

一、金融运行情况

2017 年，四川金融业运行总体平稳，货币信贷和社会融资规模合理适度增长，信贷结构进一步优化，各项改革深入推进，多层次资本市场稳步发展，金融生态环境更趋优化，金融支持实体经济力度不断加大。

（一）银行业稳健运行，货币信贷平稳增长

四川银行业认真贯彻落实稳健中性货币政策，对实体经济的服务能力和效率进一步提高。

1. 银行业资产规模持续扩张，营运较为稳定。 2017 年末，银行业金融机构资产总额 9.3 万亿元，同比增长 9.2%，增速较上年同期下降 2.8 个百分点。盈利能力较为稳定，全省银行业资产利润率 0.9%，与上年同期基本持平。

表 1　2017 年四川省银行业金融机构情况

机构类别	营业网点			法人机构（个）
	机构个数（个）	从业人数（人）	资产总额（亿元）	
一、大型商业银行	3 347	92 122	34 193	0
二、国家开发银行和政策性银行	114	4 164	7 761	0
三、股份制商业银行	587	12 129	8 662	0
四、城市商业银行	912	20 464	15 679	14
五、城市信用社	0	0	0	0
六、小型农村金融机构	5 896	67 701	18 870	104
七、财务公司	8	351	792	4
八、信托公司	2	1 317	217	2
九、邮政储蓄银行	3 085	27 603	5 310	0
十、外资银行	26	826	367	0
十一、新型农村金融机构	268	4 125	723	56
十二、其他	4	256	54	2
合计	14 249	231 058	92 629	182

注：大型商业银行包括中国工商银行、中国农业银行、中国银行、中国建设银行和交通银行；小型农村金融机构包括农村商业银行、农村合作银行和农村信用社；新型农村金融机构包括村镇银行、贷款公司、农村资金互助社；“其他”包含金融租赁公司、汽车金融公司、货币经纪公司、消费金融公司等。

数据来源：四川银监局。

2. 存款增长总体有所放缓，政府类存款增加较多。 2017 年末，银行业金融机构本外币各项存款余额7.3万亿元，较年初增加6 187.3亿元，同比少增 587.4 亿元；余额同比增长 9.2%，增速较上年回落 2.1 个百分点。受理财产品持续分流、监管趋严背景下金融机构表外及同业业务收缩导致存款派生效应下降等影响，存款增长有所放缓。分部门看，住户和非金融企业存款同比分别少增 646.1 亿元和 1 103.0 亿元；政府类存款余额同比增长 18.2%，高于各项存款增长水平。分币种看，人民币各项存款余额同比增长 9.1%，外币各项存款余额同比增长 26.0%。

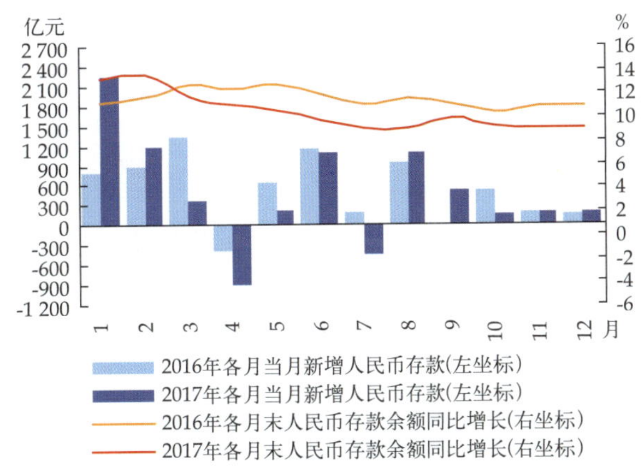

数据来源：中国人民银行成都分行。

图 1　2016~2017 年四川省金融机构人民币存款增长情况

3. 各项贷款平稳增长，信贷结构继续优化。 2017 年末，银行业金融机构本外币各项贷款余额 4.9 万亿元，较年初增加 5 597.7 亿元；余额同比增长 12.9%，增速较上年提高 0.4 个百分点。从信贷投向看，重点领域和薄弱环节融资保障有力。2017 年，全省 700 项重点项目融资余额 3 824.6 亿元，较年初增加 1 478.6 亿元。人民银行成都分行深入推进“小微企业金融服务提升工程”，对优质诚信小微企业建立“一对一”的融资帮扶、融资顾问工作机制，小微企业贷款余额达 10 545.0 亿元，同比增长 20.8%，高于各项贷款增速 7.9 个百分点。全年新增涉农贷款 1 406.1 亿元，占全部新增贷款的 23.2%。12 个试点县（市、区）累计发放农村“两权”抵押贷款 42.1 亿元，贷款余额 23.9 亿元，支持 4 884 户新型农业经营主体和农户。金融助推脱贫攻坚取得

积极成效。2017年末，全省金融精准扶贫贷款余额3 812.7亿元，同比增长35.4%，高于同期各项贷款增速22.5个百分点，其中建档立卡户扶贫小额信贷余额311.2亿元，同比增长49.3%。

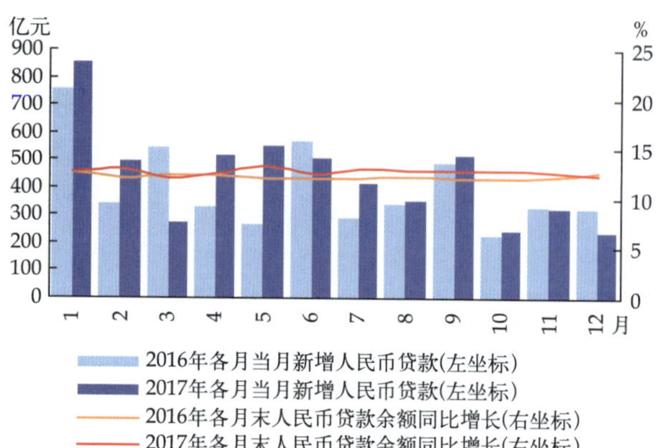

数据来源：中国人民银行成都分行。

图2　2016~2017年四川省金融机构人民币贷款增长变化

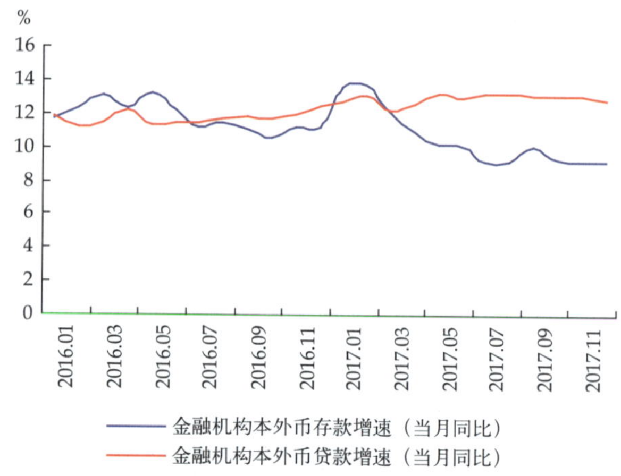

数据来源：中国人民银行成都分行。

图3　2016~2017年四川省金融机构本外币存、贷款增速变化

专栏1　运用大数据金融科技，助推货币信贷政策有效传导

中国人民银行成都分行运用大数据技术、分布式架构、开放式模块化设计等金融科技最新技术，历时3年成功自主开发出货币信贷大数据监测分析系统。截至2017年末，四川220余家银行机构和21家人民银行市（州）机构通过系统报送数据1.2亿余条，生成各类统计报表和图表8 600余份，查询、分析、预警扫描数据9 000余次，形成可观的业务生产力，极大地提升了货币信贷政策传导的精准性和有效性。

一是实现原有监测平台的有机整合，有利于货币信贷数据综合运用。目前系统已上线154张监测报表，涵盖货币政策、信贷政策、MPA、金融市场、利率管理、跨境人民币、金融精准扶贫七个方面。监测任务根据业务需求定制，实现货币信贷统计标准化，对金融精准扶贫、再贷款再贴现资金投向、重点项目支持情况、高端产业融资对接情况、绿色债券募资用途等台账监测，实现精准监测、精确分析和灵活运用。

二是实现对货币信贷数据深入挖掘，有利于提高形势分析和工作决策水平。自主设计汇总报表，嵌入系统后一键生成标准格式的统计结果，并发布到公告栏与金融机构共享。除支持多条件查询统计、清单比库、多表拼合等复杂的多维查询外，系统还提供标准的数据库访问接口，借助R、MATLAB等数据分析软件，对数据进行智能化统计建模分析。支持一键完成对全省近180家法人金融机构MPA评估，进行金融精准扶贫目标任务考核，辅助开展涉农、小微信贷政策导向效果评估等，结合图表功能，更直观地反映货币信贷运行情况。

三是实现货币信贷政策快速发布，打通货币信贷政策传导“最后一公里”。对货币政策工具运用、金融市场债务融资工具发行等进行监测、分析、管理。建立支农、支小、扶贫、创业等普惠金融领域执行情况监测，实施普惠金融定向降准考核评估。实施全省重点企业项目、“三农”和小微企业金融服务、房地产信贷调控、科技和金融结合、淘汰落后产能等信贷政策监测，定期分析信贷投向，督促金融机构及时优化信贷结构。利用单向传递的公告功能和双向沟通的邮件功能，畅通政策发布、传导和信息反馈渠道。

四是实现对改革创新工作精准监测，稳妥推进各项金融改革试点工作。依托系统调查问卷发布和汇总功能，配合系统收集、整合的海量数据，对四川农村“两权”抵押贷款试点、农村金融综合服务改革、利率市场化改革、跨境人民币结算试点等重点改革内容进行全方位监测，对各地区、各机构金融改革试点工作推进情况进行精确分析。

五是实现融资供需线上对接，提升货币信贷政策服务实体经济效率。通过系统“天府融通”板块，及时向金融机构发布推送分类别、分层次、分区域的诚信企业项目标准化融资需求，引导金融加强融资对接，实现信贷政策传导清单化、精准化，借助征信系统，实行优质、诚信企业名录动态化管理。目前已推送2017年四川拟摘帽退出的16个贫困县、3 700个贫困村信息和516户战略性新兴企业、349家重点文化企业、1 644户工业企业、700户重点农业产业化龙头企业等融资信息，金融机构通过对接向相关企业和项目发放贷款超过9 800亿元。

六是实现网上业务备案审批，有效延伸政务服务空间。系统实现对金融机构跨境人民币、金融市场监管、存款利率差异化定价等业务的备案功能，优化了网上备案、审批等电子政务办理流程。如建立四川省银行间市场债务融资工具发行申购提示模块，各承销机构可将拟在银行间市场发行的债务融资工具基本情况向货币信贷管理部门申请发布，审核通过后及时推送给各金融机构进行意向申购。随着中国人民银行货币信贷职能的不断拓展，更多的网上审批、网上备案、电子政务办理将逐步整合进系统。

4. 表外业务持续增长，结构有所分化。 2017年末，银行业金融机构表外业务余额18 384.6亿元，同比增长26.2%。其中委托贷款较快增长，年末余额7 074.7亿元，同比增长12.9%；未贴现银行承兑汇票收缩明显，年末余额2 580.2亿元，较年初减少1 004.4亿元，降幅达28.0%。

表2　2017年四川省金融机构人民币贷款各利率区间占比

单位：%

月份		1月	2月	3月	4月	5月	6月	7月	8月	9月	10月	11月	12月
	合计	100.0	100.0	100.0	100.0	100.0	100.0	100	100	100	100	100	100
	下浮	17.1	22.7	21.9	16.3	23.1	12.5	10.7	15.4	13.7	10.9	9.3	8.4
	基准	19.2	16.1	22.2	20.2	16.0	21.8	21.9	20.1	19.6	16.0	20.0	21.6
上浮	小计	63.7	61.2	56.0	63.5	60.9	65.6	67.4	64.5	66.7	73.1	70.7	70.1
	(1.0, 1.1]	10.7	14.2	10.0	12.2	10.5	9.2	9.2	10.7	9.7	9.8	11.9	14.4
	(1.1, 1.3]	22.0	13.6	14.7	21.0	17.1	19.2	19.2	16.0	17.1	17.1	16.3	15.2
	(1.3, 1.5]	14.4	12.5	11.2	12.9	14.3	15.7	15.7	16.6	14.6	18.4	16.9	16.2
	(1.5, 2.0]	13.5	17.2	15.8	14.6	15.7	18.0	19.1	17.6	21.6	23.5	21.5	20.2
	2.0以上	3.1	3.6	4.3	2.8	3.3	3.4	4.3	3.5	3.8	4.4	4.0	4.1

数据来源：中国人民银行成都分行。

5. 存款利率基本稳定，贷款利率有所上行，市场利率定价自律机制建设逐步健全。 2017年12月，活期存款加权平均利率为0.35%，定期存款加权平均利率为2.12%。全年全省金融机构活期、定期存款加权平均利率波动幅度分别在3个、13个基点以内。人民币一般贷款加权平均利率总体呈上行走势，12月份加权利率为

6.05%，较年初提高42个基点。其中，企业一般贷款加权平均利率5.64%，同比上升23个基点。金融精准扶贫贷款加权平均利率5.3%，低于各项贷款加权平均利率75个基点。2017年末，94家地方法人金融机构成为全国性自律机制成员，其中，基础成员31家，观察成员63家，分别比上年增加16家、5家。全年发行同业存单6 268.7亿元，大额存单445.4亿元，分别较上年同期增加165.1亿元和3 380.0亿元。

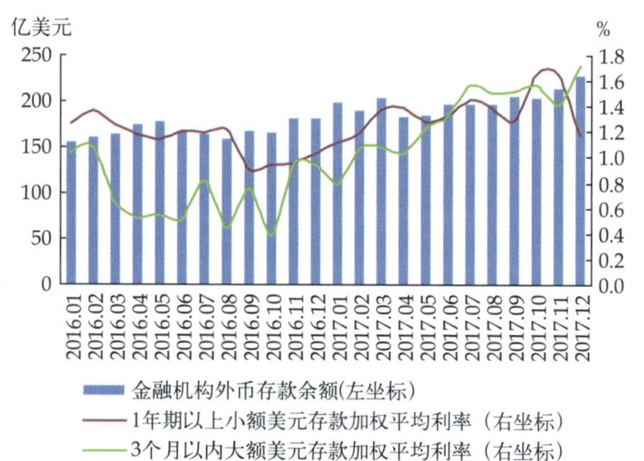

数据来源：中国人民银行成都分行。

图4　2016~2017年四川省金融机构外币存款余额及外币存款利率

6. 银行业改革有序推进。国家开发银行、中国进出口银行和中国农业发展银行在川分支机构继续落实开发性、政策性金融改革方案。大中型商业银行在川分支机构相继设立聚焦小微企业、“三农”、创业创新和脱贫攻坚等领域的普惠金融事业分部，中国邮政储蓄银行四川三农金融事业部改革取得阶段性进展。出口信用保险公司、资产管理公司等重点机构在川分支机构继续深化商业化、市场化改革。13家城市商业银行进一步完善法人治理机制，多种渠道壮大资本实力。农村信用社全年改制成立14家农村商业银行。首家民营银行新网银行稳健发展，四川金融控股集团正式挂牌成立，标志着四川在发展壮大金融产业、推进“西部金融中心”建设方面迈出重要一步。

7. 不良贷款有所上升，风险防控压力不容忽视。2017年末，银行业金融机构不良贷款余额1 287.6亿元，较年初增加185.4亿元，同比多增35.2亿元；不良贷款率2.61%，较年初上升0.09个百分点，升幅同比有所降低。年初以来，银行业普遍加大了不良资产处置力度，全年累计核销不良贷款278.3亿元，较上年增加78.4亿元。年末，关注类贷款余额同比增长10.7%，表外垫款余额42.2亿元，信贷资产质量整体依然承压。

8. 跨境人民币业务规模降幅收窄，业务结构改善、覆盖面扩大。2017年，全省跨境人民币结算金额761亿元，同比下降32.8%，降幅波动收敛；累计办理人民币直接投资结算金额121亿元。业务结构明显改善，跨境电子商务人民币结算业务实现零的突破，累计办理跨境电子商务人民币结算业务67.3亿元；与“一带一路”沿线国家实现跨境人民币结算105亿元，同比增长10.5%，占比较上年提高5个百分点。业务覆盖面持续扩大，2017年末，跨境人民币业务覆盖3 956户企业，同比增加708户；业务覆盖境外国家和地区达140个，同比增加6个。

专栏2　全面推进成都农村金融服务综合改革取得积极成效

2017年以来，成都农村金融服务综合改革试点有序落实，在构建和完善农村金融服务体系、创新金融产品和服务方式、完善融资综合服务平台功能、拓宽农村地区和县域融资渠道等方面取得显著成效。

一、农村金融组织体系进一步健全，配套措施和市场体系不断完善

一是大力发展新型农村金融组织。鼓励发展新网银行、天府金融租赁公司、中垦融资租赁公司、农产品仓储公司等一批新型金融机构和准金融组织。已建成2153个农村金融综合服务站，依托服务站开展助农取款、惠农终端、线上融资对接、支付结算业务和金融宣传、农民金融夜校等金融服务。二是健全农村产权交易市场。成都农村产权交易所区县子公司全面建成，探索开展了农村产权交易鉴证业务，累计实现各类农村产权交易673亿元，已成为全国交易规模最大、交易品种最全的农村产权交易所。成立全国首家农村产权收储公司和专注于农产品仓单质押的仓储公司。构建了覆盖全市的涉农担保服务体系。三是加大央行货币政策工具支农力度。综合运用货币政策工具、宏观审慎评估、涉农信贷政策评估等手段，积极引导和撬动金融机构资金进入农村市场，截至2017年末，通过支农再贷款、再贴现工具引导金融机构办理涉农贷款（含贴现）63.9亿元。四是进一步强化农村信用体系建设。成都市已建成信用乡镇121个、信用村1 357个、信用户8.4万户。

二、农村金融产品和服务方式创新加快推进，农村金融服务水平明显提升

一是创新农村多元化的财产权抵（质）押方式，结合成都实际开展“两权”试点，积极探索并推动开展经济林木（竹、果）权、农业生产设施、养殖水面经营权抵押贷款，财政惠农补贴担保贷款，农产品仓单质押贷款，集体资产股权抵押担保贷款等融资新模式。2017年末，成都市累计发放农村产权抵押贷款180.1亿元，余额119.3亿元。彭州农产品仓储质押融资工作在世界银行主办的“第五届仓储融资和担保品管理国际研讨会”进行交流并获与会代表好评。二是加大对农业产业化基地、高标准农田建设和幸福美丽新村建设等重点领域的金融支持力度。2017年末，成都市涉农贷款余额6 014亿元，占各项贷款余额的21.2%，同比增长9.8%，其中农村基础设施建设贷款余额1 871亿元。

三、全面推广“农贷通”平台，“三农”融资综合服务功能逐步完善

设立规模1.65亿元的“农贷通”风险资金，引导金融机构加大农业产业化信贷支持。整合建设以新型经营主体为主要对象的信用信息数据库，逐步形成全市农业经济大数据。2017年7月末，全国首个政银企合力、市县互通的全域综合融资服务平台“农贷通”上线运行，已实现支农政策及金融产品发布、在线融资对接、信用信息采集、风险补偿、提供信用信息服务等功能。截至2017年末，已有67家金融机构在“农贷通”平台推送407个金融产品，采集新型农业经营主体信用信息4 520户、涉农重点项目861个，征集融资需求58.8亿元，实现线上线下融资41.0亿元。

四、积极培育发展多层次资本市场，“三农”融资渠道进一步拓宽

成都银行、成都农村商业银行先后获得交易商协会债务融资工具承销会员资格。注册发行国内首只涉农投融资平台中期票据，川菜企业在银行间市场债务融资取得突破。2016年至2017年，涉农企业通过银行间市场债务融资工具融资178亿元，涉农企业发行私募债52亿元。成都市财政出资5亿元设立“成都市现代农业产业发展引导基金”，并相继成立蒲江耕地质量提升基金、菁蓉瑞领创投基金、涉农基建基金等，规模达55亿元。

（二）证券业稳步发展，市场融资较快增长

1. 市场组织进一步健全。2017年末，全省有证券及期货法人机构7家、分支机构529家，新增76家，总家数同比增长16.5%；全省有A股上市企业116家，全年新增5家，其中，主板63家、中小板27家、创业板26家，总市值1.54万亿元，同比增长12.9%；总股本1 171.7亿元，增长10.2%，保持中西部前列。新三板挂牌企业332家、新增38家；天府股权交易中心挂牌展示企业合计6 359家，多层次资本市场建

设基础进一步夯实。证券机构托管客户资产1.2万亿元，同比增长20%；已备案的私募基金管理机构355家，管理基金542只，管理基金实缴规模1 297亿元，同比增长35%。

表3 2017年四川省证券业基本情况

项目	数量
总部设在辖内的证券公司数（家）	4
总部设在辖内的基金公司数（家）	0
总部设在辖内的期货公司数（家）	3
年末国内上市公司数（家）	116
当年国内股票（A股）筹资（亿元）	337.3
当年发行H股筹资（亿元）	—
当年国内债券筹资（亿元）	1 248.4

注：当年国内股票（A股）筹资额指非金融企业境内股票融资。国内债券筹资指交易所债券市场债券筹资额。

数据来源：四川证监局。

2. 资本市场融资规模保持较快增长。2017年，辖内企业实现交易所市场直接融资1 681.4亿元，同比增长73.0%。股票市场融资总体规模保持平稳，股权融资共计433.0亿元，同比增长9.2%。其中，首发融资17.7亿元，同比下降56%；上市公司股权再融资319.6亿元，同比下降5%；新三板股权融资22.3亿元，同比增长12%；天府股权交易中心股权融资3.4亿元，实现零的突破；私募股权基金投向辖内企业70亿元，同比增长近3倍。企业债券融资规模增长显著，全年共实现债权融资1 248.4亿元，同比增长118.8%。

3. 资本市场创新金融扶贫模式。2017年，辖内首个服务国家级贫困县鸡蛋产业的“期货+保险”项目在仪陇县落地；全国首单精准扶贫资产证券化项目在国家级贫困县阆中落地，融资5.2亿元；易地扶贫搬迁项目收益债发行第二期，实现融资5亿元；9家证券机构围绕12家凉山重点企业开展“一对一”规范改制培育；设立“三州”产业投资基金，对“三州”特色优势企业进行精准投资，总规模100亿元，首期资金已经到位。

（三）保险业增长放缓，风险保障功能持续发挥

1. 市场主体继续增加。2017年末，全省有保险公司法人机构3家，其中财产险公司2家，人身险公司1家。各级保险分支机构共5 071家，较上年末增加123家。

2. 承保业务增长势头有所放缓。2017年，保险业承保业务增速明显放缓，全年共实现原保险保费收入1 939.4亿元，同比增长13.3%，增速低于全国平均水平4.9个百分点。2017年末，全省保险密度2 347元／人，同比增加260元／人；保险深度5.2%，与上年持平。全省保险公司总资产3 474.9亿元，同比增长9.4%，管理保户储金及投资款1 236.84亿元，同比增长4.1%。

表4 2017年四川省保险业基本情况

项目	数量
总部设在辖内的保险公司数（家）	3
其中：财产险经营主体（家）	2
人身险经营主体（家）	1
保险公司分支机构（家）	5 071
保费收入（中外资，亿元）	1 939.4
其中：财产险保费收入（中外资，亿元）	496.4
人身险保费收入（中外资，亿元）	1 443.0
各类赔款给付（中外资，亿元）	583.3
保险密度（元／人）	2 347
保险深度（%）	5.2

数据来源：四川保监局。

3. 风险管理与保障功能逐步发挥，服务实体经济能力不断增强。2017年，全省保险业共提供风险保障68.6万亿元，同比增长25.6%。保险资金支持四川重大项目融资取得实质效果，全年险资入川规模达1 200亿元。农业保险保障范围进一步扩大。全年共为2 622.7万户农户提供风险保障2 314.1亿元，支付农业保险赔款23.1亿元，同比增长27.9%，受益农户319.6万户。在脱贫攻坚领域，为贫困户量身定制的“扶贫保”产品，已在14个市州23个县区实现签单，为45.1万户贫困户提供风险保障84.6亿元。

（四）金融市场平稳运行，直接融资较快发展

2017年，四川金融市场运行平稳，交易活跃，银行间市场债务融资快速发展。

1. 社会融资规模平稳增长，金融强实抑虚取得效果。2017年，全省社会融资规模新增7 390.8亿元。其中，本外币各项贷款占社会融资规模比重达到75.1%，同比提高3.9个百分点，贷款占比逐年回升。直接融资（债券融资和股票融资）规模有所收缩，2017年直接融资新增590.3亿元，同比少增178.2亿元。委托贷款、信托贷款和未贴现银行承兑汇票等表外间接融资新增704.4亿元，占比9.5%，同比小幅上升0.3个百分点。

2. 银行间市场债务融资连续三年突破千亿元。2017年，共有56家非金融企业在银行间债券市场发行111只债务融资工具，金额共计1 014.4亿元。重点领域企业直接债务融资规模较大，城建、交通、电力等基础设施建设领域企业融资712.6亿元，制造业企业融资228亿元，医药、文化旅游等新兴产业融资88亿元。直接债务融资创新不断推进，全国首单双创专项债务融资工具落地成都，成都轨道交通集团发行40亿元永续票据，天府银行发行信贷资产证券化项目48.4亿元，蓝光发展注册13.9亿元资产支持票据，四川交投集团成功获得DFI储架发行资质。

3. 货币市场运行平稳，债券回购交易活跃。2017年，辖内货币市场成员累计成交43.5万亿元，同比下降10.9%。其中，同业拆借累计成交0.7万亿元，同比下降27.1%；银行间市场债券回购累计成交42.7万亿元，同比减少10.6%。2017年，货币市场净融入资金5.4万亿元，同比上升2%。市场利率呈现稳中有升的态势，第一至第四季度辖内市场成员同业拆借市场加权平均利率分别为3.15%、3.38%、3.46%和3.55%。

4. 票据业务有所回落，贴现利率呈上升态势。2017年，受监管加强等多重因素影响，金融机构票据签发规模有所下降，累计签发银行承兑汇票3 398.1亿元，同比减少1 443.3亿元；商业承兑汇票累计签发72.7亿元，同比减少4.2亿元。办理银行承兑汇票贴现6 490.3亿元，同比减少4 503.8亿元；办理商业承兑汇票贴现316.5亿元，同比减少212.8亿元。受流动性趋于中性合理影响，票据贴现利率有所上行。12月份金融机构贴现加权平均利率4.9%，同比上升40个基点。

表5　2017年四川省金融机构票据业务量统计

单位：亿元

季度	银行承兑汇票承兑		贴现			
			银行承兑汇票		商业承兑汇票	
	余额	累计发生额	余额	累计发生额	余额	累计发生额
1	3 002	943.0	1 158	1 641.6	94	79.5
2	2 201	1 577.5	900	3 185.9	93	164.8
3	2 136	2 572.3	907	4 751.1	97	227.8
4	2 177	3 398.1	987	6490.3	89	316.5

数据来源：中国人民银行成都分行。

表6　2017年四川省金融机构票据贴现、转贴现利率

单位：%

季度	贴　现		转贴现	
	银行承兑汇票	商业承兑汇票	票据买断	票据回购
1	4.4	5.8	4.1	4.5
2	4.8	5.5	4.3	4.5
3	4.7	5.4	4.4	4.2
4	4.7	5.8	4.6	4.8

数据来源：中国人民银行成都分行。

（五）金融改革发展稳步推进

1. 全面创新改革试验取得积极进展。2017年，金融创新体制机制进一步健全。专门服务于科技金融和军民融合的银行分支机构相继设立，金融产品和服务模式不断创新，科技企业和小微企业信贷风险补偿办法持续完善。多层次资本市场持续培育，对科技创新的支持不断强化，“双创债”等多种创新债务融资工具落地推广。军民融合发展产业基金设立，科技保险专营机构设立工作探索推进中。

2. 四川自贸易区金融改革稳步推进。积极实施全口径跨境融资宏观审慎管理，统一中外资企业跨境融资标准等促进自由贸易的政策。南充、甘孜、广元、资阳等地区实现了中资企

业跨境融资零突破。深入开展跨国公司资金集中运营试点工作，全省已有17家跨国公司集团参与外汇资金集中运营管理。工商银行四川省分行从霍尔果斯国际边境合作中心引入2.4亿元资金发放给成都航空公司用于融资租赁，利率较基准利率下浮5%。

3. 持续推进农村产权制度改革。人民银行成都分行稳妥开展农村“两权”抵押贷款试点，有效整合农村产权制度改革政策资源，指导金融机构创新金融产品和服务，推动试点工作有效开展。截至2017年末，全省12个试点县（市、区）累计发放农村“两权”抵押贷款42.1亿元，支持4 884户新型农业经营主体和农户。此外，借鉴“两权”试点成功经验，在全省16个市州持续推广土地流转收益保证贷款，贷款金额9.5亿元。

（六）金融生态环境建设不断深化，金融基础设施持续完善

1. 社会信用体系建设持续推进。金融信用信息基础数据库全年向银行和社会公众提供个人信用报告查询1 407.9万次，企业信用报告查询74.6余万次。人民银行成都分行大力推广应收账款融资“甘泉行动计划”，全年通过中征平台实现应收账款融资1 319.4亿元。开展金融守信红名单企业评选，777家名单企业贷款余额380.8亿元。推广“银税互动”，银行业机构开发了“税金贷”“税易贷”等产品，2 000余户纳税诚信中小企业获得银行融资123.4亿元。

2. 支付体系更加健全。2017年末，全省第二代支付系统直接参与者16家，间接参与者4 921家。支付系统发生业务3.0亿笔，同比增长40.5%；金额157.6万亿元，同比下降3.1%。非现金支付环境持续改善，85%的人民银行市州中支已开通电票再贴现业务；陆续打造新农村、贫困村、城镇社区等多种非现金支付示范区。2017年，全省农村地区银行网点全部接入现代化支付系统，发展电子支付客户5 842万户，同比增长11.7%；消除集中连片贫困地区基础金融服务空白行政村1 532个，农村地区支付环境进一步改善。

3. 金融科技快速发展。人民银行成都分行自主建设货币信贷大数据监测分析系统，覆盖信贷所有业务条线。2017年末，金融IC卡累计发行2.0亿张，6个市州全域、10个市州主城区和74个县域实现面向全国的金融IC卡开放，多家银行网点、手机APP、微信公众号可使用金融IC卡办理交通违法罚分罚款业务，旅游景区、高速公路金融IC卡应用取得突破。辖内金融机构积极探索利用大数据、云计算、人工智能等新技术提升金融服务质量和效率。

4. 扎实推进金融消费权益保护工作。2017年，人民银行四川各级机构严格落实12 363咨询投诉电话管理制度，全年共受理咨询7 557件，受理消费者投诉1 439件，办结1 425件，投诉办结率99.0%。成都、泸州、凉山等地继续构建完善金融消费纠纷非诉讼解决机制。全省236家银行业金融机构网点开展金融消费权益保护示范网点建设。持续开展“金融消费者权益日”和“金融知识普及月”集中宣传活动。

二、经济运行情况

2017年，四川经济企稳回升，结束长达六年的回落态势，主要指标好于预期、高于同期、快于全国。全年实现地区生产总值3.7万亿元，同比增长8.1%，增速较上年回升0.4个百分点。总需求稳步扩张，供给结构进一步优化，新经济、新动能加快发展。

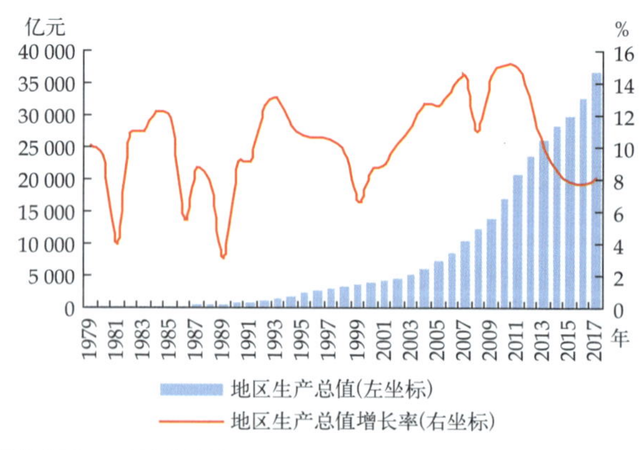

数据来源：四川省统计局。

图5　1979~2017年四川省地区生产总值及其增长率

（一）总需求稳步扩张，投资支撑作用较强

2017年，在一系列稳增长措施带动下，四川经济企稳回升特征更加明显。

1. 投资增速有所回落，基建是拉动投资主要动力。2017年，完成固定资产投资（不含农户）3.1万亿元，同比增长10.6%，较上年回落2.5个百分点。受“项目年”活动带动，投资需求陆续释放，成都天府国际机场等一批重特大项目陆续开工建设，全年基础设施建设投资增长17.2%，高于整体投资增速7.0个百分点，连续四年保持16%以上的高速增长，成为投资增长的主要动力；民间投资有所回升，全年民间投资同比增长7.8%，同比回升2.9个百分点，年内回升势头有所放缓。

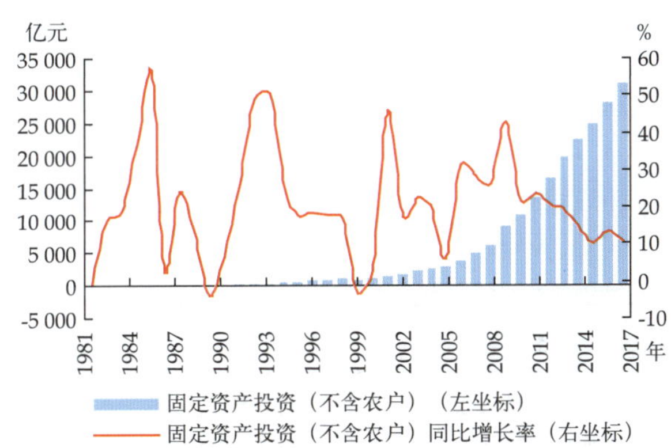

数据来源：四川省统计局。

图6　1981~2017年四川省固定资产投资（不含农户）及其增长率

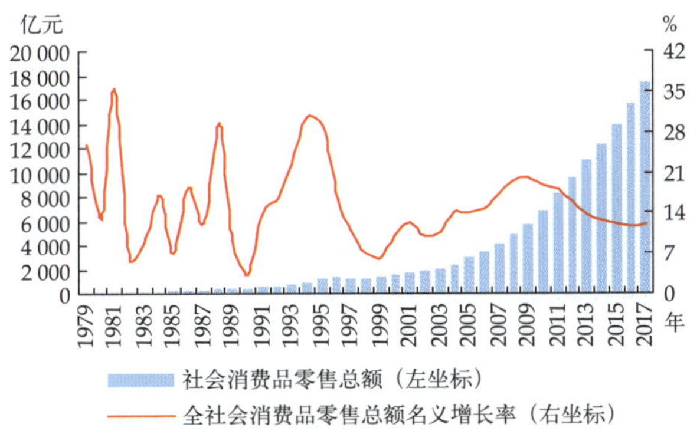

数据来源：四川省统计局。

图7　1979~2017年四川省社会消费品零售总额及其增长率

2. 社会消费稳定增长，最终消费对经济增长贡献较大。2017年，实现消费品零售总额1.7万亿元，同比增长12.0%，增幅较上年回升0.3个百分点。“四川造”产品销售火爆，川酒、川茶网络销售额分别达32.3亿元、40.2亿元，实现较快发展。88个贫困县农村实现网络销售额148.7亿元，同比增长59.1%。新兴消费高速增长，全省通过互联网实现的商品零售额同比增长33.4%。房地产市场回暖带动相关消费快速增长，全省家用电器类、家具类消费分别增长18.4%和15.1%，均高于总体消费增速。

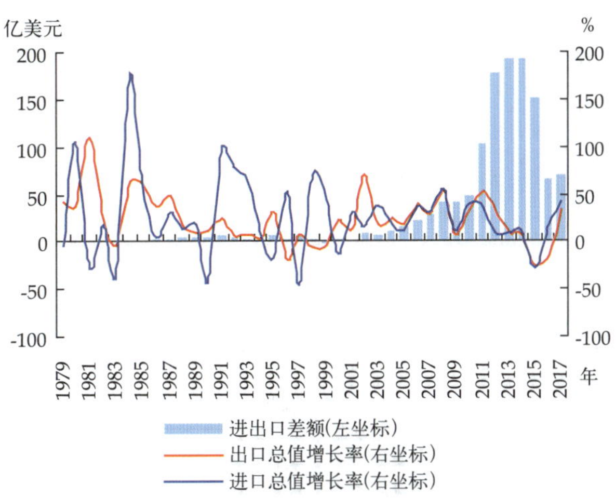

数据来源：四川省统计局。

图8　1979~2017年四川省外贸进出口变动情况

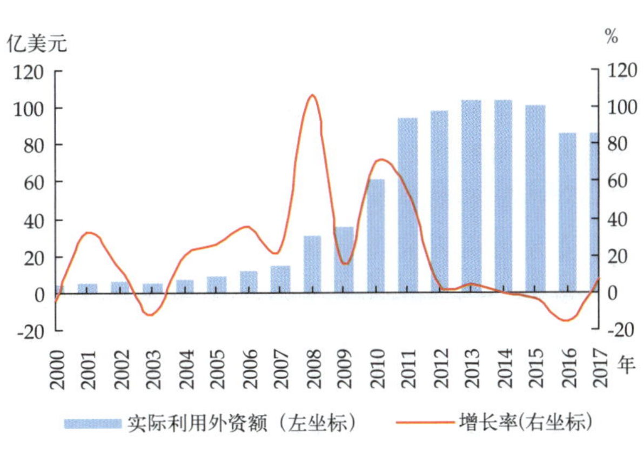

数据来源：四川省统计局。

图9　2000~2017年四川省实际利用外资额及其增长率

3. 对外贸易大幅增长，结构进一步优化。 2017 年，对外贸易进出口总额 4 605.9 亿元人民币，同比增长 41.2%，为加入 WTO 以来最高增速。其中，出口 2 538.5 亿元，同比增长 37.4%；进口 2 067.4 亿元，同比增长 46.2%。进出口结构进一步优化，机电、高新技术产品进出口额同比分别增长 51.6%、58.3%，占进出口总额的比重分别达到 82.9% 和 71.6%，占比持续提升；与“一带一路”沿线国家贸易份额逐步提升，全年开行蓉欧快铁 1 012 班，增长 94.6%。

（二）第三产业占比近半，供给结构持续优化

2017 年，四川产业结构更加优化，三次产业结构从 12：42.6：45.4 调整为 11.6：38.6：49.8，对经济增长的贡献率分别为 5.5%、40.8% 和 53.7%，第三产业贡献率显著提升，同比继续扩大 2.2 个百分点。

1. 农业生产基本稳定。 2017 年，粮食产量 3 498.4 万吨，增长 0.4%；油料产量 323.5 万吨，增长 3.9%。生猪出栏数下降 5.0%，牛出栏数下降 0.5%，羊出栏数增长 1.4%，家禽出栏数下降 3.7%。

2. 工业生产增势平稳，企业效益有所好转。 2017 年，规模以上工业增加值同比增长 8.5%，增速比 2016 年提高 0.6 个百分点，高于全国平均水平 1.9 个百分点。产业结构优化，全省重点培育的电子信息、计算机、通信和其他电子设备制造业增长 19.2%，汽车制造业增长 12.1%，医药制造业增长 13%。传统支柱行业中，酒、饮料和精制茶制造业增长 13.7%。与此同时，受去产能政策及环保监管加强等影响，煤炭、钢铁、造纸等行业增加值有所下滑。工业经济效益大幅回升。2017 年，全省规模以上工业企业利润总额同比增长 29.0%，高于全国 8.0 个百分点，较上年回升 23.6 个百分点。

3. 服务业加快发展，对经济增长贡献度大幅提升。 2017 年，第三产业实现增加值 18 403.4 亿元，同比增长 9.8%，增速比上年提高 0.7 个百分点。随着居民收入增长和消费结构升级，健康、物流等需求持续增加，全省物流、健康新兴服务业企业营业收入分别增长 23.9% 和 20.3%，分别较上年提高 16.3 个和 5.9 个百分点。

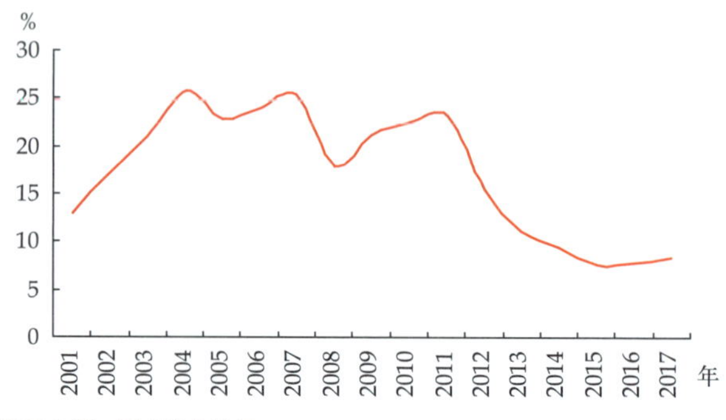

数据来源：四川省统计局。

图 10　2001~2017 年四川省规模以上工业增加值实际增长率

（三）物价水平总体分化，就业市场保持稳定

1. 居民消费价格温和上涨。 2017 年，居民消费价格指数同比上涨 1.4%，涨幅同比回落 0.5 个百分点，大部分月份 CPI 运行在均值附近。食品烟酒类价格累计同比下降 1.4%；服务消费类价格增长较多，其中医疗保健类价格累计同比上涨 4.2%，教育文化和娱乐类价格同比上涨 4.1%。

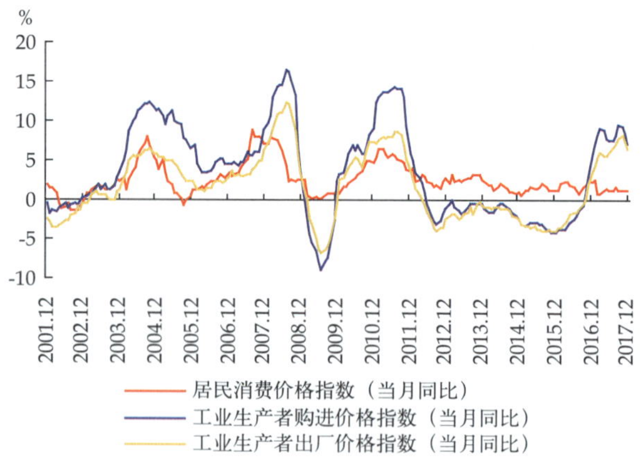

数据来源：四川省统计局。

图 11　2001~2017 年四川省居民消费价格指数和工业生产者价格指数变动趋势

2. 生产价格持续攀升。 2017 年，工业生产

者出厂价格指数同比上涨6.5%，涨幅较上年扩大7.6个百分点，彻底扭转了2012年以来连续53个月的下行局面。从年内走势看，年初开始工业生产者出厂价格指数逐月攀升，10月份涨幅达8.3%，创2011年9月以来新高，11月起增势有所放缓。

3. 就业形势总体稳定。2017年，全省新增城镇就业106.8万人，较上年多增2.7万人。城镇登记失业率4.01%，较上年回落0.19个百分点。全年居民人均可支配收入20 540元，同比增长9.4%，涨幅高于全国平均水平0.4个百分点。

（四）财政收入稳定增长，支出结构不断优化

1. 财政收入平稳增长。四川主动适应经济发展新常态，积极培育财源税源，全年实现地方一般公共预算收入3 579.8亿元，完成预算的107%，增长9.5%，较上年加快1.2个百分点。其中：税收收入2 430亿元，非税收入1 149.8亿元。

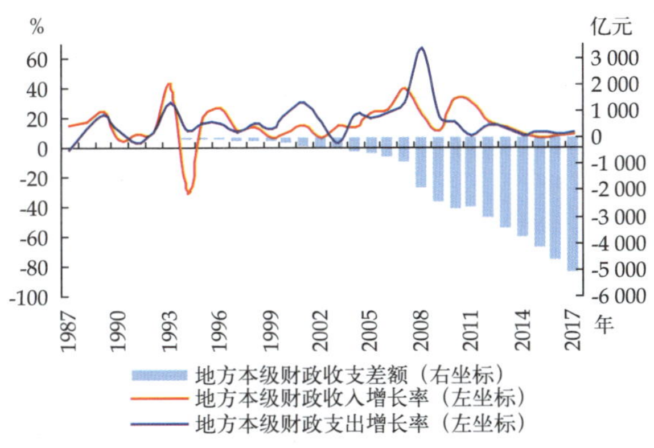

数据来源：四川省统计局。

图12 1987~2017年四川省财政收支状况

2. 支出结构不断优化。2017年，一般公共预算支出达8 686.6亿元，完成预算的95.2%，增长10.8%，增速较上年加快1个百分点。保民生支出占比连续4年保持在65%；支持发展支出占比为19.9%，同比继续提高0.2个百分点。加快财政支持方式转变，省级财政发起设立和参股设立的20只引导基金规模达1 036亿元，政府与社会资本合作采购落地的项目开工率达80%，居全国前列。

3. 严格实施债务限额管理。2017年末，全省地方政府债务余额低于地方政府债务限额。全年发行地方政府置换债券2 001.4亿元，全部用于存量债务置换，每年节约利息超过100亿元；发行新增地方政府债券807.5亿元，用于支持公路、铁路、脱贫攻坚及生态环保等重点项目建设。

（五）供给侧结构性改革稳步推进

2017年，四川供给侧结构性改革继续发力，“三去一降一补”五大任务进一步取得实效。

1. 钢铁煤炭行业去产能持续推进，企业盈利能力有所改善。2017年，去除钢铁低效落后产能1 000余万吨，彻底取缔“地条钢”。2018年还将实施钢铁、稀土等行业整合重组，推动钢铁行业产能置换。积极推进煤炭行业化解过剩产能，已关闭煤矿88处，退出煤炭产能1 648万吨。受钢铁行业供给改善、市场价格回升等影响，多数钢铁企业扭亏为盈，2017年全省钢铁业主营业务收入增长20.9%，扭亏为盈实现利润62亿元。攀钢集团结束连续6年亏损，实现盈利5亿元。

2. 房地产去库存取得积极成效。2017年，继续加大对农民工进城购房支持力度，推进棚改货币化安置，加强住房和用地分类供应管理等多种举措，推进房地产去库存取得积极成效。商品房交易较为活跃，据四川省住建厅统计，2017年末商品住宅消化周期6.6个月，同比缩短2.1个月。

3. 非金融企业杠杆率有所下降。在去产能工作的基础上，注重疏堵结合，推动过剩产能企业债务化解和产业转型，推动处置“僵尸企业”重组整合置换，有效降低企业债务水平，促进产业转型可持续发展。2017年末，规模以上工业企业资产负债率平均为57.4%，同比回落1.4个百分点。

4. 企业经营成本进一步降低。2017年，全省规模以上工业企业的主营业务成本同比下降0.1个百分点，主营业务利润率提高0.8个百分点。在全国率先实施《降低实体经济企业成本

实施细则》，通过减税降费以及降低制度性交易成本、用能成本、用工成本、融资成本和物流成本等多措并举，全年全省减税降费超过900亿元。出台降低企业成本35条举措和电价改革10项措施，为企业降成本675亿元。物流总费用占地区生产总值的比重降低0.7个百分点。全年降低社会用电成本100亿元以上。落实涉企收费“缓、减、免”政策，实现省定政府性基金和涉企行政事业性收费均“零收费”。

5. 民生和社会事业等短板领域明显改善。投资特别是基础设施投资力度明显加大，基建投资占全社会固定资产投资的比重较上年提高1.9个百分点，高技术产业投资增长49.8%，其中制造业高技术投资增长75.7%。全省铁路运营里程约4 800公里，西成客专建成并投入运营，高速公路通车里程达6 642公里。成都天府国际机场建设、双流机场扩能改造项目加快推进，川渝电网第三通道全面建成。脱贫攻坚取得积极进展，全年完成对15个贫困县、3 769个贫困村、108.5万人的脱贫攻坚任务验收，省内对口帮扶工作实施帮扶项目673个，实现省内首批5个贫困县脱贫摘帽。2017年，新改建现代农业产业基地400万亩，易地扶贫搬迁14万户、47.9万人。

（六）主要行业分析

1. 房地产开发投资下降，房地产贷款增速趋于稳定，个人住房贷款去杠杆成效初显。2017年，房屋新开工面积和商品房销售面积保持增长但增速减缓，商品住宅去化周期缩短。在加强房地产市场调控背景下，房地产贷款增速趋于稳定，居民消费贷款增长过快现象有所缓解。

（1）房地产开发投资下降。2017年，房地产开发完成投资5 149.9亿元，同比下降2.5%，而上年同比增速为9.8%。从资金来源构成看，国内贷款890.4亿元，同比增长18.4%；利用外资0.6亿元，同比下降37.5%；自筹资金2 779.1亿元，同比增长3.7%；其他资金3 761.0亿元，同比增长17.4%。

（2）房地产开发用地供应缩小，房屋新开工面积增速减缓。2017年，全省房地产开发用地供应面积5 300.0万平方米，同比下降6.0%。土地购置面积800.8万平方米，同比下降38.6%。房屋新开工面积11 521.6万平方米，同比增长6.4%，增幅较上年回落6.5个百分点。

（3）商品房销售面积增速放缓，商品住宅去化周期缩短。2017年，商品房销售面积10 869.1万平方米，同比增长16.9%，增幅较上年下降4.3个百分点。其中，商品住宅销售面积8 786.6万平方米，同比增长11.4%，增幅较上年下降10.0个百分点。截至12月末，商品住宅待售面积4 494万平方米，消化周期6.6个月。其中，成都市商品住宅待售面积985万平方米，消化周期4.3个月。

（4）商品房销售价格平稳上涨。2017年12月，新建商品住宅成交均价5 761元/平方平，同比上涨2.3%，环比上涨0.4%。从国家统计局公布的70个大中城市住宅销售价格指数看，成都市新建商品住宅销售价格指数环比上涨0.5%，同比下降0.6%。与此同时，为规范房地产市场发展，继上海、南京、长沙之后，成都也出台了购房公正摇号政策，成为摇号买房“第四城”。

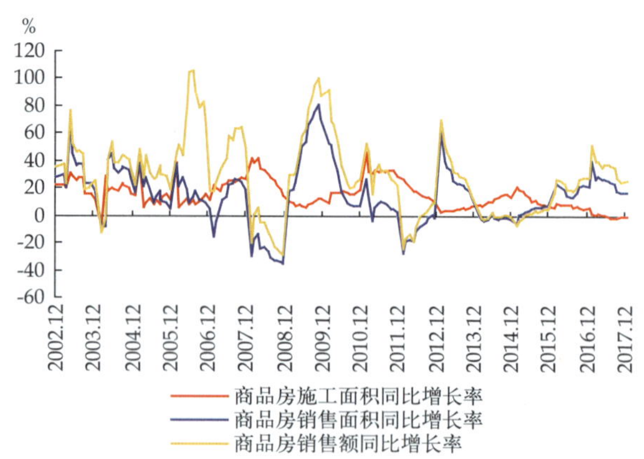

数据来源：四川省统计局。

图13 2002~2017年四川省商品房施工和销售变动趋势

（5）房地产贷款增速趋于稳定。2017年，在加强房地产市场调控背景下，房地产贷款增速趋于稳定，1~12 月同比增速基本维持在 19%~20%。12 月末，房地产贷款余额 13 757.6 亿元，同比增长 18.3%。其中，房地产开发贷款余额同比增长 17.6%；个人住房贷款余额同比增长 17.8%，较上年同期回落 4.2 个百分点。全年个人住房贷款增量占房地产贷款增量、各项贷款增量的比重分别为 64.5%、24.5%，较上年分别下降 6.1 个和 4.2 个百分点，调控政策效果初步显现。按照因城施策原则，商业银行对购房贷款首付比例进行了调整，全年首套房 LTV 在 60%~67%，二套房 LTV 在 52%~58%。

（6）居民消费贷款增长过快现象有所缓解。为防止居民非理性加杠杆和抑制投资投机性购房，商业银行普遍加大了对个人消费贷款的合规性管理力度，消费贷款过快增长势头有所放缓。2017 年 9~12 月，个人其他居民消费贷款（不含信用卡及账户透支余额）月度增量分别为 29.7 亿元、15.2 亿元、30.3 亿元和 -7.0 亿元，分别比 8 月份回落 12.5 亿元、27.0 亿元、11.9 亿元和 49.2 亿元。

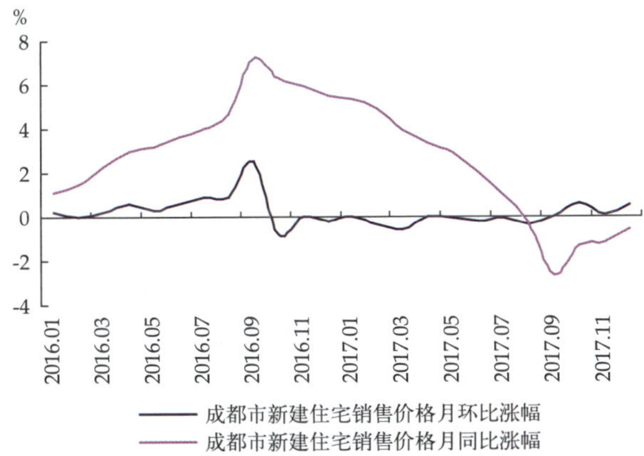

数据来源：四川省统计局。

图 14 2016~2017 年成都市新建住宅销售价格变动趋势

2. 电子信息产业保持较快增长，金融支持力度进一步加大

（1）产业增加值高速增长。2017 年，电子信息产业增加值增长 21%。计算机、通信和其他电子设备制造业增加值增长 19.2%，增速比全省规模以上工业增速高 11.7 个百分点。规模以上计算机、通信和其他电子设备制造业累计完成主营收入 3 777.6 亿元，同比增长 16.8%，实现利润 133.9 亿元，同比增长 28%。软件与信息服务业实现营业收入 3 662.3 亿元，同比增长 19.7%；实现利润总额 332.4 亿元，同比增长 20.4%。

（2）主要产品产量有增有降。2017 年，累计生产计算机 6 292.2 万台，同比增长 15.1%；生产集成电路 53.6 亿块，同比增长 61.9%；生产半导体分立器件 654.6 亿只，同比增长 18.6%；生产彩电 882.8 万台，同比下降 10.9%；生产手机 2 432.1 万部，同比下降 34.1%。

（3）电子产品出口大幅增长。据四川省商务厅统计数据，2017 年，出口以计算机、集成电路为代表的电子产品 1 413.6 亿元，同比增长 70.8%，占全省出口总量的 61.1%。其中，计算机产品出口 830.5 亿元，同比增长 37.5%；集成电路及微电子组件出口 397.6 亿元，同比增长 273.2%；有线载波及有线数字通信设备出口 93.3 亿元，同比增长 121.2%。

（4）产融结合成效显著。2017 年末，“园保贷”试点园区达到 63 个，成都高新区盈创动力公司与德阳等地设立了四川省“创新融资基金”，进一步扩大“园保贷”覆盖范围。目前已设立 120 亿元集成电路和信息安全产业基金、17 亿元中小企业发展基金。2017 年末，产业引导基金已投资项目 13 个，总投资规模 35.6 亿元，带动项目投资超过 200 亿元。电子信息重点项目贷款保障有力。2017 年末，全省重点工业项目中涉及电子信息产业的贷款余额 199.7 亿元，非信贷融资余额 91.9 亿元。

三、预测与展望

2018 年是贯彻党的十九大精神的开局之年，是改革开放 40 周年，也是决胜全面建成小康社会、实施“十三五”规划承上启下的关键一年。随着国家深入推进西部大开发、“一带一路”倡议和长江经济带发展，实施创新驱动、乡村振兴、军民融合发展等重大战略，大力支持革命老区、民族地区、贫困地区加快发展，建设自贸试验区、天府新区和系统推进全面创新改革试验，四川经济社会发展面临着一系列重大历史机遇，预计全省经济仍将继续保持平稳发展态势。但也要看到，国际环境依然复杂多变，贸易保护主义有所抬头，地缘政治风险时有发生，外部政策不确定性增强，国内经济发展也还存在不少困难，四川经济金融运行中依然面临一些矛盾和问题，依靠投资拉动经济增长的惯性较大，新动能发展还不足，部分领域高杠杆率问题仍较突出，金融风险防控压力不容忽视。

2018 年，面对新的发展机遇和挑战，四川金融业将认真贯彻中央经济工作会议和全国金融工作会议精神，紧紧围绕服务实体经济、防控金融风险、深化金融改革三项任务，落实好稳健中性货币政策，保持货币信贷合理适度增长，着力增强金融服务实体经济效能，优化金融资源配置，助推实体经济高质量发展。切实防控金融风险，打好防范化解重大风险攻坚战。深入推进金融精准扶贫，支持打赢脱贫攻坚战。积极稳妥推动金融改革深化落地，激发金融发展活力。

中国人民银行成都分行货币政策分析小组
总　纂：周晓强　李　铀
统　稿：李　强　曾　好　王鲁滨
执　笔：苟于国　万　博　高云龙　王大波　朱　博　蒋先明　李敏敏　姚　艳　刘贵辉　李　昕
提供材料的还有：王越子　龙阅新　李华伟　胡荣兴　石　慧　沈丁丁　陈　倩　肖　华

附录

（一）2017 年四川省经济金融大事记

2 月 8 日，四川省金融工作局揭牌成立。

2 月 10 日，四川金融控股集团有限公司挂牌成立。

4 月 1 日，中国（四川）自由贸易试验区揭牌。

4 月 24 日至 25 日，国际清算银行（BIS）第十次亚洲研究网络会议在成都成功举行。

5 月 5 日，全国首笔农村土地经营权流转履约保证保险赔款在成都邛崃市大同乡完成支付。

5 月 8 日，成都高新投资集团 2017 年第一期双创专项债务融资工具发行仪式在京举行，这标志着银行间债券市场创新产品——全国首单双创专项债务融资工具正式在川落地。

6 月 5 日，乐山市商业银行成功发行全省首只绿色金融债。

10 月 16 日，交通银行绵阳分行、绵阳市国税局与长虹集团联手打造成立“税鑫融”银税企综合智能服务平台，全国首个银税企综合智能服务平台在川成立。

11 月 24 日，2017 年天府金融论坛——天府金融指数暨金融促进军民融合措施发布会在成都召开。首期天府金融指数显示，成都整体位列全国第六，其中农村金融排全国第一，科技金融、绿色金融、文化金融排名前列。

2017 年，四川地区社会融资规模增量达到 7 390.8 亿元，位居西部地区第一，全省金融机构本外币各项存款余额 73 079.4 亿元，排名全国第七。

（二）2017 年四川省主要经济金融指标

表 1　2017 年四川省主要存贷款指标

		1月	2月	3月	4月	5月	6月	7月	8月	9月	10月	11月	12月
本外币	金融机构各项存款余额（亿元）	69 255.4	70 400.4	70 871.1	69 842.3	70 080.1	71 237.7	70 790.8	71 863.0	72 441.7	72 584.6	72 831.1	73 079.4
	其中：住户存款	34 454.0	34 606.9	34 786.4	34 139.6	34 110.3	34 576.6	34 356.1	34 647.2	35 111.7	34 631.3	34 681.2	35 016.8
	非金融企业存款	17 372.6	17 605.1	18 273.7	18 083.5	18 132.0	18 582.5	18 301.4	18 868.0	18 925.0	18 931.6	18 836.2	19 311.4
	各项存款余额比上月增加（亿元）	2 363.3	1 145.1	470.7	-1 028.8	237.8	1 157.6	-446.9	1 072.3	578.7	142.9	246.5	248.3
	金融机构各项存款同比增长（%）	13.5	13.7	12.1	11.0	10.2	10.1	9.2	9.3	10.0	9.3	9.2	9.2
	金融机构各项贷款余额（亿元）	44 420.8	44 925.4	45 190.2	45 684.4	46 274.7	46 864.3	47 292.1	47 675.3	48 250.4	48 516.7	48 891.2	49 144.1
	其中：短期	10 432.4	10 468.0	10 368.7	10 235.2	10 179.3	10 314.8	10 330.2	10 474.7	10 490.6	10 489.6	10 527.4	10 416.6
	中长期	32 152.7	32 605.4	33 070.8	33 727.0	34 391.9	34 960.6	35 387.9	35 638.5	36 221.8	36 456.2	36 784.8	37 088.0
	票据融资	1 561.2	1 560.8	1 472.6	1 430.5	1 345.4	1 211.0	1 188.0	1 181.5	1 158.0	1 181.3	1 181.2	1 262.0
	各项贷款余额比上月增加（亿元）	874.4	504.6	264.8	494.2	590.3	589.6	427.9	383.1	575.2	266.3	374.5	252.9
	其中：短期	-18.0	35.6	-99.3	-133.5	-55.9	135.5	15.4	144.5	15.9	-1.0	37.8	-110.8
	中长期	1 053.6	452.7	465.4	656.1	665.0	568.7	427.3	250.5	583.3	234.4	328.7	303.2
	票据融资	-153.79	-0.49	-88.13	-42.13	-85.06	-134.46	-22.96	-6.56	-23.43	23.29	-0.11	80.8
	金融机构各项贷款同比增长（%）	12.7	13.1	12.3	12.6	13.2	13.0	13.2	13.2	13.1	13.1	13.1	12.9
	其中：短期	-4.6	-4.3	-5.5	-6.0	-6.4	-4.5	-3.5	-1.5	-1.2	-1.3	-1.2	-0.5
	中长期	19.7	20.0	19.7	20.7	22.0	21.2	21.6	20.7	20.9	20.8	20.8	19.3
	票据融资	12.6	12.6	3.4	-5.8	-15.2	-24.2	-29.4	-30.2	-35.9	-34.0	-35.5	-26.4
	建筑业贷款余额（亿元）	1 684.6	1 717.3	1 739.9	1 775.0	1 813.2	1 848.2	1 885.5	1 913.3	1 908.1	1 903.4	1 923.8	1 931.3
	房地产业贷款余额（亿元）	2 869.3	2 972.5	3 100.2	3 219.3	3 313.7	3 359.9	3 418.0	3 426.0	3 528.0	3 498.2	3 472.3	3 425.6
	建筑业贷款同比增长（%）	14.9	14.4	13.1	11.7	13.9	16.6	18.3	19.3	18.6	17.3	17.9	20.0
	房地产业贷款同比增长（%）	19.5	19.5	22.2	25.3	27.2	28.2	32.1	32.4	35.5	34.3	34.5	25.8
人民币	金融机构各项存款余额（亿元）	67 896.9	69 091.4	69 464.9	68 582.3	68 986.5	69 901.5	69 465.4	70 564.3	71 083.1	71 237.8	71 414.1	71 591.4
	其中：住户存款	34 217.2	34 370.3	34 548.6	33 904.6	33 877.0	34 348.2	34 128.7	34 428.9	34 894.2	34 413.5	34 466.4	34 800.9
	非金融企业存款	16 283.6	16 562.1	17 237.3	17 083.6	17 125.2	17 499.6	17 234.9	17 832.1	17 853.4	17 885.9	17 741.9	18 151.6
	各项存款余额比上月增加（亿元）	2 258.7	1 194.5	373.5	-882.6	217.2	1086.1	-436.1	1 098.9	518.8	154.6	176.4	177.3
	其中：住户存款	2 264.4	153.1	178.4	-644.0	-27.6	471.2	-219.5	300.2	465.3	-480.8	52.9	334.5
	非金融企业存款	-994.4	278.5	675.2	-153.7	41.6	374.3	-264.7	597.3	21.3	32.5	-144.0	409.7
	各项存款同比增长（%）	13.2	13.5	11.7	11.0	10.5	9.7	9.0	9.0	9.8	9.2	9.1	9.1
	其中：住户存款	17.1	11.3	11.2	10.9	10.5	10.7	10.0	9.9	9.8	9.3	9.1	8.9
	非金融企业存款	6.2	12.7	13.1	11.1	8.3	6.2	5.4	6.3	5.4	5.5	4.3	4.1
	金融机构各项贷款余额（亿元）	43 683.9	4 4178.4	44 449.9	44 966.1	45 584.8	46 027.7	46 443.3	46 795.7	47 316.6	47 561.6	47 886.5	48 124.4
	其中：个人消费贷款	9 403.9	9 534.1	9 726.5	9 873.0	10 035.0	10 276.0	10 438.9	10 603.2	10 772.7	10 895.0	11 056.2	11 129.4
	票据融资	1 559.0	1558.5	1 470.4	1 428.3	1 343.2	1 208.8	1 185.9	1 179.3	1 158.1	1 181.3	1 181.2	1 262.0
	各项贷款余额比上月增加（亿元）	852.42	494.51	271.49	516.18	551.53	507.6	415.65	352.36	520.92	244.98	324.9	238.0
	其中：个人消费贷款	157.1	130.2	192.5	146.5	162.1	240.9	162.9	164.3	169.4	122.3	161.2	73.3
	票据融资	-153.76	-0.49	-88.14	-42.13	-85.05	-134.43	-22.94	-6.52	-21.28	23.29	-0.11	80.8
	金融机构各项贷款同比增长（%）	12.7	13.0	12.1	12.5	13.2	12.5	13.0	12.9	12.8	12.8	12.7	12.4
	其中：个人消费贷款	20.3	21.9	21.7	22.0	22.1	22.6	22.6	22.5	22.0	21.9	21.3	20.4
	票据融资	12.4	12.4	3.2	-6.0	-15.4	-24.4	-29.5	-30.3	-35.9	-34.0	-35.5	-26.3
外币	金融机构外币存款余额（亿美元）	198.1	190.4	203.8	182.8	184.3	197.2	197.0	196.8	204.7	202.9	214.6	227.7
	金融机构外币存款同比增长（%）	27.1	18.9	24.3	-99.7	3.5	17.5	20.3	23.8	28.8	21.9	18.3	26.0
	金融机构外币贷款余额（亿美元）	107.4	108.7	107.3	104.2	110.0	123.5	126.2	133.3	140.7	143.9	152.2	156.1
	金融机构外币贷款同比增长（%）	9.8	16.3	17.3	-99.7	14.5	24.5	25.9	33.3	40.8	35.6	41.5	51.4

数据来源：中国人民银行成都分行。

表 2　2001~2017 年四川省各类价格指数

单位：%

		居民消费价格指数		农业生产资料价格指数		工业生产者购进价格指数		工业生产者出厂价格指数	
		当月同比	累计同比	当月同比	累计同比	当月同比	累计同比	当月同比	累计同比
2001		—	2.1	—	-2.2	—	—	—	-1.5
2002		—	-0.3	—	4.1	—	-0.8	—	-2.3
2003		—	1.7	—	0.8	—	1.8	—	0.4
2004		—	4.9	—	10.9	—	10.3	—	5.4
2005		—	1.7	—	7.2	—	9.3	—	4
2006		—	2.3	—	3.3	—	4.5	—	1.9
2007		—	5.9	—	9.0	—	5.7	—	3.9
2008		—	5.1	—	16.6	—	12.4	—	9.3
2009		—	0.8	—	1.2	—	-4.7	—	-3.5
2010		—	3.2	—	3.6	—	6.1	—	5.0
2011		—	5.3	—	12.4	—	12.6	—	7.3
2012		—	2.5	—	4.7	—	0.0	—	-1.4
2013		—	2.8	—	1.5	—	-0.8	—	-1.4
2014		—	1.6	—	-0.9	—	-2.2	—	-1.9
2015		—	1.5	—	1.5	—	-3.3	—	-3.6
2016		—	1.9	—	3.7	—	-1.2	—	-1.1
2017		—	1.4	—	-0.2	—	8.3	—	6.5
2016	1	1.4	1.4	2.7	2.7	-3.8	-3.5	-3.5	-3.8
	2	2.2	1.8	2.8	2.7	-3.6	-3.7	-3.4	-3.4
	3	2.3	2.0	3.6	3.0	-3.8	-3.7	-2.9	-3.3
	4	2.3	2.1	3.6	3.2	-3.2	-3.6	-2.3	-3.0
	5	1.9	2.0	3.5	3.2	-2.8	-3.4	-1.7	-2.8
	6	1.7	2.0	4.4	3.4	-2.4	-3.3	-1.5	-2.6
	7	1.4	1.9	4.3	3.5	-2.0	-3.1	-1.5	-2.4
	8	0.9	1.8	3.3	3.5	-1.4	-2.9	-1.0	-2.2
	9	1.8	1.8	4.2	3.6	-0.6	-2.6	-0.5	-2.0
	10	2	1.8	3.2	3.6	0.8	-2.3	0.2	-1.8
	11	2.5	1.8	3.6	3.6	2.0	-1.8	2.0	-1.5
	12	2.5	1.9	4.8	3.7	5.9	-1.2	3.6	-1.1
2017	1	2.6	2.6	3.9	3.9	7.1	7.1	4.4	4.4
	2	0.8	1.7	3.8	3.8	8.2	7.4	5.5	5.0
	3	0.9	1.4	1.6	3.1	9.2	8.2	6.0	5.3
	4	1.2	1.4	0.6	2.4	8.9	8.4	5.7	5.4
	5	1.5	1.4	-0.8	1.8	7.8	8.2	5.7	5.5
	6	1.4	1.4	-3.5	0.9	7.6	8.1	6.0	5.6
	7	1.3	1.4	-3.5	0.3	7.7	8.1	6.7	5.7
	8	1.8	1.4	-3.4	-0.2	8.3	8.1	7.1	5.9
	9	1.4	1.4	-1.8	-0.4	9.6	8.3	7.9	6.1
	10	1.4	1.4	0.9	-0.3	9.4	8.4	8.3	6.3
	11	1.3	1.4	0.5	-0.2	8.5	8.4	7.5	6.4
	12	1.4	1.4	-0.4	-0.2	7.1	8.3	6.6	6.5

数据来源：四川省统计局。

表 3 2017 年四川省主要经济指标

	1月	2月	3月	4月	5月	6月	7月	8月	9月	10月	11月	12月
	绝对值（自年初累计）											
地区生产总值（亿元）	—	—	7 552.0	—	—	16 080.3	—	—	27 297.2	—	—	36 980.2
第一产业	—	—	613.4	—	—	1 496.9	—	—	3 371.0	—	—	4 282.8
第二产业	—	—	3 688.9	—	—	7 288.2	—	—	10 557.3	—	—	14 294.0
第三产业	—	—	3 249.8	—	—	7 295.2	—	—	13 369.0	—	—	18 403.4
工业增加值（亿元）	—	—	3 140.5	—	—	6 045.8	—	—	8 721.6	—	—	11 517.3
固定资产投资（亿元）	—	3 557.4	6 849.8	9 281.7	12 326.7	15 769.3	1 810.3	20 779.0	23 723.9	26 189.2	28 855.4	31 235.9
房地产开发投资	—	662.4	1 179.5	1 629.4	2 137.9	2 692.0	3 094.6	3 517.8	3 977.3	4 371.5	4 779.9	5 149.9
社会消费品零售总额（亿元）	—	2 668.5	4 051.0	5 423.9	6 872.2	8 312.7	9 737.9	11 121.5	12 555.3	14 178.7	15 778.3	17 480.5
外贸进出口总额（亿元）	—	611.2	965.7	1 285.4	1 671.9	2 098.7	2 502.7	2 903.8	3 336.9	3 752.8	4 227.0	4 605.9
进口	—	329.9	497.2	639.0	808.8	994.6	1 158.8	1 329.8	1 529.8	1 701.1	1 913.8	2 067.4
出口	—	281.3	468.5	646.5	863.1	1 104.0	1 344.0	1 574.0	1 807.1	2 051.6	2 313.2	2 538.5
进出口差额（出口－进口）	—	-48.6	-28.6	7.5	54.4	109.4	185.2	244.2	277.3	350.5	399.4	471.1
实际利用外资（亿美元）	4.9	12.0	25.6	29.1	35.6	49.5	53.5	59.6	68.6	73.4	80.1	85.9
地方财政收支差额（亿元）	-216.3	-390.8	-989.3	-1 288.5	-1 719.7	-2 682.4	-2 971.9	-3 368.2	-3 950.0	-4 091.5	-4 388.7	-5 106.8
地方财政收入	346.4	547.2	963.8	1206.2	1 537.4	1942	2182.8	2 377.0	2 656.6	2 932.5	3 217.9	3 579.8
地方财政支出	562.72	938.01	1 953.1	2 494.7	3 257.1	4 624.4	5 154.7	5 745.2	6 606.6	7 024.0	7 606.6	8 686.6
城镇登记失业率（%）（季度）	—	—	—	—	—	—	—	—	—	—	—	—
	同比累计增长率（%）											
地区生产总值	—	—	8.2	—	—	8.2	—	—	8.1	—	—	8.1
第一产业	—	—	3.1	—	—	3.4	—	—	3.8	—	—	3.8
第二产业	—	—	7.8	—	—	7.8	—	—	7.5	—	—	7.5
第三产业	—	—	9.8	—	—	9.8	—	—	9.8	—	—	9.8
工业增加值	—	—	8.3	—	—	8.6	—	—	8.1	—	—	8.3
固定资产投资	—	12.9	12.6	12.8	12.6	12.5	12.5	11.8	10.8	10.6	10.6	10.6
房地产开发投资	—	9.6	0.9	4.2	2.4	2.6	2.0	0.4	-1.7	-2.7	-2.8	-2.5
社会消费品零售总额	—	12.2	12.3	12.4	12.3	12.4	12.4	12.2	12.1	12.0	12.0	12.0
外贸进出口总额	—	73.8	57.1	52.1	54.1	59.5	59.1	56.7	51.9	48.4	46.1	41.2
进口	—	104.5	76.4	67.6	63.3	68.2	65.8	60.4	58.6	55.8	53.4	46.2
出口	—	47.8	40.8	39.3	46.3	52.4	53.7	53.8	46.7	42.8	40.6	37.4
实际利用外资	3.3	2.5	8.8	7.7	8.6	7.4	3.1	7.1	6.3	6.3	6.6	7.5
地方财政收入	9.1	9.2	9.1	9	9.2	9.3	9.4	10.1	10.2	11.2	10.2	9.5
地方财政支出	68.93	21	21.9	18.7	14	14.5	19.4	16.5	14.1	12.7	8.6	10.8

数据来源：四川省统计局。

贵州省金融运行报告（2018）

中国人民银行贵阳中心支行货币政策分析小组

[内容摘要] 2017 年，贵州省坚持守好发展和生态两条底线，以供给侧结构性改革为主线，以脱贫攻坚统揽经济社会发展全局，强力推进“大扶贫、大数据、大生态”三大战略行动，统筹做好稳增长、促改革、调结构、惠民生等各项工作，经济发展呈现出“稳中有进、转型加快、质量提升、民生改善”的良好态势。

具体来看，一是全省经济总量不断扩大，经济增速平稳较快。全省地区生产总值突破 1.3 万亿元，财政总收入突破 2 600 亿元，规模以上工业增加值、社会消费品零售总额均突破 4 000 亿元。全省地区生产总值增长 10.2%，增速高于全国 3.3 个百分点，自 2011 年以来持续位居全国前三位。二是需求结构进一步优化。全省固定资产投资比上年增长 20.1%，增速高于全国水平 12.9 个百分点。房地产开发投资增速由上年的负增长转为正增长。高耗能行业投资持续下降，装备制造业、高新技术产业、租赁和商务服务业、太阳能发电等新兴领域投资持续快速增长。消费市场保持活跃，全省限额以上城镇消费品零售额比上年增长 13.1%，汽车、化妆品、家具、金银珠宝等升级类商品零售额增长较快，网络零售额保持快速增长。全省货物进出口总额由上年的负增长转为大幅正增长。三是产业结构加快调整和转型升级。三次产业比例调整为 14.9：40.2：44.9，第一、第二、第三产业增加值分别较上年增长 6.7%、10.1% 和 11.5%。服务业拉动能力明显增强，全年增加值同比增速高于全国 3.5 个百分点，其中旅游业增长保持“井喷”势头，全省旅游总人数、总收入分别较上年增长 40% 和 41.6%。新兴产业快速发展，全省高技术制造业增加值比上年增长 39.9%，增速高于规模以上工业增加值 30.4 个百分点，增加值占规模以上工业增加值的比重为 8.1%，比上年提高 1.3 个百分点。医药制造业以及计算机、通信和其他电子设备制造业增加值增长较快，分别比上年增长 21.3% 和 86.3%。四是供给侧结构性改革成效明显。关闭煤矿 120 处，淘汰落后产能 1 749 万吨。商品房屋销售面积是竣工面积的 4.01 倍，库存进一步减少。全省规模以上工业企业资产负债率较上年下降 1.2 个百分点。把降低电价作为重点，全年实体经济降低成本 600 亿元以上。全省短板领域投资增长较快，教育及卫生和社会工作投资分别同比增长 49.4% 和 79.1%。五是“三个收入”较快增长，物价水平和就业形势总体稳定。全省财政收入、规模以上工业企业主营业务收入和全体居民人均可支配收入分别较上年增长 10.1%、18.7% 和 10.5%。全年居民消费价格指数同比增长 0.9%，涨幅较上年回落 0.5 个百分点。全省城镇新增就业 76.85 万人，城镇登记失业率控制在目标范围以内。六是脱贫攻坚获得新战果。开展脱贫攻坚专项行动，2017 年减少农村贫困人口 120 万人，贫困发生率下降到 8% 以下。实施产业扶贫项目 1.5 万个，257 万人次享受“四重医疗保障”，完成 20 万户农村危房“危改”“三改”，资助贫困家庭学生 83 万人。赤水市成功脱贫摘帽，贫困县退出实现零的突破。七是生态文明建设迈出新步伐。全省坚持走绿色发展之路，把“绿色 +”融入经济社会发展各个方面，强力推进生态文明试验区建设。高耗能行业产出、投资、能耗都呈现低速增长或负增长，绿色经济发展加快、占比提高。

2017 年，全省金融业紧紧围绕服务实体经济、防控金融风险、深化金融改革三项任务，紧扣三大战略行动，积极优化资源配置，持续提升金融服务质量和水平，为供给侧结构性改革和全省经济高质量发展营造了适宜的货币金融环境。

具体来看，一是对实体经济支持力度持续加大。2017 年末，全省金融机构本外币、人民币各项贷款余额分别为 20 965.3 亿元、20 860.3 亿元，同比分别增长 16.7%、16.8%。贵州省社会融资规模 4 161.5 亿元，同比少增 165.9 亿元。信贷结构持续优化，民生领域、重点领域的信贷投放力度继续加大，其中，贫困地区、涉农、小微企业和保障性住房开发贷款余额同比分别增长 20.4%、20.5%、28.8% 和 43.5%，全省水利环境、租赁商务、卫生行业贷款余额同比分别增长 29.1%、63.4% 和 23.2%。二是金融市场运行平稳。全省一般贷款加权平均利率 6.4572%，较上年下降 22 个基点。贵州高速公路投资有限公司发行全国首批、全省首只扶贫票据，多家金融机构积极筹备绿色金融债券发行工作。三是银行业、证券业、保险业金融机构稳健发展。银行业机构个数、从业人员稳步增加，新型农村金融机构数量增长明显，2017 年末机构网点总数、从业人员总数和法人机构总数同比分别增长 1.5%、3.3% 和 13.9%。进出口银行已在贵州筹建分行，2017 年新开业村镇银行 19 家。证券业机构资本实力不断增强，2017 年末法人证券公司资产总额 379.7 亿元，同比增长 24.9%。27 家上市公司总市值 11 306.9 亿元，整体经营状况良好。直接融资规模大幅增长，新三板和省股权交易中心企业挂牌实现新突破。保险市场组织体系不断完善，贵州省第一家法人保险机构成立，省级保险分公司增加 2 家。全省保险业 31 家分公司以上保险机构资产总额同比增长 16.2%，保费收入连续三年保持 20% 以上较快增长。保障功能有效发挥，保险业务结构不断优化，保障程度弱、内含价值低的业务占比不断收缩。四是贵安新区绿色金融改革创新试验区建设稳步推进。截至 2017 年末，共有 13 家金融机构已在贵安新区设立或正在筹备绿色分支机构（或绿色金融事业部）。全省绿色贷款余额（根据人民银行绿色贷款统计口径）占全省金融机构人民币各项贷款余额的 8.1%。贵州银行、贵阳银行积极筹备发行绿色金融债券，全年 60 家绿色企业在贵州股交中心挂牌。设立 4 只绿色基金，募集规模达 38 亿元以上。五是金融生态环境进一步改善。深入推进金融生态环境测评工作和农村信用体系建设，社会信用环境进一步优化。建设“信用引领融资对接”平台，搭建银企交流互动桥梁。金融信用信息基础数据库覆盖面不断扩大，联合激励和惩戒的效果显现。大小额支付系统清算业务量稳步增长，支付技术应用创新大力推进，农村支付服务进一步完善。

2018 年是贯彻党的十九大精神的开局之年，是改革开放 40 周年，是全省决战脱贫攻坚、决胜同步小康、实施“十三五”规划至关重要的一年。贵州省正处于工业化、城镇化加速发展期，瓶颈制约加快破解，要素资源加速集聚，后发优势叠加释放的时期。贵州省经济社会发展主要预期目标是：地区生产总值增长 10% 左右，减少农村贫困人口 120 万人，16 个贫困县摘帽、2 500 个贫困村退出。2018 年，全省金融系统将深刻领会“着眼于高质量发展”的目标要求，坚持稳中求进工作总基调，认真贯彻落实货币政策和宏观审慎政策双支柱调控框架要求，保持全省货币信贷及地区社会融资规模合理增长。全力以赴配合打好“三大攻坚战”，坚决守住不发生系统性金融风险底线。更加注重金融供给的质量和效益，千方百计发挥金融在服务实体经济上的重要作用，全力助推贵州省决战脱贫攻坚、决胜同步小康。

一、金融运行情况

2017年，贵州省金融业保持快速发展态势，在服务业中属增长较快行业，全省金融业增加值787.9亿元，比上年增长13.4%。货币政策和宏观审慎政策双支柱调控框架有效贯彻落实，全省货币信贷和地区社会融资规模合理增长，金融扶贫深入推进，多层次资本市场建设成效明显，保险业务快速增长，金融市场运行平稳，金融生态环境建设持续推进。

（一）银行业运行稳健，组织体系进一步完善

银行业金融机构持续增多，存款增速回落，贷款平稳增加，信贷结构持续优化，贷款利率持续回落，机构改革稳步推进，跨境人民币业务平稳发展，但银行业经营压力加大。

1. 银行业金融机构经营总体稳健。银行业组织体系进一步完善，机构个数和从业人员稳步增加，新型农村金融机构数量增长明显。年末机构网点总数、从业人员总数和法人机构总数同比分别增长1.5%、3.3%和13.9%。银行业金融机构资产规模增速趋缓，同比增长12.8%，经营总体稳健。

表1　2017年贵州省银行业金融机构情况

机构类别	营业网点			法人机构（个）
	机构个数（个）	从业人数（人）	资产总额（亿元）	
一、大型商业银行	1 103	23 245	9 564	0
二、国家开发银行和政策性银行	72	1 504	5 143	0
三、股份制商业银行	119	2 959	1 767	0
四、城市商业银行	523	11 276	7 525	2
五、城市信用社	0	0	0	0
六、小型农村金融机构	2 347	27 494	7 880	84
七、财务公司	5	90	1 017	3
八、信托公司	1	375	138	1
九、邮政储蓄银行	963	2 639	1 186	0
十、外资银行	1	17	3	0
十一、新型农村金融机构	202	3 712	401	73
十二、其他	4	209	130	1
合计	5 340	73 520	34 755	164

续表

注：大型商业银行包括中国工商银行、中国农业银行、中国银行、中国建设银行和交通银行；小型农村金融机构包括农村商业银行、农村合作银行和农村信用社；新型农村金融机构包括村镇银行、贷款公司、农村资金互助社；“其他”包含金融租赁公司。

数据来源：贵州银监局、中国人民银行贵阳中心支行。

2. 存款增速回落。年末金融机构本外币、人民币存款余额增速分别为9.9%和9.8%，较上年分别下降12.1个和12.5个百分点，人民币存款余额增速为近19年来最低值。其中，企业存款增速下降最快，年末非金融企业本外币存款增速为8.6%，低于上年同期27.2个百分点。

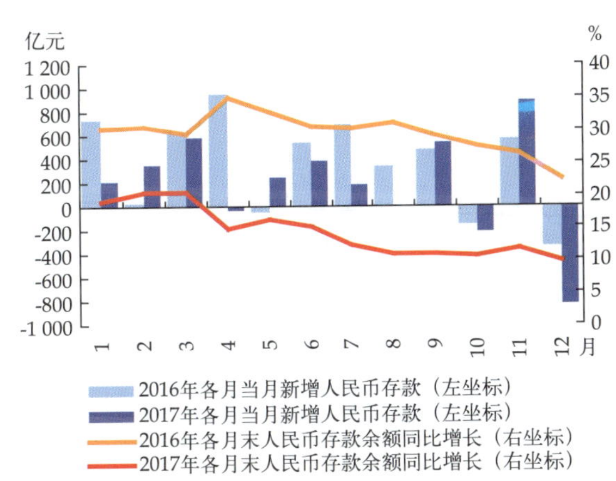

数据来源：中国人民银行贵阳中心支行。

图1　2016~2017年贵州省金融机构人民币存款增长变化

3. 贷款保持稳定增长。全年贷款增长总体平稳，增速小幅回落。受经济社会发展客观情况和各类监管政策趋紧等因素的影响，中长期贷款投放放缓。受地方政府债券置换大量存量贷款的影响，贷款增速在第二、第三、第四季度出现明显下滑，年末金融机构本外币、人民币贷款余额分别增长16.7%和16.8%，均低于上年同期水平。其中，个人中长期消费信贷保

持稳定增长，非金融企业中长期贷款余额同比增长 19.6%，比上年末低 2.2 个百分点；贫困地区、涉农、小微企业和保障性住房开发四个民生领域的贷款余额保持较快增长，增速分别为 20.4%、20.5%、28.8% 和 43.5%；精准扶贫贷款余额、当年新增额位居全国第一；全省水利环境、租赁商务、卫生行业贷款余额同比分别增长 29.1%、63.4% 和 23.2%，"5 个 100 工程"[①]、重大工程、重点项目等重点领域的信贷投放力度继续加大。

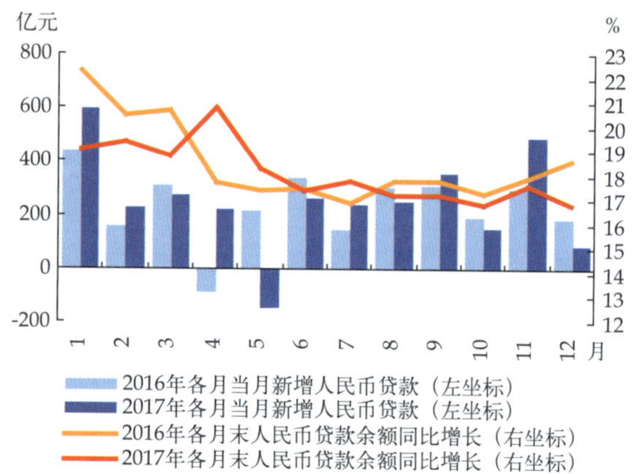

数据来源：中国人民银行贵阳中心支行。

图 2　2016~2017 年贵州省金融机构人民币贷款增长变化

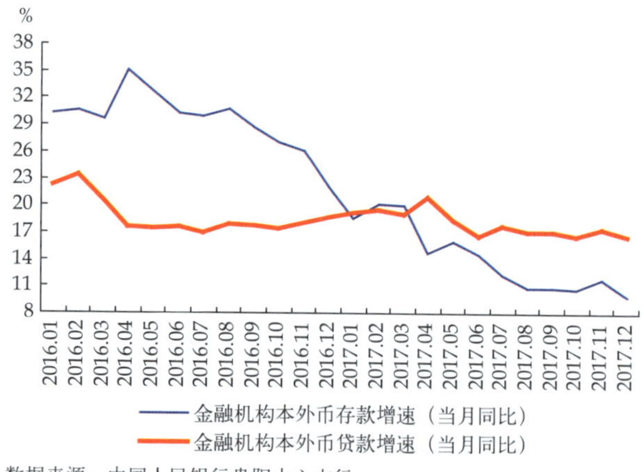

数据来源：中国人民银行贵阳中心支行。

图 3　2016~2017 年贵州省金融机构本外币存、贷款增速变化

4. 表外业务占比止跌回升。全省金融机构表外业务（含委托贷款、信托贷款和未贴现银行承兑汇票）规模较上年新增 823.5 亿元，同比多增 297.3 亿元。表外业务占地区社会融资规模增量比重为 19.8%，较上年增加 7.6 个百分点。

5. 利率定价自律机制作用进一步发挥。全省共有市场利率定价自律机制成员 36 家，其中 15 家基础成员，21 家观察成员。省内地方法人金融机构积极遵守省级市场利率定价自律机制约定，共同维护公平有序的市场竞争秩序，定价行为较为理性。2017 年，全省 10 家地方法人金融机构发行同业存单 2 560.4 亿元，较上年增长 91.6%；2 家地方法人金融机构发行大额存单 33.4 亿元。2017 年，全省一般贷款加权平均利率 6.4572%，较上年下降 22 个基点，小微企业和个人住房贷款利率有所上升。全年各类政策措施推动融资成本下降约 75 亿元，其中，再贷款等货币政策工具直接带动融资成本下降约 35 亿元。

表 2　2017 年贵州省金融机构人民币贷款各利率区间占比

单位：%

月份		1 月	2 月	3 月	4 月	5 月	6 月
合计		100.0	100.0	100.0	100.0	100.0	100.0
下浮		21.3	25.4	17.3	17.9	20.0	8.4
基准		21.7	27.1	23.5	18.7	23.1	25.8
上浮	小计	56.9	47.5	59.2	63.4	56.9	65.8
	(1.0，1.1]	13.7	12.6	18.2	17.0	14.6	14.5
	(1.1，1.3]	21.3	17.2	17.6	19.4	18.9	22.5
	(1.3，1.5]	9.1	7.2	10.3	11.8	11.4	15.2
	(1.5，2.0]	8.1	6.4	8.3	9.1	7.7	8.8
	2.0 以上	4.7	4.1	4.9	6.0	4.3	4.9

① "5 个 100 工程"是指贵州省重点打造的 100 个产业园区、100 个高效农业示范园区、100 个旅游景区、100 个示范小城镇、100 个城市综合体。

续表

月份		7月	8月	9月	10月	11月	12月
	合计	100.0	100.0	100.0	100.0	100.0	100.0
	下浮	7.8	15.8	9.2	11.5	6.7	11.2
	基准	25.0	19.6	19.5	21.2	23.7	21.1
上浮	小计	67.1	64.6	71.2	67.3	69.5	67.6
	(1.0，1.1]	10.4	15.1	15.7	9.6	10.1	12.6
	(1.1，1.3]	23.3	17.0	19.4	17.2	18.7	18.2
	(1.3，1.5]	16.0	13.5	16.8	18.0	16.5	16.6
	(1.5，2.0]	9.9	9.5	11.2	11.4	14.0	11.0
	2.0 以上	7.6	9.6	8.2	11.1	10.2	9.4

数据来源：中国人民银行贵阳中心支行。

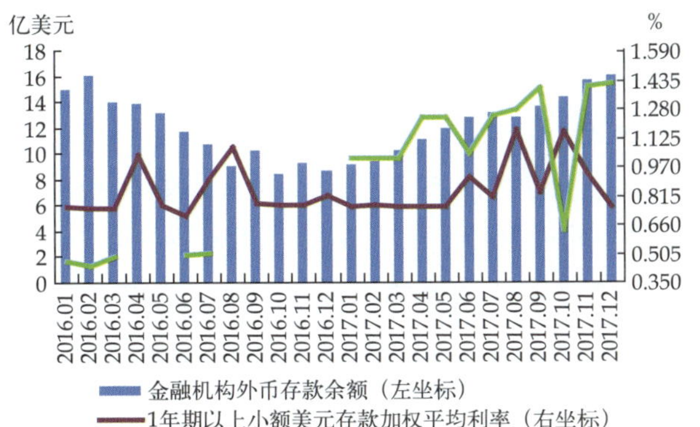

数据来源：中国人民银行贵阳中心支行。

图 4　2016~2017 年贵州省金融机构外币存款余额及外币存款利率

6. 地方法人金融机构流动性指标稳定，农村中小金融机构经营压力继续加大。 2017 年，全省地方法人机构存贷款业务继续快速增长，年末全省地方法人金融机构人民币各项存款余额 12 484.9 亿元，同比增长 21.2%，各项贷款余额 6 663.8 亿元，同比增长 21.5%，增速分别高于全省存贷款增速 11.4 个和 4.7 个百分点。地方法人机构流动性指标较为稳定，整体上表现为资金净融出，年末流动性比率达 54.8%，同比提高 1 个百分点。法人机构盈利水平有所下降，年末资产利润率为 0.9%，同比下降 0.2 个百分点。全年地方法人机构不良贷款持续上升，年末总体不良率达 5.4%，同比上升 2.6 个百分点。其中，农村中小金融机构年末总体不良率达 7.4%，部分机构资本充足情况、资产质量、盈利能力等核心监管指标有所下滑，经营压力继续加大。

7. 银行业金融机构改革稳步推进。 中国进出口银行已在贵州筹建分行。截至年末，全省已组建农村商业银行 43 家，其余 41 家农村信用社中，12 家已获得筹建农村商业银行批复。全省村镇银行 73 家，2017 年新开业 19 家，预计 2018 年全省将实现所有县、市、区村镇银行全覆盖。全省 33 家农行县级三农金融事业部考核达标，执行差别化存款准备金率。

8. 跨境人民币业务稳步推进。 全省跨境人民币实际收付金额 161 亿元，同比下降 48.2%。服务贸易同比上升 51.1%，创历年新高。开展跨境人民币业务的银行达 21 家，较上年增加 4 家，受益主体（包括企业、机关、团体等）上升至 760 家，较上年新增 166 家，业务覆盖面日益扩大。苹果技术服务（贵州）有限公司用人民币注入资本金 7 000 万元，顺利落户贵安新区。

专栏 1　贵州省金融精准扶贫示范县创建工作取得积极成效

为深入贯彻中国人民银行总行及贵州省委、省政府有关工作部署，助推全省“大扶贫”战略实施，纵深推动金融精准扶贫工作取得实效，2017 年，中国人民银行贵阳中心支行在全省范围开展金融精准扶贫示范县创建工作，致力于打造出可操作、可复制、易推广的贵州金融扶贫样板，取得了积极成效。

一、规划引领，全面启动示范县创建工作

2017 年 3 月，为发挥金融扶贫典型示范引领效应，中国人民银行贵阳中心支行在全省10个县（区），即惠水县、平坝区、松桃县、大方县、威宁县、六枝特区、望谟县、务川县、雷山县、黎平县启动金融精准扶贫示范县创建工作，制定印发了《关于开展金融精准扶贫示范县创建的通知》。为确保创建工作取得实效，将其列为“一把手”工程，中国人民银行贵阳中心支行及各市州中心支行行领导带队深入示范县调研督导、座谈，指导设计创建方案，着力为全省打造效果实、可复制、易推广的典型经验。目前，全省10个示范县均围绕“六个有”的示范县创建标准，出台了示范县创建方案，为创建提供了坚实的制度保障（“六个有”标准，即有科学系统的创建方案；有强有力的组织保障；有全面动员发动，主动加强对地方政府、扶贫管理部门、金融机构等部门创建工作的宣传解释；有可操作、易复制、可推广的金融扶贫产品或模式；有较好的产业支撑，金融支持产业成效明显；有稳定的风险分担补偿机制）。

二、完善机制，确保示范县创建可持续

为有效推进示范县创建工作，实现创建长效化、制度化，根据中国人民银行贵阳中心支行的安排，全省10个金融精准扶贫示范县均组建了金融精准扶贫示范县工作领导小组，构建起了“蹲点调研”“数据共享”“政银企合作”“按月调度”等工作机制。如铜仁市组建创建专班到松桃示范县开展蹲点调研，指导和协调各项工作，并组织建立产业发展投融资项目库，为金融资源有效对接融资需求提供基础，目前库内现有536个产业项目融资需求约1 221亿元。中国人民银行黔东南州中心支行建立督办制度，挂图作战、对表推进，按月前往示范县进行工作调度和指导。平坝区开发信用信息管理系统构建金融大数据系统，实现各部门、金融机构间信息互联互通互换。

三、打造特色，因地制宜开展示范县创建

示范县创建鼓励各地结合地方经济发展的特点，突出1项创建目标，确保示范县金融精准扶贫工作有特色、有亮点、有实效。如惠水县以易地扶贫搬迁为创建重点，力争打造易地扶贫搬迁“四个加”后扶金融服务示范县；平坝区以金融促进产业发展为切入口，探索金融支持“塘约模式”的有效途径，打造“合股联营、村社一体”示范县；雷山县充分发挥旅游大县优势，积极打造金融支持“旅游产业+”助推脱贫攻坚模式；六枝特区则围绕“三变”改革，着力打造“融合三变、利益联结”及“融通市场、结对连心”的金融精准示范县。

四、创新产品服务，推动重点领域金融扶贫有效开展

为了给示范县创建提供支撑，各示范县金融系统积极开展金融产品和服务创新。如惠水县围绕易地扶贫搬迁“四个加”后扶金融服务，创新推出“迁企贷”“迁户贷”信贷产品，为易地扶贫搬迁户和吸纳搬迁群众就业的企业提供信贷资金支持。截至2017年末，获得“迁企贷”的企业共有21家，带动周边搬迁群众1 000余人就业。大方县创新引入社会资本，有效衔接金融资金，推广“银行信贷+恒大贴息+政府担保”产业扶贫贷款，全年累计发放贷款3 777万元，支持1 720户建档立卡贫困户发展肉牛养殖产业。望谟县利用“蒲公英”志愿者帮扶行动、“金融夜校”等平台，开展多形式金融知识教育服务。务川县引导金融服务触角向乡镇和村集体延伸，完善农村信用体系建设，促进示范县金融服务精细化，截至2017年末，务川县已建立农户信用档案逾12万户，建档农户均获得了3万~5万元不等的授信额度。

（二）证券业稳健发展，多层次资本市场建设成效明显

证券业机构资本实力不断增强，上市公司整体经营状况良好，直接融资规模大幅增长，新三板和省股权交易中心企业挂牌实现新突破。

1. 证券期货经营机构业务稳健发展。2017年末，全省共有法人证券公司2家，证券分公司23家，期货营业部10家。贵州证券经营机构全年实现营业收入20.3亿元，同比减少4.6%；实现净利润3.1亿元，同比减少16.2%。年末法人证券公司资产总额379.7亿元，同比增长24.9%；负债总额221.4亿元，同比增长57.3%。

表3　2017年贵州省证券业基本情况

项目	数量
总部设在辖内的证券公司数（家）	2
总部设在辖内的基金公司数（家）	0
总部设在辖内的期货公司数（家）	0
年末国内上市公司数（家）	27
当年国内股票（A股）筹资（亿元）	20.2
当年发行H股筹资（亿元）	0.0
当年国内债券筹资（亿元）	193.2
其中：短期融资券筹资额（亿元）	-49.5
中期票据筹资额（亿元）	0.8

注：当年国内股票（A股）筹资额指非金融企业境内股票融资。

数据来源：中国人民银行贵阳中心支行、贵州证监局、贵州省发展和改革委员会。

2. 上市公司数量增加，企业稳步发展。2017年末，全省27家上市公司总市值11 306.9亿元。全年上市公司和新三板挂牌公司累计实现股权融资总额30.6亿元。有4家公司首次在国内A股市场公开发行，融资17.8亿元。1家上市公司通过再融资募集资金1.6亿元。在新三板挂牌公司共59家，其中，新增挂牌公司12家，新三板挂牌企业共实现增发募集资金11.3亿元。

3. 企业融资结构持续调整。2017年，全省企业累计完成债券融资193.2亿元，其中通过公司债发行募集资金118.8亿元，通过资产证券化募集资金62亿元。贵州仅有一家区域性股权市场，截至2017年末，共有股权业务展示企业1 391家，股权交易业务累计融资63.3亿元，其中股权挂牌融资16.6亿元，私募可转换债券46.8亿元。

（三）保险业服务能力持续增强，业务结构不断优化

保险业发展形势总体较好，资产实力稳步增强，保费收入规模快速增长，保险综合服务功能稳步提升。

1. 保险市场组织体系不断完善。贵州省第一家法人保险机构华贵人寿成立，省级保险分公司增加2家，均为财产险公司。全省保险业31家分公司以上保险机构资产总额达到524.6亿元，同比增长16.2%。

表4　2017年贵州省保险业基本情况

项目	数量
总部设在辖内的保险公司数（家）	1
其中：财产险经营主体（家）	0
人身险经营主体（家）	1
保险公司分支机构（家）	31
其中：财产险公司分支机构（家）	20
人身险公司分支机构（家）	11
保费收入（中外资，亿元）	387.7
其中：财产险保费收入（中外资，亿元）	179.3
人身险保费收入（中外资，亿元）	208.5
各类赔款给付（中外资，亿元）	153.8
保险密度（元／人）	1 107.8
保险深度（%）	2.9

数据来源：贵州保监局。

2. 保险业务快速增长，保障功能有效发挥。全省保费收入387.7亿元，较上年增长20.7%，连续三年保持20%以上较快增长。其中，财产险保费179.3亿元，较上年增长17 %，增速高于全国4.3个百分点；人身险保费208.5亿元，较上年增长24%，增速高于全国3.7个百分点。全年累计提供各类风险保障24.2万亿元，较上年增长57.3%；支出赔款和给付金153.8亿元，较上年增长16.9%。保险保障增长速度大幅超过

保费收入增长速度。

3. 保险业务结构不断优化。全省人身险公司万能险规模保费下降16.7%，占比下降5.3个百分点；中短存续期业务规模下降35.2%，占比下降9.2个百分点。保障程度弱、内含价值低的业务占比不断收缩。人身险新单期缴率58.2%，增长7.5个百分点，是2010年以来最好水平。其中10年期及以上业务占新单期缴比为60%，高于全国8个百分点，持续发展基础进一步夯实。财产险公司非车险保费增长27.9%，占比提升1.9个百分点至23.4%。其中，与国计民生密切相关的农业保险、工程保险、保证保险、健康保险业务发展较快，分别增长24.8%、69.3%、41.1%和47%，多元化业务增长格局初步显现。

（四）直接融资占比下降，金融市场平稳运行

1. 直接融资规模占比下降明显。贵州省社会融资规模同比少增165.9亿元。其中信贷融资（含本外币贷款）占比较上年上升7.6个百分点。受去杠杆监管政策和债券市场利率上升影响，多数企业推迟发行计划，或进行信贷融资。全省直接融资（含企业债券、非金融企业境内股票融资）占比较上年下降15.8个百分点。

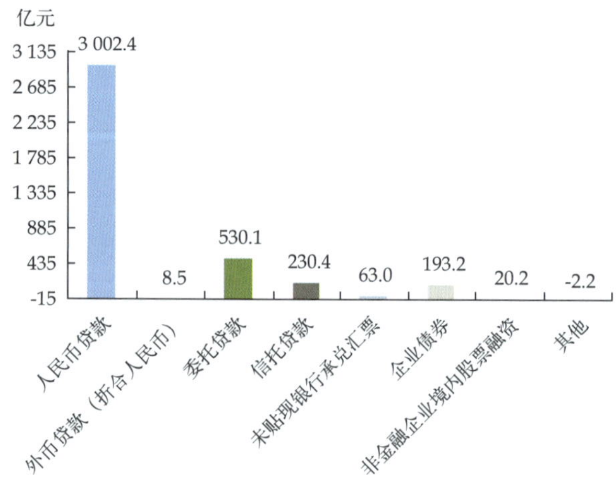

数据来源：中国人民银行贵阳中心支行、贵州省发展和改革委员会、贵州证监局、贵州保监局。

图5　2017年贵州省社会融资规模分布结构

2. 金融机构货币市场交易量稳步增长。2017年，全省银行间市场成员债券回购累计成交11.6万亿元，同比增长18.9%；资金净融出1.4万亿元，交易产品以隔夜品种为主，交易规模占比达84.7%；现券交易1.3万亿元，同比增长13.6%，非金融企业信用类债券占比23.3%，风险偏好较上年下降明显。全年信用拆借规模1 929.9亿元，与上年同期基本持平，其中以隔夜和7天两个期限为主，拆借规模占比分别为56.6%和36.4%。

3. 票据市场融资规模下降。全省银行承兑汇票累计签发量1 497.3亿元，同比下降18.2%。贴现累计发生额为638.2亿元，同比下降10.5%。票据市场银行承兑汇票贴现利率全年运行平稳。商业承兑汇票贴现利率在第二季度出现较大幅度上扬，下半年有所回落；票据转贴现利率自年初以来逐季小幅上涨。

表5　2017年贵州省金融机构票据业务量统计

单位：亿元

季度	银行承兑汇票承兑		贴现			
			银行承兑汇票		商业承兑汇票	
	余额	累计发生额	余额	累计发生额	余额	累计发生额
1	862.2	365.2	99.5	320.5	5.0	1.5
2	840.0	391.6	83.0	107.0	6.6	15.0
3	849.3	351.8	73.1	74.2	6.9	8.3
4	880.5	388.8	96.3	109.1	6.5	2.7

数据来源：中国人民银行贵阳中心支行。

表6　2017年贵州省金融机构票据贴现、转贴现利率

单位：%

季度	贴现		转贴现	
	银行承兑汇票	商业承兑汇票	票据买断	票据回购
1	4.3697	5.7235	3.3742	—
2	5.3224	6.6168	3.6474	—
3	5.1554	6.0811	3.7408	—
4	5.3267	5.9947	3.8704	—

数据来源：中国人民银行贵阳中心支行。

4. 直接融资创新发展。贵州高速公路投资有限公司发行全国首批、全省首只募集资金全部用于扶贫的专项扶贫中期票据，银行间债券市场支持全省金融精准扶贫取得创新突破。贵阳银行、贵州银行、遵义汇川农商行积极筹备绿色金融债券发行工作。

（五）贵安新区绿色金融改革创新试验区建设稳步推进

2017 年 6 月，贵安新区获国务院批准，成为全国五个绿色金融改革创新试验区之一。截至 2017 年末，共有 13 家金融机构在贵安新区设立或正在筹备绿色分支机构（或绿色金融事业部）。全省绿色贷款余额（根据中国人民银行绿色贷款统计口径）为 1 679.8 亿元，占全省金融机构人民币各项贷款余额的 8.1%。贵州银行、贵阳银行积极围绕城市垃圾治理、节水节能、环境治理等方面的绿色项目筹备发行规模共计 180 亿元的绿色金融债券。全年 60 家绿色企业在贵州股交中心挂牌。设立 4 只绿色基金，募集规模达 38 亿元以上。

（六）金融生态环境建设工作持续推进，金融基础设施进一步完善

深入推进金融生态环境测评工作，优化社会信用环境，推动金融和经济良性协调发展。大力推进农村信用体系建设，“农村信用信息管理平台”在安顺试点。积极建设“信用引领融资对接平台”，搭建银企交流互动桥梁。金融信用信息基础数据库覆盖面不断扩大，涵盖法院、税务、环保等多个政府部门信息，联合激励和惩戒的效果显现。2017 年末，数据库已收录全省 11.7 万户企业组织和 2414 万个自然人的信用信息，为全省信息主体和信息使用者提供企业信用报告查询 19.4 万次，个人信用报告查询 826.8 万次。大小额支付系统清算业务量稳步增长，电话支付客户数增长较快，达 1 134 万户。大力推进支付技术应用创新，全省多地实现小额免密免签闪付和二维码扫码支付乘坐公交车，并将应用拓展至食堂、校车、餐饮商户等场景。农村支付服务进一步完善，全省助农取款点达到 38 267 个。金融消费权益保护工作高效推动，制定下发《中国人民银行贵阳中心支行金融消费者权益保护实施细则》，全省人民银行各级分支机构共受理与处理金融消费者投诉 177 件、咨询 2 438 件，办结率 100%；“蒲公英”金融志愿服务行动深入推进，截至 2017 年末，全省招募“蒲公英”金融服务志愿者 12 692 名、联络员 6 084 名，联系帮扶贫困村 8 763 个。

二、经济运行情况

2017 年，全省经济社会发展呈现稳中有进、转型加快、质量提升、民生改善的良好态势。地区生产总值突破 1.3 万亿元，较上年增长 10.2%，增速高于全国 3.3 个百分点，居全国第 1 位。供给侧结构性改革取得实效，产业结构调整和转型升级加快推进，新业态新模式不断涌现，脱贫战果持续扩大，经济发展质量效益明显提升。

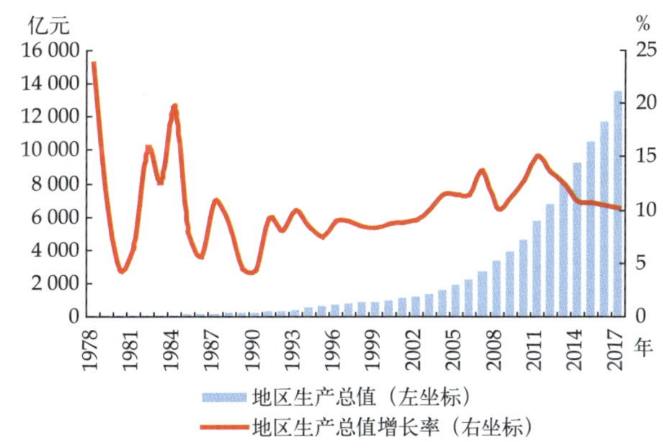

数据来源：《中国经济景气月报》、贵州省统计局。

图 6　1978~2017 年贵州省地区生产总值及其增长率

（一）投资、消费、对外贸易实现较快增长

投资、消费增速较上年小幅回落，但仍保持在较高水平。对外贸易增速由负转正，较上年实现大幅增长。

1. 固定资产投资较快增长，投资结构继续调整。全省固定资产投资实现 15 288 亿元，比

上年增长 20.1%，增速高于全国平均水平 12.9 个百分点。基础设施投资增长 25.5%；工业投资增长 5.2%；房地产开发投资增长 2.4%，增速由上年的负增长转为正增长。高耗能行业投资持续下降，装备制造业、高新技术产业、租赁和商务服务业、太阳能发电等新兴领域投资持续快速增长。房地产去库存力度加大，商品房销售面积同比增长 13%。

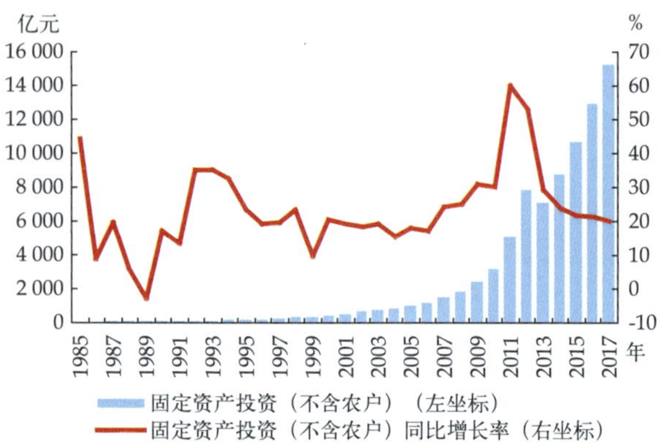

注：因从 2013 年起统计口径发生变化，只统计计划总投资 500 万元及以上的固定资产项目投产和房地产开发项目投资，因此与 2012 年数据不具有可比性。

数据来源：《中国经济景气月报》、贵州省统计局。

图 7　1985~2017 年贵州省固定资产投资（不含农户）及其增长率

2. 消费市场保持活跃，升级类消费快速增长。全省社会消费品零售总额 4 154 亿元，较上年增长 12%。农村居民人均可支配收入增速和人均消费支出增速分别比城镇居民高 0.9 个和 4.2 个百分点，汽车类、化妆品类、家具类、金银珠宝类等升级类商品零售额增长较快，网络零售额保持快速增长。

3. 对外贸易快速增长，利用外资规模扩大。全省货物进出口总额 549 亿元，比上年增长 46.2%，由上年的负增长转为正增长，其中进口额、出口额分别增长 151.6% 和 24.9%。货物贸易资金流动主要集中在机电、高新技术产品等行业，贸易方式仍以一般贸易为主。2017 年，全省外商直接投资持续增长，总额达 38.9 亿美元，较上年增长 21%。

数据来源：《中国经济景气月报》、贵州省统计局。

图 8　1978~2017 年贵州省社会消费品零售总额及其增长率

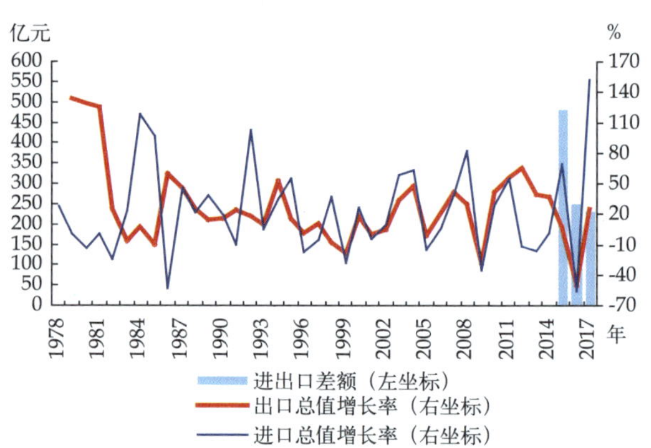

注：因从 2015 年起贵州省统计局公布的对外贸易的数据为人民币口径，因此图中进出口差额的数据为 2015 年以来的数据。

数据来源：《中国经济景气月报》、贵州省统计局。

图 9　1978~2017 年贵州省外贸进出口变动情况

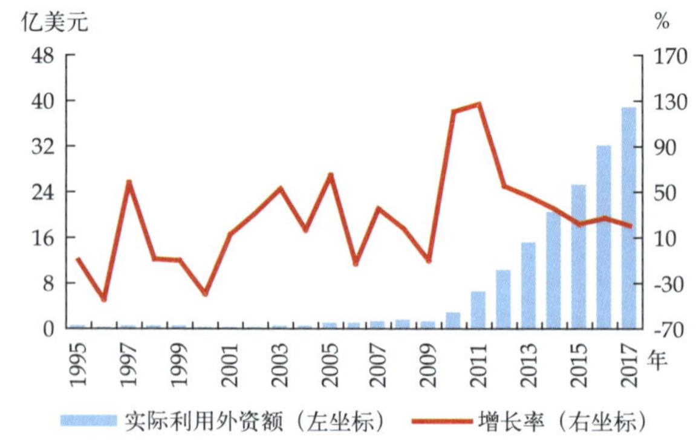

数据来源：《中国经济景气月报》、贵州省统计局。

图 10　1995~2017 年贵州省实际利用外资额及其增长率

（二）经济运行稳中有进，产业结构持续优化

全省加快推进产业转型升级，三次产业比例调整为14.9∶40.2∶44.9，第一、第二、第三产业增加值分别较上年增长6.7%、10.1%和11.5%。供给侧结构性改革取得积极进展，特色农业发展较快，工业结构调整成效明显，服务业拉动能力明显增强。

1. 农业生产稳定向好。农林牧渔业增加值较上年增长6.5%，高于上年0.6个百分点。种植业结构调整取得明显成效，增加值较上年增长7.4%，突出发展蔬菜、茶叶、园林水果等经济作物，粮经作物种植比调整为38∶62。产业扶贫取得实质性进展，通过蔬菜、茶叶、生态家禽、食用菌、中药材、一县一业等“5+1”产业发展带动约83万贫困人口脱贫，占全年脱贫人口近七成。创建国家现代农业产业园2个，获批国家农业可持续发展试验示范区1个，国家特色农产品优势区2个，“农保贷”金融支农试点获国家层面立项。

2. 工业经济平稳增长。规模以上工业增加值4 304.8亿元，较上年增长9.5%，增速高于全国水平2.9个百分点。19个重点监测的工业行业中，16个行业保持增长，8个行业增加值增速达两位数。部分传统行业贡献明显下降，医药、汽车、电子等新兴产业快速发展。企业总体效益持续改善，全省规模以上工业企业实现利润总额886.3亿元，同比增长46.4%，增速较上年加快40.8个百分点，为近五年来最快增长水平。

3. 服务业发展强劲。全年服务业实现增加值6 080.4亿元，同比增长11.5%，高于全国3.5个百分点。旅游业增长保持“井喷”势头，全省旅游总人数7.4亿人次，总收入7 116.8亿元，分别较上年增长40%和41.6%。交通投资保持高位运行，连续四年超千亿元，实现贵阳到市（州）中心城市双通道连接。全面启动农村“组组通”公路三年大决战，年末已实现76%。大数据行业加快发展，贵州成为国家电子政务云数据中心体系南方节点，“云上贵州”数据共享交换体系整体接入国家平台，贵阳市成为全国大数据及网络安全示范试点城市，贵阳大数据交易所会员超2 000家，苹果中国云服务数据中心、华为数据中心、腾讯数据中心等项目落地贵州。

注：2013年以后的规模以上工业统计口径为全部年主营业务收入2000万元及以上的工业企业，之前年度为500万元及以上口径。

数据来源：《中国经济景气月报》、贵州省统计局。

图11　1996~2017年贵州省规模以上工业增加值实际增长率

4. 供给侧结构性改革深入推进。扎实有效去产能，2017年关闭煤矿120处，淘汰落后产能1 749万吨。稳妥推进去库存，全省规模以上工业产成品存货周转天数比上年下降1.6天；商品房屋竣工面积同比下降38.4%，销售面积是竣工面积的4倍，商品房库存进一步减少。积极推进去杠杆，全省规模以上工业企业资产负债率为62.3%，较上年下降1.2个百分点。多措并举降成本，继续把降低电价、降低融资成本等作为重点，全年为实体经济降低成本600亿元以上。精准加力补短板，以打赢脱贫攻坚“四场硬仗”[①]为主攻重点，加大力度补短板。全省教育投资、卫生和社会工作投资以及移民搬迁投资分别同比增长49.4%、79.1%和64.4%。

5. 生态文明建设成效显著。全省秉持生态优先、绿色发展理念，深入实施大生态战略行

① 脱贫攻坚“四场硬仗”指基础设施建设、易地扶贫搬迁、产业扶贫和教育医疗住房保障。

动。环境质量持续向好。完成营造林 2 882 万亩，森林覆盖率提高到 55.3%，出境断面水质优良率 100%，集中式饮用水水源地水质达标率 100%，县城以上空气质量优良天数比例达到 97%。绿色经济加快发展。据测算，全省绿色经济“四型”① 产业增加值占地区生产总值的比重提高到 37%。

（三）居民消费价格增长放缓，工业品价格持续增长，农业生产资料价格总体下降

2017 年，全省物价水平保持稳定，全年居民消费价格指数同比增长 0.9%，涨幅比上年回落 0.5 个百分点，工业生产者购进价格指数、工业生产者出厂价格指数持续增长，全年分别同比增长 9.7% 和 7.2%，农业生产资料价格总体下降，全年同比下降 1.2%。

1. 居民消费价格平稳增长。全年各月居民消费价格同比增长总体在 0.4% 至 1.8% 之间平稳波动，其中，2 月同比增长 0.4%，1 月同比增长 1.8%。其中，消费品价格指数、服务项目价格全年分别上涨 0.6% 和 1.5%，食品烟酒、衣着、居住、生活用品及服务、交通和通信、教育文化和娱乐、医疗保健类价格全年分别上涨 0%、0.1%、1.5%、1%、1.9%、1.3% 和 1.8%。

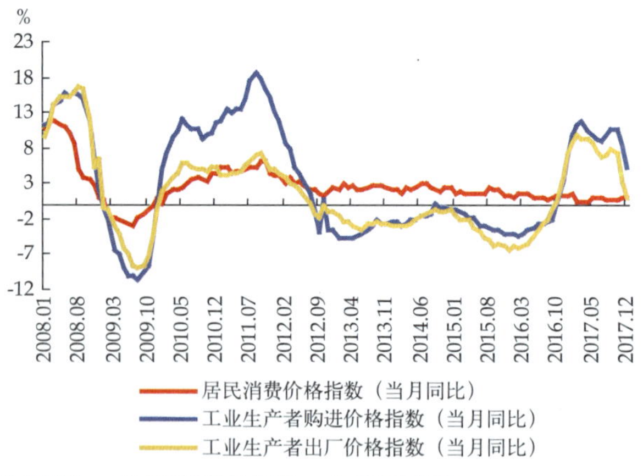

数据来源：《中国经济景气月报》、贵州省统计局。

图 12　2008~2017 年贵州省居民消费价格和生产者价格变动趋势

2. 工业生产价格持续增长，农业生产资料价格总体下降。工业生产者购进价格指数全年各月同比保持在 5.4% 至 11.8% 之间持续增长，其中 12 月同比增长 5.4%，3 月同比增长 11.8%。工业生产者出厂价格指数同比全年各月保持在 1% 至 9.9% 之间增长，其中 12 月同比增长 1%，2 月同比增长 9.9%。农业生产价格指数有所下降，农业生产资料价格 1 月、2 月分别同比增长 1.9% 和 2.4%，之后增速回落，至 5 月起转为负增长，5 月至 12 月各月同比增长在 -0.3% 至 -3.3% 之间，其中 7 月同比下降 3.3%。

3. 劳动力成本有所上升。城乡居民基本医保财政补助标准由 420 元提高到 450 元。调增退休人员基本养老金，2017 年，月人均调增基本养老金 174.2 元，月人均基本养老金水平达 2 874.1 元。月最低工资标准上调为：一类地区 1 680 元，增加 430 元；二类地区 1 570 元，增加 470 元；三类地区 1 470 元，增加 470 元。2017 年实现城镇新增就业 76.9 万人，同比增长 1.4%；农业劳动力转移就业 85.4 万人；城镇登记失业率为 3.2%；促进贫困劳动力就业创业 50.6 万人。

4. 资源性产品价格改革持续推进。深入推进输配电价改革，完善输配电价体系；建立健全水、电、天然气差别化价格政策体系；推进农业水价综合改革。2017 年印发并试运行《贵州能源工业运行新机制实施方案》，新机制通过打通煤—电—用产业链，构建煤炭、火电、水电利益紧密联结新机制；通过完善水电、火电发电权交易机制，确保煤炭企业均衡生产，确保电煤供应稳定，降低能源供应成本；通过放开竞争性环节电价、配售电业务和公益性调节性以外的发用电计划，市场化交易电量居全国第一，同时成为国内电价较低的省份之一。

（四）财政收支增速回落，民生支出力度持续加大

全省财政总收入较上年增长 10.1%。公共预

① “四型”分别为生态利用型、循环高效型、低碳清洁型、环境治理型。

算收入呈前高后低走势，全年同比增长 7.2%，较上年回落 0.9 个百分点。公共预算支出同比增长 8%，较上年提高 0.1 个百分点。财政支出着力保障重点领域特别是民生支出需要，民生直接相关支出同比增长 15.1%，较上年提高 5.1 个百分点。地方政府债务置换工作稳步推进，全年发行地方政府债券 2 099 亿元。

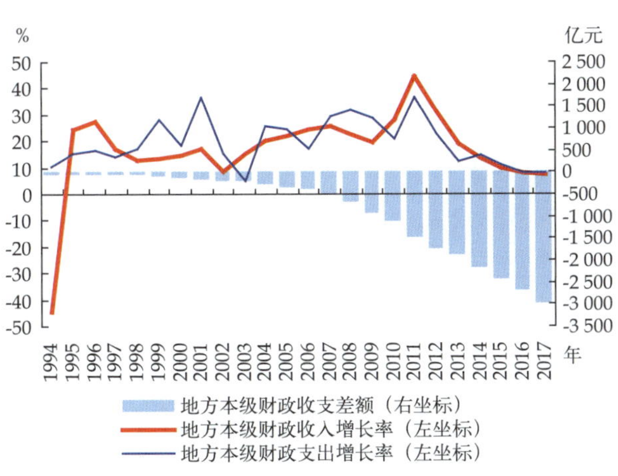

数据来源：《中国经济景气月报》、贵州省统计局。

图 13　1994~2017 年贵州省财政收支状况

（五）房地产投资小幅增长，销售持续回暖，医药产业快速发展

1. 房地产投资小幅增长，库存可控。全省房地产开发投资完成额 2 201 亿元，同比增长 2.4%，房地产开发投资增速高开低走，第一季度在上年基数较低基础上达到最高值（14.6%）以后逐步回落。土地购置面积、房屋新开工面积在连续三年下降后有所回暖。

（1）商品房销售面积实现较快增长。随着供给侧结构性改革的深入推进、城镇化进程的不断加快，全省商品房销售实现较快增长。全省商品房销售面积 4 696.9 万平方米，同比增长 13%，增速较上年同期回落 3.8 个百分点。从商品房销售面积构成情况看，住宅销售最多，办公楼销售面积增长最快，商业营业用房销售面积增速持续下降，增速分别为 13.7%、31.3% 和 5.8%。其中，住宅销售面积同比增长 13.7%，增速较上年同期回落 2.7 个百分点；办公楼销售面积同比增长 31.3%，增速较上年同期提升 21.5 个百分点。

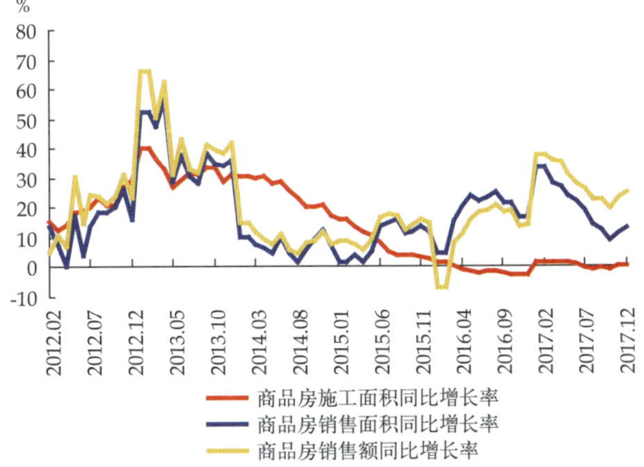

数据来源：《中国经济景气月报》、贵州省统计局。

图 14　2012~2017 年贵州省商品房施工和销售变动趋势

（2）商品房销售金额增长较快。全省商品房销售额 2 240.8 亿元，同比增长 25.1%，增速较上年同期提升 11.2 个百分点。其中，住宅销售额 1 623.4 亿元，比上年同期增长 27.9%，增速较上年同期提升 9.1 个百分点。贵阳市、遵义市 2017 年商品房销售价格继续上涨，涨幅有所回落。

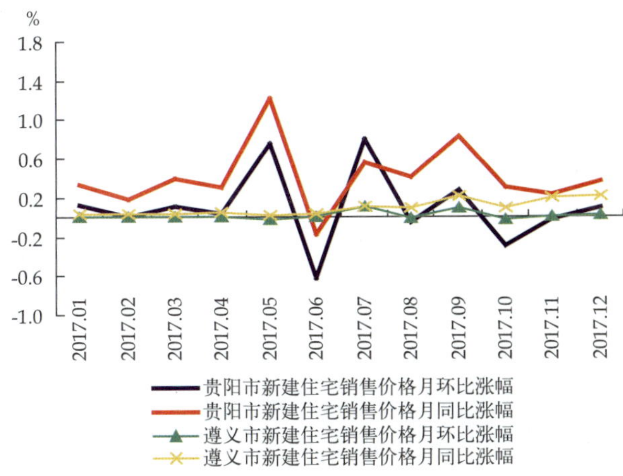

数据来源：《中国经济景气月报》、贵州省统计局。

图 15　2017 年贵州省主要城市新建住宅销售价格变动趋势

（3）房地产去库存力度加大。房地产市场去库存政策效应持续发力，2017年全省商品房销售面积增速高于全国平均水平5.3个百分点，可售面积继续保持减少趋势，商品房库存进一步减少，特别是办公用房和商业性用房库存面积总体可控。

（4）房地产贷款增速回落。2017年末，全省房地产贷款余额、当年新增贷款额占各项贷款余额和新增额的比例分别为22.4%和25.2%，房地产贷款增速与各项贷款增速之间的差距继续缩小，基本持平。其中，地产开发贷款增速继续回落，房产开发贷款增速有所提升，个人住房贷款增速放缓，房地产贷款不良总体可控。

2. 大健康医药产业加快发展。2015年以来，贵州省充分利用生态、资源、区位等优势，决定利用三年时间，大力实施总投资2 445亿元的大健康医药产业“6个50工程”，发布2016年、2017年大健康产业重点工程包。三年来，贵州初步构建起涵盖以“医”为支撑的医药医疗产业、以“养”为支撑的保健养生产业、以“健”为支撑的运动健康产业、以“管”为支撑的健康管理服务产业、以“游”为支撑的健康休闲旅游产业和以“食”为支撑的健康药食材产业体系，大健康与大数据、大旅游、科技创新融合发展。全省“全国500强”制药企业10余家，成立全国首家“39互联网医院”，拥有百灵、益佰、信邦等一批全国优质制药品牌，2017年全省大健康产业增加值占地区生产总值的比重达9.2%，为贵州经济发展不断增添新动力。金融支持大健康医药产业力度持续加大，2017年末卫生和社会工作贷款余额同比增长23.1%。

专栏2　贵州省率先探索金融支持大数据产业发展模式

近年来，全省金融机构紧密结合贵州省大数据发展战略，积极探索金融支持大数据产业发展的有效方式，全力助推国家大数据综合试验区建设。

一、在全国率先出台金融支持大数据产业发展政策

2017年4月，中国人民银行贵阳中心支行联合省大数据局等六单位出台《关于金融支持贵州省大数据产业发展的指导意见》，涵盖扩大融资规模、精准对接融资需求、建立风险补偿和分担机制、提升金融服务水平、与金融业融合发展、多种金融工具支持等六方面措施。聚焦三大目标：推动融资规模持续增长；逐步建立起与全省大数据产业发展地位相匹配的大数据产业金融服务体系，形成大数据金融市场；推动大数据产业金融服务模式成为具有区域影响力的品牌。

二、多措并举开展金融支持大数据产业实践

一是加大对以信息服务为基础的大数据产业的信贷支持。建立了大数据产业贷款专项统计制度，引导信贷投放于以信息服务为基础的大数据产业。2017年，全省大数据产业得到近300亿元信贷支持。下阶段将进一步引导金融机构围绕《贵州省大数据产业发展引导目录（试行）》加大支持力度。

二是为大数据园区提供项目融资。积极跟进贵州省信息基础设施建设三年会战，如工行贵州省分行为花溪电子商务及服务外包产业园贷款6亿元；中国银行贵州省分行为中关村贵阳科技园提供表外融资9.9亿元，为贵阳综合保税区提供项目融资9亿元。多家银行按照政府采购或PPP模式，对此类项目予以支持。

三是对大数据企业提供综合金融服务。在省政府的大力招商引资下，高通、联想、华为、腾讯、印孚瑟斯等一批知名企业落户贵州，金融机构积极为企业提供综合金融服务，如中行贵州省分行为高通公司提供一揽子金融服务，协助公司注册资金顺利到位，创造了贵州省最大金额外商直接投资纪录。

三、运用大数据技术开展金融产品创新和风险管理

一是创新推动基于大数据技术的信贷产品。多家银行推出网络贷款业务，改变了以往对企业财务数据过度依赖的贷前审查模式，综合运用各类可得数据对客户进行风险画像，着力解决信息不对称、信用风险高等问题。

二是开发适应行业大数据应用的金融产品。如贵阳银行与“货车帮”合作，基于ETC的大数据，为102万名“货车帮”司机进行了ETC消费贷款预授信，额度达51亿元。目前贵州省已经成为全国货车ETC卡发行数量最大的省份。

三是发放全国首笔数据资产质押贷款。贵阳银行以贵州东方世纪的数据资产作为质押物，为其发放了金额100万元的“数据贷”，有效激活了大数据企业的数据资产的融资功能。

四是通过大数据进行全面风险管理。如中行贵州省分行尝试开发互联网数据获取与分析平台，通过对企业工商、税务、法院、新闻舆情等非结构化数据的分析，实现对地域、行业和企业的舆情监控。

四、在全国率先探索建立大数据金融中心

建成大数据金融中心是全省大数据试验区建设的重要内容。从当前工作推进情况看，一是成立了全国首家大数据交易所。贵阳大数据交易所成立于2014年，2015年正式挂牌运营，是中国乃至全球第一家大数据交易所。目前交易额逾1.2亿元，会员超2 000家，可交易数据产品近4 000个，可交易数据超150PB。二是建立非法集资大数据预警平台。通过与数联铭品合作，构建非法集资风险识别模型，深度挖掘非法集资疑似企业关联数据，提高预警能力和打击针对性。三是筹划建设“金融云”。旨在为金融机构与政府部门的数据实现“聚通用”，推动小微企业大数据征信，用大数据手段进行地方金融风险管理。四是在全国率先设立大数据产业基金。2016年初，成立大数据产业基金，作为产业引导基金对初创型企业注资；2016年中，成立云上贵州大数据产业基金，重点投资核心关联及衍生业态的优质项目。五是成立全国首家大数据投资机构。成立贵阳数据投行有限公司，致力于为以数据资产为特色的双创服务资源提供平台和中介服务。

三、预测与展望

2018年是贯彻党的十九大精神的开局之年，是改革开放40周年，是全省决战脱贫攻坚、决胜同步小康、实施“十三五”规划至关重要的一年。贵州正处于工业化、城镇化加速发展，瓶颈制约加快破解，发展平台强劲发力，要素资源加速集聚，后发优势叠加释放的时期。

贵州省经济社会发展主要预期目标是：地区生产总值增长10%左右，减少农村贫困人口120万，16个贫困县摘帽，2 500个贫困村退出。经济逐渐走过高速增长阶段，金融监管政策进一步趋严，预计2018年贷款余额维持平稳增长势头的同时，增速较2017年将有所下滑。

2018年，贵州金融业将深刻领会“着眼于高质量发展”的目标要求，坚持稳中求进工作总基调，按照货币政策和宏观审慎政策双支柱调控框架要求，保持全省货币信贷及地区社会融资规模合理增长。更加注重金融供给的质量和效益，紧扣全省“大扶贫、大数据、大生态”三大战略行动，以促进供给侧结构性改革为主线，加大对实体经济支持力度，推动新旧动能转换，深入推进金融扶贫，助推乡村振兴战略实施，全力支持贵州省决战脱贫攻坚、决胜同步小康。

中国人民银行贵阳中心支行货币政策分析小组

总　纂：张瑞怀　孙　涌

统　稿：王凯明　李家鸽　莫　鹍

执　笔：杨　丽　刘　爽　孔艳彦　杨仕建　颜　寅　苏　抒　袁伟倩

提供材料的还有：路　音　李雪华　陈文艳　江飞艳　臧　健　袁　燕　陈红宇　邵　骏　李　媛
王　飞　张　龙　车　浩　刘　昊　王　哲　李　茜　余　勇　周　丹　赵　鑫

附录

（一）2017年贵州省经济金融大事记

2月24日，华贵人寿保险股份有限公司正式开业，填补全省地方法人保险机构历史空白。

3月14日，全国首批、全省首只扶贫票据——贵州高速公路投资有限公司2017年度第一期扶贫中期票据成功发行，标志着银行间债券市场在推进全省金融精准扶贫中取得创新突破。

3月至12月，贵州省实施脱贫攻坚春季攻势、夏季大比武、秋季攻势等三大行动，全省减少农村贫困人口120万人，实施产业扶贫项目1.5万个，257万人次享受“四重医疗保障”，完成20万户农村危房“危改”“三改”，资助贫困家庭学生83万人。

5月17日，贵州双龙航空港经济区获国家发展改革委和国家民航局批复，建设临空经济示范区，成为又一个国家级创新开放平台。

6月14日，贵安新区获国务院批准建设绿色金融改革创新试验区，在体制机制上探索可复制、可推广的经验。

9月5日，《贵州省“十三五”金融业发展专项规划》获省政府批复实施，对贵州省加快金融改革创新、补齐金融短板、充分发挥金融对经济发展的支持和保障作用提供强有力的支撑。

9月12日，贵州省六盘水市获得农业部批复，成为农村“三变”改革的全国农村改革试验区。

9月30日，贵州省本外币、人民币贷款余额均突破2万亿元，分别达到20 233.6亿元和20 132.9亿元。

12月15日，六枝工矿（集团）有限责任公司债转股签约仪式在贵阳举行，标志着全省市场化、法治化债转股第一单顺利落地。

2017年，贵州省经济增速持续领先，全年地区生产总值、农业增加值、服务业增加值、建筑业增加值、电信业务总量五项指标增速居全国第一。

（二）2017 年贵州省主要经济金融指标

表 1　2017 年贵州省主要存贷款指标

		1 月	2 月	3 月	4 月	5 月	6 月	7 月	8 月	9 月	10 月	11 月	12 月
本外币	金融机构各项存款余额（亿元）	24 056.3	24 409.5	24 995.8	24 974.9	25 224.5	25 612.5	25 792.1	25 791.1	26 334.3	26 122.8	27 030.6	26 194.1
	其中：住户存款	9 416.0	9 375.4	9 415.1	9 243.7	9 241.8	9 365.1	9 325.5	9 439.1	9 581.7	9 438.1	9 466.0	9 602.7
	非金融企业存款	8 950.0	9 127.7	9 469.1	9 501.1	9 675.1	9 846.3	9 850.1	9 752.7	9 968.9	9 820.1	10 472.2	10 137.7
	各项存款余额比上月增加（亿元）	225.1	353.2	586.3	-20.9	249.6	388.0	179.6	-1.0	543.2	-211.6	907.9	-836.5
	金融机构各项存款同比增长（%）	18.6	20.2	20.1	14.7	16.1	15.1	12.4	10.9	10.9	10.8	11.9	9.9
	金融机构各项贷款余额（亿元）	18 552.1	18 779.0	19 057.4	19 280.0	19 133.2	19 390.4	19 627.0	19 877.2	20 233.6	20 385.0	20 873.3	20 965.3
	其中：短期	3 490.5	3 496.9	3 540.4	3 594.7	3 591.5	3 632.5	3 624.3	3 670.2	3 684.1	3 695.5	3 840.9	3 812.5
	中长期	14 638.5	14 887.9	15 149.9	15 325.9	15 195.6	15 405.1	15 659.3	15 864.3	16 210.9	16 346.2	16 662.2	16 798.6
	票据融资	194.4	156.8	139.3	131.9	115.1	116.0	100.3	101.4	99.9	99.3	116.3	116.6
	各项贷款余额比上月增加（亿元）	591.0	226.9	278.4	222.5	-146.8	257.2	236.6	250.1	356.4	151.5	488.3	92.0
	其中：短期	51.6	6.5	43.5	54.2	-3.1	41.0	-8.2	45.9	13.9	11.3	145.4	-28.4
	中长期	521.8	249.4	262.0	176.0	-130.3	209.5	254.1	205.0	346.6	135.4	315.9	136.4
	票据融资	-16.3	-37.5	-17.6	-7.4	-16.8	0.9	-15.7	1.1	-1.5	-0.6	17.1	0.2
	金融机构各项贷款同比增长（%）	19.2	19.5	19.0	21.0	18.5	17.4	17.8	17.1	17.1	16.7	17.4	16.7
	其中：短期	7.7	6.9	6.2	7.2	6.1	5.2	5.7	5.3	6.0	6.8	8.7	10.9
	中长期	22.1	22.8	22.5	25.4	22.4	21.3	22.0	21.5	20.7	20.6	21.1	19.0
	票据融资	-19.8	-31.2	-40.7	-50.8	-56.6	-52.6	-63.1	-66.6	-59.8	-61.6	-58.4	-44.7
	建筑业贷款余额（亿元）	855.5	871.5	893.2	915.8	950.8	962.1	970.6	984.4	989.7	1 007.2	1 099.3	1 109.4
	房地产业贷款余额（亿元）	937.4	954.0	955.8	948.4	925.0	946.7	931.8	963.9	986.9	1 015.5	1 031.8	983.3
	建筑业贷款同比增长（%）	4.4	4.2	4.7	9.8	9.5	3.1	4.7	28.7	22.6	25.0	41.2	38.2
	房地产业贷款同比增长（%）	24.2	23.9	23.8	28.5	25.7	25.3	21.6	26.5	18.2	15.5	17.0	8.0
人民币	金融机构各项存款余额（亿元）	23 993.4	24 345.2	24 925.1	24 898.7	25 142.7	25 525.5	25 703.3	25 706.6	26 243.7	26 027.4	26 926.8	26 088.9
	其中：住户存款	9 391.5	9 351.4	9 391.2	9 220.0	9 218.1	9 341.3	9 302.1	9 416.7	9 559.3	9 415.5	9 443.8	9 580.3
	非金融企业存款	8 915.3	9 091.0	9 425.8	9 450.0	9 618.3	9 786.3	9 787.1	9 692.1	9 903.0	9 749.3	10 392.8	10 059.6
	各项存款余额比上月增加（亿元）	222.5	351.8	579.9	-26.4	244.0	382.9	177.7	3.4	537.1	-216.3	899.4	-837.9
	其中：住户存款	858.9	-40.1	39.8	-171.2	-1.9	123.2	-39.2	114.6	142.7	-143.8	28.2	136.5
	非金融企业存款	-365.2	175.7	334.8	24.3	168.3	168.0	0.8	-95.1	210.9	-153.7	643.5	-333.2
	各项存款同比增长（%）	18.9	20.5	20.3	14.8	16.2	15.1	12.4	10.8	10.8	10.6	11.7	9.8
	其中：住户存款	24.1	15.8	15.8	15.8	15.7	15.1	14.0	14.2	13.9	13.5	13.2	12.3
	非金融企业存款	24.5	31.5	29.2	27.1	26.3	23.4	18.8	12.0	9.4	7.9	13.9	8.2
	金融机构各项贷款余额（亿元）	18 451.7	18 678.3	18 952.6	19 172.8	19 025.3	19 284.9	19 521.5	19 774.7	20 132.9	20 282.0	20 771.6	20 860.3
	其中：个人消费贷款	3 046.3	3 061.5	3 119.1	3 170.7	3 207.7	3 260.2	3 309.8	3 364.5	3 428.9	3 484.4	3 586.7	3 617.9
	票据融资	194.4	156.8	139.3	131.9	115.1	116.0	100.3	101.4	99.9	99.3	116.3	116.6
	各项贷款余额比上月增加（亿元）	593.9	226.7	274.3	220.2	-147.5	259.5	236.7	253.2	358.2	149.1	489.6	88.7
	其中：个人消费贷款	51.4	15.2	57.7	51.5	37.0	52.5	49.6	54.7	64.4	55.6	102.3	31.2
	票据融资	-16.3	-37.5	-17.6	-7.4	-16.8	0.9	-15.7	1.1	-1.5	-0.6	17.1	0.2
	金融机构各项贷款同比增长（%）	19.1	19.4	18.8	20.8	18.3	17.4	17.8	17.2	17.2	16.7	17.5	16.8
	其中：个人消费贷款	19.2	19.8	19.5	20.1	19.9	20.1	20.4	20.4	20.4	21.2	21.4	20.8
	票据融资	-19.8	-31.2	-40.7	-50.8	-56.6	-52.6	-63.1	-66.6	-59.8	-61.6	-58.4	-44.7
外币	金融机构外币存款余额（亿美元）	9.2	9.4	10.3	11.1	11.9	12.8	13.2	12.8	13.7	14.4	15.7	16.1
	金融机构外币存款同比增长（%）	-38.7	-41.9	-27.0	-20.7	-9.6	9.7	23.2	41.5	32.4	71.0	69.1	84.9
	金融机构外币贷款余额（亿美元）	14.6	14.6	15.2	15.5	15.7	15.6	15.7	15.5	15.2	15.5	15.4	16.1
	金融机构外币贷款同比增长（%）	35.8	42.6	59.0	56.9	57.1	3.9	6.9	2.4	3.0	6.1	3.1	7.9

数据来源：中国人民银行贵阳中心支行。

表 2　2001~2017 年贵州省各类价格指数

单位：%

		居民消费价格指数		农业生产资料价格指数		工业生产者购进价格指数		工业生产者出厂价格指数	
		当月同比	累计同比	当月同比	累计同比	当月同比	累计同比	当月同比	累计同比
2001		—	1.8	—	-0.6	—	0.2	—	2.2
2002		—	-1.0	—	0.6	—	-2.4	—	-1.1
2003		—	1.2	—	4.1	—	6.0	—	3.4
2004		—	4.0	—	9.0	—	12.0	—	8.0
2005		—	1.0	—	10.2	—	7.4	—	7.2
2006		—	1.7	—	5.4	—	7.3	—	4.3
2007		—	6.4	—	5.1	—	7.5	—	5.0
2008		—	7.6	—	13.4	—	12.5	—	12.4
2009		—	-1.3	—	-3.8	—	-6.5	—	-4.9
2010		—	2.9	—	1.1	—	9.8	—	4.7
2011		—	5.1	—	11.1	—	15.0	—	5.4
2012		—	2.7	—	0.7	—	2.3	—	1.0
2013		—	2.5	—	-1.0	—	-3.6	—	-2.6
2014		—	2.4	—	-1.0	—	-1.4	—	-1.7
2015		1.4	1.8	7.8	3.1	-4.1	-2.5	-6.2	-3.9
2016		1.5	1.4	2.2	3.0	7.2	-1.5	7.3	-2.1
2017		1.0	0.9	-2.3	-1.2	5.4	9.7	1.0	7.2
2016	1	1.2	1.2	1.2	1.2	-4.0	-4.0	-5.8	-5.8
	2	1.8	1.5	1.7	1.5	-4.2	-4.1	-6.0	-5.9
	3	1.8	1.6	3.3	2.1	-4.0	-4.1	-5.7	-5.8
	4	1.8	1.7	3.5	2.4	-3.5	-3.9	-5.5	-5.7
	5	1.2	1.6	3.8	2.7	-3.3	-3.8	-4.2	-5.4
	6	1.2	1.5	4.4	3.0	-2.5	-3.6	-3.4	-5.1
	7	1.0	1.4	4.3	3.2	-2.6	-4.8	-2.6	-3.4
	8	0.7	1.3	3.2	3.2	-2.4	-3.3	-1.9	-4.4
	9	1.2	1.3	2.9	3.2	-1.9	-3.2	-0.7	-4.0
	10	1.3	1.3	2.9	3.1	0.2	-2.8	0.6	-3.5
	11	1.5	1.3	2.5	3.1	3.4	-2.3	3.8	-2.9
	12	1.5	1.4	2.2	3.0	7.2	-1.5	7.3	-2.1
2017	1	1.8	1.8	1.9	1.9	9.9	9.9	8.8	8.8
	2	0.4	1.1	2.4	2.1	11.4	10.7	9.9	9.4
	3	0.5	0.9	0.9	1.7	11.8	11.0	9.4	9.4
	4	0.6	0.8	0.2	1.3	10.6	10.9	9.3	9.3
	5	1.0	0.9	-0.3	1.0	9.8	10.7	8.8	9.2
	6	1.0	0.9	-2.8	0.4	9.2	10.4	7.6	9.0
	7	1.1	0.9	-3.3	-0.2	9.1	10.2	6.8	8.7
	8	0.9	0.9	-3.0	-0.5	10.0	10.2	7.2	8.5
	9	0.8	0.9	-2.9	-0.8	10.9	10.3	8.0	8.4
	10	0.8	0.9	-2.9	-1.0	10.7	10.3	7.3	8.3
	11	1.0	0.9	-2.7	-1.1	8.4	10.2	3.3	7.8
	12	1.0	0.9	-2.3	-1.2	5.4	9.7	1.0	7.2

数据来源：《中国经济景气月报》、贵州省统计局。

表 3 2017 年贵州省主要经济指标

	1 月	2 月	3 月	4 月	5 月	6 月	7 月	8 月	9 月	10 月	11 月	12 月
	绝对值（自年初累计）											
地区生产总值（亿元）	—	—	2 504.8	—	—	5 732.4	—	—	9 499.5	—	—	13 540.8
第一产业	—	—	339.9	—	—	780.9	—	—	1 457.7	—	—	2 020.8
第二产业	—		1 182.5	—	—	2 459.8	—	—	3 759.2	—	—	5 439.6
第三产业	—	—	982.5	—	—	2 491.8	—	—	4 282.6	—	—	6 080.4
工业增加值（亿元）	—	707.3	1 101.8	1 486.1	1 913.4	2 366.4	2 711.0	3 082.0	3 244.8	3 558.0	3 955.6	4 304.8
固定资产投资（亿元）	—	1 133.3	2 215.3	3 166.8	4 001.2	5 714.9	6 889.6	7 899.1	9 541.7	10 960.5	12 689.3	15 288.0
房地产开发投资	—	233.8	489.8	652.9	827.9	1 119.2	1 268.3	1 376.0	1 557.2	1 741.2	2 016.4	2 201.0
社会消费品零售总额（亿元）	—	—	959.0	—	—	1 913.7	—	—	2 933.5	—	—	4 154.0
外贸进出口总额（亿元）	31.7	52.8	82.4	116.9	160.3	211.7	259.0	316.1	378.7	425.6	482.8	549.0
进口	9.1	15.9	24.9	34.7	51.0	66.2	80.2	95.5	111.7	125.2	142.1	158.9
出口	22.6	36.9	57.5	82.2	109.3	145.5	178.8	220.5	267.0	300.4	340.7	390.2
进出口差额（出口－进口）	13.6	21.0	32.6	47.5	58.3	79.4	98.7	125.0	155.4	175.1	198.6	231.3
实际利用外资（亿美元）	2.8	4.6	9.5	10.3	12.9	19.9	21.9	23.4	30.0	30.4	34.7	38.9
地方财政收支差额（亿元）	-211.1	-334.6	-702.8	-853.2	-1 131.6	-1 645.6	-1 760.8	-1 972.1	-2 404.3	-2 459.0	-2 780.3	-2 990.9
地方财政收入	143.2	231.4	429.9	560.4	679.3	871.4	976.0	1 057.8	1 209.7	1 347.0	1 489.6	1 613.6
地方财政支出	354.3	566.0	1 132.7	1 413.6	1 810.9	2 517.0	2 736.8	3 029.9	3 614.0	3 806.0	4 269.8	4 604.6
城镇登记失业率（%）（季度）	—	—	3.3	—	—	3.3	—	—	3.2	—	—	3.2
	同比累计增长率（%）											
地区生产总值	—	—	10.2	—	—	10.4	—	—	10.1	—	—	10.2
第一产业	—	—	6.1	—	—	6.5	—	—	6.5	—	—	6.7
第二产业	—	—	10.2	—	—	10.4	—	—	9.7	—	—	10.1
第三产业	—	—	11.4	—	—	11.5	—	—	11.6	—	—	11.5
工业增加值	—	9.6	9.9	9.9	9.8	10.0	9.3	9.1	9.1	9.1	9.3	9.5
固定资产投资	—	20.8	21.0	20.7	20.5	21.0	20.6	20.6	20.5	20.4	20.3	20.1
房地产开发投资	—	11.1	14.6	7.4	2.3	4.4	2.7	-2.1	-2.5	-1.7	0.8	2.4
社会消费品零售总额	—	—	13.0	—	—	13.1	—	—	12.3	—	—	12.0
外贸进出口总额	-5.9	-1.0	6.2	6.7	16.8	23.6	25.4	31.3	37.1	38.0	42.9	46.2
进口	122.8	108.2	94.8	92.6	108.5	101.2	118.0	130.7	143.5	152.2	152.7	151.6
出口	-23.6	-19.2	-11.3	-10.2	-3.1	5.1	5.4	10.6	15.9	16.1	21.0	24.9
实际利用外资	2.6	0.9	18.1	7.0	-0.2	18.7	21.5	21.5	24.2	13.6	13.8	21.0
地方财政收入	25.8	18.3	9.9	9.0	11.0	8.4	9.7	9.8	11.3	11.6	10.1	7.2
地方财政支出	41.1	13.3	25.0	28.5	21.5	18.1	15.4	13.3	13.7	11.2	10.8	8.0

数据来源：《中国经济景气月报》、贵州省统计局。

云南省金融运行报告（2018）

中国人民银行昆明中心支行货币政策分析小组

[内容摘要] 2017年，云南省统筹推进“五位一体”总体布局，协调推进“四个全面”战略布局，坚持稳中求进工作总基调，牢固树立和贯彻落实新发展理念，主动适应把握引领经济发展新常态，坚持以推进供给侧结构性改革为主线，切实做好稳增长、促改革、调结构、惠民生、防风险各项工作。经济呈现高开稳走、高于同期的良好态势，改革开放步伐明显加快，产业优化升级出现向好变化，脱贫攻坚取得积极进展，就业形势整体稳定，物价水平总体平稳，生态环境质量不断改善。

云南省经济发展的质量和水平不断提高。全年全省地区生产总值增长9.5%，高于全国水平2.6个百分点。固定资产投资较快增长，投资结构继续优化。全省围绕补短板、调结构、优供给，不断扩大有效投资，全年固定资产投资增长18%，对经济增长发挥了主要拉动作用。居民收入平稳增长，消费市场保持活跃。城乡居民人均可支配收入分别增长8.3%和9.3%。消费对经济增长的基础作用不断增强，社会消费品零售总额增长12.2%，消费结构呈现优化升级态势。居民消费价格低位运行，就业形势稳中向好。居民消费价格指数同比上涨0.9%，涨幅较上年回落0.6个百分点。全省城镇新增就业人数呈现良好上升趋势，新增城镇就业49万人，扶持创业12.2万人。财政收入增速回升，民生支出力度加大。全省地方一般公共预算收入增长6.2%，财政支出结构进一步优化，民生支出占地方一般公共预算支出的比重为72.2%。年内整合195亿元涉农资金支持脱贫攻坚。供给侧结构性改革扎实推进，取得积极成效。全省压减生铁产能31万吨、粗钢产能50万吨，退出煤矿产能169万吨；规模以上工业企业资产负债率较上年末回落1.6个百分点；商品房消化周期处于合理区间，商品住宅待售面积同比下降30.2%；大批补短板项目建成投入使用。生产形势继续改善，结构调整不断深化。全省三次产业结构比重为14.0∶38.6∶47.4，第三产业比重较上年提升1.2个百分点。高原特色现代农业稳步发展，第一产业增加值增长6%。全面打响工业经济攻坚战，规模以上工业增加值增长10.6%，工业调结构取得积极变化，经济效益明显提升。服务业发展态势良好，年内出台“22条措施”整治旅游市场秩序，出台促进民营经济健康发展和改善法治环境“双十条”措施。

围绕经济稳增长和供给侧结构性改革的金融需求，全省金融部门认真贯彻落实稳健中性的货币政策，提升服务实体经济的效率和水平。金融运行总体平稳，货币信贷和社会融资规模合理适度增长，重点领域和薄弱环节的信贷支持不断加大，金融风险总体可控，风险抵御能力基本稳定。

银行业平稳发展，货币信贷适度增长。2017年，云南省银行业综合实力稳步增强，金融机构资产负债总额同比均增长8.2%，金融服务覆盖面稳步扩大，服务体系日趋完善。各项存款增速有所放缓，各项贷款平稳增长，信贷支持重点突出。2017年末，云南省银行业金融机构本外币各项存款余额30 160.7亿元，同比增长8.0%，增速较上年末回落2.8个百分点，较年初增加2 239.2亿元；本外币各项贷款余额25 857.6亿元，同比增长10.1%，较年初增加2 366.2亿元。薄弱环节、民生领域贷款较快增长，涉农贷款、小微企业贷款增速分别比各项贷款平均增速高2.3个和12.4个百分点；民生领域贷款同比增长51.2%，其中金融精准扶贫贷款同比增长51.2%。中国人民银行昆明中心支行加强再贷款、再贴现工具的运用，探索开展优化运用扶贫再贷款发放贷款定价机制试点，合理引导信贷资金投向，降低实体经济融资成本，年末全省再贷款（含支农、支小、扶贫再贷款）余额101.9亿元，再贴现余额124.4亿元。银行业金融机构自主合理定价能力不断提高。省级市场利率定价自律机制作用逐步显现，存款定价秩序整体良好，地方法人金融机构定价机制建设不断完善，105家机构成为全国市场利率定价自律机制成员，全年累计发行同业存单874.7亿元，发行大额存单318.4亿元。金融风险总体可控。2017年云南省银行业金融机构采取有效措施防控化解金融风险，不良贷款快速攀升的势头得到控制，年末不良贷款余额、不良贷款率分别比年初增加172.97亿元、提高0.4个百分点；全省银行业金融机构逾期90天以上贷款与不良贷款比例为91.1%，较上年末下降30.9个百分点。沿边金融综合改革有序推进，跨境人民币业务稳步发展。沿边金融综合改革试验区建设扎实推进。全省跨境人民币结算量达516.0亿元，在全国排名第15位，较上年提升4位，人民币继续保持云南第二大涉外交易结算货币和第一大对东盟跨境结算货币的地位。

证券期货业改革创新扎实推进，融资功能较好发挥。证券期货机构经营总体稳健，服务功能进一步完善，绿色债券发行取得突破，为实体经济提供有力支持，多层次资本市场建设取得积极进展，新增15家新三板挂牌企业，挂牌企业数量增至92家。

保险业市场发展平稳向好，保障服务功能不断增强。保险市场体系不断健全，行业实力稳步增强，全年实现保费总收入同比增长15.9%；年末保险行业资产总额同比增长11.6%。保险功能较好发挥，云南省保险密度1 282元/人、保险深度3.71%，政策性农房地震保险保障作用显著，保险产品结构基本稳定，产品品种不断丰富，首台（套）重大技术装备创新成果转化引入保险补偿机制。

金融市场运行平稳，助力全省实体经济发展。社会融资规模大幅回升，融资结构变化明显。2017年，云南省社会融资规模增量3 150.6亿元，同比多增1 327.0亿元。货币市场交易量稳定增长，票据融资增长放缓。受供求变化等因素影响，金融市场利率有所回升。

金融基础设施建设稳步推进，服务水平持续提高。社会信用环境进一步优化，消费者权益保护成效明显。在全国率先实现居民与非居民之间的移动支付应用，为小额贸易提供便利化结算渠道。

2018年，云南省经济发展机遇与挑战并存。一方面，随着供给侧结构性改革、简政放权和创新驱动战略深化实施，以及产业优化升级、基础设施建设、精准扶贫精准脱贫等关键领域和薄弱环节的全力推进，经济发展韧性有所增强，稳的基础进一步巩固。另一方面，在我国社会主要矛盾发生转变的时代背景下，云南省发展不平衡不充分、发展质量不高的问题仍然突出。金融部门将以习近平新时代中国特色社会主义思想为指导，贯彻落实好稳健中性货币政策和各项信贷政策，在防控金融风险、支持实体经济、金融扶贫攻坚、绿色金融等方面迈出坚实步伐，进一步做好供给侧结构性改革金融服务，牢牢守住不发生系统性金融风险的底线。

一、金融运行情况

2017年，云南省金融业运行平稳，金融服务不断改善，金融创新稳步推进，金融改革进一步深化，金融生态环境总体稳定。

（一）银行业稳健发展，货币信贷适度增长

1. 综合实力稳步增强，服务体系日趋完善。 2017年末，云南省银行业金融机构资产、负债

总额同比均增长 8.2%，增速较上年末均下降 2.3 个百分点，与金融体系主动去杠杆等因素有关。受利率市场化改革、降成本政策效应释放等因素影响，银行业金融机构净息差较上年收窄 0.1 个百分点，但成本控制有所增强，盈利能力基本稳定，资产利润率为 1.9%。金融服务覆盖面稳步扩大，法人机构数较上年末增加 9 个，年内新设村镇银行 9 家。

表 1　2017 年云南省银行业金融机构情况

机构类别	营业网点			法人机构（个）
	机构个数（个）	从业人数（人）	资产总额（亿元）	
一、大型商业银行	1 601	34 553	13 348	0
二、国家开发银行和政策性银行	89	2 064	6 089	0
三、股份制商业银行	411	7 642	4 136	0
四、城市商业银行	230	5 327	3 598	3
五、城市信用社	0	0	0	0
六、小型农村金融机构	2 306	21 842	10 182	133
七、财务公司	5	104	331	4
八、信托公司	1	266	28	1
九、邮政储蓄银行	855	3 167	1 132	0
十、外资银行	7	114	62	0
十一、新型农村金融机构	132	2 796	335	73
十二、其他	4	266	605	1
合　　计	5 641	78 141	39 847	215

注：营业网点不包括国家开发银行和政策性银行、大型商业银行、股份制商业银行等金融机构总部数据；大型商业银行包括中国工商银行、中国农业银行、中国银行、中国建设银行和交通银行；小型农村金融机构包括农村商业银行、农村合作银行和农村信用社；新型农村金融机构仅包含村镇银行；"其他"包含金融租赁公司、资产管理公司。

数据来源：云南银监局。

2. 各项存款增速有所放缓，定期存款占比明显提高。2017 年末，云南省银行业金融机构本外币存款余额 30 160.7 亿元，同比增长 8.0%，增速较上年末回落 2.8 个百分点，较年初增加 2 239.2 亿元，同比少增 477.8 亿元。其中，住户存款、非金融企业存款增速分别较上年末回落 1.2 个和 6.8 个百分点。存款运行定期化特征明显。上半年，定期存款增量占比高位波动，下半年，存款定期化程度有所减弱，全年住户存款、非金融企业存款增量中定期存款占比 44.7%，较上年末提高 32.6 个百分点。非银行业金融机构存款余额同比下降 12.7%。外币存款余额 26.1 亿美元，同比增长 3.7%。

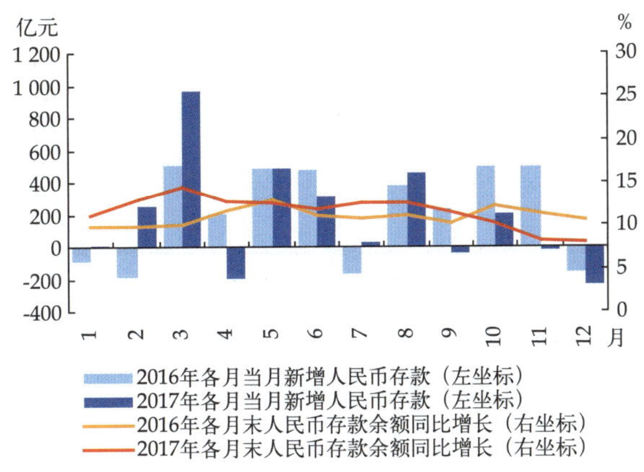

数据来源：中国人民银行昆明中心支行。

图 1　2016~2017 年云南省金融机构人民币存款增长变化

3. 各项贷款平稳增长，信贷支持重点突出。2017 年末，云南省银行业金融机构本外币贷款余额 25857.6 亿元，同比增长 10.1%，较年初增加 2366.2 亿元，同比多增 117.40 亿元。信贷投放中长期化特征明显，薄弱环节、民生领域贷款较快增长。全年中长期贷款增量占比 90.7%，年末余额同比增长 13.9%。其中，中长期个人消费贷款同比增长 18.4%，与住房销售回暖等因素有关；中长期"五网"① 基础设施建设项目贷款、装备制造业贷款余额同比分别增长 14.9% 和 13.6%；六大高耗能行业② 中长期贷款同比仅增长 1.1%。钢铁、煤炭行业贷款同比分别下

① "五网"，即路网、航空网、能源保障网、水网、互联网。

② 六大高耗能行业，即非金属矿物制造业、化学原料和化学制品制造业、电力热力生产和供应业、黑色金属冶炼和压延加工业、有色金属冶炼和压延加工业、石油加工炼焦和核燃料加工业。

降 8.1% 和 35.3%。金融机构着力改进金融服务支持薄弱环节和民生领域发展。年末，涉农贷款、小微企业贷款增速分别比各项贷款平均增速高 2.3 个和 12.4 个百分点；民生领域贷款同比增长 51.2%，其中，金融精准扶贫贷款同比增长 51.2%。中国人民银行昆明中心支行加强再贷款、再贴现工具的运用，探索开展优化运用扶贫再贷款发放贷款定价机制试点，合理引导信贷资金投向，降低实体经济融资成本。年末全省再贷款（含支农、支小、扶贫再贷款）余额 101.9 亿元，再贴现余额 124.4 亿元。

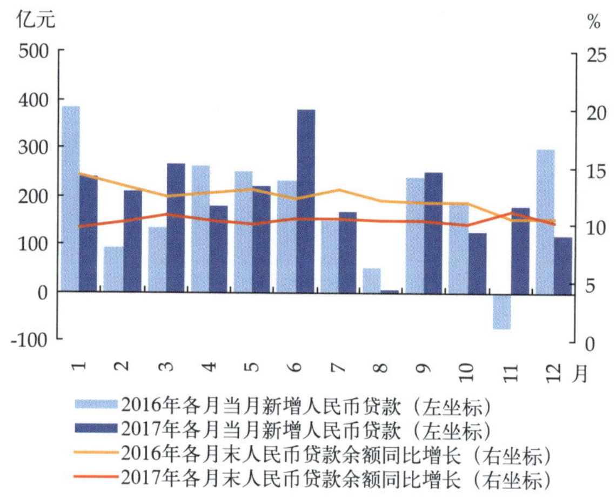

数据来源：中国人民银行昆明中心支行。

图 2　2016~2017 年云南省金融机构人民币贷款增长变化

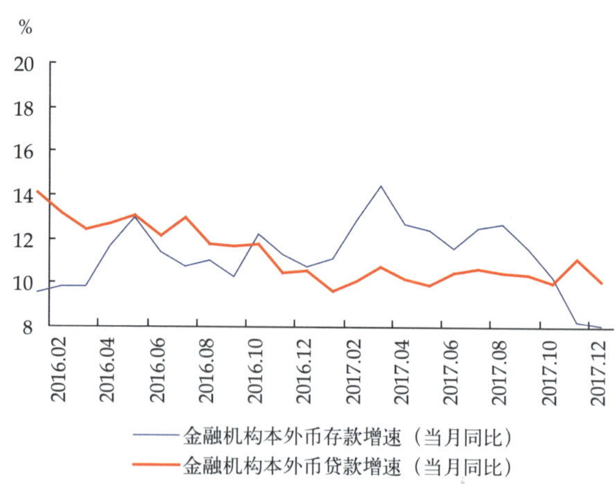

数据来源：中国人民银行昆明中心支行。

图 3　2016~2017 年云南省金融机构本外币存、贷款增速变化

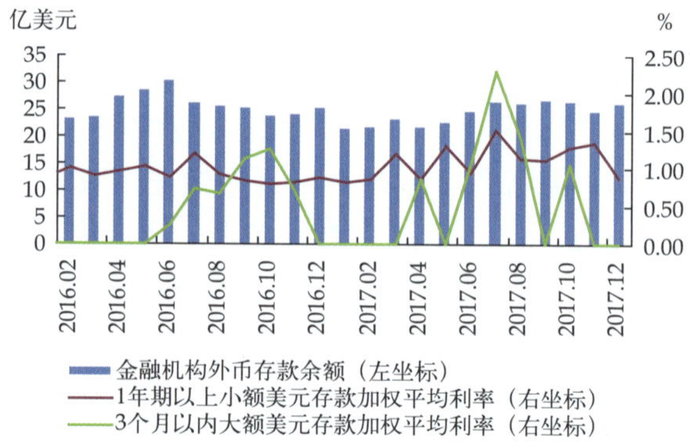

数据来源：中国人民银行昆明中心支行。

图 4　2016~2017 年云南省金融机构外币存款余额及外币存款利率

4. 表外业务增速回落。 2017 年末，云南省银行业金融机构表外理财资金余额 2 839.4 亿元，同比增长 20.0%，增速比上年末低 6.4 个百分点。

表 2　2017 年云南省金融机构人民币贷款各利率区间占比

单位：%

月份		1 月	2 月	3 月	4 月	5 月	6 月
合计		100.0	100.0	100.0	100.0	100.0	100.0
下浮		19.9	22.7	24.6	23.2	15.2	11.4
基准		25.0	25.2	23.1	23.2	23.4	19.4
上浮	小计	55.1	52.1	52.3	53.6	61.4	69.2
	(1.0, 1.1]	11.1	12.4	12.6	12.4	12.1	15.6
	(1.1, 1.3]	13.8	11.8	11.2	12.3	16.6	18.3
	(1.3, 1.5]	9.4	9.1	9.0	9.9	10.6	12.4
	(1.5, 2.0]	16.9	15.5	16.0	15.7	17.9	18.6
	2.0 以上	3.8	3.3	3.5	3.4	4.2	4.2
月份		7 月	8 月	9 月	10 月	11 月	12 月
合计		100.0	100.0	100.0	100.0	100.0	100.0
下浮		13.5	13.6	14.4	9.0	11.2	8.0
基准		19.7	23.2	20.1	23.7	22.9	29.7
上浮	小计	66.8	63.2	65.5	67.3	66.0	62.3
	(1.0, 1.1]	17.7	15.2	16.5	18.2	17.1	13.3
	(1.1, 1.3]	17.3	15.2	17.6	13.5	15.8	16.1
	(1.3, 1.5]	11.8	11.1	11.1	13.3	13.0	12.8
	(1.5, 2.0]	16.6	18.3	17.0	19.0	17.1	17.0
	2.0 以上	3.4	3.5	3.2	3.3	3.0	3.0

数据来源：中国人民银行昆明中心支行。

5. 自主合理定价能力不断提高，贷款利率低位有所回升。2017 年，云南省银行业金融机构积极适应利率市场化改革带来的挑战和机遇，着力提高自主合理定价能力。省级市场利率定价自律机制作用逐步显现，行业自律意识稳步增强，存款定价秩序整体良好。地方法人金融机构不断完善定价机制建设，105 家机构成为全国市场利率定价自律机制成员，全年累计发行同业存单 874.7 亿元，发行大额存单 318.4 亿元，负债结构多元化。全省贷款利率低位有所回升，12 月，全省银行业金融机构一般贷款加权平均利率 5.65%，较上年 12 月高 0.26 个百分点。执行基准利率的贷款占比明显提高。

6. 金融风险总体可控，风险抵御能力基本稳定。2017 年，云南省银行业金融机构采取有效措施防控化解金融风险，不良贷款快速攀升的势头得到控制，年末不良贷款余额、不良贷款率分别较年初增加 172.97 亿元、提高 0.4 个百分点。全省银行业金融机构逾期 90 天以上贷款占不良贷款比例为 91.1%，较上年末下降 30.9 个百分点。年末，银行业金融机构拨备覆盖率 117.5%；贷款拨备率 3.9%，与上年持平。地方法人金融机构资本充足率小幅回落。

专栏 1　优化运用扶贫再贷款发放贷款定价机制试点取得显著成效

2016 年末，中国人民银行总行决定在云南省、河南省辖内开展优化运用扶贫再贷款发放贷款定价机制试点，试点期为 2017 年 1~6 月，以充分发挥扶贫再贷款在引导扩大贫困地区信贷投放、降低社会融资成本等方面的积极作用，促进借款金融机构不断提升差别化、科学化定价水平。试点期间，云南省试点地区各级人民政府强化主体责任，有关部门加强协调配合，试点金融机构积极探索实践，试点工作取得阶段性成效，积累了较为丰富的经验。

一是信贷对贫困地区的支持力度大幅提高。试点工作提高了金融机构借用扶贫再贷款的积极性，金融精准扶贫贷款投放总量显著增加，贫困地区、贫困人口贷款覆盖面大幅提高。截至 2017 年 6 月末，试点机构、试点地区扶贫再贷款余额较上年末分别增长 159.3% 和 154.7%，试点机构运用扶贫再贷款发放金融精准贷款 38.8 亿元，带动试点机构运用自营资金发放金融精准扶贫贷款 50.5 亿元，金融精准扶贫贷款对贫困户覆盖面较上年末提高 3.6 个百分点。

二是试点机构利率差别化定价能力明显提高。试点机构逐步形成“综合考虑资金成本、管理成本、风险成本、目标利润率以及风险状况等多种因素—测算经营成本、明晰盈亏平衡点—根据贷款对象风险状况以及信用水平等确定最终贷款利率”的贷款定价流程，实现了对不同类型贷款客户的差别化定价，有效推动云南省法人金融机构提高贷款利率科学化定价水平，主动融入并适应利率市场化改革。

三是金融助推脱贫攻坚的精准性和可持续性有效提高。在试点政策的正向激励下，试点机构借用扶贫再贷款发放贷款的利息收入适当增加，自身可持续发展能力得到巩固，助推脱贫攻坚的意愿不断增强。截至 2017 年 6 月末，试点机构金融精准扶贫贷款的可得性较上年末提高 1.4 个百分点，试点机构运用扶贫再贷款发放金融精准扶贫贷款的加权平均利率比其运用自营资金发放金融精准扶贫贷款的加权平均利率低 1.0 个百分点。

四是金融精准扶贫新模式的探索和建立快速提高。试点期间，试点地区立足区域实际，围绕金融精准扶贫的目标，强化中国人民银行、政府部门、金融机构、企业、贫困户的协作联动，加强政策衔接，整合资源优势，积极探索提高扶贫再贷款支持金融精准扶贫成效的可行性路径。试点地区涌现出“扶贫再贷款＋建档立卡贫困户＋财政贴息＋风险补偿”“扶贫再贷款＋农民专业合作社＋建档立卡贫困户”“扶贫再贷款＋农村承包土地经营权抵押贷款”等一批各具特色的“扶贫再贷款＋”模式，有效助推地方特色产业发展，支持、带动贫困人口脱贫致富。

7. 金融改革有序推进，服务实体能力不断提升。沿边金融综合改革试验区建设扎实推进。搭建云南省两个越南盾现钞直供平台和西南地区第一条泰铢现钞直供平台；推出以城市商业银行为主体的“外币零钱包业务”，向云南省外汇市场提供12个币种的“小面额区域特色现钞兑换”服务；人民币继续保持云南省第二大涉外交易结算货币和第一大对东盟跨境结算货币的地位。五大国有商业银行云南省分行均设立普惠金融事业部。农村信用社改制进一步推进，年内6家农村商业银行挂牌成立。

8. 跨境人民币业务稳步发展，辐射面持续扩大。2017年，云南省跨境人民币结算516.0亿元，同比下降21.6%，在同期本外币跨境收支中的比重为31.26%。其中，货物贸易跨境人民币结算369.6亿元，同比下降13.8%，占全省外贸总额的23.4%，较上年下降9.0个百分点；直接投资跨境人民币结算73.3亿元，同比下降13.5%。自试点以来，全省跨境人民币累计结算额达4 023.5亿元。跨境业务辐射面进一步扩大，全省共25家省级金融机构开办跨境人民币业务，参与结算企业2 700余家，境外地域覆盖面扩大至84个国家和地区，其中“一带一路”国家32个。

（二）证券业改革创新扎实推进，融资功能较好发挥

1. 机构经营总体稳健，服务功能进一步完善。2017年，云南省新增证券分公司7家、证券营业部8家、期货营业部3家。证券经营机构财务指标总体稳健，两家法人证券公司净资本负债率159.5%，较上年末提高16.5个百分点。证券经营机构盈利水平小幅下滑。年末，两家法人证券公司营业收入21.6亿元，同比下降10.0%。其中，经纪业务手续费、利息、证券发行收入同比分别下降30.1%、14.0%和53.0%。开展橡胶、白糖“保险＋期货”精准扶贫试点，惠及云南省15个国家级贫困县。

表3　2017年云南省证券业基本情况

项目	数量
总部设在辖内的证券公司数（家）	2
总部设在辖内的基金公司数（家）	0
总部设在辖内的期货公司数（家）	2
年末国内上市公司数（家）	34
当年国内股票（A股）筹资（亿元）	174
当年发行H股筹资（亿元）	0
当年国内债券筹资（亿元）	982
其中：短期融资券筹资额（亿元）	84
中期票据筹资额（亿元）	216

数据来源：中国人民银行昆明中心支行、云南证监局。

2. 融资规模持续扩大，为实体经济提供有力支持。2017年，云南省2家企业成功上市，境内上市企业数量增至34家。全年境内股票募集资金174亿元，同比增长1.75%。其中，2家A股上市公司首次公开募股（IPO）42.21亿元，同比增长312.6%。年内3家上市公司完成重大资产重组促进转型升级，涉及交易金额84.7亿元。交易所市场融资方式更趋多元。全年通过公司债、资产支持证券等累计募集资金409.4亿元，其中发行可续期绿色公司债券12.0亿元、绿色企业债券5.5亿元，绿色债券发行取得突破。年内通过交易所市场发行地方政府债券400亿元。

3. 多层次资本市场建设取得积极进展，新三板挂牌企业明显增多。2017年，云南省新增

15家企业在新三板挂牌，挂牌企业数量增至92家。年末，全省共有12家挂牌企业进入创新层，其中中小微企业占比94.0%。全年15家次挂牌公司通过增发融资8.1亿元。

（三）保险业保持良好发展势头，保障服务功能不断增强

1. 保险市场体系不断健全，行业实力稳步增强。全省有法人保险公司1家，保险省级分公司40家，保险公司职工2.73万人，营销员16.2万人，较年初增加3.8万人。保险市场延续良好发展态势，全年实现保费总收入613.3亿元，同比增长15.9%；年末保险行业资产总额902.5亿元，同比增长11.6%。

2. 保险功能较好发挥，银保合作取得积极进展。2017年，云南省保险密度1 282元/人，较上年增长14.8%；保险深度3.71%，较上年提高0.11个百分点。全年保险赔付支出218.1亿元，同比增长5.8%。其中，财产险赔付增长3.9%，人身险赔付增长8.0%。政策性农房地震保险保障作用显著，大理州漾濞县“3·27”地震后32小时内即赔付农房地震保险赔款2 800万元，试点范围由大理州扩大至玉溪市。大力发展出口信用保险支持对外贸易，全年助力企业获得融资41.0亿元。

表4　2017年云南省保险业基本情况

项目	数量
总部设在辖内的保险公司数（家）	1
其中：财产险经营主体（家）	1
人身险经营主体（家）	0
保险公司分支机构（家）	40
其中：财产险公司分支机构（家）	24
人身险公司分支机构（家）	16
保费收入（中外资，亿元）	613.28
其中：财产险保费收入（中外资，亿元）	255.14
人身险保费收入（中外资，亿元）	358.14
各类赔款给付（中外资，亿元）	218.05
保险密度（元/人）	1 282
保险深度（%）	3.71

数据来源：云南保监局。

3. 产品结构基本稳定，产品品种不断丰富。2017年，云南省加强保险业务产品开拓创新，首台（套）重大技术装备创新成果转化引入保险补偿机制，推行贫困人口补充医疗商业保险，个人税收优惠型健康保险全面推开。全年全省新增农险险种10个，目前已开办品种40个，开发出“保险+期货+扶贫”“保险保障套餐”等助推脱贫攻坚的特色保险产品及服务模式。

（四）融资结构变化明显，金融市场交易增速减缓

1. 社会融资规模大幅回升，融资结构变化明显。2017年，云南省社会融资规模增量3 150.6亿元，同比多增1 327.0亿元。其中，对实体经济发放的本外币贷款增加2 366.7亿元，同比多增153.7亿元，占云南省社会融资规模增量的比重为75.1%，较上年下降46.3个百分点；表外融资（含委托贷款、信托贷款、未贴现银行承兑汇票）合计增加436.6亿元，连续两年大幅萎缩后实现增长，其中委托贷款增加237.2亿元，同比少增127.8亿元；全年企业债券和非金融企业境内股票融资合计增加222.5亿元，同比少增35.4亿元，占云南省社会融资规模增量的比重为7.1%，较上年下降7.0个百分点，其中主要受债券市场波动影响，企业债券融资同比少增60.8亿元，非金融企业境内股票融资同比多增25.4亿元。全年全省累计发行地方政府债券1 929.9亿元，其中置换银行贷款755.7亿元。

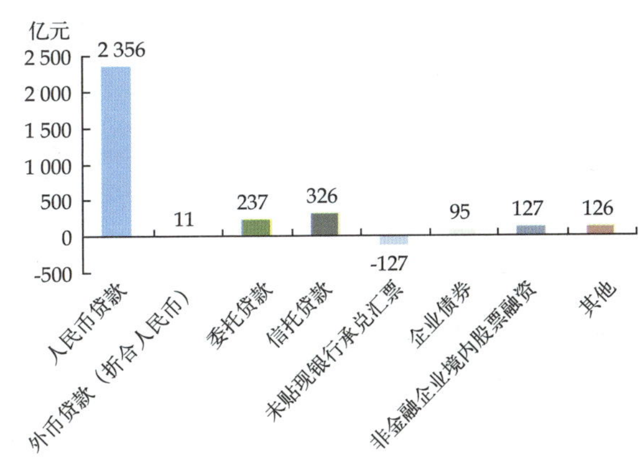

数据来源：中国人民银行昆明中心支行。

图5　2017年云南省社会融资规模分布结构

2. 货币市场交易量稳定增长，市场利率波动上升。2017年，云南省法人金融机构拆借、回购、现券买卖累计成交额同比增长7.9%，增速较上年低1.1个百分点。地方法人金融机构流动性总体稳定，保持资金净融出态势，但资金净融出金额减少，全年同比下降85.9%。债券市场利率波动上升。全年债券质押式回购加权平均利率2.84%，较上年提高0.66个百分点，其中12月利率为2.95%。

表5　2017年云南省金融机构票据业务量统计

单位：亿元

季度	银行承兑汇票承兑		贴现			
			银行承兑汇票		商业承兑汇票	
	余额	累计发生额	余额	累计发生额	余额	累计发生额
1	668.8	229.9	941.9	1 126.4	35.4	45.6
2	602.3	252.7	927.1	1 214.9	45.5	36.1
3	550.4	269.2	955.6	1 565.6	43.7	28.6
4	589.9	276.3	1 048.0	1 338.8	48.4	34.5

数据来源：中国人民银行昆明中心支行。

表6　2017年云南省金融机构票据贴现、转贴现利率

单位：%

季度	贴现		转贴现	
	银行承兑汇票	商业承兑汇票	票据买断	票据回购
1	4.2126	5.9352	3.8571	4.0790
2	4.9682	5.7459	4.4278	4.4290
3	4.6529	5.5345	4.2570	4.0205
4	4.5945	5.7149	4.3419	4.4067

数据来源：中国人民银行昆明中心支行。

3. 票据融资增长放缓，利率水平有所回升。2017年末，全省银行承兑汇票余额同比下降21.3%，其中，中小企业签发的银行承兑汇票余额占比55.3%。票据融资增长放缓，年末余额同比下降2.9%，在各项贷款中的比重为4.2%，较上年末下降0.6个百分点。全年票据直贴加权平均利率4.79%，较上年提高1.25个百分点。

（五）金融基础设施建设稳步推进，服务水平持续提高

1. 社会信用环境进一步优化。印发《云南省人民政府关于加强政务诚信建设的实施办法》《云南省人民政府办公厅关于加强个人诚信体系建设实施意见》等文件，扎实推进地方社会信用体系建设。搭建云南省征信业务非现场监管大数据平台，加强对接入机构的合规管理，切实防范和杜绝征信信息泄露风险。中国人民银行应收账款融资服务平台使用效率不断提升，全年实现融资1 212.1亿元。积极开展征信宣传教育活动，增强全省公众的诚信水平和信用意识。

2. 支付系统建设取得突破。设立跨境支付服务站，首创非现金支付工具跨境使用，在全国率先实现居民与非居民之间的移动支付应用，为小额贸易提供便利化结算渠道。农村支付环境建设深入推进，将原有的惠农服务点逐步建成农户税收缴纳、农村医保汇缴、农户征信信息登记、理财产品购买、金融知识宣传等一站式综合服务站，全省已试点建成普惠金融服务站2 342个。实现电信网络违法账户紧急止付和快速冻结功能。

3. 消费者权益保护成效明显。继续举办“金融知识普及月”等活动，面向口岸、边境、跨境经济合作区外籍人员以及广大农民开展金融知识宣传教育等行动，增强群众金融维权意识和安全防范意识。全年通过12363电话受理投诉284起、咨询2 267起。

专栏2　跨境反假货币工作全面推进

为落实中共中央“一带一路”倡议、习近平总书记对“把云南建设成为面向南亚东南亚辐射中心”的新定位、《云南省 广西自治区建设沿边金融综合改革试验区总体方案》，充分发挥区位优势，本着“创新思路、统一规划、先易到难、分步实施”的指导思想，

云南省在推进跨境反假货币方面开展了一系列工作，取得了显著成效。

一是全国首个跨境反假货币工作中心落户昆明。中国人民银行批准成立全国首个跨境反假货币工作中心即“跨境反假货币工作昆明中心”。2017年1月10日，云南省跨境反假货币推进会暨反假货币工作（昆明）中心揭牌仪式在昆明举行，标志着2017年中国人民银行跨境反假货币工作迈出了实质性步伐。

二是完善制度、明确职能，务实推进跨境反假货币工作组织机构建设。印发《关于云南省跨境反假货币工作分中心和反假货币工作站建设的指导意见》，决定跨境反假货币工作昆明中心设在昆明，负责中心日常工作事务。云南省八个沿边州（市）设立跨境反假货币工作分中心，分片做好面向邻近国家（地区）的跨境人民币反假工作。云南省沿边县（市）设跨境人民币反假工作站（以下简称工作站），具体负责辖区及境外接壤地区假人民币的打、防、宣、教、管等工作。按照“成熟一家，审批一家”的原则，务实推进跨境反假货币工作组织机构建设。

三是完成自组团出访老挝，加强对外交流合作。应老挝人民民主共和国银行邀请，中国人民银行昆明中心支行于2017年9月5日至8日赴老挝万象参加由老挝中央银行主办的双边会谈。此次会谈推动中老双方共同打击境外制贩假人民币违法犯罪活动，维护人民币国际信誉。

四是云南作为四个试点省份之一，推进建设鉴定业务流程、鉴定人员技能、鉴定机功能、鉴定结果形式四位一体的人民币真伪标准化体系鉴定分析中心。

五是多措并举，扎实开展跨境反假货币基础工作。积极联系中国金融出版社编译印制多语种反假货币宣传培训资料；利用泼水节、边交会、反假货币宣传月开展跨境反假货币宣传；利用“口岸＋监测点”探索跨境人民币现钞流通监测模式，共同推进跨境反假货币监测工作；构建“管理制度＋流动服务”的跨境残损人民币兑换机制；以“服务点＋双语宣传”搭建跨境人民币反假服务平台；开展跨境反假货币工作调研，总结跨境反假货币工作云南模式，为全国其他沿边区域开展相关工作提供参考。

二、经济运行情况

2017年，云南省地区生产总值16 531.3亿元，同比增长9.5%，增速较上年提高0.8个百分点。其中，非公有制经济增加值同比增长10.3%。人均地区生产总值34 545元，较上年增加3 187元。

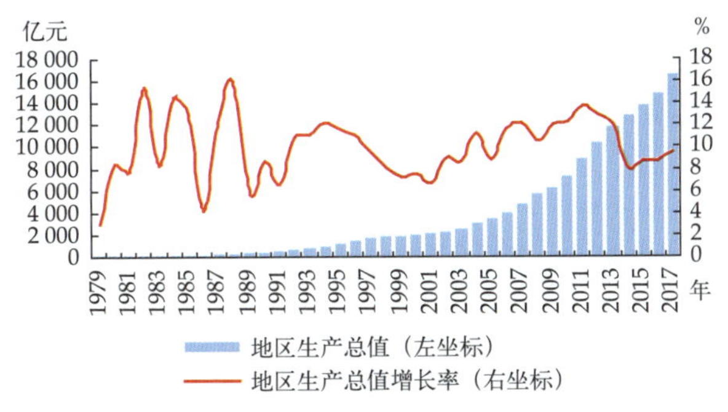

数据来源：云南省统计局。

图6　1979~2017年云南省地区生产总值及其增长率

（一）内需平稳较快增长，对外贸易增速回升

1. 固定资产投资较快增长，投资结构继续优化。2017年，云南省围绕补短板、调结构、优供给，不断扩大合理有效投资，投资对经济增长发挥了主要拉动作用。全年全省完成固定资产投资（不含农户）18 474.9亿元，同比增长18.0%，增速较上年回落1.8个百分点。其中，基础设施投资同比增长32.3%，占固定资产投资的比重为39.9%；新动能、民生领域投资快速增长，装备制造、教育、卫生和社会工作行业投资增速分别比固定资产投资增速高12.5个、15.3个和15.7个百分点。第三产业投资比重为79.7%。民间投资有所回温，但占比低位小幅下降，全年全省民间投资比重为32.3%，较上年下降1.0个百分点。

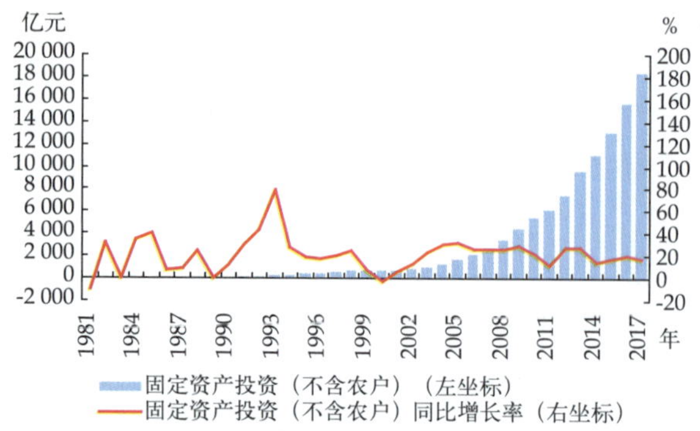

数据来源：云南省统计局。

图 7　1981~2017 年云南省固定资产投资（不含农户）及其增长率

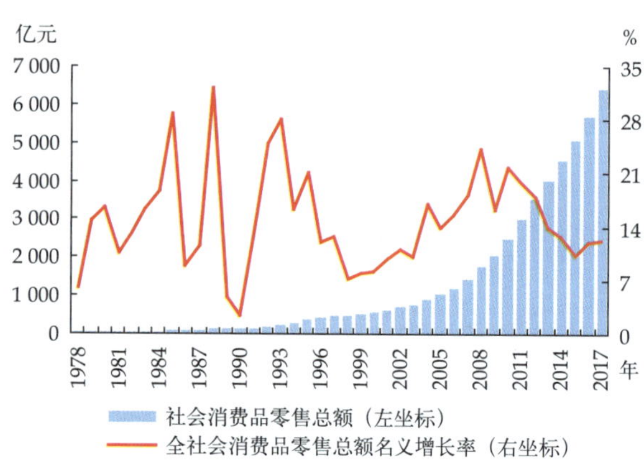

数据来源：云南省统计局。

图 8　1978~2017 年云南省社会消费品零售总额及其增长率

2. 居民收入平稳增长，消费市场保持活跃。2017 年，云南省全体居民人均可支配收入同比增长 9.7%。其中，农村居民人均可支配收入同比增长 9.3%，比城镇居民人均可支配收入增速高 1.0 个百分点，农村居民收入增速连续 8 年快于城镇居民。受居民收入稳步提高的支撑，2017 年，全省社会消费品零售总额 6 423.1 亿元，同比增长 12.2%，增速较上年提高 0.1 个百分点。消费结构呈现优化升级态势。全年全省乡村市场消费增速快于城镇市场 1.0 个百分点；消费升级类商品增长较快，其中建筑及装潢材料类商品零售额同比增长 19.4%，与商品房市场回暖等因素有关；网络商品零售额同比增长 18.0%。

3. 对外贸易较快增长，实际利用外资较快增长。2017 年，云南省积极参与孟中印缅经济走廊、中国—中南半岛国际经济走廊和澜沧江—湄公河合作，强化国内区域合作，推动形成内外联动、互为支撑的双向开放新格局。全省实现货物进出口总额 233.9 亿美元，同比增长 17.6%。其中，出口下降 0.5%，进口增长 42.3%，外贸逆差 5.3 亿美元。加工贸易发展迅速，全年全省加工贸易出口额同比增长 66.9%。

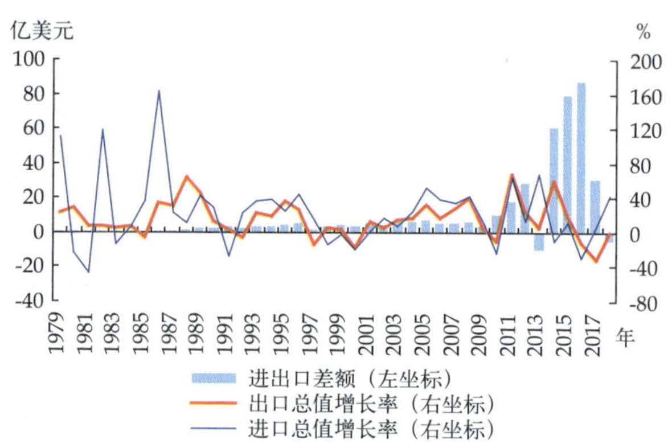

数据来源：云南省统计局、云南省商务厅。

图 9　1979~2017 年云南省货物进出口总额变动情况

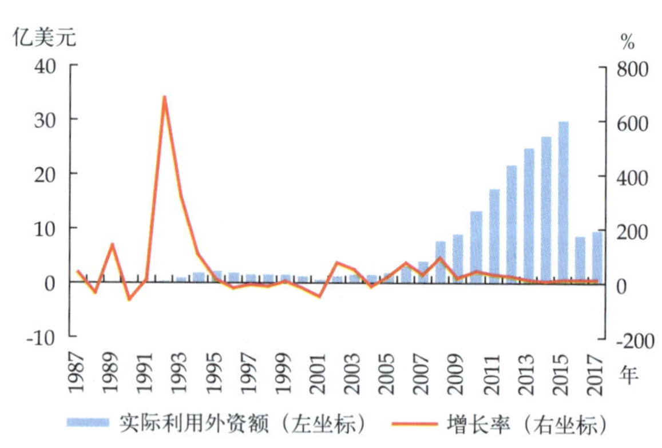

数据来源：云南省统计局、云南省商务厅。

图 10　1987~2017 年云南省实际利用外资额及其增长率

实际利用外资较快增长，对外直接投资增长放缓。2017 年，云南省实际利用外资 9.6 亿美元，同比增长 11.1%，增速较上年提高 1.1 个百分点。对外实际投资 18.2 亿美元，同比增长 13.0%，增速较上年低 6.8 个百分点。

（二）生产形势继续改善，结构调整不断深化

2017 年，云南省三次产业结构比例为 14.0 : 38.6 : 47.4，第三产业比重较上年提升 1.2 个百分点。

1. 高原特色农业提质增效，产业化程度稳步提高。2017 年，云南省农林牧渔业增加值 2 361.0 亿元，同比增长 6.0%，增速比上年高 0.3 个百分点。粮食产量连续 15 年增长，综合平均单产同比增长 2.2%。优势特色农业量效齐增，咖啡、茶叶、水果、蔬菜、花卉、中药材的农业产值分别增长 23.8%、16.0%、14.2%、8.9%、8.0% 和 8.0%。农业产业化程度不断提高，全年全省农业龙头企业数量、销售收入分别增长 6.9% 和 14.9%，农产品加工业产值增长 12.1%。

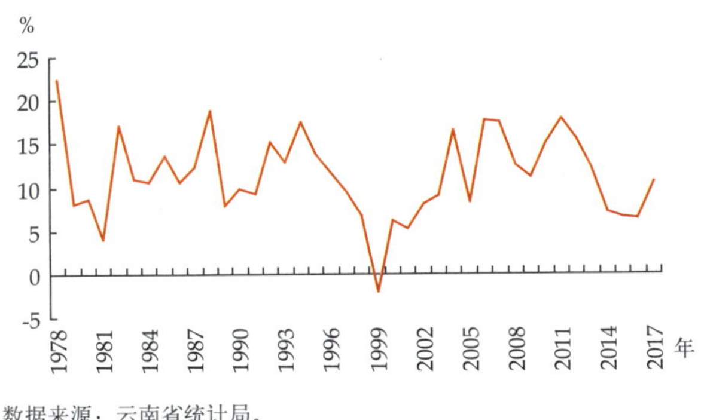

数据来源：云南省统计局。

图 11　1978~2017 年云南省规模以上工业增加值实际增长率

2. 工业经济较快增长，企业效益明显提升。2017 年，云南省统筹推进工业稳增长调结构增效益各项工作，全力打好工业攻坚战。全年全省规模以上工业增加值 3 876.3 亿元，同比增长 10.6%，增速较上年提高 4.1 个百分点。工业调结构取得积极成效。全年全省非烟工业增加值同比增长 16.2%，其中电力行业增加值增长 19.6%；石油炼化、电子新兴行业发展迅速，增加值分别增长 534.3% 和 127.4%；电力、石油炼化、电子三大行业合计对全省规模以上工业增加值增速贡献率过半。烟草制品业增加值同比增长 0.5%，增速较上年提高 4.8 个百分点。随着供给侧结构性改革的推进，以及工业品价格形势的改善，工业企业经营效益明显提升。全年全省规模以上工业企业主营业务收入同比增长 18.1%，全省非烟工业利润总额同比增长 145.9%。

3. 服务业发展态势良好，拉动能力明显增强。2017 年，云南省服务业增加值 7 833.1 亿元，同比增长 9.5%，对全省经济增长的贡献率为 45.3%，拉动经济增长 4.3 个百分点。年内出台“22 条措施”整治旅游市场秩序，启动“一部手机游云南”和旅游大数据平台建设，推进旅游业转型升级。全年旅游业总收入同比增长 46.5%。

4. 供给侧结构性改革扎实推进，取得阶段性成效。2017 年，云南省压减生铁产能 31 万吨、粗钢产能 50 万吨，退出煤矿产能 169 万吨。商品房消化周期处于合理区间，商品住宅待售面积同比下降 30.2%。规模以上工业企业资产负债率较上年末回落 1.6 个百分点，云天化集团、云南城投集团、云南冶金集团等省属国有企业市场化债转股项目有序推进。全年为实体经济企业降低成本 900 亿元左右。深入开展“找问题、补短板、促攻坚”等专项行动，扎实开展深度贫困地区脱贫“十大攻坚战”，全年实现 115 万贫困人口脱贫。

（三）居民消费价格低位运行，就业形势稳中向好

1. 居民消费价格低位运行，服务项目价格涨幅明显。2017 年，云南省居民消费价格指数同比上涨 0.9%，涨幅较上年回落 0.6 个百分点。其中，猪肉价格同比下降 7.4%，下拉居民消费价格指数 0.3 个百分点；电力体制改革政策效应逐渐显现，居民用电价格同比下降 9.4%，下拉居民消费价格指数 0.3 个百分点；服务项目价格同比上涨 1.6%，拉动居民消费价格指数上涨 0.5 个百分点，其中医疗保健类价格上涨 4.3%。

2. 工业生产价格由降转升，农产品价格有

所回落。2017年，供给侧结构性改革效应继续显现，云南省与“一带一路”沿线国家间产能合作初显成效，加之国际大宗商品价格上涨等因素影响，全省工业生产者出厂价格指数同比上涨5.2%，结束了自2012年以来连续5年下降的态势，由于上年涨价翘尾因素逐渐消失，11月以来涨幅有所回落，12月为4.1%。全年生产资料价格同比上涨7.0%，是工业生产者出厂价格指数上涨的主要动力；生活资料价格基本稳定，上涨0.8%。全年工业生产者购进价格指数同比上涨6.2%，较工业生产者出厂价格指数涨幅多1.0个百分点，其中黑色金属材料类、有色金属材料及电线类涨幅较大，分别上涨14%和12.1%。主要受林产品、猪肉价格回落较多影响，全省农产品生产者价格同比下降1.3%，较同期农业生产资料价格涨幅低1.7个百分点。

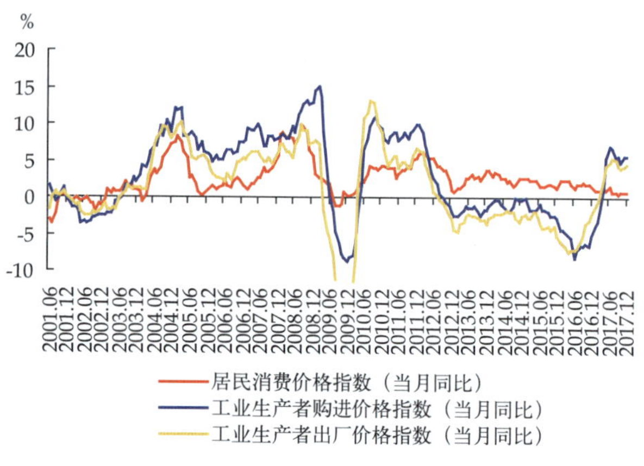

数据来源：国家统计局云南调查总队。

图12　2001~2017年云南省居民消费价格指数和工业生产者价格指数变动趋势

3. 劳动力成本稳定增长，就业形势稳中向好。2017年，云南省本地农民工非务农工月均收入同比增长5.9%。受经济稳中向好、重点群体就业帮扶措施扎实落实等因素支撑，全省农民工数量同比增长5.5%，其中本地、外出农民工分别增长3.8%和6.5%；全年新增城镇就业49万人，较上年多增4.2万人，扶持创业12.2万人，城镇登记失业率3.2%。

4. 资源型产品价格改革成效明显。2017年，云南省加快电力体制改革，推进电网输配电价改革试点，电力市场呈现“电量稳步增长，电价趋于合理”的良好态势。全年全省市场化交易电量同比增长19.2%，占全部用电量的58.1%，占大工业用电量的92%。全年西电东送电量同比增长12.8%。

（四）财政收入增速回升，民生支出力度加大

2017年，云南省地方一般公共预算收入同比增长6.2%，增速较上年提高1.1个百分点。其中，税收收入同比增长8.5%，非税收入同比增长2.1%。全省地方一般公共预算支出同比增长13.8%，增速较上年提高7.3个百分点。收支相抵，全省地方一般公共预算支大于收3 826.8亿元，比上年多619.5亿元。财政支出结构进一步优化，民生支出金额占全省地方一般公共预算支出总金额的比重为72.2%。年内整合195亿元涉农资金支持脱贫攻坚。全年全省累计发行地方政府债券1 929.9亿元，较上年少135.8亿元。

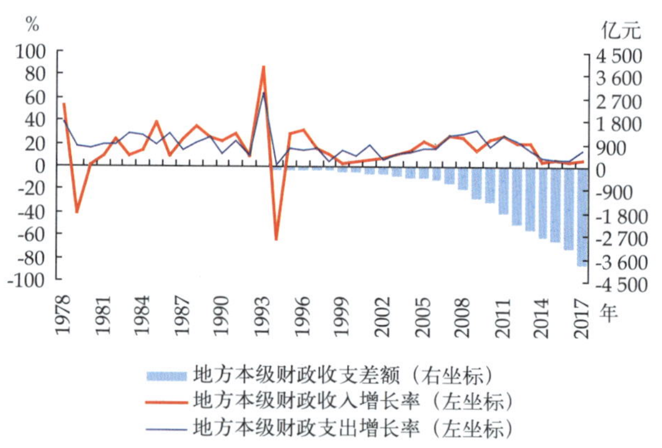

数据来源：云南省统计局、云南省财政厅。

图13　1978~2017年云南省财政收支状况

（五）环境质量有效改善，生态云南建设深入推进

2017年，出台《云南省生态保护红线规定方案》，发布《云南省生物物种红色名录（2017版）》。开展蓝天保卫、碧水青山、净

土安居三个专项行动，环境空气质量平均优良率98.2%，主要河流国控省控监测断面水质优良率82.6%，县级以上城市集中式饮用水源地水质达标率100%。完成退耕还林还草230万亩。全面实施河长制，九大高原湖泊保护治理项目完成投资63亿元。全面开展全省土壤污染状况详查。启动省以下环保机构监测监察执法垂直管理制度改革，实现省级环境保护督查州市全覆盖。推进生态环境损害赔偿制度改革试点。西双版纳州、昆明市石林县成为第一批国家生态文明建设示范市县。

（六）房地产市场整体回暖，先进装备制造业加快发展

1. 房地产市场整体回暖，房地产金融增长较快。商品房供应稳定增加，销售快速增长，重点城市房价持续小幅上涨。房地产贷款较快增长，保障性住房贷款投放较多，个人住房贷款增长加快。

（1）房地产开发投资小幅增长。2017年，云南省房地产开发投资完成2 786.3亿元，同比增长3.6%，增速较上年提高2.9个百分点，地区间分化特征依然明显。房地产开发投资占全省固定资产投资的比重为15.1%，较上年下降2.1个百分点。企业资金链状况有所改观。全年房地产开发企业资金来源同比增长8.4%，其中个人按揭贷款、定金及预收款、银行贷款同比分别增长30.5%、12.0%和9.5%。全年全省土地购置面积同比增长58.6%。

（2）商品房供应稳定增长。2017年，云南省商品房施工面积、新开工面积、房屋竣工面积同比分别增长2.4%、16.3%和14.4%，增速分别较上年高3.0个、26.4个和31.4个百分点。其中，住宅施工面积、新开工面积、竣工面积同比分别增长1.6%、19.6%和8.4%。全年全省棚户区改造开工16.8万套，城镇保障性安居工程基本建成19.1万套，均超额完成国家下达目标数。

（3）商品房销售快速增长。2017年，云南省商品房销售面积、销售额同比分别增长18.9%和33.6%，增速分别较上年高3.2个和18.5个百分点。其中住宅销售面积、销售额同比分别增长18.8%和39.8%。商品房存量总体可控，去化周期处于合理区间。年末，全省商品房待售面积同比下降22.6%，其中住宅待售面积同比下降30.2%，非住宅待售面积同比下降11.6%。

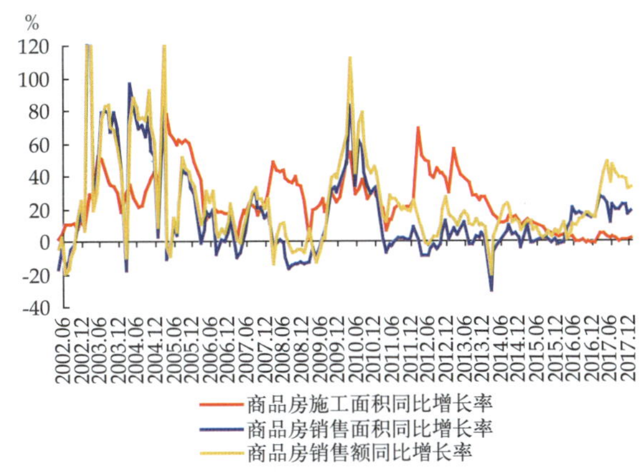

数据来源：云南省统计局。

图14 2002~2017年云南省商品房施工和销售变动趋势

（4）重点城市房价持续小幅上涨。2017年12月，昆明市新建商品住宅销售价格环比上涨2.6%，连续18个月环比上涨；大理市新建商品住宅销售价格环比上涨1.5%，连续9个月环比上涨。12月，昆明市、大理市新建商品住宅销售价格同比分别上涨10.2%和5.7%。

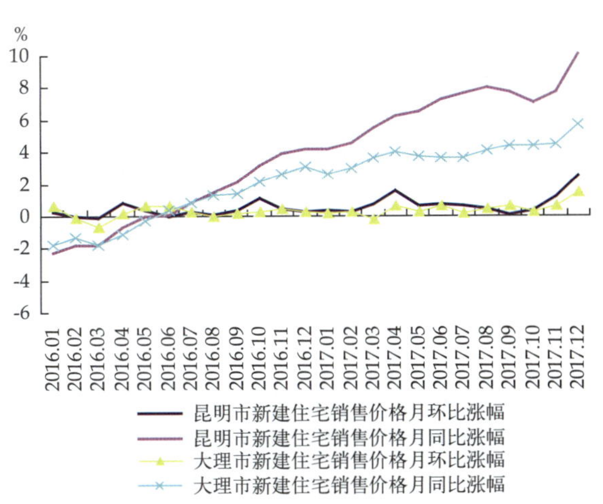

数据来源：《中国经济景气月报》。

图15 2016~2017年云南省主要城市新建住宅销售价格变动趋势

（5）房地产贷款较快增长。2017年末，云南省房地产贷款余额同比增长19.5%，比各项贷款平均增速高9.3个百分点；房地产贷款增量占各项贷款增量的比重为36.3%，较上年提高13.7个百分点。其中，保障性住房开发贷款同比增长25.5%；个人住房贷款同比增长22.3%，增速较上年提高5.9个百分点。差别化住房信贷政策执行良好。全年住房抵押贷款价值比（LTV）64.1%，较上年高0.4个百分点；首套房贷款数量占比88.3%，其中执行下浮利率的数量占比从5月开始逐步下降，12月比重为3.3%。

2. 先进装备制造业加快发展，创新能力明显增强。2017年，云南省着力改造提升机床制造、铁路养护设备、电力装备等先进装备制造业传统优势行业，重点培育新能源汽车、高端智能装备、电子设备制造业等新兴行业，先进装备制造业总体呈现快速发展的态势，经济效益明显提升。全年全省先进装备制造业投资总额同比增长30.5%，高于固定资产投资增速12.5个百分点；增加值同比增长24.9%，比规模以上工业增加值增速高14.3个百分点；主营业务收入同比增长17.2%。其中，汽车制造业增加值同比增长30.6%；电子设备制造业高速发展，增加值同比增长127.4%，占先进装备制造业增加值的比重为26.3%；智能装备业初具规模。2017年，全省先进装备制造业增加值占规模以上工业增加值的比重为5.8%。随着两化融合和军民融合深度发展，以及乘用车、新能源汽车、通信设备和智能终端、光伏等项目产能逐渐释放，云南省先进装备制造业将保持快速发展态势。

三、预测与展望

2018年，云南省经济发展机遇与挑战并存，但机遇大于挑战。一方面，随着供给侧结构性改革、简政放权和创新驱动战略深化实施，以及产业优化升级、基础设施建设、精准扶贫精准脱贫等关键领域和薄弱环节的全力推进，经济发展韧性有所增强，稳的基础进一步巩固。另一方面，在中国社会主要矛盾发生转变的时代背景下，云南省发展不平衡不充分、发展质量不高的问题仍然突出，产业发展滞后、传统产业占比大、自主创新能力不足、基础设施滞后、民营经济活力不足等依然对经济实现跨越式发展形成制约。

2018年，是贯彻落实党的十九大精神的开局之年，是改革开放40周年，是决胜全面建成小康社会、实施“十三五”规划承上启下的关键一年。云南省将以习近平新时代中国特色社会主义思想为指导，进一步贯彻落实习近平总书记对云南发展的重要指示精神，坚持稳中求进工作总基调，坚持新发展理念，坚持以供给侧结构性改革为主线，统筹推进各项工作，在打好防范化解重大风险、精准脱贫、污染防治的攻坚战方面取得扎实进展，促进经济高质量发展。供给方面，大力淘汰落后产能；大力培育新动能，打好“绿色能源”“绿色食品”“健康生活目的地”三张牌；加快创新型云南建设。需求方面，进一步优化投资结构和扩大消费，加快工业转型升级、重点项目建设和20项智能制造重点示范项目建设，大力推进基础设施网络建设；适应消费升级需求，增强消费对经济发展的基础性作用；充分发挥云南在“一带一路”建设和对外开放战略中的区位优势，深化与周边国家各个领域的合作。预计随着一系列政策持续发力，云南省经济将保持平稳增长态势。

2018年，云南省金融部门将以习近平新时代中国特色社会主义思想为指导，按照货币政策和宏观审慎政策双支柱调控框架要求，认真贯彻落实稳健中性货币政策和各项信贷政策，保持货币信贷和社会融资规模合理增长，在防控金融风险、支持实体经济、金融扶贫攻坚、绿色金融等方面迈出坚实步伐，进一步做好供给侧结构性改革金融服务，牢牢守住不发生系统性金融风险的底线。

中国人民银行昆明中心支行货币政策分析小组
总　纂：杨小平　王建东
统　稿：雷一忠　陈　银　王怡丰
执　笔：金艳昭　王怡丰
提供材料的还有：字　军　李泽智　戴明爽　丁彩伦　杨信信　罗　曼　李晗锐　李红艳

附录

（一）2017 年云南省经济金融大事记

1 月 10 日，经中国人民银行批准，中国首个跨境反假货币工作中心在昆明成立。

3 月 16 日，《关于开展普惠金融服务站建设的指导意见》印发实施。

6 月 10 日，GMS（大湄公河次区域经济合作）经济走廊活动周暨 GMS 经济走廊省长论坛在昆明开幕。

6 月 14 日，云南省金融扶贫联席会议召开全省金融精准扶贫工作推进电视电话会议。

8 月 22 日至 25 日，老挝央行代表团赴昆明参加 2017 年“滇老双边本币结算会谈”。

9 月 22 日，举办金融支持普洱市国家绿色经济试验示范区及助推脱贫攻坚综合融资项目建设推进会暨签约仪式。

9 月 26 日，云南省人民政府召开全省金融工作会议。

10 月 23 日，《云南省人民政府关于加强政务诚信建设的实施办法》《云南省政府办公厅加强个人诚信体系建设实施意见》印发实施。

12 月 31 日，云南省跨境人民币结算业务累计量突破 4 000 亿元。

（二）2017 年云南省主要经济金融指标

表 1　2017 年云南省主要存贷款指标

		1 月	2 月	3 月	4 月	5 月	6 月	7 月	8 月	9 月	10 月	11 月	12 月
本外币	金融机构各项存款余额（亿元）	27 905.1	28 163.0	29 132.0	28 930.5	29 426.5	29 755.8	29 795.5	30 252.0	30 220.4	30 421.2	30 390.3	30 160.7
	其中：住户存款	12 504.7	12 512.4	12 636.0	12 507.2	12 539.5	12 776.8	12 659.0	12 723.5	13 106.3	12 906.8	12 944.7	13 234.8
	非金融企业存款	7 703.7	7 782.8	8 360.1	8 273.1	8 405.1	8 774.7	8 685.4	8 971.1	8 813.3	8 767.3	8 933.6	8 809.7
	各项存款余额比上月增加（亿元）	-16.4	257.9	969.0	-201.5	496.0	329.3	39.6	456.5	-31.6	200.9	-30.9	-229.6
	金融机构各项存款同比增长（%）	11.1	12.9	14.5	12.7	12.4	11.6	12.5	12.7	11.6	10.3	8.3	8.0
	金融机构各项贷款余额（亿元）	23 722.6	23 925.6	24 205.5	24 379.0	24 602.2	24 996.7	25 179.5	25 188.2	25 446.6	25 574.2	25 744.3	25 857.6
	其中：短期	6 100.3	6 125.9	6 218.5	6 195.9	6 190.3	6 311.5	6 319.7	6 402.3	6 391.0	6 380.7	6 361.1	6 281.9
	中长期	15 778.7	15 971.5	16 171.8	16 339.4	16 571.0	16 854.9	17 011.9	16 916.9	17 180.8	17 291.9	17 469.9	17 597.1
	票据融资	1 015.8	995.0	977.2	997.1	982.1	972.5	963.7	978.7	999.3	1 016.4	1 024.0	1 096.4
	各项贷款余额比上月增加（亿元）	231.2	203.1	279.8	173.6	223.2	394.5	182.8	8.7	258.4	127.6	170.1	113.3
	其中：短期	1.4	25.6	92.6	-22.6	-5.6	121.2	8.2	82.6	-11.3	-10.3	-19.6	-79.3
	中长期	328.7	192.9	200.2	167.7	231.6	283.9	157.0	-95.0	263.9	111.1	178.0	127.2
	票据融资	-113.1	-20.8	-17.7	19.9	-15.0	-9.6	-8.8	15.0	20.6	17.1	7.6	72.4
	金融机构各项贷款同比增长（%）	9.7	10.1	10.8	10.2	9.9	10.5	10.7	10.5	10.4	10.0	11.1	10.1
	其中：短期	-1.9	-1.5	-0.7	-1.3	-0.7	1.6	2.8	4.4	3.8	4.7	5.6	3.0
	中长期	14.4	15.1	16.3	16.0	15.5	15.7	16.0	15.1	14.9	14.1	15.3	13.9
	票据融资	12.6	12.4	4.8	2.3	-1.5	-6.5	-15.0	-16.4	-12.9	-14.6	-13.1	-2.9
	建筑业贷款余额（亿元）	967.4	965.9	966.5	966.0	957.6	988.9	996.6	1 032.5	1 030.2	1 036.9	1 016.0	977.9
	房地产业贷款余额（亿元）	1 086.8	1 080.2	1 124.5	1 129.6	1 176.6	1 184.9	1 211.1	1 206.2	1 258.9	1 247.1	1 282.6	1 295.0
	建筑业贷款同比增长（%）	6.3	7.6	6.2	3.4	-1.4	1.6	3.2	6.9	6.7	5.0	4.0	0.1
	房地产业贷款同比增长（%）	5.0	3.0	6.7	7.2	9.5	10.0	13.9	18.5	23.3	19.3	21.1	21.4
人民币	金融机构各项存款余额（亿元）	27 757.7	28 013.4	28 972.5	28 779.8	29 271.6	29 588.0	29 616.8	30 079.1	30 043.5	30 246.1	30 227.8	29 990.0
	其中：住户存款	12 428.4	12 436.6	12 560.3	12 432.2	12 464.2	12 702.8	12 585.4	12 653.8	13 036.4	12 836.6	12 875.4	13 165.0
	非金融企业存款	7 653.9	7 731.0	8 297.8	8 217.9	8 347.2	8 703.5	8 609.0	8 900.3	8 744.1	8 693.4	8 864.7	8 730.8
	各项存款余额比上月增加（亿元）	11.0	255.7	959.1	-192.7	491.8	316.5	28.8	462.3	-35.7	202.7	-18.3	-237.8
	其中：住户存款	491.5	8.3	123.7	-128.1	32.0	238.6	-117.3	68.4	382.6	-199.8	38.8	289.6
	非金融企业存款	-346.9	77.1	566.8	-78.0	129.3	356.3	-94.5	291.4	-156.3	-50.7	171.2	-133.9
	各项存款同比增长（%）	11.2	13.0	14.5	12.8	12.6	11.8	12.6	12.7	11.6	10.3	8.3	8.1
	其中：住户存款	16.4	13.0	13.3	12.9	12.6	12.8	12.0	11.7	11.2	10.3	9.4	10.3
	非金融企业存款	12.0	18.7	22.9	18.7	18.6	18.5	18.2	20.6	19.2	12.5	11.5	9.1
	金融机构各项贷款余额（亿元）	23 329.7	23 540.5	23 806.5	23 987.1	24 209.5	24 589.4	24 757.0	24 764.1	25 014.1	25 142.2	25 320.7	25 440.5
	其中：个人消费贷款	3 663.6	3 694.1	3 774.2	3 824.8	3 892.3	3 964.7	4 020.4	4 073.6	4 140.7	4 186.8	4 282.2	4 333.9
	票据融资	1 015.8	995.0	977.2	997.1	982.1	972.5	963.7	978.7	999.3	1 016.4	1 024.0	1 096.4
	各项贷款余额比上月增加（亿元）	240.4	210.9	266.0	180.6	222.4	379.9	167.7	7.1	250.0	128.1	178.5	119.7
	其中：个人消费贷款	52.8	30.5	80.1	50.6	67.4	72.4	55.7	53.1	67.2	46.1	95.3	51.8
	票据融资	-113.1	-20.8	-17.7	19.9	-15.0	-9.6	-8.8	15.0	20.6	17.1	7.6	72.4
	金融机构各项贷款同比增长（%）	9.7	10.2	10.8	10.3	10.0	10.6	10.6	10.4	10.3	10.0	11.1	10.2
	其中：个人消费贷款	13.5	14.7	15.9	16.3	16.9	17.5	18.2	18.5	19.2	19.4	19.8	20.0
	票据融资	12.6	12.4	4.8	2.3	-1.5	-6.5	-15.0	-16.4	-12.9	-14.6	-13.1	-2.9
外币	金融机构外币存款余额（亿美元）	21.5	21.8	23.1	21.9	22.6	24.8	26.6	26.2	26.7	26.4	24.6	26.1
	金融机构外币存款同比增长（%）	-5.6	-5.8	-1.3	-20.5	-20.6	-17.8	1.5	2.9	6.0	10.9	2.6	3.7
	金融机构外币贷款余额（亿美元）	57.3	56.0	57.8	56.9	57.2	60.1	62.8	64.3	65.2	65.1	64.1	63.8
	金融机构外币贷款同比增长（%）	1.0	-1.9	2.6	-1.7	-0.3	4.5	12.7	16.8	16.7	16.3	13.9	10.1

数据来源：中国人民银行昆明中心支行。

表 2　2001~2017 年云南省各类价格指数

单位：%

		居民消费价格指数		农业生产资料价格指数		工业生产者购进价格指数		工业生产者出厂价格指数	
		当月同比	累计同比	当月同比	累计同比	当月同比	累计同比	当月同比	累计同比
2001		—	-0.9	—	-3.4	—	-0.6	—	0.1
2002		—	-0.2	—	0.4	—	-2.4	—	-1.8
2003		—	1.2	—	1.9	—	2.7	—	1.4
2004		—	6	—	6.3	—	9.6	—	8.8
2005		—	1.4	—	5.9	—	6.5	—	4.5
2006		—	1.9	—	2.8	—	7.6	—	4.6
2007		—	5.9	—	7.0	—	8.2	—	5.7
2008		—	5.7	—	16.6	—	11.6	—	5.8
2009		—	0.4	—	-0.7	—	-5.0	—	-8.5
2010		—	3.7	—	1.4	—	9.0	—	8.8
2011		—	4.9	—	8.3	—	8.0	—	4.7
2012		—	2.7	—	4.6	—	-0.7	—	-2.1
2013		—	3.1	—	0.1	—	-1.2	—	-2.5
2014		—	2.4	—	-1.6	—	-1.0	—	-2.2
2015		—	1.9	—	1.1	—	-3.1	—	-5.1
2016		—	1.5	—	2.8	—	-4.1	—	-2.4
2017		—	0.9	—	0.4	—	6.2	—	5.2
2016	1	1.3	1.3	1.2	1.2	-8.0	-8.0	-7.1	-7.1
	2	1.8	1.6	1.3	1.3	-7.0	-7.5	-6.7	-6.9
	3	1.9	1.7	2.1	1.6	-6.6	-7.2	-5.8	-6.5
	4	2.2	1.8	3.3	2.0	-6.6	-7.1	-4.9	-6.1
	5	1.9	1.8	3.8	2.4	-6.2	-6.9	-3.5	-5.6
	6	1.8	1.8	3.8	2.6	-6.4	-6.8	-2.9	-5.2
	7	1.6	1.8	3.7	2.8	-5.2	-6.6	-2.2	-4.7
	8	1	1.7	3.3	2.8	-3.9	-6.3	-1.2	-4.3
	9	1	1.6	3	2.9	-3.2	-5.9	-0.5	-3.9
	10	1	1.6	3.1	2.9	-1.8	-5.5	0.4	-3.5
	11	1.3	1.5	2.5	2.8	1.4	-4.9	2.6	-3
	12	1.2	1.5	2.7	2.8	5.4	-4.1	4.2	-2.4
2017	1	1.5	1.5	3.1	3.1	7.0	7.0	5.0	5.0
	2	0.9	1.2	3.1	3.1	6.7	6.8	5.5	5.3
	3	0.8	1.1	2.3	2.8	5.4	6.3	5.1	5.2
	4	0.6	1.0	1.1	2.4	5.6	6.2	4.3	5.0
	5	0.8	0.9	-0.1	1.9	5.0	5.9	4.1	4.8
	6	0.7	0.9	-1.3	1.3	5.6	5.9	4.4	4.7
	7	0.8	0.9	-1.7	0.9	5.6	5.8	4.7	4.7
	8	1.1	0.9	-0.8	0.7	6.4	5.9	5.6	4.8
	9	0.9	0.9	-0.5	0.5	7.2	6	7	5.1
	10	1.1	0.9	-0.6	0.4	7.7	6.2	7.3	5.3
	11	1.1	0.9	0.2	0.4	6.9	6.3	5.4	5.3
	12	1	0.9	0.7	0.4	5.1	6.2	4.1	5.2

数据来源：国家统计局云南调查总队。

表 3　2017 年云南省主要经济指标

	1 月	2 月	3 月	4 月	5 月	6 月	7 月	8 月	9 月	10 月	11 月	12 月
	绝对值（自年初累计）											
地区生产总值（亿元）	—	—	3 115.7	—	—	6 447.8	—	—	10 646.7	—	—	16 531.3
第一产业	—	—	265.2	—	—	618.6	—	—	1 257.6	—	—	2 310.7
第二产业	—	—	1 386.2	—	—	2 584.8	—	—	4 066.2	—	—	6 387.5
第三产业	—	—	1 464.3	—	—	3 244.4	—	—	5 322.8	—	—	7 833.1
工业增加值（亿元）	—	589.4	911.9	1 167.1	1 368.3	1 705.5	2 011.5	2 313.6	2 625.3	2 959.0	3 378.4	3 876.3
固定资产投资（亿元）	—	1 151.8	2 665.9	4 019.1	5 494.3	7 444.9	9 021.5	10 506.7	12 463.5	14 612.1	16 705.5	18 474.9
房地产开发投资	—	242.9	502.8	705.4	911.4	1 224.3	1 430.2	1 644.1	1 936.0	2 234.3	2 552.3	2 786.3
社会消费品零售总额（亿元）	—	943.0	1 445.1	1 933.9	2 423.0	2 971.5	3 500.6	4 047.2	4 630.0	5 218.4	5 811.7	6 423.1
外贸进出口总额（亿元）	—	197.5	281.3	406.2	519.2	631.3	783.6	940.6	1 089.0	1 232.8	1 415.7	1 578.7
进口	—	96.3	138.6	200.3	254.8	316.3	399.6	459.5	538.2	609.0	708.8	806.6
出口	—	101.3	142.7	205.9	264.4	315.0	384.0	481.1	550.8	624.0	706.9	772.1
进出口差额（出口－进口）	—	5.0	4.2	5.6	9.6	-1.4	-15.6	21.6	12.6	15.1	-2.0	-34.5
实际利用外资（亿美元）	—	—	—	—	—	6.1	—	—	—	—	—	9.6
地方财政收支差额（亿元）	—	-357.8	-870.8	-1 019.8	-1 414.7	-2 004.5	-2 352.7	-2 673.4	-3 021.7	-3 113.6	-3 352.3	-3 826.8
地方财政收入	—	273.9	423.6	594.8	731.1	928.1	1 078.6	1 197.9	1 373.2	1 555.0	1 696.8	1 886.2
地方财政支出	—	631.7	1 294.4	1 614.6	2 145.8	2 932.6	3 431.3	3 871.3	4 394.9	4 668.6	5 049.1	5 713.0
城镇登记失业率（%）（季度）	—	—	3.6	—	—	3.3	—	—	3.2	—	—	3.2
	同比累计增长率（%）											
地区生产总值	—	—	9.9	—	—	9.5	—	—	9.0	—	—	9.5
第一产业	—	—	4.3	—	—	5.1	—	—	5.6	—	—	6.0
第二产业	—	—	10.3	—	—	10.4	—	—	9.4	—	—	10.7
第三产业	—	—	10.5	—	—	9.6	—	—	9.6	—	—	9.5
工业增加值	—	7.8	9.3	9.3	9.6	9.9	9.5	8.8	9.3	9.0	9.5	10.6
固定资产投资	—	17.7	17.0	17.0	16.5	16.0	16.2	16.3	17.0	17.4	18.3	18.0
房地产开发投资	—	1.0	3.6	1.4	2.1	-2.5	-3.4	-1.6	0.9	5.0	4.7	3.6
社会消费品零售总额	—	12.3	12.3	12.4	12.4	12.4	12.2	12.1	12.3	12.3	12.3	12.2
外贸进出口总额	—	10.7	-1.7	7.0	8.1	10.4	15.8	19.0	21.5	21.0	24.2	19.9
进口	—	22.4	7.9	14.1	13.4	20.7	34.1	34.8	41.8	44.2	48.6	45.0
出口	—	1.5	-9.5	0.8	3.4	1.7	1.4	7.1	6.6	4.6	6.6	1.5
实际利用外资	—	—	—	—	—	21.9	—	—	—	—	—	11.1
地方财政收入	—	10.7	10.2	11.3	11.9	11.0	11.9	11.9	11.4	10.7	8.7	6.2
地方财政支出	—	38.7	34.3	30.2	30.2	17.5	19.4	17.8	15.9	13.5	10.4	13.8

数据来源：云南省统计局、云南省商务厅。

西藏自治区金融运行报告（2018）

中国人民银行拉萨中心支行货币政策分析小组

［内容摘要］2017 年，全区各级各部门全面贯彻落实习近平总书记“治国必治边、治边先稳藏”的重要战略思想和“建设美丽西藏”的重要指示精神，始终坚持稳中求进、进中求好、补齐短板的工作总基调，牢固树立和贯彻落实新发展理念，适应把握引领经济发展新常态，以推进供给侧结构性改革为主线，保持了西藏经济又好又快发展的良好态势。同时，实施稳健中性的货币政策和中央赋予西藏的特殊优惠金融政策，践行普惠金融发展理念，大力发展绿色金融，信贷结构持续优化，社会融资规模和信贷投放合理增长，金融服务实体经济的能力进一步提升，有力支持了西藏经济社会发展。

从经济运行情况看，2017 年，西藏统筹推进“五位一体”总体布局和协调推进“四个全面”战略布局，以供给侧结构性改革为主线，牢固树立贯彻“创新、协调、绿色、开放、共享”的发展理念，紧紧围绕“663”发展战略①，把稳增长放在首要位置，全区经济社会实现平稳较快发展，固定资产投资增长加快，就业形势总体良好，物价形势温和可控，城乡居民收入和消费稳健增长，呈现出“稳中有进、进中向好、好中趋优”的特点。2017 年，全区实现地区生产总值 1 310.6 亿元，连续 25 年保持两位数增长。实现地方财政收入 259.1 亿元，同比增长 25.6%，地方财政支出 1 768.2 亿元，同比增长 7.8%，财政支出向教育、农林水事务等方面倾斜，投向节能环保、医疗卫生与计划生育、教育、城乡社区事务方面的财政支出大幅增长，分别同比增长 40.9%、38.1%、30.5% 和 24.2%，民生保障重点突出。完成全社会固定资产投资 2 051.0 亿元，同比增长 23.9%。完成社会消费品零售总额 523.32 亿元，同比增长 13.9%。全年城镇居民、农村居民人均可支配收入分别达到 30 671 元、10 330 元，分别同比增长 10.3%、13.6%。

在供给侧结构性改革方面，加强全方位监管，规范各类融资行为，开展互联网金融风险专项整治，坚决遏制非法集资蔓延势头，加强风险监测预警和监管合作，妥善处理风险案件，坚决守住不发生系统性和区域性金融风险的底线；开展降低实体经济企业成本行动，深化“放管服”改革，清理规范行政审批和行政收费，降低制度性交易成本，规范中介机构收费行为等，激发企业活力；在补齐基础设施短板的基础上，提高投资有效性和精准性，推动形成市场化、可持续的投入机制和运营机制，扩大有效供给。西藏房地产市场运行平稳，房地产投资规模略有下降，降库存效应明显。

从金融运行情况看，银行业整体保持良好的运行态势。2017 年末，全区金融机构本外币各项存款余额 4 959.1 亿元，较上年末增加 579.4 亿元，增长 13.2%；信贷结构持续优化，信贷投向重点突出，对实体经济发展的支持力度进一步加大。2017 年末，小微企业贷款余额

---

①“663”发展战略：西藏自治区人民政府按照中央对西藏的战略定位，科学把握西藏经济社会发展阶段性特征，适应把握引领新常态，创新实施“663”发展战略，即“六对抓手”：打牢农牧业和基础设施两个基础、突出特色产业和生态文明建设两个重点、加强民生改善和基本公共服务两个保障、激活改革开放和对口支援两个动力、强化科技和人才两个支撑、巩固民族团结和社会稳定两个基石。“六动措施”：民生先动、项目带动、市场推动、金融撬动、创新驱动、环境促动。“三条底线”：和谐稳定、生态保护、安全生产。

1233.22亿元，同比增长64.1%，高于各项贷款增速31.4个百分点，小微企业贷款增量占全部企业贷款增量的42.6%；涉农贷款余额1177.4亿元，同比增长36.9%，高于各项贷款增速4.3个百分点。利率水平合理浮动，利率水平保持相对平稳。2017年，西藏金融机构继续执行中央赋予西藏的特殊优惠金融政策，存款利率政策与全国保持同步。金融改革有序推进，跨境人民币业务深入发展，积极推动人民币在西藏周边国家的使用。自业务开展以来，全区跨境人民币收付金额合计达368亿元。

证券业金融机构坚持稳中求进，服务实体经济的质效稳步提升。2017年，辖区证券公司资产同比增长36.4%，全年营业收入同比增长4.6%，净利润同比增长12.6%，推进了辖区资本市场健康发展。

保险业健康发展，保险业务平稳增长，社会“稳定器”作用显著增强。2017年末，西藏保险业实现原保险保费收入28.0亿元，同比增长25.9%。

同时，西藏金融市场稳步发展，社会融资规模快速增长，虽然融资方式仍以间接融资为主，但是融资结构不断改善，市场交易较为活跃，2017年西藏社会融资规模增量为1 019.4亿元，同比增长9.0%。直接融资62.2亿元，直接融资占比创新高。

不断深化信用体系建设，持续改善金融生态环境。一是以信用县创建和评定为总抓手，集中力量推进农村信用体系建设，社会信用体系建设全面推进。2017年末，建立农牧户小额信用贷款档案约46.5万户，建档面95.9%。二是加快现代化支付体系建设，丰富和发展支付工具，实现支付服务产品多样化，满足各类经济主体支付需要，银行卡受理环境明显改善，2017年，全区累计发行银行卡529.3万张。三是持续加强金融消费者权益保护工作，实现投诉办结率100%，办结满意率100%，金融维权环境持续向好。2017年，西藏辖区各级人民银行协助公安司法机关开展案件线索协查90起，协助自治区公安厅专案组成功破获西藏首起地下钱庄案，为全区经济社会发展作出了积极的贡献。

党的十九大报告明确指出，中国特色社会主义进入新时代，这是我国发展新的历史方位。我国经济已由高速增长阶段转向高质量发展阶段，正处在转变发展方式、优化经济结构、转换增长动力的攻关期，建设现代化经济体系是跨越关口的迫切要求和我国发展的战略目标。2018年，西藏金融机构将全面贯彻党的十九大、中央和自治区经济工作会议等精神，坚持稳中求进的总基调，坚持以人民为中心发展思想、坚持新发展理念、坚持党的治藏方略，深入推进供给侧结构性改革，坚决打好精准脱贫、防范化解重大风险、污染防治三大攻坚战，突出抓重点、补短板、强弱项，保持西藏经济持续健康发展。为实现上述目标，2018年西藏辖区各金融机构要按照党的十九大决策部署，全面贯彻创新、协调、绿色、开放、共享的新发展理念，认真落实稳健中性的货币政策和中央赋予西藏的特殊优惠金融政策，强化宏观审慎管理和逆周期调节，把自身发展与国家战略紧密结合起来，进一步提高金融服务实体经济的效率和水平，进一步防范化解系统性金融风险，为西藏与全国同步实现全面小康提供强有力的金融支撑。

一、金融运行情况

2017年，西藏自治区各金融部门认真贯彻执行稳健中性的货币政策和中央赋予西藏的特殊优惠金融政策，践行普惠金融发展理念，扎实推进金融改革，持续优化信贷结构，努力改善金融服务，金融业发展取得新的成绩，有力地促进了实体经济平稳运行。

（一）银行业稳健运行，信贷资源配置持续优化

2017 年，西藏银行业金融机构牢牢把握稳健中性的货币政策导向，贷款总量平稳增长，信贷结构持续优化，利率水平合理浮动，金融改革有序推进，跨境人民币业务深入发展，银行业整体保持良好的运行态势。

1. 银行业稳健发展，机构体系建设有序推进。2017 年，辖区银行业金融机构数量不断增加，组织体系日趋完善，市场集中度有所下降，竞争程度进一步提高。2017 年末，辖区银行业金融机构营业网点 664 个，从业人员 9 426 人。西藏银行业金融机构全年实现净利润89.1亿元，较上年同期增加 9.9 亿元，增长 12.5%。

表 1　2017 年西藏自治区银行业金融机构情况

机构类别	营业网点			法人机构（个）
	机构个数（个）	从业人数（人）	资产总额（亿元）	
一、大型商业银行	565	7 345	4 088	0
二、国家开发银行和政策性银行	0	127	1 281	0
三、股份制商业银行	6	400	235	0
四、城市商业银行	4	494	675	1
五、城市信用社	0	0	0	0
六、小型农村金融机构	0	0	0	0
七、财务公司	0	0	0	0
八、信托公司	0	101	25	1
九、邮政储蓄银行	89	795	104	0
十、外资银行	0	0	0	0
十一、新型农村金融机构	0	43	6	1
十二、其他	0	121	208	1
合　　计	664	9 426	6 621	4

注：营业网点不包括国家开发银行和政策性银行、大型商业银行、股份制商业银行等金融机构总部数据；大型商业银行包括中国工商银行、中国农业银行、中国银行、中国建设银行和交通银行；小型农村金融机构包括农村商业银行、农村合作银行和农村信用社；新型农村金融机构包括村镇银行、贷款公司、农村资金互助社和小额贷款公司；“其他”包含金融租赁公司、汽车金融公司、货币经纪公司、消费金融公司等。

数据来源：中国人民银行拉萨中心支行。

2. 存款增长放缓，波动较为明显。2017 年，西藏金融机构本外币各项存款余额 4 959.1 亿元，同比增长 13.2%，增速较上年回落 4.5 个百分点。其中，机关团体存款余额较上年减少 110.9 亿元，占存款增量的 86.0%。

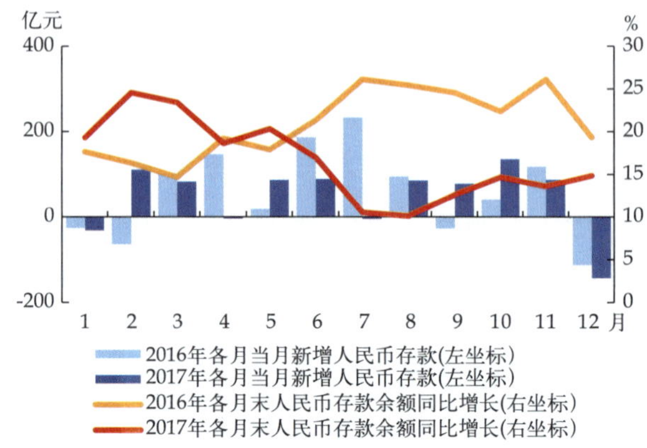

数据来源：中国人民银行拉萨中心支行《西藏自治区金融统计月报》。

图 1　2016~2017 年西藏自治区金融机构人民币存款增长变化

3. 贷款合理增长，结构持续优化。截至 2017 年末，西藏银行业金融机构本外币各项贷款余额 4 043.6 亿元，同比增长 32.6%。其中，中长期贷款余额 3 426.0 亿元，同比增长 39.2%，高于各项贷款增速 6.5 个百分点。

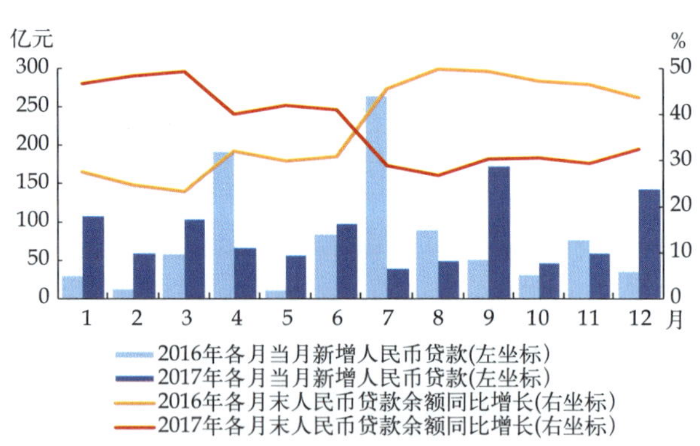

数据来源：中国人民银行拉萨中心支行《西藏自治区金融统计月报》。

图 2　2016~2017 年西藏自治区金融机构人民币贷款增长变化

信贷投向重点突出，信贷结构持续优化，对实体经济发展的支持力度进一步加大。2017 年末，小微企业贷款余额 1 233.2 亿元，同比增长 64.1%，高于各项贷款增速 31.4 个百分

点，小微企业贷款增量占全部企业贷款增量的42.6%；涉农贷款余额1 177.4亿元，同比增长36.9%，高于各项贷款增速4.3个百分点。

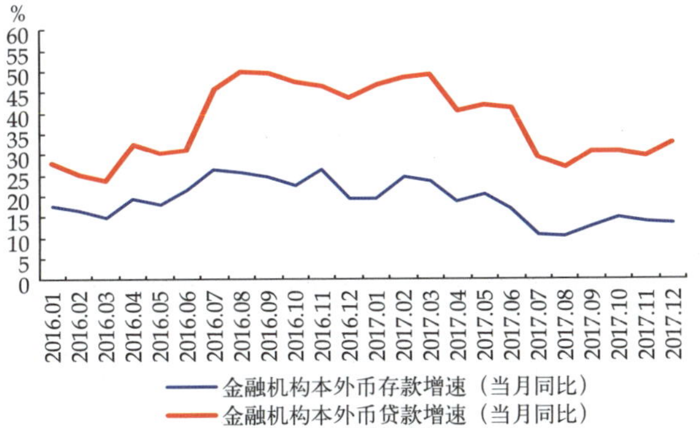

数据来源：中国人民银行拉萨中心支行《西藏自治区金融统计月报》。

图3　2016~2017年西藏自治区金融机构本外币存、贷款增速变化

4. 继续执行优惠贷款利率政策，利率水平保持相对稳定。2017年，西藏银行业金融机构继续执行中央赋予西藏的特殊优惠金融政策。存款利率政策与全国保持同步，实现了人民币存款利率市场化；贷款利率以西藏优惠贷款利率为上限实行上限管制。2017年，全区银行业金融机构人民币贷款绝大多数执行西藏优惠贷款利率，全年利率下浮贷款发生额占比为10.26%，加权平均利率为2.39%。其中，短期贷款发生额为452.6亿元，均执行西藏优惠贷款利率，加权平均利率为2.35%；中长期贷款发生额为1 404.3亿元，加权平均利率为2.41%，利率水平稳步下行，较全国加权平均利率水平低3.35个百分点。

表2　2017年西藏自治区金融机构人民币贷款各利率区间占比

月份		1月	2月	3月	4月	5月	6月
合计		100.0	100.0	100.0	100.0	100.0	100.0
(0.8-1.0)		—	—	15.1	—	—	29.3
基准		99.6	99.9	84.9	99.8	99.9	70.6
上浮	小计	0.4	0.1	0.0	0.2	0.1	0.1
	(1.0, 1.1]	0.4	0.1	0.0	0.2	0.1	0.1
	(1.1, 1.3]	—	—	—	—	—	—
	(1.3, 1.5]	—	—	—	—	—	—
	(1.5, 2.0]	—	—	—	—	—	—
	2.0以上	—	—	—	—	—	—
月份		7月	8月	9月	10月	11月	12月
合计		100.0	100.0	100.0	100.0	100.0	100.0
(0.8, 1.0)		18.6	25.4	0.4	19.2	13.7	1.6
基准		81.0	74.4	99.4	80.7	86.0	98.1
上浮	小计	0.4	0.2	0.2	0.1	0.3	0.3
	(1.0, 1.1]	0.4	0.2	0.2	0.1	0.3	0.3
	(1.1, 1.3]	—	—	—	—	—	—
	(1.3, 1.5]	—	—	—	—	—	—
	(1.5, 2.0]	—	—	—	—	—	—
	2.0以上	—	—	—	—	—	—

数据来源：中国人民银行拉萨中心支行。

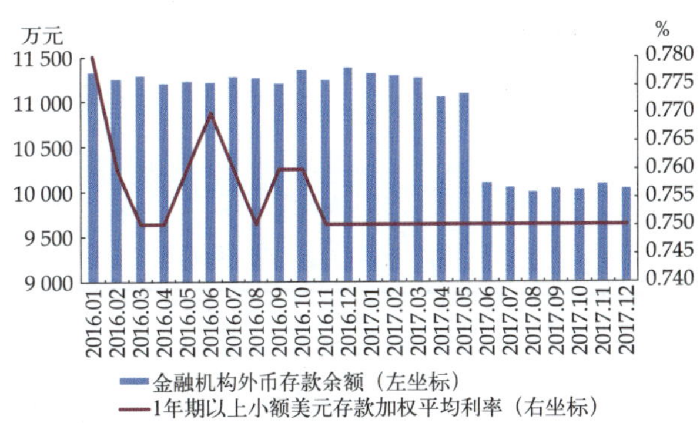

数据来源：中国人民银行拉萨中心支行。

图4　2016~2017年西藏自治区金融机构外币存款余额及外币存款利率

5. 金融改革稳步推进，银行业整体实力持续提升。金融改革稳步推进，金融制度不断完善。国有商业银行陆续设立普惠金融部门；深入推进外汇管理体制改革，规范经常项目外汇业务管理，实施个人购汇申报管理制度；加强优惠贷款利率管理，规范优惠贷款利率执行范围；稳妥推进“两权”抵押贷款；存款保险制度全面实施；资产规模持续扩大，不良率低于全国水平，银行业整体实力持续提升。

6. 跨境人民币业务稳步推进。一是稳步推进跨境人民币业务，积极推动人民币在西藏周边国家（地区）的使用。自业务开展以来，全区跨境人民币收付金额合计368亿元。其中，2017年跨境人民币收付金额为18亿元，涉及企业47家，业务往来的境外国家（地区）17个。二是充分利用RCPMIS开展业务监测，加强西藏跨境人民币自律机制建设，规范跨境人民币业务开展。三是做好常态化的业务推广和宣传培训工作。四是配合总行完善人民币跨境收付信息管理系统建设。五是加强对外交流，开展与尼泊尔央行对话合作。

专栏1 西藏金融支持深度贫困地区脱贫攻坚工作取得积极成效

2017年以来，西藏金融扶贫工作在中国人民银行总行的特殊关怀和大力支持下，紧紧围绕打赢西藏深度贫困地区脱贫攻坚战这一核心要求，构建金融服务西藏深度贫困地区的新格局，深度贫困地区精准扶贫信贷投放力度持续加大，金融精准扶贫各项工作有效推进，为助推西藏脱贫攻坚提供了强有力的金融支持，在2017年度全区脱贫攻坚成效考核评估中被评为“优秀”。

一、金融支持深度贫困地区脱贫攻坚工作进展情况

中国人民银行拉萨中心支行高度重视，成立领导小组，建立金融助推脱贫攻坚例会制度。本着讲政治、顾大局的原则，紧紧围绕西藏供给侧结构性改革相关要求，建设金融助推产业脱贫项目库。2017年末，西藏全区金融精准扶贫贷款余额1 237亿元，较年初增长78%，全年累计发放686亿元；全区扶贫贴息贷款余额达到543.44亿元，较2010年末增加523.8亿元，增长26.67倍。

二、金融支持深度贫困地区脱贫攻坚工作取得的成效

根据统计局相关数据统计，2017年末西藏自治区地区生产总值为1 330亿元，金融精准扶贫贷款占地区生产总值比例近100%。实践证明，西藏金融精准扶贫政策和金融助推脱贫攻坚实践，充分调动了在藏银行业金融机构的积极性，极大地降低了脱贫攻坚各类市场主体的融资成本，有力地保障了西藏精准扶贫重点项目建设。金融已成为西藏自治区专项扶贫、行业扶贫、社会扶贫、金融扶贫、援藏扶贫、法治扶贫协同推进的大扶贫格局中政策支持最大、资金投入最多的一方，有力推动了西藏脱贫攻坚事业，为西藏经济社会发展和长治久安提供了强有力的支撑。

三、金融支持深度贫困地区脱贫工作存在的困难和问题

政府主导，市场化程度低。对产业项目的策划、筛选、组织工作相对薄弱。各地（市）没有结合当地资源禀赋和产业基础，没有把握好产业项目的自身规律和市场前景，产业项目普遍存在市场化水平不高、扶贫产业项目的选择与实际结合不紧密的情况，严重制约了银行业金融机构对产业项目的有效信贷投放。

扶贫产业项目同质化严重，容易积累系统性风险。西藏的扶贫产业项目主要集中在青稞种植、牦牛育肥、民族手工业等领域，各地市、县区设立的扶贫产业项目同质化较为严重，且目前大部分处于建设阶段，在未来形成产能投放市场后，由于产品的同质化，导致市场前景不明，容易形成系统性风险。

风险补偿基金未有效发挥积极作用。西藏七个地市76个县区，风险补偿资金设立、规模、管理等具体情况参差不齐，且一些基层政府对政策认识不到位，致使风险补偿基金增信作用难以有效发挥。

四、金融支持深度贫困地区脱贫工作的政策建议

加强政策宣传。进一步加大对西藏特殊优惠金融政策的宣传力度，提高西藏建档立卡贫困群众以及各级各部门运用金融工具的能力和水平，积极营造扶贫战线和贫困地区“学金融、懂金融、用金融”的良好氛围。

高度重视扶贫小额信贷存在的问题，切实防范金融风险。加强西藏深度贫困地区信用体系建设，组织力量进行信用信息采集和系统录入，开展信用评级，本着实事求是、动态管理的原则，优化完善征信数据库建设。同时，严厉打击恶意逃废债行为，创造良好金融生态环境。

做好产业扶贫项目建设。紧紧围绕西藏供给侧结构性改革相关要求，建设金融助推产业脱贫项目库。坚持市场导向，本着宜农则农、宜牧则牧的原则，在明确扶贫责任和与建档立卡贫困户利益联结机制的前提下，引导银行业金融机构因地制宜支持扶贫产业发展。

（二）证券业稳步发展，融资功能不断提升

2017年，西藏证券业金融机构把握好资本市场机遇，坚持稳中求进，合力推进资本市场健康发展。

1. 证券期货法人机构经营稳健。2017年，西藏资本市场继续保持较快发展，资本市场对地方经济的支持作用逐步显现。2017年末，西藏地区有2家证券公司、1家公募基金管理机构、29家证券期货分支机构、227家私募基金管理机构、1家独立基金销售机构。年末，西藏证券公司资产同比增长36.4%，全年营业收入同比增长4.6%，净利润同比增长12.6%。

表3 2017年西藏自治区证券业基本情况

项目	数量
总部设在辖内的证券公司数（家）	2
总部设在辖内的基金公司数（家）	1
总部设在辖内的期货公司数（家）	1
年末国内上市公司数（家）	15
当年国内股票（A股）筹资（亿元）	16
当年发行H股筹资（亿元）	—
当年国内债券筹资（亿元）	30
其中：短期融资券筹资额（亿元）	-13
中期票据筹资额（亿元）	13

数据来源：中国人民银行拉萨中心支行、西藏证监局。

2. 推进企业融资。支持西藏企业通过资本市场发展壮大，不断提升金融服务实体经济水平。2017年末，西藏A股上市公司总市值达1 371.9亿元，累计融资280.4亿元。29家证券分支机构合格资金账户数1 964 904户，代理买卖证券款57.9亿元，累计证券交易金额30 573.4亿元，指定与托管证券市值825.4亿元。

3. 大力培育上市资源。辅导备案的企业达到15家，完成5家企业的现场辅导验收检查。组织相关部门赴上海参加上市仪式。协调上交所对山南、日喀则上市后备企业开展调研和辅导。加强对上市后备企业和政府相关部门人员培训，增进对资本市场的认识，更好地做好上市资源培育。

4. 健全壮大资本市场中介机构。辖区证券公司资产总计达426.3亿元，同比增长36.4%；营业收入18.5亿元，同比增长4.6%；净利润8.4亿元，同比增长12.6%；完成交易量46 917.0亿元，同比增长53.7%；正常交易客户数达283万户，同比增长43%。证券公司分类评价中，两家法人公司西藏东方财富证券及西藏华林证券分别被评为B类BBB级和A类A级，各比2016年提升了一级，市场份额排名分列第18名和第62名，较2016年有较大提升。

（三）保险业健康发展，社会“稳定器”作用显著增强

1. 保险业机构稳步发展。截至2017年末，共有各级保险机构72家，其中，法人保险公司1家，省级分公司9家，保险业总资产19.9亿元，保险业经营稳步发展。

2. 保险业务平稳增长。2017 年末，西藏保险业实现原保险保费收入 28.0 亿元，同比增长 25.9%。其中，财产险业务 16.9 亿元，同比增长 21.2%；人身险业务 11.2 亿元，同比增长 33.7%。累计赔付支出 12.3 亿元，同比增长 22.2%。其中，人身险业务赔款支出 3.7 亿元，同比增长 17.1%；财产险业务赔款支出 8.7 亿元，同比增长 24.5%。

表 4　2017 年西藏自治区保险业基本情况

项目	数量
总部设在辖内的保险公司数（家）	1
其中：财产险经营主体（家）	—
人身险经营主体（家）	—
保险公司分支机构（家）	9
其中：财产险公司分支机构（家）	—
人身险公司分支机构（家）	—
保费收入（中外资，亿元）	28.0
其中：财产险保费收入（中外资，亿元）	17.9
人身险保费收入（中外资，亿元）	11.2
各类赔款给付（中外资，亿元）	12.3
保险密度（元 / 人）	—
保险深度（%）	—

数据来源：中国人民银行拉萨中心支行、西藏保监局。

（四）融资结构不断改善，金融市场交易较为活跃

2017 年，西藏金融市场稳步发展，社会融资规模快速增长，融资方式仍以间接融资为主，但融资结构不断改善。

1. 直接融资占比创新高，融资结构相对改善。2017 年，西藏社会融资规模增量为 1 019.4 亿元，同比增长 9%。直接融资 62.2 亿元，同比增长 104.5%，直接融资占比创新高。分项目看，人民币贷款新增 995.7 亿元，同比增长 7.6%；委托贷款新增 29.7 亿元，同比下降 30.5%；未贴现银行承兑汇票新增 28.4 亿元，同比下降 5.0%；保险公司赔偿新增 11.7 亿元，同比下降 27.2%。

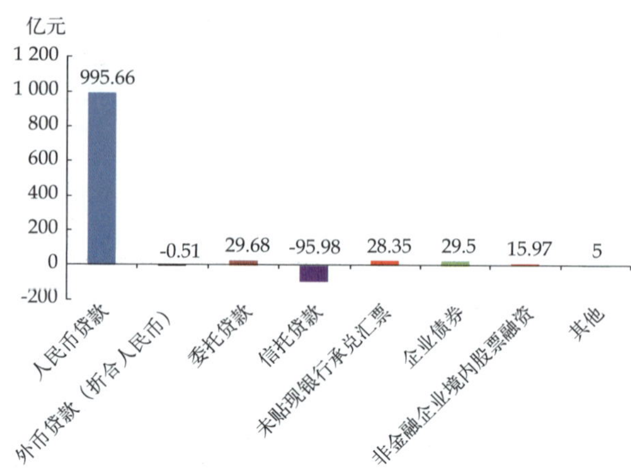

数据来源：中国人民银行拉萨中心支行。

图 5　2017 年西藏自治区社会融资规模分布结构

2. 货币市场稳步发展。全区金融市场业务稳步发展，票据市场仍以转贴现业务为主，黄金市场业务仍以商业银行代理个人业务为主。截至 2017 年末，银行承兑汇票余额 17.9 亿元，同比增加 5.4 亿元；共开展 10 笔同业拆借业务，拆借金额共计 21.5 亿元；交易实物黄金 316.5 千克。

表 5　2017 年西藏自治区金融机构票据业务量统计

单位：亿元

季度	银行承兑汇票承兑		贴现			
			银行承兑汇票		商业承兑汇票	
	余额	累计发生额	余额	累计发生额	余额	累计发生额
1	33.18	12.66	16.18	15.98	0	0
2	—	—	—	—	—	—
3	33.22	4.33	21.89	-7.97	0	0
4	17.89	6.86	18.32	-1.82	0	0

数据来源：中国人民银行拉萨中心支行。

表 6　2017 年西藏自治区金融机构票据贴现、转贴现利率

单位：%

季度	贴现		转贴现	
	银行承兑汇票	商业承兑汇票	票据买断	票据回购
1	0	0	3.7784	0
2	0	0	4.3687	0
3	0	0	4.4709	0
4	0	0	4.0655	0

数据来源：中国人民银行拉萨中心支行。

3. 票据市场交易显著萎缩。2017 年，西藏票据融资余额 79.3 亿元，均为买断式转贴现，未发生企业贴现业务，较上年减少 39.5 亿元，下降 33.2%。

4. 民间借贷时有发生，利率水平小幅回落。2017 年，全区民间借贷监测点 4 310 个，民间借贷样本点民间借贷累计发生额为 2.1 亿元，加权平均利率 8.85%，主要是满足了个体工商户流动资金需求。从走势上看，民间借贷融资总量呈缓慢上升趋势，民间借贷加权平均利率比较平稳，较上年小幅回落，保持在 8%~9.1% 的区间。

5. 涉外收支总额大幅增长，收支逆差较大。全年涉外收支总额 9.8 亿美元，同比增长 183.6%。其中，跨境资金流入 1.2 亿美元，同比增长 154.4%；涉外支出 8.7 亿美元，同比增长 188.3%；涉外收支逆差 7.5 亿美元，较 2016 年同期增加 5 亿美元。

（五）信用建设不断深化，金融生态环境持续改善

1. 社会信用体系建设全面推进。以信用县创建和评定为抓手，集中力量推进农村信用体系建设。截至 2017 年末，建立农牧户小额信用贷款档案约 46.5 万户，建档面达 95.9%。充分利用西藏社会信用信息共享交换平台，实现其他部门相关信息共享，13 家自治区级政府单位接入平台，发布信用信息 30 多万条。

2. 银行卡受理环境明显改善。加快建设现代化支付体系，丰富和发展支付工具，实现支付服务产品多样化，满足各类经济主体支付需要。2017 年，全区累计发行银行卡 529.3 万张。其中，在用借记卡发卡量 511.6 万张、在用信用卡发卡量 15.0 万张。累计布放 POS 机具 24 898 台，同比增长 16.98%，ATM 终端 2 238 台，同比增长 10.8%。非现金支付工具的广泛应用，对减少现金使用、降低交易成本、培育社会信用、促进金融创新、方便生产生活发挥了重要作用。

3. 金融维权环境持续向好。2017 年，持续加强金融消费者权益保护工作，辖区人民银行分支机构共受理咨询投诉 76 起，其中，投诉 63 起、咨询 14 起，投诉办结率 100%；通过回访，办结满意 63 起，办结满意率 100%，满意度大幅提高。

4. 反洗钱履职水平持续提升。2017 年，辖区人民银行分支机构对 20 个金融机构网点进行了现场检查，开展反洗钱行政调查 3 份，开展案件线索情报会商 4 次，向自治区公安厅与国税局移送可疑交易线索 3 个。协助公安司法机关开展案件线索协查 90 起，协助自治区公安厅专案组成功破获西藏首起地下钱庄案，有力地保障了人民群众财产安全，维护了辖区金融秩序的安全稳定。

二、经济运行情况

2017 年，西藏统筹推进“五位一体”总体布局和协调推进“四个全面”战略布局，以供给侧结构性改革为主线，牢固树立全面贯彻“创新、协调、绿色、开放、共享”的发展理念，紧紧围绕“663”发展战略，把稳增长放在首要位置，实现了经济形势稳中有进、进中向好的良好态势，2017 年地区生产总值达到 1 310.6 亿元，增长 10.0%。

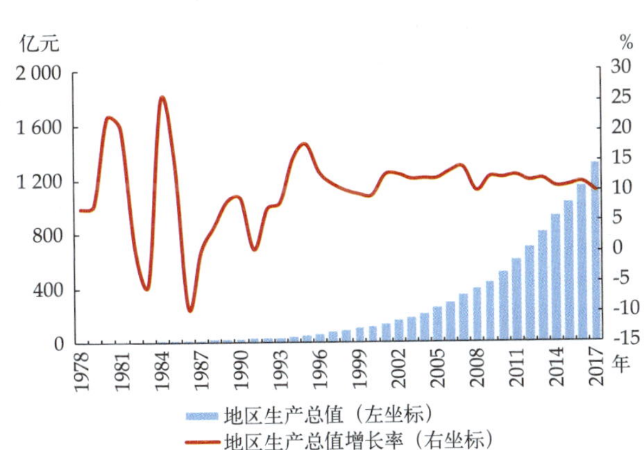

数据来源：西藏自治区统计局。

图 6　1978~2017 年西藏自治区地区生产总值及其增长率

（一）总需求持续扩大，结构更趋优化

2017 年，西藏投资规模实现较快增长，消费市场活跃，对外贸易快速增长，需求结构进

一步改善，经济发展更加协调。

1. 投资平稳增长，投资结构继续优化。 2017年末，西藏积极调整优化投资结构，不断优化投资环境，努力拓宽投资渠道，累计完成固定资产投资2 051.0亿元，同比增长23.9%。

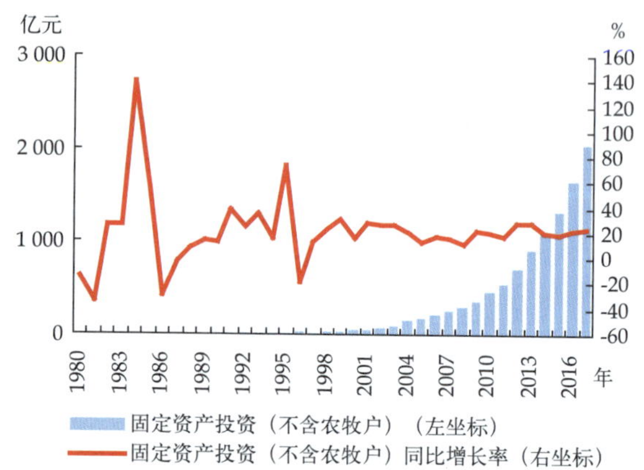

数据来源：西藏自治区统计局。

图7　1980~2017年西藏自治区固定资产投资（不含农牧户）及其增长率

2. 消费增势平稳，城乡消费增幅差距缩小。 2017年，全区社会消费品零售总额达523.3亿元，同比增长13.9%。其中，城镇和乡村社会商品零售总额分别达438.0亿元和85.3亿元，同比分别增长14.2%和12.6%，城镇市场增速高于乡村市场1.6个百分点。

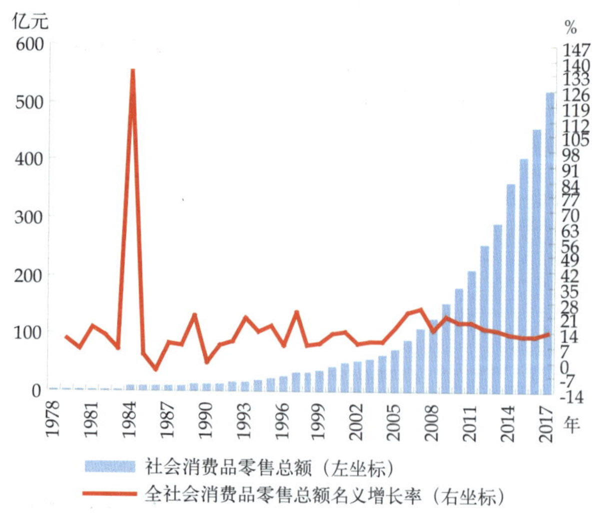

数据来源：西藏自治区统计局。

图8　1978~2017年西藏自治区社会消费品零售总额及其增长率

3. 对外贸易快速增长，外商投资意愿加大。 2017年，全区进出口贸易总额完成58.85亿元人民币，同比增长13.9%。其中，出口29.5亿元，同比下降5.5%；进口29.4亿元，同比增长43.6%；顺差0.1亿元。外商投资意愿不断加大，主要涉及旅游服务业、特色产品加工、新能源、矿产开发、水电开发、商贸物流等领域。

（二）产业结构调整加快，产业集聚效益显现

2017年，西藏三次产业稳步发展，生产总值分别为122.8亿元、514.5亿元、673.3亿元，同比分别增长4.3%、11.9%和10.4%。与上年相比，第一产业比重上升0.2个百分点，第二产业比重上升1.9个百分点，第三产业比重下降2.1个百分点，产业结构进一步优化为9.4：39.2：51.4。

1. 农牧业生产形势良好。 农业持续丰收，青稞实现单产和产量双提高，粮食产量继续保持在103.7万吨。牦牛育肥工程加快推进，牲畜出栏达166万头（只、匹）。

2. 工业生产平稳增长。 2017年，在中国原材料价格高位波动、劳动力成本持续上升、电力生产不足的大背景下，西藏工业生产继续保持较快增长态势。2017年，全区规模以上工业增加值137.7亿元，同比增长14.6%。

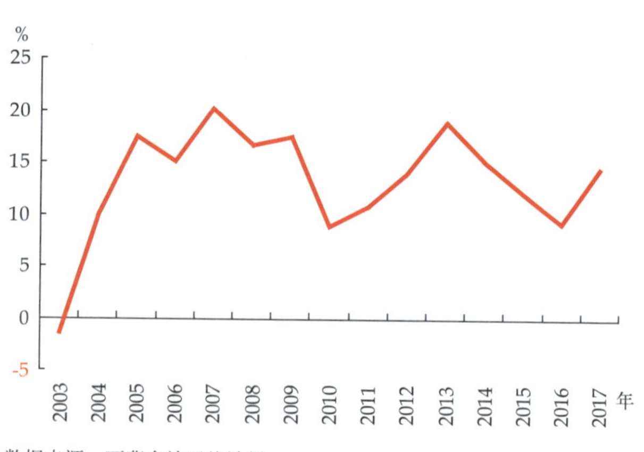

数据来源：西藏自治区统计局。

图9　2003~2017年西藏自治区规模以上工业增加值实际增长率

3. 旅游业发展势头强劲。2017 年，旅游业继续保持快速发展态势，色林错、阿里大峡谷、易贡—嘉黎地貌垂直变化带等三大景区建设扎实推进，全年接待国内外游客 2 561.4 万人次，同比增长 10.6%；实现旅游总收入 379.4 亿元，同比增长 14.7%。全国旅游援藏工作会议签约项目 97 个，涉及金额 197.5 亿元。

（三）物价总水平保持稳定，劳动力成本继续上涨

2017 年，西藏物价总水平保持稳定，受输入性因素影响，居民消费价格高于全国平均水平。

1. 居民消费价格高于全国平均水平。2017 年，西藏居民消费价格指数同比上涨 1.6%，居民消费八大类商品价格同比均有所上涨。其中，医疗保健是推动 CPI 上涨的首要因素，全年上涨 2.7%；其次是衣着，全年上涨 2.3%；食品烟酒上涨 2.0%；商品零售价格上涨 1.4%。

2. 生产价格水平基本稳定。2017 年，农业生产资料价格同比上涨 1.6%，工业生产者出厂价格同比上涨 10.0%。

3. 劳动力报酬继续提高。2017 年，西藏城镇居民人均可支配收入为 30 671 元，同比增长 10.3%；农村居民人均可支配收入为 10 330 元，同比增长 13.6%。

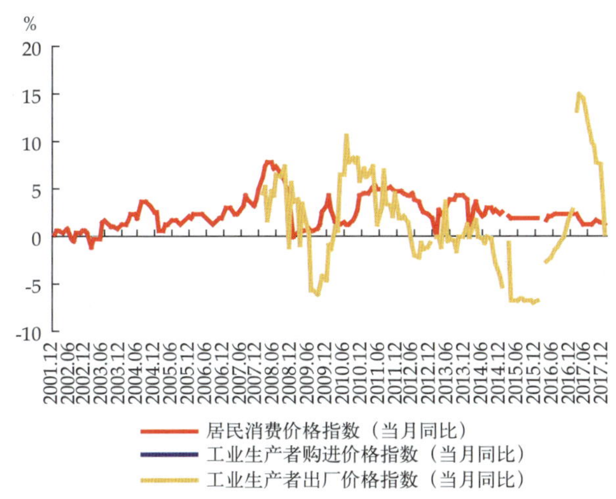

数据来源：西藏自治区统计局。

图 10　2001~2017 年西藏自治区居民消费价格指数和工业生产者价格指数变动趋势

（四）地方财政收入平稳增长，民生保障重点突出

2017 年，全区实现地方财政收入 259.1 亿元，同比增长 25.6%。地方财政支出 1 768.2 亿元，财政支出向教育、农林水事务等方面倾斜，投向节能环保、医疗卫生与计划生育、教育、城乡社区事务方面的财政支出大幅增长，分别同比增长 40.9%、38.1%、30.5% 和 24.2%。

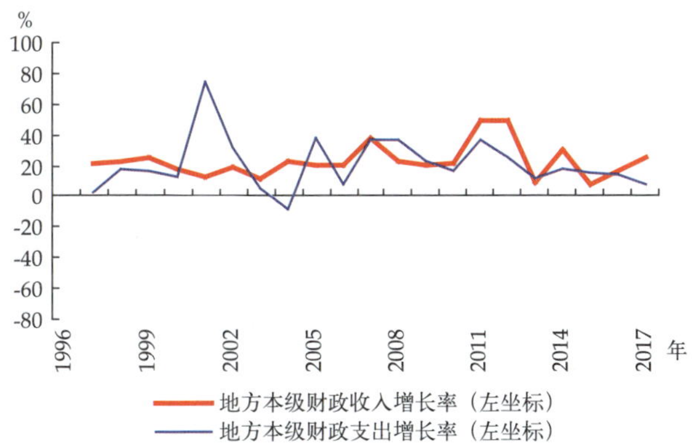

数据来源：西藏自治区统计局。

图 11　1996~2017 年西藏自治区地方财政收支状况

（五）供给侧结构性改革扎实推进，防风险能力进一步增强

1. 去杠杆，防范化解金融风险。加强全方位监管，规范各类融资行为，开展互联网金融风险专项整治，坚决遏制非法集资蔓延势头，加强风险监测预警和监管合作，妥善处理风险案件，坚决守住不发生系统性和区域性金融风险的底线。

2. 降成本，激发企业活力。开展降低实体经济企业成本行动，包括深化“放管服”改革，清理规范行政审批和行政收费，降低制度性交易成本，引导银行贷款利率下行，规范中介机构收费行为等。

3. 补短板，扩大有效供给。在补齐基础设施短板的基础上，提高投资有效性和精准性，推动形成市场化、可持续的投入机制和运营机制。

（六）房地产市场运行平稳，降库存效应明显

2017 年，西藏房地产投资规模略有下降，销售面积增长较快，市场规模依然较小。

1. 房地产开发投资规模略有下降，住宅投资占全区房地产开发比重较大。2017 年，全区房地产开发投资累计完成额 48.5 亿元，同比下降 3.0%。其中，住宅投资完成 39.1 亿元，占房地产开发投资的 80.6%，同比下降 1.2%；商业营业用房投资完成 5.4 亿元，占房地产开发投资的 11.1%，同比增长 20.1%。

2. 房屋新开工面积趋于平稳。2017 年，全区房屋新开工面积为 61.1 万平方米，同比增加 4.1 万平方米，同比增长 7.1%。

3. 新建商品房销售面积有所放缓。2017 年，全区新建商品房销售面积达 53.3 万平方米，同比减少 21.4 万平方米，同比下降 28.6%。新建商品房销售额为 38.1 亿元，市场规模依然较小。

4. 房地产开发贷款增长较快。2017 年，全区房地产贷款余额 218.0 亿元，同比增长 59.2%。其中，房地产开发贷款 132.2 亿元，同比增长 105.9%；个人购房贷款 83.4 亿元，同比增长 19.3%。

专栏 2　西藏金融支持创业创新工作取得积极进展

2017 年，中国人民银行拉萨中心支行认真贯彻落实党中央、国务院对西藏工作的决策部署，高度重视、全面引导银行业金融机构加大对西藏实体经济的支持力度，建立和完善金融支持“双创”政策体系和工作机制，为实施创新驱动发展战略、促进创业带动就业工作、维护西藏的发展稳定作出了积极贡献。

一、推动“大众创业、万众创新”金融服务工作措施及成效

中国人民银行拉萨中心支行为促进创业带动就业工作，形成大众创业、万众创新的良好氛围，结合西藏实际情况，牵头制定《中国人民银行拉萨中心支行 西藏自治区财政厅 西藏自治区人力资源和社会保障厅关于进一步做好创业担保贷款工作的实施意见》（拉银发〔2016〕126 号）、《中国人民银行拉萨中心支行关于进一步做好创业促就业金融服务的指导意见》，在原有的政策基础上，对创业企业和个人申请担保贷款的条件、贷款额度等进行了明确，为开展创业担保贷款、激发万众创业热情、促进充分就业提供了政策支撑。以金融联席会、银企对接会、入校园、进基地等多种宣传形式，引导金融机构认真落实创业担保贷款有关的政策措施。灵活多样地创新信贷模式，为创业人员提供有力的信贷支持。截至目前，西藏电视台、西藏人民广播电台、新华社等 19 家媒体大力宣传了“双创”系列活动，共登报 26 次，为金融推动创业促就业工作营造了良好的氛围。

二、存在的问题

（一）创业担保基金落地较难

在现行信贷政策条件下，抵质押资产是否充足是决定银行贷款的主要条件。由于初创企业缺乏资产和抵质押物，往往选择投资规模小的项目，自身抵押担保能力不足，又很难找到合适的财产为其贷款提供担保抵押，贷款损失风险增加，严重制约了其获得贷款的能力。

（二）银行与创业者之间信息不对称

一方面是大学生等创业者，创业初期缺乏金融知识，加上获得鼓励创业的金融支持政策宣传及培训的途径少，很多创业者还不了解相关金融优惠政策；另一方面，由于创业就业群体较为分散，且行业分布千差万别，金融机构对创业群体的信用状况等情况缺少

了解，无形中加大了双方沟通交流和项目对接的难度。

（三）创业者运用现有融资渠道不充分，融资方式简单

当前社会融资渠道丰富多样，比如风险投资、天使投资、众筹、P2P、互联网金融等，还有股权融资和专利权质押等模式，但目前西藏创业主体由于自身条件和传统思维影响，考虑融资成本因素，更多偏向政府扶持资金和财政担保贴息的银行贷款，对社会化融资渠道不予考虑，导致创业者融资方式相对单一。

三、政策建议

加快建立推进大众创业、万众创新有关普惠性政策措施落实情况督察督导机制，完善和建立政策执行评估体系和通报制度，全力打通决策部署的“最后一公里”和政策落实的“最后一公里”，确保各项政策措施落地生根。建议：一是各地（市）加快设立创业担保基金，合理配置人员，有效运作担保基金，解决融资担保难的问题。筹集建立财政创业担保基金，以财政手段撬动金融资源，向创业、创新领域配置。二是创业者充分运用好各种融资渠道，如风险投资、天使投资等，吸引社会资金进入高校毕业生创新创业领域。三是加强金融政策宣传，充分运用现有信贷产品，满足一般创业者信贷资金需求。四是搭建信息交流平台，加强信用体系建设和信息交流共享，促进融资需求对接。

三、预测与展望

2018 年，是全力推进决胜全面建成小康社会、全面打赢精准脱贫攻坚战的关键一年，也是改革开放 40 周年。总体来看，2018 年西藏经济发展机遇大于挑战，将继续保持快速增长的良好势头。预计 2018 年西藏地区生产总值增速保持居于全国前列，全社会固定资产投资、地方财政收入、社会消费品零售总额、城镇居民人均可支配收入保持较快增长，居民消费价格涨幅控制在 4% 以内，城镇登记失业率控制在 3% 以内。

2018 年，西藏金融机构将全面贯彻党的十九大、中央和自治区经济工作会议等精神，坚持稳中求进的总基调，坚持以人民为中心发展思想、坚持新发展理念、坚持党的治藏方略，深入推进供给侧结构性改革，坚决打好防范化解重大风险、精准脱贫、污染防治三大攻坚战，突出抓重点、补短板、强弱项，保持西藏经济持续健康发展。

中国人民银行拉萨中心支行货币政策分析小组

总　纂：郭振海　李玉福

统　稿：索珍　杨富彬　高松茂　德吉

执　笔：其美玉珍

提供材料的还有：泽仁央宗　达娃萨珍　刘帅　练丹　杨新标　卢立超　齐江勇　陈宇琳　孔冉冉　苟春华　拥青拉姆

附录

（一）2017年西藏自治区经济金融大事记

4月24日，西藏自治区首笔非公开定向债务融资工具在银行间交易市场成功注册。
4月27日，工行昌都支行开业。
4月28日，西藏首个“掌上银行村”在那曲地区那曲镇达嘎多村挂牌成立。
6月7日，西藏首个“跨境人民币流通监测站”在吉隆口岸建立。
6月13日，“央企助力富民兴藏”活动在拉萨举办。
8月15日，南亚标准化（拉萨）研究中心揭牌。
9月20日，光大银行拉萨分行开业。
11月14日，西藏首笔常备借贷便利业务通过ACS系统成功办理。
11月24日，西藏银行那曲分行开业。

（二）2017 年西藏自治主要经济金融指标

表 1 2017 年西藏自治区主要存贷款指标

		1 月	2 月	3 月	4 月	5 月	6 月	7 月	8 月	9 月	10 月	11 月	12 月
本外币	金融机构各项存款余额（亿元）	4 347.2	4 458.3	4 541.5	4 540.3	4 627.4	4 716.0	4 714.2	4 799.9	4 878.1	5 013.6	5 101.3	4 959.1
	其中：住户存款	816.9	784.4	777.6	762.5	767.0	792.2	796.8	805.9	838.0	823.0	832.2	880.4
	非金融企业存款	930.9	964.1	1 063.6	1 090.6	1 099.9	1 141.6	1 141.0	1 153.6	1 237.3	1 231.6	1 387.2	1 449.7
	各项存款余额比上月增加（亿元）	-32.4	111.0	83.2	-1.1	87.1	88.6	-1.9	85.7	78.2	135.5	87.7	-142.2
	金融机构各项存款同比增长（%）	19.3	24.5	23.4	18.6	20.3	16.9	10.5	10.1	12.6	14.6	13.5	13.2
	金融机构各项贷款余额（亿元）	3 154.7	3 212.9	3 315.1	3 387.6	3 438.1	3 535.4	3 574.5	3 622.2	3 795.1	3 841.3	3 900.2	4 043.6
	其中：短期	284.0	300.7	326.1	341.9	359.4	395.1	403.0	387.4	391.7	398.6	405.7	392.0
	中长期	2 198.0	2 231.5	2 714.4	2 817.6	2 873.9	2 954.5	3 004.3	3 060.8	3 218.5	3 273.2	3 326.4	3 426.0
	票据融资	105.2	97.8	101.0	99.4	99.7	72.0	58.2	61.5	48.7	43.9	48.3	79.3
	各项贷款余额比上月增加（亿元）	106.1	58.2	102.2	72.6	50.5	97.3	39.1	47.7	173.0	46.2	58.8	143.5
	其中：短期	-0.1	16.7	25.4	15.8	17.6	35.7	7.9	-15.6	4.3	6.9	7.1	-13.7
	中长期	88.9	33.5	482.9	103.2	56.2	80.6	49.8	56.5	157.7	54.7	53.3	99.6
	票据融资	-13.6	-7.4	3.2	-1.6	0.3	-27.7	-13.8	3.3	-12.8	-4.8	4.4	31.0
	金融机构各项贷款同比增长（%）	46.5	48.4	49.2	40.4	41.9	41.1	29.1	26.7	30.5	30.7	29.4	32.6
	其中：短期	-15.4	-9.7	-6.1	2.1	9.4	23.4	24.1	11.3	19.2	23.6	29.6	21.5
	中长期	33.2	33.9	60.2	50.2	50.8	48.0	33.1	32.6	37.1	37.7	36.1	39.2
	票据融资	-12.9	-14.3	-12.3	-20.2	2.4	-23.1	-34.1	-29.6	-42.4	-53.5	-52.4	-33.2
	建筑业贷款余额（亿元）	649.6	648.3	662.1	681.5	692.6	740.8	720.1	695.0	678.3	679.5	677.8	668.2
	房地产业贷款余额（亿元）	136.6	137.4	148.2	151.1	175.3	176.9	175.5	175.4	211.0	213.8	215.7	218.0
	建筑业贷款同比增长（%）	26.8	25.6	28.2	29.7	27.0	30.5	22.5	11.3	7.2	6.5	3.9	5.8
	房地产业贷款同比增长（%）	64.0	34.1	39.9	43.9	66.0	58.9	57.7	53.3	85.8	85.6	59.8	59.1
人民币	金融机构各项存款余额（亿元）	4 339.5	4 450.5	4 533.7	4 532.7	4 619.8	4 709.2	4 707.4	4 793.3	4 871.4	5 006.9	5 094.6	4 952.5
	其中：住户存款	816.3	783.8	776.9	761.9	766.4	791.6	796.2	805.3	837.3	822.3	831.5	879.7
	非金融企业存款	923.8	957.1	1 056.6	1 083.7	1 093.0	1 135.5	1 134.9	1 147.7	1 231.4	1 225.7	1 381.3	1 444.0
	各项存款余额比上月增加（亿元）	-32.1	111.0	83.2	-1.0	87.1	89.4	-1.8	85.9	78.2	135.5	87.7	-142.1
	其中：住户存款	30.4	-32.5	-6.9	-15.1	4.6	25.1	4.6	9.1	32.0	-15.0	9.2	48.2
	非金融企业存款	-49.7	33.3	99.5	27.1	9.4	42.5	-0.5	12.8	83.7	-5.7	155.6	62.7
	各项存款同比增长（%）	19.3	24.6	23.4	18.6	20.3	17.0	10.5	10.1	12.6	14.7	13.6	13.3
	其中：住户存款	23.1	21.9	17.7	16.7	17.3	19.3	17.1	15.3	16.3	15.4	11.2	11.9
	非金融企业存款	55.1	79.0	77.6	45.9	62.6	49.1	15.8	22.9	31.1	28.6	37.9	48.6
	金融机构各项贷款余额（亿元）	3 152.6	3 210.7	3 312.9	3 378.7	3 435.1	3 532.5	3 571.6	3 619.9	3 792.9	3 839.1	3 897.9	4 041.4
	其中：个人消费贷款	180.3	183.4	189.6	194.1	202.0	212.3	218.1	224.7	232.8	235.3	243.0	247.2
	票据融资	105.2	97.8	101.0	99.4	99.7	72.0	58.2	61.5	48.7	43.9	48.3	79.3
	各项贷款余额比上月增加（亿元）	106.8	58.1	102.2	65.8	56.4	97.3	39.1	48.4	173.0	46.2	58.8	143.5
	其中：个人消费贷款	5.6	3.1	6.2	4.6	7.9	10.2	5.8	6.6	8.1	2.5	7.7	4.3
	票据融资	-13.6	-7.4	3.2	-1.6	0.3	-27.7	-13.8	3.3	-12.8	-4.8	4.4	31.0
	金融机构各项贷款同比增长（%）	46.7	48.6	49.4	40.2	42.0	41.1	29.1	26.8	30.5	30.8	29.5	32.7
	其中：个人消费贷款	36.1	37.7	37.5	37.8	38.3	39.4	38.8	38.6	40.8	40.1	41.6	41.5
	票据融资	-12.9	-14.3	-12.3	-20.3	2.4	-23.1	-34.1	-29.6	-42.4	-53.5	-52.4	-33.2
外币	金融机构外币存款余额（亿美元）	1.1	1.1	1.1	1.1	1.1	1.0	1.0	1.0	1.0	1.0	1.0	1.0
	金融机构外币存款同比增长（%）	1.1	1.7	-0.4	-0.5	0.8	-8.3	-8.6	-9.2	-15.7	-15.8	-16.7	-14.3
	金融机构外币贷款余额（亿美元）	0.3	0.3	0.3	1.3	0.4	0.4	0.4	0.3	0.3	0.3	0.3	0.3
	金融机构外币贷款同比增长（%）	-51.0	-51.0	-51.2	102.7	-25.9	-10.7	-10.7	-31.1	-31.3	-31.3	-17.8	-17.9

数据来源：中国人民银行拉萨中心支行。

表 2　2001~2017 年西藏自治区各类价格指数

单位：%

		居民消费价格指数		农业生产资料价格指数		工业生产者购进价格指数		工业生产者出厂价格指数	
		当月同比	累计同比	当月同比	累计同比	当月同比	累计同比	当月同比	累计同比
2001		—	—	—	—	—	—	—	—
2002		—	—	—	—	—	—	—	—
2003		—	—	—	—	—	—	—	—
2004		—	—	—	—	—	—	—	—
2005		—	—	—	—	—	—	—	—
2006		—	—	—	—	—	—	—	—
2007		—	—	—	—	—	—	—	—
2008		—	—	—	—	—	—	—	—
2009		—	—	—	—	—	—	—	—
2010		—	—	—	—	—	—	—	—
2011		—	—	—	—	—	—	—	—
2012		—	—	—	—	—	—	—	—
2013		—	—	—	—	—	—	—	—
2014		—	—	—	—	—	—	—	—
2015		—	2	—	-0.3	—	—	—	-6.8
2016		3	2.5	1.9	0.4	—	—	16.2	2.9
2017		—	—	—	—	—	—	—	—
2016	1	—	—	—	—	—	—	—	—
	2	—	—	—	—	—	—	—	—
	3	2.1	1.7	0.1	-0.1	—	—	-3.2	-2.7
	4	3.0	2.1	-0.1	-0.1	—	—	-1.5	-2.4
	5	2.9	2.2	0.2	-0.1	—	—	-0.8	-2.1
	6	3.0	2.3	0.2	0.0	—	—	0.0	-1.3
	7	2.7	2.4	0.3	0.0	—	—	2.4	-1.1
	8	2.4	2.4	0.2	0.1	—	—	3.6	-0.6
	9	2.7	2.4	0.4	0.1	—	—	5 .0	0.1
	10	2.7	2.5	0.6	0.1	—	—	7.1	0.8
	11	2.9	2.5	0.8	0.2	—	—	11.8	1.7
	12	3.0	2.5	1.9	0.4	—	—	16.2	2.9
2017	1	—	—	—	—	—	—	—	—
	2	2.4	2.6	2.0	1.9	—	—	13.2	13.9
	3	2.0	2.4	1.8	1.9	—	—	15.0	14.3
	4	1.3	2.1	1.8	1.9	—	—	14.5	14.3
	5	1.2	1.9	1.6	1.8	—	—	13.4	14.1
	6	1.2	1.8	1.4	1.7	—	—	12.2	13.8
	7	1.4	1.7	1.4	1.7	—	—	9.9	13.2
	8	1.5	1.7	1.5	1.7	—	—	9.6	12.8
	9	1.7	1.7	1.7	1.7	—	—	7.9	12.2
	10	1.5	1.7	1.6	1.7	—	—	7.7	11.7
	11	1.5	1.7	1.6	1.6	—	—	4.4	11.0
	12	1.3	1.6	0.6	1.6	—	—	0.3	10.0

数据来源：《中国经济景气月报》、西藏自治区统计局。

表3　2017年西藏自治区主要经济指标

	1月	2月	3月	4月	5月	6月	7月	8月	9月	10月	11月	12月
	绝对值（自年初累计）											
地区生产总值（亿元）	—	—	271.4	—	—	555.4	—	—	939.5	—	—	1310.6
第一产业	—	—	14.8	—	—	41.1	—	—	75.4	—	—	122.8
第二产业	—	—	33.0	—	—	166.5	—	—	327.0	—	—	514.5
第三产业	—	—	223.6	—	—	347.9	—	—	537.2	—	—	673.3
工业增加值（亿元）	—	9.0	15.1	—	—	—	—	—	—	—	—	—
固定资产投资（亿元）	—	13.6	95.9	225.6	388.9	657.2	907.8	1178.9	1443.7	1751.0	1918.1	2051.0
房地产开发投资	—	0.4	3.4	6.0	10.8	17.7	19.3	21.3	28.8	34.3	38.9	40.4
社会消费品零售总额（亿元）	—	83.4	118.7	154.8	197.8	240.1	284.7	331.7	380.7	433.5	476.7	523.3
外贸进出口总额（亿元）	—	12.7	15.5	24.7	29.6	34.0	38.3	42.7	47.3	50.2	55.0	58.9
进口	—	8.7	9.9	17.2	18.7	21.1	22.7	24.5	26.0	26.7	28.2	29.4
出口	—	4.0	5.6	7.5	10.9	13.0	15.7	18.2	21.3	23.6	26.9	29.5
进出口差额（出口－进口）	—	4.6	4.3	9.7	7.9	8.1	7.0	6.3	4.7	3.1	1.3	0.1
实际利用外资（亿美元）	—	—	—	—	—	—	—	—	—	—	—	—
地方财政收支差额（亿元）	—	194.0	353.1	423.1	527.8	684.4	809.1	935.3	1112.1	1195.9	1279.0	1509.1
地方财政收入	—	41.2	63.9	82.1	98.1	122.3	142.1	154.9	173.8	196.3	218.7	259.1
地方财政支出	—	235.2	417.0	505.3	625.9	806.8	951.2	1090.3	1285.9	1392.2	1497.9	1768.2
城镇登记失业率（%）（季度）	—	—	—	—	—	—	—	—	—	—	—	—
	同比累计增长率（%）											
地区生产总值	—	—	11.0	—	—	10.8	—	—	10.1	—	—	10.0
第一产业	—	—	3.1	—	—	4.7	—	—	5.3	—	—	4.3
第二产业	—	—	7.1	—	—	9.4	—	—	8.4	—	—	11.9
第三产业	—	—	12.0	—	—	12.3	—	—	11.8	—	—	9.7
规模以上工业增加值	—	—	14.2	—	—	—	—	—	—	—	—	—
固定资产投资	—	—	18.1	18.8	23.2	20.7	23.2	23.0	21.0	22.9	20.6	23.9
房地产开发投资	—	—	61.6	2.5	5.1	1.6	-20.9	-38.0	-28.2	-22.6	-15.7	-16.8
社会消费品零售总额	—	—	14.6	14.2	14.3	14.2	14.0	13.8	14.0	13.8	14.0	13.9
外贸进出口总额	—	—	91.2	122.2	86.5	80.0	31.2	25.2	22.2	16.5	15.6	13.8
进口	—	—	175.0	319.0	258.1	229.1	58.2	57.7	54.1	48.1	48.1	43.6
出口	—	—	24.2	6.9	2.1	3.4	5.6	-2.1	-2.5	-6.2	-5.8	-5.5
实际利用外资	—	—	—	—	—	—	—	—	—	—	—	—
地方财政收入	—	—	94.3	62.6	50.0	54.5	50.1	40.9	36.5	32.4	35.4	25.6
地方财政支出	—	—	47.9	15.8	20.4	18.1	2.2	0.5	7.6	7.3	7.3	7.8

数据来源：西藏自治区统计局。

陕西省金融运行报告（2018）

中国人民银行西安分行货币政策分析小组

[内容摘要] 2017 年，面对国内外错综复杂的经济形势，陕西省认真贯彻党的十九大精神和中央经济工作会议决策部署，坚持稳中求进的工作总基调，紧扣“追赶超越”主题和“五个扎实”要求，不断深化供给侧结构性改革，全面落实“五新”战略[①]任务，有效化解经济运行中的各种风险，确保陕西省经济保持在合理区间运行。全年经济呈现总体平稳、动力增强、质效提升的良好态势。

具体来看，一是经济总量突破两万亿元。2017 年，陕西省地区生产总值达 21 898.8 亿元，比上年增长 8.0%，高于全国 1.1 个百分点。工业经济稳步回升，规模以上工业增加值增长 8.2%，比上年提高 1.3 个百分点，高于全国 1.6 个百分点，是 2015 年以来最好水平。二是新兴动能不断蓄积。工业高技术和转型升级产业增长较快，战略性新兴产业增加值增速达 12.5%，高于经济增速 4.5 个百分点，占经济生产总值比重达 10.8%。非公经济增加值占经济生产总值比重达 54.1%，较上年提高 0.3 个百分点，经济发展后劲增强。三是质量效益稳中向好。规模以上工业企业利润增长 49.3%，高于全国 28.3 个百分点，每百元主营业务成本同比减少 1.7 元。城乡居民人均可支配收入分别突破 3 万元和 1 万元，城乡居民收入差距进一步缩小。转型升级步伐加快，高耗能行业增加值增速回落 2.3 个百分点，规模以上非能源工业增加值高于能源工业 4.7 个百分点，单位 GDP 能耗下降 4% 以上，为 2010 年以来降幅最高年份。四是投资、消费和进出口保持均衡快速增长。固定资产投资增长 14.6%，较上年加快 2.3 个百分点，民间投资增速由上年的负增长转为正增长 10.8%，农业、基础设施和生态建设等短板领域不断补齐。社会消费品零售总额增长 11.8%，消费结构持续优化。外贸进出口总值增长 37.4%，较上年加快 33.2 个百分点。一般公共预算收入增长 11.9%，支出增长 10.1%，分别较上年加快 5.9 个和 3.6 个百分点。五是物价走势稳中有升。陕西省居民消费价格总水平上涨 1.6%，涨幅较上年提高 0.3 个百分点，工业生产者出厂价格上涨 10.8%。

按照全国金融工作会议、中国人民银行工作会议精神和相关工作部署，陕西省金融业紧扣“两推一防”[②]工作主线，积极贯彻稳健中性的货币政策，持续推进货币政策和宏观审慎政策双支柱调控框架建设，搭配使用多种货币政策工具，着力提升宏观金融政策执行绩效，为供给侧结构性改革和高质量发展提供了适宜的货币金融环境。总体来看，货币信贷运行平稳，信贷结构投向进一步优化，人民币贷款利率保持稳定，金融服务实体经济的能力进一步提升。

具体来看，一是金融对陕西“追赶超越”战略支持力度加大。2017 年末，人民币各项存款余额同比增长 7.2%，较上年下降 1.6 个百分点，非存款类金融机构存款大幅减少，广义政府存款和大额存单等高收益存款增长较快。地方法人金融机构存款增长稳定，存款增速显著高于非法人金融机构。人民币各项贷款余额同比增长 11.5%，高于上年 1.6 个百分点。中长期贷款增速较快，同比增长 16.8%，有力支持了陕西省“追赶超越”战略的实施。二是金融支持供给

① “五新”战略：培育新动能、构筑新高地、激发新活力、共建新生活、彰显新形象。

② “两推一防”：助推供给侧结构性改革不断深化，助推陕西追赶超越发展，防控区域性金融风险。

侧结构性改革成效显著。信贷结构投向进一步优化，涉农、小微和保障性住房开发贷款余额增速均显著高于各项贷款增速，金融支持文化产业成效突出，创业担保贷款政策创新取得重大突破，脱贫攻坚金融服务效能进一步提高，金融支持煤炭、钢铁等行业去产能力度加大，信贷资金对经济社会发展的重点领域和薄弱环节支持力度持续加强。三是利率市场化改革持续推进。市场利率定价自律机制进一步完善，金融机构定价能力提高，利率调控和传导机制更为顺畅，存款市场竞争有序，人民币贷款加权平均利率低于上年0.06个百分点，企业贷款加权平均利率与上年基本持平，实体经济融资成本上升趋势得到有效遏制。

2017年，中国人民银行西安分行与其他金融管理部门积极出台多项政策，有效化解金融市场风险，大力推进多层次金融市场体系建设和金融生态环境建设，金融机构实力稳步增强，金融运行总体稳健，交易活跃度提升，金融市场融资功能显著增强，市场创新产品不断涌现。一是银行业发展质量提高。银行业金融机构资产总额较年初增长4.8%，实现利润增长27.0%。地方法人金融机构经营能力不断增强，资本充足率进一步提升，机构总数较上年末增加6家，完成和启动农商行组建的机构在县级法人农合机构总数中占比高达58%，陕西省首家民营银行设立工作有序推进。金融机构不良贷款上升势头得到遏制，不良贷款率较年初下降0.57个百分点，不良资产处置力度持续加大。二是证券业实现新突破。证券机构资本实力增强，地方法人证券公司净资产同比增速高于全行业平均增长水平35个百分点。营业网点数量增速高于全行业平均水平16个百分点。累计代理证券交易同比增长9.1%，市场交易活跃度上升。上市公司经营情况整体向好，营业收入和净利润同比大幅增长。三是保险业风险保障功能强化。保险业总资产同比增长10.2%。保险市场规模持续扩大，保费收入同比增长21.5%。四是金融生态环境建设深入推进。支付结算系统覆盖率达97%，征信服务实体经济能力不断增强，金融消费者保护力度加大。五是金融市场融资功能显著提升。2017年，社会融资规模增幅达68.6%，表外融资占社会融资规模的比重达45.9%，较上年提升21.3个百分点。非金融企业债务融资持续增加，陕西省非金融企业通过银行间债券市场累计发行68只非金融企业债务融资工具，发行金额超过1 000亿元。金融产品创新不断显现，陕西省首只扶贫债券和债转股专项债成功发行，市场化债转股项目签约金额超过2 000亿元。

2018年，陕西省将紧扣党的十九大精神和中央经济工作会议部署，主动适应社会主义新时代要求，按照“五位一体”总体布局和“四个全面”战略布局，以供给侧结构性改革为主线，积极防范化解重大风险隐患，坚决打好精准脱贫、污染防治攻坚战，全面落实《〈中国制造2025〉陕西实施意见》，加快构建现代化经济体系。扎实推进创新型省份建设，安排重点项目600余个，投资5 000亿元，优化供给结构，促进新动能持续快速成长。实施乡村振兴战略，加快农村农业现代化建设。主动融入“一带一路”大格局，系统建设物联网、门户经济、流动经济。促进关中平原城市群协调发展，推进“大西安”建设，激发区域发展活力。2018年陕西省经济将继续保持稳中向好、质效提升的良好态势，新动能对经济增长推动作用增强，经济结构进一步优化，增长效率和可持续性提高，经济发展质量提升。2018年，中国人民银行西安分行将按照经济高质量发展要求，认真贯彻执行稳健中性的货币政策，保持货币信贷和社会融资规模适度增长，为供给侧结构性改革和经济高质量发展营造适宜的货币金融环境。做好重点领域风险防控，守住不发生系统性金融风险的底线。引导金融扶贫资源更加聚焦深度贫困地区，扎实打好金融精准脱贫攻坚战。加强区域金融改革创新，努力推动农村普惠金融综合示范区试点、自贸区建设、“一带一路”建设以及乡村振兴等取得进展，促进区域经济可持续发展。

一、金融运行情况

2017年，陕西省金融业运行稳健，银行业规模持续扩大，证券业融资功能不断增强，保险补偿作用有效发挥，金融服务水平稳步提升，金融生态建设成效显著。

（一）银行业经营稳健，信贷结构继续优化

2017年，陕西省金融业认真落实稳健中性的货币政策，不断提升金融服务水平，有效防范金融风险，扎实推进金融改革，为陕西省经济转型升级和平稳发展创造了良好的货币金融环境。

1. 银行业盈利水平上升，整体运行稳健。 2017年末，陕西省银行业金融机构资产总额4.7万亿元，较年初增长4.8%。累计实现利润487.0亿元，同比增长27.0%。银行资产质量回升，不良贷款上升势头得到遏制。2017年末，陕西省银行业金融机构不良贷款率较年初下降0.57个百分点，不良资产处置力度持续加大。关注类贷款有所上升，信用风险管控压力仍存。2017年末，地方法人金融机构资本充足率较年初上升1.0个百分点，拨备覆盖率较年初上升10.8个百分点，地方法人金融机构稳健性进一步提升。

表1　2017年陕西省银行业金融机构情况

机构类别	营业网点			法人机构（个）
	机构个数（个）	从业人数（人）	资产总额（亿元）	
一、大型商业银行	1 905.0	42 408.0	16 873.2	0
二、国家开发银行和政策性银行	82.0	2 187.0	4 957.6	0
三、股份制商业银行	443.0	10 145.0	7 179.0	0
四、城市商业银行	526.0	9 244.0	5 852.3	2
五、小型农村金融机构	2 940.0	24 732.0	8 295.5	103
六、财务公司	7.0	330.0	784.1	4
七、信托公司	3.0	1 412.0	251.8	3
八、邮政储蓄银行	1 251.0	11 148.0	2 818.0	0
九、外资银行	12.0	328.0	161.3	0
十、新型农村金融机构	56.0	1 214.0	116.8	31
十一、其他	2.0	299.0	78.7	2
合　计	7 227.0	103 447.0	47 368.4	145

续表

注：营业网点不包括国家开发银行和政策性银行、大型商业银行、股份制商业银行等金融机构总部数据；大型商业银行包括中国工商银行、中国农业银行、中国银行、中国建设银行和交通银行；小型农村金融机构包括农村商业银行、农村合作银行和农村信用社；新型农村金融机构仅包括村镇银行；“其他”包括比亚迪汽车金融公司和长银消费金融公司。

数据来源：陕西银监局。

2. 各项存款增速下降，大额存单等高收益存款增长较快。 2017年末，陕西省金融机构（含外资）本外币各项存款余额38 153.3亿元，同比增长6.9%，低于上年2.4个百分点。人民币各项存款余额37 784.0亿元，同比增长7.2%，低于上年1.6个百分点，较年初增加2 528.5亿元，同比少增255.3亿元。由于银行理财、互联网金融产品对存款的分流，存款增速继续呈下降趋势。以大额存单为代表的存款品种利率高于传统储蓄存款，保持了高速增长趋势。截至12月末，陕西省住户个人大额存单余额为971.0亿元，较上年同期增长77.9%。结构性存款由于收益相对较高、风险较低，保持38.6%的高速增长；企业协定存款、企业通知存款余额分别增长27.8%和36.6%。

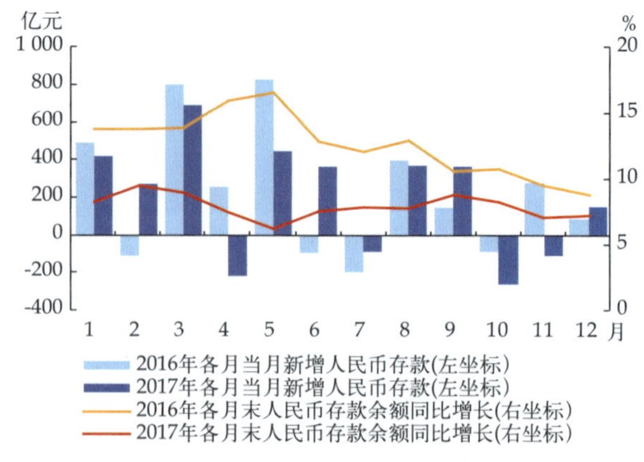

数据来源：中国人民银行西安分行。

图1　2016~2017年陕西省金融机构人民币存款增长变化

3. 各项贷款增速同比上升，重点领域信贷保障有力。2017 年末，陕西省金融机构（含外资）本外币各项贷款余额 26 924.5 亿元，同比增长 11.1%，高于上年 1.5 个百分点。人民币各项贷款余额 26 679.1 亿元，同比增长 11.5%，高于上年 1.6 个百分点，较年初新增 2 757.3 亿元，同比多增 596.2 亿元。受经济形势回暖、陕西省追赶超越战略实施和大西安建设开展等影响，金融机构对重点项目建设的支持力度加大，中长期贷款增速较快。2017 年末，中长期贷款同比增长 16.8%，高于各项贷款增速 5.3 个百分点，较年初新增 2 873.3 亿元，同比多增 987.6 亿元。

社会发展薄弱领域和环节支持力度持续加大。2017 年，保障性住房开发贷款较年初新增 578 亿元，同比增长 49.2%。涉农和小微企业贷款分别同比增长 12.6% 和 20.1%，分别高于各项贷款增速 1.1 个和 8.6 个百分点。金融扶贫工作效能进一步提高。截至 2017 年末，金融精准扶贫贷款余额同比增长 39.7%，产业精准扶贫贷款余额同比增长 67.4%。扶贫小额信贷累放 61.9 亿元，贷款户数达 16.1 万户。陕西省文化产业本外币各项贷款余额 341.3 亿元，较上年同期增加 8.5%，金融支持文化产业力度不断加大。

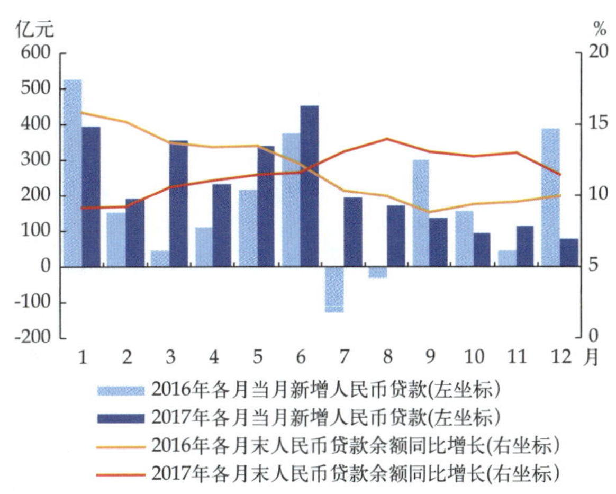

数据来源：中国人民银行西安分行。

图 2 2016~2017 年陕西省金融机构人民币贷款增长变化

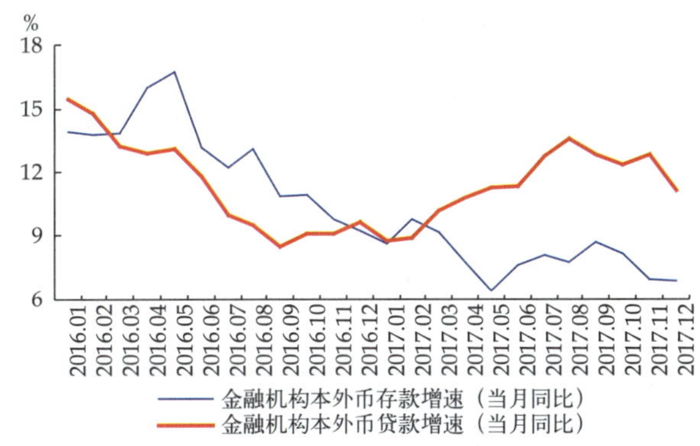

数据来源：中国人民银行西安分行。

图 3 2016~2017 年陕西省金融机构本外币存、贷款增速变化

专栏 1 金融支持文化产业取得新突破

2017 年，中国人民银行西安分行不断加大窗口指导力度，推动金融机构进一步加大对文化产业的信贷支持。2017 年末，陕西省文化产业本外币各项贷款余额 341.3 亿元，较上年同期增长 8.5%。融资规模存量达到 490.56 亿元，较上年同期增长 24.9%。规模以上文化企业数量接近 1 000 家，同比增长 39%；实现营业收入 817.3 亿元，同比增长 19.5%。

一是简化流程，提升文化产业金融服务效率。金融机构通过简化贷款审批程序，缩短贷款审批时间，提高金融服务效率，满足文化产业对资金的时效性需求，并根据文化产业客户的不同特点，努力为其提供个性化、便捷化的金融服务。部分股份制银行机构建立小微特色产品审批绿色通道，围绕陕西省重点文化建设项目制订“一户一策”的个性化专项金融服务方案，并成立“龙头金融客户推进小组”，建立文化类目标客户白名单，深度挖掘合作潜力和空间。

二是加强金融产品创新，提升金融服务的针对性。金融机构根据文化企业无形资产多、抵押品不足的特点，为陕西省文化产业优质项目及龙头企业量身定制，相继推出符合文化产业特点的新型产品，为文化产业加快发展、改善自身生产经营机制提供了便利条件。先后推出了基于版权质押、专业担保公司、个人连带责任担保等组合担保方式的“创意贷”文化金融产品，开办了影视公司影视播放权质押贷款业务，并探索落实收费权质押、版权质押、收入账户监管等有效担保与保障措施，利用文化企业下游优质客户的应收账款做质押或者直接做保理业务等方式提供信贷支持。金融机构还积极探索基于互联网金融的融资方式，开发了网银循环贷等互联网金融产品，推出“五贷一透”纯信用类贷款及“文保通”等专属品牌，扶持了包括大秦帝国、大雁塔景区等一批享誉省内外的文化旅游品牌。

三是加强担保机制建设，促进风险缓释。金融机构针对文化类中小企业有效担保不足、融资手段欠缺的问题，重点加强担保机制建设，开发适用产品，助力文化产业中小企业稳步健康发展。西安市曲江新区成立文化产业投资担保公司，为中小企业融资引入外部联合担保，以版权管理为依托构建版权质押担保，增强企业融资能力。积极探索通过专业担保机构保证、集团公司保证及联保联贷等方式为企业提供融资通道。

四是推动文化企业直接融资，拓宽融资渠道。在加大信贷支持的同时，金融机构根据文化产业特点，不断拓宽文化企业直接融资渠道。第一，积极推进股权融资，通过与风险投资、基金等股权投资机构合作，将资金通过合规方式对文化产业融资主体进行股权增资，借助股权融资拓宽企业直接融资渠道，在优化企业资产负债结构的同时提高企业资本实力。第二，积极运用永续债券、短期融资券、定向债券等债券融资产品为文化企业提供综合化定制融资服务。第三，大力推进文化产业融资租赁。以文化企业特有的著作权、专利权、播映权、版权等为融资标的物，积极探索多样化的融资租赁模式，为文化产业搭建新的融资渠道。

4. 表外业务增长回归稳健，理财产品市场增长放缓。2017年，陕西省金融机构表外业务余额同比增长18%，较上年大幅下降。承诺类传统表外业务余额同比增长13.1%，在便利贸易融资、加强项目储备等方面发挥着积极作用。2017年末，陕西省理财产品募集资金增速下降3.1个百分点，累计发行期数较上年增速提高22.3个百分点，理财产品募集资金难度进一步上升，市场增长放缓。

表2　2017年陕西省金融机构一般贷款各利率区间占比

单位：%

续表

月份		1月	2月	3月	4月	5月	6月
合计		100.0	100.0	100.0	100.0	100.0	100.0
下浮		25.4	35.7	25.3	29.1	29.7	15.6
基准		27.3	19.4	26.7	22.1	21.3	27.2
上浮	小计	47.3	44.9	48.0	48.8	49.0	57.2
	(1.0，1.1]	12.3	10.2	16.9	10.1	12.7	20.7
	(1.1，1.3]	9.8	12.4	9.2	12.7	14.6	12.0
	(1.3，1.5]	5.9	5.2	3.6	4.4	4.0	5.9
	(1.5，2.0]	8.5	6.5	6.8	8.1	6.6	7.6
	2.0以上	10.9	10.6	11.5	13.5	11.1	11.0
月份		7月	8月	9月	10月	11月	12月
合计		100.0	100.0	100.0	100.0	100.0	100.0
下浮		10.7	14.9	16.7	13.7	11.5	8.4
基准		26.5	27.5	27.3	30.6	27.5	29.4
上浮	小计	62.8	57.6	56.0	55.7	61.0	62.2
	(1.0，1.1]	11.9	14.0	15.6	15.2	17.0	23.6
	(1.1，1.3]	19.4	11.0	15.0	12.6	12.7	13.8
	(1.3，1.5]	10.9	8.5	6.9	7.4	8.4	6.3
	(1.5，2.0]	10.7	9.8	8.2	8.1	10.1	8.4
	2.0以上	9.9	14.3	10.2	12.4	12.8	10.1

数据来源：中国人民银行西安分行。

5. 贷款加权利率同比下降，金融机构定价能力进一步提升。2017 年，一般贷款（不包括贴现、个人住房贷款、信用卡透支和各项垫款）加权平均利率为 5.73%，低于上年 0.06 个百分点。金融机构利率定价市场化程度进一步提高，国有商业银行、股份制商业银行、城市商业银行 1 年期定期存款加权平均利率分别为 1.84%、1.95% 和 1.98%。农村商业银行、农村信用社分别为 2.04% 和 2.06%。美元存款利率稳中有升。

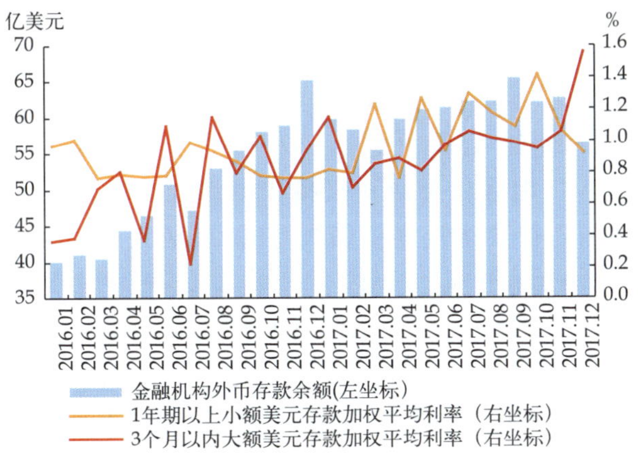

数据来源：中国人民银行西安分行。

图 4　2016~2017 年陕西省金融机构外币存款余额及外币存款利率

6. 金融机构改革持续推进，地方法人经营能力不断增强。地方法人金融机构总数达 143 家，较上年末增加 6 家。其中，新设立村镇银行 5 家，财务公司 1 家。农村合作金融机构改制稳步推进，5 家农村信用联社转制为农村商业银行，完成和启动农商行组建的机构占县级法人农合机构总数的 58%。陕西省首家民营银行设立工作有序推进。聚焦金融风险集中区域和行业，在发挥陕西金融资产管理公司作用的基础上，组建第一家市级金融资产管理公司——榆林金融资产管理公司。

7. 跨境人民币收付总额有所回落。2017 年，受国际经济形势复杂多变、人民币汇率宽幅波动等诸多因素影响，陕西省跨境人民币收付金额合计 339.2 亿元，同比下降 21.2%，占同期本外币跨境收付总额的比重为 11.0%，较上年下降约 5 个百分点。收支轧抵实现净收入 106.8 亿元。其中，经常项目人民币收付金额合计 203.7 亿元，资本项目人民币收付金额合计 135.6 亿元。2017 年末，陕西跨境人民币结算金额累计达 2 116.8 亿元，涉及国内 2 687 家企业、境外 1 589 家银行，辐射 109 个国家和地区。

（二）证券业实现新突破，融资功能增强

2017 年，陕西省证券期货机构业务稳步推进，经营总体稳健。上市公司融资能力增强，盈利水平大幅改善。

1. 资本实力增强，营业网点数量快速增加。2017 年末，陕西省共有法人证券公司、期货公司各 3 家，证券分公司 38 家，证券营业部 258 家。3 家法人证券公司总资产 661.2 亿元，同比增加 8.4%；净资产、净资本分别为 256.7 亿元和 231.1 亿元，同比分别增长 51.7% 和 44.1%，增速均高于全行业平均水平 35 个百分点；设立分支机构 222 家，同比增长 22.0%。3 家法人期货公司总资产 56.8 亿元，同比下降 20.6%，实现营业收入 3.3 亿元，同比增长 27.7%。

表 3　2017 年陕西省证券业基本情况

项目	数量
总部设在辖内的证券公司数（家）	3
总部设在辖内的基金公司数（家）	0
总部设在辖内的期货公司数（家）	3
年末国内上市公司数（家）	47
当年国内股票（A 股）筹资（亿元）	377
当年发行 H 股筹资（亿元）	0
当年国内债券筹资（亿元）	1 259.5
其中：短期融资券筹资额（亿元）	597.5
中期票据筹资额（亿元）	437.5

注：当年国内股票（A 股）筹资额指非金融企业境内股票融资。
数据来源：陕西证监局、中国人民银行西安分行、陕西省发展改革委。

2. 市场交易活跃度上升，上市公司经营情况整体向好。2017 年，陕西省累计代理证券交

易额46 813.0亿元，同比增长9.1%。2017年末，陕西省内上市公司47家，市价总值6 297.1亿元，同比下降2.2%。陕西省上市公司股票市场融资377亿元。截至9月末，上市公司分别实现营业收入、净利润1 775.7亿元和165.4亿元，同比分别增长42.0%和165.2%。

（三）保险业稳中向好，服务经济社会功能有效发挥

2017年，陕西省保险业发展呈现稳中向好的态势，业务结构持续优化，服务经济社会功能有效发挥，行业风险总体可控。

1. 保险市场规模持续扩大，风险保障功能不断强化。2017年，陕西省拥有法人保险业机构1家，省级分公司59家，同比增加4家。保险行业总资产1 710.9亿元，同比增长10.2%。全年实现保费收入868.7亿元，同比增长21.5%。陕西省保险业共提供各类风险保障32.3万亿元，支付赔款260亿元，同比增长9.0%，经济补偿功能得到有效发挥。

表4 2017年陕西省保险业基本情况

项目	数量
总部设在辖内的保险公司数（家）	1
其中：财产险经营主体（家）	1
人身险经营主体（家）	0
保险公司分支机构（家）	58
其中：财产险公司分支机构（家）	28
人身险公司分支机构（家）	30
保费收入（中外资，亿元）	868.7
其中：财产险保费收入（中外资，亿元）	214.2
人身险保费收入（中外资，亿元）	654.5
各类赔款给付（中外资，亿元）	260.0
保险密度（元/人）	2 264.9
保险深度（%）	4.0

数据来源：陕西保监局。

2. 保险功能不断发挥，服务经济社会能力增强。2017年，农业保险为325.0万户次农户提供风险保障金额788.8亿元，同比增长23.8%；支付赔款4.3亿元，增长31.1%；48.4万户次农户受益，增长59.1%。出口信用保险累计支持陕西省外贸出口17.4亿美元。保单融资带动陕西省外贸企业获得银行融资约4 744万美元，支付赔款211.8万美元。对陕西省一般贸易出口的支持比重为29.7%。2017年末，保险资金累计在陕投资708.4亿元，保单质押贷款60亿元，同比增长28.4%。

（四）地区社会融资规模大幅增长，金融市场平稳运行

2017年，陕西省社会融资规模大幅增长，货币市场交易量下降，票据市场量跌价升，金融市场整体运行平稳。

1. 地区社会融资规模大幅增长。2017年，陕西省社会融资规模新增5 926.0亿元，同比多增2 410.3亿元。表内信贷增加2 721.9亿元，同比多增618.2亿元；表外融资增加2 662.1亿元，同比多增1 797.5亿元。表外融资占社会融资规模的比重达45.9%，比上年提升21.3个百分点，成为陕西省社会融资规模增长的主要因素。

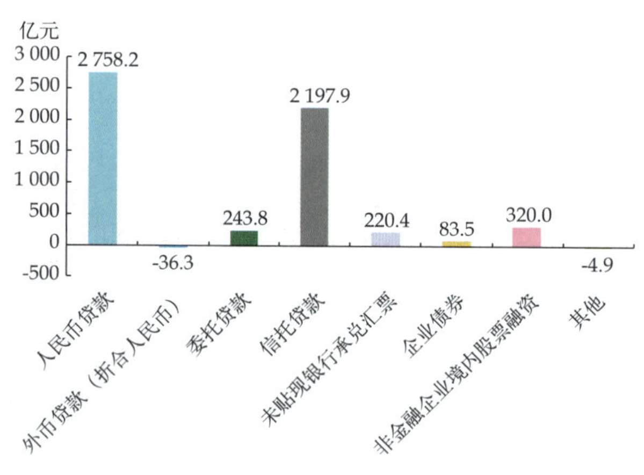

数据来源：中国人民银行西安分行。

图5 2017年陕西省社会融资规模分布结构

2. 非金融企业债务融资工具市场持续扩容。2017年末，陕西省非金融企业通过银行间债券市场累计发行68只非金融企业债务融资工具，累计发行金额1 050亿元。陕西省首只扶贫债券“陕西省交通建设集团公司2017年第一期扶贫

中期票据”在全国银行间市场公开发行，注册金额50亿元，首期发行金额20亿元，期限5年，票面发行利率5.0%。

3. 货币市场交易量下降。2017年，陕西省金融机构通过全国银行间同业拆借市场累计成交489.7亿元，同比减少92%，市场整体净拆入138.7亿元。债券回购累计成交51 062笔，成交金额107 637.54亿元，同比减少10.9%，回购交易净融入资金4 446.1亿元。

表5　2017年陕西省金融机构票据业务量统计

单位：亿元

季度	银行承兑汇票承兑		贴现			
			银行承兑汇票		商业承兑汇票	
	余额	累计发生额	余额	累计发生额	余额	累计发生额
1	1 815.5	706.9	1 304.0	2 362.1	38.9	40.6
2	1 734.8	581.2	1 159.2	2 075.4	48.9	43.8
3	1 598.9	741.8	1 308.8	4 051.2	49.1	34.8
4	1 636.1	862.5	1 186.5	2 689.0	39.5	80.8

数据来源：中国人民银行西安分行。

4. 票据市场量跌价升。2017年，金融机构票据贴现和转贴现较上年少发生4 561.4亿元，加权平均利率为4.4%，较上年上升0.5个百分点。银行承兑汇票承兑余额1 636.1亿元，较上年减少111.3亿元，贴现余额1 226亿元，较上年减少400.7亿元。贴现和转贴现利率呈波动中上升趋势。

表6　2017年陕西省金融机构票据贴现、转贴现利率

单位：%

季度	贴现		转贴现	
	银行承兑汇票	商业承兑汇票	票据买断	票据回购
1	4.1988	6.2720	4.0808	3.9667
2	4.9431	6.2611	4.6552	4.4707
3	4.5122	6.4031	4.5071	4.3496
4	4.3759	5.5638	4.4824	4.5974

数据来源：中国人民银行西安分行。

（五）支付体系日趋完善，金融生态环境建设深入推进

2017年，共有6家银行机构上线会计核算数据集中系统综合前置子系统，新增支付系统参与者99家，为67个银行网点开通了电子商业汇票业务，陕西省支付清算系统覆盖率达97%。

表7　2016~2017年陕西省支付体系建设情况

	支付系统直接参与方（个）	支付系统间接参与方（个）	支付清算系统覆盖率（%）	当年大额支付系统处理业务数（万笔）	同比增长（%）	当年大额支付系统业务金额（亿元）	同比增长（%）	当年小额支付系统处理业务数（万笔）	同比增长（%）	当年小额支付系统业务金额（亿元）	同比增长（%）
2016	4	5 613	96	2 918	3.93	642 711	13.72	15 165	31.44	16 114	70.86
2017	4	5 712	97	3 429	17.5	571 765	-11	17 970	18.5	17 233	6.94

数据来源：中国人民银行西安分行。

征信服务实体经济的能力不断增强，陕西省22.7万户企业和2413万个自然人信息已纳入国家金融信用信息基础数据库，布放信用报告自助查询机127台，全年分别累计提供企业和个人信用报告查询37.8万次和795.5万次。金融消费权益保护力度加大，全年共受理金融消费者投诉419件。

二、经济运行情况

2017年，陕西省经济运行总体平稳、动力增强、质效提升。全年生产总值21 898.8亿元，同比增长8.0%，高于全国1.1个百分点。产业结构进一步优化，第三产业占比42.3%，非公有制经济占比54.1%，战略性新兴产业

占比 10.8%。

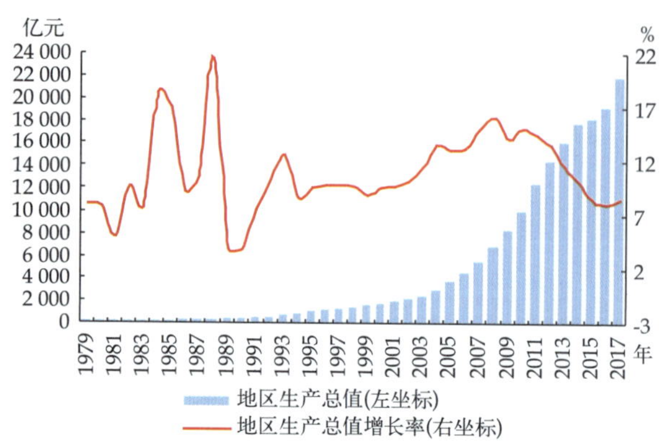

数据来源：《陕西统计年鉴》、陕西省统计局。

图 6 1979~2017 年陕西省地区生产总值及其增长率

（一）投资增速显著加快，需求结构更趋合理

2017 年，陕西省投资增速上升，消费平稳向好，进出口持续增长，西安等重点城市经济在区域经济中的带动作用显著增强。

1. 固定资产投资增速显著上升，民间投资增长加快。2017 年，固定资产投资（不含农户）23 468.2 亿元，同比增长 14.6%，较上年加快 2.3 个百分点。民间投资 9 683.2 亿元，同比增长 10.8%，较上年加快 14.4 个百分点。

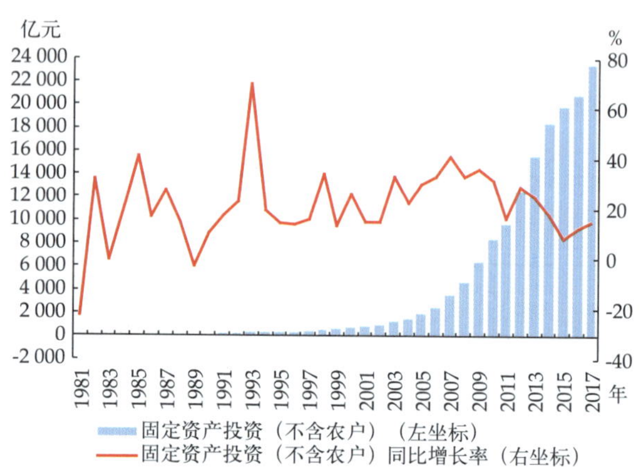

数据来源：《陕西统计年鉴》、陕西省统计局。

图 7 1981~2017 年陕西省固定资产投资（不含农户）及其增长率

专栏 2 大西安建设元年开启陕西追赶超越发展新征程

2017 年，西咸新区正式划归西安管理，大西安区域格局初步形成。大西安建设元年，全市经济总量迈上新台阶，区域性金融中心功能显著增强，经济转型步伐加快，增长新动能聚集。大西安建设不仅在陕西追赶超越中发挥了增长引擎作用，而且积极带动了区域经济增长质效的提高。

一是经济引擎作用显著增强。2017 年，西安市经济总量迈上 7 000 亿元台阶，生产总值达 7 469.9 亿元，占陕西省地区生产总值比重为 34.1%，较上年提高 1.5 个百分点。经济总量在国内城市排名中上升至第 21 位，在副省级城市中进至第 9 位；经济增量达 1 212.7 亿元，接近 2014~2016 年三年增量总和，对陕西省经济带动作用显著增强。

二是区域金融中心功能大幅提升。至 2017 年末，大西安成为全国第七个本外币、人民币存款余额双双突破 2 万亿元的副省级城市，各项贷款余额达到 17 306.7 亿元，占陕西省比重达到 64.3%。金融业对实体经济贡献更加突出，全年西安市实现金融业增加值 817.9 亿元，占地区生产总值比重达到 11%，成为大西安支柱产业之一。

三是创新驱动龙头带动作用凸显。创新改革政策在大西安叠加推进，核心带动作用增强。统筹科技资源改革不断深化，技术成果成交额达 809 亿元，位居副省级城市第一；军民融合深度发展格局初显，军民融合产业营收突破 2 000 亿元；自贸区建设加快推进，自贸区西安区域新增企业 8 200 家，注册资

本 3 100 亿元。

四是引领转型升级步伐加快。工业产业迈向价值链高端，汽车产业步入千亿元级，过百亿元企业增至 11 家；战略性新兴产业、高技术产业产值分别增长 14.1% 和 14.9%。服务业支撑作用增强，对经济增长贡献率达到 70.4%，规模以上新服务企业营业收入增长达 26%；重大现代物流项目落地，物流业增长 14.7%。绿色成为主基调，万元地区生产总值能耗下降 4.6%，高耗能产业投资下降 17%，科技进步对经济增长贡献率达 60%。

五是动能聚集效应持续显现。营商环境明显改善，民间投资连续两年负增长后实现快速回升，增长 11.1%；市场主体超百万户，“五上”企业（规模以上工业、有资质的建筑业、全部房地产开发经营业、限额以上批发零售业和住宿餐饮业、规模以上服务业法人单位）净增 685 户，新登记在册市场主体 28.3 万户，呈现井喷式增长。新经济产业快速发展，阿里巴巴、三星等“大块头”项目签约落户，新增投资过百亿元项目超过 40 个，新增世界 500 强企业 44 家，为大西安经济发展提供强劲动力。

六是区域增长极加速崛起。作为国家级新区，西咸新区逐步发展成为大西安建设“新特区”。全年引进 10 亿元以上项目 72 个，总投资 4 167 亿元，重点打造先进制造、电子信息、航空服务、科技研发、文化旅游和总部经济为主导的 6 个千亿级产业集群，打造新的区域经济增长极，使大西安在追赶超越中动能更加强劲。

2. 消费市场平稳向好，网上消费快速增长。 2017 年，陕西省社会消费品零售总额 8 236.37 亿元，同比增长 11.8%，较上年加快 0.8 个百分点。城镇消费品零售额 7 270.6 亿元，增长 12%；乡村消费品零售额 965.8 亿元，增长 10.1%。限额以上企业（单位）消费品零售额 5 239.9 亿元，同比增长 12.3%，较上年加快 2.4 个百分点。网上零售额同比增长 47.8%，呈现快速发展趋势。

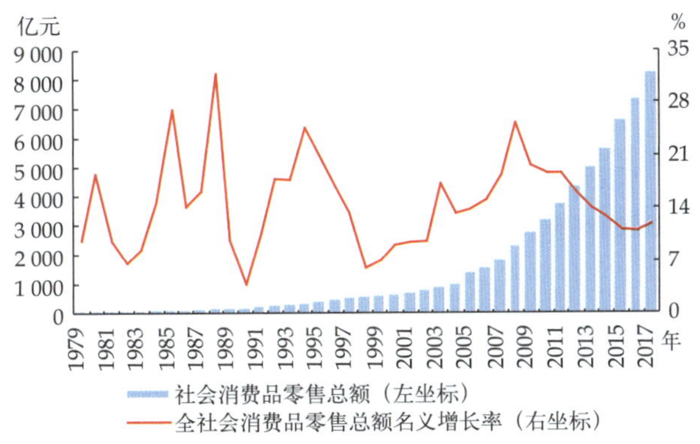

数据来源：《陕西统计年鉴》、陕西省统计局。

图 8 1979~2017 年陕西省社会消费品零售总额及其增长率

3. 外贸进出口持续回暖，实际利用外资保持平稳增长。 2017 年，陕西省外贸进出口总值 2 714.9 亿元，同比增长 37.4%。其中，出口 1 659.8 亿元，同比增长 58.8%；进口 1 055.1 亿元，同比增长 13.3%。进出口顺差 604.7 亿元，同比扩大 4.3 倍。合同利用外资 100.3 亿美元，同比增长 116.5%。实际利用外资 58.9 亿美元，同比增长 17.6%。

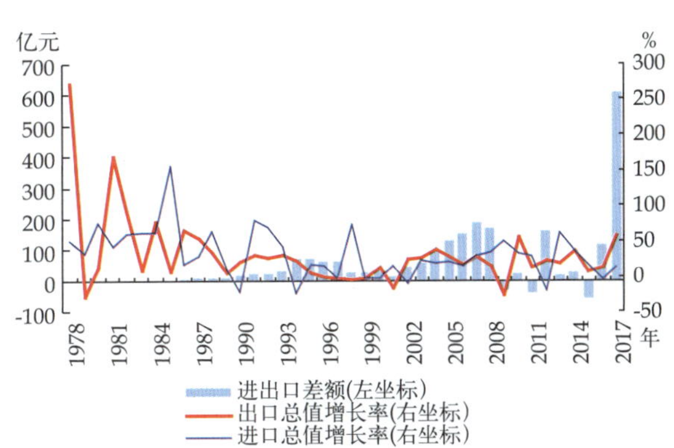

数据来源：《陕西统计年鉴》、陕西省统计局。

图 9 1978~2017 年陕西省外贸进出口变动情况

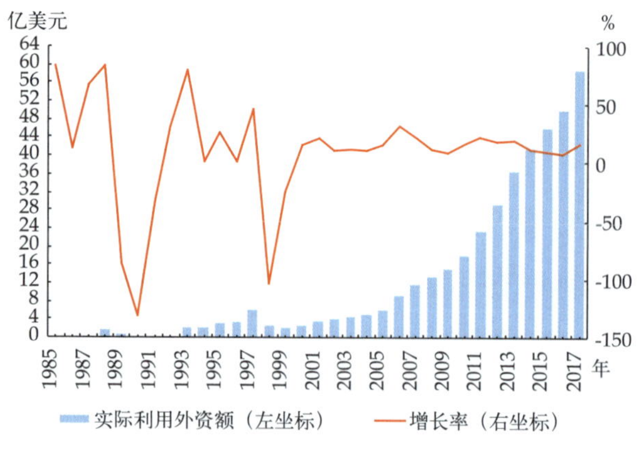

数据来源：《陕西统计年鉴》、陕西省统计局。

图 10　1985~2017 年陕西省实际利用外资额及其增长率

（二）产业结构持续调整，服务业快速增长

陕西省着力推进产业结构转型升级，积极促进第三产业加快发展。2017 年，陕西省三次产业增速分别为 4.6%、7.9% 和 8.7%。三次产业的比重为 7.9%、49.8% 和 42.3%，第三产业占比较上年提高 0.1 个百分点。

1. 农业生产形势稳定，蔬菜水果增长稳定。2017 年，陕西省粮食总产量 1 216.2 万吨，比上年下降 1%，实现平丰年。蔬菜及食用菌产量 1 974.8 万吨，比上年增长 4.1%；园林水果 1 801.0 万吨，比上年增长 5.1%；苹果 1 153.9 万吨，比上年增长 4.8%；猕猴桃 139.0 万吨，比上年增长 5.9%。畜肉和禽蛋产量小幅增长。猪牛羊禽肉产量 110.8 万吨，增长 0.3%；禽蛋产量 60.1 万吨，增长 1.3%。

2. 工业生产稳步回升，工业结构持续优化。2017 年，陕西省规模以上工业增加值增长 8.2%，较上年加快 1.3 个百分点。其中，规模以上能源工业增加值增速由负转正，由上年下降 0.7% 转为增长 5.5%；规模以上非能源工业增加值同比增长 10.2%，继续呈现较快增长。工业新动能加速聚集，高技术产业增长 13.9%，高于规模以上工业增速 5.7 个百分点。高端装备制造业产品产量高速增长。金属切削机床产量 2.2 万台，较上年增长 44.7%。汽车产量 61.63 万辆，较上年增长 46.4%。

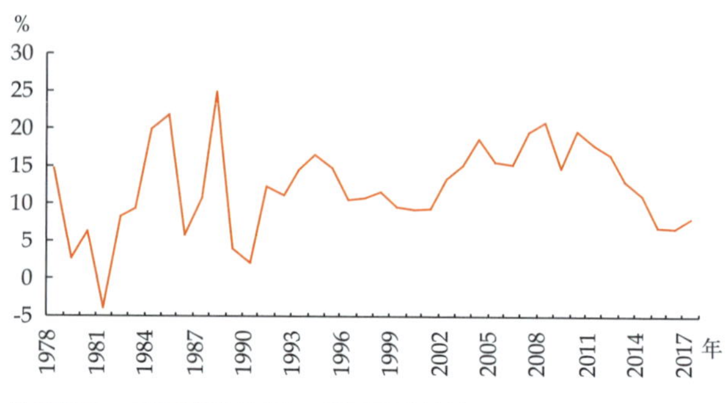

数据来源：《陕西统计年鉴》、陕西省统计局。

图 11　1978~2017 年陕西省规模以上工业增加值实际增长率

3. 服务业快速增长，所占比重持续提升。2017 年，陕西省服务业呈现加快发展势头，全年服务业增加值 9 264 亿元，同比增长 8.7%，占地区生产总值的比重为 42.3%，较上年提高 0.1 个百分点。从构成看，以金融业为代表的现代服务业，以及批发零售业、交通运输仓储邮政业、房地产业等传统服务业均呈较快发展态势。2017 年，陕西省金融业增加值同比增长 6.3%，占陕西省地区生产总值比重达 5.9%；批发零售业、交通运输仓储邮政业和房地产业增加值分别为 1 762.3 亿元、832.6 亿元和 861.5 亿元，同比分别增长 8.5%、6.9% 和 6.5%。

4. 供给侧结构性改革深入推进。煤炭去产能完成“十三五”任务的 64%，化解钢铁过剩产能 210 万吨，取缔“地条钢”企业 18 家，商品房去库存周期降至 12.5 个月，政府举债行为进一步规范，企业税费、用能、物流等成本降低 300 多亿元。工业企业资产负债率稳步降低。农村集体产权制度改革加快推进，“三变”改革示范村扩大至 26 个县，农村土地确权登记颁证率达到 97.2%，全面完成永久基本农田划定工作。采取有效措施盘活存量资金、加快财政支出进度，设立 28 只总规模 835 亿元的产业基金，通过采矿权抵押、建立融资担保体系等举措支持企业融资。

（三）物价走势稳中有升，社保水平显著提高

2017年，陕西省价格平稳运行。居住和娱乐教育文化用品服务价格增长显著，拉高居民消费价格水平。供给侧结构性改革成效显现，生产价格大幅上涨。社会保障能力进一步加强，重点群体就业稳定。

1. 居民消费价格平稳运行，居住和娱乐教育文化用品服务价格增长显著。2017年，陕西省居民消费价格总水平较上年增长1.6%，涨幅比上年提高0.3个百分点。其中，居住价格上涨2.2%，娱乐教育文化用品服务价格上涨2.0%。

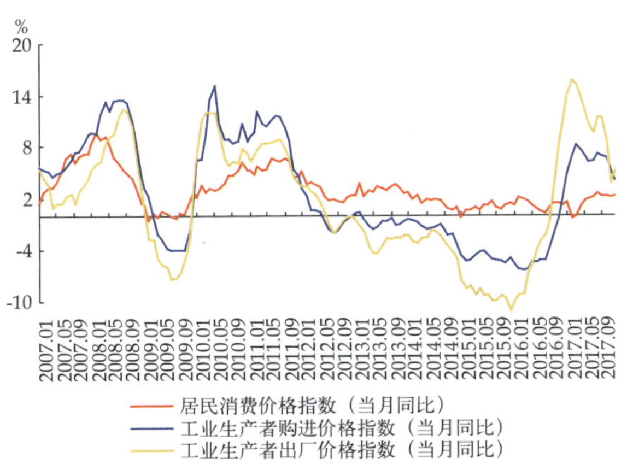

数据来源：《陕西统计年鉴》、陕西省统计局。

图12　2007~2017年陕西省居民消费价格指数和工业生产者价格指数变动趋势

2. 工业生产者出厂价格上涨，能源类产品价格上涨幅度较大。2017年，随着煤炭、钢铁等行业去产能政策的进一步落实，以及石油行业、黑色金属行业价格环比走高，陕西省生产价格尤其是出厂价格大幅上涨。全年工业生产者出厂价格同比增长10.8%，为1996年以来的最高值。

3. 社会保障能力增强，重点群体就业稳定。2017年，陕西省推动社会保障扩面提标，企业退休人员基本养老金实现十三连涨，城乡居民医疗保险政府补助高于全国20元，省内实现异地就医直接结算，跨省就医结算扩大到全国，城乡低保标准分别提高8%和15%。实施新一轮就业创业政策，发放创业担保贷款56.2亿元，新增城镇就业45.5万人，高校毕业生初次就业率达89.2%，零就业家庭实现动态清零。

（四）一般公共预算收入增速加快，重点支出保障有力

2017年，陕西省一般公共预算收入2 006.4亿元，同口径增长11.9%，增速较上年加快5.9个百分点。税收收入1 485.5亿元，同比增长23.3%。非税收入521.0亿元，同比下降17.3%，占一般公共预算收入的34.3%，占比较上年下降3.1个百分点。减轻企业负担，累计减免税收400亿元左右。支持农业供给侧结构性改革，支农投入达570.1亿元。继续推动民生政策精准到位，脱贫攻坚财政专项资金达103亿元，专项环保资金11.3亿元，加快生态保护修复试点工程建设。

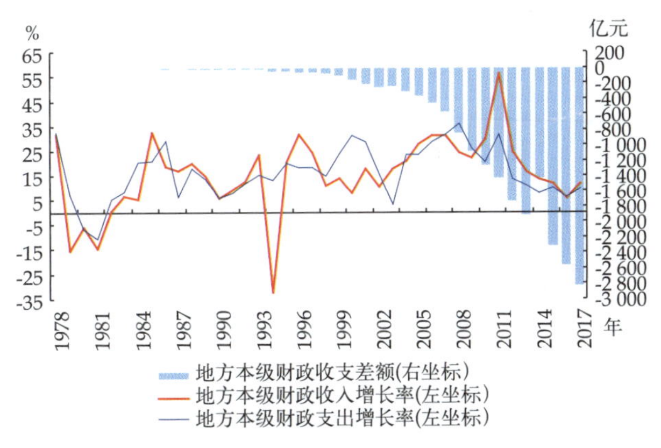

数据来源：《陕西统计年鉴》、陕西省统计局。

图13　1978~2017年陕西省财政收支状况

（五）房地产市场稳健运行，钢铁煤炭行业去杠杆成效显著

1. 房地产开发投资回稳，房屋销售面积稳健增长。2017年，陕西省房地产开发企业完成投资3 102.0亿元，同比增长13.3%，高于全国平均增速6.3个百分点。2017年以来陕西省房地产开发投资增速高开低走，1~8月回落到低点，

之后逐步趋稳回升。2017年，陕西省商品房销售面积3 890.4万平方米，同比增长19.2%，高于全国平均增速11.5个百分点，其中商品住宅销售面积3 419.8万平方米，同比增长13.5%。商品房销售额2 661.1亿元，同比增长49.1%，其中商品住宅销售额2 215.2亿元，同比增长39.7%。

数据来源：《中国经济景气月报》、陕西省统计局。

图14 2009~2017年陕西省商品房施工和销售变动趋势

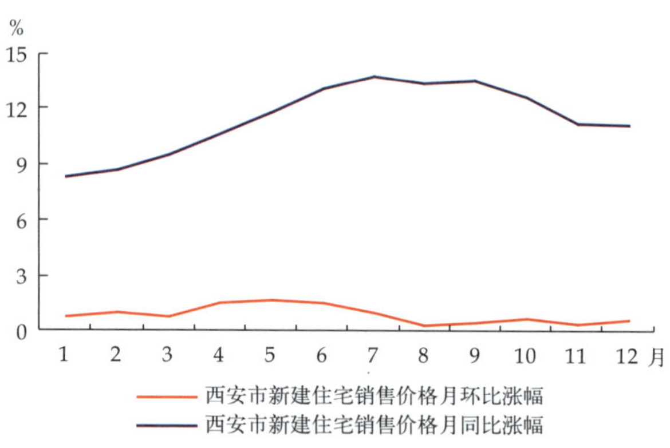

数据来源：《中国经济景气月报》、陕西省统计局。

图15 2017年西安市新建住宅销售价格变动趋势

在大西安建设、自贸区建设、人才引进等战略推动下，2017年西安市房地产市场销售不断升温，房价不断攀升。西安市新建住宅价格同比已连续22个月持续上涨，12月住宅价格同比增长率为11.2%。新建住宅环比也保持增长，12月环比上升0.6%。二手住宅价格从年初以来一直呈现上升趋势，12月二手住宅价格同比增长8.8%，增长速度略有放缓。

陕西省房地产信贷总体运行平稳，2017年末，陕西省房地产人民币贷款余额6 962.3亿元，同比增长21.7%，高出陕西省各项贷款增速9.1个百分点。其中，陕西省房地产开发贷款余额2 473.4亿元，同比增长22.8%；个人住房贷款余额4 170.6亿元，同比增长21.7%。

2. 钢铁煤炭行业经营效益显著好转，去杠杆取得明显成效。2017年，陕西省钢铁煤炭行业稳健运行，煤炭、钢铁产量稳中有升，经营效益显著好转，陕西省煤炭企业利润水平创历史最好水平。2017年，陕西省规模以上能源工业增加值同比增长5.5%，较上年回升6.2个百分点；能源工业主营业务收入同比增长22.2%，实现利润同比增长1倍。

2017年，中国人民银行西安分行下发指导意见对去产能金融服务工作进行部署，要求各金融机构坚持区别对待、有扶有控原则，不断优化行业信贷资源配置。2017年末，陕西省钢铁行业贷款余额16.4亿元，较年初减少29.0亿元；陕西省煤炭行业贷款余额1 083.3亿元，较年初减少147.7亿元，煤炭企业债券融资余额643.8亿元，较年初减少110亿元。

陕西省金融机构在钢铁煤炭行业授信方面，总体坚持“分类管理、结构调整、控制总量、严控新增”的差异化授信策略，重点支持钢铁、煤炭行业的龙头企业，不断优化过剩产能行业的信贷结构。制订合理的压缩退出计划，加大贷后管理督导力度，加强预警管理，加大不良贷款责任追究和资产质量管控工作考核力度。2017年，陕西省钢铁煤炭行业不良贷款率呈现下降态势。

大力促进债转股业务发展，探索钢铁煤炭行业市场化降杠杆的可行方式。2017年，陕西省市场化债转股项目签约金额超过2 000亿元，实际落地金额近500亿元，落地金额占全国总规模的约一半。陕西金控和陕西金资发行了全国第一只和第二只债转股专项债券。2017年第三季度末，陕西省煤炭开采和洗选业资产负债率为46.5%，同比降低5.3个百分点，煤炭行业资产负债率总体趋于下行。

三、预测与展望

2018年是中国全面贯彻落实党的十九大精神的开局之年，是改革开放40周年，是决胜全面建成小康社会、实施"十三五"规划承上启下的关键一年。陕西省将认真践行追赶超越和"五个扎实"要求，全面落实"五新"战略任务，积极适应高质量发展新特征，不断满足三秦百姓日益增长的美好生活需要，着力推动经济发展质量变革、效率变革、动力变革，统筹抓好稳增长、促改革、调结构、惠民生、防风险各项工作，促进经济社会持续健康发展。

深化供给侧结构性改革，加快建设现代经济体系。深入推进"三去一降一补"，优化要素市场化配置。继续落实《〈中国制造2025〉陕西实施意见》，实施增强制造业核心竞争力三年行动和新一轮技术改造升级工程，加快打造一批先进产业集群，促进互联网、大数据、人工智能和实体经济深度融合。充分发挥投资对优化供给结构的关键性作用。

推动创新驱动发展，促进新动能持续快速成长。扎实推进创新型省份、西安市全面创新改革试验、西安高新区国家自主创新示范区、西咸新区和杨凌"双创"示范基地等国家创新试点示范建设，全面提高创新供给能力。深化军民、部省、央地融合，促进创新优势向发展优势转化。强化企业主体地位，加强科技创新体系建设。加大高新技术企业、瞪羚企业培育力度，着力打造一批创新型领军企业。

实施乡村振兴战略，加快农村农业现代化建设。深化农业供给侧结构性改革，发挥杨凌示范区在构建现代农业产业体系、生产体系、经营体系方面的带动作用。立足质量兴农，发展特色现代农业。加快美丽宜居乡村建设，开展"美丽乡村·文明家园"创建活动，改善农村人居环境。继续深化农村改革，健全城乡融合发展机制，抓好农村集体产权制度改革，增强乡村振兴制度性供给。

主动融入"一带一路"格局，构筑改革开放新高地。高标准建设陕西自贸区，着力打造国际化法治化便利化营商环境。进一步提升自贸区投资贸易便利化水平，在经济合作和人文交流方面探索更多可复制、可推广的陕西经验。加快发展综合交通、枢纽交通，形成航空高端带动，高铁与公路、地铁等交通无缝衔接的现代化交通体系，打造"国际运输走廊"和"国际航空枢纽"。系统建设物联网和现代综合交通物流体系，大力发展枢纽经济、门户经济、流动经济。

激发区域发展活力，促进关中城市群协调发展。以国务院批复《关中平原城市群发展规划》和西安建设国家中心城市为契机，多轴线、多中心、多组团推进"大西安"建设，加快西咸一体化、富阎一体化进程。完善关中城市群协调机制，加快城际快速交通体系建设，强化与周边城市的发展协作，全力建设具有国际影响力的国家级城市群。

2018年，中国人民银行西安分行将全面贯彻党的十九大、中央经济工作会议、全国金融工作会议和总行工作会议精神，以习近平新时代中国特色社会主义思想为指导，坚持稳中求进工作总基调，认真执行稳健中性的货币政策，发挥好货币政策和宏观审慎政策双支柱调控框架作用，保持货币信贷和社会融资规模适度增长，为经济高质量发展营造适宜的货币金融环境。做好重点领域风险防控，守住不发生系统性金融风险的底线。引导金融扶贫资源更加聚焦深度贫困地区，扎实打好金融精准脱贫攻坚战。加强区域金融改革创新，努力推动农村普惠金融综合示范区试点和金融支持自贸区建设、"一带一路"建设、大西安建设等取得实效，促进实体经济发展。

中国人民银行西安分行货币政策分析小组

总　纂：白鹤祥　李霄峻　王晓红

统　稿：赵小虎　师树松　骆昭东

执　笔：骆昭东　陈　涛　李　冕　李　超　阎　毅　王　宇　潘亚柳　刘社芳　冯　伟
包　琼　刘佳珍　黄　丹　连太平　邱念坤　温秋鹏　徐　丹　孙炎炜

提供材料的还有：马　悦　张胜荣　刘胜军　王　敏　王　蓉　李　勇

附录

（一）2017 年陕西省经济金融大事记

3 月 31 日，国务院正式批复陕西自贸试验区总体方案。

4 月 1 日，中国（陕西）自由贸易试验区正式揭牌运行。

6 月 3 日，2017 丝博会暨第 21 届西洽会开幕。中共中央政治局委员、国务院副总理汪洋出席会议。本次丝博会的主题是“新平台、新机遇、新发展”。

6 月 6 日，中共中央政治局常委、全国人大常委会委员长张德江来陕西检查《固体废物污染环境防治法》实施情况。

7 月 10 日至 11 日，中共中央政治局常委、国务院总理李克强在陕西杨凌、宝鸡考察。

9 月 8 日，2017 中国・西安金融产业博览会暨新丝路金融合作高峰论坛在西安曲江国际会展中心开幕。此次博览会以“金融服务‘一带一路’、金融服务实体经济、金融服务市民百姓”为主题，旨在展示西安在金融服务实体经济、金融改革创新、普惠金融、防范金融风险等方面取得的成果。

11 月 5 日，第 24 届中国杨凌农业高新科技成果博览会开幕。

12 月 6 日，西安至成都高速铁路正式开通运营。

12 月 25 日，陕西省金融工作会议在西安召开。省委书记、省长胡和平出席会议并讲话。

2017 年，陕西省政府分别与中国建设银行、中国民生银行、华为公司、宝能集团、绿地集团签署合作协议。

（二）2017年陕西省主要经济金融指标

表1　2017年陕西省主要存贷款指标

		1月	2月	3月	4月	5月	6月	7月	8月	9月	10月	11月	12月
本外币	金融机构各项存款余额（亿元）	36 084.7	36 348.8	37 020.9	36 827.4	37 281.1	37 642.6	37 555.3	37 917.5	38 441.6	38 157.9	38 049.3	38 153.3
	其中：住户存款	17 999.6	18 078.8	18 339.1	17 969.7	18 059.3	18 407.1	18 216.6	18 332.8	18 596.9	18 404.5	18 428.4	18 804.0
	非金融企业存款	10 825.6	10 878.3	11 369.3	11 392.7	11 573.6	11 824.8	11 700.3	11 800.3	12 105.7	11 885.5	11 881.7	12 029.4
	各项存款余额比上月增加（亿元）	377.3	264.1	672.1	-193.5	453.7	361.5	-87.3	362.2	524.1	-283.7	-108.6	104.0
	金融机构各项存款同比增长（%）	8.6	9.8	9.2	7.7	6.4	7.6	8.1	7.7	8.7	8.1	7.0	6.8
	金融机构各项贷款余额（亿元）	24 573.6	24 761.9	25 102.7	25 360.1	25 710.8	26 158.9	26 343.6	26 520.7	26 663.1	26 735.0	26 862.7	26 924.5
	其中：短期	5 160.0	5 224.6	5 327.9	5 438.4	5 466.3	5 443.9	5 467.5	5 545.1	5 579.4	5 575.2	5 585.9	5 552.8
	中长期	17 545.1	17 948.5	18 247.5	18 472.1	18 870.5	19 249.6	19 492.8	19 628.4	19 681.7	19 849.1	19 990.4	20 076.3
	票据融资	1 585.3	1 544.3	1 483.5	1 404.5	1.7	1 420.8	1 339.5	1 306.5	1 360.5	1 270.5	1 234.9	1 262.7
	各项贷款余额比上月增加（亿元）	349.3	188.3	340.8	257.4	350.7	448.1	184.7	177.1	142.4	72.0	127.7	61.8
	其中：短期	13.3	-34.3	103.3	110.5	27.8	-22.4	23.7	77.6	34.3	-4.3	10.7	-33.2
	中长期	462.6	264.9	299.0	224.6	398.4	379.2	243.2	135.5	53.4	167.4	141.3	85.9
	票据融资	-82.6	-41.0	-60.7	-79.1	-75.7	92.0	-81.2	-33.0	54.0	-90.0	-35.7	27.9
	金融机构各项贷款同比增长（%）	8.7	8.9	10.2	10.8	11.3	11.3	12.8	13.5	12.8	12.3	12.8	11.1
	其中：短期	-6.7	-5.2	-3.9	0.0	1.1	0.2	2.0	2.6	2.9	3.7	4.6	5.3
	中长期	11.6	12.8	15.5	15.9	16.9	16.7	17.7	19.9	18.8	18.5	18.9	16.5
	票据融资	21.3	20.7	6.0	-4.1	-99.9	-5.8	-2.7	-14.6	-15.7	-22.1	-23.1	-24.3
	建筑业贷款余额（亿元）	815.6	841.6	867.6	895.0	906.4	931.0	942.8	958.2	1 018.2	1 025.3	1 001.0	911.2
	房地产业贷款余额（亿元）	1 659.9	1 659.0	1 686.0	1 741.1	1 766.6	1 769.1	1 789.3	1 777.0	1 793.0	1 808.9	1 798.4	1 788.0
	建筑业贷款同比增长（%）	7.3	12.4	17.4	22.7	25.6	22.7	24.8	24.6	29.1	29.5	29.9	15.0
	房地产业贷款同比增长（%）	21.1	18.6	20.8	20.2	20.2	15.5	15.4	14.4	13.8	13.8	11.4	11.0
人民币	金融机构各项存款余额（亿元）	35 673.8	35 946.9	36 637.9	36 417.1	36 861.3	37 226.8	37 135.7	37 506.0	38 007.3	37 745.3	37 634.7	37 784.0
	其中：住户存款	17 870.2	17 950.1	18 210.5	17 842.2	17 932.4	18 281.8	18 091.9	18 212.3	18 476.8	18 284.2	18 308.9	18 683.6
	非金融企业存款	10 579.2	10 643.0	11 148.2	11 137.4	11 307.5	11 571.3	11 447.1	11 534.1	11 821.9	11 618.6	11 610.7	11 806.0
	各项存款余额比上月增加（亿元）	418.3	273.1	691.1	-220.8	444.1	365.6	-91.1	370.3	501.4	-262.1	-110.5	149.3
	其中：住户存款	784.8	79.9	260.4	-368.3	90.1	349.5	-189.9	120.4	264.5	-192.6	24.7	374.7
	非金融企业存款	-417.9	63.8	505.2	-10.8	170.1	263.8	-124.2	87.0	287.8	-203.3	-7.9	195.3
	各项存款同比增长（%）	8.2	9.4	8.9	7.4	6.1	7.5	7.8	7.7	8.7	8.2	7.0	7.2
	其中：住户存款	14.1	11.3	11.0	11.3	11.5	11.2	10.5	10.4	9.8	9.5	8.8	9.4
	非金融企业存款	6.6	11.2	10.8	12.6	11.9	11.8	12.1	11.5	13.7	11.6	8.3	7.3
	金融机构各项贷款余额（亿元）	24 316.0	24 507.9	24 862.6	25 095.5	25 436.5	25 890.7	26 085.5	26 526.9	26 392.0	26 487.0	26 600.0	26 679.1
	其中：个人消费贷款	3 997.5	4 033.7	4 127.1	4 229.6	4 322.2	4 438.1	4 517.8	4 600.0	4 695.9	4 764.0	4 829.0	4 879.2
	票据融资	1 585.3	1 544.3	1 483.5	1 404.5	1 328.8	1 420.8	1 339.5	1 306.5	1 360.5	1 270.5	1 234.9	1 262.7
	各项贷款余额比上月增加（亿元）	394.2	191.9	354.8	232.8	341.1	454.2	194.8	171.3	135.2	95.0	113.0	79.1
	其中：个人消费贷款	74.5	36.2	93.4	102.5	92.6	115.9	79.7	82.3	95.9	68.0	65.0	50.2
	票据融资	-82.6	-41.0	-60.7	-79.1	-75.7	92.0	-81.2	-33.0	54.0	-90.0	-35.7	27.9
	金融机构各项贷款同比增长（%）	9.1	9.2	10.6	11.0	11.5	11.6	13.1	15.2	13.1	12.8	13.0	11.5
	其中：个人消费贷款	17.5	18.7	19.7	21.3	22.0	22.8	23.9	24.9	25.8	26.0	25.1	24.4
	票据融资	21.3	20.7	6.0	-4.1	-11.6	-5.8	-2.7	-14.6	-15.7	-22.1	-23.1	-24.3
外币	金融机构外币存款余额（亿美元）	59.9	58.5	55.5	59.5	61.2	61.4	62.4	62.3	65.4	62.1	62.8	56.5
	金融机构外币存款同比增长（%）	49.3	42.1	37.0	34.0	31.4	20.5	32.0	17.7	17.8	7.1	6.4	-13.2
	金融机构外币贷款余额（亿美元）	37.6	37.0	34.8	38.4	40.0	39.6	38.4	40.0	40.8	37.4	39.8	37.6
	金融机构外币贷款同比增长（%）	-21.2	-19.9	-24.3	-15.3	-11.3	-13.0	-15.4	-18.7	-12.6	-19.2	-1.6	-13.9

数据来源：中国人民银行西安分行。

表 2　2001~2017 年陕西省各类价格指数

单位：%

		居民消费价格指数		农业生产资料价格指数		工业生产者购进价格指数		工业生产者出厂价格指数	
		当月同比	累计同比	当月同比	累计同比	当月同比	累计同比	当月同比	累计同比
2001		—	1.0	—	1.9	—	0.5	—	0.4
2002		—	-1.1	—	0.8	—	-1.2	—	0.7
2003		—	1.7	—	2.3	—	4.8	—	5.7
2004		—	3.1	—	11.6	—	10.4	—	7.3
2005		—	1.2	—	7.2	—	7.5	—	10.4
2006		—	1.5	—	0.7	—	6.7	—	9.6
2007		—	5.1	—	8.3	—	6.3	—	2.9
2008		—	6.4	—	22.0	—	11.2	—	8.4
2009		—	0.5	—	-4.2	—	-1.6	—	-3.9
2010		—	4.0	—	5.3	—	9.7	—	8.7
2011		—	5.7	—	10.3	—	9.6	—	7.2
2012		—	2.8	—	5.4	—	0.0	—	0.7
2013		—	3.0	—	2.6	—	-0.7	—	-2.7
2014		—	1.6	—	0.9	—	-1.5	—	-2.9
2015		—	1.0	—	0.6	—	-4.8	—	-9.2
2016		—	1.3	—	-0.3	—	-4.1	—	-2.4
2017		—	1.6	—	2.1	—	6.4	—	10.8
2016	1	1.2	1.2	0.3	0.3	-5.6	-5.6	-9.8	-9.8
	2	2.1	1.6	1.0	0.6	-6.1	-5.9	-9.3	-9.5
	3	2.0	1.8	0.5	0.6	-6.3	-6.0	-9.1	-9.4
	4	1.7	1.7	0.1	0.5	-6.2	-6.1	-6.6	-8.7
	5	1.2	1.6	0.3	0.4	-5.4	-5.9	-5.6	-8.1
	6	0.8	1.5	-0.5	0.3	-5.4	-5.8	-3.8	-7.4
	7	0.5	1.4	-1.3	0.1	-5.1	-5.7	-2.9	-6.8
	8	0.3	1.2	-1.6	-0.2	-5.1	-5.6	-2.1	-6.2
	9	1.1	1.2	-1.6	-0.3	-3.8	-5.4	-0.5	-5.6
	10	1.5	1.2	-1.7	-0.5	-2.2	-5.1	3.3	-4.7
	11	1.5	1.3	-0.2	-0.4	-0.2	-4.7	8.6	-3.5
	12	1.2	1.3	0.6	-0.3	2.1	-4.1	11.1	-2.4
2017	1	0.9	0.9	1.3	1.3	4.9	4.9	14.1	14.1
	2	-0.3	0.6	1.4	1.3	7.0	5.9	15.8	14.9
	3	0	0.4	2.5	1.7	8.1	6.6	15.3	15.0
	4	1.1	0.6	1.9	1.8	7.5	6.8	13.4	14.6
	5	1.8	0.8	1.5	1.7	6.9	6.9	11.9	14.1
	6	2.0	1.0	1.2	1.6	6.2	6.8	10.8	13.5
	7	2.1	1.2	1.5	1.6	6.3	6.7	9.6	12.9
	8	2.7	1.4	1.4	1.6	7.1	6.7	11.5	12.7
	9	2.2	1.4	2.4	1.7	7.0	6.8	11.4	12.6
	10	2.2	1.5	3.4	1.8	6.7	6.8	8.5	12.2
	11	2.1	1.6	3.0	2.0	5.2	6.6	3.8	11.3
	12	2.3	1.6	3.2	2.1	4.1	6.4	5.1	10.8

数据来源：《中国经济景气月报》、国家统计局陕西调查总队。

表 3　2017 年陕西省主要经济指标

	1 月	2 月	3 月	4 月	5 月	6 月	7 月	8 月	9 月	10 月	11 月	12 月
	绝对值（自年初累计）											
地区生产总值（亿元）	—	—	4 147.2	—	—	9 581.1	—	—	15 202.1	—	—	21 898.8
第一产业	—	—	156.6	—	—	457.0	—	—	835.4	—	—	1 739.5
第二产业	—	—	2 110.6	—	—	4 763.2	—	—	7 571.3	—	—	10 895.4
第三产业	—	—	1 880.0	—	—	4 360.9	—	—	6 795.4	—	—	9 264.0
工业增加值（亿元）	—	—	—	—	—	—	—	—	—	—	—	—
固定资产投资（亿元）	—	948.2	2 455.5	3 992.4	6 019.2	9 315.2	11 438.0	13 711.1	16 671.1	18 848.9	21 252.1	23 468.2
房地产开发投资	—	184.1	406.5	611.0	870.8	1 363.0	1 581.6	1 855.4	2 196.8	2 459.7	2 814.8	3 102.0
社会消费品零售总额（亿元）	—	—	1 963.9	—	—	3 839.6	—	—	5 849.5	—	—	8 236.4
外贸进出口总额（亿元）	—	361.3	571.8	771.8	980.8	1 202.3	1 430.4	1 709.0	1 956.2	2 164.4	2 461.7	2 714.9
进口	—	158.1	245.4	336.0	419.9	515.8	599.2	689.6	785.1	865.8	965.6	1 055.1
出口	—	203.2	326.4	435.9	560.9	686.5	831.3	1 019.4	1 171.1	1 298.6	1 496.0	1 659.8
进出口差额（出口 – 进口）	—	45.2	81.0	99.9	141.0	170.7	232.1	329.8	386.0	432.8	530.4	604.7
实际利用外资（亿美元）	—	1.4	14.0	14.4	14.6	33.4	33.5	33.6	38.3	45.8	48.6	58.9
地方财政收支差额（亿元）	—	-227.0	-512.4	-597.8	-836.0	-1 489.3	-1 544.5	-1 726.9	-2 198.8	-2 177.6	-2 462.3	-2 826.7
地方财政收入	—	312.4	519.4	712.7	877.3	1 095.7	1 271.4	1 410.3	1 595.9	1 788.1	1 886.3	2 006.4
地方财政支出	—	539.4	1 031.8	1 310.5	1 713.3	2 585.0	2 815.9	3 137.2	3 794.7	3 965.7	4 348.6	4 833.1
城镇登记失业率（%）（季度）	—	—	3.3	—	—	3.3	—	—	3.3	—	—	3.3
	同比累计增长率（%）											
地区生产总值	—	—	8.1	—	—	8.2	—	—	8.1	—	—	8.0
第一产业	—	—	3.5	—	—	4.3	—	—	4.4	—	—	4.6
第二产业	—	—	7.1	—	—	7.7	—	—	7.3	—	—	7.9
第三产业	—	—	9.6	—	—	9.3	—	—	9.5	—	—	8.7
规模以上工业增加值	—	5.8	7.1	7.3	7.6	7.9	7.8	7.5	7.7	7.7	8.0	8.2
固定资产投资	—	14.5	14.5	14.1	14.4	14.2	14.0	14.3	14.6	14.3	14.7	14.6
房地产开发投资	—	10.7	19.5	21.4	22.0	16.4	10.4	7.8	10.0	11.6	14.5	13.3
社会消费品零售总额	—	—	11.5	—	—	11.9	—	—	12.0	—	—	11.8
外贸进出口总额	—	33.1	28.9	25.6	24.6	27.0	27.3	32.6	35.7	34.9	37.9	37.4
进口	—	21.7	14.0	9.7	8.3	10.7	10.9	11.9	13.7	13.5	13.6	13.3
出口	—	43.4	42.9	41.3	40.6	42.7	42.4	51.6	55.9	54.3	60.1	58.8
实际利用外资	—	-50.8	7.5	7.1	4.8	32.4	32.1	31.1	1.9	12.6	17.3	17.6
地方财政收入	—	9.6	19.0	14.5	11.8	13.8	17.3	18.8	18.6	19.3	15.5	11.9
地方财政支出	—	14.9	17.8	18.0	10.5	18.7	15.1	15.7	17.7	14.3	6.0	10.1

数据来源：陕西省统计局《经济要情》、陕西省商务厅。

甘肃省金融运行报告（2018）

中国人民银行兰州中心支行货币政策分析小组

［**内容摘要**］2017年，甘肃省牢固树立新发展理念，以供给侧结构性改革为主线，紧盯重点领域和关键环节，统筹推进稳增长、促改革、调结构、惠民生、防风险各项工作，全省经济总体上保持了平稳发展态势，结构调整有序推进，质量效益逐步提升，综合实力进一步增强。全年完成地区生产总值7 677.0亿元，增长3.6%。其中，第一产业增加值增长5.4%，第二产业增加值下降1.0%，第三产业增加值增长6.5%。

具体来看，一是经济结构调整有序推进，质量效益持续改善。农业内部结构进一步优化，特色优势产业总面积达到3 313万亩。工业经济持续改善，规模以上工业企业利润增长120.0%，战略性新兴产业工业增加值增长8.0%，高技术产业增加值增长6.8%。第三产业增加值占比达52.77%，对经济的贡献度不断提高。二是投资、进出口下滑幅度较大，消费品市场平稳发展。受重大项目落地困难以及工业技术改造步伐缓慢等因素影响，全省固定资产投资下降40.3%。全省进出口总值下降23.9%，其中出口下降53.4%，进口增长18.6%。城乡收入较快增长带动消费平稳发展，社会消费品零售总额增长7.6%。三是就业保持稳定，城乡居民收入较快增长。全省城镇居民人均可支配收入27 763.4元，增长8.1%；农村居民人均可支配收入8 076.1元，增长8.3%。全省城镇新增就业43.2万人，完成全年任务。四是居民消费价格温和上涨，工业生产者价格涨幅较大。全省居民消费价格涨幅由1月的0.2%上涨至12月的2.2%，全年同比上涨1.4%。全省工业生产者价格总体保持高位运行，月度涨幅均保持在10.0%以上，工业生产者出厂价格全年同比上涨14.5%，工业生产者购进价格全年同比上涨15.5%。五是财政收支稳定增长，民生保障进一步增强。全省一般公共预算收入增长7.8%，一般公共预算支出增长5.0%，其中民生类相关支出保持较快增长，教育、社保、医疗等民生支出增长36.9%。

全省金融机构以服务实体经济为宗旨，认真落实稳健中性的货币政策，围绕“三去一降一补”，积极推进普惠金融、金融支持对外开放、金融风险防范“三项工程”，切实抓好各项金融改革任务，全省金融运行总体平稳，金融资源配置不断优化，融资结构更趋多元，金融生态环境持续改善，金融服务实体经济发展能力不断提升。

具体来看，一是银行业稳健运行，整体实力不断提升。2017年末，甘肃省银行业资产总额25 701.27亿元，同比增长4.93%；负债总额24 502.96亿元，同比增长4.44%。受经济下行、企业经营状况不佳、项目建设沉淀资金减少以及去杠杆等因素影响，存款增速大幅下滑，全省金融机构本外币各项存款余额17 777.22亿元，同比增长1.49%，增速下降5.97个百分点。银行信贷增速放缓，但仍保持中高速增长，全省金融机构本外币各项贷款余额17 707.24亿元，较年初增加1 780.82亿元，增长11.18%。信贷结构持续优化，重点领域和薄弱环节支持力度进一步加大，交通运输业、精准扶贫、小微企业、保障性住房贷款较快增长。市场利率保持低位，企业融资成本下降，全省企业贷款加权平均利率为5.58%，同比下降3个基点。受不良贷款持续攀升、拨备计提大幅增加等因素影响，银行业金融机构盈利水平下降，全年实现利润219.04亿元，同比减少16.16亿元。二是证券市场融资功能进一步增强，期货机构经营效益稳步增长。全年3家公司成功在A股上市，A股上市公司募集资金43.26亿元，其中首发上市融资20.97

亿元，年末拟上市公司达9家。全省期货机构营业收入增长15.75%，净利润增长18.20%。三是保险业较快发展，保障作用显著提升。全省保费收入同比增长19.09%，赔付支出同比增长8.96%。保险业对地方经济发展、企业经营和居民生活的风险保障程度不断提高，为社会提供风险保障20.21万亿元。四是金融市场运行总体平稳，新型债务融资工具运用步伐加快。2017年，甘肃省社会融资规模增量2 894.43亿元。绿色金融债券、扶贫票据、资产证券化等融资工具实现突破，甘肃银行和兰州银行成功发行20亿元绿色金融债，西北首单扶贫票据实现融资9亿元，西北首单供热资产收益权业务实现融资7.37亿元。五是金融基础设施建设加快推进，生态环境持续优化。信用体系建设取得新进展，研发了具有数据采集、信用评价、统计分析、信息查询和共享等功能的“甘肃省农（牧）户信用信息管理系统”，采集农户信用信息278.23万条。支付清算体系建设全面加强，全省助农取款服务点达2.13万个，布放ATM和POS终端19.95万台。金融消费者权益保护职能不断强化，首次对县级银行机构金融消费权益保护开展全面评估。高效开展“打击地下钱庄、虚开和骗税、反腐败追赃追逃”三大专项行动，有效遏制金融乱象和违法犯罪活动。六是房地产市场总体稳定，房地产贷款较快增长。差别化信贷政策执行效果良好，全省房地产贷款同比增长35.49%，其中，各类保障性安居工程贷款增长49.12%，个人住房贷款增长32.48%。全省房地产开发投资达944.52亿元，同比增长11.1%。七是文化旅游产业加速发展，金融支持力度不断加大。全省金融机构以“丝绸之路经济带”甘肃段建设为切入点，以大文化、大旅游、大交通、大演艺以及大众文化消费为支持重点，创新信贷产品，加大资金投入，累计投放文旅产业贷款近1 000亿元，累计为文旅企业发行债券500多亿元，为全省文化旅游产业整体上提档进位、提质增效提供了强大的金融支持。全省旅游产业综合收入达1 580亿元，同比增长29.0%，文化旅游业已成为促进甘肃省产业结构调整的重要战略性新兴产业。

当前，制约甘肃省经济发展的深层次矛盾依然突出，经济运行中的“忧”和“险”因素仍然存在。但总体上看，甘肃经济稳中有进的趋势没有改变，经济发展出现了一些积极的变化，加之供给侧结构性改革不断推进，新旧动能持续转换，将为甘肃经济稳步发展注入强大活力，经济发展有望在止滑企稳、提质增效的基础上实现恢复性增长。2018年，甘肃省经济增长预期目标为6%，固定资产投资增长7%，居民消费价格涨幅维持在3%以内[①]。全省金融业发展面临的困难仍然较大、任务艰巨，但积极因素、有利条件不断增多，全省金融稳定运行可期。在经济下行背景下，企业存款及派生存款等难有较大幅度回升，加之资金外流、理财分流等因素，存款可能继续保持低位运行。随着一大批事关全局的重大项目建设加快推进，以及特色产业发展工程贷款的投放，全省贷款增速将保持在中高水平。

2018年，甘肃省将全面贯彻落实党的十九大精神，以习近平新时代中国特色社会主义思想为指导，按照高质量发展要求，聚焦绿色发展，大力实施创新驱动、工业强省和乡村振兴战略，加快融入“一带一路”建设，推动质量变革、效率变革、动力变革，打好防范化解重大风险、精准脱贫、污染防治攻坚战，促进经济社会持续健康发展。全省金融机构将紧紧围绕服务实体经济这一根本，积极推进普惠金融、绿色金融、文旅金融、科技金融发展，切实做好深度贫困地区、污染防治、“一带一路”建设等领域金融支持工作，着力防范化解金融风险，为经济高质量发展提供有力金融支撑。

① 来源于2018年甘肃省政府工作报告。

一、金融运行情况

2017 年，全省金融运行总体平稳，银行业稳健发展，证券市场融资功能进一步增强，保险业保障作用有效发挥，融资结构更趋多元化，金融服务实体经济发展能力不断提升。

（一）银行业稳健运行，整体实力不断提升

1. 金融机构资产负债规模不断扩大。2017 年末，甘肃省银行业资产总额 25 701.27 亿元，同比增长 4.93%；负债总额 24 502.96 亿元，同比增长 4.44%。目前，全省共有银行业金融机构 135 家，其中法人银行业金融机构 119 家。

表 1　2017 年甘肃省金融机构情况

机构类别	营业网点			法人机构（个）
	机构个数（个）	从业人数（人）	资产总额（亿元）	
一、大型商业银行	1 375	28 668	6 874	0
二、国家开发银行和政策性银行	63	1 667	4 432	0
三、股份制商业银行	130	3 095	1 749	0
四、城市商业银行	344	8 104	5 406	2
五、城市信用社	0	0	0	0
六、小型农村金融机构	2 288	19 326	5 527	84
七、财务公司	3	83	176	3
八、信托公司	1	309	59	1
九、邮政储蓄银行	600	2 923	792	0
十、外资银行	0	0	0	0
十一、新型农村金融机构	418	4 656	157	27
十二、其他	2	150	529	2
合　　计	5 224	68 981	25 544	119

注：营业网点不包括国家开发银行和政策性银行、大型商业银行、股份制商业银行等金融机构总部数据；大型商业银行包括中国工商银行、中国农业银行、中国银行、中国建设银行和交通银行；小型农村金融机构包括农村商业银行、农村合作银行和农村信用社等；新型农村金融机构包括村镇银行、贷款公司、农村资金互助社；“其他”包含金融租赁公司、汽车金融公司、货币经纪公司、消费金融公司等。

数据来源：甘肃银监局。

2. 存款增速大幅下降。受经济下行、企业经营状况不佳、资金收益率低、项目建设沉淀资金减少等因素影响，存款增速大幅下滑。2017 年末，全省金融机构本外币各项存款余额 17 777.22 亿元，增长 1.49%，同比下降 5.97 个百分点，全年新增各项存款 250.60 亿元，同比少增 965.56 亿元。

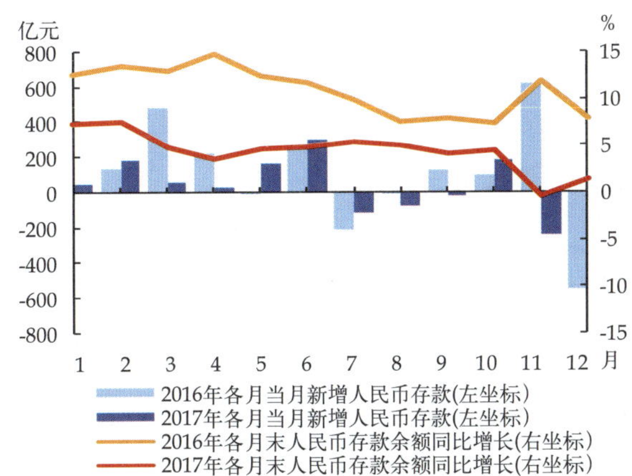

数据来源：中国人民银行兰州中心支行。

图 1　2016~2017 年甘肃省金融机构人民币存款增长变化

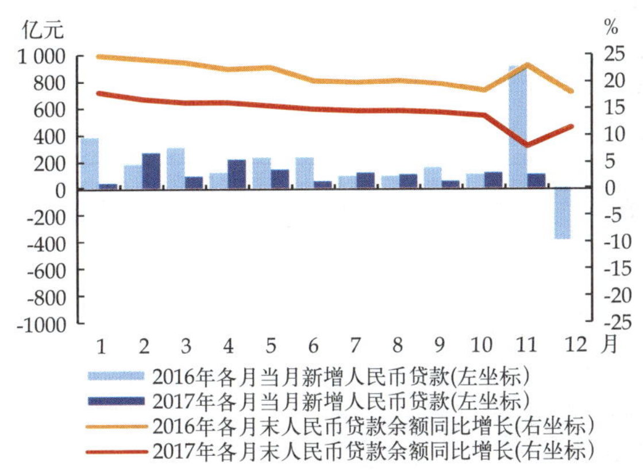

数据来源：中国人民银行兰州中心支行。

图 2　2016~2017 年甘肃省金融机构人民币贷款增长变化

3. 贷款增速放缓。2017 年末，全省金融机构本外币各项贷款余额 17 707.24 亿元，增长 11.18%，同比下降 4.83 个百分点，全年新增各项贷款 1 780.82 亿元，同比少增 604.21 亿元。全省重点领域和薄弱环节信贷支持力度进一步加大，交通运输业、精准扶贫、小微企业、保障性住房贷款分别增长 14.2%、12.45%、13.35% 和 45.22%，均高于各项贷款增速。第三

产业贷款增长17.95%，其中信息技术服务业、科研技术服务业、文体娱乐业贷款高速增长，有力支持了全省产业转型发展。外币贷款增长16.45%，同比提高57.3个百分点，为对外开放和“一带一路”建设提供了有力保障。

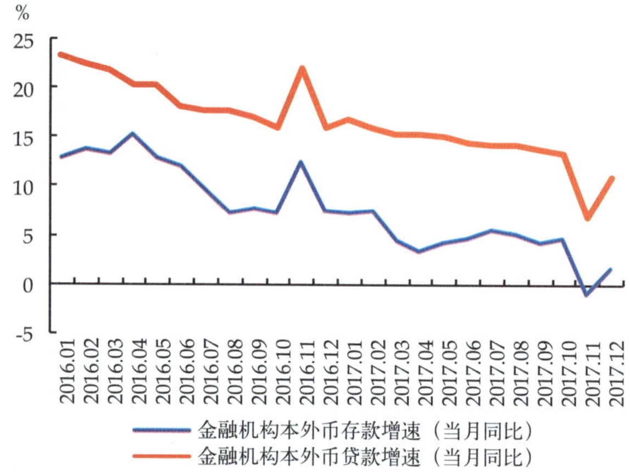

数据来源：中国人民银行兰州中心支行。

图3　2016~2017年甘肃省金融机构本外币存、贷款增速变化

4.表外业务规模回落。在表外业务监管进一步加强背景下，金融机构资产配置结构不断优化，表外业务规模下降。据调查，全省表外理财产品余额1 385.75亿元，同比下降24.71%，较年初减少454.88亿元。

表2　2017年甘肃省金融机构人民币贷款各利率区间占比

单位：%

月份		1月	2月	3月	4月	5月	6月	7月	8月	9月	10月	11月	12月
合计		100.0	100.0	100.0	100.0	100.0	100.0	100.0	100.0	100.0	100.0	100.0	100.0
下浮		19.2	28.6	15.5	21.3	11.4	10.7	14.1	13.4	5.7	12.2	8.9	10.6
基准		14.6	17.8	14.8	18.0	28.6	21.6	14.0	19.3	22.7	17.6	18.7	14.5
上浮	小计	66.2	53.6	69.7	60.7	60.0	67.7	71.9	67.3	71.6	70.2	72.4	74.9
	(1.0, 1.1]	5.9	5.3	8.1	7.1	7.1	8.4	12.1	9.7	9.3	11.2	10.5	10.7
	(1.1, 1.3]	7.9	7.1	9.6	5.3	8.7	9.9	8.8	7.5	10.2	8.2	9.8	11.1
	(1.3, 1.5]	7.5	7.5	12.1	10.5	10.9	12.3	11.8	9.5	9.6	14.8	12.4	8.2
	(1.5, 2.0]	31.2	26.2	32.4	31.6	29.5	30.7	31.2	31.7	33.9	28.8	31.6	35.4
	2.0以上	13.7	7.5	7.5	6.2	3.8	6.4	8.0	8.9	8.6	7.2	8.1	9.5

数据来源：中国人民银行兰州中心支行。

5.利率市场保持平稳运行。2017年，全省市场利率定价自律机制逐步完善，金融机构利率定价能力不断提升，全省利率市场平稳运行。存款利率稳中有降，活期存款加权平均利率为0.33%，定期存款各期限档次利率均有所下降。全年一般贷款加权平均利率为6.30%，同比上升4个基点。企业贷款加权平均利率为5.58%，同比下降3个基点；小微企业贷款利率为6.81%，同比下降12个基点。

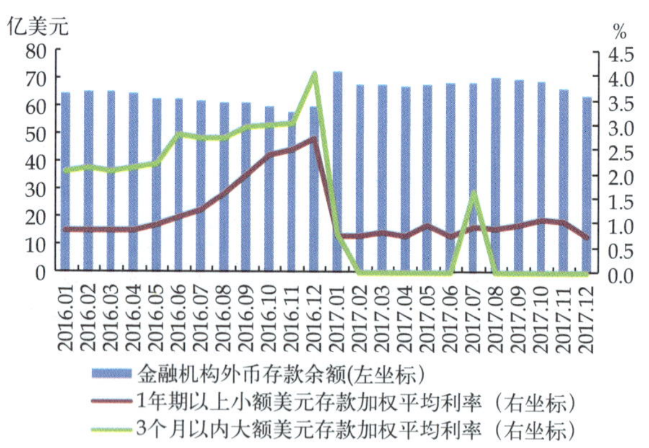

数据来源：中国人民银行兰州中心支行。

图4　2016~2017年甘肃省金融机构外币存款余额及外币存款利率

6.银行资产质量下滑。2017年末，全省银行业金融机构不良贷款余额621.04亿元，较年初增加297.81亿元；不良贷款率3.51%，较年初上升1.48个百分点。全年计提减值损失准备

230.14 亿元，同比增加 49.17 亿元。受不良贷款持续攀升、拨备计提大幅增加等因素影响，全省银行业金融机构盈利水平下降，全年实现利润 219.04 亿元，同比减少 16.16 亿元。

7. 银行业改革持续推进。2017 年，国家开发银行、农业发展银行、进出口银行甘肃省分行坚持开发性金融功能定位，围绕全省经济中长期发展战略，突出政策性业务重点，不断加大对基础设施建设、棚户区改造、特色优势产业、对外经贸发展、“一带一路”和“走出去”等重点领域及薄弱环节的支持力度。大型商业银行和股份制商业银行回归服务实体经济本质，不断完善公司治理，进一步提高经营管理水平和风险控制能力。农业银行甘肃省分行持续深化“三农金融事业部”管理和运行机制改革，不断提升县域经济和“三农”服务能力和水平，全年累放“三农”和县域贷款 263 亿元。全年有 13 家机构改制成立农村商业银行，新设立村镇银行 4 家，农村金融机构经营服务水平和支农力度持续提升。

8. 跨境人民币业务量呈现下降态势。2017 年，甘肃省跨境人民币实际收付 144.21 亿元，同比下降 40.40%，占本外币全部跨境收付的比例为 18.74%。其中，收入 43.72 亿元，同比下降 26.14%；支出 100.49 亿元，同比下降 45.01%；人民币资金净流出 56.77 亿元，同比下降 54.05%。全年共办理经常项目跨境人民币结算 136 亿元，其中货物贸易结算 125.93 亿元，占经常项目跨境人民币收付金额的 92.59%。

专栏 1　绿色金融发展在甘肃全面提速

甘肃省将发展绿色金融作为推动经济绿色化转型、加快培育新经济增长点、支持生态文明建设的重要抓手，绿色金融发展在甘肃全面提速，并呈现配套措施不断完善、绿色理念持续增强、创新步伐明显加快、融资总量快速增长的态势。具体表现在以下几个方面：一是绿色金融相关指导意见出台。出台了《关于构建绿色金融体系的意见》，明确将通过金融、财政、环保等政策支持，用 5 年左右的时间，逐步形成多层次绿色金融组织体系、多元化绿色金融产品服务体系和多层级政策支持服务体系。二是绿色金融理念和意识增强。中国人民银行兰州中心支行指导成立了绿色金融专业委员会及绿色金融研究中心，召开了绿色金融宣讲会、座谈会，举办了以“发展绿色金融　建设生态文明”为主题的第四届中国西北金融论坛，促进了绿色金融理念传播与经验交流。各银行业金融机构牢固树立绿色发展理念，在客户准入、尽职调查、审查审批、放款审核、贷后管理等各环节中严格落实绿色信贷要求。三是探索开展绿色金融创新实践。中国人民银行兰州中心支行在武威市开展绿色金融创新试点，制定《武威市绿色金融创新试点指导意见》，完善了绿色信贷的制度体系，建立了绿色金融项目库。各金融机构积极创新融资产品和服务模式，加大对绿色发展的支持力度。其中，兴业银行兰州分行通过融资租赁业务为兰州市水源地项目融资 15 亿元，推动 7.37 亿元武威市经济发展（集团）有限公司供热收费权资产证券化业务成功落地；甘肃银行成立了绿色金融业务部。四是绿色金融业务规模不断扩大。2017 年末，全省银行业金融机构绿色金融业务总量 2 420.85 亿元，同比增长 10.83%，占各项贷款的比重为 13.67%。甘肃银行、兰州银行成功发行 20 亿元绿色金融债。全省投保环责险的企业 866 家，保费收入 3 765.8 万元，承担保险责任金额 26.8 亿元。

全省绿色金融工作取得积极进展的同时，也存在一些亟待解决的问题，主要表现在：一是绿色发展机制不健全。绿色项目、绿色金融认证、评估标准缺失，财政资金参与的绿色发展基金和绿色担保机构尚未建立，环境信息搜集共享机制还不完善，绿色金融发展的政策协调和部门联动亟待加强。二是绿色项目介入难度较大。绿色项目普遍回报率低、回收期长，特别是在运营初期收入有限，现金流不足，还款来源保障性差，难以满足银行覆盖成本需要。三是新能源领域发展面临制约。根据国家能源局发布的《关于可再生能源发展“十三五”规划的实施意见》，甘肃因弃风弃光问题，2020年前暂不安排风电、光伏新增建设规模，新能源绿色项目融资需求受抑。

下一步，将以绿色金融工程为抓手，以构建多元化绿色融资体系为着力点，全面落实省政府《关于构建绿色金融体系的意见》，促进金融资源向绿色产业配置。一是扩大绿色信贷投放。制定银行业金融机构绿色信贷政策导向效果评估指引，推动建立绿色项目库和企业环保信息、环评结果共享机制，加大对绿色企业和绿色项目的信贷支持力度。二是丰富绿色融资模式。推动金融机构发行绿色金融债券，探索创新与绿色基金、绿色债券、绿色信托相结合的绿色金融产品，支持绿色企业开展债权和股权融资，引导创投、私募基金等参与绿色投资，拓展绿色产业融资渠道。三是优化绿色金融环境。将绿色信贷业绩纳入银行业金融机构的宏观审慎评估（MPA），认真做好绿色金融专项统计工作，探索编制区域绿色金融发展指数，积极推进兰州新区申报创建绿色金融改革创新试验区，将企业环境信用评价结果和企业环境违法违规等信息纳入金融信用信息基础数据库，发挥甘肃省金融学会绿色金融专业委员会和绿色金融研究中心的智库作用。

（二）证券市场融资功能进一步增强，期货机构效益稳步增长

1. 证券经营机构盈利水平大幅下降。2017年末，甘肃省有1家法人证券公司，证券分公司19家，证券营业部95家，较上年共增加8家。全省证券经营机构累计实现证券交易额11 315.53亿元，同比下降2.38%；股票交易额8 094.62亿元，同比下降18.49%；实现营业收入8.85亿元，同比下降27.16%；实现净利润3.01亿元，同比下降42.67%。

2. 资本市场融资能力不断提升。2017年末，甘肃省共有A股上市公司33家，较上年增加3家。A股上市公司总市值3 207.50亿元，同比增长15.88%。2017年，甘肃省庄园牧场、国芳集团、白银有色3家公司成功在A股上市，IPO数量创历史新高。全年A股上市公司募集资金43.26亿元，其中首发上市融资20.97亿元。全省拟上市公司9家，兰州银行已报送首发申请材料，西域新材、扶正药业、金昌宇恒镍网、清河源、巨鹏食品、金川科技、中天羊业、华龙证券8家处于辅导期，后备资源有所扩充。

3. 期货机构经营效益稳步增长。2017年末，全省有1家法人期货公司，8家期货营业部，1家境外期货持证企业。全年期货机构实现营业收入7 624.12万元，同比增长15.75%；实现净利润3 182.76万元，同比增长18.20%。

表3　2017年甘肃省证券业基本情况

项目	数量
总部设在辖内的证券公司数（家）	1
总部设在辖内的基金公司数（家）	0
总部设在辖内的期货公司数（家）	1
年末国内上市公司数（家）	33
当年国内股票（A股）筹资（亿元）	43
当年发行H股筹资（亿元）	0
当年国内债券筹资（亿元）	14
其中：短期融资券筹资额（亿元）	0
中期票据筹资额（亿元）	0

注：当年国内股票（A股）筹资额指非金融企业境内股票融资。
数据来源：甘肃证监局。

（三）保险业较快发展，保障作用显著提升

1. 保险业实力不断增强。2017年末，全省共有财产险法人机构1家，保险公司分支机构

29 家，其中财产险公司 17 家，人身险公司 12 家，资产总额 761.36 亿元，同比增长 10.44%。实现原保险保费收入 366.38 亿元，同比增长 19.09%。其中，财产险公司累计实现原保险保费收入 122.54 亿元，同比增长 12.24%；人身险公司累计实现原保险保费收入 243.84 亿元，同比增长 22.85%。全年累计发生赔付支出 119.18 亿元，同比增长 8.96%。

2. 保险业务发展质量稳步提高。2017 年末，全省产险市场实现承保利润 6.63 亿元，同比增长 0.89%，承保利润率居全国第 8 位。非车险业务占比达 29.34%，高于全国 0.69 个百分点。与国计民生和社会治理密切相关的农业保险、责任保险和保证保险快速增长，增速分别为 9.61%、15.62% 和 160.15%。寿险业务结构调整优化，保障类健康险业务累计实现保费收入 36.28 亿元，同比增长 49.78%。

3. 保险业功能显著提升。2017 年，甘肃省保险业对地方经济发展、企业经营和居民生活的风险保障程度不断提高，全省保险业为社会提供风险保障 20.21 万亿元。保险资金投资全省项目 26 个，落地资金 102.53 亿元，项目涵盖交通运输、水利水电等基础设施建设以及医院、学校等民生工程，为甘肃省重大项目建设的持续发展提供了低成本、稳定、长期的资金来源。

表 4　2017 年甘肃省保险业基本情况

项目	数量
总部设在辖内的保险公司数（家）	1
其中：财产险经营主体（家）	1
人身险经营主体（家）	0
保险公司分支机构（家）	29
其中：财产险公司分支机构（家）	17
人身险公司分支机构（家）	12
保费收入（中外资，亿元）	366
其中：财产险保费收入（中外资，亿元）	123
人身险保费收入（中外资，亿元）	244
各类赔款给付（中外资，亿元）	119
保险密度（元 / 人）	1 408
保险深度（%）	5

数据来源：甘肃保监局。

（四）融资结构更趋多元化，市场运行总体平稳

1. 新型债务融资工具运用步伐加快。2017 年，甘肃省社会融资规模增量为 2 894.43 亿元。其中，信托贷款保持高速增长，增速为 81.69%，占比达到 39.54%。绿色金融债券、扶贫票据、资产证券化等融资工具实现突破，甘肃银行和兰州银行成功发行 20 亿元绿色金融债，西北首单供热资产收益权业务实现融资 7.37 亿元，西北首单扶贫票据实现融资 9 亿元。

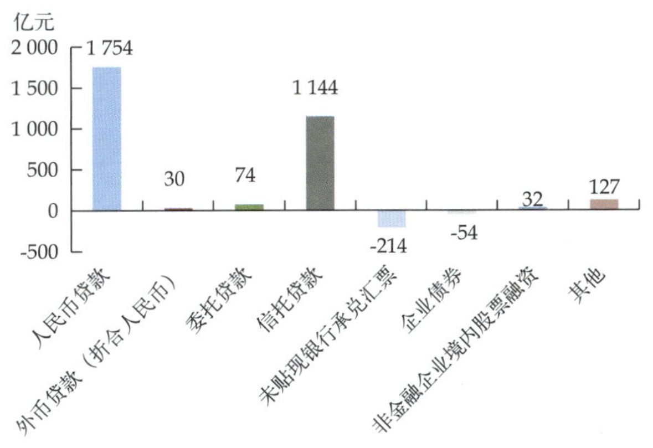

数据来源：中国人民银行兰州中心支行。

图 5　2017 年甘肃省社会融资规模分布结构

2. 同业拆借市场交易回落。2017 年，甘肃省同业拆借市场成员累计发生同业拆借 289 笔，成交金额 562.76 亿元，同比下降 17.19%。其中，同业拆出 276.96 亿元，同比增长 65.50%；同业拆入 285.80 亿元，同比下降 44.20%。从拆借利率看，全年各品种加权平均拆借利率为 3.64%，同比上升 113 个基点。

3. 债券市场成员交易萎缩。2017 年，甘肃省银行间债券市场成员债券交易累计成交 41 134 笔，成交额 69 138.14 亿元，同比下降 24.86%。从交易结构看，回购交易累计成交 35 410 笔，成交额 59 970.27 亿元，同比下降 7.70%；现券交易累计成交 5724 笔，成交额 9 167.87 亿元，同比下降 66.10%。

4. 票据业务规模保持平稳。2017 年，甘肃省银行业金融机构累计签发银行承兑汇票

1 355.15 亿元，银行承兑汇票余额 811.23 亿元，同比增长 32.03%；票据贴现余额 471.36 亿元，同比增长 21.09%。票据贴现和转贴现利率震荡上升，全年票据贴现加权平均利率 5.16%，同比上升 141 个基点；票据转贴现加权平均利率 5.15%，同比上升 141 个基点。

表 5　2017 年甘肃省金融机构票据业务量统计

单位：亿元

季度	银行承兑汇票承兑		贴现			
			银行承兑汇票		商业承兑汇票	
	余额	累计发生额	余额	累计发生额	余额	累计发生额
1	984.93	325.1	191.78	172.96	4	84.13
2	930.11	718.16	172.79	285.63	4	84.13
3	863.66	1 068.3	175.9	352.85	2.4	84.13
4	811.23	1 355.14	183.96	457.39	0	84.13

数据来源：中国人民银行兰州中心支行。

表 6　2017 年甘肃省金融机构票据贴现、转贴现利率

单位：%

季度	贴现		转贴现	
	银行承兑汇票	商业承兑汇票	票据买断	票据回购
1	4.2021	0	4.2137	3.5784
2	4.7975	0	4.6367	4.4757
3	4.9229	0	4.5430	4.1
4	5.639	0	4.4994	4.6467

数据来源：中国人民银行兰州中心支行。

（五）金融基础设施建设加快推进，生态环境持续优化

1. 信用体系建设取得新进展。研发了具有数据采集、信用评价、统计分析、信息查询和共享等功能的“甘肃省农（牧）户信用信息管理系统”，已采集 67.58 万户农户信用信息 278.23 万条，对 40.86 万户农户进行了信用评级，在破解银农信息不对称、扩大农户贷款投放、培育农户诚信意识等方面发挥了积极作用。

2. 支付清算体系建设全面加强。稳步实施助农取款服务点服务转型升级，全面实现收单机构助农取款服务联网通用。2017 年末，全省助农取款服务点达 2.13 万个，布放 ATM 和 POS 终端 19.95 万台。推进 115 家机构加入电子商业汇票系统，推动兰州支付系统城市处理中心（CCPC）成为首批实现支付系统主备中心双活运行的支付系统城市处理中心。

3. 金融消费者权益保护职能不断强化。建立金融消费者权益保护典型案例库，首次对县级银行机构金融消费权益保护开展了全面评估。持续推进金融消费者投诉分类标准试点，强化“12363”投诉电话属地管理，维护了金融消费者合法权益。

4. 金融管理效能进一步提升。建成甘肃反洗钱监管系统，高效开展“打击地下钱庄、虚开和骗税、反腐败追赃追逃”三大专项行动，调查和协查案件 45 起，涉及资金 230 多亿元。加大电信网络新型违法犯罪打击防范力度，督促办理紧急止付和快速冻结 1 万多笔、1.4 亿元。深入推进互联网金融风险专项整治，有效遏制了金融乱象和违法犯罪活动。

二、经济运行情况

2017 年，甘肃省经济增速大幅下滑，但总体上保持了平稳发展态势，质量效益有所好转。全年完成生产总值 7 677.0 亿元，同比增长 3.6%。其中，第一产业增加值 1 063.6 亿元，增长 5.4%；第二产业增加值 2 562.7 亿元，下降 1.0%；第三产业增加值 4 050.8 亿元，增长 6.5%。

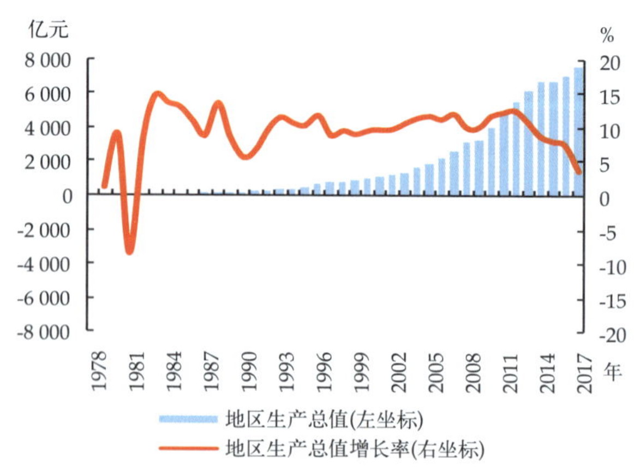

数据来源：甘肃省统计局。

图 6　1978~2017 年甘肃省地区生产总值及其增长率

（一）投资、出口大幅下滑，消费市场平稳发展

1. 固定资产投资剧降。受重大项目落地困难、基础设施建设滞后、工业技术改造步伐缓慢等因素影响，全省固定资产投资大幅下滑，成为拉低全年经济增长的主要原因。全年全省固定资产投资 5 696.3 亿元，同比下降 40.3%。其中，第一产业、第二产业、第三产业投资分别下降 43.7%、63.1% 和 26.8%。

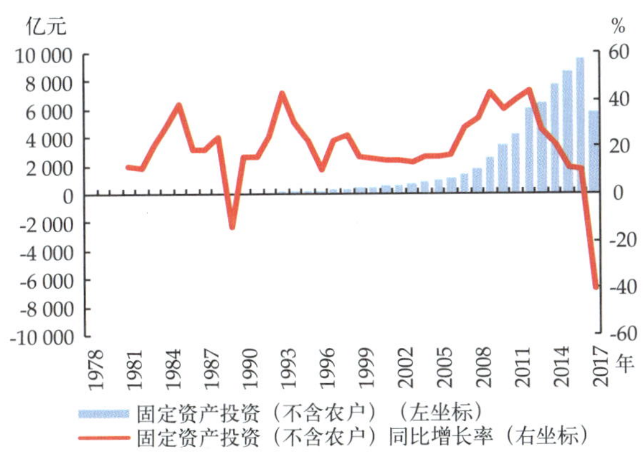

数据来源：甘肃省统计局。

图 7　1978~2017 年甘肃省固定资产投资（不含农户）及其增长率

2. 消费品市场平稳发展。2017 年，全省城乡居民收入增势良好。城镇居民人均可支配收入 27 763.4 元，同比增长 8.1%；农村居民人均可支配收入 8 076.1 元，同比增长 8.3%。就业保持稳定，全年全省城镇新增就业 43.2 万人，输转城乡富余劳动力 529.5 万人，均完成全年任务。城乡收入较快增长带动消费平稳增长，全省社会消费品零售总额 3 426.6 亿元，同比增长 7.6%。其中，城镇社会消费品零售总额 2 729.9 亿元，增长 7.7%；乡村社会消费品零售总额 696.7 亿元，增长 7.4%。

3. 对外贸易持续下降。受国际需求低迷、省内重点企业出口产品价格下降等因素影响，全省进出口总额继续下降。全年进出口总额 341.7 亿元人民币，同比下降 23.9%。其中：出口 123.7 亿元，下降 53.4%；进口 218.0 亿元，增长 18.6%。全省对"一带一路"沿线国家进出口总额 145.18 亿元，同比下降 20.1%。全省外商直接投资流入 2 031.23 万美元，同比下降 72.57%。

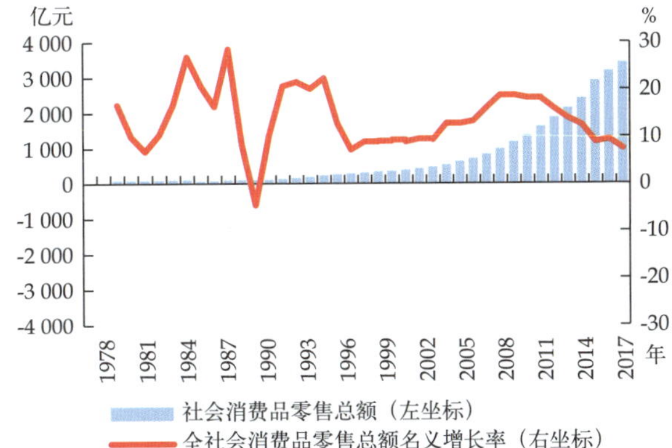

数据来源：甘肃省统计局。

图 8　1978~2017 年甘肃省社会消费品零售总额及其增长率

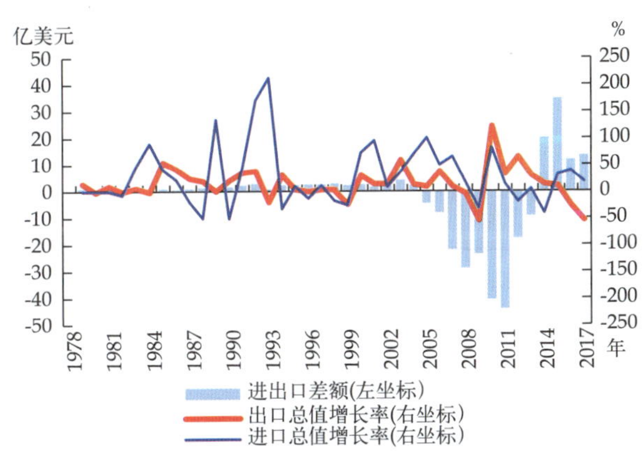

数据来源：甘肃省统计局。

图 9　1978~2017 年甘肃省外贸进出口变动情况

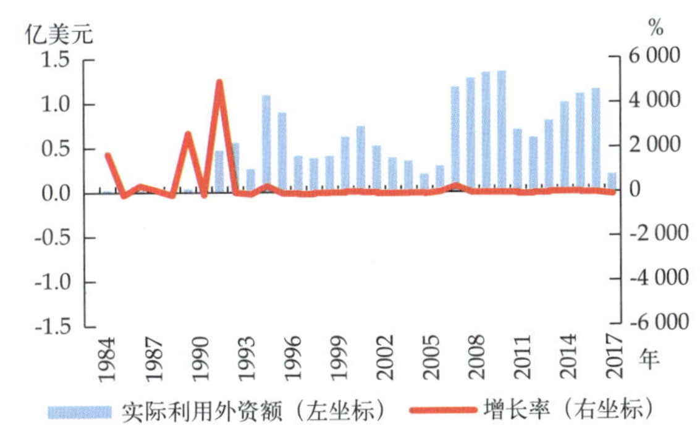

数据来源：甘肃省统计局。

图 10　1984~2017 年甘肃省实际利用外资额及其增长率

(二)产业结构调整有序推进，质量效益持续改善

1. 农业生产形势保持稳定。2017年，全省农业内部结构进一步优化，特色优势产业总面积达到3 313万亩。探索发展戈壁农业，新建3.4万亩。全年全省粮食总产量1 128.3万吨，同比下降1.1%。其中，蔬菜产量2 106.5万吨，增长7.9%；园林水果产量557.0万吨，增长10.0%。

2. 工业经济质量和效益大幅提升。2017年，全省规模以上工业企业完成工业增加值1 603.7亿元，同比下降1.7%。新业态加快发展，战略性新兴产业工业增加值增长8.0%，高技术产业增长6.8%。工业企业效益持续好转，全省规模以上工业企业实现利润总额255.6亿元，同比增长120.0%。

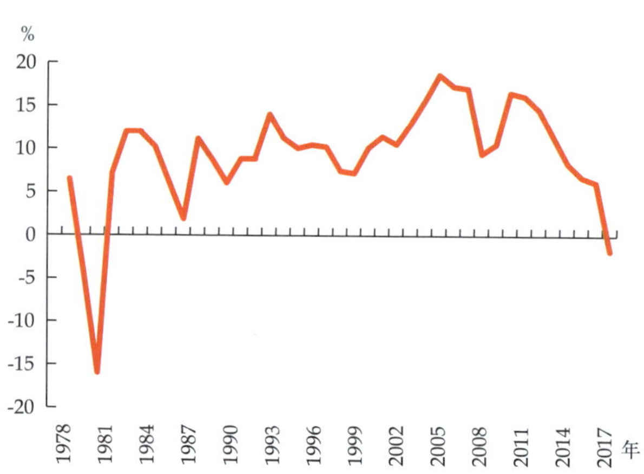

数据来源：甘肃省统计局。

图11　1978~2017年甘肃省规模以上工业增加值实际增长率

3. 第三产业占比持续上升。2017年，甘肃省持续推进产业结构优化升级，三次产业结构由2016年的13.6∶34.8∶51.6进一步调整为13.85∶33.38∶52.77，第三产业增加值占比较上年提高1.17个百分点，对经济的贡献度不断提高。

4. 供给侧结构性改革有序推进。全年关闭退出煤矿10处、产能240万吨，15家“地条钢”企业全部拆除。签订去杠杆及市场化债转股框架协议金额1 215亿元，助推重点企业降低杠杆水平。采取综合电价扶持措施，降低企业用能成本超过50亿元。

(三)居民消费价格温和上涨，工业生产者价格涨幅较大

2017年，全省物价水平总体呈温和上涨态势，居民消费价格涨幅由1月份的0.2%上涨至12月份的2.2%，全年同比上涨1.4%。全省工业生产者价格总体保持高位运行，月度涨幅均保持在10%以上，全年全省工业生产者出厂价格同比上涨14.5%，工业生产者购进价格同比上涨15.5%。

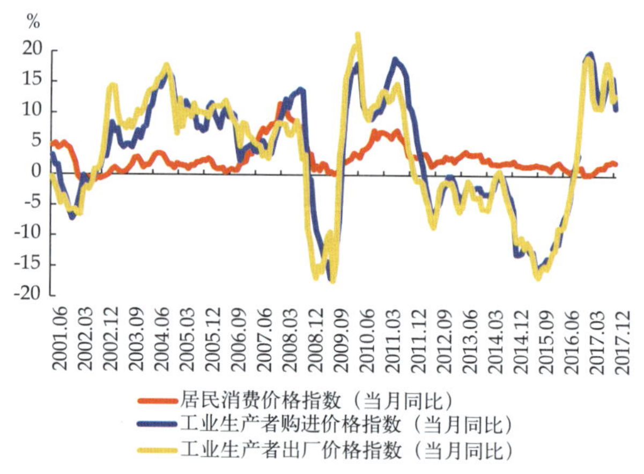

数据来源：甘肃省统计局。

图12　2001~2017年甘肃省居民消费价格指数和工业生产者价格指数变动趋势

(四)财政收支稳定增长，民生保障进一步增强

2017年，全省财政收支稳定增长。全省一般公共预算收入815.6亿元，同口径比上年增长7.8%。增值税、企业所得税的快速增长，带动税收收入达到547.1亿元，增长10.4%。一般公共预算支出3 307.3亿元，增长5.0%。民生类相关支出保持较快增长，教育、社保、医疗等13类民生支出占比81.4%，同比增长36.9%。

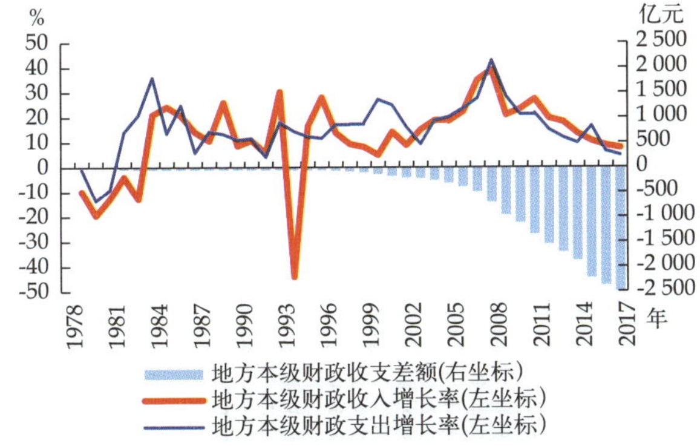

数据来源：甘肃省统计局。

图 13　1978~2017 年甘肃省财政收支状况

（五）主要行业分析

1. 房地产市场总体稳定。

（1）房地产开发投资平稳增长，商品房交易表现出“量滞价增”的态势。2017 年，全省房地产开发投资达 944.52 亿元，同比增长 11.1%。全省新建商品住房实现销售 1 386.04 万平方米，同比下降 12.6%。其中兰州市受限购政策影响，新建商品住房销售面积同比下降 15.6%。主要城市房价呈上涨态势，以兰州市为例，12 月份兰州市郊五区新建商品住宅网签均价达 8 150 元 / 平方米，同比上涨 11.0%。

（2）房地产贷款较快增长，差别化信贷政策执行效果良好。2017 年末，甘肃省房地产贷款余额为 2 926.72 亿元，同比增长 35.49%。其中，各类保障性安居工程贷款余额达 953.41 亿元，同比增长 49.12%；个人住房贷款余额为 1 264.21 亿元，同比增长 32.48%。在从严调整差别化住房信贷政策背景下，全省个人住房贷款首付比例、利率水平均有所提高。12 月，全省个人住房贷款加权平均首付比例为 35.56%，加权平均利率为贷款基准利率的 1.05 倍。

2. 文化旅游产业加速发展。甘肃文化底蕴深厚，旅游资源丰富，是华夏文明的重要发祥地之一，拥有古文化遗址 7 000 多处、世界文化遗产 7 处；国家 4A 级以上旅游景区 89 家、国家级自然保护区 16 个，历史遗产、经典文化、民族民俗文化和旅游观光等四类资源丰度均居全国第 5 位，文化旅游产业发展前景广阔。“十二五”以来，为加快推动文化旅游强省建设，甘肃坚持把文化旅游业作为产业结构调整、新旧动能转换战略布局和战略性新兴产业来抓，相继申请获批了华夏文明传承创新区（首个国家级文化发展平台）、丝绸之路（敦煌）国际文化博览会，并谋划建设了 20 个大景区。2017 年，全省旅游产业综合收入达 1 580 亿元，同比增长 29%。

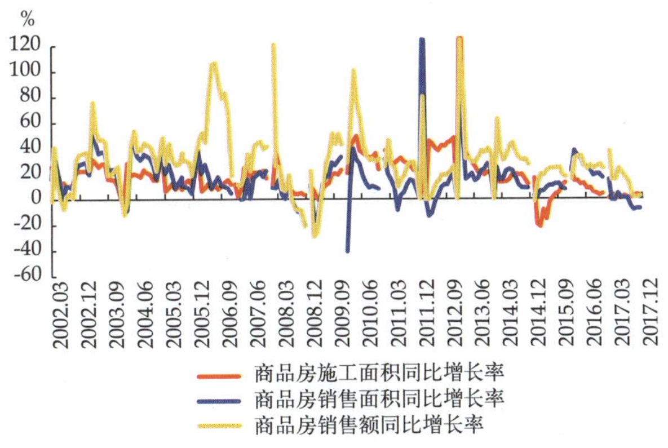

数据来源：甘肃省统计局。

图 14　2002~2017 年甘肃省商品房施工和销售变动趋势

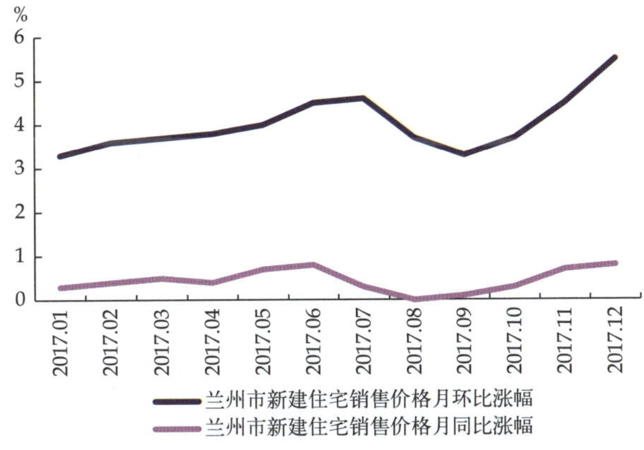

数据来源：甘肃省统计局。

图 15　2017 年兰州市新建住宅销售价格变动趋势

为支持全省文化旅游产业发展，中国人民银行兰州中心支行结合甘肃文化旅游产业发展实际，会同有关部门先后制定出台《关于金融支持文化产业发展的实施意见》《金融支持甘肃旅游业加快发展的指导意见》等文件，引导全省金融系统以“丝绸之路经济带”甘肃段建设为切入点，以大文化、大旅游、大交通、大演艺以及大众文化消费为支持重点，创新信贷产品，加大资金投入，全省金融机构累计投放文旅产业贷款近1 000亿元，累计为文旅企业发行债券500多亿元，为全省文化旅游产业整体提档进位、提质增效提供了强大的金融政策支持。

专栏2 普惠金融工程建设成效明显

2017年，中国人民银行兰州中心支行将普惠金融作为优化金融资源配置、增强金融服务可得性的着力点，大力组织实施普惠金融工程，积极构建以信贷产品、金融服务、信用信息、互联平台、宣传保护和智库决策六大体系为框架的普惠金融服务体系，全省普惠金融发展取得积极成效。一是加强顶层设计，拓展普惠金融外延。牵头成立了甘肃省普惠金融专业委员会、丝路普惠金融30人论坛和丝路普惠金融研究中心3个智库决策机构，印发了《关于推进普惠金融工程的实施意见》，积极构建金融产品和服务、信用信息系统建设和使用、数字金融引入和推广、智库建设和应用四大支撑体系，省长唐仁健、副省长郝远先后对普惠金融工程作出了肯定性批示。二是发展数字金融，延伸普惠金融触角。基于智能手机和微信公众号，着眼于建立“最低成本、最短距离、最低门槛、最广服务”的普惠金融线上体系，上线了具有支付服务、在线查询、金融宣传三大功能，涵盖42项惠民业务的甘肃“普惠金融共享家园”微信平台，实现了基础金融服务掌上“触手可及”，年末用户数突破40万人，切实扩大了普惠金融的覆盖面和可得性。三是突出精准扶贫，提升普惠金融效能。持续巩固金融精准扶贫成果，组织召开了六盘山片区金融扶贫第二次联席会议和金融支持深度贫困县扶贫攻坚会议，在13个贫困县开展了金融固脱贫防返贫试点，推动公航旅集团发行西北首单扶贫中期票据9亿元，引导金融机构投放各类精准扶贫贷款余额达2 400亿元，惠及400多万贫困人口，精准扶贫贷款规模位居全国第四。四是聚焦县域产业，扩大普惠金融广度。围绕拓宽县域融资渠道、金融支持富民惠民产业发展等问题开展深层次调研，拟定了《金融支持县域产业发展的指导意见》，组织召开了金融支持全省县域产业发展推进会，在69个县实施了县域产业发展金融支持专项行动，编发了《甘肃省金融支持县域产业创新产品汇编》，表彰了金融支持县域产业成效突出的金融机构。牵头召开了全省“两权”抵押贷款试点工作现场推进会，积极推广“两权”抵押贷款综合服务平台，试点县区“两权”抵押贷款余额达11.16亿元。五是推动小微、科技金融创新，激发普惠金融活力。联合财政厅等部门制定了创业担保贷款实施办法，创业担保贷款余额达28.82亿元，基本实现符合条件的城乡就业困难人员创业贷款全覆盖。积极推进生源地信用助学贷款，贷款累计投放94亿元，余额达到51亿元，惠及贫困家庭学生170万人次，实现县市区全覆盖，贷款金额和受益学生人次均位居全国前列。在张掖、白银开展了小微企业创业创新、科技型企业金融服务试点，全省小微企业经营性贷款余额达349亿元，增速达21.1%，其中单户授信小于500万元的小型和微型企业贷款增速分别高达31.2%和49.5%；投入兰白科技创新改革试验区的科技企业贷款余额达到18.23亿元，增速超过20%。

目前，普惠金融发展中仍面临诸如农户和小微企业信用信息体系、农村产权交易平台等建设滞后，“两权”抵押贷款试点进展较慢，部分农村地区金融生态环境欠佳，部分普惠金融产品在风险补偿、贴息机制、落地实施方面还不足等问题，需要在下一步工作中攻坚克难，推动全省普惠金融水平向更高层次发展。

三、预测与展望

当前，制约甘肃省经济发展的深层次矛盾依然突出，经济运行中的“忧”和“险”因素仍然存在。但总体上看，甘肃经济稳中有进的趋势没有改变，经济发展出现了一些积极的变化，加之供给侧结构性改革不断推进，新旧动能持续转换，将为甘肃经济稳步发展注入强大活力，经济发展有望在止滑企稳、提质增效的基础上实现恢复性增长。2018 年，甘肃省经济增长预期目标为 6%，固定资产投资增长 7%，居民消费价格涨幅维持在 3% 以内[①]。

2018 年，全省金融业发展面临的困难较大、任务艰巨，但积极因素、有利条件不断增多，全省金融稳定运行可期。在经济下行背景下，企业可用于存款资金、派生存款等难有较大幅度回升，加之资金外流、理财分流等因素，存款有可能持续保持低位运行。随着一大批事关全局的重大项目建设加快推进，以及 1 000 亿元特色产业贷款工程的实施，信贷需求有望恢复，全省贷款增速将保持在中高水平。

中国人民银行兰州中心支行货币政策分析小组

总　纂：姜再勇　李文瑞

统　稿：许朝阳　聂　蕾　常　晔

执　笔：王文婷　杨召举

提供材料的还有：李　静　王　昊　弓　晶　谢晓娜　于加鹏　陈　涛　任墨香　田震坤　冯　丽　王　琼　陈之鑫　王　峰　范胜申　景小娟　解　静

① 来源于 2018 年甘肃省政府工作报告。

附录

（一）2017年甘肃省经济金融大事记

2月，甘肃建设国家中医药产业发展综合试验区正式获批，为进一步放大中医药产业优势、培育经济发展新动能提供了契机。

3月，中国人民银行兰州中心支行制定印发《关于推进普惠金融工程的实施意见》，明确提出构建以信贷产品、金融服务、信用信息、互联平台、宣传保护和智库决策六大体系为框架的普惠金融服务体系。

4月，华夏银行兰州分行正式获批筹建，甘肃“招行引资”取得新进展。

5月，甘肃银行成功发行全省首单10亿元绿色金融债券，是金融业主动践行绿色发展理念的创新和尝试。

7月，第二十三届中国兰州投资贸易洽谈会成功举办。

9月，祁连山国家公园体制改革试点方案获批，对加强祁连山生态保护修复、筑牢国家生态安全屏障具有十分重大的意义。

9月，第二届丝绸之路（敦煌）国际文化博览会成功举办，有力推动了国际经济文化交流。

9月，甘肃召开农村“三变”改革推进工作会，对深化全省农村改革、推进农业转型升级、增强脱贫稳定性、激活农村要素资源具有重要意义。

9月，全省金融工作会议在兰州召开，全面安排部署了今后一段时期甘肃金融工作任务。

9月，兰渝铁路全线开通运营，实现了“丝绸之路经济带”和“21世纪海上丝绸之路”的有机衔接和连通。

（二）2017 年甘肃省主要经济金融指标

表 1　2017 年甘肃省主要存贷款指标

		1 月	2 月	3 月	4 月	5 月	6 月	7 月	8 月	9 月	10 月	11 月	12 月
本外币	金融机构各项存款余额（亿元）	17 568.34	17 750.86	17 767.15	17 798.50	17 950.15	18 253.93	18 135.29	18 052.58	18 033.96	18 209.34	17 966.16	17 777.22
	其中：住户存款	8 858.44	8 879.17	8 940.72	8 831.25	8 822.62	8 914.25	8 894.27	8 853.55	8 954.54	8 867.90	8 915.22	9 094.31
	非金融企业存款	5 392.00	5 376.64	5 484.20	5 413.97	5 404.43	5 655.90	5 476.63	5 488.70	5 506.78	5 526.45	5 307.27	5 148.90
	各项存款余额比上月增加（亿元）	41.73	182.52	16.28	31.35	151.65	303.78	-118.64	-82.71	-18.62	175.38	-243.18	-188.94
	金融机构各项存款同比增长（%）	41.73	7.42	4.47	3.33	4.25	4.54	5.45	4.96	4.10	4.54	-1.05	1.49
	金融机构各项贷款余额（亿元）	16 366.55	16 411.17	16 665.17	16 751.40	16 965.48	17 130.70	17 192.57	17 296.34	17 394.08	17 451.84	17 559.99	17 707.24
	其中：短期	4 905.61	4 923.27	4 979.16	4 962.87	4 949.70	5 075.58	5 096.62	5 065.02	5 062.98	5 058.58	5 067.67	5 141.11
	中长期	10 240.21	10 370.91	10 545.00	10 702.85	10 901.89	10 956.69	11 022.78	11 144.92	11 268.31	11 341.50	11 408.14	11 441.62
	票据融资	636.21	535.46	536.09	474.07	483.71	455.72	446.66	465.34	451.33	431.72	448.33	458.14
	各项贷款余额比上月增加（亿元）	440.13	44.63	253.99	86.24	214.07	165.22	61.87	103.76	97.75	57.75	108.15	147.25
	其中：短期	64.65	17.65	55.89	-16.28	-13.18	125.88	21.04	-31.60	-2.04	4.39	9.08	73.44
	中长期	246.78	130.70	174.08	157.85	199.06	54.79	66.10	122.13	123.39	73.20	66.63	33.48
	票据融资	118.42	-100.76	0.64	-62.03	9.65	-2.30	-34.75	18.68	-14.01	-19.61	16.61	9.81
	金融机构各项贷款同比增长（%）	17.00	16.02	15.55	15.36	15.14	14.53	14.32	14.32	13.92	13.60	7.03	11.18
	其中：短期	5.39	4.18	3.21	2.39	1.19	2.55	3.52	3.51	4.26	4.46	-7.91	6.19
	中长期	24.82	25.35	24.18	25.13	24.23	22.04	20.88	20.70	21.02	20.23	15.90	14.50
	票据融资	9.26	-10.31	-3.76	-18.54	-8.02	-9.35	-8.28	-6.28	-21.56	-22.16	-9.14	-11.52
	建筑业贷款余额（亿元）	670.28	654.50	676.93	675.79	685.95	680.92	678.64	679.07	696.60	696.28	714.45	715.85
	房地产业贷款余额（亿元）	789.50	807.93	823.61	846.68	847.61	883.03	908.61	972.03	951.87	951.85	945.74	954.96
	建筑业贷款同比增长（%）	54.24	45.18	43.47	42.88	41.03	34.41	33.55	31.77	28.54	28.12	14.14	12.72
	房地产业贷款同比增长（%）	28.05	28.36	23.19	28.28	22.39	22.70	22.21	30.94	33.15	30.89	25.54	25.42
人民币	金融机构各项存款余额（亿元）	17 467.00	17 651.47	17 705.22	17 731.66	17 890.34	18 183.52	18 063.83	17 987.44	17 961.43	18 144.55	17 904.57	17 660.82
	其中：住户存款	8 820.91	8 842.56	8 903.96	8 794.71	8 786.10	8 877.73	8 858.10	8 819.33	8 920.34	8 833.52	8 881.26	9 059.52
	非金融企业存款	5 333.24	5 319.52	5 463.93	5 388.53	5 386.58	5 627.18	5 446.47	5 462.60	5 473.20	5 501.18	5 284.07	5 073.02
	各项存款余额比上月增加（亿元）	44.36	184.47	53.74	26.44	158.68	293.17	-119.68	-76.39	-26.01	183.13	-239.99	-243.75
	其中：住户存款	320.59	21.65	61.40	-109.25	-8.61	91.63	-19.64	-38.76	101.00	-86.82	47.74	178.26
	非金融企业存款	-155.33	-13.72	144.42	-75.40	-1.95	240.60	-180.71	16.13	10.60	27.98	-217.11	-211.05
	各项存款同比增长（%）	7.32	7.57	4.81	3.63	4.63	4.84	5.46	5.01	4.10	4.57	-0.33	1.43
	其中：住户存款	12.51	9.80	8.84	8.86	8.43	7.58	7.54	6.57	6.37	6.48	6.17	6.67
	非金融企业存款	3.42	4.42	2.11	-0.13	-0.62	1.04	0.23	1.37	0.01	0.71	-10.88	-7.64
	金融机构各项贷款余额（亿元）	16 108.52	16 150.41	16 415.63	16 501.07	16 709.12	16 851.06	16 908.43	17 026.32	17 129.74	17 185.14	17 298.34	17 404.56
	其中：个人消费贷款	1 438.76	1 460.13	1 504.48	1 540.00	1 573.99	1 623.23	1 658.97	1 685.69	1 724.57	1 746.67	1 798.20	1 818.73
	票据融资	636.21	535.46	536.09	474.07	483.71	481.42	446.66	465.34	451.33	431.72	448.33	458.14
	各项贷款余额比上月增加（亿元）	458.04	41.89	265.21	85.44	208.05	141.94	57.37	117.89	103.42	55.40	113.20	106.22
	其中：个人消费贷款	52.54	21.37	44.35	33.54	33.98	49.24	35.74	26.72	38.88	22.11	51.52	20.53
	票据融资	118.42	-100.76	0.64	-62.03	9.65	-2.30	-34.75	18.68	-14.01	-19.61	16.61	9.81
	金融机构各项贷款同比增长（%）	17.90	16.74	16.15	15.87	15.51	14.65	14.34	14.43	13.97	13.58	7.87	11.21
	其中：个人消费贷款	29.14	28.50	28.70	30.29	30.13	30.21	31.89	31.33	31.59	31.72	33.62	31.31
	票据融资	9.26	-10.31	-3.76	-18.54	-8.02	-4.24	-8.28	-6.28	-21.56	-22.16	-9.14	-11.52
外币	金融机构外币存款余额（亿美元）	14.78	14.46	8.98	9.70	8.71	10.39	10.62	9.87	10.93	9.76	9.33	17.81
	金融机构外币存款同比增长（%）	-18.14	-17.84	-49.07	-44.99	-51.74	-40.48	-0.03	-5.15	6.49	0.35	-66.73	18.85
	金融机构外币贷款余额（亿美元）	37.62	37.93	36.17	36.32	37.35	41.28	42.23	40.91	39.83	40.17	39.62	46.32
	金融机构外币贷款同比增长（%）	-24.38	-20.10	-19.37	-16.11	-8.96	5.55	11.46	9.03	11.55	17.42	-26.49	16.45

数据来源：中国人民银行兰州中心支行。

表 2　2001~2017 年甘肃省各类价格指数

单位：%

		居民消费价格指数		农业生产资料价格指数		工业生产者购进价格指数		工业生产者出厂价格指数	
		当月同比	累计同比	当月同比	累计同比	当月同比	累计同比	当月同比	累计同比
2001		—	4.0	—	-1.4	—	1.4	—	-1.5
2002		—	0.0	—	0.4	—	-1.6	—	-2.1
2003		—	1.1	—	1.8	—	5.6	—	10.0
2004		—	2.3	—	7.4	—	12.5	—	14.3
2005		—	1.7	—	9.0	—	9.9	—	9.6
2006		—	1.3	—	4.4	—	8.8	—	9.5
2007		—	5.5	—	7.1	—	4.3	—	5.5
2008		—	8.2	—	14.7	—	10.2	—	4.9
2009		—	1.3	—	-1.0	—	-8.9	—	-9.0
2010		—	4.1	—	1.7	—	14.4	—	15.0
2011		—	5.9	—	7.6	—	15.1	—	11.0
2012		—	2.7	—	5.2	—	-1.3	—	-3.2
2013		—	3.3	—	2.4	—	-2.0	—	-3.0
2014		—	2.1	—	2.5	—	2.4	—	3.3
2015		—	1.6	—	-1.4	—	-13.0	—	-13.0
2016		—	1.3	—	-0.1	—	-5.4	—	-5.1
2017		—	1.4	—	—	—	15.5	—	14.5
2016	1	—	—	—	—	—	—	—	—
	2	1.7	1.2	-0.6	-0.6	-11.9	-13.4	-12.6	-13.3
	3	1.9	1.5	-1.1	-0.8	-10.9	-12.5	-12.2	-13.0
	4	2.1	1.6	0.1	-0.6	-11.2	-12.2	-8.6	-11.9
	5	1.6	1.6	0.0	-0.4	-8.5	-11.5	-8.8	-11.3
	6	1.2	1.5	0.4	-0.3	-7.0	-10.7	-8.3	-10.8
	7	0.9	1.5	0.4	-0.2	-6.2	-10.1	-6.0	-10.1
	8	0.6	1.4	0.0	-0.2	-4.2	-9.4	-3.6	-9.3
	9	0.9	1.3	-0.1	-0.2	-0.7	-8.4	-1.2	-8.5
	10	1.1	1.3	-0.2	0.2	1.7	-7.5	1.0	-7.6
	11	1.2	1.3	0.2	-0.1	3.3	-6.5	5.5	-6.4
	12	1.2	1.3	0.9	-0.1	4.4	-5.4	11.4	-5.1
2017	1	—	—	—	—	—	—	—	—
	2	0.3	1.0	2.0	1.9	19.7	17.8	19.3	17.8
	3	0.2	0.7	3.3	2.4	20.1	18.6	18.7	18.1
	4	0.4	0.6	2.8	2.5	18.3	18.5	12.6	16.7
	5	0.8	0.7	2.8	2.5	14.4	17.6	11.1	15.5
	6	1.3	0.8	3.2	2.7	12.8	16.8	11.2	14.8
	7	1.4	0.9	3.4	2.8	11.2	16.0	11.0	14.2
	8	1.8	1.0	4.2	2.9	14.4	15.8	16.2	14.5
	9	2.1	1.1	4.5	3.1	15.0	15.7	18.4	14.9
	10	2.1	1.2	5.1	3.3	15.5	15.7	17.3	15.2
	11	2.4	1.3	5.5	3.5	15.9	15.7	12.3	14.9
	12	2.2	1.4	—	3.7	13.0	15.5	11.0	14.5

数据来源：甘肃省统计局。

表 3　2017 年甘肃省主要经济指标

	1 月	2 月	3 月	4 月	5 月	6 月	7 月	8 月	9 月	10 月	11 月	12 月
	绝对值（自年初累计）											
地区生产总值（亿元）	—	—	1 388.8	—	—	2 993.0	—	—	5 641.5	—	—	7 677.0
第一产业	—	—	107.7	—	—	225.0	—	—	814.1	—	—	1 063.6
第二产业	—	—	554.0	—	—	1 177.3	—	—	1 931.2	—	—	2 562.7
第三产业	—	—	727.0	—	—	1 590.8	—	—	2 896.2	—	—	4 050.8
工业增加值（亿元）	—	262.1	393.9	515.6	665.7	829.7	951.9	1 074.6	1 204.2	1 339.5	1 480.6	1 603.7
固定资产投资（亿元）	—	154.3	570.7	1 045.2	1 795.9	2814.6	3 443.3	4 051.9	4 565.7	5 035.1	5 443.8	5 696.3
房地产开发投资	—	21.8	73.1	140.6	260.3	415.9	520.5	626.0	719.2	818.5	894.7	944.5
社会消费品零售总额（亿元）	—	534.6	800.1	1 057.1	1 341.4	1636.4	1 910.7	2 193.1	2 487.5	2 792.9	3 107.9	3 426.6
外贸进出口总额（亿元）	—	47.5	73.0	97.7	125.9	146.5	168.9	195.6	224.8	256.5	293.1	341.7
进口	—	31.6	48.4	63.5	82.1	95.9	109.9	129.4	149.9	171.7	194.2	218.0
出口	—	15.9	24.6	34.2	43.8	50.6	59.0	66.2	74.9	84.8	98.9	123.7
进出口差额（出口－进口）	—	-15.7	-23.8	-29.3	-38.3	-45.3	-50.9	66.2	-75.0	-86.9	-95.3	-94.3
实际利用外资（亿美元）	—	—	—	—	—	—	—	—	—	—	—	0.2
地方财政收支差额（亿元）	—	-306.3	-597.9	-711.3	-924.3	-1 310.5	-1 417.8	-1 584.6	-1 798.9	-1 891.9	-2 138.7	-2 491.7
地方财政收入	—	123.4	183.4	251.3	329.5	410.1	475.6	526.7	588.9	661.2	734.0	815.6
地方财政支出	—	429.7	781.3	962.6	1 253.8	1720.6	1 893.4	2 111.3	2 387.8	2 553.1	2 872.7	3 307.3
城镇登记失业率（%）（季度）	—	—	—	—	—	—	—	—	—	—	—	—
	同比累计增长率（%）											
地区生产总值	—	—	6.1	—	—	5.0	—	—	3.6	—	—	3.6
第一产业	—	—	4.5	—	—	4.8	—	—	5.1	—	—	5.4
第二产业	—	—	4.0	—	—	1.9	—	—	-0.7	—	—	-1.0
第三产业	—	—	8.2	—	—	7.5	—	—	6.5	—	—	6.5
工业增加值	—	5.0	4.4	4.1	3.3	1.9	0.4	-0.5	-1.2	-1.4	-1.7	-1.7
固定资产投资	—	-6.1	-20.6	-33.1	-32.4	-36.3	-35.1	-35.9	-38.7	-40.0	-39.3	-40.3
房地产开发投资	—	10.6	7.1	7.9	16.9	18.7	19.3	19.1	15.1	12.8	12.5	11.1
社会消费品零售总额	—	8.0	9.1	8.9	8.8	8.9	8.7	8.5	8.4	8.1	7.8	7.6
外贸进出口总额	—	-35.4	-30.6	-30.5	-38.3	-46.5	-43.7	-39.2	-34.2	-30.0	-27.1	-23.9
进口	—	75.3	67.7	58.5	42.5	34.8	32.6	33.9	36.4	36.0	28.7	18.6
出口	—	-71.4	-67.8	-66.1	-70.1	-75.1	-72.8	-70.6	-67.7	-64.7	-60.6	-53.4
实际利用外资	—	—	—	—	—	—	—		—	—	—	-72.6
地方财政收入	—	7.0	2.6	-0.1	2.5	4.5	7.2	7.8	8.6	10.2	10.1	7.8
地方财政支出	—	19.6	17.3	5.0	6.6	10.2	10.3	9.4	5.1	5.2	5.0	5.0

数据来源：甘肃省统计局。

青海省金融运行报告（2018）

中国人民银行西宁中心支行货币政策分析小组

[内容摘要] 2017年，青海省金融业注重保持货币政策审慎和稳健，引领经济发展新常态，按照经济结构调整的实际需要，适时预调微调，货币信贷工作灵活性、有效性不断增强，推动全省经济平稳健康发展，助力金融脱贫攻坚，为稳增长和供给侧结构性改革营造了适宜的货币金融环境。

具体来看，一是银行业稳健经营，信贷投放平稳适度。全省银行业金融机构继续保持稳定扩张态势，各项存款平稳增长，本外币存款余额5 843.2亿元，同比增长4.6%；各项贷款稳健增长，本外币贷款余额6 353.1亿元，同比增长11.1%。三次产业贷款同比分别增长42.5%、8.5%和15.7%。货币政策工具引导作用显现。2017年，中国人民银行西宁中心支行全年累计发放再贷款139.5亿元，同比多增8亿元，增长6.1%。其中，累计发放扶贫再贷款33.5亿元；累计办理再贴现73.1亿元，同比多办理32.5亿元；累计办理常备借贷便利47.8亿元，同比增长49.8%。表外业务增速回落。专项治理和综合治理取得成效，进一步规范了表外业务。银行业金融机构改革稳步推进。华夏银行西宁分行、长城资管青海分公司分别筹建，大通农村商业银行发起设立2家村镇银行获批筹建，全年新设13家股份制商业银行分支机构。地方法人金融机构股份制改革工作不断推进，全省已成功改制农村商业银行14家，占农村信用社机构总数的46.7%。

二是证券、保险业稳步健康发展。青海省证券营业范围由单一的证券经纪业务向证券资产管理、证券承销与保荐、融资融券、代销金融产品等多元化、综合性业务转变。1家法人证券公司累计代理证券交易7 916.7亿元，同比增长83.8%。12家上市公司总股本138亿股，同比增长6.5%；总市值1 585亿元，同比减少4.4%。青海股权交易中心新挂牌企业28家，累计挂牌企业350家，登记托管金额165亿元，累计实现融资25.5亿元。创鑫咨询、香巴林卡、北控绿产等3家企业在新三板成功挂牌，多层次资本市场建设扎实推进。保险业较快发展，服务实体经济能力不断提高。农业保险承保品种达21种，藏系羊、牦牛保险承保区域扩大至5州9县，附加地震责任农房保险覆盖全省。

三是金融生态环境不断改善。全省87.1%的农户建立了信用档案，评定信用乡（镇）、村、信用户较上一年度增长9.5%、10.9%和15.7%；完成12.9万户贫困户信用档案建档立卡，评定贫困信用户11.0万户，发放贫困户信用贷款10.8亿元。支付服务环境明显改善，全省惠农金融服务点业务累计达35.3亿元，网上支付和移动支付金额同比增长8.9%和31.8%。金融IC卡建设步伐加快，全省金融IC卡发卡1 737.8万张，占发卡总量的68.8%。积极组织开展金融宣传教育，努力提升消费者金融素养。畅通12363金融服务热线，妥善受理消费者投诉咨询，全省人民银行系统受理金融消费者投诉办结率实现100%。

四是普惠金融试点工作取得成效。中国人民银行西宁中心支行统筹推进“扶贫普惠、网络普惠、信用普惠、绿色普惠”四大普惠建设，普惠金融服务覆盖面、可得性、满意度显著提升。“普惠金融体系”初步形成。以普惠金融助力生态环境保护、脱贫攻坚、民族地区发展，确立以小微企业、“三农三牧”、贫困人口、特殊人群等薄弱领域为金融服务重点，精准对接。“扶贫普惠”取得突破。主导推进金融精准扶贫普惠，形成“点、面、片”相结合三级联动机制，各类扶贫贷款余额 1 126.0 亿元，同比增长 21.4%；建档立卡贫困人口及已脱贫人口贷款余额 22.6 亿元，同比增长 41.3%。“网络普惠”取得进展。全年设立惠农金融服务点 4 967 个、特约商户 2 3297 户；网上支付和移动支付金额分别为 3 255.9 亿元和 4 518.9 亿元。“信用普惠”取得成效。开展农村经济主体信用培植工作，推行信用共同体（联合体）建设，搭建银企、银农融资信息对接平台，创新“信用采集 + 信用评估 + 综合培育 + 融资推介 + 政策扶持”融资模式。“绿色普惠”得到提升。持续加大绿色信贷、绿色证券、绿色保险等金融服务力度，循环经济区绿色金融试点、普惠金融“绿色小镇”试点和三江源国家公园普惠金融示范点建设有序推进；“枸杞贷”“光伏贷”等具有地方特色绿色金融产品推广运行；绿色保险评估体系在海西州初创试点。

2017 年，青海省坚持稳中求进工作总基调和新发展理念，以供给侧结构性改革为主线，稳增长、促改革、调结构、惠民生、保生态、防风险，青海经济社会发展取得诸多新突破、新成就。全年实现地区生产总值 2 642.8 亿元，同比增长 7.3%，第一、第二、第三产业增加值同比分别增长 4.9%、7.2% 和 7.9%。

具体来看，一是内需稳固提升，消费平稳增长。全年全省完成社会固定资产投资 3 897.1 亿元，同比增长 10.3%，第三产业固定资产投资增速高于全省 6.5 个百分点，惠民生投资 1 857.8 亿元，同比增长 16.7%。外贸进出口呈现“进口升、出口降”态势，省内企业境外发债 12 亿美元，对外直接投资 801 亿元。

二是经济转型升级，效益持续向好。青海省全省规模以上工业增加值同比增长 7.0%，工业平稳运行。三次产业对全省地区生产总值的贡献率分别为 20.6%、34.3% 和 45.1%，三次产业增加值比例为 9 ∶ 44.7 ∶ 46.3，第三产业增加值稳步提升。着力化解过剩产能，推动市场出清，完成 132 万吨煤炭去产能任务，直供电等举措降低企业成本 70 亿元。国有企业“3+10”改革试点创新体系形成。高原、绿色、有机品牌带动效应明显，农经饲三元结构不断优化，农畜产品加工转化率达 54.2%，专业合作社发展到 961 家，休闲农牧业从业人员 3.1 万人、年利润 5.6 亿元。农村土地承包经营权确权登记进展顺利，农村集体产权制度、农垦等改革持续深化。

三是价格双升，区间内小幅波动。青海省工业生产者出厂价格同比上涨 16.7%，购进价格同比上涨 8.0%。居民消费价格指数同比上涨 1.5%，物价涨幅由 3.1% 降至 1.5%，全省居民人均可支配收入 19 001 元，同比增长 9.8%，社会消费品零售总额 839.0 亿元，同比增长 9.3%，保持良好态势。

四是财政收支稳定增长，民生领域支出增大。青海省完成公共财政预算收入 408.7 亿元，同比增长 13.5%，其中地方公共财政预算收入 246.1 亿元，同比增长 9.3%；完成公共财政预算支出 1 530.3 亿元，同比增长 0.4%。财政支出中医疗卫生与计划生育、城乡社区、教育、社会保障和就业同比分别增长 25.0%、18.9%、9.8% 和 7.7%，民生领域保障有力。

五是房地产市场平稳运行，差别化信贷政策有效落实。全年房地产开发投资完成额 408.6 亿元，占全省固定资产投资的 10.5%。商品房交易量平稳增长，新建住房价格上升，房地产开发贷款增速放缓。商品房去化周期降至 13.3 个月，同比减少 3.2 个月，去库存效果明显，棚户区改造项目稳步推进，保障性住房供给显著增加，全年累计开工建设各类城镇保障房 38.7 万套。12 月当月，全省各金融机构个人住房贷款发放金额 5.5 亿元，其中首套房发放金额占 96.6%，首套房平均首付比例 33.0%，平均利率水平是基准利率的 1.1 倍。

当前，青海省经济发展不平衡不充分，发展质量和效益有待提高。2018 年，青海省将深入贯彻党的十九大精神，以习近平新时代中国特色社会主义思想为指导，按照中央经济工作会议决策部署，做好经济社会发展各项工作。根据2018年青海省政府工作报告，经济社会发展主要预期目标是：生产总值增长7%左右，全体居民人均可支配收入增长9%，新增城镇就业6万人，农牧区劳动力转移就业105万人次，居民消费价格涨幅控制在3%以内，主要城市空气质量优良天数比例达到78%以上。金融业将继续执行稳健中性货币政策，灵活运用各类货币政策工具，适时预调微调，保持辖区货币信贷和社会融资规模平稳适度增长。优化信贷结构，助力金融脱贫攻坚，为稳增长和供给侧结构性改革营造适宜的货币金融环境。

一、金融运行情况

2017年，青海省金融业认真执行稳健中性货币政策，金融运行总体平稳，信贷支持力度持续增强，金融创新力度进一步加大，为深入推进供给侧结构性改革提供了有力支持。

（一）银行业稳健经营，信贷投放平稳适度

1. 资产规模增速放缓。2017年末，青海省银行业金融机构资产总额8 973.7亿元，同比增长6.9%，增速下降2.7个百分点。银行业金融机构个数和从业人数稳步增加，中国光大银行西宁分行正式挂牌营业，华夏银行西宁分行、长城资管青海分公司筹建改制稳步推进，大通农村商业银行发起设立2家村镇银行获批筹建，全年新设13家股份制商业银行分支机构。

表1 2017年青海省银行业金融机构情况

机构类别	营业网点			法人机构（个）
	机构个数（个）	从业人数（人）	资产总额（亿元）	
一、大型商业银行	430	9 312	3 176	0
二、国家开发银行和政策性银行	27	566	2 368	0
三、股份制商业银行	39	1 038	676	0
四、城市商业银行	82	1 684	1 102	1
五、城市信用社	0	0	0	0
六、小型农村金融机构	353	4 306	1 113	31
七、财务公司	1	31	92	1
八、信托公司	1	327	118	1
九、邮政储蓄银行	178	911	318	0
十、外资银行	0	0	0	0
十一、新型农村金融机构	6	461	11	5
十二、其他	1	22	1	0
合计	1 118	18 658	8 975	39

续表

注：营业网点不包括国家开发银行和政策性银行、大型商业银行、股份制商业银行等金融机构总部数据；大型商业银行包括中国工商银行、中国农业银行、中国银行、中国建设银行和交通银行；小型农村金融机构包括农村商业银行、农村合作银行和农村信用社；新型农村金融机构包括村镇银行、贷款公司和资金互助社；“其他”包含金融租赁公司、汽车金融公司、货币经纪公司、消费金融公司等。

数据来源：青海银监局。

2. 存款增速下行。2017年末，青海省金融机构本外币存款余额同比增长4.6%，增速同比下降2.3个百分点。从存款结构看，住户存款占各项存款的比重为36.8%，同比上升0.8个百分点；非金融企业存款、广义政府存款占各项存款的比重分别为27.7%和33.0%，同比分别下降2.0个和7.8个百分点。

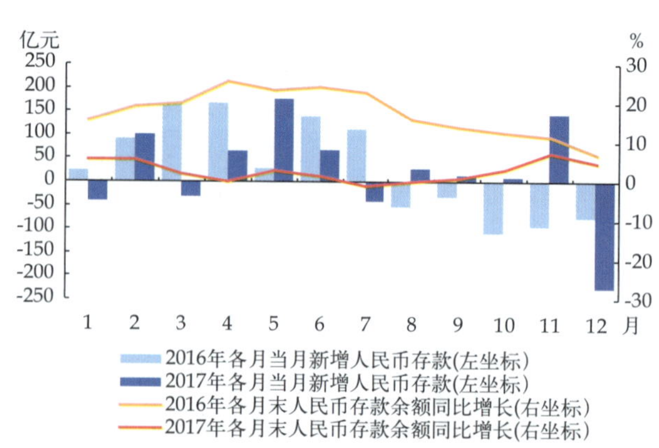

数据来源：中国人民银行西宁中心支行。

图1 2016~2017年青海省金融机构人民币存款增长变化

3. **贷款稳健增长**。2017年末，青海省金融机构本外币贷款余额同比增长11.1%。其中，境内住户贷款增长11.5%，非金融企业及机关团体贷款增长10.5%。

三次产业贷款同比分别增长42.5%、8.5%和15.7%，涉农贷款占各项贷款余额的36.0%；扶贫贴息、小型企业、下岗失业人员小额担保贷款同比分别增长31.4%、14.6%和40.0%。

货币政策工具引导作用显现。全年累计办理再贷款139.5亿元，同比多发放8亿元，增长6.1%，其中累计发放扶贫再贷款33.5亿元。累计办理再贴现73.1亿元，同比多发放32.5亿元，增长80.1%。累计办理常备借贷便利47.8亿元，同比增长49.8%。

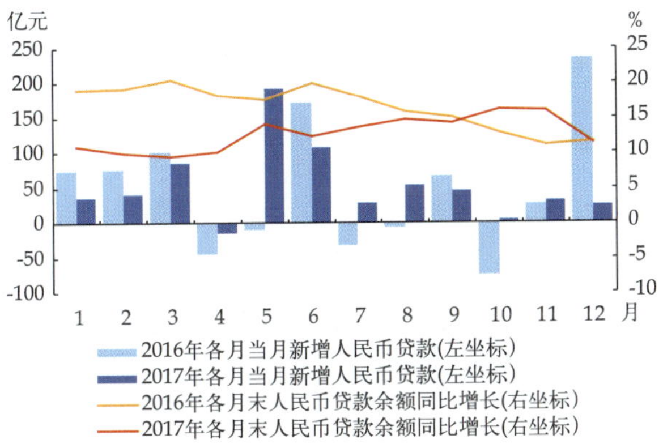

数据来源：中国人民银行西宁中心支行。

图2　2016~2017年青海省金融机构人民币贷款增长变化

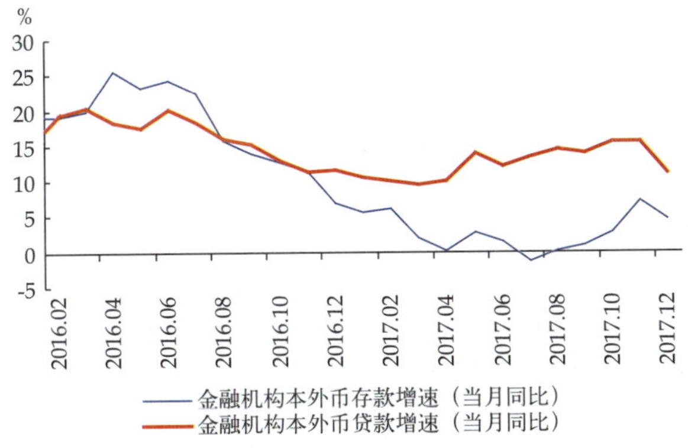

数据来源：中国人民银行西宁中心支行。

图3　2016~2017年青海省金融机构本外币存、贷款增速变化

4. **表外业务增速回落**。2017年，青海省金融监管部门开展专项治理和综合治理，进一步规范表外业务。全省银行业金融机构表外业务余额2 655.7亿元，同比增长19.2%，增速回落25.0个百分点。其中：金融资产服务类业务余额1 974.9亿元，同比增长16.1%；承诺类业务余额496.4亿元，同比增长42.2%；担保类业务余额157.5亿元，同比下降10.8%。

5. **存贷款利率平稳运行**。2017年，青海省内国有及股份制商业银行各期限定期存款加权平均利率同比下降0.03个百分点；青海省金融机构各期限一般贷款加权平均利率同比下降0.09个百分点。民间借贷加权平均利率同比上升0.50个百分点。

表2　2017年青海省金融机构人民币贷款各利率区间占比

单位：%

月份		1月	2月	3月	4月	5月	6月
合计		100.0	100.0	100.0	100.0	100.0	100.0
下浮		39.8	23.1	42.5	21.3	22.1	23.3
基准		26.9	34.8	23.2	46.0	53.2	33.2
上浮	小计	33.3	42.1	34.3	32.7	24.7	43.5
	(1.0, 1.1]	8.1	20.3	15.2	8.1	8.8	13.9
	(1.1, 1.3]	12.0	13.5	7.7	12.3	8.6	15.4
	(1.3, 1.5]	7.9	4.9	6.8	7.1	4.8	8.2
	(1.5, 2.0]	5.1	3.3	4.5	5.1	2.5	5.2
	2.0以上	0.2	0.2	0.2	0.1	0.1	0.8
月份		7月	8月	9月	10月	11月	12月
合计		100.0	100.0	100.0	100.0	100.0	100.0
下浮		31.0	29.3	11.3	21.0	25.2	10.0
基准		30.1	26.5	34.6	21.8	33.9	37.8
上浮	小计	38.9	44.3	54.1	57.2	40.8	52.2
	(1.0, 1.1]	9.1	8.9	19.3	11.3	15.2	25.5
	(1.1, 1.3]	15.8	21.0	16.1	23.1	13.9	14.7
	(1.3, 1.5]	8.0	9.2	13.9	17.0	6.0	7.3
	(1.5, 2.0]	5.7	5.0	4.6	5.7	5.7	4.5
	2.0以上	0.2	0.2	0.1	0.1	0.1	0.2

数据来源：中国人民银行西宁中心支行。

数据来源：中国人民银行西宁中心支行。

图 4　2016~2017 年青海省金融机构外币存款余额及外币存款利率

6. 金融机构改革持续深化。2017 年，青海省农村信用社股份制改革工作加速推进，兴海、同德、同仁、都兰、祁连 5 家农村商业银行挂牌开业，全省已成功改制农村商业银行 14 家，占农村信用社机构总数的 46.7%。

7. 银行业不良贷款小幅上升。2017 年末，青海省金融机构不良贷款余额同比增加 51.7 亿元；不良贷款率同比上升 0.6 个百分点。关注类贷款余额同比减少 17.8 亿元。

专栏 1　普惠金融综合示范区取得成效

2015 年国务院印发《推进普惠金融发展规划（2016~2020 年）》，2016 年中国人民银行确定青海省为普惠金融综合示范区，青海省政府高度重视，就示范区试点制定实施意见。两年来，统筹推进“扶贫普惠、网络普惠、信用普惠、绿色普惠”四大普惠建设，普惠金融服务覆盖面、可得性、满意度显著提升。

一、“普惠金融”体系初步形成

试点中，青海省聚集政府及相关职能部门、金融监管部门、金融机构等各方力量，协同配合、多方联动，推动普惠金融综合示范区各项试点任务落实到位。在全省具备条件的县（区）、乡（镇）、村（社区）设立依托基层组织搭建金融服务平台，以基层党组织政治、组织、信息优势与基层金融机构资金、技术和风险管理优势对接的“双基联动”办公室，形成“双挂”制度。提出以普惠金融助力生态环境保护、脱贫攻坚、民族地区发展，确立以小微企业、“三农三牧”、贫困人口、特殊人群等薄弱领域为金融服务重点，精准对接。2017 年，金融精准扶贫、民生、“两权”抵押贷款余额分别同比增长 21.1%、8.0% 和 262.9%，小微企业和绿色贷款分别占各项贷款余额的 20.7% 和 32.2%。

二、“扶贫普惠”取得突破

人民银行西宁中心支行牵头在青海省推行由扶贫局、主办银行、村干部和第一书记分别担任精准扶贫联络员、服务员、协管员、指导员，为贫困户建立一份金融档案，颁发一份特殊信用证的“六个一”精准扶贫金融服务机制，建立“点、面、片”相结合的三级联动机制。扩大主办银行制度覆盖面，推行“两权”直接抵押、组合抵押、第三方担保等形式的信贷产品，创新“信用评定 + 扶贫贷款 + 福农卡信贷支持”“两富带一穷 + 信贷支持”等有代表性的金融扶贫模式；建立扶贫贷款风险补偿机制和农村小额贷款保险增信机制。2017 年，青海省各类扶贫贷款余额 1 126.0 亿元，同比增长 21.4%；建档立卡贫困人口及已脱贫人口贷款余额 22.6 亿元，同比增长 41.3%。

三、“网络普惠”取得进展

2017年，选择藏区试点推广“惠农金融服务超市”模式，推动移动支付在公交、医疗、购物等便民通领域应用，推进县域以上地区非接商圈全覆盖建设工作；“流动金融服务车＋移动展业”多维度移动金融服务模式在全省范围内逐步推广。全年设立惠农金融服务点4 967个，发行金融IC卡1 737.8万张，布放ATM 1 768台、POS机33 889台，特约商户23 297户；网上支付和移动支付金额分别为3 255.9亿元和4 518.9亿元。

四、“信用普惠”取得成效

青海省构建“谅解＋救济”信用修复重建机制，开展农村经济主体信用培植工作，推行信用共同体（联合体）建设，搭建银企、银农融资信息对接平台，创新“信用采集＋信用评估＋综合培育＋融资推介＋政策扶持”融资模式，加快推动中小微企业和农村信用体系“库＋网”建设，打造从幼儿到大学的六级诚信文化教育体系。组织开展贫困户信用修复重建专项行动，对与贫困户有信贷关系、有历史欠债的信贷情况开展全面摸排，精准识别征信不良记录产生的原因，逐户分析，着重筛选有不良记录、欠款已还清和非主观恶意导致不良记录的贫困户进行信用修复重建。自工作开展以来，全省已为1 186户失信贫困户重新评级并发放“530”精准扶贫小额贷款3 631.4万元，信用修复重建涉及面占全省贫困信用户放贷总户数的4.5%。全省各地广泛开展不良贷款集中清收、信用培育和信贷帮扶，累计对1 621户贫困户授信5 449.3万元，信用治理辐射效应持续扩大。

五、“绿色普惠”得到提升

青海省加大绿色信贷、绿色证券、绿色保险等金融服务力度。海西州柴达木循环经济区开展绿色金融试点，创新推出能源未来收益权质押贷款；互助县加定镇和尖扎县坎布拉镇有序推进普惠金融“绿色小镇”试点建设；玉树州推进三江源国家公园普惠金融示范点建设；不同地区结合实际开发“枸杞贷”“光伏贷”等具有地方特色的绿色金融产品；稳妥发展投贷联动模式，成立了循环经济、基础设施、产业引导、平滑发展、创新引导、绿色发展等6只产业发展基金。循环经济重点企业藏格钾肥登陆A股市场融资26亿元，盐湖集团利用银行间市场成功融资65.5亿元，绿色能源优质企业北控绿产在全国中小企业股份交易系统挂牌。绿色金融统计工作向常规性、制度性转变，绿色保险评估体系在海西州初创试点。

（二）证券业健康发展，多层次资本市场建设扎实推进

1. 证券经营机构业务持续增长。2017年，青海省法人证券公司1家，全年累计代理交易额7 916.7亿元，同比下降83.3%。营业范围由单一的证券经纪业务向证券资产管理、证券承销与保荐、融资融券、代销金融产品等多元化、综合性业务转变。

2. 上市公司运行良好。2017年，青海省共有12家上市公司，总股本138亿股，同比增长6.5%；总市值1 585亿元，同比下降4.4%。

表3　2017年青海省证券业基本情况

项目	数量
总部设在辖内的证券公司数（家）	1
总部设在辖内的基金公司数（家）	0
总部设在辖内的期货公司数（家）	1
年末国内上市公司数（家）	12
当年国内股票（A股）筹资（亿元）	0
当年发行H股筹资（亿元）	0
当年国内债券筹资（亿元）	147
其中：短期融资券筹资额（亿元）	86
中期票据筹资额（亿元）	20

注：当年国内股票（A股）筹资额指非金融企业境内股票融资。
数据来源：青海证监局。

3. **期货交易量下降**。2017 年，法人期货公司 1 家，累计期货代理交易额 2 895.9 亿元，比上年下降 11.9%；客户保证金余额 24.8 亿元，同比下降 34.8%。

4. **多层次资本市场体系建设稳步推进**。2017 年，青海股权交易中心新挂牌企业 28 家，累计挂牌企业 350 家，登记托管金额 165 亿元，累计实现融资 25.5 亿元。创鑫咨询、香巴林卡、北控绿产等 3 家企业在新三板成功挂牌。

（三）保险业稳步增长，保障功能逐步增强

1. **保险市场运行稳健**。2017 年，青海省保险市场累计实现原保险保费收入 80.2 亿元，同比增长 16.7%。其中：财产险保费收入 33.3 亿元，同比增长 12.5%；人身险保费收入 46.8 亿元，同比增长 19.7%。各项赔付支出 29.3 亿元，同比增长 6.9%。

2. **保险业服务能力不断提升**。2017 年，西宁、海西、海北等地开展"健康保""扶贫保"等保险扶贫试点；海西、黄南、海北和玉树州部分地区推行政府救助保险及政府扶贫救助保险业务；农业保险承保品种达 21 种，藏系羊、牦牛保险承保区域扩大至 5 州 9 县；附加地震责任农房保险覆盖全省。中国保险资产管理信息交互系统开通"青海旗舰店"；"太平—青海供给侧改革基金"成功设立。

表 4　2017 年青海省保险业基本情况

项目	数量
总部设在辖内的保险公司数（家）	0
其中：财产险经营主体（家）	0
人身险经营主体（家）	0
保险公司分支机构（家）	315
其中：财产险公司分支机构（家）	197
人身险公司分支机构（家）	118
保费收入（中外资，亿元）	80
其中：财产险保费收入（中外资，亿元）	33
人身险保费收入（中外资，亿元）	47
各类赔款给付（中外资，亿元）	29
保险密度（元 / 人）	1 339
保险深度（%）	3

数据来源：青海保监局。

（四）金融市场运行稳健，市场交易较为活跃

1. **社会融资规模结构多元化**。2017 年青海省社会融资规模增量 1 208.4 亿元。其中人民币贷款占社会融资规模的比重为 53.3%，信托贷款增长较快，占比达 47.7%，同比提高 30.5 个百分点。企业债券融资规模明显下降，全年共有 10 家企业在银行间债券市场发行各类债券 105.5 亿元，同比下降 29.7%。

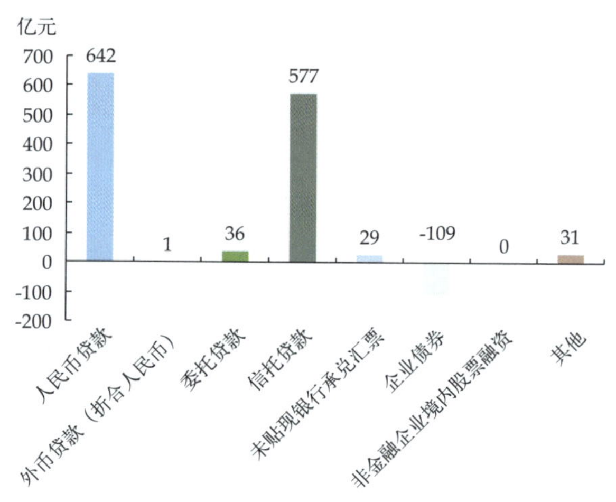

数据来源：中国人民银行西宁中心支行。

图 5　2017 年青海省社会融资规模分布结构

2. **货币市场交易活跃**。2017 年，青海省银行间市场交易量 23 878.6 亿元，同比增长 9.7%。其中：同业拆借累计成交 296.6 亿元，同比下降 3.7%；质押式回购累计成交 16 723.8 亿元，同比增长 8.3%；买断式回购累计成交 4 873.1 亿元，同比增长 41.5%；现券交易量 1 985.1 亿元，同比下降 22.7%。

3. **票据市场平稳发展**。2017 年，青海省金融机构累计签发银行承兑汇票 217.2 亿元，同比增加 38.5 亿元；12 月当月银行承兑汇票余额 87.2 亿元，同比减少 3.8 亿元。企业签发的银行承兑汇票集中在工业、批发和零售业。中小型企业签发的银行承兑汇票占三分之二。

表 5　2017 年青海省金融机构票据业务量统计

单位：亿元

季度	银行承兑汇票承兑		贴　现			
			银行承兑汇票		商业承兑汇票	
	余额	累计发生额	余额	累计发生额	余额	累计发生额
1	88.83	32.56	629.67	41.77	0	0
2	90.58	46.32	618.25	38.91	0	0
3	93.85	57.80	561.56	54.50	0	0
4	87.23	80.56	622.66	62.78	0	0

数据来源：中国人民银行西宁中心支行。

表 6　2017 年青海省金融机构票据贴现、转贴现利率

单位：%

季度	贴　现		转贴现	
	银行承兑汇票	商业承兑汇票	票据买断	票据回购
1	4.50	0.00	4.13	4.04
2	4.92	6.37	4.70	4.15
3	4.49	6.59	4.42	4.23
4	4.36	7.54	4.63	4.65

数据来源：中国人民银行西宁中心支行。

（五）金融生态环境不断改善，金融基础设施得到加强

1.“信用普惠”初见成效。探索构建贫困户“谅解 + 救济”信用修复机制。全省 87.1% 的农户建立了信用档案，评定信用乡（镇）、村、信用户较上一年度分别增长 9.5%、10.9% 和 15.7%。因地制宜，开展分类信用重建。自工作开展以来，信用修复重建涉及面占全省贫困信用户放贷总户数的 4.5%。

2. 支付服务环境明显改善。2017 年，青海省累计设立惠农金融服务点 4 967 个，业务累计达 35.3 亿元。网上支付和移动支付金额同比分别增长 8.9% 和 31.8%。

3. 金融 IC 卡建设步伐加快。“校园一卡通”、便民支付应用、“银医一卡通”和旅游景区自助售票机系统得到应用；西宁市出租车金融 IC 卡便民支付项目成功实施。全省金融 IC 卡发卡 1 737.8 万张，占发卡总量的 68.8%。

4. 金融消费权益保护工作持续推进。积极组织开展金融宣传教育，努力提升消费者金融素养。金融消费者投诉分类标准应用在全省银行业金融机构实现全覆盖。畅通 12363 金融服务热线，妥善受理消费者投诉咨询，全省人民银行系统受理金融消费者投诉办结率实现 100%。

二、经济运行情况

2017 年，青海省改革创新深入推进，宏观政策效应不断释放，供给侧结构性改革扎实推进。全年实现地区生产总值 2 642.8 亿元，同比增长 7.3%。第一、第二、第三产业增加值同比分别增长 4.9%、7.2% 和 7.9%。三次产业增加值比例为 9 ∶ 44.7 ∶ 46.3。

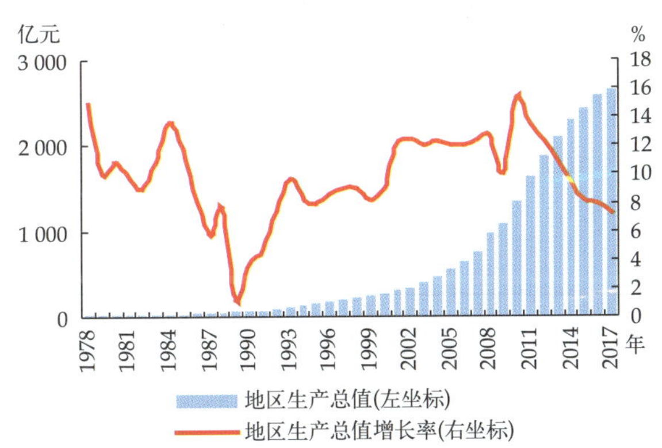

数据来源：青海省统计局。

图 6　1978~2017 年青海省地区生产总值及其增长率

（一）内需稳固提升，消费平稳增长

1. 固定资产投资稳步增长。2017 年，青海省完成全社会固定资产投资 3 897.1 亿元，同比增长 10.3%。第一、第二、第三产业投资分别增长 4.8%、0.5% 和 16.8%。第三产业固定资产投资增速高于全省 6.5 个百分点。全省亿元以上施工项目 906 个，完成固定资产投资 2 465.2 亿元，同比增长 12.8%。在 50 万元及以上工业项目固定资产投资中，惠民生投资 1 857.8 亿元，同比增长 16.7%。

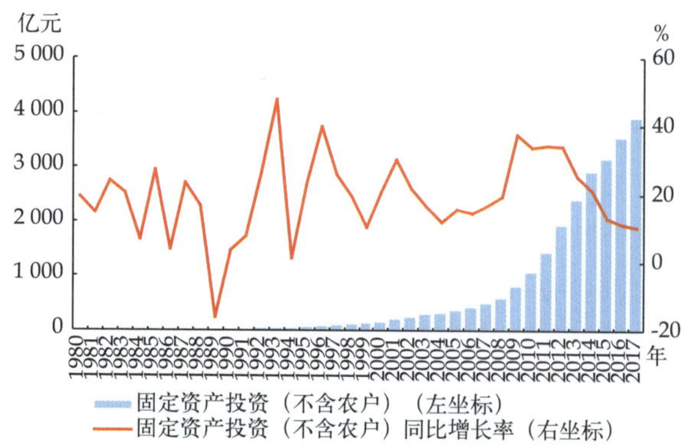

数据来源：青海省统计局。

图 7　1980~2017 年青海省固定资产投资（不含农户）及其增长率

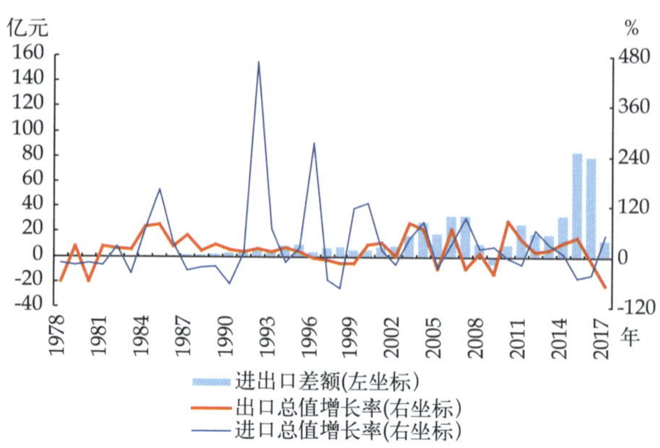

数据来源：青海省统计局。

图 9　1978~2017 年青海省外贸进出口变动情况

2. 消费品市场平稳运行。2017 年，青海省社会消费品零售总额 839.0 亿元，同比增长 9.3%。其中，限额以上单位消费品零售额 395.3 亿元，同比增长 6.6%；限额以下单位消费品零售额 443.8 亿元，同比增长 11.9%。

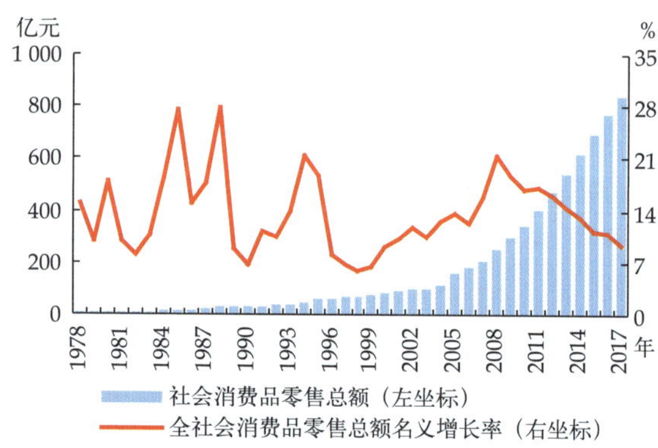

数据来源：青海省统计局。

图 8　1978~2017 年青海省社会消费品零售总额及其增长率

3. 外贸进出口呈现“一升一降”。2017 年，青海省货物进出口总值 6.6 亿美元，同比下降 57.1%。其中：出口 4.2 亿美元，同比下降 69.0%；进口 2.3 亿美元，同比增长 47.1%。贸易顺差 1.9 亿美元，同比收缩 84.1%。全年外商直接投资项下 1 833 万美元，同比增长 22.6%。省内企业境外发债 12 亿美元，对外直接投资 801 万美元。

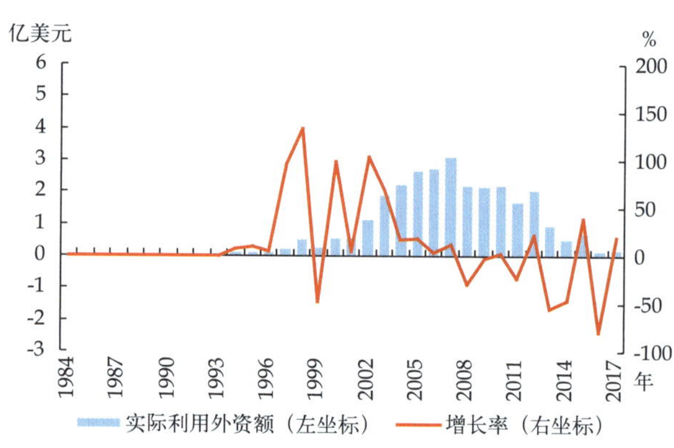

数据来源：青海省统计局。

图 10　1984~2017 年青海省实际利用外资额及其增长率

（二）经济转型升级，效益持续向好

2017 年，青海省深化供给侧结构性改革，稳步推动产业结构调整。三次产业对全省地区生产总值的贡献率分别为 20.6%、34.3% 和 45.1%，第三产业增加值稳步提升。

1. 农牧业持续健康发展。2017 年，青海省农作物总播种面积 558.6 千公顷，同比下降 0.5%。粮食作物播种面积 278.6 千公顷，同比下降 0.9%。全省粮食总产 100.7 万吨，连续 10 年保持 100 万吨以上；油料总产 30.0 万吨，连续 11 年保持 30 万吨以上；蔬菜产量 171.4 万吨，同比增加 1.4 万吨；枸杞等中藏药产量达到 13

万吨；出栏生猪180万头、牛176万头、羊784万只，保持上年水平。

2. 工业平稳运行。2017年，青海省规模以上工业增加值同比增长7.0%。36大类行业中24个行业保持增长，资源类行业持续低迷。电气机械和器材制造业、电力热力生产和供应业、酒饮料和精制茶制造业、医药制造业、化学原料和化学制品制造业、食品制造业六个行业增加值占全省规模以上工业增加值的44.0%，拉动工业增长5.6个百分点。

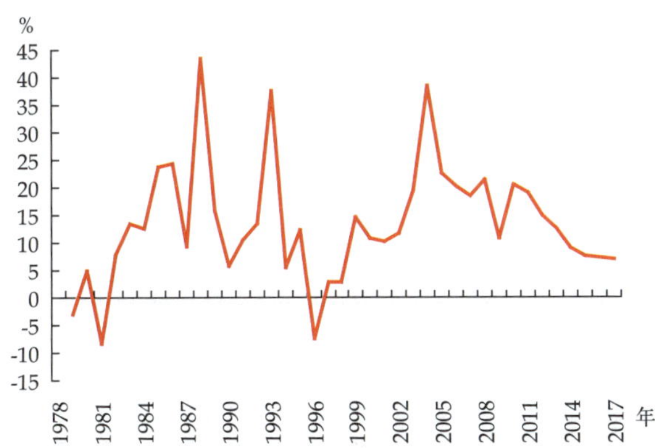

数据来源：青海省统计局。

图11　1978~2017年青海省规模以上工业增加值实际增长率

3. 第三产业稳步增长。青海省对接制造业与物流企业联动发展，促进货运量持续增长。2017年，全省完成货物运输量18 141.4万吨，同比增长6.1%。其中，铁路运输3 051.7万吨，同比增长7.7%；公路运输14 871.3万吨，同比增长5.9%；民航运输29 592.1万吨，同比增长16.7%。全年全省邮政业务量6.0亿元，同比增长24.4%。全年接待国内外游客3 484.1万人次，同比增长21.1%。

4. 供给侧结构性改革走向深入。2017年，青海省深化“放管服”改革，取消调整44项行政审批事项，实行企业“三十六证合一”和个体户“五证合一”，营商环境明显改善。着力化解过剩产能，完成132万吨煤炭去产能任务，直供电等举措降低企业成本70亿元。国有企业“3+10”改革试点创新体系形成。商品房去化周期降至13.3个月，同比减少3.2个月。高原、绿色、有机品牌带动效应明显，农经饲三元结构不断优化，农畜产品加工转化率达54.2%，专业合作社发展到961家，休闲农牧业从业人员3.1万人、年利润5.6亿元。农村土地承包经营权确权登记进展顺利，农村集体产权制度、农垦等改革持续深化。

5. 生态建设跨入新时代。青海省“坚持人与自然和谐共生”，营造林从12.7万公顷增加到26.9万公顷，为历年造林绿化平均任务量的2.5倍。2017年，可可西里获准列入《世界遗产名录》，成为中国第51处世界遗产；国务院批准将祁连山山水林田湖生态保护修复工程纳入全国第二批山水林田湖生态保护修复试点范围。全省投资2.4亿元新安排实施500个村庄和游牧民定居点环境综合整治项目。蓄集峡水利枢纽、引大济湟西干渠、北干渠二期等重大工程加快实施，黄河干流防洪工程建成，那棱格勒河水利枢纽开工建设，黄河沿岸四大水库灌区主体工程基本建成。

（三）价格双升，区间内小幅波动

1. 居民消费价格温和上涨。2017年，居民消费价格指数同比上涨1.5%。全省居民人均可支配收入19 001元，同比增长9.8%。其中，城镇常住居民人均可支配收入29 169元，同比增长9.0%；农村常住居民人均可支配收入9 462元，同比增长9.2%。

2. 工业生产者价格持续回升。2017年，青海省工业生产者出厂价格比上年上涨16.7%，购进价格比上年上涨8.0%。农业生产资料价格同比上涨1.5%。

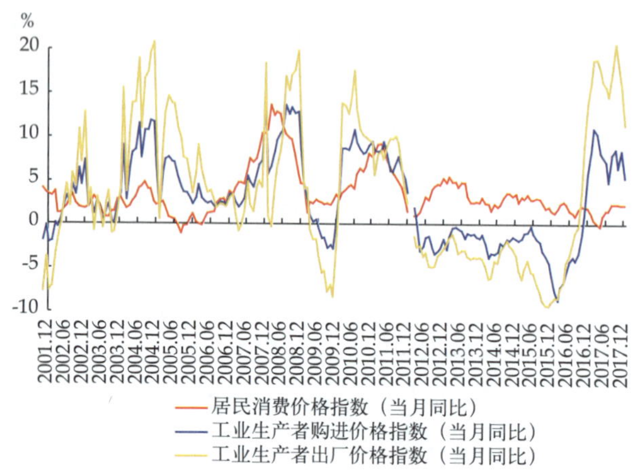

数据来源：青海省统计局。

图 12　2001~2017 年青海省居民消费价格指数和工业生产者价格指数变动趋势

（四）财政收支稳定增长，民生领域支出增大

2017 年，青海省完成公共财政预算收入 408.7 亿元，同比增长 13.5%，其中地方公共财政预算收入 246.1 亿元，同比增长 9.3%；完成公共财政预算支出 1 530.3 亿元，同比增长 0.4%。“营改增”分成比例调整后，上划中央“四税”收入 162.6 亿元，同比增长 20.6%；资源要素价格上行、“营改增”全覆盖推动增值税收入 178.8 亿元，占税收比重上升至 49.6%；工业企业利润总额恢复增长，支撑企业所得税收入 57.9 亿元，同比增长 36.0%。支出中，医疗卫生与计划生育、城乡社区、教育、社会保障和就业同比分别增长 25.0%、18.9%、9.8% 和 7.7%，民生领域保障有力。

全年国库现金管理投放定期存款 480 亿元，其中存款期限 3 个月 5 期、金额 250 亿元，存款期限 6 个月 4 期、金额 230 亿元。年末国库现金管理定期存款余额 150 亿元。

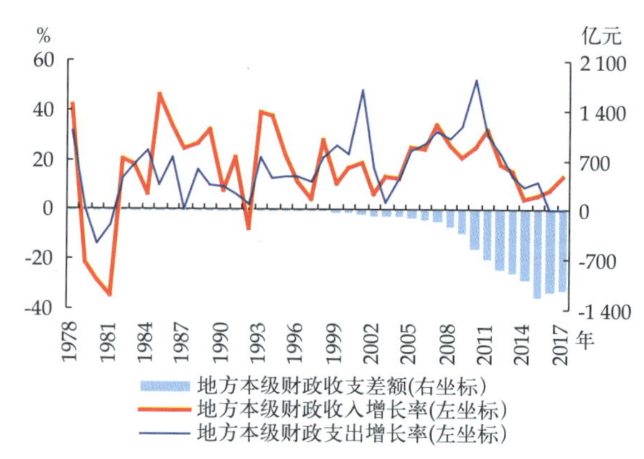

数据来源：青海省统计局。

图 13　1978~2017 年青海省财政收支状况

专栏 2　青海工业发展足迹清晰而坚定

2017 年，青海省把工业经济稳增长作为中心任务，稳中求进促发展、稳扎稳打调结构、蹄疾步稳促改革，青海工业经济发展足迹清晰而坚定。

一、稳中求进：提升质量

青海省深入开展“增品种、提品质、创品牌”专项行动，突出青海轻工产品“天然、富足、稀有”的资源优势，“绿色、有机、养生”的绿色品质，独特的人文、地域和民族特色，科技含量带来的高附加值，青海省特色消费品工业正在逐步从初级走向高端。全年轻工业增长 26.7%，占比为 19.5%，贡献率达 75%，成为拉动工业增长的主力军。

二、稳扎稳打：调整结构

青海省工业立足资源禀赋和产业基础，大力实施创新驱动战略，坚持两轮驱动促进产业转型升级，工业结构在调整中逐步优化。传统产业方面，通过技术升级、产业链延伸、资源综合利用、提高附加值等措施，鼓励盐湖化工、有色冶金、能源化工和建材等传统产业应用新技术、新工艺、新材料和新设备，推动传统产业发展由主要依靠要素驱动向更多依靠创新驱动转变。新兴产业方面，青海省从地理区位和资源特色出发，着力培育新能源、新材料、信息技术、生物医药、现代服务业等具有青海特色的新兴产业。通过技术创新和节能环保技术应用，全方位推动产品、品牌、产业创新，全力打造锂电、新材料、光伏光热、盐湖资源综合利用等4个千亿元产业集群和15个重大产业基地，促进前沿技术、高端技术与战略性新兴产业融合，推动青海省战略性新兴产业加速崛起。2017年，青海省高技术产业、装备制造业增加值分别增长38.0%和26.8%。

三、智能制造：加速转型升级

自《中国制造2025》出台以来，青海省结合实际制订了《中国制造2025青海行动方案》等一系列政策措施，以智能制造为主攻方向，加快推动产业转型升级。青海省蓝宝石晶体、电子级碳化硅等新兴产业，电解铝、铅锌冶炼等传统产业，取得了一系列技术突破和产品创新成果。2017年，6户企业被列为国家级两化融合贯标试点企业，9户企业被确定为全省制造业与互联网融合发展优秀企业。此外，还初步形成了盐湖化工综合利用、铝及铝深加工等12条循环经济产业链，推动青海省制造业快速发展。

四、招商引资：优化环境

青海省以提升招商引资质量和水平为着力点，依托青海省特色优势产业，围绕锂电、金属合金、光电、新型化工、光伏制造及电子信息等新能源、新材料产业领域，坚持“引大入青、引优入青、引新入青”，盯紧行业领军企业发展方向和国内外知名大型企业集团，引进一批有利于提升传统产业、促进产业集聚、培育战略性新兴产业、形成产业链的大项目、好项目、新项目，全力打造“大项目—产业链—产业集群”的发展模式。紧盯中国制造2025、“一带一路”等重大战略，谋划一批盐湖化工、新材料、锂电等特色优势产业重点补链项目，实现全产业链发展。全年实际利用外资13.7亿美元，同比增长4.8倍。

五、新旧动能：持续转换

青海省以“稳”字当头，充分考虑全省产业转型升级、新旧动能转换的协调性和均衡性，增强发展动力、厚植发展优势。传统产业承重前行，全年投入节能专项资金5 000万元支持47个重点项目，争取国家绿色制造系统集成项目启动资金2 600万元，支持4个系统集成项目建设。全省规模以上工业单位增加值能耗同比下降2.9%。新兴产业快速成长，“四个千亿元”产业和“八大绿色产业技术体系”初具规模。新能源装机接近1 000万千瓦，在全国首次实现连续168小时全清洁能源供电，德令哈、格尔木入选国家光伏发电领跑基地。绿色发展提档升级，青海省12条循环产业链初步形成，循环工业占比达60%。新材料、生物医药等领域关键技术取得突破，高新技术和科技型企业分别达到89家和261家。2017年，青海省完成百项创新攻坚工程投资253亿元，完成技术改造投资210.7亿元，获得授权专利66件。工业企业完成研发投入11.5亿元，较上年增长20%。

（五）房地产市场平稳运行，差别化住房信贷政策有效落实

2017年，房地产开发投资放缓，去库存效果明显，棚户区改造项目稳步推进，保障性住房供给显著增加，各金融机构认真执行差别化住房信贷政策，合理使用PSL专项资金用于保障房建设。

1.房地产开发投资增速趋缓。2017年，青海省房地产开发投资完成额408.6亿元，占全省固定资产投资的10.5%，同比增长2.9%，增速较上年同期下降15.2个百分点，其中商品住房投资完成额213.7亿元，同比下降6.2%。

2.房屋新开工面积下降。2017年，全省新开工房屋面积714.4万平方米，同比下降17.9%，增速较上年同期下降28.7个百分点。其

中，商品住宅新开工面积381.3万平方米，占比53.4%，同比下降27.4%，增速较上年同期下降33.7个百分点。

3.商品房交易量平稳增长。2017年，青海省商品房销售面积494.0万平方米，同比增长12.8%；商品房销售额296.5亿元，同比增长25.4%。西宁市二手住房累计销售面积129.3万平方米，同比增长96.9%；二手住房销售金额44.2亿元，同比增长104.2%。

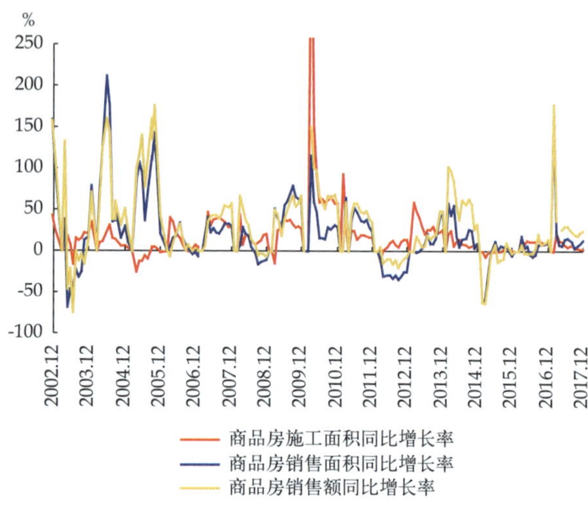

数据来源：青海省统计局。

图14　2002~2017年青海省商品房施工和销售变动趋势

4.新建商品住宅价格上升。12月，西宁市新建商品住房销售均价为5 827元/平方米，同比增长15.4%，商品住房单位价格与城镇居民人均可支配收入的比例为4.8 ∶ 1。

5.房地产开发贷款增速放缓。2017年末，青海省房地产开发贷款498.6亿元，同比增长5.3%，增速同比下降1.8个百分点；地产开发和房产开发增速分别较上年同期下降10.4个百分点和9.3个百分点。

6.差别化住房信贷政策有效落实。2017年末，青海省个人住房贷款余额219.5亿元，同比增长20.0%。12月，全省各金融机构个人住房贷款发放1423笔、金额5.5亿元，其中首套房发放笔数占96.4%，金额占96.6%，首套房平均首付比例33.0%，平均利率水平是基准利率的1.1倍。国家开发银行青海省分行和农业发展银行青海省分行从人民银行获得抵押补充贷款资金78亿元，用于货币安置比例达70%。

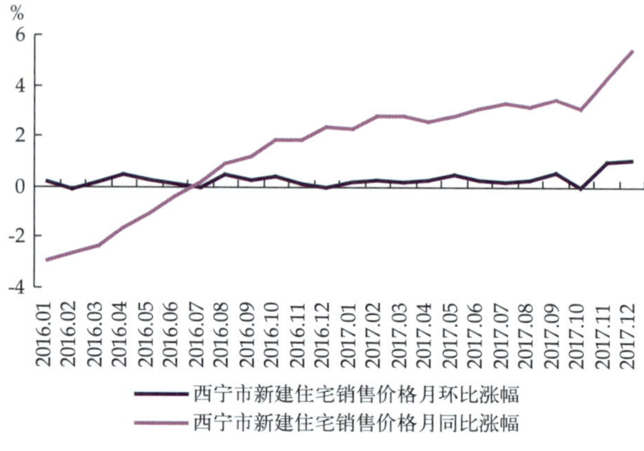

数据来源：青海省统计局。

图15　2016~2017年西宁市新建住宅销售价格变动趋势

三、预测与展望

2018年，青海省深入贯彻党的十九大精神，以习近平新时代中国特色社会主义思想为指导，按照中央经济工作会议决策部署，做好经济社会发展各项工作。根据2018年青海省政府工作报告，经济社会发展主要预期目标是：生产总值增长7%左右，全体居民人均可支配收入增长9%，新增城镇就业6万人，农牧区劳动力转移就业105万人次，居民消费价格涨幅控制在3%以内，主要城市空气质量优良天数比例达到78%以上。

金融业将继续执行稳健中性的货币政策，在宏观审慎管理框架下，灵活运用各类货币政策工具，适时预调微调，保持辖区货币信贷和社会融资规模平稳适度增长。优化信贷结构，助力金融脱贫攻坚，为稳增长和供给侧结构性改革营造适宜的货币金融环境。

中国人民银行西宁中心支行货币政策分析小组

总　纂：林建华

统　稿：贡伟宏　贾丽均

执　笔：邵　辉　江雯雯　邸小宁　袁俊霞

提供材料的还有：王小军　张文娟　吴金昌　马启军　李　卿　周　娜　常洪昌　许　琳
莫　彬　李坤鹏　杨　措　陈　翔　刘文苗　何　丛　殷光娴　张　新
吴俊成　刘　涛　闫永晶　刘　丹　覃凌燕　汪金祥　韩志宏　侯俊青
韩媛媛

附录

（一）2017 年青海省经济金融大事记

2 月 17 日，青海省投资集团在国际资本市场成功发行 3 亿美元债券，实现了青海省境外债券融资零的突破。

6 月 21 日，中国（青海）绿色金融论坛在西宁举行，汇集国内经济和金融领域的专家共同探讨“绿色、普惠、创新、合作”背景下的绿色金融发展之路。

7 月 7 日，青海可可西里成功列入《世界遗产名录》，实现了青藏高原世界自然遗产零的突破。

7 月 7 日，环青海湖国际公路自行车赛纪念币发行，是中国人民银行首次发行的自行车运动题材纪念币，是首枚青海题材纪念币。

7 月 10 日，中国光大银行西宁分行正式挂牌营业。

7 月 14 日，“以加强友城合作，共建一带一路”为主题的丝绸之路沿线国际友城峰会在西宁召开，推动合作交流不断深化，实现互利共赢、共同发展。

9 月 16 日，青海省化隆拉面“伊麦佳”品牌首次隆重亮相第七届德国塞尔多夫中国节，“青海拉面”走向世界市场。

10 月 20 日，青海省金融支持深度贫困地区脱贫攻坚暨扶贫产业项目银企对接会在西宁召开，现场 13 家金融机构与部分企业进行签约。

11 月 14 日，青海省西宁市荣获全国文明城市荣誉称号。

12 月 16 日，三江源国家自然资源资产管理局挂牌仪式在西宁举行，标志着三江源国有自然资源资产管理体制试点工作全面启动。

（二）2017 年青海省主要经济金融指标

表 1 2017 年青海省主要存贷款指标

		1 月	2 月	3 月	4 月	5 月	6 月	7 月	8 月	9 月	10 月	11 月	12 月
本外币	金融机构各项存款余额（亿元）	5 542.0	5 667.3	5 611.2	5 674.8	5 849.9	5 915.6	5 872.1	5 898.5	5 938.6	5 925.5	6 071.3	5 843.2
	其中：住户存款	2 073.6	2 029.7	2 023.9	1 979.5	1 986.6	2 027.8	2 021.9	2 038.6	2 104.6	2 062.4	2 072.7	2 148.7
	非金融企业存款	1 498.7	1 554.4	1 562.9	1 554.3	1 698.2	1 668.7	1 661.2	1 665.0	1 648.1	1 618.7	1 612.6	1 616.7
	各项存款余额比上月增加（亿元）	-44.2	125.3	-56.0	63.6	175.1	65.7	-43.5	26.4	40.0	-13.1	145.8	-228.0
	金融机构各项存款同比增长（%）	5.5	6.2	1.9	0.1	2.7	1.4	-1.3	0.1	1.1	2.9	7.2	4.6
	金融机构各项贷款余额（亿元）	5 754.4	5 799.5	5 888.3	5 874.1	6 065.5	6 166.8	6 195.7	6 248.0	6 299.8	6 304.3	6 333.8	6 353.1
	其中：短期	986.0	990.0	1 007.2	1 027.6	1 090.7	1 148.1	1 169.0	1 209.9	1 230.8	1 219.5	1 215.4	1 287.5
	中长期	3 987.4	4 016.5	4 110.8	4 054.2	4 209.3	4 265.9	4 301.7	4 341.9	4 370.1	4 398.5	4 372.8	4 315.0
	票据融资	646.7	653.3	629.7	650.9	624.6	618.3	590.4	559.3	561.6	549.0	610.6	622.7
	各项贷款余额比上月增加（亿元）	37.2	45.1	88.8	-14.2	191.4	101.3	28.9	52.3	51.8	4.5	29.5	19.3
	其中：短期	-1.8	4.1	17.2	20.4	63.1	57.4	20.9	40.9	20.9	-11.4	-4.1	72.1
	中长期	48.1	29.2	94.3	-56.6	155.1	56.6	35.8	40.3	28.2	28.8	-25.7	-57.8
	票据融资	-8.9	6.6	-23.7	21.3	-26.4	-6.3	-27.9	-31.1	2.3	-12.6	61.6	12.0
	金融机构各项贷款同比增长（%）	10.7	9.9	9.5	10.1	13.9	12.2	13.3	14.4	14.0	15.6	15.6	11.1
	其中：短期	8.7	4.6	6.0	11.8	16.9	20.1	26.2	32.4	38.7	39.8	36.0	30.4
	中长期	5.6	4.4	5.0	3.5	8.9	9.3	10.3	11.3	10.7	13.6	13.3	9.5
	票据融资	68.5	87.7	66.6	78.9	60.2	22.8	16.6	9.7	1.5	-2.8	4.0	-5.0
	建筑业贷款余额（亿元）	123.0	118.9	129.2	131.4	151.3	156.6	153.2	151.2	158.1	160.4	158.3	144.3
	房地产业贷款余额（亿元）	213.4	216.0	215.3	208.2	229.8	237.2	242.0	245.3	246.5	247.6	246.0	248.1
	建筑业贷款同比增长（%）	39.0	6.6	14.4	17.5	27.1	20.1	19.3	18.5	25.6	30.4	31.9	23.0
	房地产业贷款同比增长（%）	22.4	22.1	16.5	10.6	33.2	40.5	44.4	46.2	37.6	38.1	38.7	31.6
人民币	金融机构各项存款余额（亿元）	5 527.8	5 628.1	5 596.2	5 660.6	5 836.2	5 902.7	5 860.3	5 887.3	5 900.7	5 910.1	6 054.6	5 826.6
	其中：住户存款	2 065.9	2 022.3	2 016.6	1 972.3	1 979.3	2 020.5	2 014.5	2 031.7	2 097.5	2 055.2	2 065.5	2 141.4
	非金融企业存款	1 493.2	1 523.8	1 556.1	1 548.5	1 692.5	1 663.9	1 657.4	1 661.4	1 627.8	1 611.1	1 603.7	1 608.3
	各项存款余额比上月增加（亿元）	-42.3	100.3	-31.9	64.4	175.6	66.5	-42.4	27.0	13.4	9.4	144.6	-228.0
	其中：住户存款	61.4	-43.6	-5.7	-44.3	7.0	41.1	-5.9	17.1	65.9	-42.3	10.3	75.9
	非金融企业存款	-126.8	30.6	32.3	-7.6	144.0	-28.6	-6.6	4.0	-33.6	-16.7	-7.4	4.6
	各项存款同比增长（%）	5.6	5.7	1.9	0.1	2.7	1.4	-1.2	0.1	0.9	2.9	7.2	4.6
	其中：住户存款	11.3	9.0	9.2	8.1	8.4	8.9	8.7	8.4	8.8	8.7	6.7	6.9
	非金融企业存款	-4.5	-4.6	-6.6	-8.4	6.3	1.3	0.7	3.0	1.4	0.2	-0.2	-2.1
	金融机构各项贷款余额（亿元）	5 616.5	5 657.8	5 743.3	5 729.1	5 921.4	6 029.1	6 057.4	6 112.3	6 159.4	6 164.2	6 196.4	6 222.5
	其中：个人消费贷款	280.6	282.0	291.8	299.7	308.0	325.4	330.0	335.3	344.5	347.8	356.8	360.4
	票据融资	646.7	653.3	629.7	650.9	624.6	618.3	590.4	559.3	561.6	549.0	610.6	622.7
	各项贷款余额比上月增加（亿元）	36.8	41.3	85.5	-14.3	192.4	107.7	28.3	54.9	47.1	4.7	32.2	26.1
	其中：个人消费贷款	3.0	1.3	9.9	7.9	8.3	17.4	4.6	5.3	9.2	3.3	9.1	3.6
	票据融资	-8.9	6.6	-23.7	21.3	-26.4	-6.3	-27.9	-31.1	2.3	-12.6	61.6	12.0
	金融机构各项贷款同比增长（%）	11.0	10.1	9.6	10.3	14.2	12.5	13.7	14.9	14.4	16.2	16.1	11.5
	其中：个人消费贷款	19.8	22.6	23.2	23.2	24.3	28.1	28.7	28.4	29.9	30.1	30.6	29.8
	票据融资	68.5	87.7	66.6	78.9	60.2	22.8	16.6	9.7	1.5	-2.8	4.0	-5.0
外币	金融机构外币存款余额（亿美元）	2.1	5.7	2.2	2.1	2.0	1.9	1.8	1.7	4.2	2.3	2.5	1.9
	金融机构外币存款同比增长（%）	-17.3	169.7	0.5	-6.3	-6.5	-8.6	-13.7	-7.6	77.2	-12.8	8.2	-8.6
	金融机构外币贷款余额（亿美元）	20.1	20.6	21.0	21.0	21.0	20.3	20.6	20.6	21.2	21.1	20.8	20.3
	金融机构外币贷款同比增长（%）	-4.6	-2.4	-2.0	-2.4	-0.7	-2.1	-0.8	-1.5	-1.9	-3.9	-0.4	-2.1

数据来源：中国人民银行西宁中心支行。

表 2　2001~2017 年青海省各类价格指数

单位：%

		居民消费价格指数		农业生产资料价格指数		工业生产者购进价格指数		工业生产者出厂价格指数	
		当月同比	累计同比	当月同比	累计同比	当月同比	累计同比	当月同比	累计同比
2001		—	2.6	—	-0.4	—	-0.9	—	-6.3
2002		—	2.3	—	-0.2	—	2.7	—	-2.4
2003		—	2.0	—	1.1	—	1.8	—	5.5
2004		—	3.2	—	9.2	—	8.5	—	11.2
2005		—	0.8	—	6.5	—	5.3	—	10.2
2006		—	1.6	—	2.1	—	2.8	—	9.5
2007		—	6.6	—	8.1	—	4.4	—	4.2
2008		—	9.9	—	24.2	—	10.4	—	7.6
2009		—	2.6	—	0.4	—	-0.2	—	-8.7
2010		—	5.4	—	3.5	—	8.6	—	9.4
2011		—	6.1	—	12.4	—	7.0	—	7.4
2012		—	3.1	—	8.7	—	-1.4	—	-3.1
2013		—	3.9	—	4.3	—	-1.2	—	-3.0
2014		—	2.8	—	-0.2	—	-2.4	—	-3.9
2015		—	2.6	—	0.8	—	-2.3	—	-6.9
2016		—	1.8	—	1.5	—	-3.8	—	-1.5
2017		2.2	1.5	1.1	2.4	5.4	8.0	11.3	16.7
2016	1	1.3	1.3	0.1	0.1	-7.6	-7.6	-8.5	-8.5
	2	1.8	1.5	-0.5	-0.2	-8.6	-8.1	-8.4	-8.5
	3	2.3	1.8	-0.3	-0.2	-7.1	-7.8	-7.3	-8.1
	4	2.6	2.0	0.5	-0.1	-6.6	-7.5	-6.7	-7.7
	5	2.3	2.1	1.0	0.2	-5.6	-7.1	-4.4	-7.1
	6	1.6	2.0	1.8	0.4	-4.2	-6.6	-3.6	-6.5
	7	1.3	1.9	1.6	0.6	-3.7	-6.2	-2.1	-5.9
	8	1.0	1.8	2.0	0.8	-4.1	-6.0	-1.0	-5.3
	9	1.7	1.8	2.1	0.9	-3.3	-5.7	-0.3	-4.7
	10	2.1	1.8	2.5	1.1	-1.2	-5.2	3.8	-3.9
	11	2.0	1.8	3.4	1.3	1.1	-4.7	8.8	-2.8
	12	1.9	1.8	4.2	1.5	5.8	-3.8	13.7	-1.5
2017	1	1.2	1.5	5.1	5.1	8.4	3.2	16.2	4.4
	2	0.5	1.2	5.3	5.2	11.0	10.2	18.7	10.2
	3	0.1	0.9	4.3	4.9	10.4	10.3	18.8	18.0
	4	-0.2	0.6	3.4	4.5	8.2	9.7	17.6	17.9
	5	1.0	0.7	2.4	4.1	7.8	9.3	16.3	17.6
	6	1.6	0.8	1.4	3.6	7.2	9.2	15.7	17.3
	7	1.6	0.9	1.1	3.3	4.9	8.9	14.6	16.9
	8	2.3	1.1	1.6	3.1	8.0	8.3	17.2	16.9
	9	2.3	1.2	1.1	2.8	8.6	8.4	20.6	17.3
	10	2.3	1.4	1.0	2.7	6.5	8.2	18.6	17.5
	11	2.2	1.4	1.5	2.6	8.4	8.1	15.8	17.3
	12	2.2	1.5	1.1	2.4	5.4	8.0	11.3	16.7

数据来源：青海省统计局。

表 3　2017 年青海省主要经济指标

	1 月	2 月	3 月	4 月	5 月	6 月	7 月	8 月	9 月	10 月	11 月	12 月
	绝对值（自年初累计）											
地区生产总值（亿元）	—	—	524.0	—	—	1 204.3	—	—	1 921.8	—	—	2 642.8
第一产业	—	—	18.1	—	—	37.0	—	—	128.7	—	—	238.4
第二产业	—	—	236.3	—	—	631.8	—	—	980.8	—	—	1 180.4
第三产业	—	—	269.6	—	—	535.5	—	—	812.3	—	—	1 224.0
工业增加值（亿元）	—	—	—	—	—	—	—	—	—	—	—	—
固定资产投资（亿元）	—	42.4	233.4	545.9	953.8	1 524.5	1 932.4	2 381.5	2 877.0	3 425.4	3 806.3	3 897.1
房地产开发投资	—	3.1	14.9	47.9	82.0	142.6	196.2	251.7	302.6	359.9	407.5	408.6
社会消费品零售总额（亿元）	—	118.4	179.7	237.9	307.5	372.7	444.9	520.1	596.4	681.2	754.9	839.0
外贸进出口总额（亿元）	—	6.9	14.2	22.1	25.2	22.1	26.4	30.0	34.1	37.0	40.8	44.4
进口	—	1.3	3.6	5.2	6.1	8.0	9.6	10.8	13.5	14.6	14.9	15.7
出口	—	5.6	10.5	16.8	19.1	14.1	16.8	19.2	20.6	22.4	25.9	28.8
进出口差额（出口 – 进口）	—	4.3	6.9	11.6	13.1	6.1	7.2	8.3	7.3	7.9	11.0	13.1
实际利用外资（亿美元）	—	—	—	—	—	—	—	—	—	—	—	0.2
地方财政收支差额（亿元）	—	-109.2	-198.1	-308.6	-398.9	-538.4	-604.6	-720.3	-826.5	-867.4	-953.1	-1 122.0
地方财政收入	—	60.1	103.5	137.0	176.8	215.4	253.4	281.3	311.6	352.2	381.1	408.7
地方财政支出	—	169.4	301.7	445.6	575.8	753.8	858.0	1 001.6	1 138.1	1 219.6	1 334.2	1 530.3
城镇登记失业率（%）（季度）	—	—	3.0	—	—	3.1	—	—	3.0	—	—	3.1
	同比累计增长率（%）											
地区生产总值	—	—	7.6	—	—	7.6	—	—	7.0	—	—	7.3
第一产业	—	—	4.6	—	—	4.7	—	—	4.9	—	—	4.9
第二产业	—	—	8.2	—	—	7.1	—	—	6.0	—	—	7.2
第三产业	—	—	7.4	—	—	8.4	—	—	8.7	—	—	7.9
工业增加值	—	7.9	7.9	7.6	7.5	7.3	7.0	6.6	6.1	6.5	7.1	7.0
固定资产投资	—	10.7	16.7	10.9	6.0	8.2	6.6	5.0	4.4	7.1	10.0	10.3
房地产开发投资	—	17.5	3.6	-5.3	-10.4	-5.9	-3.4	0.6	2.8	2.7	3.9	2.9
社会消费品零售总额	—	8.7	9.5	10.2	10.4	10.5	10.4	10.3	9.5	9.7	9.8	9.3
外贸进出口总额	—	44.7	126.2	176.4	106.9	-46.6	-49.1	-49.8	-53.5	-59.3	-58.5	-55.9
进口	—	111.7	46.6	82.1	70.2	99.3	76.3	53.3	-53.5	73.7	56.0	50.7
出口	—	-38.4	178.0	229.4	122.1	-62.3	-63.8	-63.7	81.6	-72.8	-70.8	-68.2
实际利用外资	—	—	—	—	—	—	—	—	—	—	—	20.0
地方财政收入	—	14.8	22.9	14.9	2.0	10.7	10.9	11.0	12.1	13.0	11.8	13.5
地方财政支出	—	10.8	0.4	8.6	6.6	5.4	1.3	0.8	-1.5	-4.5	-4.5	0.4

数据来源：青海省统计局。

宁夏回族自治区金融运行报告（2018）

中国人民银行银川中心支行货币政策分析小组

［内容摘要］2017 年，宁夏经济运行稳中有进，经济结构不断优化，生态环境持续改善，发展的质量和效益持续提升。初步核算，全年实现地区生产总值 3 454 亿元，同比增长 7.8%。一是消费发展态势良好。全年实现社会消费品零售总额 930 亿元，同比增长 9.5%，比上年提高 1.8 个百分点。二是固定资产投资结构优化。全社会固定资产投资 3 813 亿元，同比增长 4.2%，民间投资增速高于固定资产投资增速 1.2 个百分点，第三产业投资占比较上年提高 5.1 个百分点，产业升级、基础设施、科技创新等领域投资较快增长。三是外贸增势强劲。全年实现货物进出口总额 341.3 亿元，同比增长 58.9%，比上年高 65.3 个百分点。四是物价保持稳定。全年居民消费价格同比上涨 1.6%，比上年高 0.1 个百分点。五是财政收入平稳增长。地方一般公共预算收入 417 亿元，同口径增长 10.1%，较上年提高 2.1 个百分点。六是居民收入稳步增长。城镇常住居民、农村常住居民人均可支配收入分别同比名义增长 8.5% 和 9.0%。

宁夏实施传统产业提升、新兴产业提速、特色产业品牌和现代服务业提档四大工程。产业结构继续优化，三次产业比重由 2016 年的 7.6：47.0：45.4 调整为 7.6：45.8：46.6，第三产业比重提升 1.2 个百分点。新动能较快成长，专业设备制造业、清洁能源发电量、数控金属切削机床分别增长 24.4%、19.8%、35.7%，高新技术产业增加值占规模以上工业的比重较上年提高 1.5 个百分点。特色优势农业产值占比达 87.0%。服务业增加值同比增长 9.2%，对经济增长的贡献率达 53.1%，首次突破 50%。

宁夏深入贯彻落实新发展理念，推动供给侧结构性改革取得成效。去产能力度加大，全年共化解煤炭产能 593 万吨，取缔“地条钢”45.7 万吨。去库存成效明显，商品房待售面积同比下降 16.9%，去库存周期较上年减少 2.7 个月。降成本积极推进，自治区政府出台《关于降低实体经济企业成本的实施意见》，从用电、融资、物流、税费等方面入手，通过 30 条具体措施，有效降低实体经济成本，全年累计降低实体经济成本 85 亿元。补短板力度加大，信息传输、软件和信息技术服务业，科学研究和技术服务业投资同比分别增长 16.3%、64.7%；实施“脱贫富民 36 条”，减贫 19.3 万人，贫困发生率下降到 6%。出台“生态立区 28 条”，完成营造林 107.6 万亩，森林覆盖率提高到 14%，黄河流域水质优良比例达 73.3%。

2017 年，宁夏金融运行保持稳健。金融业资产规模稳步扩大，金融服务实体经济的能力进一步提升。银行业认真贯彻落实稳健中性的货币政策，支持重点领域和薄弱环节力度不断加大。2017 年，宁夏社会融资规模增量 865 亿元，同比多增 335 亿元。其中，新增人民币贷款 665 亿元，同比多增 115 亿元；委托贷款和未贴现银行承兑汇票明显增加，占比为 19.4%，同比上升 39.4 个百分点。一是贷款投向重点突出。第三产业贷款增速较高，同比增长 18.5%；基础设施贷款增速显著加快，由上年的 1.8% 提高至 64.6%；金融精准扶贫贷款同比增长 29.9%，涉农贷款同比增长 13.0%，小微企业贷款同比增长 17.9%，均高于全部贷款增速。二是小微企业贷款利率保持下行。2017 年 12 月，小微企业贷款加权平均利率同比下降 0.18 个百分点；银行业金融机构运用扶贫再贷款、支农再贷款发放贷款的加权平均利率低于其他资金发放的同类贷款利率水平。三是信贷资产质量总体稳定。2017 年末，宁夏银行业金融机构较年初增加 21 亿元；不良贷款率 1.89%，较上年末上升 0.11 个百分点。四是跨境人民币业务结构优化。2017

年宁夏经常项下跨境人民币业务占比为40.8%，较上年提高27.1个百分点。全口径跨境融资宏观审慎管理政策在宁夏落地，全年全口径跨境融资业务同比增长50.4%。全区办理跨境人民币业务的企业比上年末增加97家，业务涉及欧美、亚非拉等54个国家（地区）。中国人民银行银川中心支行综合运用各类货币政策工具，强化政策导向功能和正向激励。完善宏观审慎评估，促进地方法人金融机构稳健经营；落实好定向降准、县域法人金融机构“新增存款一定比例用于当地贷款考核”等有关存款准备金激励约束措施；全年发放支农再贷款、扶贫再贷款、支小再贷款44亿元，是上年的2.4倍；办理再贴现32亿元，98%以上是小微企业票据；发放常备借贷便利90亿元，满足地方法人金融机构短期流动性需求。

证券业平稳发展，保险业加快发展。多层次资本市场建设持续推进。嘉泽新能在上海证券交易所成功上市，成为宁夏第13家上市公司，填补了宁夏14年来没有企业在主板上市的空白；上市公司后备资源有所扩充，上市辅导备案企业数量从0增至8家。新三板挂牌企业数量继续扩大，较年初增加12家；宁夏股权托管交易中心挂牌企业812家，涵盖22个行业，覆盖22个市县，实现了全地域全产业覆盖。保险保障作用进一步增强。2017年末，宁夏保险业资产余额同比增长16.8%，保险业赔付支出同比增长15.7%；保证保险、信用保险和农业保险累计保费收入同比分别增长142.0%、80.8%和35.5%；“扶贫保”覆盖全区100%的建档立卡户和100%的建档立卡人口，提供风险保障1 137亿元；向科技企业提供科技保险风险保障，提供风险保障1.1亿元；开展环境污染责任保险试点工作，提供风险保障0.7亿元。

金融生态环境继续改善，金融基础设施不断完善。深入推进中小企业和农村信用体系建设，大力发展应收账款融资服务平台，创新政府采购应收账款线上融资模式，与环保部门建立环保信息共享合作机制，推动绿色金融发展取得新进展。现代化支付能力稳步提升，2017年宁夏移动支付的笔数和金额占电子支付比重分别为50.2%和11.3%。在全国率先实现全区财政支出电子化、代理支库上线国库会计数据集中系统及全部置换债券资金纳入人民银行国库分账管理。金融IC卡应用范围持续扩展，金融IC卡发卡数量占宁夏金融机构银行卡发卡数量的62.4%，支持金融IC卡闪付及手机云闪付的POS终端占比为98.0%。金融消费权益保护持续增强，金融知识普及活动深入开展，消费者金融素养进一步提升。

2018年，宁夏将以习近平新时代中国特色社会主义思想为指导，坚持新发展理念，坚持稳中求进工作总基调，进一步深化供给侧结构性改革，大力实施创新驱动、脱贫富民、生态立区、乡村振兴战略，切实打好防范化解重大风险、精准扶贫、污染防治三大攻坚战，走高质量发展新路。宁夏金融业将认真贯彻落实党的十九大、中央经济工作会议和全国金融工作会议精神，紧扣我国经济社会主要矛盾变化，按照高质量发展的要求，坚持以供给侧结构性改革为主线，落实稳健中性的货币政策，保持货币信贷和社会融资规模合理增长，进一步优化信贷结构，着力加大对地方经济发展重点领域和薄弱环节的支持力度，大力推动绿色金融和普惠金融发展，不断提升金融服务实体经济的能力。围绕乡村振兴战略和农业供给侧结构性改革，深入推进金融扶贫示范区创建，重点加大对深度贫困地区的金融支持力度，稳步推进“两权”抵押贷款试点，进一步提高农村金融服务水平。继续加强金融风险监测、预警和处置，着力防范化解重大金融风险，牢牢守住不发生系统性金融风险的底线。

一、金融运行情况

2017 年，宁夏金融业资产规模稳步扩大，货币信贷保持平稳增长，证券业平稳发展，保险业加快发展，金融生态环境继续改善，金融服务实体经济的能力进一步提升。

（一）银行业运行稳健，货币信贷保持平稳增长

2017 年，宁夏银行业金融机构坚持服务实体经济原则，认真贯彻稳健中性的货币政策，信贷投放重点突出，支持供给侧结构性改革取得新进展。

1. 资产规模继续扩大，市场主体保持增加。 2017 年末，宁夏银行业金融机构资产总额同比增长 9.7%。受息差收窄、投资收益率下降、不良贷款上升等因素影响，银行业盈利压力加大，利润同比下降 16.9%。银行业金融机构继续扩容，新增 1 家股份制商业银行分行，地方法人金融机构增至 42 家。

表 1　2017 年宁夏回族自治区银行业金融机构情况

机构类别	营业网点			法人机构（个）
	机构个数（个）	从业人数（人）	资产总额（亿元）	
一、大型商业银行	510	10 105	2 702	0
二、国家开发银行和政策性银行	16	543	1 895	0
三、股份制商业银行	39	1 382	489	0
四、城市商业银行	141	3 228	1 939	2
五、小型农村金融机构	386	5 630	1 556	20
六、财务公司	1	45	132	1
七、邮政储蓄银行	202	1 148	225	0
八、新型农村金融机构	58	1 136	174	19
合　计	1 353	23 217	9 112	42

注：营业网点不包括国家开发银行和政策性银行、大型商业银行、股份制商业银行等金融机构总部数据；大型商业银行包括中国工商银行、中国农业银行、中国银行、中国建设银行和交通银行；小型农村金融机构包括农村商业银行、农村合作银行和农村信用社；新型农村金融机构包括村镇银行、贷款公司。

数据来源：中国人民银行银川中心支行、宁夏银监局。

2. 存款增长明显放缓，结构分化明显。 2017 年末，宁夏金融机构本外币各项存款余额 5 867 亿元。其中，人民币存款余额 5 848 亿元，同比增长 7.5%，较上年末放缓 5 个百分点。全年新增存款 407 亿元，同比少增 199 亿元。从结构看，住户存款、非金融企业存款和广义政府存款同比分别增长 9.5%、7.0% 和 2.4%；金融机构表外及同业业务监管趋严，非银行金融机构存款同比少增 50 亿元。

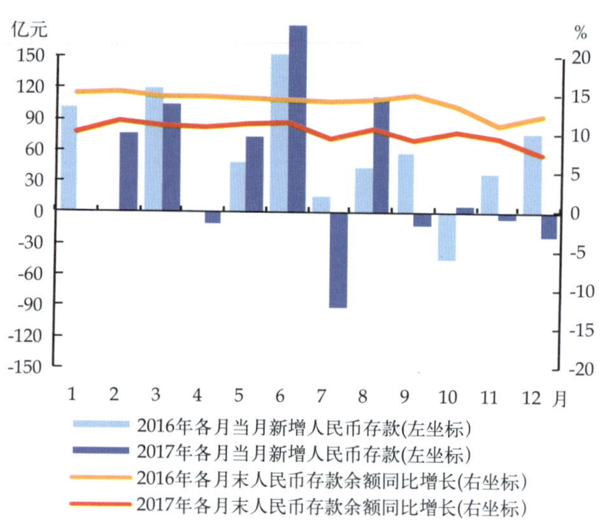

数据来源：中国人民银行银川中心支行。

图 1　2016~2017 年宁夏回族自治区金融机构人民币存款增长变化

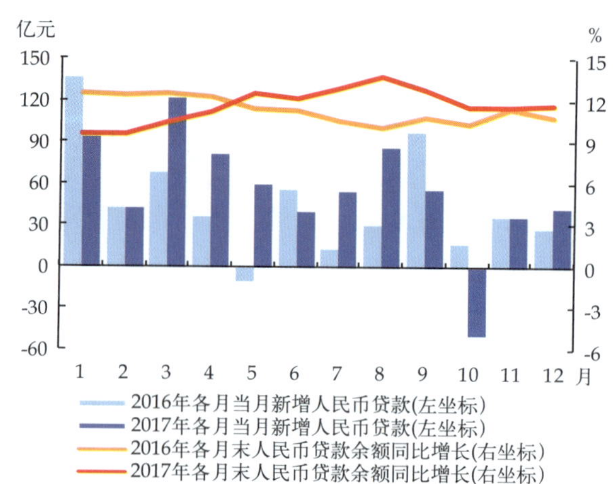

数据来源：中国人民银行银川中心支行。

图 2　2016~2017 年宁夏回族自治区金融机构人民币贷款增长变化

3. 货币信贷平稳增长，投放重点突出。 2017 年末，宁夏金融机构本外币贷款余额 6 461 亿元，其中人民币贷款余额 6 333 亿元，同比增长 11.7%，较上年末加快 0.9 个百分点。全年新增人民币贷款 665 亿元，同比多增 115 亿元。第三产业贷款增速较高，同比增长 18.5%，较上年末加快 6.0 个百分点，分别高于第一、第二产业 10.0 个和 12.9 个百分点；第三产业贷款较年初增加 477 亿元，占全部新增贷款的 73.6%。基础设施贷款增速显著加快，由上年的 1.8% 提高至 64.6%；中长期贷款同比增长 13.1%，高于短期贷款及票据融资增速 3.3 个百分点；个人消费贷款余额同比增长 24.6%。

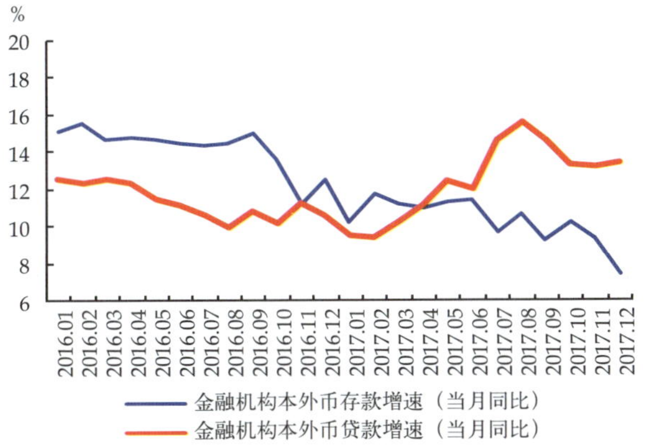

数据来源：中国人民银行银川中心支行。

图 3　2016~2017 年宁夏回族自治区金融机构本外币存、贷款增速变化

4. 货币政策工具持续发力，导向作用有效发挥。 中国人民银行银川中心支行综合运用各类货币政策工具，强化政策导向功能和正向激励。完善宏观审慎评估，促进地方法人金融机构稳健经营；落实好定向降准、县域法人金融机构“新增存款一定比例用于当地贷款考核”等有关存款准备金激励约束措施；全年发放支农再贷款、扶贫再贷款、支小再贷款 44 亿元，是上年的 2.4 倍；办理再贴现 32 亿元，98% 以上是小微企业票据；发放常备借贷便利 90 亿元，满足地方法人金融机构短期流动性需求。

5. 支持供给侧结构性改革取得新进展。 去产能方面，严格控制和压缩对产能过剩行业的信贷投放，煤炭钢铁行业贷款增速放缓，低于全部贷款增速。去库存方面，政策性、开发性银行发放货币化安置贷款 88 亿元，据估算，消化商品房库存约 2.7 万套。去杠杆方面，2017 年末，宁夏地方性银行同业业务杠杆率为 177%，同比下降 21 个百分点。降成本方面，全区企业贷款加权平均利率为 5.09%，同比下降 0.37 个百分点。补短板方面，2017 年末，宁夏金融精准扶贫贷款同比增长 29.9%，涉农贷款同比增长 13.0%，小微企业贷款同比增长 17.9%，均高于全部贷款增速。“两权”抵押贷款试点工作稳步推进，实现了贷款业务持续扩大和配套机制逐步健全。

6. 表外业务规模扩大，表外理财快速增长。 2017 年末，宁夏担保类表外业务余额同比增长 32.8%，承诺类表外业务余额同比增长 8.8%。保函和信用证大幅增长，其中跟单信用证年末余额同比增长 99.9%。非保本理财产品发行加速，年末余额同比增长 32.3%；资产托管业务余额同比增长 21.1%。

7. 小微企业贷款利率保持下行，利率定价自律机制运行良好。 2017 年 12 月，宁夏非金融企业及其他部门贷款加权平均利率为 5.75%，同比提高 0.03 个百分点，其中，小微企业贷款加权平均利率为 5.99%，同比下降 0.18 个百分点。银行机构运用扶贫再贷款、支农再贷款发放贷款的加权平均利率分别为 4.35% 和 5.34%，显著低于其他资金发放的同类贷款利率水平。宁夏市场利率定价自律机制运行有序，存款利率分层差异化定价格局逐步形成。

表 2　2017 年宁夏回族自治区金融机构人民币贷款各利率区间占比

单位：%

月份		1月	2月	3月	4月	5月	6月
合计		100.0	100.0	100.0	100.0	100.0	100.0
下浮		17.1	18.7	13.6	5.2	16.2	15.4
基准		19.0	21.4	15.0	22.6	18.0	25.7
上浮	小计	63.9	59.9	71.4	72.2	65.8	58.9
	(1.0，1.1]	6.3	8.5	11.8	9.7	11.4	10.0

续表

月份		1月	2月	3月	4月	5月	6月
上浮	(1.1，1.3]	12.3	7.1	12.1	8.2	12.6	9.8
	(1.3，1.5]	12.6	9.2	12.7	12.2	8.4	9.3
	(1.5，2.0]	22.1	23.6	25.2	30.0	23.7	21.3
	2.0以上	10.6	11.5	9.6	12.1	9.7	8.5
月份		7月	8月	9月	10月	11月	12月
合计		100.0	100.0	100.0	100.0	100.0	100.0
下浮		5.6	8.9	7.2	13.8	15.5	21.2
基准		13.8	28.9	18.4	16.2	16.2	22.2
上浮	小计	80.6	62.2	74.4	70.0	68.3	56.6
	(1.0，1.1]	11.2	4.1	15.2	14.6	7.6	5.8
	(1.1，1.3]	10.8	13.8	14.8	12.3	11.8	14.6
	(1.3，1.5]	12.6	8.9	13.0	10.3	11.8	12.7
	(1.5，2.0]	32.5	23.3	18.5	15.9	17.8	15.2
	2.0以上	13.5	12.1	12.9	16.9	19.3	8.3

数据来源：中国人民银行银川中心支行。

8. 信贷资产质量总体稳定，风险防控压力依然较大。2017年，宁夏地方法人银行业金融机构流动性平稳适度，流动性比例同比上升2.93个百分点。2017年末，宁夏银行业金融机构不良贷款余额较年初增加21亿元，不良贷款率较上年末上升0.11个百分点。

9. 农信社改革持续推进，金融组织体系进一步完善。农村信用社改制稳步推进，4家农村信用社改制为农村商业银行，新增村镇银行4家。宁夏黄河农村商业银行设立了三农金融事业部。

10. 跨境人民币业务结构优化，覆盖面持续扩大。2017年，宁夏跨境人民币收支32.5亿元。其中，经常项下业务占比为40.8%，较上年提高27.1个百分点。全口径跨境融资宏观审慎管理政策在宁夏落地，全年企业办理全口径跨境融资业务同比增长50.4%。全区办理跨境人民币业务的企业比上年末增加97家，业务涉及欧美、亚非拉等54个国家（地区）。

专栏1　宁夏推动金融扶贫示范区创建取得实效

2017年，宁夏金融系统认真贯彻落实中央“精准扶贫、精准脱贫”的要求，以推动宁夏金融扶贫示范区创建为主线，以提高金融服务渗透率为抓手，积极探索构建“定位高起点、金融重服务、典范优则先、创新点面带”的金融精准扶贫宁夏模式，取得了积极成效。

定位高起点：从“高”定位金融精准扶贫，以针对性政策确定发力重心。连续5年将金融扶贫列为政府重要改革任务、人民银行系统重点创新工作；以政府名义印发《金融扶贫示范区创建实施方案》《关于进一步加强银行业金融机构助推脱贫攻坚实施意见》等全局指导性意见，提出目标、分解任务、压实责任。金融机构正确处理商业利益和履行社会责任之间的关系，实施“一县一品”“一行一策”“一保一县”，明确32项“十三五”金融产品设计和服务承诺，确保机构下沉、服务下沉、资金下沉。

金融重服务：从“重”夯实基础服务，以完善服务促农户获得感提升。重信用创建培育。推进“信用户”“信用村”“信用乡（镇）”评定，增强贫困户信用意识，营造良好信用环境。固原、吴忠、中卫3个贫困人口较为集中地区建档立卡贫困户评级授信达到95%以上。重基础金融服务延伸。中国银行、建设银行等在贫困地区增设或恢复机构网点设置，贫困地区每万人拥有服务网点1.5个，每万人拥有助农取款服务点13.5个，每万人拥有自助服务设备138.2台。重脱贫保障。家庭意外伤害、大病补充、借款人意外伤害、优势特色产业保险等“扶贫保”产品实现建档立卡贫困户全覆盖。重发展直接融资。易地移民区红寺堡纳入“上市绿色通道”。贫困地区符合条件的企业积极挂牌，壹加壹、皇达科技等64家企业挂牌新三板，上陵牧业等11家公司进入创新层，隆德方圆养殖公司、宁夏盐池大夏农林牧公司等60余家企业在宁夏股权托管交易中心挂牌。

典范优则先：从“实”创新特色做法，以典型模式复制推广促扶贫成效提高。出台《宁夏金融精准扶贫模式和信贷产品推广方案》，涉及18家金融机构48种扶贫信贷产品，从优选择典型模式复制推广。宁夏黄河农村商业银行在全系统推广“盐池模式”；邮政储蓄银行宁夏分行推广复制以“银行+合作社（农村能人）+农户”联动为核心的“蔡川模式”，在全辖291个贫困村整村推进小额贷款，累计发放1.1万笔，金额4.7亿元；财政资金、信贷资金联动的“固原做法”，重土地资源价值利用的“同心特色”等模式均发挥了积极带动效应。2017年末，宁夏扶贫小额信贷人均4.4万元，比2016年末增加0.5万元。运用扶贫再贷款发放的扶贫小额贷款、产业精准扶贫贷款执行基准利率，运用自有资金发放的个人精准、产业精准扶贫贷款加权平均利率分别为5.12%和4.59%，分别低于全区平均水平1.3个和1.8个百分点。

创新点面带：从“准”聚焦服务对象，以点面结合精准对接金融扶贫需求。精准对接信贷需求，用足用好扶贫再贷款，力争贷款投放匹配农业生产周期。2017年，宁夏累计发放扶贫再贷款15.5亿元，余额14.8亿元，是上年同期的3.7倍。鼓励银行争取总行业务转授权，对贫困地区单列信贷计划。2017年末，宁夏金融精准扶贫贷款余额619.2亿元，同比增长29.9%，高于全区平均水平18.2个百分点。精准对接特困农户，因村因户施策，创新“金扶贷”“移民贷”“农地贷”“农房贷”等专项信贷产品。2017年末，宁夏个人精准扶贫贷款余额33.8亿元，同比增长40.4%，高于全区平均水平28.7个百分点。全区建档立卡贫困户贷款覆盖率达到78.5%以上。精准对接产业发展，支持发展“公司+基地+农户”和“公司+专业合作社+农户”等模式，提升农户“造血”功能。2017年末，宁夏产业精准扶贫贷款余额161.0亿元，同比增长64.6%。精准对接项目发展，实施业务主办行制度，国家开发银行宁夏分行、农业发展银行宁夏分行开通易地扶贫搬迁贷款“绿色通道”。2017年末，项目精准扶贫贷款余额424.4亿元，同比增长19.6%，高于全区平均水平7.9个百分点。

（二）证券业平稳发展，多层次资本市场不断完善

1. 企业上市取得突破，资本市场培育不断加快。嘉泽新能在上海证券交易所成功上市，成为宁夏第13家上市公司，填补了宁夏14年来没有企业在主板上市的空白；上市公司后备资源有所扩充，上市辅导备案企业数量从0增至8家。新三板挂牌企业数量继续扩大，较年初增加12家；宁夏股权托管交易中心挂牌企业812家，涵盖22个行业，覆盖22个市县，实现了全地域全产业覆盖。

表3　2017年宁夏回族自治区证券业基本情况

项目	数量
总部设在辖内的证券公司数（家）	0
总部设在辖内的基金公司数（家）	0
总部设在辖内的期货公司数（家）	0
年末国内上市公司数（家）	13
当年国内股票（A股）筹资（亿元）	15
当年发行H股筹资（亿元）	0
当年国内债券筹资（亿元）	54
其中：短期融资券筹资额（亿元）	18
中期票据筹资额（亿元）	20

数据来源：宁夏证监局。

2. 证券经营机构保持增加，市场交易量平稳增长。2017 年，宁夏证券公司分公司增至 11 家，证券营业部增至 45 家。受资本市场回暖影响，全年辖区证券市场交易额同比增长 15.2%，期货市场交易额同比增长 36.2%；主营收入与净利润有所下降，各证券经营机构实现主营业务收入同比下降 25.8%，营业利润同比下降 61.7%。

（三）保险业加快发展，风险保障水平不断提高

1. 市场体系不断完善，保险业务平稳增长。2017 年末，宁夏有保险法人公司 1 家，财产保险省级分公司 10 家，人身保险省级分公司 12 家；保险各级分支机构 501 家，保险专业中介机构 71 家，保险兼业代理机构 1 568 家。2017 年末，宁夏保险业资产余额同比增长 16.8%，累计原保险保费收入同比增长 23.4%，其中财产险保费收入和人身险保费收入同比分别增长 21.6% 和 19.08%；保险业赔付支出同比增长 15.7%。

2. 业务结构持续优化，保险保障作用进一步增强。2017 年，宁夏保险业积极支持实体经济发展。民生类业务发展态势良好，保证保险、信用保险和农业保险累计保费收入同比分别增长 142.0%、80.8% 和 35.5%，普通人身险累计保费收入高于分红险累计保费收入；“扶贫保”覆盖全区 100% 的建档立卡户和 100% 的建档立卡人口，提供风险保障 1 137 亿元；向科技企业提供科技保险风险保障，开展首台（套）重大技术装备综合保险补偿试点，提供风险保障 1.1 亿元；开展环境污染责任保险试点工作，为 39 家试点企业提供风险评估，提供风险保障 0.7 亿元。

表 4　2017 年宁夏回族自治区保险业基本情况

项目	数量
总部设在辖内的保险公司数（家）	1
其中：财产险经营主体（家）	1
人身险经营主体（家）	0
保险公司分支机构（家）	22
其中：财产险公司分支机构（家）	10
人身险公司分支机构（家）	12

续表

项目	数量
保费收入（中外资，亿元）	165
其中：财产险保费收入（中外资，亿元）	56
人身险保费收入（中外资，亿元）	109
各类赔款给付（中外资，亿元）	50
保险密度（元 / 人）	2 421
保险深度（%）	5

数据来源：宁夏保监局。

（四）金融市场运行平稳，融资总量增长较快

1. 社会融资规模显著增加，直接融资占比下降。2017 年，宁夏社会融资规模增量 865 亿元，同比多增 335 亿元。其中，表外融资规模继续扩大，委托贷款和未贴现银行承兑汇票明显增加，占比为 19.4%，同比上升 39.4 个百分点；直接融资（非金融企业债券和境内股票融资）占比为 0.7%，同比下降 13.4 个百分点；人民币贷款占比为 77.0%。

2. 货币市场交易增速回落，成交利率小幅上涨。2017 年，宁夏银行间市场成员同业拆借和债券回购累计成交金额同比增长 11.5%，比上年低 24.6 个百分点；现券交易金额同比增长 4.5%。从成交利率看，同业拆借、债券回购加权平均利率同比分别上涨 0.54 个和 0.63 个百分点。

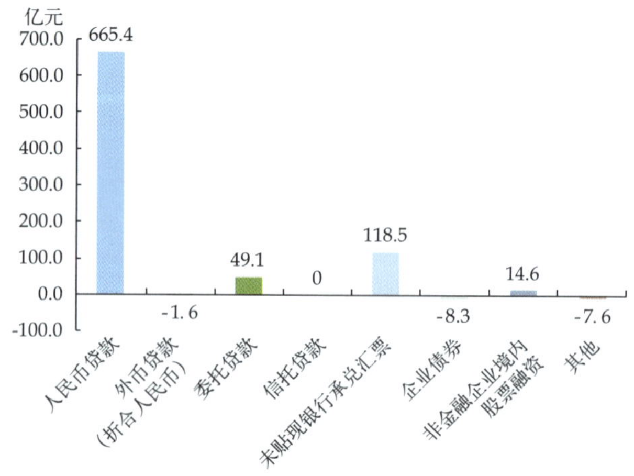

数据来源：中国人民银行银川中心支行。

图 4　2017 年宁夏回族自治区社会融资规模分布情况

3. 票据签发大幅增长，票据贴现利率明显上升。2017 年，宁夏银行承兑汇票累计签发额同比增长 20.3%，票据贴现量同比减少 29.7%，年末票据融资余额同比增长 5.3%。票据直贴加权平均利率较上年同期上升 1.64 个百分点；票据转贴现加权平均利率较上年同期上升 1.59 个百分点。

4. 外汇交易快速增长，黄金交易总体平稳。2017 年，宁夏银行间外汇市场交易币种以美元为主，交易额同比增长 57.2%。黄金交易平稳增长，以人民币计价的账户金交易金额同比增长 12.7%。

表 5　2017 年宁夏回族自治区金融机构票据业务量统计

单位：亿元

季度	银行承兑汇票承兑		贴现			
			银行承兑汇票		商业承兑汇票	
	余额	累计发生额	余额	累计发生额	余额	累计发生额
1	423.8	210.8	424.5	553.0	10.7	8.9
2	406.7	149.6	424.6	659.9	10.7	2.6
3	441.9	194.2	434.9	608.4	10.4	3.0
4	512.3	193.9	399.5	325.4	13.5	14.0

数据来源：中国人民银行银川中心支行。

表 6　2017 年宁夏回族自治区金融机构票据贴现、转贴现利率

单位：%

季度	贴现		转贴现	
	银行承兑汇票	商业承兑汇票	票据买断	票据回购
1	4.6772	6.3285	3.9701	4.2488
2	5.4838	5.7531	4.4700	4.6554
3	5.1672	5.3991	4.3422	4.4996
4	5.2807	6.2307	4.4444	4.4570

数据来源：中国人民银行银川中心支行。

（五）金融生态环境继续改善，金融基础设施不断完善

1. 信用体系建设成效明显。2017 年末，宁夏共有 407.8 万个自然人和 6.9 万户企业及其他组织纳入了全国统一的征信系统。征信查询网点数 677 个，累计布放自助查询设备 19 台；全年企业和个人信用报告查询量同比增长 21.1%。大力发展应收账款融资服务平台，促成融资交易额同比增长 7.6%。深入推进中小企业和农村信用体系建设，创新政府采购应收账款线上融资模式，加大中小企业融资支持；中国人民银行银川中心支行与宁夏环保厅建立环保信息共享合作机制，落实联合激励惩戒措施，大力推动绿色金融发展。

2. 现代化支付能力稳步提升。2017 年，宁夏移动支付的笔数和金额占电子支付笔数和金额的比重分别为 50.2% 和 11.3%，金融服务便捷性进一步提高。在全国率先实现全区财政支出电子化，代理支库上线国库会计数据集中系统（TCBS），全部置换债券资金纳入中国人民银行国库分账管理，有效提高了财政资金运行效率。金融 IC 卡应用范围持续扩展。金融 IC 卡发卡数量占宁夏金融机构银行卡发卡总量的 62.4%，支持金融 IC 卡闪付及手机云闪付的 POS 终端占比为 98.0%。

3. 金融消费权益保护持续增强。多层面金融消费权益保护监管协作机制进一步健全，监管合力不断加强。投诉渠道进一步畅通，金融消费纠纷多元化解决机制不断丰富。“金融消费者权益日”“金融知识普及月”等活动深入开展，消费者金融素养进一步提升。个人金融信息保护等监督检查进一步加强，金融消费权益保护环境评估和机构评估持续深化，金融消费者合法权益得到有效保护。

二、经济运行情况

2017 年，宁夏经济运行总体平稳，经济结构不断优化，生态环境持续改善，发展的质量和效益持续提升。初步核算，全年实现地区生产总值 3 454 亿元，同比增长 7.8%。

（一）内需平稳增长，外需增势强劲

2017 年，宁夏投资增速保持平稳，消费形势持续向好，对外贸易快速增长，发展动力有

序释放。

1. 投资结构持续优化，基础设施投资发挥重要支撑作用。2017 年，宁夏全社会固定资产投资 3 813 亿元，同比增长 4.2%，比上年低 4.4 个百分点。三次产业投资比重为 5.9 ∶ 36.0 ∶ 58.1，第三产业投资占比较上年提高 5.1 个百分点。民间投资增速放缓，比上年回落 8.3 个百分点，但比固定资产投资增速高 1.2 个百分点。产业升级、基础设施、科技创新等领域投资力度加大，工业更新改造投资同比增长 15.1%，高新技术产业投资同比增长 22.6%，基础设施投资同比增长 26.1%。

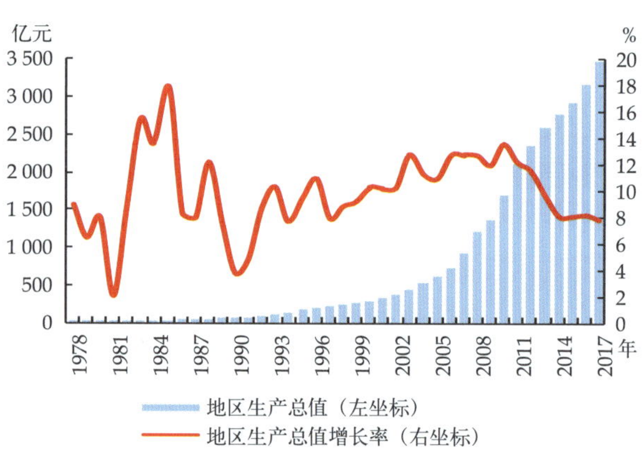

数据来源：《宁夏统计年鉴》、宁夏回族自治区统计局。

图 5　1978~2017 年宁夏回族自治区地区生产总值及其增长率

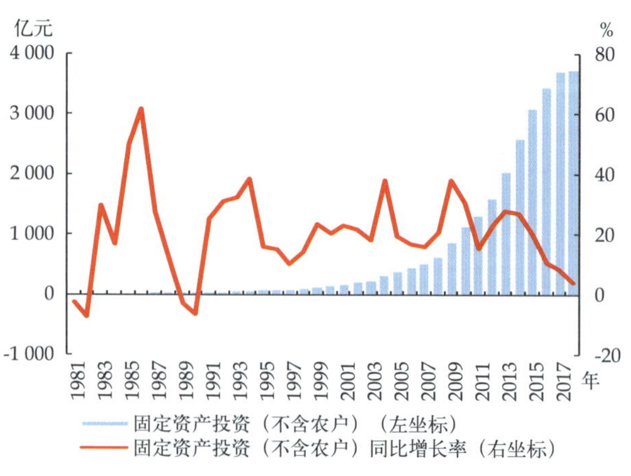

数据来源：《宁夏统计年鉴》、宁夏回族自治区统计局。

图 6　1981~2017 年宁夏回族自治区固定资产投资（不含农户）及其增长率

2. 居民收入稳步增长，消费升级持续推进。2017 年，宁夏城镇常住居民、农村常住居民人均可支配收入分别同比名义增长 8.5% 和 9.0%，城乡居民收入比与 2016 年持平。实现社会消费品零售总额 930 亿元，同比增长 9.5%，比上年提高 1.8 个百分点。其中，乡村旅游和农村电子商务快速发展，带动乡村消费品零售额同比增长 11.7%。消费升级和改善类商品呈现较快增长，化妆品类和体育、娱乐用品类零售额同比分别增长 17.9% 和 35.4%。

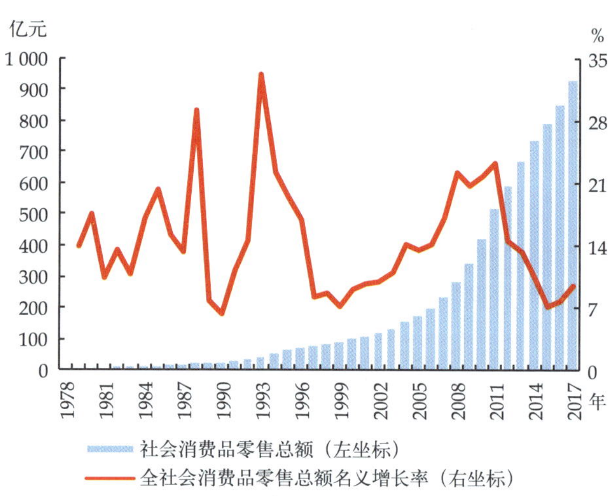

数据来源：《宁夏统计年鉴》、宁夏回族自治区统计局。

图 7　1978~2017 年宁夏回族自治区社会消费品零售总额及其增长率

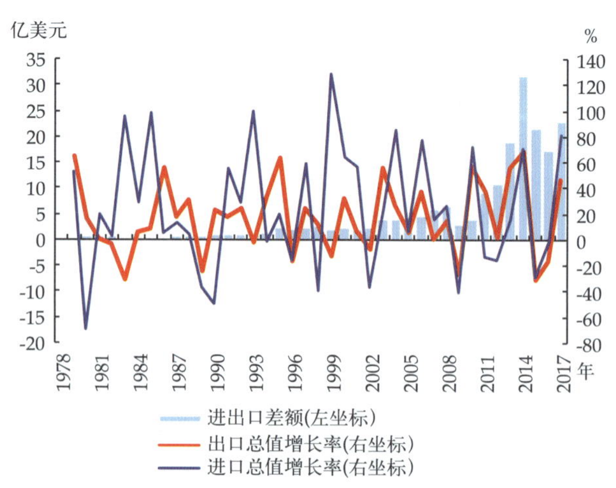

数据来源：《宁夏统计年鉴》、宁夏回族自治区统计局。

图 8　1978~2017 年宁夏回族自治区外贸进出口变动情况

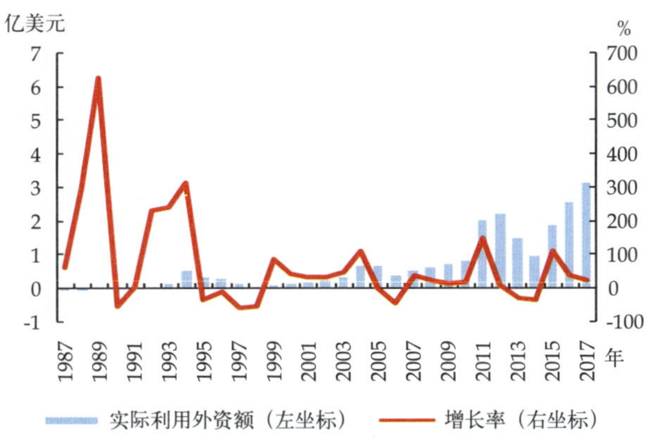

数据来源：《宁夏统计年鉴》、宁夏回族自治区统计局。

图 9　1987~2017 年宁夏回族自治区实际利用外资额及其增长率

3. 外贸增势强劲，开放型经济发展向好。2017 年，宁夏实现货物进出口总额 341 亿元，同比增长 58.9%，比上年高 65.3 个百分点。其中，出口同比增长 50.5%，进口同比增长 86.7%。全年实际利用外资 3.1 亿美元，同比增长 22.8%。制定《内陆开放型经济实验区建设实施意见》，成功举办全国工商联常委会暨民营经济助推宁夏发展大会、网上丝绸之路大会等重大活动，对外开放不断深化。

（二）三次产业协调发展，产业结构继续优化

2017 年，宁夏推动实施传统产业提升、新兴产业提速、特色产业品牌和现代服务业提档四大工程，三大产业协调发展，三次产业比重由 2016 年的 7.6∶47.0∶45.4 调整为 7.6∶45.8∶46.6，第三产业比重提升 1.2 个百分点，产业结构继续优化。

1. 特色农业发展加快，农村改革有序推进。2017 年，宁夏紧紧围绕发展“一高三特”现代农业，聚焦“1+4”特色优势产业，大力实施特色优质农产品品牌工程，粮食总产量 368.2 万吨，实现“十四连丰”；农业增加值增长 4.3%，主要农产品加工转化率达到 64%；草畜、瓜菜、枸杞、酿酒葡萄等特色农业品牌效应显现，特色优势农业产值占比达 87.0%。新型农业经营主体数量持续增加，已注册农民合作社、家庭农场数量超过 8 600 家；农村土地承包经营权确权登记颁证工作基本完成，建成 19 个农村产权流转交易中心。

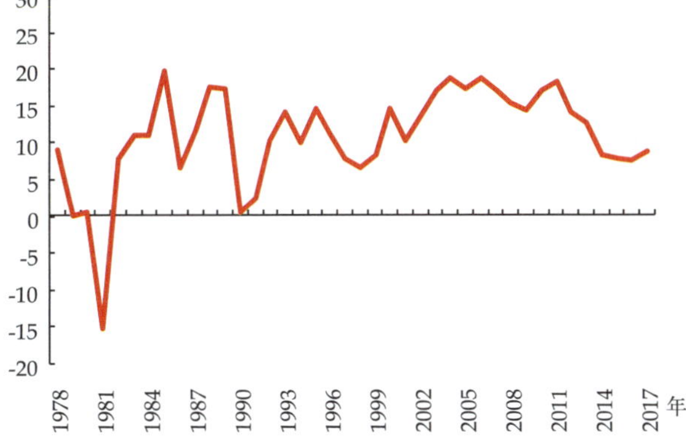

数据来源：《宁夏统计年鉴》、宁夏回族自治区统计局。

图 10　1978~2017 年宁夏回族自治区规模以上工业增加值实际增长率

2. 工业经济平稳向好，新动能较快成长。2017 年，宁夏规模以上工业实现增加值同比增长 8.6%。其中，重工业增加值同比增长 9.9%，轻工业增加值同比增长 1.8%。新动能较快成长，专业设备制造业、清洁能源发电量、数控金属切削机床分别增长 24.4%、19.8% 和 35.7%，高新技术产业增加值占规模以上工业的比重较上年提高 1.5 个百分点。战略性新兴产业加快成长，共享装备公司成为国家首个智能铸造产业创新中心，宁东基地成为国家现代煤化工产业示范区，科技进步贡献率突破 50%。

3. 服务业快速发展，运行质量和效益不断提升。2017 年，宁夏实现服务业增加值同比增长 9.2%；服务业对经济增长的贡献率达 53.1%，首次突破 50%。全域旅游示范区建设深入推进，全年接待游客量和旅游收入分别增长 21.7% 和 20.4%。中卫云计算、银川大数据中心、IBI 育成中心等保持较快发展，电子商务、健康养老、文化创意等新业态蓬勃发展。

4. 供给侧结构性改革取得成效。去产能力度加大，宁夏全年共化解煤炭产能 593 万吨，

取缔“地条钢”45.7万吨。去库存成效明显，宁夏商品房待售面积同比下降16.9%，去库存周期较上年减少2.7个月。降成本积极推进，自治区政府出台《关于降低实体经济企业成本的实施意见》，从用电、融资、物流、税费等方面入手，通过30条具体措施，有效降低实体经济成本，全年累计降低实体经济成本85亿元。补短板力度加大，信息传输、软件和信息技术服务业以及科学研究和技术服务业投资同比分别增长16.3%和64.7%；实施“脱贫富民36条”，减贫19.3万人，贫困发生率下降到6%。出台“生态立区28条”，完成营造林107.6万亩，森林覆盖率提高到14%，黄河流域水质优良比例达73.3%。

（三）居民消费价格温和上涨，工业生产者价格由降转升

2017年，宁夏居民消费价格温和上涨，工业生产者价格上涨较快，劳动者报酬持续提高。

1.居民消费价格保持平稳。2017年，宁夏居民消费价格同比上涨1.6%，比上年高0.1个百分点。八大类商品呈现“七涨一降”的态势。其中，医疗保健价格涨幅最高，同比上涨4.8%；食品烟酒价格同比下降0.5%。

2.工业生产者价格较快上涨。2017年，随着供给侧结构性改革效果逐渐显现，宁夏工业生产者出厂价格和工业生产者购进价格同比分别上涨12.1%和12.9%，比上年分别高13.0个和16.0个百分点。

3.农民工工资稳步提高。2017年，宁夏农民工月均收入3 598元，同比增长6.9%。其中，外出农民工和本地农民工月均收入分别为3 758元和3 130元，同比分别增长5.0%和12.6%。

4.推进输配电价格改革试点工作。2017年，宁夏落实差别化电价电量370亿千瓦时，直接交易电量280亿千瓦时，累计降低企业用电成本约11亿元。

（四）财政收入平稳增长，民生支出保障有力

2017年，宁夏一般公共预算总收入716亿元，同口径增长10.5%。其中，地方一般公共预算收入417亿元，同口径增长10.1%，较上年提高2.1个百分点。一般公共预算支出1 376亿元，同口径增长8.7%。其中，教育、节能环保、医疗卫生与计划生育支出同比分别增长12.4%、58.7%和21.7%。

数据来源：《宁夏统计年鉴》、国家统计局宁夏调查总队。

图11　2001~2017年宁夏回族自治区居民消费价格指数和工业生产者价格指数变动趋势

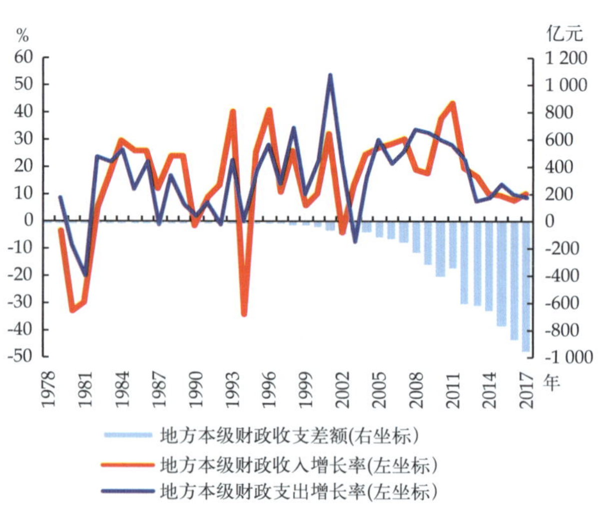

数据来源：《宁夏统计年鉴》、宁夏回族自治区统计局。

图12　1978~2017年宁夏回族自治区财政收支状况

专栏 2　强化四项举措　着力缓解小微企业融资难题

近年来，中国人民银行银川中心支行坚持金融服务实体经济的宗旨，以金融业供给侧结构性改革为主线，着力缓解小微企业融资难题。2017 年末，宁夏小微企业贷款余额 1 508 亿元，是 2012 年同期的 1.7 倍，5 年来翻了近一番，小微企业信贷增速持续高于全部企业贷款增速。

一是发挥货币政策工具作用，为小微企业融资提供资金保障。近 5 年来，通过再贴现和支小再贷款累计向宁夏小微企业投放资金 210 亿元，支持宁夏地方性金融机构发行小微企业专项金融债券 5 亿元、小微企业信贷资产证券化产品 9.7 亿元。多种货币政策工具的运用，引导金融机构加大了对小微企业的信贷投放力度。采取支小再贷款资金发放小微企业贷款利率浮动上限措施，引导金融机构降低小微企业融资成本。2017 年，宁夏小微企业贷款加权平均利率为 5.6%，同比下降 0.7 个百分点。

二是构建区域信贷政策体系，为小微企业融资提供政策保障。实施“五优化两对接”普惠金融工程，优化现代农业、小微企业、弱势群体、扶贫开发和科技文化等领域的金融服务，引导金融机构致力于多层次、广覆盖的普惠金融实践，显著提高了小微企业的融资渗透力。2017 年，宁夏累计发放创业担保贷款 20.7 亿元。按照“环保达标、产品畅销”的绿色金融原则，引导金融机构通过专设绿色金融网点机构、创新绿色金融产品、改进绿色信贷管理、完善激励约束机制等措施，支持宁夏小微企业发展绿色经济。2017 年末，宁夏小微企业绿色信贷余额同比增长 14.1%。在平罗县、沙坡头区、同心县、永宁县、贺兰县 5 个县（区）开展农村“两权”抵押贷款试点，盘活涉农小微企业存量资产。目前，试点地区累计发放“两权”抵押贷款 13.2 亿元。

三是完善企业征信服务机制，为小微企业融资提供信息保障。以吴忠市被列为全国小微企业信用体系实验区为契机，协调当地政府出台配套措施，巩固和扩大信息采集更新机制，建立小微企业信用信息数据平台，推动金融机构创新“征信 +”信贷产品。目前，该平台累计查询量达 4 700 次。加强宣传培训，对 12 家自愿申请的小贷公司和担保公司开放征信系统接口，其中 6 家小贷公司和担保公司获准征信查询，丰富了金融机构的风控手段。与自治区环保厅签署合作备忘录，在全国率先以省区为单位推动实现环保信息全面共享，引导金融机构将企业环保合规嵌入信贷管理全流程，促进小微企业的绿色化转型。

四是依托应收账款融资平台，为小微企业融资提供服务保障。联合自治区经信委、金融局等八部门，依托应收账款融资服务平台开展宁夏小微企业应收账款融资专项行动，对积极参加应收账款融资的金融机构，在货币政策工具使用方面给予倾斜，并由自治区金融局给予表彰奖励。每年选取两家区内供应链核心企业，按照一对一重点推进的方式，推动其加入应收账款融资服务平台，达到以点带面、全面铺开的目的。2017 年末，宁夏共有 267 户小微企业加入平台，为小微企业撮合融资 225 笔，累计成交额 69.8 亿元。与自治区财政厅联合开展政府采购应收账款融资试点，推动政府采购平台与应收账款融资服务平台对接，实现政府采购信息互联共享、融资需求实时推送、贷款采购合同资金闭环运行的全流程线上融资模式，为政府采购小微企业供应商提供一站式服务。目前，4 家政府采购企业在平台实现融资 487 万元。

下一步，中国人民银行银川中心支行将加大货币工具支持力度，增强小微企业信贷供给，鼓励金融机构提升差异化定价能力，与相关部门建立小微企业工作联系协调机制，形成支持小微企业发展的政策合力。

（五）房地产市场平稳运行，葡萄酒产业较快发展

1. 房地产市场平稳运行。2017 年，宁夏房地产开发投资、新开工面积明显下降；销售面积小幅增长，住房价格窄幅震荡上行，库存仍高位运行；房地产贷款增速明显回落，个人住房贷款增速略微回升。

（1）房地产开发投资增速明显回落。2017 年，宁夏房地产开发投资完成额同比下降 10.3%，同比回落 25.3 个百分点。其中，住宅开发投资下降 10.9%。开发企业购置土地面积增长 3.6 %，同比提高 34.6 个百分点。房屋新开工面积增速同比回落 14.7 个百分点，房屋竣工面积增速同比回落 8.1 个百分点。全年新开工建设保障性安居工程 5.34 万套，开工率 100%。

（2）施工面积小幅下降，商品房待售面积增速大幅回落。2017 年，宁夏房屋施工面积下降 3.8%，增速同比回落 4.8 个百分点；待售面积下降 16.9%，增速同比回落 20.2 个百分点。

（3）销售面积小幅增长，住房价格窄幅震荡上行。2017 年，宁夏新建商品房销售面积增长 5.7%，同比回落 9.4 个百分点；销售额增长 13.3%，同比加快 2.6 个百分点。全年住房销售价格窄幅震荡上行。

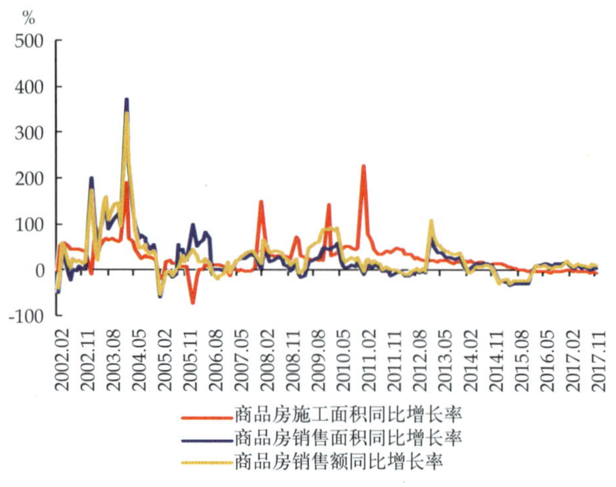

数据来源：《宁夏投资年鉴》、宁夏回族自治区统计局。

图 13 2002~2017 年宁夏回族自治区商品房施工和销售变动趋势

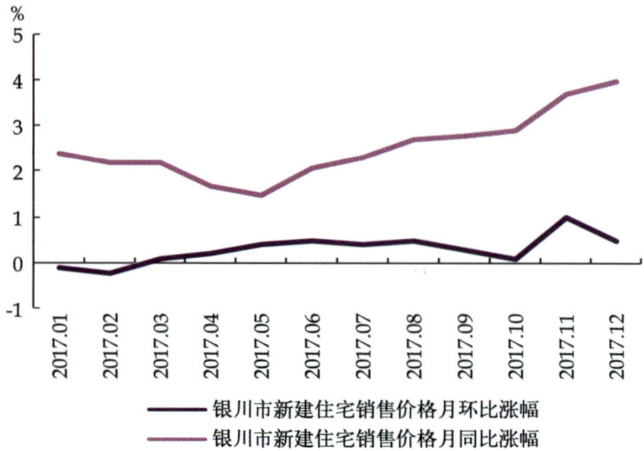

数据来源：国家统计局。

图 14 2017 年银川市新建住宅销售价格指数变动趋势

（4）保障性安居工程贷款带动房地产贷款平稳增长。2017 年末，宁夏房地产贷款余额同比增长 9.5%，同比回落 6.5 个百分点。分类别看，开发贷款、购房贷款增速分别为 8.7% 和 10.1%，开发贷款中保障性安居工程贷款增长 18.0%。

（5）个人住房贷款增速略微回升。2017 年末，宁夏个人住房贷款同比增长 13.1%，同比回升 0.5 个百分点。监测数据显示，2017 年，宁夏个人商业住房贷款中首套房贷款笔数占比 92.9%，首套房贷款最低首付款比例为 20%，平均首付款比例为 37.7%，同比下降 0.23 个百分点。

2. 葡萄酒产业较快发展。宁夏贺兰山东麓是业界公认的世界上最适合种植酿酒葡萄和生产高端葡萄酒的黄金地带之一，2002 年被确定为国家地理标志产品保护区，2013 年被编入《世界葡萄酒地图》。经过 30 多年的发展，宁夏酿酒葡萄产业已成为宁夏农业主要特色优势产业和支柱产业之一，并对宁夏现代化农业走向特色化、高质量、品牌化起到了重要带动和支撑作用。目前，宁夏酿酒葡萄种植面积达到 57 万亩，占我国酿酒葡萄种植总面积的四分之一，成为我国酿酒葡萄集中连片最大的产区，现有 36 个酿酒葡萄品种（品系）；建成、在建酒庄 184 个，有张裕等品牌设立酒庄，有 21 个旅游酒庄，年接待人数 40 万人次以上；年产葡萄酒近 10 万吨，

综合产值200亿元；是我国首个实行列级酒庄管理的产区、首家以省级人大进行立法保护的产区，现有3个三级列级酒庄、11个四级列级酒庄、22个五级列级酒庄。

三、预测与展望

2018年是贯彻党的十九大精神的开局之年，是改革开放40周年，是决胜全面建成小康社会、实施“十三五”规划承上启下的关键一年，也是宁夏回族自治区成立60周年。宁夏将以习近平新时代中国特色社会主义思想为指导，坚持新发展理念，坚持稳中求进工作总基调，进一步深化供给侧结构性改革，大力实施创新驱动、脱贫富民、生态立区、乡村振兴战略，切实打好防范化解重大风险、精准扶贫、污染防治三大攻坚战，走高质量发展新路。预计宁夏经济运行总体保持平稳增长、稳中向好的态势，地区生产总值增长7.5%左右。

2018年，宁夏金融业将认真贯彻落实中央经济工作会议、全国金融工作会议精神，紧扣我国经济社会主要矛盾变化，按照高质量发展的要求，坚持以供给侧结构性改革为主线，落实稳健中性的货币政策，保持货币信贷和社会融资规模合理增长，进一步优化信贷结构，着力加大对地方经济发展重点领域和薄弱环节的支持力度，大力推动绿色金融和普惠金融发展，不断提升金融服务实体经济的能力。围绕乡村振兴战略和农业供给侧结构性改革，深入推进金融扶贫示范区创建，重点加大对深度贫困地区的金融支持力度，稳步推进“两权”抵押贷款试点，进一步提高农村金融服务水平。继续加强金融风险监测、预警和处置，着力防范化解重大金融风险，牢牢守住不发生系统性金融风险的底线。

中国人民银行银川中心支行货币政策分析小组
总　纂：高　波　束　华
统　稿：王　青　王　龙　庄淑霞
执　笔：王银昆　刘江帆　马明霞　李　鹏　周金东　马俊鹏　祁永忠　倪全学
提供材料的还有：王立军　李海洋　王　谦　陈　飞　李　斌　陈　曦　刘晋宁　孙世全　欧小山　金泽芬　马　康　刘　力　葛军红　李　印　王进会　宋大为　牛立华　韩银莹　刘　军　张昀芊

附录

（一）2017年宁夏回族自治区经济金融大事记

2月16日，中国人民银行函复同意宁夏创建全国首个以省区为单位的金融扶贫示范区，对探索金融精准扶贫模式具有重要意义。

3月17日，宁夏政府产业引导基金子基金设立签约暨宁夏国投基金管理公司开业仪式在银川举行，按照“1+N”模式发起8只子基金，创新财政资金、金融资源与社会资本融合方式。

6月6日，中国共产党宁夏第十二次代表大会在银川召开，提出实施“创新驱动、脱贫富民、生态立区”三大战略。

6月19日，兴业银行银川分行正式开业，为宁夏经济社会发展增添金融活力。

7月18日，宁夏银川通联资本投资运营有限公司成功发行3亿美元高级无抵押债券，是宁夏首次离岸债券发行，成功开辟了国际融资新渠道。

7月20日，嘉泽新能在上海证券交易所成功上市，成为宁夏第13家上市公司，填补了宁夏14年来没有企业在主板上市的空白。

8月28日，宁夏金融资产管理有限公司成立，成为宁夏首家国有地方金融资产管理公司。

9月29日，宁夏金融工作会议在银川召开，推动金融改革发展开创新局面。

12月22日，宁夏启动银川都市圈建设，着力推进创新发展、集约发展、集群发展、融合发展，打造创新、绿色、智慧、宜居的都市圈。

（二）2017 年宁夏回族自治区主要经济金融指标

表 1　2017 年宁夏回族自治区主要存贷款指标

		1 月	2 月	3 月	4 月	5 月	6 月	7 月	8 月	9 月	10 月	11 月	12 月
本外币	金融机构各项存款余额（亿元）	5 463.9	5 538.8	5 642.0	5 631.2	5 704.5	5 884.4	5 811.1	5 904.9	5 891.4	5 897.0	5 890.2	5 867.2
	其中：住户存款	2 652.9	2 611.1	2 665.3	2 598.1	2 607.0	2 646.1	2 658.1	2 690.4	2 754.8	2 720.6	2 742.3	2 802.1
	非金融企业存款	1 380.4	1 417.6	1 513.5	1 531.8	1 566.6	1 600.8	1 568.7	1 623.1	1 549.0	1 585.5	1 609.2	1 598.6
	各项存款余额比上月增加（亿元）	3.3	74.9	103.2	-10.8	73.3	180.0	-73.3	93.7	-13.5	5.6	-6.8	-23.0
	金融机构各项存款同比增长（%）	10.3	11.8	11.2	10.9	11.3	11.4	9.7	10.6	9.2	10.3	9.4	7.5
	金融机构各项贷款余额（亿元）	5 787.6	5 829.5	5 951.2	6 033.3	6 092.3	6 132.4	6 293.4	6 376.8	6 435.0	6 384.4	6 420.1	6 461.5
	其中：短期	1 832.6	1 867.9	1 920.9	1 947.1	1 954.3	1 986.5	1 982.8	2 009.4	2 043.6	2 039.5	2 050.7	2 051.9
	中长期	3 508.2	3 527.1	3 580.7	3 608.0	3 668.6	3 697.3	3 726.0	3 794.7	3 827.5	3 803.5	3 856.5	3 880.7
	票据融资	431.1	419.1	435.4	464.1	455.2	435.4	463.9	454.4	445.4	422.6	394.5	413.0
	各项贷款余额比上月增加（亿元）	91.7	41.9	121.7	82.1	59.0	40.1	161.1	83.4	58.2	-50.6	35.7	41.4
	其中：短期	-14.0	35.3	53.0	26.3	7.2	32.2	-3.7	26.6	34.3	-4.2	11.2	1.2
	中长期	66.7	18.9	53.6	27.3	60.6	28.7	28.7	68.7	32.8	-24.0	53.0	24.2
	票据融资	39.0	-12.0	16.3	28.7	-8.9	-19.8	28.6	-9.6	-9.0	-22.8	-28.1	18.5
	金融机构各项贷款同比增长（%）	9.5	9.4	10.3	11.1	12.4	12.0	14.7	15.5	14.6	13.3	13.2	13.4
	其中：短期	1.8	3.3	4.9	6.7	7.1	8.2	9.4	9.9	10.6	10.5	9.9	10.6
	中长期	13.6	13.5	13.8	13.6	15.9	14.9	13.9	14.6	13.7	12.5	13.8	13.0
	票据融资	14.4	7.0	9.7	13.1	10.7	8.1	19.7	25.4	15.8	9.5	-0.2	5.3
	建筑业贷款余额（亿元）	82.9	86.2	86.8	85.2	87.8	86.2	85.6	84.3	83.7	82.0	85.3	83.3
	房地产业贷款余额（亿元）	531.4	537.7	546.2	553.0	562.8	558.8	566.2	568.7	572.9	505.5	510.6	509.7
	建筑业贷款同比增长（%）	-13.8	-11.9	-11.5	-12.7	-6.8	-2.4	-1.7	-3.0	-7.9	-7.6	-2.9	3.4
	房地产业贷款同比增长（%）	15.1	15.4	13.7	12.0	14.4	10.2	11.9	13.0	13.1	-0.9	0.9	-1.3
人民币	金融机构各项存款余额（亿元）	5 443.4	5 518.8	5 622.1	5 611.0	5 684.6	5 864.0	5 772.3	5 884.6	5 871.5	5 878.2	5 871.7	5 848.5
	其中：住户存款	2 640.8	2 599.2	2 653.6	2 586.5	2 595.5	2 634.7	2 646.9	2 679.8	2 744.3	2 709.9	2 731.7	2 791.5
	非金融企业存款	1 373.1	1 410.7	1 506.0	1 523.8	1 558.9	1 592.7	1 541.9	1 614.3	1 540.6	1 578.2	1 602.0	1 591.3
	各项存款余额比上月增加（亿元）	1.8	75.5	103.3	-11.1	73.6	179.5	-91.7	112.3	-13.1	6.7	-6.6	-23.2
	其中：住户存款	90.6	-41.6	54.5	-67.1	9.0	39.2	12.2	32.9	64.6	-34.4	21.8	59.8
	非金融企业存款	-114.6	37.5	95.3	17.8	35.1	33.8	-50.8	72.4	-73.7	37.6	23.9	-10.7
	各项存款同比增长（%）	10.3	11.8	11.2	10.9	11.3	11.5	9.5	10.7	9.3	10.3	9.4	7.5
	其中：住户存款	10.1	6.6	9.5	8.7	10.1	9.7	10.1	10.3	8.9	8.8	8.2	9.5
	非金融企业存款	12.8	16.5	22.5	16.8	19.7	16.1	13.6	18.4	12.7	16.0	17.2	7.0
	金融机构各项贷款余额（亿元）	5 761.0	5 803.4	5 925.5	6 007.4	6 066.6	6 106.7	6 161.4	6 248.0	6 303.8	6 253.9	6 290.0	6 332.6
	其中：个人消费贷款	666.1	671.8	692.9	706.4	720.4	740.9	755.7	771.1	792.8	792.6	824.6	818.4
	票据融资	431.0	419.0	435.4	464.1	455.2	435.3	463.9	454.3	445.3	422.5	394.4	413.0
	各项贷款余额比上月增加（亿元）	93.1	42.4	122.1	81.9	59.2	40.2	54.6	86.6	55.8	-49.9	36.1	42.6
	其中：个人消费贷款	9.2	5.7	21.0	13.5	14.1	20.5	14.8	15.3	21.8	-0.3	32.0	-6.2
	票据融资	39.0	-12.0	16.3	28.8	-8.9	-19.8	28.5	-9.6	-9.0	-22.8	-28.1	18.5
	金融机构各项贷款同比增长（%）	9.7	9.6	10.5	11.2	12.5	12.1	12.9	13.8	12.8	11.6	11.5	11.7
	其中：个人消费贷款	14.0	16.0	17.5	18.2	19.2	20.2	21.8	22.3	24.7	24.2	26.8	24.6
	票据融资	14.4	7.0	9.7	13.1	10.7	8.1	19.8	25.5	15.9	9.5	-0.2	5.4
外币	金融机构外币存款余额（亿美元）	3.0	2.9	2.9	2.9	2.9	3.0	5.8	3.1	3.0	2.8	2.8	2.9
	金融机构外币存款同比增长（%）	0.8	-0.8	6.9	4.8	-8.4	-18.4	62.4	-3.0	-2.3	-1.0	3.1	4.4
	金融机构外币贷款余额（亿美元）	3.9	3.8	3.7	3.8	3.8	3.8	19.6	19.5	19.8	19.7	19.7	19.7
	金融机构外币贷款同比增长（%）	-21.0	-20.3	-20.5	-16.7	-16.9	-14.9	330.4	330.4	336.4	351.2	346.8	387.4

数据来源：中国人民银行银川中心支行。

表 2　2001~2017 年宁夏回族自治区各类价格指数

单位：%

		居民消费价格指数		农业生产资料价格指数		工业生产者购进价格指数		工业生产者出厂价格指数	
		当月同比	累计同比	当月同比	累计同比	当月同比	累计同比	当月同比	累计同比
2001		—	1.6	—	2	—	2.5	—	0.3
2002		—	-0.6	—	3.5	—	-2.2	—	-0.3
2003		—	1.7	—	-0.6	—	6.8	—	5.6
2004		—	3.7	—	13.5	—	17.3	—	11.2
2005		—	1.5	—	9.3	—	9.7	—	6.2
2006		—	1.9	—	0.8	—	8.5	—	6.2
2007		—	5.4	—	12.2	—	7.1	—	3.7
2008		—	8.5	—	26.2	—	21.8	—	12.9
2009		—	0.7	—	-3.7	—	-5.3	—	-6.1
2010		—	4.1	—	4.4	—	14.1	—	9.1
2011		—	6.3	—	14.0	—	12.8	—	9.5
2012		—	2.0	—	7.6	—	-0.5	—	-2.6
2013		—	3.4	—	1.6	—	-3.0	—	-4.0
2014		—	1.9	—	-3.1	—	-3.0	—	-3.7
2015		—	1.1	—	-1.3	—	-7.9	—	-6.3
2016		—	1.5	—	-1.7	—	-3.1	—	-0.9
2017		—	1.6	—	3.1	—	12.9	—	12.1
2016	1	—	—	—	—	—	—	—	—
	2	1.5	0.9	-2.6	-2.7	-9.3	-9.3	-5.7	-5.6
	3	1.6	1.1	-2.9	-2.8	-8.7	-9.1	-5.1	-5.4
	4	0.9	1.1	-1.6	-2.5	-7.2	-8.6	-4.2	-5.1
	5	0.7	1.0	-1.7	-2.3	-6.0	-8.1	-3.8	-4.9
	6	0.5	0.9	-1.5	-2.2	-5.6	-7.7	-3.7	-4.7
	7	1.1	1.0	-1.5	-2.1	-4.1	-7.2	-2.8	-4.4
	8	1.4	1.0	-1.9	-2.1	-3.9	-6.8	-1.5	-4.1
	9	2.3	1.1	-2.5	-2.1	-2.1	-6.3	0.1	-3.6
	10	2.4	1.3	-2.0	-2.1	1.6	-5.5	3.9	-2.9
	11	2.3	1.4	-0.6	-2.0	7.3	-4.4	8.2	-1.9
	12	2.5	1.5	1.5	-1.7	12.1	-3.1	10.0	-0.9
2017	1	—	—	—	—	—	—	—	—
	2	0.3	1.5	3.6	3.3	16.7	15.7	11.5	11.1
	3	0.7	1.2	4.3	3.7	16.4	16.0	12.9	11.7
	4	1.3	1.2	3.3	3.6	14.8	15.7	12.7	11.9
	5	1.8	1.3	2.3	3.3	13.6	15.2	12.5	12.0
	6	1.7	1.4	1.3	3.0	12.7	14.8	12.3	12.1
	7	1.3	1.4	0.5	2.6	11.0	14.3	12.0	12.1
	8	1.6	1.4	2.2	2.6	13.2	14.1	13.6	12.3
	9	1.4	1.4	3.8	2.7	13.8	14.1	14.9	12.6
	10	1.9	1.5	4.0	2.8	13.4	14.0	13.0	12.6
	11	2.3	1.5	4.3	3.0	9.4	13.6	10.1	12.4
	12	2.3	1.6	4.4	3.1	6.6	12.9	9.7	12.1

数据来源：国家统计局宁夏调查总队。

表 3　2017 年宁夏回族自治区主要经济指标

	1 月	2 月	3 月	4 月	5 月	6 月	7 月	8 月	9 月	10 月	11 月	12 月
	绝对值（自年初累计）											
地区生产总值（亿元）	—	—	588.1	—	—	1 397.6	—	—	2 449.6	—	—	3 453.9
第一产业	—	—	31.6	—	—	48.0	—	—	166.5	—	—	261.1
第二产业	—	—	281.8	—	—	722.3	—	—	1 229.6	—	—	1 580.5
第三产业	—	—	274.7	—	—	627.2	—	—	1 053.5	—	—	1 612.3
工业增加值（亿元）	—	141.9	247.3	349.0	452.1	562.1	656.9	755.5	—	991.5	—	—
固定资产投资（亿元）	—	69.0	312.9	606.0	997.4	1 579.4	1 906.7	2 387.8	2 830.5	3 187.4	3 549.3	3 725.1
房地产开发投资	—	6.5	48.7	97.0	161.7	254.3	314.8	400.4	479.6	548.4	620.4	652.8
社会消费品零售总额（亿元）	—	—	221.7	291.9	355.0	428.2	506.2	588.6	671.5	760.2	846.1	930.5
外贸进出口总额（亿元）	—	59.3	77.6	97.3	132.8	164.3	189.4	224.1	261.0	283.8	311.4	341.3
进口	—	11.9	21.3	25.9	35.5	43.3	47.7	57.3	66.3	75.3	84.3	93.6
出口	—	47.4	56.3	71.5	97.4	121.0	141.7	166.8	194.7	208.5	227.1	247.7
进出口差额（出口－进口）	—	35.5	35.0	45.6	61.9	77.8	94.0	109.5	128.4	133.2	142.7	154.1
实际利用外资（亿美元）	—	0.0	0.1	0.4	2.1	2.1	2.1	2.1	3.1	3.1	3.1	3.1
地方财政收支差额（亿元）	—	-73.6	-168.5	-232.5	-277.9	-413.0	-552.0	-656.1	-748.0	-795.8	-840.3	-958.5
地方财政收入	—	65.5	108.0	141.6	171.3	217.7	251.1	276.2	307.6	344.5	376.8	417.5
地方财政支出	—	139.1	276.4	374.0	449.2	630.7	803.1	932.4	1 055.5	1 140.3	1 217.1	1 375.9
城镇登记失业率（%）（季度）	—	—	3.9	—	—	3.9	—	—	3.9	—	—	3.9
	同比累计增长率（%）											
地区生产总值	—	—	8.6	—	—	8.6	—	—	7.8	—	—	7.8
第一产业	—	—	4.1	—	—	4.2	—	—	4.3	—	—	4.3
第二产业	—	—	9.6	—	—	8.2	—	—	7.1	—	—	7.0
第三产业	—	—	8.2	—	—	9.3	—	—	9.1	—	—	9.2
工业增加值	—	11.2	10.2	9.3	10.0	10.0	9.1	8.5	8.5	8.6	8.6	8.6
固定资产投资	—	18.1	16.3	13.9	7.1	9.5	8.1	5.6	4.4	3.9	4.3	4.2
房地产开发投资	—	69.8	-1.1	-2.4	-1.0	2.2	1.0	-6.5	-10.1	-9.7	-7.1	-10.3
社会消费品零售总额	—	—	9.2	9.5	9.7	9.7	9.7	9.5	9.5	9.7	9.8	9.5
外贸进出口总额	—	180.1	140.8	120.1	127.3	113.8	109.4	102.7	81.0	67.9	58.1	58.9
进口	—	36.7	89.6	74.9	75.9	58.8	54.5	69.1	77.3	86.4	82.4	86.7
出口	—	280.0	1.7	142.9	154.3	144.1	138.0	117.7	82.3	62.1	50.7	50.5
实际利用外资	—	-100.0	-95.7	-81.8	-6.1	-6.2	-6.2	-4.8	39.8	30.0	22.8	22.8
地方财政收入	—	14.1	20.4	15.7	16.3	17.2	15.9	14.3	13.3	13.3	12.9	10.1
地方财政支出	—	17.4	18.1	10.1	10.2	11.1	27.5	24.0	9.7	11.4	9.7	8.7

数据来源：宁夏回族自治区统计局、宁夏回族自治区人力资源和社会保障厅。

新疆维吾尔自治区金融运行报告（2018）

中国人民银行乌鲁木齐中心支行货币政策分析小组

[内容摘要] 2017年，新疆经济运行总体平稳，质量和速度同步提升，呈现稳中有进、稳中提质态势。新疆地区生产总值首过万亿元，达到10 920.1亿元，同比增长7.6%，高于全国0.7个百分点。

从供给端看，二产回升、三产发力，第三产业带动能力增强，结构调整深入推进。2017年新疆三次产业比重为15.5∶39.3∶45.2，第三产业对经济增长的贡献率为58.2%，成为拉动经济增长第一动力。农业生产形势良好，种植结构呈现“粮减棉增”格局。工业生产企稳，企业效益有所改善。2017年规模以上工业增加值增速较上年提高2.7个百分点，其中，工业战略性新兴产业、高技术制造业增加值增速较快。规模以上工业企业实现利润同比增长1.0倍，企业亏损面有所下降。服务业主导作用增强，旅游业发展强劲，游客接待总量和旅游消费总额创历史新高。新兴业态快速发展，全年规模以上互联网和相关服务业、软件和信息服务业营业收入分别同比增长27.7%和39.1%。

从需求端看，投资拉动效应显著，消费平稳，货物进出口恢复性增长。固定资产投资同比增长20%。其中，第三产业投资增长44.9%，占比超过六成；基础设施投资占比超过四成，主要投向交通、水利、电力和老城区改造等领域。社会消费品零售总额同比增长7.7%，建筑装潢材料、家具类销售快速上升，支撑消费增长的新热点相对匮乏。货物进出口保持活跃，周边国家经济复苏带动贸易回暖，贸易规模连续两年下滑后实现恢复性增长，货物进出口总额同比增长17.1%。

从收入端看，财政收入转降为升，劳动报酬稳步增长。税收、非税收入快速增长带动地方财政收入同比增长16.9%，扭转了近年持续下降的态势。财政支出有力保障民生，按照“保基本、保重点、保民生、保运转、压一般”①的原则，新疆70%以上的地方财政支出用于民生，教育、社会保障和就业支出涨幅靠前。得益于职工退休金和居民养老金上调，低保水平提高、覆盖面扩大，扶贫攻坚等系列政策措施实施，居民转移性净收入快速增长，呈现城市水平高于农村、农村增速快于城市的特点。2017年，城镇和农村居民人均可支配收入分别同比增长8.1%、8.5%，农村居民人均可支配收入增速三年来首次超过城市。

从供给侧结构性改革看，“三去一降一补”成效显著，经济发展动力和活力不断增强。超额完成钢铁、煤炭去产能任务，钢铁行业扭亏为盈，水泥生产扭转连续三年负增长局面。涉企经营服务性收费项目进一步压减。新动能快速成长，清洁能源发电量增速高于全疆发电量15.5个百分点；新商业模式茁壮成长，互联网商品零售额增速在40%以上。坚持绿色发展，严格执行环境保护“一票否决”制度，严禁“三高”②项目进新疆，2017年新疆企业综合能源消费呈现倒V走势，增长有所放缓。

① “保基本、保重点、保民生、保运转、压一般”即保证基本、重点、民生、运转财政支出，压缩一般性支出。

① “三高”即高污染、高能耗、高排放。

从特色行业看，房地产运行平稳，纺织服装业发展迅速。房地产开发投资、房屋新开工面积增速分别高于上年同期19.6个和43.3个百分点。商品房销售面积、销售额分别同比下降12.6%和6.3%。商品住房价格呈分化趋势，乌鲁木齐市新建住房价格上涨，克拉玛依市、喀什市新建商品住房价格同比下降。纺织服装业带动就业作用突出。2017年，新疆纺织工业增加值同比增长29.1%，全年新疆纺织服装产业新增就业约10万人。

2017年，新疆金融业运行稳健，融资成本下行，市场交易平稳，金融风险防控有力，为新疆经济平稳发展营造了适宜环境。

银行业规模稳步增长，信贷服务实体经济质效提升。2017年末，新疆银行业资产总额同比增长13.8%，净利润同比增长14.0%，年内新设3家村镇银行，巴基斯坦哈比银行乌鲁木齐分行正式开业。新疆金融机构存款同比增长12.7%，贷款同比增长15.0%，中长期贷款成为拉动各项贷款增长的主要力量。信贷政策保重点、调结构、惠民生成效显著。基础设施建设贷款余额同比增长21.4%；金融支持去产能效果明显；普惠金融服务水平不断提升，涉农、小微企业贷款分别同比增长17.8%、37.6%；金融扶贫效果显著，扶贫小额信贷基本实现需贷尽贷。贷款利率保持低位，融资成本下行，贷款加权平均利率较上年下降0.2个百分点。银行业经营稳健，资产质量整体较好，银行类机构信贷资产不良率为1.42%，拨备计提基本覆盖信贷风险。

证券业平稳发展，融资总额持续增加。证券机构、证券营业部分别较上年新增6家、15个。上市公司规模扩大，共有A股上市公司52家，居西部五省第一。全年新疆企业在证券市场融资723.9亿元，同比增长7.5%。

保险业稳健经营，保障能力持续提升，重点及民生领域保险保障机制有效创新。保险主体机构数量上升涵盖类型不断丰富，从业人员稳步增加。保险业资产规模首次突破1 000亿元，同比增长14.6%。保障覆盖领域不断拓展。累计为新疆经济社会发展提供风险保障同比增长70.7%，累计赔付支出同比增长11.9%。保险市场化改革稳步推进，棉花“保险＋期货”承保量是上年同期的10倍。政策性农房地震巨灾保险机制初步建立。贫困人群综合保险、保险资金支农融资试点工作有序开展。

金融市场交易平稳，融资规模快速增长。货币市场成交量趋于下降，同业拆借大幅增长。票据业务有所分化，票据贴现、转贴现利率上升。受市场不确定因素增多影响，投资者避险情绪上涨，黄金价格震荡上行，黄金交易稳中有升。社会融资规模新增3 038.8亿元，同比多增1 353.4亿元，其中，人民币贷款增加2 315亿元。

金融基础设施不断完善，金融生态环境持续改善。社会信用体系建设稳步推进，基本建成“一库一网两平台”①，实现与国家平台的互联互通。和田民丰等五个脱贫摘帽县诚信县试点工作顺利开展。现代化支付体系日臻完善，移动支付业务快速发展，南疆贫困地区和兵团支付环境建设深入推进，金融IC卡和云闪付实现了在医院、小区、学校、停车场等领域的新拓展。金融消费权益保护工作成效初显，农村（县域）普惠金融综合试点工作逐步开展。

2018年，新疆金融业将全面贯彻党的十九大精神，以供给侧结构性改革为主线，扎实推进防范化解重大风险、精准脱贫、污染防治三大攻坚战，围绕实现新疆社会稳定和长治久安总目标，促进经济社会持续健康发展、维护社会大局持续和谐稳定。

---

① “一库一网两平台”即一个数据库支撑“信用中国（新疆）”和“全国信用信息共享平台（新疆）、信用信息数据管理平台”架构。

一、金融运行情况

2017 年，新疆金融业运行稳健，市场交易平稳，融资成本下行，金融风险防控有力，为新疆经济平稳发展营造了适宜环境。

（一）银行业经营稳健，信贷服务实体经济质效提升

1. 银行业规模稳步增长，市场主体持续增加。年末，新疆银行业资产总额为 3.1 万亿元，同比增长 13.8%，同比上升 1.9 个百分点。净利润增长 14.0%，高于上年同期 10.3 个百分点，资产利润率为 1.2%。银行业金融机构共有网点 3 649 个，法人金融机构 121 个，年内新设 3 家村镇银行，巴基斯坦哈比银行乌鲁木齐分行正式开业。

表 1 2017 年新疆维吾尔自治区银行业金融机构情况

机构类别	营业网点			法人机构（个）
	机构个数（个）	从业人数（人）	资产总额（亿元）	
一、大型商业银行	1 258	29 984	11 208	—
二、国家开发银行和政策性银行	97	2 354	5 254	—
三、股份制商业银行	125	3 025	1 857	—
四、城市商业银行	226	6 045	5 717	6
五、城市信用社	—	—	—	—
六、小型农村金融机构	1 137	13 344	4 440	84
七、财务公司	1	19	7	—
八、信托公司	—	504	138	2
九、邮政储蓄银行	665	3 473	921	—
十、外资银行	2	57	16	—
十一、新型农村金融机构	138	5 021	661	28
十二、其他	—	111	607	1
合　　计	3 649	63 937	30 826	121

注：营业网点不包括国家开发银行和政策性银行、大型商业银行、股份制商业银行等金融机构总部数据；大型商业银行包括中国工商银行、中国农业银行、中国银行、中国建设银行和交通银行；小型农村金融机构包括农村商业银行、农村合作银行和农村信用社；新型农村金融机构包括村镇银行、贷款公司、农村资金互助社；“其他”包含金融租赁公司、汽车金融公司、货币经纪公司、消费金融公司等。

数据来源：新疆银监局。

2. 存款平稳增长，住户存款成为增长主力。年末，新疆本外币各项存款余额 2.2 万亿元，同比增长 12.7%，高于上年同期 4.4 个百分点。住户存款同比增长 11.9%，成为拉动存款增长的主要力量；企业存款同比增长 10.9%；政府存款波动走高；非银存款高速增长。活期、定期存款增长分化，增量分别占存款增量的 44.4% 和 18.0%。

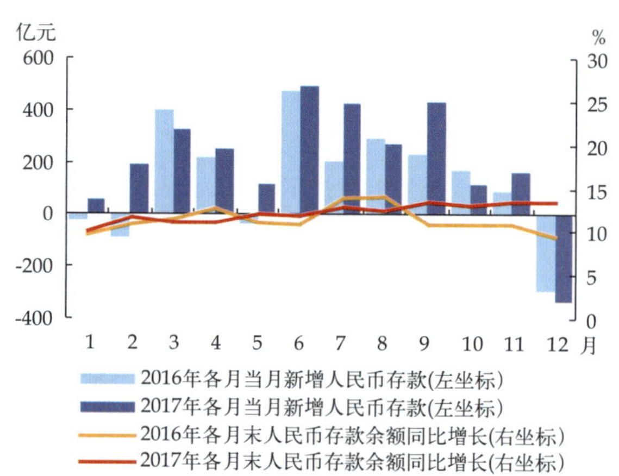

数据来源：中国人民银行乌鲁木齐中心支行。

图 1 2016~2017 年新疆维吾尔自治区金融机构人民币存款增长变化

3. 贷款持续快速增长，服务实体经济质效提升。年末，新疆本外币各项贷款余额 1.7 万亿元，同比增长 15.0%，高于上年同期 3.7 个百分点。其中，中长期贷款同比增长 17.9%，增量占比为 67.6%，是拉动各项贷款增长的主要力量；短期贷款快速回升，高于上年同期 18 个百分点。票据融资同比下降 11.0%。

信贷政策保重点、调结构、惠民生成效显著。2017 年，人民币固定资产投资贷款累放额占全部贷款累放量的 20.0%。全疆基础设施建设贷款余额 4 107.4 亿元，同比增长 21.4%。金融支持去产能效果明显，钢铁煤炭行业贷款同比下降 2.6%。普惠金融服务水平不断提升，涉农、小微企业贷款分别同比增长 17.8% 和 37.6%；南疆四地州贷款增速高达 23.1%；扶贫小额信贷累放额 111.4 亿元，惠及 31.5 万户；创业担保贷款和助学贷款惠及人数不断增多。

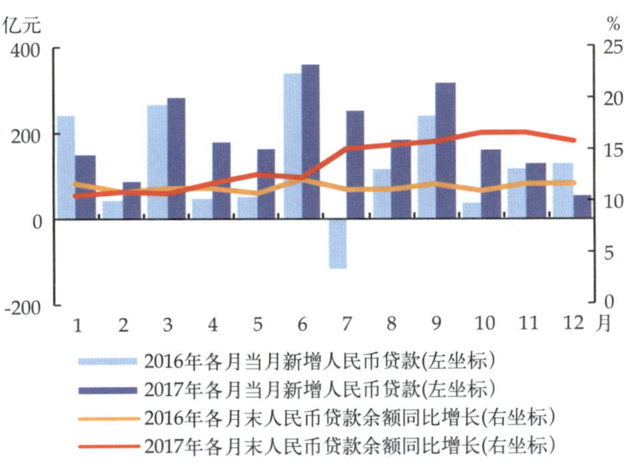

数据来源：中国人民银行乌鲁木齐中心支行。

图 2　2016~2017 年新疆维吾尔自治区金融机构人民币贷款增长变化

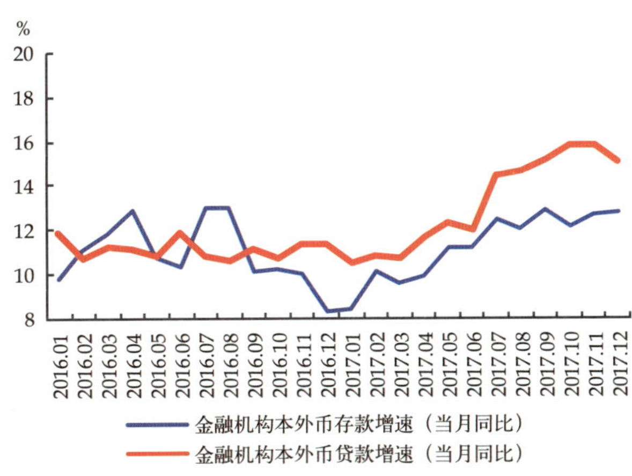

数据来源：中国人民银行乌鲁木齐中心支行。

图 3　2016~2017 年新疆维吾尔自治区金融机构本外币存、贷款增速变化

专栏 1　主动担当　精准发力　新疆深度贫困地区精准脱贫见成效

新疆贫困人口多、贫困程度深、扶贫成本高、脱贫难度大。中国人民银行乌鲁木齐中支以习近平总书记在深度贫困地区脱贫攻坚座谈会上的重要讲话精神为指引，以新疆深度贫困地区——南疆四地州为重点，加强部门联动、强化政策引导、探索产业扶贫新模式，充分发挥了金融在脱贫攻坚战中的重要支撑作用。

一、健全机制，全方位保障金融扶贫工作有序开展

分别成立区、地、县三级联动的金融支持脱贫攻坚工作领导小组，出台金融支持新疆脱贫攻坚“十三五”规划、扶贫小额信贷贴息资金及风险补偿金管理办法等十多个文件，为金融扶贫提供全方位制度机制保障。

二、突出重点，以扶贫小额信贷助推建档立卡贫困户精准脱贫

以建档立卡贫困户为对象，在全疆打造并推广“5 万元以下、3 年以内，免抵押、免担保、基准利率、财政全额贴息”的扶贫小额信贷标准化产品，创新推出村、乡、县三级联审机制，有效解决贫困地区金融机构网点少、人员不足、信息不对称问题。确定农业银行、邮政储蓄银行及自治区农村信用社按区域划片承包扶贫小额信贷的发放工作，扶贫小额信贷基本实现需贷尽贷。

三、产业带动，工具引导，多措并举探索扶贫新模式

选取 11 个县的 13 个村作为试点，因地制宜探索产业链金融扶贫新模式，阿克苏地区农机专业合作社、特色黑毛驴养殖项目等带动贫困户脱贫致富的模式成效明显。以县乡为重点，做好对“总部 + 卫星工厂 + 农户”生产经营模式的金融服务，支持纺织服装产业带动贫困户就近就业。充分利用新疆“访惠聚”“民族团结一家亲”活动，一对一帮助贫困户发展生产脱贫致富。其中，乌鲁木齐中支打造的“两地五方”① 畜禽养殖专业合作社、标准化生态枣园、饲草料种植等金融精准脱贫示范工程，带动当地贫困户脱贫增收。

① “两地五方”：“杨凌 + 民丰”和“陕西杨凌国家农业高科技产业示范区 + 西北农林科技大学 + 民丰县政府 + 中国人民银行乌鲁木齐中心支行 + 天津市援疆指挥办公室”。

4. 表外业务发展较快，承诺类业务成倍增长。年末，银行业金融机构表外业务同比增长28.9%。其中，承诺类业务同比增长106.8%，占比30.91%；金融资产服务类业务同比增长26%，占比53.98%；金融衍生品同比下降91.9%。

5. 贷款利率保持低位，融资成本下行。全年贷款加权平均利率为5.56%，较上年下降0.2个百分点。货币政策工具有效引导"三农"、小微企业融资成本不断降低，2017年第四季度，金融机构借用支农再贷款发放涉农贷款的加权平均利率低于其自有资金发放的涉农贷款平均利率2.8个百分点，全年小微企业贷款加权平均利率较上年下降0.3个百分点。

表2　2017年新疆维吾尔自治区金融机构人民币贷款各利率区间占比

单位：%

月份		1月	2月	3月	4月	5月	6月
合计		100.0	100.0	100.0	100.0	100.0	100.0
下浮		13.2	18.7	20.5	14.4	18.3	15.1
基准		36.5	27.9	25.9	33.9	36.8	38.7
上浮	小计	50.3	53.4	53.6	51.7	44.9	46.2
	(1.0，1.1]	16.8	10.1	13.8	14.0	16.2	16.8
	(1.1，1.3]	7.2	8.3	8.4	9.2	9.1	11.5
	(1.3，1.5]	3.8	5.4	4.5	4.9	4.1	4.7
	(1.5，2.0]	10.4	13.7	14.0	13.0	9.3	8.0
	2.0以上	12.1	16.0	12.9	10.5	6.1	5.1
月份		7月	8月	9月	10月	11月	12月
合计		100.0	100.0	100.0	100.0	100.0	100.0
下浮		9.9	12.0	8.0	7.1	12.3	10.0
基准		42.0	34.0	46.5	41.8	36.6	31.7
上浮	小计	48.2	54.0	45.5	51.0	51.1	58.3
	(1.0，1.1]	16.6	16.6	14.5	19.0	16.7	20.8
	(1.1，1.3]	11.1	14.2	10.2	12.4	9.6	8.9
	(1.3，1.5]	6.2	6.1	5.5	4.4	4.2	5.3
	(1.5，2.0]	8.6	9.6	8.9	8.3	10.0	12.2
	2.0以上	5.7	7.4	6.5	6.9	10.6	11.1

数据来源：中国人民银行乌鲁木齐中心支行。

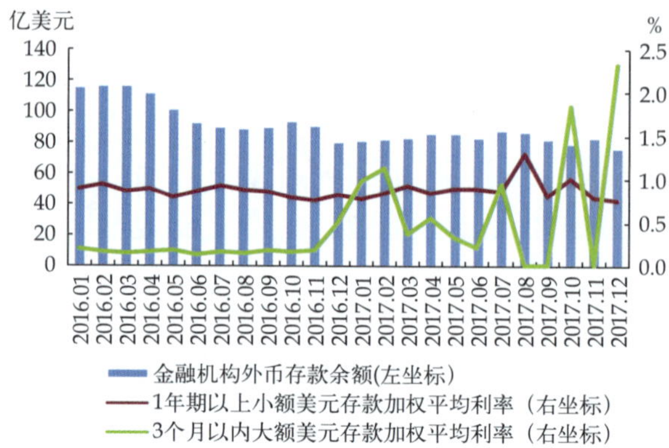

数据来源：中国人民银行乌鲁木齐中心支行。

图4　2016~2017年新疆维吾尔自治区金融机构外币存款余额及外币存款利率

6. 银行业资产质量整体较好，隐性信贷风险值得关注。年末，新疆银行类机构信贷资产不良率为1.42%，不良率总体水平较低。贷款损失准备充足率和拨备覆盖率均在150%以上，拨备计提基本覆盖信贷风险。新疆银行业金融机构逾期贷款余额较年初增长9.1%，关注类贷款是不良贷款的2.6倍，隐性风险值得关注。

7. 跨境人民币业务增长迅速。2017年，新疆跨境人民币业务收付结算额同比增长45.6%。经常项目、资本项目下结算额"双增长"，增速分别为27.0%和72.0%，资金呈净流入态势，同比增长90.5%。全年实现跨境融资同比增长2.5倍。累计与90个国家（地区）发生跨境人民币业务，实现全区15个地州市全覆盖。

（二）证券业平稳发展，融资总额创历史新高

1. 证券机构稳步增加，经营效益有所下滑。年末，新疆证券机构28家，证券营业部102个，分别较上年新增6家和15个。两家法人证券机构资产总额、净利润分别同比下降14.8%和34.5%，其他经营机构利润总额同比下降68.6%。

2. 上市公司规模扩大，融资总额持续增加。2017年，熙菱信息、德新交运、立昂技术首发上市。年末，新疆共有A股上市公司52家，居

西部五省第一。上市公司总股本、总市值分别同比增长 22.9% 和 20.3%。全年新疆企业在证券市场融资 723.9 亿元，同比增长 7.5%。

3. 期货机构经营效益下降。新疆期货经营机构手续费收入同比下降 21.0%。

表 3　2017 年新疆维吾尔自治区证券业基本情况

项目	数量
总部设在辖内的证券公司数（家）	2
总部设在辖内的基金公司数（家）	0
总部设在辖内的期货公司数（家）	2
年末国内上市公司数（家）	52
当年国内股票（A 股）筹资（亿元）	724
当年发行 H 股筹资（亿元）	0
当年国内债券筹资（亿元）	103
其中：短期融资券筹资额（亿元）	-25
中期票据筹资额（亿元）	78

注：当年国内股票（A 股）筹资额指非金融企业境内股票融资。
数据来源：新疆证监局。

（三）保险业稳健经营，保险保障能力持续提升

1. 市场体系日渐完善，行业实力不断增强。2017 年，新疆保险主体机构新增 3 家，涵盖保险分支机构、专业中介机构、兼业代理机构。从业人员 13.7 万人，同比增长 14.0%。保险业资产规模首次突破 1 000 亿元，同比增长 14.6%。保险深度 4.8%，保险密度 2 182 元 / 人。

2. 保险保障能力持续提升，覆盖领域不断拓展。全年新疆累计实现保费收入同比增长 19.1%。其中，财产险、人身险业务累计实现保费收入分别同比增长 14.0% 和 22.3%。累计为新疆经济社会发展提供风险保障同比增长 70.7%；累计赔付支出同比增长 11.9%。其中，累计提供农业风险保障同比增长 10.2%。

3. 保险市场化改革稳步推进，重点及民生领域保险保障机制有效创新。印发《关于深化自治区农业保险改革工作意见》，丰富农险经办主体。棉花“保险 + 期货”承保量是上年同期的 10 倍，棉花收入保险落地兵团部分师团。政策性农房地震巨灾保险机制初步建立。贫困人群综合保险、保险资金支农融资试点工作有序开展。

表 4　2017 年新疆维吾尔自治区保险业基本情况

项目	数量
总部设在辖内的保险公司数（家）	2
其中：财产险经营主体（家）	2
人身险经营主体（家）	0
保险公司分支机构（家）	1 885
其中：财产险公司分支机构（家）	1 259
人身险公司分支机构（家）	626
保费收入（中外资，亿元）	524
其中：财产险保费收入（中外资，亿元）	196
人身险保费收入（中外资，亿元）	328
各类赔款给付（中外资，亿元）	173.4
保险密度（元 / 人）	2 182
保险深度（%）	4.8

数据来源：新疆保监局。

（四）金融市场交易平稳，融资规模快速增长

1. 社会融资规模快速增长。年末，新疆社会融资规模存量 2.3 万亿元，同比增长 14.5%。全年新增 3 038.8 亿元。其中，信贷新增 2 298 亿元；表外融资同比多增 795.3 亿元；企业债券同比减少 160.6 亿元，直接融资同比少增 251.9 亿元。

2. 货币市场成交量趋于下降，同业拆借大幅增长。全年新疆银行间市场债券交易额 5.0 万亿元，同比下降 31.1%。其中，质押式债券回购占比为 87.6%，交易量同比下降 22.3%，资金呈净流入态势，融入资金 9 097.1 亿元。利率呈左低右高 W 形走势，加权平均利率小幅上升。同业拆借交易量同比上升 105.0%，资金以拆入为主，资金拆入同比上升 145.3%。

3. 票据业务有所分化，票据贴现、转贴现利率上升。2017 年，新疆辖区金融机构累计签发银行承兑汇票 2 644.4 亿元，同比多签发 753.9 亿元；累计贴现票据 2 518.9 亿元，同比少贴现

4 999.8 亿元。新疆辖区金融机构全年贴现、转贴现加权平均利率分别为 5.3762% 和 4.5518%，比上年分别上升 1.75 个和 1.37 个百分点。

4. 黄金交易稳中有升。2017 年，面临市场不确定因素增多，投资者避险情绪上涨，黄金价格震荡上行，市场投资黄金意愿稳中有升，全年新疆金融机构黄金累计成交量同比上升 18.1%。

表 5　2017 年新疆维吾尔自治区金融机构票据业务量统计

单位：亿元

季度	银行承兑汇票承兑		贴现			
			银行承兑汇票		商业承兑汇票	
	余额	累计发生额	余额	累计发生额	余额	累计发生额
1	700.0	299.8	765.8	555.4	6.7	11.6
2	623.8	966.4	410.5	1 231.2	7.8	18.3
3	633.7	2 290.5	491.5	2 101.2	17.8	26.4
4	633.2	2 627.4	508.0	2 478.3	18.5	40.6

数据来源：中国人民银行乌鲁木齐中心支行。

表 6　2017 年新疆维吾尔自治区金融机构票据贴现、转贴现利率

单位：%

季度	贴现		转贴现	
	银行承兑汇票	商业承兑汇票	票据买断	票据回购
1	4.5594	8.9437	4.2564	3.8723
2	5.2107	6.5241	4.7840	2.2500
3	4.9171	6.7006	4.5439	4.0767
4	5.0515	6.9818	4.5597	3.3239

数据来源：中国人民银行乌鲁木齐中心支行。

（五）金融基础设施不断完善，金融生态环境持续改善

1. 社会信用体系建设稳步推进。基本建成“一库一网两平台”①，实现与国家平台的互联互通。为全疆 17.4 万户企业、1200 余万个人建立信用档案，累计配备个人信用报告自助查询机 53 台，社会大众获取信用报告便利性进一步提升。在和田民丰等五个脱贫摘帽县开展诚信县试点，通过中征应收账款融资服务平台成功办理 975.5 亿元融资业务，同比增长 43.3%。

2. 现代化支付体系日臻完善。在赛里木湖等五大旅游景区建立电子支付示范区；全年移动支付业务发生 64477.3 万笔，金额 15388.5 亿元，同比分别增长 3.1 倍和 1.4 倍。南疆贫困地区和兵团支付环境建设深入推进，消除 800 余个支付服务空白村。金融 IC 卡和云闪付实现了在医院、小区、学校、停车场等领域的新拓展。

3. 金融消费权益保护工作成效初显。全年共受理、处理金融消费者投诉 234 件、咨询 375 件，较上年分别下降 36.2% 和 34.2%。印发《关于推进自治区普惠金融发展的实施意见》，在 25 个县、兵团团场率先开展农村（县域）普惠金融综合试点工作。

二、经济运行情况

2017 年，新疆经济实现地区生产总值 10 920 亿元，同比增长 7.6%。经济结构进一步优化，第三产业支撑作用有效发挥，经济发展呈现稳中向好、稳中提质的态势。

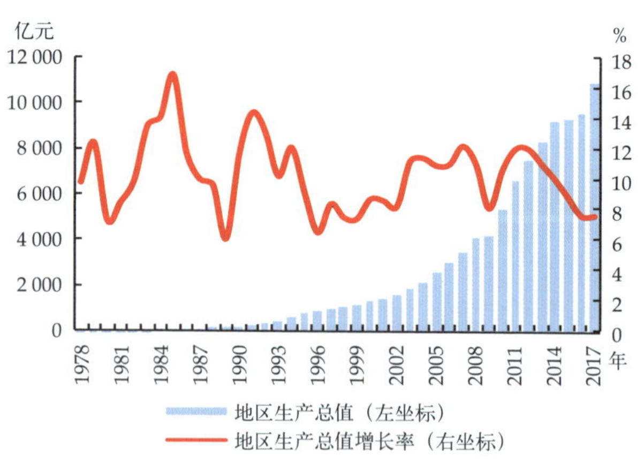

数据来源：新疆维吾尔自治区统计局。

图 5　1978~2017 年新疆维吾尔自治区地区生产总值及其增长率

① 一个数据库支撑“信用中国（新疆）”和“全国信用信息共享平台（新疆）、信用信息数据管理平台”架构。

（一）投资拉动效应显著，消费平稳，货物进出口恢复性增长

1. 固定资产投资快速增长。2017 年，新疆完成固定资产投资 11 795.6 亿元，增长 20%。六大高耗能行业投资下降 28%，占固定资产投资比重下降 7.7 个百分点。第三产业投资同比增长 44.9%，占固定资产投资比重达 67.9%。基础设施投资占比超过四成，主要投向交通、水利、电力等领域。民间投资增长动力不足，主要集中在制造业、房地产等领域。

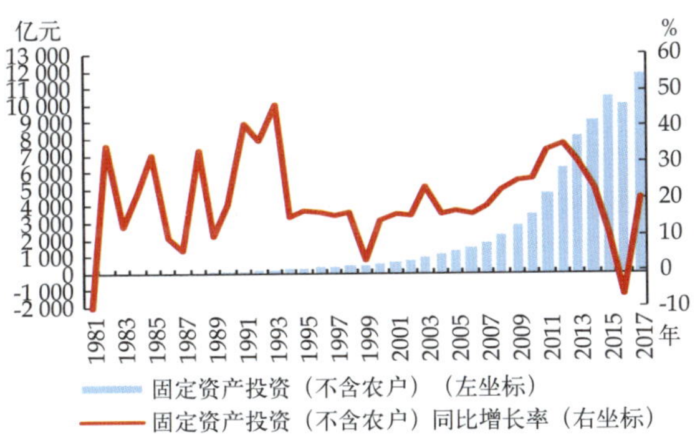

数据来源：新疆维吾尔自治区统计局。

图 6　1981~2017 年新疆维吾尔自治区固定资产投资（不含农户）及其增长率

2. 消费平稳增长。2017 年，新疆社会消费品零售总额同比增长 7.7%。建筑装潢材料、家具类销售增速超过 15%。电子商务分流传统实体企业销售，过半重点零售法人企业销售额出现下降。随着车辆购置税优惠政策边际效应递减，汽车消费增长乏力。支撑消费增长的新热点相对匮乏。

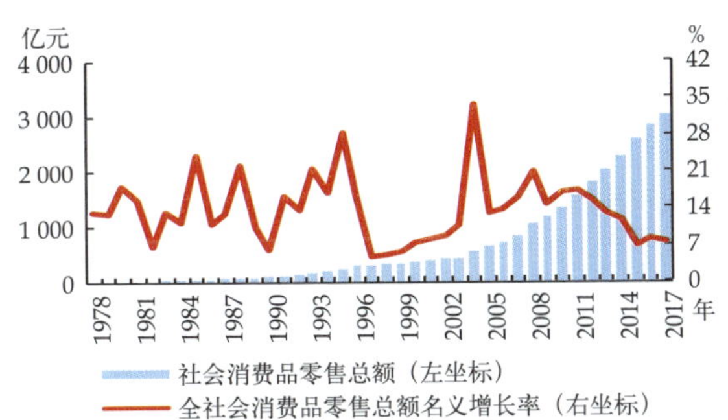

数据来源：新疆维吾尔自治区统计局。

图 7　1978~2017 年新疆维吾尔自治区社会消费品零售总额及其增长率

3. 货物进出口保持活跃。周边国家经济复苏带动贸易回暖，贸易规模连续两年下滑后实现恢复性增长，货物进出口总额 206.6 亿美元，同比增长 17.1%。主要贸易伙伴为中亚五国，与哈萨克斯坦贸易占货物进出口总额的 45.6%。实际利用外资 1.9 亿美元，同比下降 51.1%，主要投向批发和零售业、交通运输业、租赁和商务服务业。乌鲁木齐是外资主要投资地。丝绸之路经济带核心区五大中心规划相继出台，新疆—中亚班列乌鲁木齐集结中心初步建成，西行班列开行 806 列，是上年的 3.6 倍。

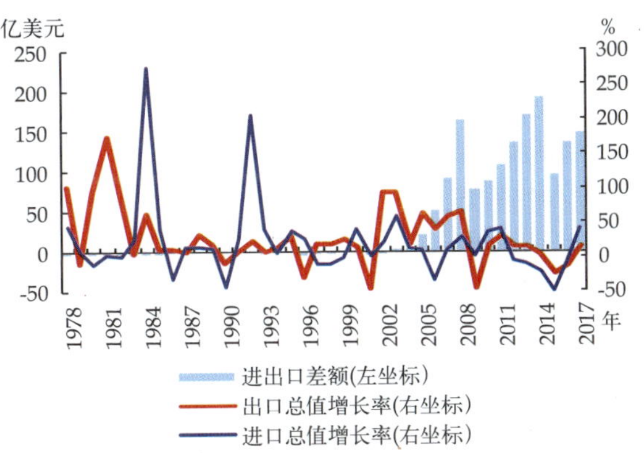

数据来源：新疆维吾尔自治区统计局。

图 8　1978~2017 年新疆维吾尔自治区外贸进出口变动情况

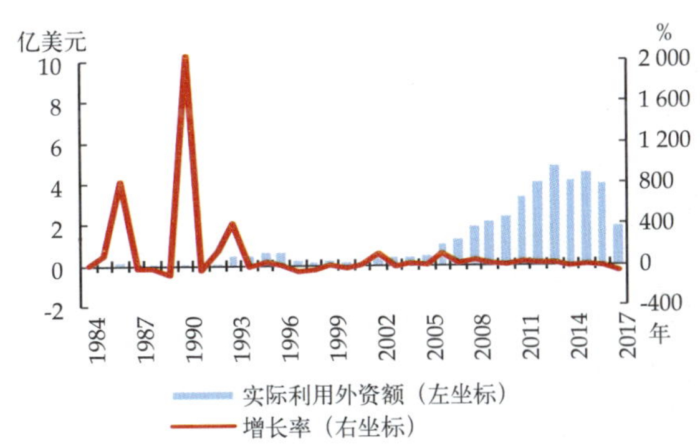

数据来源：新疆维吾尔自治区统计局。

图 9　1984~2017 年新疆维吾尔自治区实际利用外资额及其增长率

（二）第三产业带动能力增强，结构调整深入推进

2017 年，新疆第三产业对经济增长的贡献

率为 58.2%，成为拉动经济增长的第一动力，三次产业比重为 15.5 : 39.3 : 45.2。

1. 农业生产形势良好。2017 年，农林牧渔业同比增长 5.7%。按照“稳粮、调棉、优果、兴牧”的思路落实农业供给侧改革，种植结构呈现“粮减棉增”格局，粮食生产同比下降 4.3%，棉花产量同比增长 13.6%。农业产业化深入推进，绿色农产品“走出去”和“引进来”并重。

2. 工业生产企稳，企业效益有所改善。2017 年，规模以上工业增加值 3 059.6 亿元，同比增长 6.4%，较上年提高 2.7 个百分点。石油工业转降为升，同比增长 5.5%，较上年提高 5.8 个百分点。钢铁、煤炭、电力生产等重点行业生产分别同比增长 22.6%、7.0% 和 19.7%。工业战略性新兴产业增加值增长 9.2%，高技术制造业增长 38.8%。全年规模以上企业利润增长 1.0 倍，主营业务收入增长 17.3%，企业亏损面下降 2.3 个百分点。

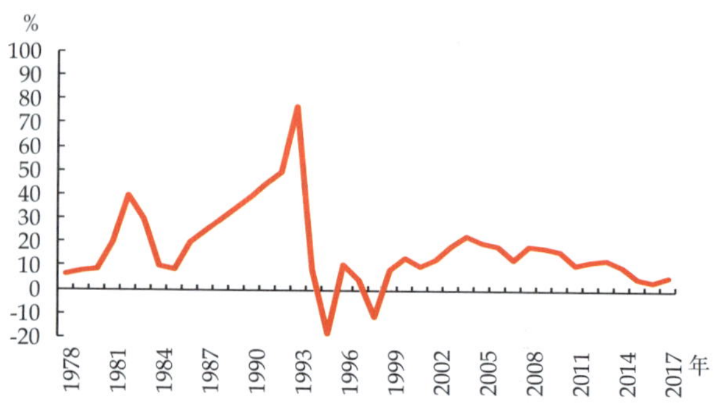

数据来源：新疆维吾尔自治区统计局。

图 10　1978~2017 年新疆维吾尔自治区规模以上工业增加值实际增长率

3. 服务业主导作用增强。2017 年，新疆服务业增加值占地区生产总值的比重为 45.2%，对经济增长贡献率为 58.2%。旅游业发展强劲，游客接待总量和旅游消费总额创历史新高，旅游人数突破 1 亿人次，旅游综合消费同比增长 32.4%。新兴业态快速发展，全年规模以上互联网和相关服务业、软件和信息服务业营业收入分别同比增长 27.7% 和 39.1%。

4.“三去一降一补”成效显著，提升经济增长内生动力。超额完成钢铁、煤炭去产能任务，钢铁行业扭亏为盈，水泥生产扭转连续三年负增长局面。压减涉企经营服务性收费项目 19 项，新动能快速成长，清洁能源发电量同比增长 24.5%，高于全疆发电量 15.5 个百分点；新商业模式茁壮成长，互联网商品零售额增速在 40% 以上。

（三）价格指数平稳增长，劳动者报酬持续增长

1. 消费价格保持平稳。2017 年，新疆居民消费价格指数上涨 2.2%，高于上年 0.8 个百分点，其中城镇上涨 2.4%，乡村上涨 1.8%，全年保持在 2% 左右的稳定水平。食品烟酒价格平稳运行，成为稳定物价走势的决定性因素。

2. 工业品价格持续上涨，高于上年同期。大宗商品价格回升，推动企业生产成本和工业品价格上涨，工业生产者出厂价格指数上涨 13.7%，工业生产者购进价格指数上涨 12.8%，分别高于上年同期 19.2 个、17.3 个百分点。

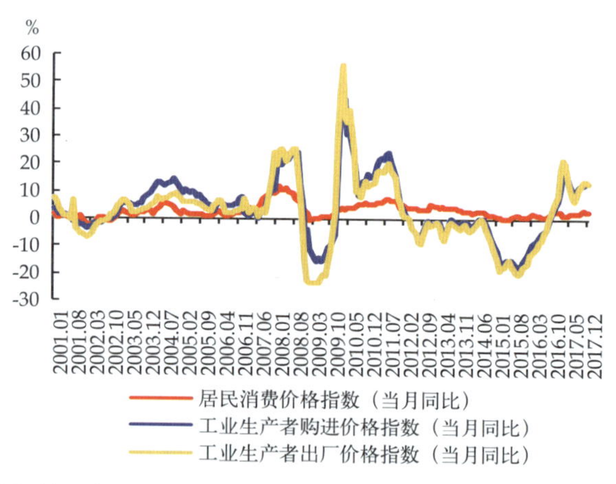

数据来源：新疆维吾尔自治区统计局。

图 11　2001~2017 年新疆维吾尔自治区居民消费价格指数和工业生产者价格指数变动趋势

3. 劳动者报酬稳步增长。2017 年，城镇居民人均可支配收入 30 775 元，同比增长 8.1%；农村居民人均可支配收入 11 045 元，同比增长 8.5%，三年来增速首次超过城市。居民转移性净收入快速增长，助推居民收入增长，主

要得益于上调职工退休金和居民养老金，提高低保水平、扩大覆盖面，扶贫攻坚，呈现“城市水平高于农村、农村增速快于城市”的特点。

4. 价格改革取得突破。深化棉花价格试点，目标价格由“一年一定”改为“三年一定”，棉花价格与市场价格逐步接轨，补贴与棉价分离，有效提升植棉效果。制定排污权使用费征收标准和交易基准价，推动排污权交易。取消药品加成，调整医疗服务价格534项，制定100项按病种收费标准，公立医院医疗服务价格改革深入推进。

（四）财政收入转降为升，支出着力保障民生

1. 财政收入稳步增长。实现地方财政收入1 913.1亿元，同比增长16.9%，扭转近年持续下降的态势。税收、非税收入实现快速增长，其中，增值税同比增长51.5%，企业所得税同比增长17.9%，非税收入同比增长21.5%。

2. 财政支出有力保障民生。按照“保基本、保重点、保民生、保运转、压一般”的原则，优化财政支出，70%以上用于民生，新疆地方财政支出4 946.8亿元，同比增长9.9%，教育、社会保障和就业支出涨幅靠前。

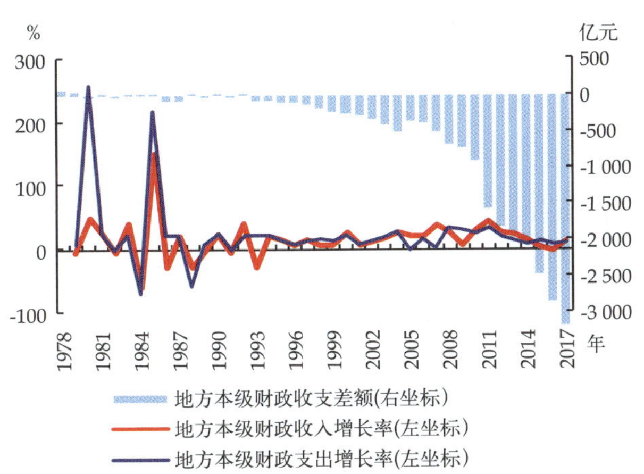

数据来源：新疆维吾尔自治区统计局。

图12　1978~2017年新疆维吾尔自治区财政收支状况

（五）坚持绿色发展，节能降耗持续推进

1. 推动生态环境改善。严格执行环境保护“一票否决”制度，严禁“三高”项目进疆。大力治理重点区域大气污染，各地州因地制宜开展环境治理。乌鲁木齐市积极推进“树上山、水进城、煤变气、地变绿、天变蓝、城变美”工作，塔城地区实行退地减水、牧民搬迁、生态补水等措施修复库鲁斯台草原。新疆哈密市、昌吉州和克拉玛依市成为全国首批绿色金融改革创新试验区。

2. 能源消费增长放缓，工业节能形势严峻。2017年，新疆企业综合能源消费呈现倒V走势，下半年能源消费增长有所放缓。新疆工业结构偏重，六大高耗能行业能源消费量占全区能源消费量的八成以上，调整工业结构、降低能源消耗压力较大。

（六）房地产市场运行平稳，纺织服装业发展迅速

1. 房地产开发投资、房屋新开工面积大幅回升。2017年，新疆房地产开发投资同比增长12.4%，高于上年同期19.6个百分点。保障性安居工程项目投资额是上年同期的2.2倍。房屋新开工面积同比增长16.9%，高于上年同期43.3个百分点。重点监测城市中，克拉玛依市、喀什市房屋新开工面积分别同比增长61.5%和52.8%。总体来看，房地产市场供给充足，去库存压力依然存在。

商品房销售面积、销售额双降，商品住房价格呈分化趋势。全年商品房销售面积同比下降12.6%。商品房销售额同比下降6.3%，自下半年以来呈连续下降趋势。商品住房价格呈分化趋势，乌鲁木齐市新建住房价格同比增长6.1%，克拉玛依市、喀什市新建商品住房价格分别同比下降5.7%和6.6%。

房地产开发贷款快速增长，保障性安居工程贷款成倍增长。年末，新疆房地产贷款余额同比增长33.4%，高于上年同期13.6个百分点。

其中，房地产开发贷款同比增长 89.3%，个人住房贷款同比增长 13.3%，增速稳中趋缓。全年累放各类保障性安居工程贷款是上年同期的3.7倍。

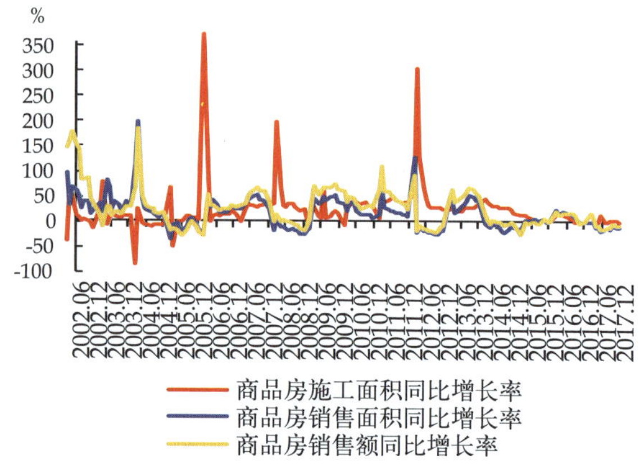

数据来源：新疆维吾尔自治区统计局。

图 13　2002~2017 年新疆维吾尔自治区商品房施工和销售变动趋势

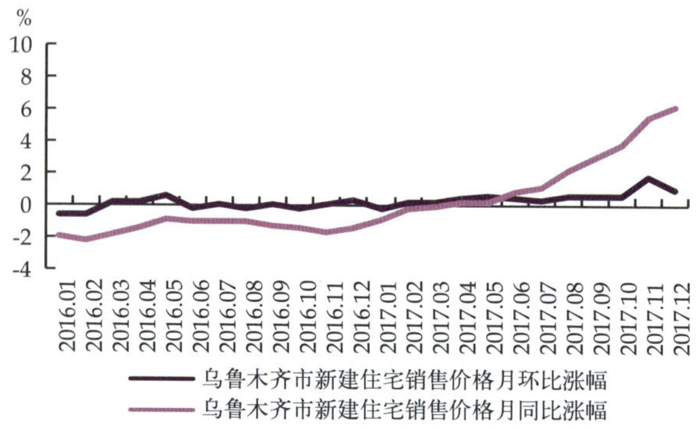

数据来源：新疆维吾尔自治区统计局。

图 14　2016~2017 年乌鲁木齐市新建住宅销售价格变动趋势

2. 纺织服装业发展迅速，带动就业作用突出。发展纺织服装产业带动就业，是党中央基于新疆社会稳定和长治久安总目标作出的重大战略决策。2017 年，新疆纺织业完成工业增加值同比增长 29.1%，棉纺、粘胶纤维及加工等优势产业迅猛增长。昌吉溢达公司三万锭智能化生产线等具有国内乃至国际先进水平生产线相继投产，新疆纺纱能力建设从数量型向创新型转变。转杯纺居世界一流，新增的棉纺生产装备和工艺技术均处于国际领先水平。新疆采取“总部 + 卫星工厂”“公司 + 基地 + 农户”、援疆共建托管等多种模式推动纺织服装产业发展，金融机构采取差异化信贷政策，积极开展“银纺贷”。2017 年末，新疆纺织服装产业企业贷款同比增长 40.9%，高于全区各项贷款增速 25.9 个百分点。新疆纺织服装产业就业人数约 31.68 万人，2017 年新增就业约 10 万人。

专栏 2　践行绿色发展理念　新疆绿色金融发展取得新突破

中国人民银行乌鲁木齐中支将发展绿色金融作为贯彻落实生态文明建设战略布局、习近平总书记建设“美丽新疆”要求、打好污染防治攻坚战的重要举措，推动哈密市、昌吉州和克拉玛依市成为全国首批绿色金融改革创新试验区。以政策规划为引领，以绿色项目库建设为核心，以体制机制为保障，推动新疆绿色金融发展取得实质性突破。

一是完善政策框架，强化顶层规划引领。印发《关于自治区构建绿色金融体系的实施意见》，制定三个试验区实施细则，按照“一个核心、双轮驱动、三大布局”的总体思路，明确绿色金融工作突破重点及绿色经济培育路径，着力打造全国绿色金融发展的中西部示范样本。

二是健全体制机制，高位部署试验区建设。建立自治区和三个试验区层面的绿色金融改革创新试验区工作领导小组，多次召开不同层面的座谈会、工作推进会、对接会，就绿色金融制度、产品、服务、政策保障等方面进行全面部署，推动各项工作落地见效。

三是建立绿色项目库，精准服务对象。聘请第三方评级机构联合赤道评价有限公司，对绿色项目进行专业评估认证，推动建成全国首个试验区绿色项目库。

四是建设绿色金融智库，搭建对外战略合作平台。成立新疆绿色金融专业委员会，开展绿色金融研究，推广绿色金融理念。搭建融资融智的战略合作机制，促成自治区人民政府与兴业银行签订500亿元绿色融资的战略合作协议。

通过打造防范金融风险、金融政策支持、绿色保障机制的综合性平台，实现绿色金融与企业、产业的有效对接，为全国绿色项目库提供了规范的“新疆样本”。截至2017年末，绿色项目库共收纳项目1 664个，包括符合绿色标准的纯绿项目365个、正常项目1 299个。

三、预测与展望

总体来看，新疆经济呈现增长动力转换、经济结构调整优化的积极变化，供给侧结构性改革取得阶段性成效，经济新动能正在培育，但对经济的支撑力有限。2018年，随着新疆深刻融入丝绸之路经济带建设，新疆经济发展仍面临难得的历史机遇，有望实现地区生产总值平稳增长。物价方面，随着大宗商品价格上升，成本上涨将向消费领域传导，推动物价上涨。预计2018年新疆物价将持续温和上涨。

2018年，新疆金融业将坚持稳中求进工作总基调，以推动经济高质量发展为目标，以供给侧结构性改革为主线，执行好稳健中性货币政策，加强“货币政策 + 宏观审慎政策”双支柱调控，紧紧围绕防范化解重大风险、精准脱贫、污染防治三大攻坚战，强化对实体经济的支持，努力保持货币信贷和社会融资规模合理增长，为新疆经济高质量发展创造中性适度的货币金融环境。

中国人民银行乌鲁木齐中心支行货币政策分析小组

总　纂：郭建伟　倪素芳

统　稿：王　勇　张学斐　李新生　张　波　王力敏　王坤衍　谢　鹍

执　笔：王坤衍　毕燕茹　赵　燕

提供材料的还有：赵　强　白文梅　买金星　李　宁　汪　雨　马　杰　王　炜　王　璐　李文全　韩　莹　梁　艳　张　雯　陈　旭　耿玉璧　苏　枫　李国俊　赵　莹　魏玲玲　马　红　卢　帆　曹　振　冯　梅　高　兴

附录

（一）2017年新疆维吾尔自治区经济金融大事记

1月，中共中央、国务院印发《中共中央 国务院关于新疆生产建设兵团深化改革的若干意见》，明确了兵团改革的总体要求、基本原则和重大举措。

3月，长城国兴金融租赁有限公司金融债券成功发行，新疆首家非银行金融机构债券发行实现零突破。

3月，哈比银行乌鲁木齐分行正式开业，助推新疆金融融入丝绸之路经济带及“中巴经济走廊”建设。

6月，国务院确定哈密市、昌吉回族自治州和克拉玛依市为全国首批绿色金融改革创新试验区。

6月，喀什农村商业银行在新三板正式挂牌交易，成为全国首家在新三板挂牌交易的农村商业银行。

7月，新疆维吾尔自治区人民政府印发《新疆能源综合改革试点方案》，新疆成为我国首个开展能源综合改革试点的省份。

9月，新疆维吾尔自治区金融工作会议在乌鲁木齐召开。

12月，新疆维吾尔自治区人民政府印发《丝绸之路经济带核心区区域金融中心建设规划（2016~2030年）》，全面规划“一核两翼”的丝绸之路经济带核心区区域国际金融中心建设。

年末，新疆保险业资产规模首次突破1 000亿元。环境污染责任保险成功试点。

年末，新疆地区生产总值首过万亿元，达到10 920.1亿元。

（二）2017 年新疆维吾尔自治区主要经济金融指标

表 1　2017 年新疆维吾尔自治区主要存贷款指标

		1 月	2 月	3 月	4 月	5 月	6 月	7 月	8 月	9 月	10 月	11 月	12 月
本外币	金融机构各项存款余额（亿元）	19 359.7	19 556.1	19 889.6	20 162.0	20 277.7	20 743.3	21 191.5	21 444.9	21 847.3	21 945.1	222 132.3	21 753.1
	其中：住户存款	7 728.1	7 653.3	7 648.7	7 540.8	7 530.1	7 650.9	7 657.7	7 764.3	7 949.1	8 085.6	8 180.2	8 443.4
	非金融企业存款	5 493.7	5 555.8	5 931.3	6 070.8	6 198.3	6 560.1	6 506.8	6 583.5	6 739.2	6 494.7	6 591.3	6 456.5
	各项存款余额比上月增加（亿元）	59.6	196.3	333.5	272.4	115.7	465.6	448.3	253.4	402.4	97.8	187.2	-379.2
	金融机构各项存款同比增长（%）	8.4	10.1	9.5	9.9	11.1	11.1	12.4	12.0	12.8	12.1	12.6	12.7
	金融机构各项贷款余额（亿元）	15 332.4	15 419.5	15 706.3	15 871.2	16 033.5	16 375.8	16 616.0	16 792.4	17 108.7	17 263.2	17 416.0	17 477.6
	其中：短期	4 266.4	4 307.2	4 470.3	4 565.7	4 628.0	4 660.0	4 694.5	4 688.5	4 879.7	4 957.6	4 989.8	4 993.5
	中长期	8 798.7	8 923.8	9 074.9	9 240.6	9 405.6	9 657.7	9 865.9	10 006.5	10 034.4	10 094.1	10 166.7	10 164.0
	票据融资	1 228.8	1 154.7	1 128.3	1 029.9	975.7	1 030.1	1 018.1	1 069.2	1 146.4	1 154.0	1 193.3	1 195.8
	各项贷款余额比上月增加（亿元）	136.4	87.1	286.7	164.9	162.3	342.4	240.1	176.4	316.4	154.4	152.9	61.5
	其中：短期	98.3	40.8	163.1	95.3	62.3	31.9	34.5	-6.0	191.2	77.9	32.2	3.7
	中长期	177.8	125.2	151.1	165.7	165.0	252.1	208.3	140.6	27.8	59.8	72.6	-2.7
	票据融资	-114.8	-74.1	-26.4	11.6	-54.2	54.4	-12.0	51.1	77.2	7.6	19.3	22.5
	金融机构各项贷款同比增长（%）	10.4	10.8	10.7	1.5	12.2	11.9	14.4	14.6	15.1	15.8	15.8	15.0
	其中：短期	3.4	4.0	5.6	8.6	10.8	8.4	11.2	10.9	13.2	16.5	19.9	19.8
	中长期	13.4	14.3	15.2	16.8	18.2	18.8	20.5	20.8	19.4	19.8	19.1	17.9
	票据融资	14.6	9.6	-1.9	-12.6	-18.5	-17.7	-11.4	-7.6	-3.1	-7.4	-12.4	-11.0
	建筑业贷款余额（亿元）	395.3	402.6	411.8	427.6	434.8	447.3	474.9	483.8	487.8	503.6	514.3	526.2
	房地产业贷款余额（亿元）	349.8	356.9	419.1	458.7	504.0	502.3	509.2	541.9	571.1	587.7	627.9	676.1
	建筑业贷款同比增长（%）	9.8	12.7	12.5	19.1	20.4	19.9	23.6	25.2	23.9	29.1	34.4	41.3
	房地产业贷款同比增长（%）	20.0	19.2	30.1	44.0	59.4	55.3	52.5	64.5	69.9	74.5	85.0	91.9
人民币	金融机构各项存款余额（亿元）	18 803.9	18 993.0	19 320.5	19 572.7	19 692.7	20 183.2	20 606.5	20 875.4	21 306.6	21 423.3	21 587.4	21 257.4
	其中：住户存款	7 683.6	7 609.2	7 605.0	7 497.8	7 487.0	7 608.0	7 615.3	7 723.9	7 908.9	8 044.8	8 139.8	8 402.5
	非金融企业存款	5 413.5	5 470.3	5 815.3	5 970.7	6 100.7	6 464.5	6 417.7	6 487.0	6 641.3	6 404.6	6 474.6	6 357.7
	各项存款余额比上月增加（亿元）	56.3	189.0	15 076.2	252.2	120.0	490.6	423.3	268.9	431.2	116.6	164.1	-330.0
	其中：住户存款	184.2	-74.4	3 712.6	-107.2	-10.8	121.0	7.3	108.7	185.0	135.9	94.9	262.8
	非金融企业存款	-320.1	56.7	2 393.3	155.3	130.1	363.7	-46.8	69.3	154.2	-236.6	70.0	-116.9
	各项存款同比增长（%）	10.0	11.7	11.0	11.1	12.0	11.8	12.9	12.5	13.5	13.1	13.4	13.4
	其中：住户存款	11.9	9.9	8.9	9.2	9.3	10.1	10.6	11.2	10.8	12.1	11.6	12.1
	非金融企业存款	7.0	11.6	13.9	15.5	14.0	16.9	16.3	13.3	15.4	8.0	9.6	10.7
	金融机构各项贷款余额（亿元）	14 703.4	14 790.5	15 076.2	15 254.7	15 420.4	15 779.3	160.32.2	16 215.5	16 531.2	16 691.2	16 818.4	16 871.0
	其中：个人消费贷款	1 842.8	1 861.9	1 897.2	1 926.3	1 956.4	2 003.2	2 022.0	2 053.1	2 080.6	2 097.0	2 122.8	2 132.5
	票据融资	1 228.8	1 663.2	1 128.3	1 029.9	975.7	1 030.1	1 018.1	1 069.2	1 146.4	1 154.0	1 173.3	1 195.8
	各项贷款余额比上月增加（亿元）	150.7	87.1	285.6	178.5	165.7	358.9	253.0	183.3	315.7	160.0	127.2	52.6
	其中：个人消费贷款	22.9	19.1	35.3	29.1	30.1	46.8	18.7	31.1	27.5	16.3	25.8	9.7
	票据融资	-114.8	-74.1	-26.4	-98.4	-54.2	54.4	1 018.1	51.1	77.2	7.6	19.3	22.5
	金融机构各项贷款同比增长（%）	10.7	11.0	10.9	11.8	12.6	12.4	15.2	15.5	15.8	16.6	16.6	15.9
	其中：个人消费贷款	31.5	32.9	34.1	34.6	34.2	34.9	33.9	34.0	33.4	31.7	31.5	31.0
	票据融资	14.6	9.6	-1.9	-12.6	-18.5	-17.7	-11.4	-7.6	-3.1	-7.4	-12.4	-11.0
外币	金融机构外币存款余额（亿美元）	81.1	81.9	82.5	85.5	85.2	82.7	87.0	86.3	81.5	78.6	82.5	75.9
	金融机构外币存款同比增长（%）	-29.6	-29.1	-29.2	-23.0	-15.1	-10.1	-2.9	-2.7	-8.7	-15.9	-8.4	-4.7
	金融机构外币贷款余额（亿美元）	91.7	91.5	91.3	89.4	89.3	88.1	86.8	83.8	87.0	86.2	90.5	92.8
	金融机构外币贷款同比增长（%）	0.7	1.4	0.2	-0.8	-0.2	-3.3	-4.9	-4.5	-2.3	-2.2	2.3	0.1

数据来源：中国人民银行乌鲁木齐中心支行。

表 2　2001~2017 年新疆维吾尔自治区各类价格指数

单位：%

		居民消费价格指数		农业生产资料价格指数		工业生产者购进价格指数		工业生产者出厂价格指数	
		当月同比	累计同比	当月同比	累计同比	当月同比	累计同比	当月同比	累计同比
2001		—	4.0	—	3.0	—	0.0	—	-3.7
2002		—	-0.6	—	-0.4	—	-1.6	—	-2.7
2003		—	0.4	—	1.1	—	5.1	—	15.1
2004		—	2.7	—	7.3	—	12.1	—	16.4
2005		—	0.7	—	5.3	—	8.1	—	16.6
2006		—	1.3	—	2.5	—	5.1	—	14.4
2007		—	5.5	—	6.2	—	3.8	—	6.3
2008		—	8.1	—	8.1	—	17.7	—	16.4
2009		—	0.7	—	-0.4	—	-9.4	—	-14.5
2010		—	4.3	—	3.1	—	23.9	—	25.2
2011		—	5.9	—	6.6	—	18.0	—	14.9
2012		—	3.8	—	6.2	—	-2.1	—	-3.0
2013		—	3.9	—	2.7	—	-2.2	—	-3.6
2014		—	2.1	—	-2.3	—	-2.5	—	-3.8
2015		—	0.6	—	-1.4	—	-15.7	—	-17.6
2016		—	1.4	—	-1.8	—	-4.5	—	-5.2
2017		—	2.2	—	0.8	—	12.8	—	13.7
2016	1	0.7	0.7	0.0	0.0	-13.1	-13.1	-16.1	-16.1
	2	1.4	1.1	0.1	0.1	-11.4	-12.3	-12.9	-14.5
	3	1.7	1.3	-1.3	-0.4	-9.8	-11.3	-12.4	-13.8
	4	1.4	1.3	-2.2	-0.8	-8.0	-10.5	-10.2	-12.9
	5	1.0	1.2	-2.0	-1.1	-6.6	-9.7	-8.5	-12.0
	6	0.8	1.2	-1.8	-1.2	-5.1	-8.9	-7.9	-11.3
	7	0.7	1.1	-2.5	-1.4	-4.4	-8.3	-5.4	-10.5
	8	0.7	1.1	-2.4	-1.5	-3.7	-7.7	-3.9	-9.7
	9	1.5	1.1	-2.5	-1.6	-1.6	-7.1	-0.2	-8.6
	10	1.9	1.2	-2.3	-1.7	1.4	-6.3	1.8	-7.6
	11	2.4	1.3	-2.6	-1.8	3.3	-5.4	4.6	-6.5
	12	2.3	1.4	-1.9	-1.8	6.3	-4.5	8.7	-5.2
2017	1	2.8	2.8	-1.9	-1.9	10.4	10.4	17.6	17.6
	2	1.5	2.2	-1.8	-1.8	16.1	13.2	21.7	19.7
	3	1.2	1.8	0.7	-1.0	18.0	14.8	20.5	19.9
	4	1.5	1.8	1.5	-0.4	14.9	14.8	15.3	18.8
	5	2.1	1.8	0.7	-0.2	12.3	14.3	11.4	17.3
	6	2.1	1.9	0.7	0.0	10.3	13.6	8.7	15.9
	7	1.7	1.8	0.7	-0.1	9.3	13.0	6.7	14.6
	8	1.9	1.9	0.9	0.2	11.8	12.8	10.9	14.1
	9	2.8	2.0	1.0	0.3	12.7	12.8	12.6	13.9
	10	3.1	2.1	1.0	0.4	12.4	12.8	13.4	13.9
	11	2.8	2.1	3.1	0.6	13.0	12.8	13.5	13.8
	12	2.7	2.2	3.2	0.8	12.8	12.8	13.2	13.7

数据来源：《中国经济景气月报》、新疆维吾尔自治区统计局。

表 3　2017 年新疆维吾尔自治区主要经济指标

	1 月	2 月	3 月	4 月	5 月	6 月	7 月	8 月	9 月	10 月	11 月	12 月
	绝对值（自年初累计）											
地区生产总值（亿元）	—	—	1 791.9	—	—	4 363.0	—	—	7 656.4	—	—	10 920.1
第一产业	—	—	110.4	—	—	333.9	—	—	1 156.5	—	—	1 691.6
第二产业	—	—	690.3	—	—	1 692.5	—	—	2 957.1	—	—	4 292.0
第三产业	—	—	991.2	—	—	2 336.6	—	—	3 542.7	—	—	4 936.5
工业增加值（亿元）	—	381.8	614.7	839.3	1 140.0	1 409.6	1 657.4	1 913.5	2 173.1	2 453.3	2 754.8	3 059.6
固定资产投资（亿元）	—	117.0	523.7	1 279.1	2 542.8	4 530.5	6 339.3	8 196.8	10 376.5	11 802.6	12 710.4	11 795.6
房地产开发投资	—	10.9	41.4	103.5	222.4	382.1	520.7	665.3	813.4	949.0	1 025.1	1 037.9
社会消费品零售总额（亿元）	—	—	683.8	—	—	1 386.8	—	—	2 131.2	—	—	3 044.6
外贸进出口总额（亿美元）	18.6	30.8	48.4	65.9	79.4	90.5	108.4	128.7	150.5	168.3	189.7	206.6
进口	2.1	4.4	7.2	9.0	11.0	12.7	15.2	17.8	20.5	23.5	26.9	29.3
出口	16.5	26.5	41.2	56.9	68.3	77.8	93.2	110.9	130.0	144.7	162.9	177.3
进出口差额（出口 – 进口）	14.4	22.1	34.0	47.9	57.3	65.0	78.0	93.2	109.6	121.2	136.0	148.0
实际利用外资（万美元）	3 070.0	6 310.0	12 855.0	13 565.0	14 299.0	15 668.0	15 837.0	16 629.0	18 623.0	19 182.0	19 182.0	19 613.0
地方财政收支差额（亿元）	-81.3	-202.7	-566.1	-813.0	-1 118.0	-1 429.2	-1 658.3	-2 078.0	-2 422.7	-2 652.6	-2 835.3	-3 175.7
地方财政收入	130.5	196.8	285.5	427.7	522.5	705.9	813.5	907.3	1 016.4	1 180.9	1 314.8	1 465.5
地方财政支出	211.8	399.5	851.6	1 240.7	1 640.5	2 135.1	2 471.8	2 985.3	3 439.1	3 833.5	4 150.1	4 641.2
城镇登记失业率（%）（季度）	—	—	3.2	—	—	3.3	—	—	3.3	—	—	3.4
	同比累计增长率（%）											
地区生产总值	—	—	7.6	—	—	7.2	—	—	7.5	—	—	7.6
第一产业	—	—	4.7	—	—	5.5	—	—	5.7	—	—	5.6
第二产业	—	—	7.6	—	—	6.2	—	—	6.1	—	—	5.9
第三产业	—	—	8.0	—	—	8.4	—	—	9.5	—	—	9.8
工业增加值	—	6.0	6.8	6.8	5.8	5.9	7.0	6.7	6.2	6.3	6.3	6.4
固定资产投资	—	6.6	13.3	14.6	19.8	24.6	27.8	30.1	31.0	33.3	33.2	20.0
房地产开发投资	—	-6.2	17.4	0.0	1.3	14.6	10.7	11.2	12.4	15.4	13.9	12.4
社会消费品零售总额	—	—	6.5	—	—	7.0	—	—	7.3	—	—	7.7
外贸进出口总额	62.6	63.2	65.6	46.7	40.1	34.0	35.0	30.3	24.5	21.5	20.0	17.1
进口	40.7	67.6	72.4	40.2	34.6	29.3	33.5	32.8	37.2	43.1	44.9	42.6
出口	65.8	62.5	64.5	47.7	41.0	34.8	35.3	29.9	22.7	18.6	16.7	13.8
实际利用外资	-69.9	-54.4	-15.2	-18.3	-31.8	-48.5	-52.4	-55.1	-49.9	50.4	50.8	-51.1
地方财政收入	11.6	16.9	19.5	20.5	15.2	29.4	29.4	27.7	26.2	26.7	24.7	12.8
地方财政支出	16.8	18.9	37.4	30.3	7.0	12.7	12.7	10.0	11.9	14.2	13.1	12.2

数据来源：新疆维吾尔自治区统计局。